公司·金融·法律译丛

Foundations of Corporate Law
Second Edition

公司法基础
（第二版）

〔美〕罗伯塔·罗曼诺（Roberta Romano） 编著

罗培新 译

著作权合同登记号　图字:01－2011－1400号
图书在版编目(CIP)数据

公司法基础/(美)罗曼诺(Romano,R.)编著;罗培新译.—北京:北京大学出版社,2013.10
(公司·金融·法律译丛)
ISBN 978－7－301－23225－5

Ⅰ.①公…　Ⅱ.①罗…②罗…　Ⅲ.①公司法－文集
Ⅳ.①D912.290.4－53

中国版本图书馆 CIP 数据核字(2013)第 219575 号

© 2010 Thomson Reuters. All Rights Reserved.
This Simplified Chinese translation of **Foundations of Corporate Law**(2nd) by Roberta Romano is published by arrangement with West, a Thomson Reuters business.
Licensed for distribution in Mainland China only. Not for export.

书　　　　名:	公司法基础(第二版)
著作责任者:	〔美〕罗伯塔·罗曼诺　编著　罗培新　译
责 任 编 辑:	王　宁　王　晶
标 准 书 号:	ISBN 978－7－301－23225－5/D·3420
出 版 发 行:	北京大学出版社
地　　　　址:	北京市海淀区成府路 205 号　100871
网　　　　址:	http://www.pup.cn
新 浪 微 博:	@北京大学出版社;@北大出版社法律图书
电 子 信 箱:	law@pup.pku.edu.cn
电　　　　话:	邮购部 62752015　发行部 62750672　编辑部 62752027
	出版部 62754962
印 刷 者:	北京大学印刷厂
经 销 者:	新华书店
	965mm×1300mm　16 开本　52.5 印张　836 千字
	2013 年 10 月第 1 版　2016 年 10 月第 2 次印刷
定　　　　价:	99.00 元

未经许可,不得以任何方式复制或抄袭本书之部分或全部内容。
版权所有,侵权必究
举报电话:010－62752024　电子信箱:fd@pup.pku.edu.cn

译者罗培新教授与作者罗伯塔·罗曼诺(Roberta Romano)教授合影

"心理东西本自同"
——"公司·金融·法律译丛"总序

2009年4月14日,国务院颁布了《关于推进上海加快发展现代服务业和先进制造业、建设国际金融中心和国际航运中心的意见》,明确提出,到2020年,将上海基本建成与我国经济实力以及人民币国际地位相适应的国际金融中心。这不仅是上海未来经济建设和社会发展的战略性举措,也是促进人民币国际化、推动我国作为世界经济强国崛起的战略需要,更体现了我国促进全球金融稳定发展的大国责任。

在国家战略部署这一宏大的历史与现实背景下,法律何为?法律学者何为?我们似乎可以从素有"中国资信业第一人"的章乃器先生(1897—1977)说过的一番话中,获得些许教益。

章乃器先生在阐述金融的含义时,说过这样一段话——

"金"是一种坚硬而固定的物质,而"融"是融化流通的意思。"'金'何以能'融'?这有赖于'信用之火'的燃烧,但有时'信用之火'烧得太猛烈了,融化的金沸腾洋溢,反而要浇灭了'信用之火';这就是信用过度膨胀成了恐慌的现象。"

诚哉斯语!反观当今肇始于美国并波及全球的金融危机,八十年前的这段譬喻依然鲜活。

与章先生此语异曲同工的是,美国前总统小布什在针对金融危机的演讲中称"酒是好的,但华尔街喝醉了"。其所谓之"酒",表面上是指金融高管所分得之巨额花红,深层含义则是指支撑金融产品之"信用"——市场无节制地开发和攫取"信用"资源,最终反而走向了反面:在法律监管大大落后于道德风险的情境之下,华尔街推出的令人眼花缭乱的CDO、CDS等金融衍生产品,其信用基础何等羸弱!而其背后的利欲动机却何其强烈,以至于美国总统奥巴马大声指斥华尔街高管们"无耻、贪婪、不负责任、不够节制",并对接受政府救助的金融公司的高管们祭出了"限薪"的大旗!

此情此境,再回想美联储前主席格林斯潘曾经说过,"保护投资者的最好方法,是蒸蒸日上的经济和股票市场",不禁令人喟叹:不受驾驭之道德风险,彻底颠覆了格氏多年来笃信不疑的市场信条!

晚清帝王之师陈宝琛先生在哈佛大学燕京学社中曾写有这样一副对联"文明新旧能相益,心理东西本自同"。是的,人,总是贪婪的,道德风险向来不分国界;人,也是健忘的,历史总是不断在重演,金融危机从来不可能彻底消亡。然而,法律制度的设计,在抑制人类弱点、保护投资预期、维系金融稳定方面,却有高下之别。

故而,参酌海内外成功的国际经验,无论是纽约还是伦敦,建设世界金融中心的必备条件中,首屈一指的是良好的法律生态环境。在促进我国本土金融市场体系的现代化与国际化过程中,包括交易设施在内的硬件往往具有"后发优势",而法律制度这一软环境,则必须在比较与借鉴域外经验的基础上,小心求证,务求适宜。

正因为如此,上海市政府于2009年6月25日颁布的《推进国际金融中心建设条例》中,特设"金融风险防范与法治环境建设"一章,对金融监管、金融审判、金融仲裁提出了新的要求,并强调健全金融稳定协调机制、完善金融突发事件应急预案和处置机制、加强对金融违法犯罪行为的预防和打击。

而为此提供学理及智识指引,正是法律学者可以用力的方向。

当然,任何制度均无法自给自足,其有效性不仅取决于制度本身,而且受制于文化、经济等诸多外部因素。历史多次证明,制度的有效性是相对而不是绝对的,具体的而不是抽象的,历史的而不是永恒的。故而,译介域外公司与金融法律经典论著,并本着审慎节制之立场,扬其所长,避其所短,为我所用,实乃吾辈学者之良好期许与愿景。

是为序。

罗培新

2010年6月20日

版权声明

本书选摘了大量文献，出版需要获得众多第三方授权。感谢原书作者的大力支持以及译者在此沟通过程中的努力和花费的心血。

现将本书所摘录的88篇论文、实证研究报告及若干部专著及其版权声明按照引用的先后顺序集中列明，作为对原文（书）作者或出版机构授权的感谢，也方便读者查阅。

1. Michael C. Jensen and William H. Meckling, "Theory of The Firm: Managerial Behavior, Agency Costs, and Ownership Structure," *Journal of Financial Economics*, vol. 3, pages 305—360.

Copyright Elsevier（1976）.

2. Oliver E. Williamson, "Transaction Cost Economics," in *Handbook of Industrial Organization*, vol. 1, pages 135—182.

Copyright Elsevier（1989）.

3. Henry Hansmann, "Ownership of the Firm," *Journal of Law, Economics, and Organization*, 1988, vol. 4, issue 2, page 267.

By permission of Oxford University Press.

4. Oliver Hart, *Firms, Contracts, and Financial Structure*, Clarendon Press 1995, from chapters 2, 3 and 4.

© Oliver Hart 1995, By permission of Oxford University Press.

5. Mark J. Roe, "A Political Theory of American Corporate Finance," 91 *Columbia Law Review* 10（1991）。

Copyright © 1991 by the Directors of the Columbia Law Review Association, Inc. All Rights Reserved.

6. Burton G. Malkiel, *A Random Walk Down Wall Street*, W. W. Norton & Company, Inc. 2007.

Copyright © 2007, 2003, 1999, 1996, 1990, 1985, 1981, 1975, 1973 by W. W. Norton & Company, Inc. Used By permission of W. W. Norton & Company, Inc.

7. Stephen A. Ross et al, *Corporate Finance*, 9th ed., McGraw-Hill Irwin 2010.

© 2010, 2008, 2005, 2002, 1999, 1996, 1993, 1990, 1988 by McGraw-Hill Companies, Inc. Reproduced with permission of the McGraw-Hill Companies.

8. SanjaiBhagat and Roberta Romano, "Event Studies and the Law: Part I: Technique and Corporate Litigation", *American Law and Economics Review* 2002, vol. 4, issue 1, 141.

By permission of the American Law and Economics Association.

9. **Burton G. Malkiel**, *A Random Walk Down Wall Street*, W. W. Norton & Company, Inc. 2007.

Copyright © 2007, 2003, 1999, 1996, 1990, 1985, 1981, 1975, 1973 by W. W. Norton & Company, Inc. Used by permission of W. W. Norton & Company, Inc.

10. **Frank H. Easterbrook and Daniel R. Fischel**, "Limited Liability and the Corporation," 52 *University of Chicago Law Review* 89 (1985).

Reprinted by permission.

11. **Susan E. Woodward**, "Limited Liability in the Theory of the Firm," *Journal of Institutional and Theoretical Economics*, v.141, pp. 601ff.

Reprinted by permission J. C. B. Mohr (Paul Siebeck) publisher, 1985.

12. **Henry Hansmann and ReinierKraakman**, "Toward Unlimited Shareholder Liability for Corporate Torts," *The Yale Law Journal*, vol. 100, pp. 1879—1934 (1991).

Reprinted by permission of The Yale Law Journal Company Inc.

13. **Roberta Romano**, "State Competition for Corpotate Charters," 8 *Cardozo Law Review* 709 (1987).

Reprinted by permission.

14. **Jonathan R. Macey and Geoffrey P. Miller**, "Toward an Interest Group Theory of Delaware Corporate Law," 65 *Texas Law Review*469,469—523 (1987).

Reprinted by permission of the Texas Law Review Association.

15. **Marcel Kaha and Ehud Kamar**, "The Myth of State Competition in Corporate Law," 55 *Stanford Law Review* 679 (2002).

Reprinted by permission.

16. **Mark J. Roe**, "Delaware's Competition," 117 *Harvard Law Review* 588 (2003).

Reprinted by permission.

17. **Saul Levmore**, "Uncorporations and the Delaware Strategy," 2005 *University of Illinois Law Review* 195.

Reproduced by permission of the publisher. Copyright © 2005 by the Board of Trustees of the University of Illinois.

18. **Frank H. Easterbrook and Daniel R. Fischel**, "The Corporate Contract," 89 *Columbia Law Review* 1416 (1989).

Copyright © 1989 by the Directors of the Columbia Law Review Association, Inc. All Rights Reserved. Reprinted by permission.

19. **Jeffrey N. Gordon**, "The Mandatory Structure of Corporate Law," 89 *Columbia Law Review* 1549.

Reproduced by permission. © Jeffrey N. Gordon.

20. **John C. Coffee, Jr.**, "The Mandatory/Enabling Balance in Corporate Law: An Essay on the Judicial Role," 89 *Columbia Law Review* 1618.

Reproduced by permission. © 1989 John C. Coffee, Jr.

21. **YairListokin**, "What Do Corporate Default Rules and Memos Do? An Empirical Examination," 6 *Journal of Empirical Legal Studies* 279 (2009).

Reproduced by permission of the publisher Wiley-Blackwell.

22. **Clifford W. Smith, Jr., and Jerold B. Warner**, "On Financial Contracting: An Analysis of Bond Covenants," *Journal of Financial Economics*, vol. 7, pages 117—161.

Copyright Elsevier (1979). Reprinted by permission.

23. **Kenneth Lehn and Annette Poulsen**, "Contractual Resolution of Bondholder-Stockholder Conflicts in Leveraged Buyouts," 34 *Journal of Law and Economics* 645.

Reprinted by permission of the publisher, The University of Chicago Press. © 1991 by The University of Chicago.

24. **Michael C. Jensen**, "Statement before The House, Ways and Means Committee (Feb. 1, 1989): Active Investors, LBOs and the Privatization of Bankruptcy," 2 *The Continental Bank Journal of Applied Corporate Finance* 35 (Spring 1989).

Reproduced by permission of the publisher Wiley-Blackwell.

25. **William A. Sahlman**, "The Structure and Governance of Venture Capital Organizations," *Journal of Financial Economics*, vol. 27, pages 473—521.

Copyright Elsevier (1990). Reprinted by permission.

26. **Frank H. Easterbrook**, "Two Agency-Cost Explanations of Dividends," 74 *American Economic Review* 650.

Reprinted by permission. © 1984 American Economic Association.

27. **Oliver E. Williamson**, "Corporate Governance," *The Yale Law Journal*, vol. 93, pp. 1197—1230 (1984).

Reprinted by permission of The Yale Law Journal Company Inc.

28. **SanjaiBhagat and Roberta Romano**, "Empirical Studies of Corporate Law," *Handbook of Law and Economics*, vol. 2, pp. 945—1012.

Copyright 2007, with permission from Elsevier.

29. **Donald C. Langevoort**, "The Human Nature of Corporate Boards: Law, Norms, and the Unintended Consequences of Independence and Accountability," 89 *Georgetown Law Journal* 797 (2001).

Reprinted with permission of the publisher, Georgetown Law Journal © 2001. Translated by LuoPeixin, Prepared and published with permission from Georgetown Law.

30. **Roberta Romano**, "The Shareholder Suit: Litigation Without Foundation?," *Journal of Law, Economics, and Organization*, 1991, vol. 7, issue 1, page 55.

By permission of Oxford University Press.

31. **Robert B. Thompson and Randall S. Thomas**, "The New Look of Shareholder Litigation: Acquisition-Oriented Class Actions," 57 *Vanderbilt Law Review* 133 (2004).

Reprinted by permission.

32. **Elliott J. Weiss and Lawrence J. White**, "File Early, Then Free Ride: How Delaware Law (Mis) Shapes Shareholder Class Actions," 57 *Vanderbilt Law Review* 1797 (2004).

Reprinted with permission.

33. **Robert B. Thompson and Randall S. Thomas**, "The Public and Private Faces of Derivative Law-suits," 57 *Vanderbilt Law Review* 1747 (2004).

Reprinted with permission.

34. **Tom Baker and Sean J. Griffith**, "Predicting Corporate Governance Risk: Evidence from the Directors' & Officers' Liability Insurance Market," 74 *University of Chicago Law Review* 487 (2007).

Reprinted with permission.

35. **Tom Baker and Sean J. Griffith**, "The Missing Monitor in Corporate Governance: The Directors' & Officers' Liability Insurer," 95 *Georgetown Law Journal* 1795 (2006).

Reprinted with permission of the publisher, Georgetown Law Journal © 2006. Translated by LuoPeixin, Prepared and published with permission from Georgetown Law.

36. **John C. Coffee, Jr.**, "Does 'Unlawful' Mean 'Criminal'?: Reflections on the Disappearing Tort/Crime Distinction in American Law," 71 *Boston University Law Review* 193.

Reprinted by permission. © 1991 John C. Coffee, Jr.

37. **Vikramaditya S. Khanna**, "Corporate Crime Legislation: A Political Economy Analysis," 82 *Washington University Law Quarterly* 95 (2004).

Reprinted with permission.

38. **Frank H. Easterbrook and Daniel R. Fischel**, "Voting in Corporate Law," 26 *Journal of Law and Economics* 395.

Reprinted by permission of the publisher, The University of Chicago Press. © 1983 by The University of Chicago.

39. **Jeffrey N. Gordon**, "Ties That Bond: Dual Common Stock and the Problem of Shareholder Choice," 76 *California Law Review* 2.

Reprinted by permission. Copyright © 1988 by Jeffrey N. Gordon

40. **Lucian AryeBebchuk**, "The Case for Increasing Shareholder Power," 118 *Harvard Law Review* 833 (2005).

Reprinted with permission.

41. **Stephen M. Bainbridge**, "Director Primacy and Shareholder Disempowerment," 119 *Harvard Law Review* 1735 (2005).

Reprinted with permission.

42. **Lynn A. Stout**, "The Mythical Benefits of Shareholder Control," 93 *Virginia Law Review* 789 (2007).

Reprinted with permission.

43. **Henry T. C. Hu and Bernard Black**, "The New Vote Buying: Empty Voting and Hidden (Morphable) Ownership," 79 *Southern California Law Review* 811 (2006).

Reprinted with permission.

44. **Roberta Romano**, "Less is more: Making Institutional Investor Activism a Valuable Mechanism of Corporate Governance," 18 Yale Journal on Regulation 174

(2001).

© Copyright 2001 by Yale Journal on Regulation, P. O. Box 208215, New Haven, CT 06520-8215. Reprinted from Volume 18:2 by permission. All Rights Reserved.

45. Marcel Kahan & Edward B. Rock, "Hedge Funds in Corporate Governance and Corporate Control," 155 *U. Pa. L. Rev.* 1021 (2007).

Reprinted with permission. © Copyright 2007 by the University of Pennsylvania Law Review.

46. AlonBrav, Wei Jiang, Frank Partnoy and Randall Thomas, "Hedge Fund Activism, Corporate Governance, and Firm Performance," 63 *Journal of Finance* 1729 (2008).

Reprinted by permission of the publisher, Wiley-Blackwell.

47. ImanAnabtawi and Lynn Stout, "Fiduciary Duties for Activist Shareholder," 60 *Stanford Law Review* 1255 (2008).

Reprinted with permission.

48. SanjaiBhagat, Brian Bolton and Roberta Romano, "The Promise and Peril of Corporate Governance Indices," 108 *Columbia Law Review* 1803 (2008).

Reprinted with permission.

49. Kevin J. Murphy, "Executive Compensation," in *Handbook of Labor Economics*, vol. 3B, pages 2485—2563.

Copyright Elsevier (1989). Reprinted by permission.

50. Clifford W. Smith, Jr. and Ross L. Watts, "Incentive and Tax Effects of Executive Compensation Plans," 7 *Australian Journal of Management* 139 (1982).

Reprinted by permission.

51. Lucian A. Bebchuk and Jesse M. Fried, "Pay without Performance: Overview of the Issues," 30 *Journal of Corporation Law* 647 (2005).

Reprinted with permission.

52. Jeffrey N. Gordon, "Executive compensation: If There's a Problem, What's the Remedy? The Case for 'Compensation Discussion and Analysis'", 30 *Journal of Corporation Law* 675 (2005).

Reprinted with permission. © Copyright by Jeffrey N. Gordon.

53. BengtHolmstrom, "Pay without Performance and the Managerial Power Hypothesis: A Comment," 30 *Journal of Corporation Law* 703 (2005).

Reprinted with permission.

54. Steven N. Kaplan, "Empowering Shareholders on Executive Compensation and H. R. 1257, the 'Shareholder Vote on Executive compensation Act'," Testimony of Steven N. Kaplan, before the Committee on Financial Service of the United States House of Representatives (March 8, 2007), available at http://www.chicagobooth.edu/pdf/htkaplan0308071.pdf.

Reproduced with permission.

55. FabrizioFerri and David Maber, "Say on Pay Votes and CEO Compensation: Evidence from the UK," Manuscript, 2009, available at http://ssrn.com/abstract=1420394.

Reproduced with permission.

56. Henry G. Manne, "Mergers and the Market for Corporate Control," 73 *Journal of Political Economy* 110.

Reprinted by permission. © 1965 by The University of Chicago.

57. Michael C. Jensen, "Takeovers: Their Causes and Consequences," 2 *Journal of Economic Perspectives* 21 (Winter 1988).

Reprinted with permission of American Economic Association.

58. YakovAmihud and Baruch Lev, "Risk Reduction as a Managerial Motive for Conglomerate Mergers," 12 *Bell Journal of Economics* 605 (1981).

Reproduced by permission of the publisher, Wiley-Blackwell.

59. Richard Roll, "The Hubris Hypothesis of Corporate Takeovers," 59 *Journal of Business* 197.

Reprinted by permission. © 1986 by The University of Chicago.

60. Gregg A. Jarrell, James A. Brickley and Jeffry M. Netter, "The Market for Corporate Control: The Empirical Evidence Since 1980," 2 *Journal of Economic Perspectives* 49 (Winter 1988).

Reprinted with permission of American Economic Association.

61. SanjaiBhagat, Andrei Shleifer and Robert W. Vishny, "Hostile Takeovers in the 1980s: The Return to Corporate Specialization," *Brookings Papers on Economic Activity: Microeconomics* 1990, 1 (Washington, D. C.: Brookings Institution, 1990).

Reprinted by permission.

62. Gregor Andrade, Mark Mitchell and Erik Stafford, "New Evidence and Perspectives on Mergers," 15 *Journal of Economic Perspectives* 103 (Spring 2001).

Reprinted with permission of American Economic Association.

63. Steven N. Kaplan and Per Strömberg, "Leveraged Buyouts and Private Equity," 23 *Journal of Economic Perspectives* 121 (Winter 2009).

Reprinted with permission of American Economic Association.

64. Frank H. Easterbrook and Daniel R. Fischel, "The Proper Role of a Target's Management in Responding to a Tender Offer," 94 *Harvard Law Review* 1161 (1981).

Reprinted by permission.

65. Ronald J. Gilson, "Seeking Competitive Bids Versus Pure Passivity in Tender Offer Defense," 35 *Stanford Law Review* 51 (1982).

Reprinted by permission.

66. Lucian A. Bebchuk, "The Case for Facilitating Competing Tender Offers: A Reply and Extension," 35 *Stanford Law Review* 23 (1982).

Reprinted by permission.

67. Gregg A. Jarrell, James A. Brickley and Jeffry M. Netter, "The Market for Corporate Control: The Empirical Evidence Since 1980," 2 *Journal of Economic Perspectives* 49 (Winter 1988).

Reprinted with permission of American Economic Association.

68. Jonathan M. Karpoff and Paul H. Malatesta, "The Wealth Effects of Second-Generation State Takeover Legislation," *Journal of Financial Economics*, vol. 25, pages 291—322.

Copyright Elsevier (1989). Reprinted by permission.

69. Roberta Romano, "The Future of Hostile Takeovers: Legislation and Public Opinion," 57 University of Cincinnati Law Review 457 (1988).

Reprinted by permission.

70. Robert Daines and Michael Klausner, "Do IPO Charters Maximize From Value? Antitakeover Protection in IPOs," *Journal of Law, Economics, and Organization*, 2001, vol. 17, issue 1, page 83.

Reprinted by permission of Oxford University Press.

71. Frank H. Easterbrook and Daniel R. Fischel, "Mandatory Disclosure and the Protection of Investors," 70 *Virginia Law Review* 669 (1984).

Reprinted by permission.

72. John C. Coffee, Jr., "Market Failure and the Economic Case for a Mandatory Disclosure System," 70 *Virginia Law Review* 717 (1984).

Reprinted by permission.

73. J. Harold Mulherin, "Measuring the Costs and Benefits of Regulation: Conceptual Issues in Securities Markets," *Journal of Corporate Finance*, vol. 13, pages 421—437.

Copyright Elsevier (2007). Reprinted by permission.

74. Paul G. Mahoney, "Mandatory Disclosure ad a Solution to Agency Problems," 62 *University of Chicago Law Review* 1047 (1995).

Reprinted with permission.

75. Robert B. Thompson and Hillary A. Sale, "Securities Fraud as Corporate Governance: Reflections upon Federalism," 56 Vanderbilt Law Review 859 (2003).

Reprinted with permission.

76. Kenneth E. Scott, "Insider Trading, Rule 10b-5, Disclosure, and Corporate Privacy," 9 *Journal of Legal Studies* 801.

Reprinted by permission. © 1980 by The University of Chicago.

77. Dennis W. Carlton and Daniel R. Fischel, "The Regulation of Insider Trading," 35 *Stanford Law Review* 857 (1983).

Reprinted by permission.

78. Ian Ayres and Joe Bankman, "Substitutes for Insider Trading," 54 *Stanford Law Review* 235 (2001).

Reprinted by permission.

79. Roberta Romano, "Empowering Investors: A Market Approach to Securities Regulation," *The Yale Law Journal*, vol. 107, pages 2359—2430 (1998).

Reprinted by permission of The Yale Law Journal Company Inc.

80. Paul G. Mahoney, "The Exchange as Regulator," 83 *Virginia Law Review* 1453 (1997).

Reprinted with permission.

81. **Stephen Choi**, "Regulating Investors Not Issuers: A Market-Based Proposal," *California Law Review*, vol. 88, no. 2.

© 2000 by the California Law Review, Inc. Reprinted from *California Law Review*, vol. 88, no. 2, by permission of California Law Review, Inc.

82. **Donald C. Langevoort**, "The SEC, Retail Investors, and the Institutionalization of the Securities Markets," 95 *Virginia Law Review* 1025 (2009).

Reprinted with permission.

83. **Rafael La Porta, Florencio Lopez-de-silanes, An-dreiShleifer and Robert W. Vishny**, "Legal Determinants of External Finance," 52 *Journal of Finance* 1131 (1997).

Reprinted by permission of the publisher, Wiley-Blackwell.

84. **Rafael La Porta, Florencio Lopez-de-silanes and An-dreiShleifer**, "The Economic Consequences of Legal Origins," 46 *Journal of Economic Literature* 285 (2008).

Reprinted with permission of American Economic Association.

85. **Bernard Black and ReinierKraakman**, "A Self-Enforcing Model of Corporate Law," 109 *Harvard Law Review* 1911 (1996).

Reprinted with permission.

86. **Bernard S. Black**, "The Legal and Institutional Preconditions for Strong Securities Markets," 48 *UCLA Law Review* 781 (2001).

Reprinted with permission.

87. **Lucian AryeBebchuk and Mark J. Roe**, "A Theory of Path Dependence in Corporate Governance and Owership," 52 *Stanford Law Review* 127 (1999).

Reprinted with permission.

88. **Henry Hansmann and ReinierKraakman**, "The End of History for Corporate Law," 89 *Georgetown Law Journal* 439 (2001).

Reprinted with permission of the publisher, Georgetown Law Journal © 2001. Translated by LuoPeixin, Prepared and published with permission from Georgetown Law.

另,第7章注释及问题部分,第15项涉及如下版权许可:

"Executive Equity Compensation and Incentives: A Survey," by John Core, Wayne Guay, and David Larcker, (Economic Policy Review, Vol. 9, No. 1, April 2003).

The Federal Reserve Bank of New York is not responsible for the accuracy of the translation.

第二版前言

促使本人将本书第一版结集出版的公司法领域的变革,在过去动荡不安的十余年间更为加剧,这使得在公司法理论和实践方面运用金融和组织经济学的复杂程度亦大为提升。本书第一版面世数年后,随着2001—2002年安然、世通和帕玛拉特等备受关注的公司纷纷曝出财务丑闻,民众的注意力再次聚焦公司治理,这一领域的研究也拓展至包括诸多新的重大问题,而且研究也进一步深化。此外,因为公司治理丑闻的影响波及全球,而且跨境交易和全球投资日益盛行,公司法的理论和实践在地理上不断扩张,促进了美国式的商事交易和法律规则在全球范围内的传播。第二版反映了这些趋势,将原书有关公司内部治理机制的章节划分为独立的三章,内容涉及公司治理的不同部分:董事会及其信义义务;投票及其他机构投资者行动主义机制;高管薪酬。此外,本书还新增了"比较公司治理"这一章。

本书前一版本的读者将会发现,除了有限责任和公司融资这两章之外,每一章都新增了大量的文献;而且包括这两章在内,本书通篇全面地更新了注释和问题。这必然使本书篇幅长得多。例如,本书第一章关于资本市场的理论包含了行为金融学的文献,这为新增的大量文献提供了理论基础,再如第五章摘自 Langevoort* 有关董事会的文献。第六章和第七章所选摘的文献,包含了有关提升股东权力和规制高管薪酬的必要性的更为近期的探讨。除了关注新的论辩之外,我们还选摘了一些文献来重新审视第一版发生的论争,例如第三章关于是否存在公司注册的州际竞争,第五章关于是谁受益于股东诉讼,以及第九章关于联邦证券法的有效性等等。

与第一版相同的是,正如摘自本人的文献所显示的,本人对于其中的诸多问题持有个人见解,但为了避免以偏概全,本人尽力在全文中同时引入不同的观点来抗衡本人及他人的见解。本人坚信,此种做法有利于促

---

* 本书除编著者罗曼洁外,人名都保留原文不做翻译,方便读者查阅相关资料。

成更好的、而且是更为愉悦的教学体验。本人进而运用在第一版中采用的编辑方法,对原来的文章进行大刀阔斧的编辑,略去了绝大部分的数学运算、脚注和参考注释,以追求可读性和阅读的宽度。当然,我们也认识到,这会损失论证的精细或者复杂性,也会牺牲技术上或者编目方面的准确性,为此,我们希望引入更为宽泛的相关文献的大量注释和问题,来弥补这一缺陷。如果本书激起了读者阅读原始文献的兴趣从而进一步探究各种理论、证据和参考文献,那么,在本人看来,删节原始文献所带来的利益的此消彼长,已经很好地实现了。在本版中,本人采取了以下数种格式规则来增强文献的可读性:略去了标识着文句断裂的椭圆函数,后者本来会出现于正文的文首或者文末,并且通篇对副标题进行了标准化处理(斜体)。与第一版相同的是,对于作者自身使用的斜体部分,本文予以保留。

纽黑文
2010 年 7 月
罗伯塔·罗曼诺

第一版前言

过去十年来,公司法经历了一场变革。在商事组织和收购活动剧烈变革的非凡岁月里,组织经济学和现代公司金融的新的分析工具的运用,重新塑造着相关的法律学识。此种认知已经对公司实践、进而相应地对公司法教学产生着深远的影响,而且该影响力还将与日俱增。本书试图对于有关公司法的旷日持久的政策论辩,进行通俗易懂地介绍,同时对于赋予这些论辩以活力的新的学识背后的重大经济概念,提供一种直观的感受。另外,我们集中精力,广泛援引了有关公司治理的雨后春笋般的实证研究,从而真实地呈现了一幅对于许多学生而言本来相当陌生的制度图景。

正如 Adolph Berle 和 Gardiner Means 所言,公众公司的一项关键特征是所有权与控制权分离:运营公司的管理者,却不是公司的所有者。此种分离带来了大量的组织问题,其原因在于管理者的激励并非总是与所有者的利益保持一致;此类问题经常被称为代理问题。正如本书收录的文献所显示的,诸多公司法律规则的目的正在于缓解代理问题。本书所收录的文献还展示了组织及公司金融的经济理论是如何从不同侧面阐明代理问题,它们还提出了运用法律制度以解决这一主要问题的种种方法。

关于本书的样式,值得一提的是选用文献的排列规则。本人将本书收录的文献当作本人开设的公司法及公司财务课程所用案例教科书的补充。本书的一大匠心在于,它可以成为关于公司法课程的课堂讨论的出发点。与此同时,本书包含着大量的注释和问题,这确保其完全能够被独立自主地使用。本书选摘的文献均进行过大量的编辑以增强可读性。本书略去了原始文献繁复的数学运算,当然,我们在注释部分保留或者加入了简单的算术运算以阐释概念。这样做所带来的一大危险在于,很容易丧失文献的复杂性,而且可能会传递政策制定不存异议这一错误的信息。为了降低这一风险,本人在正文或者随附的注释部分同时选用了立场迥然相异的文献。另外,本书略去了所选摘文献的参考资料及绝大多数脚注。为了增强可读性这一教学方面的利益,本书在一定程度上牺牲了准确性及按图索骥的便利。如果读者深受本书某一文献的启发,可以顺藤摸瓜,通过该文献的原始出处找到该文献,从而详阅相关论辩及参考文献。

如果没有 Cathy Briganti 的大力协助及 Albert Romano 的不懈鼓励和支持,本书绝无可能付梓。对于他们的感谢,我无以言表;唯一能够做的,就是在这里道出这一事实。

纽黑文
1992 年 10 月
罗伯塔·罗曼诺

目　录

1 公司与资本市场的理论 / 1
　A. 公司理论 / 5
　　公司理论：管理行为、代理成本与所有权结构 / 5
　　　Michael C. Jensen 和 William H. Meckling
　　交易成本经济学 / 10
　　　Oliver E. Williamson
　　公司所有权 / 15
　　　Henry Hansmann
　　公司、合同及财务结构 / 22
　　　Oliver Hart
　　美国公司融资的政治理论 / 29
　　　Mark J. Roe
　　注释及问题 / 32
　B. 资本市场的理论 / 41
　　漫步华尔街 / 41
　　　Burton G. Malkiel
　　公司融资 / 53
　　　Stephen A. Ross, Randolph W. Westerfield 和 Jeffrey F. Jaffe
　　事件研究与法律：第一部分：技巧与公司诉讼 / 65
　　　Sanjai Bhagat 和 Roberta Romano
　　漫步华尔街 / 73
　　　Burton G. Malkiel
　　注释及问题 / 81

2 公司的法律特征：有限责任 / 92
　有限责任与公司 / 93
　　Frank H. Easterbrook 和 Daniel R. Fischel

2　公司法基础

　　公司理论中的有限责任 / 101
　　　Susan E. Woodward
　　公司侵权中的股东无限责任 / 104
　　　Henry Hansmann 和 Reinier Kraakman
　　注释及问题 / 109

3　**公司法的制定** / 117
　　A. 公司注册的州际竞争 / 120
　　　关于公司法州际竞争的论辩 / 120
　　　　Roberta Romano
　　　特拉华州公司法偏向利益集团的理论 / 126
　　　　Jonathan R. Macey 和 Geoffrey P. Miller
　　　公司法州际竞争的神话 / 129
　　　　Marcel Kahan 和 Ehud Kamar
　　　特拉华州的竞争 / 134
　　　　Mark J. Roe
　　　非公司制企业和特拉华州的策略 / 136
　　　　Saul Levmore
　　　注释及问题 / 144
　　B. 公司法的结构 / 159
　　　公司合同 / 159
　　　　Frank H. Easterbrook 和 Daniel R. Fischel
　　　公司法的强制性结构 / 167
　　　　Jeffrey N. Gordon
　　　公司法强制性与赋权性的平衡：一篇关于法官的作用的论文 / 174
　　　　John C. Coffee, Jr.
　　　公司的默认规则和菜单发挥着什么作用？——一项经验研究 / 176
　　　　Yair Listokin
　　　注释和问题 / 182

4　**公司融资** / 191
　　融资合同：一项关于债券合同条款的分析 / 193
　　　Clifford W. Smith, Jr., 和 Jerold B. Warner
　　杠杆收购中债权人——股东利益冲突的合同解决方式 / 199
　　　Kenneth Lehn 和 Annette Poulsen

积极投资者、杠杆收购和破产的私有化 / 201
　　Michael C. Jensen
风险资本机构的结构与治理 / 203
　　William A. Sahlman
关于股利的两种代理——成本解释 / 209
　　Frank H. Easterbrook
注释及问题 / 211

5　内部治理结构：董事会 / 227

A. 董事会 / 229

公司治理 / 229
　　Oliver E. Williamson

关于公司法的实证研究 / 236
　　Sanjai Bhagat 和 Roberta Romano

公司董事会的人性：法律、标准及独立和责任的意外后果 / 238
　　Donald C. Langevoort

注释和问题 / 247

B. 董事违背义务的责任 / 258

股东诉讼：缺乏根基的诉讼？/ 258
　　Roberta Romano

股东诉讼的新视野：以收购为导向的集团诉讼 / 269
　　Robert B. Thompson 和 Randall S. Thomas

早早提起诉讼，然后搭便车：特拉华州的法律是如何（错误地）塑造
　　股东集团诉讼的 / 282
　　Elliott J. Weiss 和 Lawrence J. White

派生诉讼的公共维度和私人维度 / 289
　　Robert B. Thompson 和 Randall S. Thomas

预测公司治理的风险：来自董事及高管责任保险市场的经验证据 / 292
　　Tom Baker 和 Sean J. Griffith

缺位的公司治理监督者：董事及高管责任保险的保险人 / 306
　　Tom Baker 和 Sean J. Griffith

是否"非法"即意味着"犯罪"？：关于美国法中侵权与犯罪的界限逐渐
　　消逝的反思 / 315
　　John C. Coffee, Jr.

公司犯罪立法：一项政治经济学的分析／321
　　Vikramaditya S. Khanna
注释及问题／329

6　内部治理结构：股东投票和行使话语权／346
A．股东投票权／348
　公司法框架下的投票／348
　　Frank H. Easterbrook 和 Daniel R. Fischel
　具有拘束力的捆绑做法：双重类别的普通股及股东选择的问题／354
　　Jeffrey N. Gordon
　增加股东权力的情形／359
　　Lucian Arye Bebchuk
　董事中心主义和股东解任权／369
　　Stephen M. Bainbridge
　股东控制权的收益神话／373
　　Lynn A. Stout
　新的投票权购买：空洞投票及隐藏（形变的）所有权／377
　　Henry T. C. Hu 和 Bernard Black
　注释和问题／382
B．话语权的行使：机构投资者在行动／391
　少即是多：使机构投资者的积极行动成为一种有价值的公司治理机制／391
　　Roberta Romano
　公司治理及公司控制权中的对冲基金／402
　　Marcel Kahan 和 Edward B. Rock
　对冲基金行动主义、公司治理与公司业绩／411
　　Alon Brav, Wei Jiang, Frank Partnoy 和 Randall Thomas
　行事积极的股东的信义义务／415
　　Iman Anabtawi 和 Lynn Stout
　公司治理指数的前景与风险／421
　　Sanjai Bhagat, Brian Bolton 和 Roberta Romano
　注释和问题／429

7　内部治理结构：高管薪酬／448
高管薪酬／449
　Kevin J. Murphy

高管薪酬计划的激励和税收效果 / 455
  Clifford W. Smith, Jr. 和 Ross L. Watts
无须考虑业绩的薪酬支付：关于若干问题的反思 / 459
  Lucian A. Bebchuk 和 Jesse M. Fried
高管薪酬：如果存在问题，该如何补救？关于"薪酬讨论及分析"的例子 / 470
  Jeffrey N. Gordon
无须考虑业绩的薪酬支付及经理权力假说：一项评论 / 478
  Bengt Holmstrom
授予股东关于高管薪酬的权力以及众议院第1257号"股东关于高管薪酬的表决法案" / 486
  Steven N. Kaplan
薪酬话语权投票及CEO薪酬：一项来自英国的实证研究 / 491
  Fabrizio Ferri 和 David Maber
注释及问题 / 495

8 外部治理结构：公司控制权市场 / 513

A. 理论和证据 / 515

合并与公司控制权市场 / 515
  Henry G. Manne
收购：原因及后果 / 517
  Michael C. Jensen
混业合并的管理层动机：降低风险 / 520
  Yakov Amihud 和 Baruch Lev
关于公司收购的盲目自大假设 / 521
  Richard Roll
公司控制权市场：自1980年以来的经验证据 / 524
  Gregg A. Jarrell, James A. Brickley 和 Jeffry M. Netter
20世纪80年代的敌意收购：公司专业化的回报 / 527
  Sanjai Bhagat, Andrei Shleifer 和 Robert W. Vishny
关于合并的新证据和新视角 / 530
  Gregor Andrade, Mark Mitchell 和 Erik Stafford
杠杆收购和私募股权 / 540
  Steven N. Kaplan 和 Per Strömberg
注释及问题 / 552

6　公司法基础

　　B. 管理层的信义义务及反收购策略 / 576

　　　　目标公司的管理层在回应收购要约时的妥当角色 / 576
　　　　　　Frank H. Easterbrook 和 Daniel R. Fischel

　　　　在要约收购的防御中寻求竞争性出价 vs 纯粹的消极无为 / 580
　　　　　　Ronald J. Gilson

　　　　促成竞争性要约收购的情形：回应及拓展 / 583
　　　　　　Lucian A. Bebchuk

　　　　公司控制权市场：自 1980 年以来的经验证据 / 585
　　　　　　Gregg A. Jarrell, James A. Brickley 和 Jeffry M. Netter

　　　　第二代州收购立法的财富效应 / 590
　　　　　　Jonathan M. Karpoff 和 Aul H. Malatesta

　　　　敌意收购的未来：立法和公众意见 / 596
　　　　　　Roberta Romano

　　　　IPO 的章程条款最大化了公司价值？IPO 中的反收购保护 / 604
　　　　　　Robert Daines 和 Michael Klausner

　　　　注释及问题 / 614

9　证券监管 / 636

　　A. 披露监管 / 639

　　　　强制性信息披露和投资者保护 / 639
　　　　　　Frank H. Easterbrook 和 Daniel R. Fischel

　　　　市场失灵及强制性披露制度的经济基础 / 646
　　　　　　John C. Coffee, Jr.

　　　　监管成本与收益的考量：证券市场中的若干概念问题 / 648
　　　　　　J. Harold Mulherin

　　　　作为代理问题解决方案的强制性信息披露 / 657
　　　　　　Paul G. Mahoney

　　　　公司治理背景下的证券欺诈：关于联邦主义的反思 / 666
　　　　　　Robert B. Thompson 和 Hillary A. Sale

　　　　注释及问题 / 673

　　B. 内幕交易监管 / 685

　　　　内幕交易、10b-5 规则、披露和公司隐私 / 685
　　　　　　Kenneth E. Scott

内幕交易的监管 / 689
  Dennis W. Carlton 和 Daniel R. Fischel
内幕交易的替代安排 / 693
  Ian Ayres 和 Joe Bankman
注释及问题 / 701

C. 应当由谁来监管？/ 708
赋予投资者权力：证券监管的市场路径 / 708
  Roberta Romano
作为监管者的证券交易所 / 718
  Paul G. Mahoney
规范投资者而不是发行人：一则以市场为基础的建议 / 726
  Stephen Choi
SEC、散户投资者和证券市场的机构化 / 736
  Donald C. Langevoort
注释及问题 / 740

10 比较公司法 / 746
外部融资的法律决定因素 / 747
  Rafael La Porta, Florencio Lopez-de-silanes, An-drei Shleifer 和 Robert W. Vishny
法律渊源的经济后果 / 754
  Rafael La Porta, Florencio Lopez-de-silanes 和 An-drei Shleifer
公司法的自我实施模式 / 767
  Bernard Black 和 Reinier Kraakman
强大证券市场的法律和制度前提 / 771
  Bernard S. Black
公司治理及所有权的路径依赖理论 / 782
  Lucian Arye Bebchuk 和 Mark J. Roe
公司法历史的终结 / 788
  Henry Hansmann 和 Reinier Kraakman
注释及问题 / 797

识于偶然，止于永远
  ——译后记 / 809

1

公司与资本市场的理论

本章提供了一个理解公司法的框架。A 部分"关于公司的理论"所精选的经典文献,解释了为什么个人要以组建公司的方式来开展经济活动,为什么某些制度安排会如此流行。这些文献还表明,公司的经营所处的市场影响着其组织结构。公众公司的关键市场是资本市场。其原因在于,成立公司这种商事组织的一种解释是,这样可以更为便利地获取资本。正如第 2 章所探讨的,公司所拥有的股份自由转让和股东有限责任特征,使其更容易获得资本的青睐。B 部分介绍了当代公司融资的概念构成。如果不掌握那些基本概念,就不可能理解资本市场的运作,进而也无法理解证券交易于那些市场的公司。

在新古典经济学中,公司是一只体现了生产功能的黑箱。虽然公司拥有客观的盈利最大化的目标,新古典经济学关注的是公司整体而不是单个公司的行为(市场)。然而,本章所选择的关于公司理论的文献,采用的是更为微观的分析视角,对公司展开了深入的分析,并且对于不同的主体及其利益,予以细致的甄别。

Michael Jensen 和 William Meckling 关于公司的分析,以七十年前 Adolph Berle 和 Gardiner Means 发现的当代美国公司所有权与控制权相分离这一关键的组织问题为基础:公司的所有权(股份)并不掌握在管理公司的人手中(Berle and Means, *The Modern Corporation and Private Property*, New York: Macmillan, 1932)。这一分离使得股东与管理者的利益产生了潜在的分野,在研究文献中,这被称为本人-代理人的问题。因而,公司未必一定能够谋取最大的利益。正如 Jensen 和 Meckling 所解释的那样,管理者将孜孜以求于自身的福利(对生活的满意度、快乐和欢愉),这与最大化公司的利润未必一致,因为管理者获得的非金钱收益(例如昂贵的办公设施等在职福利),既不能转化为现金,又无法为非管理者的所有者所拥有。另外,管理者可能并不会对其工作殚精竭虑(也就是说,偷懒也是种非金钱收益)。

　　Jensen 和 Meckling 强调了代理问题的组织后果:必须付出时间和精力来设计一套制度,使得管理者的利益与所有者偏好保持一致。这些耗费被称为代理成本。公司法和证券法的诸多方面即可归入这一成本类别,例如财务报表的审计成本。当然,所有权与控制权的分离并不意味着管理者在运营公司时可以完全不顾股东利益。相反,公司法所要求的种种制度安排,也即本书第 5 章和第 6 章所重点关注的内容(例如股东选举董事组成董事会),正是缓解代理问题的机制。第 7 章探讨的高管薪酬激励安排,则是另一个降低代理成本问题的机制。另外,公司经营所处的诸多市场——产品市场、劳动力市场、资本市场和公司控制权市场——也制约着代理成本的产生。例如,如果管理者偷懒或者过度享受非金钱利益,公司生产成本将上升,在产品市场中的竞争力将下降。这将提高资本成本并使经营层面临困境,因为经营绩效低下的公司高管比通常情况下的高管面临更高的失去职位的风险(参见第 5 章 A 部分注释 4 和第 8 章 A 部分注释 1)。第 8 章将分析公司控制权市场在降低代理成本方面的作用(特别是参见选自 Henry Manne 和 Michael Jensen 的文献)。

　　Oliver Williamson 以不同的视角来研究公司。他重点关注由于不确定性及人类自身的机会主义和有限理性这两大约束条件,交易面临着种种复杂情事。机会主义包括以下可能:人们会采取策略行为以牺牲其他人利益为代价而谋求自身利益。有限理性既包括个人在达成交易时获得的信息有限,又包括个人在处理信息方面的能力有限。公司必定会拥有其他另外关键的、可变的交易专属性资产,这些资产对于兑换交易是必需的,但不可被重新利用(也就是说,在次优运用安排中,它们的价值显著低于特定兑换交易中的价值)。出于以下原因,此类资产的所有者容易受到伤害:在交易中,一旦特定的交易主体意识到,此类资产的所有者如不与其发生交易就会遭受损失,则该交易主体会本着机会主义而行事,并会提高交易价格。Williamson 认为,在此种情况下,合同与市场已经无法发挥作用,而保护型的制度安排、规范化的治理结构,对于促进交易则是事所必须。Williamson 认为此种情形普遍存在,并且将公司界定为解决这一问题的治理措施。

　　举一个真实世界中的例子,有助于理解 Williamson 的分析。例如,一家精铝加工厂与铝土岩矿(生产铝的矿石)比邻而居,对于该厂的业主来说,如果能够从这家邻近的矿藏中购得矿石,该厂将实现价值最大化(生产成本最低)。从更远的地方购入矿石,其成本会大大增加,因为还存在运输问题:根据冶炼精铝的程序要求,大量的矿石只能提取一小部分的铝,而且铝土岩体积庞大,难以运输。其结果是,如果精炼者将其加工厂选址于靠近一家特定的矿藏,则该矿藏的所有者可以提高其矿石的价格(提高的幅度可以等于精炼者从更远的矿藏中运来矿石的运输成本)。于是,该精炼厂就是交易专属性资产;不可能无成本地将其拆除并在其他地方重建。在重新选址精炼厂之前,精炼厂所有人面临着铝土岩的竞争性市场,但一旦建成,正如 Williamson 所言,其情形完全不同,因为现在要紧的是精炼厂要和谁进行交易。与邻近的矿石所有者进行交易,比与其他地方的矿石所有者进行交易,要有利得多。这是一个铝土行业的真实而潜在的套牢问题的例子。而的确,要解决这一问题,就必须引入一套复杂的治理结构:垂直一体化整合,也就是精炼厂直接买入矿藏。参见 John Stuckey, *Vertical Integration and Joint Ventures in the Aluminum Industry* (Cambridge, Mass.: Harvard University Press, 1983)。

Henry Hansmann 在 Jensen 和 Meckling 强调的市场和监督成本之外,将所有者的集体决策成本引入为一项关键变量,从而拓展了公司组织的交易成本分析。所有者之间的利益同质性降低了决策成本。这一见解有助于解释为什么绝大多数的公司都由股东、而不是员工所有。

Oliver Hart 发展了公司的产权理论。该理论认为,在合同不完备的情况下,以所有权实现对资产的控制,是公司组织活动的理论基础。在此种缔约环境下,资产所有权获得了正确的投资激励,否则在未曾预见、或者合同中未予明确约定的偶然事件发生之后,这种激励可能会被事后进行的合同重新谈判行为所扭曲。就资产专属性、不确定性以及不完备信息(Williamson 的有限理性)所导致的套牢问题而言,产权理论与交易成本经济学息息相关;也就是说,Williamson 认为,由于交易的种种特征而要求引入诸如公司这种复杂的治理结构,这些特征也是导致合同不完备的因素。

在 A 部分的最后选摘了 Mark Roe 的作品,其阐释的公司理论,并没有在很大程度上挑战前述理论。Roe 质疑了公众公司所有权与控制权相分离是否具备经济依据,相反,他认为,公司的组织结构在很大程度上是一种政治构造,该构造源于"主流的"公司经营层成功地获得了立法的支持,抑制了金融机构积极行使股份所有权。

本章的 B 部分以 Burton Malkiel 关于现代投资组合理论的概览作为开端,该理论对于"不要把所有的鸡蛋放在一个篮子里"进行了系统的阐述。多元化降低了风险,而没有同比例地降低收益,因为精心配置的投资组合消除了特定公司的独特风险。因而,未进行多元化投资的投资者经受的处罚是,他们承担着不必要的、得不到补偿的风险。

选自 Stephen Ross, Randolph Westerfield 和 Jeffrey Jaffe 的作品,引入了有效市场的概念。如果股价充分反映了所有可获得的信息,则资本市场是有效率的。正如 Ross 等人所称,美国的股权市场是有效的。这一见解对于公司法而言至关重要,因为有效率的资本市场极大地驱动着管理者以股东的最大利益而行事。在有效率的市场中,如果公司作出的决定未能最大化股份价值,则其会抑制公司的股价,进而提升了公司管理者被董事会免职或者在公司控制权变更中失去职位的可能性。在对证券市场监管绩效进行评价方面,市场效率也是一项重要的指标,本书第 9 章将探讨这一问题。

Sanjai Bhagat 和 Roberta Romano 对于摘自 Ross 等人的文献中提出的事件研究法的机理,进行了更为深入的研究,并且对于如何妥当运用该方法提供了指引。有效市场假说的一个分支学说——事件研究法对于公司行为或者其他影响公司的行为之于股价的影响进行了测算。学者、监管者和诉讼中的私人主体在进行政策分析时广泛运用了这一方法,试图计算投资者是如何判断特定事件之于公司财产的影响的。

本部分最后选摘了 Malkiel 的著作,对于行为金融学这一相对较新的领域进行了探讨。行为金融学试图运用心理学家、特别是 Daniel Kahneman 和 Amos Tversky 的研究所揭示的试探法或者心理捷径,解释了投资者为什么会作出相应的投资组合的选择。众所周知的常识以及多年来股票市场的大起大落表明,投资者在作出决策时并非总是理性的。行为金融学正式确立了这种直觉,它强调指出,运用心理捷径经常会导致次优的投资决策:例如,它们会使投资者对于信息过度反应或者反应不足。如果此类投资者决定市场价格,则它将表明,有效市场假说并不正确,而且源于古典投资组合理论(公司股价源于公司的基础价值,也就是公司资产创造正现金流的能力)的理性的资产定价模型,无法准确地预测价格。正如本书所阐释的,行为金融学与古典金融学的关键区别在于,诸如对冲基金等专业投资者开展的对冲交易,能否抵消个人投资者非理性交易的影响,从而使股价反映公司的基本面,最终实现市场的效率(该活动被称为套利行为,摘要及后面的注释会对其进行更精确的界定)。

A. 公司理论

公司理论:管理行为、代理成本与所有权结构[*]

MICHAEL C. JENSEN 和 WILLIAM H. MECKLING

我们将代理关系界定为一项合约,在这项合约中,一个或者更多的人(委托人)聘请他人(代理人)代表其开展某些活动,包括把一定的决策权委托给代理人。如果在该关系中,双方均意在谋求各自的最大利益,则我们有很好的理由相信,代理人无法总是本着委托人的最大利益而行事。委托人可以建立适当的代理人激励机制,并提高监督成本以约束代理人的越轨行为,从而制约此种偏离其利益的行为。另外,在某些情况下,也可以将这种代理关系构造为:在代理人动用资源(保证成本)以保证其不会实施有损委托人利益的特定行为时,代理人将获得补偿;或者代理人实施了此类行为时,委托人将获得补偿。然而,无论是委托人还是代理人,通常都无法在不耗费成本的情况下,确保代理人作出在委托人看来是最优的决定。在绝大多数代理关系中,委托人和代理人都会产生正的监督和保证成本(包括非金钱和金钱成本),另外,在代理人的决策和那些最大化委托人福利的决策之间,会存在一定程度的偏差。此种偏差给委托人带来的福利减损换算成美元的数额,也是代理关系的一种成本,我们将后一种成本称为"剩余损失"。鉴此,我们将代理成本界定为以下数额的总额:

1. 委托人的监督费用[1],
2. 代理人的保证费用,
3. 剩余损失。

---

[*] 本文最早发表于 *Journal of Financial Economics*, vol. 3, Michael C. Jensen and William H. Meckling, "Theory of The Firm: Managerial Behavior, Agency Costs, and Ownership Structure," 第305—360页, Copyright Elsevier (1976)。本书获许将其重印。

[1] 本文所使用的"监督"这一术语,不仅包括测算和监督代理人的行为。它还包括委托人通过预算约束、薪酬政策和营运规则等"控制"代理人的行为所付出的种种努力。

由于股东与公司管理者之间的关系符合纯粹的代理关系的界定,我们发现,在所有权分散的现代公司中,与"所有权与控制权相分离"相关的问题与一般的代理问题存在紧密的关系,这并不奇怪。

概述

在这部分,我们将持有公司100%剩余索取权的公司管理者的行为,与该管理者将部分剩余索取权卖给外部人之后的行为进行比较,进而分析外部股权对于代理成本的影响。如果一家独资公司由所有者自己经营管理,则该所有者将本着最大化其福利的方式来作出经营决策。这些福利不仅包括所有者可以获得的金钱回报,而且还包括创业活动所带来的种种非金钱收益,例如委任高管、惩戒雇员、确定慈善捐赠的种类和数额、与雇员的人际关系("爱"、"尊敬"等等)、使用性能超级优越的计算机、从朋友那边购入产品,等等。种种金钱收益与非金钱收益的最佳组合(如果不存在税收)将在以下情况下达成:当一美元的支出增量(按生产效应的净值计算)所产生的边际效用,对于每一个非金钱项目均是如此,并且等同于一美元的税后购买力(财富)增量所产生的边际效用之时。

如果所有者兼管理者卖出其在公司中的部分股份(股东按比例分享公司利润,并承担有限责任),则所有者兼管理者与外部股东之间的利益分化,会产生代理成本,因为所有者兼管理者从公司中攫取非金钱利益以满足其个人私利,但其只需承担因此产生的一部分成本。如果管理者只拥有95%的股份,他将动用公司资源以谋求个人私利,直至在此方面多花一美元的公司资源所获取的边际效用,等于另外的九十五美分(而不是一美元)在普通购买力方面的边际效用(也就是其承受的财富递减的份额)之时。* 就其本身而言,此种情形可以通过加大投入以强化外部股东的监督来加以制约(但或许无法彻底消除)……只要股权市场能够预见这些情形,所有者将承担这些预期成本对其财富造成的不利后果。潜在的少数股东会意识到,他们与所有者兼管理者之间存在某些利益分化,因而他们愿意支付的价格,将反映出监督成本以及管理者与其利益分化所带来的影响。然而,所有者眼下会忽视不利于其财富的外在因素,只要把

---

* 因为在公司财富减损的份额中,持股95%的所有者兼管理者本身要承受95%的财富份额的减损。——译者注

公司中的权利转化为普通购买力所带来的财富增长[2]足以抵消那些成本,他仍会发现承担这些成本是合算的。

随着所有者兼管理者在公司中的权利份额下降,他对经营结果所享有的权利份额也随之下降,这往往会激励着其以谋求各种福利的方式来侵吞更多的公司资源。这也使得少数股东愿意耗费更多的资源来监督其行为。因而,随着所有者在公司中所持权利份额的下降,其在股权市场上筹集其他现金的资金成本将随之上升。

我们还应当继续阐述,将所有者兼管理者与外部股东之间的代理冲突,界定为管理者倾向于从公司资源中攫取福利以供个人享用。然而,我们并不是想说,这是唯一的冲突或者甚至这是最为重要的冲突。的确,最为重要的冲突或许源于以下事实:随着管理者持股份额的降低,其付出巨大努力以寻找新的盈利项目等创造性活动的动机趋于减弱。事实上,他会避免从事此类风险活动,其原因仅仅在于,就其个人而言,要掌握这一项目或者钻研关于这些项目的新技术过于麻烦或者过于费力。对于他来说,规避这些个人成本以及相伴相随的焦虑感,也是一种在职福利,而这会导致公司价值大大低于如果不出现这些状况时的情形。

监督和保证活动在降低代理成本方面的作用

在实践中,耗费资源来改变所有者兼管理者攫取非金钱收益的机会,通常是可行的。这些手段包括审计、正式的控制制度、财务约束以及建立使管理者与外部股东利益结合得更为紧密的激励型薪酬制度等等。

对于外部股东而言,其付出的预期未来监督成本的现值每增加一美元,公司的特定权利之于他们的价值将降低一美元,他们在决定愿意以什么最高价格买入公司的特定股份时,会将这一因素考虑在内……公司价值的总增长,体现为所有者的财富,但所有者的财富增长幅度将低于前者,因为他此前已经享用了一些非金钱利益。

究竟是谁实际上承担了监督费用,这并没有什么差别——在所有情况下,都是以所有者财富减少的方式,完全承担了这些成本。假如所有者兼管理者可以动用资源向外部股东作出保证,保证他会约束给公司增加(某一具体数额的)成本的行为。我们把因此产生的费用称为"保证成

---

[2] 用于消费、财富的多元化,或者更为重要的是,用于其舍此别无其它途径参与的"可盈利"项目的投资。

本",而且他们会采取以下形式的合同保证:由公众会计师审计其财务账目,管理者明确保证不从事违法行为,通过合同对管理者的决策权予以限制(这会给公司带来成本,因为这些合同约定在制约管理者损害股东利益而谋求个人私利的同时,也限制了其充分施展才华来为公司营利)。

如果保证成本完全在管理者的掌控范围之内……则他会付出这些成本……而这将会限制其福利……这一问题的解决方案与外部股东的监督如出一辙。只要管理者发现这些保证成本给其财富带来的净增长(降低了代理成本,因而增加了公司价值)高于其放弃的福利,他就会认为这于其有利。根据我们的假定,在这两种情况下,当保证成本产生了与监督成本同样的机会时,这两种情形[在同样的时点上]都会达致最优的安排。当然,一般说来,只要边际效益大于边际成本,所有者——管理者实施保证行为,并且签署允许实施监督的合同,都是合算的。

管理者运营的公司的帕累托最优[3]和代理成本

一般说来,我们既可以看到保证行为,又可以看到外部监督行为,其背后的动机在于,这些行为的强度会满足效率要件。然而,这并不必然导致公司运营达到价值最大化。在零监督和保证成本(因而零代理成本)条件下的有效率的方案……与……存在正的监督成本条件下的公司价值之间的差别,是我们此前在导言中界定的总的代理成本。它们就是"所有权与控制权相分离"的成本……针对我们高度简化的问题的前述解决方案表明,只要监督成本是正值(肯定如此),代理成本就会是正值。

管理者享用前述福利而减损的公司价值,只有在相对于我们可以零成本地使代理人遵循委托人意愿、或者在相对于假想中的代理成本更低的环境下,它才是"非最优的"或者是低效率的。然而,这些成本(监督和保证成本,以及"剩余损失")是代理关系中不可避免的。另外,由于这些成本完全由创建这一关系的决策者(在这种情况下是初始所有者)承担,后者有激励将其最小化(因为其会获得降低这些成本所带来的收益)。另外,在所有者兼任管理者的公司中,只有在其创建这些代理关系所获得的收益超过代理成本本身时,才会产生这些代理成本。在我们现在这个例子中,这些收益源于可盈利的投资的可行性,而且该项投资所需的资本

---

[3] 帕累托最优或者帕累托效率是一个技术术语,它是指这样一种状态:没有一种改变能够在改善一个人待遇的同时不会恶化另一个人的待遇。——编者注

投资超过了初始所有者的个人财富。

影响偏离理想的效益最大化的程度的因素

前面探讨的代理成本的高低,因公司不同而各有差异。它取决于管理者的品位、管理者在决策时可以在多大程度上按其偏好行事而不是追求公司价值的最大化,以及监督和保证行为的成本。代理成本还取决于计算和评价管理者(代理人)经营业绩的成本,设计并运用与所有者(委托人)福利息息相关的薪酬指标体系的成本,以及设计及执行具体行为准则或政策的成本。当管理者并不拥有公司的控制性利益时,控制代理成本还取决于管理者市场。其他潜在的管理者带来的竞争制约着公司获得管理者服务的成本(包括特定的管理者能够在多大范围内偏离监督与保证成本为零的条件下的最优方案)。偏离度(代理成本)与替换管理者的成本直接相关。

外部融资的风险及需求

我们用来解释……公司资本结构中存在小股东的模型表明,所有者兼管理者如果要寻求外部融资,他首先将全部财富投入于公司。其原因在于,他这样做可以规避其他外部融资所带来的代理成本。这一分析表明,所有者兼管理者在将100%的个人财产投入公司之后,才会寻求外部融资。然而,这种后果却与我们通常看到的情形并不一致。绝大多数所有者兼管理者以多种方式持有个人财产,而且一些人只将相对较少的个人财产投资于其经营的公司。对于所有者兼管理者而言,其分散投资可以被解释为风险厌恶及进行最优的投资组合。[4]

如果不同资产的回报之间并不存在完美的关联度,个人可以将其财产投资于诸多不同的资产项目(也就是多元化),从而降低投资的风险。因而,将全部财产投资于单个公司(他自己的公司)的管理者,通常会遭到福利损失(如果他是风险厌恶者的话),因为他承担的风险超过了必要的程度。当然,他也愿意付出代价来规避这一风险,而达成这种多元化目标的成本,即为前文所称的代理成本。随着他降低持股比例,他的财富会因此而减损,因为潜在的股东会将这些代理成本考虑在内。然而,管理者规避风险的愿望,仍会促使其选择成为少数股东。

---

[4] 风险厌恶及多元化的概念,在 Malkiel 的选择理论及本章第二部分的"注释及问题"注释1中,会有详细的解释。——编者注

交易成本经济学[*]

OLIVER E. WILLIAMSON

交易成本经济学运用合同的视角来研究经济组织。以下诸多问题均与其息息相关:为什么会存在种种不同的组织形式?经济组织的替代模式的主要目的是什么?怎样才能最好地描述关于这些问题的研究成果?尽管说劳动力市场、资本市场、半成品市场、公司治理、监管及家庭组织之间存在明显区别,但是否存在一套普遍性的合同理论,能够解释所有的这些组织?在人力、技术以及程序方面,这样一种普遍性的合同理论所依赖的关键要素是什么?这些追问是交易成本经济学研究的核心命题。

背景情况

主要事例

经济组织服务于诸多目的。经济学家认为这些目的包括垄断和有效率地承担风险。有时,人们(特别是经济学家以外的人们)会认为,权力以及与此相关的收益,是经济组织的主要目的。而且,一些人会认为,"社会制度和安排……是法律、历史或者政治力量的偶然结果"。

区分核心目的和辅助目的,有利于推进对复杂制度的研究。交易成本经济学提出并且发展完善了以下观点:节约成本是经济组织的核心命题。

行为假设

许多经济学家认为,行为假设是无关紧要的。这反映了以下一种被广泛认可的观点:假设的真实状况是无关紧要的,一套理论是否富有成效,取决于其后果……然而,尽管交易成本经济学准备接受这种方法特有的可辩驳后果的(相对的)检验,仍然可以认为行为假定是重要的——尤其是因为它们界定了合同理论的可行的研究范围。

契约人与利益最大化者的正统概念有所不同,其差异表现为以下两个方面:其一,契约人面临着有限理性的条件;其二,契约人比其经济人前身更容易受到程度更深的、更为棘手的自利动机的影响。

交易成本经济学的两项假定是,有限理性假设及自利假设,这也可能引发诈欺行为。特别是,经济代理人可以选择性地披露和歪曲信息。因

---

[*] 本文发表于 *Handbook of Industrial Organization*, vol. 1, Oliver E. Williamson, "Transaction Cost Economics," 第 135—182 页, Copyright Elsevier (1989)。本书获许将其重印。

而,有可能产生蓄意误导、掩盖事实、造成混乱与使人迷惑等种种情形。这种自利特征有时被称为机会主义,有时被称为道德风险,而有时则被称为代理问题。

有限理性和机会主义都着眼于重新调整关注的焦点,并且有助于区分可行的与不可行的合同模式。极端复杂以及绝对幼稚的合同模式,都被妥当地排除于可行的合同模式之外。因而:

1. 不完备合同。虽然假定(拥有或者不拥有私人信息的)经济主体能够事先进行全面的谈判,当然不无助益而且分析起来也很方便,但有限理性这一条件却使其不可能发生。在现有可行的条件下,所有的合同都是不完备的。因而,事后的合同就具有特别重要的经济意义。在这种情况下,研究哪些结构有利于漏洞填补、争端解决、适时应变等等,就成为经济组织问题的一部分。尽管这些制度在交易成本经济学分析问题的框架中起着重要的作用,但在全面的事先谈判的假定中,它们却被忽略(事实上是被压制)掉了。

2. 作为承诺的合同。关于合同的另一个方便的概念是假定经济主体会可靠地兑现其承诺。然而,在机会主义心理的驱使下,经济主体不会忠实地履行承诺。而只要存在机会主义风险,事前采取措施来审查经济主体的可靠性,甚至事后采取保护措施以阻遏机会主义行为,就具有不同的经济意义。因而,那些迄今为止被认为存在问题的组织行为,如果将其交易成本的特征考虑在内,通常被视为是为了实现重要的节约目的。

法律中心主义 vs. 私人秩序

一个通常的(有时是默示的)假定是,财产权界定明晰,法院分配正义不存在成本。

如果……合同各方通常能够"创设出理想的争端解决方案,且这种方案优于在有限信息的约束下运用一般规则的专业人士所设计的方案",……则最好将法院指令视为背景因素,而不是争端解决的关键场所。* 虽然就最终的诉请目的而言,法律中心主义(法院的法令)不无助益,但它让位于私人秩序。这与本人前面提及的不完备合同/事后治理手段紧密相关。

---

* 作者的意思是,不必时时依赖法院来解决争端,而应主要由合同各方自行创设争端解决方案。——译者注

交易成本经济学的运作

交易技术

在经济学意义上,摩擦被称为交易成本:就该类强调合作[1]的交易而言,交易各方关系是否和谐?抑或经常产生误解和冲突,以至于带来种种延误、关系破裂和其他重重障碍?在交易成本的分析方面,必须对不同的治理结构的计划、调整和监督任务的实现的比较成本,展开细致的研究。

将交易作为分析的基本单位,简化了对交易技术的评估。于是,问题的关键在于:区分交易的主要维度是什么?一种可证伪的推断源于以下假定:特征各不相同的交易,以不同的方式(差别体现在节约交易成本方面)运用于成本和权限各不相同的治理结构之中。

交易成本经济学用来描述交易的主要维度是:(1)交易发生的频率;(2)这些交易面临的不确定性的程度和种类;以及(3)资产专用性的条件。虽然这些维度都很重要,但交易成本经济学诸多可证伪的推断特别看重最后一条。

资产专用性。资产专用性是指在不牺牲生产价值的条件下,资产被配置给其他使用者以及被用于其他用途的程度。

资产专用性至少有五种形式:(1)地点专用性,例如一系列地点彼此位置接近,以便节省库存和运输成本;(2)物质资产专用性,例如用于生产零部件的专用模具;(3)通过边干边学而形成的人力资产的专用性;(4)特定用途的资产,一般的工厂根据特定客户的要求而单独投入特定目的的资本所形成的专用性;以及(5)商标品牌资本……每一类专用性结构的分支各有不同。

根本的转换。所有门派的经济学家均认为,首次谈判能够达成什么交易条款,取决于是否有一家以上符合条件的供货商进行了未经串通的出价。如果符合条件的供货商只有一家,则会形成垄断条款;而如果符合条件的供货商有多家,则会形成竞争性条款。

---

[1] 新古典经济学的特质是,在大量的交易中,交易者之间无须展开有意识的合作。如果各方主体能够安排好自身事务——买方可以从其他渠道买入产品,供应商可以在不损失资产的生产价值的基础上予以重新配置——而且对其他人几乎不会带来成本,则无形之手可以发挥理想的作用。交易成本经济学关注的是纳入双边依赖之后所产生的摩擦。这种活动类型并非无关紧要。

交易成本经济学认为,最初多人出价,并不必然意味着随后会形成多人出价的条件。事后的竞争是否充分有效,取决于系争商品或服务是否获得了交易专属性人力或物质财产的耐久性投资的支持。如果没有进行此类专门的投资,则相对于输家而言,最初胜出的出价方,并未赢得任何优势。虽然它或许可以在相当长的时期内持续供货,但事实上,这只是因为它持续承受着符合条件的竞争对手的竞争性出价压力。然而,一旦对交易专属性资产进行了大量的投资,就不能认为对手们处于平等竞争的地位。在这些情况下,胜者拥有优于负者的种种优势,也就是说,在合约续展期间,平等地位被打破了。相应地,最初众人出价的条件就被有效地转换为双边供应的情形。对于耐久性、交易专属性资产进行重大的信赖投资,会造成胜者一方和负者一方之间的合同不对称,其原因在于,如果持续的供货关系被终止,会损害经济价值。

因而,原来千人一面的缔约过程,就被双方主体的彼此身份起到重要作用的缔约取代了。一方面,如果专用资产用于其他用途,供货商无法获得同等价值;另一方面,如果购买方希望从外界获得成本最低的供货,他也必须劝诱潜在的供货商进行类似的专门投资。因而,显而易见,各方都有激励来解决问题而不是终止合同。经济活动的组织差异非常普遍。

一个简要的合约框架

一般的视角。假定商品或者服务的提供,可以通过两种技术中的任何一种来完成。一类是通用目的技术,另一类是专用目的技术。专用目的技术要求对特定交易的耐久性资产进行更多的投资,而且在满足稳态需求方面更富有效率。

我们将 k 设定为计算特定交易资产的数值,于是,在运用通用目的技术的交易中,$k=0$。相反,在运用专用目的技术的交易中,$k>0$。在这种条件下,资产被用于满足主体的特定需求。因而,如果此类交易被过早终止,则会牺牲生产价值。前文述及和下文将详细阐述的双边垄断条件适用于此类交易。

虽然经典的市场合约……满足 $k=0$ 的交易类型,但如果交易中有巨额专用资产面临风险,孤立无援的市场治理关系就会因此陷入困境。合同主体有激励采取防御措施来保护后一种交易的投资。我们假定 s 代表此类防御措施的强度。如果没有采取任何防御措施,则 $s=0$;而如果作出了防御的决定,则 $s>0$。

图 1.1 显示了与这一描述相一致的三种合约结果。三个节点各代表一种价格。为有利于在不同节点之间进行比较,假定供货方(1)风险中立;(2)在任一技术条件下均准备供货;并且(3)只要能够预期保本,愿意接受任何防御条件。因而,节点 A 属于通用目的技术($k=0$)条件下的供应关系,其中,预期保本价格为 P_1。专用目的资产交易($k>0$)支撑着节点 B 的合同,并且没有采取防御措施($s=0$)。预期保本价格为 $\bar{p}$。节点 C 合同也运用了专用目的技术。但由于买方在该节点上向供货方提供了防御措施($s>0$),节点 C 的保本价格 $\hat{p}$ 低于 $\bar{p}$。

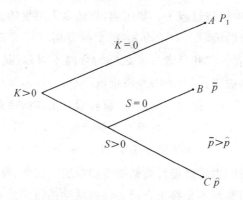

本人提及的保护性防御措施通常会采取以下三种形式的一种或多种。第一种是重新配置激励措施,通常包括为防止提前终止合同而采取的某种形式的解约金或者罚金安排。虽然它很重要,而且在诸多正式的缔约文化中,它居于中心地位,它的作用却相当有限。第二种是以私人秩序取代法院的法令。这种方式充分考虑到了合同的不完备性;而且通常会提供不同的争端解决平台(仲裁就是个例子)。第三,交易可以融入到更为复杂的交易网络之中。这里的目的是更好地确保交易意愿的延续性,并帮助主体进行应变。适例之一是将一买一卖的单边交易关系扩大为互相买卖的双边交易关系——例如通过协调一致运用互惠安排——从而能够达成交易风险的均衡。在某些联合所有权形态下求诸集体决策,即为适例之二。

概括说来,在图 1.1 设定的合同框架内,节点 A、B 和 C 具有以下性质:

1. 在通用目的的资产($k=0$)有效支持下的交易,位于节点 A,不需要保护性治理结构。它面对的是一个竞争市场,只需要在市场上分别签订合同即可。

2. 涉及大量专用资产投资的交易($k>0$),只有进行双边互惠交易,交易才更有效率。

3. 位于节点 B 的交易没有防御措施($s=0$),因此其预期保本供应价格高昂($\bar{p}>\hat{p}$)。此类交易往往因赖以进行的合同不稳定而变动不居。

它们可能会转回至节点 A(在这种情况下,特定目的技术将被通用目的[$k=0$]技术所取代),它们也可能转向节点 C(通过引入合同防御措施,从而鼓励运用 $k>0$ 的技术)。

4. 位于节点 C 的交易引入了防御措施($s>0$),因而受到保护,免受被侵害的风险。

5. 因为价格和治理结构具有关联性,合同主体就不要再企盼鱼(价格低廉)和熊掌(无需防御措施)可以兼得了。在更为一般的意义上来看,从整体上研究缔约的方方面面,这才是重要的。无论是事先议定的合同条款,还是事后执行合同的方式,都随着投资特征及交易所处的相关治理结构的差异而各有不同。

公司所有权[*]

HENRY HANSMANN

一个理论框架

理论概述

大体说来,公司可以由客户之外的人所有。[1] 此类公司可以完全通过借款来满足其资金需求,并以借入的资本从市场买入其他生产资料,并且在市场上卖出产品。所有人仅仅有权控制公司,并获取其(正的或负的)剩余收益。然而,此类公司极为罕见。公司的所有权通常掌握在那些与公司有其他交易关系的人们手中。显然,其原因在于,所有权关系可以用于降低一些成本,而如果仅仅通过简单的市场缔约,这些交易无法避免发生这些成本。

更为特殊的是,在出现通常被称为"市场失灵"的条件下,例如产生

---

[*] 重印自 Henry Hansmann, "Ownership of the Firm," *Journal of Law, Economics, and Organization*, 1988, vol. 4, issue 2, page 267, 本部分内容的重印获得了牛津大学出版社的许可。

[1] 一切与公司发生交易的人,包括公司产品的购买者或者一些生产资料的提供者,也包括资本提供者,都被称为客户。——编者注

市场权力或者信息不对称的情况下,市场上的缔约成本将特别高昂。在这种条件下,有时可以通过以下方式来降低交易的总成本:将买卖双方整合进所有权关系之中,从而消除了买卖双方之间的利益冲突。而这些利益冲突本来会产生或者强化市场上的缔约成本。

然而,所有权也会产生大量的成本。而且,正如我们接下来所要讨论的,对于不同种类的客户而言,这些成本将迥然不同。如果所有权配置的后果是,所有客户的交易成本的总和达到最低,则会实现最大的效率。这意味着,那些非所有人的客户的市场缔约成本,加上被配置以所有权的那些类别的客户的所有权成本,总和将会最低。

市场缔约的成本

虽然导致市场交易成本高昂的因素繁多,但通常会存在三类典型的问题,而且这些问题通常可以通过将所有权分配给相关客户而得以缓解。

市场支配力。将所有权分配给特定类型的客户的显著原因在于,由于相对缺乏有效的竞争,公司拥有相对于那些客户们的一定的市场支配力。在这种情况下,如果该类客户拥有公司的所有权,他们不仅可以避免因将价格设定为高于边际成本而带来的效率损失,而且还可以避免此类价格带来的更大的私人成本。

事后的市场支配力("锁定")。这种问题通常发生于以下两种情况之中:一是当客户必须进行大笔的特定交易投资以缔结交易关系时;二是当情况十分复杂,以至于一开始不能就交易的某些因素作出规定,必须事后依赖经验来解决时。一旦此类交易关系已经达成,客户们在一定程度上已经被锁定,在情况有变而且公司想重新谈判以达成有利于公司自身的交易条款时,客户们丧失了无成本退出的选择权。而公司所有权归于客户,则会降低此类机会主义行为的动机。现在,此种考量因素被广泛认为是公司之间进行纵向整合的重要激励……它还有助于解释为什么所有权会被拓展至所有类别的客户们。

信息不对称。最后,如果就公司的经营绩效而言,公司拥有的信息显著多于其客户,则也存在高昂的缔约成本。客户拥有所有权,也降低了公司利用此种信息优势动机。

所有权的成本

为了便于分析,我们可以将绝大多数所有权的成本概括为以下三类:

监督。如果作为企业所有人的客户希望对公司的管理层实施有效的控制,则其会产生以下成本:(1)了解公司运作的成本;(2)彼此之间沟通以交换信息并作出决策的成本;以及(3)将其决策施加于公司管理层的成本。被 Jensen 和 Meckling 贴上"监督成本"标签的这些成本,因客户类型不同而差异悬殊。例如,当有关客户人数相对较少,而且住得彼此比较接近,离公司也相对较近,在一个较长的时期内,客户与公司定期发生重复交易,则相对于客户与公司之间交易的价值而言,这些交易成本比较低,只是他们花费的一小部分。

同样重要但更不为人所熟知的是,对于特定类型的客户而言,管理者机会主义成本的存在,或许使得根本不拥有所有权是合算的。也就是说,由于特定类型的客户不能进行有效的监管,因而其对公司的控制力度,与仅仅通过与公司的市场交易所达到的控制力度相比,实际上高不了多少,但我们并不能因此而认为客户无法从对公司享有所有权中获得大量收益。……通过拥有所有权,论争中的客户们可以确信,公司经营层无须对其他类型的所有者群体负责。

集体决策。当公司的所有权由多个类别的客户分享时,必须设计一套集体决策的机制。虽然一些合作组织采取一人一票的做法,但最为常见的情形是,按照出资数额高低来分配投票权。

作为汇聚客户群体偏好的手段,此类集体决策机制相较于市场缔约方式而言经常会产生大量的成本。

虽然影响这些成本高低的因素众多,一个根本的因素是:在开展公司事务时作为所有者的客户之间的利益偏差有多大。当相关客户的利益大体相同(例如当他们以类似条件买入类似数量的同一种类商品时),与集体决策有关的成本自然就低。然而,如果这些条件不存在,相对于市场交易而言,这些成本可能就很高昂。另外,这些成本的表现形式各有不同。

首先,即使没有一位客户采取策略行为,集体决策的结果可能也会导致无效率的决策,因为该决策未能最大化所有客户的整体福利。

进而言之,在面临异质利益时,集体决策的过程本身也会带来高昂的交易成本。由于个人有着强烈的动机来结成联盟,并按其意愿转移利益,形成并打破此类联盟也会消耗相当的精力。

另一方面,即便客户们的利益差别相当大,只要存在一些平衡该利益的简单明了的标准,与集体决策相关的成本也会较低。例如,如果可以方便地分别计算每一客户带给公司的净收益,那么,即便客户个人与公司之间的交易在性质和规模方面存在重大差异,根据计算结果对净收益进行分配,既自然又不会引发争议。

风险承担。前述讨论的焦点是与所有权的第一项因素(控制权的行使)息息相关的成本。但成本同时还与所有权的第二项因素有关:体现剩余收益的索取权。其中最为明显的是承担企业风险的成本,而它通常反映在剩余收益之中。相对于其他人来说,公司的某一类客户在承担风险时可能处于更为有利的地位,例如,他们通过多元化来降低风险。于是,将所有权配置给这些客户会带来重要的经济效应。

在这方面,另一个重要的、同时也是少被人提及的考量因素是,与特定类别的客户进行市场谈判有时会产生相当大的风险,而这些风险本可以通过将所有权配置给这些客户而避免。当客户必须与公司进行长期交易,以至于他们之间的合同条款变成就未来偶发事件的赌博时,情况极可能就是这样。

投资者所有的公司

市场缔约的成本

由于当今资本市场竞争异常激烈,市场权力绝少会激励着贷款人成为借款公司的所有者。相反,信息不对称和锁定问题,极大地激励着将所有权配置给投资者。

在理论上,公司可以借入其所需的全部资本,而所有人无需投入任何资本——无论这些所有人是否为公司另一类客户或者本来与公司不会发生任何交易的第三方。如果在实践中贷款合同条款可以约束所有者,使其将借入的资金投至效率最高的项目,而且在所有贷款获得偿付之前其只获得固定利率的回报,则这种方法是可行的。但拟定并执行这种合同无疑极其困难。在缺乏此种合同条款的情况下,所有者有动机采取机会主义行为,向自己分配从公司收益看来不正当的股利(或者福利),或者(更难监管的是)所有者将贷款收益投向于高风险项目,项目所获得的收益过高地流向所有者,而项目可能产生的损失则过多地流向贷款人。

如果要求所有人对全部贷款提供担保,则可以有效遏制所有者实施以上行为的动机。如果贷款的收益投向于非特定组织的资产,则赋予贷款人对那些资产享有留置权或者对那些资产的直接所有权(这使得贷款变成实物贷款,也就是说,公司的资产是租借来的……)可以方便地实现这一目的。然而,正如其他人已经认识到的,当贷款收益的某些部分投入到组织专属性资产中时(情况通常如此),问题就更大了。可能的解决方案是,要求所有者以其个人财产或者未来收入作为担保物,对贷款提供个人担保。事实上,特别是在小型公司中,这种做法颇为常见。然而,如果是大型公司,则因为所有者类型众多,采用这种措施非常麻烦。贷款人难以核查诸多担保的价值,而且一旦发生违约,贷款人要取消众多小额保证人的抵押品的赎回权,成本也过于高昂。

所有权的成本

由投资者拥有所有权,一个明显的好处是分散风险。投资者所有的公司的另一个优点是,所有者的目标明确而且单一:最大化投入的每一块钱的公司收益的净现值。的确,由于税收地位或风险偏好的差异,投资者会对什么是最适当的财务政策产生分歧。但是,如果投资者自行对公司进行分类投资,甚至在某种程度上也可以消除这些差异。

另一方面,投资者拥有所有权的公司的一大弊端在于,投资者通常无法对公司经营实施有意义的监管,特别是投资者为了利用大的资本池以分散其风险而使公司资本来源于大量相对较小的投资者群体时,这种情形更为突出。

因而,我们可以从此类公司的成功中得出以下结论:所有者的直接监督与控制,对于企业的有效行为,并没有决定性的重要意义;考虑到上述其他成本因素,在这方面作出权衡与取舍,通常是值得的。根据此种观点,在投资者拥有所有权的股权分散的公司中,投资者在公司实施机会主义行为时之所以能够获得诸多保护,是因为该公司中不存在与其利益相背离的其他所有者。然后,正如前面所提到的,这或许会是一种重要的保护机制,它使得公司付出管理层懈怠的成本是值得的。

雇员拥有所有权的公司

在诸如法律、会计、投资银行和管理咨询等专业型服务行业中,雇员拥有所有权的公司是主流的组织形态。在诸如出租车、垃圾回收等一些其他的服务行业中,这种公司形态也相对普遍……而另一方面,在服务业之外,雇员拥有所有权的公司通常遗世独立,而且在投资者拥有所有权的公司显然占主导地位的行业中,它们在竞争中通常寿命很短。少数的例外之一是三夹板制造业,在美国的西北太平洋地区,大概有24家劳动合作制的三夹板制造公司长期存续。

所有权的成本

几乎在所有的行业中,雇员都比其他类别的客户更容易处于监督公司管理层的有利地位。他们的绝大多数收入通常来源于与公司的劳动关系；他们与公司的运作保持着日常的接触，并且在某些方面所知甚多；另外，他们还更容易被组织起来作出集体决策。当然，这并不表明典型的车间工人对公司的营销及资本投资有很多了解。然而，他或者她获取并运用此类信息（或者确定、选任代表并使其负有责任来获取并运用此类信息）的机会及动机，通常强于（例如）公司的顾问或冷漠的投资者。

另一方面，风险承担的成本通常并不利于雇员所有权。对于那些资本密集型的公司而言，这一点特别明显……此类公司中的雇员兼所有者如果自己不投入大量的资本，则会面临高昂的资本成本。然而，在他们所服务的公司中投入大量的资本，将导致其人力资本及其储蓄的整体多元化程度非常低——这是经常被提到的雇员所有权所面临的问题……于是，并不奇怪的是，在最适合设立此类公司的那些行业中，例如法律和会计行业，他们的一大特征是雇员的人均组织专属资产较低。然而，许多服务行业，例如零售行业和建筑行业，劳动力高度密集，但投资者拥有所有权的公司仍然占据多数。

确实，看起来，即使在劳动密集型行业中，风险承担也是雇员管理的公司的一大相对劣势。因为雇员通常无法通过同时服务于数家公司而实现收入来源的多元化，把公司的所有权交给投资者看起来就具有优势，他们可以向雇员提供就业保障及合同确定的薪酬。然而，或许是因为议定切实可行的长期雇佣合同存在种种困难，即便在投资者拥有所有权的公司中，雇员事实上通常承担着很大的被辞退风险。因此，雇员拥有所有权的公司的风险承担特点，看起来并不能解释该类公司的稀缺性。

相反，事实上，所有老字号的雇员拥有所有权的公司中，一个真正引人注目的共同特点是雇员的利益高度同质，而看起来这一点也最为清晰地将这些公司与那些投资者拥有所有权的公司区分开来。特别是，看起来工作及技能的同质性相当重要：在所有雇员均为合作企业成员的劳动合作企业中，雇员在公司内部承担大致相同的任务的合作企业，运作绩效似乎最为良好……三夹板合作企业通常遵循着一套严格的原则：所有雇员兼所有者平等取酬。公司的管理者不是合作企业的成员，而是由雇员兼所有者聘任。雇员兼所有者通常可以承担管理者之外的任何工作，因为它只要求半熟练工。工作的安排通过招标制度来完成，更资深的雇员通常拥有优先权，而且雇员经常轮换工种……这种制度强化了平等取酬规则,并且降低了雇员之间的利益冲突:在所有雇员承担、或者最终将承担同样的工作时,公司的决定对他们的影响是相似的。

在雇员拥有所有权的公司中,如果雇员承担了不同的工作,则看起来公司能够分类支付工作报酬相当重要。其中显见的原因是,这样做既可以有区别地分配公司收益,又可以将摩擦降到最低。因而,当律师事务所的一些合伙人明显比其他人工作时间更长,技能更高,或者带来了更多的客户时,律所可能会运用以生产率为指标的公式来确定报酬。而只有在针对雇员个人付出的回报很容易观测时,这种公式才切实可行。正如在律师事务所中,这种工作量可以按每个客户获得的小时数而得出的账单来计算。相反,难以想象的是,如何能够为绝大多数大型商事企业的管理者设计出以生产率为基础的薪酬计算公式,更不用说不同的管理者自身就公式的术语达成共识了。

此种利益同质性的考量,显然是以下现象的重要原因:正如前述,雇员拥有所有权的公司看起来不会产生于生产率难以计算的行业中,相反,它们会产生于员工生产率相对容易计算的行业中。因而,垃圾回收人员、出租车司机和专业服务人员更容易设立雇员拥有所有权的公司,而蓝领工人或者白领工人可以组成一个大的工作团队,但却不易设立此类公司。事实上,存在明显层级或者雇员兼所有者有着劳动分工的雇员拥有所有权的公司中,极难发现成功的例子。

不存在所有者的公司:非营利企业

有时,市场谈判与所有权成本之间的冲突如此剧烈,以至于将所有权交给任何一类人都不可避免地造成严重的效率损失。在这种情况下,通常会发展出事实上不存在所有者的非营利公司,以作为一种权宜的安排。

更为具体地说,在非营利公司出现的场合,两种情况经常相伴相随。首先,公司与其某些类别的客户(通常是公司的客户群)之间会产生非常严重的信息不对称问题。其结果是,让这些客户之外的任何人充当企业的所有人都会使后者有动机并有可能剥削客户们的利益。然而,第二点,同样的客户如此的确定,以至于有效控制公司的成本相对于其与公司的交易价值而言,高得无法接受。这一问题的解决方案是创建没有所有者的公司——或者,更为准确地说,创建一家管理者充当受托人的公司。本质上,非营利公司选择对经营层实施更为严格的信义约束,而且放弃了完全所有权的种种利益。

最为常见的是，导致市场谈判不足以保护客户利益的信息不对称问题之所以产生，是因为公司的客户们要么是购买了服务提供给第三方（例如购买食物给非洲饥饿的儿童）——在这种情况下，客户们实际上无法观测公司的绩效——要么出资购买公共服务（例如购买公共广播服务），在这种情况下，他们无法观测其个人支付所购买服务的边际效用的增量。（在这些情况下，我们通常将客户们称为捐赠者）。

公司、合同及财务结构*

OLIVER HART

概述

假定两家公司 A 及 B，并且假想 A 公司打算收购 B 公司。则试问以下问题：A 公司用它的钱换得了什么？至少在法律的意义上，对这一问题的答案显得很简单：收购结束之后，A 公司获得了 B 公司的资产，也就是说成为了 B 公司资产的所有者。包括 B 公司的机器、存货、建筑物、土地、专利权、客户名单、著作权等，也就是说，B 公司的所有实物资产或者非人力资产均属其中。服务于 B 公司的员工的人力资产则不在此列；考虑到不存在奴役制度，这些员工的人力资本在收购之前和收购之后均属于其本人所有。

为什么实物资产或者非人力资产的所有权关乎大局？其答案在于，在合同不完备之时，所有权是权力之源。为了更好地理解这一点，我们可以注意，不完备的合同会存在漏洞，会遗漏一些条文或者表述含糊不清，因而未对非人力资产使用的某些方面予以规定的情形一定会出现。例如，通用汽车（General Motor）和费希—博德（Fisher Body）车身制造商之间订立的合同，可能会在费希机器的保养政策的某些方面留下空白，或者没有规定费希生产线的速度以及每天轮班的次数，或者，关于通用汽车是

---

* *Firms, Contracts, and Financial Structure* by Oliver Hart ((c) Oliver Hart 1995)，节选自第 2、3 和 4 章。本部分内容的重印，获得了牛津大学出版社的许可。

否可以改进它的生产流程从而更方便接受费希的投入也没有规定。[1]

考虑到合同无法对所有情况下的资产运用的各个方面作出规定,谁有权确定遗漏的条款呢?根据产权理论的视角,系争资产的所有者拥有此种权利。也就是说,资产的所有者对于该资产拥有剩余控制权:有权以不违背前期合同、习惯或者法律的任何方式来确定资产的使用。事实上,拥有剩余控制权实际上被认为是所有权的定义。这与对于所有权的更为标准的定义不同,根据后者,所有人拥有资产的剩余收益而不是剩余控制权。

请注意,关于所有权的这一见解看起来与常识相吻合。例如,假定我将汽车租给你6个月,而在这一期间,你想在车里安装一个CD播放器。我们通常会认为,如果合同对此没有约定,则你必须征得我的许可;也就是说,改变汽车内部状况的剩余权利属于作为所有者的我,而不是作为承租方的你。进而言之,即便合同的确规定了CD播放器的安装事宜,但仍然有大量的事件和行为没有为合同所涵盖,在这些方面,你仍然需要获得我的许可。

因而,在通用汽车(General Motor)和费希车身制造商的例子中,如果这两家公司是独立的,则通用汽车有权决定是否调整其生产流程,而费希公司则可以决定其自身的生产线、每天的轮班次数、或者其机器的维修。(这里的假定是,合同对这些事项未予规定。)另一方面,如果通用汽车收购了费希公司,则通用汽车可以作出前述所有决定。最后,如果费希公司收购了通用汽车,那么所有的这些决定均掌握在费希公司的手中。

在分析不同的所有权安排的经济后果时,对于关系专属性投资的扭曲这一合同不完备的成本之一予以关注,无疑大有裨益。假定通用汽车和费希的初始合同规定,费希向通用汽车每天提供一定数量的车身。设想一下,如果通用汽车的市场需求增加,它就会要求获得额外的车身。同时假定最初的合同或许因为难以预测需求增加的情形,而对此未设规定。如果费希是一家独立的公司,则通用汽车必须确保获得费希的同意,才能

---

[1] 相反,完备的合同会详细规定所有资产在各种情况下的使用方法。例如,合同会规定:应当用以下方法来运用机器1(机器1的按钮1应当置于"开"的位置;机器1的按钮2应当置于"关"的位置;机器1的标度盘3应当位于45度……);应当用以下方法来运用机器2(机器2的按钮1应当置于"关"的位置;机器2的按钮2应当置于"开"的位置;机器2的标度盘3应当位于60度……),等等。而不完备的合同不会——也不可能——包含如此细致的规定。

够增加车身的供应。也就是说,合同再协商的起点是费希不提供额外的车身。通用汽车无权进入费希的厂房,安装生产线以提供额外的车身;费希作为所有权人,拥有剩余控制权。这种情形与费希是通用汽车的子公司或者分公司的情形迥然不同,在后面的情形中,通用汽车拥有费希的工厂的所有权。如果费希经营层拒绝供应额外的车身,那么通用汽车就有权解聘经营层、另聘他人接管工厂,进而供应额外的车身(通用汽车公司甚至可以自己临时运营费希公司)。合同重新谈判的起点也因此而大不相同。

非常简单地说,如果费希是一家独立的公司,它的经营层可以威胁称,不会投入费希的资产及其自身的劳动力来满足未议定的车身供应的增加。相反,如果费希属于通用汽车,则它的经营层只能威胁不提供自身的劳动力。而后面这种威胁的力度大大低于前者。[2]

虽然合同再协商的起点或许取决于通用汽车和费希车身属于一家公司还是两家公司,但它并不表明,再协商之后的结果必定不同。事实上,如果额外的车身给通用汽车带来的收益超过了费希提供这些车身的成本,不难想见的是,各方会通过谈判而最终提供车身,而不论其现状如何。[3] 然而,这两种情况下的盈余分配却大不相同。如果通用汽车和费希分属两家公司,通用汽车不得不向费希支付大笔金钱以说服后者供应额外的车身。反之,如果通用汽车拥有费希的工厂的所有权,则它可以低得多的成本来获得额外的车身,因为在这种情况下,费希的经营层谈判和威胁的力量要弱得多。

由于预料到此种盈余分配方式,如果通用汽车拥有费希的所有权,则与费希是独立公司的情况下相比,它更愿意在专用于费希车身制造的机器设备上投资,因为这样降低了被剥削的威胁;例如,正如前述,如果费希的经营层试图攫取过多的盈余,通用汽车总是可以自行运营费希的工厂。然而,费希的动机却恰恰相反。如果费希是一家独立的公司,则它的经营层通常更愿意接受节约成本或提升质量的创新,因为费希的经营层更愿意看到其经营活动所获得的回报。也就是说,如果费希车身制造公司是独立的,则它可以在供应给另一家汽车制造商的车身中引入创新,从而攫

---

[2] 如果对于运营费希的资产而言,费希当前的经营层无可替代,则这两种威胁当然没有什么差别。然而,公司经营层完全不可替代的情形极为鲜见。
[3] 这是科斯定理的运用。

取部分盈余收入。相反,如果通用汽车拥有费希的所有权,则在通用汽车可以拒绝费希的经营层获取引入创新所必需的资产(或者在创新是资产专用性创新而不是管理专用性创新的情况下,通用汽车甚至可以聘用全新的管理团队来实施创新)的情况下,费希经营层面临着创新的价值被部分(或者甚至是全部)剥夺的问题。

总而言之,产业一体化的好处在于,强化了收购公司的关系专属性投资的激励,因为拥有更多剩余控制权的收购公司,可以在事后获得此类投资所创造盈余的更大份额。另一方面,产业一体化的成本是,弱化了被收购公司的关系专属性投资的激励,因为它拥有的剩余控制权更少,因而获得其自身投资所带来的事后盈余增量的份额更低。[4]

…………

非人力资产的作用及权力的性质

[产权]理论的两个基本特征是(i)合同是不完备的;以及(ii)在经济关系中,有一些重要的非人力资产……这些资产可以是"硬"资产,如机器、存货和建筑物等;或者是"更软的"资产,如专利、客户名单、文件、现有合同,或者公司名称或声誉。

为了更好地理解非人力资产的作用,假定"公司"1收购"公司"2,而后者的资产完全属于人力资本。然后试着问以下问题:要防止公司2的雇员可能的集体辞职,应当怎么做?在缺乏任何有形资产(例如,建筑物)的情况下,公司2的雇员甚至不需要在物理上重新安身立命。例如,如果雇员通过电话或者电脑终端(他们自己拥有的资产)沟通联系,他们只需要简单地在一朝醒来之后宣布自己组建了一家新的公司。

要使公司1收购公司2的行为在经济上行得通,公司2必须有一些超越于工人的人力资本的价值,也就是说,必须有一些可以"粘住"公司2

---

[4] 在某些情况下,不管采取什么所有权结构,都可以避免产生剥削的问题。一种可能的办法是各方主体事先商定利润分享规则。然而,由于以下原因,利润分享规则或许不足以鼓励事先的投资:第一,利润可能是无法验证的;例如,一方主体会夸大成本并声称利润低下。第二,在事前合同中,规定费希公司作为通用汽车的分公司可以分享来源于创新的部分收益可能并没有多大意义,因为通用汽车作为费希的所有者可以威胁,除非费希同意放弃其部分利润份额,否则不实施创新。各方可以克服剥削问题的第二个方法是分担投资的成本。例如,如果通用汽车和费希是独立的两家公司,费希可以通过分摊通用汽车最初专用于费希的资产的投资,从而为后来的套牢权力对通用公司进行补偿。

的雇员的价值。这种价值的来源可以是小至一个开会的场所;公司的名称、声誉或者经销网络[5];包含着有关公司运营或客户重要信息的公司文件[6];或者一份防止公司2的雇员服务于竞争者或在离职时带走现有客户的合同[7]。价值的来源甚至可以只是公司2的雇员协商一致以跳槽至另一家公司时所面临的困难。然而,如果没有东西可以将公司绑在一起,公司的存在仅仅是个幻象……于是,A公司的非人力资产,无论它是什么资产,就是指将公司粘在一起的胶剂。

非人力资产的概念也有助于澄清权力的观念。罗纳德·科斯于1937年在其一篇具有开创意义的论文中指出,雇主与雇员之间关系的一个显著特征在于,雇主能够告诉雇员应当做什么,而独立的一方合同主体却必须买通独立的另一方合同主体,以做其想做的事情……然而,正如阿尔钦和德姆塞茨指出,并不清楚的是,雇主拥有支配雇员的权力的来源何在。确实,雇主能够告诉雇员应当做什么,但独立的一方合同主体也可以告诉独立的另一方合同主体应当做什么。有趣的问题在于,为什么雇员会在意而独立的合同主体(或许)并不在意。[8]

当引入非人力资产后,就不难理解雇主与雇员关系和独立的合同主体之间关系的差异。在前面的情形下,如果关系破裂,雇主会带走所有的非人力资产,而在后面的情形中,每一独立的合同主体只会各自带走一些非人力资产。这种差别赋予雇主以影响力。如果 j 能够不让 i 接触 i 赖以创造效益的资产,则 i 比在他能够自己保有这些资产、或者比其他人(例如,k)拥有这些资产(在这种情形下,i 可能会去做 k 要他做的事情)的情况下,更可能去做个人 j 要他去做的事情。**换句话说,对非人力资产的控制带来了对人力资产的控制。**

剩余控制权 v. 剩余收入权

我已经强调了所有权与剩余控制权之间的关系。然而,人们经常指

---

[5] 这种情形或许与报社、杂志社或出版社息息相关。
[6] 这种情形或许与保险公司或律师事务所息息相关。
[7] 这种情形或许与会计师事务所、公共关系公司、广告代理公司或研究与发展实验室、以及律师事务所息息相关。
[8] 正如阿尔钦和德姆塞茨所指出,正如雇主可以告诉雇员要完成什么工作一样,顾客也可以告诉菜贩子应当做什么(以什么价格卖出什么蔬菜)。而且,在这两种情况下,对不听话的制裁(至少表面上)是一致的:拒绝接受将可能导致关系终结。在菜贩子的例子中,它意味着消费者会去另一家菜贩子那里买蔬菜。

出,所有权的一个关键特征在于,资产的所有者有权获得资产的剩余收入。现在,我来考察一番这两个概念的关系。

在论及剩余收入权时,人们面临的一个问题在于,在许多情况下,它的边界并不明晰。例如,如果双方主体签订了利润分享协议……则谁是剩余收入(或利润)请求权人?答案是,双方均是请求权人。考虑到如果利润是可以验证的话(如果利润不可验证,则并不清楚该如何分配剩余利润),原则上拟定利润分享协议的成本并不高,则结论是,剩余收入权不会成为一个健全的或者有趣味的理论概念。

在实践中,通常无法撰写复杂的利润分配协议,而且某一方合同主体(或者某几方合同主体)会被认为是特定资产的剩余权利人。于是,这里的问题在于,这类人同时拥有剩余控制权吗?这一问题的答案是,未必:剩余收入权和剩余控制权并非一定要一对一地捆绑在一起。例子之一是,某些上市公司中,数种类型的股份的投票权各不相同(因而收入权与控制权的比例也因投资者不同而相异),此种安排在美国和英国较为鲜见,但在其他许多国家则司空见惯。第二个例子是合资企业,双方主体恰巧分别持有50%的控制权,但双方的利润分配份额则不相同。第三个例子发生在管理者或者雇员的行为动机是利润驱动或者奖金安排的情况下:在某种意义上雇员是剩余权利人,但可能没有任何投票权。

以上这些例子有些特殊。现在,我举出一些理论的证据来说明,为什么在许多情形下,人们会预期剩余控制权人拥有相当大的剩余收入权,也就是说,为什么剩余控制权和剩余收入权应当经常相伴相随。

首先,如果剩余收入权和剩余控制权相分离,则会带来套牢问题。假定 $M1$ 拥有 $a1$ 资产的控制权,但 $M2$ 拥有绝大部分收入权(在收入可验证的场合)。则 $M1$ 绝少有动机去想出新的办法来对 $a1$ 开发出有利可图的新应用,因为这样做的绝大多数收益归属 $M2$。类似地,$M2$ 也绝少有动机去想出办法来更有效地运营 $a1$ 资产,因为她必须与 $M1$ 协商,才有权将想法付诸实施。简而言之,控制权与收入权相辅相成,因而……将它们分配给同一个人就很有道理。

第二,在某些情形下,可能无法测量(或者验证)资产收益流的方方面面。

第三,在某些情形下,甚至不可能将剩余收入权和剩余控制权相分离。

....

关于套牢问题作用的更多探讨

我已经强调指出,产权研究方法拥有两个关键要素:不完备合同,对于非人力资产的剩余控制权。第一个要素之所以重要,是因为考虑到关系专属投资不可撤回,不完备合同会因此带来套牢问题;而第二个要素之所以重要,是因为它表明,所有权的变更会影响这种套牢问题的严重程度。

值得指出的是,虽然套牢问题是建立产权研究方法的有益工具,但它并非这一方法不可或缺的组成部分。也就是说,即便在不存在套牢问题的情况下,资产所有权通常仍然关乎大局。资产所有权理论所要求的是,经济关系中存在着可为剩余控制权的分配所影响的无效率现象:这种无效率的现象可以是事后的,而不是事前的。在这里,我们还要简要地提及其他一些导致无效率的情形。

1. 一个显见的情形是,假定在日期 1 中存在信息不对称(加上在日期 10 中的合同不完备)……例如,$M1$ 或许知道 $M2$ 供应的小机械之于他的价值,而 $M2$ 却可能不知道;或者 $M2$ 可能知道她的生产成本,而 $M1$ 则可能并不知道。在这些情况下,所有权是要紧的,因为它决定了如果谈判破裂结果将会如何,也就是各方主体的无交易补偿。此外,无交易补偿是重要的,因为考虑到信息不对称,谈判破裂的可能性很高,因而无交易补偿将可能是实际上的收益。

2. 一个简单得多——尽管更有争议——的带来事后无效率的情形是,假定不存在(明确的)信息不对称,但确实存在以下可能:(出于未经说明的原因)$M1$ 和 $M2$ 只是在"日期 1 中无法相处"。假定在这种情形下,他们之间的经济关系不可挽回地走向破裂。(他们彼此不再交谈,而且另寻交易)。在这些情形下,所有权也是要紧的,因为它决定了如果关系破裂谁可以从关系中带走什么资产。

3. 另一个相关的情形是假定,合同各方不是出于机会主义心理,而仅仅是对于资产的不同运用方式会带来什么回报有着不同的见解,因而对于应当如何运用资产存在分歧。另外,谈判无法解决这些分歧……再一次地,所有权又发挥了作用,因为无论谁有权决定资产的运用,他都可以在分歧迟迟未能解决的时候(这种情形有时会发生),决定该如何运用资产。

美国公司融资的政治理论[*]

MARK J. ROE

为什么公众公司(大量零散的股东通过证券交易所买卖其股票)在美国会成为主导性的企业形态?自 Berle 和 Means 以来,这一传统的公司法命题便以技术层面的解答作为开端:因为大型公司所需资本是如此庞大,以至于少数几个人,无论他们多么富有,都无法满足这一需要。因而,这些企业必须从大量的分散的股东中筹集资本。股东自身投资的多元化,进一步分散了所有权结构。

在经典理论中,大型的公众公司之所以胜出,是因为它最好地平衡了经营层控制、风险分担和资本需求之间的关系。在达尔文式的进化过程中,大型公众公司通过以下方式缓解了经营层的代理问题:建立由外部人组成的董事会、由战略决策者组成的管理总部监督公司各部门的运作、建立经营层薪酬激励制度。敌意收购、代理权竞争以及面临这两种情形的威胁,强化了对经营层的约束。而分散的所有权之所以存续,是因为公众公司具有适应性。它们解决了为适应现代技术所需大笔资本而创建的庞杂结构所带来的大量治理问题。根据传统的理论,大型公众公司是在对组织的经济结构作出有效率的反应过程中演化而成的。

在这里,我认为,公众公司不仅是经济或者技术发展的必然结果,同时还是适应政治的产物。规模和技术的理论无法完全解释我们看到的公司范式。大型公众公司在所有权分散的范式之外,还有其他替代性组织范式;其中最为主要的替代性范式是机构集中持股,这在其他国家普遍存在。然而,美国的法律和政治刻意降低了金融机构持有大额股份的权力,而这本来会促使其对公司经营层实施认真的监督,这使得现代美国公司适应了政治领域的需要。因而,现代公司的出身烙上了技术、经济和政治的烙印。

当所有者持有大宗股份时,会产生股东控制经营层的情形。个人绝少拥有足够的财力来购买大宗股份,机构投资者则有此能力。然而,法律仍然对于机构持有大额股份设置了重重障碍。银行,这种拥有金钱最多

---

[*] Copyright © 1991 by the Directors of the Columbia Law Review Association, Inc. 保留所有权利。本文最初发表于 91 *Columbia Law Review* 10 (1991)。本部分的重印获得了许可。

的机构不能持有股份。共同基金通常不能持有控制性股份。保险公司只能将其投资组合中的一部分投资于任何一家公司的股票。养老基金可以持股,但它们同样面临限制。更为重要的是,公司管理者控制着私人养老基金,而不是相反。

而且,我们刚才一一尽数了美国的大型金融机构;没有一家可以轻易且不受任何法律制约地控制产业公司。这是我分析的第一步:法律禁止机构在产业公司中发挥影响,或者提高了其发挥影响的成本。

第二步是分析公司财务结构的政治学。许多法律限制的背后都有热心公益者的支持;而一些规则,如果明智的监管者没有背负政治压力,本来会达成。然而,许多重要的规则并不是为了公众利益着想的……美国主流民众并不需要一个强势的华尔街。阻遏及禁止控制权的法律应运而生。

最大的数家公众公司中,几乎没有一家公司会有一个人能够持有大份额的股份。几乎没有个人能够拥有财富来持有那么大的份额。尽管银行、保险公司、共同基金和养老基金拥有足够多的金钱,他们也没能拥有那么大的份额。

当然,金融机构拥有公司的集中控制权,这种情形也可以想见:日本和德国的公司所有权就相当集中;它们的金融机构比美国的金融机构更为积极地介入公司运营。

在这里,我并非主张,由机构拥有公司的控制权更适合于美国。事实上,机构拥有控制权同样存在严重的缺陷。[1]

四种类型的金融机构居于主导地位:商业银行、共同基金、保险公司、养老基金。它们分别拥有资产32000亿美元、5480亿美元、18000亿美元和19000亿美元。

显然,这些金融机构拥有足够的财力来影响大型的公司。但投资组合规则、反联网规则以及其他分割规则使它们无法系统性地拥有控制性股份。要阐述这一点必须探讨监管的细节,但对于那些不需要了解详情的人而言,我们可以迅速地将这些规则概括如下:银行和银行控股公司被一再禁止持有控制性股份,或者与持有控制性股份的投资银行发生从属关系。保险公司在相当长的一段时期内被禁止持有任何股份,而且投资

---

[1] Roe 在这里提及利益冲突、银行业的不稳定、政治上无法接受的权力的累积以及经营层"俘获"。——编者注

组合规则仍然制约着其获取控制权的能力。共同基金在其投资组合中配置的资产比例,不得达到集中持股的状态;购买高于5%的公司股份,将触发繁冗规则的适用。养老基金受到的限制较少,但它们较为分散;现有规则使其难以联合起来主张控制权。私人养老基金在经营层的掌控之下;它们无力发动一场"宫廷政变",从而主张对其经营层老板的控制权。

尽管存在着种种法律障碍,我们认为,某些试图控制或者影响一家产业公司的金融机构,仍然可以购买大宗股份……而且金融机构也可以成立合资公司来设法获得所有权。

然而,此类合资公司会面临四个问题。首先,并不是所有的组织形态都能够成功。第二,法律对此类合资活动的限制及控制,会使得诸多行为徒劳无功或者成本高昂。第三,金融机构担心他们对公司的控制会遭到公开和批评,并且导致监管的强化。第四,一些金融机构希望通过交易来营利;而证券法禁止大宗股份持有人进行交易。

[除了这些直接禁止金融机构持股的规则会对公司结构产生影响之外,]还会有一些间接的影响:(1)分散的股东必须通过SEC的投票代理权征集机制才能彼此联络;(2)必须将附表向SEC备案;(3)持有一家产业公司10%或者更多股份的集团,面临着承担16(b)条之下的责任的风险,也就是被强制归还所有短线交易的利润;以及(4)打算获得更大影响和控制权的机构,其义务和责任也相应提升。[2]

…………

反对银行的民粹主义情绪……构成了利益集团施加压力以促成分化的背景……小型金融机构在力促金融分化方面,是最为重要的利益群体。小型的银行希望分化起到货币中心作用的大型机构。小型的公司认为小型银行比大型银行提供的服务更好,因而也希望分化。这些利益集团在国会一直都有很大的发言权。

在促进分化的法律通过的背后,以现代的眼光可以发现管理者和雇员的作用,正如在现代反收购的立法通过的背后所能看到他们的作用一样。尽管他们的作用随处可见,但在立法通过之时,他们在分化金融业方面发挥的作用是徒劳无功的……或许有一天,历史学家会发现,20世纪30年代,公司管理者、那些想从华尔街筹集股权资本但又不想失去控制

---

[2]　Roe在这里提及的是破产时的衡平居次(equitable subordination)、RICO责任或者对于被控制实体的债务的揭开公司面纱原则。——编者注

权的当地控股股东以及雇员对分散化都有过松散的支持。然而,不论此种联合是否导致了分化,一旦分化金融行业的法律获得通过,即便在通过时公司管理者未必是支持者,但或许由于管理层是既得利益集团,因此法律通过之后分化的状态依然能够稳定存续下来。法律通过数十年后,管理者会反对有关分化的法律的任何变革,并且在变革过程中仍会施加他们的影响。当大型金融机构与管理者发生冲突时,管理者会向政客寻求帮助,20世纪50年代代理权之争如火如荼之时,他们正是那样做的。管理者请求政客们提高代理权之争的成本,参议院举行了听证会,SEC发布了规则,将机构之间非正式的共同磋商纳入了企业代理权竞争的议程。

这种利益集团的影响未必会反映运营经理和财务经理之间的冲突。财务经理自身或许一直都很乐于接受约束。因为监督是件苦差事;如果所有的财务经理都不要承担这项任务,他们的工作就更为轻松。实际上,利益集团的影响能够反映的是各金融机构之间的冲突。《格拉斯-斯蒂格尔法》将投资银行与商业银行的业务相分离,这被解释为是以下权力博弈的结果:(a) 投资银行经理(bankers),他们想要矮化商业银行经理;(b) 商业银行经理,他们想要矮化投资银行经理;(c) 小城镇的银行经理,它们想要矮化货币中心银行的经理;以及(d) 以交易为导向的货币中心投资银行的新贵,他们想要矮化既有的货币中心投资银行经理。的确,一旦防止金融机构持有富于影响力的股份的法律正式生效,被监管者自身反倒会抵制监管的放松。因为放松监管会引发竞争,而竞争会使既得利益者丧失优势。

注释及问题

1. Jensen 和 Meckling 所讨论的代理问题,也被称为道德风险问题。这一术语源于保险文献,它是指当代理人的行为能够影响事件的后果时,会给被代理人带来问题。例如,保险的购买者驾车会更为冒险,或者不好好照看她的车子,因为她知道如果发生事故或者汽车被盗,保险公司都会赔偿她的损失。而保险公司面临的问题是,当它面临赔偿请求时,无法辨别被保险标的过去是否受到了妥当的照料。类似地,在我们的研究语境中,管理人员的勤勉程度影响着公司的盈利能力,但如果公司经营绩效低下,其原因也可能是管理人员工作勤勉但运气欠佳。保险公司通过保险单免赔额要求被保险人自行承担损失的一部分,从而尝试规制此种逆向激励问题。在公司语境下,类似的做法是股权薪酬激励计划,第7章将集中讨论这一问题。

2. Jensen 和 Meckling 通过比较被 100% 控股和部分控股的公司中所有者会怎样选择金钱收益和非金钱收益水平,从而提出了他们的理论。金钱收益,也就是公司的现金流,由公司的全体所有者共同获取,然后根据持股比例分配给他们。然而,顾名思义,非金钱收益,例如奢华的办公设备等福利,无法由非经营层的所有者享有。相对于被 100% 控股的公司,被部分控股的公司会产生一定的非金钱收益水平,因为所有者兼管理者持股份额的降低,会导致金钱收益和非金钱收益的相对价格发生变化。在被 100% 控股的公司中,金钱收益与非金钱收益彻底地此消彼长,也就是说,金钱收益增长了 1 美元,非金钱收益就减少了 1 美元,反之亦然。这样,所有者兼管理者可以通过获取非金钱收益而完全内化其金钱损失。然而,如果所有者卖出部分股权,例如 50%,则从金钱收益中转出 1 美元给非金钱收益,她仅仅损失了 50 美分(金钱损失由其他股东按持股比例共同分担),而自己却获得了 1 美元的全部非金钱收益。在被 100% 控股的公司中,正数水平的非金钱收益并非没有效率:所有者从收益中获得了福利。例如,她愿意获取更少的现金投资回报,以换得更为舒适的工作环境。

如果一人公司的金钱价值是 100 万美元,而且所有者决定卖出 50% 的股份,那么外部投资者愿意支付 50 万美元(公司价值的一半)以获取该股份吗? Jensen 和 Meckling 的回答是"不"。投资者愿意支付的数额低于 50 万美元,因为他们正确地预料,对于这个唯一的所有者而言,金钱收益和非金钱收益的此消彼长,正在从 1 美元变为 0.5 美元*,因而她获得了大额的非金钱收益,但对于公司而言,这种收益效率低下(也就是说,她获得的收益高于在其选择成为唯一所有者的情形)。在本质上,这项交易将公司的金钱价值降至低于 100 万美元。

3. 所有者兼管理者承担着将股份卖给公众的所有代理成本,因为 Jensen 和 Meckling 的理论构建于投资者理性预期的世界之中:投资者关于未来的预期是正确的。换句话说,客观事件确认了投资者的预期。投资者会预想,公司唯一的所有者兼管理者在卖出股份之后,会攫取更多的

---

* 换句话说,在把 1 美元的公司金钱收益转化成非金钱收益时,作为所有者兼经营者的她获得了 1 美元的福利,而只损失了 0.5 美元的金钱收益,因而净收益是 0.5 美元。——译者注

非金钱收益,相应地,投资者愿意为购买股份支付的金钱将低于这些股份在当前(所有者唯一的情形)非金钱收益水平时的价值(在注释 2 的例子中,价值低于 50 万美元)。股份卖出之后,所有者兼管理者事实上提升了非金钱收益的消费,直至达到外部投资者所能预期的非金钱收益的水平。

加入威廉姆森关于有限理性的假定之后,并不会改变卖出股份的所有者承担交易成本的结论。如果购买者无法预料管理者就其持股比例而言会对非金钱收益作出怎样的此消彼长的安排,则他们对于股份的折价可能会大大高于卖方对非金钱收益进行最优消费时所应达到的水平。于是,卖方就有动机来合并考虑非金钱收益的选择与提升其就股份所能够获得的现金回报;否则,她将不得不去攫取更多的非金钱收益,而不是卖出股份,因为卖出股份的价格更低。如果买方低估了其买入股份之后卖方将攫取的非金钱收益,卖方将不会承担所有的代理成本。

4. 卖出股份的所有者希望最小化部分所有权转让所导致的公司价值的下降。例如,她会耗费资源来获取特定水平的非金钱收益。另外,新的投资者可能会耗费资源来监督所有者兼管理者所消耗的非金钱收益。经审计的财务报表就是公司各方主体承担费用以降低代理成本的例子。Jensen 和 Meckling 关于约束和监督成本的表述的差别,仅仅在于谁承担了最初的成本,也就是说,是卖出股份的所有者还是新的投资者;根据与前面注释 3 同样的推理,在任何一种情况下,卖出股份的所有者最终承担了成本。

5. Jensen 和 Meckling 关于代理命题提出了一个重要的问题,即公司为什么要偏离单一所有者的情形? Jensen 和 Meckling 对于这一问题的答案是,个人财富有限,同时为了个人财富的多元化,必须寻求外部资本,而且有限责任及股份自由转让的公司特征,也促进了投资行为。最初的所有者卖出股份获得的现金给其带来的福利,必须至少等于剩余的代理损失——部分所有权所减损的公司总价值。否则,她的处境不会因为卖出股份而改善,因而公司也将保持被 100% 控股的现状。

进而言之,另一个重要问题在于,如果我们打算偏离单一的所有权范式,会产生什么样的合同? 尽管 Jensen 和 Meckling 并不关心为代理人设定最优的补偿合同,现在大量正式的经济学文献却都在探讨这一问题。关于这些模型的一个绝妙的介绍,参见 Paul Milgrom and John Roberts, *Economics, Organization and Management* (Englewood Cliffs, N.J.: Prentice

Hall, 1992)。相反, Jensen 和 Meckling 却感兴趣于考虑支出哪类费用以缓解代理问题。能够将公司法条文理解为降低代理成本的措施吗？参见第 3 章和第 5 章。

6. 你认为"委托人——代理人"公式在预测组织安排时有多大作用？参见 Mark A. Wolfson, "Empirical Evidence of Incentive Problems and Their Mitigation in Oil and Gas Tax Shelter Programs," in J. W. Pratt and R. J. Zeckhauser, eds., Principals and Agents: *The Structure of Business* 101 (Boston: Harvard Business School, 1985); 以及第 4 章节选自 William Sahlman 的作品。即使在非营利部门中, 也存在看起来旨在缓解代理问题的薪酬合同。例如, 参见 Jay C. Hartzell, Christopher A. Parsons, and David L. Yermack, "Is a Higher Calling Enough? Incentive Compensation in the Church," *Journal of Labor Economics*, Feb. 2010.

7. Berle 和 Means 对于所有权与控制权分离的重要性抱以乐观的看法。他们认为(或者希望)公司管理者热心公益, 像政治家那样管理公司, 使公司满足公众需求。参见 Roberta Romano, "Metapolitics and Corporate Law Reform," 36 *Stanford Law Review* 923 (1984). 根据我们所了解到的情况, 这种关于公司或者人类行为的说法可信吗？如果你正在将钱投资于一家公司, 你希望公司经营层无视你的意愿而为所欲为吗？我们将在第 5 章和第 8 章中研究某些州的收购法律, 这些法律引导董事除了考虑股东利益之外, 还要考虑利益相关者的利益, 这样, 我们就有机会来评估 Berle 和 Means 的愿望的现实可能性。关于 Berle 和 Means 的著述的重新审视, 参见 William W. Bratton, "Berle and Means Reconsidered at the Century's Turn," 26 *Journal of Corporation Law* 737 (2001).

8. Ronald Coase 首先提出、并且在摘自 Hart 的文献中被援引的交易成本经济学的一个经典命题是, 为什么会存在这些公司, 也就是说, 一家商事企业什么时候会选择从市场中买入生产资料, 什么时候会选择在内部生产？Coase, "The Nature of the Firm," 4 *Economica* 386 (1937). 科斯认为, 公司的关键特征是"命令", 也就是说, 通过命令来实现组织内部的生产协调。将交易引入公司内部(例如, 在本章导言中探讨的, 铝矿生产商购买了铝土岩矿, 从而实现了向后的纵向整合)决策的好处在于, 避免了供应商利用敲竹杠的权力来攫取交易专属资产, 但它的弊端在于丧失了市场的强势激励, 也就是通过市场竞争的约束力量来激励效率最高的生产行为。关于交易成本经济学的更为全面的分析,参见 Oliver E. Williamson, The Economic Institutions of Capitalism (New York: Free Press, 1985)和 Oliver E. Williamson, *The Mechanics of Governance* (New York: Oxford University Press, 1996)。

Francine LaFontaine 和 Margaret Slade 梳理了科斯关于公司边界及纵向整合问题的经验文献,这些文献支持了本章介绍的关于公司的三大理论:代理成本(它们称为道德风险模型)、交易成本经济学和产权理论。LaFontaine and Slade, "Vertical Integration and Firm Boundaries: The Evidence," 45 *Journal of Economic Literature* 629 (2007)。前面两种解释的研究交集是有限的,因为正如它们指出,关于道德风险的理论集中关注的是解释前向一体化(生产商将零售商整合进来的向前一体决定),而交易成本经济学则强调后向一体化(制造商将供应商整合进来的向后一体化决定,铝的生产者即为适例)。这些文献的观点可以概括如下:(1) 文献支持着有关向前一体化的道德风险模型的预测,但该理论关于一体化发生于风险增大之后的预测,并没有获得支持;(2) 支持交易成本经济学的"证据拥有压倒性的分量",因为"事实上根据交易成本的分析所作出的预测看起来全部都获得了数据的证实;"(3) 当交易成本经济学和产权理论预测在"制造—或者—购买"的决定方面存在分歧时,产权理论几乎未能获得任何支持;以及(4) 在有关向前一体化的研究中,产权理论获得了一些支持,而且该理论对于有关零售层级的风险与纵向一体化之间的反向关系的道德风险文献所面临的困境,或许还提供了解释。

9. Hart 提到的 Armen Alchian 和 Harold Demsetz 关于公司的理论,集中关注公司中的团队生产,从而完善了科斯关于公司的"命令"理论。公司之所以会产生,是因为许多工作经常是以团队方式来展开,而团队成员的投入难于测量,且无法根据团队的产出来确定其投入。为了降低团队生产的成本,必须有专人来监督团队成员的工作,以确保他们不会偷懒。如果监督者被确认为剩余权利人(也就是说,在其他权利人获得偿付之后,监督者才能从团队产出中获得报酬),则监督者将有动机来管理团队,以降低偷懒行为并使产出最大化。Alchian and Demsetz, "Production, Information Costs, and Economic Organization," 62 *American Economic Review* 777 (1972)。这一出现于其 1972 年文章中的公司理论,将本部分摘录的三个更为完备的公司理论衔接起来:代理成本理论、交易成本经济学理论和产权理论。

10. Williamson 提出了一个抵押品模型(在本摘录中被称为通过一致运用互惠安排而达成的双边交易),维护了交易专属性资产投资方(图 1.1 中的节点 C)的利益,从而构成了一个非标准的商事谈判的例子。在这种情况下,尽管只有一方主体必须投资交易专属性资产以完成交易,但其他主体也进行了交易专属性资产投资(抵押品),一旦后者违约,该抵押品将被另一方没收。Williamson 的抵押品理论的一个关键要素是,该抵押品之于提供方的价值高于其之于接受方的价值。否则,抵押品接受方将有动力来违背合同以获得抵押品。

这一抵押品的概念以中世纪时期国王们交换人质以确保和平的做法作为其分析模型。Williamson 式的抵押品理论的一个古怪例子是 Gilbert 和 Sullivan 的公主 Ida。Ida 公主年轻之时即与 Hilarion 王子订婚,以确保他们家族和睦。但 Ida 公主不愿嫁给 Hilarion 王子,相反却创建了一所女子大学。在国王 Gama 无法按期为公主完婚时,Hilarion 王子前往大学以亲自恳求 Ida 公主(部分出于 Gama 的建议)。Hilarion 王子的父亲、国王 Hildebrand 则软禁着 Gama 及其三个儿子,以作为 Hilarion 安全返回的人质。

11. Williamson 与 Jensen 和 Meckling 运用不同的语言来描述相关现象。例如,Williamson 笔下的机会主义即包括 Jensen 和 Meckling 所关注的道德风险。另外,Jensen 和 Meckling 笔下的保证成本与 Williamson 式的抵押品有共同的特点:保证费用是所有者兼代理人事前承诺不会剥削外部投资者的方法,尽管此类投资之于内部人的价值未必高于外部人。然而,他们关于公司组织的解释的核心部分却并不相同。Williamson 强调指出,公司形式是降低交易成本的机制,对于 Jensen 和 Meckling 而言,风险转移却是关键的因素。虽然 Hansmann 强调,雇员拥有所有权的制造业公司之所以不存在,集体决策成本是最主要原因,但他确实提及,可以将 Jensen 和 Meckling 对于封闭公司的外部所有者的基于风险的解释,自然地拓展运用于解释公众公司:劳动的分工源于对待风险的态度之差异,也就是说,资本提供者偏好风险,而雇员则厌恶风险。本章随后的 B 部分关于风险及投资组合理论的探讨也提出,是直觉推动着如此这般解释公司。

12. Jeffrey Macher 和 Barak Richman 全面地梳理了有关交易成本经

济学的经验研究。Macher and Richman, "Transaction Cost Economics: An Assessment of Empirical Research in the Social Sciences," 10 *Business and Politics* 1 (2008)。自从1976年Williamson发表了第一篇运用交易成本经济学来分析有线电视专营权的文章以来,大约900篇文章陆续发表,它们运用定性和定量研究方法,通过案例研究的方式,对于商事和非商事领域的诸多问题进行了单一行业和跨行业的研究,这些研究运用并且检验着交易成本经济学。这些研究所涉猎的主题非常宽泛,包括卡车和半导体行业、研发投资、公共事业煤矿合同、国防采购合同、农场合同、婚前协议、摇滚乐队等。Macher和Richman对文献的梳理表明,在大量课题研究及诸多学科中,研究者们发现了对于交易成本经济学种种预测的强有力支持,这些预测关心的是不同治理结构(市场、官僚等级及混合安排)对于资产专用性、不确定性及事件发生的频次等交易特征会产生什么影响。虽然他们注意到了未来的研究还有改进的空间,特别是在进一步完善计算资产专用性及机会主义行为的工具方面,改进空间更为广阔。但Macher和Richman下结论称,"经验研究的宽度及数量已经表明,TCE[交易成本经济学]理论的相关性非常宽泛,在诸多学科中均具有可贵的预测力,而且(就其基础而言)具着跨学科的吸引力。"同上,第43页。

13. Oliver Hart在其所举的通用汽车与费希车身制造商重新商议供应更多车身的例子中提及,有可能是结果(车身的供应)与现状(无论它们是一家还是两家公司)无关,这是科斯定理的运用。在法律经济学领域,科斯定理是最著名的命题。它认为,如果不存在交易成本,则在交易中无论法律规则将义务配置给哪一方,交易各方在交易中都会达成同样的结果,而且该结果都是有效率的。Ronald Coase, "The Problem of Social Cost," 3 *Journal of Law and Economics* 1 (1960)。

试想一下科斯所举的邻近洗衣店的工厂的例子。当工厂在生产小机械的时候,它向空气中排放了黑烟,弄黑了洗衣店试图洗净的衣服。根据科斯定理,无论是禁止还是允许排污,无论是工厂有权污染还是洗衣店有权免受污染,都会达成同样的污染水平,而且该结果是有效率的。其理由是,只要交易会产生收益,各方就会达成该交易(请注意,科斯假定谈判成本很低)。例如,假定黑烟给洗衣店造成的损失是2000美元,但工厂能够花1000美元安装设备以消除污染。则在这种情况下,无论谁拥有污染权,工厂排污都是没有效率的,因为避免损害的成本低于损害本身。如果洗衣店有权不受污染,则工厂必须买入设备以消除污染。如果工厂有权污染,则人们会以为结果将有所不同,也就是说,工厂排污而洗衣店遭受 2000 美元的损失。然而,根据科斯定理,无论法律规则如何变化,结果都是一样:洗衣店将向工厂支付 1000 美元以购买防污染设备,而且或许还会额外支付工厂一笔金钱,例如 500 美元,以使其放弃污染的权利。然后,防污染装置将被安装起来,双方境遇将得到改善(洗衣店的损失小于 2000 美元,而工厂则获得了 500 美元的收益)。

虽然在后者情况下结果仍然是有效率的,但法律规则的选择确着有着分配性影响,影响到了各方主体的福利。在前面的情形中,工厂为安装设备买单,而在后面的情形中,洗衣店承担了成本。关于科斯定理的文献卷帙浩繁。一个不错的起点是从法律与经济学的教科书入手,例如 Robert D. Cooter and Thomas Ulen, *Law & Economics*, 5th ed.(Boston: Pearson Education, Addison Wesley, 2008); A. Mitchell Polinsky, *An Introduction to Law and Economics*, 3d ed.(New York: Aspen Publishers, 2003); Richard A. Posner, *Economic Analysis of Law*, 7th ed.(New York: Aspen Publishers, 2007)。

14. Hart 的公司理论的关键要素是非人力资产。根据这种观点,管理团队的重要性体现在什么地方? Steven Kaplan、Berk Sensoy 和 Per Strömberg 研究了由风险资本设立的 50 家公司组成的样本,以及由 2004 年所有的首次公开发行所组成的样本,进而分析了公司特征是如何从早期的商业方案通过首次公开发行演变而成的。这些公司的总收入、资产和市值(样本选择策略所预期的)显著增长,而且尽管公司管理层频繁走马换将,公司的主营业务或者经营理念却相当稳定。例如,就风险资本设立的公司而言,公司设立时在任的 CEO,在首次公开发行阶段只有 72% 仍然在位,而在发布第一份年度报告时,该比例降至 44%,但仅仅有一家公司变更了其主营业务。另外,非人力资产的可转让性越强,人力资本被取代的频率越高。由于样本公司的"非人力资本"——可辨别的经营业务和重要的有形资产、专利和知识产权——"在公司生命的早期即已形成",而且"不会随着人力资本的变迁而消失",Kaplan 等人认为他们的数据与 Hart 的公司理论一脉相承。Sensoy and Strömberg, "Should Investors Bet on the Jockey or the Horse? Evidence from the Evolution of Firms from Early Business Plans to Public Companies," 64 *Journal of Finance* 75

(2008)。他们提请注意的是,他们的研究结果并不表明良好的管理无关紧要,而是说,与补救糟糕的经营理念相比,通过人员更替来补救糟糕的管理更为容易。

15. 与本部分的其他经济理论相比,Roe 的命题对于理解为什么要以公司的形式来组织经济活动是否有帮助?这是他的用意所在吗?所有权与控制权的分离是否或多或少地成为那些理论必不可少的组成部分?如果是的话,在不存在唯一的所有者兼管理者的情况下,所有者是谁是否要紧?你在考虑回答这些问题时请注意,在世界范围内,公司都是商事活动的主流形式,但公司所有权结构迥然相异,金融机构、特别是商业银行介入公司治理的程度也大相径庭。可以将 Roe 的目的理解为并非想在公司的经济理论方面引入竞争者,而是试图对认为美国分散的所有权结构比其他国家的不同的所有权安排更有效率的狂热想法,浇上一盆冷水。在比较公司治理文献中,不同的组织形式的有效性向来是一个争议颇多的话题,本书第 10 章将探讨这一问题。

16. Roe 关于金融机构监管立法的政治分析,在多大程度上是可靠的?他的观点的事实基础如何?他也承认,很少有证据表明,主流的公司管理人士表达了制定监管法的兴趣,更不用说去推动立法了。你认为在什么情况下公众和立法者对于公司管理者的评价会优于银行家?你认为公司管理者在美国政坛的影响力有多大?关于商界之于政治的影响的概述,参见 Mark A. Smith, *American Business and Political Power: Public Opinion, Elections and Democracy* (Chicago: University of Chicago Press, 2000)。政治学文献并没有发现,财力更为雄厚的商业机构比其他群体更可能在推行立法动议方面获得成功。例如,Sarah Binder 报告称,关于利益集团游说能力的最为全面的研究也没有发现证据表明,商业集团的游说(即使未遭到其他群体的反对)影响着法律通过的可能性。Binder, Stalemate: *Causes and Consequences of Legislative Gridlock* (Washington, D.C.: Brookings Institution Press, 2003), p.31. 类似地,Frank Baumgartner 及其同事在研究了政策的变更后发现,诸如商会这些"资源丰富"的组织的介入,促进了资源在另一方的匹配,因而在绝大多数情况下,两边分配的资源是平衡的。Baumgartner, et al., *Lobbying and Policy Change: Who Wins, Who Loses, and Why* (Chicago: University of Chicago Press, 2009), pp.203—213, 232.

17. Roe命题提出的另一个重要问题是,如果他详细阐述的监管限制被取消,那么,金融机构积极介入公司的经营和控制,事实上有没有道理?本书第6章B部分将探讨这一问题。

B. 资本市场的理论

漫步华尔街[*]

BURTON G. MALKIEL

风险的定义:收益的离散度

投资风险是预期的证券收益不能实现的几率,特别是你所持证券的价格下跌的几率。

学术界曾经一度接受这样一种观点:对于投资者而言,风险是与无法实现预期证券收益的几率密切相关的,是未来收益可能出现的波动率或离散度的一种自然量度。故而,金融风险通常被定义为收益的方差或标准差。因为剖析概念会太过冗长,所以我们将运用一个例子来加以说明。如果某只证券的收益率很少(或根本不)偏离其平均收益率(或预期收益率),我们就认为它的风险极小(或不存在)。相反,如果一只证券的收益率每年波动很大(通常在某些年份出现重大损失),我们就认为这只证券是富有风险的。

例子:预期收益与方差:回报和风险的制度

下面这个简单的例子,可以解释预期收益和方差的概念,并展示如何度量它们。假定你购买了一只股票,并预期该股票在不同的经济条件下会获得(如表1.1所示)的总收益率(既包括股利,也包括股价变动带来的影响)。如果平均而言过去1/3的年份里经济形势"正常"、1/3的年份里是无通胀的高速增长、1/3的年份里是滞涨,那么,把过去经济形势出现的相对频度当做未来经济形势可能发生的最佳猜测值(概率)就可能是合理的。由此,我们可以说投资者的预期收益率是10%。投资者1/3的时间里获得30%的收益率,另外1/3的时间里获得10%的收益率,

---

[*] From *A Random Walk Down Wall Street*, by Burton G. Malkiel, Copyright © 2007, 2003, 1999, 1996, 1990, 1985, 1981, 1975, 1973 by W. W. Norton & Company, Inc. Used by permission of W. W. Norton & Company, Inc.

剩下的 1/3 时间里遭受 10% 的损失；这就意味着平均说来他将获得 10% 的年收益率。

表 1.1

经济形势	发生的概率	预期收益率
"正常的"经济形势	1/3	10%
无通货膨胀下的高速增长时期	1/3	30%
伴随通货膨胀的衰退期(滞涨)	1/3	-10%

$$预期收益率 = \frac{1}{3}(0.30) + \frac{1}{3}(0.10) + \frac{1}{3}(-0.10) = 0.10$$

不过,年收益率的波动会很大,波动范围从获利 30% 到损失 10%。"方差"是用来表示收益率离散程度的一个量数,它的定义是每种可能收益率与平均收益率(预期收益率)之差的平方的加权平均。这个例子中的平均收益率刚才已算过,是 10%。

$$方差 = \frac{1}{3}(0.30 - 0.10)^2 + \frac{1}{3}(0.10 - 0.10)^2 + \frac{1}{3}(-0.10 - 0.10)^2$$

$$= \frac{1}{3}(0.20)^2 + \frac{1}{3}(0.00)^2 + \frac{1}{3}(-0.20)^2 = 0.0267$$

方差的平方根被称为标准差。在本例中,标准差为 0.1634。

风险记录：一个长期研究

平均而言,投资者由于承担了更大的风险从而获得了更高的回报率,这是金融领域文献记述最多的命题之一。伊博特森协会(Ibbotson Associates)已对这一命题进行了最为彻底的研究。他们使用的数据涵盖了 1926 年直至 2005 年这一漫长期间,研究结果显示在表 1.2 中。

我们对图表快速一瞥,就可以看出,经过长时间的积累,普通股在总体上提供了相对丰厚的总收益率。包括股息和资本利得的普通股收益,显著超过了长期债券、短期国债所带来的收益,也大大超过了以消费者价格年增长率衡量的通货膨胀率。因此,股票倾向于提供正的"实际"收益率,也就是说,排除通货膨胀影响之后的收益率为正数。然而,这些数据也显示了普通股收益率的波动性非常大,从表中相邻各栏显示的标准差以及收益率范围可以看出这一点。股票收益率的变动范围很大,从获利 50% 多(1933 年)直到几乎产生同样比例的损失(1931 年)。显而易见,投资者可以从股票中获得的异常收益率,是以承担比其他投资工具大得多的风险作为代价的。请注意,小型公司股票自 1926 年以来提供的收益率甚至还要高,但这些收益率的离散度(标准差)相对于股票总体来说也更大。由此,我们再次看到更高的收益率一直与更高的风险密切相关。

其中,在几个五年或更长的时期内,普通股实际上产生了负的收益率。尽管如此,从长期结果看,投资者通过承担更高风险这一方法,还是已然获得了更大的收益。不过,一旦投资者追求的收益率给定,那么就会有很多方法可以减少他们所承担的风险。于是,这就为我们引出了现代投资组合理论的主题。这一理论,业已造就了专业人士投资理念的改革。

表 1.2

基本投资工具	几何平均(%)	算术平均(%)	标准差(%)	收益率分布
大型公司股票	10.4	12.3	20.2	
小型公司股票*	12.6	17.4	32.9	
长期公司债券	5.9	6.2	8.5	
长期政府债券	5.5	5.8	9.2	
中期政府债券	5.3	5.5	5.7	
美国短期国债	3.7	3.8	3.1	
通货膨胀率	3.0	3.1	4.3	

资料来源:伊博特森协会

* 1933 年小型公司股票的总收益率为 142.9%。

降低风险:现代投资组合理论(MPT)

投资组合理论的立论前提是,所有的投资者都是……风险厌恶者。他们想要的是高收益和有保证的投资结果。该理论告诉投资者如何将股票纳入投资组合以便与追求的收益相对应的风险尽可能实现最小化。该理论也对一句存在已久的投资格言给出了严格的数学证明,这句格言说的是,多样化是任何想降低风险的人应采取的一个明智策略。

这一理论是由 Harry Markowitz 在 20 世纪 50 年代创立的。……马柯维茨所发现的，具有风险性（波动性）的股票可以这样的方式放在投资组合当中，组合整体的风险小于其中所有单只股票的风险。

假设我们身处在一个"孤岛"经济体中，只有两个经济部门。第一个部门是一个大型的度假胜地，拥有多个海滨浴场、网球场、高尔夫球场，等等。第二个部门是雨伞制造业。天气对这两个部门的财富收入均产生影响。在风和日丽的季节里，前来度假的游客络绎不绝，但雨伞销量却直线下滑；反之，倘若阴雨连绵，旅游业主的经营便惨淡起来，而雨伞制造者会为高涨的销量和利润雀跃不已。表 1.3 给出了两个部门在不同季节里的假定收益率。

表　1.3

	雨伞制造者(%)	度假胜地业主(%)
阴雨季节	50	−25
晴朗季节	−25	50

我们继续假设，平均而言，全年一半的季节是晴朗季节，另外一半是阴雨季节（也就是晴朗季节和阴雨季节出现的可能性各为 1/2）。一位购买了雨伞制造业股票的投资者，将会发现自己在全年一半的时间可以获得 50% 的收益，另一半的时间里遭受 25% 的损失，平均下来，会获得 12.5% 的收益。这个百分数就是我们所称的投资者预期收益。类似的，投资度假胜地也会产生相同的结果。但无论怎样，投资于两个经济部门中的哪一个，风险都非常高，因为收益率的变动性很大，并且还可能连续出现好几个晴朗或阴雨季节。

不过，如果我们假设一位拥有两美元的投资者不只购买一只股票，而是在两种证券中各投入一美元，那么，在晴朗季节里，投入度假胜地的一美元将产生 50 美分的回报，投入雨伞制造业的另外一美元将损失 25 美分。这样一来，投资者的最终收益将是 25 美分(50 美分减去 25 美分)，也就是两美元的总投资获得了 12.5% 的总收益。

请注意，在雨季出现的结果也是完全一样，只不过两个经济部门调换了一下位置而已。投资于制伞业可以产生 50% 的收益，而投资于度假胜地则会损失 25%。不过，结果却再次证明，多样化的投资策略能让这位投资者获得总收益率还是 12.5%。

这个简单的例子指出了多样化策略的基本优势所在。不论天气怎么变化,不论由此会对"孤岛"经济造成怎样的影响,只要投资者采取分散购买两种证券的投资策略,他就可以确保每年12.5%的收益率。多样化投资策略奏效的关键在于,尽管这两个行业都存在风险(每年的收益率不断变化),但是它们受到天气条件的影响是不同的(用统计学术语来说,两者具有负的协方差)。[1] 只要经济中单个企业的命运之间缺少一些关联性,多样化策略就总是可以降低风险。在上面的例子中,由于两个经济部门的经营状况是完全相反的关系(一方盈利,另一方必亏损),多样化策略就可以彻底消除风险。

当然,世间任何事情都有困难之处,多样化投资方面的难题在于,绝大多数公司经营状况的变化都是同向的。当经济萧条、失业加剧的时候,人们既不会去度假胜地享受阳光,也不会为了点点细雨去购买雨伞。因此,在实践中,投资者不要指望可以像我们刚才所描述的那样完全消除风险。不过,因为公司经营状况的变化不是完全同步的,所以,投资于一个分散化的股票组合,会比仅仅投资于一两只单个证券面临的风险要小。

大多数投资者总会注意到,市场遭受重创时,几乎所有股票都会下跌。然而,至少在某些时期,有些股票以及某些资产类别也确实逆势而动。换言之,这些股票和资产类别与市场之间的协方差为负数,或者说它们彼此是负相关的(两种说法意思完全相同)。[2]

这里真正关键的一点在于,为了获得多元化带来的降低风险这一好

---

[1] 对于我所说的两种证券收益率之间共同变动的程度,统计学家用"协方差"这一概念进行衡量。如果我们用 R 表示度假胜地产生的实际收益率,用 $\bar{R}$ 表示其预期收益率或平均收益率,而用 U 表示雨伞制造商产生的实际收益率,用 $\bar{U}$ 表示其预期收益率或平均收益率,那么,我们可以把 U 和 R 之间的协方差(COV_{UR})定义为:

$$COV_{UR} = 雨季概率 \times (U_{雨季} - \bar{U})(R_{雨季} - \bar{R}) + 晴季概率 \times (U_{晴季} - \bar{U})(R_{晴季} - \bar{R})$$

根据前述收益率表格和预期概率,我们代入相关数字,可得:

$$COV_{UR} = \frac{1}{2} \times (0.50 - 0.125)(-0.25 - 0.125)$$
$$+ \frac{1}{2} \times (-0.25 - 0.125)(0.50 - 0.125)$$
$$= -0.141$$

只要两只证券的收益率同向变动(一只上升,另一只也总是上升;反之亦然),那么它们的协方差将是个较大的正数。如果两种证券收益率的变化方向完全相反,正如本例所示,那么我们就说两种证券的协方差为负。

[2] 相关系数是决定协方差的主要因素。

处,相关系数并非必须是负数。Markowitz 为投资者的钱包作出了巨大贡献,他证明了只要不是完全正相关,无论在何种情形下都可以潜在地降低风险。

投资多元化并不能消除所有风险——虽然多元化在我虚构的孤岛经济体中消除了所有风险,因为所有股票往往齐涨共跌,同喜同悲。因此,在投资实践中,多样化只会降低部分风险,而不是所有风险。三位学者——前斯坦福大学教授 William Sharpe、已故金融学家 John Lintner 和 Fischer Black,将学术智慧聚焦于确定证券风险中哪些风险可以通过多元化消除、哪些风险不能消除。他们的研究成果便是著名的资本资产定价模型。1991 年,Sharpe 因在这一领域作出了突出贡献而和马柯维茨共同荣膺了诺贝尔经济学奖。

资本资产定价模型背后的基本逻辑是:承担通过多元化可以分散掉的风险不会获得任何风险溢价收益。因此,为了从投资组合中获取更高的长期平均收益,你必须相应提高投资组合中不能通过多样化分散掉的风险的水平。

β 值与系统性风险

系统性风险,也可以称为市场风险,记录了单个股票(或投资组合)对市场整体波动的反应。有些股票和投资组合对市场的变动十分敏感,而另一些则较为稳定。这种对于市场变动的相对波动性或敏感性,能够通过历史数据估算出来,而结果就是众所周知的……希腊字母 β。……从根本上说,β 就是对系统风险的数字表述。不论其中涉及的数学处理方法多么繁杂,β 测量法背后的基本思想就是要将一些精确的数字置于资金管理者多年来形成的主观感觉之上。计算 β 值实质上就是在单只股票(或投资组合)的变动与市场整体的变动之间做一比较。

在计算开始之前,首先要将一个涵盖范围较广的市场指数(比如标准普尔 500 指数)的 β 值设为 1。如果某只股票的 β 值为 2,那么平均而言,这只股票的波动幅度就是市场的 2 倍。如果整个市场上涨 10%,则这只股票往往上涨 20%。反之,如果某只股票的 β 值为 0.5,那么它往往比市场更加稳定(当市场涨升或下跌 10% 时,它只会涨升或下跌 5%)。

现在,有一件重要的事情你必须搞清楚,那就是系统性风险不能通过多样化来消除。这是因为,所有股票都会或多或少地沿着同一个方向变动(即它们的波动性中,有很大一部分是系统性的),所以,即使是多元化的股票投资组合也是有风险的。诚然,即便你通过购买股票市场大盘指数(the Total Stock Market Index,其 β 值定义为 1)来全面多元化投资,你的收益率仍然具有相当大的波动性(风险),因为市场整体也会大幅波动。

非系统性风险是由特定公司的特有因素所引起的股票价格(进而引起股票收益)的波动性。签订新的大额合同、在公司地产上探出新的矿源、劳资纠纷、财务欺诈、发现公司财务人员贪污公款,凡此种种特有因素都会使公司的股价独立于市场而波动。与这种波动性相关的风险正是多元化可以降低的风险。投资组合的全部要义在于,只要所有股票价格并非时时刻刻都同向变动,任何一只证券的收益变动往往都会被其他证券的互补性收益变动所冲抵或抹平。

图 1.2 向我们展示了多样化与总风险之间的重要关系。假设我们随机地为自己的投资组合挑选证券,并且平均而言该投资组合与市场整体具有相同的波动性(投资组合中所有证券的平均 β 值总等于 1)。本图表明,当我们向投资组合中加入越来越多的证券种类时,投资组合总风险水平会下降,特别是在开始添加的时候。

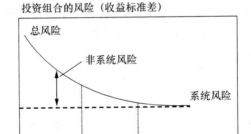

图 1.2 多样化如何降低风险

当我们为投资组合挑选了 30 只股票的时候,大量的非系统性风险被消除了,而继续进行多样化所降低的风险很少。当我们的投资组合中拥有 60 只分散化程度很高的证券时,非系统性风险将基本上消失殆尽,同时我们的投资组合(β 值为 1)实际上将与市场的起伏保持一致。

现在,我们便涉及论证中的关键一步。无论金融理论家还是金融从业人员都一致认为,投资者既然承担了更多风险,就理应获得更高的预期收益作为补偿。因而,当人们感觉风险更大时,股票价格必须作出调整,以提供更高的收益来确保所有股票都有人愿意持有。显而易见,没有超额的预期收益,厌恶风险的投资者是不愿购买具有超额风险的股票的。但是,在确定因承担风险而享有的风险溢价时,并非单个证券的所有风险都是相关因素。总风险中的非系统风险通过充分适当的多元化能够轻而易举地加以消除。我们没有理由认为投资者由于承担了非系统性风险将会获得额外的补偿。投资者从承担的所有风险中获得补偿的仅为多元化也无力消除的系统性风险这一部分。所以,资本资产定价模型说的是,任何证券(或投资组合)的收益(也可称为风险溢价)总是与 β 值相关,即与多样化也无法分散掉的系统风险相关。

资本资产定价模型(CAPM)

风险和回报相伴相生,这并不是什么新奇的观点。多年来,金融专家一致认为,投资者因为承担着更多的风险,的确需要获得补偿。新投资技术的不同之处在于如何定义和测量风险。资本资产定价模型问世以前,人们认为每只证券的收益与该证券内在的总风险有关;证券收益的变动是由该证券特有表现的不稳定引起的,换言之,是由其特有表现产生的收益波动性或标准差引起的。而新的投资技术理论认为每只证券的总风险并非相关因素。就异常收益而言,只有系统风险这部分才是至关重要的。……由于投资组合中的股票可以建构在一起用来消除特有风险,所以只有不能分散的或系统性风险才能要求风险溢价。投资者不会因承担可以分散掉的风险而获得报酬。这便是资本资产定价模型背后的逻辑。

资本资产定价模型(此后便以 CAPM 而家喻户晓,因经济学家爱用缩略词)的证明过程可以这样概括:倘若投资者因承担非系统风险便可以获得额外收益(风险溢价),那么结果就是,由非系统性风险较高的股票所构成的多样化投资组合,将比由非系统性风险较低的股票所构成的和前者风险水平相等的投资组合,带来更高的收益。投资者会争相抓住这个能够获取更高收益的机会,抬高非系统性风险较高的股票的价格,同时抛售那些具有相同 β 值但非系统性风险更低的股票。这一过程将会持续下去,直到具有相同 β 值的股票的预期收益相等,且投资者再也不能因承担非系统风险而获得任何风险溢价时为止。除此之外的任何结果,都会与有效市场的存在相背离。

这个理论包含的核心关系可见于图 1.3。当单个股票的系统性风险

(X)增加时,投资者所能期待的回报率也会增加。如果投资者持有的投资组合的 β 值为 0,比如他用自己的全部资金购买政府担保的银行储蓄存单(因为存单的回报率完全不受股市波动的影响,所以 β 值为 0),投资者将会得到一个适中的回报率,一般称为无风险利率。然而,当投资者承担更多的风险时,收益也会相应地增加。如果投资者持有的投资组合的 β 值为 1(比如,持有一份大型股市平均指数),那么他的收益率将与普通股的平均回报相等。这个回报率将长期超越无风险利率,但同时,这一投资行为也就有一定的风险。在某些特定时期,这项投资的收益率也有可能远远低于无风险利率,并且可能招致大量损失。这正是我们曾经说过的风险的含义。

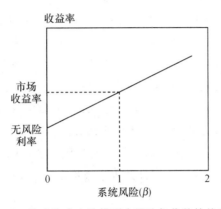

图 1.3　资本资产定价模型中风险与收益的关系[*]

[*] 如果你还能回想起高中时代学过的代数,那你就一定会记得,任何直线都可以表达成一个方程式。图中直线的方程式表达如下:

收益率 = 无风险利率 + β(市场收益率 - 无风险利率)

这一方程也可写成风险溢价的表达式,也就是投资组合相对于无风险利率的升水或贴水:

收益率 - 无风险利率 = β(市场收益率 - 无风险利率)

这个方程的含义是,你从任何股票或者投资组合中得到的风险溢价,与你假设的 β 值保持直接的同向变动。一些读者也许会感到困惑,在我们前面讨论的投资组合理论中,有一个极其重要的协方差概念,那么 β 与它又有什么关系呢?对于任何证券来说,在本质上,β 值都跟在过去经历的基础上计算出的该证券与市场指数之间的协方差基本上是同一回事。

如图所示,只要简单地调整投资组合的 β 值,就可能得到不同的预期收益。举例而言,假设投资者用他一半的钱去购买储蓄存单,把另一半资金按照市场平均份额投资股票。在这种情况下,投资者的收益率将位于无风险收益率和市场收益率之间,并且他的投资组合的平均 β 值为 0.5。[3] 这样,资本资产定价模型就可以轻而易举地断定,为了得到一个更高的平均长期收益率,你只需简单地提高投资组合的 β 值。不论是购入具有较高 β 值的股票,还是支付保证金来买入具有平均波动水平的投资组合,都可以使投资者得到一个 β 值大于 1 的投资组合。

让我们看一下记录

任何人都可以对市场如何运行提出自己的理论,资本资产定价模型只是其中的沧海一粟,真正重要的问题在于:它管用吗?

在 1992 年公布的一份研究报告中,尤金·法玛(Eugene Fama)和肯尼斯·佛朗奇(Kenneth French)根据他们的 β 测量值,把 1963 年至 1990 年间所有在纽约、美国和纳斯达克交易所交易的股票,进行了十分位划分。第一个十分位包含 β 值最低的 10% 的股票,而第十个十分位包含 β 值最高的 10% 的股票。……显著的结果是,这些十分位投资组合的收益率与它们的 β 值之间,实质上不存在任何关系。我在共同基金的组合收益率与组合 β 值之间发现了相似的结果,看来股票或投资组合的收益率与其风险测量值 β 之间确实不存在什么关系,这也证实了法玛—佛朗奇研究报告的结果。……因此,到了 20 世纪 90 年代中期,不仅是实际工作者,甚至连许多学者都准备把 β 抛入垃圾堆中。

对证据的评价

我压根儿没准备给 β 写上一篇讣告。我认为,尚有许多原因使我们不能仓促下结论。

首先,很重要的一点,必须记住稳定的收益更加可取,也就是说,稳定的收益比波动性非常强的收益风险更少。…… β 对相对波动性进行的衡量,的确至少抓住了我们平时所考虑的风险的某些方面。同时,根据以往资料得出的投资组合的 β 值,也的确很好地预测了未来的相对波动性。

其次,正如加利福尼亚大学洛杉矶分校的理查德·罗尔(Richard Roll)所说的,我们必须牢记在心,不论以何种精度去测量 β 都是十分困难的(事实上,这可能是无法做到的)。标准普尔 500 指数并不代表"市场",整个证券市场还包括成千上万只美国的其他股票,以及数以千计的外国股票。而且,在整个市场中还有债券、房地产、贵金属以及其他所有

---

[3] 一般而言,投资组合的 β 值就是组合内各项资产 β 值的加权平均数。

种类的商品和资产,其中还包括我们每个人最为重要的资产——教育、工作和生活经验构筑的人力资本。你用不同的方法衡量"市场"就决定了你可能得到很不一样的 β 值,而你对资本资产定价模型和 β 作为测量风险的方法下什么样的结论,在很大程度上又取决于你如何测量 β。明尼苏达大学的两位经济学家拉维·乔根纳森(Ravi Jagannathan)和王振宇(Zhenyu Wang)发现,当市场指数(我们用以测量 β 的依据)被重新定义为包括人力资本,并且允许 β 随着经济周期波动而变化时,资本资产定价模型和 β 作为收益预测工具的证据支持,也变得有力起来。再次,也有一些证据显示,当测量涵盖的时间跨度相当长时(比如自 1927 年至今),收益率和 β 之间还是存在正相关关系的。而且,在预测 20 世纪 90 年代这十年间的相对收益率时,β 的确有上佳的表现。

最后,投资者还应该铭记于心,即使 β 和收益率之间没有长期的相关关系,但 β 仍然能够作为一个有用的投资管理工具。……当市场剧烈震荡时,β 能够有效测量风险。在过去 50 年中出现的所有熊市里,高 β 值的股票比低 β 值的股票也往往下跌得更为猛烈。而在 21 世纪初期的熊市中,高 β 值的科技股对于投资者的打击尤为令人心痛。当然,有一点你还应该清楚,那就是经常测算得出的 β 并不能代替头脑的思考,也不能作为一个长期未来收益的简单预测器来依靠。无论如何,我的判断是,那些关于 β 已经彻底死亡的报道还为时尚早。

数量分析家对更优的风险测量工具的追求:套利定价理论

如果 β 作为一种测量风险的有效计量工具已遭严重破坏,那么是否有什么东西可以代替它呢?风险测量领域的开拓者之一 Stephen Ross 创立了一套资本市场的定价理论,称为套利定价理论(Arbitrage Pricing Theory,APT)。这一理论对学术界和投资组合管理实务领域均产生了意义深远的影响。要理解套利定价理论蕴含的逻辑方式,你必须记住资本资产定价模型有一个最重要的正确观点:投资者只能通过承担不可分散掉的风险来获得补偿。在市场上,只有系统性风险才能要求风险溢价。但是对于特定的股票和投资组合来说,影响其风险的系统性因素过于复杂,可能 β 测量值无法反映这些因素,股票的变动往往与市场的变动或多或少地有所偏离。因为任何特定的股票指数都不能完全代表市场整体,所以这种偏离尤其会发生。因此,β 可能无法把握若干重要的影响风险的系统性因素。

下面让我们来看一下其他的系统性风险要素。比如国民收入的变动,就能够系统性地影响每一只股票产生的收益。这在我们"孤岛经济体"的例子中有很好的证明。……同时,国民收入的变动又反映出个人收入的变动,因此,我们可以预期,证券收益与工资收入之间的系统性关系会对个人行为产生重大影响。比如,通用汽车某工厂的工人会发现持有通用汽车普通股风险特别大,因为遭到解雇和通用汽车股票收益下跌可能同时发生。国民收入的变动也可能反映其他形式财产收入的变动,因而对机构投资者的投资组合经理来说也可能是相关因素。

此外,利率变动也会对单个股票的收益产生系统性影响,并且也是一种重要的不可分散掉的风险要素。在某种程度上,利率的上升会诱发股票的下跌,此时股票就是一种富有风险的投资工具,而那些极易受到总体利率水平上升打击的股票,就更为危险。因此,一些股票会与固定收益的投资工具保持同步变动,这样一来,这些股票无助于降低一个债券组合的风险。由于固定收益证券是许多机构投资者投资组合中的重要组成部分,因而利率这一系统性风险要素对市场中的一些大型机构投资者来说,有着异常重要的意义。那么,很明显,从最广泛、最有意义的角度思考风险的投资者往往对特别易受利率变动影响的股票非常敏感。

同样的,通货膨胀率的变动也会对普通股的收益率造成系统性影响。这至少有两方面的原因。第一,通货膨胀率的上升往往导致利率的上升,进而如同我们刚刚讨论过的,造成某些股票价格的下跌。第二,通货膨胀的加剧会使某些行业的企业利润缩水,比如在公用事业类企业中就经常发现,利率的上涨要滞后于成本的增加。而从另一方面来说,通货膨胀将会使那些自然资源领域企业的普通股价格受益。这再一次说明了,在股票收益和经济变量之间存在着重要的系统性关系,而这些经济变量,单靠简单的 β 风险测量是不能充分把握的。

运用统计方法可以对几种系统性风险变量给证券收益造成的影响进行检验,检测结果还是多少显示出这种影响的存在的。在检验中,除了使用传统的 β 风险测量外,还增加了一些系统性风险变量,比如对国民收入、利率、通货膨胀率的变动敏感度,等等,综合运用这些变量,就可以解释不同证券之间的收益差别,并且这一解释要比资本资产定价模型所提供的解释更为有力。当然,套利定价风险测量因为面临着和资本资产定价模型同样的问题,也正在受到困扰。现在还不能确定,这些新的理论是否能够承受更为广泛的检验。

不过,如果只是想单纯地选择一种与预期收益最为密切相关的风险测量方法,那么传统的 β 测量将不会是大多数分析师的首选。我与 John Cragg 在研究中发现,代表风险的最好东西,就是证券分析师们对每个公司预测的分歧程度。那些未来股息收益的增长性得到广泛认同的公司,看起来要比证券分析师鲜有一致意见的公司风险更低(但同时,预期收益也较低)。可以说,这个结果暗示着单个股票的波动性在本质上与其定价无关——这是与现代资产定价理论相抵触的。不过,分析师们的未来预测之间存在的分歧,也许真能作为各种系统性风险的特别有效的代言人。

尽管我们对风险的市场定价仍有许多需要研究的地方,但我认为,仅用 β 统计方法(资本资产定价模型的风险测量方法)不可能充分把握住风险,这一结论是不失公允的。其他一些系统性风险测量方法,也同样影响着证券的定价。此外……一些证据表明,证券收益还与公司规模(较小的企业往往有着较高的收益率)、市盈率的倍数(低市盈率的企业往往能产生较高的收益)以及市净率(相对于账面价值较为便宜的股票,往往能够获得较高收益)有关。这三个因素就可以成为系统性风险的有效代言人。然而,各种风险是否真的在定价过程中起什么作用,这仍是一个尚无定论的问题。

公司融资[*]

STEPHEN A. ROSS, RANDOLPH W. WESTERFIELD 和 JEFFREY F. JAFFE

有效资本市场概述

有效资本市场是指股票价格能够完全有效反映所有可以获得的信息的市场。为了说明有效市场如何运作,假设 F-stop 相机公司(FCC)决定研发一款新型相机,其自动对焦速度是现有同类相机的两倍。FCC 相信这一研发项目的净现值(NPV)为正。[1]

---

[*] 经 McGraw-Hill 公司许可,将 Stephen A. Ross et al 文章重印,Corporate Finance,第九版(纽约:McGraw-Hill Irwin 2010),(c) 2010, 2008, 2005, 2002, 1999, 1996, 1993, 1990, 1988 版本都由 McGraw-Hill Companies, Inc 版权所有。

[1] 即投资的净现值,是指投资计划的未来现金流(为了得到未来的现金流而在现在必须存入银行的数额,再考虑风险因素对该数额进行调整,所得的数目决定了现金流的数额)折现后的现有价值与成本现值的差额。——编者注

现在我们来看 FCC 的股票。是什么原因使得投资者愿意以一个特定的价格持有 FCC 的股票呢？一个重要原因就是 FCC 有可能成为第一个成功研发这款新型自动对焦相机的公司。在有效市场中，我们预测 FCC 股票的价格会随着这种可能性的增加而上升。

假设 FCC 雇佣了一位知名工程师开发这款新型自动对焦系统。在有效市场中，这一消息的公布会给 FCC 的股票价格带来什么影响？如果这位工程师得到的报酬完全反映了他对公司所作的贡献，股票的价格就未必会改变。但是假设公司雇佣该工程师是一笔净现值为正的交易，在这种情况下，FCC 的股价将会上升，因为公司所付出的报酬低于工程师对公司实际创造的价值。

现在我们遇到的问题是，FCC 的股价会在什么时候上升？假设聘任消息刊登在周三早晨的新闻报纸上，在有效市场中，FCC 的股价会根据新聘任消息的公布立即作出调整。投资者已经无法在周三下午买进股票，再在周四上午卖出股票而赚取利润了。这意味着市场了解和消化 FCC 所披露的信息需要一天的时间。有效市场假说预期 FCC 周三下午的股票价格已经反映了周三早上报纸所披露的信息。

有效市场假说（EMH）对投资者和企业都有其重要意义：
- 由于价格立即反映出信息，投资者只能预期得到正常的收益率。投资者在公布时才知道消息已经没有用了。在投资者有时间进行交易之前股票价格就已经调整了。
- 企业发行证券只能预期取得公允的价值。"公允"是指企业发行证券的价格是正好是证券的现值。因此，在有效资本市场中，不存在通过愚弄投资者而取得高额利润的融资机会。

图 1.4 反映了股票价格几种可能的调整方式。实线代表有效市场中的股价调整路径。在这种情况下，股票价格立即反映出新信息，不会有其他的变化。虚线代表迟缓的反应。这种情况下，市场花了三十天的时间才充分消化新信息。最后，折线代表市场价格的过度反应，并随后经修正回归真实的价格。折现和虚线所显示的是在非有效市场中股价可能的变化路径。如果股票价格根据新信息作出调整需要几天的时间，那么及时且正确作出买卖决策的投资者就可以获得利润了。

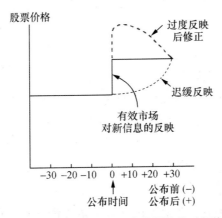

图 1.4　有效市场和非有效市场中股票价格对新信息的反应

　　有效市场反应:股票价格在瞬间完全反映新信息;没有任何多余的上升或下降。

　　迟缓反应:股票价格缓慢反映新信息;价格完全反映新信息需要 30 日。

　　过度反应:股票价格对新信息反映过度;随后会有市场泡沫出现。

市场有效性的基础

　　图 1.4 反映了市场有效性的结果。但是何为市场有效的条件呢? Andrei Shleifer 认为有三个条件,任何一个条件的实现都会导致市场有效性:(1) 理性,(2) 独立地偏离理性,(3) 套利。

　　理性。假设所有的投资者都是理性的。新信息公布后,所有的投资者都会以理性的方式调整他们的股价预期值。在本例中,投资者会结合 FCC 在报纸上所披露的信息,以及该公司的已有信息,来计算 FCC 新项目的净现值。

　　然而,众所周知,人们不会总是那么理性。因此,要求所有的投资者都要理性行事是不切实际的。但是如果出现以下情况,市场仍然会是有效的。

　　独立地偏离理性。假设 FCC 在报纸上对某些问题披露不完全。例如公司会推出多少新型相机? 价格是多少? 等等。在这种情况下,或者其他披露不完全的情况下,投资者也很难预估净现值。

　　许多投资者可能无法在许多问题还没有得到答案的情况下考虑周全。一些投资者可能会身陷在对新产品的狂热中,对其销售预测的期望和信任超过理性的程度。他们会花更多的钱购买新股。当他们需要卖出股票时(也许是为了当前消费而融资),他们只会在股价处于高位的时候才肯卖。如果市场上这样的投资者占多数,股票价格会高于有效市场预期。

然而,由于情绪抵触,投资者可能很容易对新信息产生悲观的反应。毕竟,商业史学家告诉我们,投资者最初对电话、复印机、移动电话和电影的投资收益抱有半信半疑的态度。当然,他们也许会更加怀疑新型照相机的投资收益。如果大多数投资者都抱着这个态度,股票价格可能会低于有效市场预期。

但是,即使大部分投资者都是非理性的,但是只要非理性的乐观投资者与非理性的悲观投资者一样多,股票价格仍可能符合有效市场的预期。因此,市场有效性并不要求个体投资者都是理性的——只要求各种非理性因素能够被抵消掉。

然而,总是能够抵消非理性的假设是不现实的。也许在某些时候大部分投资者普遍是极度乐观的,而在其他时候却是极度悲观的。但是即使在这种情况下,仍然可以假定,市场有效性仍然有可能产生。

套利。假设世界上有两种人,非理性的业余投资者和理性的专业投资者。业务投资者被情感所左右,有时非理性地认为股票价格被低估了,有时认为价格被高估了。如果不同业余投资者之间的感情不会被互相抵消,这些业余投资者会自发地使股票价格高于或低于有效价格。

现在我们讨论专业投资者。假设专业投资者在交易时是理性的和有条不紊的。他们对公司进行全面研究,客观评估证据,冷静清晰地估计价格,并作出相应的行动。如果股票价格被低估了,他们会买入。如果被高估了,他们会卖出。他们比业余投资者更加自信。当业余投资者只敢交易少量金额时,专业投资者敢于做大笔交易,他们知道股票的价格没有反映其真正的价值。而且,他们愿意调整整个投资组合从而寻找利润空间。如果他们发现通用汽车的股价被低估了,他们可能会卖出他们手上福特的股份而买入通用的股份。这种行为就是套利,套利通过同时买入和卖出不同的但相互替代的证券而获利。如果市场上进行套利的专业投资者能够主导业余投资者的投机行为,那么市场仍然会是有效的。

有效性的不同类别

在上文中,我们假设市场对可获得的信息立即作出反应。在现实中,某些信息会比其他信息更迅速地作用于股价。为了处理不同的反应率,研究员将信息分为三类。最常见的分类体系是将信息分为:历史价格信息,已公开的可获得信息和所有信息。下文会检验这三种信息对价格所产生的影响。

弱式有效市场

如果市场价格已充分反映证券的所有历史价格信息,那么这样的资本市场被称为弱式有效市场,或者满足弱式有效性。

由于过去的历史价格信息是有关股票最容易获取的信息,所以弱式有效是金融市场所表现出的最低形式的效率。如果仅仅通过找出股票价格的波动规律就可以大赚一笔,任何人都可以做到,最终这种巨大利润必然会在争夺中消失。

半强式有效市场和强式有效市场

如果弱式有效市场颇有争议,那么其他两种更强的有效性市场(半强式和强式有效市场)引起了更多的争议。半强式有效性是指价格反映所有已公开可获得的信息,包括公布的公司财务报表,以及历史价格信息。强式有效性是指价格充分反映所有的信息,无论是公开的或内部未公开的信息。

历史股价信息集是向公众公开的信息集的子集,而向公众公开的信息集是所有信息集的子集。因此,强式有效性包含半强式有效性,而半强式有效性包含弱式有效性。半强式有效性和弱式有效性的区别在于,半强式有效性要求股票价格不仅仅反映历史股价信息,还要反映所有已公开可获得的信息。

强式有效性是金融市场所表现出的最高形式的效率。在这一形式中,任何与股票价值有关的信息,即使只有一个投资者知道,这些信息都会完全反映在股票的价格上。强式有效性理论的忠实支持者认为,知道采矿公司是否开采到金矿消息的内部人并不能因获得此信息而获得利益。他们认为,一旦内部人试图根据该信息进行交易,市场就会察觉到发生了什么,然后股票价格会在内部人有时间买入股票之前迅速上升。换句话说,强式有效性理论的支持者认为市场根本就没有秘密可言,一旦金矿被发现,消息就会立即传开。

认为市场是弱式有效的一个理由是,掌握股价波动规律十分廉价而且简便。任何会操作计算机和了解一点统计学的人都可以发现这些规律。如果真的存在这些规律,任何人都会发现并使用它,在这个过程中这些规律就会消失。

但是，半强式有效性意味着投资者要比在弱式有效市场中更加有经验。投资者必须深谙经济学和统计学知识，并熟悉特定行业和公司的特性。而且，掌握和使用这些技能要求投资者具有天分、能力和时间。用经济学家的话来说，这些努力是需要花费大量成本的，在这一领域成功的能力是十分稀缺的。

至于强式有效市场，它只是比半强式有效市场更进了一步。很难让人相信市场是那么的有效，以至于内部人都无法依靠内幕消息发一笔横财。而且，实证研究证据也往往不支持强式有效市场假说。

关于有效市场假说的一些常见误解

在金融学中从来没有这样一种理论像有效市场理论这样受人关注，而且这些关注也并非尽是吹捧之辞。在某种程度上，这是由于许多批评都是基于对有效市场假说的误解而产生的。以下我们将列举三种误解。

投掷效用(the efficacy of dart throwing)。当市场有效性的概念第一次出现在热门金融杂志上并引发热议时，人们就用引证将其定性为："……通过向金融板投飞镖而产生的投资组合可以像是专业证券分析师所管理的投资组合那样赚钱。"这种说法大致正确，却也有瑕疵。

事实上，正确的市场有效性假说是指，平均来说，证券投资经理无法获得超常收益(abnormal return)或异常收益(excess return)。异常收益与基准预期收益有关，例如证券市场线(SML)而得出的基准预期收益。[2]……而且，随意投资股票的投资者可能最终会导致所有的钱都投入到一只或两只高风险的例如基因工程的股票中。你是否愿意把你所有的钱都投资到这样的股票中去呢？

误解了这一点的人也常常会对市场有效性感到困惑。例如，有时人们会错误地认为有效市场意味着投资者做了什么都无关紧要，因为市场有效性会保护粗心的人。然而，也有人说，"市场有效性保护羊群免受狼

---

[2] 证券市场线(Security Market Line)是资本资产定价模型(CAPM)的图示形式，是一条向上倾斜的线，主要用来说明证券的预期收益与系统风险程度 β (beta)系数之间的关系(参见马尔基尔选择(Malkiel seletion)的图示 1.3)。所有的证券波动最终都将在证券市场线上获得平衡。例如，如果证券的 β 系数是 1 且低于这条线，投资者可以买到在这条线上的市场投资组合(Market Portfolio)，并且相同的风险可以获得更高的投资回报。这样一来没有人愿意购买另一个证券，另一个证券的价格会随着需求的减少而下跌，因此又升高了其证券的预期收益，直到该证券回到证券市场线上来。——编者注

群的威胁,但是没有人能保护羊群免受其自己的伤害"。

有效性真正的意思是,企业出售股票的价格是股票的公允价格,价格反映了市场上关于股票的所有可获得的信息。股东不必担心他们会以高于股票价值的价格购买到低股利或具有其他特征的股票,因为市场已经将所有信息都反映在股价之中。

价格波动。许多公众对有效性持有怀疑态度,因为股票价格每天都在波动。然而,每日价格的变动并非是不符合有效性的表现;有效市场中,股票根据不断出现的新信息调整股票价格。每天都有大量的新信息进入市场。事实上,价格不变反而说明市场是非有效的。

股东漠视。有观点认为,"某一天如果部分已发行股份的股东在市场上交易,那么市场价格就可以是有效的"。对于这一观点,许多外行人都表示质疑。然而,一般情况下,股票交易者的数量都会远远少于观望分析者的数量。这是因为投资者进行股票交易要承担经纪人佣金和其他交易成本,所以只有当股票估值与市场价值之间的差距足够大的情况下投资者才会进行交易。另外,即使观望分析者的数量少于进行交易的股东数量,只要有利害关系的交易者使用了公开信息,股票价格就可以是被有效定价的。也就是说,即使许多股票持有者不追踪股票价格业不打算在近期交易,股票价格也可以反映可获得信息。

证据

有效市场假说有许多证据,对其的研究覆盖了弱式有效性、半强式有效性和强式有效性等多种种类。我们检验弱式有效市场的股票价格变化是否是随机的;对半强式有效性进行共同基金的事件审查和绩效审查;对强式有效性进行公司内部人的绩效审查。

弱式有效市场

弱式有效性意味着股票历史价格的变动与未来的变动无关。

金融学者常常提到只针对同一只证券进行研究的序列相关性(serial correlation)研究。即证券的当前收益与同一只证券的未来收益之间的相关性。如果一只股票的序列相关性系数为正,表示股票收益的变动趋势具有延续性。也就是说,如果股票的当前收益高于平均水平,那么在未来也很有可能保持高于平均水平。同理,如果当前收益低于平均水平,那么在未来也可能继续保持低于平均水平。

如果一只股票的序列相关性为负,它表示股票收益有反转的趋势。

如果股票的当前收益高于平均水平,那么在未来很可能转变为低于平均水平。同理,如果当前收益低于平均,那么在未来很有可能转变为高于平均水平。显著的序列正相关和负相关都代表市场是非有效的;无论是显著的正相关或者负相关,当前收益都可以用以预测未来收益。

股票收益的序列相关性系数趋向于零,说明股票市场与弱式有效性的假说一致。因此,如果股票当前收益高于平均水平,那么其在未来是高于还是低于的可能性是一样的。同理,如果股票当前收益低于平均水平,那么其在未来是高于还是低于的可能性也是一样的。

表格14.1[省略]显示美国八大公司的每日股价变化的序列相关性系数。这些系数显示表明今日股票收益是否与昨日股票收益有关⋯相关性系数大多都为正,代表当前收益高于平均的情况更有可能产生未来收益也高于平均水平。相反,花旗集团的相关性系数稍微偏负,代表当前收益高于平均的情况更有可能产生未来收益低于平均水平。

然而,原则上,由于相关性系数可以在－1和＋1之间浮动,所以报告上的系数显得非常小。[表格上的相关性系数在－0.0078(花旗银行)和0.0409(默克公司(Merck-Ed))之间浮动。]事实上,相对于估算误差和交易成本,相关性系数太小了,因此一般认为结果证实了市场是弱式有效的。

人们也用许多其他方法测试弱式有效市场假说。我们的结论是,从整体上来说,证据证实了市场是弱式有效的。

这些发现引起了一个有趣的思考:如果价格变动是随机的,为什么那么多人相信价格变动是有规律可循的呢?心理学家和统计学家都认为,大多数人都不知道随机是什么。例如,见图1.5。上面一张图是电脑用随机的数字和公式通过随机游走程序而生成的。[3] 然而我们发现,人们在研究这个图表的时候一般会发现变化规律。不同的人会发现不同的规律,并预测出不同的股价变动结果。然而,以我们的经验来看,观察者对他们所找到的规律都十分自信。

---

[3] 在随机游走(random walk)中,未来的行走趋势无法通过分析过去的趋势而取得。如果股票价格变化是随机游走,那么股价是无法通过过去的价格而预测,那么股票市场就是弱式有效的。Burton Malkiel著作的书名暗指了股票价格的这一特性。——编者注

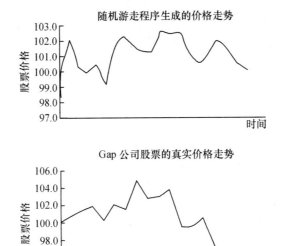

图 1.5　模拟的和真实的股票价格变化

尽管随机游走程序生成的价格变化从定义上来说是随机的,但是人们常常会发现一些规律。人们也在 Gap 公司的股价波动中发现了规律。然而,Gap 公司价格的模式与随机生成价格的模式十分相似。

接下来我们分析下面一张图,这是 Gap 公司股价的真实波动情况。对于主张弱式非有效性的人来说这张图看起来非常有规律。然而,从视觉上来看这张图和上面一张随机生成的图十分相似,并且数据测试也表明真实波动情况看起来跟纯随机生成的图也差不多。因此,我们认为,人们认为他们找到的股价数据变化规律只是视觉上的错觉(optical illusions)而已。

半强式有效市场

半强式有效市场假说认为价格充分反映了所有的公开可获得的信息。我们用两种方法对这一假说进行检验。

事件研究(event studies)。某日某一只股票的异常收益(AR)可以通过同日该股票的实际收益(R)减去同日市场收益(R_m)获得——市场收益可通过市场基准指数(broad-based index)例如标准普尔[Standard &

Poor's]股票价格指数测量取得。[4] 公式为：

$$AR = R - R_m$$

下面的系统会帮助我们理解半强式有效性的检验：

在$(t-1)$发布的信息→AR_{t-1}

在(t)发布的信息 → AR_t

在$(t+1)$发布的信息→AR_{t+1}

箭头代表某一时间的超额收入只与当时发布的信息有关。

根据有效市场假说，在时间t内一只股票的异常收益（AR_t）应该反映同一时段t内所发布的信息。在这些信息发布之前的信息对异常收益没有任何影响，因为之前的信息已经体现在之前的价格中了。换句话说，有效市场已经把之前的信息作用于股票价格上了。因为股票今天的收益不能取决于市场还不知道的信息，只能在未来才知道的信息也不能影响股票收益。因此从箭头所指的方向可知，一段时间内的信息只能影响到这段时间内的异常收益。事件研究是一项统计研究，以检验某一时间所发布的信息是否会影响其他时间段的收益。

这些研究除了异常收益率之外（ARs），还涉及累计异常收益率（CARs）。例如，在公司公布消息之后，昨天、今天和明天的公司异常收益率分别是1%，-3%和6%。而昨天、今天和明天的公司累计异常收益率分别是1%，-2%[=1%+(-3%)]和4%[1%+(-3%)+6%]。

许多年来这种研究方法一直被用来研究许多事件。股利、收入、兼并、资本支出（capital expenditures）和新股发行等信息的公布都是这一领域的。早期的一些事件研究测试总体上都支持了市场是半强式有效的这一观点（因此同时也是弱式有效的）。然而，更多的研究表明市场不会立即反映所有相关信息。有些学者就此认定市场是非有效的。而其他学者认为这些研究有其数据上和方法上的问题，所以这一推断没有依据。这个问题之后会详细讨论。

共同基金的记录（record）。如果在半强式有效性中市场是有效的，无论共同基金经理根据什么公开可获得信息来挑选股票，在整体上他们的平均收益与普通投资者应该是一样的。我们可以通过对专家管理的共同基金和市场基准指数基金（index funds）的业绩进行比较来测试市场的

---

[4] 我们也可以通过市场模型来计算异常收益。在本文的案例中异常收益为：$AR = R - (\alpha + \beta R_m)$。

有效性。

许多文章都对共同基金进行了研究。大量的证据表明,共同基金的平均收益不会超过市场基准指数。

一般说来,共同基金经理依赖可公开获取的信息,因而他们的业绩无法强于市场指数,这种现象吻合于半强式有效市场和弱式有效市场。

然而,这一证据并不表明共同基金是个人投资者糟糕的投资选择。尽管共同基金无法取得比一些市场指数好的收益,但是却让投资者能购买多种股票组成的投资组合[常被称作"充分分散化投资组合"(a well-diversified portfolio)]。共同基金也会提供多种服务,例如对股票进行保管和记录。

强式有效市场

即使是有效市场假说最忠实的支持者也不会由于发现市场不具有强式有效性而惊讶。毕竟如果一个投资者有了别人没有的信息,那么他很有可能从中获利。

一些强式有效性的研究调查了内幕交易。企业的内部人能获得公众所不能获得的信息。但是如果强式有效市场假说成立,内部人应该无法从他们获得的内幕消息中获利。证券交易委员会(SEC)作为美国政府授权机构,要求公司内部人披露他们对本公司股票进行交易的情况。通过研究这些交易记录,我们可以发现他们是否取得异常收益。一些研究表明,这些交易会获得异常收益。因此,强式有效市场的存在似乎并没有实质上的证据支持。

实证分析对于市场有效性的挑战

[前一部分]介绍了支持市场有效性的实证证据。现在,我们将提出质疑该假说的证据。(市场有效性假说的拥护者通常将此类结果称为异常现象。)

套利限制。皇家荷兰石油公司(Royal Dutch Petroleum)和壳牌运输公司(Shell Transport)于1907年进行了合并,所有的后续现金流按照60%—40%在两家公司之间进行分配。此后,这两家公司仍然继续公开交易其股票。在你的设想中,皇家荷兰的市场价值应当一直保持为壳牌公司市场价值的1.5倍(=60/40)。也就是说,一旦皇家荷兰的股票定价过高,理性的投资者会买入壳牌的股票以代替皇家荷兰。若皇家荷兰的股票定价过低,投资者则会买入皇家荷兰的股票。此外,套利者还会更进一步,即买入定价过低的证券而卖空定价过高的证券。

但是,皇家荷兰和壳牌的股票在自 1962 年至 2004 年这段期间内几乎没有按照平价*(parity)(即,60/40)进行交易过。为何会出现这样的偏差呢?……行为金融学[将在下一篇阅读材料中详细讨论——编者注]的研究显示,套利行为是存在限制的。换句话说,投资者买入定价过高的资产并卖出定价过低的资产并不一定能够获利。与平价之间的偏差在短期内实际上会呈现扩大趋势,该偏差即预示着套利者将要遭受的损失。Maynard Keynes 有一句众所周知的名言,"你还未等到市场恢复理性,就已经破产了",它正好适用于此。因此,对于风险的考虑可能会迫使套利者不愿持有大量头寸,这就难以推动股票价格向平价靠近。

盈余意外[**]。常识告诉我们,当公司报表显示其所获得的盈余超过预期时,股票价格会上涨,而在相反情况下,价格则会下跌。但是,市场有效性又暗示我们,价格会随着信息的公布而立即调整,然而行为金融学由此却预测出另一种模式……[研究者把那些将产生最极端的正盈余意外和最极端的负盈余意外的公司分别构建成投资组合后发现]价格对于盈余信息公开的调节反映很慢,但是无论是在接下来的一个月还是接下来的半年中,产生正盈余意外的投资组合的表现均优于产生负盈余意外的投资组合。

规模。在 1981 年,美国有两篇重要的论文证明,在 20 世纪的大部分时间里,具有较小市值[5]的股票比那些市值较大的股票产生了更大的收益。此后,这些研究被复制于不同的时期和国家……尽管大部分的这些差异性表现仅仅是出于补偿小盘股的额外风险,但研究者通常还是辩称,并非所有的差异都可由风险大小的区别来解释。另外,Donald Keim 提出证据证明,股票表现的差异最经常发生于一月份。

价值型 vs. 成长型。很多文献提出,面值-股价比率和/或盈余-价格比率较高的股票(通常被称为价值型股票(value stocks))的表现胜过此类比率较低的股票(成长型股票(growth stocks))……价值型股票在[全球范围内的前]五大市场中的表现均比成长型股票胜出一筹。

因为收益差异过大,且我们能很轻易地算出每一个体股票的此类比率,所以此结果构成了对市场有效性假说的有力反驳。然而,很多文献也

---

* 平价是指证券的售价与其面值相等。——译者注
** 盈余意外即公司实际盈余与预测盈余之间的差额。——译者注
〔5〕 市值是股票的每股价格乘以发行在外的股票数。——编者注

表示,异常收益归因于商业数据库中的偏差或股票风险的差异,而非真正源于市场无效率……这一争论围绕晦涩难懂的统计学问题而展开……可以说,现阶段我们无法得出任何可靠的结论。

崩盘与泡沫。很多评论家将因特网股票的涨跌誉为泡沫(bubble)。那么这种说法是否正确呢？不幸的是,"泡沫"这一术语尚没有精确的定义。一些学者认为,[因特网股票]价格的变动……符合理性。学者对于该类股票最初价格上涨的解释是,因特网业务似乎很快将夺取大量的国际市场份额。稍后当有证据表明这一趋势并不会很快发生时,价格开始下跌。但是,也有人认为,最初价格上扬的美好图景其实压根没有事实依据。价格的上涨仅仅是因为"非理性繁荣"。

差异审视

可以说,有关资本市场是否有效的争议至今仍未得到解决。然而,理论金融经济学家将他们自己划分为三个阵营,一派坚持市场有效性,一派相信行为金融学[6],另一派(可能占大多数)则认为前两派意见均不能令人信服。如今这一事态显然与20年前的情况不同,那时市场有效性还未受到任何挑战和质疑。而且,这一论战来源于金融经济学中最饱受争议的一块领域。只有这一领域曾使得这些已经成年的金融学教授差点就某一观点而大打出手。

由于存在此争议,我们的教科书或任何门类的教科书似乎都难以轻松化解此领域意见相左的状况。

事件研究与法律：第一部分：技巧与公司诉讼[*]

Sanjai Bhagat 和 Roberta Romano

导言

事件研究法是运用计量经济学进行政策分析时最为成功的方法之一。这种方法研究的是由于某些特定事件(管理者或政策制定者作出的令人意想不到、将影响公司价值的行动)的发生而引发的股价变动,最初是由检验"股票市场是有效的"这一假设发展而来,此假设认为,可由公

---

[6] 对行为金融学的探讨,参见 Bhagat 与 Romano 的文章摘录之后的 Malkiel 的论文摘录。

[*] 经美国法律与经济协会许可,重印自 Sanjai Bhagat, Roberta Romano, "Event Studies and the Law: Part I: Technique and Corporate Litigation", *American Law and Economics Review* 2002, vol. 4, issue 1, 141。

众获知的信息将立即被股价所吸收而反映出来,以致投资者不可能在信息公布之后通过利用此信息进行交易而赚取超额利润。目前已经有很多证据证明,股票市场是有效的,此方法就逐渐转为被用于对研究中的事件进行评估。事件研究法正是通过这后一种用途影响着政策分析,尤其是在公司法和证券法领域。这一点毋庸置疑,因为此方法与这些法律领域之间存在着一种自然的契合:评估公司法和证券法之益处的基准在于它们是否提高了投资者福利,而这一点正可以通过事件研究法评测的内容和股价是否受到积极影响而确定。

事件研究指导

股票的价格反映了将归于此股票持有人的所有未来现金流经过时间和风险贴现后的现时价值。根据半强式的有效市场假设,所有可由公众获知的信息均在股票价格中得到了完全的、客观公正的反映,所以投资者无法基于此类信息而获得经济收益。因此,只有非预期的事件才能够改变股票价格。此变动应当等于该公司未来现金流或其风险程度的预期变化。由此,若某一事件导致了公司股价的异常变动,则该事件将影响该公司的财务业绩。在预测股市的异常收益时,股票价格的波动通常不包括广义的股票市场变动。事件研究法采用传统的计量经济学技巧来衡量某些特定事件的效果,如公司、立法机关和政府部门作出的关于所涉公司股票价格的行动。这种特别的方法之所以能被运用于政策分析,原因在于这种研究法降低了人们对有关特定事件或政策之于股价影响的专门判断的依赖,为价值的确定提供了一个落脚点。

事件研究的机理

一项事件研究具有四个组成要素:定义事件并确定公开日期,测量在该公开期内的股票收益,预测在没有公布信息的情况下此公开期内的预期股票收益,以及计算异常收益(实际收益减去预期收益)并衡量该研究的统计学显著性和经济显著性。

为了开展一项事件研究,研究者首先要对调查中的事件进行定义。事件通常为对公司、法律或法规方面的各种行动或预期行动的公开。已经有研究者涉足的事件包括收购、股票发售、公司注册地变动、采取的反收购策略、针对公司的诉讼、公司高管死亡以及产品召回。定义事件之后,研究者要搜索该事件的首次公开发布。对于事件的首次公开发布的认定十分关键,因为在半强式有效市场假设之下,事件对于公司价值的影响就发生于事件公开日当天。

从概念上来看,公开日的含义相当简单:是指公众首次知晓此事件的那一"天"。然而,对此日期的认定有时也需要一定的工夫。试想对一项要约收购的公开。在此要约收购首次公开发布之前,该消息可能已经被泄露给了某些市场参与者。若是如此,则此要约收购对于公司股价的影响可能将发生于公开发布该事件之前。为了解决这一问题,一些研究者试图将公开期视为自公开日的数周(或月)之前开始并一直持续到公开之日。然而,这一显而易见的解决方案本身也存在两大问题,一是概念上的,二是技术层面的。概念上来说,我们不能确定信息泄露究竟发生了几天、几周或几个月。技术上来说,由于我们延长了公开期的时间,噪音—信号比(noise-to-signal ratio)也随之增大,从而加大了精确评测要约收购对股价影响的难度;对此我们将在本文的后半部分进行讨论。除了信息泄露问题之外,在要约收购被公开之时,该要约收购是否会成功,以及若收购成功,最终要约的条款如何设计这些问题仍然具有不确定性。收购的最终决议在发生之后的数月甚至数年之内都未为人知的情况也时有发生。

最后,某些事件可能还具有多个显著的事件日期。例如,一项法规的颁布涉及很多不同的事件,其中的每一事件都能为投资者提供有关此法规最终能否获准通过的新信息:一项法规议案被提出之时,委员会对此议案召开听证之时,立法会(legislative chamber)对此议案进行表决之时,会议委员会通过最终议案之时,以及行政长官(the executive)最终签署该议案之时(前提是关于该议案是否会被否决这一点仍然存在不确定因素)。在此情况下,研究者不会将自议案提出之时至其最终获得签署这一整个区间视为一项事件并以此对上文所讨论的问题进行研究,而是会采用分别识别各个事件发生日期的方法;然而如此一来,研究者判断何事具有重要意义或具有关联性的偏好以及对这些事件的优先级排序将会影响到他接下来所进行的分析。

定义事件并确定公开期之后,研究者将对此期间内的股票收益进行测量。若研究者使用的是每日更新的数据,则测算方式显而易见:通过股票的收盘价来确定收益。通常来说,人们难以确定信息究竟是在交易所的交易关闭之前还是之后被公开。为了解决这一难题,次日的收益也会被计算在内。

对第三个要素的计算则更为复杂。尽管我们可以直接计算出公开期内实际产生的股票收益,但要确定此事件本身对于股价的影响就显得不那么容易。为了能够衡量其影响,股票的预期收益(expected returns)必须从实际发生的公开期收益中被减除。预期收益是指当此事件或其他任何异常事件未发生时,将会归于股东的收益。金融学方面的文献已经探讨过多种关于预期收益的模型。可以从广义上将这些模型分类为统计模型或经济模型。

统计模型是一种关于价格形成的简单模型,此处的价格形成并非依据某一特定的经济原理。经济模型却是衍生于有关资产价格形成的特定经济原理。我们可以将经济模型视为在统计模型上(在被预测的斜率和截距上)加置了特定的限制条件。

基准模型的选择会同时影响到异常收益的方差和平均值。使用实际收益的模拟分析显示,以统计模型作为基准预测出的异常收益更为准确。另外,不少研究发现了与经济模型,尤其是 CAPM 相不一致的证据,可见对统计模型应用这些限制并不合适。因此,大多数研究者开始依赖统计模型来预测公开期内的预期收益。研究者一般通过公开期之前一段期限内的 100 至 200 天的每日收益来预测这些统计模型。超出预期之外的公开期内收益,也被称为异常收益(abnormal returns),是由实际收益减去估计的预期收益。异常收益即为事件对于股票价值的预计影响。

第四步,也即最后一步,就是计算该异常收益的统计显著性。被预测统计模型的残差(residuals)[实际收益与预期收益的差额——编者注]之标准误差可作为公开期异常收益之标准误差的估计值。然而,由于个体的股票收益波动性很大,所以此标准误差将与异常收益高度相关。事件研究法通常以进行相同种类的信息公布或作为此类信息公布对象的公司作为样本;这些公司所作出的每一次信息公布都具有代表性地发生于不同日期。此方法的另一益处在于降低了作为研究对象的事件之外的其他信息也被估值的可能性,因为在一家公司的信息公开日同一天所披露的任何其他非预期信息将与其他公司在其公开日披露的信息裹挟在一起而淡出(wash out)市场。

对此样本中所有公司的异常收益求平均值就可以得到平均异常收益。平均异常收益代表此事件对于股票价值的预期影响。然后,在事件时间(event time)中对为这些公司所设的被预测统计模型中的残差求平均值。通常,公开日被定义为事件时间0。类似地,公开日t天之前(之后)被定义为事件时间$-t$(事件时间$+t$)。最后,这些平均残值的标准误差可作为平均异常收益标准误差的估计值。在零假设(null hypothesis)之下,研究中的事件对于公司价值毫无影响,预期平均异常收益等于零。

事件研究的统计力

若一项事件使得公司价值变动了某一具体数值,如1%,那么事件研究的技巧是否能够具备一定的统计精度从而准确地检测出此数值呢? 从统计、金融和法律的视角出发,以下问题具有同等的重要性:若一项事件对于公司价值无影响,即公开期的异常收益等于零,那么事件研究的技巧能否足够精确地得出这一推论? 这两个问题都可以通过考查事件研究的统计力而获得解答。

我们可以在零假设和另一种替代性假设的背景下考量某一试验统计值(test statistic)所具有的检定力⋯⋯在事件研究中,通常所说的零假设是指事件对于公司价值不产生影响力。另一个很受关注的替代性假设可以是此事件将公司价值提高了1%。若我们假定此替代假设为真,则事件研究在此背景下的功效在于赋予研究者观察到一个在统计学上具有显著性的试验统计值的可能性。Brown、Warner和MacKinlay对于事件研究中普遍采用的试验统计值的功效进行了研究。这三位研究者写道,事件研究技巧的功效随着样本中公司数量的增多而提高,随着公开期时长的减少而提高,也随着相对于零假设背景下异常收益数值为零而以另一种替代性假设为考查背景时,将得到一个数值更大的异常收益的情况而提高。

下面这些有关数值的实例来自于MacKinlay,这些例证向我们展示了事件试验方法的功效,以及提高此功效的方法。

假设事件公开期时长为1天,样本的规模为25家公司,在此条件下开展显著性水平为5%的双侧试验(two-sided test),得到的结果是检测到0.5%、1.0%和2.0%的异常收益的可能性分别为24%、71%和100%。

- 若样本规模扩大到50家公司,则检测到0.5%、1.0%和2.0%的异常收益的可能性分别为42%、94%和100%。
- 若样本规模扩大到100家公司,则检测到0.5%、1.0%和2.0%的异常收益的可能性分别为71%、100%和100%。

- 假设公开期的时长延长到2天(或同等地,将事件发生日的异常收益的标准差(standard deviation)提高一倍),选取25家公司作为样本,则检测到0.5%、1.0%和2.0%的异常收益的可能性分别为10%、24%和71%。
- 假设公开期的时长为2天,样本规模为50家公司,则检测到0.5%、1.0%和2.0%的异常收益的可能性分别为14%、42%和94%。
- 假设公开期的时长为2天,样本规模为100家公司,则检测到0.5%、1.0%和2.0%的异常收益的可能性分别为24%、71%和100%。

以上这一发现说明,事件研究的功效会随着样本规模的缩小而递减。在此,一个重要的问题为,一项事件研究能否在仅以一家公司为样本的情况下开展?即样本规模能否为1?这一问题在仅牵涉一家公司的法庭诉讼或行政禁令中尤其重要。从概念上来看,数量为1的样本过小,但是此小规模的样本本身并不会导致事件研究方法无效。然而,样本规模为1时所产生的统计检定力显然很小。首先,相较于广泛投资于多种,如5种股票的证券投资组合,仅包含一种股票的证券投资组合所产生的(超额)收益的可变性明显更高。你可以轻易地在任何一本标准的金融学或投资学教科书中找到一幅有关投资组合收益的图表,图中用一条曲线代表投资组合收益的方差,该数值曲线随着投资组合中股票数量从1增加到5,再增加到10而出现急剧下降的趋势;直到投资组合中包含了多达50种股票之后,方差的减小幅度逐渐变小,曲线趋于平缓。其次,进行信息公开的公司在公开期限内所获收益似乎同样会受到与研究中事件无关的其他信息的干扰。若研究选取的样本数量为1,则研究者很难区分该事件的公开对公司价值的影响与其他无关信息对公司价值的影响。但是,若研究样本足够大,包含了多家公司,则研究者更容易在研究结果中剔除无关信息对公司价值产生的影响。随着样本规模的逐渐扩大,此类无关信息对于公司价值的影响(逐渐趋向于0)就会变得越来越不显著。

上述发现还说明,事件研究方法的功效随着事件期限从1天延长到2天而显著降低。在过去的十年中,针对事件公开期限长达数年之久的异常收益的金融研究日益增多。此类研究考查各类公司事件,如兼并、股份回购、首次公开发行和增发股票、股票分拆和派息发生之后12个月至60个月的期限内所产生的异常收益。

之所以在某一事件公开之后长达数年的期限之内持续进行研究是出于两方面的原因。第一,市场可能无法完全理解并吸收此公开事件对于公司价值的影响。随着时间的推移,市场才得以逐渐理解并慢慢吸收这一影响。这种解释之下,在事件公开后的这一阶段,公司没有发布与首次公开相关联的任何其他新信息;可以说,由此原因我们能推断出一个半强式的无效市场。第二,在此事件公开之后的几个月或几年中,市场参与者可能会获知与首次公开的事件相关的一些新信息。例如,首次公开的事件可能是一项收购要约。在此要约最终确定下来且收购最终完成之前,很多可能会改变首次收购要约成功率的事件会相继发生。之后可能发生的事件包括出现另一个出价人、目标公司管理层参与诉讼以及来自行政部门的反对。在此场景之下,若要准确预测最初公开的事件将带来的完全影响,研究者就必须将考察期限确定为自事件首次公开之时直到最终的收购决议达成之时——在某些收购案例中,收购活动可能会延续好几年之久。

[一些研究]对长时间的公开期限进行考查,这些研究在事件研究方法的准确性和功效方面引起了研究者的一些严重担忧。Kothari 和 Warner 发现,鉴于对显著性水平的考虑,他们在不会过于频繁地出现异常收益的情况下拒绝采用正常收益表现的零假设,就此意义而言,在上述研究中所用的事件研究试验统计值的设定一般是错误的。Lyon,Barber 和 Tsai 提出了设定准确的试验统计数值的创设方法。然而,他们也提醒我们注意,尽管这些试验统计数对于随机样本来说可能是设定准确的,但对于非随机样本来说却并非如此。考虑到一些对最受关注的金融和法律假设的试验都很可能选择构建非随机样本,这个有关错误地设定长期试验统计数值的担忧将继续存在下去。最后,Lyon,Barber 和 Tsai 以数据和文件证明了通过长期试验统计值来检测实际存在的异常收益的功效。利用最先进的技术来测算持续 12 个月的买入——持有期[1]内的异常收益,选取 200 家公司为样本,并采用显著性水平为 5% 的单侧试验(one-sided test),得出的结果是检测到 5%、10% 和 20% 的异常收益的可能性分别为 20%、

---

[1] 买入—持有的收益模拟的是投资者在该研究所选定的一整个期限中买入并持有该投资组合所获得的收益:通常假设同等数额的资金被投资于证券投资组合中的每一种股票,且在此期间不对投资组合进行重新调整。累积的异常收益(研究中每一天的异常收益的总计或累加值)假定该投资组合每天调整,以使得每天开始就有一笔同等数额的资金投资于组合中的每一种股票。买入—持有的收益就数学方面而言,作为积以乘法计算得来,而非作为和以加法计算。

55%和100%。随着期限时间延长至12个月以上,且样本规模逐渐缩小,此技巧的功效将进一步降低。出于这些原因,三位研究者得出结论,"对长期的异常收益的分析结果并不牢靠,无法令人信赖"。

对事件研究方法的运用建议

事件研究的开展标准已经得到确认。研究者可以通过扩大样本规模或尽可能地将事件发布的期限缩小至很短的一个时间范围,或两种方法并用,来提高事件研究的功效。

样本规模应该多大?一般而言,答案是越大越好。因此,推荐的样本规模取决于研究者试图检测的异常收益的数值大小。若异常收益大约为1%(且公开期能够缩短到1天),则一个由100家公司组成的样本就足够了。若异常收益仅为0.5%(且公开期能够缩短到1天),我们则建议研究者选取200家公司作为样本。另一方面,即使是检测达到2%的异常收益,仅由一家公司组成的样本一般也不足以发挥作用。

至于公开期限的时长问题:期限越短越好。若研究者运用的是每日的收益数据,以1天作为公开期限完全可行,而且这一时长是我们所推荐的。当此期限从1天延长到2天或3天时,统计功效并不会显著降低。但是我们对于以事件研究方法在长达数年的期限内考查其收益的研究结果很难保持同等程度的自信。

很多法学研究者关注的主题所涉及的事件不会产生如此极端情况下的数据集合。例如,若研究主题是某一特定州法所带来的财富效应,那么我们可能无法确定一个仅持续一天的事件间隔。考虑到立法程序的性质,成文法的修改通常要花费远远超过一天的时间,至少要跨越几个月。在此背景下,研究者应当尽其所能地缩短事件间隔:如,仅考查在此较长的立法期中几个特定的事件日(议案提出之日,委员会听证之日,立法会表决之日)收益所受到的影响。但是研究者也并非总能如愿地识别出某一单独的事件日。另外,一份州法在几乎所有的州所牵涉的公司总数可能还远远小于100。无法扩大样本规模或缩短事件间隔并不意味着我们不能或不应该使用此研究方法:相反地,这意味着我们应当谨慎地解释研究结果,如研究发现缺乏显著性。对于一个由50家公司组成的样本及事件日期之间相互间隔1周的研究而言,举例来说,事件必须要能产生大约4%的异常收益才能被研究者可靠地检测到,虽然这又会引发进一步的问题,即比4%更少的异常收益是否能被认为具有经济上的显著性。

漫步华尔街[*]

BURTON G. MALKIEL

行为金融学

两位心理学家 Daniel Kahneman 和 Amos Tversky 猛烈抨击经济学家关于投资者行为的观点,在攻击的过程中创立了一个全新的经济学流派,这个流派称为行为金融学。

行为金融学家认为,市场价格极不精确;价格过度反应是普遍现象,而不是例外。而且,人们的行为与理性在一些方面存在着系统性偏离;投资者的非理性交易往往是相互关联的。行为金融学进一步断言可以量化这些非理性行为,或对这些非理性行为进行分类。大致说来,有四种因素使非理性的市场行为得以存在,这些因素是过度自信、判断偏差、羊群效应和损失厌恶。

不错,听起来挺好。信奉有效市场理论的人这样说,但是(我们这些有效市场理论的信奉者总会说"但是")这些因素造成的扭曲行为会被套利交易者的行为所抵消。"套利交易者"这个别致的词语是用来描述这样一类人:只要市场价格偏离其理性价值,他们就会进行交易并从中获利。

从严格的意义上说,"套利"这个词的意思是从同一商品在两个市场上的不同价格中获取利益。假设你在纽约可以按1.5美元兑1英镑的价格买进或卖出英镑,而在伦敦可以按1英镑兑2美元的汇率换取美元。套利交易者就会在纽约拿1.5美元买进1英镑,同时在伦敦以2美元的价格卖出英镑,这样可以赚到50美分的利润。同理,如果一只普通股在纽约和伦敦的交易价格不一样,那么,在价格便宜的市场买进这只普通股并在价格高的市场卖出它就是非常合理的事情。"套利"这个术语一般而言已扩展应用到这样的情形:两只很相似的股票以不同的估值进行交易。……从最不严格的意义上说,"套利"这个术语是用来描述买入看上去"价值低估"的股票、卖出价格已涨得"太高"的股票。在这样的买卖过程中,辛勤耕耘的套利交易者可以抹平非理性的股价波动,从而创造出有

---

[*] From *A Random Walk Down Wall Street*, by Burton G. Malkiel, Copyright © 2007, 2003, 1999, 1996, 1990, 1985, 1981, 1975, 1973 by W. W. Norton & Company, Inc. Used by permission of W. W. Norton & Company, Inc.

效定价的市场。

另一方面,行为金融学家认为存在着大量实现有效套利的障碍。我们无法指望套利行为会使价格与理性估值保持一致,股票价格可能会严重偏离有效市场理论所预期的价格。

个人投资者的非理性行为

投资者总会有不理性的时候。然而,行为金融学认为这种非理性行为是持续不断的,而不是阵发性的。

过度自信

认知心理学研究者已证实,人们在不确定情形下做判断时会有一些方面与理性产生系统性偏离。这些偏差中最普遍的一种是人们往往对自己的信念和能力过于自信、对未来的评估过于乐观。

有一类实验说明了存在此种病症。该实验向一大群实验参与者提出问题——与该组的平均水平或者其他任何小汽车驾驶员相比,他们能否胜任驾驶员。驾车显然是一种有风险的活动,驾车的技能在其中起着重要作用。对这一问题给出的回答会很轻易地揭示人们在和其他人进行比较时是否对自己的技能有个切合实际的认识。在对大学生进行实验后发现总是有80%—90%的实验对象说自己比同班其他同学在驾车方面水平更高,也更安全。……几乎所有学生都自认为高于平均水平。

丹尼尔·卡尼曼指出,这种过度自信的倾向在投资者中表现得尤为强烈。与其他多数人群比较起来,投资者往往更会夸大自己的技能技巧、更会否认机会运气的作用。他们会高估自己的知识水平、低估有关风险、夸大控制事态的能力。

卡尼曼的实验显示,通过询问实验对象的置信区间,可以了解投资者的概率判断会有怎样的校准度。……如果你按照指示好好地回答了问题,……那么投资者应该有98%的把握认定股指价值的点位将落在给定的范围之内。

事实上,鲜有投资者能够设置恰当的置信区间。恰当的置信区间本应导致实际结果仅在2%的时间里会超出预期范围,而实际结果超出预期范围的意外情况发生的时间通常却接近20%。这就是心理学家所说的过度自信。如果一位投资者告诉你他有99%的把握,那么假设他只有80%的把握,情况会更好。这样的精确度意味着人们根据自己的预测所冒的风险往往比在有合理原因的情况下更大。

从这些研究中我们该得出什么结论呢？显而易见，人们在自己做预测时设置的置信区间太过精确。他们夸大自己的技能，对未来持有的看法过于乐观。在证券市场上，这些偏差会以各种各样的方式体现出来。

首要且最重要的是，很多个人投资者错误地确信自己能够战胜市场。结果，他们会过度投机、过度交易。两位行为经济学家 Terrance Odean 和 Brad Barber 研究了取自一家大型佣金折扣经纪证券商在足够长一段时间内的个人交易账户。他们发现个人投资者交易得越多，其投资表现也越差。而且，男性投资者比女性投资者的交易多得多，投资结果也相应地更加糟糕。

这种理财技能错觉很可能是由另外一个被称之为后见之明偏差的心理学发现造成的。这样的偏差是靠选择性地记忆成功得以维持的。你会记得那些成功的投资。……人们倾向于将好的结果归因于自己的能力，而辩解说不好的结果是由不寻常的外部事件造成的。两三次成功的趣闻轶事总是比一般的过往经历更能让我们动心。事后聪明会使过度自信更加膨胀，并让错觉潜滋暗长，以为这个世界比其实际情况好预测得多。

判断偏差

心理学家早已发现，个体往往会受到错觉的愚弄，他们对实际上并不具有控制力的局面错误地以为具有一定的控制力。（此处省略了对有关实验的描述——编者注。）

正是这种控制错觉诱使投资者高估了自己投资组合中正在赔钱的股票。这种错觉也可能诱使投资者看见实际上根本不存在的趋势，或相信他们能够发现某个将预测未来股价的股价模式。

判断偏差会因人们具有某种倾向而得到强化，这种倾向就是人们往往错误地用"相似度"或"代表性"来代替合理的概率性思考。Kahneman 和 Tversky 设计的一个著名实验说明了这种"启发式"。实验对象先看到关于对琳达的以下描述：

Linda 31 岁，单身，心直口快，非常聪慧。她的本科专业是哲学。在学生时代，她极为关心歧视和社会公正问题，也参加过反核示威游行。

然后，实验对象被要求评估关于 Linda 的八个不同陈述合乎事实的相对可能性。其中有两个陈述是："Linda 是银行出纳员"；"Linda 是银行出纳员，她积极参与女权运动"。超过 85% 的实验对象判断"Linda 既是银行出纳员又是女权主义者"的可能性要高于"Linda是银行出纳员"。但是,这种回答违反了概率论的一个基本法则(合成规律):某人既属于A类又属于B类的概率小于或等于她只属于A类的概率。显而易见。没多少实验对象学过很多概率论的内容。

对Linda的描述使她看起来像一个女权主义者,因此"既是银行出纳员又是女权主义者"的陈述显得更像是一个自然而然的描述,因而这一陈述比"只是银行出纳员"的陈述更能代表Linda。这个实验已反复进行过多次,涉及的实验对象既有幼稚型的也有成熟型的(包括在概率论方面有所学习但并未探究其所有细微之处的实验对象)。

Kahneman和Tversky想出"代表性启发式"(representative heuristic)这个术语来描述这一实验发现。这一术语的应用又导致了若干种其他判断偏差的发现,比如忽视基础比率的偏差。概率论的一个基本法则(贝叶斯定理)告诉我们,在判断某人属于某一特定群体的概率时,我们应该将"代表性"与基础比率(各类群体占样本总体的百分比)结合起来考虑。用日常语言来说,贝叶斯定理意味着如果我们见到某个看起来像罪犯的人(他似乎代表了我们对罪犯形成的刻板印象),我们在评估他是罪犯的概率时也要求我们知道基础比率——人们犯罪的百分比。然而,在一次又一次的实验中,实验对象都表现出做预测时对基础比率知识并未充分利用的现象。尽管这一切显得有些神秘,但代表性启发式很可能给一些投资错误作出了合理解释,比如追逐热门基金或根据最近的证据进行过度推测。

羊群效应

研究表明,一般说来,群体作出的决策往往比个体更好。如果可以分享更多的信息,并且周到地考虑了各种不同的观点,那么群体进行的有根有据的讨论会优化决策过程。

或许,自由市场价格机制可以最好地说明经济整体中的群体行为是明智的。由消费者和厂商作出的单个决策会引导经济体提供人们希望购买的商品和服务。在回应需求与供给的影响时,价格机制通过亚当·斯密"看不见的手"指导经济体生产出数量合适的产品。共产主义经济体则显现颓势,享有所有权力的中央集权计划者几乎不可能通过决定生产什么产品、应当怎么分配资源来创设有效市场的外观。

同理,数百万个人和机构投资者作为一个群体,其整体买卖决策会使股票价格呈现的情况是:买入的一只股票较之另外一只股票来说看上去都一样合算。而且,尽管市场对未来收益的预测常常发生偏差,但这样的预测作为一个整体会比任何单个投资者所做的预测都更准确。

市场作为一个整体,在作出定价决策时并非一贯正确。市场时不时地也会出现疯狂的群体行为,我们已从 17 世纪郁金香球茎热到 21 世纪初的网络股热看到了这种群体性癫狂表现。正是这种偶尔发生的病态群体行为吸引了行为金融学的注意。

对群体行为的研究中有个广泛认可的现象是"群体思维"。群体中的个体有时会相互影响,从而更加相信某个不正确的观点"实际上"是正确的。

在一项研究中,社会心理学家安排一个人站在街角,并叫他抬头朝空空如也的天空张望 60 秒钟。心理学家观察到街上只有很少一部分行人停下脚步想看看这个人在看什么,而大部分行人径直从他身旁走过。接下来,心理学家安排 5 个人站在街角朝天空张望;这一次,有 4 倍于上一次的行人驻足凝望空阔的天空。当心理学家安排 15 个人站在街角看着天空时,几乎有一半的过路人停下了脚步。安排更多的人望向天空会吸引更多的行人朝天空凝望。

显然,从 1999 年至 2000 年年初的网络泡沫提供了一个经典例证,说明不正确的投资判断会引导人们集体走向疯狂。……如畅销书《非理性繁荣》(*Irrational Exuberance*)的作者 Robert Shiller 所指出的那样,疯狂的过程会以"正反馈环"的形式进行自我反馈。最初的股价上涨鼓动更多的人买入股票,这又使股票收益水涨船高,从而诱使越来越多的人群参与进来。……最终,("庞氏骗局")因再也找不到更傻的傻瓜而宣告终结。

这种羊群效应并非只发生在不谙投资之道的个人投资者身上。共同基金经理往往也随波逐流,采取同样的投资策略,一拥而上购买同样的股票。

另外,投资者往往将资金投入近期业绩有不俗表现的一类共同基金。比如,2000 年第一季度,大量流入股票型基金的资金全都涌进了高科技"增长型"基金,所谓"价值型"基金因此遭遇了大量资金流出。此后两年间。增长型基金的价值剧烈下滑,而价值型基金创造的实际收益却是正数。

损失厌恶

Kahneman 和 Tversky 作出的最大贡献在于创立了前景理论(prospect

theory);该理论描述个人在面临得与失、损与益前景的风险局面时会有怎样的行为表现。一般而言,诸如 Harry Markowitz 之类的金融经济学家建立的模型中都有这样一个假设:个人作出的决策建立在决策选择对个人最终财富可能产生的影响之上。前景理论则挑战这一假设,认为人们的选择是由他们对得与失、损与益赋予的价值所驱动的。相对于合乎意愿的收益来说,等值损失被认为令人厌恶得多。而且,陈述得与失、损与益时使用的语言将会影响最终作出的决策,用心理学术语来说,就是"如何框定选择"。

举个例子。有人告诉你,抛掷一枚质地均匀的硬币,如果正面朝上,你将获得 100 美元。不过,如果反面朝上,你必须付出 100 美元。你乐意接受这样的赌局吗?即使从反复抛掷硬币后你很可能盈亏相抵这个意义上说赌局非常公平,大多数人也很可能不愿参与。一半的时间你会赢得 100 美元,一半的时间你会损失 100 美元。用数学术语来说,该赌局的"期望值"为 0,计算方法如下:

正面朝上的概率 × 赌赢收益 + 反面朝上的概率 × 赌输损失 = 期望值

$$期望值 = \frac{1}{2}(\$100) + \frac{1}{2}(-\$100) = 0$$

Kahneman 和 Tversky 后来对众多不同的对象实施这一实验,他们不断变换赌赢收益的数字以测试赌赢收益该达到多少才会诱使人们愿意接受这个赌局。他们发现,赌赢收益得在 250 美元左右。请注意,若赌赢收益定为 250 美元左右,赌局的收益期望值是 75 美元,因此参加这样的赌局就非常有利。

$$期望值 = \frac{1}{2}(\$250) + \frac{1}{2}(-\$100) = \$75$$

卡尼曼和特韦尔斯基得出结论,损失令人厌恶的程度 2.5 倍于等值收益值得拥有的程度。……人们表现出了极端的损失厌恶。

然而,有意思的是,这两位心理学家发现当个人面临损失确定的局面时,这些个人极有可能放手一搏。……面对确定损失时,人们似乎表现出了追求风险的行为。

卡尼曼和特韦尔斯基还发现了一个与此有关且非常重要的"框定效应"。以不同的方式给决策者框定选择可能导致截然不同的结果。两位学者提出了如下问题:

想象一下,美国正准备应付一种罕见疾病的爆发流行,预计这次流行会造成600人死亡。现已提出两种与这种疾病做抗争的备选方案。假设两种方案的精确科学的估计效果是：

如果采纳方案A,200人将会得救；

如果未纳方案B,600人得救的概率是1/3,无人得救的概率是2/3。

首先请注意,两种方案中获救人数的期望值都是200人。但是根据前景理论,当人们思考这两种方案中可能带来的益处时,他们会厌恶风险。不出所料,大约2/3的实验对象回答这一问题时选择方案A作为更可取的方案。

假设我们以另外一种方式框定这个问题：

如果采纳方案A∗,400人将会死亡；

如果采纳方案B∗,无人死亡的概率是1/3,600人死亡的概率是2/3。

请注意,选择A和A∗以及选择B和B∗全都等值。但是,第二次框定后的问题是从人们遭遇死亡风险的角度进行描述的。当问题以这样的方式被框定时,超过75%的实验对象选择了方案B∗。这既证明了"框定效应"的存在,又证明了人们在损失值域内追求风险的偏好。

投资者可以从前景理论及其延伸观点中吸取一些非常重要的教训。Barber和Ddean对一家大型折扣经纪证券商10000名客户的交易记录做了研究,他们发现了明显的"处置效应"(disposition effect)。投资者中有一个明显的处理股票的倾向：卖掉赚钱的股票而抱牢赔钱的股票不卖。卖掉已上涨的股票使投资者实现利润,也使他们建立自尊。如果抛售赔钱的股票,他们会招致损失,产生懊悔的痛苦情绪,而前景理论已告诉我们损失造成的伤害比等额收益带来的快乐所抵消的要大得多。

根据理性投资理论,这种不愿接受损失的心理显然不是最优选择,从常理的角度看也非常愚蠢。卖掉赚钱的股票(有税收优势的退休金账户除外)必然涉及缴纳资本利得税；卖掉损失已成现实的股票会降低在其他已实现收益上的应交税款,或者可获得一定限额的税款抵扣。即使投资者认为自己赔钱的一只股票以后会涨回来,卖出这只股票并买入一只前景和风险特征相似的同行业股票也会有好处。

套利制约

至此,我们已考察了影响投资者行为从而影响股价的认知心理偏差。

个人投资者的行为经常表现得不理性,或者说至少与经济学家理想的最优决策行为不完全相符。在或许是最为病态的情形下,个人投资者似乎会集体发狂,将某些类型股票的价格推向不合情理的高度。既然非理性投资者造成的偏差不会相互抵消,反而经常会相互强化,如何才能让股票有效定价呢?有效市场理论的信奉者照本宣科地声称,即使很多个人投资者表现出不理性的行为,"套利交易"也总会让市场有效。像华尔街专业交易者和对冲基金经理之类的套利交易者,应该会建立对冲头寸,比如卖空[1]定价过高的股票、买入定价过低的股票,结果,由非理性投资者造成的任何误定价会迅速得以矫正。……因而,一些行为金融学家驳斥市场有效的理由得以成立的第二个重要基础就是——如此套利交易会受到严重约束。

假设非理性投资者的交易致使一家石油公司的股票相对于其基础价值及与其品质相当的同行公司的股票定价过高。套利交易者可以直接卖空定价过高的股票,买入一家类似的替代石油公司的股票。这样,套利交易者便做到了对冲,因为影响石油行业的有利或不利事件对两家公司都会产生影响。石油价格上涨会引起被卖空的股票的价格上涨,同时也会使套利交易者多头仓位的价值上升。

但是,这种套利具有极大的风险。假设"定价过高"的那只股票报告了一些特别好的消息,比如发生此前未曾预计到的一次重大的石油工人的罢工。或者假设"定价公允"的那只股票遭受某个意外挫折,引发其股价下跌。想象得出,套利交易者可能两头受损。先前卖空的股票可能上涨,而多头仓位的股票可能下跌。要求这种套利交易去矫正已观察到的误定价是极其危险的。

交易者试图"矫正"已观察到的误定价还会冒另外一种风险,也就是说,投资者对"定价过高"股票的前景变得更加过于乐观。如果一个套利交易者在整个1999年确信网络股定价高得离谱,该交易者便可能卖空网络股中最受青睐的股票,希望以后能以更低的价格买回。但是,随着人们对新经济的热情持续高涨,新经济股票的价格继续攀高——其中很多股票翻了一番之后又翻了一番。我们现在回顾过去才知道网络泡沫会在

---

[1] 卖空是当股价下跌时赚钱的方式。包括卖出你当时并不持有的股票,并预期一段时间之后股价下跌再买回这只股票。(你可以借入一只股票在高价位卖出,然后在低价位买入这只股票并偿还给之前的股票出借人,赚取其中的差价。——编者注)

2000年爆裂。在此期间,很多套利交易者输得衣衫不保。

有时候,卖空操作无法实现,或者说卖空操作至少会受到严重制约。在卖空操作中,通常要借入被卖空的证券以便将其交付给买家。……在某些情况下,可能无法找到可以借入的股票,因此从技术角度看,即使要实施卖空操作也无法做到。在最引人关注的一些无效定价案例中,卖空操作的技术限制同时阻碍了套利交易者矫正误定价。

如果定价过高的证券的近似替代证券难以找到,套利操作也可能很难确立。一次套利操作要产生预期效果,必须有一只相似的定价公允的证券可以借来对冲空头仓位,而且若发生某个影响整个市场或该证券所属行业的有利事件,可以预期该证券的价格会上涨。

行为金融学家用来说明市场价格可能无效的最佳例证之一是,两只完全相同的股票的交易价格却并不完全相同的例子。人们认为荷兰皇家石油与壳牌运输是"连体孪生"公司。(麦基尔在此描述了罗斯在上一篇节选文献中提到的缺乏公允价格的股票。——编者注)在有效市场中,相同的现金流应该以相等的估值进行交易。

这个案例的问题在于,两只股票是在不同国家的市场进行交易的,这些市场的规则不同,且将来的限制情况也可能不同。但是,即便荷兰皇家石油与壳牌运输在所有方面均等量齐观,在这两只股票之间进行套利交易也会有内在风险。……一只定价过高的股票可能会一直涨上去,给做空者造成损失。今天的便宜货明天可能会变得更加便宜。实际上,著名的对冲基金长期资本管理公司在1998年崩溃之后其仓位被清盘时,在荷兰皇家—壳牌运输套利交易中就赔了钱。显然,我们不能完全依赖套利交易来消除市场价格与基础价值之间的偏离。

注释及问题

1. 如 Malkiel 所阐释的,投资组合理论的立论前提是投资者厌恶风险这样的行为学假设。厌恶风险的投资者不会接受公允的赌注,正如行为金融学节选的部分所阐释的,和赌博一样,成本与预期收益必须相符。举个简单的例子来帮助理解这个概念。设想下面这个赌局:抛掷一枚质量均匀的硬币,如果正面朝上,你将获得500美金,如果背面朝上,则需要支付100美金。这一赌局的预期收益是 $0.5 * 500 + 0.5 * (-100) =$ \$200。风险厌恶投资者只要愿意承受不超过200美元的成本,就会接受这一赌注。实际上,她也许会愿意购买保险以规避风险。风险偏好投资者愿意承担风险,并且愿意付出超过 200 美元的成本参与这场赌局。所以这个投资者喜欢徜徉于拉斯维加斯。风险中立投资者只愿意接受公允的赌注(愿意以 200 美元的成本参与赌局)。经济学家将风险厌恶与福利的边际效用的减损等同视之,换言之,一个人的第二张 1 美元纸币提供的效用低于第一张 1 美元纸币,而且损失 1 美元所产生的负效用或痛苦值(绝对值)高于增加 1 美元所获得的正效用或快乐值。风险厌恶投资者不仅看到投资回报,更考虑投资风险。投资者(愿意)购买保险并持有分散组合证券,风险厌恶的假设得到了充分的证据证明。认识到传统金融学理论和前景理论中风险厌恶的区别之处至关重要:两种投资者选择模式下,投资者不会接受公允赌局,而且相比于对赢利的洗好,他们更厌恶损失。但在传统金融学理论中,不对称偏好,即损失厌恶与整个回报范围相一致,而前景理论中,不对称偏好依赖于风险"框定"方式,而且在某些方面(参照点),这一偏好会改变,投资者演变为风险偏好者。

2. 投资组合理论中只有市场风险或对称性风险存在明码标价,这些认识对公司法有一些影响。例如,它暗示了多元化的股东难以从旨在减少公司特定风险的合并中获利。Yakov Amihud 和 Baruch Lev 在第 8 章中摘录的文献可以解释这一观点。而且,可以进一步推断,判定董事对违反注意义务承担责任(董事信义义务要求董事以合理的技能、勤勉和注意程度来处理事务)的案例明显匮乏,参见 Joseph Bishop,"Sitting Ducks and Decoy Ducks: New Trends in the Indemnification of Corporate Directors and Officers," 77 Yale Law Journal 1078 (1968),并没有获得人们过多的关心,这是由于多元化投资可以保护股东,免受因管理层疏忽导致的特定公司业绩波动而造成的损失。

3. Malkiel 有关资本资产定价模型的论证被认为证明了市场均衡中的非套利条件。如果投资组合产品的价格不能及时调整,那么就存在套利机会,即以一个价格买入的同时,又以同样或更高的价格卖出,套利机会的通俗表达就是赚钱机器(你所投入的每一块钱,都能从这个机器中获得超值回报)。在竞争性的金融市场中,投资者会竞相利用套利机会,但买入低价产品的需求和卖出高价产品的供给会消弭价差。所以,投资者在这类市场中赚取套利利润的机会(ability)是微不足道且稍纵即逝的。正如一篇金融学的论文所述:"在运行良好的市场上","不存在必然赚钱的机器"。Richard A. Brealey, Stewart C. Myers and Franklin Allen,

Principles of Corporate Finance, 9th ed., p.38（New York：McGraw-Hill, 2008）。而另一方面,如 Ross 等人的文章和 Malkiel 第二篇摘录的文献所阐释的,如果投资者追求套利机会的成本太高,则不能保证股价会按照 CAPM(资本资产定价模型)等定价模型预测的那样变动,而且能够反映公司的基本价值(风险调整后的现金流的现值)。相反,股价可能由投行为金融学上的启发式或心理捷径所采取的非理性行为所决定的。

4. 法院和政府机关运用 Malkiel 讨论的资产定价模型,为了给证券定价以便在原告当中分配公司资产或其他目的,通常用于公司重整和破产程序,反对收购的股东发起的公司法上的估值诉讼以及公共事业费率管制申请之中。例如 *In re Pullman Construction Industries*, *Inc*., 107 B.R. 909（Bankr. Ct. N. D. Ill. 1989）；*Union Illinois 1995 Investment L. P. v. Union Financial Group*, *Ltd*., 847 A.2d 340, 362—363（Del. Ch. 2003）。考虑到实证研究无法验证资本资产定价模型对资产回报的预测是否有效,运用这一定价模型是否恰当?财政经济学家对于这一问题则另有答案。时值资本资产定价模型提出 40 周年之际,André Perold 提出了以下问题:

> 资本资产定价模型是一个完备的理论,对资产定价和投资者行为有着深远的影响。但考虑到这一模型建立在理想环境中,其有效性有待进一步考察。回应这一问题的方式有很多种。首先,我们可以验证在现实世界中,资产价格和投资者的投资组合是否符合模型的预测,如果不能一直以严格的定量分析,那么起码有充足的定性依据。其次,即便这一模型无法特别真实地描述我们的现实社会,但也许能够预测未来的投资者行为,比如,通过金融创新、监管改良,以及推进资本市场一体化,来不断减少资本市场上的摩擦。第三,资本资产定价模型可以作为一种标杆,以理解资本市场上出现的资产价格和投资者行为偏离模型预测的现象。

Perold,"The Capital Asset Pricing Model,"18 *Journal of Economic Perspectives* 3, 18 (Summer 2004)。本部分内容的重印获得了美国经济学会的许可。

他给出了积极的评价,并总结道:

> 资本资产定价模型是我们理解资产价格决定因素的基础工具。……鉴于这一模型,而且尽管有混合实证的验证,就预期回报和风险

之间的关系,我们现在的观点并不相同;就投资者应当如何设计他们的投资组合,我们的观点也不一致;就绩效评估和资本预算等问题,我们的观点亦不统一。

同上一个注释,第22页。

作为三要素模式的支持者,对资本资产定价模型这种单一要素持反对态度,诚如摘录的章节所言,Eugene Fama 和 Kenneth French 与 Perold 考虑的因素不同,他们作出评估的依据是实证证据,而不是资本资产定价模型的基准效用:

我们继续把资本资产定价模型作为投资组合理论和资产定价的基础概念,在此基础上构建更复杂的模型。但我们也提醒学生,尽管资本资产定价模型的简洁性相当诱人,但它在实证方面的欠缺很可能导致在实际应用中失效。Fama and French, "The Capital Asset Pricing Model: Theory and Evidence," 18 *Journal of Economic Perspectives* 25, 44 (Summer 2004)。本部分内容的重印获得了美国经济学会的许可。

5. Malkiel 提及 Eugene Fama 和 Kenneth French 的三要素模式,取代了资本资产定价模型,作为预测资产回报的实证衍生工具。Fama 和 French 发现,除了市场回报(率)之外,加入附加变量(如资本资产定价模型的 β 风险系数)能提高资产定价模型的解释力。他们模型中的三要素分别是:(1)市场投资组合回报(资本资产定价模型中的 β 系数),(2)衡量分散化投资组合中小盘股和大盘股之间回报差异的规模要素,(3)价值要素,即高账面市值比率和低比率公司之间的回报差异。尽管资本资产定价模型面临的这些挑战的有效性受到质疑,(打个比方,依赖使用回报数据的时间跨度或频率,β 系数实际上可能能够准确解释资本资产定价模型预测的回报,而且时间跨度或频率的选择并没有理论依据),如下文注释六所言,三要素模型在金融实证中应用广泛。我们应当如何理解 Fama-French 资产定价经验模型三要素中的两个——规模要素和账面市值比率要素之间存在具有企业特殊性的特征?资本资产定价模型和投资组合分散化的核心问题——系统风险是唯一被定价的风险,是否受到质疑?Fama 和 French 认为这不是问题。相反,他们解释说,系统风险规模可以以这些要素来衡量,这是 β 系数所无法刻度的。参见 Fama and French, "The Capital Asset Pricing Model: Theory and Evidence," 18 *Journal of Economic Perspectives* 25, 37—39 (Summer 2004)。实证研究支撑了他们对这些要素的经济学（以风险为基础）解释，例如，Nishad Kapadia, "Tracking Down Distress Risk", Rice University working paper (2009), available at http://ssrn.com/abstract=1448797, (Fama-French 规模、账面市值比率两要素与经营失败衡量的累积危机风险有关); Jimmy Liew and Maria Vassalou, "Can Book-to-Market, Size and Momentum Be Risk Factors That Predict Economic Growth?," 57 *Journal of Financial Economics* 221 (2000)(Fama-French 规模、账面市值比率两要素与国民生产总值未来增长率有关)。

Fama 和 French 在论证这些要素可以衡量系统风险时，受到行为金融学派的驳斥。行为金融学派认为，由于投资者对新闻的过度反应会导致资产价格失序。比如，投资者会依据成长型股票过去的成功业绩，即账面市值比率较低，来过度推断账面市值比率与资产回报之间的关系，从而购买这些可能会继续表现出色的成长型公司的股票，进而推高股价，而账面市值比率高的公司（即价值型公司）股价会相应下跌。投资者的过度反应最终会被纠正，验证了 Fama 和 French 所发现的现象——价值型股票回报率更高。参见 Josef Lakonishok, Andrei Shleifer and Robert W. Vishny, "Contrarian Investment, Extrapolation and Risk," 49 *Journal of Finance* 1541 (1994), 文章的理论基础源自 Werner DeBondt 和 Richard Thaler 在下面这两篇论文中对过度反应的经典定义——"Does the Stock Market Overreact?," 40 *Journal of Finance* 793 (1985) 和 "Further Evidence on Investor Overreaction and Stock Market Seasonality," 42 *Journal of Finance* 557 (1987)。

6. 有效市场假说已经得到了广泛的实证验证；也许是所有社会科学中得到最有力最广泛验证的一种假说。大多数测试都能找到与有效市场假说相一致的证据。事实上，有些研究使用日内交易数据，发现事件对股价的影响往往发生在公司公告后的短短几分钟之内。比如，参见 Greg Adams, Grant McQueen and Robert Wood, "The Effects of Inflation News on High Frequency Stock Returns," 77 *Journal of Business* 547 (2004); Michael Barclay and Robert Litzenberger "An Announcement Effect of New Equity Issues and the Use of Intra-Day Price Data," 21 *Journal of Financial Economics* 71 (1988); Jason T. Greene and Susan G. Watts, "Price Discovery on the NYSE and the NASDAQ: The Case of Overnight and Daytime News Relea-

ses", 25 *Financial Management* 19 (1996)。一位财政经济学家在1997年的调查中发现,绝大部分人都认为美国股票市场属于半强式有效市场,这一点儿也不奇怪。Ivo Welch, "Views of Financial Economists on the Equity Premium and on Professional Controversies," 73 *Journal of Business* 501 (2000)。最新的调查结果能否形成这一共识尚不明确。如摘录的Ross等人的文章,以及节选的Malkiel的行为金融学论文中所探讨的,始终存在无法解释的定价异常现象,而且市场有效性还受到行为金融学家的质疑。

评价市场有效性假说的一个考量因素是,与普通股估价难度有关的相对有效性概念。例如,运用最常见的股票估值公式,预期股息增长率下降0.6%,会导致股价下跌33%:这个幅度接近2000年互联网股票价格因投资者预期增长率微调而暴跌的程度!参见Richard A. Brealey, Stewart C. Myers, and Franklin Allen, *Principles of Corporate Finance*, 9th ed., p. 368 (New York: McGraw-Hill, 2008)。金融学教材中援用这个极具说服力的实例(使用2000年时候的股票价值)来说明,投资者想验证2000年的股票市场是否估值公允的难度有多大,这里还有两个核心要点。首先,投资者会倾向于用一个相关的价格来给普通股定价——该股票的历史价格或类似股票的现行价格,如果投资者对基准失去信心,交易会变得令人困惑,价格也会波动不定,直至产生新的基准。行为金融学将这一点与著名的启发式联系在一起——"固定和调整","倾向于在相似的问题上形成对现状的理解,并做适度调整",例如运用标准普尔500指数回报率和根据风险或行业特征所做的调整,来评估某只期望回报未知的股票价格。参见Edwin J. Elton, et al., *Modern Portfolio Theory and Investment Analysis*, 7th ed., p. 488 (New York: John Wiley & Sons, 2009)。其次,市场有效性的验证与下面两点息息相关,一是相对价格,二是投资者能否从根据信息作出的交易行为中获利。股票是否被正确估值无法得到验证,因为股价难以测度。如Brealey等人在文中所解释的:"举个例子,Hershey的股票在2007年4月卖到55美元的价格。我们能否证明这就是它的真实价值?当然不能,但我们能够更加自信地认为,Hershey的价格不会过分偏离Smucker的价格(55美元),因为这两家公司的每股收益和每股股息相近,而且预期增长率也很相似。"Brealey等人的前述作品 *Principles of Corporate Finance* 第368页。

7. 在数以百计的学术论文中,事件研究法通常有四种用途,一是分析公司财务问题,比如股份回购和股票拆细;二是分析会计问题,比如股价和会计盈余信息之间的关系;三是对法律规范进行政策解读,例如收购条款和产品召回;四是证券诉讼中的举证责任和损失计算(参见第9章)。第8章中有的节选部分采用了事件研究法(Jonathan Karpoff 和 Paul Malatesta 的文章摘录),也有的收集并回顾了大量关于收购的事件研究结论(Gregg Jarrell、James Brickley 和 Jeffry Netter 的文章节选,以及 Gregor Andrade、Mark Mitchell 和 Erik Stafford 的文章节选)。

Bhagat 和 Romano 解释道,大多事件研究者采用统计模型,而不是经济(资产定价)模型,如资本资产定价模型和套利定价理论。最常用的一种统计模型是市场模型,这种模型可以简单调整股票的回报,其中 R_i 代表简单调整后的股票回报率,R_m 代表市场回报率:

$$R_{it} = a_i + b_i R_{mi} + \varepsilon_{it}$$

如 Malkiel 所解释的和上文中注释 5,新近的研究者运用多要素的 Fama-French 模型,来调整股票回报中的三要素:β 系数、规模(市场资本化)要素以及账面市值权益价值比率。

如 Bhagat 和 Romano 所探讨的,误差项的期望值 ε_{it}(残差项)为 0。这反映的假设是定价公式预计将保持准确性。残差项是实际回报和预期回报之间的误差,如果模型是正确的,二者之间应该没有误差。这一属性是验证某事件是否影响股价的关键:如果投资者对这一事件态度乐观(现金流有望增加),则残差项为正,而不为 0(由于信息集已经变化,预期价格会低于实际价格)。同样的,如果某事件预计将对现金流产生负面影响,则残差项为负(期望价格会高于实际价格)。这是有效市场假说的直接适用。事件公告发出的新信息即刻影响到股价,而且影响到事件当天衡量实际回报和期望回报间差别的误差项。这就是为什么残差也被称为异常收益;即股价中剔除正常预期后的变化量。

不是所有的残差值散布图都和 Ross 等人的节选文章中图 1.4 所描述的假说那样变化剧烈,后者仅凭外观检验就可以使得异常收益的存在不证自明。按照 Bhagat 和 Romano 的解释,这就是为什么通过使用平均残差项能够生成测试数据。统计学家们按照惯例,通常在检验中设定 5% 显著性水平作为风险误差可接受程度。统计检验存在两种误差:假设为真时,研究人员排除无效假设的概率(称为甲类误差),假设为假时,研究人员支持无效假设的概率(称为乙类误差)。由于甲类误差通常被认为比乙类误差更严重,统计检验中的显著性水平根据甲类误差设定。5%的显著性水平意味着研究人员愿意接受5%的甲类误差,即异常收益确实为0时,否认这一假设。根据经验法则,检验在统计学上大于2,即为统计显著性(也就是说,当统计数值大于2时,异常收益为0的概率只有5%)。

Bhagat和Romano分析的一个重点在于,统计检定力与乙类误差相关:检验将准确地导致研究人员排除不成立的无效假设,即如果假设真实存在,这一检测能否发现其效果(在事件研究中,假设前提是异常收益不为0)。若统计检定力大于0.8,则统计学家可以认定这一检验的检定力充分(依据显著性水平在传统上被设定为5%)。比如A. Magid, et al., "In Search of Power: A Statistical Power Analysis of Contemporary Research in Strategic Management," *Academy of Management Proceedings* 30 (1985)。将这一标准适用于Bhagat和Romano收集的数据会发现,事件研究中,如果对象公司较少,而且事件日期不精确,将无法确定异常收益,除非那些收益足够高额(即在此情形下统计检定力较弱)。

8. Eugene Fama创设了Ross等人论文中详述的市场有效性的三个类型,所以提出了替代性分类法:收益可预测性检验(包括弱式有效性检验和含有股息收益率和利率的预期收益方面的新研究);事件研究(半强式市场有效性检验);以及保密信息检验(强式有效性检验)。Fama, "Efficient Capital Markets: II," 46 *Journal of Finance* 1575 (1991)。他解释道,市场有效性的争议涵盖了第一类检验,即包括资本资产定价模型在内的资产定价模型,因为研究已经发现异常现象,其中大多现象都能在Ross等人论文中找到表述,会引发对定价模型的收益可预测性的质疑;还有些人已经发现可以通过股息收益率等变量来预测收益。而Fama提醒道,收益的显著可预测性是存在疑点的,因为研究结果显示,这类检验都存在多重假设的验证困境,即定价模型的检验无法区别于市场有效性的检验。

因为事件研究的统计检定力并不取决于是否使用了充足数据和准确事件日期的资产定价模型,充足数据和准确事件日期可以通过日常股价信息来获取,事件研究避免了收益可预测性检验遇到的问题,而且Fama认为使用事件研究法无可争议。Fama总结道"事件研究法是市场有效性最清晰的证据……除了极个别例外,这一证据极具支撑力"。同上一个注释,第 1602 页。

Fama 关于实证研究的分类,以及相应的对市场有效性的争议,至少与一位行为金融学者的观点一致。如 Meir Statman 所指出的争议点:

> 标准金融学和行为金融学之间的论战尚未展开,因为市场有效性有两层含义。一方面,市场有效性意味着不存在系统的方法去击败市场;另一方面,又意味着证券价格是理性的——只反映基本性的或功利性的特征,比如风险,但是不反映心理上或价值表现性的特征,比如感情。市场有效性的论战一直在进行中,好像只要反对者输了,支持者就一定会赢得这场论战。但我认为,就战胜市场而言,金融学家和专业人士倾向于接受市场有效性的观点,但从理性价格角度,往往会否定有效性。

Statman, "Behavioral Finance: Past Battles and Future Engagements," 55 *Financial Analysts Journal* 18, 18 (1999)。重印获得了许可。

注释 6 所讨论的相对有效性,正如在 Brealey 等人的文献中所阐述的那样,与 Statman 的观点一致。

9. 行为金融学上的启发式能否用来解释个人投资者的羊群效应,以及适用于共同基金经理的羊群效应,或者是否存在能促进这一行为的"理性"职业? 比如,你是否认为一位基金经理会因业绩不佳而遭致同样的下场,如果经理按照竞争对手同样的竞争策略或者非常规的策略(特别是在接下来的阐述中,这些基金可能表现得没有采用更加常规策略的基金那么好)? 另外,如果策略失败而且基金最后以诉讼方式告终,依赖于投资分析师建议的基金经理可能会认为更容易证明自己的行为符合谨慎人的信义义务。关于以职业生涯的考量和信义义务的解释来分析共同基金的羊群效应,可以参见诸如 Nerissa C. Brown, Kelsey D. Wei and Russ Wermers, "Analyst Recommendations, Mutual Fund Herding, and Overreaction in Stock Prices" (manuscript 2009), available at http://ssrn.com/abstract = 1092744;以及 David S. Scharfstein and Jeremy C. Stein, "Herd Behavior and Investment," 80 *American Economic Review* 465 (1990)。这一解释是否符合理性定价?

10. 毫无疑问,行为金融学已经发展为一项研究议程,因为它似乎提供了 Ross 等人文献中指出的明显违反市场有效性的反常现象的解释路径,比如季节性回报(Keim 的"一月效应"),对盈余公告、规模回报差异以及与诸如市账率和市盈率等财务比率相关的回报差异。大量的研究已经将这种经过室内试验确定的启发式适用于解释已知的异常现象。若要进一步了解行为金融学中启发式的非技术性内容,请参见 Hersh Shefrin, *Beyond Fear and Greed: Understanding Behavioral Finance and the Psychology of Investing* (Boston: Harvard Business School Press, 2000)。

如今,这一调查的依据何在? 一位研究领域横跨经典金融学和行为金融学的作者在其投资学论文中发表了以下鞭辟入里的评判:

> 采用行为模型解释资产定价中的异常现象,目前遇到两大问题。第一,一个广为认知的问题是,行为金融学研究人员提出的单一的、一以贯之的投资行为模型并不存在,甚至可能是虚构的。所以,传统的资本资产定价模型依然可以作出准确的经验预测,大多行为模型做不到这一点。投资者的过度反应符合投资者启发式中的一种类型,而过于自信则契合另外一种。这个问题可以解释为一种现象——即便经历了 25 年的积极探索,行为金融学领域依然没有发展出完善的、内部一致性的、可验证的投资者认知和行为模型。

> 第二个问题是,行为金融学领域的绝大多数实证研究并未使用行为学数据。运用股价信息来证明投资者心理学影响股价近乎循环论证(tautological)。投资者心理学是否影响行为以及这种行为是否反过来影响股价的试验,需要差异大且更丰富的数据以及较大的举证责任。

Edwin J. Elton, et al., *Modern Portfolio Theory and Investment Analysis*, 7th ed., pp. 498—499 (New York: John Wiley & Sons, 2009). © 2009, John Wiley & Sons, Inc. Reprinted with permission of John Wiley & Sons, Inc. Ross 等人对这一领域有相似的评价:

> 学术领域对这些结果存在不同的观点。有效市场支持者强调不同的启发式对股价有相反的影响。他们提出疑问,哪种原理应当在任何特定情形下都处于主导地位? 换言之,为什么投资者应当对互联网股票的信息反应过度,而忽视盈利信息? 市场有效性支持者认为,除非行为学家可以完美地解释这两个问题,否则我们不应该在支持行为金融的前提下否定市场有效性。

> 行为金融学派的观点有些许不同。首先,他们指出市场有效性的三大理论基础(合理性、理性的独立偏差、套利)似乎与现实相违

背。其次，存在太多异常现象，其中很多在样本外试验中反复发生。这说明，异常现象不只是偶然事件。

总之，我们需要耐心地解释这些异常现象……很难确切知悉一个异常现象中有多少是由风险导致的，有多少是由错误定价导致的。

重印获得以下文献的许可：The McGraw-Hill Companies from Stephen A. Ross, et al., *Corporate Finance*, 9th ed. (New York: McGraw-Hill Irwin, 2010) © 2010, 2008, 2005, 2002, 1999, 1996, 1993, 1990, 1988 by the McGraw-Hill Companies, Inc.

要从两个相反的角度更加深入、更加技术性地验证行为金融学，参见 Stephen A. Ross, *Neoclassical Finance* (Princeton, NJ: Princeton University Press, 2005); 以及 Andrei Shleifer, *Inefficient Markets: An Introduction to Behavioral Finance* (New York: Oxford University Press, 2000)。

11. 从法律视角对有效市场假说的有益讨论，可以参见 Ronald J. Gilson and Reinier H. Kraakman, "The Mechanisms of Market Efficiency," 70 *Virginia Law Review* 549 (1984)，把这一假说的不同形式和信息在市场中的传递方式联系在一起; Ronald J. Gilson and Reinier Kraakman, "The Mechanisms of Market Efficiency Twenty Years Later: The Hindsight Bias," 28 *Journal of Corporation Law* 715 (2003)，在他们原先论文的基础上提出了新观点，并在文中引入了行为金融学的概念。另外，法学学者们采纳了摘自 Malkiel 的行为金融学论文中对有效市场假说的批判观点，来质疑依据该假说的公司法和证券法上的政策分析，比如 Jeffrey N. Gordon and Lewis A. Kornhauser, "Efficient Markets, Costly Information, and Securities Research," 60 *New York University Law Review* 761 (1985); Lynn A. Stout, "Share Price as a Poor Criterion for Good Corporate Law," 3 *Berkeley Business Law Journal* 43 (2005)。

2

公司的法律特征:有限责任

教育家、总统顾问和1931年诺贝尔奖获得者Nicholas Murray Butler曾言,"有限责任形态的公司是当代最伟大的发明","即便是蒸汽机和电力的发明,都无法与其媲美。"Butler的这番话表明,虽然公司的以下四个特征使其与个人独资企业和合伙企业迥然相异——投资者有限责任、股份自由转让、永久存续、集中管理——但有限责任是最为关键的特征。

小公司的组织形态在形式方面差异往往比较模糊。例如,贷款人通常要求控股股东对封闭公司的债务提供个人担保。而对于大型的公众公司而言,有限责任及股份的自由转让促进了资本市场的健康发展,从而使得大型融资活动得以顺利进行。近年来,学界的研究不仅集中于解释有限责任对于当代商事企业的重要意义(此点与Butler的见解一脉相承),而且还关注它对于公司形态的企业的成功运作是否至关重要。这方面的文献是本章的重点。

在第1章中,Jensen和Meckling在解释为什么独资企业的所有者会选择卖出部分股份时,离不开有限责任:将个人的财产责任限定于其在公司中的股本投资,促进了投资组合的多元化,降低了投资风险。因而,它还降低了资本的成本。尽管有限责任的好处显而易见,它仍然备受争议,其原因在于,它使得投资者可以将风险外部化。因为即使公司经营不善而无法偿付债务,股东也无须全面偿付债权人的债权,因而股东无须承担做生意的全部成本。相应地,从社会福利的视角看,公司往往承担了太高的风险;因为风险项目的潜在上涨收益都由股东获得,而该项目的下跌风险则由债权人分担。Jensen和Meckling探讨的所有者兼管理者从持有100%的股权转变为部分持股时,金钱收益和非金钱收益此消彼长的变化所带来的激励问题即与此类似。

对于贷款人等自愿债权人而言,有限责任的外部问题并不严重,因为他们能够将未获偿付的风险体现为合同的价格(例如,他们可以收取更高的利率)。因而,股权本身承担了有限责任的风险。正如 Jensen 和 Meckling 所分析的,卖方股东承担了外部所有权的代理成本。相反,在有限责任下承担着无补偿风险的个人,则是公司的非自愿债权人,例如侵权行为的受害人,因为他们无法事先就其损害补偿与公司协商。在关于有限责任的论辩中,绝大多数人都认为存在这些互相冲突的利害关系,他们的分歧之处主要在于,有限责任在降低资本成本方面的收益,是否大于风险外部化而带来的成本。

Frank Easterbrook 和 Daniel Fischel 梳理了大量的支持有限责任的观点,并加上了自己进一步的分析,即有限责任降低了监督成本,这与代理成本亦息息相关。Susan Woodward 推陈出新的分析,从交易成本的视角支持了有限责任。她认为,有限责任仅仅是股份自由转让相伴相生的必然结果,对于筹集公司资本而言,不可或缺的是后者而不是前者。

Henry Hansmann 和 Reinier Kraakman 认为,废除公司的有限责任,这对于资本市场、进而对于公司形态而言,其后果并不严重。他们提出了无限责任的比例规则,根据这项规则,每位投资者的责任与其持股份额成正比。然而,他们也允许公司参与方自行议定有限责任。其原因在于,这种议定的安排并不会影响这一建议的根本关切点,即防止商业风险无补偿地转嫁给非自愿债权人。

有限责任与公司[*]

FRANK H. EASTERBROOK 和 DANIEL R. FISCHEL

有限责任是公司法的一项基础性原则。然而,有限责任从来不是绝对有限的。法院偶尔会允许债权人"揭开公司面纱",也就是说,股东必须偿付债权人的请求权……有限责任的规则意味着公司中的投资者无须对超过其投资数额的债务负责。出资 100 美元的投资者只需承担 100 美元的风险,而不会超过该数额……Henry Manne 在一篇重要的文章中称,如果没有有限责任,就不会存在拥有诸多小股东的公众公司。如果投资者被要求以投资数额之外的不受限制的个人资产来承担责任,则富裕的个人将不愿进行小额投资。每一股份都将使个人的所有资产面临风险。为防范此种风险,投资者将减少投资于不同公司的数量,并更为密切地监督每一家公司。

---

[*] 本部分内容的重印,获得了 52 *University of Chicago Law Review* 89 (1985)的许可。

Manne 的观点很有说服力,但并不全面。有限责任并没有消除公司倒闭所带来的风险,而是将部分风险转嫁给了债权人。债权人可以投资于国库券和其他无风险证券,而且他们也可以不对公司进行风险投资,除非公司从本来要分给股东的收益中向其支付更多的利息。但债权人所要求增加的回报为什么不能正好抵消股东收益的减少呢?Manne 的分析并没有解释为什么债权人承担着现在这么多的风险。

有数个原因可以解释如果债权人承担了相当部分的公司经营失败的风险,公司的价值或许可以最大化。Richard Posner 认为,债权人或许是更为合适的风险承担者,因为他们比股东更不厌恶风险或者拥有更多的信息。但我们认为这并不可信。债权人通常比股东更厌恶风险;那么,还有什么理由可以解释债权人让股东承担最多的风险?

债权人拥有更多的信息,因而或许是更好的风险承担者,这种说法的说服力大得多,但它不能完全解释有限责任……虽然债权人有时可能拥有更多的信息,但并非总是如此。相反,我们认为债权人掌握的信息更少。股东拥有剩余索取权,公司财产哪怕是最轻微的波动所带来的价值损益,股东也将一体承受绝大部分后果。因而,剩余索取权人拥有监督激励,以在除去监督成本之后获取这些收益(或者避免损失)。而在"股本缓冲"保护之下的债权人所掌握的信息往往更少。如果债权的集中度高于股权,因而信息方面的搭便车行为更少,则债权人会在监督方面投入更多的精力,但没有数据表明,债权与股权的集中度存在明显差异……大型公司能够生存发展,告诉了我们一个事实:职责分工及专业化所带来的收益,高于代理关系所产生的成本。其中,正是有限责任降低了这种分工及专业化的成本。

首先,有限责任降低了监督的必要。一切所有者均会因代理人的行为而面临着财富减损的风险。为了保护自己,投资者会更紧为密切地监督代理人;他们要承担的风险越高,越重视监督。然而,超过一定的临界点后,更密切的监督将得不偿失。另外,专业化的风险承担意味着,许多投资者可以多元化投资。在任何一家公司的投资,都只占他们财富的一小部分。这些多元化的投资者既没有专业知识、也没有动机去监督专业化的代理人的行为。在有限责任条件下,多样化投资和消极监督成为较理性的策略,从而潜在地降低了公司运作的成本。

第二,有限责任降低了监督其他股东的成本。如果股东承担无限责任,则其他股东的财产越多,任一股东的资产被用来支付赔偿判决的可能性就越小。这样,现有股东就有动机来对其他股东实施成本高昂的监督,以确保后者不会转移或者低价转让资产。而在有限责任的条件下,其他股东的身份无关紧要,因而避免了这些成本。

第三,有限责任促进了股份自由转让,从而使管理者更有动力实施高效的经营……投资者个人可以买卖股票,从而使其有机会形成一个团队来约束代理人的行为。只要股份与投票权挂钩,运营不善的公司必将吸引能够低价收集大量股份的新投资者,进而组织新的管理团队。被替换的潜在威胁,促使在位的管理者努力实施高效的经营,力求将股价维持在一个较高的价位上。

第四,有限责任使得市场价格有可能反映公司价值的其他信息。在无限责任条件下,股票不是种类物,没有统一的市场价格。投资者需要耗费更多的资源去分析公司的前景,以确定"价格是否合理"。

第五,……有限责任可以提高多元化投资的效率。投资者可以通过多元化投资而最小化风险。这样会降低公司的筹资成本,因为投资者无须承担与未分散的投资相关的特定风险。当然,只有在实行有限责任规则或者采取其他好的制度安排的情况下,它才会成为现实。而如果实施的是无限责任,则多元化增加了、而不是降低了风险。任何一家公司破产,都会使投资者倾家荡产。因而,无限责任规则之下的理性策略是,投资者将尽可能地避免多元化投资。其结果是,投资者被迫承担本可以通过多元化而避免的风险,公司的筹资成本将上升。

因为有限责任提高了资产不足以清偿债权人请求权的可能性,公司股东获取了风险活动的所有收益,却无须承担所有成本。其中部分成本由债权人承担。有限责任的批评者们非常关注此种道德风险——有限责任创造了将风险活动的成本转嫁给债权人的激励——并以此为由,主张对其进行大刀阔斧的修订。

风险外化带来了社会成本,因而并不可取。然而,这种观点的含义并不明晰,这既因为修订有限责任本身也存在成本,而且即使不存在有限责任,道德风险也无可避免。大幅修订有限责任的一大后果是,社会上减少了对某些类型的项目的投资,它带来的社会福利的损失可能远远超过降低道德风险所产生的收益。进而言之,即使放弃有限责任也无法彻底消除道德风险问题。当个人或者公司的资产不足以偿付其预期债务时,它们都将普遍拥有过度冒险的动机。尽管有限责任制加剧了道德风险问题,但在任何规则下,道德风险都无可避免。

雇员、消费者、合同债权人和贷款人是自愿性债权人。他们所要求的补偿是由他们所面临的风险的一大函数。其中一个风险是,由于股东有限责任而使他们无法获得偿付;而另一种风险则来自于这样的预期:合同条款确定之后,债务人将从事更为冒险的活动,从而损害了贷款人的利益;这一风险普遍存在于所有的债权债务关系中。

只要这些风险为人所知,公司就必须付出对价,以换取从事冒险活动的自由……这里并不存在"外部性"。对于公司将来可能无法履行债务的风险,自愿性债权人提前获得了补偿。

当公司必须支付从事风险活动的成本时,他们往往会选择开展边际社会收益等同于边际社会成本的项目。然而,当高额的交易成本使那些风险承受者无法收取适当的风险酬金时,有限责任条件下的公司就更有可能开展总体看来无效率的高风险活动。公司可以获取这些风险行为的收益,却仅仅承担部分成本,其他成本则转嫁给了非自愿性债权人。这是有限责任制度的真实成本,然而,公司参与保险的激励则降低了这一成本……对保险的一般解释是出于对风险的规避。

公司购买保险看起来与这种解释并不吻合。投资者可以通过分散投资而减少风险,并且这也是一种最廉价的降低风险的方式,而有限责任就为这种分散投资提供了便利。因而投资者就用不着通过购买保险来降低风险了。为什么要花钱购买你已经免费享有的东西呢?

然而,并不是所有跟公司建立契约关系的人,都拥有同样的能力来通过多元化投资而最小化风险。例如,众所周知,人力资本就很难分散投资。那些拥有企业专用性人力资本投资的管理者们,就无法分散其经营失败的风险。相反,投资者实际上希望管理者的个人财产与其控制下的公司同呼吸共命运,因而诱使管理者承担公司经营失败的额外成本,并在公司经营成功时,投资者又可以获得不成比例的回报。对于那些进行了企业专用性人力资本投资的管理者们来说,破产的可能性也代表了一种真实的成本,公司必须补偿这些承担了风险的人。购买一份保险金额高于公司资本的保险,是降低公司应支付金额的一种方法。投保侵权责任险的公司更不容易破产,因而更不可能使公司管理者和其他雇员蒙受损失。因此保险可以促使人们进行企业专用性人力资本的投资。

购买保险金额高于公司资本的保险,是否可以降低公司过度冒险的激励,这是一个复杂的问题。公司在投保之前,投资者的所有资本均处于风险之中;投保之后,投资者的风险就会减少甚至消失。而现在,公司侵权行为所导致的经营失败的风险也由保险公司承担了。因此,保险被认为降低了公司管理者谨慎行事的激励;而这种激励在有限责任条件下本来就太低了。然而,购买保险却产生了这样一种效应:即创建了一种以前从未有过的合同债权人。被保险的公司必须支付较高的保险费来开展冒险活动。这样,由于公司承担了从事风险活动的成本,所以在作出投资决策时,它往往会力求社会收益和社会成本相等。

我们并不认为,公司购买保险的激励,可以彻底消除公司过度冒险的可能性。情况或许是,即使公司能够购买保险,它也决定不投保。如果潜在损失非常巨大,则向那些进行了人力资本专用性投资的风险厌恶型管理者支付的、用来补偿公司破产给其带来损失的酬金,就会少于支付给保险公司的保险费。换句话说,管理者的有限责任(特别是在破产时仍可承担有限责任的情况下)与股东有限责任的结合,可能会导致背负着非自愿债权人大笔预期债务的公司,要为管理者支付保险费,同时降低了公司的资本总额。另外,如果各类风险之间高度相关,就不能保证一定能够获得保险。即使获得保险了,保险责任范围的规定也会把相当部分的损失排除在保险范围之外。另一方面,我们关于公司投保的激励的讨论仍然表明,公司会在个人及合伙不愿意投保的某些情况下购买保险。例如,一个拥有卡车车队的公司可能会购买保险金额高于其资本的保险;而一个资产较少的个人独资者,却只只会购买小额保险或者根本就不会投保。

揭开公司面纱

法院允许债权人在某些情况下追索股东的财产……可以将这些情形理解为、至少是大体上理解为,它们试图在有限责任的成本和收益之间求取平衡。在有限责任条件下,如果改善资产流动性和投资多样化所带来的收益微乎其微,却反而使公司更倾向于从事社会风险过高的冒险活动时,法院就更有可能允许债权人去追索股东的个人资产。

封闭公司对 vs. 公众公司

几乎所有由法院审理的允许债权人追索股东财产的案件,都会涉及封闭型公司。封闭公司和公众公司之间的区别是有经济逻辑支撑的。在封闭公司里,管理和风险承担之间并没有很大的分野,这对有限责任的作用具有深远的影响,因为那些向封闭公司投资的人,通常会参与公司决策,有限责任并不会降低监督成本。有限责任之于公众公司的其他收益,如促进有效率的风险承担和资本市场对公司的监督,在封闭公司里也是不存在的。

公司股东 vs. 个人股东

揭开公司面纱的其他主要类别包括母公司与子公司合并,在这种情况下,子公司的债权人试图追索母公司的资产。法院更愿意允许债权人追索公司股东的资产,而不是个人股东的资产,个中原因又与经济原理不谋而合。

允许债权人追索母公司资产,并不是要让所有投资者承担无限责任。投资多样化、资产变现力,以及资本市场的监督等作用都不会受到影响。更进一步说,道德风险在母子公司的情况下更为严重,因为子公司缺乏投保的激励。

它并不意味着,母公司及其关联公司总是要对其持股的公司的债务负责。情况远非如此。如果要承担此类普遍的债务,那些非关联企业将会赢得竞争优势。以出租车行业为例,出租车公司可以将所有出租车合并起来经营,或者只将其中一部分出租车交给一个公司。如果法院一以贯之地刺破这样的安排,要求以公司的全部资产承担任何一辆出租车的事故风险,那么那些"真正的"只拥有一辆车的公司,运营成本将更低,因为这些公司自身可以隔断责任的承担。这将造成一种反向的激励,因为正如我们所强调的,公司规模越大,就越会去购买保险金额更大的保险。那些鼓励公司拆分设立的法律规则,将无法使侵权行为的潜在受害者受益。因此,只有当公司安排所增加的风险,超过了公司作为独立的实体所应承担的风险时,法院才会否认公司法律人格。

合同 vs. 侵权,以及欺诈或虚假陈述的例外

相对于合同纠纷案件而言,法院更倾向于在侵权案件中揭开公司面纱。这种差别的基本原理直接源自于道德风险的经济学分析——如果因债权人承担了有限责任带来的风险而公司必须付出代价,公司就不大可能实施社会风险超过社会收益的行为。换句话说,合同债权人可以就事后违约风险的增加而事先获得偿付。相反,侵权债权人却无法事先获得补偿。

这种合同之债的债权人与侵权之债的债权人之间的差别待遇,在债

务人实施欺诈或虚假陈述行为时被打破了。为确保过度冒险行为的成本能够完全内部化,债权人必须能够精确地评估违约风险。如果债权人被误导,认为违约风险低于其实际水平,债权人不会要求足额的赔偿。这将导致公司过度冒险,因为毕竟一部分成本将会转嫁给债权人。

法庭对于这个问题的处理方式,通常是在发生了欺诈和虚假陈述的情形下,允许债权人在公司资产之外进行追索……在所有这些情况下,由于债权人都不能正确评估违约风险,因此公司就更容易从事过度冒险行为。

降低道德风险的替代性方法

揭开公司面纱是降低有限责任引发的公司过度冒险激励的方法之一。在本部分,我们简要地分析……降低此种风险的其他方法的成本与收益:也就是说,最低资本要求、强制保险、[以及]经营责任等方法。

公司资本越少,就越有激励从事过度冒险行为。法定的最低注册资本要求就是风险承担内部化的方法之一。然而这种规定本身也是有问题的。成本之一在于,我们在确定公司应当拥有多大数额的资本时,要花费相当部分的行政管理成本;另一种成本是错误成本,如果公司资本门槛设置过高,将会阻碍新的竞争者进入,无异于允许现有企业收取垄断价格。另一个问题是,在技术上公司如何满足其最低资本要求。为使此种要求行之有效,公司必须交存一笔与它所预计到的最高负债额等值的保证金,或者在公司库存中保留充足的资金,并将它们投资于无风险资产领域。以这种方法持有的资产总量,将会大大高于公司整体的预期风险(因为并非所有的公司都会破产或者遭到最大可能的损失)。不管采取哪一种方法,股权投资的回报率都会降低。这样,出于赢利的考虑,人们就会从风险较高的行业里转出股权资本,这也同样代表了一种社会成本。

强制保险要求在某些方面与最低资本要求相类似,这表现在,它们都包含了行政管理成本,并且都可被当作一种准入壁垒。当然,强制保险是否造就了更严重的准入壁垒,仍是一个难以确定的问题。新公司与现有公司相比,比较缺乏市场经验,这在保险人看来风险更大,因此必须支付更高的保险费。如果这笔保险费低于自我保险的成本,强制保险实际上便利了新公司进入市场(与最低资本要求相比)。但另一方面,仍有不少公司、特别是新公司会发现,要从市场上购买保险相当困难。因此强制保险对于新公司的影响,可能要大于最低资本要求。

强制保险和最低资本要求的一个重要区别在于,二者对公司过度冒险的激励的影响有所不同。最低资本要求降低了这一激励;强制保险要求则可能强化也可能弱化这种激励,其最终结果将取决于保险人的监督能力。如果保险人无力监督,则保险可能反而增加了冒险的层级。

一种既可以最小化公司过度冒险的激励,又能免掉最低资本要求或者强制保险的行政成本的方法,是要求管理者和公司同样承担起责任——经营责任。经营责任对于那些必须对管理者作出相应补偿的公司而言,是一种额外的风险。然而,从公司的角度看,因管理者承担了风险就向其作出补偿,这是有问题的。但由于公司经理不能分散其投入公司的专用性人力资本,因而他们并不是有效的风险承担者。这样,公司通常就会有激励给予管理者以补偿或保险,从而减轻管理者的经营责任。

然而,这种风险转移机制并没有挫败经营责任的根本目的。如果公司必须承担责任,那么对于一家几乎没有任何专用性人力资本投资的公司而言,价值最大化的策略或许就是保证资产少于预期负债。而如果管理者必须同样承担责任,那么他们就有激励去监督公司的资本总额和保险状况,因为他们承担了风险未能完全转移条件下的成本。这样,经营责任制之下的价值最大化策略,就是通过增加企业资本或者购买保险,来实现企业的自我保险,在这两种方法中,就看那一种方法的成本比较低。无论如何,通过这些方法和策略,公司过度冒险的激励势必有所降低。

经营责任的一个问题是,风险转移机制可能运作得并不十分完善。例如,那些对大量侵权行为负有责任的管理人员,面临着巨大的不可预知的风险,而且他们未必能够将风险完全转移出去。其理由在于,由于赔付的数额巨大,以及对保险事项的监督存在困难,保险人一般不愿意承保可能发生的最高预期责任。从风险未能完全转移这个角度来说,经营责任法律规则对于一个缺乏承担风险比较优势的团体而言,就等于创设了风险。这种效率低下的情形,既增加了管理者的竞争性薪酬,也导致放弃了冒险的经营活动。况且,也不能保证放弃冒险的经营活动所产生的社会成本,不会超过在没有经营责任情况下参与高风险活动所要承担的社会成本。

公司理论中的有限责任[*]

SUSAN E. WOODWARD

关于公司普遍采用有限责任的绝大多数解释,都以厌恶风险为理由。虽然我们也认为,厌恶风险会促成小型的封闭公司的有限责任,但我们仍然认为,对于大型的公众公司而言,它们普遍适用有限责任,厌恶风险既不构成有限责任存在的充分条件,也不构成必要条件。更好的解释是,有限责任可以降低信息成本和交易成本。

特别是,有限责任最为重要的特点是,它使得股份可以自由转让。如果要求以公司资产之外的个人(公司之外的)财产来承担责任,则在实施这一规则时,势必会伤害股份的可转让性。

可自由转让的股份的好处是显而易见的。当众多投资者共同投资于大型而长期的项目时,投资于这些项目的股份可自由转让,大大增强了这些项目的吸引力。只要股份可以自由转让,投资者希望通过出售(或者购买)股份以安排其不同阶段的消费计划、调整其投资组合以达到其希望的风险程度,或者根据其对公司的信任的变化而行事之时,均可以在不影响公司运用有形资产的情况下来达成目的。股份的自由转让,为消费/生产决策的分离、以及消费/投资决策的分离留下了空间。我们在有关价格理论的基础课程中,不厌其烦地强调了这方面的重要意义。

只要设想一番以下情境,便可轻易发现股份自由转让与债务安排之间的关联关系:公司发行的股份可以无条件转让,而且该公司试图将责任扩及股东(在债权人提出请求时持有股份的股东)。当这家公司面临破产威胁时,任何资产等于或者高于债权数额的股东,只愿意卖出股份而不是偿付债务。而愿意买入这些股份的股东,只会是那些个人财富太少以至于债权人懒得去催讨的人们。因而,只要债权人试图在公司资产之外要求股东以其他资产清偿债务,最后剩下的是一群个人资产不足以偿付债权的股东。如果股份可以无条件转让,而且责任仅仅及于当前的股份持有人,则责任的扩展根本无法推行。

因而,公司之所以要限制责任,一种简单的答案便是,股份的自由转让事实上导致了有限责任。明确有限责任,可以节约濒临破产前各方争

---

[*] 本部分内容的重印,获得了以下版权单位的许可:*Journal of Institutional and Theoretical Economics*, v.141, pp.601ff, J. C. B. Mohr (Paul Siebeck) publisher, 1985.

先恐后卖出股份所带来的交易成本。

然而,在股份完全自由转让与股份完全不得转让(在这种情况下,股东无法摆脱特定的责任)这两个极端之间,存在着限制转让的空间,后者使扩展责任切实可行。因而,我们还必须解释,为什么公司不会选择在股东责任与股份自由转让之间进行一些内部的组合。

要解释这一现象,就必须理解扩张责任所带来的成本。责任的任何有效扩张,均意味着债权人和股东所享有的现金流取决于每个股东的个人财富。这种依赖性使得债权人和股东均有激励以:(1)投入资源来获取关于股东的信息;并且(2)订立附加合同,试图控制对方的行为。而在有限责任条件下,公司的信用不再依赖于股东的个人财富,从而降低了共同投资项目中各方的交易和信息成本。特别是当公司的股东数量众多时,这种情形特别明显。

为理解这些典型事实,我们一方面要考虑有限责任造就的股份自由转让的种种收益,另一方面也要考虑限制责任所带来的成本。这些成本是指当股东无须承担其决策的全部后果时产生的代理成本,有限责任制之下的负债累累的公司中,其股东即属如此。

将责任扩张至股东,其成本之高低,取决于股东责任的具体性质。最为普遍的责任形式是,股东对于公司的债务承担个别及连带责任。如果公司资产不足以清偿其债务,每一股东按其持股比例承担部分债务。如果有些股东无力承担债务,则其余股东可被要求承担剩余的债务。一种更为温和的扩张责任要求股东只按其持股比例承担部分债务,个别股东未予清偿的债务计为债权人的亏损,而不是其他股东的损失。一种比这个还要温和的形式(在法律文献的探讨中,它被称为核定规则)盛行于美国的某些银行,甚至到20世纪也是如此,在这种股权形式下,股东对于每股只承担某一确定数额的债务。

所有的这些扩张责任规则,使得权利的行使及预测行使权利的后果,成本相当高昂……当然,债权人愿意耗费多少资源来追索每一位股东,取决于他们预计能够取回什么财产。更富有的股东在强式规则之下,例如在连带及个别责任的条件下,将比在诸如核定规则等弱式规则条件下,受到更有力的追索。在按比例责任规则或核定规则条件下,股东自身没有动机来相互追索。然而,在连带及个别责任条件下,更为富有的股东(他们最可能受到债权人的追索)将会追索更为贫穷的股东,要求后者承担相应的责任份额。

然而,可能发生的情形是,扩张责任所带来的更大的成本,并不在于那些与公司破产后收取债权息息相关的成本,而在于为确保债权收回而事先采取的种种措施所带来的成本。

在公司破产之时,由于预料到公司可能破产,无论股东承担何种形式的扩张责任,债权人和股东都有动机来检查并确保每一股东的偿付能力。这里的问题并不仅仅在于公司破产时股东是否能够清偿其债务份额,而且在于即便实际上并没有发生破产,只要存在破产的可能,就意味着每一股东的财富都影响着公司的信用,并因此使每一股东都在意其他股东是谁,他们是如何打理他们在公司之外的财产的。即使责任规则只是规定股东承担核定的责任(每股只承担规定数额的责任),每一股东履行其核定责任的优劣,均影响着公司的信用并进而影响着其他所有股东的财富。因而,债权人(为了评估公司信用)及股东们(为了确定公司的价值)就拥有激励来投入真金白银,以确保获得有关股东财富的数量及其构成的信息,而这些信息与公司的生产活动毫不相干。

扩张责任所带来的对股东财富的关注,还激励着股东和债权人投入心力,彼此签署附加合同以解决扩张责任带来的利益冲突。防止富裕的股东将股份卖给贫穷的股东的方法之一,是要求股份的潜在购买人必须拥有某些最低限额的财富。这样或许有助于改善公司的信用,但它同时降低了公司股份的购买价格,并提升了资本的成本。另一个解决方法是,要求无法以某一特定数额和类型的财富做担保的股东,购买保险。而确定保险费的调查成本及保证购买保险的成本,本身代价不菲。当然,另一个建议是公司代表股东购买保险。

然而,即使是这一方案(公司购买保险)也无法解决所有的利益冲突问题,因为贫穷的股东和富裕的股东将无法就应当达到的保险水平达成一致。如果公司购买了保险,则富裕的股东与贫穷的股东(按其持股比例)同等地承担了保险成本。但富裕的股东比更不富裕的股东拥有更多的财产来承担扩张的责任,因而往往希望保险的层级更高一些。即便股东对于未来世界中诸多事件发生的可能性的看法一致,因而相应地,他们对于应当投入多少资源来做某件事情(比如说,发现石油),也有一致的想法,但由于个人境况不同,他们仍然无法对责任保险的层级达成一致。

防止股东逃避可转让股份之下的责任的另一种办法是,要求在责任产生之时持有股份的股东、而不是破产发生之时持有股份的股东承担责任。从根本上说,此种责任安排使得股东在持股期间的潜在债务无法转让。在这种债务安排的模式下,控制着公司的新股东可以更为冒险的方式运营原有资产,从而从原股东中攫取财富……原来的股东所拥有的机会甚至不如债权人,后者至少可以通过与公司的后续交易来影响资产的运营。

本部分的教益是,扩张责任的成本随着股东人数的增加而增加……因而,我们至少可以对我们的第一个典型事实作出部分的解释:公众公司更可能对责任进行限制,因为这些公司的扩张责任的代价更为高昂。

公司侵权中的股东无限责任[*]

HENRY HANSMANN 和 REINIER KRAAKMAN

无限责任规则的设计

一个先决问题是,对于公众公司而言,引入无限责任是否可行。一些评论人士已经质疑,在无限责任制度之下,债权人能否从高度分散的股东中获得有意义的救济,同时又不会伤害证券市场的流动性。我们确信,这种做法显然可行:一套行文精细的无限责任规则,既不会伤害证券的流通性,也不会带来过高的债权行使成本。

或许有人会说,即使可行的话,公众公司侵权适用无限责任并无必要,其理由在于,侵权责任导致公众公司破产的数量相对而言寥寥无几。然而,将无限责任扩张适用于公众公司仍然有着重要的原因。首先,目前侵权判决的赔偿导致公司破产的案件数量不多,可能并不能反映公众公司侵权损害超过其净资产的实际发生数量,因为在有限责任条件下,侵权受害人接受低于公司全部价值的和解方案的动机相当强烈。进而言之……在将来,此类公司侵权责任超过其净资产的威胁可能会有所增加。最后,而且是最为重要的是,将无限责任扩展适用于封闭公司,而不适用于公众公司,会导致当下的封闭公司仅仅通过向公众卖出部分股票而规避无限责任。

股东何时要承担责任?

要使公众公司的股东无限责任规则具有可操作性,必须既规定股东

---

[*] 本部分内容的重印,获得了以下版权方的许可:The Yale Law Journal Company Inc., from *The Yale Law Journal*, vol. 100, pp.1879—1934 (1991).

责任的计算方法,又规定何时自由买卖的股份会给其持有人带来个人责任……确定股东责任的貌似最为有效的措施,是对超出公司资产赔付能力的侵权损害数额,要求股东按比例赔付。而更困难的问题在于,选择一种怎样的时机规则来确定哪些股东在侵权发生之后负有责任。

确定何时股东要承担附加责任的时机规则,不可避免地面临着操作的复杂性及被规避的可能性之间的冲突。侵权发生之时的股东负有责任的"发生"规则,最难于规避,同时也最难操作。而只将剩余责任施加给裁判作出之时的股东的"裁判"规则,最容易操作,但面临着大量的被规避的可能。权衡各种考量因素,一种合理的折中方案是改良后的"诉请提出"规则,即要求在侵权损害赔偿请求提出之时(或者更早一些)的股东承担责任。我们将这种改良后的规则称为"以信息为基础"的规则。

初看之下,这种简式"诉请提出"规则或许看起来纠正了"发生"规则的种种缺点。在"诉请提出"规则之下,股东只要通过卖出股份即可逃避未被发现的侵权责任。另外,根据"诉请提出"规则,面临着侵权诉讼个人责任风险的股东,通常会收到该或然责任的明确通知,但针对这些股东的实际判决或许姗姗来迟,也就是说,只有在不利于其的侵权诉讼判决及随后的破产程序中,股东才会面临实际的责任。基于同样的理由,在股东之间分配责任的操作方面的问题,在"诉请提出"规则之下,将大为简化。

然而,这种简式"诉请提出"规则,并非在所有情形下都尽如人意。例如在石棉侵权案件中,请求权渐次形成,简式"诉请提出"规则可能会在第一个索赔请求提出之后,引发大量的股份抛售。[1] 的确,当灾难性的侵权行为曝光之时,例如,在博帕尔(Bhopal)大灾难事件中,股东或许可以在这一时刻与第一次索赔请求权提出的间隙,机会主义地处分其股份。另外,简式"诉请提出"规则还使得特定股东的责任具有某些不确定性,例如,在不同阶段提出的诉请后来被合并审理之时。在这些情形下机械适用"诉请提出"规则,会像"发生规则"在确定哪些请求权人最终可以针对哪些股东提出诉请那样,在操作层面非常复杂。

基于这些原因,我们建议对"诉请提出规则"进行一些改良,采用"基

---

[1] Woodward 分析了股东通过市场大规模地规避责任的问题……如果可以在某一相对较晚的日子(例如,在作出判决或者甚至在破产)之前,通过出售股份而转移超过公司净资产的侵权损害责任,则一旦侵权请求权的预期价值显然超过了公司的净值,则股东总是拥有强烈的动机卖出股份,或者直接将股份送给无清偿能力的个人或者送给散居各地因而难以主张债权的人们,从而创造"自制的有限责任"。

于信息的规则",在该规则之下,可以认定在以下时刻中最早的一个时刻持有股份的股东承担责任:(1) 当系争侵权诉请提出之时;(2) 当公司的管理层首次意识到此类诉请极可能提出之时;或者(3) 当公司解散且没有合同继受方之时。"基于信息的规则"可以在股东逃避侵权损害赔偿的责任之前确定责任的归属,同时又不会产生"发生规则"之下的不确定性和复杂性。

我们提议的"基于信息的规则",使得在重大侵权损害赔偿的第一批诉请提出之后,或者如果公司管理层宣布了责任日期则甚至在更早的时间之后,受影响的公司的股份可以不受已产生的个人责任的拖累而继续交易。因而,新的投资者和老的股东均可以在富有流动性的市场中进行交易,而无须重新分配实际发生的或者预期发生的侵权责任,后者毫无争议地归属责任日期之时持有股份的老股东。然而,这并不是说,老股东无法转移他们的或然债务。我们可以预测,在采纳了无限责任制度之后,有可能会产生专业化的追溯保险市场。在此类市场中,老股东可以就公司侵权赔偿责任可能最终超过公司净值的风险进行投保。

债权行使的成本

是否有可能创建公众公司的无限责任,它面临的第二个质疑在于,即使不会发生分散股权的机会主义行为,向诸多公众股东寻求赔付的高昂成本是否令人无法接受,仍然不无疑义。债权行使成本过高,将使无限责任缺乏吸引力,其原因不仅在于它们浪费了资源,还在于它们降低了和解的价值,因而影响了侵权法律规则的遏制功效。然而,我们相信,从这一意义上讲,债权行使成本并不会高得令人无法接受。

无限责任给证券市场带来的成本

毫无疑问,正如我们前面所述,无限责任会增大股权资本的成本。的确,无限责任的目的在于使股价反映侵权成本。然而,研究文献表明,除了内部侵权损失之外,无限责任或许还会因为以下原因而带来其他成本:(1) 损害了市场分散风险及评估股份的能力;(2) 改变了股东的身份及投资策略;以及(3) 导致市场参与方监督过度。然而,这些额外成本的大小,主要取决于连带及个别责任规则与按比例责任规则之间的选择。如果无论公司债务是合同之债还是侵权之债,股东均面临着连带及个别责任,则这些成本或许非常高昂。然而……如果股东债务局限于既判的侵权损害赔偿,并且适用按比例规则,则这些成本会小很多。

逃避债务的激励

今天,通过设立一人公司或者分割资产并将其分别装入公司的子公司,是规避风险的低成本策略,但无限责任使得这种策略无法成功。然而,对于未组建成公司的个人或者合伙组织而言,当下仍然存在三种规避责任的方式:(1)隐匿个人资产或者转移股份;(2)从股权融资转变成债权融资;以及(3)分解产业。所有的这三种规避策略,都是通过将股权收益置于无力履行债务的个人手中来实现的。在无限责任制度下,以上每一种策略不仅钝化了追求安全的动力,而且带来了其他的效率成本,包括重新配置个人资产所产生的费用,以及丧失了一体化的收益等等。然而,它们的影响有多大,以及它们发生的频率有多高,都是有待经验检验的问题……将资产整体转让给挥金如土的人,而后者恰好拥有适当的资产、偏好和成为风险股份的接受者所必需的信用,这种情形看起来并不可信,因而,我们有理由相信,这些策略不会使股东无限责任所带来的效率收益黯然失色。

适用于股东的适当的侵权规则

在无限责任条件下,法院必须决定的是,公司及其股东承担什么成本是有效率的,而且是平衡的,而承担哪些成本则不是这样。与公司活动相关的某些成本必须由受害者或其保险人承担,而不是由公司,或者特别是由其股东承担。然而,并没有理由相信事实总是这样,这正如当下流行的有限责任制度的当然假定未必能够实现那样……法院在确定无限责任制度下的侵权责任的范围时,应当适当地考虑具体的被告公司的结构。例如,当被告公司是一家大型母公司的全资子公司时,判处侵权责任的数额可能会超过公司的净资产,并因而会溢出至作为股东的母公司,这一预期本身通常并不会影响法院判定侵权责任的数额。然而,当公司的股东是个人时,股东要承担责任的预期,或许有时会成为调低损害赔偿数额的理由。在某些情形下,股东个人责任所面临的交易成本,并不能为超出公司资产的损害估值所提升的遏制功效或保险利益赢得正当性。另外,在拥有个人股东的公司中,区分小型的封闭公司和公众公司,通常不无助益。例如,基于风险承担(保险)而具有正当性的公司责任,施加于公众公司的个人股东比施加于封闭公司的个人股东,更为合理,因为公众公司的个人股东被假定能够更好地多元化投资。类似地,针对封闭公司的更小额的侵权损害判决,通常更容易在遏制的目的下赢得正当性,因为相对于公众公司的持股分散的股东而言,责任的威胁更容易遏制集中持股的风险厌恶型股东。

……………

侵权法作为约束他人行为的一种手段,确实不无功效,但在这里,我们并不想夸大自己对侵权法这方面的信心。侵权法是一种非常粗糙且成本高昂的机制。但它确实有助于遏制最为严重的机会主义的成本外化行为。另外,如果说某些群体可以对侵权法创造的遏制激励作出理性的回应的话,那就是公司及其股东。类似地,如果侵权法在将风险转移给低成本的保险人方面有所作为的话,则通过侵权法将风险转移给股权市场也就不无道理了。因而,允许公司通过简单的有限责任机制来规避侵权责任,看起来至少是值得高度怀疑的。

合同债权人的有限责任

侵权条件下突破有限责任的情形,并不会扩展适用于合同……合同债权条件下的有限责任,仅仅允许公司的所有者和债权人之间以其认为最有效率的方式来分配风险。

哪些是非自愿债权人?

由于有限责任应当成为合同债权人的背景规则,如果侵权的诉请适用无限责任,则必须明确区分在针对公司的诉请中,哪些是因为侵权而起,而哪些又是因为合同而起。但在诸如产品责任、工伤等领域,存在明显的认定方面的困难,尽管受害人在伤害发生之前与公司存在合同关系,法院向来倾向于将此类伤害界定为侵权。

然而,看起来这些困难并不严重。问题的关键在于,受害人在受到伤害之前,是否能够评估其与公司交易的风险,如果那些风险与其从该交易中可获得的净收益相比看起来过高,则其可以拒绝该交易。换言之,问题在于,是否可以合理地理解为受害人在与公司进行交易时,实质上意识到了遭受伤害的风险。[2] 如果意识到了,则应认为该责任是合同责任,且应当将其视为合同的背景条款,除非通过合同加以排除,它应得到尊重。如果没有意识到,则应当将受害人视为非自愿债权人,且应当不允许公司的股东援引有限责任来予以抗辩。

---

[2] 当然,通常并不应当询问每一位受害人这一问题,而应当询问每一类受害人。

注释及问题

1. Easterbrook 和 Fischel 批评了以下观点：最低资本要求、强制保险及管理人员的个人责任等种种机制，在缓解有限责任所带来的风险外化方面，能够替代揭开公司面纱的司法安排。这些批评有多大的说服力？与 Hansmann 及 Kraakman 的视角相比，这些建议的比较成本及效益又当如何？

2. 从股东的视角看，有限责任制度等同于拥有全额保险的无限责任。它以一种合同背景取代了另一种合同背景，因为承担了剩余（破产）风险的是保险公司、而不是债权人。然而，Paul Halpern, Michael Trebilcock 和 Stuart Turnbull 认为，在许多情形下，保险市场将不复存在。特别是，在小型的高风险公司中，由于道德风险问题最为严重，它们不太可能获得保险。参见 Halpern, Trebilcock, and Turnbull, "An Economic Analysis of Limited Liability in Corporation Law," 30 *University of Toronto Law Journal* 117 (1980)。请注意，在有限责任制度下，此类公司的所有者在借款时通常必须提供个人保证。

试着考虑一下，这两种制度对于非自愿性债权人有什么区别。首先，在拥有保险的无限责任制度下，公司的保险可以补偿这些债权人，而在有限责任制度下，补偿的可能性更低，因为债权人未退回的资金可能无法涵盖其诉请，特别是因为某些债权优于侵权之债。关于破产法中的优先权及相关问题的分析，经典的文献是 Thomas H. Jackson, *The Logic and Limits of Bankruptcy Law* (Cambridge, Mass.: Harvard University Press, 1986)。然而，请注意 Easterbrook 和 Fischel 认为，在有限责任制度下，因为所有权与控制权分离，仍然存在去获取足额保险的激励。第二，当股东获得了针对第三方诉请的保险时，保费将被市场所定价。然而，股东在有限责任制度之下获得保险这一事实，却不能完全反映在价格中，因为正如前述，债权资本的提供者并不是非自愿性债权人的保险人。因而，在有保险的无限责任制度之下，股东将被诱使着更加谨慎小心。

在无限责任制度中，谁为保险公司保险？第1章探讨的多元化原则可以最大限度地运用于保险：当各家公司的损失风险彼此独立时，保险人通过建立风险池，从而将风险分散出去。美国的绝大多数财产和灾害事故保险人的设立和运作，均以有限责任制度为基础。而作为最为古老且最负盛名的保险承保人，英国伦敦劳合社（Lloyd's of London）在历史上是通过合伙组织的辛迪加形式来运作的,其成员(被称为"名士")承担无限责任。一个有趣的事实是,当其"名士"承担无限责任时,与其他公司制保险公司相比,劳合社购入的再保险(对第一份保险合同承保的保险责任进行保险)要多得多。参见 David Mayers and Clifford W. Smith, Jr., "On the Corporate Demand for Insurance: Evidence from the Reinsurance Market," 63 *Journal of Business* 19 (1990)。20 世纪 90 年代早期,由于一些辛迪加成员面临着灾难性损失(超过 1000 家或者 5%的"名士"破产),劳合社的资本金基础大幅缩水。1994 年,劳合社重组,开始接受来自公司的资本,并且废除了新的自然人成员的无限责任。2000 年,劳合社报告称,只有 15%的资本金来自于自然人。随着无限责任成员退出或者转换为有限责任合伙,"名士"的数量逐年递减。

3. 责任保险合同有着保险金额的限制(最高额为其承保的保险损失)。你能够想象,保险合同中保险金额的限额因保险人是否公司而变动不居吗?Easterbrook 和 Fischel 会如何解释这种合同的特征?Gur Huberman, David Mayers 和 Clifford Smith 表明,当被保险人破产时的责任有限时,最为理想的保险合同应当规定承保范围的上限。Huberman, Mayers, and Smith, "Optimal Insurance Policy Indemnity Schedules," 14 *Bell Journal of Economics* 415 (1983)。正如他们所指出的,即使是自然人也并非真正承担无限责任:破产法允许债务人保留一些个人财产,破产裁决的效力也不得及于未来收益。

4. Hansmann 和 Kraakman 提出来的改良版无限责任,是否能够回应 Woodward 的担忧?他们关于按比例无限责任制度的成本的看法,是否过于乐观了?这一制度对于激励大宗股份的所有权集中,会产生什么影响?它缓解了还是恶化了代理问题?你认为在实践中债权的行使成本有多低?从程序的角度来分析 Hansmann 的 Kraakman 观点,参见 Janet Cooper Alexander, "Unlimited Shareholder Liability Through a Procedural Lens," 106 *Harvard Law Review* 387 (1992),后者从宪法的维度,指出了他们的建议所面临的种种障碍,包括各州是否能够对州外的股东个人拥有侵权法上的管辖权,以及能否改变名为内部事务原理的法律选择规则,后者规定公司设立地的州法调整着股东权利和义务。Cooper 认为,这些障碍大大提升了维持无限责任制度的成本,并得出结论称,只有通过联邦立法,才能克服这些程序障碍。第 3 章 A 部分收录的文章,探讨了公司法领域的联邦主义的一般问题:管辖公司事务的适格主体,是美国各州,还是美国的联邦政府?

5. Hansmann 和 Kraakman 认为,以无限责任会增大股权资本的成本为由而反对其观点误入了歧途,其理由在于,为了确保公司全面内化责任风险而增加成本,这并无不当。但如果股票价格并没有像他们预想的那样随有限责任机制的变化而大幅下跌,他们的建议又有多大用处? 这种结果是否表明资本市场缺乏效率? 或者它表明资本市场对于监管变革具有超级的适应能力? 这里所称的监管变革是指会使无限责任的预期收益通过套利(在第 1 章 B 部分中界定)而耗散殆尽的变革。试着想象一下 Grundfest 设想的场景:在美国境内无财产可供执行的外国投资者持股的公司可能会遇到责任问题,而美国的公民则持有风险更低的公司的股份;则投资者会通过买卖衍生证券(诸如期权等收益源自于其他资产的收益的金融工具)来重新分配其股权投资的风险及收益,也就是说,外国人卖出(买入)及美国公司买入(卖出)风险公司(安全公司)的指数期权来达成。Grundfest, "The Limited Future of Unlimited Liability: A Capital Markets Perspective," 102 *Yale Law Journal* 387(1992)。Grundfest 得出结论称,对于注释 1 所列的交易风险予以内化的替代性手段,直接规范着公司行为,它们比无限责任更为可行,因为商品与服务市场的供求关系与资本市场的供求关系相比,其弹性要弱得多。

6. Hansmann 和 Kraakman 关于侵权损失的风险扩散的担忧,与 Easterbrook、Fischel 和 Woodward 关于股票市场流动性的担忧,对于法院在揭开公司面纱案件中区分被告是封闭公司还是公众公司,提供了互相冲突的指引。能否以一种连贯而可用的标准,协调这些互相冲突的标准,从而根据公司被告类型的不同而作出不同的处理?

7. 在 20 世纪,有少数几家公司不采用有限责任制度。其中最为著名的是美国运通公司(American Express Company)。该公司在 19 世纪一直是以无限责任的合股公司的形式来经营,直至 1965 年,纽约州立法机关通过法案,对其针对有限责任公司的许可状进行了调整。该许可状赋予董事会"在发生重大损失或损害"的情形下,有权对成员的责任进行比例评估。Peter Grossman 研究了 20 世纪 50 年代美国运通公司的股票市场。他发现,这里存在一个流动性的市场:公司拥有近 25,000 名股东,与其他股价类似的公司相比,该公司股份的买卖价差并不大。买卖价差是指卖方愿意卖且买方愿意买的价格之间的差价,被认为是股市流动性的晴雨表:更窄幅的买卖价差表明流动性更强,因为当买方的出价与卖方的要价并非相去甚远时,更可能促成交易。美国运用公司的股份看起来并没有进行折价交易,或者被认为是风险投资:其贝塔(beta)值低于1,其市盈率与其他公司相类似。Grossman, "The Market for Shares of Companies with Unlimited Liability: The Case of American Express," 24 *Journal of Legal Studies* 63 (1995)。

Grossman称,对于活跃的股票市场而言,有限责任并无必要。他关于比例责任并不会带来流动性成本的结论,能否与Woodward提出的"有限责任对于股份的可转让性(流动性)至关重要"的观点协调一致? 美国运通公司是一家金融企业,其主营业务是提供旅行者支票,并借此赚取"差价"(也就是说,赚取以下时滞的息差:客户购买支票而向美国运通公司支付现金,以及客户兑付支票时美国运通公司付出资金)。认定股份并没有折价交易,这种发现是否与Hansmann和Kraakman关于消除有限责任会使股东内化事件成本的结论不相吻合? 你认为,如果将美国运通公司换成化学产品制造商或者油轮运营商,Grossman关于美国运通公司的股份市场的分析,结论是否有所不同? 后者是一家处于创业阶段的生物技术公司,而不是一家有着115年悠久历史的古老公司。(提示:此类组织面临的亏损额高于其资本的可能性,是否大大高于美国运通公司?)

8. 除了美国运通公司这一个案之外,直至1931年,在加利福尼亚州注册的公司遵守的是比例责任。Mark Weinstein对加利福尼亚州采用有限责任的情况进行了广泛的研究,他运用我们在第1章所描述的事件研究方法,发现加州的公司股价并没有随着有限责任的采用而发生明显的变化。Weinstein, "Share Price Changes and the Arrival of Limited Liability in California," 32 *Journal of Legal Studies* 1 (2003)。对此,他给出了两种解释:诉讼面临的程序方面的制约,使得无限责任制度无法有效运作;以及统计标准存在局限。样本公司中价格信息完整的只占小部分(只有7家公司),而且样本日期的选择并不精确(从无限责任改变为有限责任的立法需要修订宪法,导致该项法律的出台耗时数年,而可获得的数据是每月一次,从而降低了观测值);正如Bhagat和Romano在第1章B部分的文献摘录中所讨论的那样,这些因素都影响着事件研究的准确性。Weinstein进一步研究了法律变革的历史,因为正如他在推理中称,有限责任并不会给股东带来明显的利益(彼时侵权责任是有限的,而且根据第 1 章 A 部分的注释 13 所提及的科斯定理,合同债权人可以就责任制度的变化通过协商而加以调整),则改革的动机不免令人疑惑。他发现,加利福尼亚州的律师"精英"而不是商业群体,才是立法的真正推手。Weinstein, "Limited Liability in California 1928—31: It's the Lawyers," 7 *American Law and Economics Review* 439 (2005)。正如第 3 章 A 部分的阅读文献关于州立公司法的产生过程所明确阐述的,加利福尼亚州的立法推手是律师协会的成员而不是公司,这并非特别不同寻常,这在公司法的制定过程中非常普遍。根据他的判断,律师努力促成法律的变革,以挽留住加州的公司,否则后者可能在其他州注册,这样就有益于其法律实务。在公司法变革中,是否正如 Weinstein 所称,如果律师获得了利益,则股东不会从中受益? 在阅读 Macey 和 Miller 第 3 章 A 部分摘录的文献时,请重新考虑这些问题。

9. 股东对公司债务承担个人责任,这种制度的第三个例子是盛行于 19 世纪的银行股东的双重责任,直至 20 世纪 30 年代大萧条时期银行纷纷倒闭,引发了联邦存款保证制度,这种责任制度才告终结。尽管对于其他公司的股东采取有限责任,一些州的法律、包括联邦层面的银行法,均规定银行的股东承担双重责任。根据这些法律规定,如果银行破产,银行的股东有责任承担最高额为其股份面值的债务。Jonathan Macey 及 Geoffrey Miller 对该制度的研究发现,银行的债权人可以成功地要求股东承担责任,从股东的估价责任中收回的债权平均达到债权额的 50.8%,并可以在银行倒闭前将该资产私下转让至有偿付能力的银行。与此相关的是,银行看起来因为股东要承担潜在的责任(根据小额存款人的损失来测度)而经营更为谨慎,与此同时,这些银行与运作于没有采用双重责任制的州的银行相比,将因为更低的资本资产比例而受益。Macey and Miller, "Double Liability of Bank Shareholders: History and Implications," 27 *Wake Forest Law Review* 31 (1992)。Macey 和 Miller 这篇撰写于 20 世纪 90 年代储蓄与信贷危机的文章,用于分析 2007 年的金融恐慌及 2008—2009 年的全球金融危机,看起来依然非常鲜活。他们的研究表明,在确保银行不会因政府担保了银行责任所带来的道德风险而过度冒险方面,双重责任制度或许优于取而代之的存款保险制度。请注意,这一背景下的道德风险是指,银行高管本着与股东利益相一致但却增大银行风险的方式来行事。第 4 章将进一步探讨由债权人与股东之间的代理问题所带来的、事关银行风险承担的激励问题。

10. 在 19 世纪,英国的银行以承担无限责任的合股公司的方式设立,直至 1879 年新的公司法允许采取有限责任,这种状况才得以改变。John Turner 发现,或许与直觉相反的是,无限责任制度之下的银行,与其转变为有限责任公司之后相比,股东人数更少且更为富有。参见 Turner, "Wider Share Ownership?: Investors in English and Welsh Bank Shares in the Nineteenth Century," 62 *Economic History Review* 167(2009)。这种研究范式与 Easterbrook 和 Fischel 以及 Hansmann 和 Kraakman 关于有限责任之于股东的影响的理解,是否一脉相承? 你是否认为 Turner 的研究对于其他领域的公司运作同样适用? 看起来,银行治理文件维系着银行股东的财富。银行的股东转让股份必须获得董事会批准,董事会负有义务和责任来防止"不适格"的个人成为股东,银行的这些行为限制了股份的自由转让。他们还设置了董事的最低持股比例要求。凡此种种规定,保护了谁的利益? Turner 提及,无限责任在多大程度上缓解了针对银行债权人的道德风险、进而降低了银行的资金成本,这取决于银行股东的个人财富。他认为,对于银行的行为的种种制约表明,19 世纪的银行创立者们意识到,银行股东个人财富的减损,将降低股东的质量,进而抬高存款保险的成本,影响公众对银行票据的接受度。从他的讨论中可以看出,这些富有的银行股东们,一部分是向银行借款的公司的管理者,这与前面的讨论存在关联吗?

11. 尽管评论人士往往认为,对于公司的非自愿债权人(例如,侵权受害人)而言,有限责任会带来诸多问题,但法院看起来并不这样认为。Robert Thompson 研究了 1600 起揭开公司面纱的案件,发现在合同案件中比在侵权案件中,法院更为频繁地揭开公司面纱(42% 比 31%)。在低于 1% 的层面上,这种差异具有统计学上的显著性。侵权诉请也大大少于合同诉请(226 起比 900 起)。Thompson, "Piercing the Corporate Veil: An Empirical Study," 76 *Cornell Law Review* 1036(1991)。成功提起合同诉请的案件,看起来是那些存在强烈欺诈意味的案件。

揭开公司面纱获得成功的案件中,没有一例涉及公众公司,例外情形是在有关公司集团的案件中,法院揭开了公司面纱,要求母公司对其子公司的债务承担责任。777 起案件涉及封闭公司,637 起案件涉及公司集团,只有9起涉及公众公司,而在这9起案件中,法院没有支持任何一例揭开面纱的诉请。因而,被剥夺了有限责任保护的个人,就仅仅是封闭公司的所有者。然而,封闭公司的股东人数越多,揭开公司面纱的可能性越小:在只有1个股东的公司中,法院揭开公司面纱的案件比例将近50%;而在超过3名股东的公司中,只有35%的案件被揭开公司面纱。

John Matheson 对于1990—2007年间审理的360起母子公司揭开面纱的案件进行了全面的研究,从而更新了 Thompson 的研究成果。在这些案件中,20%的判决支持揭开公司面纱,这一比率大大低于 Thompson 的研究结果,在后者的研究中,揭开面纱的比率整体为40%,其中母子公司被揭开面纱的比率则为35%。另外,与 Thompson 的研究相一致的是,合同案件中揭开面纱的比率高于侵权案件(29% 比 10%) Matheson,"The Modern Law of Corporate Groups: An Empirical Study of Piercing the Corporate Veil in the Parent-Subsidiary Context," 87 *North Carolina Law Review* 1091 (2009)。另外,一位学生完成了从1986年(Thompson 研究中的最后一个年份)至1995年的随机抽样调查。样本的228个案件中,无一涉及公众公司。与 Matheson 的发现相同的是,在更为近期的案件中,揭开面纱的整体比率为35.5%,虽然这一比例比较接近 Thompson 的研究发现的比率,但仍然低于后者。当被告是母公司时(47起案件),揭开面纱的比率为17%,也同样低于其他的两项研究。与 Thompson 和 Matheson 的研究相反的是,在这一案件样本中,侵权案件被揭开公司面纱的频率高于合同案件(36% 比 31%)。然而,该样本中侵权案件的数量很少(少于30起),而且绝大多数系针对个人而提起,后者往往比公司被告(Matheson 研究中所有的被告都是公司)更不成功。"Piercing the Mist: Bringing the Thompson Study into the 1990s," 43 *Wake Forest Law Review* 341 (2008)。

这些数据与 Easterbook 和 Fischel 以及 Woodward 关于有限责任的解释在多大程度上是一致的?理论与经验证据相吻合,这是否表明普通法是有效率的?自从时任教授、现任法官的 Richard Posner 提出普通法具有更高的效率这一观点以来,普通法的效率问题一直面临诸多争议。在论争鼎盛时期,Posner 对其观点的分析,参见 Posner,"A Reply to Some Recent Criticisms of the Efficiency Theory of the Common Law," 9 *Hofstra Law Review* 775 (1981)。关于 Posner 法官对于这一话题的最新思考,可以参见其著作 *Economic Analysis of Law*, 7th ed., pp.25—26, 569—572 (New

York: Aspen Publishers, 2007)。

在揭开公司面纱案件中,因侵权而起诉的原告及公众公司被告明显缺乏,这是否表明 Hansmann 和 Kraakman 的担心是杞人忧天?或者,在设定这些数据时,是否存在选择性偏见?由报道的案件所组成的数据,仅仅是所有诉请的一小部分,因为许多诉请都以和解告终或者在开庭之前被撤回。如果与针对封闭公司的诉请相比,针对公众公司的诉请更容易和解或者被撤回,而不是走向诉讼,则它们在研究中不会被提及。此外,由于相较于封闭公司,公众公司往往更可能购置保险,就此一意义而言,针对公众的揭开面纱诉请也更为少见。最后,如果无效率的规则因其之于社会的成本更高而引发了更为频繁的诉讼,参见 Robert D. Cooter and Thomas Ulen, *Law & Economics*, 5th ed., p. 469(Boston: Pearson Education, Addison Wesley, 2008),而且如果有限责任对于封闭公司(而不是公众公司)而言是没有效率的,则我们也可能获得 Thompson 和那位学生的注解所发现的案件的偏倚分布(Matheson 在其研究中并没有指出公众公司的比例)。然而,后面的两种解释对于 Hansmann 和 Kraakman 的观点所给予的支持,并不给力,因为它们与外部性问题并不一致。关于依赖公开案件进行研究所面临的选择性偏见的重要分析,参见 George Priest and Benjamin Klein, "The Selection of Disputes for Litigation," 13 *Journal of Legal Studies* 1 (1984)。在这一业已被称为"Priest-Klein"的规则中,他们主张原告应当赢得 50% 的案件,因为成诉的案件会面临结案的问题,而责任明确(或者没有责任)的案件则会以和解告终。

3

公司法的制定

公司法可以被视为产品,其生产者是各州、消费者和私人公司。本章的阅读文献集中于公司法的结构——赋权型抑或强制型——以及制定公司法的动力。

关于公司法的一个核心问题,关注的是各州创设公司法的竞争过程:是否有理由假定,各州公司法的创设有益于股东?Roberta Romano 回顾了一场关于公司法的旷日持久的论争所涉及的种种问题,即各州争夺公司注册业务的竞争是否为"奔向低端"的竞争,以及经验证据往往支持的是联邦制度,而不是批评联邦制度的人。在本部分阅读文献的注释部分,收录了 Romano 提到的最新的经验证据。Romano 还解释了特拉华州在公司注册市场中的支配地位,后者借鉴了 Williamson 在第 1 章中关于交易专属性资产的人质理论。Jonathan Macey 和 Geoffrey Miller 则强调了不同的想法,即这一政治过程中各主体的利益安排会影响到公司法的面貌,也同样会影响到消费者的利益。

A 部分接下来的两篇文献分别选自 Marcel Kahan 与 Ehud Kamar 以及 Mark Roe,它们对于能否借助州际竞争来了解各州公司法的制定过程,提出了质疑。Kahan 和 Kamar 认为,正如其文章标题所言,各州并未与特拉华州展开公司注册的竞争,因而,"竞争"本身仅仅是个"迷思",而且与此相关的是,特拉华州在根本上说是公司法的垄断性提供者,而 Roe 认为,的确存在竞争,但竞争主要在于特拉华州与华盛顿的联邦政府之间展开,而不是各州之间进行。

Saul Levmore 加入了这场关于州际竞争的论辩,特别参与了 Roe 所强调的联邦与州之间关系的论争,但他提供了另一个角度,即组织形式的选择视角。他认为,公司不仅可以选择接受哪个州的公司法管辖,而且可以选择是成立公司制企业还是非公司制企业,例如合伙或者有限责任公司[*],调整后者的法律制度比调整公司的法律制度灵活得多。Levmore 提及,特拉华州不仅在非公司制实体的注册市场中居于支配地位,而且在公司制企业的注册市场中也同样如此,这使得 Roe 提出的华盛顿影响了公司法、以及公司法存在州际竞争的传统见解变得复杂:他认为,在联邦政府接管公司法的范围内,企业将转而选择非公司制形式,而对于此种转变,特拉华州已经做好了占得先机的准备。但他同时警告称,如果非公司制形式取代了公司,成为商事组织的主导形式,则联邦政府的监管介入也就为时不远了。

Frank Easterbrook 和 Daniel Fischel 考虑的是另一个基础问题,即关注各州选择的产品的特征:公司法的作用是什么?他们认为,各州的公司法通过赋权型安排,体现了公司的合同背景。公司法提供了一份标准合同,为了满足其自身的特定需求,公司可对其进行大面积的修订。在这种背景下,前面提到的政策选择就涉及赋权型制度的范围:公司法的所有规则是否都应为任意性规则,或者公司法的强制性规则自有其作用?

Easterbrook 和 Fischel 强调指出,在维系赋权型结构方面,一个有效率的资本市场非常重要。在有效率的市场中,股票市场对公司章程条款进行定价,因此投资者无须承担公司章程有害条款的成本(他们获得了付钱想要得到的东西),这弱化了强制性规则的需求。然而,Jeffrey Gordon 提出了若干理由以为强制性规则赢得正当性,这些理由并不取决于市场对公司章程条款定价功能的失败。他最具有说服力的观点阐明了一个问题,而这一问题同样为 Easterbrook 和 Fischel 所关注,即公司组织的中途变更,因为此时公司变更在股票价格上的反映对于股东而言无所助益,因为他们已经持有了股票。此时,是股东而不是管理者承担了中途发生的(投资之后的)减损价值的决定所带来的意外成本。由于公司的某些变更必须通过修订章程来进行,而章程的修订必须获得股东批准,则中途的机会主义问题看起来不成其为问题:股东为什么会批准与其利益相悖的章程修订呢?对此问题的回应是,股东保持着理性的冷漠。他们面临着集体行动的问题,也就是说,收集关于章程修订对股价影响的信息的成本,将高于他们在知情情况下投票所获得的按比例收益。本书第 6 章将

---

[*] 美国法上的有限责任公司不同于中国法上的有限责任公司,它既具有公司的部分特征,也具有合伙的部分特征。——译者注

集中探讨股东投票问题。

　　John Coffee 提醒我们,影响着公司法样态的,除了立法机关之外,还有另一个角色,那就是法院。他认为,从保护股东的角度看,积极的司法审查可以替代强制性规则。然而,对于法院能否胜任这一角色的担忧,制约着司法能动主义的收益潜能。在运用商业判断规则时,这些担忧显露得最为真切,法院在对管理者的决策进行事后裁判时显得猜疑不决,甚至在有证据表明这一决策并不会最大化股东价值时也是如此。参见 Fred S. McChesney and William J. Carney, "The Theft of Time, Inc.?," *Regulation* 78（Spring 1991）。

　　本章 B 部分推出了 Yair Listokin 对相关问题的一项经验研究,即赋权型公司法是否至关重要？在 Easterbrook 和 Fischel 看来,公司法的标准合同形式降低了交易成本(公司无须从头开始起草文本),因而,公司法的默认规则应当是复制了绝大多数公司想要作出的选择。而且,在经年累月中,这些默认规则不断地发生着变化,反映着变动不居的公司实践,这看起来与他们的见解一脉相承:例如,在 19 世纪,默认规则创建了优先权与累积投票制度,公司可以选择不适用这些制度安排,而到了 20 世纪,情况恰恰相反,公司必须在其章程中明确选入这些安排,这些制度方能生效。现代公司法中,在默认规则方面各州存在相当大差异的一个领域是反收购的成文法规则,这些规则的宗旨是增大收购成本,以降低收购获得成功的可能:绝大多数州自动适用反收购规则,但允许公司将其选出;有些州允许公司选入反收购规则;一些州的反收购规则属于强制性规则,而不是赋权型规则;而一些州不存在此类成文法规则(这些州的公司可以把与成文法同样的内容写入章程的修订条款)。这些成文法默认规则的种种差异,使得 Listokin 有机会来检验 Easterbrook 和 Fischel 关于默认规则的观点,同时还可以检验与第 1 章的阅读文献相关的其他两个观点:默认规则是降低代理成本的机制;以及无关紧要的是,默认规则可能隐含着科斯定理。本书第 8 章将探讨反收购成文法规则的实体内容及其对股票价格的影响。

A. 公司注册的州际竞争

关于公司法州际竞争的论辩[*]

ROBERTA ROMANO

公司法改革中一个常论常新的问题是,联邦制度是否为理想的安排。尽管国家政府层面——主要通过联邦证券法——不断提升监管公司的力度,且呈现咄咄逼人之势,但公司法仍然主要是各州的领地。虽然没有两个州的公司法完全一样,但各州公司法的同质程度相当高。随着一个州修订其公司法以回应另一个州的公司法革新,公司法规则通常以可察觉的 S 形的范式传播。学术文献经常以市场竞争原理来分析这一修法过程,各州在向公司提供产品(公司注册许可)的过程中彼此竞争,以争夺注册税费的收入。在关于公司法的联邦主义论争中,竞争以及随后的联邦制度是否有益于股东,经常成为论争的焦点。无论这场论争将特拉华州称为英雄还是罪魁祸首,在公司注册市场的竞争中,该州最为成功。

州际竞争的文献

经典观点重述

公司法联邦主义论争的立足点在于,注册税费的收入强烈地激励着各州立法机关颁行公司法,这些公司法即使无法吸引新的公司前来所在州注册,也会留住已经在该州注册的公司。这场论争的所有参与方都相信,注册业务所创造的收入刺激着各州颁布公司所期待的规则。这种行为假定貌似合理:各州获得的注册税费占该州总收入的比例与该州公司法对公司需求的回应能力呈正向线性关系。各州对公司注册税费收入的依赖越深,其公司法的回应能力越强。对于一个小州而言,从这种税收来源获得的潜在收入可能非常之高。从 1960 年至 1980 年,特拉华州的公司注册税费收入占总收入的比重平均达到 15.8%,虽然无法获得准确的数字,但这一收入大大高于该州运营公司注册业务所耗费的成本,却是不争的事实。

因而,在收入的压力迫使着各州回应公司的法律需求这一共识形成

---

[*] 最初发表于 8 *Cardozo Law Review* 709 (1987)。本部分内容的重印获得了许可。

之后，论争的核心便在于，这种回应是否向好的方向发展。由于在许多大型的公众公司中，所有权与经营控制权相分离，当一家公司的管理者提议公司迁址或者敦促修订法律时，更不用说在修订章程时，我们都会担忧它们能否最大化公司的价值。这一经典的代理问题构成了公司法的核心命题……：被代理人（股东）如何确保其代理人（管理者）诚信行事？

全国统一公司立法的拥护者认为，州际竞争会导致奔向低端的格局，因为他们认为，公司管理者的裁量权不受拘束，会使有损股东福利的法律也得以通过。他们基于对特拉华州成文法与判例法的描述，得出了这一结论。绝大多数公司在迁址时首选特拉华州。这些论者认为，特拉华州的公司法律制度的许可性过强，因而他们认为该州偏向管理层。然而，赞成当前联邦制度安排的论者，对于这一表述深表怀疑，特别是他们认为代理问题微不足道。他们认为，公司运作的诸多市场——产品市场、资本市场和劳动力市场——都在制约着管理者，使其必须追求股东的利益。相应地，在他们看来，投资者与管理者对于各州公司法内容方面的需求存在冲突，这在很大程度上也是虚幻的，对于颁行的法律的最好的解释是，它们是最大化股份价格的机制。

有关州际竞争的论辩中，最早明确提出市场主张的是 Ralph Winter。而在有关这一命题的当代论争中，掀起第一次高潮的是 William Cary。Ralph Winter 在回应 William Cary 的观点时指出，如果管理层选择将公司注册于法律有悖于股东利益的州，则与注册于法律最大化股东价值的州的公司相比，该公司的股价将下跌，因为在更为劣等的法律制度下进行融资以支撑公司商事运作，投资者所要求的资本回报更高。资本市场的这一影响将威胁到管理者的饭碗，进而对其行为产生影响。股价走低要么会引来收购人士，后者买入公司并将其迁址至法律更为优良的州，并藉此获利；要么公司因在产品市场上遭受竞争对手的惨烈阻击而走向破产，这些竞争对手因为注册于价值最大化的州而使其融资成本更低，从而使其产品具有更强的竞争力。无论在哪种情况下，为了维持其地位，公司管理者被迫在自然选择的作用力之下，寻求在法律最有利于股东的州注册。

Winter 之于 Cary 的分析的批评完全是破坏性的，因为 Cary 完全忽略了市场之于管理者激励的相互作用。然而，也不能就此全盘否定 Cary 的观点：赞成对公司注册实行国家统一标准的更为老练的论者可以另辟蹊径，认为 Cary 的观点与 Winter 关于市场之于管理者约束作用的判断，存在真实的差别。Winter 之所以能够假定代理问题不存在,是因为其认为资本市场是有效率的,因而关于不同法律制度的影响的信息可以公开获得,而且可以完全体现在股票价格上。相反,赞成对公司注册实行国家统一标准的观点则假定,市场最多只能是弱式有效的,因而其并不能够完全消化相关法律规则的所有信息。另外,即使股价准确地反映着不同法律制度的价值,如果产品市场不是竞争性市场,或者收购的成本相当高,则公司管理者不会因选择在法律没有最大化公司价值的州注册公司而面临生计威胁。当以这种方式展开论争时,双方的分歧之处便在于市场效率这一实证问题,而这一问题大体上已经有了一个明确的答案。

的确,Cary 看到的不仅是金融和产品市场的失败,而且是地方政治的失败。他提出的对公司法实行国家标准的建议暗示着,国家与地方层面的政治决策过程迥然相异。Cary 认为,特拉华州公司法中的缺陷,反映了该州对公司注册税费的需求及特拉华州立法机关、法官和公司法律师之间紧密的人身关系。联邦政府当然不会像一个小小的州政府那样,对公司注册税费收入那么敏感,实际情况却是,如果公司法实行国家标准,则在吸引对法律不满意的公司方面,不存在管辖主体之间的竞争。

然而,即使我们同意 Cary 提出的观点,即各州回应能力参差不齐是问题的症结,消除各州之间的竞争也未必是解决问题的良药。Cary 的论断的症结在于,他没能解释为什么联邦立法者在谋求连任的过程中,会比州立法者更不易受到公司管理者的政治影响力的左右,从而不会作出安抚管理者的"绥靖"立法。既然分散且组织无序的股东无法很好地与州立法机关沟通,他们又如何能够更好地与国会沟通?国会政治分赃产生的法律不胜枚举——税法或许是最引人注目的例子——而且并没有令人信服的理由表明,如果由联邦政府来制定公司法,则公司管理者巧取豪夺以谋取自身利益的本事会发生些许的变化。

公司注册市场的交易成本解释

为什么公司选择在特拉华州注册?

公司注册市场的交易成本解释,对于州际竞争提供了一种不同的分析视角。在公司注册市场竞争中,特拉华州之所以能够长期拥有大量的市场份额,是因为该州与在该州注册的公司之间存在一种互惠关系,而这种关系之所以存在,则是因为公司在该注册交易的专属性资产方面进行了大量的投资……[Williamson 的]解释路径如何适用于公司注册市场的分析？因为公司与其注册所在地的州之间的交易源远流长,公司迁址并非毫无成本,而且迁址使公司容易受到州的剥削的伤害。特别是,州会在收取公司注册费用之后,因为知道公司无法在不会带来额外成本的条件下迅速再行迁址,于是就修改公司法或只是不推行最新的法律革新,从而损害了公司利益。因而,由于存在这种时间差,拥有良好的公司法律的州必须保证其法律拥有持续的回应能力,以在公司注册市场中占据优势。

在所有的州中,特拉华州的地位使其回应能力最为可信。第一,颇具讽刺意味的是,正是该州在公司注册业务方面取得的成功,制约着其行为:公司注册税费占该州总收入的比例之高,保证着其持续的回应能力,因为如果回应能力下降,它势必遭受重大损失。与其他更不依赖注册税费收入的州不同,特拉华州要维持开销,舍此别无他途。对于特拉华州而言,如果因为公司法未能与时俱进而使公司流失,实乃无法承受之重。这样,因依赖注册税费以维持其开支,特拉华州自身成为了人质。

第二,确保了特拉华州的回应能力的另一项制度安排,是该州的一条宪法规则,后者规定公司法的任何修订,均须获得州立法机关上下两院的三分之二以上多数通过。这样,要随意改变公司法的既有规定并不容易,同样的,要改变对公司需求予以回应的一般政策也并不简单。虽然这一规则看起来使得未来的变更同样困难,但如果在对待公司法方面公司属于风险厌恶型,则它们或许会偏好最大化最小策略[2],就此而言,宪法的这一规定就是可取的,因为它有助于确保法律制度不会比公司成立之时更为糟糕。因而,这条规定与特拉华州高比例的注册税费收入相辅相成,因为尽管宪法的这条保守规定制约着公司法的剧烈变革,谋求注册税费收入的动机却是积极进取的,因为该州通过保持对未来的持续变革的回应能力,对高比例的公司注册税费收入作出了反应。

第三,特拉华州的诸多投资,除了用于招揽公司注册之外,别无他用。这些资产的最佳定义是法律资本,包括由包罗万象的判例法组成的法律先例、精熟公司法的法官群体、能够迅速处理公司文件的行政专业人士等。与公司法的规则不同,这些特征并不容易为其他州所复制,因为形成专业智识的起步成本高昂,而且以先例为基础的司法裁判变动不居,难于为其他州所复制。

---

[2] 它是指博弈者所采取的策略是,使自己能够获得的最小收入最大化。所谓最小收入是指采取某一种策略所能获得的最小收入。——译者注

高比例的公司注册税费收入、修订公司法时超级多数的宪法要求、法律资本的投资等多种因素的结合，创造了拥有与人质相类似特征的无形资产，也就是回应能力方面的声誉，公司作出注册决定时看重的正是这一点。大量的公司已经注册于特拉华州，使其拥有先发优势，进一步强化了其在市场中的权威地位。数量方面也有安全的考虑——在一个州注册的公司越多，该州获取的注册税费收入就越高，该州也就越发依赖吸引公司注册所获取的收入，从而也就激励着该州积极回应公司的需求。另外，大量的公司在特拉华州注册，加大了该州遇到特殊问题并加以审理和裁决的可能性，从而为公司方案的制订提供了一个良好的基础。这反过来吸引更多的公司前来注册，因为一个州的回应能力越强，法律越稳定，公司在该法律制度之下运作的成本也就越低。这种先发优势是自给自足的，其原因在于，越多的公司缴付注册税费，特拉华州的回应能力所获得的声誉回报也就越高，它就越有动机不实施剥削公司的一锤子买卖策略，因为后者即便不会彻底毁坏特拉华州在声誉方面的投资，也会对其有所减损。

循着这种思路，我们转而分析市场需求，后者也有助于特拉华州维持其优势地位。公司注册制度还影响着第三方——法律顾问，而且，特拉华州法律制度中对公司具有吸引力的种种特点——由大量便于获得的先例组成的构思精巧的判例法，就相关事项迅速提供法律意见的方法等等——也有利于公司律师。特拉华州的法律的这些特点，降低了律师向其客户提供意见的成本。这对于外部法律顾问尤其重要，后者向总部设在诸多不同州的公司提供服务，他们对于公司选择在哪个州注册，发挥着举足轻重的作用。他们使客户在同一套法律制度下运作，从而节约了其提供服务的成本。法律服务的专业水平不仅鼓励着作为客户的公司选择在特拉华州注册，而且也使律师们拥有动力来建议公司留在特拉华州，因为迁址会削弱律师的人力资本价值。律师们为了熟练掌握特拉华州法律的制度细节，投入了大量的时间成本，他们收回此种投资的意愿，促使公司与特拉华州互相依存，正如特拉华州之于公司那样水乳交融。

在另一层意义上说，人力资本举足轻重。特拉华州在公司注册方面的利益，远远不只包括其在注册税费方面的收入。该州的许多本地居民专精于向非本土的特拉华州公司提供服务。因而，只要特拉华州保持着对公司需求的回应能力，市场对这些人的需求就不会下降，这也符合他们的利益。故而，特拉华州宪法的超级多数条款除了可信地彰显了该州针对公司需求的回应能力之外，还发挥着另一项重要的功能：由于这一条款的存在，在该州，无论政治势力如何更迭，都难以改变长期形成的回应公司需求的做法，从而保护了这些个人的投资价值。

这种交易专属性人力资本，创造了公司与特拉华州之间的"相互依存关系"，因为它们彼此容易互相伤害，所以缔结了长期的合作关系，另外，它还使作为竞争对手的州难以成功地发起挑战，从而巩固了特拉华州的市场地位。其他州无法直接以更低的价格向公司提供同样的法律，并吸引到公司前来注册，因为对于公司而言，这样的转换会增大运作和法律成本，而且更为重要的是，这个州无法作出提供更优质服务的可信承诺。特别是，与特拉华州相竞争的州无法置身于像特拉华州一样的脆弱地位，因为它起步之时，注册税费占该州收入的比例尚低，而且还没有在法律资本方面进行大量的投资。要使一个州能够投入竞争，大量的公司必须协商一致，共同行动。但只要特拉华州继续与公司保持合作态势，公司就缺乏迁至他州的动机，而且特拉华州继续与公司亲密合作的动机非常强烈。

以事件研究得出论争的权威结论

关于州公司法的有效性的论争，实际上归结为一个可验证的经验假设：公司管理者或者股东是否受益于公司注册市场的竞争。如果我们能够发现受益者，则形成一套关于最优的政府干预的政治共识将十分简单。获取这方面信息的最佳方法，是研究公司另行注册对股价的影响，因为股权价值的变更反映着投资者对于该事件之于股东财富的预期效果的判断。如果公司在其他地方注册而股价上升，则表明投资者预期将公司另行注册于该州会增加公司的未来现金流，因此可得出股东将受益于此一变化的结论。类似地，股价下跌则表明了这一变化将减损股东财富，并确认了该公司的管理主义者（即偏向管理者，下同。——译者注）的立场。

研究者们已经开展了若干事件研究，这些研究对州际竞争的论辩产生着影响。研究者们分析了公司在其他地方注册的影响，或者分析各州的司法裁决，从而直接或间接地论及这一问题……然而，这些研究均未支持管理主义者的立场，因为在任何一项研究中，均未能发现公司迁址对股价产生了负面的影响。相反，如果说这些研究能够用于支持任何立场的话，则势必是与 Ralph Winter 相关的价值最大化观点。

州际竞争的事件研究

Peter Dodd 和 Richard Leftwich 在其关于州际竞争的首个经验研究中发现,另行注册的公司在此前两年的期间里,其股价存在具有统计显著性的异常正回报。然而,该事件前后的回报却并不显著。尽管这一发现削弱了 Cary 的立场,但尚难以宣称它支持了 Winter 的观点,因为异常回报的期间大大早于宣布这一变化的日子,因而这些异常回报可能归因于影响公司的其他因素。

本人根据公司另行注册的原因,将这些公司进行分类,并运用每日而不是每月的股价数据,从而试图完善 Dodd 和 Leftwich 的研究。本人发现,那些因开展并购而选择另行注册的公司,以及另行注册的公司的投资组合,均在另行注册的日子前后,产生了具有统计显著性的异常正回报。其他公司群体的累计平均剩余收益也是正值,尽管并不具有显著性。这些研究使 Cary 的观点要获得支持面临着进一步的困难,并且对 Winter 关于州际竞争的价值最大化解释,提供了更多的明确的支持。

Weiss 和 White 研究了文献中的另一个主题,从而触及了州际竞争论辩中最为核心的命题:特拉华州的司法裁决使谁摆脱了困境?他们将特拉华州的七例司法裁决认定为背离或者偏离了既有的公司法律规则,并且对其影响进行了分析。他们假定,如果司法裁决有益于股东,公司将获得异常的正回报,如果不利于股东,则公司将获得异常的负回报。他们没有发现特拉华州的公司获得了具有统计显著性的异常正回报,而且剩余收益的状况也与任一特定的观点不相吻合。

特拉华州公司法偏向利益集团的理论[*]

JONATHAN R. MACEY 和 GEOFFREY P. MILLER

[我们假定]在一州之内存在以下两类群体,他们的利益因该州的公司所经受的法律规则的不同而受到不同的影响:(1)纳税人及相关群体;(2)特拉华州的律师群体。我们将法律的供应视为一种政治平衡,每一利益群体都试图利用其政治影响力来达成其期待的法律规则。这一模型的首要假设是,律师是这场平衡中最为重要的利益群体。因而,特拉华州提供的规则经常被视为试图最大化律师群体的收入,而且更为特别的是,

---

[*] 最初发表于 65 *Texas Law Review* 469—523 (1987). Texas Law Review Association 于 1987 年获得版权,本部分内容的重印获得了许可。

它们被视为最大化在该州从事公司法律业务的维明顿*律师中的精英群体的利益。

从股东与公司管理者的立场看,注册税费与间接成本基本上可以相互替代。作出决定的这些人,通常并不在意公司支付的这些美元是体现为注册税费从而缴付给州财政,还是体现为律师费以应对特拉华州法律之下的诉讼,抑或是支付给其他人。但就公司而言,付出的这些钱属于在特拉华州注册的成本,而不管这些钱付给了谁。

然而,对于领受者而言,收款人的身份却至关重要。付出的美元是体现为注册税费、法律服务费或是为了其他目的,对于特拉华州的纳税人、律师和为公司提供服务的其他公司而言,其意义大不相同。这种见解非常重要……因为它表明,特拉华州公司法的形成,可能会受到利益集团彼此争斗的重大影响,因为同处一州的他们会竞相角逐,以为自己赢得最大的收入份额。

然而,直接成本与间接成本的此消彼长,却不仅仅是在特拉华州内部由不同群体之间分配收益的问题。公司在特拉华州注册的直接成本,体现为财政收入而直接缴入该州财政,从而为全体纳税人获得,然而,间接收入则仅仅部分由该州的居民获得。例如,特拉华州绝少提供投资银行服务。为特拉华州公司提供服务的大型投资银行几乎全部来自纽约。在特拉华州的法律鼓励运用投资银行服务的范围内,这些收益大部分由州外的人们获得。

公司选择在特拉华州注册的收益由州内外共享的另外一个例子是律师费。尽管特拉华州的律师显然是这种间接许可收入的州内最大接受者,但这些律师无法获取特拉华州法律引发的公司法争端的法律服务的所有收益。例如,就顾问业务而言,"特拉华律师"分布于全美大型律所之中。律师无须成为特拉华州的律师协会会员,同样可以为该州的法律事务提供顾问服务。实际上,在这方面,特拉华州的律师**与其他州的律师相比,还处于竞争劣势地位,因为从事顾问业务必须与客户进行大量而持续的接触。然而,我们的理论预计的是,特拉华州试图最大化该州的法律顾问所承担的顾问业务量。例如,注册于特拉华州的公司必须聘请特

---

   *   维明顿(Wilmington)系美国特拉华州北部的一个港口城市,位于特拉华河北部。——译者注

** 请注意,"特拉华州的律师"不同于"特拉华律师"。——译者注

拉华州的法律顾问对公司文件进行年度审查。此外,特拉华州的律师也可以从诉讼中获得大份额的收入,因为法律要求出庭及诉讼文件置备必须由该州律师会员来承担,而且实际上出庭必定发生于特拉华州。然而,这些文本方面的要求,可以通过聘请当地律师而在一定程度上规避掉。当地律师可以将其姓名加在法律意见书之上,并且提议允许州外律师来置备文件。特拉华州的律师在提供当地法律服务时堪称艺术,可谓声名在外:他们向客户提供了关于特拉华州法院系统内部的工作细节和种种花絮,并且帮助客户寻找在维明顿的住宿与娱乐场所,所有的这些都按小时收取昂贵的费用。该州律师会员方能出庭的要求,可以轻易地被"只出庭这一次"的动议所规避,而这已经习以为常。然而,一些律师相信,特拉华州的法官对于该州律师协会公认的会员所提起的诉请,往往更为认可,因而许多重要的案件仍然由当地律师来主办。

  政治利益集团的影响力——以及立法权衡的结果在多大程度上偏向于该利益群体——是若干不同变量的函数。这些变量中最为重要的包括利益集团的成员人数,他们的个人利益在多大程度上与该事项休戚相关,以及他们在多大程度上能够组织有序、团结得像一个人那样精诚合作。本文所认定的对特拉华州公司法感兴趣的利益集团,如果用这些变量进行考察,则会有很大的不同。律师集团规模不大,彼此独立但组织极为有序。其成员在法律所调整的事项方面往往拥有大量的个人利益。与其他集团相比,他们往往更为富有,而且拥有更强的政治人脉。的确,特拉华州立法机构的诸多成员本身也是律师协会会员。在起草特拉华州公司法时,此类立法者所占比重往往过高。正如前述,可以预见的是,特拉华州公司法带来的法律服务费用的增长,大部分(尽管不是全部)由律师获得。因而,律师拥有强大的政治能量,来迫使一些规则获得通过,这些规则最大化了法律服务费用,但却未必一定最大化了公司在该州注册所带来的总收入。

  与特拉华州的律师群体不同的是,该州的其他利益群体不太可能在激励之下,团结成一股力量,从而构成对律师群体的潜在政治威胁。虽然他们数量庞大,但在与律师相冲突的利益中,他们的个人利益所占份额甚少,而且组织性也相对较为欠缺。法律的经济分析预计,搭便车的问题使他们在对抗特拉华州律师的提升法律服务费用的利益驱动中,无法取得像样的成功,特别是因为这些个人利益集团中没有一个人可以确保只有自己本人可以享受公司注册税费收入的增长所带来的成果。换言之,这些竞争集团无法组成有效的政治联盟,因为它们缺乏足够的激励来承担促成法律通过所需的成本,尽管这些法律会增加州的财政总收入。提升公司法效率所发生的一切成本,必须由分散的集团和各个纳税人共同承担。这些成本包括助选捐赠以及从事其他形式的游说活动的成本,以及分析哪种形式的法律才可能首先增加注册税费的收入所需的成本。虽然提升特拉华州公司法的效率的成本由特定的集团承担,但此类法律的收益,就像维护公共利益的法律所产生的收益那样,通常由所有的利益群体来分享,而且甚至由普通大众来共享。的确,如果作为竞争对手的利益集团能够胜过特拉华州律师群体,从而使其希望看到的法律获得通过,则这些集团很有可能在内部发动第二次战争,以确定如何划分这些战利品。

换句话说,作为竞争对手的利益集团必须赢得两场政治战争,才能从特拉华州的公司法变革中赢得有利的财富转移。首先,在与特拉华州律师群体的竞争中,它必须胜出以赢得州财政收入的增长,然后必须击败其他利益群体以使特定的法律获得通过,该法律会将额外的收入转至他们手中。或许,在获取最有利于自身的公司法规则的竞争中,特拉华州律师群体之所以能够战胜其他利益集团,最重要的原因在于,律师已经内化了有效游说自身希望达成的规则的初始成本。竞争集团必须承担这些成本,以了解相关的公司法规则是什么,以及应当如何撰写这些规则以有利于州财政。而该州的公司律师在其日常活动中已经顺带获得了这些昂贵的信息。

公司法州际竞争的神话*

MARCEL KAHAN 和 EHUD KAMAR

本文的观点是,各州在吸引公司注册方面展开竞争,这只是个神话。除了特拉华州之外,其他州均未投入大量心力来吸引公众公司前来注册。主张现代公司法州际竞争的学者误述了各州吸引公司注册的动机,误读了它们的行为,误解了这些州面临的经济和政治障碍,而且错误地得出了有关公司注册市场的结论。

这并不意味着从未发生过吸引公司注册的积极竞争;也不意味着各

---

* 本部分内容的重印获得了 55 *Stanford Law Review* 679 (2002) 的许可。

州立法时没有参与方关注公司注册问题;也不意味着各州在能够吸引公司注册方面无所作为,或者关于公司注册的积极竞争在未来无法产生。正如我们将要探讨的,竞争在很久以前即已存在;一些当地律师或许已经受益于公司注册;各州或许采纳了提及其作为公司住所地的吸引力的法律规则;而且更为激烈的竞争或许就近在眼前。在这里,我们并无意做面面俱到的概括,只是想还原公司注册市场的本来面目。我们所描绘的场景是,除了特拉华州之外,各州从吸引公司注册方面的获益不多,而且它们也不会正儿八经地去做这件事情。

各州获得了什么竞争收益?

吸引公司注册的州际竞争理论的最为重要的要素是,各州在吸引公司前来注册方面获得了大量的收入。根据传统的见解,这些收益首先源于公司注册所获得的税费收入,其次源于公司注册所带来的法律业务。哎呀,这种传统的见解是错误的。除了特拉华州之外,其他州并没有将税源扩展至公司注册所获收益,也没有准备从吸引公司注册的法律业务中获取大量收益……州立法机关在这方面已经作出的选择表明,他们并没有为了提高税收收入而吸引公司前来注册。

人们之所以会认为各州就吸引公司注册展开竞争,第二个原因是公司在本州注册会增加对当地律师事务所的服务需求。比如说,注册于明尼苏达州的公司被认为比注册于其他州的类似公司更可能聘请明尼苏达州的律师,就该州的公司法律问题提供咨询意见和建议。明尼苏达的公司与注册于其他州的类似公司相比,可有可能在明尼苏达州被起诉,同时也更可能聘请明尼苏达州的律师代表其出庭应诉。

特拉华州的法律业务

特拉华州的居民通过向注册于该州的公众公司提供法律服务而赚取收入。这些收入的绝大部分由公司交易律师和公司诉讼律师所赚取……即便考虑到生活成本的差异,特拉华州律师的平均收入水平,仍然高于其他州或者甚至是本国其他城市的律师[作者估计,他们所认为的"基于特拉华州在公司注册市场的特殊地位而赢得的额外收入",与其他城市的超大型律师事务所赚取的总收入相比,仍然是小巫见大巫。他们认为,如果特拉华州不具有公司注册业务方面的优势,该州律师的净收入将减少1.65亿美元;总收入也将减少2.77亿美元——编者注]。

额外法律业务的收益

其他州如果能够吸引到公司前来注册,那么该州的律师也可以获取与特拉华州的律师等比例的收入。因为特拉华州大约占到公众公司注册市场份额的 50%,并且从法律业务中获取了 1.65 亿美元的净收入和 2.27 亿美元的总收入,因而,如果其他州在公众公司注册市场的份额每增长 1 个百分点,这个州的律师们就将获取 330 万美元的净收入和 450 万美元的总收入。因而,如果其他州于 2001 年吸引到了可观的 20% 的市场份额,则其律师们将同比例获得额外的 9000 万美元的总收入。

然而,无论是律师的总收入还是净收入都代表不了该州的经济利润。其中部分金钱收入甚至无法惠及本州的居民,因为这些钱将支付给其他州的供货商或者用于缴付联邦税。更为重要的是,即便是留在本州的钱,也不过是大体上代表着对本州居民所提供的商品或者服务的机会成本的补偿。的确,如果不存在进入的门槛,这些商品和服务的提供者无法获得长期的经济利润。

确实,各州仍然能够从吸引法律业务中赢得收益。首先,这种业务能够为各州带来直接或者间接的税收收入。在州级及地方层面缴付的税款在个人收入中的占比为 9% 至 15% 不等,具体比例因州而异。诸如公司律师等高收入职业群体所缴付的税款,或许大大超过该州向这些群体提供的服务的成本。第二,各州居民可以从额外的法律业务中获取短期租金,特别是如果该业务动用的是原来使用效率低下的资源之时。然而,即便从短期来看,这些租金也往往只占额外收入的一小部分。

总体说来,各州和当地律师为公司注册提供法律服务所获收益相对低下。此类收益可以推动一些当地律师采取低成本的措施,来游说能够吸引公司前来注册的法律获得通过;而且,如此此类法律不涉及财政开支,也不会引发政治上的反对,则这方面的收益也会推动各州通过此类法律。然而,由于这些收益太小,各州不会正儿八经地投入高额的成本来参与竞争。

防御性竞争

一些学者认为,即使各州不会全面参与吸引公司注册的竞争,它们至少会以一种更为有限的方式进行"防御性竞争",以使本地公司不会外流。然而,实际情况却是,无论各州参与全方位竞争的动机有多弱,留住现有公司的动机甚至更为孱弱。对于绝大多数州而言,在该州开展业务的公司的注册给其带来的注册税费数额寥寥。而对于那些带来了注册税费的州而言,从已经注册于该州的少数几家公司所获注册税费微不足道。法律业务所产生的收益同样很少。

如果事情真是如此的话,当地律师所获收益也会驱动着各州实施留住现有公司的行为。而此种收益是否会诱发各州展开竞争,则又取决于当地律师的政治影响力、以及他们的利益在多大程度上与最大化注册于当地的公司的数量这一目标相一致。

各州如何竞争?

成文法

各州成文公司法的诸多变更,都以《示范商业公司法》为基础。该示范法由美国律师协会的公司、银行和商事法律分会之下的公司法委员会制定并定期修改,供各州整体接受或部分接受。到1999年,24个州大体上接受了该示范法。

该示范法的重要性与各州吸引公司注册的竞争的想法格格不入。示范法的起草者——美国律师协会的委员会的成员,绝大多数甚至不是来自于遵循示范法的州——几乎没有愿望来增加任何特定的州的公司注册数量。相反,他们之所以参与示范法的起草,是因为它提升了起草者的声誉,而且他们觉得这项工作很重要,会给他们带来个人回报。各州委托此一委员会来设计其公司法,看起来其目的更多的是为了简化法律设计流程,而不是促进公司法的州际竞争。

诸多公司成文法背后的驱动力是公司律师……但律师对于公司法变革的兴趣却是多维度的,而且在许多时候与吸引公司注册并没有关系。在一定的范围内,法律被认为偏惠于特定的客户或者整体上有利于封闭公司,在这一范围内,这些法律并无意吸引、而且或许也没有吸引到公众公司前来注册。类似地,在一定的程度上,律师协会下设委员会的成员想要谋求的是个人声誉或者服务于社会公共利益,在这一意义上,吸引公司前来注册只是其题外之意。

即便律师有兴趣从公众公司获取商业机会,这些兴趣与吸引公司注册的目标也并不相同。至于为什么会发生这种情况,我们可以想到许多原因。首先,当地律师只有拥有了市场权力,或者公司注册增长的速率快于新律师能够进入相关市场的速率时,他们才能受益于公司注册数量的增长。因而,例如,一些法律从长期来看能够吸引公司前来注册,但当地律师却无法从中获取大量的收益。

第二,律师对于能够增加其服务需求的法律不乏热情。因而,对于将增加复杂的法律建议需求的复杂的法律,交易律师将会从中受益,而诉讼律师则会受益于以标准为基础的法律,后者要求通过诉讼来解决纷争,即便此类法律会降低公司注册的数量。

第三,当地律师或许希望限制来自州外的律师事务所的竞争。例如,他们无法受益于复制特拉华州或者相邻的大州的法律,即便这样做能够吸引公司前来注册。

第四,负责起草法律修订条款的顾问委员会成员,可能更感兴趣于为自己、而不是为当地的律师整体创造业务机会。其结果是,他们偏爱与众不同的、神秘的或者复杂的规则,以强化其声誉或者提升其通过参与规则起草而赢得的人力资本的价值,相反,他们却几乎不关注这些条款之于公司注册的影响。

最后,即便律师可以从吸引公司注册中获益,他们仍然面临着集体行动的问题。

法院系统

特拉华州之所以能够吸引公司前来注册,其主要卖点在于其高质量的大法官法院……人们会认为,试图吸引公司前来注册的州也会建立类似的法院。但实际上没有一个州这样做。许多小州创建了专门审理商事案件的审判庭……但这些法院并不是为了吸引公司注册而设。

与其他州的商事法庭大体类似的是纽约州的商事法庭,而不是特拉华州的大法官法院。所有的这些法庭都是常规的初审法院的下设法庭,而且没有一个法庭会影响陪审团的陪审权。所有的法庭都拥有相对广泛的自由裁量权,因而主要处理更为常见的普通合同和商事争端,而不是公司法争端,而且没有一家法庭会去日积月累,公司法判例,以形成逻辑顺畅的一套判例库。

北卡罗来纳州和内华达州的商事法庭在一定程度上属于例外,吸引公司前来注册是创设该法庭的次要动机。与其他州的商事法庭一样,这两个州的商事法庭面临着同样严重的规则缺陷——管辖案件的范围宽泛,聘用陪审团来审理案件,而最为重要的缺陷则是不公开判决意见。另外,内华达州的法官要么每两年轮转一次,要么在审理商事案件之余还被随机安排审理民事或刑事案件。而且,北卡罗来纳州的商事法庭自其创设之日开始,即深受资金和场地短缺之苦,无力招募到足够的法官和书记员。

为什么有些州不参与竞争

当前,特拉华州每年从公众公司缴付的注册税费中获益约 5 亿美元,但付出的成本却微不足道。就利润率、资本回报以及净现值而言,特拉华州的公司注册业务可谓获利颇丰。为什么特拉华州能够做到这一点?为什么没有一个州与特拉华州展开过认真的较量?

这一现象的原因在于,它是经济准入门槛及州行为的政治偶然性综合作用的结果……经济准入门槛和政治因素,都可以解释州的不作为。如果特拉华州不受竞争优势的庇护,则政治约束或许并不足以遏制其他州的进入。类似地,如果一州之内的政治格局形将改变,则经济准入门槛或许也不足以遏制进入行为。

特拉华州的竞争[*]

MARK J. ROE

本人认为,[关于公司注册州际竞争的]论辩是误导性的——而且是严重误导。无论各州是否存在竞争,而且无论它们是竞相奔向高端还是奔向低端,我们都发生于联邦制度框架之下。在这一制度中,华盛顿能够、而且的确经常掌控着在国家层面具有重要意义的经济事项。最可能进入国家视野的,正是那些影响公司价值如此之深、以至于对州际竞争至关重要的事项。大萧条期间的证券交易、20 世纪 80 年代早期的公司并购以及安然和世通公司丑闻之后的公司治理,均呈现出这一场景。而且,如果公司治理的重大问题经常在联邦层面解决,则特拉华州并不能决定公司法的所有关键问题。另外,即使这些事项在形式上属于特拉华州的法律管辖范围,但如果存在联邦行为极大地影响着特拉华州的风险,则可以得出的结论是,即便联邦政府并没有拿走这些事项,联邦当局仍能创设特拉华州的法律。

即便像现在这样,联邦政府不会动不动就威胁着全盘带走特拉华州的公司注册业务——20 世纪它曾三次认真地发出这种威胁——特拉华州的局内人都知道,联邦政府能够全部或者部分带走他们的公司立法权,因为它在这方面已经做得足够多了。由于特拉华州的局内人对于这种变局的可能性向来心知肚明,的确,我们从未有过、也无法拥有公司法的全

---

[*] 本部分内容的重印,获得了 117 *Harvard Law Review* 588 (2003) 的许可。

面州际竞争。

因而,特拉华州在公司立法方面所面临的竞争不仅仅来自于——甚至有时主要不是来自于——其他州,而是来自于联邦政府:来自于国会和SEC,而不是来自于加利福尼亚州、内华达州、俄亥俄州或者纽约州。当法院在解释证券法的范围时,特拉华州面临的竞争来自于美国第二巡回上诉法院,而不仅仅是来自于其他州的新设或者构成威胁的商事法庭。竞争还来自于纽约证券交易所,后者的行为经常受到SEC或者国会的驱动。即便特拉华州垄断了所有公司注册业务,它可能也无法创设所有的公司法,或者在极端情形下,它甚至无法创设任何公司法。

而且,即使特拉华州从未考虑过联邦干预的风险,其公司法仍然事实上包含着大量的联邦元素。联邦当局对其不喜欢的公司法,就加以改变,对于能够容忍的则保持不变。各州在行使权力时夹在当中,它们通过采纳华盛顿不准备改变的法律规则来适应这种格局,即便联邦当局本来要通过的规则与各州现在的做法并不完全一样。

当然,我们并不是说特拉华州的每一次变革都由华盛顿所主导。因为国会立法具有偶然性,而且法院需要案子或争端,以及SEC的权力并不是无边无际,各州通常拥有一定的自由空间。然而,联邦当局大体上设定了各州可以自行其是的边界,这一边界界限不清且变动不居。这些边界决定了在美国谁在创设着公司法,而且当边界收紧之时,州际竞争的机制将为之弱化。

于是,联邦与州之间的相互影响,对于有关竞争的论辩而言,可谓意义深远:即使实证经验无可争辩地表明特拉华州正在奔向低端,我们也无从得知该州不情愿地奔向低端是因为州际竞争,还是因为担心如果特拉华州奔向高端,则国会的政治权谋、错误的司法裁决或者不受控制的SEC会将特拉华州驱除出局。反之,即便经验证据无法争辩地得出相反的结论——也就是说,特拉华州正在奔向高端——我们同样无从得知,这是因为州际竞争,还是因为面临联邦驱逐的威胁提升了特拉华州。另外,即便我们明白迄今为止各州的竞争朝向哪个方向,但我们仍然无从得知,如果我们陡然改变了州的公司法的管辖范围,这场竞争能否保持同样的强度,并且保持方向不变。

…………

美国公司立法的现实是,美国从未有过纯粹的州际竞争。如果某一事项事关重大，联邦当局会即刻行事，将其从特拉华州夺走，或威胁着会这么做。特拉华州的局内人有理由担忧，如果他们误入歧途，则联邦当局（国会、法院或者SEC）将出面干预。如果看起来特拉华州的圈内人会伤害到经济，则华盛顿热心公益的立法者将作出反应。如果特拉华州的圈内人过于触犯了强势的利益集团，而且该集团在特拉华州缺乏影响力，它也会向华盛顿寻求帮助。就此而论，美国事实上不存在纯粹的州际竞争。

非公司制企业和特拉华州的策略[*]

SAUL LEVMORE

在公司法方面居于主导地位的法域，能否同样主导着合伙法及其他"非公司制"企业的法律形式？我们能否预想，有关合伙、有限责任公司和其他"非公司制"企业的联邦法律，会复制联邦在公司法方面的种种做法？这些问题都很重要，而且没有显而易见的答案。在学术文献中，这些问题被回避掉了，或者只是未能勇敢地面对，否则在学界关于公司注册及其种种选择的论争中，这方面的文献应属卷帙浩繁。在本文中，本人就这些事项提出了一些观点，然后为未来的研究描绘了一个蓝图。其中第一个观点是，与认为联邦干预只是填补了监管真空的观点不同的是，在大量的州监管之后，国家层面的监管往往接踵而至。第二个观点是，认为特拉华州在公司和非公司制企业方面采取了不同的策略，这是有益的。然而，这一策略的本质及其背后的理念，仍然存在种种不同的解释，因为特拉华州的策略与关于竞争行为的种种政策和假定一脉相承。

本文选择了两篇重要的文献，作为讨论这些问题的开端。一篇文章来自Larry Ribstein教授，他对于人们不理解为什么公司形式居于主导，提出了自己的见解。另一篇则是来自于Mark Roe教授，后者探讨了"联邦与州之间"的竞争相对于州际竞争之于公司监管的重要性。

为什么设立公司或者设立非公司制企业？

Ribstein教授首先设问，为什么公司如此普遍，然后不以传统的——也是理由不充分的——答案作为对于这一问题的回答。这一问题之所以会产生，是因为非公司制企业的收入的税负通常较低，它只需一次纳税而不是双重纳税，而且还因为它们为合作创业者提供了极大的灵活性，尽管

---

[*] 本部分内容的重印，获得了2005 *University of Illinois Law Review* 195 的出版商的许可。伊利诺斯大学的受托人理事会于2005年获得了原文的版权。

对于那些希望运用可靠且真实的规则来调整被代理人—代理人关系、公司设立、解散和其他事项的人来说,默认的规则的确存在,但这些人希望能够自己创设规则。[1] 老练的观察家可能会坚持认为,商业社会偏好公司形态,特别是偏好特拉华州版本的公司形态,因为这些实体有大量的经验和既定规则可供遵循。为公司准备的这些默认规则,就其本身特征而言,或许更多的是强制性规则而不是默认规则,但它们提供了可预期性,或者至少在某种程度上是稳定可靠的,这构成了对投资者的吸引力。如果投资者选择了不可放弃的、明确的规则,而不是灵活的、甚至是成本更低的法律规则,则我们可以直接认为,投资者偏好的是经验和确定性。

整体情况是,即使不考虑税收因素,对于许多老练的投资者而言,合伙形式(与其他非公司形式)是更优选择。公司所能够做的,合伙可以做得更好。例如,合伙人可以谈判以选择默认规则,从而使合伙企业在治理标准方面与公司类似。但如果他们想另作安排,这或许是由于他们的被代理人—代理人关系源于不同的规则,他们也可以按照自己的想法来议定规则。由此看来,公司形式确实比合伙组织更为僵化。

Ribstein 教授自身在试图解释公司形式的成功演进时,在本质上相当悲观,同意税法因素非常重要(我也与 Ribstein 教授一样,试着不会理会这一因素),同时集中探讨寻租的概念(它是指当管理者可以受益于控制权时,他们也会向立法者示好,并不惜浪费资源,以保护其舒适的地位)。其理由在于,公司使其管理者的职位免受取代;毕竟,直接民主的情形并不多见[因为公司法要求董事会在管理者和股东之间居中调解——编者注],而且,如果想要规避股利所得税,就拥有相当大的动机来留存收益。因而,法律运作的结果是使公司原地踏步,而且管理者没有理由来推动这些法律规则的变革,因为他们的高薪地位取决于公司对其职务的保障。公司形式的这种非常僵化的特征,带来了寻租行为。此时的现实情况是,联邦和州政府之所以能够规制公司,在很大程度上是因为公司不灵活、无法逃避规制;公司管理者更进一步地与股东相隔离。

州——联邦之间的竞争

然而,这种联邦规制,到底意欲何为?显然,十分清楚的是,吸引公司

---

[1] 本人努力地将非公司制企业和非公司制法律等术语,与诸如非公司制形式或合伙法及有限责任公司法等表述交互使用,经常是指赋予非公司制形式以权力并规制其商事活动的法律。

的州际竞争、或者至少是公司注册及治理规制方面的州际竞争,影响着各州的规则,但这种影响的方式不可能对联邦规则构成影响。正是联邦——州之间的竞争,启发了 Mark Roe 教授,后者指出,大量的联邦规则(体现为包括内幕交易规制在内的证券法、有关收购的法律、《萨班斯—奥克斯莱法》)等对公司治理规则、反腐败以及其他方面产生了影响,进而指出,各州必须看到,联邦政府作为一个竞争主体,其重要性至少和其他州等量齐观。

在一定的层面上,Roe 教授传递出了一则重要的、富于启发意义的信息:关于公司法的最为司空见惯的看法,更不用说我们教育初涉法律的法科学子的方法,存在着重大误导。学术评论文章(而且实际上所有的判例选集及教科书)都将关注的焦点完全集中于州际竞争。特拉华州在州层面的主导地位,只获得了有限地理解和研究,但它始终是关注的焦点。我猜测,绝大多数研习公司法的学生会吃惊地发现,特拉华州同时主导着合伙的市场;这种重要性削弱了、或者至少复杂化了 Roe 教授的精彩见解。的确,特拉华州在合伙法领域的成功,弱化了关于该州在公司法领域取得成功的性质和原因的诸多传统见解。

我们有可能带着这一问题来思考州——联邦之间的竞争。与 Roe 教授相反、以及可能有悖于常识的是,特拉华州或许并不在意、或者甚至欢迎联邦的干预,尽管确切无疑的是,如果这种干预会导致公司大规模地按照联邦法来注册,则特拉华州并不乐于看到这一点。假定特拉华州的目标是主导公司法的州际竞争市场,因为这种主导权使该州拥有并维系着与其市场地位息息相关的公司注册税费收入,或者使其拥有并维系着特拉华州的公司所带来的法律业务,或者两者兼而有之,那么貌似合理的是,如果其他州可以创新的领地越少,特拉华州就越能够保护其领先地位。

这是个实证问题,因为在理论上,联邦规制的影响(或者特拉华州的想法)两方面都存在。先说幸灾乐祸的一面,特拉华州可能会判断,联邦政府接管的事务越多,留给各州竞争的事项就越少,特拉华州在公司法领域的主导地位就越稳固。如果目前还有些担心与其竞争的州会以更低的价格(通过公司所得税或者法律服务费的调整)创造出新的、更好的默认规则,则随着各州能够求异的规则或者事项越来越少,此种担忧可以消除了。类似地,随着联邦干预导致州法的领地缩减,特拉华州也更不需要担心其他州在吸引管理者和吸引股东之间取得(从渴望吸引更多公司前来注册的州的视角来看)更好的平衡,从而证明该州在吸引公司方面优于特拉华州了。如果法律对管理者的要求过于宽松,公司将选择离开该州,或者任由股价下跌;而过度不利于管理层的规则会降低灵活性,并会妨碍公司的经营活动,或者只是鼓励着那些无法很好地回应投资者需求的管理者将公司导向歧途。总之,我们仍然可以继续认为,特拉华州的策略是试图规避联邦的干预,但我们也可以想想它们的战略构想,也就是说,该州也会受益于某些联邦干预行为,特别是当这些干预制约着与其相竞争的州的竞争能力之时。

联邦干预和非公司制企业的灵活性

应当注意的是,Roe教授并没有谈到,我们、或者州的立法者们能够预料何时联邦政府会出手干预,或许这是因为他认为联邦干预的威胁时时存在。在任何时候,我们都没有理由期待,联邦立法者比州的立法者更多、或者更少地关注公共利益。的确,联邦立法者对公共利益的关注较少,因为相较于州而言,他们更少面临横向的竞争。然而,我们也可以只是认为,联邦政客和监管者只是偶尔对公司法产生兴趣。他们被假定,他们的行为受到了组织有序的利益集团的驱动,究其原因,要么是因为回应利益集团的需求可以获得私人收益,要么是因为这些集团提供了信息并且在立法者可能会采取的措施方面下足了功夫。

在这里,我强调指出,危机、甚至仅仅是被广泛关注的事件,在刺激联邦立法方面大有作为。当市场崩坏或者严重的公司丑闻占据报端之时,机会主义的(或者敏感的)政客会关注该事件,并往往付诸行动。成熟的民众或许会发现,负面的事件,哪怕是可以避免的负面事件,也并不必然意味着监管不足。然而,监管的需要或者感觉上的监管的需要,其政治意味强于科学意味。另外,民众的巨大的、被广泛关注的失望情绪,通常很好地证明了有必要进行变革,或者它有助于帮助克服过去难以克服的变革的障碍。正如一架太空飞船意外爆炸偶然地触发了(美国)航空及太空总署的变革并促成了新的安全规则的出台那样,安然公司或亚瑟·安德森的崩坍也将对《萨班斯—奥克斯莱》规则带来一些变革。太空飞船爆炸并不表明必须采取新的安全措施,但以贝叶斯方式(Bayesian manner)看来,每一个众人瞩目的证据,都确实影响着是否有可能带来新的安全措施。看起来同样可信的是,从成本与收益的角度来看,合算的制度安排有很多,而一场社会动荡会直接导致政客们选择其中的某一套规则,并颁布与当下政治氛围的变化相适应的部分规则。在危机产生之时,政治和变革活动最为频繁。

以此种视角观之,各州除了尽力避免发生引人关注的事件或者避免最先爆发危机之外,的确没有更多的做事空间以避免联邦的干预。然而,这样做并不容易,甚至毫无希望,这不仅是因为即便是最好的监管制度,就像最好的交通法律那样,其目标并不在于避免一切损失,而且还因为令人震惊的丑闻爆发之后联邦干预总是接踵而至,即便本来可以通过监管而避免丑闻发生的,只有区区的一个州。一个州或许拥有完美的策略来预防丑闻的爆发,而且它或许甚至希望避免联邦干预并因此努力行事,但其他州的宽松执法或者监管结构,可能会造成一场危机,后者将带来全国性的联邦干预。与此同时,如果公司管理者偏好更为灵活的州,则热切盼望成功的州可能会失去一些有关公司法业务的机会。

我们应当能够想见的是,联邦公司法以一种或者另一种方式在不断增长,这与过去七十年来我们所历经的情形完全一样。即使是在(通过州或者联邦权力)过度监管的年代,危机同样不可避免,而且,正如我们刚才所称,各州或许看不出积极监管有什么意义,在那种情况下,危机甚至可能来得更快。但从长期来看,过度监管的成本将显而易见——或者通过不同种类的危机显现出来——而放松这一经济领域的监管,将裨益于国家层面的政客们。

特拉华州的策略

关于这种州—联邦之间的竞争,可以说的还有很多,特别是我们认为它基本上是特拉华州—联邦之间的竞争。然而,我在这里并不想阐述过多,而只关注以下一个具体的问题:随着合伙、有限责任公司和其他非公司制法律的发展,特拉华州将会采取怎样的策略。我们可以认为,这一发展演变是特拉华州与联邦政府展开竞争的策略的一部分,更不必说与其他州的竞争了。我们通常认为,非公司制企业的法律的增长,是被吸引着采取该种经营形式的私人企业所作用的结果。我们总是会问,为什么商事公司会转换为、或者起步于公司或者其他形式,却更不习惯于去询问,各州在什么时候适于鼓励公司去完成此种转换。在这一过程中,公司并非是唯一积极的主体。各州可以运用以下方法来影响结果:制定投资者(或者管理者)认为具有相对吸引力的新的法律、降低非公司制企业的注册和其他税收成本、以及降低公司形式的相对吸引力——这样做的预期是,公司将转换成本州的非公司形式,而不是迁址至其他法域。

当我们认识到,特拉华州对于合伙及有限责任公司而言,其地位举足轻重,而且其分量或许等同于该州之于公司的重要性,则前面所有的论述均获得了重要意义。无论特拉华州凭借什么赢得了公司法领域的主导地位,该州的氛围、可靠性、人力资本或者政治,将沿用于非公司制企业的法律。特拉华州并非第一个为有限责任公司或者有限责任合伙提供成文法规则的州,然而,一旦怀俄明州或者得克萨斯州创设了新规则,特拉华州一定是最快效仿的州之一。特拉华州不但能够模仿并作出回应,而且能够获得高于其在新市场所占份额的收益。现在,我将暂时忽略以下问题:市场的成功是否表明,评论人士在解释特拉华州在公司法领域的主导地位时,过于看重该州的公司注册税费收入。特拉华州对于合伙及类似企业收取的费用非常低,然而,投资者(及其律师)看起来仍然觉得在特拉华州有安全感。目前,问题便完全在于,我们必须将自己对于州—联邦之间竞争的理解与公司形式的市场选择结合起来;Ribstein 和 Roe 教授对于同一个现象从不同的角度进行了解读,尽管第一次读起来时其寓意并不明显。

危机爆发之后,联邦公司法将接踵而至,这要么是因为感觉上的需要催生了法律解决方案,要么是因为政客们追随着新闻摄像镜头,如果我们加入此种认识,则同样可以清楚地看到,公司法与非公司制企业法的距离并不遥远。Ribstein 教授对于非公司制企业的分析,在很大程度以下述观察为基础:公司法的管制性更强,而非公司制企业法则更为灵活。例如,如果委托人和代理人的营利方法是,赋予代理人更多的、高于特拉华州的法院为公司创设的灵活性时,它们可以选择接受合伙企业法的管辖。就此而言,合伙企业法据称比公司法更为灵活,公司法的默认规则往往更多的是强制性规则。

然而,随着非公司制企业越来越多,而且(或者如果)它们在经济中占据了重要的份额,则不可避免地,这些企业也会发生引起广泛关注的危机,而且危机的形式也会使其进入政治博弈者的视野。联邦法律所调整的范围也会不断拓展,并将其触角伸向合伙和其他的企业形态,其理由是不成熟的投资者、养老基金及类似的投资主体需要保护,或者是为了避免花费联邦救助的成本——当合伙企业崩坍而诸多利益集团财富受损之时,政府将面临巨大的救助压力。如果这些非公司制企业的重要性与日俱增,则以往促使联邦法律关注公司的种种因素,将同样促使联邦法律关注有限责任公司及类似的组织形式。因而,本篇论文的一个结论是,非公司制企业的相对灵活性往往是短期的现象。

在这里,我说联邦增强了对非公司制企业的规制已属不可避免,但我应当更为审慎一些。只要相对成熟的投资者选择了合伙和其他非公司制企业,则至少相较于大型公众公司而言,非公司制企业爆发的丑闻或者重大损失所引发的联邦干预,不会像公司爆发丑闻所引发的联邦干预那样剧烈。传统的不老练的投资者,以及防御性的政治反应,经常登上晚间新闻。另一方面,与不老练的公司股东相比,养老基金及其他中介机构拥有更强的游说能力以获得保护和救助。因而,一方面,非公司制企业因为其潜在投资者的特征,而导致联邦干预非公司制企业法的力度减弱;而另一方面,因为非公司制企业潜在投资者的力量强大,会使得非公司制企业法获得同等强度的联邦干预。

只要联邦干预的威胁近在眼前,则公司与非公司制企业之间监管差异缩小的原因,或许在于州而非联邦立法部门。非公司制企业本来允许投资者或者发起人进行任何方式的协商,但终结非公司制企业此种能力的正是美国各州。毕竟,如果各州确实担忧联邦的干预,则我们可以想见,除非发生以下情形,各州在预计联邦出台法律之前会提前立法:正如以前那样,当危机无法预防或者爆发于监管更为宽松的州时,因为此时联邦立法无可避免,州从引领法律制定风潮中几乎无法获得任何收益。如果非公司制企业的重要性持续增长,则其引发的政治干预的概率也将越来越大,监管力度的强化也必将接踵而至。公司与非公司制企业之间的差别也将缩小或者消失。

一个迥然相异、但不无关联的结论与特拉华州法律的范式息息相关。为什么特拉华州赋予非公司制企业此种相对的灵活性?以及为什么在该州非公司制企业的税负如此之低?特拉华州对于大量的公司转换为非公司制企业,一定心存忧虑,因为它没有理由认为,一旦公司法的边界被打破,它仍可以保持其强势的竞争优势。事实上,特拉华州希望在各州之间发生大规模的从适用公司法转换为适用非公司制企业法之前,累积合伙法(以及其他非公司制企业法)领域的人力资本和声望。这样,如果、并且当发生此种转移时,特拉华州已经做好了准备,并且保持了对迁移者的吸引力。这种观点吻合于特拉华州当前对非公司制企业收取的低额注册税费的现状。特拉华州在非公司制企业的商事法律方面并不拥有既定的优势,因而其从非公司制企业所获取的收入,无法像从公司中获取的收入那么多。然而,随着其累积起在合伙法和其他非公司制企业法的优势,我们可以想见,向非公司制企业收取的注册税费将得以提升,而在特拉华州向位于(至少是在法律文件上位于)特拉华州并受该州的立法和司法管辖的企业提供法律和其他服务从而增加收入,则更是题中应有之意。

即便特拉华州明白,其自身对非公司制企业的轻度监管,在未来更可能招致联邦的监管,它现在必定担忧与联邦干预展开竞争、或者避免与联邦产生竞争,因为彼时个别公司会抛弃适用特拉华州的公司法,而转而适用其他州的非公司制企业法。因而,可以将特拉华州的法律理解为,它正处于转型期。我们所观察的结果,与居于支配地位的州希望将其触角伸向新的市场(在此番情境下,是指伸向非公司制企业的法律)一脉相承。

与此同时,特拉华州几乎无所畏惧。向非公司制企业转型的进程向来缓慢,这多少有些令 Ribstein 教授感到意外,进程缓慢的部分原因在于(联邦)公司所得税率已经下调。以此种步调来看,将带来联邦干预的、大规模的非公司制企业丑闻或许不太可能发生,而特拉华州则可趁此间隙累积其在非公司制企业法律方面的优势。而且,从长远来看,虽然面临着积极的联邦干预,特拉华州仍可以在征收合伙企业的税款和做好业务等方面大有作为,这一如其从公司获取这些收益那样。

结论及未来的研究

本文花开两朵,各表一枝:一方面是联邦(及因此是州)对于非公司制企业的监管不可避免,另一方面则论及特拉华州在这方面所采取的策略。在未来的研究中,本人计划探讨以下问题:强化的联邦监管是否确实削弱了特拉华州的监管支配地位,或者州的地盘的缩小是否改善了特拉华州的地位,或者与以前并无二致。这一问题确实与该州的最佳立法策略这一实际问题息息相关。

州的立法者所面临的第二个问题是,他们如何对待合伙及其他非公司制企业的法典。如果清楚地知道,用或许不太准确的话来说,竞争不仅仅来自于其他州,也不仅仅来自于联邦干预,还来自于其他商事组织形态,则这一问题不仅有趣,而且难以回答。另外,州际竞争的性质也应当重新审视。(从商事术语来看)小州可以通过对工厂采取减税等类似措施来吸引公司,而问题在于,这些措施是如何吸引公司和非公司制企业在特定的法域注册的,或者,是否更大的问题在于,由于存在联邦法律的威胁,热切渴望获得成功的诸州采取这些措施并不明智。这些问题留待以后解决。

注释及问题

1. 自从 Romano 的论文发表之后,又有一些关于公司迁址的事件研究成果陆续发表;Sanjai Bhagat 和 Roberta Romano 将研究结果梳理如下:

> 所有的[八项关于迁址的事件]研究都得出了异常正回报的结论,其中四项研究表明,在宣布公司迁址时发生了显著的股票正回报……一项研究表明,在宣布公司迁址之日,只有更少量的公司获得了显著的股票正回报;而在召开股东会之日,结果则有不同——迁址的公司中,有的获得了显著的股票正回报,有的则面临着显著的负回报,另一项研究则发现,在公司迁址之前两年,股票存在显著的正回报,两项研究发现,在公司迁址之前两年,股票存在 10% 的显著正回报……诸多发现存在显著异常回报的研究,都采取了大样本(超过100家公司),而发现只有 10% 的显著异常回报水平的一些研究,则只有小样本(少于40家公司)。因而,正如有人[参见 Bhagat 和 Romano,第1章 B 部分摘引的文献——编者注]论及,这两份研究报告在结果方面的差别,可以归因于小样本所确立的标准的解释力更为有限。因而,事件研究的文献表明,Winter 的核心观点是正确的:吸引公司前来注册的竞争有益于投资者。我们当然不能在阅读事件研究的文献之后得出结论称,正如 Cary 的观点所暗指的,公司迁址减损了股东财富。

本部分内容重印于 *Handbook of Law and Economics*, vol. 2, Bhagat and Romano, "Empirical Studies of Corporate Law," pp. 945—1012, Copyright (c)2007, 获得了 Elsevier 的许可。

Lucian Bebchuk 认为,关于迁址对股价的正向或者显著影响的研究,并不能证明州际竞争有益于股东,因为法律的一些有利条款所带来的效应,可能会遮蔽或者抵消了不利的法律所带来的后果。Bebchuk, "Federalism and the Corporation: The Desirable Limits on State Competition in Corporate Law," 105 *Harvard Law Review* 1435 (1992)。迁址的公司的股价不存在负面异常回报是否表明,人们认为目的地的州的法律条款中,有利于股东的条款多于不利于股东的条款？股价对特定的州的公司法作出了负面的反应，能否使你得出必须制定联邦法律或者制定更多的联邦法律的结论？请你们在阅读第 8 章关于收购的州的监管的材料时，再次考虑这一问题。

对于根据事件研究得出股东受益于竞争的结论，Bebchuk 及其同事进一步批评称，这种显著的异常正回报"并不高"（各项研究得出的平均值是 1.28%）。Lucian A. Bebchuk, Alma Cohen and Allen Ferrell, "Does the Evidence Favor State Competition in Corporate Law?," 90 *California Law Review* 1777, 1791 (2002). 对于这些关于事件研究结果的显著性的相互冲突的见解，应当如何理解？投资项目在竞争性资本市场中产生 1% 的异常回报，又当如何看待？股价对于资本支出、合资经营、产品引进和收购的反应低于 1%。Gregor Andrade, Mark Mitchell and Erik Stafford, "New Evidence and Perspectives on Mergers," 15 *Journal of Economic Perspectives* 103, 119 (2001). 除此之外，股价之于公司迁址的平均异常正回报为 1.28%，三倍于第 8 章中 Jonathan Karpoff 和 Paul Malatesta 的事件研究所发现的股价之于收购法律的平均异常负回报。

2. 关于州际竞争的影响的事件研究的一种替代方法是，比较设立于特拉华州的公司与设立于其他州的公司的经营绩效，或者比较迁址至特拉华州的公司在住所变更前后的经营绩效。在此种研究路径之下运用会计和股价来测算经营绩效的研究，绝大多数并没有发现公司在迁址前后经营绩效发生了重大变化，或者相对于没有迁址的公司而言，迁址的公司经营绩效发生了重大变化。缺乏此种变化的一种解释是，公司选择了优化其未来绩效的住所——公司住所的选择是内生性的——也就是说，被研究的公司控制着选择住所的决策，因而该决策本身会影响绩效，而这些研究并不控制住所的选择，这使得在统计意义上难以进行典型事例的比较。这方面的文献以及关于公司治理选择及绩效的内生性所带来的技术方法问题，参见 Sanjai Bhagat and Roberta Romano, "Empirical Studies of Corporate Law," in A. M. Polinsky and S. Shavell, eds., 2 *Handbook of Law and Economics* 945, 981, 82, 956—60 (New York: Elsevier, 2007).

然而，Robert Daines 运用 Tobin 的 Q 值（该数值是指公司市值与其资产重置成本之间的比率）作为衡量公司经营绩效的标准，发现住所地位于特拉华州的公司的估值明显高于位于其他地方的公司（它们的 Tobin 的

Q值更高)。Daines, "Does Delaware Law Improve Firm Value?," 62 *Journal of Financial Economics* 525 (2001)。在传统意义上,Tobin的Q值被理解为反映着公司的投资或者增长机会;根据Daines的见解,公司法律规则所带来的机会,也可以被认为是根据Tobin的Q值来对公司进行估值的一项考虑因素。Daines的分析考虑了投资机会及其他被认为会影响Tobin的Q值的变量,如公司经营的多元化等,并且针对不同特征的成熟的公司、首次公开发行的公司以及从未变更过住所的公司所组成的样本,进行Tobin的Q值的稳健性测试,测试结果表明,特拉华州的公司的估值更高。

Daines的研究样本涵盖了1981年至1996年间在交易所交易的公司。Guhan Subramanian研究了1991—2000这一不同的时间框架中的公司的Tobin的Q值,研究得出结论称,特拉华州的公司与非特拉华州的公司之间的估值差异已经下降,从前一年Daines研究得出的5%降至2.8%,并且在后来的年份中均不具有统计显著性。Subramanian, "The Disappearing Delaware Effect," 20 *Journal of Law, Economics, and Organization* 32 (2004)。你怎么理解这些结果的差异? 它能否证明其他州已经"赶上"特拉华州,修订了其公司法以大大拉近与特拉华州的距离,从而降低了在特拉华州注册公司的价值? 试想一下,二战之后,生产率低下的国家通过技术转让而"学习先进",从而向高生产率的国家趋同,此点在以下文献中有所反映:William J. Baumol, Sue Anne Batey Blackman and Edward N. Wolff, *Productivity and AmericanLeadership: The Long View* (Cambridge, Mass.: MIT Press, 1989)。这种趋同的解释是否不同于Kahan和Kamar关于各州不展开竞争的见解? Daines就其研究成果提供的一种解释是,特拉华州的公司更有希望获得收购溢价。20世纪90年代晚期,随着经济步入下行通道,公司收购市场也开始衰退,数年之后的Subramanian的研究中更低的Tobin的Q值,反映了这一点。第8章重点关注收购与股份价值之间的关系,另外还重新审视了关于州际竞争的论辩。

3. Romano对于特拉华州在公司注册市场上的优势的交易成本方面的解释,以其对于公司迁址的实证研究发现为基础。Roberta Romano, "Law as a Product: Some Pieces of the Incorporation Puzzle," 1 *Journal of Law, Economics, and Organization* 225 (1985)。首先,一个州的公司法对

公司偏好的敏感性与其注册税费收入的比重,存在显著的统计正相关性。第二,当法律制度显得重要时,也就是说,因为成文法的规定及现成可用的判例法存在差异而使公司预期在目的地的州进行交易的成本更低时,公司会迁址。特别是,当公司即将上市、实施兼并和收购计划或者对收购采取防御手段时,公司将迁址(在前面两类事件中,大多数公司会选择特拉华州作为目的地)。

Romano 的研究发现,特拉华州对公司注册税费和法律资本(大量的判例法、大法官法院的专业智识,以及对公司注册事务很熟练的州务卿)的依赖,是以人质理论来解释该州取得成功的基础,因为前者构成了该州的预先承诺,确保该州不会肆意修改其法律,而且在公司迁址于该州之后不再回应公司的需求。如果公司注册税费的计征采取类似于公司收入所得税的方式,即与公司收益相挂钩,特拉华州对股东的需求是否更为敏感?关于这方面的论争,参见 Michal Barzuza, "Delaware's Compensation," 94 *Virginia Law Review* 521 (2008). 此种观点是否假定特拉华州会提高收费?为什么特拉华州没有收取市场能够承受的最大的费用?此种注册税费结构是否导致了逆向激励,使得管理层为了降低税负而做低公司业绩(或者会计收益)?

请注意,Romano 发现,那些试图通过迁址来降低其税负的公司,并没有迁往特拉华州,而往往迁离特拉华州。正如阅读文献表明,特拉华州的注册税负高于其他州。因而,公司在特拉华州注册需要支付更多的费用。然而,根据特拉华州的法律开展交易所降低的成本,看起来抵消了更高的注册费用(这正是以交易成本来解释特拉华州的成功的意蕴)。特拉华州比其他州收取更高的注册费用,这一事实是 Kahan 和 Kamar 声称其他州并未投身于吸引公司注册的竞争的原因之一。你认为,如果各州打算与特拉华州展开竞争,它们会遵循怎样的定价政策?当前特拉华州拥有更好的产品:竞争者必须削减与特拉华州的公司进行交易的价格以获得更多的交易机会吗?在一篇早期的文献中,Kahan 和 Kamar 认为,特拉华州居于垄断者地位,实施价格歧视(更小的公司比更大的公司支付更高的费用),并且进一步分析指出,特拉华州本可以收取高于其现在收取的费用,尔后得出结论称,该州并不是"利益最大化"的垄断者。Marcel Kahan and Ehud Kamar, "Price Discrimination in the Market for Corporate Law," 86 *Cornell Law Review* 1205 (2001). 对此还有另外一种可能的解释。特拉华州能够凭借其更优质的法律制度收取多少费用,将会受到其他州的制约,这些州即便不是现实的竞争者,也是潜在的竞争者,它们可以修订法律来回应现实的需求,从而降低了特拉华州的法律的价值,同时吸引了希望支付更低费用的公司前来注册。与这一问题有关的产业组织理论是"竞争性市场"理论。对于显见的垄断者而言,无须看到积极的竞争者以竞争性公司的面目出现:潜在的竞争者进入市场的威胁,足以约束其行为。这一理论的共同倡导者之一 William Baumol 在一篇更近期的文献中,将该理论用于对于创新的分析:他认为,在富有创新精神的行业中,价格歧视会造就竞争性市场。Baumol, *The Free-Market Innovation Machine* (Princeton, NJ: Princeton University Press, 2002)。公司注册市场的特征,吻合了 Baumol 关于创新型行业的标准的分析:不存在市场进入的高额资本门槛;维持创新能力必须投入成本,即持续投入研发成本,而且对于现存的公司而言,这方面的成本未必高于新的进入者。这些特征与以下情况相类似:必须时时修订公司法以适应变动不居的商业环境。

4. 在描述特拉华州为什么取得成功时,Romano 强调了特拉华州的先发优势:在特拉华州注册的公司越多,该州累积的判例法先例也就越多,特拉华州作为公司住所地就越发理想,因而就会吸引更多的公司前来注册。Michael Klausner 将此现象类比于"网络"产业中产品与用户之间的关系,并且用它来论证网络外部性的经济理论的适当性。Klausner, "Corporations, Corporate Law, and Networks of Contracts," 81 *Virginia Law Review* 757 (1995)。该理论关注规模经济和范围经济,而后者依赖大量的用户使用了该产品:对于特定的用户而言,此类产品的价值随着更多用户加入网络而不断增加,因而每一用户都向该产品和其他用户增加了价值。电话系统即为典型的网络行业。如果 Alexander Graham Bell 是电话的唯一用户,则由于她无法打给任何人,因而电话对她而言并没有多大价值。此类产品的市场,其运作情形可能与标准的经济理论所预设的情形并不相同,在后者情况下,所有个体决策的合成,产生了与供应相匹配的最优均衡价格,因为个体用户在评估产品的成本与收益时,不会将自身提供给其他用户的收益考虑进去。用户为其他用户创造的收益,被称为"网络外部性"。

Klausner 假定,各州公司法及随之发生的创造法律先例的经济状况,构成了公司注册语境下的"网络"。为什么说公司法能否被界定为网络化的行业是重要的？成功的网络会带来锁定效应，也就是说，现有网络中的公司可能不会转移至一个新网络之中，即便该网络提供着更为理想的产品，因为更优质的产品所带来的好处，会被用户更少的网络的更低价值所抵消。Klausner 认为，锁定效应往往成为公司法的一项要素：特拉华州的公司法可以包含一些没有效率的规则，因为公司会在特拉华州的大量判例所带来的效益（网络）与采纳了更优质的规则但缺乏此类法律资本的州之间进行权衡。正如 Klausner 称，没有效率的规则所带来的一项政策后果是，有必要进行更为集中的立法，而不是将公司法任由市场力量（彼此竞争的各州）来锻造。

然而，对于网络是否事实上带来低效的锁定效应，经济学文献存在分歧。换另一种方式来表述，这种分歧在于，网络效应是否真正会带来外部性。例如，Stan J. Leibowitz 和 Stephen Margolis 认为，即便网络的用户没有内化其提供给他人的收益，网络的所有者仍能内化网络成本，因而，拥有更高效率的产品的网络能够缓解（如果不是消除）锁定效应，从而补贴转换方。Leibowitz and Margolis, "Network Effects and Externalities," in P. Newman, ed., 2 *The New Palgrave Dictionary of Economics and the Law* 671 (New York: Stockton Press, 1998)。另外，他们认为，一个网络之所以优于另一个网络，可以将其归因于它拥有优于对手的产品。

Klausner 没有回答网络外部性（因此没有效率的法律规则）是否司空见惯，以及是否在公司法中这一问题特别明显。你认为什么证据会表明是否存在此种情形？特拉华州频繁修订法律——事实上近期每年都修订一次——以回应其他州的立法，对于这一问题意味着什么？服务于多家企业的公司律师及其专业组织（例如律师协会），在解决具体的公司没有内化网络收益的问题，能够发挥什么作用？

当然，要使分权型公司立法有益于股东，也并不要求特拉华州的所有公司法规则都富有效率，赞成州际竞争的人也并不认为事实如此。相反，他们认为，如果分权型公司立法与不允许公司采取个性化安排或选出法律的集权型制度（联邦证券监管规则即为适例）相比，整体而言效果更好，则已足够。这种情形是着力于避免被称为"涅槃谬误（Nirvana Fallacy）"这一训诫的例子，该术语由 Harold Demsetz 创造出来，是指以下逻辑错误：以事实上不可能存在的理想世界为标准，来比较并批判真实世界中的制度的结果。参见 Demsetz, "Information and Efficiency: Another Viewpoint," 12 *Journal of Law and Economics* 1 (1969)。换句话说,应当比较种种真实的制度安排的结果,进而制定政策建议。是否有必要对公司法采取集权型立法,在本章的 B 部分及第 9 章关于证券监管的探讨中,有进一步的论述。

5. 许多州已经在其公司法中吸纳了美国《示范商业公司法》的法条,后者也可以被视为特拉华州的竞争者。《示范商业公司法》由美国律师协会下设的公司和商事法分会的公司法委员会起草完成,该委员会的成员通常来自于大型的律师事务所,而这些律所的客户则是公众公司。遵循《示范商业公司法》的绝大多数州,只吸引了少量的国内公众公司前来注册。事实上,没有一个大州——例如加利福尼亚州、新泽西州、纽约州、宾夕法尼亚州——遵循《示范商业公司法》。因为遵循《示范商业公司法》的州拥有共同的成文法语言,这些州的法院可以便利地共享法律先例;这缓解了只有少数公司的州面临的以下问题:这些州没有足够多的公司案件来提供大量的先例,以便于公司设计交易,从而使州内的公司有动机迁址至特拉华州。另外,与特拉华州的法律相比,《示范商业公司法》的规则更为明确,而特拉华州则把更多的问题留给了法院。与其他州相比,特拉华州拥有一支专业化的司法队伍来处理公司法案件,这是该州的比较优势,那么,这种路径上的差别又会带来怎样的影响?有学者认为,为使其他州难以与其展开竞争,特拉华州的法律"过度地"依赖司法裁判权而不是明确的规则,因而使其法律不可预测。参见 Ehud Kamar, "A Regulatory Competition Theory of Indeterminacy in Corporate Law," 98 *Columbia Law Review* 1908 (1998)。有学者比较了特拉华州和《示范商业公司法》的公司法规则的创新速度和性质,以及那些创新安排向许多州的传播情形,参见 Roberta Romano, "The States as a Laboratory: Legal Innovation and State Competition for Corporate Charters," 23 *Yale Journal on Regulation* 209 (2006); William J. Carney, "The Production of Corporate Law," 71 *Southern California Law Review* 715 (1998)。

6. 如果特拉华州的法律优于其他州,为什么不是所有的公司都选择在特拉华州注册?在注释 3 中,Romano 对于公司迁址的交易成本解释,提供了一种原因(并不是所有的公司都会开展可以获益于特拉华州的住所的交易)。Richard Posner 和 Kenneth Scott 提供了涉及产品区分的不同的解释:特拉华州的专长在于为大公司提供服务。参见 Posner and Scott,

Economics of Corporation Law and Securities Regulation 111（Boston：Little，Brown，1980）。然而，他们貌似有理的观点实际上解释力有限，因为只有将近一半的大型公司注册于特拉华州。

Barry Baysinger 和 Henry Butler 综合了双方（Cary 和 Winter）关于州际竞争的论辩，提出了另一种产品区分的解释。他们认为，如果某个州的法律符合股东的需求，则公司会选择将住所设在该州，这样，股权分散的公司会选择法规宽松的州（也就是特拉华州），而拥有控股股东的公司则会选择法规严苛（也就是 Cary 所偏好的制度）的州。Baysinger and Butler, "The Role of Corporate Law in the Theory of the Firm," 28 *Journal of Law and Economics* 179（1985）。他们的理由如下：因为控股股东持有大宗股份，如果他们对公司业绩不满意，将难以在市场中卖出股份。高昂的退出成本使得此类所有者偏好促进股东话语权并因而制约着管理层恣意行为的法律。Baysinger 和 Butler 的观点是否受到了以下事实的影响：在公司上市时掌握着控制权的内部人，在公开发行之前的短短时间里，通常会选择迁址于特拉华州？

Robert Daines 提供了另一种解释：法律顾问的激励。通过研究1978—2000 年间首次向公众公开发行股份（IPOs，代表首次公开发行）的公司的注册范式，他发现，如果公司的律师是大型律所的成员，与地方性的律师相比，他更多地在全国范围内开展业务，则公司更愿意在特拉华州、而不是在其开展交易的本州注册。Daines, "The Incorporation Choices of IPO Firms," 77 *New York University Law Review* 1559（2002）。Daines 认为，这些数据与律师的自利动机相吻合。其理念在于，即便注册于特拉华州的公司的处境会得到改善，地方性的律师仍然偏向于在当地成立公司，以保护其因熟悉本州公司法且州外律师不熟悉本州公司法而确立起来的比较优势。相反，就特拉华州的法律而言，诸多全国性的律师都已经很熟悉了。

Sanjai Bhagat 和 Roberta Romano 对 Daines 的研究成果，提供了另一种解释：不在特拉华州注册的首次发行股份的公司，其短期盈利及长期可持续发展能力的风险均高于在特拉华州注册的公司，这些特征使前者没有必要花费因住所设在特拉华州而带来的更为昂贵的费用（包括聘用非当地律师的费用）。Bhagat and Romano "Empirical Studies of Corporate Law," in A. M. Polinsky and S. Shavell, eds, 2 *Handbook of Law and Eco-*

nomics 945, 986 (New York: Elsevier, 2007). 近期的一项关于风险资本投资的首次公开发行股份的研究,对于该观点提供了一些具有启发意义的支持:与注册于其他州的首次公开发行股份的公司相比,注册于特拉华州的首次公开发行股份的公司,在首次公开发行之前获得了更多的风险资本的支持,更快地进入了可以公开发行的阶段,并且在首次公开发行时筹集了更多的资金(这一特征与更大的增长潜力息息相关)。Maya Waisman, Haizhi Wang and Robert Wuebker, "Delaware Incorporation Matters for New Ventures: Evidence from Venture Capital Investment and the Going Public Process" (manuscript, 2009), available at http://ssrn.com/abstract=1539484.

7. 自 20 世纪之后不久,特拉华州即在吸引公司注册方面独领风骚;而此前是新泽西州占据着霸主地位。特拉华州之所以能够取代新泽西州,一个经常被提及的原因是新泽西州发生政治动荡,彼时,即将离任的州长 Woodrow Wilson(当选总统但尚未就职)修订公司法,删除了允许公司合并的规定。然而,此前对于新泽西州赢得公司注册市场优势地位立下赫赫战功的商业信托法律之所以发生变更,也可以归因于该州最高法院不理想的判决,以及新泽西州的经济发展状况弱化了该州与寻求注册的公司之间的"人质"关系,而不仅仅归因于该州的政治氛围发生了变化。研究 19 世纪公司注册市场竞争的优秀作品,包括 Henry N. Butler, "Nineteenth-Century Jurisdictional Competition in the Granting of Corporate Privileges," 14 Journal of Legal Studies 129 (1985); 以及 Christopher Grandy, "New Jersey Corporate Chartermongering, 1875—1929," 49 Journal of Economic History 677 (1989).

8. Elliott Weiss 和 Lawrence White 通过研究发现,特拉华州的法院判决并没有产生重大影响,从而得出结论称,投资者并不关注公司法律制度的差异,因而并不存在所谓的州际竞争。Weiss and White, "Of Econometrics and Indeterminacy: A Study of Investors' Reactions to 'Changes' in Corporate Law," 75 California Law Review 551 (1987). 考虑到第 1 章中关于事件研究的探讨,你会得出同样的结论吗?例如,是否存在其他可信的解释,即投资者认为,与前述研究者们就特拉华州的法院判决质量得出的结论相比,后者事实上更胜一筹?

如果特拉华州的立法机关据称能够迅速改变不理想的裁决,则你认为法院的裁决对于股价会产生怎样的影响？试想一下立法机关对于 Smith v. Van Gorkom, 488 A. 2d 858 (Del. 1985) 一案的反应。在该案中法官裁定，外部董事在接受收购要约时过于匆忙(行事疏忽大意)而违背了忠实义务。这一裁决广受诟病。一年之后，立法机关颁布法律，允许股东免除董事因过失而导致的个人金钱债务。第 5 章将探讨董事的信义义务及有限责任规定。

注册于特拉华州而享有的法律的确定性的收益——知道如何构造交易以规避责任——是否能够成为解释 Weiss 和 White 的研究发现的另外一个原因？也就是说，如果法律规则界定了交易主体的权利和义务，他们可以随后根据这一规则来进行交易且不会带来大量的成本(因而，法律规则的存在，就比其内容本身更为重要)，你认为裁判规则的变更会对股价带来重大影响吗？在回应这一问题时，请考虑本章 B 部分对于作为赋权规则的公司法及科斯定理(在第 1 章中引入)的探讨。

在 Weiss 和 White 分析的七个案件中，四起案件涉及公司兼并，一起涉及防御策略。通常而言，公司管理者会通过运用防御策略来抗衡敌意收购，而为了获取收购溢价，股东则希望收购获得成功，因而他们会在法庭上挑战这些防御策略。你认为，法院关于此种策略的有效性的裁决，是否会在市场引起重大的反响？参见 DoSoung Choi, Sreenivas Kamma, and Joseph Weintrop, "Delaware Courts, Poison Pills, and Shareholder Wealth," 5 *Journal of Law, Economics, and Organization* 375 (1989); Sreenivas Kamma, Joseph Weintrop, and Peggy Wier, "Investors' Perceptions of the Delaware Supreme Court Decision in Unocal v. Mesa," 20 *Journal of Financial Economics* 419 (1988); Michael Ryngaert, "The Effect of PoisonPill Securities on Shareholder Wealth," 20 *Journal of Financial Economics* 377 (1988). 与 Weiss 和 Whiter 选取了特拉华州的所有公司作为样本不同的是，这些研究分析了被起诉的公司、以及在诉讼之时面临敌意收购要约的公司的股价的影响。第 8 章分析了收购防御措施及其与州际竞争的关系。

9. Macey 和 Miller 的观点——律师塑造着公司法，其目的在于以损害公司利益为代价而满足自己私利——是否要求存在公司律师的非竞争性市场？或者要求州际竞争存在摩擦？Macey 和 Miller 关于州际竞争的论辩的观点，意味着什么？试想一下 Ralph Winter 法官的见解"只有当一个州的立法机关想要最大化注册税费收入时,才会产生奔向高端的结局",因而,如果州追求其他的某些政治目标,则他们将对市场需求漠不关心,由此导致的法律未必有益于股东。Winter,"The 'Race for the Top' Revisited: A Comment on Eisenberg," 89 *Columbia Law Review* 1526 (1989)。第 8 章关于公司收购的州法的探讨,将对州际竞争、特别是公司法看起来最大化了谁的利益的相关论辩,予以重新审视。

  Macey 和 Miller 的观点与 Kahan 和 Kamar 关于各州并未展开吸引公司注册的竞争的见解,有什么联系?即使其他州均不追求注册税费收入的最大化,因而不存在与特拉华州的竞争,追求自身利益的公司律师是否仍会防止特拉华州的法律偏离公司注册制度的消费者的偏好?为什么 Kahan 和 Kamar 认为,在创造公司法方面公司律师是全国最为活跃的群体这一事实表明各州并未展开竞争?是否正如 Kahan and Kamar 所主张的,律师向立法机关施加压力以更新公司法(这样做可能也不是为了增加州内公司的数量)对于回答这一问题至关重要?或者更为重要的是该行为对于特拉华州和公司的影响?人们能够区分以下两类立法活动吗:律师受到了 Kahan 和 Kamar 所强调的动机的驱使而展开的立法活动,以及正如 Macey 和 Miller 的分析以及 Daines 在注释 6 中关于首次公开发行的公司选择住所地的研究所表明的,律师在吸引更多公司前来本地注册以增加收入的欲望驱使下展开立法行动?

  Larry Ribstein 在其关于律师执照的探讨中,对于律师参与法律变革提供了有趣的解释,而毫无疑问,这种解释受到了来自公司法的启发。传统的经济分析对各州的律师执照制度抱以怀疑的态度,认为这一制度限制了律师的数量,提升了律师收入,因而是一种卡特尔机制,而没有成为这一制度的拥趸所称的质量保障机制。Ribstein 对于律师执照提供了另一种理论解说。他认为,执照制度使得律师有激励参与州法制定,而且更为重要的是,它使律师有激励支持那些更能吸引公司前来本州注册的法律规则,因为完善法律规则的价值——更多的公司客户——将体现为律师执照的价值,后者使其享有代理本法律管辖范围内的客户的独占权利。参见 Ribstein, "Lawyers as Lawmakers: A Theory of Lawyer Licensing," 69 *Missouri Law Review* 299 (2004)。

  10. Roe 关于公司法的见解,可以被称为超级条款假设,因为其观点的基础在于,根据美国宪法,国会只要愿意,即可颁布效力优先于各州公司法的法律。当然,国会并没有选择这样做。根据 Roe 的分析,联邦政府主要通过隐含的方式来行使其最高权力,因为联邦立法向来只是偶尔为之,而且几乎没有涉及公司法领域。也就是说,如果特拉华州的行事方式违背了联邦政府的预期,后者会威胁着要采取行动。Roe 的观点如何才能获得经验证据的检验? 在缺乏明确的联邦规则优先适用的情况下,特拉华州的立法者或者法官又当如何知道联邦政府希望特拉华州如何行事? 特拉华州是否应当考虑主要政党的所有成员的观点,或者仅仅只需考虑占据着政党领导职务或者委员会关键职务的人士的观点? 抑或是考虑证券交易委员会(SEC)委员的演讲,或者考虑拟推出的监管法规? 你认为以下情景究竟有多大的现实可能性:特拉华州拥有一套审慎的程序,根据该程序,该州的法官和立法者在作出裁决或者修订州公司法之前,会刻意去预测联邦政府在想些什么,以及它可能作出怎样的反应? 特拉华州的"失策"体现在什么地方? 正如 Levmore 所称,因为 Roe 所提及的联邦法律通常制订于金融危机之时,这些法律并非针对特拉华州的具体法律或者裁决作出的反应。如果特拉华州迅速颁布了与联邦法律相同的规则,那么国会将不会采取行动以应对那些危机。这种说法是否可信?

11. Roe 继续发表观点称,州公司法的主要塑造者是联邦政府。例如,在"Delaware's Politics," 118 *Harvard Law Review* 2491 (2005)中,他运用政治经济学的方法进行分析后得出结论称,在国家层面起作用的政治动力不同于特拉华州。他认为,特拉华州对注册税费的依赖,使其能够对这些费用的支付者(公司的管理者和股东)、而且仅仅对这些费用的支付者的利益诉求保持敏感,而联邦政府却必须对更为宽泛的利益诉求作出回应。如果这一描述是正确的,则联邦层面制定的法律相对于特拉华州的立法而言,会对股东的福利产生怎样的影响? 这是否表明有必要制约这一领域的联邦立法? 例如将影响着公司的联邦法律设定为任意性规则,或者为其设定日落条款,根据这些条款,法律将在一定的年份之后停止生效。第 8 章和第 9 章将更为深入地探讨州和联邦公司法的政治经济学。Roe 更进一步,将国会对特拉华州的控制与国会对联邦政府部门的控制相类比。这种类比现实吗? 国会能够削减特拉华州的预算、或者要求该州的官员举证并置备书面文件以说明其政策是正当的吗? 关于 Romano 对 Roe 的假设以及 Kahan 和 Kamar 的分析的回应,参见 Roberta Romano, "Is Regulatory Competition a Problem or Irrelevant for Corporate Gov-

ernance?,"21 *Oxford Review of Economic Policy* 212（2005）。Roe 关于公司法的政治逻辑的分析，与其在第 1 章中关于美国公司融资的政治分析，是否一脉相承？

12. 州际竞争的动力是否可以适用于吸引封闭公司前来注册的竞争？参见 Ian Ayres, "Judging Close Corporations in the Age of Statutes," 70 *Washington University Law Quarterly* 365（1992）; Larry E. Ribstein, "Statutory Forms for Closely Held Firms: Theories and Evidence from LLCs," 73 *Washington University Law Quarterly* 369（1995）; Roberta Romano, "State Competition for Close Corporation Charters: A Commentary," 70 *Washington University Law Quarterly* 409（1992）。我们是否可以认为，关于非公司制企业的州的立法的动力，与关于封闭公司或者公众公司的州的立法动力更为类似？Levmore 关于非公司制企业的分析并没有明确表明，其他州是否积极地与特拉华州相竞争以吸引此类公司。两项研究对有限责任公司（LLCs）——这是 Levmore 所关注的"非公司制企业"的主流形态——选择在哪个州设立进行了分析。作者认为，这些企业的选择行为范式表明，的确存在某种程度的竞争。与公司注册市场相类似的是，特拉华州主导着大型的有限责任公司的注册地选择，而且体现着法律制度质量的相关制度安排也同样重要；通过比较公司所在地的州和设立地的州，如果发现两者存在差别，则有限责任公司会选择注册于法律质量更高的州，后者体现为成文法对少数股东的保护更强，裁判质量更高，以及成文法的创新（因为不同的研究设定了不同的衡量法律制度质量的变量，其得出的关于各州的特征的结论也变动不居）更为多见。Jens Damman and Matthias Schündeln, "Where are Limited Liability Companies Formed? An Empirical Analysis," University of Texas School of Law, Law and Economics Research Paper No. 126（2008）; Bruce H. Kobayashi and Larry E. Ribstein, "Jurisdictional Competition for Limited Liability Companies," University of Illinois College of Law, Law and Economics Research Paper No. LE09—017（2009）。

13. "非公司制企业"对于是否存在网络的外部性这一问题，提供了一些有趣的数据。两种较为新型的非公司制企业是有限责任公司（LLCs）和有限合伙（LLPs）。正如 Levmore 所称，两种形式都提供了组织结构的灵活性，并且为其成员提供了有限责任（第 2 章将讨论公司的种种优势)及非公司制实体优于公司的单层税负。由于法律将有限合伙视为合伙的一种形态,它们受到了关于普通合伙的既有的大量书面判例的拘束。相反,有限责任公司则是一种新型的组织形态,其在构造交易时没有现成的判例法可供借鉴。有限责任公司的成文法也未能指导法官在裁决争端时遵循既有的公司法判决以弥补这一缺漏;的确,有些成文法规则明确规定,在"揭开公司面纱的案件"中要慎用既有法理,第2章中将探讨这一问题。如果正如 Klausner 所假设的那样,网络对于市场参与方而言至关重要(参见注释4),则在企业形式选择的竞争中,有限合伙将胜过有限责任公司,因为尽管这两种形式都是达成同样的组织目标——享受非公司制企业的税负,同时享有公司的特征——的机制,但只有有限合伙才能嵌入既有的法律网络之中。然而,事实却不是如此。人们偏好于选择有限责任公司这种组织形式。参见 Bruce Kobayashi and Larry Ribstein, "Choice of Form and Network Externalities," 43 *William & Mary Law Review* 79 (2001).

14. 与美国相比,在欧洲,非公众组织形式比公众公司更为盛行得多,而且那些封闭公司比美国的封闭公司的规模要大得多。另外,公众公司之间的竞争向来很弱。其中主要原因在于,在欧洲大陆,关于法律选择的规则要求公司注册于其总部所在地的国家,这使得与美国关于法定住所地的规定相比,在欧洲变更公司住所的成本更为高昂得多。在这种欧洲版的竞争中,公司如果想在价值最大化的法律制度之下运营,看起来关键在于选择商事形式,而不是选择住所地。参见 Roberta Romano, *The Genius of American Corporate Law* 138—140 (Washington, D.C.: AEI Press, 1993).

然而,在21世纪早期的一场绚丽多姿的发展演变中,欧洲法院发表了一系列司法意见,要求欧盟成员国认可在物理住所之外的另一成员国注册的非公众公司。在这些裁决之后,针对这些公司的跨法域竞争市场应运而生,出现了大量的专门提供公司注册服务的中间人,他们主要为德国的有限责任公司到英国注册提供服务。德国和英国的公司法规则存在诸多差异,其中之一是英国的法定资本规则更为灵活。那些裁决作出之后的三年内,即从2003年至2006年,英国新设的私人有限公司超过67,000家,其中,从欧洲其他国家到英国注册的公司,从此前年均146家增长至裁决作出之后年均671家。Marco Becht, Colin Mayer and Hannes

F. Wagner, "Where Do Firms Incorporate? Deregulation and the Cost of Entry," 14 *Journal of Corporate Finance* 241 (2008).

15. 我们能够想象,随着欧共体经济一体进程的加剧,会出现欧洲版的"特拉华州"吗? 在回应这一问题时,试想一下,选择法律的规则对于公司法的竞争性市场是何等的重要。正如注释 14 所提到的,欧洲国家遵循的是民法法系,在公司选择适用法律的规则方面,与遵循普通法传统的(例如美国)国家判然有别:在这些国家中,必须适用公司总部的物理所在地的法律,而不是其注册所在地的法律。例如,参见 Roberta Romano, *The Genius of American Corporate Law* 132—33 (Washington, D. C.: AEI Press, 1993)。尽管欧洲法院的裁决已经侵蚀了这一住所地规则,但正如前面所提到的,公众公司之间的竞争并没有出现。在欧盟,公司迁址还面临着诸多其他门槛,例如,与美国公司从一州迁至另一州不同的是,在欧盟,公司跨国迁址被视为应税事件。学者们已经着手勾勒出必要的条件,研究这些情形的出现是否会促成竞争的格局,而且对于竞争是否有益也展开了论辩。例如,参见 William W. Bratton, Joseph A. McCahery and Erik P. M. Vermeulen, "How Does Corporate Mobility Affect Lawmaking? A Comparative Analysis," ECGI-Law Working Paper No. 91/2008 (2008); Jens C. Dammann, "Freedom of Choice in European Corporate Law," 29 *Yale Journal of International Law* 477 (2004); Luca Enriques and Tobias Troeger, "Issuer Choice in Europe," 67 *Cambridge Law Journal* 521 (2008)。在加拿大,公司的住所采取法定主义,而在吸引公司注册方面,没有一个省居于主导地位,而且加拿大还有另外一套国家层面的公司法。关于加拿大的做法的一项有趣的研究,参见 Ronald J. Daniels, "Should Provinces Compete? The Case for a Competitive Corporate Law Market," 36 *McGill Law Journal* 130 (1991)。以下文献再次探讨了这一问题:Douglas Cumming and Jeffrey G. MacIntosh, "The Role of Interjurisdictional Competition in Shaping Canadian Corporate Law," 20 *International Review of Law and Economics* 141 (2000)。尽管加拿大的公司注册市场并未呈现"特拉华州"现象,但加拿大公司的住所变更的驱动力看起来与美国公司相类似:Douglas Cumming 和 Jeffrey MacIntosh 对迁址的加拿大公司进行调查研究后发现,与 Romano 对于美国公司的分析一脉相承的是,加拿大的公司跨省迁址,其目的在于降低开展经营的交易成本。Cummings and MacIn-

tosh, "The Rationales Underlying Reincorporation and Implications for Canadian Corporations," 22 *International Review of Law and Economics* 277 (2002).

B. 公司法的结构

公司合同[*]

FRANK H. EASTERBROOK 和 DANIEL R. FISCHEL

几乎在所有的州,公司法都是"赋权型"法。赋权型的法律允许管理者和投资者自行填写选票以建立公司治理制度,监管者无须进行实质审查,而且对于许可的公司治理方式,也无须进行正儿八经的约束。除了极为少数的例外情形,公司管理者的行为是终局性的。法院对其运用"经营判断原理",不能随便插手公司内部事务。然而,法官所遵循的这个准则,却不适用于政府行政代理人所做决策的场合。因为,和公司管理人员相比,政府行政官员不会从决策中获取利润,因而,很可能有人会认为,他们在作决策时就不会面临导致公司管理者偏离投资者的目标的压力。

我们先来看一看选择的问题。公司的创立者和管理者可以决定公司采取什么形式,是公司制、信托制、合伙制、互助制还是合作制。他们要考虑设置公司的目的是什么:是营利还是不营利;或者持一个中间立场,即在追求利润目标的同时,也关注其他目标(就像报纸的出版者一样)。他们必须选择是设立允许大众投资的公众公司,还是设立封闭公司。他们选择发行何种权利凭证(债权、股权、权证),按什么比例、以什么价格来发行;这些权利人拥有什么权利,其中不仅包括获得偿付的权利(多长时间一次,数量多少),还包括投资人是否拥有投票权——以及如果有权投票,拥有多少投票权,在什么事项上有投票权。他们还要决定公司到哪里去注册。他们要选择公司的组织结构(是金字塔形的,还是松散的、事业部制结构),在组织结构中,中央集权的程度是强还是弱,企业是(通过内部增资或合并)扩张还是(通过变卖公司现有资产或公司分立)收缩。投

---

[*] Copyright © 1989 by the Directors of the Columbia Law Review Association, Inc,后者保留所有的权利。本文最早发表于 89 *Columbia Law Review* 1416 (1989)。本部分内容的重印获得了许可。

资者还可以选举公司董事会成员,后者既可以是内部人,也可以是外部人,并且董事会还可以决定由谁来代表公司行使什么权力。在实践中,除非投资者对董事会的业绩不满意,并且通过多数决来推翻一切并重新组建董事会,董事会通常是自我维续的。除了极少数的例外情形,公司所有的商业决策——包括管理者的工资、奖金、股票期权、退休金和津贴等——都由董事会作出或者在其监督之下作出,任何人都不会提出实质性的异议。如果有人向法院表示疑义,法院将援引商业判断原则将他们打发掉。

然而,有些事情却必须予以限制。比如,几乎所有的州,都毫无例外地规定了禁止设立永久董事;它们还设立了法定最低人数规则,通常要求三分之一董事出席,或在作出重要决定时必须有一半的投资者出席。它们要求"重大"交易必须提交董事会(偶尔也会要求提交股东会),而不仅仅是由管理者或者董事会下设的委员会来批准;它们禁止出售与其投资权益相分离的投票权,并且禁止以公司库存股来累积其投票权;它们要求公司管理者对投资者负有忠实义务。联邦法律还要求企业在发行证券时要及时披露相关信息,而公众公司则被要求定期公布其年度财务报表。其意已决的投资者和管理者可以规避掉这许多规则,然而,必须附带说明的是其便利性。公司法的任何理论都必须对法律的强制性与赋权性特征作出解释,同时必须解释的是规制的范式——这种范式一方面使管理者可以自由设定其薪酬,但另一方面禁止他们将某些事项委任给董事会下设委员会,这样,股东对股利或者任何类型的公司分配并不享有权利,但公司的某些决策却必须获得三分之一的董事会成员的同意。

为什么公司法允许管理者设定条款来运营公司资产?在自利的管理者和无利害关系的监管者之间,为什么法院赋予前者更多的专断权?为什么投资者将如此大笔的资产托付给行为基本不受法律拘束的管理者?这些问题的答案在于公司法的经济结构,而且这些答案还有助于对后者进行进一步的解释。公司是一套复杂的明示和默示的合同,公司法赋予参与者在大型经济体的诸多风险和机会的不同组合中,选择最优的安排。不存在一套可以适用于所有情事的最佳的方案,因而也就塑造了公司法的"赋权型"结构。

尽管公司管理者是自私自利的,仍可以通过一套自发的机制来使其利益与投资者保持一致,而如果拥有控制权的人是"无利害关系"的,则这些机制没有用场;因而就出现了以下自相矛盾的情形:公司管理者自私自利,监管者无利害关系,但前者的专断权大于后者。当然,控制权并非免费的晚餐,公司法的诸多条款均着意于降低使管理者与股东利益保持一致的成本……可以将公司结构视为一组合同,通过这些合同,公司管理者及其他一些公司参与者行使着大量的裁量权,而这些主体与其他自利主体之间的相互作用,又对这些裁量权发挥着"审查"的作用。这种互动通常产生于市场之中,我们有时将这些互动造就的压力称为"市场力量"。

管理者和投资者……在采取行动时明白其行动的后果。投资者之所以自愿掏钱购买股份而不是债券,也不是将其存入银行或者用其购置土地或金子,其原因在于他们相信股权的回报更有吸引力。管理者费尽千辛万苦,终于在众多竞争者之中脱颖而出,赢得了现在的职位。所有的利益相关方都见证着公司的成长。公司诞生之时规模尚小,会不断成长。他们必须承诺并创造那些人们所看重的价值。否则公司将无法生存下去。当人们看到,相对于单个投资者而言公司非常庞大之时,他们认为,在满足投资者和客户的需求方面,公司已经成为一项成功的产品。

如果管理者控制着这些资源,情况又当如何?显然,众所周知的是,分散的股东无法直接控制管理者。如果投资者知道管理者拥有大量的专断权,为什么他们当初仍然把钱交给他们?如果管理者仅仅承诺微薄的回报,投资者将拒绝掏出太多的金钱。他们只愿意根据公司的招股说明书支付更少的金钱。因而,管理者试图以牺牲投资者利益为代价而中饱私囊的行为就会面临制约。管理者或许会千方百计地占其投资者的便宜,但他们会发现,就像存在着无形之手那样,市场的动力会驱使着他们在行事时看起来胸怀投资者利益。

公司合同

公司的市场参与方之间的安排,通常取决于诸多合同及制定法,而不是公司法或者作为独立主体的公司的地位。而将公司称为独立的主体,则往往会掩盖交易的本质。因而,我们经常……将公司称为"合同的联结",或者称其为一套明示或者默示的合同。这种提法也仅仅是许多自愿参与公司的人士本可以自行议定的诸多复杂安排的一种速记表述而已。此种提法可以提醒我们,公司是一项自愿性安排,我们必须时时审视,在真实的市场上人们同意以何种条款参与此项安排。

公司在企业运营、代理成本控制、资金筹集以及投资回报方式等方面，因行业不同而有差异，而且同一公司在不同时期里也会有所不同。例如适合于1965年的动态成长中的施乐（Xerox）公司的结构模式，就完全不适用于同时代的埃克森（Exxon）公司（或是1990年的施乐公司）。企业的参与者需要建立最有益于公司兴旺发达的结构模式，外部投资者也不可能找到一个放之四海而皆准的、适合于所有公司的一成不变的模式，甚至也不可能找到适用于一家公司的、经年累月无须变更的模式。公司发展的历史，就是那些治理结构不能适应周围环境的公司在竞争中不断被淘汰的历史。同样的，公司法的发展历史，也就是那些试图将所有公司统一为单一模式的各州法律不断被淘汰的历史。于是，公司会努力寻求允许不断针对环境作出适应性变动的制定法。这也正是市场选择赋权型法律的驱动力所在，因为赋权型法律仅仅规范公司的决策程序，而不是公司的结构。

公司的诸多自愿参与者之间的复杂关系是适应性的，也就是说，他们之间的关系往往是契约性的，因此我们把公司称作"合同束"。这种自愿安排就是合同。有些合同可能经过谈判和协商；有些合同可能是直接由管理者或投资者制定的"要么接受、要么不接受"一系列格式条款——在这些条款中，只有价格允许协商；有些合同条款则可能是固定的，且对方必须接受随行就市的价格（如人们在市场交易中买进投资工具的行为）；还有一些条款则可由法院或立法机关来提供，后者试着提供"如果合同各方此前明确论及这一事项时将会达成的条款"。即便是那些不变的安排——例如，召开公司董事会必须达到法定多数出席人数——在它们提供了补充性的自愿安排这一意义上说，它们仍然是自愿性条款。所有的这些自愿安排，都是合约的结果。

公司有很多真正的合同。公司成立或发行股票时公司章程条款就是真正的协议。公司与劳动力提供者（雇员）及商品和服务提供者（供应商和承包商）之间的关系都是契约性的。公司筹资时的有效规则也是如此——无论是通过借款筹资（其中的条款通常都在会议上细致地讨论过），还是通过发行股票筹资（相关条款会影响发行价格）。许多规则的变革通常是经过大股东与管理层协商，再由大股东批准的方式进行的。当然，调整如何变更规则的规则，也属于真正的合同。公司章程通常允许章程细则对其加以变更，或者经过股东多数同意而加以变更；公司章程同样可以轻易地阻止变更,或者要求股东的超级多数同意才能够加以变更,或者允许自由变更,但要求买断异议投资者所持有的股份。公司章程允许通过投票无偿改变规则,这就是一个真正的契约性选择。公司安排的诸多其他条款,在它们是法律规定的"备用条款"的预先创设、并且不会因某个具体公司的行为而改变这一意义上说,都是契约性的。这些条款成为合同的一部分,就如同在商业合同中没有明确说明时,《统一商法典》中的有关条款就会成为合同的一部分一样。

这些合同通常都是经各方代表协商而议定的。债券受托人代表债券持有人利益,工会代表雇员利益,投资银行代表股权投资者利益。有时,一些条款并不直接经过协商,而只是单方面宣布,正如汽车租赁公司宣布他们的租赁合同条款一样。企业家或管理者可以自行决定采用一套规则,并宣称对方"要么接受、要么放弃"。尽管如此,它仍然是一种缔约活动。我们实施这些"汽车租赁条款"时,就像我们实施信托合同条款一样,尽管受益者在这些条款的创设过程中没有发言权。租赁合同、保证合同以及类似的合同条款都是真实的合同,因为它们的价值可以通过价格反映出来。

假设企业家在选择治理条款时过于随意,他们就无法让投资者付出高于该方案的投资价值的金钱,因为投资者拥有大量的投资渠道。除非企业家能骗过投资者,否则那些会降低投资者预期回报的条款,必然会相应地降低该投资方案的价值。因而,制定公司治理条款的人一般会有正的激励去设计一个好的公司治理制度……如果管理者作出了"错误"的决定——也就是选择了在投资者看来较劣的治理条款——他们就得为他们的错误决策付出代价……总体而言,有关公司治理的所有条款,在它们的价格充分体现在利益相关方的交易这一意义上说,都是契约性的。此后这些条款的优劣将由市场进行检验,那些制定了错误条款的公司,将在与其他公司争夺资本的竞争中败下阵来。条款未经协商并不重要,只要对第三方不产生影响,重要的是定价和检验机制。这一点对任何熟悉科斯定理的人来说,应该没有什么可大惊小怪的。

公司治理条款真的被有效定价了吗?公司章程和章程细则的条款往往语意模糊且苛刻,而且许多条款并没有列在公司的招股说明书中。公司初次发行时的购买者及二级市场的投资者或许对那些正在发挥作用的条款一无所知,更不用说交错董事会及累积投票安排是否能够给他们带来好处了。然而,至少对于公众公司来讲,有关公司章程条款的性质和效果的信息是否广为周知,似乎并不那么重要,重要的是有一套机制,能够确保股票的定价能够反映公司治理条款及其运作状况,就像其反映管理者的水平高低及公司产品的好坏一样。

大量的数据表明,即便是最为专业的投资者都无法"击败市场",这一证据支持着以下假定:价格迅速且准确地反映着关于公司的公开信息。于是,业余投资者可以按照专业投资者获得的同样价格来进行交易。这些业余投资者无须对公司治理及其他条款了解得细致无遗;这些蒙着神秘面纱的内容隐藏于专业人士所确定的价格之中。这一价格反映了公司法和公司合同或好或坏的绩效,正如其反映了产品的良莠一样。然而,这也正是说明市场通过价格机制传递信息价值的又一例证,它比市场上的任何单个参与者都更加灵通。

我们说股票价格反映着公司治理机制和相关规则的价值,但并不是说股票价格一定能够完美地做到这一点。对于某一公司或者所有公司而言,可能会有一些意外情况影响着公司治理条款的准确评估。但这些信息和估价问题,也会影响着其他有关公司治理机制的效应的评估方法。也就是说,如果连在业内浸淫数年的腰缠万贯的职业投资者,都不能准确预测无表决权股票或其他股价波动的真实效应,那么各州立法机关或其他规则制定者又怎么能做得更好呢?换句话说,除非其他一些社会制度在评估公司治理机制的潜在效应方面表现得更好,市场的效率是否完美并不重要。其实,和其他方式相比,价格比其他任何方法都能更好地传递信息,任何人从其他任何途径中所能获得的信息也都能通过价格而得到。

有的时候情况或许是,公司选择的治理条款既未能体现在股价上,又在整体上有悖于投资者立场,在这种情形下由法律设定强制性规则,或许就有正当性。然而,只有当人们确信,法律选择的条款将会增进参与者整体福利时,也就是说,在信息充分且不存在缔约成本的条件下,各参与方也会选择这些条款时,这样做才有道理。然而,这也是从合同的视角来看待公司的例子。由于合同不可能涵盖每一情事,那么让法庭去填补合同中出现的不可避免的漏洞,就显得非常必要。

后续条款

迄今为止所进行的诸多讨论,似乎都认为公司合同的全部内容从一开始即已制定完备了。"开始"这个概念对于任何参与者来说,一般是指该参与者以雇员、投资者或其他身份进入企业的时间。在绝大多数情况下,该时点都非常关键,因为公司治理安排的成本与收益,就是从这个时候开始被定价的。如果一开始公司治理条款就制定得很好(或不好),那么股价的调整可以平复一切问题。当然,此后许多情况会发生变化。公司或许会迁址于内华达州。公司可能会对董事会成员引入交错任期条款或"公允价格修订"条款;公司也许会废除董事会执行委员会,罢免所有独立董事或建立由大多数独立董事组成的董事会。我们又当如何理解这些变化?

这些变动一般都有一些共同点:那就是它们一般都是由现任管理者提出方案(除非获得董事会同意,现行公司规则不会发生任何变动),并由股东投票予以通过,而且在投票中胜出的一方不会对另一方进行补偿。如果这些变动不利于公司的当前参与者,那么股价就会作出调整,但这些调整不会补偿那些参与者。如果这种修订使公司的预期利润每股减少1美元,那么股价就会下跌,当前投资者将会遭受每股1美元的资本损失。他们也可以出售股份,但损失难以避免。股份购买者得到的是与其所付资金等值的股份;而在这种变动时期进入的投资者却十分倒霉。由企业家和管理者承担不合时宜的条款的成本,这种机制对后续条款而言不起作用,至少没有直接作用。然而,它最终仍会起作用。因为那些使投资者遭受损失的后续性条款,最终将会降低公司筹资能力以及在产品市场中的竞争力。不过这些最终的反应却并不是救济措施;它们仅仅解释了为什么那些选择低劣治理手段的企业,最终未能幸存下来;同时它也表明,虽然这种广泛而长期存在的做法也有可能带来好处,但它们对于这些企业的参与者们而言,却仍然是无所作为的,这些企业必将消逝于历史的尘埃之中。

投票程序可以在一定程度上控制这些对投资者不利的条款,但这种控制也并不完美。对于投票而言,投资者们往往抱有一种"理性的冷漠"态度,这不仅是因为他们的投票可能根本无法改变选举结果,而且也因为投出理性的选票所需要的信息也并不那么容易获得。股东们批准公司的后续条款的变动,但以此认为这些变动符合股东利益却往往并不可靠,因为公众公司的股东非常分散——他们没有时间和信息、也没有动机去审查提出来的变革建议。表决权是不能出售的,至少不能脱离股份本身而被出售。初始制定的治理条款与后续性治理条款之间存在的诸多差异提醒着我们,在对待这两个类似的范畴时,必须谨慎行事。公司法中某些最难以解决的问题,都与那些在公司开始步上正轨、资金已经筹集到位之后才采用或改变的安排有关。因而,不允许股东批准浪费公司资财的行为(除非股东一致同意)这一公司法理,就获得了坚实的基础。而对规则进行修订所依据的规则本身,就是公司成立之初所签订章程的一部分,它有可能(或者说应该可能)会对以后的章程修订设置某些限制。其中最为普遍的做法是,将某些章程条款的修订视为公司实施了特定的交易,在这些交易中,投资者可以表示异议并主张评估权。更进一步说,变更治理结构极有可能激发投资者广泛关注的代理权争夺,也有可能引发敌意接管。因而,投票、或者说至少由投票机制所带来的审查机会,就部分地取代了公司成立之初即运用的定价机制。

通过法律规则来解决缔约过程中的问题的一种方法是,法律对于公司在不同时期所通过的各种条款予以区分。法律可以规定,公司成立之初(指公司创立、上市或发行大量股票时)的条款通常应予信守,除非这些条款发生了显著的第三方效应,它们一般应得到遵守;而后续通过的条款因看起来增加了管理层的代理成本,因而只有在后续召开的年度股东大会上获得了股东的超级多数通过、或者异议股东被买断的情况下,才是有效的(双重会议规则允许运用阻挠式的代理投票或者收购竞争来防止章程条款的变更生效)。然而,如果对公司条款修订的此类限制有益于投资者,为什么超级多数和双重会议规则在公司文件中如此少见?投资者可以、而且确实发现后续条款会带来损害,然而,或许阻滞公司章程变更的规则所带来的损害更大,这两者之间保持着平衡。我们固然无意在此制定法律规则,然而,重要的是,在本着合同的视角看待公司法时,要意识到后续条款可能会存在问题。

为什么要制定公司法

既然公司是一种以合同形式存在的企业,一个十分自然的问题便是:为什么还要制定法律?为什么不废除公司法?为什么不让人们自由谈判以达成他们愿意签订的合同呢?一个简短但不十分令人满意的回答是:公司法是一套现成的法律条款,它可以节省公司参与者签订合同时所要花费的成本。其中的众多条款,诸如投票规则以及形成法定人数的规定等,是几乎所有人都愿意采用的规则。公司法以及既有司法裁决,可以免费为每一家公司提供这些条款,从而使每个公司都能将精力集中用于公司特定的事项。即使他们一一考虑了他们认为有可能出现的各种情事，也仍然可能有所遗漏，因为各种复杂的情况会在未来日渐显现。公司法，尤其是由法院实施的信义原则，可以填补法律的这些空白和疏漏；而填补这些空白和疏漏的法律条款，属于如果人们能事先预见这些问题并且可以不费成本地进行交易而达成的条款。在这个意义上说，公司法补充了、但从未取代真实的谈判，它只是在出现第三方效应或后续条款的情况才发挥作用。

然而，事情并没有结束，因为它并没有解答"为什么要制定法律"这一问题。为什么律师事务所、公司服务部门以及投资银行不制定一系列条款，使公司赖此建立起来？他们可以兜售这些条款，以弥补解决这些问题所花的费用。然而，各方主体(或者规则的私人提供者)绞尽脑汁地把各种意外情况都考虑进去，并就各种条款的采用与否进行谈判与协商，其成本极高。各当事人及其代理人必须首先发现问题，然后极其详尽地提出解决问题的方案，而且，如果这些问题没有出现，所有的这些努力又都要付诸东流。但因为变化是公司生命中的常态，浪费也就不可避免了。通常而言，公司遇到的那类问题，在其他人开办公司之后才会出现。法院在处理这些未能事前解决的突发问题时，往往具有比较优势。只要问题不发生，普通法法律体系一般不会过问，因此这种机制还是比较经济的；它避免了将精力花费在未产生的问题上。法院所积累起来的处理异常问题的案例，能够提供解决相关问题的丰富经验，如果让私人通过谈判来获取这些细致的经验，则成本太高了。换句话说，事实证明，那些针对各种问题而制定的"契约"条款，对公众来说实际上就是一种公共物品。

公司法的强制性结构[*]

JEFFREY N. GORDON

合同制度下的强制性法律的作用

在研究强制性规则在合同进路的框架内能够发挥什么作用时，重要的是区分强制性法律规则运作的两个不同时点。第一个时点($t=0$)是公司成立并通过章程的时日。第二个时点($t=1$)是考虑修订章程的时日。在两个时点上，强制性公司法律规则都制约着主体定制其章程条款。至

---

[*] 本部分内容的重印，获得了 89 *Columbia Law Review* 1549 © 1989 Jeffrey N. Gordon 的许可。

少存在以下五项假说,其中任何一项假说都可以解释为什么会存在此类强制性规则:投资者保护假说、不确定性假说、公共产品假说、创新假说、以及机会主义地修订章程条款假说。除了第一项假说之外,其余所有的假说都构建于以下一般的见解之上:僵化的强制性规则带来的损害,可以被此类规则因弥补了缔约过程中的缺陷而产生的收益所填补。我相信后面的三种假说具有解释力,特别是最后一种假说的解释力最强。

投资者保护假说

绝大多数合同主义者的分析都始于以下假定:各方主体可以平等地获取信息,并拥有根据其自身利益来评估信息的能力。正是基于这一信息对称的假定,Jensen 和 Meckling 提出了以下见解:公司的发起人承担了与公司治理安排和资本结构息息相关的代理成本。其结果是,有观点认为,在 $t=0$ 这一最初选择规则的时点上,应当适用绝对的合同自由,因为即便是投资者看来不理想的约定,承担其全部成本的是发起人而不是购买股份的股东。因而发起人拥有正确的激励来拟定最大化股东和发起人的共同财富的章程条款。

而主张投资者保护的观点,恰恰直接源于否定合同主义者关于信息的假定。许多投资者并不阅读招股说明书,或者虽然阅读但并不理解,或者没能全面理解章程条款的诸多要求。因而,发起人就可以把不利于股东的条款写入章程,并且无须承担成本;投资者在此类股份上支付的代价过于高昂。[1] 因而,强制性法律规则代表的是,国家设定了不变的质量标准以对抗信息不对称的风险,从而保护了投资者。

消息灵通的投资者 vs 消息不灵通的投资者。有观点认为,投资者只能通过独立的研究来获取信息,这种观点是错误的。其错误之处在于将个人隔绝于市场之外。运行良好的证券市场可以从积极的市场参与者中获取信息,并将该信息体现为价格这一单一事实,同时人们可以免费获知该事实……只有当市场缺乏效率时,消息不灵通的投资者才会支付过高的价格,也就是说,只有当选择成为消息灵通人士的老练的市场参与方太少时,才会出现此种情形。因而,看起来,在效率极高的全国性证券二级市场买入股份的投资者,不可能受到未能意想到的章程条款的系统性

---

[1] 此种观点认为,并不是发起人和投资者都并不关注那些特定的章程条款的含义,但发起人比其他投资者对该含义更为了解。如果对于这些条款的后果的认识,随机分配于发起人和投资者之间,则投资者总体而言不会为该股份支付太多的价款。

伤害。

投资者保护假说的真正要义在于,对于新的章程条款进行定价的市场(首次公开发行市场)的效率要低得多,这一市场上消息不灵通的投资者会受到伤害。然而,这种观点存在几个问题:首先,首次公开发行市场有大量的机构投资者……由于发行人必须以同样的条件向所有投资者发行证券,即便在首次公开发行市场上,不老练的投资者仍然可以搭老练的投资者的便车。

在首次公开发行市场上承销商所发挥的作用,也缓解了投资者保护所面临的问题。在理解特定的章程条款对于投资者预期回报的影响方面,承销商无疑是专家。在向发行人解释特定的章程条款对于股价的影响方面,承销商事实上扮演着未来的公众股东群体的谈判代理人角色。承销商以诚信为本,代表公众股东与发行人进行公允谈判,这一点有着声誉机制的支撑。承销商与许多同样的顾客进行着重复交易,如果其允许未定价的不利章程条款通过,则该不良声誉会迅速扩散至未来的客户。另外,承销商可以获得其发行价格的一定比例的回报,因而其本身也有激励来阻遏可能会降低股价的不利条款。因为同一种类的股票必须适用同样的章程条款,公司不得向老练的投资者提供优于不老练的投资者的章程条款。这样,不老练的投资者就可以享受承销商代表老练的投资者所付出的种种努力的收益。

章程条款的定价。投资者保护假定的另一个基础在于,公司章程条款与金融产品的条款不同,即使是有效率的市场也无法对其进行定价。

关于当前做法的经验支持了以下观点:投资者的确关注章程条款中传统的融资或交易信息的重大变化。例如,通过首次公开发行或者按表决权股份的折价来进行的再融资而发行无表决权(或者限制表决权)股份。

另一个例子是高级证券(债券和优先股),它通常包含着复杂的合同条款,这些条款关系着投票的具体安排、持有人在董事会中的席位、转化为普通股的条件、卖出权的保护、回赎条件、稀释及其他此类事项。承销商代表潜在的购买者与发行人谈判,最终形成了这些条款。各方在议定这些条款时投入诸多心力,显然表明他们预料到这些条款会被定价。[2]

---

[2] 本书第4章提供了债券保证条款被定价的证据。——编者注

不确定性假说

在合同自由的制度框架下，往往会衍生出纷繁多样的章程条款。的确，由于发起人的意愿及潜在股东的反应各不相同，公司形式可能因此而迥然不同。与强制性制度相比，此种制度带来的一大显见成本是，不同的条款带来了不确定性。于是，不确定性假说认为，消除不确定性所带来的成本，构成了强制性公司法的基础。

然而，在事前合同主义者看来，关于非标准化条款带来了成本的论说，无法构成法律干预的基础，因为不确定性的成本由拟定了这些非标准条款的发起人来承担。也就是说，潜在的股东会预见到，公司定制的条款有可能对公司的成本产生不可预期的影响，因而他们会坚决主张支付更低的股价，以补偿该风险。

公共产品假说

在事前合同主义者看来，非强制性条款所带来的不确定性成本将被内部化，也就是说，采纳该条款的公司、特别是发起人会承担该成本。而只有具体公司具体分析，探讨该问题才会有意义。从全球来看，公司法领域的完全的合同自由制度带来了外部性。正如同章程条款偏离标准形式所带来的不确定性那样，标准形式条款本身也会面临某些不确定性。无论是在特定的情形之下，还是通过连续的司法解释，那些条款受到检验的机会都少得多。其结果是，与那些采用了违背标准条款的自制章程条款的公司一样，那些拥有标准章程条款的公司同样会面临成本问题。久而久之，随着越来越多的公司选用了自制条款，标准形式的章程条款会走向解体。因而，尽管如果标准形式保持不变将会改善公司整体的利益，但单个公司仍有激励来偏离标准形式，从而最终会削弱标准形式。这表明，经典的搭便车问题弱化了公共产品的供给。在这种特殊的情况下，要维持作为公共产品的标准公司形式，就必须引入强制性法律规则。

创新假说

创新假说认为，强制性制度安排有助于公司章程条款的创新。其基本观点如下：对于公司而言，创新的成本极其高昂，因为投资者通常会对创新作出负面的揣测，从而对公司的股份支付过低的价格。而政府的行为可以传递出可靠的信号，即对公众股东而言创新是有利的，从而避免了这些成本。因而，强制性法律制度允许政府通过修订或者放宽标准形式条款来传递此种信号，可以加速创新进程，或者更快地传播创新的成果。

立法机关传递信号的能力有多强,这取决于股东总体而言是否相信立法进程通常会关注股东福利。显然,这一前提充满争议,而这也正是公司注册州际竞争论辩的核心。有研究文献认为,立法进程中存在寻租现象,而且更为具体地说,政府通过的反收购法律被认为降低了股东的福利,这使得有理由将其叫停。的确,强制性制度反而强化了降低股东福利的创新的威胁。特别是,可以想象的是,公司管理者无法从股东获得的,却不时可以从立法机关中得到……如果对于管理层巩固自身地位的能力构成重大影响的法律变革,要求股东同意才能将其"选入"或者要求后来加入的股东表决是否将其"选出",那么这种威胁才会降低。

机会主义的修订假说

强制性公司法规则的一个迥异的基础在于,强制性法律是一种约束机制,抗衡着机会主义的章程修订行为。即便发起人承担着 $t=0$ 时的资本结构和治理安排的所有成本,在 $t=1$ 时,也就是说,当预计章程会发生变化时,这种情形也不会发生。由于既有公众股东的投资已经沉淀在公司之中,内部人(管理者和控股股东)无须承担为自己利益而转移财富(现金流或者控制权)的新花样所带来的全部成本。这将诱发机会主义地修订章程的激励,而这一问题如果不事先解决,其产生的成本将由发起人承担。强制性法律在某些重要的方面对章程修订进行限制,可以解决该这一问题。

机会主义地修订章程的情形之所以可能发生,是因为公司合同的不完备不可避免。出于诸多原因,各方主体无法细致无遗地规定哪怕是看似合理的种种情事:例如,撰写卷帙浩繁的合同的交易成本,变化莫测的司法事实的查明与解释,人类计算的局限性("有限理性"),以及纯粹是情事的不可预测性。由于合同不完备而且公司的存续经年累月,各方主体往往会创造一种机制来改变前面的安排。而对管理者和股东的需求作出回应的某种治理结构,将承担起改变这些安排的重任,董事会即属此种结构。例如,这就解释了为什么现代公司法的趋势是允许董事修订章程细则。而对于涉及公司治理结构和资本结构的根本构造的重大事项,股东们则坚持对其变更拥有表决权;一种方案的做法是,将此类事项写入公司章程,并且要求此类章程条款的变更必须获得绝大多数股东的同意。

然而,这种形式上的文本规定和投票权安排并不能解决股东所面临的问题。公司内部人之间关系相对紧密,他们在提议进行章程修订时会认为,拟议的章程变更会改善公司运作,从而显著提升股东财富,也就是说,章程的修订会增进股东福利。公众股东这一分散的群体必须细为考量此种说法,以判别是否存在以下可能:此种章程修订完全是"财富中立型",因为内部人获取了所有或者几乎所有的收益;或者是"财富减损型",因为它把现金流或者控制权从公众股东转移到了内部人。在这些情形下,股东投票权作为一种对拟议的章程修订的评估和表决方法,面临着种种严重的问题,特别是股东之间在收集和传播信息方面的集体行动问题,以及内部人的策略行动会构成经济压迫。因而,内部人可以利用其优势来促成哪怕是减损财富的章程修订获得通过。鉴此,有观点认为,有必要推行强制性的公司法:通过强制性规则来消除机会主义的章程修订行为,它带来的收益将超过由此导致的僵化情形对效率的损害,至少是采取强制性规则,以应对那些有可能巩固内部人地位或有利于内部人瓜分利益的章程修订,将会收到实际的效果。

强制性规则的形成

当前采取的是建构性的强制性规则系统。规则设定了治理结构,并且确定了内部人的行为标准……存在四种强制性规则:程序性规则、权力分配规则、经济转变规则以及信义标准的背景。这些规则的存在,可以按公共产品假说、创新假说、机会主义地修订章程假说来加以理解。

程序性规则

[程序性规则]仅仅发挥着[权力或现金流]分配的功能,而此种分配一直没有消停过。尽管这些规则的内容在一定程度上可以随意设定,但基于以下两方面原因,它们的强制属性仍然可以获得正当性:第一,有关此类条款的诉讼并不常见,而且它们往往产生于利益纷争非常激烈的场合,例如各方在争夺公司控制权时会发生激烈的争夺。因而,至关重要的是,要构造一套案例库以解读同样的条款(公共产品的原理)。另外,对此类条款的中途修订疑义甚高,因为其极可能演化成上下其手的策略行为,或者控制权的争夺将接踵而至(机会主义地修订章程原理)。

权力分配规则

公司法的诸多强制性规则通过治理结构来分配权力,这种结构影响着权力分配,特别是影响着董事和股东的权力分配。董事会的管理功能、选举董事时股东的投票权以及股东的免除权,都是经典的例子。因为公司合同极其不完备,诸多未来的决策都留给了治理结构来完成。因而,许多重要的经济后果对于权力分配的变局极其敏感。

这些情形都可以运用这三项原理来解释。首先,公司治理结构的形成,可以很好地被理解为相同或者几乎相同的治理方式在不同背景下重复交易的结果。随着治理结构偏离基准模式,各种情事显得过于繁杂,治理结构渐渐失却其实践价值。这样,保持标准形式的治理结构将使各方获益,这正是公共产品原理的运用。第二,由于治理结构是阿基米德杠杆,如果对这方面的条款进行创新,公众股东会怀疑,这将强化内部人的权力而损害其自身利益。相反,征询公众意见之后的立法所带来的变革,使人们确信它将提升股东的财富,从而使采纳该变革的公司不会遭受资本市场的惩罚。这是创新原理的运用。最后,由于治理结构的作用非常关键,对于把财富和控制权从股东手中转移至内部人的治理结构的中途变更,股东将高度警觉。这种变更可以通过投票程序来完成,而这一过程却充斥着股东集体选择的问题。于是,机会主义地修订治理结构的原理解释了为什么强制性法律规则是一种可行的解决方案。

经济转变规则

改变公司的经济结构的下述交易,通常由强制性规则来调整:公司不再存续或既有股东持股份额大幅稀释的兼并,重大资产的出售,或者公司解散。这些情形在公司发展过程中时有发生。此类事件对于单个公司而言具有独特性,而它在不同的公司中带来的后果迥然相异,因而需要适用不同的条款,从而有很好的理由来推行标准形式。因而,公共产品原理在解释为什么这些规则具有强制属性时就很有分量。因为担心中途变更治理结构会大规模地改变经济支出,而且担心最后时限问题使得这种做法充满诱惑力,机会主义的修订原理的重要性或许更为凸显。

信义标准的背景

董事、经理和控股股东承担着强制性信义义务,有两个显见的原因……由于内部人在很大程度上控制着修订的过程,他们会千方百计地谋求降低规范其行为并使其面临责任风险的信义标准。强制性规则在消除此种机会主义威胁的同时,还依赖立法程序,以便于在适当的时候调整或者创设义务。另外,信义义务是一个稳定的概念,只有把这套单一的标准运用于种种不同情事之时,才能够发展完善。此种基准表明,在缺乏强制性规则的情况下,此种言辞范式及标准的弹性太大。

第二个原因在于,与在成文公司法的背景下的运作相比,合同主义的原则在信义义务的语境下的运作完全不同,因为要选掉信义义务非常麻烦,而且最终会指向错误的方向,特别是当涉及忠实义务等要素之时。在无法明确预见、因而各方无法就此议定合约的情况下,信义义务提供了一套标准来制约内部人针对公司及其股东行使专断权。相应地,各方在缔结公司合同之时,并不了解信义义务调整的事项的决策规则……本人认为,如果各方主体在缔约时将内部人权力及地位优势考虑进去,他们势必会选择公平或善意作为事后的衡量标准,而那也将大大弱化选出信义义务的情形。

公司法强制性与赋权性的平衡:一篇关于法官的作用的论文*

JOHN C. COFFEE, JR.

一只装了半瓶水的杯子,可以被描述为半满的,也可以被描述为半空的。美国公司法的结构,部分是赋权型的,部分则是强制型的,大体上也可以按同样的方式来看待它们。一些评论人士认为,美国公司法主要由强制性规则组成,股东自身不得将其撤销或修改。在他们看来,由于各方主体并未发生真正的谈判,而且委托人(股东)及其代理人(经理和董事)之间不可避免地存在利益分野,公司法的强制性规定弥补了这些缺陷。相反,其他评论人士(本文将其称为"合同主义者")认为,公司法主要由可撤销的"默认规则"构成,法律只是提供了缔结合同的模板,以降低订立合同的交易成本。根据这种观点,各方主体如果想要达成更符合特定情形下的交易,可自由"选出"这些"死板的"规则。

因而,合同主义者将公司法视为合同法的适当延伸,而反对者则认为,将合同法与公司法做此类比,在描述上并不准确。由于双方均认为强制性法律规则是"反合同主义"的,也就是说,将公司描述为合同(或者描述为"合同的联结"),这对于双方而言均意味着法律应当允许股东按其认为适当的方式来撰写或者修订公司合同,因而双方达成了其各自的立场。由于反合同主义者相信,股东不应获许选出公司法中的强制性核心条款,他们也往往会抵制将公司法与合同法相类比。其结果是,他们也往往忽略了现代合同法本身也在一定程度上包含了重要的强制性因素。

一旦合同主义者与其反对者以此种方式展开论辩,通常而言,论辩的

---

* 本部分内容的重印,获得了 89 *Columbia Law Review* 1618 © 1989 John C. Coffee, Jr 的许可。

焦点已经从法律转向了经济学,而且更为准确地说,论辩集中于市场力量是否能够充分替代真实的谈判。尽管市场对公司治理条款的定价是否有效这一问题显然存在诸多争议,但只关注经济方面忽视了所有的长期关系合同的一项共同的重要特征:也就是说,在监督和解读此类合同方面,法院不可避免地发挥着积极而不可替代的作用。的确,此类合同的可行性,或许正取决于各方是否有能力依赖法院来发挥这一作用。鉴此,将公司比作长期合同或许并非表明,美国公司法的强制性特征是早期敌视私人秩序的思想的残余,而毋宁将这些条款比做在其他复杂的长期合同领域制约着机会主义行为的类似法律规则。简而言之,我们审查长期合同越细致,就会越发觉得,司法的介入并没有背离此项合同,而是此项合同不可分割的一部分。

本文的目的并不仅仅在于为公司法中的某些强制性因素不可避免这一结论做辩护,而且还试图解释在强制性和赋权型要素之间如何划定一个边界。很遗憾的是,迄今为止没有一个人就美国之外的公司法的强制性与赋权性的平衡,展开比较分析,但通说认为,英国及英联邦的其他国家的公司法的强制性特征强于美国。这是否意味着它们的法律效率更低(主张放松管制的人看起来是这样认为的)?此种判断过于简单,因为它忽视了一个关键的要素:美国法院允许公司法存在更为宽泛的合同自由,与这种相对较高的宽容度相伴相随的是,司法更为积极地解读公司合同的默示条款和监督机会主义行为。因为合同自由与制度能力向来不可分割。我们是选择依赖几乎不允许或者禁止偏离成文法基准的预防性规则呢?还是通过事后的司法审查来平衡合同自由?

类似地,以历史为视角也可以分析这一问题。即便是最为随机的研究也表明,美国公司法的信义拘束——被认为是公司法最具有强制性的内核——在世纪风云变幻中,发生着剧烈的变化。的确,纵观美国历史,公司法一直变动不居;被认为是公司法强制性的核心的内容已经大幅缩水,这一事实使得那些主张公司法强制性条款不得放弃的人,不得不面对一些问题。如果在过去它已经发生了变更,为什么在未来它应当是铁板一块?更为重要的是,试图为公司法的强制性核心条款进行辩护的一个理由是,公司法的其他结构将使股东面临着不可预知的风险,但这种理由必须面对的一项事实是,公司法的其他构造早已存在于其他国家,而且在上个世纪一直存在。

那么,谁是对的?合同主义者还是其批判者?本文的答案是,双方都对,双方又都错,因为它们都讲错了问题。在本文看来,如果我们认可,公司法强制性最强的部分并不在于任何规则的特定实体内容,而是司法监督的制度安排,则合同创新可以与公司法这一稳定的强制性核心很好地协调起来。司法能动主义是合同自由的必不可少的补充。简而言之,因为此类长期关系合同必定是不完备的,法院就发挥着防范一方主体纯粹为其个人目的而行使本着所有股东的共同利益而赋予其的权力的作用。的确,律师的直觉告诉他们,法院在某个时候会出手干预。在撰写公司合同时,律师更少地依赖立法机关提供的范本,而更多地期望法院会防范各方"机会主义地"占对方的便宜。也就是说,各方在法律的背景下撰写合同时,明白法院不会简单地执行纸面的合同,而会在某些并不确定的范围内,扮演着仲裁员的角色。法院来决定,公司章程赋予管理层的权力在未预见的情形下应当如何行使。

公司的默认规则和菜单发挥着什么作用?
——一项经验研究[*]

YAIR LISTOKIN

许多公司法都包含着非强制性的"赋权型"成文法规则。这些不具有拘束力的成文法规则分为两个类别。某些公司赋权型成文法创建了默认规则——如果公司章程保持沉默,默认的成文法条款将予以适用。其他的成文法则创建了"菜单"选项。除非公司明确表明它们愿意接受这些"菜单成文法"条款的拘束、或者"选入"成文法的这些条款,这些成文法规则并不适用于公司。

学者们关于赋权型公司成文法的目的与价值的论辩,集中于默认规则的选择方面。一些学者遵循科斯定理的逻辑,认为设定了默认规则或者菜单的赋权型公司成文法规则无关紧要——如果投资者和管理者希望达成特定的公司安排,则无论是否存在"赋权型"成文法规则,他们都会拟定公司合同以达成该结果。其他学者(主张最小化交易成本者)则认为,赋权型公司成文法规则降低了交易成本。它并不要求各方主体一而

---

[*] 本部分内容的重印获得了以下文章的出版人 Wiley-Blackwell 的许可:Yair Listokin,"What Do Corporate Default Rules and Memos Do? An Empirical Examination," 6 *Journal of Empirical Legal Studies* 279 (2009).

三、再而三地就类似条款进行起草和磋商,相反,政府应当提供赋权型成文法这一公共产品,以降低创建和修订公司安排的时间和成本。政府提供的赋权型成文法还降低了调整过时的规则和增强网络效应的成本,进而降低了交易成本。另外,还有一些主张"最小化被代理人——代理人之间问题"的学者认为,在公司法背景下,起草和谈判成本相对而言并不重要,他们进而强调指出,创建了默认规则而不是菜单规则的公司法才是至关重要的。精心构造的成文法规则缓解了管理者与投资者之间的代理问题,进而提升了效率。

对于上述种种观点,无论是支持还是反对,其经验证据都相对匮乏。

本文试图通过研究公司反收购方面的赋权型成文法规则的影响,来填补这些空白。20世纪80年代晚期,许多州的公司法律制度,纷纷采用了非强制性的反收购成文法……由于不同的州选择了不同的成文法制度,反收购的成文法提供了大量的变种,以用来检验关于非强制性公司法的种种不同的理论。

对非强制性公司法理论的检验

关于公司法"不重要"、公司法"最小化交易成本"、公司法"最小化被代理人——代理之间问题"的理论,对于反收购的成文法的影响,得出了迥然相异的结论。

根据"公司法不重要"的假设,公司默认规则完全"并不重要",这是因为:(1)即便决策者并不老练,他们也总是向专家(被称为律师)咨询;(2)专家们历经了千百次的类似事件,并提供了标准解决方案;以及(3)运用私人提供的标准解决方案而不是政府方案的成本低下。如果公司法并不重要,则各州反收购法的种种变种……其实际效果无甚差别。

公司法最小化交易成本论者认为,与没有法律、也没有判例的州相比,在采用"选入式"反收购法律的州中,更多的公司获得了反收购的保护。"选入式"法律使得那些希望获得反收购保护但无力承担成本的市场主体,获得了反收购的保护。

交易成本最小化的因素还表明,在采用"选入式"的各州之中,公司所获得的反收购保护,低于采用"选出式"的州的公司……选入会带来一些交易成本(股东投票成本),而选出则不存在此类成本……然而,这些因素的影响应当比较小……选入与选出类似成文法的交易成本的差异可以忽略不计(简单的章程修订属于要求选入的事项)。公司需要投票的事项繁多，每一投票权的成本应当是微不足道的。因而，交易成本最小化论者会认为，在选入式的州和选出式的州，公司所享有的反收购保护的差异很小。

公司法"最小化被代理人——代理之间问题"的诸多论者声称，如果交易成本并不重要，那么在没有反收购成文法的州和采用选入式成文法的州之间，公司获得的反收购保护几无差别。在这两类州中，默认规则都是一样的——公司要适用反收购法律，管理者必须获得股东的批准，因而就必须说明反收购法律的存在，并对其条款进行解释……

公司法"最小化被代理人—代理人之间问题"的论者还认为，与采用"选入式"的州公司相比，在采用选出式的州中，公司获得了更多的反收购保护。选入式的州与选出式的州的成文法规则大体类似，但其默认规则却不同。采用选入式的州的默认规则有利于投资者，而采用选出式的州的默认规则却有利于管理者……公司法"最小化被代理人—代理人之间问题"的论者相信，管理者的信息优势、激励及对公司决策过程的控制，使其能够达成偏向管理者的默认规则，即便该规则缺乏效率……而在选入式的州中，如果反收购的成文法规则缺乏效率，管理者无法利用其优势来获得该规则的保护。

当然，这些预测反映的是公司法"最小化被代理人—代理人之间问题"的论者的以下假设：默认规则能够缓解管理者与投资者之间的信息不对称问题。如果默认规则并不能解决这一问题，则在选入式和选出式的州中，公司受到的保护水平大抵相当。

数据、概要统计和详细说明

人们不能仅仅通过比较选出式的州的公司与没有法律的州的公司就得出结论称，有关非强制性公司法的不同理论哪些具有更强的预测力——选出式的州与没有法律、也没有判例的州的差异，引起的以下两方面的后果相当混乱。一方面，选出式的州的公司采纳的反收购保护，其力度可以高于没有法律的州的公司，因为这些成文法允许管理者利用其比投资者更强的博弈能力，从而达到自己的目的，特别是那些在相关成文法出台之前已经是公众公司的企业（中途面临成文法拘束的公司），其情形更为严峻。而另一方面，菜单效应最小化了交易成本，使得更多的公司获得了更有效率的保护，这样，选出式的州的公司采纳的反收购保护条款，其保护程度或许更高。

选入规则使本人得以区分这两种结果。选出式的州与没有法律的州在结果上的差异,不可能是博弈能力的不均衡所导致的;在这两类州中,管理者必须披露信息,并获得投资者的批准。相反,选入式的州与选出式的州之间的差异,却不可能是交易成本最小化的结果;在这两种情况下,政府将变革的权力委任给了公司,并且扩大了网络效应,从而带来了利益。表格 3.1 显示了[各州]公司对[三种类型的反收购]成文法的平均采纳率,包括采纳为选出式成文法、选入式成文法或者强制性规则,以及缺乏公允价格成文法规定的州的公司采纳章程条款的概率。因为许多公司法理论强调了中途面临成文法拘束的公司与封闭公司的差别,表格 3.1 显示了两类公司的统计结果……当反收购成文法浪潮席卷而过时还未成为公众公司的企业[柱状图 I—III]和所有的公司,包括中途面临成文法拘束的公司[柱状图 IV—VI]。

表格 3.1　拥有具体的反收购保护的公司所占比例

	颁布之后的 IPO			所有的公司		
	I	II	III	IV	V	VI
	公允价格	控制性股份的收购	企业合并	公允价格	控制性股份的收购	企业合并
选入式	57.1% [14]	0% [12]	50.0% [14]	56.4% [39]	19.8% [29]	35.9% [39]
选出式	97.0% [169]	83.4% [165]	95.2% [1,039]	98.4% [766]	82.9% [754]	96.9% [2,725]
强制性	100% [29]	N/A	100% [27]	100% [130]	N/A	100% [139]
不设成文法规则	9.5% [954]	N/A	N/A	20.4% [2,216]	N/A	N/A

注:[为了节省空间,表格的位置已作调整。"CSA"代表"控制性股份的收购","BC"代表"企业合并";Karpoff 和 Malatesta 在第 8 章的阅读文献中梳理了反收购的成文法规则。——编者注]每一排代表着反收购保护的成文法制度不同的州的组合结果。每一列代表着样本中的所有公司(中途面临成文法拘束的公司和中途未面临成文法拘束的公司)的数据,或者仅仅代表中途未面临成文法拘束的公司的数据。每一格代表着拥有图表列中规定的反收购保护措施的公司在相关州/中途地位公司中所占的比重。括号内的观察值的数量。在缺乏有关"控制性股份的收购"或者"企业合并"成文法规则的州中,不存在有关"控制性股份的收购"或者"企业合并"的观察值,因为相关数据[无法获得]。由于拥有强制性"控制性股份收购"的成文法的州并不存在,因而没有数据可供记录。

表格 3.1 表明,选入式的州、选出式的州和采取强制性法律的州、以及不存在成文法规则的州之间的结果,存在重大差别。在成文法颁布之后上市的公司,以及中途接受成文法拘束的公司,存在诸多差别。例如,在佐治亚州通过选入式公允价格法之后,该州57%的上市公司选入了该成文法规则(列I),56%的所有公司选入了公允价格成文法规则(列IV)。这些数字在统计学上显著低于选出式的州的公司采纳该规则的比率。注册于选出式的州、并且在公允价格成文法规则颁布后上市的公司中,97%的公司适用该规则,而注册于该州的所有公司中,98%的公司未能选出公允价格成文法规则。选入式的州与选出式的州在保护比率方面的差异达到了5%的显著性。

然而,佐治亚州的公司所享有的公允价格保护率,大大超过了被迫自行起草章程条款的公司所获得的公允价格的保护比率。不存在此类法律规则的州中,只有20%的公司和低于10%的新公司起草了有关公允价格的章程条款。佐治亚州的公司与不存在相关法律的州在保护比率方面的差异也达到了5%的显著性。

这些结论支持着以下观点:默认规则和菜单对于公司法而言,意义重大。然而,它们却不是决定性的。选择性偏见以及被遗漏的变量偏差,可能会导致不同的州的公司在采纳反收购条款的比率方面存在系统性差异。简而言之,采用某类默认规则或者菜单选项的州的公司,与采用其他法律制度的州的公司,可能会存在系统性差异。如果情况是这样的话,那么,采用反收购条款的比率的差异,可以归因为公司法的差异。

[在略去的部分中,Listokin运用高级统计技术来计算其他变量的影响,并且阐明了选择性偏见的效果;但以上结论保持不变。——编者注]

解读

以上结论……有力地反驳了公司法不重要的假设。公允价格可获得程度方面的差异[也就是说,菜单选项或默认规则的州际差异]事关重大。拥有公允价格方面的菜单式成文法的州的公司,比不存在此类成文法规则的州的公司,更容易获得公允价格的保护……但其保护力度大大低于拥有公允价格默认规则保护的州的公司。

这些结论仅仅部分吻合于赋权型公司法的交易成本最小化原理……在交易成本最小化方面,非常难以解释选入式的州与选出式的州在结果方面的差异。

然而,相对于没有任何成文法规则的州而言,佐治亚州选入式菜单成文法的效果,却支持着交易成本最小化的解释。佐治亚州的公司不是自行起草并修订公允价格保护的条款,而是仅仅通过简单多数决来选入该州现成的成文法规则,进而享有公允价格的保护,这样,这些公司可以依赖政府将来视需要而修订该规则。交易成本降低之后,那些希望获得公允价格保护、但又受阻于创建或者修订此类保护性条款的高昂成本的佐治亚州的公司,就可以获得公允价格的保护了。

公司法缓解了被代理人—代理人之间问题的理论,也只获得了部分支持。以最小化被代理人—代理人之间问题的视角来看,也就不难理解选入式和选出式的州之间为何存在如此巨大的差异了……选入式的州的公司管理者在变更默认规则方面并非总是成功,这一事实表明……反对管理者的默认规则能够约束管理者。相反,选入式菜单的重要性,却与最小化被代理人—代理人之间问题的这一狭义的视角相矛盾。选入式的州和不存在相关法律和判例的州(这些州不适用公允价格条款)中的默认规则同样如此。在这两类州之中,公司管理者必须说服股东改变默认规则,并且批准公允价格保护条款,从而保护投资者。因而,这两种类型的州在结果上的差别,并不能归因于谈判能力、激励或者公司日程控制力方面的差异。

结论

公司治理菜单的存在与否,导致了结果方面的巨大差别……默认规则同样如此。立法者和法官不能不管公司法的具体规定,而完全依赖公司管理者与投资者之间的谈判来达成有效率的结果;相反,政策制定者应当投入时间和精力去创造提升价值的默认规则和治理菜单。

这些结果为识别价值最大化的赋权型公司法提供了指引……即使赋权型公司法是以菜单而不是以默认规则的方式来提供,也会降低交易成本。因而,立法者也应当提供有限的条款菜单,在某些公司情境下这些条款是可取的。

赋权型公司法具有降低交易成本的效果,但它并不表明默认规则应当是多数决规则。前述探讨表明,有利于管理层的默认规则比不利于管理层的默认规则更难于变更。因而,各州应当经常选择不利于管理者的默认规则,即便不利于管理者的规则未必是绝大多数公司的首选。

这些研究发现支持着综合考虑交易成本最小化和投资者保护收益的政策。就任何特定的公司法问题而言,各州应当制订一部或者多数"任意性"法律。每部任意性法律应当运用不同的公司安排。其中一部对管理层构成制约（但除此之外均为理想安排）的法律，应当被选择为默认规则。此一建议通过政府提供样板，降低了交易成本，同时规定了反对管理层的默认规则，从而防范了管理层的机会主义行为。

注释和问题

1. Easterbrook 和 Fischel 引出了"公共产品"这一概念，对于没有经济学背景的读者来说，它需要予以进一步阐述。公共产品的以下两项特征，使其不同于普通（"私人"）产品，并使市场无法达成最为理想的供应量：非竞争性及消费的非排他性。当向某个人供应产品并不影响或者限制另一个人消费该产品时，就产生了非竞争性（在提供产品的同时使诸多消费者受益）；例如，我在观看电视，并不妨碍你也观看电视，然而，我吃橙子当然使你无法吃同样的橙子。这样，以边际成本来设定价格所依赖的确定产品供应量的市场均衡就被打破了，因为非竞争性意味着满足更多一位的使用者的边际成本为零。

类似地，如果不可能防止他人消费（受益于）产品或者防范成本极其高昂以至几无可能，也会产生非排他性的情形。例如，试想一下街头路灯的例子：要单独辟出特定群体（例如未缴税者）的夜间通道，而且防止其使用（受益于）灯光，非常困难而且成本高昂。这带来了搭便车的问题，也就是说，个人可以不用承担生产该产品的成本份额，因为不支付这笔钱也可以同样获得产品的收益。在消费产品时，将不愿支付现行价格的人拒之门外，市场才能够顺畅运作。但这并无可能，因为人们可以免费消费该产品。

因而，公共产品就为政府的存在提供了经济合理性：因而市场自身无法有效运作，有必要通过政府（直接或者通过为私人产品提供融资）来提供公共产品。在任何有关公共财政的教科书中，都可以看到有关公共产品理论的评论，例如 Robin W. Boadway and David E. Wildasin, *Public Sector Economics*, 2d ed.（Boston：Little, Brown, 1984）。

2. Easterbrook 和 Fischel 运用科斯定理（本书第 1 章中有过介绍），提出了关于公司法结构的两个基本观点。第一，由于在资本市场中，交易成本低下，无论公司合同（公司章程）的各方主体适用的成文法如何规定，他们都能达成同样的协议；第二，法院在解读不完备公司合同（例如，法院在运用信义义务法律）时，应当选择各方主体如果就此进行商谈将会选择的结果（也就是说，如果缔约没有成本而且信息周全）。他们以公司的合同视角,在公司法领域作出了富有影响力的贡献。对此的全面梳理,参见 Easterbrook and Fischel, *The Economic Structure of Corporate Law* (Cambridge, Mass.: Harvard University Press,1991)。

然而,在某些情形下,当合同一方主体拥有重要的私人信息时,Easterbrook 和 Fischel 的分析或许并不具有说服力。此种情形会导致经济学文献中所称的逆向选择问题。正如道德风险(参见第 1 章 A 部分注释 1)一样,逆向选择这一术语,最早源于保险领域,是指以下一种趋势:购买保险的人,并不是随机的人群,而是那些希望拥有价值最高的请求权的人。正如在道德风险的问题中,私人信息给保险人带来了问题:只有购买人知道其请求权的类别。逆向选择与道德风险的差别在于,在逆向选择情形中,机会主义行为发生于缔结合同之前,而在道德风险情形中,机会主义行为发生于购买之后。如果保险人以平均预期请求赔偿额为基础而收取保险费,保险人将会面临亏损,因为保单购买者更多地来自于赔偿请求数额更高的人群,但如果它收取的保险费高于平均预期请求赔偿额,只会恶化这一问题,因为预期请求赔偿额更低的个人,将拒绝接受此种价格,从而离开市场。正如保险人会根据预期赔偿请求的类别对保单购买人进行分类那样,低额的预期赔偿请求类型可以传递出其所属类别的信号,而且在某些情况下,自我选择的成本高昂。

请试着在公司的背景下考察这一典型而简单的信号模式:简单说来,世界上有两类公司,项目良好的公司和项目糟糕的公司。公司自身知道其项目的好坏,但投资者不知道。如果投资者了解公司类型的分布(多少比例的公司拥有良好的项目),则他们会按公司的平均成本来提供资本(也就是说,拥有良好项目的公司和糟糕项目的公司,市场会按其投资价值进行分类)。为了获得更好的项目融资条款,拥有良好项目的公司必须努力向投资者传递关于其所属类别的可靠信息。特别是,它们必须采用代价不菲的信号传递方式,以使项目糟糕的公司不愿复制该方案(例如,它们可以向投资者保证,如果公司经营失败,投资者将获得大笔赔付),这样相对于大面积遴选的结果而言,其社会效益较为低下。Ian Ayres 对于此种情形进行了细致而易于理解的分析,它将不完备合同问题与信号文献进行了整合。Ayres, "The Possibility of Inefficient Contracts," 60 *University of Cincinnati Law Review* 387 (1991)。他得出结论称,经济理论表明,在信息不对称的背景下,运用 Easterbrook 和 Fischel 的谈判假说规则,不会得出有效率的结果(正如合同各方主体本来会达成的合同条款没有效率那样)。以下文献的正式模型提供了这一样例:Philippe Aghion and Benjamin Hermalin, "Legal Restrictions on Private Contracts Can Enhance Efficiency," 6 *Journal of Law, Economics, and Organization* 381 (1990)。在公司法背景下判断经济理论是否适当,哪些实证经验是有用的?信号理论是否看起来更适合于封闭公司而不是公众公司?有观点认为,公司章程条款的信号传递机制成本过于高昂,这是否可信?

3. Easterbrook 和 Fischel 主张选择合同主体如果就此商谈"本想达成的"规则,但缔约主体之间的信息不对称使得这种做法无法赢得正当性,而应当采用 Ian Ayres 和 Robert Gertner 所称的"惩罚性默认规则",该规则的目的并不在于满足合同主体的要求,而在于鼓励或者迫使合同主体互相(或者向法院)披露信息。Ayres 这样区分以下两种方法:

惩罚性默认规则与 Easterbrook 和 Fischel 所主张的假设默认规则迥然相异。创设假设默认规则的目的在于,公司利害相关人可以不用进行明示的缔约,而创设惩罚性默认规则的目的则在于劝诱明示的缔约。

Ayres, "Review: Making a Difference: The Contractual Contributions of Easterbrook and Fischel," 59 *University of Chicago Law Review* 1391, 1398 (1992)。本部分内容的重印获得了许可。

Ayres 和 Gertner 主张运用惩罚性默认规则来降低交易成本,并应对策略性机会主义行为。如果商谈并缔结合同的成本高昂,缔约主体将任由合同不够完备,而将解决争议的负担转移给法院,即便由法院来确定缔约主体本想达成何种条款的成本更为高昂,因为争议可能并不会发生,而且法院是公共机构,其运作成本由政府补贴,而不是完全由诉讼当事人交纳的诉讼费来弥补。在这些情况下,Ayres 和 Gertner 认为,选择一套规则以对合同主体造成的没有效率的合约漏洞予以惩罚,进而诱使合同主体缔结明确的约定,这样做是有效率的(降低了交易成本)。第二,他们预想到以下情形:一方缔约主体会策略性地保留信息,以增加其从所议合约中可获得的利益份额,从而留下了本可以运用这些信息来填补的漏洞。在这种情种下,惩罚性默认规则使信息更多的一方主体在围绕默认规则进行谈判时,被迫披露这些信息。Ayres and Gertner, "Filling Gaps in Incomplete Contracts: An Economic Theory of Default Rules," 99 *Yale Law Journal* 87, 93—94 (1989)。

惩罚性默认视角在合同方面的影响力高于其对公司法文献的影响，Easterbrook 和 Fischel 的视角主导着公司法学领域，其原因部分在于，他们的方法看起来不但更好地描述了公司法的内容本身，而且还更好地描述了法院在公司法案件中试图如何行事。然而，Ayres 主张，一些公司法规则是惩罚性默认规则。他认为，遵循 Easterbrook 和 Fischel 对于这一规则的辩护，根据以下推理，为了合同债权人利益而揭开公司面纱即此一适例，尽管彼此对于默认规则的选择路径有所不同：

对于资产不足的公司债务人，允许债权人追索公司之外的资产，这使债务人有激励在交易之时披露其财务状况。然后，债权人可以决定不与其发生交易，或者就风险的增加而收取额外的补偿费。请注意，无限责任这一默认规则，并不以如果交易成本为零缔约主体将会达成这些条款为基础……如果信息周全，各方主体要么按照更高的利率议定合同，要么不缔结合同。并没有迹象表明，各方主体本会同意股东承担无限责任。

Ayres, "Review: Making a Difference: The Contractual Contributions of Easterbrook and Fischel," 59 *University of Chicago Law Review* 1391, 1398 (1992)。本部分内容的重印获得了许可。

你能否想到其他与 Ayres 关于"惩罚性默认规则"的描述相吻合的公司法规则？哪种路径看起来更好地涵盖了公司法的绝大多数默认规则？法律在什么时候应当强迫合同主体披露信息？当一方主体与另一方存在特殊关系（例如，代理人对被代理人负有信义义务）、而不是合同主体进行陌生人之间的谈判时，是否应当触发信息披露义务？当运用惩罚性默认方法来填补合同漏洞时，对于绝大多数法官而言，是否要求过高？他们对公司法的专业智识知之甚少，或者绝少接触公司法。在惩罚性默认规则之下法院更大的专断权所带来的法律更大的不确定性，如何能够被该规则带来的强制披露信息的好处所抵消？

4. Edward Iacobucci 对公司法提供了一套信号理论方面的解释，该理论把用来分析公司法默认规则的选择的信息不对称经济理论，与住所地的选择相挂钩。这套信号理论的前提是，公司的质地是确定的，公司管理者对此心知肚明，但投资者却并不了解。公司法并非（如同 Easterbrook 和 Fischel 所主张的效率缔约理论那样）通过降低代理成本而增加价值，而是提供了公司赖以传递其质量的信号的条款。公司可以选择在哪个州注册，这使得某个州的公司法带来了只有高质量的公司才能够承受的成本时,投资者才可以辨识公司的质量:在这种情形下,低质量的公司无法通过也注册于该州而模仿高质量的公司,因为它们这样做成本过于高昂,会导致财务困境。Iacobucci, "Toward a Signaling Explanation of the Private Choice of Corporate Law," 6 *American Law and Economics Review* 319 (2004)。Iacobucci认为,将特拉华州确定为公司住所地,可以通过以下两个机制传递出公司高质量的信息:更高的注册税费和更为昂贵的预期股东诉讼成本。后面一种情形取决于两项假定:其一,股东提起诉讼的可能性因公司质量不同而有差异,也就是说,低质量的公司更频繁地遭到诉讼;其二,与其他州相比,特拉华州的法律更有利于股东提起诉讼。这种假设的可信度如何? 也就是说,由于存在这些预期成本,此类低质量的公司无法在特拉华州生存,因而不会使投资者产生判断上的混乱? 这种解释与Romano发现的公司迁址于特拉华州以降低诉讼成本的数据,能否保持一致? Iacobucci的分析是否能够为A部分注释6中的Daines的以下发现提供另一个注解:聘用当地律师的首次发行股票的公司,与那些聘用毫无疑问收费更高的全国性律师事务所的公司相比,更不可能注册于特拉华州? 此类公司的增长潜力更低(也就是说,其质量更低),这是不是同时决定着律师聘用和住所地选择的因素?

5. 如果一项规则的拘束力并不及于各方主体,也就是说,如果各方主体可以自行决定采纳何种规则,或者如果公司能够方便而且合法地规避此项规则,那么这项规则的强制性是否还有意义? 作为前面这种情形(即没有拘束力的规则)的一个例子,试着考虑一条规定,即强制性规则的支持者们通常会强调忠实义务(防止管理层自我交易)。如果一家新公司的章程中包含着取消忠实义务的条款,你认为投资者愿意花多少钱购买这家公司的股票? 你认为以下情形是否有哪怕是一点点的可信度:股东投票修订公司章程,撤销忠实义务,从而允许管理者偷盗公司财产? 如果投资者信息如此闭塞,以至于投票赞成将其财富无偿转移给管理者,我们还能够有一点点自信认为他们是在做资本主义经济所要求的重大的分配性投资决策吗? 谈到容易规避的条款时,试着考虑另一个常被述及的强制性规则,即要求股东对公司的重大变更进行投票。如果这是强制性规则,管理层能否重新构造一项股东预期损失的交易来规避股东的投票? 特拉华州最高法院对此并无异议。参见 *Paramount Communications v. Time, Inc.*, 571 A.2d 1140 (Del. 1989)。从这些例子中,是否可以妥当地得出结论称,公司法的强制性/赋权性结构意义寥寥?因为这些都是没有牙齿的法律?例如,参见 Bernard Black,"Is Corporate Law Trivial? A Political and Economic Analysis," 84 *Northwestern University Law Review* 542 (1990); Roberta Romano, "Answering the Wrong Question: The Tenuous Case for Mandatory Corporate Laws," 89 *Columbia Law Review* 1599 (1989)。

与公司法不同的是,现代合伙和有限责任公司法允许其成员通过合同选出忠实义务。为什么在这种商事背景下,立法者采取了不同的路径?这一事实与前面提及的公司法并不重要的观点,是如何耦合的?

John MacKerron 根据规则的强制性或者赋权性,将《示范商事公司法》的条文进行了分类,得出结论称,在所有(或者那些他称为"重要"的)条文中,几乎半数的条文是强制性规则。MacKerron,"A Taxonomy of the Revised Model Business Corporation Act," 61 *UMKC Law Review* 663 (1993)。这些数据之于 Easterbrook 和 Fischel 对于公司法的解释,或者对于前述提及的强制性条款没有牙齿的观点,意味着什么?

6. Gordon 关于强制性法律的公共产品解释,有多大的说服力?假定在某一个州,条款 X 是标准规则,但公司通常会选择条款 Y,而不是 X。你能否根据这种行为——发现公司能够选择 X 时并没有选择——推断 X 是次优条款吗?认为应当禁止该偏离(即运用条款 Y)以保全标准形式的功用的观点,是否有悖于效率原理(公共产品假说)?创新假说是否更有说服力?为什么股东应当假定,创造性的章程条款有悖于其利益?购买普通股的行为是否有别于诸如购买电脑等消费者的购买行为?其原因是否在于,在前面的事项中,政府并没有验证创新行为?如果在普通的产品市场中,创新行为司空见惯,为什么我们要认为在资本市场这一信息效率更高得多的市场中,创新行为的进展如此缓慢?在其他市场中,新产品通常伴随着旷日持久的保证或者慷慨的回报条款,以确保产品质量。公司的发起人能够作出类似的承诺吗?例如,在公开发行中,内部人持有部分股份,这是否能够成为发行人质量可靠的一个可信的信号(解决了注释 2 提及的逆向选择问题)?参见 David H. Downes and, Robert Heinkel, "Signaling and the Valuation of Unseasoned New Issues," 37 *Journal of Finance* 1 (1982)。政府指定的创新是否会降低此种信号的价值?

7. 针对公司章程后来条款存在的问题,一种解决方案是,对于投票反对章程变更的股东,赋予其股份估价权。如果章程的修订导致股份价值下跌,不同意章程修订的股东可以通过股份估价程序而填补损失,因而不会受到不理性的冷漠股东投赞成票的伤害。一些州,但不是特拉华州,规定了章程修订时的估价权。此种估价权应当是强制性安排吗?如果投资者认为章程后来条款构成了严重的问题,那么章程修订时的估价权是否应当更为流行(也就是说,它们会成为特拉华州法律的默认规则)?法院如何能够确定异议股东就其股份应获得怎样的对价?关于章程修订的事件研究(参见第1章,B部分)是否有助于这一问题的解决?

8. 解决章程修订中的机会主义行为所带来的困难的另一个机制是锁定条款,后者要求修订章程条款时必须获得超级多数的同意。例如,当反收购条款被写入公司章程时,这些条款通常伴随着锁定的安排。参见 Ronald J. Gilson,"The Case Against Shark Repellent Amendments: Structural Limitations on the Enabling Concept," 34 *Stanford Law Review* 775 (1980)。除此之外,锁定条款只有在非常情形下才会出现。这是否证明,阻遏机会主义的章程后来条款所获得的收益,低于丧失了章程修订的灵活性所带来的成本?或者它证明反收购领域的搭便车问题最为严重?请参见第8章关于反收购策略的探讨。

9. 你认为,理性而无知的投票人会带来多严重的问题?在绝大多数公众公司中,大多数股份由老练的机构投资者持有,他们的投资组合包含了多家公司的股份。对于这些投资者而言,获取信息的成本或许不像 Easterbook 和 Fischel 以及 Gordon 所称的那样重要,因为用于一次投票而获取的关于公司治理的信息,可以在许多投资场合重复使用?参见 Bernard S. Black, "Shareholder Passivity Reexamined," 89 *Michigan Law Review* 520 (1990); Roberta Romano, "Answering the Wrong Question: The Tenuous Case for Mandatory Corporate Laws," 89 *Columbia Law Review* 1599 (1989)。关于股东集体行动的问题以及机构投资者是否这一问题的解决方案的分析,参见 Edward B. Rock, "The Logic and (Uncertain) Significance of Institutional Shareholder Activism," 79 *Georgetown Law Journal* 445 (1991)。关于公司治理中机构投资者和股东行动主义以及股东投票问题的分析,可以参见第6章。

10. Listokin 将看待公司法的视角分为三类:假设公司法不重要的视角,公司法最小化交易成本的视角,以及公司法最小化被代理人—代理人之间成本的视角。Listokin 列出了一些理由来解释为什么运用他所称的交易成本最小化的视角,可以预测在采用选入式默认规则的州中,公司受到的收购保护要弱于采用选出式默认规则的州中的公司,该理由与采取行动(股东投票)以获得保护的成本有关。你能否在 Easterbrook 和 Fischel 提出的交易成本最小化的方法之外,想到其他也可以预测得出这一结果的理由?(提示:如果各州的立法机关遵循 Easterbrook 和 Fischel 的要求,颁布一些他们确信州内的大多数公司希望达成的规则,那么你们认为结果将会如何?)这种可能性的存在带来了检验这一理论的样本选择问题,其原因在于,正如 Listokin 所称,我们不能认为,在成文法不同的州中的公司具有可比性,也就是说,公司在收购防御方面的选择的差异,并不能归因于成文法类型的不同。几乎在所有的社会科学领域,都存在选择方面的问题,其中,有关公司法的经验研究只是个例子:在科学实验中,研究者可以随机安排并控制研究结果,而与此不同的是,在公司法背景下,研究对象——公司通过其代理人——积极地选择其"结果"(例如,是否遵循收购法律)。有一些统计学方法可以应对这种选择效应(用统计学的专业术语来说,它被称为"内生性"问题),但要得出令人满意的结果,却并不容易。

Listokin 还认为,他所称的公司法最小化被代理人—代理人之间成本的观点,与认为公司章程背景下交易成本并不重要的观点息息相关。这两个观点之间,存在必要的联系吗?如果你的答案是否定的,你是否将这一数据解读为,与 Listokin 提出的观点相比,它更吻合于最小化被代理人—代理人之间成本的观点?这是否关乎公司法默认规则的设定?这些方法是否与 Ayres 关于惩罚性默认规则的见解一脉相承?考虑到 Listokin 的这些发现——成文法默认规则是重要的)在诸多反收购成文法中,哪些默认规则与 Ayres 的见解最为吻合?

11. Listokind 在文章中提及,在解释公司法方面还存在第四种路径,这种路径可被称为"行为经济学"方法,它将经济研究中的行为金融学的见解与第 1 章梳理过的标准金融行为的见解相类比。他将该种路径的观点、以及在其分析中为什么不将其考虑在内的原因描述如下:

> 第四种观点强调指出,安于现状偏差对于合同法领域的默认规则具有重要意义。这些学者相信,由于人们往往认为默认规则优于其他选择,因而默认规则改变了偏好和结果。然而,这种安于现状偏

差在公司法领域却不可能具有重要意义。公司法领域的主体,例如公司高管和机构投资者,都是拥有金融专业知识的老练人士。另外,他们往往是做过多次同类决策的老手。这些因素往往会降低安于现状偏差,因为人们会学着追求有效率的结果。

Listokin,"What do Corporate Default Rules and Menus Do?," 6 *Journal of Empirical Legal Studies* 279(2009)。本部分内容的重印获得了Wiley-Blackwell的许可。

这种见解与第1章B部分提及的有关金融的阅读文献有什么关系?Listokin的发现与这第四种观点是否一致?

12. Listokin在表格3.1中提供的数据并没有表明,中途公司(法律颁布之时已经成立的公司)和新公司(法律颁布之后才上市的公司)在采纳反收购条款的比率方面,并没有系统性差别。在这两类公司群体中,采用选出式成文法的比率实际上没有差别;在选入式成文法方面,根据反收购成文法类型的不同,中途公司的采用率高于、低于或者大体相同于非中途公司。这些数据与Easterbrook和Fischel关于章程后来条款的分析是否一致?

13. Listokin最为详尽的统计分析集中于公允价格的成文法方面。第8章的阅读文献中提及的Karpoff和Malatesta关于那些成文法修订的事件研究,并没有发现明显的股价效应,与此相反的是,有关其他类型的反收购成文法的事件研究,通常会得出负回报明显的报告,当然,一些研究也会得出回报并不明显的报告,少数一些研究甚至会得出积极回报明显的报告。根据那些事件研究,我们应当如何解读Listokin的发现?

14. 如果公司法主要是赋权型成文法规范,在解释州际竞争方面,产品差异的重要性又当如何体现? 在更为宽泛的意义上,公司法结构与州际竞争存在什么关系? 建议引入强制性公司法,是否意味着必须实行全国统一的公司法典? 是否对公司迁址行为予以制约(或科以重税)即已足够? 根据美国联邦商事条款规定,此种惩罚是否合乎宪法? 关于这些问题及公司收购州立规则相关问题的进一步探讨,可参见第8章。

4

公司融资

公司筹集资本的机制有两种:发行债券和发行股份。本书第 1 章强调了股份的代理成本,本章则会重点介绍债权的代理成本。对于只有一位所有者的公司而言,发行债券避免了所有权与控制权相分离的代理成本,因为在只有一位股份持有者的情况下,管理者与所有者在金钱利益与非金钱利益方面的此消彼长(详见第 1 章 Jensen 和 Meckling 的分析),对于唯一的股份持有者而言,其实没有任何变化。但在公司的资本结构中引入债务,却带来了债权资本自身的"被代理人—代理人"问题:债权人也关注管理者的机会主义行为,但他们关注的方式不同于外部股东。管理者兼股东可以在公司获得债权资本之后,改变了公司对外投资的风险,从而将债权人的财富转为自己所有。

有一个简单的例子可以说明债权的代理成本问题。假设某公司有两个潜在的项目,每一项目均要求 500,000 美元的投资。而每个投资项目都存在两个投资所在地的州:幸运的州和倒霉的州。在幸运的州投资项目 L,将获得 600,000 美元的回报;而在倒霉的州投资项目 L,将只能获得 500,000 美元的回报,故该项目的预期价值是 0.5(600,000 美元) + 0.5(500,000 美元) = 550,000 美元。在幸运的州投资项目 H,将获得 800,000 美元的回报;而在倒霉的州投资项目 H,回报为零,故该项目的预期价值是 0.5(800,000 美元) + 0.5(0 美元) = 400,000 美元。项目 L 的预期价值高于项目 H,而且风险也更低。同时 L 的预期价值高于其成本(它是一个净现值为正的项目)。因而,公司的投资决策非常清楚:选择项目 L,这将会最大化公司的价值。

假设公司对项目进行债权融资。在项目 L 与项目 H 之间,债权人更偏向于项目 L。若选择项目 L,则无论发生何种情形,债权人都会获得偿付,因为项目 L 的已实现价值总是至少为 500,000 美元,因而对于债权人而言,项目 L 的预期价值是 500,000 美元。然而,项目 H 对于债权人的预期价值却只有 0.5(500,000 美元) ＋0.5(0 美元) ＝250,000 美元。看起来,债权人与公司的利益是一致的:在项目 L 与项目 H 之间,两者都偏向于项目 L。

但是,在公司资本结构(被称为杠杆)中引入债权,改变了股东对项目收益的计算。股东在偿还 500,000 美元的债务之后,剩下的都归其所有。对于股东而言,项目 L 的预期价值是 0.5(100,000 美元) ＋0.5(0 美元)＝50,000 美元;而项目 H 的预期价值是 0.5(300,000 美元)＋0.5(0 美元)＝150,000 美元。因而,尽管项目 H 的预期价值低于项目 L,但股东仍然偏好前者。请记住,正如第 2 章所探讨的,有限责任将公司经营失败的风险转嫁给了债权人:如果公司未能赚到 500,000 美元,股东不必支付其他金钱以偿付债务。

由于以下原因,在项目 H 与项目 L 之间,股东偏好项目 H。如果他们不走运的话,则在两种情形下,他们都一无所获——债权人拥有公司——而如果他们走运的话,他们从项目 L 中所获得的收益高于项目 H(150,000 美元＞50,000 美元)。当公司的资本结构中引入债权时,有限责任改变了股东对回报分配的关注:他们将仅仅关心上游回报,而不关心下游回报。(本阅读文献之后的注释 1,将更为详细地解释此种效应)。因而,当股东控制着公司时,他们会选择预期价值更低的项目,而债权人不会作出这样的选择,同样的,公司 100% 的资本为股权资本的公司,也不会作出这样的选择。

有限责任导致的股东承担风险的逆向激励,构成了债权的代理成本。这也解释了尽管债权相对于股权融资具有税收优势(债权利息可以从应税收入中扣除,而股利则不可以),我们并没有看到 100% 的资本为债权资本的公司。由于股东转移风险的行为是可以预见的,债权人会要求收取更高的风险费用。在我们的例子中,债权人可以作出的选择包括:要求就债权获得个人保证,或者提供贷款 250,000 美元(这是在股东机会主义行为下,他们的请求权的预期价值),或者按更高的利率收取利息,等等。

如果公司治理结构能够约束股东的机会主义行为,债权资本的成本会降低。Clifford Smith 和 Jerold Warner 在一篇关于这一话题的经典文献中假定,可以通过撰写债权合同以降低代理成本,并且在债券发行条款中细致地写入一般合同条款以实现这一功能。由于公司管理者对债权人不负有信义义务,这些合同条款成为保护债权人的关键机制。另一个保护机制是,在公司破产时,债权人拥有优先于股东的权利(包括在违约时迫使公司进入破产程序的权利)。

20 世纪 80 年代,杠杆收购(LBOs)交易大幅提升了公司的债务风险,从而改组了公司,为公司债权人带来了新的风险。Kenneth Lehn 和 Annette Poulsen 把针对此种变化而作出的反应称为"事件风险条款"的合同约定。Michael Jensen 强调,在杠杆收购中,债务比例之高,激励着各方主体避免通过正式的破产程序来解决财务危机,他将这种给投资者带来的好处称为"破产的私有化",它降低了作为债权人保护的方法之一的止赎权的行使成本。第 8 章将进一步探讨杠杆收购这种与公司控制权息息相关的独特的公司治理形式。

在高风险行业中,新兴公司通常无法通过传统的借款和发行股份而筹集资本。摘自 William Sahlman 的文献对于此类公司以风险资本作为其主要融资方式,展开了研究。Sahlman 分析了运用风险资本所带来的独特的代理问题,以及解决这些问题的种种组织方式。

成熟的公司在债权和股权之外,还拥有第三种项目融资方式:留存收益。内部产生的现金流对于诸多私有和大型公众公司而言,都是主要的融资方式。在税法上,这种做法不无益处,因为股利对于投资者而言,属于应税项目,而留存收益所获得的股份价值的增长,在股份出售之前无须课税。与此种认识相矛盾的是,尽管存在此种税收优势,许多公司仍然向其投资者支付股利。摘自 Frank Easterbrook 的文献认为,公司决定支付股利而不是留存收益,是为了降低公司所有权与控制权相分离而带来的代理成本。

融资合同:一项关于债券合同条款的分析[*]

CLIFFORD W. SMITH, JR., 和 JEROLD B. WARNER

在本文中,我们研究如何撰写债权合同以控制债权人与股东之间的冲突。我们对于真实的债权合同中的种种债券限制性条款进行分析。债券限制性条款是各方的约定,例如对股利的支付予以限制,从而制约着公司在卖出债券之后实施特定的行为。

---

[*] 本文最初发表于 *Journal of Financial Economics*, vol. 7, Clifford W. Smith, Jr. and Jerold B. Warner, "On Financial Contracting: An Analysis of Bond Covenants," pages 117—161. Copyright Elsevier (1979)。重印获得了许可。

债权人与股东之间冲突的原因

如果公司债券未获偿付，则代表股东利益的管理层有动机本着有益于股东而有损于债权人的方式，来构造公司的运营特征和财务结构。由于投资、融资与股利政策是内生的，债权人与股东之间产生冲突的原因主要有以下四种：

股利支付。如果一家公司发行债券，而且对该债券进行定价的前提是公司将维持现有股利政策，那么，提高股利支付率并为此支付真金白银以及降低投资水平，会减少债券的价值。在极端情况下，如果公司卖出所有资产并向股东支付清算股利，那么债权人的请求权将一钱不值。

稀释请求权。如果公司卖出债券，而对该债券进行定价的前提是公司不会发行其他债券，则公司发行其他同类债券或者发行具有优先权的债券，将稀释该债券持有人的请求权的价值。

资产置换。如果公司卖出债券时言明将把所筹资金用于低方差项目，而且该债券的定价与该低风险相匹配，则公司用方差增大的项目取而代之时，将提升股东请求权的价值，并相应地降低债权人请求权的价值。

投资不足。未来投资机会所构成的无形资产，构成了公司价值的一大组成部分。公司如还有债券尚未偿付，则有激励拒不实施净现值为负、但一旦实施其收益将归债权人的项目。

当然，资本市场参与者也认识到了债权人与股东之间的冲突。理性的债权人会意识到股东所面临的激励。他们明白，在债券发行之后，任何增进股东财富的行为都可能发生。在对发行的债券进行定价时，债权人会在综合考虑股东可能采取的投资、融资和股利政策之后，对股东的行为进行评估。这样，债权人将支付较低的债券发行价格，以便使价格体现出向股东转移财富的种种后续可能。

人们认为，就财务事项进行谈判的成本高昂。然而，债券限制性条款尽管会带来成本，但它们降低了杠杆化公司的股东实施并未最大化公司价值的政策所带来的机会损失，从而提升了债券发行之时的公司价值。另外，在产生请求权稀释问题（只发生财富转移）的情况下，如果债券限制性条款降低了债权人监督股东的成本，则该条款带来的降低成本的绩效，将归属公司所有者。因而，有了此种债券限制性条款，债券发行之时的公司价值将有所提升。

我们随机选择了 87 家债券公开发行作为样本，这些债券于 1974 年 1

月至 1975 年 12 月间在 SEC 注册备案……它们经常运用标准条款:债券发行条款中 90.8% 包含着限制额外发行债券的规定,23.0% 包含着限制股利支付的规定,39.1% 包含着限制公司兼并活动的规定,35.6% 包含着限制公司处分资产的规定。另外,我们还发现,当合同中写入特定的条款时,这方面的样板规定……几乎总是被排他性地使用。

对公司生产/投资政策的限制

通过明确规定公司可以开展哪些项目,可以直接制约股东的生产/投资决策。另外,如果不存在合同的履行成本,债权合同可以直接要求股东接受所有净现值为正的项目(并且只实施那些行为)。尽管某些限制性条款直接制约着公司的投资政策,但债权合同……通常并不会包含任何形式的大量限制性规定。

对投资的限制

债券限制性条款通常会对公司拥有另一家商事企业的权利范围进行限定。此种限制被称为"投资"约束,适用于普通股投资、贷款、贷款展期和预付款支付……我们认为,股东以合同的方式制约其获取金融资产的能力,其目的在于,对其在公司发行债券之后实施资产置换的能力予以制约。

担保债权

在担保债权中,债权人有权对抵押资产主张权利,直至其债权获得全额偿付。因而,一旦设定了担保债权,公司在没有取得债权人同意的情况下,不得处分抵押资产。

我们认为,担保债权的设定,弱化了股东实施降低公司价值的项目的激励,从而降低了公司借款的总成本;债权人对抵押资产拥有权利,因而担保债权制约着资产置换行为。另外,担保债权的设定,确保了贷款人对抵押资产拥有明晰的权利,防止贷款人的请求权因借款人随后发行新的债券而受到伤害,因而降低了管理成本和执行成本。另外,设定担保还降低了止赎的预期成本,因为贷款人对于已拥有明确权利的财产实施占有的成本更低。

然而,担保债权还带来了现金支付成本(例如,向债权人报告的成本、备案的成本和其他管理成本)。此外,担保债权制约了公司处分担保物以获利的能力,从而带来了机会成本。

对公司兼并的限制

一些合同直接禁止公司兼并,而另一些则允许公司在满足特定条件下收购其他公司。

在合同未对公司兼并进行限制的情况下,债权人请求权的价值会因为公司风险方差率或资本结构的变化而减损。我们的分析表明,对于公司兼并的限制,制约着股东通过兼并以提高公司方差率或资产负债比率、从而损害债权人利益的能力。当然,还应注意的是,此种限制性条款同时妨碍了公司开展协同型的兼并,在这一意义上,公司承担了机会成本。

制约股利支付的债券限制性条款

减少投资以向股东支付现金股利,降低了债券到期日时的公司资产预期价值,增大了公司违约的可能性,从而减损了公司债券的价值。因而,并不奇怪的是,债券限制性条款通常[1]会限制向股东发放现金股利的行为。由于支付现金股利只是向股东分配的一种形式,实际上的股利限制性条款包含了其他种种可能。例如,如果公司进入市场并回购其自身股利,这种情形所增加的公司债务与支付现金股利并无二致。限制性条款……不仅针对现金股利,而且针对"任何基于或有关股本的分配行为……无论它们体现为股利发放、回赎、购买、退休金、部分清算或者减资,也不论它们体现为现金、实物或者公司的债务等形式"。

…………

股利限制性条款的表现形式[动态地制约着可用于分配的资金——编者注]拥有数个有趣的特征。股利限制并不直接禁止支付股利。事实上,股东有权支付其选择的任何水平的股利,只要该股利的支付资金源于新的收益或者出售新的股权所得。股利限制性条款并不是限制股利本身,而是限制通过发行债券或者出售公司现有资产所获资金而进行的股利支付,后面两种情形都会降低债权的担保、进而降低债权的价值。

股利限制性条款限定了分配的最高额,从而有效限定了公司所有者的最低投资额度……这样就缓解了投资不足的问题……因为只要公司必须进行投资,有盈利的项目就不太可能被拒绝。

---

[1] Kalay 报告称,在 150 家随机选择的产业公司中,每一家公司至少在其一种债权工具中设定了股利限制条款。

制约着后期融资政策的债券限制性条款

对债权与优先权的限制

对于这一领域的股东行为[额外发行优先权更高的债券,稀释了未偿付债权人对公司资产的请求权,从而降低了未偿付债券的价值——编者注]予以制约的限制性条款,体现为两种形式:直接禁止发行请求权级别更高的债券,或者限制发行优先权级别更高的权利,除非现有债券的优先权被提升至同一层级。例如,后一种限制要求,如果债券发行之后又设定了担保债权,则必须提升现有债权人的优先权,并且赋予其享有与担保债权人同样层级的针对担保物的请求权。

重要的是,同时值得关注的是限制创设新的债务的限制性条款的适用范围。除了限制借钱之外,该条款还适用于公司创设的其他债务。

变更偿付债权人方式的债券限制性条款

有一些条款规定,必须按特定的方式向债权人偿付,这样就能够控制股东与债权人利益冲突的种种渠道。

偿债基金

偿债基金就是在债务到期之前分期偿付部分或者全部债务的一种方式……在公开发行债券时,分期偿付基金可以投入到各债券之中,基金的投入将使这些债券退出,另外,分期偿付基金也可以投入到其他一些证券。偿债基金的支付数额可以是固定的,也可以是变动不居的,或者根据情况而定。1963—1965年间的债券发行中,82%包含了偿债基金条款。

偿债基金通过股利限制影响着公司的生产/投资决策……它降低了在没有可盈利项目时公司迫于股利限制而进行投资的可能性。因而降低了与股利限制相关的部分潜在成本。

Myers认为,支撑债权的公司资产价值预期下跌时,偿债基金是降低债权人风险的一种方式。Myers的分析表明,以下债券发行更可能引入偿债基金条款:(1)资本结构中债务比重更高的公司;(2)未来随意投资的预期可能性更大的公司;以及(3)存续期有限的预期可能性更高的项目。天然气管道行业将三个特征中的最后一个展现得淋漓尽致。一些天然气管道公司所发行的债券中包含的偿债基金偿付条款,与野外可以开采利用的天然气息息相关。

可转换条款

可转换债券是指持有人有权将其转换为公司其他证券的债券,通常是转换为普通股而且通常无法获得其他偿付……在公司尚有未偿付的不可转换债券时,股东有激励实施增大公司现金流变数的项目。当公司现金流变数增加到足够大时,股东可以实施净现值为负的新项目来增加股份的价值。在债券发行中引入可转换条款会降低此种激励。这种转换优先权相当于股东写就、并且附着于债券合同中的买入期权。它降低了股东增大公司现金流变数的激励,因为公司现金流的变动比率越大,附着于债券合同中的买入期权的价值就越高。因而,股东从现金流变动比率增加中所获得的收益,在公司拥有未偿付可转换债券的情形下,要低于公司债券为不可转换的情形。

然而,并非所有的债券合同都包含可转换条款,因为这样做成本高昂。例如,尚未偿付的可转移债券恶化了投资不足的问题。

Mikkelson 提供了一些典型的证据表明,引入转换优先权条款的可能性与以下事项呈正相关:(1)公司的债务/股权比率;(2)公司的专断投资支出;(3)距离债务到期的时间。这其中的每一组关系都吻合于以下假设……可转换债券的价值与债权人与股东之间冲突的降低息息相关。

规定公司保证活动的限制性条款

潜在的债权人会料想到,监督公司以确保债券限制性条款未被违背存在成本,而且这种预判会体现在债券卖出之时的价格中。由于债券发行时的公司价值会受到预期监督成本的影响,引入降低监督成本的合同条款,符合公司所有者的利益。例如,我们注意到的债券限制性条款经常包含以下要求:公司向其债权人提供经审计的年度财务报表。

要求提供的报告

我们的分析表明,债权人发现,财务报表有助于确定合同条款是否已被(或者将被)违背。如果公司能够以比债权人更低的成本获得这些信息(或许是因为公司在进行内部决策时已经收集了其中诸多信息),那么它会付钱给股东以订立合同将信息提供给债权人。代理成本的降低,将提升公司的市场价值。

要求购买的保险

债券合同通常要求公司购买保险……我们的分析表明,公司购买保险是公司实施的保证行为,它降低了债权人和股东(以及管理者与公司所有者)之间的代理成本。如果保险公司在监督公司的活动方面拥有比较优势,则购买了保险的公司与未购买保险的公司所实施的行为将各不相同。

信托合同和受托人的作用

如果公司债权人多于一人，则在公司履行债务的过程会产生诸多问题。例如，任何单个公司债权人所拥有的债权数量可能非常少，以至于他们均没有大量的激励来将资源投入到债券合同限制性条款的履行之中。然而，在债券合同限制性条款的履行方面，情况并非一定是单个债权人的投入"太少"。如果债权人的人数少，则实际上在履行合同方面会产生过度投资问题，因为要么是重复劳动，要么债权人所耗费的资源仅仅会导致收益分配的变化。我们的分析意味着，公司所有者应签署委任受托人的合同，以帮助确保以最理想的方式履行债券合同的限制性条款。

如果由单个债权人直接付款给受托人以履行限制性条款，则不可避免地会产生"搭便车"问题，而由公司直接付款给受托人则解决了这一问题。然而，在债券发行完毕之后，股东有激励来贿赂受托人，以使自己可以违背债券合同的限制性条款。为了避免产生这种贿赂情形，必须考虑以下几方面的要素。

如果受托人声誉的市场价值不菲，则对其行贿无疑成本高昂。就事前来看，选任一位"诚实"的受托人——也就是说，对其行贿成本高昂的人——符合公司所有者利益。其原因在于，发行债券合约之时的公司价值，即反映了限制性条款获得履行的可能性。由"诚实的"受托人履行合同，降低了风险债权诱发的不良借款人不当行事的种种积弊，这样，公司的价值就更高。因而，我们的分析表明，那些被选任的受托人如果被发现受贿，他们会遭受重大损失。事实上，债券受托人"通常是一家大型的银行机构"，在从事与受托人主业无关的业务中获得了大额收入，而且也依赖市场对其的信任。另外，受托人的行为也受到信托法与合同法的制约。

杠杆收购中债权人——股东利益冲突的合同解决方式[*]
KENNETH LEHN 和 ANNETTE POULSEN

杠杆收购中债权人与股东之间的冲突，其焦点在于债券市场中的谈判成本。主张引入成文法或者采取监管手段以保护这些交易中的债权人

---

[*] 本部分内容的重印获得了以下出版商的许可：The University of Chicago Press, from Kenneth Lehn and Annette Poulsen, "Contractual Resolution of Bondholder-Stockholder Conflicts in Leveraged Buyouts," 34 *Journal of Law and Economics* 645 © 1991 by The University of Chicago.

的学者,经常把与协商和执行保护性债券限制性条款相关的成本称为"市场失灵",因而要求采取矫正措施。另外,他们还认为,限制性债券条款或许会影响甚至遏制公司管理者利用债券合同签订之后出现的价值最大化的投资机会。他们认为,因为存在这些成本,依赖私人合同以缓解债权人——股东冲突的效用已经弱化了。McDaniel 力主更改以下两项政策:其一,要求公司董事在杠杆收购中"公平"对待债权人的信义义务;其二,要求公众公司披露在杠杆收购中各类证券持有者是否受到了公平对待的披露规则。

尽管撰写并执行保护性债券条款存在这些成本,可以合理预期的是,债权人仍会运用合同手段来降低与杠杆收购有关的风险。传闻证据表明,过去数年来许多大型产业公司发行的债券中,要么包含着"有毒卖出"条款(也就是说,根据该条款,债权人在公司控制权发生变更时,有权以面票价值将债券卖回给发行人)[1],要么包含一些条款,要求控制权发生变更时发行人提升偿付债券的优惠(以将债券价值维持在收购发生之前的水平)。

除了议定明确的保护性条款以对抗杠杆收购的风险之外,债权人至少还有两种方式来降低其风险:其一,持有可转换债券,使其持有人有机会分享杠杆收购带来的利益(当然,其前提是转换价格低于买断收购中的价格);其二,同时持有相同发行人所发行的债券和股票,从而对冲杠杆收购所带来的风险。

迄今为止,债权人在多大程度上选择了保护性条款、可转换债券和同时持有相同发行人的债券和股票以降低杠杆收购的风险,还少为人知。我们通过经验证据对这些选择进行了研究,得出了以下结论:

1. 在由1989年327家发行非转换债券的非金融企业组成的样本中,32.1%的企业拥有杠杆收购时保护债权人的明确约定(也就是事件风险条款)。而同样是这些发行人,在1986年,只有3家公司在其发行的债券中写有事件风险条款。因而,1986年以后(大型杠杆收购事件发生的若干年后)这种保护性条款的运用才大幅增加,这表明运用事件风险条款的进展相当缓慢。

2. 无担保债券的发行比担保债券的发行运用事件风险条款的情形

---

[1] 穆迪或者标准普尔大幅下调债券评级,也可以触发"有毒卖出"权。——编者注

更为普遍(42.7% vs. 8.8%)。在225家无担保债券发行的样本中,成为收购目标或者陷入收购传闻的公司发行的证券中,50.5%运用了事件风险条款。其他公司发行的证券中,只有36.1%运用了这些条款。在其他可能的杠杆收购事件中,运用事件风险条款的比例也基本类似。因而,这些条款并非仅仅是附属于所有债券发行的老套条款——它们出现于杠杆收购的风险最高的地方。

3. 据观察,包含有限制股利发放和发行新的债券的限制性条款的债券合同,比未包含这些限制性条款的债券合同,更频繁地运用事件风险条款。这表明,限制股利发放及发行新的债券,并未能针对杠杆收购的风险提供充分的保护。

4. 通过分析由20世纪80年代的3,000余起债券发行组成的样本,我们发现,可转换债券发行与普通的债券发行的价值之比率,在20世纪80年代的后期实际上是下降的。与我们的预期判断相反的是,这一比率下降幅度最大的,是处于"高收购强度"行业的公司。"低收购强度"行业的公司的这一比率,几乎没有变化。它表明,可转换债券并未被用于降低债券持有者对于风险事件的担忧。

5. 对于20世纪80年代持有股票和可转换债券的24家共同基金所组成的样本的分析中,我们发现,同时持有相同发行人的股票和债券的情形,并没有发生显著的变化。在1979—1980年间共同基金所持债券中,7.3%的债券由这些基金持股的相同公司发行。到了1987—1988年间,这一比例上升至13.4%,在统计数字上并没有发生显著的变化。尽管样本很小,这些数据表明,债权人并没有大量运用同时持有股份和债券的方法来减少杠杆收购带来的风险。

积极投资者、杠杆收购和破产的私有化*

MICHAEL C. JENSEN

高杠杆率和破产的私有化

杠杆收购的组织结构中一个重要而有趣的特征是大量运用债务。在

---

* 重印获得了以下出版者的许可:Wiley-Blackwell, from Michael C. Jensen, "Statement before The House, Ways and Means Committee (Feb. 1, 1989): Active Investors, LBOs and the Privatization of Bankruptcy," 2 *The Continental Bank Journal of Applied Corporate Finance* 35 (Spring 1989).

运用这些组织结构的商事企业中，按公司账面价值为基础进行测算，债务对价值的比率平均接近90%。然而，杠杆收购却并不是唯一运用高负债率的组织结构。公众公司的资本结构调整、高杠杆率收购及股份回购，也运用了这一结构。

对于这些组织结构中的高额负债比率，媒体及公共政策圈子向来深怀忧虑。然而，人们并没有普遍认识到，高额负债作为一种监督和激励机制，特别是对于增长缓慢或者收缩的公司中，它不无益处。甚至人们还没有认识到，同样是资不抵债的公司，即无法履行偿付欠款的合同债务的公司，在杠杆率高企之时与它们过往时期相比，公司的监督和激励成本要低得多。

债务与价值之比为20%（以健康公司的持续经营价值为基础进行计算）的公司，与该比率为85%但其他情况一样的公司相比，其清算价值或残存价值与债券票面价值的接近程度要高得多。[试着设想]这两种杠杆率之下的价值为1亿美元的公司，并且[假定]公司资产的残存价值或清算价值是公司持续经营价值的10%，即1000万美元，那么，如果在困难时期公司价值下跌，它将无法偿付其2000万美元的债务，公司价值也有可能低于其清算价值。

然而，其他情形都一样但负债比率为85%的公司，在面临严重困难而无力偿还8500万美元债务之时，却绝不可能接近清算状态。当公司仍然拥有总价值超过8000万美元的资产时，这种情形就可能发生。在这种情况下，通过把破产进程中的价值损失降至最低的方式来解决资不抵债的问题，可以保全价值7000万美元的资产。在前面的例子中，当公司资产低于2000万美元时，公司所余价值是如此之少，同时面临如此多的冲突和混乱情形，以至于唯一具有经济合理性的行为就是走向破产。

在新的杠杆模式下保全价值的激励表明，会产生一种非常不同的制度安排和做法，以取代普通破产程序。事实上，破产可以在法院之外进行，而且能够被"私有化"。这种制度创新可以通过私下解决公司债权人的利益冲突而实现大量的经济价值。当公司的持续经营价值大大超过其清算价值时，启动繁琐的法院监督之下的破产程序，往往成本更加高昂。因为破产程序使管理层的时间和注意力从经营企业转到了如何终止合同，而这本来是破产程序所设立的初衷。

各方主体所面临的大笔潜在损失，使其有激励在法院之外更有效率地重组各方的请求权。杠杆收购中常见的等份融资正反映了这一事实,也就是说,在所有证券中,各类请求权人所持比重大体相同,因而降低了各类请求权人之间的利益冲突。更好地管理破产程序的激励,也体现在这些新的组织真正进入破产的概率极为低下。最近的 Revco 案件既是此类杠杆收购破产的最大事件,也是发生的此类少量事件之一。

杠杆收购经常陷入麻烦,但它们绝少进入正式的破产程序。相反,在短时期内(通常是几个月)公司就会实现重组,并且经常是在新的管理层领导之下进行,而且其成本显然低于法院监督之下的破产。

由于杠杆收购的公司所负银行债务经常达到其总负债的 50%,而且银行债务主要采取浮动利率计息,这些公司是否能够承受利率的急剧增长,对此存在很多忧虑。下述事实缓解了这一问题:绝大多数杠杆收购通过购买存在利率上限的贷款或者运用将浮动利率转化为固定利率的互换工具以对冲利率的急剧增长,从而实现了自我保护。的确,现在普遍的做法是,银行会要求控制权收购公司获得此种保护,并将其作为贷款发放的条件。凭借这些新的金融工具,一些风险可以在市场上对冲掉,因而控制权收购公司所面临的整体风险会低于过去数年来它们在类似负债水平上所承担的风险。

毫无疑问,重组做法中的制度创新走向成熟。在这一过程中,参与者也将明白,与过往相比,破产将更为频繁且成本更低,但这一切都还有待时日。

风险资本机构的结构与治理*

WILLIAM A. SAHLMAN

在多年的发展演变过程中,风险资本的运作流程及缔约主体都很好地适应了一个以不确定性及被代理人与代理人之间的信息不对称为特征的环境。我们在论及风险资本时,是指由专业人士管理的资本池,它们对处于不同发展阶段的私人企业的股权证券进行投资。风险投资人积极参与他们出资设立的企业的管理,除了拥有所有权之外,他们通常成为企业董事会成员,并且保留重要的经济权利。该行业中主流的组织形式是有

---

* 本文发表于 *Journal of Financial Economics*, vol. 27, William A. Sahlman, "The Structure and Governance of Venture Capital Organizations," pages 473—521, Copyright Elsevier (1990). 本部分内容的重印获得了许可。

限合伙,其中风险投资人是普通合伙人,而外部投资者则是有限合伙人。

风险资本合伙组织既要与向它们投入资金的外部投资者签订合同,又要与它们投资的创业企业签订合同。这些合同拥有某些共同的特征,主要包括:

1. 承诺投入资本,并且保留退出的选择权;
2. 运用与其所创造价值相挂钩的薪酬制度;
3. 保留着迫使管理层分配投资收益的方法;

合同的这些要素着力于解决以下三个根本问题:

1. 选择的问题:如何选择最好的风险资本组织,以及最好的创业企业;
2. 代理问题:如何最小化代理成本的现值;
3. 运作成本问题:如何最小化包括税收在内的运作成本的现值;

从一个角度看,可以将风险资本视为资本投资的另一种组织模式。与公司一样,风险投资公司筹集金钱并投资于项目。与传统的公司内部投入项目资金相类似,许多项目由风险投资来完成(例如,开发一种新型的电脑硬件的终端)。然而,风险资本机构与传统的公司所运用的治理制度却迥然相异。

行业的整体背景

风险资本过去三年来,每一年投放的资本中15%流向处于早期阶段的创业企业,65%的资本投向处于更后期阶段的企业,这些企业通常仍属封闭状态;剩余20%的资本则投向杠杆收购或并购交易。近年来,在每年投入的资本中,风险投资人把约为三分之二的资本投向已在其投资组合中的公司,另外三分之一则进行新的投资。风险投资人通常会对同一投资组合中的公司进行数轮的融资。

在新企业的设立方面,风险资本投资所发挥的作用并不大……相较于对国内公司的资本投入水平,风险资本投资的数量也并不显著。

尽管获取全面的数据并不容易,看起来从20世纪60年代中期至20世纪80年代中期(这是当前可以获得可靠数据的唯一期间),风险资本保持着高额的整体回报率。例如,1965年至1984年间,29家风险资本合伙企业在合伙企业存续期内(平均存续时间为8.6年),已实现复合回报率的中值超过了每年26%。

一项更为近期且更为全面的研究[来自《风险经济学》。——编者注]表明,成立于1981年以前的基金,直至1987年的整体回报均为正值……这项研究还显示,自1983年以来,基金的回报率已经下降,特别是在这一期间的后期成立的基金,情况更是如此。然而,要想估算回报率的下降幅度却极为困难,因为该行业的会计惯例通常包含了一种下行的偏差。

风险资本投资组合中单个投资的回报差异极大……根据《风险经济学》的统计,13家公司在1969年至1985年间完成的383项投资中,超过三分之一的投资导致了纯粹损失……然而,少数一些投资所带来的回报,其效果就远不仅仅是抵消这些令人失望的投资损失了。例如,《风险经济学》报告称,6.8%的投资所带来的收益超过其成本的10倍,并且使投资组合的最终价值整体增长了49.4%(占其利润的61.4%)。

风险投资公司的最常见结构

直至1988年,风险资本公司最为典型的结构是有限合伙,风险投资人是普通合伙人,而其他投资者则是有限合伙人。

风险资本公司往往因行业不同或投资的不同阶段而各有专长。一些公司专精于与计算机相关的公司,而其他公司则将主业定位于生物技术或者特产零售企业。一些公司只投资于企业的早期阶段,则其他公司则关注更为后期的融资。许多公司还对其投资的地理范围有所限定。

合伙合同规定了风险资金投资者与管理者的权利和义务,从而规范着两者之间的关系。

外部投资者与风险投资人之间关系的分析

风险投资人作为有限合伙的代理人,通过中介机构而不是直接投资于创业企业。在此种情况下,在代理人与被代理人之间就产生了冲突,这些冲突必须通过合同和调整其关系的其他机制加以解决。

在风险资本行业,代理问题往往特别难以解决。风险投资人在选择进入投资组合的公司方面发挥着积极的作用,而有限合伙人无法密切监督每一项投资的前景,因而两者之间不可避免地存在着严重的信息不对称问题。

各方会在合同中议定若干关键条款,以保护有限合伙人免受风险投资人作出有悖于其利益的决定的侵害。首先,风险资本的存续期是有限的;风险投资人不能永远地占有金钱。相反,诸如共同基金或者公司等组织模式,却拥有无限的生命周期。另外,无须言明的是,投资者还有权不向同样的风险投资人后来管理的任何基金投入金钱。

第二，有限合伙人保留着违背承诺的权利，他们在首次投入资本之后可以拒绝追加投资……第三，必须构造一套薪酬制度，以赋予风险投资人适当的激励。基金管理人通常有权获得基金收益的 20%。下文将更为全面地阐述个中原因，出于这一原因，参与利润分配和其他方面的合同约定，激励着风险投资人将管理费分配给将增加投资组合整体价值的活动。

第四，出售投资组合中的资产所获收益如何处理，各方或许存在种种不同观点，但强制性分配政策缩小了潜在的意见分歧。普通合伙人不能为了一己之私而以损害有限合伙人利益为代价，用该收益进行证券投资。

最后，合同还对风险投资人与有限合伙人之间存在明显冲突的领域，进行了调整。因而，风险投资人经常被明确禁止从事自我交易（例如，他们不能以更有利的条款购买投资组合中的股份，其收入分配也不得有别于有限合伙人）。而且，合同还要求风险投资人对基金活动投入一定比例的心力。尽管这一要求难于监督，但如果基金运作绩效低下，过分违反约定的行为仍然会被提起诉讼。

在使风险投资人与有限合伙人利益保持一致方面，薪酬制度发挥着关键的作用……相对于薪酬的其他组成部分，结转权益所占比例较高。[1] 其后果是，风险投资人将被激励着实施有助于提升结转收益价值的行为，后者恰好会使有限合伙人受益。

选择问题

治理结构还有助于潜在的投资者在风险投资人中分辨良莠。个中道理至为简单：与不好的风险投资人相比，好的风险投资人往往更易于接受新的合伙组织的有限生命周期，同时其薪酬制度更加依赖投资回报。通过接受上述条款，他们明确同意至少每隔几年就允许投资者检查其经营绩效；如果他们实施机会主义行为或者表现无能，他们将无法获得基金的青睐。另外，他们的绝大多数预期薪酬源于基金收益的份额。如果运营绩效良好，他们将体面地分享基金成功的收益。他们还可以从筹集其他资本中获得收益，而且最有可能的是，他们受益于商业社会中诸多不同经济体的种种特征。但如果他们对于运营绩效缺乏信心，或者打算将有限合伙人的利益置于脑后，他们可能不会同意接受合同的这些基础条款。

---

[1] 结转权益是指风险投资人（普通合伙人）在投资收益中所占份额，它是在基金存续期末获得的固定支付（因而是"结转"权益）。薪酬的其他部分是管理费和工资。——编者注

风险投资人和创业企业之间的关系

每一年,风险投资人都要从数以百计的投资方案中仔细梳选,以决定最终支持哪些投资创意和团队。风险投资的成败取决于相关人员的能力和勤勉,也取决于某些他们无法控制的因素(例如,宏观经济状况),但相关人员的个人能力却难以预先计量。

作出投资决策且签署了合同之后,投资过程就难于监督了。投资失败的可能性很高……风险投资人和创业者也往往拥有不同的信息。即便拥有的信息相同,他们就某些事项的意见也往往并不一致,包括是否以及何时放弃风险投资,以及如何及何时将现金投入到项目之中。

风险投资人解决这些问题的方式有多种。首先,他们构造投资结构,以使他们能够掌握公司的控制权。其中最为重要的机制是分期注入投资资金。第二,他们设计一套薪酬制度,以使风险投资管理者拥有适当的激励。第三,他们积极介入他们投资的公司的运作,而且事实上发挥着投资顾问的作用。最后,风险投资人预设了种种机制,以使其投资富有流动性。

分期投入资本及其他控制机制

即便有的话,风险投资人也绝少一次性投入公司完成其商业计划所需的所有外部资本;相反,他们会在公司发展的不同阶段逐步投入。其结果是,每一家公司在起步时都知道它的资本仅仅足以支撑其到达下一发展阶段。通过分期投入资本,风险投资人保留着放弃前景黯淡的项目的权利。放弃的权利非常重要,因为只要有人给钱,创业者几乎从来不会主动停止向正在走向失败的项目投入资本和心力。

分期投入资本还激励着公司经营团队。对于任何具体的风险投资项目而言,资本都是稀缺而昂贵的资源。对于风险投资人而言,滥用资本成本极其高昂,但对于管理层而言,却未必总是如此。为了鼓励管理者善待资本,如果资本被滥用,风险投资公司会启动严格的制裁措施。这些制裁手段通常体现为两种基本的形式。首先,资本要求提高之后,不可避免地以日益增大的惩罚性比率稀释了管理层的股权份额……第二,分期投资的程序使得风险投资公司可以彻底结束其业务。创业企业被放弃的可靠威胁——即便当公司在经济上仍然能够存活下去之时——是维续创业者与风险投资人之间关系的关键……风险投资人拒绝投入资本,也向其他资本提供者传递了存疑公司存在不良投资风险的信号。

除了拒绝提供公司资本之外,风险投资人还可以通过解聘或者降职等手段,对刚愎自用的管理者实施约束。

创业者之所以接受此种分期注入资本的安排,是因为他们对于凭一己之力实现目标信心满满。他们认识到,如果他们实现了那些目标,他们在公司中的利益份额,将大大高于他们一开始即坚持要求获得所有资本时的情形。

薪酬制度

接受风险资本的创业者获得的现金薪酬,通常低于他们在劳动力市场中可以赚取的价格。而他们持有自己创始的企业股权,也就弥补了当前收入的差距。然而,除非公司创造出价值并且提供了将不流动的股权变现的机会,普通股及随后获取的股票期权将无法偿付前述收入差距。就此而言,风险资本投资人与创业者的利益保持着一致。

薪酬制度通过雇佣关系惩罚绩效低下的行为。如果雇佣关系终止,所有未授予的股份和期权都必须返还给公司。在绝大多数情形下,公司都保留着按照预定价格向雇员回购股份的权利。

如果没有制裁措施,创业者有时可能会被激励着更加冒险,尽管这无法相应地获得充分的回报。可以将创业者的薪酬计划视为或然的请求权,其价值的增长具有波动性。这些制裁措施以及风险投资人对企业运营的积极介入,有助于降低其更加冒险的激励。

风险投资人积极介入所投资公司的运作

创业者与风险投资人之间的任何合同,都无法预见彼此将发生争议或者冲突的所有情事。部分出于这种原因,风险投资人通常会介入公司的运作。

风险投资人担任董事会成员,帮助招募和核定关键人员的薪酬,与供应商和客户交流,帮助确定战术与战略,在筹集资本中发挥重大作用,并帮助构造诸如兼并和收购等交易。他们经常通过更换管理层来实现更为直接的控制,而且有时愿意亲自参与公司的日常运营。所有这一切,其目的均在于增大公司运营成功的可能性,以及改善投资回报;另外,这些措施还保护了风险投资人的利益,并且缓解了信息的不对称。

在风险资本中,逆向选择是个难题。风险投资人认为,他们积极参与公司运作,能够提升公司的总价值,这一价值的增长,足以抵消他们提供资本所承担的高额成本。如果风险投资人能够按其声称的那样表现出色,逆向选择问题就得到了有效的遏制。另外,投资之前所进行的尽职调查,其部分目的即在于确保创业者适格胜任。

尽管在处理与创业企业的关系方面风险投资人看似拥有诸多权力,但该体系拥有许多制衡机制。风险投资人如果滥用权力,将发现自己难以吸引到最佳的创业企业,后者可以选择接触其他的风险投资人,或者在风险资本之外开拓其他的资本来源。就此而言,可以认为,从风险投资人手中获得资金,是创业者自觉自愿选择的一种最大化净现值的安排。

关于股利的两种代理——成本解释[*]

FRANK H. EASTERBROOK

经济学家发现股利神秘莫测。Merton Miller 和 Franco Modigliani 在其发表的著名文献中声称,股利无关紧要,因为投资者可以买入或卖出其投资组合中的资产而自行调制其股利政策。与此同时,发放股利的公司为了维持其最优的投资政策,在发行新的证券时也会付出成本。另外,对于诸多投资者来说,股利是应纳税收入,而公司却可以通过持有利润并将其再投资而降低税负。尽管与投资政策变更相关的股利或许是有合理原因的——例如,公司因为正在清算而缩减投资,或者由于其他原因股东比管理者能够更好地运用金钱——对于公司而言,股利都是成本,并且在投资政策不变的其他情形下都不会构成收益。

代理成本的形式之一是监督管理者的成本。这对于股东而言成本高昂,而且集体行动的问题又确使股东几乎不愿在此投入任何心力。尽管兼具股东身份的监督者会承担所有的监督成本,他仅仅能够获得与其持股比例相对应的收益。而由于股权分散,没有一名股东可以获得哪怕一小部分收益。如果有人能够像债权人的合同受托人那样代理股东监督管理者,则股东的财富状况会得到改善。

代理成本的第二个源泉在于管理者的风险厌恶行为。分散投资的投资者只关注自己在具体公司中未分散的风险。然而,管理者相当部分的个人财富却与公司命运息息相关。如果公司经营不善、或者更糟糕的是,如果公司破产,管理者会丢掉饭碗,并丧失在公司中所持股份的财富。因而,管理者关心公司的整体风险,而且其个人规避风险的行为会放大市场

---

[*] 重印获得了以下许可:74 *American Economic Review* 650 © 1984 American Economic Association.

对风险的担忧。

　　风险厌恶的管理者会选择安全的项目,尽管这些项目的预期收益低于风险更高的项目。股东的偏好恰恰相反。在风险更高的企业中,股东得以牺牲债权人利益为代价而增进个人财富(因为股东无须向债权人支付任何收益,而债权人承担了公司经营失败的部分风险),因而股东希望管理者是风险偏好者。

　　然而,只要公司在市场上持续融资,则监督问题及风险厌恶问题将会得以缓解。当公司发行新的证券时,投资银行家或者其他类似的中介机构以及新的融资工具的购买者,将会审查公司事务,从而发挥着股东整体利益的监督者的作用。

　　新的投资者并不会因既有投资者的集体选择困境而受到伤害。他们可以在投资之前仔细观察管理者的行为,而且除非获得了管理层可救济的代理成本补偿(体现为股价的降低),他们不会购买新的股票。因而,资本市场上的管理者有动机降低那些代理成本,以在发行新的证券时获得可能的最高价格。与既有投资者相比,新的投资者在压低代理成本方面更具优势。

　　当然,新的投资者需要信息,而后者或许并不容易获得。除非存在一套简便易行的欺诈救济法律机制,审计师或者管理者本身并非完全值得信赖。而其他信息收集方式,例如股东的查询和股票经纪人的研究,却又面临着以下问题:因为没有一个人可以获得查询的所有收益,因而通过查询获得的信息将少之又少。如果一些信息收集者拥有更大比例的利益份额,而且可以用更低的成本完成信息的验证,则可以节约成本。股票承销商和大额贷款人可以提供低成本的验证。这些公司自己投入了金钱,而且根据这种第三方承担风险的行为所推测出来的信息,对于其他投资者而言价值不菲。当股利使公司留在资本市场时,通过承担风险而进行的验证,即属于成本节约方式之一。

　　预期的持续股利发放,迫使公司必须筹集新的金钱以开展活动。因而,公司会促成有益于股东的监督和债权——股权比例。另外,即便筹集新的资本并不伴随着股利的发放,他们至少会提高债权——股权的比例,以使股东不至于让渡(过多的)财富给债权人。换句话说,为了降低管理层的代理成本,股利的设定机制灵活多变。

　　我刚才提供的并不是关于股利的唯一解释。这里论及的一切也并不表明,股份回购的效果与股利相同或者强于后者。连续发行债权工具,以使偿付与再融资行为得以持续进行,发挥着与股利同样的功能。我在这里"解释"的仅仅是那些使公司留在资本市场的种种机制,而且这些机制引发了持续的监督和投资者持续地重估风险,从而将公司留在资本市场。

注释及问题

1. 本章导论及摘要部分关于风险转移的讨论,受到了现代公司金融的期权定价理论(OPT)的启发,后者源于 Fischer Black 和 Myron Scholes 提出的复杂的数理模型,并且广泛地运用于投资领域。Black and Scholes, "The Pricing of Options and Corporate Liabilities," 81 *Journal of Political Economy* 637 (1973). 本部分注释简要介绍期权定价理论,以释明资本结构与股东的机会主义行为之间的关系。

期权是一份在未来某一确定日期(到期日)或者该日期之前以固定价格(被称为行权价)买入(或者卖出)资产的合约。以技术术语来说,买入资产的选择权被称为买入期权,而卖出资产的权利则被称为卖出期权;然而,"期权"在使用时经常未加任何的文法修饰,在这种情况下,它是指买入期权。期权具有特殊价值的一个特征就是其或然性:期权所有者拥有购买资产的权利,但却没有购买资产的义务。所有者只有在符合其利益的情况下才会购买该资产。根据行权价和到期日之时基础资产的价格的差异,期权可能被行使,也可能未被行使而到期。如果价格不合适(也就是说,行权无法带来利润),则期权的所有者可以直接不理会合同。例如,如果行权价超过了资产的价格,则对于期权持有者而言,直接购买资产比行使期权更为便宜。

期权是衍生金融工具:它们的价值衍生于其他资产——即基础资产或者原始资产——之上。尽管可以就任何种类的资产拟就期权合同,最为典型的期权合同是针对普通股而拟定,为了行文方便,本注释的其他部分仅仅论及股票期权。期权的价值取决于诸多因素,包括行权价及股票价格。然而,期权定价最为关键的变量是基础股票的波动性。股票回报的波动性越强(该变量值越大),期权的价值就越高。

假定有两只股票,股票 S 与股票 V,其预期回报一样,但波动性不同(股票 V 的变量值高于股票 S 的)。从资本资产定价模型(CAMP,在第 1 章的 B 部分讨论过)的角度看,这两只股票的 beta 值相同,但特定于公司的风险则有差异。假定股票回报呈正态分布(围绕着均值呈对称分布),

则股价超过预期价值的概率为50%，另有50%的概率股价低于预期价值。现在假定，每只股票都写有期权合同，而且行权价格等于其预期价值。这就意味着有50%的概率期权直到到期都一钱不值（股价低于行权价格），另有50%的概率期权是有价值的（股价将高于行权价格）。

于是，如果股价上涨，变量值更高的股票V的收益高于变量值更低的股票S；这也是计算变量值的方法（回报与均值的离散度）。因而可以看出，波动性更强的股份获得大额回报的概率更高。但对于两只股票而言，回报为零的概率都相同（50%）。这里不存在回报为负值的可能性，因为如果股价下跌至低于行权价，则无须行使期权。这对于波动性的价值而言至关重要。期权的价值存在一个底限，即其价值不会低于零（因为如果它的价值为负值，它不会被行权）。因而，当股票的变量值增大时，期权持有人关心的只是更高的离散度带来的有利结果有多大；变量值越大，增值的可能性也就越大，而回报为负值的可能性增大，却不会带来任何后果。

考虑到投资组合理论的投资者行为假定（参见第1章的B部分），发现股票的变量值更高是一项理想的投资特征，这很奇怪吗？答案是否定的。当投资者持有股票时，影响回报（好的回报或者坏的回报）分布的所有可能性，都对其构成了影响，而风险厌恶的投资者不喜欢较高的变量值。然而，当她持有期权时，回报的分布值被截短了，只有向上的符尾值才是重要的；回报请求的或然性消除了持有人面临的下行风险，因而回报的分布值越大越好。

在杠杆化的公司中，可以将股票界定为类似于买入期权。期权行权价是债权的面值；期权的基础资产就是公司。当债权到期时，股东决定是否行使他们的期权（偿清债务）从而买入公司。如果当债权到期时公司资产的价值低于到期债权，则股东不会偿付债权（他们并不行使其期权）。由于存在有限责任的安排，股东最糟糕的结果是一无所获，而那也是他们违约时的股票的价值。如果资产的价值超过了债权的价值，则股东会行使期权（他们对债权人进行偿付）从而买入公司。

这一类比显然表明，那些创造了期权的价值的变量也会增加股票的价值，而这也是风险转移游戏（债权的代理成本）的关键。因为期权的价值随着基础证券的价值的提升而提升，加大了公司资产所面临的风险（在本章导论部分的注释所提到的例子中，选择H项目而不是L项目），提升了股票的价值。

请注意,投资者购买期权并不仅仅是为了在股价波动中进行投机(乐观主义者购买买入期权,而悲观主义者购买卖出期权),而且是为了对冲价格变动的风险。其原因在于,将股票、期权和借款理性地组合在一起,将创造一种回报无风险的投资组合(例如,卖出买入期权的收益或者损失,将会被股票与买入卖出期权组合的收益或者损失所抵消)。一些入门性的金融教科书对期权的定价进行了介绍,例如 Stephen A. Ross, Randolph W. Westerfield, and Jeffrey F. Jaffe, *Corporate Finance*, 9th ed. (New York: McGraw-Hill Irwin, 2010)。

2. Smith 和 Warner 的论文以 Jensen 和 Meckling 的奠基性文献(第1章的摘要部分略去)为基础,从代理成本的角度,对债券合同条款作出了经典的分析。而以下文献则对与代理成本有关的债券合同进行了全面而非技术化的回顾与分析,同时探讨了不同类型的公司是如何利用不同的信用市场的,后者相应地向债权人提供了种种不同形式的合同保护:William W. Bratton. "Bond Covenants and Creditor Protection: Economics and Law, Theory and Practice, Substance and Process," 7 *European Business Organization Law Review* 39 (2006). 正如 Bratton 所提到的,规模很大而且风险更低的公司通过签订保护性条款弱于私人债务契约的合同,进入公开债券市场。私人债务合同中更为细致的约定性保护条款,不仅与债务人的信用风险息息相关,而且也是私人债务合同更便于重新议定的一种体现,因为与公开发行涉及大量分散的股东相比,此种合同只涉及一家银行或者少数几家金融机构。

3. 许多金融和会计学者试图检验 Smith 和 Warner 关于债券合同的代理成本解释及债券合同条款已获定价的当然假定。目前的数据一致地支持了他们的观点。例如,Paul Asquith 和 Thierry Wizman 对于杠杆收购之于债券价格的影响进行了事件研究后发现,拥有强有力的保护性约定的债券(债券获得担保,或者限制兼并后存续公司的净资产并且限定债券融资总额),获得了异常正回报(+2.6%),而那些没有保护性约定的债券在宣布收购之日却获得了异常负回报(-5.2%)。Asquith and Wizman, "Event Risk, Covenants, and Bondholder Returns in Leveraged Buyouts," 27 *Journal of Financial Economics* 195 (1990). 或许是保护性约定带来了增值,因为杠杆收购会触发默认要求的适用,根据这一要求,如不改善债券保护性条款,债券将被收回。这一解释获得了以下另一发现的支持:收购之后绝大多数受保护的债券不再属于未偿付债券(也就是说,它们被收回了),而未获保护的债券却往往更有可能仍处未偿付状态。Asquith 和 Wizman 得出结论称,保护性约定"起到重要作用"。

4. 试着回忆第 3 章 A 部分注释 4 关于公司法网络效应的讨论,运用某一套法律规则或合同格式的人越多,这一法律规则或合同格式对于使用者的价值越高。美国律师协会的各委员会及诸多行业团体,例如美国银行家协会都置备了债券合同的模板(正如律师协会创造了公司法的模板那样)。你认为网络外部性对于债券合同的重要性高于股权合同吗?网络外部性的存在,能否使以下做法具有正当性:法院在解释合同标准条款时遵守另一辖区的法院对该条款的解释,尽管此前的解释在经济上是不可靠的? 法院遵循此种做法的一个例子,参见 *Morgan Stanley & Co. v. Archer Daniels Midland Company*, 570 F. Supp. 1529 (S. D. N. Y. 1983)(遵循了南伊利诺斯联邦地区法院一项关于不可替换条款的解释,将追溯规则适用于资金来源及使用的解释上,尽管传统的财务知识认为该笔资金是可以替换的)。

5. 根据 Lehn 和 Poulsen 的记录,在 20 世纪 80 年代,事件风险条款的运用显著增加。你认为,哪些类型的事件会诱发债券合同中事件风险条款的创新? 20 世纪 80 年代杠杆收购数量的增长是否足以引发创新? 在合同创新方面作出重要贡献的法院判决,参见 *Metropolitan Life Insurance Company v. RJR Nabisco, Inc.*, 716 F. Supp. 1504 (S. D. N. Y. 1989)。该判决认定,迄今为止最大笔的杠杆收购中,并不存在善意地维持债券的投资评级这一隐含的约定(RJR Nabisco 债券的价值大幅下挫——据统计,该笔交易一俟宣布,即带来了 8 亿美元的损失)。

与其他保护性条款一样,事件风险条款也有价格。Leland Crabbe 发现,1989 年,债券合同中的事件风险条款降低了发行新债券的成本达 24 个基点(1% 的四分之一),二级市场上的交易商将该条款视为 32 个基点。Crabbe, "Event Risk: An Analysis of Losses to Bondholders and 'Super Poison Put' Bond Covenants," 46 *Journal of Finance* 689 (1991)。Hugh Pratt 和 Miles Livingston 再次研究了这一问题,将事件风险条款区分为强式保护条款和弱式保护条款,并认为其影响着债券的信用评级。他们发现,强式保护条款才会对借款成本产生类似的影响(29 个基点),但它不具有统计学意义上的显著性(而且在评级为 A 的债券子样本中,拥有强式事件风险条款的债券所占比重最高,其借款成本下降比例低于 50%,但这一样本也不具有统计学意义上的显著性)。如果债券评级被排除在分析范围之外,则该影响面更为广泛,且具有统计学意义上的显著性(下降 86 个基点)。他们运用这两种方法论上的差异,来解释他们的研究与以下研究的差别:Crabbe's. Pratt and Livingston, "Effects of Super Poison-Put Clauses on Industrial Debt," 3 *Journal of Fixed Income* 33 (Dec. 1993)。他们还进一步发现,RJR-Nabisco 交易增大了债务成本:例如,A 级债券(拥有强式事件风险保护条款的比重最高的债券类型)在收购之后其价差增加了 25 个基点;而整个样本的价差则增加了将近 79 个基点。考虑到事件风险条款所导致的资本成本的增加并不显著,它表明,总体而言,事件风险条款的合同创新并不足以抵消因债权人意识到杠杆交易增加了发生损失的风险而导致的资本成本的上升。

包含着事件风险条款的债券发行的数量,看起来已经成为收购活动的晴雨表:2006 年杠杆活动急剧增加,这一数量也大幅增长至债券发行总量的 8%(2005 年这一比例只有 2%),2008 年全球信贷危机、美国陷入 20 世纪 30 年代以来最为严峻的经济衰退之时,只有获得最高投资评级的债券(它们往往不包含此类条款)才可以卖出。2009 年,随着低质量的发行人得以重返市场,拥有事件风险条款的债券发行的数量开始回升。一位公司财务主管在分析此种趋势时,注意到这些条款已经"成为除了拥有最高评级的公司之外的所有公司的一种实际上的标准",因为"承销商基本上都会说,如果你需要完成交易,债券必须拥有[此类条款]。"据称,此类事件风险条款降低了 25 个基点的预期成本。John Detrixhe and Bryan Keogh, "Bondholders Shaken as LBO Optimism Drives Up Poison Puts," Bloomberg.com (Oct. 30, 2009)。

6. 私人机构,诸如标准普尔、穆迪投资者服务公司等,根据公司债券的信用度(违约的可能性及如果违约债券合同所提供的保护)进行评级。评级越高,公司必须支付给投资者的利率越低。评级低于投资级别的债券被称为垃圾债券。称呼其的相应术语是高收益或低评级债券。投资界混用这些术语,仅仅是为了指称证券的风险程度。在注释 5 中,Pratt 和 Livingston 的研究提及,那些最可能包含着强式事件风险保护条款的评级为 A 的债券,属于投资评级,而他们发现最可能包含弱式事件风险条款的债券则低于投资评级(评级为 B)。

20 世纪 80 年代,垃圾债券融资额显著增加,从 1980 年占美国公开发行总额的 5% 上升至 1986 年的 20%(融资的绝对数量,从 20 亿美元增长至 460 亿美元)。Kevin J. Perry and Robert A. Taggart, Jr., "The Growing Role of Junk Bonds in Corporate Finance," 1 *The Continental Bank Journal of Applied Corporate Finance* 37 (Spring 1988). 美国的绝大多数公司无法满足债券的投资评级。相应地,在垃圾债券市场发展起来之前,数以千计的公司因无法满足投资评级而被挡在了债券公募市场之外,在开展新的项目之时,被迫支付商业银行贷款或者股份发行所要求的更高的资金成本。Glenn Yago, *Junk Bonds: How High Yield Securities Restructured Corporate America* (New York: Oxford University Press, 1991). 另外,绝大多数此类公司也无法获得风险资本融资,因为正如选自 Sahlman 的著述所称,此类资金用于支持创业企业走向首次公开发行,而不是用于公司的长期增长与扩张。垃圾债券市场的深度也大大超过风险资本市场。2000 年以来,高收益债券的发行介于 1000 亿美元至 1500 亿美元之间,而风险资本市场每年筹资额则为 250 亿美元。

在 20 世纪 80 年代至 90 年代间,垃圾债券第一次成为融资的主要来源,由于它们广泛运用于公司收购和重组领域而一度面临争议。由于垃圾债券的存在,小公司获得了资金来收购规模大得多的公司,后者的资产将产生收益来偿付债务。对于此种融资形式造就的公司收购行为,第 8 章将进行更为细致的分析。20 世纪 80 年代,为收购提供融资支持的垃圾债券开始出现,与彼时点燃了有关收购的争议的普遍看法相反的是,此类融资的绝大部分并未用于公司重组和杠杆收购。绝大多数高收益债券发行为中小型公司的内部成长和扩张提供了融资,而且其中诸多公司处于创新性更强的行业(电讯、手机和个人电脑)。另外,在公司合并及其他控制权变更中,由高收益债券发行提供资金支持的比重并不高。参见前文 Perry 和 Taggart。

根据时下的说法,杠杆收购公司也称为私募股权基金,而且这些天来,杠杆收购、包括相对少见的敌意收购,也不再像它们当时出现时那样备受指责。收购资金的数量令风险资本基金和垃圾债券市场均相形见绌:近年来,该资金年均筹集或者达成股本出资承诺 2000 亿美元。与风险资本基金相似的是,这些基金主要从机构投资者中筹集资本,其中养老基金是最大的来源。第 6 章将对机构投资者展开探讨。第 8 章中摘自 Steven Kaplan 和 Per Strömberg 的文献,对收购活动(私募股权)基金予以概述。

7. 根据第 1 章中摘自 Malkiel 文献的金融理论,想想 Lehn 和 Poulsen 关于事件风险条款的探讨。投资者债务资产组合的多样化,是否足以替代事件风险条款所提供的保护?

8. Jensen 将破产的私有化视为杠杆收购组织形态的一大好处,因此面临财务困境的公司可以无须运用正式的法律程序(被称为危机管理)而自愿重组其债务,这为公司参与方节约了大量的成本。最为理想的估计是,自愿出售债务的直接成本(占出售之前的公司资产账面价值的 0.65%)大大低于直接破产的成本(占申请破产前一年公司总资产的 2.8% 至 7.5%)。试比较以下作品:Stuart C. Gilson, Kose John, and Larry H. P. Lang, "Troubled Debt Restructurings: An Empirical Study of Private Reorganization of Firms in Default," 27 J*ournal of Financial Economics* 315 (1990),以及 James Ang, Jess Chua and John J. McConnell, "The Administrative Costs of Corporate Bankruptcy: A Note," 37 *Journal of Finance* 219 (1982); Jerold Warner, "Bankruptcy Costs: Some Evidence," 32 *Journal of Finance* 337 (1977);和 Lawrence A. Weiss, "Bankruptcy Resolution: Direct Costs and Violation of Priority of Claims," 27 *Journal of Financial Economics* 285 (1990)。

尽管 Jensen 预测,杠杆收购的组织形式使公司有能力在陷入财务困境时完成重组而不会产生正式破产的成本,杠杆收购公司提起破产的数量在 20 世纪 90 年代初仍呈上涨态势。另外,Stuart Gilson 发现,此类公司的大多数并没有在提出破产申请前试图私下重组其债务,而在 20 世纪 80 年代大多数申请者确实也如此行事。Gilson, "Managing Default: Some Evidence on How Firms Choose between Workouts and Chapter 11," 4 *The Continental Bank Journal of Applied Corporate Finance* 62, 69 (Summer 1988)。在后续的作品中,Jensen 解释道:"本人关于破产的持续私有化的预测,其错误无以复加。我未能预计到的是新出现的重大监管动向,税法的关键性变革,以及误入歧途的破产法院的裁决,共同迫使诸多陷入困境的公司选择适用第 11 章。" Michael C. Jensen, "Corporate Control and the Politics of Finance," 4 *The Continental Bank Journal of Applied Corporate Fi-*

nance 13, 25（Summer 1991）（第 11 章是联邦破产法,适用该法的公司试图完成的是重组而不是清算）。

然而,公司可以运用一种方法,既可以不必放弃申请破产的种种益处,又能够获得危机管理的某些成本优势,该方法就是"预设"破产计划。根据此种安排,公司在申请破产的同时提交一份已获绝大多数债权人批准的重组计划。运用这种机制可以大为节省花费在破产法院的时间（及金钱）。关于预设计划的探讨,参见 John J. McConnell,"The Economics of Prepackaged Bankruptcy," 4 *The Continental Bank Journal of Applied Corporate Finance* 93（Summer 1991）。近年来,预设计划及其诸多不同版本被运用得如此广泛,以至于主办的破产法院发布了一些指引,对相关程序和做法予以标准化,以供提交此类计划申请时遵循。参见 Sandra E. Mayerson,"Current Developments in Prepackaged Bankruptcy Plans," 838 *Commercial Law and Practice Course Handbook Series* 337, 360（New York: Practicing Law Institute, April 11, 2002）。

从更大的时间窗口看,杠杆收购的默认利率看起来略低于债券发行的平均默认利率:从 1980 年—2002 年间,杠杆收购的默认年度利率是 1.2%,相比之下,美国所有公司债券发行人的平均利率是 1.6%;这些杠杆收购的公司占该期间内最终走向破产的数千家杠杆收购公司的 6%（然而,值得注意的是,由于关于私人公司的数据有限,默认利率存在被低估的可能性）。第 8 章选摘自 Steven Kaplan 和 Per Strömberg 的文献,对这些数据进行了探讨。

9. 导论部分提及,相对于股东而言债权人的地位存在以下两方面的差别,即破产时债权人拥有优先权及公司管理层对债权人没有信义义务,事实上与以下经年累月所形成的司法原理紧密相关:当公司资不抵债时,公司管理层的信义义务所针对的对象转移至债权人（因为当公司资产低于其负债时,债权人有权优先受偿,这使其成为剩余索取权人）。在特拉华州最高法院于 2007 年就括号内的案件（*North American Catholic Education Programming Foundation v. Gheewalla*, 930 A.2d 92,（"*NACEPF*"））作出的裁决中明确接受该原理之前,具有判例效力的是大法官法院就以下案件所作出的裁决（*Credit Lyonnais Nederland, N.V. v. Pathe Communications Corporation*, 1991 WL 277613）,在该案件中,Allen 大法官称,信义义务的转移发生于更早的阶段,也就是说,当公司在"接近破产"的情形下运营时,公司管理层必须转而对债权人承担信义义务。之所以如此,是出于以下考虑:当公司有可能破产时,对股东负有信义义务的管理层将被激励着以本章导论所称的风险转移方式,实施种种机会主义行为。第3章所探讨的合同漏洞填补视角,将如何影响何时(如果有的话)公司管理层对债权人的信义义务发生效力?例如,参见 Frederick Tung, "Gap Filling in the Zone of Insolvency," 1 *Journal of Business & Technology Law* 607 (2007). 当公司资不抵债并申请破产保护时,必须适用联邦破产法,债务人的管理层在运营公司时必须对债权人和股东承担信义义务,在法院监督下调处纠纷。基于对州公司法及联邦破产法的不同治理机制的分析,有观点认为,即使 NACEPF 案件提出了义务转移理论,也应予以否决,而且触发管理层对债权人信义义务的应当是正式的破产申请程序。关于此种见解,参见 Henry T. C. Hu and Jay Lawrence Westerbrook, "Abolition of the Corporate Duty to Creditors," 107 *Columbia Law Review* 1321 (2007).

10. 在金融学文献中,"公司为什么发行债券"是一个常论常新的命题,而且,这一论题更适合出现在高级公司金融读本中,而不是像本书这样的公司法与金融相交叉的领域。然而,重要的是必须理解杠杆——将债权资本嵌入资本结构之中——对于股权的影响。试着考虑以下简单的例子,某公司拥有 1000 美元的股本。如果公司收益为 100 美元,则股本回报率是 10%(10/100)。如果公司股本为 500 美元,另外借款 500 美元,利率是 6%,则同样是 100 美元的收益,创造的股本回报率为 14%,其计算方式如下:100 美元收益 - 30 美元利息 = 70 美元净收益;那么,股本回报率为 70/500 = 14%。如果公司发行 900 美元债券(这是高杠杆收购结构中的债权数量),利率设定为 6%,则股本回报率将达到惊人的 460%(100 美元收益 - 54 美元已付利息 = 46 美元净收益;46/10 = 460%)!然而,如果公司的收益仅仅为 30 美元,那又当如何?如果公司1000 美元的资本全为股本,则股本回报率为 3%,而如果公司的 1000 美元资本中,债权资本/股权资本的比例为 50%,且利率为 6%,则股本回报率是 0%(30 美元收益 - 30 美元利息 = 0 美元净收益)。而且,在其他条件不变的情况下,如果不存在有限责任,则资本结构中 90% 均为负债的公司,其股本回报率将是 -240%(30 美元收益 - 54 美元利息 = -24 美元净收益),而不是 0%。(注:你认为公司的债权人在回收其 900 美元、而不是 500 美元的债权时,是否会收取 6% 的利息?)

正如这个例子所显示的,杠杆放大了结果:在经济形势好时,它将提升股东回报,相应地,在经济形势不好时,它也会降低股东回报。在20世纪90年代晚期至21世纪,杠杆的放大效应在整个经济体中无处不在。而将杠杆放大效应运用得最为广泛的当属金融服务业,金融机构的杠杆率高达20:1或者30:1。这也解释了为什么近年来一些最为引人注目的公司倒闭事件来自金融企业,其资本结构中高倍的杠杆率导致其土崩瓦解。最为著名的例子之一是长期资本管理公司(Long Term Capital Management),这是一家对冲基金,正如 Malkiel 在第1章中提及的,该基金一直对皇家荷兰(Royal Dutch)及壳牌股份(Shell stock)进行套利交易。1998年夏天爆发了俄罗斯债务危机,该基金被打爆,彼时其资产负债表上的1000亿美元基本上全是借款,因为在峰值时其股本低于40亿美元。它的诸多贷款人——银行界有头有脸的知名人士——显然对该基金高企的杠杆率毫不知情。在倒闭之前,它创造了40%的年回报率。关于该基金及其倒闭的描述,参见 Roger Lowenstein, *When Genius Failed: The Rise and Fall of Long-Term Capital Management* (New York: Random House, 2000). 对冲基金是机构或富人的投资池,主要投资于公开交易的证券(与风险资本与收购或私募股权基金不同,后者主要投资于私人公司),第6章将对此予以探讨。

在肇始于2008年的全球金融信用危机中,杠杆是一项重要的因素:正如前面的例子所强调指出的,高杠杆率的公司与无杠杆的公司一样,都承受不了财务压力,银行也不例外。John Geanakoplos 认为,经济学家、特别是在他们运用负债的供求经济模型时,忽视了杠杆的重要性,并且主张美国联邦储备银行必须像其掌控利率那样积极管理杠杆率(以软化或者避免未来的危机)。相关评论,参见 Geanakoplos, "Recession Watch: End the Obsession with Interest," 457 *Nature.com* 963 (February 18, 2009). Nassim Taleb 在其颇具前瞻性的著述 *Fooled by Randomness* (New York: Random House, 2004) 和 *The Black Swan* (New York: Random House, 2007) 中主张,有必要在投资和风险管理策略中把发生概率极低但后果非常极端的事件(所谓"黑天鹅")引入并加以考量,他还与 Mark Spitznagel 共同呼吁,必须在经济体中大幅度去杠杆化以应对危机。他们将杠杆的危害简要阐述如下:首先,债务和杠杆导致了脆弱:在经济系统丧失承受证券和商品价格的极端变化的能力时,它们留下的犯错误的空间更少。

相反,股本却很稳健:2000年,技术泡沫的破灭并没有带来严重的后果,因为互联网公司虽然能够筹集大量股本,却不能进入信贷市场。

第二,全球化和互联网带来的复杂性,使得经济和公司价值……与以往相比,极端变动的情形更为普遍。

我们的预测能力由于这种复杂性及偶发性极端事件或者"黑天鹅"的出现,受到了伤害。预测能力的下降本应使公司采取更为保守、而不是更为激进的资本结构……我们的研究表明……不仅是[经济研究论文]低估了"黑天鹅"出现的可能性,而且他们完全没有意识到我们并不拥有处理极端事件的数学逻辑。风险模型中的缺陷对于金融危机起到了推波助澜的消极作用,而同样的缺陷可见于经济模型之中。

第三,债权有一个令人烦心的特点:它的欺骗性相当高。贷款隐蔽了波动性,因为除了违约之外,贷款的波动性看不出来,而股权投资虽有波动性,但其风险是可以看到的。然而,其实两者的风险类似。因而,低估了大额偏差的过度自信的借款人,以及愿意被隐藏的风险欺骗的投资者愿意选择借款形式。Taleb and Spitznagel, "Time to Tackle the Real Evil: Too Much Debt," FT.com (*Financial Times*) (July 14, 2009). 重印获得了许可。

11. 过去数十年来,风险资本行业增长迅猛:1980年,公司数量、基金和认缴资本总额分别为89家公司、126家基金和37亿美元,而2004年这三个数字分别增长至897家公司、1678家基金和2607亿美元。Andrew Metrick, *Venture Capital and the Financing of Innovation* 24 (Hoboken, NJ: John Wiley & Sons, 2007). 然而,公司的组织形式与Sahlman描述的情形相比,并没有明显的变化。

Sahlman的研究表明,在20世纪80年代,风险资本基金的回报率约为每年26%。另外,基金投资组合中所获收益来自于一小部分非常成功的风险投资。试比较股票市场的历史回报与第1章选自Malkiel文献的表格1.2中列举的小股票的历史回报。对于哪些种类的投资者而言,风险投资基金是一种适当的投资?更为近期的数据表明,风险投资行业的风险加权回报接近于零,但顶级的风险资本基金的回报表现持续优异(这与共同基金管理人形成了对比,Ross等人在第1章的选摘文献中对此有过探讨)。参见Metrick, supra, at 61。该收益仍然来自一小部分投资组合。另外,在首次公开发行时选择退出,几乎是所有风险资本投资回报的主要来源。Paul Gompers 和 Josh Lerner 发表报告称,风险经济学组织(Sahlman 所援引的回报数据,也来自同样的组织)关于风险资本回报的研究发现,"将 1 美元投资于一家公司,平均持有 4.2 年后该公司上市,投资者可以获得超过其原始投资额 1.95 美元的回报;[然而]次优投资选择,即投资于一家被收购的公司,平均持有 3.7 年后只能获得 40 美分的现金回报。" Gompers and Lerner, *The Venture Capital Cycle*, 2d ed., pp. 40—41 (Cambridge, Mass.: MIT Press, 2004)。

12. 你认为 Sahlman 所描述的合同安排足以解决此类投资的代理问题吗? 是否正如 Sahlman 所认为的,风险投资合同安排可以为 Jensen 和 Meckling 关于公司组织的被代理人—代理人理论(第 1 章)提供经验支持? 或者关于此类安排还有其他解释? 一项关于风险资本合同的限制性条款的更为近期的研究还发现,代理成本可以解释为什么存在这些条款,但写入这些条款还反映着风险资本基金市场中供求的力量(也就是说,从数年来写就的基金合同可以看出,吸引更多新资本流入风险资本投资的合同,对投资总监的制约性条款更少)。Paul Gompers and Josh Lerner, "The Use of Covenants: An Empirical Analysis of Venture Partnership Agreements," 39 *Journal of Law and Economics* 463 (1996)。

13. 为了说服风险投资人把钱投给他们,创业者必须能够阐明他们拥有大家所称的"退出策略",也就是商业计划,融资方通过该项计划可以预期,他们能够在合理的时间窗口内变现投资。正如注释 11 所提及的,最为理想的退出方式是企业首次公开发行股份(IPO),这一点在以下文献中有详细的探讨: Bernard S. Black and Ronald J. Gilson, "Venture Capital and the Structure of Capital Markets: Banks versus Stock Markets," 47 *Journal of Financial Economics* 243 (1998)。IPO 退出策略给风险资本投资人带来了怎样的代理问题? 显赫的风险投资人的支持,能否缓解第 3 章 B 部分探讨的向公众筹资的公司的逆向选择问题? 第 3 章 B 部分注释 6 曾建议把保留股份作为解决逆向选择问题的一种思路,而显赫的风险投资人的支持,能否将此种解决方案取而代之? IPOs 通常会包含锁定条款,后者限制内部人、包括风险资本基金卖出股份;最为常见的条款是锁定 180 天。关于风险资本、IPO 退出策略及风险资本产业整体的深度分析,参见 Paul Gompers and Josh Lerner, *The Venture Capital Cycle*, 2d ed. (Cambridge, Mass.: MIT Press, 2004)。

14. 美国的风险资本市场比德国和日本等其他国家更有活力,尽管后者的政府积极致力于发展此种融资方式。在前注 13 中,Black 和 Gilson 称,与美国不同的是,那些国家欠缺风险投资业,解释这一现象的一个关键因素是,那些国家拥有高度发达(也就是说,有深度而且富于流动性)的股票市场以供新股发行,这使得风险投资人可以利用 IPO 退出策略,他们认为这一策略可以缓解 Sahlman 所阐述的风险资本投资所带来的问题。Black 和 Gilson 驳斥了另一种解释,这种解释认为,美国风险投资业的特有深度与各国法律制度及劳动法的严苛程度的差异紧密相关。法律环境的其他方面的差别,比便于运用资本市场的程度同样重要或者更为重要吗? 对这一问题的确定回答,参见 John Armour and Douglas Cumming, "The Legislative Road to Silicon Valley," 58 *Oxford Economic Papers* 596 (2006),这项跨国的经验研究发现,个人破产法的差异——体现为"重新开始"的自由,也就是,必须经过多少年债务人才可以被免除破产前债务——解释着风险投资业的发展演变。我们在第 10 章将会分析,现在大量的研究文献在探究法律制度的差异对于国家的金融发展产生了什么影响,Armour 和 Cumming 的研究是其中一个例子。

与 Black 和 Gilson 的分析相一致的是,在 21 世纪的前十年,先是网络股泡沫破灭,接着爆发了全球信贷危机,股票市场为之崩盘,IPO 退出策略的大门关闭,风险资本投资因而遭受重创。的确,积极的风险投资公司的数量,已经从 2005 年的超过 1000 家下降至 2009 年底的 800 家,由于投资回报低下,公司陷入筹集新的资金的困境。Piu-Wing Tam, "Venture-Capital Firms Caught in a Shakeout," *Wall Street Journal* (March 9, 2010), at B1.《2002 年萨班斯—奥克斯莱法》等法规提升了成为上市公司的成本,给新股发行带来了衰减效应,第 9 章将予以探讨。

15. 公司法将股利政策纳入商业判断规则的范畴,从而将其委诸公司管理层的专断权范围,这与 Easterbrook 的观点是否一致? 与 Easterbrook 提及的股利无关论这一财务地位是否一致? 如果公司致力于吸引不同的客户投资者,以至于高股利的公司由低税率的投资者持有,而低股利的公司由高税率的个人持有,则又当如何? 经验研究者开展了大量的工作来识别客户效应。一项研究发现,在公司发放现金股利之后,股份所有权发生了变更,这与股利政策存在客户效应的判断一脉相承。参见 Dan S. Dhallwal, Merle Erickson and Robert Trezevant, "A Test of the Theory

of Tax Clienteles for Dividend Policies," 52 *National Tax Journal* 179 (1999). 金融经济学家已经检验了 Easterbrook 关于股利的代理成本理论,并且报告称,经验证据与以下研究所提出的见解相一致:Jeffery A. Born and James N. Rimbey, "A Test of Easterbrook's Hypothesis Regarding Dividend Payments and Agency Costs," 16 *Journal of Financial Research* 251 (1993); Harry DeAngelo and Linda DeAngelo, "Dividend Policy, Agency Costs, and Earned Equity," NBER Working Paper No. W10599 (2004). 应当注意的是,随着时日的推移,支付股利的公司的数量已经大为减少,尽管股利支付的总量并没有降低:事实上,一小部分公司——那些收益非常高的公司——发放的股利占到了股利发放总量的绝大多数。Harry DeAngelo, Linda DeAngelo, and Douglas J. Skinner, "Are Dividends Disappearing? Dividend Concentration and theConsolidation of Earnings," 72 *Journal of Financial Economics* 425 (2004). 这种股利支付范式与 Easterbrook 的假设是否一致?

16. Easterbrook 所提及的金融经济学家的股利迷思,事实上是重新审视了关于资本结构的那场著名的论争。Franco Modigliani 和 Merton Miller (他们经常被简称为"M & M")提出了一个无关理论:公司的价值与债务及股本的比重并无关联。Modigliani and Miller, "The Cost of Capital, Corporation Finance and the Theory of Investment," 48 *American Economic Review* 261 (1958). 支持这一观点的证据包括套利理论,该理论与摘自 Malkiel 的著述、并且在第 1 章中讨论过的资本资产定价模型(CAPM)中的证据相类似。简而言之,M & M 表明,在杠杆化的公司中,股权投资者可以用其自身的账户借款并且投资于去杠杆化的公司,最终获得同样的回报,相应地,杠杆化的公司的股份价值不会高于去杠杆化的公司。

当引入公司税收这一变量时,公司资本结构无关理论就站不住脚了,因为税法对债权回报与股本回报予以区别对待,债权的利息可以作为成本扣除,而作为股本回报的股利却不可以。在存在税收的世界中,M & M 提供了第二个假定,即为了追求价值的最大化,公司的资本应当全部由债权资本构成。Modigliani and Miller, "Corporate Income Taxes and the Cost of Capital: A Correction," 53 *American Economic Review* 433 (1963). 尽管杠杆收购的公司已经高度杠杆化了,没有一家公司的资本结构中 100%

均为负债。本章的主线,也就是第 1 章中摘自 Jensen 和 Meckling 的经典论文的债权代理成本理论,解释了为什么 M & M 的第二套理论得不到真实世界中的做法的支持。Easterbrook 的见解与 Jensen 和 Meckling 的看法并行不悖,与公司融资理论共同解释着本来看似不理性(非价值最大化)的行为。

17. 随着税法的变化,公司留存、而不是分配收益的激励也变动不居:在 Easterbrook 撰写论文之时,增值部分按当时更低的资本利得税率(普通收入所得税率的 60%)计征。《1986 年税收改革法案》通过之后,拉平了税率,这种情况发生了变化;但此种变化是短命的,20 世纪 90 年代,资本利得和普通收入所得税率之间的差异恢复到原来的水平。以 Easterbrook 的视角观之,1986 年税法改革消除了税率之间的差别,有利于股东:它更好地将公司的税收激励与从代理理论的视角来看理想的行为保持一致。请注意,公司股东的分配政策偏好因人而异,因为公司可以将其股本投资所获股利的 70% 从公司税收中扣除(当股利接受方持有的公司股权分别增长至 80% 和 100% 时,该可扣除的数额分别增长至 80% 和 100%);因而,如果股东本身是公司,则税法与代理成本激励之间的冲突会更少。而在何种情形下税收激励补充着代理激励,在何种情形两种存在冲突,可进一步参见 Saul Levmore and Hideki Kanda, "Taxes, Agency Costs and the Price of Incorporation," 77 *Virginia Law Review* 211 (1991); and Myron S. Scholes and Mark A. Wolfson, *Taxes and Business Strategy* 134 (Englewood Cliffs, NJ: Prentice-Hall, 1992).

18. 正如 Easterbrook 本人所称,其关于股利的监督作用的解释,取决于公司筹集新的资本的需要。为什么与公司当前的股东相比,新的股权投资者更加聪慧?如果股东不像第 3 章选自 Easterbrook 和 Fischel 以及 Gordon 的文献所描述的那样是理性而冷漠的投资者的话,Easterbrook 的分析会失却其说服力吗?

19. Easterbrook 的观点在多大程度上取决于投资银行家们的积极作用?就此而言,不妨想想 415 规则,这是证券交易委员会 20 世纪 80 年代的一项创新,它允许老牌公司采取"储架注册"(shelf registration)的新股发行方式。在储架注册中,新股在证券交易委员会注册,但还不发行(它还搁在货柜上)。相反,该股份在公司日后选定的日子里发行,而且公司发行时无须采取进一步的行动,也就是说,无须注册声明,给承销商留下的尽职调查时间也较少。然而，公司必须在储架注册中承诺，在股份日后发行时，如果公司的情况发生了重大变化，公司必须提交注册变更声明。

规则 415 试图通过引入竞争而降低股份融资的交易成本，包括投资银行的费用。参见 Securities and Exchange Commission, Securities Act Release No. 6499（Nov. 17, 1983）；以及比较 Barbara A. Banoff, "Regulatory Subsidies, Efficient Markets and Shelf Registration: An Analysis of Rule 415," 70 *Virginia Law Review* 135（1984）（该文赞同规则 415）与 Merritt Fox, "Shelf Registration, Integrated Disclosure, and Underwriter Due Diligence," 70 *Virginia Law Review* 1005（1984）（该文反对规则 415）。从 Easterbrook 的视角看，能找到反对降低这些成本的理由吗？承销商之间的竞争所导致的费用的降低，是削弱还是增强了其声誉资本的价值？

规则 415 是在《1933 年证券法》之下颁布的，后者是规范新股发行的联邦法律。关于《1933 年证券法》对于公司价值的影响的研究，参见第 9 章摘自 Mulherin 的文献。

20. 本章以及第 2 章关于有限责任的文献，凸显了股东和债权人之间的利益冲突。接下来的三章集中关注的是，如何通过诸如信义义务、投票和激励补偿等以股权为基础的内部治理机制，解决股东和管理人之间的代理问题。债权也发挥着监督的功能，甚至早在公司破产债权人行使控制权之前，债权即可约束表现不佳的管理人。有观点认为，应当将债权视作公司内部治理机制的一部分，参见 Douglas G. Baird and Robert K. Rasmussen, "Private Debt and the Missing Lever of Corporate Governance," 154 *University of Pennsylvania Law Review* 1209（2006）；以及 George G. Triantis and Ronald J. Daniels, "The Role of Debt in Interactive Corporate Governance," 83 *California Law Review* 1073（1995）。

5

内部治理结构：董事会

　　本章及随后两章的文献对减轻代理问题的内部治理结构进行了分析。其中的核心机制是董事会、股东就选举董事会及批准公司重大变更的投票权、以及通过股东诉讼来维持的信义义务。另外两项尚未体现在公司法之中的重要内部控制机制是高管薪酬及持有大量股份的外部股东。本章重点关注董事会。第 6 章将研究股东投票权及话语权的行使，以及作为管理层监督者的外部股东的作用。这样安排的原因在于，外部股东之所以能够成为有效的监督者，其主要原因在于其投票权及话语权的成本与效益的比率更高。第 7 章将探讨高管薪酬。当然，将内部治理机制划分为三章，在某种程度上是人为的，因为这三种机制总体而言是高度相关的。董事会决定高管薪酬，而股东对高管薪酬拥有某些话语权，尽管非常有限；股票交易规则要求股份薪酬计划必须获得股东批准；股东可以因薪酬计划违背了信义义务而起诉董事（然而，原告要赢得此类诉讼极其困难）；股东可以向设定薪酬的董事投反对票，或者因对 CEO 的薪酬及其他事项不满而投反对票。

　　本章第一部分集中关注董事会的功能。董事会在公司治理中发挥着关键的作用。它监督着管理者以确保后者致力于股份价格的最大化。Oliver Williamson 解释了为什么最好将董事会的功能理解为股权投资的监督者，而不是调整全体公司参与方利益的代表大会。Williamson 关于董事会的见解与许多评论人士、投资者与联邦政府的看法相一致，正如在本章将在注释中提及的，他们认为董事会应当包括外部董事。选自 Bhagat 和 Romano 关于公司法的实证研究文献，对独立董事是否改善了公司绩效的研究进行了总结。抛开实证研究未能发现由独立董事组成的董事会与公司绩效之间存在关联度不谈，Donald Langevoort 对董事会的监督功能提供了另一种解释，该解释运用了组织行为与社会认知理论，并认为既拥有外部董事又拥有内部董事的董事会有着诸多优点，发挥着多重功能。

关于董事会的文献并没有解决监督者由谁来监督这一棘手的问题。公司法应对这一问题的首要措施是信义义务法律规则，后者要求董事和高管对于过失或不当自利行为承担个人责任。本章第二部分将探讨董事违背信义义务的责任问题。对于违背信义义务的行为，股东可以自行（单独或者整体）提起诉讼，或者代表公司提起诉讼。Roberta Romano 通过分析股东诉讼是否实现了补偿或阻遏功能，以及诉讼与本章和第 6 章、第 7 章所探讨的其他公司治理机制之间的互动关系（如果有的话），研究了股东诉讼是如何发挥治理机制功能的。Thomas 和 Thompson 对于特拉华州法院审理的公司收购中的股东诉讼案件的近期趋势进行了分析，从而发展了 Roberta Romano 的研究。

正如 Romano 所简要介绍的，如果不提及董事与高管（"D & O"）的责任保险（买单者），就无法理解股东诉讼。Tom Baker 和 Sean Griffith 的两篇姊妹篇文章，除了描述董事与高管的责任保险市场是如何运作之外，还分析了保险人通过保险单的定价与组合来强化责任的阻遏功能之外，是否还能够另外发挥监督管理者的治理机制功能。

然而，股东诉讼却不是董事与高管所面临的唯一的潜在法律责任。正如在摘自 John Coffee 的文献中作者分析并批判的，近年来，董事与高管多次被指控刑事犯罪的行为，甚至都没有构成对民事责任的违背。在安然公司、世通公司及其他公司的会计欺诈案件爆发之后，美国国会在《2002 年萨班斯—奥克斯莱法》中扩张了证券欺诈的刑事责任。本章结尾部分摘录的 Vikramaditya Khanna 的文献，分析了国会对公司丑闻通常作出的反应，也就是扩张刑事责任。该文献还认为，与直觉相反的是，公司游说国会出台扩张刑事责任的法律，而不是扩张民事责任的法律。

关于公司内部治理机制的三章的文献表明，尽管董事会与外部股东偶尔能够约束管理者，但其约束力量相对孱弱。特别是，并没有特别令人振奋的数据证明，是股东诉讼促使高管的薪酬与信义义务获得了履行。根据这些数据得出的结论并非管理者可以无视股东而不受问责。它告诉我们的是，我们还必须另外寻找其他潜在的约束机制。例如，在公司控制权市场中，集中投票权并且威胁着要替换管理层即属此种机制，本书第 8 章将探讨这一问题。

A. 董事会

公司治理[*]

OLIVER E. WILLIAMSON

本文的前提是：首先，每一利益群体与公司的关系必须用合同的语言来评估。第二，专门目的治理结构（董事会即为其中之一）是为了实现合同的诚实履行而对交易关系所作出的回应。第三，为了避免制度利益的耗散，每一治理结构的专门目的特征都必须予以尊重……节点 A 的利益群体从来没有理由拥有董事会的席位，而节点 B 的利益群体则或许有理由拥有董事会席位。[1] 节点 B 的利益群体为什么未能成功地打造一种双边治理结构（并藉此移向节点 C），这一问题不无关系。最后，那些成功地打造了一套行之有效的治理结构的位于节点 C 的利益群体，并不要求在董事会中拥有能够投票的席位，但有时出于获取信息的目的，也会被纳入董事会之中。

节点 A 的利益群体没有理由获得董事会的席位，因为其交易专用性资产可以忽略不计。另外，通过新古典主义的市场谈判，他们的合法利益可以得到充分的保护。此类利益群体无须通过董事会来实现信息与决策需求。然而，节点 B 的利益群体拥有的是风险资产，除非对其提供保护措施，他们将要求更高的价格（$\bar{p}$）。如果各方不能设计出有效的双边保护机制，则要求在董事会中拥有投票权席位这种整体保护措施，就具有正当性。

节点 C 的利益群体通常并不需要通过拥有董事会席位来保护其利益。此类利益群体已经设计出双边治理结构来保护其利益。此种专门的结构通常比整体安排更能满足利益群体的适应性需求和争端解决需要。如果董事会席位终究具有正当性，则它们对董事会的参与通常仅仅局限于信息的获取。

---

[*] 本部分内容的重印获得了以下版权单位的许可：The Yale Law Journal Company Inc., from *The Yale Law Journal*, vol. 93, pp. 1197—1230 (1984)。

[1] 说明节点 A、B 和 C 的数字与第 1 章选自 Williamson 文献的图表 1.1 相同，因而这里不再重复该数字。——编者注

雇员

共决制［在董事会中引入雇员代表——编者注］的拥趸认为，为了获取信息而让雇员参与董事会，这是不够的。他们坚持认为，共决制应当将雇员的影响力扩展至包括"投资、营销计划、关于产量的决定等一般事项。"显然，当此种观点运用于拥有通用知识与技能的雇员（节点 A）时，显然是错误的。此种雇员可以辞职，也可以被取而代之，这样做无论对于雇员还是公司而言，都不会产生经济效益的损失。[2] 因而，我们来考察位于节点 B 或者节点 C 的进行了企业专用性投资的雇员。通常而言可以假定，雇员和公司将认识到，创造专门的治理结构以保护企业专用性资产会带来利益。如果未能提供此种保护，会导致雇员要求增加工资。

然而，有效的治理结构所要求的绝不仅仅是激励的重新配置。合同机制也很重要。为使公司与节点 C 的雇员的持续关系运转顺畅，争端解决及适应情势变更的机理同样不可或缺。因而，申怨机制及相关安排——准入门槛、晋升阶梯、降职等等，也是有效的治理结构的重要组成部分。

另外一个重要的方面是信息不对称。长期雇佣合同长期面临的困境在于，如果雇员工资初始即已设定而劳动水平却由管理层日后单方面确定，将会导致错配的情形……即使工资和劳动水平初始即同时确定，当合同的履行不利于信息更少的合约方时，合同也会偏离原来的安排。向雇员传递更多的信息或许可以避免出现此种结果。本着传递信息的目的在董事会中引入雇员代表，正是达成此种结果的方式之一。

所有者

"所有者"通常专指股东，但债权人也可以享有该地位。不管如何描述，资金的供给者与公司的关系非常独特：他们在公司中的所有投资面临着潜在的风险。相反，原材料、劳动力、中间产品、电力等供给者的生产性资产（工厂和设备；人力资本）通常在供应者的控制范围之下。因而，如果位于节点 A，这些资金的供给者必须确保获得偿付，或者取回投资另觅用途。相应地，资金的供给者事实上经常位于 $k > 0$ 的一端。唯一的问题

---

[2] 这种说法过于简化了。它假定重新雇佣员工非常容易，而且忽视了转换成本，包括它们对于家庭的影响。当然，失业保险可以成为必要的缓冲。我们或许还需要创造一些门槛以阻遏无理由终止雇佣合同的情形，并降低转换成本。然而，就其根本而言，种种情形都是比较而言的。节点 A 的雇员最少关注剥削问题。

是，他们的投资受到的保护是良好(节点C)还是孱弱(节点B)。

股东

尽管在高度发达的股权市场中，单个股东可以卖出股份从而方便地终止其所有权，这并不意味着股东作为整体在公司中只拥有有限的利益份额。单个股东可以做到的事情，股东整体未必能够做到。一些研习公司治理的学生看到的仅仅是股东与公司之间的关系很微弱，但这一看法是合成谬误的结果。* 股东整体与公司之间的关系非常独特。这一关系在任何阶段都不会发生变化，就此而言，他们是唯一的自愿性利益群体。雇员、中间产品市场的供应商、债权人和消费者，在合同续订时，都有机会重新议定合同条款。相反，股东的投资贯穿着公司的一生，而且如果公司破产，他们的请求权在最后顺位清偿。

股东的地位之所以独特，其原因还在于其投资与公司特定资产无关。股东投资的离散特征，还使其在打造通常与节点C息息相关的双边保护措施时，处于巨大的不利地位。因而，除非设计出某种范围广泛的治理结构，股东将不可避免地处于节点B的位置。

试着回想一下，位于节点B的供应商的一个关键特征是，他们因投资于专用性资产而面临着被剥削的风险，他们要求其服务获得额外溢价回报。而此项溢价可以视为对公司未能制定节点C的保护措施而对公司施加的惩罚。公司确保免受此种惩罚的激励是显而易见的。本文认为，董事会是一种治理结构，其主要目的是保护那些面临着离散而重大的被剥削风险的人，这种风险之所以存在，是因为系争资产数量众多，难以界定，而且无法运用目标明确的、逐笔交易的方式予以保护。鉴此，应当将董事会视为股东的治理工具。而其他利益群体是否满足这一条件，则取决于他们与公司的合同关系。

---

* 合成谬误(Fallacy of Composition)是经济学家萨缪尔森提出来的观点。它是指，对个体而言是正确的事情对总体而言可能未必正确。如果不了解这一点，一个人就很容易仅仅因为某件事情对局部而言是对的，便说它对整体而言也必然是对的，从而陷入合成谬误。在日常生活中，合成谬误的现象比比皆是。比如在观看演出的过程中，前排的人为了看得更清楚一点而站起来，后排的人也不得不站起来，当所有的人都站起来之后大家都没有看得更清楚，相反每个人的福利还大为下降。再比如，只有一个家庭购买轿车会大大方便出行，而当所有的家庭都拥有了自己的私家车之后，道路上可能车满为患。在本文的语境下，它是指，一些人认为个别股东与公司的关系淡薄，就认为股东整体与公司的关系也淡薄，从而陷入了合成谬误。——译者注

保护股东的这些方式可以、而且经常被其他措施所补充。公司章程的限制以及信息披露要求即为适例。公司认识到股东有必要掌握控制权，而且许多公司确实试图提供相应的安排。然而，一些公司的管理层却在玩"终结游戏"（在能够采取矫正措施之前，通过秘密的战略决策来削减此种安排，然后开溜），而且个别管理者通常选择性地披露信息或者歪曲数据。对于这些隐匿和歪曲行为，可以创设出其他制衡措施来赋予股东更多的信心。可以认为，由外部董事组成的审计委员会和由适格的审计事务所验证的财务报告，有助于实现这些目的。另一种可能是，要求向公权机关披露财务报告，后者有权展开调查。然而，这些机制的有效性却难以测量。

贷款人

在某些非常态情况下，或许应当赋予贷款人董事会席位。与股东不同，贷款人通常出于通常的商业目的而发放短期贷款，或者在获得专项资产担保的情况下发放长期贷款。借款公司当前财务状况良好的证据，以及贷款期限较短的现实，使得短期贷款人处于节点 C 的位置。长期贷款的贷款人通常对借款公司的耐用资产拥有优先受偿权。如果抵押资产的变现或另作安排并不容易，贷款人往往会通过股权质押来完成部分融资。因而，长期贷款人通常会审慎地将各方的激励保持一致，并且通过与节点 C 相关的种种措施来自我保护……随着风险的增大，这些债权人更为关注公司经营决策和战略安排的种种细节：如果公司的债权—股权比率高企，债权人变得更像股东，而且公司管理层与其主要债权人之间的磋商也因此更为频密。在这些情况下，银行参与董事会并且享有投票权，或许就具有正当性。在更为宽泛的意义上，对于面临困境的公司而言，银行参与董事会或许是正当的，但随着公司经营好转的迹象日益明显，这种情形应当加以改变。

供应商

供应商在公司中是否拥有利益份额，取决于他们是否对耐用资产进行了大量投资。在供应商与公司的关系提前终止的情况下，这些耐用资产无法在不损及其生产价值的情况下另作他用。然而，仅仅是一家公司与另一家公司有着大量的业务往来，并不意味着因此确定了专用性资产。在最坏的情况下，如果关系终止，位于节点 A 的供应商承担着少量的转换成本。既不需要通过专门的双边治理结构，也不需要通过董事会中的席位来保护其利益。市场提供的保护即已足够。

对于一笔交易进行了大量企业专用性投资的供应商,要么会要求获得溢价回报(在节点 B 时,预期保本价格是 $\bar{p}$),要么会要求获得特殊的治理结构保护(在节点 C 时)。分期付款及运用人质(也就是说,提供可靠的保证)以支持该交易,都属于节点 C 的保护措施。同意通过仲裁而不是诉讼来解决争端,也与节点 C 的治理结构的范畴相吻合。

考虑到公司及其供应商可以运用的治理措施纷繁多样,基本上没有必要通过向供应商提供董事会席位来予以额外保护。当然也有例外情形。当大额交易尚未落定,还需要提供公共信息以协调投资计划时即属如此。然而,通常而言,公司及其供应商在签订合同时议定的治理结构(并且通过公司之间的关系网络来提供帮助)将提供充分的保护。即使确实发生了供应商获得董事会席位的情形,也应当将其限定于仅仅是获取信息。

顾客

保护节点 A 的顾客的主要措施,通常是其有权选择在其他地方开展交易。但这种措施在涉及健康效应滞后的产品时,无法达到保护效果,而且耐用消费品也会带来特殊的问题。然而,这两种原因均未能清晰地表明,顾客应当拥有董事会的席位。

如果相对公司而言消费者组织涣散且缺乏相关信息,则健康的风险会带来问题。如果消费者仅仅因为互不相识或可以方便地搭便车而面临组织方面的困难,则公司与消费者之间的双边治理结构可能无法达成。此时,第三方提供的保护可能就有正当性。此时,创设监管机构以接受申诉并审查产品的健康风险,可以为此类市场注入信心。

在董事会中为消费者安排席位是否能够带来提供额外的保护,同样问题丛生:谁能担任消费者代表?他们与自身代表的利益群体如何沟通?如果只是象征性地出席董事会,则其带来的信心是靠不住的。

耐用消费品也会带来组织消费者和信息不对称方面的类似问题。耐用消费品究竟是不要求后续服务,还是要求大量的此类服务,也不得而知。品牌名称、质量保证及争议仲裁委员会,正是种种消费者保护措施。选择节点 B 的顾客被假定要的是便宜货。他们对低价的青睐,将激发更多的此类保护措施的需求。当然,此类顾客隐含地接受了更高的风险,也应当接受偶然的失意。然而,也有其他消费者看重的是节点 C 所提供的保护。有些消费者愿意支付溢价以获取知名品牌的商品。知名品牌有效地提升了企业的规划视野,并为促进公司行事"更加负责"提供了激励(确实,这些假定存在某些限制条件。公司有时累积起声望,然后利用消费者滞后的感知力而将该声望挥霍掉)。保证是一种明确的后续保护措施,其诸多条款是选择性的。近期推出的消费者仲裁委员会,也可能是针对消费者保护的关切而作出的反应。消费者对售后服务期间的公平性的关注,也会促使其购买那些商品质量能够获得仲裁救济的品牌商品。

或许,还需要创造更多的机制,才可在区别对待的基础上对消费者提供更多的保护。然而,除了大宗顾客可能有着特殊的信息需求之外,在通常情况下,为消费者留出董事会的席位并不具有说服力。

社会

关于公司的社会责任,也就是说,社会在公司中拥有什么利益,这个话题非常大。在这方面,我着重考虑两方面的问题——外部性及被剥削的风险。

通常而言,当系争各方彼此不存在合同关系时,就会产生外部性问题。污染即为适例。因而,可以将矫正措施解读为一项社会行动,该项行动意在施加一项并不存在的合同。例如,社会可以向公司收取污染税(价格),或者规定公司在开业之前必须满足减轻污染的条件。

在这一领域困扰着人们多年的问题在于,如何才能获得必要的知识和信息以作出明智的污染控制决策?因为掌握着这些必要的信息的公司经常进行选择性披露或歪曲披露。在董事会中引入公共利益代表,被认为有助于降低虚假信息的发生。然而,如果公司因此高度政治化或者偏离了其作为经济组织的主要功能,则此种救济方式的成本就过于高昂了。对虚假披露的行为予以惩罚并辅之以道德劝说或许更为有效。这一领域或许就是没有确切无疑的好办法。

以存在被剥削的风险为由主张在董事会中引入公共利益代表席位,其说服力并不强。社会经常建造耐久性基础设施,以支持新设工厂或者原公司的持续投资。如果公司可以对这些公共项目进行投资,并卖出设备来实现收益,则可能会产生盘剥的情形。而如果公司所进行的是通用目的、而不是专属性投资,则人们会更为担心其中的盘剥问题。因而,社会在进行投资以支持某家公司发展时,应当审查该公司自身所进行的投资的性质。

正如在其他地方一样,如果各方主体将其自身确定于节点 C,则可以有效地降低被盘剥的风险。坚持要求公司进行专业化投资,类似于运用人质来支持交易。总体说来,专门针对节点 C 而制定保护措施,而不是在董事会中委派公共利益代表,更应当成为保护公共投资的主要措施。

作为利益群体的管理层

管理层签订合同

由于节点 A 的管理者没有投入企业专用性人力资产,不需要创建专门的治理结构。与拥有节点 A 的特点的其他利益群体类似的是,此类管理者可以依靠市场获得基本的保护。然而,与公司建立了企业专业性资产关系的管理者,却位于节点 B 或者节点 C。

那些以节点 B 的方式与公司签订合同的管理者,比那些获得了节点 C 的内部治理保护的管理者,所获得的当前薪酬水平更高。这是个类似于 $\bar{p} > \hat{p}$ 的结果。节点 C 的管理者拥有什么类型的治理保护?

薪酬计划

公司及其管理者应当认识到,制定一份既能阻遏仓促解职、又能避免不希望发生的离职的薪酬方案,可谓价值不菲。要求公司在作出解职决定时支付遣散费,管理者在辞职时放弃非既得权利,这将有助于保护专用性资产。

董事会席位

假定激励机制已予妥当配置。公司能否将管理者委派为董事会成员,从而进一步改善公司治理?以这种方式提出这一命题,其前提是假定董事会的核心功能是维持股东利益。这种理解董事会的方式被其他人称为"监督模式"……关于董事会的另一种理解是……"参与型董事会。"也就是说,外部董事会成员受邀与管理层共同提升公司战略决策的质量。然而,如果因此导致决策有失客观,则此种参与的成本过于高昂。

另外,因为管理者全职服务于公司,掌握着内部信息,因而拥有巨大的信息优势,对于他们而言,参与董事会即很容易成为他们管理公司的一种方式。

然而,反对参与模式、支持决策批准及监督的控制模式的观点却认为,董事会应当将管理层整体排除在外。本文认为,只要董事会与公司的基础控制关系没有彻底改变,管理层参与公司董事会将带来三大利益。第一,它使董事会可以观察并评估决策的过程与结果。董事会将因此而更为了解管理层的能力,有助于避免选任错误,或者可以更为迅速地纠正错误。第二,董事会必须在诸多相互竞争的投资方案中作出选择,而管理层参与董事会将带来更多更好的信息。最后,管理层参与董事会有助于维系管理层与公司的雇佣关系——在正式的申诉程序不足的情况下,这是一项重要的功能。

然而,根据这里提出来的合同观点,管理层的参与还有一些其他的功能。在一定程度上,管理层的参与使得董事会的审查更为负责,而且还维系着管理层与董事会之间本会面临的过度风险的雇佣关系,在这 范围内,可以将管理层增补为董事会的核心成员。但董事会的首要功能仍然是为股东提供治理结构的保护。管理层不能如此全面地参与董事会,以至于颠覆了这一董事会的基本宗旨。

关于公司法的实证研究[*]

SANJAI BHAGAT 和 ROBERTA ROMANO

董事会

董事被认为在公司中发挥着关键的作用:确保公司管理层为增进股东利益而行事。作为股东的代理人,董事对直接运营公司的另外的代理人(管理者)进行监督,董事会结构在管理者与公司所有者之间这一更为基础的代理关系中,插入了另外一个代理问题层级。相应地,评论人士强调指出,通过由独立董事或者外部董事——与管理层不存在金钱或个人联系的董事——组成的董事会来确保董事会结构不仅仅是再创造一个代理问题的层级,这是可取的。法律制度已经体现了这一立场:股票交易所要求上市公司的审计委员会拥有独立董事,而且法院在评估股东的诉请时,会考虑董事会的独立性。

与外部董事起到监督作用的观点一脉相承的是,市场也偏爱这些董事。一项事件研究报告称,委任一位外部董事会产生显著的价格正效应,即便董事会的绝大多数成员已经是独立董事时也是如此。此种增长的经济意义很小,但具有统计学意义上的显著性,而且可以传递出信号效应。多委派一名独立董事,可以传递出公司打算解决出经营问题的信息,即便

---

[*] 本部分内容系以下文献的重印:*Handbook of Law and Economics*, vol. 2, Sanjai Bhagat and Roberta Romano, "Empirical Studies of Corporate Law," pp. 945—1012, Copyright 2007, 本部分内容的重印获得了 Elsevier 的许可。

董事会的组成结构并不会影响公司解决问题的能力。

此前关于董事会组成对于公司绩效影响的研究,通常采取以下两种方法之一:第一种方法研究了董事会的组成在具体事项方面对董事会行为的影响,例如撤换 CEO,授予金色降落伞[在公司控制权变更时给予高级管理层慷慨的遣散费。——编者注],或者发出(或抵制)收购要约。运用这种方法时涉及一些容易加工处理的数据,这使得研究者更易于发现具有统计显著性的结论。然而,运用这种方法并不能告诉我们董事会的组成是如何影响公司的整体绩效的。例如,有证据表明,主要由独立董事组成的董事会在某些方面表现更为良好,例如撤换 CEO 和作出收购要约等等。但同样是这些公司,在无法方便地运用这种方法进行研究的其他方面(例如委派一名新的 CEO,或者选定公司新的战略方向),可能表现更为糟糕,这样公司在整体绩效方面并没有净优势。另外,诸如公司更换 CEO 和公司收购等事件,都绝少发生。董事会对于公司所做的更大且更为积极的贡献,或许在于他们在私下会谈中不断给予高管们建议;而传统的事件研究方法难于对此展开分析。

第二种方法直接研究董事会组成与公司绩效之间的联系。此种方法使我们可以看到公司绩效的"底线"(与第一种方法不同),但涉及的可加工处理的数据却少得多。运用这种方法时,必须在一个长期的时间窗口里测量公司绩效,这意味着绩效的测量充满噪音,而且有可能像[第 1 章节选自 Bhagat 和 Romano 的文献]所探讨的那样得出错误的结果……大多数研究并没有发现董事会的独立性与公司绩效之间存在正相关。

Bhagat 和 Black 发现,公司经营绩效低下与随后强化董事会的独立性之间存在合理的密切关系。看起来导致董事会独立性发生变化的是公司经营绩效的低下,而不是公司和行业的增长机会。然而,并没有证据表明,董事会独立性的增强将改善公司的绩效。如果有此迹象的话,也指向其他方向。传统的见解认为,董事会高度的独立性自有其道理,虽然这一见解可以解释为什么经营绩效低下的公司会增加其董事会的独立性,但看起来它的实证基础并不牢靠。

诸多研究未能发现独立的董事会改善了公司绩效,其原因可能在于并不是所有外部董事都真正独立于管理层,而且经验研究者无法区分"有效的"和"无效的"独立的董事会。但为什么董事会独立性的增强未能改善公司绩效？一个更有说服力的原因是内部董事可以在公司的战略安排[1]或 CEO 的潜在继任者的评估方面增进价值。从这个角度出发，独立的董事会至多可以在某些特殊的情形下改善公司决策，例如管理层收购或者公司经营绩效低下之时等等，这对于绝大多数公司而言，都属于发生概率非常低的事件。

这些数据表明，公司考虑尝试着稍稍偏离"超级多数独立董事"组成的董事会模式，这是审慎的做法，在这种董事会中，只有一名或两名内部董事。在数量上，独立董事依然主导着董事会，而且在发生危机之时，也会采取适当的行动……这些数据导致的最终后果是，股票交易所在诸如安然和世通公司的公司丑闻爆发之后，要求董事会成员大多数由独立董事组成，误入歧途的联邦立法接踵而至。

公司董事会的人性：法律、标准及独立和责任的意外后果*

DONALD C. LANGEVOORT

对公司董事会的研究，经常能够发现类似于团队的特征。受邀出席董事会在很大程度上取决于诸如相容性和"吻合度"等要素。董事会的工作看重的是共识，而不是冲突。在不会产生某些冲突的情况下，外部董事的价值主要在于提供建设性的建议，就公司所面临的不确定的环境，向内部董事提供外部专家视角。

关于合作的这种描述，受制于两种解释。当今关于公司治理理论的主流观点是，强调团队合作和避免冲突的董事会，表明董事会已被 CEO 俘获，基本上成为拥有橡皮图章的精英私人俱乐部，董事会成为一种治理机构的幻象。过去二十五年来学术圈关于公司治理的诸多文献，以及股东行动主义者的种种游说努力，均致力于消除此种董事会。他们的目标均在于以新型的"监督"董事会将其取而代之，其中，独立性、怀疑主义以及严格恪守服务于股东利益，是其主导标准。从绝大多数方面来说，此种努力已经收到了某些值得关注的效果。在美国的大型公司中，独立的董事会已经司空见惯——事实上，绝大多数此类公司已经将董事会中的内

---

[1] 这与 Klein 提供的以下证据相吻合：董事会投资委员会中内部董事的人数与公司绩效之提升息息相关。

* 本部分内容的重印获得了以下出版单位的许可：Georgetown Law Journal © 2001, from 89 *Georgetown Law Journal* 797（2001）.

部董事调整到了一个低比例——而且这些董事会的确看起来行事更为积极。许多其他国家也纷纷效仿此种做法,强调董事的独立性,以构建对投资者更具吸引力的公司治理机制。

然而,增强董事会独立性的趋势,却面临着经验研究方面的症结。如果独立的董事会的种种好处不言而喻,则我们应当发现,董事会的独立程度与公司盈利能力或股价表现有着相当明显的统计关联度。然而,越来越多的经济学研究成果并没有发现存在此种关联。

近来,许多知名法律学者强调指出,尽管这一发现并非致命,但对于这一现代教义而言,这或多或少有些尴尬。研究者们承认,计算的问题困扰着这一领域的实证研究。"独立性"是一个主观的概念,它表明,独立董事在评估公司管理及其计划和方案时,愿意本着非常严格而且时时表示质疑的客观主义去完成。然而,这些研究不得不运用粗糙的方法来衡量其独立性……如果我们能够更为精确地判别真正独立的董事,或许我们能够发现预期之中的关联度。

当然,或许实际情况就是如此,但还有另外一种可能。在解释董事会团结一致的另一种看似有道理的理由是,它取决于以下合理的直觉:绝大多数卓有成效的董事会都是内部董事与外部董事团结合作的董事会,而不是互相攻讦的董事会。如果情况是这样的话,则董事会的监督模式遗漏了某些重要的细节。

当前的种种政策动议表明,越来越明显的倾向是认为董事的独立与问责价值不菲,因而修改法律以推动前述目标的实现,显而易见是可取的做法。如果这些动议实际上存在隐含的成本,那么即使我们还没有解决经验方面的争议,在计算监管的预期价值时也应当将该风险考虑进来。在研究这一问题时,本人的主要分析工具(当然不是唯一的工具)是组织行为学和社会认知的理论和方法。

标准类型:董事会被广泛认可的三大功能

关于董事会的文献认为,董事会发挥着三大基础功能。第一是监督功能,后者又分为两大部分:其一,董事会成员选任公司的 CEO 和(有时)高管团队的其他成员,决定其薪酬,并且就其留任事项作出明示或默示的决定……监督功能的第二个部分包括对会计、财务报告、审计和披露过程的监督,通过这些机制,投资者和其他利益相关方能够对公司的绩效及其管理进行评估。公司的代理成本模型之所以将这两种监督功能视为董事会的核心职责,一定是考虑到管理者总是存在偷懒的诱惑或者更为公然地实施种种自利行为。

在组织行为社会学的长期传统中,董事会的第二项功能是帮助公司争取并保护其外部资源。在诸如政府、客户和雇员等关键的资源供给者看来,经过审慎遴选的董事会成员有助于增强公司的合法地位。这些董事会成员与他们的关系,对于公司而言价值不菲。

董事会的第三项功能是提供所谓的服务,这多少有些兜底条款的意味。公司的首席执行官及高管团队可以向董事们征询意见,后者为公司的战略决策过程提供了外部视角,因而,董事会确实有助于公司战略的形成。

然而,如果认为董事会的服务/战略功能与其监督功能完全不同,则不免令人有些疑惑。为什么应当让董事会来承担提供建议、视角和外部专家意见的工作?毕竟,如果公司管理者觉得有必要引入这些智识,可以方便地咨询专业人士、投资银行家、律师或其他人,同样可以完成外部判断工作。或许,更合理的看法是,将董事会的服务功能视为另一种不同形式的监督,能够弥补公司管理者及其组织文化的认知偏见(此种偏见不同于故意的自利行为)。关于认知心理学的大量研究表明,公司管理者在听从自身想法的支配下,往往会形成关于公司战略地位的认知偏见。另外,他们会过度自信并在那些想法方面投入大量心力,因而不愿找寻那些表明他们或许并不正确的信息。在这种情况下,只有更为客观的外部人群体被赋予正式的权力(也就是说,使他们成为董事),才能迫使内部人暴露其偏见,并认真对待不同的声音。那些鼓励独立董事对某些决定拥有控制权的规则,也可以成为支持董事会的监督职责的一种方式;那些要求独立董事介入的决策,通常发生于管理层的自利和偏见表现得最为明显的场合。

我们或许同样可以、或者不可以重新审视董事会的争取资源功能。的确,管理层可以聘任说客、公共关系顾问、律师及类似人员,来使关键资源的供给者更有可能作出有利于公司的判断。于是,一个水到渠成的问题是,为什么必须让董事会成员承担此种功能?对此,有着两种直觉性的答案。一种答案是,争夺最佳的外部资源供给者的竞争极其激烈,最容易成功的方式是在公司中为其留出位子(将其置于精英云集的公司层级之顶端)并向其支付薪酬。获得此种职位之后,他们会反过来产生一种相互的责任感,这种责任感会有效地驱使着他们在竞争趋于白热化的公司资源和合法性争夺市场中,更为积极地守护公司利益。然而,另一种解释也不无可能。比如说,银行高管之所以乐于看到某个人进入了金融机构的董事会,是因为他们相信这个人会以某种特殊的方式运用其董事会权力和影响力。就此而言,董事的声望就相当于某种形式的承诺,承诺公司会对系争的外部利益保持敏感。当然,这份承诺或许未必是真诚的,而且即便当选之时董事本意是真诚的,也并不保证那些利益日后会得到全体董事会的尊重。这种人质可能会被耗散掉。但至少董事可能已经沉淀了声誉,可以期待他会努力工作以维护其声誉。

以上这点,我们仍然可以用监督的语词来加以考察,尽管这是一种形态极为不同的监督。人脉相广的"人质"董事作出了隐含的承诺,会运用其职权来防止公司采取过度机会主义的方式来分配系争外部利益。就此而言,董事至少在部分意义上成为该利益的监督者。这种关于监督的更为宽泛的观点,与董事会完全是公司股东的代理人这一传统感受并不一致。

平衡的董事会的积极情形

主张董事会中占据绝对多数的应当是内部人员的观点,其最为传统的理由是,内部人对于公司的历史、人事、前景等情况特别了解,而且了解得很细致,这至少对于董事会提供服务至关重要。然而,出于前述提及的同样的原因,情形远远不是必然这样。我们可以方便地定期邀请到内部人来参与董事会的审议,而无须赋予其拥有董事地位所必需的出席及表决权。完全独立的董事会可以在(秘密或者公开)投票之前,利用其需要的任何内部人智慧,包括邀请内部人全面参与议案的审议。

文献中的另一种观点更有说服力。或许内部人完成监督和战略决策的动机更强。他们在公司中投入了大量心力,而通常的外部人则不然。将内部人引入董事会或许会对董事会的工作习惯产生积极的影响。尽管我并不怀疑此种解释,但采用以下另一种补救方法也可以轻易地达到同样的效果,而且无须牺牲董事会的独立性:主要通过持股要求和薪酬计划,为外部董事创造更为强有力的激励。

因而,认为相当数量的董事会应当完全由内部人组成的观点,还应当找到进一步的理由。我认为以下两个说法是有道理的。

试想我们前面提到的,在解决高管的短视偏见所带来的问题方面,外部人的作用十分重要。相反,我们也可以问一个问题,即内部人或许也可以抵消外部人可预期的偏见所带来的问题。外部人缺乏公司内部运作的详细信息,往往根据容易获得的数据(例如,股票价格)而形成一些相当具有启发意义的想法。然而,如果他们过度自信于对公司的推断——此乃人之常情,特别是在非常成功的人士中更为常见——他们将不会听取内部人的智识以使其判断更为审慎。如果赋予外部人完全的控制权,则这些自以为是的群体的偏见将不受制约。相反,如果让他们与管理人员共享控制权,则会迫使他们与信息更为周全、但有时见解自然有些草率的管理层共同谋划如何运营和管理公司。目前的文献尚未研究如何把平衡的董事会作为一种去除偏见的对称机理,但它值得关注。

如果某种形式的控制权博弈是貌似合理的,则有趣的问题便转化为我们应当如何界定相关管理层群体。在完成这一工作时,最初的想法是只考虑当下在任的高级管理团队。其原因在于,公司的发展与其利益休戚相关,而且,正如专业运动队的教练坚持拥有选任队员的控制权那样,我们也很容易理解公司的高级管理人员希望担任董事会成员,而不仅仅满足于其建议会被董事会所听取。

然而,我的感觉是,核心管理成员并不仅仅局限于高级团队。毕竟,高级管理人员拥有强大的谈判能力,可以运用明确的合同条款(特别是遣散费保护以及基于绩效的薪酬)来交换控制权。相反,正如一些学者已经开始看到,公司治理研究中被低估的一项因素是中层管理人员的作用。根据许多经理主义者的描述,公司真正的日常控制权并不在于其高级管理团队,而是更为分散于许多经理人员手中,他们的责任既包括执行来自高层的经常是抽象的战略部署,也包括提供未来高层战略决策所必需的信息流。

这些个人是公司一线和基层管理人员,他们几乎总是由公司随意聘用,而且栖身于勾心斗角、等级森严的"团队"之中,而正是这个团队,支撑着公司的经营活动。同样重要的是,他们——特别是更为年轻、流动性更强的人们——在为期两年或三年的持续不断的竞争中展开博弈,此后,一些人从同辈中脱颖而出,迈向更高的下一个层级,开始了新一轮竞争。尽管年度薪酬在某种程度上是以团队绩效为基础,这里更强有力的激励在于,迈向一个虽则姗姗来迟但其金钱、权力和地位的回报却令人迷醉的地位,这一地位也就是高级管理团队中的一席之地。

我推测，许多内部董事将其个人声誉维系在公司之中，为这场公司内部的角逐之于年轻一代的价值作出了隐含的担保。正如我们在其他利益相关者的语境下所提及的，这与保证并不是同一回事；那些内部董事可能会败走麦城，也或许会为其他形式的利益而出卖其声誉。但对于中层及中高层管理人员这一流动群体而言，在由关键人士组成的董事会（其工作内容包括"保护竞逐"）中谋得一席之地，仍然是意义深远、切实可行而且具有象征意义的成就。这些人任职董事会，在可能的情况下，往往能够针对内部选任的偏见发表意见。另外，诸多"内部"席位使得内部人有专门的机会在其他董事会成员面前公开展示自己的才华，并且打造社会关系，从而增强其被选任为"候选 CEO"的可能。

作为一个题外话，我还推测，那些视中层和中高层管理者为其关键支持者的董事们，会作出一些与其股东保护职责相悖的事情。如果关键之处在于鼓励有才华的中层管理人员在这场竞争中积极进取，则养成一种关于公司前景的乐观主义氛围至关重要。结构性的乐观主义增进了信任、延迟的满足感以及中层管理人员之间其他种种形式的团结与合作。相反，悲观主义则会诱发自私自利的"捞一把就走"的现象。可以想见的是，那些致力于维护这场竞赛有效性的董事们，会认为公司对其环境的控制力，高于一些冷静的观察人士所认为的合理的程度。尽管这种立场或许偶尔是一种人为的"分立"公司的形式，我们充分有理由推测那些对此种乐观主义信心满满的人们，或许最可能是在其自身的竞争中胜出的优胜者，而且一旦他们达到顶峰，他们将确切无疑地将此种情绪传递给其他人。而他们在发挥此种作用之时，基本上已经丧失了能力来监督公司披露的公正性了。

集团内部的动力以及信任的作用

差异 VS 同业互敬。董事会是一个小团体。鉴此，正如小团体通常面临的情况那样，他们经受着同样的社会和心理的影响。在人们认为董事会应当履行的某些职责——无论是监督、获取资源还是提供服务——的范围内，值得研究的问题是，董事会的结构平衡是如何影响到该职责的履行的。换句话说，我们应当将董事会的结构与其作为工作团队的有效性联系起来。

要使团队作出正确的决策，往往是一种挑战。就直觉而言，能够获得多元的观点和不同的信息，对于审议的过程是有益的，而且有时的确如此。然而,有诸多因素共同影响着团体决策的质量。例如,如果没有强有力的激励,达成共识难免旷日持久,而且这一过程经常令人心生不悦,这些都使人愿意尽力避免产生歧见——研究表明,团队内部的意见分歧越大,成员对团队的忠诚度越低。高度"差异化"的团队与其良好的绩效呈负相关……相反,高度同业互敬的团队为富有成效的工作带来了更好的氛围。不幸的是,他们都存在种种不同的缺陷:其中最为人所知的,便是"群体思维"的概念。这一说法……是指团结的群体往往默示地(事实上是潜意识地)严格审查并过滤掉与他们的偏好不一致的观点和信息。这种默示的审查是维系团体团结的减压机制。看来,在这些情形之下,解决问题的关键在于适度。最富有成效的董事会就是既拥有足够的差异性以鼓励信息共享和积极考虑各种可能性的方案,又拥有充分的同业互敬精神以维系彼此的忠诚,并在董事会紧张的日程安排中达成共识。

由于种种原因,有一种自然的引力,把公司从差异往同业互敬的方向推。董事会自身在选任成员时,通常会受到 CEO 的重大影响。正如我们已经看到的,一种自然的倾向是,董事会选任的是那些与现有成员"相处"融洽的人员。董事会本身的这种邀约创造了巨大的压力:在美国文化中可以强烈感受到的互惠标准,会使人们倾向于支持那些以往支持过他们的人们……董事会在选任或者决定留任 CEO 时,往往会本着最有利于现任 CEO 的方式来考量该决定引发的后果,因为如果他们不这样做的话,将会面临一些责难。选任大量的独立董事进入董事会的一个重要原因在于,这样可以使一批人相互支持,共同抵制达成共识的压力。然而,正如我们将要看到的,过分的独立也会带来一些意外的成本。

近距离观察 CEO。当我们将内部人担任董事的情形考虑进去时,董事会行为的动力显得更加复杂了。与几乎是通行做法相一致的是,我们假定公司的 CEO 是董事会成员之一。另外我们还假定董事会拥有大量的外部董事。出于我们刚才提及的原因,如果 CEO 认为董事是弱势的监督者,则 CEO 可以转而关注其他优先考虑的事项……另一方面,如果 CEO 认为外部人会积极履行其监督职责,则 CEO 在与董事会就公司战略进行交流时,会面临重大困难。

在被密切监督的情况下,CEO 将十分小心谨慎地选择把什么事项告知外部董事,什么事项则不告知外部董事……这样做的目的,是最大化 CEO 及其团队在外部董事心目中的声誉,以增强其在薪酬及工作年限方面的谈判筹码,而不是准确地描述公司的前景。然而,这并不当然意味着欺骗,因为外部人最终将通过公司的审计财务报告和其他信息来源,更多地了解公司的历史业绩。如果他们觉得自己被误导了,则 CEO 的声誉将受到贬损,其饭碗也将受到威胁。同样的,如果 CEO 感觉到,全面地披露信息将对其薪酬方案或者被留任的前景产生足够多的负面影响,则他会面临着强烈的"捞一把就走"的诱惑来操纵提供给董事会的信息。

CEO 与董事会的信息不对称,将在董事会内部产生两类问题:其一,CEO 有着歪曲信息并实施其他干扰行为的激励,这使得监督的任务越发困难,成本更高而且令人更为不悦。如果外部董事感觉到 CEO 存在此种诱惑,因而疑虑更甚,则董事会将会隐形地分裂为两大不同的阵营……其结果是,董事会的整体效用会因此而降低。

这反过来大大制约着董事会的战略咨询的功效。

总而言之,如果董事会分裂为严格的监督者和高级管理人员两大阵营,则至少有三大潜在的成本令人担忧:其一,由于存在两个承担着不同职责的不同阵营,董事会作为一个团体,其平稳运行的态势将受影响。随着这种分歧的加深,董事会的效用将随之下降。第二,外部董事失去了本来在信任氛围更强的环境下可以获得的有价值的信息。第三个潜在的成本是,CEO 把更多的时间和精力用于开展影响董事会心理的活动,而不是用于富有成效的工作方面。然而,所有的这一切并不表明,必须摒弃此种差异以消除这些成本:如果放弃此种差异,甚至有可能因降低了监督质量和过度强调认知一致而带来更高的成本。然而,我们现在看到,为什么说过度的独立会在某种程度上减损董事会的有效性。在董事会成员的积极监督与其承担的其他任务之间,存在着明显的此消彼长的关系。

达成折中方案的步骤:寻找发挥调停作用的董事

如果说董事会过分独立并非一定是明智的选择,那么独立性过弱则更为危险。它表明,我们应当更为仔细地检讨由人数大体相当的以下两类群体组成的董事会的价值:公司管理者自身或受其委任的人担任董事,以及审慎的监督者出任的董事。

乍看之下,这种解决方案并没有吸引力。有文献表明,人数均等即使不会使董事会走向瘫痪,也往往会使董事会派系林立。

如果我们事实上讨论的是两个泾渭分明的阵营或派系时,这种风险很容易发生。然而,在许多运作良好的董事会中,无论正式的内部人/外部人的比例如何，有一种隐含的妥协机制在发挥着作用。当团队内部产生利益冲突时，必须有一位或者多位"调停者"，他的主要作用是修复团队内部的裂痕。公司并非一定要给予这个人或这些人正式的名头，而只要有人拥有成为穿梭外交官的意愿和能力，他们可以消除监督者和管理者之间在谈判方面面临的诸多困难。

谁最适合扮演这种调停者的角色？候选人之一是另一家公司的CEO，尽管他已经通过自身赢得共识的能力而获得了成功……这种人或许也不是……最好的外部监督者。[1] 但他们可以向管理层提供建议，并向董事会中真正的外部人提供信息，从而弥补这一缺陷。所谓的"灰色"董事也是如此。律师和投资银行家从公司获得的（至少是间接获得的）薪酬高于其他董事，这使得其与公司高级管理团队之间保持着密切的交往，此种频密程度，甚至超过了其作为完美的监督者所需的水平。也正是因为如此，他们作为董事经常被指责。然而，再一次地，无论其作为监督者有多大的局限，他们的知识以及与高管的联系，使他们处于容易赢得内部人信任的地位。于是，他们可以运用此种信任与外部董事展开合作，以降低认知差异，并提高董事会运营的效率。如果这正是灰色董事所发挥的重要作用，我们或许应当少些批评。

当然，这里也存在认为董事会被无形地分割为三个派别的风险。的确，看起来它降低了真正的监督者的影响力——至少从数量上看是如此，从而使投资者本来因董事会中的监督者占据超级多数席位而感受到的信心，也受到了威胁。对此的反应可以包括两个方面：第一，在确保董事会的多数成员是真正的监督者（尽管这或许会削弱中层和中高层管理人员等其他群体的信心）的情况下，也可以达成这种三元结构。至关重要的是，一定存在各个派别的人数比例的临界点，各个派别并非一定要势均力敌。另一种方案是，各个派别的人数大体相当，但将关键的委员会——特别引人注目的是审计委员会——的全部控制权，交给真正的监督者。就此而论，近期证券交易委员会和自律组织的规则的修订，强化了审计委员会而不是全部董事会的独立性，的确不无道理。

总结

现在，我们已经提出了两个不太符合常规的理由，来解释为什么"成

---

[1] 要想其他CEO成为良好的监督者，有时也会面临质疑，因为他们本着互惠的标准而行事——他们想怎么样被对待，他们就会怎样对待受其监督的CEO。

员混杂"的董事会可能比超级独立的董事会更有成效。第一个理由是,赋予内部人在董事会中享有重大的政治话语权,有助于去除外部人的偏见,并且有助于保持公司内部晋升通道的预期质量和稳定性,以供大量的中层和中高层管理人员竞相角逐。第二个理由是,董事会中的真正的监督者过多,会给管理者带来严苛的困境,迫使他们采取博取良好印象的讨巧策略,反而放弃了在制定策略和寻求资源的过程中寻求所需要的建议和支持。这样,公司中的同业互敬氛围将因此而弱化,董事会作为工作团队的效率将因此而降低,也不利于董事会成员(尤其是繁忙的外部人士)作出长期的承诺。

此外,更为常规的论述和经验证据也表明,董事会存在过分独立的危险,将前述两部分内容予以综合分析后,我们获得了一个清晰的警示信号。在法律政策致力于提升董事会独立性的范畴中——事实上只是温和地提升了独立性——我们所获得的讯号是,对于公司的结构性事项,或许更好的方式是留给标准而不是法律来解决。

如果对于倡导董事会的独立性的人来说,这种提法听起来过于尖锐,但它显然不是我的本意。董事会独立性的加强,已经成为当前公司治理的重要而积极的一步。我在这里仅仅是想表明,对于具体的公司而言,加强了董事会独立性的法律之外的社会力量也会往回收缩,只要对于该公司而言这最为有利。

注释和问题

1. 美国的大多数州已经制定了法律,指令董事会在作出决策时,将非股东群体——雇员和社区——的利益考虑在内,当然,这一规定经常仅仅适用于董事会对收购要约作出反应的时候。这些被称为其他利益相关人的成文法,是否与 Williamson 的分析直接相悖?与 Langevoort 的分析直接相悖?与第 1 章中 Hart 的分析直接相悖?你能否看到有一项关于这些法律颁布的事件研究,可以支持 William Cary 或者 Ralph Winter 关于公司法州际竞争的阐述?如果事件研究并没有发现显著的股价效应,对此可能的解释又有哪些?参见 Roberta Romano, "What Is the Value of Other Constituency Statutes?" 43 *University of Toronto Law Journal* 533 (1993). 特拉华州,这个被 Cary 称为一路领跑公司法竞次(the race for the bottom)的州,并没有制定保护其他利益相关人的法律,而且特拉华州的法院也只有在考虑到这些利益与股东利益的增长存在理性关联之时,才允许这样做。

公司收购法律规则的州际竞争究竟有哪些好处？本书第 8 章将对相关论辩予以重新审视。

2. 反对董事会中引入非股东群体代表的另一个理由,与第 1 章选自 Hansmann 的文献所强调的集体决策的成本有关。其推理过程如下:在最大化公司的价值方面,股东的利益具有同质性,因为他们可以通过借贷股份价值(即买卖股权——译者注)来调整其暂时的消费偏好的差异。此种同质性使得公司管理者获得了清晰的决策规则。当董事会还必须关注多元利益群体时,利益纷争竞相上演,同质性丧失殆尽,运用连贯一致的规则作出决策亦无可能。它可能导致的后果是,公司管理层的偏好将决定公司的未来。另外,由于价值最大化带来了资源的有效配置,当公司追寻其他目标时(在利益多元的董事会中,情形一定如此),市场的分配效率也将大打折扣。

3. 董事会究竟代表谁的利益？这一问题与公司的目的息息相关。公司的经营目的是否仅仅是股份价格的最大化,或者它还应包括其他更为宽泛的社会责任？尽管 Williamson 和注释 2 中的见解认为公司应当追寻的是更为狭义的目标,但其他表述所遭遇到的困难并没有得到一体解决。试想一下,例如,美国法律协会(ALI)对商业公司的目的定义如下:

商业公司在开展经营活动时,要本着提升公司利润和股东收益的目的而行事。公司在实施经营行为时……可以把负责任的经营行为视为适当的伦理因素考虑在内,即便这样做并不会增加股东的收益。

美国法律协会:《公司治理准则:分析和建议》(1992 年通过)第 2.01 条。我们能够精准地界定什么是合乎伦理的判断吗？或者说这种定义只不过是带来了毫无希望的混乱局面,而且赋予了管理者免受股东审查的自由裁量权？美国法律协会的《公司治理准则》本身困难重重:在本条的凡例(第 11 号)中,涉及一项不可强制执行的合同,如果执行的话,将给公司带来巨大的损失,《公司治理原则》的起草者称,公司管理者出于伦理考量而作出尊重该合同的决定是有效的,而作出不尊重该合同的决定同样是有效的。这种含糊不清且前后不一致的决策规则进一步恶化了代理问题;本指示管理者最大化利润,但结果却导致利润最小化。

在公司利他主义和个人利他主义的正当性方面,当涉及代理成本时,至少还应当提及两者还存在一个重要的差别。David Engel 称,个人利他主义的理由经常是,个人捐赠者能够从慈善行为中获得愉悦(如果其他理由都不成立的话),而如果捐赠人是公司,这种消费动机的解释则无法令人满意,因为其必定涉及的是管理者的满足感,而不是股东的。Engel, "An Approach to Corporate Social Responsibility," 32 *Stanford Law Review* 1 (1979). 当然,这又是"委托人—代理人"之问题的重述了。

尽管我们不能置若罔闻股东从公司的慈善行为中也获得了消费利益的说法,但股东是否都关心该慈善行为的目的是妥当,却也不无疑问。其后果是,管理层可以通过控制公司的议事日程而选择其偏好的慈善行为。关于议程设定者可以将其偏好加诸其他人之上的一项有趣的田野调查研究,参见 Michael Levine and Charles Plott,"Agenda Influence and Its Implications," 63 *Virginia Law Review* 561 (1977).

以上分析表明,管理层最大化公司利润,并且将股利以现金分配给股东,股东可以自行作出其偏好的慈善之举,这样更能符合股东的意愿。但还有一些存在冲突的考量因素。如果公司的税级高于个人股东,则慈善捐赠对于公司而言,其价值高于公司的所有者。更为重要的是,如果管理者和股东在慈善捐赠方面存在信息不对称,例如,如果就慈善事业的相对价值而言,管理者比股东更为了解或者了解的成本更低,则公司的利他主义是更有效率的。你认为,存在此种信息不对称的说法有多可信?公司向高管的母校捐赠,或者高管任职的董事会作出慈善决定,是肯定了还是否定了前述信息不对称的假设?此种信息不对称的假设,用在具备某些所有权结构的公司而不是其他公司(例如,试想想,某些公司由大型机构或者少数富有的个人持有绝大多数股份)身上,才更具有可信度?

我们是否必须利用信息场景来为公司的利他行为寻求正当性?或者可以更为直接地以价值最大化的眼光来看待这一现象?是否可以将利他行为看作类似于广告的市场机制?

4. 监督型董事会的一项重要功能是聘任及解聘高级管理人员。诸多文献研究了董事会履行这方面职责的表现。Randall Morck, Andrei Shleifer 和 Robert Vishny 研究了 1981 年至 1985 年间"财富 500 强"公司中 454 家管理层的更迭。Morck, Shleifer and Vishny, "Alternative Mechanisms for Corporate Control," 79 *American Economic Review* 842 (1989). 他们发现,经历过高级管理人员人事变动或者敌意收购的公司,其业绩低于没有发生管理层人事变动的公司。更为重要的是,当公司的绩效相对不如行业内的其他公司时,公司管理高层内部更可能发生突然的人事变动

(也就是说,董事会发挥了监督作用)。然而,当行业整体表现低迷时,导致高层人事变动的往往是敌意收购,而不是因为董事会采取了行动。因而,Morck 等人运用证据表明,董事会和控制权变更是互补的治理结构。他们对数据的解读是,除非公司业绩的低迷可归咎于管理层,而不是整个行业的外部因素,董事会不愿发起公司高管层面的人事变动。因而,董事会在公司管理层的绩效评估为相对负值的情况下,将起到约束作用。

然而,Morck 等人并没有解释,为什么董事会在约束管理层方面,会采取这样一种做法。正式的"委托人—代理人"模型对于这一差异提供了一些理论支持,正如这些模型所暗指的,相对绩效估值是有益的。这些模型表明,薪酬规则应当依赖过滤掉了不可控因素的信息,也就是说,取决于绩效的计量,这样,厌恶风险的代理人所面临的市场(系统性)风险得以降低,却不会同时降低代理人的激励。对于这些模型的检验,参见 Rick Antle and Abbie Smith, "An Empirical Investigation of the Relative Performance Evaluation of Corporate Executives," 24 *Journal of Accounting Research* 1 (1986); Robert Gibbons and Kevin Murphy, "Relative Performance Evaluation for Chief Executive Officers," 43 *Industrial and Labor Relations Review* 305 (1990)。第 7 章选自 Bebchuk 和 Fried 的文献,对于当下高管薪酬与公司在行业中的相对绩效缺乏充分关联度的做法,提出了批评。

如果缺乏 Morck 等人的研究中所称的公司经营绩效相对孱弱的情形,董事会在评估管理层的表现以作出是否留任的决定时,会考虑其他哪些财务指标?一项研究得出结论称,看起来董事会非常看重管理者是否有能力获得分析师公认的季度收益预测的青睐,因为统计数据表明,如果缺乏这一收益预测数据(决定着有关公司经营绩效的其他数据),CEO 和 CFO 被解聘或者其激励薪酬被降低的可能性更高。参见 Richard Mergenthaler Jr. , Shivaram Rajgopal and Suraj Srinivasan, "CEO and CFO Career Penalties to Missing Quarterly Analysts Forecasts" (manuscript 2009), available at http//ssrn. com/abstract = 1152421。董事会运用这种短期标准来评价高层管理人员,是否符合股东利益?

Michael Weisbach 分析了董事会的构成对首席执行官更替的潜在影响。他的数据对董事会的监督理论提供了更多的支持。在一个由 495 家上市公司组成的样本中,他发现,在公司经营绩效孱弱时,外部董事会(至少 60% 的成员为独立董事的董事会)比成员混杂的董事会解聘 CEO 的可能性要大得多。而且,在公司经营绩效孱弱时,外部董事会比内部董事会(外部董事的比例不高于40%的董事会)解聘管理者的可能性更高,但其差别并不明显。另外,对于外部董事会而言,其解聘 CEO 的比例最高为 7%,彼时公司绩效最差;最低则为 1.3%,彼时公司绩效最好,两者的差异非常明显。而对于内部董事而言,解聘 CEO 的可能性区间的差异并不大。Weisbach, "Outside Directors and CEO Turnover," 20 *Journal of Financial Economics* 431 (1988). Weisbach 从这些数据得出结论称,外部董事确实发挥着监督作用。他对那些制约着管理层的董事会进行了分类分析,从而补充了 Morck 等人的研究。

5. 正如 Langevoort 提及,如今公众公司的董事会主要由外部人士组成,只有 CEO 或者还有另一位高管人员担任董事会成员。与三十年前相比,此种变化可谓惊人,彼时学界建议董事会的多数成员应为外部人士,以最有效地发挥监督功能。例如,以下文献即一适例:Melvin A. Eisenberg, *The Structure of the Corporation* (Boston: Little, Brown, 1976). 正如注释 3 提到的,美国法律协会的《公司治理准则》的初稿采纳了此一提议(报告的执笔人正是 Eisenberg 教授),在业界引发了激烈的论辩。Jeffrey Gordon 则对独立董事兴起的原因提供了不同的视角,后者认为,独立董事的产生,并不仅仅是出于解决具体公司的代理问题的需要。相反,Jeffrey Gordon 认为:

> "独立董事"是解决下面这个不同问题的答案:我们如何规制公司以增进社会财富(表现为市场整体的股东价值的最大化)?追求股东价值的最大化会创造出诸多制度安排,后者对于特定公司而言或许是次优的选择,但对于此类公司整体而言却是最理想的选择。在美国环境下生长起来的独立董事,意在解决三个不同的问题:第一,他们强化了管理者对股东的目标的忠诚度,后者与管理者利益或者利益相关者的利益有所不同。第二,他们强化了公司公开披露的信息的可信度,后者使得股票的市场价格成为一种更可靠的信号,以用于资金配置及监督本公司及其他公司的管理者。第三,更富于争议的是,他们提供了一项机制,该机制将公司的回应与股票市场释放的信号绑定在一起,但有一定的适用范围。董事会转而引入独立董事,传递了以下观点:股票市场释放的信号是衡量公司绩效的最可靠手段,也是经济体中配置资本的最佳指引。然而,我们还需要"有形的手"——也就是独立董事——来抑制市场作用过头的倾向。

在完成这些不同的任务时,独立董事拥有比较优势。他们对CEO的依赖程度较低,而且作为董事,他们对于外界对其表现的评价更为敏感;他们更不会在有关公司前景的内部描述方面固执己见,也更不会对潜在的竞争性敏感信息的披露心存担忧。另外,在"检验"市场信号是否吻合于公司前景的内在判断方面,他们也具有可信度。换言之,真正独立的董事在资源的分配方面能够创造出重大的价值,而且因为其他公司被迫向表现最好的公司看齐,这种价值的创造并不仅仅惠及其任职的公司,而是拥有更为广泛的价值。

Gordon,"The Rise of Independent Directors in the United States, 1950—2005: Of Shareholder Value and Stock Market Prices," 59 *Stanford Law Review* 1465 (2007). 本部分的重印获得了许可。Gordon 认为,一个关键的发展变化是公司所处的信息环境发生了改变:随着资本市场的深度和广度不断拓展,公司可以依赖市场价格而不是通过私人途径来获取信息。相应地,董事们不必依靠私人信息或者有关公司的私人知识,即可履行对管理者的顾问职责,因为他们可以依赖市场价格和证券分析师来达此目的。从这一视角来看,独立董事将股票市场的信号输入公司(以及经济体)的"决策"之中,从而成为一种以"以效率赢得正当性"的策略。

6. Langevoort 探讨了外部董事作为董事派系之间的"调停者"所发挥的作用,此种董事派系之间的矛盾将潜滋暗长,并会导致董事会陷入功能性瘫痪。他认为,担任其他公司 CEO 的外部董事或许非常适合扮演此一角色,或者,诸如律师和投资银行家等外部董事自身或者其所在的公司与其任职董事的公司之间存在业务往来,因而他们属于学术文献所指称的"灰色"董事,他们也胜任此一角色。另一类适于承担调停者角色的外部董事是一些个人,他们是一些前政客和政府官员,可以被称为职业"调停者"。这些个人或许最能够发挥 Langevoort 所称的董事会的第二项功能,即董事帮助公司获取或者保护"外部资源",例如,政府是与公司发生交易的诸多外部群体之一,董事改善公司与其的关系,从而实现了这一功能。因而,毫不奇怪的是,在受管制的行业中,或者在政府是其大客户的公司的董事会中,经常可以见到前政客和政府官员的身影。另外,与此种"外部资源"功能相一致的是,数据表明,此种政治董事随着公司所处监管环境的变化而或沉或浮。

例如,Eric Helland 和 Michael Sykuta 研究了过去数十年来天然气公司的董事会构成,期间该产业(或者该产业中的部分公司)所面临的监管环境数次变迁,从不受管制到受管制,再到受到高度的管制,最后又放松了管制。他们创造了"政治"董事类别,包括华盛顿特区的律师(许多人此前是监管机构的官员)、前政客及监管者,他们的研究发现此类董事的数量随着监管(放松监管)环境的变化而显著增减。Helland and Sykuta, "Regulation and the Evolution of Corporate Boards: Monitoring, Advising, or Window Dressing?," 47 *Journal of Law and Economics* 167 (2004). Anup Agrawal 和 Charles Knoeber 发现在电力公司中也存在类似的情况:传统的政府监管委员会制度发生巨变,政治影响力的重要性由此凸显(联邦法律修订后各州引入了电力的零售竞争,与引入竞争的方式一起,对公司的盈利能力构成了重大的影响),拥有政治背景的董事数量增长了。Agrawal and Knoeber, "Do Some Outside Directors Play a Political Role?," 44 *Journal of Law and Economics* 179 (2001).

Eitan Goldman, Jörg Rocholl 和 Jongil So 发现,委任政治董事(前政客或者政府官员)会产生显著的股价正效应。Goldman, Rocholl and So, "Do Politically Connected Boards Affect Firm Value?," 22 *Review of Financial Studies* 2331 (2009)。该发现是否吻合于 Langevoort 所描述的董事会的三项功能,或者仅仅吻合于"外部资源"功能? 他们发现,委任没有政治人脉的外部董事,不会产生此种价格效应。另外,如果委任的政治董事的前政治职位与公司业务存在关联(也就是说,他们任职于政府机构或者对该机构拥有管辖权的国会委员会,而且该政府机构监管着公司所属行业或者与该行业存在关联),则比那些政治经历与此不存在关联的董事,其异常回报值更高。最后,他们根据政治董事所属的党派类别(排除掉与两党均存在关联的公司),将公司进行划分后发现,在 2000 年共和党赢得总统大选之时,共和党的公司的业绩优于民主党的公司。它表明,政治董事的价值随着其党派对总统职位的控制而增强,因此投资者或许会认为,此类董事的影响力主要通过政府机构而存在,而后者掌控于总统之手,这种影响力有利于其获得有利的监管或者合同决定。

Goldman 等人得出结论称,委任政治董事增加了公司的价值(该价值不同于董事可以发挥的监督和顾问功能)。尽管他们或许能够增进股东的金钱利益,但此种种安排是否有益于社会? 美国公司的政治人脉对于其经营业绩的重要意义自不待言,但也会带来问题,因为人们认为它将发生于法律制度腐败的国度,而且,的确,正如 Goldman 等人所概括的,其他研究发现,在法律制度孱弱和腐败程度更高的国家,公司的政治人脉更有价值。在亚洲国家,金融系统中的政商两界勾结情形特别突出,这种情形被称为"裙带资本主义";诸如 Alan Greenspan, Paul Krugman 和 Larry Summers 认为,那些安排是 20 世纪 90 年代末期亚洲金融危机的根源。

7. Bhagat 和 Romano 在其对于文献的总结中称,经验文献未能发现董事会的独立性与公司绩效之间存在正相关,另一种解释是选择效应,第 3 章 B 部分的注释 10 选摘了 Listokin 的文献,后者讨论了公司作出决定以遵守反收购成文法时的选择效应。公司选任其董事,而该选任或许与公司绩效有关(也就是说,经营绩效低下的公司会增加外部董事的数量)。由于绝大多数调查研究运用了传统的统计技术,并没有对变量的同质性予以调整,得出关联度不显著的结果或许并不能反映董事会的独立性与公司绩效之间的真实联系。然而,除了统计问题(该问题可以运用更为复杂的技术予以解决)之外,这种可能性还对解读结果带来了困难。公司毫无疑问会对治理结构作出选择以回应其面临的治理问题。如果公司最优化其选择,或者更为具体地说,如果公司选择人员混杂的董事会以最大化其价值,则我们应当会发现,公司绩效的变化与董事会人员组成的变化息息相关。独立董事更少的公司应当是内部董事带来更大价值的公司,相应地,它们的经营绩效不应当逊于独立董事更多的公司。

毫无疑问,公司总会作出最理想的选择的假定,难以为人所接受。然而,另一种选择效应,也就是更为"达尔文式"的选择效应,支持着一种更为温和的假定:产品市场、劳动力市场和资本市场的竞争,久而久之,会导致"最适合"的公司存活下来,而那些作出了真正次优选择的公司往往会被淘汰出局("适合"并非等同于"最优")。

8. 未能发现独立董事改善了公司经营绩效,对此一种或许更为简单的解释是,为什么人们应当预期独立董事能够改善公司经营绩效?就其定义而言,这些独立董事对于公司的具体运作并不了解,而且他们在公司中并不拥有大量的所有者权益。否则,他们将成为内部人,而不是外部董事了。这是"谁监督谁"这一经典问题的另一个版本。尽管本章的下半部分对"责任的威胁"这一答案进行研究,分析一番其他哪些因素可以驱动外部董事恪尽职守,固然不无裨益。薪酬是一种显见的答案;正如在第 7 章中所探讨的,金钱激励、特别是以股权为基础的薪酬方案,以及出场费,都被用于将董事利益与股东利益保持一致。声誉方面的考虑是另一种答案吗?它是否取决于谁选任董事(股东还是管理层)?第6章将对这一问题予以进一步的探讨。

9. Bhagat 和 Romano 集中关注董事会组成和公司经营绩效的关系,卷帙浩繁的文献均以此为研究对象。更少的研究文献关注公司绩效与可能与运作良好的监督型董事会相关的其他特征之间的关系,例如董事会规模和人员重叠,后者是指 CEO 是否兼任公司董事长。再一次地,关于董事会的特征是否改善了公司绩效的问题未有定论。许多研究发现,规模更小的董事会与更好的公司绩效息息相关,但规模效应看起来因公司特征不同而存在重大差异。近期的研究发现,对于某些(股权高度分散或者高度杠杆化的)公司而言,规模更大的董事会与更好的公司绩效息息相关。比较 David Yermack, "Higher Valuation of Companies with a Small Board of Directors," 40 *Journal of Financial Economics* 185 (1996),与 Jeffrey L. Coles, Naveen D. Daniel and Lalitha Naveen, "Boards: Does One Size Fit All?," 87 *Journal of Financial Economics* 329 (2008)。类似地,尽管大量的研究发现 CEO 与董事长由不同的人担任对于公司绩效并无重大影响,有一些研究发现事实上它与更好的绩效息息相关。比较 James A. Brickley, Jeffrey L. Coles and Gregg A. Jarrell, "The Leadership Structure: Separating the CEO and Chairman of the Board," 3 *Journal of Corporate Finance* 189 (1997)和 Paula L. Rechner and Dan R. Dalton, "CEO Duality and Organizational Performance: A Longitudinal Analysis," 12 *Strategic Management Journal* 155 (1991)。

正如 Bhagat 和 Romano 提及,在某些情况下,拥有更多独立董事的董事会与公司更好的决策息息相关。这些情形包括收购(例如,John W. Byrd and Kent A. Hickman, "Do Outside Directors Monitor Managers? Evidence from Tender Offer Bids," 32 *Journal of Financial Economics* 195 (1992))和重组——在公司经营绩效低下的情形出现之后,提出重组方案、出售资产和解聘雇员等(Tod Perry and Anil Shivdasani, "Do Boards Affect Performance? Evidence from Corporate Restructuring," 78 *Journal of Business* 1403 (2005))。对于成为收购目标的公司所作出的决策的研究,并没有一致发现独立的董事会作出了更好的决策。比较 James Cotter, Anil Shivdasani and Marc Zenner, "Do Independent Directors Enhance Target

Shareholder Wealth during Tender Offers?," 43 *Journal of Financial Economics* 195 (1997)和 Anil Shivdasani, "Board Composition, Ownership Structure and Hostile Takeovers," 16 *Journal of Accounting and Economics* 167 (1993)。从有关董事会的经验文献所得出的不确定的结论中,能否简单地推断出,不存在一套规定了不同人员组成董事会的具体模式,成为所有情境下适用于所有公司的最有效方式?该文献与各州公司法都没有规定董事会的人员构成,是否一脉相承?它与法院对于不独立的董事会作出的决定予以更严格的审查,是否一脉相承?

10. 自从 1932 年 Berle 和 Means 的著作(参见第 1 章)出版之后,分散的所有权模式已经成为美国上市公司的股权结构标准,而在人们心目当中,由独立董事组成的监督型董事会已经成为此类公司的一种治理模式。然而,美国大量的公众公司由家族控制:当然,家族企业的比例远远低于其他国家,在相对大型的公众公司中,家族企业所占比重高于三分之一,家族平均持股低于 20%(不计入双重类别股份,这是一种控制权强化机制,它使得持股人拥有的投票权比重高于其经济上的股份所有权所占的比例)。参见 Ronald C. Anderson and David M. Reeb, "Founding-Family Ownership and Firm Performance: Evidence from the S & P 500," 58 *Journal of Finance* 1301 (2003)(1992—1999 年标准普尔的 500 强公司中,35% 由家族控制,平均持股接近 18%); Belen Villalonga and Raphael Amit, "How do Family Ownership, Control and Management Affect Firm Value?," 80 *Journal of Financial Economics* 385 (2006)(1994—2000 年《财富》500 强公司中,37% 由家族控制,平均持股 16%)。

家族企业的董事会中,外部董事的数量低于非家族企业:在 Anderson 和 Reeb 的研究中,家族企业的董事会中独立董事占 44%,而在非家族企业中,这一比例为 61%,而且控股家族把持着大约 20% 的董事会席位。在家族控制的公司中,独立董事会或者独立董事发挥着什么功能?你认为独立董事为此类公司带来的价值会高于其给"Berle 和 Means"公司*带来的价值吗?是否可以认为,这一问题的答案取决于独立董事为什么被聘入董事会,也就是说,人们预期他们将发挥什么功能?例如,内部人士委任独立董事是为了寻求专家建议,还是应外部股东的监督者需求而委

---

* 指股权高度分散的公司。——译者注

任他们？参见 Anderson 和 Reeb 的前述文献。该注释描述的数据是否影响着你对注释 9 所提出的问题的反应？该问题是指,从公司法对所有公众公司的董事会的组成设定要求的文献中,我们可以得出什么结论？关于家族企业中独立董事的作用的探讨,参见 Deborah DeMott, "Guests at the Table?: Independent Directors in Family-Influenced Public Companies," 33 *Journal of Corporation Law* 819（2008）。该文献不仅考察了家族企业中的公众企业的董事会结构,而且考察了家族企业中的封闭企业的董事会结构。将监督型外部董事会模型运用于此类企业,是否有道理？在后安然时代,联邦法律和股票交易所规则规定公众公司的董事会中必须有外部董事,封闭公司是否应当自愿建立独立的董事会,以降低责任风险？关于封闭公司适用独立董事范式的分析和批评,参见 Jennifer Johnson, "What's Good for the Goose? A Critical Essay on 'Best Practices' for Private Firms," 2 *Journal of Business & Technology Law* 251（2007）。在阅读完本章下半部分关于股东诉讼的文献后,请重新思考这一问题。

11. 正如选摘自 Bhagat 和 Romano 以及 Langevoort 的文献所提到的,国会要求公众公司的审计委员会全部由外部董事组成,证券交易所此后迅速跟进,要求上市公司的提名委员会及薪酬委员会完全由独立董事组成,董事会大多数成员为外部董事（这些针对 2001—2002 年间的安然公司和其他会计丑闻的反应,第 9 章将予以更为详细的阐述）。那些要求与本部分关于董事会的研究是否一致？请注意,Roberta Romano 梳理了关于完全独立的审计委员会是否关乎更为良好的经营绩效的文献,同时整理了有关独立的董事会与公司绩效的研究,发现其中并无关联。Romano, "The Sarbanes-Oxley Act and the Making of Quack Corporate Governance," 114 *Yale Law Journal* 1521（2005）。考虑到经验文献得出的这一结论,当立法机关或监管机构在考虑对董事会的结构施加要求之时,谁应当承担举证责任,以主张变革或者维持原状？在统计文献中,未能明显地发现诸如独立董事会等治理机制的价值,作为对此现象的一种解释,注释 7 提及的内生性问题,是否会影响到举证责任？在这种情况下,采用第 3 章摘自 Listokin 的文献所讨论的默认方法之一（例如,选入式或者选出式规则）,而不是采取强制性规则,是否有道理？风险资本家或者被收购的公司选任谁进入其提供融资支持的公司的董事会,这些经验证据能否证明哪类人可以增进公司价值？进而证明此种改革是否合理？在阅读第 8

章摘自 Kaplan 和 Strömberg 关于私募股权基金的行为的文献,以及回顾第 4 章摘自 Sahlman 关于风险资本基金的文献时,试着考虑这一问题的答案。关于董事会的研究文献的更为全面的回顾,可以见于 2003 年后发表的以下文章:Renee Adams, Benjamin E. Hermalin, and Michael S. Weisbach, "The Role of Boards of Directors in Corporate Governance: A Conceptual Framework and Survey," 48 *Journal of Economic Literature* 58 (2010),还可见于 20 世纪 90 年代及更为早期的以下作品:Benjamin E. Hermlain and Michael S. Weisbach, "Boards of Directors as an Endogenously Determined Institution: A Survey of the Economic Literature," 9 *Economic Policy Review* 7 (April 2003) 以及 Roberta Romano, "Corporate Law and Corporate Governance," 5 *Industrial and Corporate Change* 277 (1996)。

B. 董事违背义务的责任

股东诉讼:缺乏根基的诉讼?[*]

ROBERTA ROMANO

在公司法中,股东诉讼被赋予了重要的应急功能。当首要的治理机制……未能发挥其监督功效、而且不当行为的后果也没有严重到必须变更公司控制权时,责任规则就应当开始发挥作用了。股东诉讼对违背注意义务(存在工作过失)和忠实义务(陷入利益冲突)的公司高管和董事施加个人责任,因而人们认为,它可以使管理者的激励与股东利益保持一致。

股东诉讼作为一种治理机制,其效果受到了集体行动问题的影响,因为提起诉讼的成本尽管会低于股东整体获得的总收益,但通常会超过原告股东的按比例利益。为了缓解这一困难,法院会判决原告胜诉后会获得律师费用的补偿,这样就使原告的律师获得了金钱激励以监督管理层。然而,此种安排会产生"被代理人—代理人"的问题:律师的激励未必吻合股东利益。例如,股东诉讼的和解结果,或许只够用于律师费用的偿

---

[*] 摘自 Roberta Romano, "The Shareholder Suit: Litigation Without Foundation?," *Journal of Law, Economics, and Organization*, 1991, vol. 7, issue 1, page 55,本部分内容的重印获得了剑桥大学出版社的许可。

付。股东诉讼的批评者称,绝大多数股东诉讼都是滥诉,原告的律师是其中真正的受益者。

督促董事和高管履行职责的诉讼有两种:股东代表公司提起的派生诉讼,以及股东个人或者整体行使其自身权利而提起的直接诉讼。两类诉讼的程序性要求存在差异,派生诉讼的原告面临更多的障碍……这些差异还会带来重要的金钱方面差别,这种差别对于各方是否有动机来和解哪怕是无理的诉讼,也会产生影响。特别是,在绝大多数州中,派生诉讼案件的和解或者判决所作出的赔付,无法偿还,可以获得补偿的是法律服务费用的支出。然而,所有的州都允许公司为其管理人员购买董事和高管责任保险,而且保险单可以涵盖无法获得补偿的损失。在通常情况下,如果法院裁定董事和高管不忠诚,则它不属于保险范围。然而,如果诉求得以和解,则保险人请求裁定董事或高管有过错、因而不予理赔的诉请,法院将不予支持。类似地,尽管所有的保险单均将个人收益排除于损失之外,如果同时主张违背注意义务和忠实义务的诉请得以和解,则保险人必须赔付所有的请求权金额(如果能够证明被排除在外的诉请的单独辩护成本,则可以限制辩护成本的补偿)。

种种不同的赔偿权利、保险单除外条款以及作为真正的利益相关方的原告律师等,共同创造了和解的强有力激励。对于被告个人而言,和解不会带来任何个人成本,而如果法院对诉请进行裁决,则有可能(无论这种可能性有多小)被判定负有责任且得不到补偿。[1] 原告律师的如意算盘也得出了类似的结果。如果案件得以和解,原告的律师费将获得偿付,因为被告通常不会反对支付律师费的请求,而且无论如何,一旦案件和解,原告仰仗于公司的利益总会实现。然而,如果法院对诉请进行裁决,则原告有可能会败诉。因而,原告的律师有很强的动机去寻求和解。因为一旦案件和解,董事和高管的保险人会补偿双方的成本,与其他民事诉讼不同的是,在股东诉讼中,没有一方内化了诉讼成本。在诉讼发生之后,公司的保险费将提高,但这种成本由所有股东承担,而不是由诉讼各方承担。除了保险人之外,法院也发挥着监督的功能:他们必须对集团诉讼和派生诉讼的和解建议予以审查,因为此类和解将阻却后来就类似诉请提出的诉讼。然而,法院极少审查当事人的和解,其结果是,律师的动

---

[1] 当然,除了这些金钱激励之外,被告显然还存在其他明显的激励来迅速达成和解:法院批准和解之后,其他股东无权就类似诉请提出诉讼。

机成为影响股东诉讼进程的主要因素。

股东诉讼的直接收益

　　本研究对象为 20 世纪 60 年代末至 1987 年（保险危机缓和之时）由 535 家公众公司组成的样本，这些公司随机选自当前在纽约证券交易所（NYSE）上市交易以及在全国证券经纪商协会自动报价系统（纳斯达克市场）进行柜台交易的公司，以及已经在那些市场停止交易的公司。

　　99 家公司（占样本总数的 19%）遭遇到了股东诉讼，诉讼总共为 139 起。[2] 诉讼的趋势与[早期的]研究一脉相承：股东诉讼非常罕见，而一旦出现，则往往成群结队（也就是说，诉讼的分布并不对称）。诉讼频率为每一位股东每隔 48 年提起一件诉讼，遭到诉讼的公司中，29% 的公司遭到的诉讼占到了所有诉讼的将近半数。董事同时任职数家公司董事会的情形司空见惯，因而董事个人被诉的可能性显著高于公司，尽管如此，股东诉讼仍然并不常见。

　　股东诉讼可以分为五类（其数量大体相同）：（1）收购，包括对善意合并发起的挑战，以及委托书征求大战；（2）对收购防御策略发起的挑战；（3）对高管薪酬及其他自利交易发起的挑战；（4）财务报表的虚假陈述或者遗漏；（5）不属于以上类型的其他诉讼。尽管从公司子样本看来，诉讼的类型并没有显著变化，但从长久来看，它仍然发生着重大变化。特别是，1980 年后涉及公司收购及防御策略的诉讼翻了 5 倍。

　　绝大多数案件（128 件已决讼争中的 83 件）通过和解的方式解决。股东诉讼的这一情形并不稀奇，因为绝大多数民事案件均以和解告终。事实上，股东诉讼中的赔偿权利和保险范围的构造衍生出了非常强烈的和解动机，或许令人奇怪的是，三分之一的股东诉讼案件并没有通过和解解决。然而，在法官判决中，原告股东却绝少胜诉。只有一例判决支持原告（在一起针对约定事实的裁决中，法院支持了原告的部分诉请），在另一起案件中，州最高法院恢复了此前被初审法院驳回的诉状。在既判案件中，原告的胜诉率为 6%，但原告实际上从未赢得损害赔偿或者衡平救济的判决。

　　和解的两大特征令人印象深刻。第一，只有半数的和解作出了金钱

---

[2] 除非另外注明，"诉讼"这一术语与"系争交易"交互使用。相关单位是系争交易而不是提起的诉讼，因为提起的诉讼经由合并审理。在 139 起系争交易中，至少有 506 起不同的诉讼。

赔偿的决定(83 起案件中的 46 起)。第二,向律师支付金钱赔偿的次数(83 起案件中的 75 起),远远高于向股东支付金钱赔偿的次数。在 7 起案件(8%)中,唯一的救济措施是支付律师费用。另外,金钱赔偿的分布状况也非常不均衡:在 39 起救济价值可以估量的和解案件中,平均救济金额为 900 万美元,而救济的中值则为 200 万美元。[3] 这些救济金额大约为公司资产的 1.3%(中值:0.5%)。一种解释是,绝大多数违背信义义务的行为仅仅对股东造成了轻微的伤害。然而,这种和解范式与另一更令人困扰的解释一脉相承:大量的股东诉讼毫无价值。

和解资金因诉讼类型不同而存在重大差异。派生诉讼的平均救济赔偿金(600 万美元),大约为集团诉讼的一半(1100 万美元)。就其所占公司资产而言,该比例要低得多(派生诉讼为 0.5%,而集团诉讼为 1.6%)。向股东赔付现金的派生诉讼所占比例(21%),也大大低于集团诉讼的此一比例(67%)。这些差异非常有趣,因为关于股东诉讼的利弊之争集中于派生诉讼,而不是集团诉讼。诉请的质量或许与和解获得的赔偿金额呈正相关,因为后者强化了主体的谈判地位。在派生诉讼给股东带来的回报持续低于集团诉讼的情况下,更多的派生诉讼属于滥诉的可能性更大。也有可能是,引发派生诉讼的不当行为的严重程度低于集团诉讼。派生诉讼的支持者以更有利的眼光来看待这些数据。例如,Schwartz 认为,派生诉讼的功能主要在于遏制不当行为,而不是寻求赔偿,后者留给集团诉讼去解决……以此观之,派生诉讼的小额赔付表明,赔偿规则遏制着大量的不当行为。

由于每一股份获得的赔付金额很低,诉讼成本大大超过了股东个人的收益,因而派生诉讼存在搭便车问题,以下数据支持着这一观点:获得金钱赔偿的 11 起派生诉讼中,平均赔偿金额为每股 0.18 美元(扣去律师费 0.15 美元)。这约占诉讼提起前一天的股份价格的 2%。

计算集团诉讼中每股获赔金额极为困难,因为关于集团规模及成员个人损失的信息多半无法获得,因而也无法获得分配给成员的赔偿额的数据。能够获得准确信息的只有 7 起集团诉讼,绝大多数涉及公司收购,每一股份均获得了同等比例的赔付。这些集团诉讼平均获得的赔付为每股 3.28 元,大大高于派生诉讼(减去律师费之后为 2.83 美元)。这大约

---

[3] 所有数额均以 1988 年的美元计价。救济金额从 226,000 美元到 1.18 亿美元不等。

是诉讼提起前一天股价的7%。然而,根据小样本得出普遍性经验,这是危险的……看似不无道理的是,集团诉讼之于每股价值的影响,并不在于集团诉讼中的成员获得了多少补偿,而在于它对公司价值的影响。公司的支出影响着未来的现金流,因而每一个集团诉讼的赢家的背后,都站着一方股东输家;平均收益的计算,抹平了赔偿的分配效应。另外,虽然绝大多数和解的赔付均由董事和高管保险买单,所有股东都承担着免赔额的支出、以及未来保险费的增加所带来的成本。根据这一计算结果,集团诉讼(31起)的每股平均价值是1.66美元(减去律师费之后是1.42美元)。平均赔付金额达到了股票市场价值的5%,仍然大大高于派生诉讼。

然而,分享和解基金并非股东受益于诉讼的唯一方式。在25起案件中,和解带来了结构性的救济方式(其中4起案件同时还有金钱赔付)。尽管无法准确地评估这些结构性救济所带来的种种好处,这些收益看起来是微不足道的。[4]

之所以需要这种装饰性的结构性和解,一种可能的解释是必须置备一份记录文本,以使法院判决赔付律师费用具有正当性……原告胜诉后,如果公司受益于诉讼,则无论是否判令金钱赔付,原告的律师费用均可以得到偿付;如果和解带来了明显的结构性变更,则可以证明公司因此获益。在仅有的一起法院判决未予给付的和解中,这起和解甚至没有给公司带来装饰性的结构性改革。在结构性救济情形下判决的费用给付,遵循着一套北极星公式(所花费的小时数乘以按小时计收的合理费率,后者根据案件的复杂程度、风险、工作质量或者给付时间的延误情形而予以调整),其金额大大低于金钱性和解的给付数额(前者为28.7万美元,后者为145万美元)。此种差异与以下见解一脉相承:律师所投入的心力与诉请的金额呈正相关,在此意义上,绝大多数结构性救济对于股东而言,其收益微乎其微。

和解率和法律规则的不同成本

代理成本——律师的激励与股东利益相背离——解释着为什么绝大多数案件的救济几乎没有任何实质内容但仍以和解结案。提起诉讼方面

---

[4] 此种救济包括增加董事会中独立董事的席位(9个案件)、变更高管薪酬计划的条款(3个案件)、限制绿邮支付——这是一种防御策略,第8章将予以探讨(3个案件),以及专门限制管理层的自利交易(5个案件)。——编者注

的经济模型提供了另一种解释,该解释涉及成本各异的法律规则对于各方主体激励的影响。也就是说,当被告参与诉讼的成本高于原告时,他们的谈判地位更为羸弱,因而他们愿意就哪怕是无理的诉讼进行和解,以降低成本。

当我们根据不同的诉讼主题来研究案件的和解率时,发现案件类型不同成本亦不相同的预测是正确的:涉及自利交易的诉讼比涉及防御策略的诉讼,被告的负担更为沉重,而且前者和解的情形多于后者(72%对47%)。当比较关于信义义务的诉讼时,我们看到了类似的(尽管是更不引人注目的)范式:在涉及忠实义务的案件中,被告的负担最为沉重,该类案件的和解率高于涉及注意义务和管理层防御的案件(三类案件的和解率分别为72%、70%和41%),在后两类案件中,被告的负担更轻。这三类案件的区别在于显著性的差异(……概率:.058),但管理层防御案件促成了该效果的发生……被告负担最轻的案件(注意义务案件)与忠实义务案件和解率基本持平。事实上,在单独比较注意义务案件与忠实义务案件时,并没有发现具有统计意义的显著差异。这弱化了从成本差异的角度来解释和解率的说服力。

在最后一次检验这一假设时,我们根据案件类型来比较研究和解率,我们看到,派生诉讼中的原告所面临的程序性障碍高于集团诉讼。尽管派生诉讼的和解频率确实低于集团诉讼(66%对79%),此种差异并不显著。因而,尽管从成本各异的角度来解释处理范式的差异能够获得一些支持,但它并不足以抗衡这方面的代理成本解释。

股东诉讼的间接收益

诉讼和解并不是衡量诉讼收益的唯一尺度。情况或许是,在股东提起诉讼时,公司自身进行了重组,这使得诉讼几乎无所作为,三个以和解结束的案件即属此种情形。这或许是一种有益的科斯式结果:公司比法院更有能力判断谁应当承担责任,是公司实体还是雇员个人……于是只须将发现者的费用(律师费)发放给原告,以补偿其监督成本,而董事会则会因此而改善激励。另外,如果诉讼只是促使管理者动机与股东利益保持一致的众多治理结构之一,则公司其他治理机制的效果发生变化时,诉讼的治理效果也会发生变化,如独立董事会的构成……所有权集中度……。内部人主导着董事会的公司更可能成为诉讼的目标,因为这些公司缺乏扮演着积极监督者角色的外部大股东,后者的投资可以缓解搭便车问题。另外，诉讼与内部人的股权份额呈负相关，因为随着管理层的持股份额增长，其行为激励将与股东利益更多地保持一致，从而降低了外部监督的必要性。

为了研究这些命题，我们在关注诉讼过程中的变化时，必须研究三项关键的组织因素，这三项因素也是绝大多数结构性和解的焦点：现金薪酬和高级管理人员的更迭、董事会的人员构成（其他治理机制也会涉及该数据）、内部人和外部人的持股份额。为了剔除无论诉讼与否都会存在的变量，我们构建了配对样本，其中一套样本为发生诉讼的公司，另一套样本则为没有发生诉讼但拥有同样四位数字的标准产业分类（SIC）编码的公司。

诉讼会带来公司组织科斯式的调整吗？

衡量诉讼是否重新配置了高管激励的关键指标是，股东诉讼提起之后高级管理人员及其薪酬的变更。然而，诉讼看起来对内部人的薪酬计划并没有影响。在遭受诉讼的公司中，其高级管理人员的现金薪酬增速快于其对手方，但两者的差异不具有显著性……另外，在诉讼被驳回的公司中，其CEO的薪酬增速超过诉讼获得和解的公司，但再一次地，该差异并不具有显著性……于是，并没有证据表明，公司的高级管理人员层面有经济动机来放弃免责及保险机制。

被解职的威胁比现金薪酬的暂时波动，对于管理者行为的影响往往更大。如果公司比原告和法院更能有效地分配责任，则我们应当可以看到，诉讼之后管理者被解职的情形多于被降薪的情形。此种激励策略的位序获得了数据的支持。遭到诉讼的公司的高级管理人员被解职的频次显著高于其对手方：在遭到诉讼的公司中，在诉讼前后，55%的公司的CEO或董事会主席的职位发生人事变动，而其对手方的这一数据仅仅为31%。

诉讼可以带来的另一有益的组织变更，是董事会人员构成的变化。为了尽可能避免再次被起诉，遭到诉讼的公司会通过增加董事会中外部人士的数量来强化董事会的监督功能……在诉讼过程中，遭到诉讼的公司的确增加了其董事会中外部董事的比例，而且在诉讼后期，这些公司的董事会中外部董事的比例略微高于没有遭到诉讼的公司（48.1%对47.9%）。然而，在遭到诉讼的公司中，董事会的外部人士占比的变化尽管符合预期方向，但与配对的公司相比，其差异并不具有显著性。

对于公司而言,一旦被提起诉讼即作出反应并改变董事会的人员构成,而不是等待讼争获得解决之后再做反应,这或许并不明智(例如,如果诉讼结束之后管理层免受责难,则不存在监督的过失,因而无须变更董事会的构成)。如果运用全部数据来研究董事会的人员构成的变更时,这一策略的效果并不清晰。如果我们假定和解意味着诉请是有价值的,则我们会看到案件和解而不是被驳回之后,董事会的人员构成会发生变化:此种趋势表明,公司通过强化其内部监督来对成功的诉讼作出反应。这一数据符合以下假设——诉讼达成了和解的公司,确实在诉讼过程中提高了外部董事的比例,而诉请被驳回的公司却没有提高外部董事的比例……然而,其差异并不具有显著性(无论是相对于配对样本公司而言,或是在遭到诉讼但诉讼后果不同的公司之间相比较而言)。因而,我们无法得出结论称,为了回应诉讼,公司提高了董事会的独立性。

如果我们考察的是董事会具体成员的人事变更,而不是董事会整体构成的变化,则董事会的构成确实因诉讼而发生了明显的变化:遭到诉讼的公司确实比配对的公司发生更多的董事会变更的情形。

无论采用留任率——诉讼发起时在任的董事在诉讼结束后仍然留任的比例(遭到诉讼的公司的这一比例为71%,而配对的公司的这一比例则为81%),还是采用离职率——诉讼发起时在任的董事在诉讼结束后离职的比例(遭到诉讼的公司的这一比例为29%,而配对的公司的这一比例则为21%)来计算董事会的职位变更,这一差异均十分明显。另外,遭到诉讼的公司中以和解告终的,其董事会成员变更的情形显著高于其配对的公司,但并不显著高于诉讼被驳回的公司……如果以留任率来计算,则诉讼获得和解和诉讼被驳回的公司的董事会的稳定性的差异,具有统计上的显著性。

解读有关董事会的稳定性的数据,并不容易。这些数据看起来表明,公司为应对诉讼而强化了内部监督绩效:由于在被起诉的公司中董事离职的人数高于正常的公司,董事会成员被认为对诉讼负有责任,特别是被认为对于那些好处更为明显的诉讼(那些和解的诉讼)负有责任。然而,人员调整并不必然意味着糟糕的监督者被替换掉了。它还可能表明,更能干的监督者离开公司去寻找更理想的机会,因为他们不喜欢被起诉。一种辨别这种种不同的离职原因的方法是,看看诉讼发生之后该董事任职的董事会数量是否减少了。如果被告董事在离开目标公司之后任职其他公司的董事会的数量减少了,则"糟糕的监督者离开董事会"的这种解释更具有说服力,因为数量减少意味着被起诉对董事的市场声誉产生了消极影响。

然而,数据并不支持这种观点。被告董事离职之后,其董事会职数反而增长了(从 4.0 增长至 4.2),而那些留任的被告董事,其董事会职数反而下降了(从 4.4 降至 4.3),不同群体之间平均变化的差异并不明显。

尽管整体数据并没有显示太多针对股东诉讼的独立的组织反应,在三起诉讼中,被告公司进行了结构性变更以应对诉讼。在这些案件中,组织性变更了结了案件,但它并不是和解协议的组成部分。[5]

诉讼:管理者的替代性监督者

带来了公司自愿的结构性变更的三件诉讼表明,对于不属内部人士的大股东而言,诉讼可以成为改变公司政策的一套有价值的机制。尽管并不能根据这寥寥数起案件而得出什么强有力的结论,但这些惊人的相似性仍然强调指出,必须满足什么潜在的条件股东诉讼才最有价值。这些案件还表明,对于管理者监督机制的外部大股东而言,诉讼是补充而不是替代机制。大宗股份可以缓解股东诉讼中的搭便车问题,因为拥有足够多的持股份额之后,投资者的预期利益会超过诉讼成本。大宗股份的这一特征可以抵消诉讼的替代效应,因为大股东的监督遏制着管理者的不当行为……轶事证据认为,大股东把诉讼当成一种监督机制来使用,而不是一种替代机制,这一说法获得了样本数据的支持:遭到诉讼的公司中,外部股东持股份额显著高于未遭到诉讼的配对的公司。

然而,许多公司并没有持有大量股份的外部股东。相反,这些公司的主要监督机制是董事会。一些评论人士认为,如果董事会中的独立(也就是外部)董事人数众多时,董事会作为监督者的绩效最为显著。如果诉讼是董事会监督的替代机制,则遭到诉讼的公司的外部董事将少于未遭到诉讼的配对的公司。另外,诉讼开始时董事会成员的变更表明,诉讼扮演着替代性治理结构的功能。也就是说,诉讼发生后董事会中的外部董事人数将会增加,因为诉讼促使公司改善其监督,从而以成本更低的监督者(董事会)将更为昂贵的监督者取而代之。

---

[5] 在所有的这三个案件中,原告都持有相当份额的股份,而且在其中两个案件中,原告还是前高级管理层一名管理人员或是其亲戚。——编者注

在诉讼提起之时,遭到诉讼的公司的外部董事比例确实低于没有遭到诉讼的公司(47.3%比48.3%),但其差异并不明显……这一数据无法为诉讼的替代性监督作用提供大力支持。然而,一个相关的数据……却提供了些许支持。诉讼以和解告终的公司,在诉讼开始之时其外部董事的比例低于那些诉讼被驳回的公司,其差异在单侧检验中具有临界显著性。这一发现表明,外部董事的监督收到了效果——那些外部董事更多的公司面临的无理诉讼最少。但此种评价务必审慎为之,因为董事会构成方面的差异还有另一种解释,即聘用外部董事是为了引入第三方视野,而不是为了监督公司的绩效。对于由内部人主导的董事会作出的决议,法院的审查更为严格,而这会不适当地鼓励此类公司去寻求调解。最后,遭到诉讼的公司在诉讼过程中增加了外部董事的数量。而且,如果根据诉讼结果进行分解分析,则可以看到,诉讼获得和解的公司、而不是诉讼被驳回的公司(也就是说,公司的诉讼安排可以传递出监督失败的信息)增加了外部董事的席位。但前述两类事项之间的差别都不具有显著性。因而,董事会人员构成的数量尚无法回应替代监督的假设。

如果诉讼发挥着监督管理层的替代机制的作用,则其最后一个重要的治理特征是内部人持股。管理层在公司中的利益份额越大,其激励就与其他股东的利益越发紧密,因而就越不需要通过诉讼来进行监督。然而,以下事实却弱化了这种想法:随着所有权份额的增加,内部人增强了对决策过程的控制,因而其实施自我交易行为的机会也相应增加。而且,董事会可能无法对自利性机会实施充分的监管,因为内部人持股份额更高的公司往往拥有更少的外部董事。相应地,我们估计,考虑到内部人持股的公司更有必要通过诉讼来监督自利交易,关于忠实义务的诉请与内部人持股息息相关,我们还估计,当内部人持有大量股权份额时,更不可能产生其他类型的诉讼。

有观点认为,内部人持股取代了诉讼的监督作用,但数据在这方面所提供的支持相当有限。遭到诉讼的公司的管理者所持有的股份利益,低于那些配对的公司(19%对21%),但该差异并不具有显著性……被提起违背忠实义务诉讼的公司中,内部人持股比例大大高于那些被提起违背注意义务诉讼的公司和违背联邦法律的诉讼的公司(分别为33%、9%和15%)。仅就被提起违背忠实义务的诉讼的公司而言,其比例也高于未被提起该诉讼的配对的公司。实际上,在其他类型的诉讼中,被诉公司的内部人持股水平显著低于那些未被起诉的配对的公司。因而,将非线性效应考虑进去之后,这一数据很好地吻合了内部人持股的监督替代作用理论:内部人持股看起来成功地配置了针对过失行为提出诉讼请求的激励,但它同时增加了自我交易的空间,股东必须通过诉讼来加以监督。

我们对公司治理结构之于诉讼可能性的影响,进行了一次……回归分析。其中的因变量是公司是否遭到诉讼这个二分变量。这项回归分析还加入了公司规模、盈利能力等变量,同时还纳入了公司治理变量,以囊括可能影响诉讼可能性的其他公司特征。

最为重要的发现是,外部人持股与诉讼呈现显著的正相关。它很好地证明了股东的监督作用:股东搭便车问题最轻的公司,遭到诉讼的可能性最大……[正如大家所预测的]绝大多数其他回归分析也传递了种种信号,但没有一个具有显著性。

结论

现有数据支持着以下结论:即便股东诉讼并非全然无效,它也仅仅是一种孱弱的公司治理工具。

1. 对于公众公司而言,诉讼仅仅是偶尔发生,而且尽管绝大多数诉讼都以和解告终,但只是提供了最低程度的赔偿……因而,看起来诉讼的主要受益者是律师,他们在 90% 的和解案件中都获得了律师费的补偿。

2. 几乎没有证据证明,股东诉讼发挥着明确的遏制作用。

3. 关于这一数据的一种可能的解释是,股东起诉管理者的可能性对管理者的遏制作用如此之大,以至于现实发生的诉讼只涉及管理者的一些轻微违法行为。然而,在理论检验中,这种观点的说服力无法强于另外一种看法——股东诉讼大体上是一种无效的治理结构——其理由是,由于我们无法估计违法的数量,进而据此估算发现违法的概率(这对于测算此种遏制效果必不可少),因而我们无法真正地测定整体的遏制绩效。而且,我们也未能发现大量的诉讼的具体遏制绩效,这进一步弱化了这种观点,同时还表明,股东诉讼的整体遏制绩效是孱弱的。这是因为,如果没有管理者被处罚,也不可能产生对其他人的遏制效应。

4. 有观点认为,诉讼发挥着对管理者的后备监督者的角色,因而会产生间接收益,支持这一观点的证据混杂不一。少有证据表明,诉讼扮演着替代董事会的治理机制功能……然而,诉讼对于外部大股东而言不无益处……最后,内部人持股看起来成功地扮演着管理者过失行为的替代监督者角色,但其在监督管理者利益冲突情形方面,却少有亮色。

5. 股东诉讼作为一项公司治理措施所附随的一项潜在的社会利益,尚未有人探讨过,即法律规则属于公共产品。一项司法裁决明确规定了可以容许的行为,所有公司均将因此受益。明确的规定所带来的收益,并不仅仅体现为遏制了未来的管理层不当行为,而且考虑到公司的合同背景,它还明确了合同各方(管理者和股东)签订合同所遵循的规则。然而,由于创造了法律规则的诉讼寥寥无几(在这一样本中只有两例),关于诉讼有效性的这种解释,有必要通过大量的诉讼案件以获得一项具有公共产品性质的裁决。我们有理由相信,就创造公共产品的收益而言,当前的诉讼水平并不理想。

股东诉讼的新视野:以收购为导向的集团诉讼*

ROBERT B. THOMPSON 和 RANDALL S. THOMAS

近年来,根据州法而挑战公司并购中董事行为的集团诉讼应运而生,这是一种不同于派生诉讼或者证券欺诈诉讼的一种新形态的股东诉讼。本文所报告的经验数据表明,这些以收购为导向的诉讼,现在已经成为公司诉讼的主导形式,而且在数量上大大超过了派生诉讼。

诉讼代理成本的指标

在既有研究以及此前公开探讨的基础上,我们能够概括出代表诉讼中的诉讼代理成本有什么特征?我们相信,我们能够抽象出八个不同的指标,在关于派生诉讼及证券欺诈诉讼的公开探讨中,这些指标被认为问题重重。尽管可以用不同的、而且经常是互相冲突的方法来解读所有的这些因素,在更早期的政策论辩中,人们的确常常运用这些恶意语词来描述这些诉讼。我们毫不讳言,其中的一些因素发挥着有益的功能,我们还是将它们贴上了标示着诉讼代理成本这一标签,因为在那些更为早期的探讨中,它们获得的待遇就是如此。

首先,代表诉讼如果庭外和解,原告获得的赔付很少而律师获得的律师费却很多,这是事实吗?这是集团诉讼最为人诟病之处:投机钻营的律师为一己之私及和解价值,发起了没有任何价值的诉讼。被告及原告在这些诉讼中利益并不对称,而且成本也存在差异,这使得被告哪怕是对滥

---

* 本部分内容的重印获得了 57 *Vanderbilt Law Review* 133(2004)的许可。

诉行为寻求和解,也具有经济上的合理性,而原告的律师则可以通过代理大量的案件来降低无法从个别案件的和解中获得金钱的风险。

这导致了关于诉讼代理成本的第二个疑问:与案件中原告诉称的损害相比,所获得的赔付是否过低?[1] 如果原告的律师迅速和解案件且原告所获赔付甚少,则他们的行为的一种可能解释是,此种诉讼纯为捣蛋,只是为了收取律师费用而已。[2]

第三,赔偿金的一大块是否都当作集团诉讼的律师费而支付掉了?由于人们担心律师会自行从赔偿金中拿走超过其公平份额的部分,从而损害了股东群体的利益,这一担忧是显而易见的。特别是,当集团诉讼的赔偿金不是体现为现金,而是体现为公司治理结构方面的显见的细微变化时,这种担忧特别强烈。

第四,这些案件在庭外和解时,是否律师几无作为?如果提出诉请之后,大家坐等时间静静流逝,然后案件以和解告终或者被驳回,而始终未见律师任何作为,在这些情况下,可以认为,它几乎无异于出卖了诉讼中所有的潜在请求权。[3]

第五,这些诉讼是否在有关公司活动的公告发布之后即被迅速提起?如果是这样的话,它或许表明,律师对成为首席代理律师的兴趣超过了其提起有价值的诉讼的兴趣……对于这些律师来说,首席代理律师获利颇丰,但匆忙提起无理的、由该律师代理的诉讼,会给股东带来不必要的成本。

第六,针对公司提起的多重诉讼,都是针对同样的不当行为吗?一旦就某不当行为提起了一项代表诉讼,矫正该不当行为给股东带来的利益,

---

[1] 一方面,这一问题非常重要,而另一方面,它也是最难以用经验数据来计算,因为在绝大多数代表诉讼中,潜在的损害赔偿的数额难以计算。特别是在派生诉讼中,对于董事违背其信义义务的诉请,应当主张多少赔偿方为适宜,或许并不明确。即便在联邦证券诉讼中,尽管我们可以更为确切地计算出欺诈期间的证券市场价值的下跌,但应当采取什么方法来计算,以及对于动不动便经常是天文数字的损害数额,什么才算是合理的赔偿比例,却仍然面临诸多争议……如果缺乏每一具体案件的详细事实信息,就几乎无法计算出这些案件的潜在损害。它制约着我们对和解所支付的损害赔偿的数额进行比较,这在确定和解是否遭到滥用时,其价值低得多。

[2] 当然,此类行为还有其他可能的解释,例如,潜在的被告缺乏赔付能力。

[3] 或者,在规模更大的谈判中,诉讼可以发挥支撑作用,例如,在控股股东的挤出交易中,董事会的专门委员会已经代表了少数股东的利益。在这种情况下,除非收购方与专门委员会之间的谈判破裂或者出了问题时,才需要积极启用诉讼途径。

就被认为得到了维护;提起更多的诉讼,仅仅会增加股东挑战董事会的行为的成本。然而,即便原告的律师并没有首先提起诉讼,但他们加入诉讼仍然有其自身利益的考量,因为他们仍然有可能被任命为首席律师,或者成为提起诉讼的原告律师团的成员。

第七,此类诉讼是否针对特定类型的公司?如果这些代表诉讼的提起系出于它们会给股东带来的种种好处,则此类诉讼的被告公司应当涉及多种行业,而且地理位置分散,同时涉及被起诉的诸多类型的不当行为。如果我们发现,这些诉讼仅仅针对的是特定类型的公司,并且涉及的是特定形式的不当行为,则情况可能是,诉讼的驱动力在于律师的激励,而不是案件本身给股东带来的好处。

最后,是否有少数律师事务所不停地提起这些诉讼,而且不断地出现少数"职业"原告的身影?股东代表诉讼时,人们有时确实很难理解律师事务所的专业分工会有显见的收益,而且,至少在理论上,律师对集团诉讼的熟悉会使股东有所裨益。然而,批评者认为,在实践中,律师的内部"小圈子"在做事时谋求的是其自身利益,损害了股东群体的利益。例如,律师行业中一小部分反复做此种业务的人,会促进串通合谋,以分割案件和解的律师费用,例如,一家律师事务所承诺不在当前的案件中争夺首席律师的席位,以换取其他律师事务所的支持,以使其在下一次诉讼中担任首席律师。

类似地,在同一家律师事务所代理的诸多案件中,职业原告的身影几乎总是一而再、再而三地出现,这样给人的印象是,原告并非独立于律师,而且代表公司而行事,实际上恰恰相反。如果情形确实如此,这些原告是否有能力和意愿来积极监督这些律师的行为,也就打上了一个问号。

有关收购的集团诉讼的州法及诉讼的代理成本

针对公众公司的收购的股东诉讼的背景,在某些方面……不同于派生诉讼和联邦证券欺诈诉讼。一方面,以促成收购为导向的州法所规定的诉讼的时间窗口,或许比其他类型的股东诉讼更为紧张,因为诉讼受到了已披露交易的结束时间的束缚。这意味着,如果股东想获得及时的救济,就必须迅速推进诉讼,以跟上交易的进度。另外,诉讼可能会成为完成拟议交易的障碍。这使得收购人拥有强烈的动机来和解案件,其手段是改善向目标公司的股东提供的对价条款,并以此确保交易顺利结束。

这些案件可能会产生高企的诉讼代理成本,这使其区别于派生诉讼和证券欺诈诉讼。尽管原告的律师经常声称,诉讼提起之后原告获得的所有利益均应归功于他们,但也会发生一些与诉讼无关的情事,改善了这些交易的条款。例如,如果目标公司董事会的专门委员会在集团诉讼的原告律师未曾提供协助的情况下,自行与拟收购公司的大股东达成了提高收购价格的条款,法院可能仍然会将大量不合理的费用支付给律师,从而(间接地)降低了对股东的支付。

更为直接的是,在一部分集团诉讼中,也就是说,在那些敌意收购背景下提起的诉讼中,或者在宣布友好型收购之后第二个要约人发起第二次要约的背景下提起的诉讼中,敌意收购受挫的收购人或许也会直接提起诉讼,或者眼下友好型收购正在进行之中时,第二个要约人或许也会提起诉讼。这些诉讼可以和代表股东整体利益的代表诉讼同时并存。而单单就收购人提起的诉讼而言,评论人士并不担忧其中的诉讼代理成本问题。

这些要约人提起的诉讼与其他类型的股东诉讼的不同之处在于,即便没有和解或者有利的法院判决,它们也会取得成功。因为这里衡量成功的标准是收购能否最终完成,而不是诉讼的结果。然而,对于伴随着这些收购人诉讼的代表诉讼而言,除非收购人诉讼获得成功,集团诉讼的律师别指望赢得有利的和解……因而,就经验分析而言,我们应当记取的一个重要问题是,如果收购人诉讼同时存在,代表诉讼还有什么贡献?

特拉华州的股东诉讼

我们的数据囊括了1999年和2000年在特拉华州大法官法院提起的所有诉讼。

几乎80%的诉请(1280件中的1003件)涉及信义义务问题,这也正是本文的主题,而其他案件则涉及了大量更为具体的公司问题。[包括法定请求权和合同请求权,最为常见的是公司账簿和记录的查阅请求权(24%)。——编者注]

如今,在特拉华州涉及信义义务的诉讼中,绝大多数体现为对出售公司背景下的董事行为发起挑战。

针对公众公司的大多数信义义务诉请,均体现为集团诉讼(85%:952件案件中的808件)。因而,对于公众公司而言,集团诉讼以8比1的高比例,在数量上大大超过了派生诉讼。派生诉讼是信义义务诉讼的传统表现形式,在针对私人公司的信义义务诉讼中,占有更高的比例(28%:93件案件中的26件),但对于私人公司而言,大量的信义义务诉讼表现为直接诉讼(93件案件中的51件,或者55%)。针对公众公司的派生诉讼则每年少于30件。

几乎所有的(94%:824件案件中的772)集团诉讼,均发生于公司收购的背景之下。

绝大多数股东诉讼均以最大的公司为目标。根据我们的统计数据,被提起的诉讼中,56%以……在纽约证券交易所(NYSE)上市的公司为被告。

我们的样本包含了大量的诉请,这些诉请对公司控制权移转过程中的董事行为发起了挑战。这些案件通常指称,在公司友好兼并或者在管理层提议的重大公司交易中,董事未能代表公司获得足够多的金钱对价,或者未能及时回应别人提出来的敌意收购要约……最为常见的收购案件(占到有关收购诉请的31%)是,原告称,控股股东发起兼并或者公司控制权的其他重大变更,例如要约收购或者诸多两步[交易]时,违背了其对少数股东的信义义务。

其他两类友好型交易——管理层收购(MBOs)及向友好型第三方出售——各自占到了诉请的23%。

敌意交易或者多重收购引发的诉讼更少。只有80例诉请或者10%的公司收购案件源于敌意要约。涉及第二个要约人的案件,也就是说,当管理层宣布公司面临友好收购之后出现了第二个要约人的案件,占到了案件总量的13%。这些案件的数量相对较少,或许反映出了诸多因素,其中包括在敌意或者竞争性要约收购情况下以低价私下签订合同的可能性已经大为降低。

公司收购背景下提起的派生诉讼和直接诉讼均相对较少。

收购案件(主要是集团诉讼)及非收购案件(绝大多数是派生诉讼)的处理,存在着显著的统计差异。例如,平均而言,集团诉讼比派生诉讼的解决要迅速得多。

类似地,收购的主导诉讼[4]与非收购的主导诉讼,法院无救济地驳回案件但并未禁止原告再对同一被告提起相同诉讼的频率,存在巨大的差别:收购中的主导诉讼中,法院驳回了案件但并未禁止原告再对同一被告提起相同诉讼(可以再诉)的比率超过53%,而非收购案件在这一类别

---

[4] "主导"是指当诸多涉及同一交易的诉讼被提起时居于主导地位的诉讼。——编者注

中比例更低，约占主导诉讼的22%。这一差异具有统计上的显著性（其 P 值低于 0.01）。同样的，如果我们考察法院驳回了案件且禁止原告再对同一被告提起相同诉讼（不可以再诉）的情形，看到的是相反的范式：非收购案件被法院驳回且禁止原告再对同一被告提起相同诉讼的可能性（主导诉讼中的 27%），大大超过了收购案件，后者在本样本群体中的时间框架里仅占 5%。再一次地，这两者的差异具有统计上的显著性（其 P 值低于 0.01）。最后，在达成有救济的和解方面，收购导向的案件在统计意义上显著高于非收购案件（其 P 值低于 0.05）。

这些范式之所以迥然相异，一个解释在于，这两类案件的实际诉讼强度存在差异。收购导向的集团诉讼的一个通常特征是，其中并没有太多实际的诉讼活动。绝大多数此类案件提起诉讼之后，各方坐等结果而无任何行动，直至它们要么和解要么被驳回。判定此种诉讼行为不活跃的情形的一个标志是，他们很少提出实质性的动议，例如因未能提出要求而驳回起诉的动议，因未能呈交诉请而驳回起诉的动议，或者请求作出简易裁判的动议等等。

派生诉讼中的实质性动议多于集团诉讼……总体而言，派生诉讼比集团诉讼更像真实的诉讼。

这种案件的和解率低于 Romano 的研究中的和解率，这种明确的变化如何解释？尽管可能存在诸多解释，一种可能性在于，与 Romano 完成样本研究的期间相比，现在提起的收购导向的代表集团诉讼更为频繁。我们推测，近年来公司兼并与收购交易越来越多，而且相关信息传播得更为广泛。而至少在 Romano 完成样本研究的早期的某些年份，敌意收购鲜有发生。不难想见的是，如果提起了更多的诉讼，而好的案件的数量保持不变，则平均和解率将会下降。

如果我们根据被告是公众公司还是私人公司对案件进行分类，则被告为公众公司的案件，比那些被告为私人公司的案件，其和解的可能性要大得多［28% 对 10%］……然而，由于大量的案件悬而未决，所有的这些结果都应当审慎地加以考察。

诉讼代理成本的指标

在特拉华州，挑战公司收购的集团诉讼往往会被非常迅速地提起。

在收购背景下遭到挑战的每一笔交易中，原告提出的诸多诉请其实大同小异，其区别往往仅仅在于案件中的代理律师和原告名称有所不同。

集团诉讼中的原告律师通常发起多重诉讼,挑战同一笔交易。

挑战同一笔交易的案件的数量,与每一笔交易的以下两大特征息息相关:第一,公司的规模;第二,收购人是否与集团诉讼中的代表股东共同提起诉讼。

我们发现,公司收购中的集团诉讼绝大多数由少数几家有头有脸的律师事务所代表原告提起……在整个数据库中,16家律师事务所……涉入了其中65%的诉讼及大约75%的集团诉讼案件。

如果我们对这些顶尖的原告律师事务所的"组合"与其他股东诉讼的特征进行比较,可以看到明显的差别。这些不断提起诉讼的律师事务所在集团诉讼中出现的频率(占所有集团诉讼的76%)高于派生诉讼(占所有派生诉讼的32%),也高于直接诉讼(仅仅占到所有直接诉讼的3%)。在每笔交易涉及多重诉讼的情形下,这些律师事务所比其他律师事务所更可能代表原告提出诉请。平均而言,这些诉讼比其他律师提起的诉讼更快地得到和解(此类诉讼只有10%的案件仍未解决,其他案件的这一比例则为30%)。这些律师事务所在有关敌意交易、第二个要约人交易和管理层收购的案件中所占份额过高(占到每一类案件总量的85%以上)。在向原告提供了额外的对价及支付了律师费用的诉讼和解中,这些律师事务所出现的比例也更高。

总结以上讨论可知,在特拉华州提起的收购导向的集团诉讼案件中,有若干特点反映了……一些评论人士所指称的高企的诉讼代理成本的指标。

在我们的数据库中可以发现,对公司收购发起挑战的集团诉讼,与联邦证券欺诈的集团诉讼在某些方面存在重要差别。其中某些差别表明,特拉华州的案件的诉讼代理成本更低。

绝大多数案件迅速取得和解,或被迅速驳回。

特拉华州的法院判予的律师费在原告股东所获赔偿中所占比例相对较低,大大低于联邦证券欺诈集团诉讼的水平。

集团诉讼中的积极救济:降低了管理层代理成本?

在梳理完有关诉讼代理成本的证据之后,我们开始研究收购导向的诉讼对于管理层代理成本的影响。

这些集团诉讼普遍提出了管理层代理成本过高的问题,例如,在 *Revlon* 案或 *Unocal* 案中,原告声称,管理层在出售公司控制权时,未能谋求股东价值的最大化,或者在 *Weinberger* 案中,原告对诸如控股股东收购或管理层收购这些潜在的利益冲突交易的公平性,提出了质疑。[5]

我们在……几乎完全由收购案件组成的数据库中首次审视 *Revlon* 案和 *Unocal* 案的诉请时,可以发现,这两起著名的特拉华州案件的影响力其实相当微弱。当然,原告在陈述其理由时经常援引 *Revlon* 案件,例如,在超过 30% 的收购案件中,原告的诉请援引了 *Revlon* 案最大化股东价值的要求。然而,只有在范围相当狭窄的事实背景中,才能妥当地援引 *Revlon* 案件:要么在股票的现金交易中(36 起案件涉及此类事实),要么在换股合并而且收购方公司拥有控股股东的情况下(20 起案件的事实范式如此)。如果我们对于那些声称满足了 *Revlon* 案件的事实背景的诉请分析一番将会发现,那些案件无一获得了实质性的救济。

Unocal 案被援引的频率之低,令人印象深刻。只有非常少量的案件以 *Unocal* 案为基础提出诉请,而且无一获得了实质性的救济。

迄今为止,最为常见的案件是违背忠实义务的诉请,主要源于利益冲突的友好型交易中,例如控股股东交易及管理层收购案件。与 *Revlon* 案和 *Unocal* 案的诉请不同的是,这些诉请出现在和解案件中的频率要高得多。我们将此种现象解读为,它表明此类诉请的法律力量更为强大。

成为诉讼对象的友好型交易,无论其属于什么类别,最终几乎都能圆满完成,当然,交易的类型不同,完成率也会存在差别。大约 85% 的第三方收购,以及 88% 的控股股东交易都顺利完成。管理层收购的完成率稍低,为 75%。

敌意交易和第二个收购方交易的完成率稍有差别……在结果已知的 22 起敌意交易中,14 起交易完成,当时的完成率约为 64%。我们注意到,这一证据与敌意收购经常不会成功这一普通大众的认识并不一致,而且它还表明,"只是说不"的防御措施并不简单。

第二个要约人交易的完成率甚至还要高……超过 90% 的此类交易

---

[5] 这些都是特拉华州具有判例效力的案件,它们设定了收购背景下的目标公司管理层的信义义务;*Revlon* 案件要求,董事必须在被认为构成控制权转让的特定交易中谋求股东价值的最大化;*Unocal* 案则对于管理层针对收购要约的反应施加了一个比例标准,也就是说,目标公司管理层针对收购的防御措施是否合理,要相对于公司面临的威胁来确定(独立董事通过的决议,本来可以适用商业判断规则,而该比例标准向管理层施加了负担,因而其信义标准也比商业判断规则更为严格);*Weinberger* 案则对利益冲突的控制权交易设定了公平标准。——编者注

顺利完成，一些类型的交易受到了阻碍，在这11起交易中，股东获得了管理层最初方案的替代性交易的有7起，约占当时的63%。

在那些完成的收购中（占收购样本的四分之三），原告在约三分之一的案件中获得了某些形式的救济。毫不奇怪的是，当基础交易因为商业原因而终止时，股东诉讼几乎总是被驳回且没有任何救济（33起案件中的31起），只有一起案件获得了一些实质性救济。

我们发现，在[收购]案件中存在以下四种不同类型的和解：提高向目标公司的股东支付的金钱对价（高于交易宣布之时承诺的价格）；其他实质性救济，例如改变公司的治理结构；进一步披露交易的细节（而没有其他救济）；不向股东提供救济，但向集团诉讼的律师支付律师费。

和解并非均匀地分布于不同形态的交易中。在统计数据上，控股股东收购案件的和解比其他类型的案件和解更可能提升金钱对价（其P值均低于0.05）。

[和解数据]中最引人注目的特征是，在控股股东提出一个将有效地以现金买断少数股东的收购方案时，积极救济的范式最为明显。此类交易往往很可能会带来大量的管理层代理成本。

在检验这一数据时，我们发现，在65起存在控股股东的案件中，20起案件中的少数股东获得了额外的金钱对价，而另外5起案件以和解告终，律师获得了律师费的偿付。由据披露支付了额外的金钱对价的所有公司收购组成的更大样本中，三分之二（20/30）属于控股股东的现金买断交易。这些案件占到了所有收购案件的30%，也占到了支付了额外金钱对价的和解案件的三分之二。

一些评论人士认为，这些和解只是导致收购人向目标公司的股东支付了金钱，而即便不存在诉讼，这些股东也会得到这些。这种观点的逻辑如下：聪明的收购人在宣布其要约时不会报出最高的价格，而会想到在其宣布交易之后股东会提起诉讼，因而，他会报出一个很低的价格，并准备日后提高价格，以把其作为将来的诉讼和解的一部分。这样，无论如何，收购人所付出的不会高于他本应付出的金钱，而且还能免受该项交易可能带来的潜在的诉讼责任。

如果这种看法是正确的，则我们能够料想，以下事项将接踵而至：首先，如果所有的收购人都理性地参与了这项游戏，则我们将会看到，所有的交易价格均走低，所有的集团诉讼均获得和解，以使股东获得大体相同

(稍稍高出)的股份溢价。正如[数据显示]，少于三分之一的案件带来了积极的救济，而且即使在存在控股股东的情况下，少于半数的案件获得了救济，我们将此种现象解读为，并不是所有的收购人都采取了这种做法。如果一些收购人和解了案件，而其他人并没有和解，则我们必须进行更为深入的研究，以理解为什么会发生这种情况。

我们决定研究一番，在这些和解的案件中向股东支付的总对价(要约价格加上和解价值)与在其他没有获得救济而解决的控股股东交易中支付的对价相比较，会是怎样的一番景象。

在案件和解的情况下向目标公司股东支付的溢价的中数，比不存在金钱和解的交易中支付的对价的中数平均低10%……这些差异在5%的显著性水平上具有统计意义上的显著性。

金钱和解所造成的并不仅仅是这一差别。在那些赢得了额外的金钱救济的和解案件中，和解所支付的金钱数额的中值，大约为收购价格的12%。这种救济是股东获得的股份交易对价(最初的要约价格)之外的所得。如果我们将最初的要约价格与和解价值加在一起将会看到，和解案件中向股东支付的总对价的中值，高于交易宣布之前的市场价格的30%。当把这一数额与股东在没有发生和解的案件中获得的价值相比较时，我们发现，在要约价格开始较低、然后收购人为诉讼所迫而提高价格的情况下，股东获得更多的好处。然而，最终价格的差异却不具有统计意义上的显著性。

这些结果表明，集团诉讼的金钱式和解所带来的影响，是把定价最低的控股股东交易中所支付的溢价，提升至高于我们样本中的所有此类交易的平均水平。换言之，收购导向的集团诉讼制约着最为恶劣的控股股东交易，确保了目标公司的股东获得等同于、或者高于其股份被充分定价后的收益，从而裨益于这些股东。

我们回到刚才的讨论，也就是说，为什么收购人对案件进行和解，以及此类和解是否提前反映为较低的交易价格，这一证据表明，在最后和解的案件中，控股股东通过向目标公司的股东支付更多的金钱，从而了结了争议。许多收购人的要约价格合理地高出市场价格(平均为25%)，在讼争被提起时，他们拒绝和解。其他收购人试图以低价买断少数股东，而当交易条款面临讼争时，他们会把价格提升至更高的水平。换言之，最初低报价的收购人在和解中支付了额外的对价，从而对目标公司的股东付出了更多,另外,他们还必须支付原告的集团诉讼律师费。在已和解的案件中,这些费用平均为137.9万美元。

因而,理性的收购人必须判断,以低报价开始,然后和解争议(例如,免去了所有源于交易的诉请)所支付的额外费用,是否物有所值。另外,收购人还必须考虑以下因素:如果股东没有起诉收购人,则收购人的低价要约将有可能节省成本。尽管我们当前并不掌握未被起诉的已宣布交易所占比例的数据,也并不了解那些交易的特征,但我们推测,更大型的公众公司更不可能宣布一项偏低价的要约而不会招来诉讼。如果我们的这一推测是正确的,则大笔交易和小额交易的要约及和解范式或许存在差异。

另一类问题关注的是,在控股股东交易中,目标公司的董事会委派专门委员会代表其股东进行谈判,这样会对股东财富构成什么影响。专门委员会代表股东进行谈判,通常会提高交易所支付的对价。对价的提升可能归功于独立董事不屈不挠的谈判精神,也或许仅仅是大股东玩世不恭的伎俩,后者要确保法院批准交易条款。我们无法仅仅通过分析支付给股东的价值就得出结论。

这个问题并不仅仅是为我们的作品带来了新的思考。我们发现,在本部分探讨的绝大多数和解案件中,既有专门委员会代表目标公司股东谈判所付出的辛劳,又活跃着集团诉讼的律师们为努力提升交易价格而忙碌的身影。如果大股东在与专门委员会及原告律师谈判之后提高了要约价格,则在这两类人当中,我们又当如何分配其功绩与贡献大小?

在本文中,我们报告称,股东获得的对价的增长完全归功于诉讼,尽管我们也认识到,在某些情况下,这夸大了诉讼的价值。而就粗略的计算而言,这或许大体上是准确的,尽管专门委员会付出的努力是股东获得更多对价的一部分原因。如果不存在股东诉讼,或者至少不存在股东诉讼的威胁,专门委员会将几乎没有动机来为少数股东利益而竭尽心力。另外,如果大股东无须担心原告股东的代理律师盯着谈判进程,专门委员会与大股东谈判以推高价格的谈判力量也会削弱。

在我们的样本中,管理层收购引发的集团诉讼以金钱和解的有5例[36起案件未以金钱式和解告终]。

这些和解是如何影响着支付给股东的总对价的?对此,我们可以作何置评?首先,我们必须提醒读者,就我们掌握的情况而言,管理层收购交易中的金钱式和解的数量非常少。根据如此小的样本进行归纳总结，这是危险的，因而，在我们对这些案件发表评论之时必须非常审慎。

我们首先看到的是……这两种情况下的平均最初溢价几乎相同。然而，如果我们考察一番金钱式和解就会发现，在那些案件中，目标公司股东获得的股份的现金对价的增量较小。然而，这两个组别中的股东获得的对价总量，看起来却非常相似，在已和解案件中，两者的差异不足2%。这表明，我们所看到的情形与控股股东交易的案件拥有相同的范式：和解在管理层收购案件中为目标公司股东带来的收益增长，至少等同于其他情况下的和解所达到的水平。尽管这些结果并不如那些情形[有关控股股东的交易]令人震惊，也不具有统计意义上的显著性，但它们能够支持以下观点：集团诉讼正在监督着这些管理层收购。

在对友好型第三方合并交易发起挑战的诉讼中，有6起案件以向目标公司的股东支付了额外的对价而告终。因为在友好型第三方合并交易中不存在直接的利益冲突，发生这些和解情形表明，集团诉讼正在扮演的角色已不限于监督直接的利益冲突了。如果我们更为仔细地研究这些和解，将会发现其中的绝大多数案件肇始于管理者在议定交易条款时向自己转移了过多的对价。

与前述利益冲突的案件的处理不同的是，敌意收购和第二个要约人收购并未带来金钱型的和解，也几乎没有其他救济。

第三方合并宣布之后第二个要约人出现而引发的诉讼，对于股东利益几乎没有带来任何改观。

当我们审视这些交易所支付的溢价数据时发现……敌意交易拟定的价格显著高于友好型交易。我们相信，不存在利益冲突及高额的溢价是这些案件没有实质性和解的最为重要的原因。

这些案件还有另外一个显著的特征——集团诉讼经常与收购人自身提起的直接诉讼相伴相随。收购人提起的诉讼，经常挑战目标公司在实施或者运用防御策略时剥夺了其股东通过对要约表示承诺而向收购人卖出股份的权利，或者剥夺了股东投票的权利，以使他们不能投票支持收购人提出的诸如罢免目标公司董事会成员等提议。正如我们前面讨论过的，在这些情况下挑战董事行为的股东诉讼，并没有给股东带来任何实质性救济，收购人发起的诉讼对此结论也无任何影响。然而，我们还没有讨论的是，收购人发起的诉讼对于收购人成功买入目标公司的可能性是否会产生积极的影响。

在提起了第二个要约人诉讼的所有五项交易中,我们发现,第二个要约人均未能赢得目标公司的控制权(其中的四家公司为另一位收购人所购得,而第五家公司则未达成任何要约收购交易)。相反,在只提起股东诉讼的其余六笔第二个要约人交易中,第二个要约人均成功地赢得了目标公司的争夺大战。因而,看起来只有在第二个要约人感觉到他们的出价存在问题、而且诉讼能够使事情朝着他们希望的方向发展的时候,他们才会提起诉讼,但事实上要约人诉讼并不能达到这一目的。

在敌意要约人交易中,我们在 23 个具有判例效力的案件中找到了 5 个要约人发起诉讼的案件。在这 5 笔交易中,敌意要约人在其中 2 笔交易中成功地买入了目标公司,另外两家公司被卖给了不同的要约人,而在第 5 笔交易中,目标公司的控制权没有发生变化。在未提起要约人诉讼的其余 18 笔敌意要约交易中,我们看到,敌意要约人获得了其中 6 家目标公司的控制权,另 4 家公司的控制权旁落至不同的要约人,在其余 7 笔交易中,目标公司的控制权保持不变。由此我们得出结论,敌意要约人诉讼对于要约人赢得目标公司的控制权的机会,或许会产生一些积极的影响,但该证据并不具有特别强的说服力。

结论

基于我们已经报告的经验证据得出以下结论:在特拉华州提起的收购导向的股东集团诉讼增进了价值,即便它们同时也存在成本。

就诉讼代理成本而言,我们发现,关于代表诉讼的一些传统的见解,也可在这一新兴的领域找到影子。例如,在可能触发诉讼的事件被宣布之后,这些收购导向的集团诉讼被迅速提起,而且每一笔交易都潜藏着多个诉讼。这两种现象都吻合以下推断:律师尽力确保其首席律师的地位,或许牺牲集团诉讼的利益也在所不惜。另外,正如股东诉讼的早期形式那样,在这些诉讼中活跃着有头有脸的原告的律师事务所,同时还有许多一再起诉的原告老面孔。

然而,与此同时我们发现,仍有部分高企的诉讼代理成本的标准图景未在这里描述出来。原来司空见惯的情形是,在和解中股东获得小额赔付,律师则获得大笔律师费,捣蛋的诉讼和解频繁上演。而在这一数据库中,我们发现,集团诉讼的和解规模大于其他形式的代表诉讼,其律师费占和解赔付总额的比例也更低。整体而言,这些诉讼的代理成本看起来低于原来的诸多代表诉讼形式。

就降低管理层代理成本而言,这里的一些研究结果表明,这些集团诉讼确实大幅降低了代理成本。首先,纷繁多样的收购交易酿成的诉讼无一产生了积极的救济。相反,股东获得额外对价的,显然更多地发生于控股股东交易的背景下,这些交易最可能产生管理层的利益冲突问题。

第二,如果我们只考虑那些更可能产生利益冲突的控股股东交易,则会发现,积极救济仅仅出现于身陷利益冲突的控股股东的初始报价相对于此前的市场价格最为低下的情形中。这些发现表明,诉讼确实发挥了作用,因而在公司治理中股东诉讼应有一席之地。

以上发现均不影响以下根本的判断:股东诉讼的净值,通常取决于其在抑制管理层代理成本所带来的收益是否会被代表诉讼本身所诱发的代理成本所抵消。

早早提起诉讼,然后搭便车:特拉华州的法律是如何(错误地)塑造股东集团诉讼的[*]

ELLIOTT J. WEISS 和 LAWRENCE J. WHITE

由于担忧可能会产生与诉讼相关的种种代理成本,特拉华州法院对股东派生诉讼施加了两项重要的制约机制。法院以相当严格的立场来解释以下多年来一直存在的要求:派生诉讼的原告必须要么请求被告公司的董事会先行提起诉讼,要么详细地说明为什么这种请求将会徒劳无功。另外,法院已经裁定,被告公司的董事会所委任的专门委员会有权审查原告的诉请,而且即便原告已经证明其请求理由充分,该委员会也可以作出驳回起诉的决定。这些要求的一个显见目的是,排除掉种种机会主义的诉请(这些要求经常被称为"罢工诉讼"),这些诉讼对被告公司或其股东无所助益,但律师费用却相当可观。

对于股东集团诉讼这一股东代表诉讼的主要形式,特拉华州的法院或者立法机关已经施加了相当多的约束。然而,正如 Thompson 和 Thomas 教授在其对特拉华州大法官法院 1999—2000 年审理的诉讼的开创性研究所指出的,集团诉讼、特别是与收购相关的集团诉讼看起来已经成为"公司诉讼的主要形式,在数量上大大超过派生诉讼。"原告的律师显然偏好集团诉讼,这是因为缺乏对机会主义诉讼的制约,还是因为与并购相关的

---

[*] 本部分内容的重印获得了 57 *Vanderbilt Law Review* 1797 (2004) 的许可。

不当行为数量众多,还是两者兼有,尚不得而知。

对 Thompson 和 Thomas 的文章初稿的研究,使我们得以拓宽本文的研究视野。

我们着手研究这些诉讼文本之后,进一步修订了我们的假设。这些诉讼文本显示,在这三年的研究时段中,涉及利益冲突的目标公司的董事会通常会委任由独立董事组成的专门的谈判委员会("SNCs"),并且赋予其代表公司的公众股东进行谈判以谋求最佳交易条款的职责。然而,原告的律师通常在此类并购宣布之后迅速提起诉讼,以挑战此类交易,而不会考虑目标公司的董事会是否委任了专门的谈判委员会,是否达成了最终的条款。另外,如果原告认为目标公司的董事会将违背其信义义务,因而提起诉讼时,而且如果公司的专门谈判委员会在随后的谈判中改善了拟议的公司合并条款(情况经常如此),则特拉华州的法律会认为,这些改善完全或者部分归功于律师的努力。其结果是,即便原告的律师认为专门的谈判委员会谈判达成的合并条款是公允的,特拉华州的法律也允许这些律师去追求其诉讼的预期收益。

公司在实践中的做法及特拉华州的法律,共同使原告律师在涉及利益冲突的公司合并中拥有重大的影响力。除非被告确信自己能够证明情况恰恰相反——对于专门的谈判委员会议定的交易条款的任何改善,原告律师的努力没有起到任何作用——而且还准备承担反驳谋求律师费的诉讼所带来的诉讼成本,那么,各方议定如何支付原告的律师费,或许看起来便是一项富有吸引力的选择。因而,在绝大多数涉及利益冲突、以及特别是涉及控制权转让的公司合并中,公司在实践中的做法以及特拉华州的法律运作,使得原告的律师拥有强烈的提起集团诉讼的激励,而不论被告是否已经违背或者将要违背信义义务。

与公司合并相关的集团诉讼所产生的收益是否超过了其成本?为了得出我们的结论,我们仔细研究了1999年1月1日至2001年12月31日向特拉华州大法官法院提起的与公司合并相关的集团诉讼。我们将研究样本期间确定为三年,而不是 Thompson 和 Thomas 所研究的两年,以使我们的研究结果在统计意义上更为可靠。与此同时,我们认为,我们的研究期间与 Thompson 和 Thomas 的部分重叠也是有益的……最后,特拉华州的法律和公司在实践中的相关原则在此期间保持相对稳定。我们无须调整我们的观测值以考虑特拉华州的法律或者公司实践可能的变化。

我们将研究建立在新古典经济学的假定之上，也就是说，原告的律师都是理性的经济人，由于缺乏有效的客户约束，他们在作出有关诉讼的决定时，主要是为了其自身的经济利益。

我们的总体结论是，特拉华州有关合并和集团诉讼的法律催生了一种诉讼氛围，其中充斥着原告律师的机会主义行为；原告律师也通常回应以机会主义的行事方式；而且特拉华州的法院并未有效保护公司及其股东免受由此产生的与诉讼相关的代理成本的伤害。

研究方法和发现

关于股东诉讼的驱动力，存在着两种宽泛的替代性假设。这两个假设均源于新古典经济学的以下假定：原告的律师是理性的经济人，他们行事的主要目的是增进其个人的经济利益。第一个假设是，特拉华州法律的结构很好地疏导了律师的私欲，使得他们能够真正维护股东的最佳利益；也就是说，这些诉讼由首要目的在于维护股东利益的律师提起，这些律师扮演着有效的"警方"角色，确保了公司的信义义务得以遵循。看起来，这是特拉华州法院的看法。法院也承认，原告的律师或许相反，其主要目的并不在于增进其名义上的顾客的利益，而在于谋求其自身利益。然而，法院认为，他们主要通过对和解及律师费的支付予以司法审查，对原告律师的行为进行监督，并对其机会主义行为予以打击，以使那些律师专注地履行受托人职责。我们将此种假定称为股东捍卫者假设。

我们给出了第二个我们认可的假定，这一假定适用于与合并相关的集团诉讼：特拉华州的法律中，与起诉标准、举证责任及司法审查标准相关的实体法规则，在与特拉华州法院创建的旨在鼓励原告律师提起并维系私人诉讼的制度交相作用时，强烈地激励着原告律师主要为其个人而不是股东的最大利益而行事，而且原告律师也已经可以想见的自私方式回应了这些激励。暗含于这一假设的是，多年来，法院通过对和解及律师费的审查来约束律师行为，其力度远远不够，而且在制约此类自私行为方面并没有收到什么效果。我们将此种假定称为律师自利假设。

在一定程度上，这两类假设的后果类似。数据显示，以下公司合并都可能会引发有益的诉讼和并不是那么有益的诉讼：诉讼理由更为充分的合并，交易规模更大的合并（要么是因为在此种合并中股东更可能受到伤害，或是因为被告支付"适度的"费用来谋求麻烦的诉讼的和解意愿更为强烈），以及向目标公司股东的初始报价更低的合并（再一次地，这要么是因为股东遭受更大的伤害,要么是因为原告的律师仅仅希望获得法官更多的同情,从而使被告更愿意和解)。但是,考虑到最初提起诉讼的成本相对较低,根据律师是自利的这一假设,人们会预计诉讼提起之后,会有更多的诉讼被提起,速度也会越来越快,而且一旦有可能,搭别人(例如专门的谈判委员会和参与竞争的投标方)便车的机会主义行为也会越来越多。另外,根据律师是自利的这一假设,人们还会预计,这些律师还乐于默认专门的谈判委员会达成的任何交易条款的改良,而不管特定的专门谈判委员会在维持股东利益方面是否勤勉尽责,而且这一预测还认为,在交易条款改善之后,律师几乎不会发起任何针对公司的挑战。

为了检测这些假设,我们首先收集了1999—2001年间的公司合并数据,其中目标公司是注册于特拉华州的公众公司,交易金额超过1亿美元。接下来,我们收集了宣布合并之后针对目标公司的股东集团诉讼的信息。

1999—2001年间共有564起符合条件的公司合并,其中104起(18.4%)至少引发一例股东集团诉讼,其余460起(81.6%)则未受到挑战。正如上文所预测的,引发诉讼的往往是规模更大的合并……另外,又如预测的那样,引发诉讼的合并的要约溢价低于那些没有引发诉讼的合并。

如预测的那样,引起诉讼的合并更有可能是全部为现金支付的合并。在所有的现金交易合并中,引发诉讼的几乎占到三分之二(104起之中的67起,或者64.4%),没有引发诉讼的所有合并交易中,不到三分之一(460起之中的131起,或者28.5%)为现金交易。

正如此前所预测的,股东集团诉讼往往发生于收购人曾经拥有目标公司股权的情形中,或者发生于目标公司看似发生过自我交易的情形中。在几乎三分之二的诉讼(104起之中的68起,或者65.4%)中,收购人已经拥有目标公司的股权或者发生过自我交易,而未引发诉讼的公司合并中,这种情形的比例低于5%(460起之中的21起,或者4.6%)。

尽管均值与中值之间的差异给数据分析带来的"第一印象"不无益处,但这些单变量的数据比较,无法带来共变量及多变量的分析。于是,我们接下来进行多变量的逻辑回归分析。

关于均值/中值及逻辑回归分析的数据,得出了一致的推断:收购人此前持有目标公司的股权或者目标公司发生过利益冲突的交易、合并交易或者目标公司的规模较大、交易全部以现金完成、以及最初向目标公司股东的要约溢价较低等,都显著地影响着公司合并遭到一起或多起股东集团诉讼挑战的可能性。尽管这些结果并不足以使我们对以上提到的两个宽泛的假设予以区分,但它们确实表明,这些诉讼的提起具有一定的合理规律,而远非杂乱无序。

正如上文所描述的,有 104 起公司合并至少招致了 1 起集团诉讼。在这些诉讼中,48 起诉讼以和解告终,54 起被驳回,2 起在本文撰写之时仍然悬而未决。在和解的案件中,有 31 起案件的原告获得了金钱的赔付,而在 17 起案件中,原告只获得了非金钱交易条款的改善。

令人非常吃惊的一项事实是,这些诉讼提起的速度惊人:在被挑战的 104 起公司合并中,77 起(74.0%)在公司合并的消息宣布之后的第一个工作日内即引发首起诉讼。另外有 7 起公司合并(6.7%)在公司合并的消息宣布之后的第二个工作日引发了首起诉讼。

与 Thompson 和 Thomas 的分析一样,我们也相信,如此迅速并且如此早地提起诉讼,这正彰显了原告律师的机会主义心理。

这些案件无一作出有利于原告的实质性判决。然而,仔细研究这些被驳回或者撤回的案件,可以发现第二个惊人的事实:被驳回的 54 起案件中,在对案件的是非曲直作出司法裁决之前即予驳回的有 51 起(94.4%);只有 3 起案件是在法院对案件的是非曲直作出不利的司法裁决之后予以驳回的。另外,在 51 起原告律师自愿撤回的案件中,鲜有在提出诉请(或者在绝大多数情况下提出多重诉请)之后,原告方付出了大量心血的情形。这进一步向我们表明,原告的律师在决定何时起诉、案件是否值得积极投入心力时,或许更多地受到那些律师的经济私利的影响,而不是服从于以客户为本的理念,因而,它又进一步证明了"律师是自利的"这一假设。

在 48 起以和解告终的案件里,律师声称,其中大约三分之二的案件(31 起,或者 64.6%)已经通过改善目标公司的股东已经领受或者将要领受的支付条款,为股东集团达成、或者帮助达成了金钱赔付。主张的赔付平均值为 1.63 亿美元,但其变动幅度很大,低值至 300 万美元,高值则为 12.5 亿美元,中值为 5000 万美元。主张赔付的金额与公布的交易价值及目标公司的诸多规模测量值存在显著的正相关;但除了交易价值之外,在解释赔付的大小方面,没有其他变量能够发挥重大的作用。如果将金钱赔付计算为目标公司股东所获价格的改善的话,则这些金钱赔付带来了15.6%的价格改善,改善比例最低为0.8%,最高为50.0%,中值为12.6%。然而,与"律师是自利的"这一假设一脉相承的是,我们发现,在公司合并交易中,有时是专门的谈判委员会通过谈判改善了交易的价格条款,或者竞争性收购改善了交易的价格条款,原告律师对此几乎无所作为,但他们总是能够搭便车,而且对专门的谈判委员会谈成的交易条款或者竞争性收购方提出的条款,从不坚持不懈地进行挑战。

在已经和解的48个案件中原告律师收取了多少律师费,这一信息通常可以获得……在获得金钱赔付的和解中,律师收取的总费用及其小时费率,均高于仅仅改善了非金钱交易条款的和解。按每小时收费来看,这些费用看起来也相当高,特别是当我们考虑以下事实时:我们以每位律师的工作时间为基础来计算小时费率,而没有区分高级合伙人和初级律师,而且在某些情况下还把律师助理的工作时间也算在内。在那些没有获得金钱赔付的和解中,律师费平均为每小时492美元,费用的中值等于每小时472美元。而在那些获得金钱赔付的和解中,按每位律师事务所工作的时间计算,律师费平均为1800美元每小时,其中值为每小时1240美元。另外,我们对所有1999—2001年间提起的与合并相关的集团诉讼的研究表明,提起这些案件的律师们并没有面临太多的偶发事故风险。因而,我们的研究结果表明,向特拉华州大法官法院提起与公司合并相关的集团诉讼,对于原告的律师来说,看起来是一份美差。

这些律师费的其他两个特征也值得一提。首先,在已获金钱赔付的31起和解案件中,每一案件的平均律师费占金钱赔付总额的比例平均为4.6%,但其范围分布很宽,其中最低为0.01%,最高为29.6%,中值为1.9%。律师费用所占比例与金钱赔付额之间存在显著的负相关。第二,每一案件的平均律师费占交易总额的比例平均为0.19%,分布的范围从0.005%至1.36%不等,中值为0.12%。因而,虽然原告的律师看起来已经获得了充分的报酬,他们获得的律师费的增长,相对于这些交易给收购方公司带来的总成本而言,仍然微不足道。

总而言之,我们看到,在特拉华州法院提起的、针对合并交易中的目标公司的股东集团诉讼,充满着律师利益驱动型、而不是真正的顾客利益驱动型的机会主义气息,其基本范式如下:

- 这是公司合并遭到挑战的系统行为;

- 早早地、并且不断地提出诉请；
- 在诉请被驳回或撤回的案件中，未就案件的是非曲直进行裁判的比例非常高；
- 没有一起案件在对案件的是非曲直进行裁判之后作出有利于原告的判决；
- 和解往往反映出原告律师的搭便车行为；
- 原告律师对于专门的谈判委员会作出的决定或者竞争性收购方的报价，未能坚持不懈地发起挑战；
- 拥有"真正"的客户的律师及来自于"传统的"特拉华州的原告律师事务所之外的律师，更为积极地为其客户争取利益；
- 特拉华州的法院没有推翻任何一起和解案件；
- 在和解中原告律师费用通常由被告支付，而不是由共同基金支付，而且基本上不会面临挑战；以及
- 原告律师费占已获金钱赔付总额的比例非常之低（当然，以小时为基础进行计算的话，律师费已经相当可观了），这或许很好地表明，律师对于赔付的价值几无助益。

总而言之，相对于"律师是股东利益的捍卫者"这一假设而言，目前现实中的范式更为吻合"律师是自利的"这一假设。我们发现，这种情形很令人揪心，因为它表明，与公司合并相关的集团诉讼的首要作用是提供通道，藉此原告的律师（而且在一定程度上被告的律师）能够从特拉华州公司的股东中攫取租金。

我们确信，特拉华州的法院并非一开始即刻意打造一种显然会带来代理成本的诉讼环境。相反，当前并不令人满意的状况，看起来在很大程度上是以下因素互相作用的结果：特拉华州现有的私人执法制度，以及近期一系列司法裁决，后者逐一涉及了公司合并、收购及收购防御等诸多棘手的实体问题。然而，考虑到从表面上看，那些实体性裁决已经对与公司合并相关的集团诉讼产生了不幸的影响，特拉华州法院采取的一些补救行动看起来确有必要。

我们相信，可取而且可行的是，特拉华州的大法官法院发出信号，它并不一定会反对那些使法院介入到首席原告/首席律师的选任之中的种种举动，以鼓励机构投资者和其他大股东更为积极地参与到与合并相关的集团诉讼中来。

我们相信,在被告承担举证责任的案件中,法院依然应当驳回集团诉讼的诉请,除非原告详细地列举出了事实,而且该事实一旦属实,则可以合理地怀疑被告无法满足(或者合理地不可能满足)相关的审查标准。另外,法院应当考虑进一步鼓励对提出显然无法满足标准的诉请的律师、或者提出诉请但没有付出大量心力来寻求该诉请获得支持反而寻求自愿撤回诉请的律师,施加制裁措施,以进一步打击提出无理甚至完全投机性的集团诉讼。

最后,最为重要的是,特拉华州的法院应当着手对律师费的支付进行更为严格的审查。特拉华州的法院也已经承认,原告律师的动力正在于有希望获得律师费。现在,那些法院必须认识到,它们必须运用自身之于律师费的司法权力,改变原告的律师在集团诉讼方面投入的心力。

派生诉讼的公共维度和私人维度[*]

ROBERT B. THOMPSON 和 RANDALL S. THOMAS

我们掌握了两年来在特拉华州提起的公司法诉讼的数据,这使得我们得以对美国最为重要的公司法法域的派生诉讼,进行一次系统的研究。

在 1999 年和 2000 年间,只有 137 家诉请[83 个主导诉讼[1]——编者注]提起了派生诉讼,824 起集团诉讼,87 起个人的直接诉讼……80% 的派生诉讼(108 件)针对公众公司,其余 20%(26 件)针对封闭公司。

这与集团诉讼判然有别——98% 的集团诉讼针对公众公司(824 起案件中的 808 起针对公众公司)——也不同于直接诉讼,大多数的直接诉讼都针对私人公司(87 件直接诉讼中,36 件针对公众公司,而 51 件针对私人公司)。

私人公司的诉讼

1999 年和 2000 年在特拉华州大法官法院提起的针对私人公司的 25 起派生诉讼中(一笔交易引发了 2 项诉讼),18 起针对公司,5 起以有限合伙(有大型的也有小型的)为被告,1 起针对相互保险公司,最后 1 起针对有限责任公司。几乎所有的公司都只有数位投资者。

几乎在所有的这些案件(25 起案件中的 21 件,或者占 84% 的案件)中,都运用了忠实义务诉请,而且通常是在公司存在控股股东之时。

---

[*] 本部分内容的重印获得了 57 *Vanderbilt Law Review* 1747 (2004) 的许可。
[1] 主导诉讼是指由同样的争议所引发的案件合并之后的案件数量。

尽管我们发现,大约三分之一的案件获得了积极的救济,但仍有约二分之一的派生诉讼案件被驳回,且没有获得任何救济。

最后,我们注意到,派生诉讼的程序性制约看起来对于私人公司的诉讼几乎没有发挥任何作用。例如,对于这类诉讼总是存在大量的需求。

我们来总结一下我们的发现。在特拉华州,私人公司的派生诉讼对于这些公司的治理几乎没有影响。相对于其他地方,在特拉华州,封闭公司的投资者拥有的诉讼选择非常有限。提起的诉讼很少,而且获得救济的案件看起来连半数都不足。一方面,它或许反映了私人公司内部争议的解决有一套比较有效的私人方案,另一方面,它或许反映了特拉华州少数股东权利之孱弱实在是难以置信,以至于此类诉讼都无法提起了。

公众公司的派生诉讼

57 起争议酿成了 108 件公众公司的派生诉讼。

近乎半数案件(57 起派生诉讼案件中的 28 起)的诉讼理由是,管理人员、高管或者两者存在自我交易行为。另外,6 起案件(11%)发生于公司合并或者交易的背景下,其诉讼理由实际上经常是管理者/控股股东为了满足自身利益,议定了牺牲其他股东利益的交易条款。因而,在几乎 60% 的诉请中,首要的诉由是被告违背了忠实义务。

另外 40% 的诉讼则迥然相异。超过四分之一的案件(57 起案件中的 15 起)中的诉请,通常可以归类为董事违背注意义务而不是忠实义务,例如,原告诉称财务报告披露不适当或者监督不力。4 起案件(7%)诉称存在误导性陈述。这些诉请或许本来可以提起联邦证券欺诈集团诉讼,如果原告选择这一通道的话。

超过半数的诉讼以无救济的方式终结:在针对公众公司的 57 起诉讼中,34 起案件被驳回且未获救济。其中在 21 起案件中,法院驳回了案件,但并未禁止原告再对同一被告提起相同诉讼。在 6 起案件中,法院驳回了案件,并禁止原告再对同一被告提起相同诉讼。在剩下的 7 起案件中,在被告赢得了有关诉求的动议或简易判决之后,案件才被驳回。

16 起(或者 28%)主导诉讼获得了积极救济。在其中 6 起案件中,原告获得了金钱赔付。在其余 10 起案件中,投资者没有获得金钱赔付,但获得了其他救济,例如废除购买协议或者支付律师费等。7 起案件悬而未决。在其中的 1 起案件中,原告在案件初审时赢得了胜利,法院裁决认为,原告诉求有道理。

在带来了积极救济的 16 起案件中……6 起案件（或者 37.5%）的诉由既包含了派生诉讼，又包含了集团诉讼。相反，在未获任何种类的积极救济的派生诉讼中，42 起案件中只有 5 起（或者 11.9%）的诉由既包含了派生诉讼，又包含了集团诉讼。

在我们的派生诉讼样本中，运用专门的诉讼委员会的情形少之又少。我们发现在样本的数据库中，只有一例案件是专门委员会的建议使案件被驳回。而在另一起案件中，公司在诉讼提起之后委任了专门的诉讼委员会并带来了和解，合并持股达 40% 的三名股东获得了偿付。

我们发现，没有一例案件的诉请系单独针对董事而提出。

考虑到我们理解中的派生诉讼的诉求居于核心地位，而且这方面的诸多诉请的范围并不精确，有些奇怪的是，只有在 8 起案件中，大法官法院按照诉请来作出裁决（6 起针对公众公司，占到针对公众公司的所有案件的 11%；2 起针对非公众公司）。在这 8 起案件中，被告在其中 5 起公众公司的案件中胜出，这意味着原告因未妥当地提出诉请而导致案件被驳回。在其他三个案件（包括两个私人公司的案件）中，大法官法院的法官认定诉请具有正当理由。因未提出诉请而被驳回的案件，仅仅大约占到未获救济而被驳回的案件的四分之一。因未能证明交易无效而被驳回的案件，分布于五类事实主张失败的情形之中……在公众公司的案件中，一例主张自我交易无效的诉请被法院所接受。看起来，在派生诉讼案件中，除了忠实义务的案子之外，最多的便是主张自我交易无效的诉请了。然而，总体而言，诉求在派生诉讼中所占的分量并不像人们想象的那么重，如果考虑到学术界及案件报道对该话题的关注，则情形更是如此。

我们的研究结果的政策含义

我们的数据表明，在某些情况下，派生诉讼构成了公众公司股东监督的有益的组成部分。

简要地回顾一番，我们会发现，涉及公众公司的派生诉讼中，大部分挑战的是利益冲突的交易，那些获得了积极救济的派生诉讼大部分与收购交易有关，在这些交易中，原告声称控股股东集团存在利益冲突。收购交易产生了董事的"五十九岁现象"，此时即便公司有独立董事，法律发挥作用的空间也更为广阔。在这些案件中，原告几乎都诉称董事违背了忠实义务。

发生于特拉华州之外的事件，对于公众公司的派生诉讼是否持续有效提出了质疑。纽约证券交易所和纳斯达克市场采用的新的上市标准，增加了大型公众公司董事会中独立董事的数量。现在，所有公众公司的董事会成员大多数为独立董事，而且董事会下设的三个重要的专门委员会——审计委员会、薪酬委员会和提名/治理委员会——必须全部由独立董事组成。其结果是，原告更难通过证明董事会的大多数成员丧失了服务于公司利益的能力，从而使其诉请具有正当性。这使得派生诉讼的开展愈发困难。

我们应当如何修改法律以鼓励针对公众公司的派生诉讼？正如我们前面所探讨的，成功地提起派生诉讼所面临的相对较高的程序性门槛，已经导致出现了诉讼代理成本大大低于州的集团诉讼或者联邦证券欺诈诉讼的种种指标［例如，这些指标包括更少出现多重诉讼的情形，顶级的原告律师事务所提起的诉讼的比例更低。——编者注］。如果在所有派生诉讼中都去掉这一切障碍，则可能会使得大量的案件从其竞争者——州和联邦的集团诉讼——转变为在程序方面现在更为便利的派生诉讼。换句话说，我们必须对这种种不同的代表诉讼形式的可替代性保持敏感，并且不进行有利于派生诉讼的突然转向，否则我们会给派生诉讼带来高昂的诉讼代理成本。

然而，如果我们将降低诉讼门槛的范围仅限于大型机构股东提起的诉讼，则我们预计不会产生此种后果。

我们建议，特拉华州及其他州应当修订派生诉讼的门槛要求，以使持股1%的股东可以提起派生诉讼。在成为绝大多数公众公司派生诉讼焦点的大型公司中，持股1%以上的绝大多数股东往往都是机构投资者。持股1%的股东在这些公司中拥有相当大的经济利益，不可能伤害其自身持有的公司从而损害自身的利益。

如果公司应对派生诉讼的措施是广泛运用专门的诉讼委员会，则我们认为应当支持以下观点：在持股1%以上的股东提起的诉讼中，法官不应当听从专门的诉讼委员会的报告，至少在忠实义务诉请的背景下应当如此。

预测公司治理的风险：来自董事及高管责任保险市场的经验证据[*]

TOM BAKER 和 SEAN J. GRIFFITH

人们经常认为，公司法与证券法中的责任规则的首要目标，是遏制公

---

[*] 本部分内容的重印获得了 74 *University of Chicago Law Review* 487（2007）的许可。

司高管及董事实施加害于股东的行为。尽管如此,通常的做法是,由第三方保险人去偿付公司董事及高管的保险单条款规定的债务。因而,如果说公司法及证券法的责任规则的遏制目标确实已经完全实现的话,也是借助保险这一中介而间接地达成的。

董事及高管责任保险人拥有数种手段来重新演绎公司法及证券法的遏制功能,其原因在于它是最后的买单人,拥有足够的动机来这样做。首先,董事及高管责任保险人可以审查其风险池,拒绝承保治理绩效最为糟糕的公司,也可以提升责任风险更高的公司的保险费。第二,董事及高管责任保险人可以监督投保公司的治理做法,并把完善公司治理作为承保或降低保险费的条件,从而提升投保公司的治理水平。第三,董事及高管责任保险人可以回击无理的诉讼,控制应诉的成本,并且从实际欺诈的董事或高管中撤回保险利益,最终达到掌控辩护及和解股东诉讼的目的。

保险的承保程序是重新演绎着公司法与证券法内容的第一种策略,本文对此展开探讨。其中一个最为关键的问题是,在这一程序中,董事及高管的承保人是如何将法律的影响嫁接进来的,以及在这一过程中,他们是否还改造了承保程序。这是一个经验性的问题。为了得到答案,我们访问了保险市场的各参与方,包括承保人、精算师、保险经纪人、律师、以及公司风险管理师,询问诸如承保人是如何评估公众公司的董事及高管责任风险的,他们关注的是哪些方面,在定价时是如何考虑这些因素的。我们还让受访者放开来谈,描述承保的过程,告诉我们他们认为有趣的或者棘手的问题,并且通过讲述小轶事或者事件,来阐明他们的解释。

研究方法

我们对2004年底至2006年初的41名董事及高管专业人士,进行了深度的半结构式访谈。

由于董事及高管责任保险市场的顶层市场份额高度集中——按保费计算,两家保险公司(AIG 和 Chubb)在初级保险市场的份额超过了半壁江山,而且因为该市场通过少数几家保险经纪人公司的个人网络,已经紧密联系在一起了,我们可以自信地认为,基于大量的访谈(对于习惯于处理海量数据的研究者而言,这一数量或许看起来非常少),我们能够准确地描述董事及高管的责任保险的保险业现状。

我们努力去采访保险交易各方面的专业人士——保险经纪人、承保人、精算师、被保险人以及其顾问——以兼听则明,而且,除了我们在讨论中提到的内容之外,在访谈进行过程中,一些参与方还发布了与访谈内容相一致的报告。因而,我们的报告也反映了他们关于董事及高管责任保险市场运作的共同见解。

董事及高管责任保险和股东诉讼

董事及高管责任保险既使公司董事和高管免予承担责任,又使公司本身免受董事及高管的职权行为所引发责任的伤害。对于私人公司或者非营利公司而言,与雇佣关系有关的诉请,是引发董事及高管责任的最为常见的情形。然而,对于公众公司而言,董事及高管的风险却主要来自于股东诉讼,无论是就已被提起的诉请、还是就风险敞口而言均是如此。因为我们的研究对象仅限于公众公司的董事及高管责任保险,故而,我们将该险种的主要目的定位为向公司提供针对股东诉讼的保险服务。

我们将所有的股东集团诉讼除以所有上市公司的数量,得出了公司涉诉的大体频率,也就是说,在任一年份中,公众公司被提起股东集团诉讼的概率为2%。当然,一些公司的风险更高得多。大型公司往往比小型公司遭到更多的诉讼。某些行业的公司往往比其他行业的公司招致更多的诉讼。[1] 在纳斯达克市场上市的公司也比在纽约证券交易所上市的公司遭到更多的诉讼。

通过研究和解的数额,就可以大体估算公司遭受诉讼的严重程度。实际上和解的数额并不算少……2002—2005年间诉讼和解的平均价值为2230万美元,显著高于1996—2001年间平均为1330万美元的诉讼和解价值。对和解价值的中值予以比较,可以发现这些数字呈现出一条弯曲的曲线……2002—2005年间诉讼和解的年度中值为580万美元,1996—2001年间这一数字为460万美元。因而,股东诉讼的特征是,通常情况下案件和解的价值相当低,但非常少量的一些案件的和解价值却非常高。

董事及高管责任保险的剖析

向上市公司发售的董事及高管责任保险的保单,其承保范围通常包括以下三类:第一类提供给董事及高管个人,保护其个人免予承担因股东

---

[1] 哪个行业遭到最多的诉讼,在某种程度上因年而异,这表明了证券诉讼的丑闻的随机性。2005年,遭受证券集团诉讼最多的三大行业是非循环性消费品行业、循环性消费品行业和金融业。而此前一年遭受诉讼最多的三大行业是非循环性消费品行业、技术产品行业和通讯业。

诉讼而带来的风险[2];业内人士通常将此类承保范围的保险称为"A类"保险,而且我们相信,绝大多数非专业人士心目中的董事及高管责任保险即属此类。然而,董事及高管责任保险还包括其他两类,它们的知名程度远不及第一种。第二类,也就是业内人士所称的"B类"保险,即对于公司承担的对其高管和董事的替代赔偿金,提供保险保障。第三类,"C类"保险,保护公司免予承担公司自身是诉讼一方当事人的股东诉讼所带来的风险。A类保险的保险范围通常并不包括投保人自负额(可以扣减)或者共同保险的数额。然而,B类保险和C类保险的保险范围却包括这些。承保的范围包括损失赔偿金、和解金额、以及为董事及高管的职务行为辩护而产生的法律费用——正如前所述,这些费用主要源于股东诉讼。

董事及高管责任保险的保单包括三个主要的例外条款:(1)"欺诈"例外条款,被保险人存在事实上的欺诈行为或者谋求个人私利行为时;(2)"在先诉讼"例外条款,保单规定的保险日期开始前已被注意到或将要发生的诉请;以及(3)"被保险人诉被保险人"例外条款,也就是被保险人之间发生的诉讼。

值得一提的是,保险范围可由当事人协商议定,因而难以一概而论。保单的买卖双方都是老练的专业人士,都可以充分运用法律知识。另外,保险合同的条文也没有标准的形式。因而,承保范围的达成有赖于互相比较,而且在某种程度上取决于就保险价格和合同条款方面进行的谈判。

董事及高管责任保险的市场

如前所述,董事及高管责任保险市场的买卖双方都是老练的交易对手。另外,专业中介机构(专业化的董事及高管责任保险经纪人)通常会促进交易的进行。因而,董事及高管责任保险市场的数个关键参与者是公司买方、保险公司卖方、以及保险经纪人。

购买董事及高管责任保险,一个最常为人所引述的理由是,这样可以招募并且留住优秀的高管和董事。公司渴望使其高管及董事确信,他们的个人资产不会因接受董事或公司的其他职位而面临风险。然而,正如我们在其他地方已经讨论多时的是,这一解释仅仅适用于购买典型保单中的三类保险范围中的一种(A类保险)。董事及高管责任保险的实际

---

[2] 初级保险条款规定,当公司本身无法赔付时,保险人有义务代表董事和高管个人赔付属于保险范围的损失。

买受,至少对于更大的公司而言,往往是由公司的"风险管理师"来办理,后者是一种管理职位,通常向公司财务或者首席财务官汇报工作……然而,有关董事及高管责任保险的决定,以及如何协助公司与潜在的保险商之间进行交易,往往需要公司法律部门及高层管理者的介入。

购买多大份额的董事及高管责任保险,这与公司买方的市值息息相关。根据 Tillinghast 提供的数据,在 2005 年,低市值的公司(这里的定义是市值介于 4 亿美元和 10 亿美元之间的公司)平均购买了保险金额为 2825 万美元的董事及高管责任保险。中市值的公司(那些市值介于 10 亿美元和 100 亿美元之间的公司)平均购买了保险金额为 6400 万美元的董事及高管责任保险。高市值的公司(那些市值高于 100 亿美元的公司)平均购买了保险金额为 1.5769 亿美元的董事及高管责任保险。在我们的研究中,接受我们访谈的市场参与方提到的最大保险金额为 3 亿美元。

总体而言,任何单个保险人都不愿意单独承保一家公司购买的所有保险金额。高市值公司和中市值公司购买了大额保单时,情形尤其如此。接受我们访谈的市场参与方报告称,在 20 世纪 90 年代末,单个保险人承保的最大的保险金额是 5000 万美元,并且提到,到 2005 年底,几乎没有保险公司发售保险金额高于 2500 万美元的保单,而且绝大多数保单的保险金额为 1000 万美元或者更少。由于存在这些限制,公司必须购买若干董事及高管保单,以达到他们想要的保险金额总额。因而,据称,董事及高管的保险计划就呈现"塔状"——也就是说,若干层保单层层堆叠,以达到投保人希望达到的保险金额。

位于董事及高管责任保险塔底层的保单被称为"初级保单",卖出该保单的保险公司被称为"初级保险人"。初级保险人与投保人的关系最为紧密。对于保险损失,初级保险人的保单必须首先作出反应,因而最可能引发赔付责任,正因为如此,初级保险人收取的保险费高于那些位于保险塔更高层级的保险人。初级保险市场由少数几家保险公司支配着,其中主要是 AIG 和 Chubb。

溢额保险人——那些位于塔的更高层级的保险人——逐层对保险损失承担责任,也就是说,当下一层级的保单限额因偿付损失而耗尽之时,该保单才要作出偿付。溢额保单在售出时通常"遵循样式",这意味着溢额保单的合同条款(除了限额和价格)与基础保单一样。因为所有的溢额保单与直接低其一个层级的保单及初级保单相比,都更不可能对保损失作出回应,与溢额保单相关的保险费越低,该保单位于保险塔的层级就越高。其结果是,被保险公司为其董事及高管责任保险支付的总保费,将是支付给不同的保险公司的若干笔不同费用的总和。公司购买的保险金额越高,组成保险塔的公司就可能越多。

将这些保险塔组合在一起的是保险经纪人……出于以下原因,在董事及高管责任保险市场中,保险经纪人不可避免地要发挥这一作用:(1)董事及高管的保险单并非整齐划一;(2)需要把来自于许多不同的保险公司的保单组合成一个保险塔;(3)必须有一家受信任的中介机构来为买方和卖方传递信息。

我们再来研究一番再保险人,对再保险人进行分析之后,董事及高管责任保险市场的主要参与方名单就一览无余了。并不是所有的董事及高管责任保险都运用了再保险……再保险人有效地提供了进一步分散风险的手段,从而为保险公司承保的风险进行了保险。另外,再保险使得新的参与方得以方便地进入董事及高管责任保险市场,并使已经站稳脚跟的保险人得以迅速扩大其市场份额。类似地,保险公司既降低了其承担的董事及高管责任保险的风险、又不会损失其现有客户的最简便方法,就是将其更大份额的保险业务予以再保险。

市场循环

如果不稍微提及保险承保的循环状况,关于董事及高管责任保险市场的描述将是不完整的。出于某些我们还未完全解释清楚的原因,保险市场总是有高峰,也有低谷……更为具体地说,保险业的循环往复是指,随着保险人提高标准以应对资本亏损,或者相反,在新的资本进入市场时保险人放松标准以维持或者提高市场份额,保险费及对保险范围及承保活动的限制,也上下波动不居。提高保险标准会带来"硬市场",在该市场中,保险费会增长,而且一段时间之后,保险业的利润也会随之增长。当然,保险利润的增长会加剧竞争,无论这种竞争是来自于新的参与方,还是来自于已经站稳脚跟但试图提高市场份额的公司,而且竞争会带来又一轮放松保险标准和降低利润的"软市场"。人们将这一过程描述为循环往复,因为每一市场状况都孕育着催生另一市场的种子。

在20世纪80年代中期,董事及高管责任保险市场历经了这种"硬"阶段,后来在2001—2003年间再次经历了这一过程。而晚近以来,董事及高管责任保险市场已经转到了"软"阶段。

由于存在这些循环往复,撷取保险市场演变过程的任何片断,都并不足以理解保险市场经年累月的发展变化。我们观察的是处于转型期间的保险市场,彼时,保险硬市场的种种做法仍然还在,但价格已经开始松动。尽管我们请求受访者以历史的眼光来看待问题,而不是仅仅着眼于短暂的过去,从而尽力弥补这种片断本身的不足,但我们的研究仍然可能过分强调了保险业循环往复过程中某个特定阶段更为流行的做法。例如,在软市场中,董事及高管责任保险人或许更不会挑剔,而且或许会给一些折扣,从而降低了被保险人之间的风险基数的差别。

承保与风险评估

承保是多方决策的过程,在这一过程中,保险人必须决定是否为潜在的被保险人提供保险,如果提供的话,保险金额是多少,在保险塔的哪个层级承保,当然,它还包括保险价格是多少。这些基础性的承保决定,每一个都取决于保险人如何评估潜在的被保险人带来的风险。而风险评估正是承保过程最为关键的一环。

接受我们访谈的保险人,都有一套评估董事及高管风险的方法,而且他们通常不愿披露其细节。有些保险人称,他们运用了一种数学模型,而其他人则说,他们是在圆桌上与同事们讨论后匆忙作出这些决定的。然而,所有我们访谈到的承保人,都强调具体风险评估的重要性。

在我们的样本中,每一位承保人都想承保"更好的业务",也就是说,想要承保更好的董事及高管风险。一个受访者坦率地说,他所在的公司的目标就是"打败竞争对手"。

在进行风险评估时,承保人通过三个渠道来获取关于潜在的被保险人的信息。第一,承保人可以运用一套程序来获取基本的信息,包括作为被保险人的高管和董事的履历、公司索赔的历史、公司收购及发行证券的计划,以及潜在的被保险人是否"事先知悉"可能会引发索赔的故意行为或者疏忽大意行为……因为如果投保申请人提供的信息不实,将会导致事后保险合同被撤销,这样就提升了通过这一程序获得的信息的可信度。

第二,承保人独立开展研究。他们运用大量的公开数据来源,包括SEC的文件、Bloomberg的报告、分析师们的评估、诸如公司图情(Corporate Library)等专业机构提供的公司治理评估报告、以及识别特定行业的潜在问题以供进一步研究的法务会计报告。

除了这些可以公开获得的数据之外,承保人还利用一系列与潜在被保险人的管理层会面的机会,来获得私人信息……因而,承保过程中的惯常做法是,承保人与潜在的被保险人签订保密协议,这样就可以获得本来无法获得的信息。

在我们的研究中,访谈参与方反复强调,承保的过程非常繁琐,而且注重每一个细节。

保险承保人关注风险发生的可能性与严重程度。保险损失发生的概率有多大? 损失一旦发生,损失的数额可能有多大? 我们所访谈的承保人都认为,董事及高管责任保险是"小概率、大损失"事件。而且所有的人都以财务分析为基础,对保险损失的概率与严重程度进行初步的判断。其理由至为简单:基本上所有的股东诉讼均源于投资损失。

承保人进行风险评估时,首先分析公司的基本财务信息。这种财务分析包括潜在的被保险人所处的行业及其成熟度、公司的市值、股票的波动性及诸多会计比率指标。公司所处的行业以及股票的波动性与诉讼的频率息息相关:一些行业比其他行业遭到更多的诉讼,而且股价突然下跌(波动性)之时,股东诉讼也往往不期而至。与此同时,承保人还运用公司市值来预测保险事故发生的频率及严重程度:更大型的公司遭到诉讼的情形要多得多,而且市值更高的公司在计算损失额时,还有更大的下降空间。

就此而言,承保人对于这些财务因素的评估与股权分析师不同。保险人与投资者不同,他们并不看好高成长性的公司。保险人更为关注呈下降趋势的风险,因为他们的回报是固定的(保单的价格),相对于他们面临的损失风险(保险单的赔偿限额)而言,这种回报可谓九牛一毛;相反,股权投资者面临的损失风险(他们的初始投资)是固定的,但其回报却可能是无限增长的(他们在公司利益增长的份额)。这一差异使得承保人与股权分析师在评估风险时大相径庭。[3] ……对于董事及高管责任保险的承保人而言,公司增长的前景基本上是无关紧要的,或者甚至带

---

[3] 除了评估风险时双方存在差异之外,股权分析师与保险人的激励结构也各不相同。股权分析师的运作模式通常是收费服务,他们利用其在分析准确性方面的声誉来获取收入,而对于董事及高管责任保险的承保人来说,其公司资本的风险与其对风险的评估息息相关。尽管声誉的损失必定会带来收入的减损,但与(例如)由于未能准确估量公司治理的风险而偿付了1000万至2500万美元的保险损失相比,这种损失要间接得多。其结果是,董事及高管责任保险人对于计算错误或许更为敏感,因而更为急切地想要避免它。

来更为糟糕的后果,因为它带来的股价波动可能会触发股东的失望情绪,进而引发诉讼。

在我们的研究中,一位参与方说,董事及高管责任保险的承保有两大"支柱":"支柱之一是[公司]的财务健康状况。支柱之二是公司是如何进行良好的自我治理的。"正如刚才所描述的,针对公司的财务分析对发生任何种类的突发性投资损失的可能性进行了评估。而针对公司治理的评估,则分析了投资损失是否有可能与违背公司法或证券法的行为有所关联。

我们研究中的参与方对公司治理的界定往往[比学者所运用的"专门的监管改革"、"章程条款及其他易于察觉的结构特征"等术语——编者注]更为宽泛,他们反复提到董事及高管责任保险中的"文化"及"性格"的重要性。

然而,对于诸如"文化"及"性格"这些术语,却必须进行一番解读……我们认为,"文化"是指组织体运行于其中的激励和约束安排,包括正式的规则和非正式的标准。"性格"则是指当公司高级管理人员有机会背离公司利益时他是否会如此行事。

数位承保人将高管薪酬视为公司内部激励的关键指标。同样数量的人士也强调了内控的约束作用。在他们关于激励与约束的探讨中,可以清楚地看出,他们在关注正式规则的同时,也努力去获得一种认知,即公司内部是否推行了强势的合规标准,或者相反,其中是否存在一种背离公司利益的非正式基准。

考虑到晚近以来学界及主流媒体对于公司高管薪酬的批评不绝于耳,并不奇怪的是,保险人也关注薪酬问题。然而,值得指出的是,并没有发生一起因高管薪酬过度而引发的股东诉讼……换言之,高管薪酬本身并没有带来责任风险。相反,源于公司高管薪酬实践的责任风险,其暗指的却是公司内部的激励问题。

除了公司的内部激励结构之外,董事及高管风险的承保人还会审查潜在的被保险人的内部约束机制。的确,如果说存在一个我们的受访者想要强调的关键治理变量的话,该变量就是潜在的被保险人的内控质量。

承保人对于潜在的被保险人内控质量的审查,并不停留在董事会层面,也不会因为承保人获得了关于公司内控原则的声明而结束。反而,我们的参与方提及,承保人会审查信息是如何在公司内部流转的。

承保人会审查公司内部谁向谁进行汇报。他们会调查支撑着正式的保单条款的公司种种标准和实际做法。他们会聘请司法会计顾问来调查演变成欺诈之前的公司内控的种种缺陷。

正如潜在的被保险人的并购活动的计划向我们传递的信息那样,公司内部约束机制的质量还可以间接的方式显现出来。当然,并购本身并不是诉讼风险,而且正因为如此,保险人经常通过与潜在的被保险人会面等其他方式,了解其并购计划。然而,在我们的访谈中,确定无疑的是,董事及高管责任保险的保险人感兴趣的,并不仅仅是潜在的被保险人是否会进行并购活动,而且还在于它会如何开展此项活动……保险人感兴趣的还在于,收购活动是增进了公司的价值呢,还是仅仅是管理层打造经营帝国的又一次行动?如果是后者的话,则它再次证明了管理层的约束机制孱弱无力。

另外,承保人的报告称,他们会考虑潜在的被保险人的所有权结构。董事及高管责任险在适用时,通常要求披露被保险公司的内部人及外部大股东持股的状况。这不无道理,因为控股股东可以成为内生于公司法或者公司章程的治理约束的替代机制,而且内部人持有大量股份还表明,股东和管理层的利益是一致的。

最后,在我们的访谈中,尽管以下因素比其他风险因素更少被探讨,但承保人的确提及,他们会考虑以下因素:公司在哪个州注册、董事会的独立性、董事会下设委员会的构成、首席执行官与董事会主席是否分任等公司治理结构的特点。承保人还说,他们运用诸如公司图情(Corporate Library)等第三方提供的治理评估服务来识别"危险信号"。另外,承保人也承认,他们也会考虑诸如交错董事会和毒丸等管理层防卫指标,但只有在回应我们的直接询问时,他们才承认。然而,由于承保人从未将管理层防卫单独列为评估董事及高管责任保险风险的一项重要指标,我们也不确定是否应将其列为一项衡量承保风险的关键因素。

其他或许被低估的引发股东诉讼的风险(至少在主流的公司法和证券法文献中),就是我们参与方提到的"性格"。……当然,性格是一个虚无缥缈的概念。当我们要求承保人对此下一个定义时,他们经常作出的回应是强调傲慢自大与过度的冒险。

我们的访谈表明,或许傲慢自大是指个人将其自己凌驾于规则和标准之上……从这个方面来理解,傲慢意味着缺乏约束,以及缺乏能力和意愿来以一种看似无须规章制度约束的方式,合理地安排个人的行为。

而就风险承担而言,保险人总是试图避开那些风险偏好高于正常水平的高管……那么,什么风险是过度风险?毕竟,在私有企业中,风险是个好东西,而且人们完全有可能将欺诈(涉及说谎或者欺骗)与承担风险(其本身不存在欺诈问题)区分开来。

基于这些方面,承保人表明,他们会努力寻找证明公司过度追求增长的证据,因为在这些情形下,当现实落后于预期时,公司有着强烈的诱惑来对结果进行虚假陈述。换句话说,过度冒险会导致欺诈。

当然,承保人审查这些因素,并不意味着他们总是能够鉴别这些危险信号并采取相应的行动。事实上,我们有许多理由怀疑承保人会坚持这样做,这些理由包括扩大保费份额的短期压力(尽管可能因此会带来长期的损失),或者仅仅是由于具体的经办人员长于欺瞒老板而且市场也长于欺骗承保人。对于这些反对的意见,我们所做的回答是,直接如实记载承保人向我们披露的信息——他们确实在不断努力,即便他们未必总是能够成功——并且提醒读者,考虑到通常情况下保险金额的限额为1000万至2500万美元,对于承保人而言,在其保险组合中哪怕少掉一份糟糕的保险,其回报也相当可观。因而,将文化与性格的评估纳入风险评估就成为一种显见的偏好。那些面临着最大损失的人,在这方面一直保持关注。

对于我们而言,一个更难以回答的不同观点关系到保险市场循环往复的性质:我们现在身处其中的世界,并非亘古不变,而且或许不久之后即行将改变。的确,参与我们研究的人反复提及,董事及高管责任保险中对公司的正式治理要素进行审查,只是相对近期的事情。对性格与文化的关注尽管由来已久,但对其的审查也往往随着市场的硬化和软化而潮起潮落。

如果在下一轮的软市场中,董事及高管责任保险的承保人不再关注公司治理要素,则我们关于公司治理在股东诉讼的风险评估中发挥着重要作用的观点,将会被弱化。

从风险评估到定价

研究的参与者报告称,在评估风险以及最终对潜在的被保险人的投保进行定价时,会将前面讨论过的所有因素考虑进去……董事及高管责任保险人如何根据这些大量的风险因素来确定价格?

我们了解到，董事及高管责任保险的承保人开始时运用一套因公司而异的简单算法，然后运用一套非常灵活的、基本上无法观测的（即便公司自身的定价精算师同样如此）借贷系统来进行，后者或许还受到竞争性的保险市场的制约。

在其算法中运用到的因素包括：市值（所有的保险人都会用到），所属行业（绝大多数保险人会用到），股价波动性（许多保险人会用到），会计比率（许多保险人会用到），以及投保公司的"年龄"/成熟度（一些保险人会用到）。

保险人在决定如何设定其借贷系统时差异很大。少数保险人根据投保人是否具备特定的治理特征，进行定量分析……然而，借贷系统所涉事项之宽泛，仍然赋予了承保人相当大的裁量权。

那么，在董事及高管责任保险的定价中，特定的公司治理要素究竟有多大的影响？对此，我们无法给出精准的答案，原因如下：其一，我们的参与方只是笼统地描述了定价；其二，借贷系统非常灵活多变，保险公司甚至是具体负责承保的个人，都可能作出前后并不一致的选择；特别是，我们访谈的精算师都怀疑承保人拥有一套连贯的评估系统并长期以来以同样的方式对相同因素作出评估。尽管借贷系统的运用标准可能前后并不一致，而且承保的过程变动不居，我们的参与方报告称，"毫无疑问……无论如何"，公司治理的信息"反映在定价"之中。

市场约束

承保人想要卖出保险并赚取大额保费。然而，他们是否能够做成，却取决于其竞争对手收取保费的情况。如果承保人就同样的风险收取的保费大大高于其竞争对手，则它会发现，其承保的机会相对而言就微乎其微了。其结果是，董事及高管责任保险的市场就制约着承保人将风险体现为价格的能力。如果董事及高管责任保险的承保人就某一特定的保险事项收取高风险保费，它或许丧失了承保的机会。

在承保人完成借贷风险评估的过程中，他们高度关注竞争对手对于他们正在评估的风险的报价或者可能的报价。他们了解潜在的被保险人所支付的历史价格，并且很好地将其与市场基础环境相适应。他们还依赖其人际网络来获取信息，而且在某些情形下，其经纪人会直接告诉他们，对于特定的风险和市场中的类似风险，其他承保人正在报出什么价格。另外，在溢额保险人作出最终报价前，初级保险人的报价向他们悉数披露，使得他们更易于预测其竞争对手的价格。其结果是，承保人可以根据与风险评估并非特别相关的因素，来调整其承保的价格。

这些定价的动因，就像保险业自身的循环往复一样，使得保险人更难以确保价格与风险相匹配。

董事与高管的责任保险是否弱化了公司法与证券法的遏制效果？

我们的研究成果支持着以下观点：董事及高管责任保险的承保人努力根据每一被保险公司所面临的风险来确定保单的价格，如果这种策略成功的话，保险将满足遏制理论的基本要求——干坏事的人，将背负更重的责任。正如前面所详细探讨的，我们发现，保险人会努力地在公司中区分良莠……在理想的情况下，我们会发现，要获得保险金额相同的董事与高管保险，治理绩效低下的公司比治理绩效更好的公司必须支付更多的保险费。前者的运营成本系统性地高于其同类公司，它们更难于在产品和资本市场上展开竞争，可能会驱使糟糕的公司通过改善其公司治理的质量来降低董事及高管责任保险的年度保险费。[4] 通过这种方式，责任保险的年度成本就发挥着公司法与证券法的遏制功能。

当然，我们也有充分的理由去质疑现实中是否存在这种理想的模式。最为根本的是，董事及高管责任保险的成本并没有高至足以改变公司的行为，其原因要么是董事及高管责任保险的费用仅仅占大公司总花费中的很小的一部分，要么是因为好公司与差公司之间的董事及高管责任保险费的差额，并没有大到足以使差公司改弦更张。

我们没有具体公司的信息，因而无法评论董事及高管责任保险的成本相对于其市值或现金流而言，是否足以大到影响公司的行为。然而，我们可以指出，董事及高管责任保险的费用不菲。[这里略去的一个表格显示，市值超过100亿美元的公司支付的平均保险费在400万美元至450万美元之间（中值为300万美元）。——编者注]

有趣的是，责任保险人可以……人为地将股东诉讼的成本[保持]在较低的水平。如果看起来这种结果与直觉相反的话，则试着回忆一下，证

---

[4] 更高的运营成本要么会蚕食利润空间，要么会转嫁给消费者。如果公司的利润空间下降，资本市场的参与方将转而选择该公司的利润更高的竞争对手，导致治理绩效低下的公司的融资成本进一步提升。反之，如果公司将运营成本转嫁给消费者，则该公司将在与竞争对手的价格竞争中处于劣势，而且可能会丧失市场份额。无论在哪种情况下，糟糕的公司都有激烈的激励来降低董事及高管责任保险的年度成本。

券诉讼几乎总是在可以获赔的保险额度内得以和解。单就此点而言,并不令人感到奇怪,因为原告的律师通常更愿意向负有约定赔付义务的保险公司求偿,而不愿意花费额外的精力向那些会使用浑身解数来保护其个人财产的个人求偿。现在试想一下,如果证券诉讼的真实成本增长的速率高于保险限额,则后果又当如何?这种情形并非没有可能。根据一些记载,20 世纪 90 年代,公司的市值迅速增长,而董事及高管的保险限额却相对稳定。因为原告的律师偏好于仅仅从保险收益中获得和解金,所以和解并不能反映董事及高管责任的真实成本,而是反映了一个更低的数额,也就是保险限额的增长率。在这种情况下,做了坏事的人所赔付的数额,将大大低于其造成的损害的责任成本。换言之,对他们的遏制力量不足。同样重要的是,通常的保单限额会有效地将赔偿金予以封顶。而且这种压缩赔偿金的做法,会导致责任成本不适当地分布于干好事和干坏事的人之中。当这些责任成本转换为事前的保险费时,也类似地被压缩了,导致好公司对坏公司提供了进一步的补贴,因而降低了遏制效果。

如果这些机制作用的结果是,董事及高管责任险的保险费在好公司与坏公司之间的分布过于均匀,则可以想见的是,法律的遏制效果将大打折扣。然而,并非所有的遏制功效都将消耗殆尽。我们的研究结果支持以下观点,即董事及高管的保险费至少有一些遏制价值。即使它并没有大到足以影响被保险的公司的行为,但它却足以发出信号,以彰显哪些公司治理绩效良好,而哪些公司治理绩效屡弱。

正如我们中的一位在其他地方所详细阐述过的,如果披露公司董事及高管的保险费,将向资本市场参与者传递关于公司治理质量的有价值信息……拥有反映着公司治理质量的信号之后,资本市场参与方可以根据董事及高管责任保险费所揭示的劣质公司治理信息,将该公司的股价打折,并调整其剩余价值,从而再次引入公司法及证券法的遏制功能。[5]

结论

通过董事及高管责任保险费,保险公司将公司法及证券法的相关责任规范,植入美国公司之中。本文已经阐述了董事及高管责任保险人是

---

[5] 再一次地,值得指出的是,股份分析师所搜寻的(预测公司未来绩效的指标)与董事及高管责任保险承保人所审查的(预测未来发生诉讼的指标)并不完全相同。然而,诉讼活动对于股东的回报会产生负面影响……因而,股份分析师和其他资本市场参与方拥有强烈的动机来将董事及高管责任保险的保费所揭示的信息考虑进去。

如何评估风险从而计算得出该保费数额的。我们发现,承保人除了进行公司基本财务分析之外,还花费了大量精力来理解潜在的被保险人的公司治理,特别是诸如文化和性格等非结构性"深层治理"变量。

缺位的公司治理监督者:董事及高管责任保险的保险人[*]

TOM BAKER 和 SEAN J. GRIFFITH

董事及高管责任保险的承保过程在本质上极为灵活多变,以及保险圈的竞争压力,制约着董事及高管责任保险是否有能力把公司法与证券法的遏制目的全面反映在定价之中。

本文主要着眼于董事及高管责任保险人或许可以实现那些目标的第二种方法[摘自这些作者的前述论著中的三种方法之一——编者注]:通过监督公司以阻止其实施虚假陈述和其他行为,这些行为产生的损失须依法予以弥补。在其他险种中,保险人实施了此类风险防范措施——例如,对于安排了烟雾探测器及洒水灭火装置的投保人,火灾保险公司会降低其保费,同样的,责任保险的保险人要求同行不得对酒鬼提供保险。我们来研究保险公司在董事及高管责任险中,是否会采取类似的防范风险的措施。另外,我们还研究董事及高管责任保险人是否像其他的责任保险人那样来管理诉讼成本。

我们采取经验研究的方法,采访了董事及高管责任保险行业中的 40 多人,包括承保人、精算师、理赔部经理、保险经纪人、律师和公司风险管控官等,请他们描述董事及高管责任保险人与受其保险的公众公司之间的关系。保险人是否对被保险公司提供了防范风险的服务?与此相关的是,保险人是否对被保险人的公司治理状况实施了监督?我们发现,对于这些问题的答案是,他们并没有。我们研究中的参与方一致认为,董事及高管责任保险人并没有提供真正的防范风险的服务,也没有对公司治理进行监督。

这一发现对于公司法及证券法的私人责任规则是否起到了遏制效果提出了重大的疑问,同时也进一步支撑着以下观点:诉讼、特别是证券集团诉讼并没有完成遏制不法行为的使命。的确,如果董事及高管责任保险使公司及其董事和高管免予承担金钱损失的赔偿责任,而且如果董事及高管责任保险人并没有提供其他激励以防范责任的产生,则董事及高

---

[*] 本部分内容的重印,获得了 95 *Georgetown Law Journal* 1795 (2006) 的许可。

管责任保险看起来扩大了因违反证券法而带来的股东损失。这正是董事及高管责任保险的道德风险。

在其他一些情形下,扩大一些损失或许是可以容忍的,或者甚至是责任保险的一种理想的结果,因为它会给厌恶风险的个人带来利益,如果无此保险,或许这些个人宁可不从事生产活动。然而,对于公众公司而言,它们并不需要此种目的的保险,因为股东可以通过分散投资而稀释公司损失的风险。确实,在标准的经济学意义上,与个人购买保险是为了分配风险这一目的不同,公司购买保险看起来是为了预防损失和降低税负等辅助目的。

我们发现,董事及高管责任保险人并没有防范损失的发生,这带来了两个显而易见的问题。如果保险人没有提供防范损失的服务,他们如何控制道德风险? 如果公司没有获得额外的监督,考虑到股东并不需要保险来分散风险,那么公司为什么要购买公司层面的董事及高管责任保险? 在回应这些问题时,我们根据经验研究认为,之所以缺乏监督,至少部分原因在于公司内部的代理问题。公司管理者看重公司自治权,因而偏爱购买没有强大监督功能的董事与高管保险,即便这一要素的缺失可能会增大损失发生的概率(因而使得这种保险的费用更为高昂)。另外,尽管从股东的角度来看这种董事与高管保险可能没有效率,但公司管理者仍然愿意让公司购买,因为这份保险保护了其薪酬计划,而且使其免受股东诉讼引发的赔付责任为其带来的资本市场的审查压力。

因而,我们的分析表明,公司董事及高管责任保险的当前形态,既是该保险对公司管理者约束相对不力的原因,也是其结果。公司管理者出于自利的原因买入这种形态的保险,而保险业自身却几乎没有办法控制道德风险问题,这样,通过股东诉讼使管理者与股东的激励保持一致的可能性,就因为这种保险而降低了。

董事及高管责任保险及股东诉讼

对于公众公司而言,无论从保险赔付条款还是从风险敞口的角度,董事及高管责任保险的主要风险都是股东诉讼。股东诉讼是一种明显的风险。研究显示,在任何特定的年份中,公众公司有2%的可能遭到股东集团诉讼,而且2005年此类诉请的平均和解价值超过了2400万美元。

尽管董事及高管保单中存在诸多重要的例外条款[编者在前面选摘的文献中已作概述。——编者注],董事及高管责任保险的专业人士称,这些例外规定在实践中没有一处实际上影响着董事及高管责任保险人对股东诉讼的赔付责任……特别突出的是，欺诈的例外在传统上必须满足"最终裁定"这一条件，后者要求保险人为刑事和民事案件中的被告董事或高管先行进行赔付，除非在理赔过程中法院最终裁定认定存在欺诈行为，而且直到此时才可以停止保险赔付。由于股东诉讼经常以和解告终——因而在理赔过程中法院不会作出裁决——"欺诈"例外所带来的影响就不如董事及高管保单的字面意思所显示的那样了。

"在先诉讼"例外条款规定，对于当前保单规定的保险日期开始前已被注意到或将要发生的诉请，不予赔付。在通常情况下，此前的保单会涵盖在先的诉讼，因而这项例外只是将责任转移给前面的保险人而已。最后，"被保险人诉被保险人"例外并不适用于独立于董事会的派生诉讼，例如，当被保险人在原诉讼中被免责之时。

几乎所有的股东诉讼都在董事及高管的保险金额之内获得了和解……近年来，一些受到高度关注的案件的和解金额大大超过了董事及高管的保险金额，但在 2004 年，65%的集团诉讼的和解金额低于 1000 万美元。即便对于低市值的公司而言，这一数额也在其保险金额的限额之内。

经验研究：缺位的监督者

我们要研究的问题非常简单："承保董事及高管责任保险的保险公司，做了什么来降低购买了其保险的公司遭受股东诉讼的频次和严重程度？"

当我们开始此项研究时，我们以为会发现，那些购买了董事及高管责任保险的公司会认为，保险公司提供着可靠的防范损失的服务，因为董事及高管责任保险费造就了大量的防范损失的动机，而且董事及高管责任保险公司会把其保险范围建立于防范损失的基础之上。然而，不用进行太多的访谈，我们就知道自己错了。在实践中，董事及高管责任保险人几乎从不监督其承保的公众公司，而且董事及高管责任保险人也从不系统地要求投保人必须遵循其防范损失的要求，否则不予承保。尽管董事及高管责任保险人的确偶尔提供诸如承保人报告等防范损失的建议（而且保险经纪人和风险管理师也予以确认），但公众公司并不十分重视这些建议，而且这些建议也一向无法拘束公司，例如，承保人不会将其作为保单续展的条件。最后，与责任保险标准恰成鲜明对照的是，董事及高管责任保险人并不积极地去管理公司应诉的辩护成本。

[董事及高管责任保险人]无法[提供正儿八经的损失防范服务],除非购买方要求提供那些服务,而且我们并没有发现证据证明我们参与方的以下观点是错误的:公众公司并不需要从其董事及高管责任保险人中获得那些服务。

少数几家保险公司的确拥有董事及高管损失防范的小册子和业务通讯,但承保人及其保险经纪人都认为,这些都是市场营销的把式,对其客户的经营范式产生不了可以识别的影响。

我们最终获悉,有一家专业保险公司在保险市场中因强调防范损失而久享盛名。于是我们动身去访谈这家公司的人,最后访问到了该公司的一名高级管理人员。他确定,在过去,这家公司的确拥有注重损失防范的商业计划。

他与我们分享了他们的防范损失指引,这份指引置备于20世纪90年代中期……与我们从其他董事及高管责任保险公司或者经纪人中获得的损失防范材料相比,这份指引冗长、细致得多,而且看起来实际和有用得多。

这份指引在众多的董事及高管责任保险人和经纪人中引起了极大关注,而这正是该公司赢得了损失防范声誉的一大原因。然而,问题在于,这种损失防范的做法从未起到作用。正如这位高级管理人员称,"对于两方面来说,它都是个教训。"就顾客这方而言,他所获悉的情形是:"我们并不足够重视你们的信息"。而就保险公司而言,他所获悉的信息是:"我们无法讲清楚折扣,"意思是指,他们无法表明,遵循这套指引会降低损失的成本……在保险人帮助公司采纳信息披露和公司治理的其他指引时,公司偶尔也会接受。但当公司接受此种建议却无法获得保险费的折扣时,公司的竞争对手会削减这些保费,甚至采取市场手段抵制此类建议。

其结果是,公司被迫放弃其损失防范项目。"维持这一项目的成本高昂,而且在经济上也不具有支持力。"……从这种情形得出的一项教益是,董事及高管责任保险人提供的损失防范服务,只能针对特定的顾客而专门设计。将一般意义上的"最佳做法"建议写入指引,不仅置备成本高昂,而且任何公司或者经纪人获得一份指引的副本,即可免费使用。

尽管董事及高管责任保险人并不要求公司采取具体的损失防范手段,保险人的确以风险为基础进行定价。正如我们在我们同行的文章中所报告的,股东诉讼更多的行业内的公司,支付的保费高于股东诉讼更少的行业内的公司;高市值的公司支付的保费少于低市值的公司;股价波动性更强的公司支付的保费低于股价波动性更低的公司。当然,这些因素与公司治理无关。公司治理也是一项风险因素,尽管是一项次要因素,但在其他情形一样的情况下,我们的参与方报告称,他们试图向治理孱弱的公司收取高于治理良好的公司的保费。

可以想见的是,此种以风险为基础的定价模式,会以下述方式发挥着损失防范的监督功能:保险人 X 或许会因公司 Y 遵循了特定的公司治理范式(例如,董事会主要由独立董事组成),而对其保险费予以打折,然而把其作为保险赔付的条件,从而"监督"着 Y 公司对该承诺的信守情况。但我们的参与方无一报告称存在此种损失防范的监督情形。

迄今为止,我们只是集中关注董事与高管责任保险是否可能发挥监督作用,以及其能否驱动公司去事先防范可能会招致股东诉讼的种种投资风险。有观点认为,一般来说,投资发生损失的原因非常复杂,而且很难辨别,更不用说去辨别可以合法取得补偿的投资损失这一范围更窄的类别了,因而,董事及高管责任保险人在防范风险方面无所作为。还有一种说法认为,证券诉讼有可能是随机事件,它们与公司治理无关。即便其中的一种说法或者两种说法都完全正确……董事及高管责任保险人也可以通过事后(也就是说,在承保结束之后)针对保险事故的发生进行风险成本管理,从而降低那些损失的整体成本。

出售给公众公司的董事及高管责任保险[与汽车责任险、医疗事故险和一般的责任险相比]存在很大差别。董事及高管责任保险人并不是就该责任进行抗辩并控制抗辩的成本,而是补偿其保单持有人所付出的辩护成本。根据董事及高管责任保险合同,保单持有人有权选择律师进行辩护,只要遵守该保单的赔付限额并满足辩护成本合理这一要求,即可要求保险人买单。此种辩护安排极大地制约着董事及高管责任保险人在承保之后帮助降低损失的能力。对于和解事项,只要诉请可以在董事及高管责任保险的赔偿限额内达成和解(正如前面所述,情形经常就是这样),董事及高管责任保险人确实拥有正式的权力。但它们行使该权力时,无法拥有辩护律师所拥有的因控制着辩护进程而与被保险人之间的紧密关系所带来的利益。

分析:一大问题和两大困惑

这一发现[保险人并不提供防范损失服务,也不管理辩护成本——编者注]带来了一大困惑,后者与[第 1 章 A 部分注释 1 所探讨过的保险的——编者注]道德风险问题息息相关。当董事及高管责任保险增加了公司因招致公司和证券诉讼而带来的损失(或者至少不会减少该损失),而且当股东看起来并不需要该保险提供的风险分配机制时,为什么公司还要购买这种形式的保险?

我们是否在说,董事及高管责任保险人在防范道德风险方面一事无成? 不是的。董事及高管责任保险人干了三件事情。第一,它们将某些风险留给了公司自己承担。B 类和 C 类保险都有免赔额。另外,在发生极为鲜见但非常严重的事件时,和解的金额会超过保险的赔付限额,此时公司确须自行承担剩余责任。正是由于这些免赔额和保险限额的规定,保险所提供的保护是不完备的,这样就至少提供了一些防范损失的激励。[作者认为,保险单的欺诈例外及保险人对于和解拥有某些控制权这两项起不到效果,因而并未提及。——编者注]

或许有人会认为,不断地对保险进行足够充分的重新定价,即等同于监督,并且同样可以有效地遏制道德风险。董事及高管责任保险单每年重新定价一次,应当足以监督保险承保人关注的"深度治理"所包含的控制权、披露做法及人事调整等事项。重新定价使得保险人得以将风险(道德风险或者其他风险)的加剧考虑进去。而且,如果有一套机制迫使公司高管改变其行事方式以回应新的价格,则重新定价还可以保护股东免受道德风险的伤害。然而,价格的压力本身并不足以带来公司治理的变革,正如我们在摘录的同类型文章中所详细探讨的,特别是在以下情况下,这种情形更不可能单独发生:(1)诉讼风险与公司治理质量并不存在完美的关联度;(2)保险人在评估公司治理时有时会犯错误;(3)治理良好的公司与治理孱弱的公司所缴付的董事及高管责任保险费的差距并不大(部分原因在于前面两项因素)。

正如我们前面所描述的,董事及高管责任保险提供了两类保护,即对董事及高管个人提供保护,以及对公司自身提供保护,而且大多数公司会买进这两类保险。个人保险易于理解。因为他们都是风险厌恶者,急于保护其个人财产,如果没有个人层面的保险,董事及高管将不愿工作。当然,他们也可以自己购买保险,但经理人市场看起来已经将董事及高管责任保险的个人成本,就像招聘高管的其他必备条件那样,分配给了公司。无论如何,以个人厌恶风险及活跃的劳动力市场为基础来解释个人保险,都是一个简单的问题。

然而,要理解公司保险却是个难题。董事及高管责任保险所提供的实体保护,将股东诉讼的风险从公司自身转嫁给了第三方保险人。保险人当然不会免费做这件事情,它向被保险公司收取保险费,该费用根据损失发生的精算概率来确定,另外还加上一笔手续费以补偿保险人所付出的劳动。这笔手续费意味着购买保险的支出总是超过损失发生的精算概率(否则保险人将会破产)。

对于那些没有其他分散损失风险途径的人来说,保险或许是一项明智的投资。然而,公司的所有者(股东)却拥有其他成本更低的分散损失风险的方法。现代投资理论的基本教义是,股东可以通过分散持股而消除特定的风险,也就是说,投资特定的公司所带来的损失,不会同时发生于市场的其他公司之中。因为股东诉讼的风险是依附于具体公司的特定风险,而不是市场的整体风险,因而可以通过投资多元化而加以管理。换言之,股东的诉讼风险不需要通过 B 类和 C 类董事及高管责任险而加以分散,因为投资者自己可以通过投资多元化而分散风险。

在开始时我们应当已经提到,一些公司在其董事及高管责任保险计划中,的确只购买 A 类保险。

针对公司保险难题的传统答案

一些[对公司保险的传统解释]提供了公司层面的董事及高管责任保险的部分解释。

税收利益

公司保险的税收优势在于,从市场中购买保险比自我保险的税收后果更为有利。保险费属于可扣除的公司成本。相反,将资金转化为准备金(指风险准备金——译者注)却无法作为成本而扣除,而且用这些资金赚取的收入应当缴税。实际发生的亏损也属于可扣除的公司成本,但这些损失发生于未来,而且尚不确定。当下扣减保险费所带来的税收利益,大于在未来扣减不确定的类似预期价值所带来的税收利益。

外部资金的成本

Froot、Scharfstein 和 Stein 观察到,尽管投资者有能力分散投资风险,公众公司仍然进行大量的对冲交易。保险是对冲损失的一种策略;因而,他们的分析就与公司保险的难题直接相关。他们发现,对冲的另外一个重要原因是……筹集外部资本的额外成本。Froot、Scharfstein 和 Stein 认为,出于交易成本、管理者与投资者之间的信息不对称等诸多原因,走向市场进行筹资的成本高于在公司内部筹集同等金额的资本。但公司在内部筹资的能力又受到其现金流的制约,因而许多公司自身无法弥补其资本亏损;特别是,我们注意到,诸如证券诉讼等发生概率低但后果严重的事件(这些事件通常被保险)发生之时,公司更加无法弥补其资本亏损。对冲交易使公司得以降低现金流与投资需求之间发生错配的可能性。因而,在对冲交易成本低于筹集外部资本的额外成本这一意义上而言,该交易为公司带来了价值。

与税收利益的解释一样,我们发现,这种资本成本的解释也是传统解释中最具说服力的解释,其根本原因正在于,处于股东诉讼过程中的公司,面临着筹集资本的不利处境。在股东提起诉讼时,公司无法运用传统的方式——向股权投资者或者债权人——筹集资本,或者即便可以筹资,也只能运用次优的筹资条款。换言之,处于股东诉讼过程中的公司,其筹集外部资本的成本也往往高于正常状况下的公司。

显而易见,避免出现这种状况的一种方法是建立准备金,以弥补股东诉讼带来的损失。但对于一家运营之中的公司而言,分流资金以设立准备金的劣势在于,这些资金如果用于公司内部的其他方面,或许更有效率。另外,正如前面所解释的,税法也使这种准备金安排面临不利境地。在这种情况下,公司亟须从债权人处获得保证,即当公司无法通过传统方式筹集资本或者成本极高之时,债权人会提供资本。这正是董事及高管责任保险的 B 类和 C 类保险范围所承担的工作。以此视角观之,董事及高管责任保险的保险费就类似于支付给贷款方的资本保证费用,使后者保证在特定事件(例如成功地发出收购要约)发生之时提供资金。董事及高管责任保险人保证会在股东诉讼给被保险人带来损失时提供资金。

以此观之,公司层面的保险的目的在于保护公司,使其在股东提起诉讼时免于按照不利合同条款借入资金。* 相反,保险人在公司尚未产生亏损迹象的好日子里保证提供资金。对于公司而言,如果保险费低于其他形式的或然融资成本,则支付保险费成本仍然是物有所值。因而,可以想见的是,某些形式的董事及高管责任保险或许实际上正是低成本的或

---

* 作者的意思是,由于公司购买了保险,即使法院判决公司赔付股东的损失,赔付责任也会转嫁给保险公司,贷款人因而无须考虑公司因股东诉讼而面临的损失,从而施加不利的贷款条件。——译者注

然融资。

市场失败的解释

我们的参与方对于我们观察到的董事及高管责任保险范式，提供了两个保险市场失败的解释。首先，一些参与方报告称，公司没有购买只有 A 类保险范围的保单，是因为那些保单相对于其提供的保护而言过于昂贵了，而购买 B 类和 C 类保险的额外成本低于公司层面的保险的边际收益。第二，其他参与方报告称，公司没有购买有权管理辩护成本的董事及高管责任保险，这是因为公司不相信保险人会本着其最佳利益来管理辩护。

我们研究中的若干参与方称，购买只有 A 类保险范围的保单，其折扣还不够高……我们研究中的绝大多数风险管理师支持了此种解释。

如果购买只有 A 类保险范围的保单的折扣与保险人承担风险的降低确实不相称，那么为什么保险人不把只有 A 类保险范围的保单卖得便宜一些？是否因为他们希望打击此类险种以最大化其保费收入？但看起来这是个失败的策略，因为它无法防止其他保险人对 A 类保险合理定价，从而赢得市场份额。

另外，考虑到股东可以通过分散持股而无成本地（或者几乎无成本地）分散这些风险，如果保险人基本上放弃 B 类和 C 类保险，则这些保单实际上仅仅是便宜货而已。保险公司是否总能正确地定价？显然不是。但如果保险公司总是低估了产品价格，我们会看到，亏损会使他们放弃该产品。因而，尽管这些数据无法使我们确切无疑地反对此这一解释，但我们认为，它对于公司层面的保险的解释力特别羸弱，因为这种解释的基础条件是，在一个低进入门槛的竞争性行业中，老练的公司持续不断地进行非理性的定价。

保险监督的制度壁垒

董事及高管责任保险人之所以未能提供……具体的公司监督，其原因或许在于，就成本而言这并不合算。这是因为证券诉讼是随机事件？或是因为就证券损失而言，财务和商业风险比公司治理风险更为重要得多，以至于不值得在监督公司治理方面进行投资？还是因为即便公司治理的风险真的很大，但在公司内部进行有效监督的成本过于高昂？对于这些经验方面的可能性，我们无法予以确切地回答。

一些逻辑推理及大量的经验表明，董事及高管责任保险人难以将风险分配及监督服务捆绑在一起。然而,我们仍然相信,代理成本至少是解释我们观察到的保险的纯粹风险分配形式的重要组成部分……公司管理者不需要保险人事先监督其决策,也不需要他们事后管理其针对诉讼的辩护。无论是监督还是辩护的管理,都会压缩管理者的自治空间。

是否"非法"即意味着"犯罪"?:关于美国法中侵权与犯罪的界限逐渐消逝的反思[*]

JOHN C. COFFEE, JR.

本人的这篇论文并不复杂,可以将其浓缩为四个观点。其一,过去十年来,美国联邦刑事实体法律的发展演变过程,就是民法与刑法之间清晰的界限不断消解的过程。第二,可以预见的是,侵权法与刑法之间界限的模糊不清,将导致不公正的情形,而且最终将弱化作为社会控制工具的刑法的效力。第三,为了妥当界定刑法的领地,我们必须解释刑法的目的和手段与侵权法存在哪些区别。尽管认定刑法的独有特征并不困难——例如,主观意图在刑法中起着更大的作用,对受害人的实际损害相对而言并不重要,富有特色的监禁制裁手段,以及刑法更对公共执法的依赖更重——但没有一点具有最终的决定意义。相反,刑法的一个最为重要的方面是,它作为道德教育和社会教化的系统而存在。刑法获得民众的遵循,并不仅仅是因为其背后的法律威胁力量,而且还在于公众认为其标准是合法的、而且是值得信守的。远远胜过侵权法的是,刑法是一套公众沟通价值观的系统。其结果是,刑法经常、而且必定会刻意地鄙弃对被告的行为入刑化。因而,侵权法努力寻求私人利益和公共成本之间的平衡,而刑法却从不如此(或者只通过特殊的积极抗辩才会如此),这或许是因为这种平衡会消减刑法的道德教化功能。一言以蔽之,侵权法重在定价,而刑法则重在禁止。

特别是,在这一过程中凸显出了三大趋势。第一,"白领犯罪"领域的联邦法律中,法官造法到了前所未有的高度,法院本着个案解决、遵循先例的思路来审理案件,而不管讼争行为是否属于经常是模糊不清的法

---

[*] 本部分内容的重印获得了以下版权单位的许可:71 *Boston University Law Review* 193, © 1991 John C. Coffee, Jr.

条所禁止的范畴。[1] 第二,一种显而易见的趋势是,在认定构成犯罪时,对主观意图(或者"犯意")的依赖日益消减,特别是在许多违反监管规定的违法行为中。第三,尽管长期以来,刑法通过引入一种责任严格但惩罚较轻的特殊的次级犯罪类型——经常被称为"违背公共利益的犯罪行为",从而放弃了对刑法"路径"的严格遵循,但近十来以来,这种令人不安的妥协已经消解,因为传统的违背公共利益的犯罪行为——现在规定于行政规章之中——已经被提升到了重罪的地位。

这些趋势所演变的后果是,刑法看起来更近乎于与民事救济交互使用。有时,语义相同的不同法条,适用于同样的行为——某一法条授权予以民事处罚,而另一法条则授权予以刑事制裁。更为常见的是,刑法被扩展适用于以往仅适用于民事救济的行为。无论如何,在某一特定的法律领域中,将刑法界定为适用于这一领域的所有民事违法行为,以额外增强的遏制功能,可能会从根本上扭曲法律标准。我们需要清楚地认识到,发生这种扭曲的方式多种多样。例如,某些民法标准在本质上富于理想主义(例如,民法规则要求律师应当避免出现"行事不当的外观")。其他标准可能会设定预防性规则,后者旨在防范可能发生的不当行为,但却不要求具备应受惩罚性这一要素。

显然,认为刑法是最为有效的工具、并使其介入以往被认为不受责难的行为时,会产生新的问题。现代技术、以信息为基础的经济增长以及监管力量的崛起,使得现在越来越难以认为只有普通法上的传统犯罪应动用刑事制裁。事实上,从历史上看,刑事法律向来不是静止不动或者僵化为一种普通法模式的,相反,它是变动不居而且不断发展演变的。在"白领"犯罪领域,这种情形特别明显。即便是在现代首例被提起刑事指控的"白领"犯罪行为,例如价格垄断、税收欺诈、证券欺诈以及后来的贿赂外国公职人员等,在传统上也并不被认为应受责难,在这一意义而言,它们都是"监管型"犯罪*。简而言之,自身违法与法律上的违法之间的界限

---

[1] 近期发布的 18 U.S.C. § 1346 (1988)提供了反映这一趋势的典型案件,该案使得联邦法院开始考虑违背信义义务或者其他保密关系的行为,是否构成邮政电信反欺诈法之下的违法行为……然而,这一新的立法,仅仅是邮政电信反欺诈法之下的个案裁决、法官造法这一由来已久的传统的延续……内幕交易的法律的近期演变,也完全是法官造法的产物,法律和行政规章均界定什么情况下构成内幕交易。

* "监管型"犯罪("regulatory" crimes)是指降低了原来的证明可归责性的标准,以至于不要求认定行为人的主观状态而得出的犯罪。——译者注

已被多次僭越,而且这一理论也基本上被放弃了。现在,如果要认定雇员安全、倾弃有毒废物或者环境污染必定超越了刑法的范围,他就必须去捍卫有关问责性的古老的定义。

但这将把我们带到何处?……如果刑法被使用过度,它将失却其独有的标志。在承认刑法是一套社会化的系统时,[传统的自由主义者]会回答称,正是由于这一原因,应当审慎地运用刑法。如果一切错误之事均可以入刑,则社会对某些形态的不当行为予以特别谴责的能力要么丧失,要么完全沦落为公诉机关的专断权。尽管这种回答或许不无道理,但它还没完全能够回应以下批评:传统的刑法学者对于应受惩罚性的关注是过时的,因为它使刑法裹足不前,妨碍了其必要的发展。

如果是这样的话,还有什么其他办法?有没有其他堡垒可以防止刑法爬到民法的领地上来?一种答案是更新应受惩罚性这一概念,不仅要参考历史上关于应受惩罚性的理解,而且还要关注被广泛接受的行业标准和职业标准,在那些更小的圈子里,违背这些标准会受到责难。另一种答案是,集中关注民法与刑法的临时关系。某些时候民事标准深深地根植于行业或职业共同体内部,而且在圈子中广受认可,违背这些标准将引发责难,即使最初并不是如此。

民法的刑法化

几乎没有一种法律类别比可适用信义义务的民事规则看起来本质上更不具有"刑法"意味了……然而,它仍然在某一不确定的范围内,受到刑法的管辖。

联邦邮政电信反欺诈法最为明显地展示了刑法是如何过分地叠加于民法标准之上的。20世纪60年代中期,联邦法院已经接受了以下原则:"欺诈意图"(无论是在邮政欺诈法还是在电信欺诈法中,它都是关键要素)既不要求受害人遭受金钱或者财产损失,也不要求该意图旨在违背州或者联邦法律。相反,只要受害人的"无形权利"遭到欺诈即已足够……在一些案件中法院裁定,负有信义义务且明知存在利益冲突而没有披露的人负有刑事责任,看起来这些裁决的影响最大。1976年底,Henry Friendly法官在第二巡回法庭的一项裁决中称,"无形权利"的原理仅仅适用于公职人员,而不适用于私人受托者。然而,20世纪80年代初期,第二巡回法庭否决了他的这一考虑周全的区分。在 *United States v. Bronston* 一案中,第二巡回法庭认定一位律师有罪,他秘密地代表了一方客户而其所在的律师事务所代表了对手方,双方争夺一项公共特许业务。*Bronston* 一案是个分水岭,因为其间不涉及任何的贿赂和回扣,而且也没有证据表明,被告事实上运用其受托人的地位伤害了其所在的律师事务所的客户。*Bronston* 一案之后,看起来邮政欺诈的指控要成立,必须满足明知违背了信义义务而没有披露这一标准。这些裁决看起来将邮政电信反欺诈规则转变成了强制性披露规则,后者要求公职人员和私人受托者向委托人披露利益冲突的任何情事。

这种责任理论的认同,在 20 世纪 80 年代中期达到最高峰,彼时联邦检察官成功地运用这套理论,不仅追究了公司高管违背公司利益的自我交易行为的责任,而且还追究了试图使公司受益但没有向董事会或股东充分披露的公司高管的责任。在 *United States v. Siegel* 案和 *United States v. Weiss* 案中,公司高管为了方便公司完成有疑义的支付而创建了账外的贿赂基金,尽管他们并没有挪用任何资金,仍被认定构成欺诈行为。的确,在 *Weiss* 案中,下级管理人员按照上级的直接指示创建了秘密资金账户……在这两种情况下,被告或许违背了其注意义务,但却没有实施任何形式的自我交易行为。因而在实践中,他们或许面临着相对较轻的民事责任,因为从历史上看,注意义务向来没有得到严格的执行。于是,最后的结果颇为出人意料:横空出世般地,刑法僭越了民法,法院以即便是在派生诉讼中也向来不太可能构成民事责任的事实,判处被告人构成联邦重罪。

1987 年,这种情形戛然而止,尽管仅仅是暂时性地中止。彼时,联邦最高法院在 *McNally v. United States* 一案中裁定,邮政欺诈法并不适用于剥夺受害人获得诚实服务的无形权利的行为,而仅仅适用于诈取金钱或财产的欺诈行为。一段时间以来,*McNally* 案看起来成为了白领犯罪领域的法官造法持续发展的主要障碍。但后来,两件事情接踵而至。第一,最高法院在 *Carpenter v. United States* 案件中称,机密商业信息可以等同于某种形式的无形财产……*Carpenter* 一案使得检察官可以把已在 *McNally* 案件之前以剥夺无形"权利"名义提起公诉的案件,改为剥夺无形"财产",从而大大降低了 *McNally* 案所确认的原则的重要性。事实上在一定范围内,这已经发生了。

McNally 案件之后的第二个发展变化甚至更为重要:1988 年,国会颁布法律,对"欺诈意图"这一关键术语进行了界定。新增设的第 1346 条将

这一术语界定为包括"欺诈其他人的诚信服务这一无形权利的计划或者图谋。"如此行文,一举将违背信义义务或者代理法律的违法行为,均纳入犯罪的范畴。于是,第1346条在适用范围上的扩张,就成为了刑法轻率地超越于民法之上的一个例子,它没有认真考量论争中的民法标准是否应辅之以刑法的特别威慑。

犯意地位的弱化

美国的刑法学界经常将犯意置于核心地位。其最大的成就——《示范刑法典》——创建的一项假定是,除非法律有明确的另外规定,犯意属于每一起犯罪的必备构成要素。在 Morissette v. United States 一案中,联邦最高法院看起来赋予此项假定以准宪法的地位……更为晚近以来,在 Liparota v. United States 一案中,联邦最高法院再次肯定了此种假定,至少在有关赖以确定道德非难性的那些犯罪因素时是如此。然而,与此同时,Liparota 一案也承认,在这个一般规定之外还存在着"违背公共利益的犯罪"的例外。

如果公共安全是决定性的标准,则那些通常规定诸多行为(例如,处理废弃物、占用湿地)在实施之前必须获得许可的大量的环境法律法规,将成为严格责任法条。在这个方面,不同的巡回上诉法庭的意见存在分野。

转嫁责任

通常而言,在美国刑法中,个人只对以下行为承担刑事责任:(1) 他们指挥或参与的行为;(2) 他们协助或者教唆的行为;(3) 他们密谋的行为。然而,公司高管却看起来还面临着另外一种形式的转嫁责任。在 United States v. Park 中,联邦最高法院支持对"'促成交易负有部分责任的'的公司雇员施加刑事责任,"尽管公司高管采取了行动以防止违法事件的发生。更低层级的联邦法院拓展了此原则的适用范围,即便下属雇员故意不遵循上级的指令,或者高管采取了明显的矫正措施,但由于雇员罢工而无法实施,在这些情况下,仍应适用前述原则。

犯罪的"技术化"

环境犯罪是重要的明知型违法行为——正如篡改记录或者故意带来危险——这些严重的犯罪并不值得怜悯。然而,典型的环境犯罪包含着有毒物体的不当处置,而且近期的法院裁决已经弱化或者消除了犯意在这些法律法规中的地位,但同时仍然适用 Park 案件的以下法理:对法定义务的实施负有"责任"的公司高管要承担相应的责任。其结果是,现在,传统的违背公司利益的犯罪行为,将面临重罪层级的处罚。尽管在 *Park* 案件中,被告只被处以罚金,但未来处于同样情况下的公司高管将面临数年监禁。

就公平性而言,联邦政府试图在传统的民事领域——例如股票托管——运用刑事制裁手段,但遭到一些司法抵制。去年,第二巡回法庭已经推翻了若干边缘案件中的证券欺诈有罪判决,但在犯罪意图更为清晰的其他案件中,确认了有罪判决。但这些裁决的作出,仍然缺乏任何清晰的理论基础,而且往往取决于临时创造的特定的司法理论,在某些案件中,这些理论的构建,看起来是为了赢得以尽可能狭隘的基础来推翻裁决的正当性。可以想见的是,在其中一些案件中,的确可以看到通过司法程序而认定裁判无效的现象,但这一过程充其量是不连贯的、一时一事的事件。

一个初步的概述:不确定的成本/收益的计算

如果处置有毒废弃物、证券欺诈、占用湿地、未维护飞机以及造成厂房伤害等,都成为了通常可以过失或者更低的要求为基础而被指控的犯罪行为,则整体而言社会将更为安全,但美国工厂的大量人员(既包括白领层面,也包括蓝领层面)都将面临刑事法律方面的问题。而今的美国,绝大多数个人都可以自行安排其事务,以避免其行为遭受刑事制裁的现实风险。几乎没有人有理由担忧,自己会遭到谋杀、抢劫、强奸或者其他传统的普通法犯罪的指控。甚至是更为近期以来,白领犯罪——垄断价格、贿赂、内幕交易等等——也会被那些希望最小化其刑事责任的人所轻易地规避。这些法律法规最多会给那些希望接近界限但却发现根本没有明确界限的人带来困扰。相反,现代工业社会不可避免地带来了有毒废弃物,它们需要有人来处置。类似地,发生于厂旁的伤害在一定程度上也不可避免。其结果是,某些个人不得不从事在刑事制裁监管之下的职业活动;而在这一意义上,他们不可避免地"卷入了"刑事法律之中。也就是说,他们无法安排其事务以使自己免受以下风险:按照过去对其行为的评价会发现,在现在经常是变动不居的过失标准面前,他们陷入了缺乏法定标准的困境之中。其最终后果是,如果更多地启用违背公司利益的犯罪这一最新态势得以延续,则它将意味着刑事制裁会得到更为广泛的运用,并会以一种以前从未发生的速度,进一步侵入美国的主流生活和民众的日常生活。

有观点认为,如果对刑事法律规则的界定使个人无法安全地避免触犯刑律,将减损社会利益。可以预见的是,这种观点会带来数种回应。自由主义者或许会认为,传统上限制运用刑事制裁的做法,带有阶层歧视,*而更为广泛地运用刑事制裁则能够直接矫正这种不平衡的状况。经济学家或许会说,受到影响的个人只是要求在劳动力市场中获得"风险溢价",而一旦获得了此种溢价,则后来冒出已获补偿的风险时,他就不能再抱怨了。其他人或许会得出结论称,这些雇员所面临的焦虑和不安,尽管令人遗憾,但却是必需的,因为相对于刑法更大的威慑力所挽救的生命、避免的伤害和实现的其他社会利益而言,这种焦虑和不安不值一提。这或许是正确的,但成本/效益的计算非常复杂,而且结果并不确定,它取决于与其他执法策略(例如更多地运用公司责任或者民事处罚)相比,它的边际收益(以避免的伤害来计算)究竟如何。另外,在分类账的成本一侧,我们需要考虑的不仅是那些实际上被指控的人所面临的后果,还必须考虑它给潜在的刑事被告群体带来的焦虑与不安。就疏忽(也就是说,未能发现并纠正危险的情况)被科以责任而言,由此带来的恐惧会影响大量的雇员,他们中的绝大多数人永远不会遭到指控,甚至也不会面临被指控的威胁。除此之外,它还会损伤公民自由主义者的价值,因为可以广泛运用的法律法规绝对无法得到公平的实施。其结果是,出现一些"目标性"或选择性指控(这取决于影响公诉人个人的标准是什么),也就在情理之中了。如果系争行为在本质上具有非难性,则更能容忍这些成本的发生,然而,疏忽,正如死亡和纳税那样,总是不可避免的。

公司犯罪立法:一项政治经济学的分析**

VIKRAMADITYA S. KHANNA

公司犯罪的新闻又重回报端。过去两年来,美国历史上一些最令人触目惊心的公司丑闻相续爆发,导致经济大幅走低,并且引发了诸多监管措施,包括《2002年萨班斯—奥克斯莱法》颁布。这部新的法律进一步强化了已呈扩张态势的公司刑事责任的范围。的确,甚至是在《2002年萨

---

* 作者的意思或许是指,将犯罪的定义限定于谋杀、抢劫、强奸或其他传统的罪行,而不包括垄断价格、贿赂、内幕交易等白领犯罪,对底层人士构成了歧视。——译者注

** 本部分内容的重印,获得了 82 *Washington University Law Quarterly* 95(2004)的许可。

班斯—奥克斯莱法》之前,据估计,公司被判决构成联邦刑事犯罪的数量已大大超过300,000起,覆盖了诸如违反有关环境、证券、银行和反拖拉斯等法律的领域。考虑到公司犯罪所涉领域如此之宽,如此多的监管措施不断颁布(有时非常迅速),引发了如此多的争议,看起来恰逢其时的是,我们进行一次更为广泛的探讨,研究一下如何监管公司行为,以防范或者遏制我们近期以来不断目睹的种种违法乱象。

绝大多数公司犯罪立法,均产生于一系列公司丑闻引发民怨沸腾或者经济下行之时。在这种情况下,国会必须作出反应。对于某些公司利益群体而言,他们偏好的一种反应或许是进行公司犯罪的立法,因为它在满足公众诉求的同时,只对那些利益群体带来了相对较低的成本,并藉此避免了立法和司法作出对其利益损害更大的反应,并且有时会将经营人员和高管的刑事责任转嫁给公司。就此而论,公司犯罪立法将某些公司利益群体所不希望看到的其他反应取而代之。本人将其称为公司犯罪立法的替代理论。

公司犯罪立法的通常范式是,经济疲弱,大量的公司违法行为曝光,由此民怨沸腾,立法即接踵而至,包括联邦证券法、《海外反腐败法》以及其他有关水门事件的法律、20世纪80年代中期的内幕交易法,以及近期的《2002年萨班斯—奥克斯莱法》。在强化监管的呼声中,国会必须从政治的层面上作出回应,问题在于它将如何回应。然而,在监管公司行为方面,国会拥有多种选择:它可以强化公司的民事责任,强化公司的刑事责任,强化其他主体(例如公司管理人员、会计师等等)的责任,整体提升直接监管的强度,或者在这些选择中作出某些组合。国会最终会作出怎样的选择,在某种程度上取决于公司利益和其他利益相关方的游说情况。

在比较公司民事责任与公司犯罪立法的强化时,重要的是先搞清楚这些术语的意思。公司民事责任的强化是指,国会扩大具有民事可诉性的行为的范围,或者加重公司因实施某些行为而遭受处罚的力度(或者两者兼具),从而扩张公司的民事责任。例如,国会可以使X、Y、Z等行为成为新的民事不法行为。而公司犯罪立法是指,当国会通过某种方式扩张公司的民事责任时,并不仅仅限于第一种选择提到的大幅扩张责任的范围,而且还将这些新的不法行为予以入罪。例如,国会可以使X、Y、Z等行为成为新的民事不法行为,而且如果实施这些行为时具备规定的犯意,则它们还会构成新的犯罪行为。出于阐述的便利,我们将第一种选择称为公司民事责任的提升或者强化,而将第二种选择称为公司犯罪立法(也就是说,适当提升公司民事责任的同时,把相应的基础行为入罪化)。

公司利益群体倾向于哪个选择?本人认为,一些公司利益群体偏向于公司犯罪立法,而不是公司民事责任的强化,其原因主要在于:(1)带给他们的成本向来相当低;(2)执法的目标更为明确(因而减少了无理的私人执法);(3)公司利益群体更容易影响执法行动;(4)拥有更大的程序保护(例如,排除合理怀疑的证据要求);(5)往往不会产生超高的损害赔偿;以及(6)更少向第三方(例如,会计师)施加责任。

低成本的有关公司犯罪的法律——象征意义的举措

关于公司犯罪的法律,首先必须提及的是,这方面的执法向来相当孱弱——的确,它或许看起来基本上只具有象征意义。这表明,在通常情况下,公司犯罪方面的法律不会被视为管理层和大公司的显要威胁。相反,经由政府部门和私人诉讼当事人而得以执行的公司民事责任,其执行力却更强。对于公司而言,公司民事责任获得执行的可能性更高,这是一项重要的因素,因为无论是在民事诉讼还是在刑事诉讼中,它们都会面临金钱制裁。

另外,民事责任背景下的金钱处罚通常重于刑事责任背景下的金钱处罚。因而,如果公司有权选择,它们或许会选择适用公司犯罪的相关法律,因为这方面的执法频率更低,而且其处罚力度通常低于公司民事责任背景下的处罚。简而言之,公司刑事责任给公司带来的预期成本,低于公司民事责任的强化给它们带来的成本。

需要注意的一点是,大概在过去十年来,对公司施加的刑事处罚已呈上升态势,公司的合规成本也在上升。公司合规成本的上升表明,公司或高管刑事责任的预期成本的增长,足以使合规成本的提升具有正当性,而这又表明,这些合规成本并非微不足道。这或许愈来愈正确,但它并没有改变我的分析。我的分析所要求的是,对于公司而言,公司民事责任的代价高于公司刑事责任。证据显示,近期不仅公司刑事责任的成本在增长,而且公司民事责任的成本同样也在增长(而且其增速至少等同于刑事责任)。因而,我们仍然认为,公司偏好适用有关公司犯罪的法律,而不是有关强化公司民事责任的法律。

有目标的执法

公司刑事责任与民事责任的实施方式存在某些区别。公司的民事责任既可以由政府机关(例如,美国 SEC)实施,也可以由私人诉讼当事方实施,而公司刑事责任则只能由司法部(DOJ)实施。执法者不同,这对于公司利益群体而言是重要的。因为私人诉讼当事方比政府机构更可能动不动就提起诉讼……当然,这并不意味着政府机构无法获益于轻率的诉讼,而是整体而言,与私人诉讼当事方相比,它们更不会轻率地提起诉讼。鉴此,公司利益群体或许更偏向于通过公司犯罪立法而达成轻率诉讼更少的局面(应对成本高昂),而不是因强化了公司民事责任而带来了更多的轻率诉讼的格局。

影响执法者

执法者的身份之所以不无重要意义,另一个原因在于,政府执法者的预算经费要受到国会的控制。有鉴于此,公司利益群体可以通过对执法预算的游说,来影响刑法的执行,而他们却不能用同样的方法来影响私人诉讼当事方实施的民事责任……最后,游说执法预算在一定程度上比直接游说立法,更不易为人所见。

程序性保护

通常而言,公司刑事责任要求行动方满足的程序性要求高于公司民事责任(例如,排除合理怀疑的证据标准,禁止双重危险原则)。……就这些刑事程序妨碍了定罪这一意义上说,公司利益群体偏好刑事责任而不是公司民事责任,因为在民事诉讼中,法官更容易作出公司承担民事责任的判决。[1]

超额的补偿性赔偿

私人诉讼当事方提起的公司民事责任,带来了超额的补偿性赔偿的真正风险(例如,三倍赔偿或者惩罚性赔偿)。而政府可以提起如此大笔金额制裁的领域则有限得多。其后果是,公司利益群体或许会偏好政府的执法,因为与私人诉讼当事方的执法相比,它往往会带来更低的制裁金额。

替代理论的示例

我们从近期涉及会计造假和证券欺诈的一系列公司丑闻开始阐述。

---

[1] 当犯罪化的情形大量发生时,程序性保护的重要性已经消解,因为尽管存在这些程序性保护,但潜在的刑事责任的不断增长,仍然使得检察官更容易获得有罪判决。这归因于法律扩张了适用范围,以及当犯罪化肆意滋长时,案件裁决所带来的威慑价值也在增长。

对此作出的反应,本来可以是废除《1995年私人证券诉讼改革法》(PSLRA),并推翻一些相关的美国最高法院的法理。其原因在于,《1995年私人证券诉讼改革法》限制了私人证券欺诈责任的范围,而且这些规定与美国最高法院的判例一并使得对相关主体(例如,会计师)施加责任愈加困难。这反过来在一定程度上将会计师和发行人隔离于证券欺诈责任之外,因而降低了(对于他们而言)与证券欺诈相关的成本,而且或许还会强化其实施证券欺诈行为的动机。废除《1995年私人证券诉讼改革法》并推翻美国最高法院的相关判例,或许可以克服这一点,而且也会强化公司的民事责任,因为它会给公司和会计师带来了更大的民事责任。

的确,在安然公司的丑闻爆发之后,一些人事实上已经为此展开了游说活动。然而,他们并没有取得成功,相反,国会颁布了《2002年萨班斯—奥克斯莱法》,后者除了在其他方面设以规定之外,还动用了刑事处罚。另外,我们看到的是,与反对通过废除《1995年私人证券诉讼改革法》来强化公司民事责任相比,公司反对《2002年萨班斯—奥克斯莱法》的情形并不多见。

这并不表明,公司利益群体向来不会在刑事领域进行游说,而是说此类游说往往是例外情形而不是常规做法。另外,有证据表明,只有提出了大幅提升公司刑事处罚力度的提案、或者董事及高管的刑事责任有可能明显加重时,公司利益群体才会针对刑事领域进行游说。在这些情况下,有关公司犯罪的法律师事务所带来的成本越来越高,并且接近于公司民事责任的强化所带来的成本;因而,在这些情况下发生游说活动就更加能够理解了。

关注管理层责任的替代理论

公司利益群体偏好于适用有关公司犯罪的法律,其原因也可能在于它会对管理层面临的刑事责任带来潜在的影响。公司刑事责任可能会将管理者的刑事责任转嫁给公司(也就是股东)。

例如,在同一个案件中,将公司与管理层列为共同被告人,或许会增加管理层逃脱罪责的可能性,或者会使其受到的刑事处罚轻于管理层是唯一被告人时的情形。

经验和轶事证据表明,公司刑事责任导致公司承担了本来会落到管理层身上的一些责难……也有迹象显示,检察官也关注了此种偏移现象。美国司法部发布的《商业组织的联邦起诉准则》称,"检察官必须密切关注通过公司自愿认罪而使公司高管和雇员摆脱罪责的种种企图"。出于此种关注,检察官在公司供出可能有罪的代理人的相关信息之后,会降低对公司的处罚,或者对公司不予处罚。

如果因为公司刑事责任的法律规定而导致公司有时背负了对管理层的责难,则为什么公司不积极游说来反对此种责任?对此可能有如下诸多解释:(1)这种"替罪羊"并不会伤害公司;以及(2)公司受到了伤害,但受制于代理成本而未能采取行动。

或许,公司刑事责任可以把刑事责任从管理者(更弱的风险承担者)转嫁给公司(更好的风险承担者),从而裨益于公司。

刑事制裁只是管理者承担不力的另一种风险,而且这种风险必须至少暗中通过诸如更高的薪酬等予以弥补。因而,公司或许更愿意替管理者承担部分刑事责任,从而降低其支付的薪酬,但针对管理者的刑事制裁(特别是监禁)通常难以明确补偿或者予以投保。这也是公司刑事责任之于公司的可取之处:它使得公司得以将部分责任从管理层中揽给自己,从而降低了工资成本。

即使这种转嫁给公司带来了更大的成本,但由于存在代理成本,公司或许仍然不会游说反对公司犯罪立法。其原因在于,公司自身无法完成游说,代表公司进行游说的是管理者或其他代理人。然而,管理者有动机促使公司不去进行反对公司刑事责任立法的游说,因为公司刑事责任的存在,或许会转嫁难以完全转移或保险的刑事责任,从而有利于管理者。于是,代理成本可以防止公司积极实施反对公司刑事责任的游说活动。

其他角色的利益

公众和公司犯罪受害者

公众和公司犯罪受害者的重要性不容忽视,因为他们对坏人遭受惩罚的渴望,特别是对花样繁多的犯罪行为遭受惩罚的渴望,是决策者在作出决定时的考量因素。然而,因为公众和受害人通常并不熟悉公司刑事法律的细节,而且会受害于集体行动的问题,我们无法期待他们会密切监督立法者颁布的法律法规。

国会和立法机关

接下来,我们来考察一番刑法的主要颁布者——国会和州立法机关——的利益。大体说来,立法者总是想保有权力,或者尽可能上一个台阶以拥有更大的权力。为此,他们必须取悦于选民。绝大多数选民看起来都非常关注犯罪及犯罪立法,但同时受困于前面提及的集体行动问题。因而,选民往往更为关注刑事案件的结果(也就是有罪判决)而不是具体的规则……选民或许还想看到,已经有人正在就其关心的问题开展工作。立法机关还会创造出一些犯罪类型,这些犯罪或许并没有真正改变基础行为,但给选民带来了"他们正在做某些工作"的安全感。

检察官

下一个重要的机构角色是检察官。在绝大多数法域中,检察官均是选举产生,而在其他一些法域中,他们是委派而产生。经选举产生的检察官与经选举产生的国会议员处于类似的地位,对于他们来说,要保住饭碗或者赢得晋升机会,他们都必须取悦于选民……经委派而产生的检察官在某种程度上面临类似的压力,这取决于他们想做什么。如果他们想通过竞选而赢得职位,则显然他们必须在公众强烈关注的案件中提起公诉;如果他们更愿意通过被委任而获得晋升,则他们必须开展一些工作,以使"委任者"有理由将其选拔至该岗位。这里面包括大量的工作,但几乎确切无疑的是,在绝大多数情况下,它包括提出一些公众所喜闻乐见的犯罪指控。

如果检察官要想游说立法者,则我们会看到,他们需要扩张入罪的范围,因为这样能够增强检察官针对公众需求而作出反应的灵活性,使其更容易赢得某些类型的有罪判决,有助于赢得人力资本,并最终使被告人更容易认罪服法(并藉此降低工作量)。

当[检察官提起不受人欢迎的指控时-Khanna 认为这种情形绝少发生,因为他们"希望提起公众愿意看到的指控——编者注"],公众的指责往往会落到检察官的身上。其结果是,人们会看到,国会宁可犯过度"入罪"的错误(考虑到检察官拥有专断权,这样做几乎不会产生成本),也不愿"入罪"不足,或者费时费力地界定刑法的边界。

因而,立法者与检察官的激励的结合,加之检察官的专断权,这些情形都意味着随着时日的推移,公司犯罪的法律及刑法通常会走向扩张之路。而我们看到的,也正是如此。

与公司犯罪立法相关的对于规范的关注

替代理论的规范后果既取决于其依赖的理论,又取决于人们此前对于事物的认识和看法。例如,我们假定自己相信公司犯罪的法律会导致责任偏离于管理层。那么,在规范的意义上,这将有益于还是有害于社会？

如果我们认为,对现实的更好描述是,目前对管理层行为威慑过度了,那么,如果公司刑事责任降低了管理层承担风险的成本,它就是可取的。然而,如果我们认为,目前的情况更可能是对管理层威慑不足,则公司刑事责任降低了管理层故意或者明知而实施不法行为所面临的责任的风险,从而进一步妨碍了威慑功能的发挥。

现在,我们来考虑其他的替代理论:公司犯罪的法律发挥着替代公司民事责任的功能。再一次地,这里的规范后果取决于人们的出发点如何。

我们假定自己相信,对管理层的过度威慑(监管过重,入罪范围过广)已经成为问题。则在这种情况下可以认为,公司犯罪立法是一种更为理想的结果,因为相对于公司民事责任的强化而言,(考虑到检察官的动机和资源,以及争取预算的游说活动)它更易于抑制,而且带来的社会成本也较低。简而言之,公司犯罪方面的法律,可以在满足公众需求的同时,不会恶化对管理层过度威慑的问题,同时也不会导致公司民事责任的强化。

另一方面,如果是威慑不足,则分析理路略微有所不同。如果我们相信,规制公司不法行为的法律执行不力,则加大公司民事责任或许是理想的选择,因为与公司犯罪方面的法律相比,它更能改善执法绩效。因而,启用公司犯罪方面的法律,以替代强化公司民事责任方面的法律,并不能起到同样的增强威慑力的效果。

结论

无论是在立法界、司法界、学术界还是在商界,以及在一般的政治层面而言,公司犯罪都是一个时论时新的问题。近期,公司违法风潮再一次将公司犯罪问题推向了风口浪尖,并且导致了《2002 年萨班斯—奥克斯莱法》颁布。该法进一步拓展了本已呈扩张态势的公司刑事责任领域。

然而,公司犯罪立法这种持续且爆炸性的增长,带来了一个相当令人奇怪的困惑:这种状况是如何发生的? 毕竟,公司和商业利益群体即便不是最为强势且有效的话,也被认为是国内最为强势且有效的游说群体之一。然而,我们却目睹了将这些高管的行为入罪的法律持续增长。那么,什么可以解释此种法律的增长?

本人的分析表明,公司犯罪的立法之所以得以增长,是因为当国会立法势将发生时,公司利益群体更为偏好公司犯罪的立法。绝大多数公司犯罪立法诞生于经济低迷且公司违法行为曝光之时。这促使当局拥有强烈的意愿来加强监管。于是,公司刑事责任扩张的原因可以归结为以下数点:(1)出于政治考量,在经济衰退和经济下行时,施加某种程度的"惩罚"以满足公众需求是必要的;(2)有关公司犯罪的法律可以达到这种"惩罚"效果,而且相对于可以采取的其他措施(例如,强化公司民事责任或者对管理层予以刑事制裁),它给公司利益群体带来的成本更低。因而,有关公司犯罪的法律看起来是一种满足公众诉求的成本相对较低的措施,同时亦符合管理层和公司游说活动所施加的约束框架内的国会和检察官的激励安排。因而,从政治经济学的角度看,公司刑事责任的扩张也就不难理解了。

于是,这种情况给我们带来了一个相当重要的问题:如果这些政治方面的考量能够解释有关公司犯罪的立法,则其规范性后果又当如何?本人的分析表明,这种规范性后果非常复杂,而且主要取决于人们此前关于现实状况的判断,以及人们认为哪种政治解释更具说服力。然而,无论人们偏好何种政治解释,看起来以下此点总是不容置疑:如果我们的出发点是,公司不法行为在目前并未受到充分的威慑,则我们必须主张,一方面要削减公司的刑事责任,另一方面要更为重视公司民事责任及管理层责任。这对于我们如何监管这一领域,提出了严峻的课题。

注释及问题

1. 在一项以违反联邦证券法而提起的股东诉讼(这是第 9 章的主题)为研究对象的富有影响力的研究中,Janet Cooper Alexander 也提出了股东诉讼作为一项治理措施是否有效的问题。Alexander 研究了与计算机有关的公司在首次公开发行证券时的欺诈行为导致的证券集团诉讼(1983 年上半年提起了 9 起诉讼),发现三分之二的诉讼以和解告终,和解金额的分布范围狭窄,为股票市场损失的 21% 至 27%。Alexander, "Do the Merits Matter? A Study of Settlements in Securities Class Actions," 43 *Stanford Law Review* 497 (1991)。她认为,裁判的威胁并不会约束谈判的过程,因为诉讼成本如此之高,以至于各方主体从不认为会进入裁判进程。因而她认为,赔付金额分布的范围如此之窄表明,和解与案件本身的价值并没有关系。对此,是否存在另一种解释,即样本诉讼中没有一例是有价值的?

Alexander 关于证券诉讼本身的价值无关紧要的见解,催生了大量的经验研究,这些研究试图发现,如果案件的样本更大的话,诉讼本身的价值是否仍然并不重要。其中一些研究成果表明,证券集团诉讼的和解与案件的价值有关。例如,Jennifer Francis, Donna Philbrick 和 Katherine Schipper 发现,和解与潜在的损害之间存在正相关。Francis, Philbrick and Schipper, "Determinants and Outcomes in Class Action Securities Litigation," Working paper, University of Chicago (1994)。另外,Douglas Skinner 在研究了公司自愿披露负面的收益信息及随后引发的证券诉讼后发现,看起来披露信息越不及时诉讼后果将越发不利(衡量披露及时性的方法是,披露负面信息与会计季度最后一天之间所隔的天数,通过这种方法可以算出,早期的自愿性预报披露的及时性为正值,而延后披露需要预先披露的信息或者在会计季度结束之后再行披露要求披露的收益信息,其及时性均为负值)。Skinner, "Empirical Evidence on the Relation between Earnings Disclosures and Stockholder Lawsuits," 23 *Journal of Accounting & Economics* 249 (1997)。Skinner 的发现与 Alexander 关于有价值的诉讼的观点,其关联度却并不清晰:Skinner 暗指,针对更不及时的披露而提起的诉请更有价值,因为 SEC 的规则要求"及时地"披露信息,包括矫正此前披露的不正确的信息。于是他提及,自己的研究与 Alexander 的观点之间的关联度在于,更大的和解金额反映了更为有力的诉请。但如果时间跨度更长,交易的股东群体更大,这样无论诉讼本身是否有道理或者"价值"有多高,潜在的损害金额都会上升,特别是当负面的收益信息披露导致股价大幅下跌之时。正如 Skinner 所称,如果公司意外地披露了大额亏损的信息,则无论管理层披露信息有多快,仍然无法判断股东是否会提起诉讼。另外,只有在一些统计分析中披露时点与结果之间的关系才具有统计意义上的显著性,而这种显著性又因计算损失的方法及是否将被驳回的案件纳入计算范围而存在差异。

在国会颁布《1995 年私人证券诉讼改革法》这一试图通过提高诉讼门槛而降低滥诉的法律之后,学界加强了关于证券诉讼的价值的经验研究。这部法律为研究者们提供了一个新的视角:研究一番该法颁布后提起的诉讼与该法颁布前提起的诉讼,并通过比较来判断案件本身的价值是否更为重要。这方面的研究得出的结论并不一致,第 9 章 A 部分注释 16 将对此展开探讨。

2. 为什么董事及高管责任保险的保险人没能发现,股东诉讼的逆向激励结构会导致无理的诉讼走向和解?如果预料到了这种和解的做法,保险人会向公司收取更高的保费。公司收取更低保费的动机是什么?Baker和Griffith称,由于存在代理问题,保险并不是一项成功的制约机制,公司管理者为了个人利益会牺牲股东利益,支付更高的价格来购买董事及高管责任保险。

3. 公司能否事先承诺不对无理的诉讼进行和解?如果股东同意免除董事的个人损害赔偿责任,则能否发挥这一功能?参见 Roberta Romano, "Corporate Governance in the Aftermath of the Insurance Crisis," 39 *Emory Law Journal* 1155 (1990)。

4. 能否设计出其他程序来完善股东诉讼,并缓解注释 1 和注释 2 提到的激励问题?试着考虑《密歇根商业公司法》所允许的以下做法:法官委任无利害关系的第三方来调查股东的诉请,并与专业人士共同指导法院对案件作出妥当的裁决。关于无利害关系的第三方的选任程序及其比较优势的分析,参见 Joel Seligman, "The Disinterested Person: An Alternative Approach to Share-holder Derivative Litigation," 55 *Law and Contemporary Problems* 357 (1992)。由法院主持竞拍程序以选定原告律师,这又当如何?一些联邦法院在证券集团诉讼中已经采取了这种做法。关于这种做法的有效性众说纷纭。例如,可参见 Lucian Arye Bebchuk, "The Questionable Case for Using Auctions to Select Lead Counsel," 80 *Washington University Law Quarterly* 889 (2002); Jonathan R. Macey and Geoffrey P. Miller, "Auctioning Class Action and Derivative Suits: A Rejoinder," 87 *Northwestern University Law Review* 458 (1993); Jonathan R. Macey and Geoffrey P. Miller, "The Plaintiff's Attorney's Rolein Class Action and Derivative Litigation: Economic Analysis and Recommendations for Reform," 58 *University of Chicago Law Review* 1 (1991); Randall S. Thomas and Robert G. Hansen, "Auctioning Class Action and Derivative Lawsuits: A Critical Analysis," 87 *Northwestern University Law Review* 423 (1993)。有人根据股东诉讼被期待着增进公司价值的模型,提出了改革的建议,要将律师费的支付限定于增进价值的诉讼中,参见 Reinier Kraakman, Hyun Park and Steven Shavell, "When Are Shareholder Suits in Shareholder Interests?," 82 *Georgetown Law Journal* 1733 (1994)。

5. 在 Thompson 和 Thomas 的研究中,股东诉讼以在收购溢价方面的集团诉讼为主,这与 Romano 的研究存在很大的区别。我们应当如何看待这种差别?是否正如 Thompson 和 Thomas 所称,这种案件数量的变化,反映了股东诉讼性质的永久变更?而这种变更或许是对派生诉讼的限制(这是他们第二篇文章的主题)所造成的?或许这仅仅是一种暂时的、与收购市场的蒸蒸日上及股票市场的泡沫息息相关的现象?例如,试考虑一番以下的假想实验:你认为彼时的案件数量会和 Thompson 和 Thomas 所研究的 2008—2009 年的案件数量一样吗?在 2008—2009 年,公司并购市场几乎全面停滞,全球信贷市场崩溃,金融危机更是接踵而至。

6. 在收购引发的集团诉讼的有效性方面,Thompson 和 Thomas、Weiss 和 White 的观点的差异体现在什么地方?Weiss 和 White 对于诉讼数据的分析,可以从其对诉讼实际情况的感知中反映出来。从被略去的文章的一部分中,我们试着考虑他是如何描述原告与独立董事的互动关系的。在挤出式交易中,公众股东可以从控股股东那里获得的价格,由这些独立董事负责与控股股东谈判来议定。我们还要考虑一下,他所描述的程序是否吻合 Thompson 和 Thomas 关于诉讼的以下见解:

我们发现,专门谈判委员会在批准挤出式交易或管理层收购(MBO)的条款之前,通常会邀请原告律师当着那些委员会的面表达其关于估值的看法。

专门谈判委员会之所以会采取这种做法,是因为它可以从中获得明显的策略利益……特拉华州的法律使得原告律师有着强烈的动机去签署《谅解备忘录》(MOU),根据这份备忘录,只要以下条件满足,原告律师将默认专门谈判委员会达成的任何交易:(1)该交易达成的价格高于最初的要约价格;(2)被告在《谅解备忘录》中承认,原告律师所付出的努力"促成"了价格的提升。有了这份《谅解备忘录》,专门谈判委员会就可以非常自信地认为,它所达成的任何交易都不会面临进一步的质疑。另一方面,如果专门谈判委员会没有给原告律师一个现身的机会,那些律师就没有动力来默许专门谈判委员会达成的任何交易,因为如果他们这样做的话,无异于在没有明确地巩固律师费请求权基础时放弃了自己的权利。

另外,特别是在原告律师可以合理地质疑专门谈判委员会所议定的改善后的价格仍然不公平的情况下,律师仍然有着强烈的动机来继续挑战该兼并行为。因而,邀请原告律师"参与"到商谈中来,会使专门谈判委员会能够以相对较低的成本买入一种可以取名为"诉讼保险"的产品。

Weiss and White, "File Early, Then Free Ride: How Delaware Law (Mis) Shapes Shareholder Class Actions," 57 *Vanderbilt Law Review* 1797 (2004). 本部分内容的重印获得了许可。这种关于专门谈判委员会与原告律师的紧密关系(如果谈不上亲密关系的话)的描述是否表明,Thompson 和 Thomas 在关于派生诉讼和证券欺诈案件的文献中所认定的构成诉讼代理成本的种种因素不足以涵盖收购引发的集团诉讼中的代理问题? 这一描述是否支持了以下观点:预料到将会引发诉讼的控股股东或许会采取以下策略,即一开始进行低的报价,以使其能够在其初始目标股东的范围内提升报价而解决讼争。Thompson 和 Thomas 不赞同这一观点,因为在涉及控股股东收购的案件中,最终以金钱和解结束的尚不足半数;然而,在那些案件中,按照要约初始价格占市场价格的比例计算的要约溢价明显低于没有金钱和解的案件,而且在以和解结束的案件中,将增加后的对价计算在内的总溢价,与未和解的案件的要约初始溢价之间并没有明显的区别。将所有的这些数据合并考虑,是否可以认为,以下解释是一以贯之的:控股股东会运用以下一种或者两种不同的策略:其一,也就是前面提及的,预料到将来需要提高价格来解决不可避免的讼争,而故意压低初始要约价格;其二,一开始即报出高的要约价格,并且拒绝金钱和解。是否这两类案件中的其他数据有助于解决这一问题,例如,和解时间、被告所聘用的律师事务所、动议的数量以及其他诉讼策略等等。

应当注意的是,与 Thompson 和 Thomas 相比,Weiss 和 White 看起来对于这些案件持有一种不同的、更为怀疑的见解。作者的这些见解之差异,集中反映为 Weiss 在两起有关收购的集团诉讼的经历之中。该文描写到,对于向原告律师支付律师费的和解方案,他表示反对并声称:

不应当向原告律师支付律师费,因为原告律师最初提起的诉请缺乏任何合理的事实基础;原告也没有发现公司不法行为的任何证据,系争和解对于原告整体而言没有多大益处。

Weiss 和 White 继续解释道,即使他成功地实现了降低律师费的目的,这场经历表明,特拉华州的法律使得原告律师提起诉讼、以及公司寻求和解,都成为一种富于吸引力的选择。这是否成为具有导向意义的启发式教学法(第 1 章探讨过的行为金融学理论之一)所产生影响的一个例子? Macey 和 Miller(第 3 章)又当作何感想?

7. Thompson 和 Thomas 对于公司运用专门诉讼委员会来重新控制派生诉讼表示担忧。他们认为,他们曾建议放松提起派生诉讼的股东必须持股 1% 这一要求,如果运用委员会的目的在于消减他们这一建议的效果,则应当禁止这种做法。他们假定,公司组建专门诉讼委员会的目的在于驳回诉讼,而在公司法学界,此种假定被广泛认同。Minor Myers 对 1993—2006 年间的专门诉讼委员会进行了全面的经验研究,他发现,与通常见解相反的是,专门诉讼委员会在 40% 的时间里都反对被告或者对诉请进行不利于被告的和解(在另外 3% 的情况下,公司在寻求作出不利于被告的救济措施时,该委员会转而驳回了诉讼)。参见 Myers,"The Decisions of the Corporate Special Litigation Committees: An Empirical Investigation," 84 *Indiana Law Journal* 1309 (2009)。

评论人士对于专门诉讼委员会的决定的看法之所以与现实存在较大的差距,一种解释是,绝大多数委员会的决定未经司法裁决:在 Myers 的样本里,专门诉讼委员会的 97 例决定中,只有 27 例在被报道的案件中被提及。而就委员会作出的和解决定而言,这一比率更不均衡:所报道的 29 例案件中只有 2 例(或者 7%)以和解结案,与专门诉讼委员会的和解决定占比 30% 相比,可谓大相径庭。Myers 解释称,在所报道的案件中,之所以和解决定的数量被低估,其原因在于,和解在通常情况下不会引发反对意见,因而不存在相应的司法意见;而在被报道的 2 例案件中,非原告股东反对和解决定,故而引发了司法裁决,后来法院批准了该和解决定。

Myers 的研究还得出了一个少为人知的发现:委任了专门诉讼委员会的案件,比那些没有这一委员会的案件,解决的速度快得多;另外,委员会决定和解的案件,也比它想要或者试图驳回的案件,解决的速度要快很多。他得出结论称,这是公司运用这些委员会的一个重要原因,因为委员会看起来发挥着争端解决的替代机制的功能。从这一角度出发,是否可以认为,运用委员会是否可取,取决于原告股东的持股规模(想一想 Thompson 和 Thomas 的理论依据:持股 1% 以上的股东比持股更低的股东往往更不会提起无理的诉讼)? 换句话说,1% 的持股所代表的利益,是否足以要求公司在诉讼方面——如果运用委员会来确定被告是否违背了义务,其成本要低得多——耗费成本(起诉的股东所承担的成本仅占其中的 1%)? 要求股东对是否启用派生诉讼进行投票,这项政策是否合理? 结合第6章关于股东诉讼的阅读文献思考这一问题。如果在决定是否提起诉讼方面,与独立董事相比,股东是更好的决策者,则这对于监督型董事会的有效性而言,又意味着什么?

8. Thompson 和 Thomas 认为,应当推进派生诉讼,因为那些诉讼并不像集团诉讼那样,带有诸多他们认为构成了诉讼代理成本标志的因素。这一结论靠谱吗?为什么导致更难以成功地提起派生诉讼的程序还无法解释这两类诉讼的差别?在改变规则之前,我们是否应当先获得一些数据来证明当下的规则导致有价值的诉讼未被提起?在倡导修订规则之时,谁应当承担举证责任?相较于集团诉讼而言,在派生诉讼中,原告获得金钱赔付的概率更高,而且金额也更大,这是否表明,有关派生诉讼的程序性限制已经成功地遏制了无理的诉讼?

9. 尽管 Romano 并没有发现有证据表明,在被起诉之后董事的声誉受到了影响(其担任的董事职位减少),但在近期关于股东诉讼的两项研究中,有一项研究表明,这种声誉效应的确存在,在其他情境下也可发现此种状况。Eliezer Fich 和 Anil Shivdasani 发现,1998—2002 年间因证券欺诈而遭到起诉的董事,任职的其他董事席位已经有所减少,从被提起诉讼之时的平均担任其他董事席位 0.95 家,降至三年之后的 0.47 家。对于至少担任了另外一家董事席位的董事们而言,这种降幅并不算大,从平均的 1.92 个席位降至 1.62 个席位。Fich and Shivdasani, "Financial Fraud, Director Reputation, and Shareholder Wealth," 86 *Journal of Financial Economics* 306 (2007). 追踪研究三年,这一时间间隔并不比诉讼本身的持续时间长出多少,因为从提起诉讼到诉讼了结的平均时间为 2.4 年(中数为 2.5 年)。但之所以选定三年的时间间隔,是为了配合交错董事会的选任周期,并因此确保董事将面临在被诉公司中的重新选任问题。要注意的是,Romano 研究样本中的 25 例证券欺诈诉讼的平均持续时间,比 Fich 和 Shivdasani 研究样本中的诉讼平均持续时间更长,平均为 4.3 年(中数为 4 年),其他案件的诉讼平均持续时间也是如此,平均为 3.6 年(中数为 3 年)。研究发现的这些差异是否表明,自 Romano 的研究之后,诉讼环境已经发生了巨大的变化?或者是因为市场已经察觉到证券集团诉讼的动力将与州的信义义务诉讼(Romano 研究样本中的绝大多数)存在重大差别?

除了诉讼类别及诉讼时长存在差别之外,这两项研究发现的其他差异也表明,研究结果的差异或许反映了董事会的运作环境已然发生变化,包括市场关于董事在多大程度上应当对公司不当行为承担责任的看法,也发生了变化。例如,Romano 样本中的董事所拥有的董事会席位数量,四倍于 Fich 和 Shivdasani 样本中的董事。另外,Fich 和 Shivdasani 样本中的董事三年之后继续留任被起诉公司的董事会的比率更高,达到了 83%,而在 Romano 的样本中(平均间隔时间为 4 年),董事在诉讼末期仍然留任的比例为 71%。两相比较之下,两项研究中更高的董事留任率,更为接近 Romano 样本中未遭到起诉的相匹配公司的董事留任率,而且正如 Fich 和 Shivdasani 所称,这一留任率也近似于董事们的无条件更替率(也就是说,"正常"的更替比率)。

然而,Eric Helland 研究了 1994—2002 年间的证券集团诉讼对于董事声誉的影响之后,发现与 Fich 和 Shivdasani 的结论相反的是,被起诉的外部董事拥有的其他董事席位不仅没有显著下降,而且还呈现净增长,除非那些公司同时遭到了 SEC 的起诉,或者诉讼和解的金额雄居四分位数之首。Helland, "Reputational Penalties and the Merits of Class Action Securities Litigation," 49 *Journal of Law and Economics* 365 (2006). Helland 与 Fich 和 Shivdasani 所运用的方法上的两个差别,可以解释研究结果方面的差异。Helland 的分析囊括了那些没有被起诉的公司和那些遭到起诉的公司(Romano 的研究也是如此),这样就确立一个 Fich 和 Shivdasani 的研究中所没有的、评价诉讼是否会影响董事声誉的基准。在 Fich 和 Shivdasani 的研究中,未能周全地考量董事席位的变更,这是方法论上的缺陷,因为如果不考察这一点,他们无法排除以下可能性:在研究所覆盖的时间框架内,所有的董事(而不仅仅是被起诉的董事)都经历着类似的董事会席位减少的情形。另外,Helland 所评估的董事席位变更的时间间隔要长得多(8 年,Fich 和 Shivdasani 的研究中为 3 年)。在更长的期间内来计算董事席位的变更,这是否更好,并不明确:更长的时间间隔一方面确保劳动力市场拥有足够的时间来根据诉讼、管理层不当行为与董事绩效之间的关系来评价董事的素质,但另一方面,它同时增大了出现干扰性事件的可能性,这些事件会影响市场对董事素质的评估,并进而导致出现与诉讼无关的董事席位的变更(请注意,在 Romano 的研究中,整体而言,事件的时间间隔长于 Fich 和 Shivdasani 的研究所选取的时间间隔,但它吻合诉讼的持续时间,因此不会面临 Helland 所选取的更长时间框架所遭到的事件的困扰)。

看起来,财务困境对于董事的影响甚于股东诉讼。例如,Stuart Gilson 发现,从破产公司中辞职的董事,后来在其他公司中担任董事的职位大幅减少(辞职之后三年以内,从平均 2.2 个董事席位降至 1.4 个席位)。Gilson,"Bankruptcy, Boards, Banks and Blockholders: Evidence on Changes in Corporate Ownership and Control When Firms Default," 27 *Journal of Financial Economics* 355 (1990)。另外,Steven Kaplan 和 David Reishus 还发现,削减股利的公司的 CEO 比那些没有削减股利的 CEO,更不可能获得新的董事席位,尽管他们并没有因此失去任何外部董事的职位。Kaplan and Reishus, "Outside Directorships and Corporate Performance," 27 *Journal of Financial Economics* 389 (1990)。最后,David Yermack 发现,有证据表明,股票市场的历史表现影响着外部董事获得新的董事席位(如果公司的业绩标准差优于市场保持两年,将给外部董事带来 0.2 个董事席位的预期增长,他估计,这种统计和经济意义上的重大影响,代表着每 1000 美元的股东财富将增加 0.043 美元)。Yermack, "Remuneration, Retention, and Reputation Incentives for Outside Directors," 59 *Journal of Finance* 2281 (2004)。根据这些关于董事的市场研究证据,对文献进行以下解读是否可信:市场认为,与证券欺诈无关的股东诉讼,与董事的工作绩效几无关系,因而对其声誉也不会构成重大影响?

10. Bernard Black、Brian Cheffins 和 Michael Klausner 分析了外部董事自行承担责任的风险后发现,这种责任风险"非常之低,大大低于许多评论人士及董事会成员的预想",因为他们发现,在过去 25 年来,只有 13 起案件中外部董事个人进行了赔付,而不是由保险、第三方或者公司的赔付所替代。他们这样描述责任的风险:

如果公司购买的董事及高管责任保险的保险范围适当且保险限额合理,则只在以下情况下,外部董事才可能面临个人赔付责任:(1) 公司资不抵债且预期损害赔偿超过了保险限额;(2) 原告根据《1933 年证券法》第 11 条或者第 10(b)这一非同寻常的强势条款,提出了实质性诉求;以及(3) 外部董事或其他被告的责任与其财富存在关联。如果不存在吻合或者接近于吻合这一"完美风暴"的事实,现有保单保护之下的董事,几乎不需承担个人赔付风险,而且即便在完美风暴情形下,他们可能也无须承担个人赔付责任。表现不佳的外部董事面临的主要威胁是,他们必须承受诉讼带来的时间的付出、遭受的苦恼以及对其声誉的潜在伤害,而不是直接的金钱损失。

Black, Cheffins and Klausner, "Outside Director Liability," 58 *Stanford Law Review* 1055 (2006). 本部分内容的重印获得了许可。对于责任风险的此种评估,如何与 Baker 和 Griffith 的文章中描述的公司对于董事与高管责任保险的强烈需求相调和? 在这种背景下,行为金融学学者用来描述投资者行为的启发式教学法,与 Black 等人描述的董事与公司行为之差异以及责任风险的解释是否相关? 他们的数据是否暗示着,有关股东诉讼/信义义务的法律对于董事的行为没有起到遏制效果? 或者是人们对于诉讼的极大关注所带来的困扰被显著放大了? 根据什么理论可以认为独立的董事会不承担现金赔付责任是理想的安排?

11. Baker 和 Griffith 细致地分析了董事及高管责任保险的承保人在确定是否接受公司的投保、以及如何为保险定价时应当考虑的风险因素。他们认为,其中的一项因素是,调查公司是如何实施公司并购活动的,以决定该项收购活动是为了"增进公司价值",还是为了"构建经理帝国"。第 8 章探讨了收购交易的这些不同的动机及经验证据;在阅读这些文献时,你们还应当回过头来关注这项讨论,以了解保险人如何通过调查公司怎样开展这一活动,从而辨识其中的种种不同动机。

另外一项风险因素是内部人持股。他们报告称,内部人持有大额股份也是保险人评估风险的一项因素,而且是一项减轻所有权与控制权相分离而带来的代理问题的积极因素。然而,如果存在控股股东,则 Berle 和 Means 笔下的代理问题,将与另一种代理问题呈现此消彼长的态势:内部控股股东与公众少数股东存在利益冲突;内部人可能会谋取超过其持股比例的公司现金流,或者推行牺牲少数股东利益而谋取个人私利的公司政策。在公司拥有控股股东的情况下,如果保险人提供了一个更为优惠的价格或者保单,则它表明这两类不同的代理问题孰轻孰重? 在其他国家,公司拥有控股股东的情形远比美国的上市公司普遍,因而有关控股股东的问题受到更多的关注,因此,本书第 10 章将予以进一步探讨,该章的主题是探讨与比较公司治理的相关问题。然而,美国背景下的公司大股东也受到了类似的关注,第 6 章摘自 Anabtawi 和 Stout 的文献表明了这一点。

12. Baker 和 Griffith 对于董事及高管责任保险实践的分析,提出了一项政策建议:公司为购买董事及高管责任保险所支付的费用,应当予以披露。该信息有助于股东评估公司治理的质量,并进而评估其投资的质量,因为不同公司的保险费之差异,反映了保险人对于公司面临股东诉讼的风险的评估,而根据 Baker 和 Griffith 的数据,这种风险评估结果至少部分取决于保险人对于公司治理的看法。

关于保险费的定量分析与 Baker 和 Griffith 所报告的"保险人对公司治理的质量进行定价"这一调查数据相一致,也吻合以下判断:披露这些数据向投资者提供了有用的信息。John Core 研究了加拿大公司购买董事及高管责任保险(法律要求公司披露这方面的信息)的情况后发现,根据董事会的独立性、外部大股东及内部人持股状况测算出治理质量更为低下的公司,其董事及高管责任保险的保险费更高。Core, "The Directors' and Officers' Insurance Premium: An Outside Assessment of the Quality of Corporate Governance," 16 *Journal of Law, Economics, and Organization* 449 (2000). 为什么这一发现支持着披露董事及高管责任保险的保险费的这一观点? 正如 Core 所称,"对于股东而言,要评价公司治理的质量,不仅成本高昂,而且非常困难",于是,董事及高管保险的保险人这一独立的外部人,在评估公司治理方面有其自身的利益考量,由他们完成公司治理的评估,可以帮助股东作出关于"公司治理结构的有效性"的评价。同上,第 475 页。

美国 SEC 是负责实施并执行联邦证券法的联邦政府机构,它要求公众公司履行众多的信息披露义务,然而,董事及高管责任保险的保险费却不属于披露的内容之一。如果要披露的话,那么,什么信息属于政府要求公司在出售证券时应当披露的内容,这是第 9 章 A 部分所关注的主题。

13. Baker 和 Griffith 提到,1984 年至 1987 年属于"硬的"保险市场时期,在此期间,董事及高管责任保险市场极为动荡不安——保险费迅速攀升,免赔额下降,保险限额降低,实质性的保险范围收缩,许多商业承保人离开了市场。越来越多的新闻报道称,许多个人拒绝任职董事会,因为保险已经离他们远去,或者他们担心保险范围不足。另外,在近二十年来,外部董事在董事会中所占比例首次下降。最后,许多公司通过专业自保公司或者组建其自身的保险集团来实现自保。参见 Roberta Romano, "What Went Wrong with Directors' and Officers' Liability Insurance?," 14 *Delaware Journal of Corporate Law* 1 (1989).

为了回应这种种趋势,各州立法机关竞相颁布法律,限制董事的个人风险,并且扩张其免责权利。其中最受人欢迎的是特拉华州于 1986 年颁布的有限责任法,在颁布之后两年内另外 41 个州采用了该法。这部法律允许公司修改章程,免除不担任管理人员的董事因过失而产生的金钱损害赔偿责任(也就是说,注意义务所产生的责任)。而没有一个州允许免除违背忠实义务或者联邦法律而产生的责任。在颁行这些法律的国家和地区中,绝大多数公司已经选择免除注意义务的责任,而股东也没有表示异议。本书第 3 章关于赋权型公司法的阅读文献所揭示的信义义务规则的变更,该作何种解读?

迄今为止,已有若干项研究成果对有限责任法之于股价的影响进行了分析,并以此评估投资者认为法律对其财富影响几何,例如 Michael Bradley and Cindy Schipani, "The Relevance of the Duty of Care Standard in Corporate Governance," 75 *Iowa Law Review* 1 (1989); Vahan Janjigian and Paul J. Bolster, "The Elimination of Director Liability and Stockholder Returns: An Empirical Study," 13 *Journal of Financial Research* 53 (1990); Roberta Romano, "Corporate Governance in the Aftermath of the Insurance Crisis," 39 *Emory Law Journal* 1155 (1990)。如果投资者认为,有关注意义务的诉讼是一种重要的赔偿或者威慑手段,则我们将会看到,免除违背注意义务所产生的责任会产生负面的股价效应。然而,研究并没有发现当公司提议修订章程以选择不适用注意义务时产生了明显的股价效应。研究发现的是,特拉华州的有限责任法生效(颁布之后将近两周)之日,公司股价产生了明显的异常负回报。这一发现是否证明,投资者认为该改革有损其利益?(提示:是否存在没有公布的信息在后来被公布出来?)根据这些数据,再想想第 3 章 A 部分有关公司章程的州际竞争的论辩。

14. 正如 Coffee 提及,检察官扩张运用第 1346 条之后,"剥夺他人诚实服务的无形权利"已经入罪,有关信义义务的法律的刑事化趋势令人不安,与此同时,董事及高管的刑事责任与民事责任的基础之间的鸿沟亦不断加剧。参见 Lisa L. Casey, "Twenty-Eight Words: Enforcing Corporate Fiduciary Duties Through Criminal Prosecution of Honest Services Fraud," 35 *Delaware Journal of Corporate Law* 1 (2010)(分析了 2010 年最高法院受理的有关公司高管挑战第 1346 条之下的有罪判决案件带来的问题)。如果根据有关信义义务的州法,公司高管不会因其行为而引发严重的民事责任,检察官却对其提起刑事指控,这是否属于检察权的滥用? 或者这样做可以弥补州法的损害赔偿功效之不足(例如难以提出股东的派生诉讼)?对于该问题的不同见解,试比较 Kenneth Mann, "Punitive Civil Sanctions: The Middle-ground between Criminal and Civil Law," 101 *Yale Law Journal* 1795 (1992), 以及 John C. Coffee, Jr., "Paradigms Lost: The Blurring of the Criminal and Civil Law Models, And What Can Be Done About It," 101 *Yale Law Journal* 1875 (1992)。

15. Khanna 之所以认为公司更愿意看到刑事责任僭越于民事责任,主要原因在于,民事诉讼发生的频率远远超过刑事指控。在分析这一问题时,是否应当将董事及高管责任保险作为一个因素考虑在内? 也就是说,你会认为,公司管理者个人会更愿意看到,停止扩张发生频率很高的可保险事件的民事责任,来换取发生可能性很低但个人成本极高的责任(个人可能被监禁)的扩张? 如果与 Khanna 的分析相反的是,公司管理者的偏好以及据此展开的游说活动,是以扩张民事责任而不是刑事责任为目标,这是否意味着此类行为也会产生代理成本? 在本文撰写完毕之后的数年内,许多公众公司(这里列举数个:Adelphia Communications, Cendant, Computer Associates, Enron, Tyco International, and WorldCom)的高管遭到审判和定罪,或者自认有罪,并且被判处漫长的监禁。该趋势对于 Khanna 关于公司偏好的分析,是否提出了挑战? 第 1 章中摘自 Malkiel 的行为金融学文献所探讨的心理启示,是如何影响管理者对于这些选择的评价的?

16. 尽管 Khanna 强调指出,当公司被认定负有责任时可能会减轻管理者的刑事责任,而且公司认罪可以换来管理者个人刑事责任的免除,但近年来,政府却频频运用公司责任的威胁来诱使公司予以配合(并因此避免公司实体遭受指控),从而促进对高管个人的指控。政府的这些措施包括公司放弃"律师—客户"特权、不收取补偿协议项下的高管的诉讼费用等。检察官还运用刑事责任的可能性,来改变公司的内部治理及实际做法,而这些方面往往与重大不当行为无关。例如,纽约总检察长 Eliot Spitzer 要求许多公司就纽约证券欺诈法项下面临威胁的行为进行和解,解聘首席执行官,并且改变行业做法。在这些情况下,公司会予以配合,因为刑事指控、更不用说刑事起诉和有罪判决,会带来毁灭性的后果,特别是当公司所处行业的声誉至关重要,或者政府是一个关键的合约方

(因为政府部门通常不得与被判定有罪的组织打交道)之时。在安然公司丑闻中,政府对于安达信(Arthur Andersen)会计师事务所的毁灭文件行为提起指控(妨碍司法公正),给后者带来了灭顶之灾(公众公司不能聘请这种机构审计其财务报表),数年之后最高法院推翻了有罪判决。但这对于安达信会计师事务所的合伙人和雇员来说,几乎无法带来任何慰藉。

作为对安达信惨剧的回应,人们重新设计了一种机制,即延后起诉协议,以保护处于这种情况下的公司。近年来,这种机制发展迅猛。这份协议由政府与公司议定,公司通常由外部律师出任代表,公司聘任这些律师对被指控的刑事不法行为进行内部调查。政府同意延后起诉,以换取公司配合政府对涉案高管进行调查和起诉、支付罚款、对公司进行结构性改革、以及由独立的监督者在一定期间里(通常是一至两年)对公司进行监督。该协议在法院备案,与此同时,政府也备案一份"刑事检举书"(一种严厉程度低于起诉状的刑事指控文件),概要地记载公司认可并认罪的犯罪行为。如果公司不遵守协议,则恢复起诉程序。但如果公司遵守了协议,则在协议约定的期限届至之后,政府必须撤销案件并且不得再向被告提起相同诉讼(也就是说,不再提起公诉)。除此之外,还有一种"不起诉协议",它与延后起诉协议的不同点在于,检察官并不向法院提起公诉,相应地,也不存在对协议条款(例如,监督人的选择)或者监督遵守协议的情形的司法审查。

使用议定协议的情形呈上升态势:2003—2007年这四年间运用协议的数量,是1994—2003年这十年间的两倍之多。这种发展变化是否会改变Khanna的分析?从宪法与合同的视角对这些协议的批评,参见 Lisa Kern Griffin, "Compelled Cooperation and the New Corporate Criminal Procedure," 82 *New York University Law Review* 311 (2007); Candace M. Zierdt and Ellen S. Podgor, "Corporate Deferred Prosecutions Through the Looking Glass of Contract Policing," 96 *Kentucky Law Journal* 1 (2007)。关于在协议中运用监督人的描述与评估,参见 Vikramaditya Khanna and Timothy L. Dickinson, "The Corporate Monitor: The New Corporate Czar?," 105 *Michigan Law Review* 1713 (2007)。

17. 在世界范围内,绝大多数法律体系并没有对公司主体施加刑事责任。例如,诸多欧洲大陆的法律制度并不认可主体的替代责任,也没有公司犯罪的法律(其理念是,组织并不拥有必须的精神状态)。在本书略去的一部分文献中,Khanna 推测,他用来解释公司犯罪法律的"替代"理论,也可以解释这方面的国别差异:绝大多数其他国家都不像美国这样,对公司及其高管施加了如此广泛的民事责任。以刑事诉讼程序的差别为基础对该差异的解释,参见 Edward B. Diskant, "Comparative Corporate Criminal Liability: Exploring the Uniquely American Doctrine Through Comparative Criminal Procedure," 118 *Yale Law Journal* 126 (2008). 这里的论争之处在于,美国的刑事诉讼程序使其难以对白领罪犯提起公诉,但它同时允许检察官通过影响公司的刑事指控使公司放弃程序性保护,从而克服了该不利条件,进而促成对个人被告的指控。

18. 在针对公司企业而不是个人时,刑事处罚是否比民事处罚更为有效?这是一个重要的问题。Jonathan Karpoff 和 John Lott 试图通过研究公司是否因刑事活动损伤了声誉来回答这一问题。在一项针对宣布公司欺诈的指控、调查和定罪的事件研究中,他们发现,在消息发布之时,公司经历了显著的异常负回报。当欺诈系针对公司消费者和供应商、或者政府时,或者涉及公司财务报告的虚假陈述(也就是说,针对投资者的欺诈)、而不是涉及违反政府监管的欺诈时,其异常负回报的值介于 -1.21% 和 -4.55% 不等。Karpoff and Lott, "The Reputational Penalty Firms Bear from Committing Criminal Fraud," 36 *Journal of Law and Economics* 757 (1993). 对于 Karpoff 和 Lott 的文章的早期版本的探讨,可见于 Michael K. Block, "Optimal Penalties, Criminal Law and the Control of Corporate Behavior," 71 *Boston University Law Review* 395 (1991). 因为市场对实施了刑事欺诈行为的公司予以惩罚,而且其声誉损失超过了金钱惩罚,Karpoff 和 Lott 得出结论称,对于此类不法行为的首要处罚是、而且应当是市场,而不是刑事制裁。一项更为近期的研究,针对 1978—2002 年间 SEC 对财务报表的虚假陈述所采取的执法行动进行了分析,得出了与 Karpoff 和 Lott 同样的结论:市场所完成的声誉处罚远甚于(7.5 倍于)法律和监管处罚:公司在财务报表中每虚增 1 美元的虚假陈述,都会使公司损失 4.08 美元,其中 0.36 美元代表着预期的法律处罚,而 2.71 美元则代表声誉的损失。Jonathan M. Karpoff, D. Scott Lee, and Gerald S. Martin, "The Cost to Firms of Cooking the Books," 43 *Journal of Financial and Quantitative Analysis* 581 (2008). 这一经验研究文献能否证明,市场惩罚机制本身足以遏制公司不法行为?

　　在前文中,Michael Block 比较了公司欺诈与法律禁止的某些犯罪行为(例如逃税、洗钱和违反外汇方面的规定的犯罪行为,它们对于合同各方的影响可以忽略不计)的股价效应。Block 发现,只有欺诈的案件才会产生显著的股价负效应。因而,犯罪的声誉成本相当个性化。正如 Block 称,"仅仅是从事一项犯罪行为,并不会使公司整体蒙羞。"同上,第 414 页。Block 进一步研究了具体民事罚款——航空公司违反了联邦安全监管规定而引发的民事罚款——的股价效应。他发现,该行为与公司实施刑事欺诈行为一样,产生了显著的股价负效应(-2.2%)。他得出结论称,几乎没有证据表明,"对于公司实施的具有外部成本的行为而言,刑事执法并非向其施加成本的唯一手段",而且"经验证据表明,在实施声誉惩罚方面,调整公司行为的民事执法与刑事执法同样有效"。同上,第 418 页。民事责任是否足以遏制公司不法行为? 对于公司不法行为,是否没有必要施加刑事责任? 刑事责任是否会导致威慑过度? 对此的进一步分析,参见 Daniel R. Fischel and Alan O. Sykes, "Corporate Crime," 25 *Journal of Legal Studies* 319 (1996)。

　　19. 由企业而不是个人来承担责任,以及硬币的另一面,由高管和董事承担下级雇员的行为的代理责任,也会出现于第三方起诉公司的民事责任背景之下。董事及高管责任保险和免责的做法,是否会导致金钱惩罚的双重责任制度(无论是民事责任还是刑事责任)解体,演变为单一的企业责任? 有限责任对于责任制度的选择有何影响? 你认为什么组织(法院还是公司)最有能力来判断什么是制裁公司代理人不当行为的有效手段? 在更为宽泛的意义上,责任主体的选择(企业还是个人),在实践中是否有意义? 回顾一番第 1 章 A 部分关于科斯定理的讨论,另外参见 Lewis Kornhauser, "An Economic Analysis of the Choice between Enterprise and Personal Liability for Accidents," 70 *California Law Review* 1345 (1982); Reinier H. Kraakman, "Corporate Liability Strategies and the Costs of Legal Controls," 93 *Yale Law Journal* 857 (1984)。在选择由企业或者个人来承担责任时,应否考虑公司的代理人是否处于最后的聘期这一因素? 参见 Jennifer Arlen and William Carney, "Vicarious Liability for Fraud on Securities Markets: Theory and Evidence," 1992 *University of Illinois Law Review* 691 (1992)。

20. 企业和个人责任制度的替代方法是向第三方("看门人")施加责任,它们是向公司提供专业智识的会计师、律师等主体,这样就可以迫使外部人士去发现和防范公司不法行为。例如,《1933 年证券法》规定,如果公司的注册文件存在虚假陈述,则公司的董事和高管、证券发行的承销商和会计师都应当承担责任,这使得外部人士有强大的激励来监督公司管理层。"看门人方式"什么时候更适合于企业责任或者个人责任?参见 Reinier H. Kraakman, "Corporate Liability Strategies and the Costs of Legal Controls," 93 *Yale Law Journal* 857 (1984); Reinier H. Kraakman, "Gatekeepers: The Anatomy of a Third-Party Enforcement Strategy," 2 *Journal of Law, Economics, and Organization* 53 (1986).

6

内部治理结构：股东投票和行使话语权

股东投票是监督管理者的另一种内部治理机制。公司法要求股东投票以选任董事，从而赋予股东对董事会、进而对管理层的最终控制权。在关键领域，股东也发挥着监督作用，因为公司法规定在公司合并、出售重大资产和修订章程等重大变更时，必须进行股东投票。

Frank Easterbrook 和 Daniel Fischel 认为，公司投票规则是一项降低代理成本的治理机制。他们强调，考虑到投票的成本与效益，股东保持着"理性的冷漠"，股东投票受到了集体行动问题的困扰。我们在第 3 章已经梳理了这一观点。然而，投票权仍然被认为是一项富有价值的、重要的约束机制，因为投票权可以集中于一名股东之手（例如，在公司收购中，本书第 8 章将探讨这一问题）并得以有效行使。

Easterbrook 和 Fischel 还论及了"一股一票"这一传统的投票权规则。该规则确保公司控制权掌握在剩余索取权人手中（投票权与现金流权利相伴相随）。在第 1 章中，Jensen 和 Meckling 详细阐明当所有权与控制权相分离时，利益此消彼长的格局发生了变化，这一动机问题与前面提及的一股一票原理一脉相承。拥有动机以最大化公司价值的人，是控制着公司决策权的人（还可参见第 1 章中 Hart 以产权理论为基础的分析）。Jeffrey Gordon 认为，股票交易所的规则，特别是纽约证券交易所过去规定的"一股一票"规则，发挥着保证机制的功能，使得管理者可以作出可信的承诺，即不会提出机会主义的章程修订的提议，例如，以损害外部股东利益为代价而重新配置股东投票权（也就是说，资本结构改变之后，更难以达成收购，从而丧失了股份溢价或者改善价格的机会）。

公司法赋予董事会及高管广泛的专断权，在传统上被解释为公司法通过赋予股东选任董事权及公司重大变更的决定权，从而为股东保留着有限但关键的决策权力。Lucian Bebchuk 认为，这种权力的分配并不足以使股东有效地监督管理者，因而必须予以重新考量。他建议增加股东对董事会的权力。Stephen Bainbridge 和 Lynn Stout 对 Bebchuk 的观点提出了质疑,他们认为,就维护组织的效率及集中决策而言,公司法仍应赋予董事会广泛的权力,另外还必须对雇员的企业专用性投资实施保护。

Henry Hu 和 Bernard Black 对股东投票至上提出了进一步的挑战,他们描述了投资者达成他们所称的"空洞"投票的种种方法,即尽管股份拥有"一股一票"的形式特征,但投资者仍能通过实施投票权与经济权利相分离的证券交易来进行"空洞"投票。通常而言,这些安排都不会披露出来,但它们削弱了股东投票的前提和基础,也即股东行使投票权的目的是股份价值的最大化。例如,在公司收购中,目标公司的股东可能为了确保高价收购能够达成,会购买收购方公司的股份投票权,以投票支持该项收购,即使这种投票并没有最大化收购方公司的股份价值,因为该投票确实最大化了其目标公司的股份价值。

本章第二部分的关注焦点在于,自从 20 世纪 80 年代的敌意收购时代结束以来,机构投资者在公司治理中发挥着越来越积极的作用。在 Berle 和 Means 所描述的公司中,股权分散的股东饱受集体行动问题的困扰,而机构投资者持股份额较大,更少遇到这些问题,因而被认为更能够运用投票机制来约束管理层。

与机构投资者可以采取多种行动路径一样,股东行动主义的表现形式也是花样繁多;专家学者关注与投票过程相关的股东行动主义。Roberta Romano 通过分析委托书征求手段的运用,来研究股东的行动主义。根据美国 SEC 的 14a-8 规则,股东可以将其提案纳入管理层的委托书征求材料中,从而避免承担分发材料及劝说的成本。的确,如想运用 14a-8 规则,股东就无法站在自身立场上积极劝诱投票。组织并形成股东提案,向来是公共养老基金和工会基金的一项主要治理策略。正如 Romano 称,与该项策略的低成本相适应的是,这种做法看起来对于公司绩效不会有太多的影响。

最近一段时间以来,机构投资者中的活跃分子是对冲基金,Marcel Kahan 和 Edward Rock 对其进行了分析,这些基金是富有的个人和机构的私人投资工具(它通常的组织结构是有限合伙)。对冲基金的活跃身影可谓无所不在,从写信给公司的管理层到发起成熟的委托书征求大战、积极劝诱股东投票反对现任管理层。Alon Brav 及其同事开展了关于对冲基金的行动主义的研究,研究表明,它们在实现其目标方面非常成功。的确，它们的行为对于公司绩效的影响，大大超过 Romano 描述下的公共养老基金和工会基金。

Iman Anabtawi 和 Lynn Stout 认为，股东行动主义的趋势正在加强，这种发展态势令人担忧，因为活跃的股东并非总是增进着其他股东的利益。他们认为，投资者中的活跃分子面临着许多种类的利益冲突，Hu 和 Black 所确认的"空洞投票"问题只是其中之一。而且他们对于对冲基金的功用的判断比 Kahan 和 Rock 悲观。他们主张对所有股东均施加信义义务，而不是像当前的法理那样，仅限于在有限情形下向控股股东施加此种义务。

最后一章选摘了来自 Sanjai Bhagat，Brian Bolton 以及 Roberta Romano 的文献，这些文献对公司治理指数进行了评价。公司治理指数试图用数字来描述公司治理的质量，它们被广泛用于向机构投资者提供咨询代理服务的公司，以帮助机构投资者投票和作出战略决策。随着活跃的投资者运用代理机制来挑战管理层的投票权争夺大战升温，以及 SEC 要求共同基金披露其投票政策及实际投票情况，投票显得更为重要，咨询代理服务公司及公司治理指数的运用也迅速增长。

A. 股东投票权

公司法框架下的投票[*]

FRANK H. EASTERBROOK 和 DANIEL R. FISCHEL

在本文中，我们研究那些决定由谁来投票、对什么事项进行投票的法律规则和合同安排。我们认为，各州的法律通常向投资者们提供种种投票安排，投资者们会发现，从如果可以低成本地达成并履行自己议定的合同的角度看，这些投票安排也属于理想的选择。

公司法典是规范公司结构的标准合同形式。在公司法预料到了缔约方的需求的范围内，这些现成的原则减少了需要商谈的事项，降低了商谈的成本。在许多情况下，法律规则还不够细致。公司法的备用规则（信义

---

[*] 本部分内容的重印，获得了以下作品的出版者芝加哥大学出版社(The University of Chicago Press)的许可：Frank H. Easterbrook and Daniel R. Fischel, "Voting in Corporate Law," 26 *Journal of Law and Economics* 395. © 1983 by The University of Chicago.

原则)要求,各方主体按照如果可以无成本地缔结和履行合同的方式而行事。然而,公司法的结构性规则和信义原则一起,也仅仅能够一般性地调整公司参与方之间的关系。除此之外,还需要一些规则来细致地调整他们之间的关系。

投票机制正发挥着此项功能。投票权意味着有权对合同未予明确规定的事项作出决议,不管这种合同是通过公司章程予以明确规定,还是通过法律的一体供给来获得。有权作出决定,还意味着有权委任他人作出相应的决定。这样,投票权人就可以选任董事并授权其自行决定某些事项,而对于这些事项,股东们本可以自行掌握……与众多合约方一起参与公司投票所面临的集体选择问题表明,除非在极端情况下,投票几乎没有什么作用。当成千上万的投票权人有权投票时,没有人能够期望自己的投票能够决定"博弈"结果。这样,股东就缺乏适当的边际激励去收集掌握公司的相关信息,以作出正确的投票。

投票人并非总是可替代的。那些持股大户,如投资公司、养老信托基金和其他一些内幕人士,并不会和散股股东在同一程度上面临集体选择的问题。然而,任何股东不管持股份额有多高,都无法拥有完全正确的边际激励(去投票),除非他们享有100%的利益份额。

通过兼并和要约收购以聚合股权(及其附着的投票权),可以克服集体选择所带来的问题。我们认为,允许那些拥有聚合的收益请求权的人去行使控制权,正是投票机制所发挥的主要功能。

公司中必须保有投票机制,因为在公司合同不完备时,必须有人拥有剩余权力来决定(或者委任他人来决定)一些事项。然而,在迄今为止的讨论中,投票权可由股东、债券持有者、管理者、公司雇员或者他们中的任何组合来享有。考虑到集体选择的种种不利,人们很自然地冀望由一小部分信息比较充分的人来行使投票权,也就是管理者自身来投票。事实上,从世界范围来看,投票权却是毫无例外地由股东享有,债权人、管理者和其他雇员都被排除在外。当公司的创办者将公司上市后,他们经常会发现,将包括投票权在内的权利(因而最终也包括解聘内部人的权利)一体出售会给他们带来利益。为什么公司的内部人*愿意出卖这些权利?为什么投资者愿意为此付出额外的对价?(投资者必须付出对价,否则内

---

* 指公司的创办者,公司成立后他们升任管理者,因而具有了内部人身份。——译者注

部人不愿主动置身于被免职的风险之中。)

我们相信,其原因在于股东是公司财产的剩余索取权人,而债权人拥有固定的利息收入,雇员在工作之前通常已就薪酬计划与公司有过协商安排。公司经营获利颇丰也好,公司经营惨遭失败也罢,股东都必须一体承受,他们永远站在最后一线与公司兴衰与共。

作为剩余索取权人,股东拥有适当的激励(虽然集体选择问题仍然存在)去酌情作出决定。在公司不断开发新产品、增设厂房、直至边际效益趋同于边际成本的过程中,除了股东之外的所有公司参与方都缺乏适当的激励。那些对公司收入拥有固定索取权的人,只能从公司实施的新项目中获取一小部分固定的利益份额(其请求权的安全程度提高了)。股东情形正好相反。他们获取绝大多数边际收益,同时也承担着绝大多数的边际成本。因而他们拥有正确的激励来行使权利。当然,由于集体选择问题使得散股股东不可能事事亲为、日复一日地就公司事务作出决定,但公司管理人员都心知肚明,他们时刻处于拥有正确动机的股东的监督之下。同时管理人员还明白,股东的投票权可以聚沙成塔并可以随时行使,这些都使得管理者们在拓展职业前程、避免遭到股东驱逐的压力之下,为股东利益而善尽职守。

投票权(也就是专断权的实施)与剩余索取权相伴相随。在公司存续的绝大多数时间里,普通股股东都拥有投票权。然而,当公司准备实施一些改变其风险敞口的项目、从而使债权人面临损失时,债权人对于该项目也享有批准权。类似地,当公司陷入困境,而且例如,当公司未向优先股股东支付股利时,那些股东通常有权投出控制性的选票。当公司资不抵债时,债券持有人和其他债权人将通过债券协议和其他债权合同的约定、或者通过破产法律,最终获得公司的控制权。

投票权随着拥有剩余索取权群体的流动而流转的事实,有力地支持着我们关于投票权功能的分析。它同时还表明,为什么在某一确定的时期,只有某一类群体享有表决权。在同一时期,让不同的群体共享表决权(如除了股东,雇员也可以享有表决权)将产生代理成本。不难理解,如果让一些无权获得边际收益的人影响公司的决定,则他们可能并不会以最大化公司参与方整体利益的方式来发挥其影响力。

除此之外,在某一确定的时期只让企业中的一类群体享有表决权,还有另外一层原因:投票者及其选任的董事们,不仅要决定公司的经营目标,还要决定实现该目标的整体路径。众所周知,当投票者偏好各有不同时,公司根本不可能将种种差异化的偏好整合成一套连贯的选择系统。如果公司做决定时磕磕绊绊,决策不连贯,那极可能会自我毁灭。然而,如果投票者在同一层级作出选择,或者选择层级虽不相同、但其最高目标却保持同一,公司还是有可能作出连贯的经营政策选择。[1]

同一类别的公司参与方,其偏好虽然未必完全同一,但却趋于类似。股东正属于这种情形,特别是考虑到人们不断地在市场中买入、卖出股票,这样,在特定的时间里,特定的公司的股东就其对公司所保持的愿望而言是相当合理的同质群体。

关于选举的各州规则的分析

一股一票的假定

在美国各州,关于股东投票的绝大多数基础性规则都保持着一致:所有的普通股都拥有表决权,所有的投票都拥有相同的权重;除股东外,其他公司参与方都没有表决权,除非合同中另有明确的约定。

然而,每股所附着的投票权权重相同这一前提性假设,却是我们前面所讨论的投票功能的逻辑性结果。投票权与投票者在公司中的剩余利益如影随形,剩余利益的相等份额必须带有相同的表决权重,否则在公司管理层面将产生不必要的代理成本。如果投票者的表决权与其剩余索取权不成比例,则他们无法获得自己努力所带来的等同于其表决权比例的利益份额,也无须按其表决权比例承担可能造成的损失,这(利益和风险机制的匮乏)使得他们不可能作出最优的决策。

另外,这种假定也可以解释为什么累积投票权绝少运用于公众公司中,为什么大多数州的立法都反对引入累积投票权制度。[累积投票使股东们可以将多个投票投给一个候选人,使该候选人可以经少数股份而当选。]累积投票权给了某些"少数股"股东不适当的表决权重,由于他们不能获得与其表决权重相对应的剩余索取权,同样将产生相当的代理成本问题。而且,累积投票制还使"无理要价"的权力滋生蔓延,形成控制性的投票权集束也因此愈发困难;虽然每股都具有相同的"无理要价"的可能,但聚合的股份"无理要价"所开出的"天价",超过了公司本身的价值,

---

[1] 这是以下偏好的技术条件:要求所有的投票人作出左右向度相同的选择。——编者注

这也使得股东间的商谈极为困难。

累积投票制（或者其他要求超级多数同意才能完成某些公司行为的机制），还可能进一步阻碍了公司控制权的转移，并因此使在任管理层相对于(vis-à-vis)"流水般"的剩余索取权人而言"我自岿然不动"。

禁止购买投票权

将投票权分离于股份收益权，这绝无可能。欲购买投票权，则必先购买股票。限制作出不可撤销的投票委托——即只有在以股票为受托人的其他债务做担保时，才能作出不可撤销的投票权委托——也着意于确保投票权与股份收益权相伴相随。

从表面上看，这些规则着实令人费解，因为它十分奇怪地对投资者的安排进行了限制。但如果我们站在"同等权重规则"的基础上，这种制度安排就不难理解了。只有确保表决权与剩余股权利益结为一体，才能避免产生不必要的代理成本。股份和表决权的分离将导致投入与回报失衡。

选举行为的普通法规则

与联邦法律不同的是，州法除了要求现任管理层向潜在的挑战者提供股东名单外（由挑战者承担费用），通常不作其他限制。管理者们可以为获连任而反击股东的议案，费用由公司承担；如果挑战者获得了成功，公司可以承担相关费用，而且尽管挑战者最终未能成功，现任管理层仍然可以补偿挑战者的费用（当然这种情形绝少发生）。

所有的这些规则（或者相反，所有这些情形中相关规则的缺乏）与我们的前述分析一脉相承。因为委托投票权争夺战的成功，有可能把那些持股不多、管理才能不如现任管理者但却"善于"中饱私囊的人推向管理层的高位。这些"败家子"一旦"谋反"成功，将肆意提升自己的福利、改善津贴待遇，其因此获得的好处远远超过了因公司衰败而给其股权价值带来的减损。如果他们被挫败，公司所有的剩余索取权人都将因此而受益。公司现任管理者运用公司资金谋求连任、或者谋求其提名的候选人获选成功时，将把选举的成本摊给所有的剩余索取权人。正如我们前面讨论过的原则，这降低了另有图谋的"谋反人"进行与其持股份额不相称的巨额开销而带来的代理成本。正如我们所知，董事作出决定所带来的利益得失，都必须由所有的剩余索取权人一体承受；如果董事的决策成本不是类似地分配，则董事不会同等地看待公司的边际效益和边际成本，并本着公司利益的方式行事。基于同样的考虑,我们可以对以下现象作出合理的解释:"谋反者"一旦胜出,将(以公司资财)给予自己补偿,而且,现任管理者如果愿意,也可能去补偿"谋反者"。

然而,挑战者理所当然地得不到公司补偿,这也许的确令人费解。要挑战管理层,就无法回避"搭便车"问题。致使投票者不愿详细了解公司情况以投出理智一票的集体选择问题,在同一程度上也存在于公司管理权争夺战中。挑战者必须承担所有的挑战成本,但却只在胜出时才得到补偿,另外,管理层更替给公司带来的收益(如果有的话),挑战者也只能依其持股比例享有一部分。成本与收益的此种分化状况,使得委托书争夺战相当罕见,它甚至驱使挑战者采用要约收购这一代价更为高昂的办法。因为不管要约收购是否成功,公司都将因此而受益,故而或许能够认为,公司至少应当像承担现任管理层为保住职位而支出的费用一样,承担要约收购者同样为获取公司职位而支付的费用。

然而,允许公司承担挑战者的费用,这里存在着一个重大的问题。作出这样的承诺,对于公司而言,尽管极富吸引力,但无疑是"自寻烦恼"。我们的社会总不乏爱出风头的人,他们花别人的钱,在公司职位上尸位素餐却乐此不疲。只有当不弥补挑战者的费用将扼杀有益于公司的管理权争夺战时,作出承担挑战者费用的承诺,对于公司才是有益的。当然,只有在能够有效甄别值得信赖的挑战者和无聊的惹事者时,这种方法才是有效的。

我们可以先将甄别无聊的挑战者的困难搁置一旁。在任一选举中遭遇到严峻的挑战都是令人难以置信的,这也足以解释为什么在所有的选举中都不存在公司为此提供融资的问题。挑战的情形少之又少,这不仅是因为搭便车问题,而且是资本市场的运作使然。

委托投票机制的联邦法律规则

我们的一条主线是,哪个州允许公司采用最大化投资者财富的投票规则,公司就有激励在哪个州注册。允许股东就某些事项进行投票,并在投票时披露某些种类的信息,公司的这些做法很好地证明了什么是有关投票程序的资源最优配置……在股东可以就何种事项进行投票、以及在投票时必须披露什么信息方面,[联邦]关于委托投票的规则取代了私人安排。此种命令式的监管规定并不吻合于普通法规则所认可的自愿安排的效率假定。它的反面才是正确的。因为关于投票权的联邦规则,并非各州竞相提供最大化投资者财富的竞争所造就的,相反,联邦规则将各州的相关规则取而代之,因而这里的假定是,联邦的规则减损了财富。至少不存在联邦规则改善了财富的假定。

公司存在一个最优的监督强度,藉此公司可提升其自身利益。正如我们前面所指出的,只有在决定重大事件(公司合并或者类似的事件)时,才会进行股东投票,彼时,投票的收益超过了收集信息和聚合大宗股份的成本。然而,正如 SEC 所做的那样,这些收益的存在并不能说明,如果进行一些投票是有好处的,那么更多的信息披露和更多地投票一定会更好。因为卖出股份是如此的方便,而且因为管理者如要实现回报的最大化,必须设定富有吸引力的条款(包括有关股东投票的条款)来发行新股,所以没有理由相信公司自己设计的投票规则一定不如 SEC 能够想到的规则。

具有拘束力的捆绑做法:双重类别的普通股及股东选择的问题[*]

JEFFREY N. GORDON

过去五年来,超过 80 家公众公司已经采用、或者打算采用拥有双重类别普通股的资本结构,而且这一速度呈上升态势。其中一类主要由公众股东持有的股份拥有有限的投票权;第二类股份主要由管理层及其助手持有,该股份拥有强化的或者"超级的"表决权。尽管有关"双重类别普通股"的议案的细节各有不同,但它们所达成的效果都显然是把公司治理从经济参与中剥离出来。

拥有双重、或者甚至是多重类别普通股的资本结构的公司,向来是公司中一道著名的风景。封闭公司以及王朝家族把持着重大话语权的公众公司,经常采取双重类别普通股的做法。然而,自从这些公司首次公开发行股票(IPOs)之后,双重类别普通股通常就会成为其资本结构的组成部分。众所周知,公众公司当下流行的双重类别普通股,是针对近期敌意收购浪潮而作出的一种反应……如果管理层及其盟友拥有选举董事所必需的投票权股份,则在实践中敌意收购绝无可能发生。而现在试图采用双重普通股结构的公司与此前的一个关键区别在于,公司想完成的行为是调整资本结构,而不是首次公开发行……为了实现该方案,必须诱使现有

---

[*] 本部分内容的重印,获得了 76 *California Law Review* 2. Copyright © 1988 by Jeffrey N. Gordon 的许可。

公司股东放弃其投票权股份。

在双重类别普通股方面，不同的股票交易所的政策或有殊异，这使得情况更为复杂。纽约证券交易所(NYSE)的政策最为严格，在历史上禁止双重类别普通股。全美证券交易商协会(NASD)这一柜台市场(OTC)的监管者，对于公司运用多重类别普通股不做限制。美国证券交易所(Amex)允许公司发行多重类别的普通股，但只列出了有权选任至少25%的董事会成员的那些股份类别。

纽约证券交易所在提供股票交易方面的竞争地位日趋弱化，使其面临着放弃单一类别的普通股规则的压力。此前，纽约证券交易所之所以能够坚持不变更规则，原因在于市场认为在纽约证券交易所上市会带来显著的利益。纽约证券交易所的流动性及造市功能，降低了公司的资金成本。在纽约证券交易所上市还意味着声望，它或许会给公司带来经济利益，给出资人带来满足感。然而，近年来，通讯技术的飞速发展以及监管层创建一个"全国性市场制度"的努力，大大强化了柜台交易市场的竞争地位……因而，在纽约证券交易所上市、但希望建立双重类别普通股资本结构的公司，确实能够以从纽约证券交易所转到美国证券交易所或者柜台交易市场相威胁。

这种威胁触发了一系列非同寻常的反应。纽约证券交易所理事会不愿失去来自其经纪商和自营商会员的上市资源、上市费用和佣金收入，建议大大弱化单一类别普通股规则。SEC 是自律监管组织的监管者，纽约证券交易所规则的更改必须获得 SEC 的批准。由于牵涉利益太广，SEC 于 1986 年 12 月举行了公众的听证会。在此后数个月内，SEC 努力与纽约证券交易所、美国证券交易所和全美证券交易商协会谈判，以期达成一套统一的投票权规则协议。然而，这些谈判破裂了，其主要原因在于美国证券交易所坚持采用一股一票的标准。

1987 年 5 月，在这些谈判失败之后，SEC 提出了一则修改规则的提议，其适用范围大大窄于此前几乎已经达成合意的自愿规则。拟议中的 SEC 19c-4 规则禁止各交易所及全美证券交易商协会接受以下公司的股票上市："该公司发行的任何种类的证券或者实施的其他公司行为，使得根据《1934 年证券交易法》登记的证券持有人的每股投票权无效、受到限制或者不对等地降低。"拟议的规则允许在所有证券交易所、包括在纽约证券交易所上市的公司，发行投票权受到限制的普通股，但禁止发行削弱现有股东权力的双重类别股份。[1]

本文认为,股东批准了双重类别的普通股——即便绝大多数公众股东批准——并不表明这些行为增进了股东财富。的确,即使资本结构的重新调整几乎确切无疑地减损了股东财富,也可以获得此类批准。与股东投票相伴相随的集体行动问题及策略性选择问题,经常使这一情形成为现实……公司发布的征求委托投票声明相对坦诚地表明,这些修法议案往往会强化管理层的地位,尤其会使溢价敌意收购变得非常困难。尽管声明如此坦诚,很显然,这些计划一经提出即获得了通过。

集体行动的问题

[在略去的这部分文献中,Gordon 描述了股东投票时的集体行动问题,这一问题我们在第 3 章及本章选自 Easterbrook 和 Fischel 的文献中探讨过。Gordon 称,在双重类别股份的情况下,该问题一般都会恶化,因为提出该议案的公司,其机构股东持股份额往往低于平均水平(因而消息灵通的投票者更少),内部人持股比例却往往高于平均水平(内部人支持该计划以巩固其控制权)。——编者注]

策略性选择问题

对于双重类别公司股份这一改变资本结构的提议,公司管理层控制着其提出的时机和结构,因而公司管理层可以针对公众股东实施策略行为。首先,管理层可以将变更资本结构的计划与"甜头"(股东希望通过的另一份不相关的独立议案)捆绑在一起。另外,管理层还可以玩"恐吓"的小把戏,即发出可靠的威胁信号称,如果变更公司资本结构的议案被挫败,公司将会实施更不好的策略。

甜头

公司管理层可以将减损股东财富的议案与提升股东财富的不相关的议案捆绑在一起,从而使前面的议案"变甜"。例如,许多公司宣布,如果变更公司资本结构的议案获得通过,则会增加向股东支付的现金股利。这些计划包括大幅提高股利,甚至从公开市场回购股份。有关变更资本结构的交易,提供了一种以股份投票权受到限制来换取股利的优先权的可能。即使资本结构的变更减损了股东的财富,这些"甜头"也为公众股

---

[1] 19c-4 规则的后果,将在本阅读文献的注释中予以探讨。——编者注

东带来了抵消性收益……当然,也可以提出如下异议:批准"变甜"后的变更资本结构之议案,只是意味着管理层和公众股东实施了互惠交易……然而,……它忽视了在只要求简单多数同意的情形下、以及在难以计算该议案影响的情况下大额内部人股份的影响力。

在通常情况下,公众股东在评估管理层的议案时,存在着一个预测该议案的影响的分布区间。议案的影响到底有多大,股东或许持不同观点,甚至对于该影响是正面还是负面,股东的看法也不尽一致;如果议案的影响难以计算,则这种分歧意见会加大。如果预测的中值是负值——也就是说,如果大多数股东相信该议案将减损股东财富——则该议案会遭到挫败,即使大量的股东事实上"弄错了",结果也是如此。而内部人持有大宗股份却极大地改变了此种场景。在简单多数决的制度下,内部人只需要获得一小部分公众股东的同意,即可以胜出。因而,即使公众股东对议案影响的预测中值为负,该议案也可能获得通过。在变更资本结构的议案中加入"甜点",会使得计算其对股东财富的影响更为困难。这使得即便股东的预测中值恰恰相反,但足够多的少数股东仍然相信该一揽子方案将增进财富的可能性会加大。就此而言,与其说"甜点"构成了交易的基础,还不如说它扭曲了股东的选择。

策略性博弈:"恐吓"及其变种

在绝大多数情况下,管理层都会宣称,之所以要进行双重类别资本结构的变更,是为了发行股份筹集资本以开展盈利项目,同时又不会稀释管理层的控制权。如果项目得以开展,公众股东将因此受益,管理层同样如此,因为管理层持有大量股份。相反,如果项目未能开展,则管理层与公众股东都会受损。这些结果使得变更资本结构成为"恐吓"博弈的一个变种。在典型的博弈中,双方直面冲突的场景。如果一方让步,另一方境遇改善;但如果没有一方让步,则双方的境遇都将恶化。

在变更资本结构的背景下,管理层可以综合运用激励、可信的威胁及虚张声势,来增加其赢得博弈的机会。情况或许是,由于发行了表决权受到限制的普通股,公司筹集了资金开展了盈利项目从而增进了公司价值。然而,如果不允许变更资本结构,公众股东的处境可能还会更好。因而,即使不存在明显的集体行动问题,驱动着股东批准该议案的是扭曲股东选择的策略性考虑因素,而不是认为批准变更资本结构的议案有利于公众股东的集体判断。

具有约束力的不得再行谈判权

机会主义的管理者可以利用[股东投票的缺陷]来使未能最大化、甚至减损了股东财富的方案获得通过。然而，早在公司发行股票的时候，这些问题在相当程度上即可以预见。彼时，股东和管理者可以就管理层的机会主义可能性订立互惠协议。股东可以要求，如果要承担管理层某些形式的机会主义风险，则必须获得一些奖励，也就是体现为股票的价格打些折扣。管理层要减少奖励，就必须接受对其日后行为的某些约束。股东选举产生的董事组成的董事会的监督权，可以理解为是一种约束。承诺保持单一类别普通股的资本结构，可以理解为另一种约束。

公司的问题在于：由于股东投票存在种种缺陷，公司如何能够可靠地保证诸如单一类别普通股等具体的约束能够持续生效？在这种情况下，纽约证券交易所的一股一票规则就可以被理解为一种约束机制，约束着公司作出承诺以维持单一类别股份的资本结构而且无须谈判……禁止双重类别普通股的证券交易所规则允许、但不要求公司选择一套禁止变更资本结构的法律制度。这种多层级的法律制度使得公司可以决定：第一，它是否愿意立即或者以后选择拥有双重类别普通股；第二，它是否准备选定单一类别的普通股，而事后不得再行谈判改变。这种做法既有灵活性方面的好处——不同的公司可以按照不同的方式来组织运作，也有确定性方面的优势——特定的公司可以选择适用绝对禁止双重类别普通股的法律制度，从而获得了确定的约束。

当然，纽约证券交易所的规则的优势，取决于公司没有能力迁徙到规则更为宽松的交易所。否则，纽约证券交易所的规则的影响力，与某一特定的州的法律并无二致。直到最近以来，市场力量使得此种迁徙极不可能发生。正如前所述，一旦公司在纽约证券交易所上市，将获得独一无二的流动性及声誉利益。放弃这些利益会给公司带来极大的成本，它不仅表现在随后必须付出艰辛的努力来筹集资本，而且还包括丧失了纽约证券交易所上市公司所拥有的诸多金钱和非金钱的回报。对于既是股东又是公司声誉受益人的管理层而言，这些成本可谓不可承受之重，足以使其决定牢牢遵循纽约证券交易所的公司治理要求，特别是反对双重类别普通股的这一要求。的确，对于股东而言，退市的成本被认为如此之高，足以使得对于导致公司在纽约证券交易所的上市地位面临险境的行为予以司法干预，具有正当性基础。

全美证券交易商自助报价系统(纳斯达克市场,NASDAQ)的大获成功,显然改变了这一格局。丧失纽约证券交易所上市资格所带来的成本,已经降低为这些公司不再足以保证会选择单一类别的普通股结构而已。这使得公司管理者可以针对公众股东实施机会主义行为。因而,此时,SEC 对纽约证券交易所规则的支持,就显得非常重要了。市场力量已经蚕食了任何交易所将反对双重类别普通股绑定为不得再行谈判权的能力。然而,此种保证此前即已存在,而且被认为具有价值。SEC 的规则禁止因采用双重类别普通股而被纽约证券交易所退市的公司,在美国证券交易所或者纳斯达克市场上市,这样就以一种不同的机制确保了此前既有的保证存续下去。换句话说,规范公司在交易所之间迁徙的联邦规则,就成为了一种有效的方式,它既使公司有机会选择创建其自身的资本结构,又有能力作出保持单一类别普通股结构的承诺。

增加股东权力的情形[*]

LUCIAN ARYE BEBCHUK

本文对于美国公司法中的董事会与股东的权力分配提出了质疑。本人阐述了在什么情形下,应允许股东提议变更公司的基础性治理安排并予表决通过。股东采用公司治理安排的权力,应当包括股东有权就特定的公司决策提出议案并予表决。本人认为,增强股东的干预权力,有助于解决长期以来困扰公众公司股东的代理问题,从而改善公司治理并增进股东价值。

近期一段时间以来,许多人关注是否有可能使股东更容易替换董事……尽管本人也支持股东应当拥有更为可行的替换董事的权力,但同时认为在其他事项方面也应当加大股东的权力。

美国公司法上一条确定不疑的重要原则是,公司所有的重要决定都应当由董事会提出议案。股东不得提出这方面的任何议案。股东可以尝试的唯一方法是,用一个新的董事团队将现任董事取而代之,而且这个新团队愿意作出此类变更。美国公司法的这一特点,对于公司治理有着深远的影响,经常被认为是理所当然的。然而,事实上,它与现代公众公司与生俱来的论断相去甚远。

---

[*] 本部分内容的重印,获得了 118 *Harvard Law Review* 833 (2005) 的许可。

美国的法律

长期以来,美国公司法上的一条基本原则是,管理公司的权力被授予公司的董事会。这一权力包括董事会控制着以下三类事项的决策权,本文将对此展开集中的探讨:游戏规则决策权、游戏终结决策权以及缩减决策权。

游戏规则决策权

游戏规则制定权事关公司主体游戏规则的选择。公司的基础治理安排源于两处:其一,公司章程;其二,公司注册所在地的法律。公司章程及公司注册地都可以变更,但此类变更通常要求管理层提出议案。

特别要指出的是,《特拉华州法典》和《示范商业公司法》同时赋予股东和董事会修订公司章程细则的权力,章程细则可以对公司章程的某些方面进行调整。然而,章程细则却必须遵守公司章程,而且不得改变公司章程的任何规定。另外,只有公司章程可以选择不适用《特拉华州法典》和《示范商业公司法》的诸多条款。

最后值得一提的是,按照美国现行证券法的规定,股东可以通过恳求议案,表达自己支持特定的章程修订或者公司注册地的变更。即使股东持股份额很低,也可以作出股东决议,包括请求管理层发起修订章程或变更公司注册地的议案,或者敦促管理层实施某些政策,或者采取某些行动。但这些决议并没有拘束力:根据州公司法,董事有权决定是否采纳获得了相当多或者大多数股东支持的恳求议案,而且董事不理睬此种股东会决议的自由,受到了经营判断原则的保护……事实上,许多董事会正是运用此种自由来罔顾股东会的种种决议。

具体的商事决策

(1) 游戏终结决策。根据《特拉华州法典》和《示范商业公司法》,公司吸收合并、新设合并、出售所有资产以及解散——种种终结游戏的决策——必须获得已发行股份的大多数同意。但授予股东的仅仅是否决权;股东没有提起此种议案的权力。只有董事会可以提出公司吸收合并、新设合并、出售所有资产以及解散的议案供股东表决。的确,《特拉华州法典》甚至明确地授权董事会放弃此前已获得股东批准的公司合并或者出售资产的议案。

(2) 缩减决策。根据州公司法,公司分配权完全归属董事会。管理层拥有完全的权力来决定是以现金分红,还是以实物分红(例如,在公司分立的情况下,以子公司的股权作为分红),而无须取得股东会的批准。因而,就公司的分配决定而言,股东不仅没有提出议案的权力,也没有他们在游戏终结决策中所拥有的否决权。公司的分配决策无论在经济意义上多么重要,公司法并不认为它会带来公司的重大变更,因而不需要赋予股东否决权。相反,此种决策被认为是公司委任给管理层全权处理的日常商事行为的一部分。法院认为,管理层这方面的决策属于尊重管理层商业判断的正当性的核心领地,因而一直拒绝对此进行司法审查。

股东撤换董事的权力的制约

公司结构的一项关键要素是股东选举权——股东选举并撤换董事的权力。公司法赋予股东此种权力,法院将其视为公司结构的一项重要组成部分。

或许有人会认为,股东拥有撤换董事会的权力,这足以确保治理安排的种种变更只要能够提升公司价值均会发生,即便股东没有权力来提议该种变更。这种观点继续论及,如果现任管理层不提议此种变更,股东将会用愿意完成此种变更的管理团队将其取而代之。进而言之,因为管理层知道股东有权撤换董事会,他们通常一开始即不会忽视股东的利益,因而股东也不需要行使他们的撤换权。

因而,按照这种观点,尽管实际上并未经常发生撤换现任董事的情形,股东有权撤换董事,通常足以诱使管理层进行增进公司价值的规则的变更,因而股东没有必要拥有规则制定权。然而,本人将在下文中探讨,股东有权撤换董事并不能确保管理层会如此行事。

一些经验证据

在解释为什么股东有权撤换董事并不能确保管理层会作出增进价值的决策之前,先来看一看一些经验证据,将是有益的。下文的证据表明,管理层经常选择不采纳股东在恳求性决议中强烈支持的游戏规则。

股东们废除交错董事会(staggered boards)[1]的恳求性决议,提供了一个研究这一问题的良好背景。过去十年来,投资者一直运用恳求性决议来表达其对于交错董事会的反对意见。

1997—2003年间获得大多数股东支持的[取消交错董事会]决议

---

[1] 与所有董事均应接受年度选任不同,在交错董事会中,每年只有一部分董事(通常是三分之一)必须接受年度选任。——编者注

中,超过三分之二的没有获得实施——也就是说,至 2004 年秋,公司仍然拥有交错董事会。

在许多公司中,尽管废除交错董事会的决议在两次、三次或者甚至在四次年度股东会中都获得了大多数表决权股份的支持,但管理层仍然不予采纳。

或许有人会认为,把注意力集中于股东通过恳求性决议的情形,大大低估了管理层愿意废除股东认为将减损价值的交错董事会的比例。根据这一推测,股东通常以通过恳求性决议之外的方式,让管理层知道他们的想法,而且管理层通常会对股东的请求作出回应。根据这一见解,只有在一小部分股东试图废除交错董事会的情况下,股东才必须寻求通过恳求性决议。如果这种推测是有效的,则在股东希望废除交错董事会的绝大多数情形下,不需要通过恳求性决议,也会达到交错董事会被废除的后果。

然而,根据 IRRC/Georgeson 的数据,管理层发起废除交错董事会的提议的数量,还不足股东的废除交错董事会的恳求性决议的数量。2003 年之前,管理层提议废除交错董事会的情形可以忽略不计,2001 年为 3 起,2002 年则为 5 起。这种情形在 2003 年和 2004 年有所好转,但这两个年份中管理层提议废除交错董事会的数量(60 起),与股东通过废除交错董事会的恳求性决议数量(78 起)相比,几乎是相形见绌,或者甚至不如获得绝大多数股东支持的此类恳求性决议数量(66 起)。

为什么仅仅有撤换董事的权力是不够的?

管理层是如何做到忽视了股东诉求却仍能大权在握的? ……在当前的制度安排下,试图行使理论上的撤换董事权力的股东,面临着大量的障碍。挑战者无法获得现任管理层拥有的公司选票及公司委托投票机制。现任管理层发起的委托投票大战的成本完全由公司承担,而与此不同的是,挑战者必须自行承担挑战费用,即使他们能够与其他股东一起分享改善后的公司治理所带来的收益。因而,并不奇怪的是,除了在敌意收购的情况之下,董事遭到挑战的数量微不足道。在一项针对 1996—2002 年的 7 年期的此类挑战的研究中,本人发现,在数千家公众公司中,平均每年只发生 11 起此类挑战事件,市值超过 2 亿美元的公司则每年不足 2 起。

为使股东撤换董事的权力切实可行,必须对公司的选举程序进行重大变更,本人支持此类改革。此类改革必须向挑战者提供广泛的获得公司选票的机会,并对选战的费用给予一些补偿。即便此类当前看来在政治上并不可行的改革得以推行,相对于挑战者而言现任管理层仍然继续拥有优势,因为股东对于挑战者对股份的价值究竟会带来怎样的影响,更加不确定;撤换董事(在应当这样做之时)远非那么简单。另外,即使假定挑战者在撤换董事的过程中并不存在相对于管理层的比较劣势,能够撤换董事并不意味着股东不需要游戏规则制定权。通过投票撤掉各位董事,并代之以承诺完成特定的游戏规则的变更的竞争团队,是达成预期变更的非常不完美的手段。此类撤换董事的投票捆绑了(1)特定规则的变更;以及(2)另一重大变更——以竞争团队取代现任董事们。这种捆绑的问题,可能会扼杀股东本身支持的带来价值增长的规则变更。

[为了支持这一观点,本文提供了以下假定:"股东将现任管理团队视为运营公司核心资产的最佳团队",但"出于自利目的,管理层并不希望进行增进价值的特定规则的变更",例如采纳"所有董事均应接受年度选任"这一规则。在这种背景下,该观点认为,股东未必会投票支持那些将改变规则的人,因为这样做未必会带来价值的最大化:就定义本身而言,挑战者的经营能力不如现任管理者,因而无法实现资产价值的最大化(也就是说,规则变更所带来的价值增长,将低于管理层变更所带来的价值减损)。考虑到委托书征求大战的种种成本,以及管理层尽管不会采纳价值最大化的方案,但也可能作出妥协并修订规则,该观点认为,挑战者将受到阻遏,无法挑战董事会。——编者注]

前述分析表明,管理层未能进行获得大量股东支持的(例如,股东通过恳求性决议予以支持)规则的修订,而不会面临诸多投票委托书征求大战的挑战(更不用说在此种挑战中被挫败了),上述分析获得了证据的支持。我们研究了1997—2003年间大多数股东支持、但直至2004年秋季都未被管理层实施的废除交错董事会的90起决议,是否引发了投票委托书征求大战。在我们研究的公司中,只有3家发生了撤换董事会的委托书征求大战。因而,看起来我们可以安全地下结论称,在股权分散的公司中,我们不能依赖股东撤换董事的权力来确保所有增进价值的规则变更得以发生。

股东对于重大变更的否决权

股东有权否决管理层提出的章程修改及变更公司注册地的议案。有人认为,这种否决权可以确保有关重大治理安排的决策有利于股东的利益。然而,正如下文将要探讨的,情况并非如此。

管理层偏好维持现状的情形

否决规则变更的权力与发起规则变更的权力迥然不同。股东的否决权使得公司不会通过致使股东境遇不如现状的规则的变更。因而,否决权是一种"消极"的权力,避免了股东处境的恶化。然而,这种权力却无法确保提升股东价值的规则变更得以发生。特别是,当管理层出于自利动机而厌恶提升股东价值的变更时,股东的否决权无法使其赢得此种变更。

管理层和股东都偏好变更的情形

甚至在潜在的变更将使管理层与股东的境遇都较现状有所改善之时,股东的否决权也不能确保会发生价值最大化的结果。在这种情况下,有可能发生一些提升价值的变更,但它不会是最大化股东的价值。相反,在提升价值的变更将使股东和管理层的境遇都有所改善的情况下,最后作出的选择,将极可能是那些满足了管理层最大利益的变更。

谈判理论表明,当双方主体就盈余分配协议进行谈判时,如果一方居于向另一方开出"要么接受、要么放弃"的独占地位,那么它在谈判中具有明显的优势。在一场谈判轮次有限的博弈中,如果另一方主体完全受金钱驱使而行事,而且没有声誉或者其他机制使其变得"强硬",则拥有前述独占地位的一方几乎能够攫取所有的盈余。因而,公司管理层垄断着发起变更规则的权力,而且有能力将拟议的变更提交股东进行生死投票,这都使其拥有相对于股东的明显优势。

将变更与其他事项相捆绑

在迄今为止讨论的种种情形中,股东对于公司章程修改及变更注册地址的否决权,尽管在确保实现价值增长的变更方面效用不彰,但至少能够避免发生价值减损的变更。但是,在既有制度安排下,管理层有权设定股东会会议议程,这让他们能够使一些本身会减损股东价值的变更获得股东通过。具体而言,管理层可以将其偏好的减损价值的规则变更与本身会增长价值的动议(例如能够产生盈利的吸收合并或者新设合并)捆绑在一起,从而达此目的。

本人建议创设以下制度安排:股东有权发起变更游戏规则的议案,并对其进行表决。特别是,股东有权发起修订公司章程及变更公司注册地的议案,并对其进行表决。

一项规则变更改善了所有治理安排

值得强调指出的是,允许股东发起变更游戏规则的议案,并对其进行表决,将带来一个令人心驰神往的景象:在现有公司治理安排中作出这一重大变更,久而久之,将改善整套公司法律安排。

迄今为止,公司在众多治理安排选项之间所作出的私人选择,被规范这些选择的法律规则所扭曲了。管理层的控制权及对股东之手的束缚,已经扭曲了公司的选择。人们本来可以期待,正如私人秩序的支持者所希望的那样,这一过程会产生价值最大化的安排。相反,久而久之,人们却发现,这一过程所产生的治理安排,已经严重偏离了公司价值最大化的目标,而走到了一条偏向管理层的方向。

股东应当有权发起变更游戏规则的议案并对其进行表决,这一制度将改善选择治理安排的关键进程。而经由完善后的进程作出的私人选择,更可能产生价值最大化的结果。

因而,赋予股东游戏规则决定权的改革,使得更没有必要进行其他方面的公司法律变革……然而,一旦作出此种"宪章性"变革,股东将拥有解决公司治理瑕疵的"自力救济"工具,公权机关也更不需要介入公司治理。

设计

……迄今为止的分析表明,管理层不应当垄断游戏规则的决定权。我们应当改变以下状况:不管股东提出的变更提议获得了多大范围的股东的支持,也不论这种支持是多么的持久,都会被扼杀掉。然而,在得出这一结论时还必须回答以下问题:股东发起的规则变更必须满足什么条件?在什么情况下这些提议才会被采纳?

与所有的决策规则和程序一样,要识别什么是最理想的程序要求,即使不无可能,也并非易事。本文的主要目的在于说服读者,使他们相信股东拥有发起规则变更的权力在整体上是理想的制度安排,而并不在于提供一套极为充分的制度蓝图。然而,在本部分中,本人仍然会勾勒出一些设计这套制度时的问题和选择。另外,为了具体说明赋予股东干预权具有哪些优点,我梳理出种种貌似合理的选择,这些选择有助于形成关于此一制度的建议。

提交议案

(a)供年度股东大会上表决。在创建股东干预权力制度时,我们必须明确规定股东何时、以及多久可以提交有关游戏规则决定权的议案。根据本人提出的建议，股东可以在任何年度股东大会上提交此类议案，以供大会审议。

另外，如果有人认为，应当给予公司管理层一段无须担心股东干预的时间，则另一种选择是，允许股东发起有关游戏规则的议案的频率低于一年一次——例如，每隔两年一次，或者每隔三年一次。对于这种种选择，或许仁者见仁，智者见智。尽管对于"股东多久可以提起有关游戏规则的议案"这一问题，可以作出种种合理的回答，但这一回答绝不应当是"永远都不行"。

（b）持股及所有权要求。根据本人的制度建议，只有满足了最低持股及所有权要求的股东或者股东集团，才可以提交议案。在本人看来，这些门槛要求可以很低，但不能像股东恳求性决议的门槛要求那样微不足道。

（c）再次提交议案的限制。当一项议案在近期（例如，在上一次股东大会上，或者在过去两次的选战中的一次）遭到严重挫败（例如，75%或者更多的股东投票予以反对）时，拟议中的制度不允许再次提交意思相当的议案。这一要求能够避免提交极不可能获得通过的议案。

（d）管理层的反对议案。当股东提交修订章程或者变更公司注册地的议案时，拟议中的制度应允许管理层提交反对议案。

议案的通过

（a）在连续两次会议上获得通过。根据现有规则，管理层发起的议案，只有并且只需获得股东会的一次多数通过即可被采纳。如果我们秉持合理的立场，也就是说，如果我们认为管理层发起的议案与股东发起的议案应完全平等（正如英国所做的那样），则股东会的一次审议通过即可采纳股东发起的议案。然而，为了缓解人们对于股东干预权的担忧，可以要求股东发起的变更议案的通过必须满足以下条件：议案不仅要在某一特定时间（可能是短期）获得股东的支持，而且还必须获得股东的长期而稳定的支持。

相应地，根据本人设想的制度安排，只有在随后两次股东年度会议（或者例如，在两次相隔一年的股东会议）上获得通过，该议案才可以被采纳。正式地说，可以将第一次会议的表决视为确定好议程，以让后面的会议举行决定性的股东投票。

(b) 经由已发行股份的大多数通过。根据州公司法的默认安排,公司管理层提出的规则变更议案,必须获得已发行股份的大多数通过。根据拟议的制度安排,股东提出的议案适用同样的门槛要求。看起来,对于股东发起的议案适用更高的股东多数同意的要求并没有正当性,特别是当对股东发起的议案采用了两次会议要求之后。

(c) 费用的补偿。股东发起的议案满足了一定的认定为成功的门槛要求(例如,赢得了一定比例的股东表决通过)之后,要求公司补偿一些合理费用,这是理想的安排。这种要求会缓解"公共产品"问题。如果发起议案的股东必须承担全部成本、却只能享有部分(或者是非常少的)收益,则这种"公共产品"问题将阻遏股东提出理想的议案。与此同时,这一要求将补偿范围限定于获得相当多的股东支持的议案,会促成有利的议案的提出,同时又不会鼓励提出无聊的议案。

如何采纳建议实施的制度

(a) 州法或者联邦的干预。本文关注的焦点在于,认定什么制度确实是理想的安排,而不考虑该制度被采纳的政治可能性。由于州法调整着公司的权力分配,本人的分析支持对州公司法进行改革……在州公司法使管理层继续控制着游戏规则制定权的层面上,本人的分析为联邦的干预提供了基础。

游戏终结决策、缩减决策和其他具体的商业决策

到目前为止,本人已经探讨了赋予股东规则决定权将会如何改善公司治理和增进股东价值。现在,本人开始研究涉及具体商业决策时的股东参与问题。

尽管本人相信,在某些重要的具体商业决策方面赋予股东参与权,对于绝大多数公众公司而言,均大有裨益,但本人也认识到,这些情形之下的此类权力比决定游戏规则情形下的股东参与权所面临的异议要大得多。因而,本人强调……股东参与某些类型的具体商业决策所带来的潜在利益,并不足以使法律规则将此种权力规定为公司法的默认安排。

不将此种权力设定为默认安排,但有可能允许股东通过行使游戏规则决定权,在公司章程中写入相关条款,赋予股东权力,使其能够参与某些重要的商业决策。根据这种做法,股东对于具体商业决策的参与权,只有在股东事先通过关于游戏规则的整体决议、并将此种权力分配给自身时才可以创设。

让股东来决定是否要有选择权

在撰写本文的初稿时，我所遇到的对于股东参与终结游戏的决策的质疑，甚至是对于股东参与缩减决策的质疑，通常都大于对股东参与游戏规则决定的质疑。这种质疑之所以会发生，是因为股东在具体商业决策的参与权，看起来分量重于游戏规则决策中的参与权。

管理层的信息优势

对于股东参与具体商业决策的一个主要担忧在于，在此类决策过程中，管理层相对于股东的信息优势，往往比决定游戏规则的场合来得更为明显。在确定某一特定的治理条款是否理想时，通常并不需要内部信息。所有董事都必须经受年度选举，这一要求对于特定公司而言是否理想，尽管不同的人可能看法各异，但他们对这一问题的回答却不可能取决于只有管理层才掌握的公司信息。相反，管理层有关公司投资、增长机会以及预期长期价值的私人信息，或许（例如）与是否向股东完成特定的分配、或者是否接受特定的收购要约，格外相关。

然而，管理层在公司决策的某些方面拥有信息优势，并不意味着股东必须顺从管理层……赋予股东参与权并不意味着通常是由股东而不是由管理层作出选择；它只是意味着，股东获许自行决定在多大程度上对管理层保持尊重。当管理层认为股东提出的终结游戏或缩减决策的议案降低了价值时，管理层往往会和股东沟通，说明反对这些议案的原因。当然，在某些情形下，管理层或许不能就其职位获得的信息与股东沟通，因为出于商业目的要求而保密，或者因为该信息难以可靠地披露。但在这些情况下，管理层仍然能够就其建议与股东沟通，并笼统地说明原因。

面临着与管理层沟通的此种状况，理性的股东会在以下两种考虑因素中仔细权衡。一方面，他们会认识到，管理层信息更为周全，因而他们会更为尊重管理层。但另一方面，股东会考虑到，管理层或许出于自利目的而反对终结游戏或者缩减决策。股东还会想到，董事会和高管可能会犯错误，并会受到认知失调倾向的困扰，即认为其过往表现及满足其自身利益的行为是对的。

对于尊重董事们的决策，支持者和反对者各有若干考虑因素，在权衡完这种种因素之后，理性的股东或许经常会得出结论，最好将尊重建立于预期价值基础之上。然而，当股东得出相反的结论时，让他们有权否决管理层的决议，或许是最大化股东预期价值的最佳方式。考虑承担风险的是股东自己的财产,他们自然拥有动机来作出符合其最佳利益的决策。因而,管理层拥有明显的信息优势并不意味着,捆住股东的手脚,不让其参与任何具体的商业决策,会是理想的安排。

让股东决定

股东可以作出有关游戏规则的决策,在章程中写入规定,授权股东日后参与具体的商业决策,这种制度安排可以应对关于股东参与权的担忧。根据这种路径,公司法的默认安排仍然是股东无权参与具体商业决策。然而,由于股东拥有游戏规则决定权,股东有权写入章程条款,后者允许他们日后在遵守限制性规定的情况下,以章程规定的方式参与公司具体商业决策。

必须注意的是,如果股东采纳的治理安排必须获得两次股东大会通过,则股东接受参与某些具体商业决策的权力,往往是基于整体的考量。当股东提出此类安排时心里明白,如果此类安排最终被采纳了,则股东的每一项决议在生效之前均须耗费诸多时日。因而,股东的决定实际上成为有关"游戏规则"的选择,而不是针对某些特定时间的、转瞬即逝的情形而作出的反应。允许股东拥有这一选择权,使其有能力来酌情确定授予其参与权力的治理安排的实体范围和程序要求。股东只有在事先被赋予权力的情况下,才有权以规定的方式参与具体的商业决策。例如,股东可以采纳某一安排,后者规定股东要参与某些类型的具体商业决策时,必须获得股东的超级多数同意,并且要满足规定的时间要求。

最后,这一路径表明,在整体上,没有理由断然否决股东在具体商业决策方面的参与权。如果股东选择提出并且采纳了某一条款,后者(例如)赋予其日后有权决定 CEO 薪酬的某些方面的事项,我们不应当禁止其采用此一条款。

董事中心主义和股东解任权[*]

STEPHEN M. BAINBRIDGE

股东投票权及假设的谈判

所有的组织均应具备一些机制,以聚合该组织内的利益群体的偏好,并将其转换成集体决策。正如 Kenneth Arrow 教授所解释的,此类机制徘

---

[*] 本部分内容的重印获得了 119 *Harvard Law Review* 1735(2005)的许可。

徊于"共识"与"权力"之间。以权力为基础的决策机制的特征是,一个中央机构作出的决定对组织整体均具有拘束力。当公司利益群体信息不对称且彼此利益分化之时,往往会形成这种决策机制。由于公司显然满足那些条件,所以将权力委诸一个中央决策者,就构成了公司治理结构的一个核心特征。

就 Arrow 教授提及的利益分化条件而言,假定股东投资公司的目的是最大化其财富,这自然无话可说,但一旦引入了不确定性,则如果股东对于如何最大化其股权价值居然不存异议,将是十分奇怪的。股东从短期投机到秉持长期的"买入并持久"策略,其投资时间窗口往往变动不居,这往往会导致股东对于公司策略歧见丛生。类似的,应税等级各不相同的股东也往往对股利政策等事项持不同见解,对于是否允许管理层将公司的自由现金流投资于新的项目,股东也往往见解各异。

就 Arrow 教授提及的信息条件而言,股东缺乏激励去收集积极参与决策所必需的信息。理性的股东只有在预期收益超过成本时,才会去努力作出知情的决策。考虑到公司披露文件冗长而复杂,作出知情决策的成本不菲。相反,由于绝大多数股东的持股份额太低,无法影响投票结果,故股东作出知情投票的预期收益相当低。因而,公司股东宁可保持理性的冷漠状态。

考虑到这种种情势,如果现代公众公司的治理安排试图运用以共识为基础的决策机制,则难免令人吃惊,或许在中央决策机构内部运用这一机制会是例外。[1] 相反,"成本更低而且更富有效率的是,将所有的信息一次性地传送到一个中枢机构",然后让这一中枢机构"作出集体决策,然后传导出该决策,而不是将赖以作出该决策的信息再次传递出去"。那么,公司的中枢机构在什么地方呢?《特拉华州公司法典》与几乎其他所有的州的公司法一样,给了我们一个清晰的答案:公司的"营业和其他事

---

[1] 出于以下两个原因,在大型公司中,以权力为基础的决策结构也是理想的安排:首先,即使不存在利益分化,涉及数以千计的决策者的投票不可避免地会产生集体行动的问题,而这一问题必定会阻碍股东以共识的方式来运作公司。第二,因为信息的容量很大而且信息传播并不完美,公司的利益群体进行专业分工就成为富有效率的安排。为了获得专业分工的利益,其他的公司利益群体往往发挥着与决策无关的功能,例如承担风险(股东)或付出劳动力(雇员),而将公司决策委诸董事会和高级管理层。然而,这种自然的劳动分工,要求被选任的董事及高管有权作出具有拘束力的决定。

务……应当由董事会来经营或者在董事会的指导之下经营。"

的确,所有权与控制权的分离带来了"被代理人—代理人"之间的问题,这一问题是 Bebchuk 的研究的驱动力。股东购买了公司资产和利润的剩余索取权,与此息息相关的是,董事和管理者有义务去谋求股东财富的最大化。然而,考虑到人的本性使然,的确,如果董事不会时而偷懒或者偶尔从事自我交易,那才令人奇怪。因而,最好将公司法的诸多规定理解为制约代理成本之机制。

然而,正如 Bebchuk 所展示的,一根筋地关注代理成本,也很容易让人误入歧途。董事会置身于无孔不入的问责网络之中,而这一网络或多或少地与股东的监督没有什么关系。资本和产品市场、内部和外部雇佣市场、公司控制权市场等都约束着公司代理人的怠惰行为……这些激励结构诱使着董事在整体上以谋求股东财富最大化的方式行事。

然而,另一个更为重要的考量因素却是,将最终的决策权交给股东之外的人手中不可避免地会产生代理成本。我们没有选择通过免除董事会的命令权来消除代理成本,这本身即表明,将专断权交给董事有诸多优点。因而,关于公司治理的完美理论,要求在利用这种专断权力的优点及确保其被用于增进股东利益之间保持适当的平衡。因为担负责任的权力与决定权只存在程度方面的差异,而没有本质差异,权力和责任相反相成。正如 Arrow 解释道:[问责机制]必须能够矫正错误行为,但不能因此而毁灭权力的真正价值。显然,一个非常严苛且持之以恒的[责任]机构可以轻易地消灭权力。如果 A 的每一项决定都必须经过 B 的审查,则我们所实际获得的是,权力的中心从 A 转到了 B,而原来的问题并没有得到解决。

看起来,制定公司法的法官和立法者已经抓住了这一点,至少直觉上是如此。

如果不削弱董事的专断权,就无法对其问责,这一认识体现在公司法的诸多方面……商业判断规则在很大程度上使董事决策免受股东诉讼的挑战。的确,根据特拉华州最高法院的立场,该规则正是为了防止股东问责董事会。

现在,本人反对扩张股东投票权的主要理由应当相当明显了。活跃的投资者参与公司决策,看起来可能会颠覆股权分散的公众公司赖以存在的机制,即把基本上不容审查的决策权集中委诸董事会。公众公司的主要经济价值,并不在于像某些人所说的那样,即汇聚了大额的资本池,而在于提供了一个科层式的决策结构,后者很好地解决了由众多雇员、管理者、股东、债权人和其他利益群体构成的大型公司的运作问题。在这样的企业中,必须由某个人做主:"在信息高度分散及必须快速作出决定的条件下,在策略层面进行专断式的掌控,这是取得成功的关键。"

如果要号召提高股东的积极性,就必须思考以下问题:这些做法将对董事会的决议构成审查,当董事会表现不佳时股东予以介入,行使控制性投票权以达成政策或人事的变更。[2] 正如本人在前面所解释的,赋予投资者此种审查权与一开始即赋予其作出董事会决议的权力几无差异。即使投资者不愿意从微观层面参与其所投资公司的运营,但只要赋予其审查董事会决议的权力,就不可避免地将董事会的某些职权移转给了他们。即使这种审查只涉及重大决策,前述推理仍然适用。举例来说,如果活跃的机构投资者联合起来,则通用汽车的董事会不再对该公司进行微观管理了,但事实上,董事会仍然掌控着该公司。

作为回应,Bebchuk 或许会问,究竟为什么股东要有投票权。在一个以权力为基础的纯粹形态的决策架构中,所有的决策都由单一的集权机构(这里是董事会)作出。因而,如果权力是公司法的唯一价值,则股东在公司决策中将没有话语权。然而,正如我们已经看到的,权力并非是公司法的唯一价值。在公司是合同的联结这一模型中,股东拥有某些合同权利,包括要求董事把最大化其被代理人的财富作为决策标准。然而,正如诸多公司内部的合同那样,除了在面临挑衅的情形下,股东财富的最大化标准本身并不会轻易地赢得司法的实施。相反,它依赖司法之外的诸多复杂的问责机制来间接执行,股东投票即为其中之一。

与我们前述探讨的其他问责机制一样,为了保全权力机制的价值,必须对股东投票予以制约。正如 Arrow 所解释的:"为了保全权力机制的价值,看起来[问责]必须是时断时续的。它可以是周期性的;[或者]它可以采取被称为'管理层例外'的形式,即管理层的权力及决策只有在其绩效显著低于预期时,股东才对其加以审查。"

---

[2] Bebchuk 或许会回应认为,它并不建议赋予股东此种权力。但他的建议的实际效果却是如此,因为这些建议允许股东设定游戏规则,扩张其权利,使其可以积极参与经营决策……这些看似不起眼的建议,实际上意味着股东可以大举扩张其权利,以干预公司的重大交易。

因而,股东投票可以被妥当地理解为,它不是公司决策结构的一个主要组成部分,而是作为最后手段的一种问责机制,最多只能零星使用。

股东控制权的收益神话*

LYNN A. STOUT

董事会权力在理论上的优势

本人并不试图对以下观点进行辩解:公众公司中的股东几乎没有罢免董事的权力。显然,对于知情的观察人士而言,情况大抵如此。尽管Bebchuk已经完成了有价值的工作,证明现在的公众公司中的股东几乎与Berle和Mean时代的股东那样羸弱且被剥夺了权利,但一个有趣的问题在于,为什么公众公司中的股东拥有的权力如此之少?

董事会的治理通过发挥三项(而不是一项)重要的经济功能,使股东获得了利益。或许其中最为明显的是,它使决策者更为了解情况,并且提高了商业决策的效率。

的确,董事会的权力还通过第二种方式——保护股东免受彼此伤害——来维护股东利益。股东之间的风险在于,大股东可能会以损害其他股东利益的利己方式,来影响公司决策。

关于董事权力的第三个理论是团队生产理论。根据该理论,在对公司进行了不易变现的"企业专属性"投资方面,股东并不是唯一的群体。在与公司的关系中,高管、客户、债权人、供应商、雇员及其他公司"利益相关人"都投入了时间、金钱和智识。只有公司存活下去,欣欣向荣,而且继续维系着此种关系,这些投资才有价值。

长期以来,经济学家认识到,正式的合同并不能完全保护团队生产中的特定投资。其结果是,所有的"特定投资者"——无论他们是股东、高管、客户或是普通雇员——都容易受到以下风险的伤害:掌握公司控制权的人,或许会运用该控制权来威胁这些群体的投资的价值,或者将其从公司团队中排除出去。如果股东控制着公众公司,至少其中部分股东将在利益诱惑之下,以机会主义的方式来运用控制权,以"敲诈"其他团队成员。其原因在于,股东可以通过威胁其他利益相关人的利益而获取一己私利。例如,他们可以要求长期雇员接受降低后的健康利益安排,否则将

---

* 本部分内容的重印,获得了 93 *Virginia Law Review* 789 (2007) 的许可。

面临被解聘的风险,或者要求客户购买额外的软件以获得持续的公司客户支持,从而提高公司收益。当特定投资的规模足够大时,进行此类机会主义的威胁所带来的即期金钱回报,将轻易超过其长期声誉的损失。考虑到这一点,许多重要的公司利益相关方有理由拒绝将金钱投入持股分散但强势的股东所运作的公众公司之中,这些股东中的一部分可能会在私利的诱惑之下,利用机会主义的威胁来推高股价。

当然,董事也会实施机会主义的威胁。其区别在于,与股东不同的是,董事并不会从实施这些威胁中获得金钱收益,至少不会因其董事职位而获得金钱收益。在董事在公司中拥有利益的层面上,他们的利益就在于保证公司的健康发展,这样他们就能够保住其在董事会的职位……在盘算着是否对公司进行特定投资以建立关系的股东,更信任由董事会运作的公司,而不是由强势且可能实施机会主义行为的股东运作的公司。其结果是,董事会的权力构造吸引了有价值的特定投资,从而事先实现了股东的整体利益,即使其使个别股东事后以牺牲其他利益相关者为代价而增加"股东价值"的努力破产。

总结:董事会治理机制经久不衰的吸引力

自从19世纪公众公司诞生以来,事实证明,公司制对于大型、不确定的长期商业项目具有持久的吸引力,这些项目包括铁路、运河、汽车和太空飞船制造、制药、软件和拥有品牌消费者产品。其吸引力的一个重要组成部分在于董事会控制权所带来的种种优势。

当然,董事会的权力也有缺点。在董事们对股东或其他利益相关者"不必负责"的范围内,他们并非总是竭心尽力地去运作公司。

因而,董事会的权力会带来收益,但同时也会产生一些成本。我们不能仅仅基于纸上谈兵的理论就认为,股东将受益于更强有力的投票权。在改变长期以来的公司法规则、增强股东之于董事会的影响力(Bebchuk主张此种观点)之前,立法者应当获得不容辩驳的证据来证明,变更规则所带来的收益将超过其成本。

支持董事会权力的经验证据

我们无法找到支持 Bebchuk 的建议所必需的证据。

让我们从商业世界中一个经常被忽略的事实出发:投资者并没有被人用枪逼迫着去购买公众公司的股份。相反,他们可以投资于个人独资企业、普通合伙、有限合伙及封闭公司。另外,当投资者决定购买公众公司的股份时,他们可以选择购买哪家公司的股份。

最后一点是重要的,因为美国公司可以通过选择在哪个州注册从而适用哪个州的法律。甚至更为重要的是,他们可以选择对公司章程作出个性化的安排,包括写入强化或者弱化股东投票权的章程条款,来修改那些法律规则……如果投资者的确相信,更强的股东控制权会带来更好的公司绩效,则他们可以选择购买股东拥有更多控制权的公司的股份,从而实现"用钱来投票"的效果。

如果投资者经常这样做,则可以证明股东的控制权维护了股东利益,至少在那些公司中是如此。然而,研究表明,股权投资者通常并不青睐于赋予其更大权利的公司。在首次公开发行(IPOs)的情况下,这种情形最为明显。"打算上市"的公司拥有一切激励来采用能够吸引外部投资者(通常是老练的共同基金和养老基金)的治理结构。如果更强的股东控制权意味着更好的股东回报,则 IPO 公司可以向股东提供更多的控制权,从而筹集更多的金钱。然而,研究发现,当 IPO 公司运用量身定做的章程条款来变更股东的投票权时,他们通常与 Bebchuk 的建议背道而驰,即弱化了股东的投票权。

例如,在 20 世纪 90 年代,介于 34% 和 82% 之间的 IPO 公司的章程写入了交错董事会条款,后者使得股东更难以免除董事的职务。而近期 GOOGLE 公司的 IPO 则是这一趋势更有力的见证。GOOGLE 上市时的公司章程写有双重类别股份的条款,这使得外部投资者几无任何权力可言。GOOGLE 的 IPO 不但远远没有因此受到影响,反而以投资者的超倍认购而大获全胜。

难道是投资者笨吗？为什么他们不远离股东权利孱弱的公司的 IPO？股东是否可能像尤利西斯(Ulysses)*那样,有时能够预见,"束缚住自己的双手"并且将公司的控制权拱手让给基本不受其影响的董事对其而言大有裨益？

呼唤推行更大的"股东民主"的改革者们绝少问及此类问题。然而,在经年累月中,投资者愿意购买由"不受问责"的董事会控制的公司的股份(投资者的这种意愿至少可以回溯至 Berle 和 Means 时期),从而以很有说服力的经验证据证明,投资者自身经常偏好孱弱的股东权利。这就

---

* 古代希腊神话中智勇双全的英雄。——译者注

提出了一个重要的问题：为什么这么多的观察人士仍然支持 Bebchuk 提出的自上而下、一刀切的公司治理"改革"，即使能够证明股东（或者其他人）能够因此获益的证据是如此寥寥无几？

"股东民主"的情感吸引力

最后，让我们转到……或许是股东治理最具有情感吸引力的地方。近期以来，大规模的公司欺诈丑闻，包括 Enron 公司、WorldCom 公司、Tyco 公司、Adelphia 公司和 Health-South 公司等的倒闭，引发了危机即将来临的恐慌。在面临这些看起来显属高管渎职及董事过失的种种情形时（加之迪斯尼和通用电器公司的高管薪酬显然不受拘束，又引发了强烈的愤慨——当然，其程度较前述公司倒闭风潮更低），许多观察人士下结论称，必须采取行动了。当这种危机即将来临的感觉，与股东是"所有者"、"被代理人"、"唯一的剩余索取权人"（更不用提活跃的股东事后要求更大的权力了）的误导性描述媾和之时，容易得出结论是，"必须采取"的"行动"就是赋予股东在公众公司中更大的话语权和更有力的监管。

这一反应——我们可以称其为"安然效应"——既未能正确理解公司欺诈发生的原因，也未能从商业历史上找到教益。安然公司倒闭的原因并不在于股东拥有的权力不够大。事实上，外部观察人士或许会很容易地认定，安然公司是"良好公司治理"的典范：拥有一个主要由（恐怕是）独立董事组成的大型董事会，董事会下设独立的审计委员会，不存在交错董事会的章程条款，股票期权薪酬将董事与高管的回报与其"业绩"相捆绑。在更为普遍的意义上说，安然的倒闭——以及近期的其他公司丑闻——发生于股东对董事会的影响力之大前所未有的时期。

与今天相比，在 Berle 和 Means 时期，公众公司的股东的权力要小得多，而且受到更大的集体行动问题的困扰。其中的绝大多数股东是持有小额股份的私人，没有互相沟通的便利途径，也没有获得公司资金和公司选票的渠道。现在，随着诸多条件的发展演变，股东拥有更强的能力来协同行动，并有能力对董事会施加更大的影响。这些情形包括养老基金和共同基金等机构投资者群体不断涌现；"活跃的"投资基金的崛起；"机构股东服务组织"等股东顾问服务机构的创设；信息技术的迅猛发展使得股东之间的联络更为迅捷、便利而且成本更低；SEC 采用了诸多旨在赋予股东更多话语权的规则。

正是由于这些发展变化，赋予公众公司中股东更多的控制权以避免未来的安然危机这一建议,看起来就成为古怪的、且不合逻辑的推理了。20世纪70年代和80年代,股东拥有更大的权力都没能避免发生20世纪90年代的公司丑闻。如果这剂药方第一次并不灵验,为什么我们在这方面还要投入更大的心力呢?

新的投票权购买:空洞投票及隐藏(形变的)所有权*

HENRY T. C. HU 和 BERNARD BLACK

投票是股东权力的主要源泉。公司的标准合同理论支持将投票权按照股份所有权的比例配置给普通股股东。通过这样做,就将监督公司管理者的权力交给了剩余所有者,后者拥有行使权力以增进公司价值的激励;其拥有的股份越多,激励越大,因而其投票权也越大。将股份与投票权捆绑在一起,还有利于公司控制权市场的运作……除了这些工具性作用之外,股东的投票还构成了管理者职权的关键理论基础,它使得管理者对于并不拥有所有权的财产行使权力具有正当性。

然而,金融市场衍生工具的发展,特别是股权互换及其他私人协商的("柜台"或者"OTC")股权衍生品及股权借用市场的相关发展,使得将股份的经济所有权与投票权力相分离更为便利,成本也更低。[1] 对冲基金和公司内部人正在利用这种新的机会。有时,他们持有的表决权多于股份——我们将这种范式称为"空洞投票权",因为这些投票权并不伴随有经济利益。在极端的情况下,投资者的经济所有权为负值,但仍可能拥有投票权,这使得投资者有动机以降低公司股价的方式来投票。

投资者或者内部人所拥有的经济所有权也可能会明显超出其投票权。投资者或者内部人经常可以非正式地获得投票权,他们可以从中介机构(通常是金融衍生工具交易商)中获得正式的投票权,或者指示这些中介机构如何就其持有的公司股份进行投票。根据大股东披露规则,这种所有权通常无须披露。这些规则关注的是投票权力,而不是经济利益,而且并不明确要求披露非正式投票权,尽管后者经常存在。这些投票权非正式的、"形变的"性质,使得投资者可以合理地把将会引发披露义务的投票权隐匿不报。我们运用"隐藏的所有权"来指未披露的经济所有

---

* 本部分内容的重印,获得了79 *Southern California Law Review* 811 (2006)的许可。

[1] 股权互换将随后在文献中界定,并在本阅读文献的注释和问题部分予以进一步的阐述。——编者注

权,同时运用"隐藏(形变的)所有权"来指未披露的经济所有权加上或许是非正式的投票权。

我们将空洞投票和隐藏(形变的)所有权合并称为"购买新的投票权"或者直接称为"剥离"。在过去数年来,(至少)澳大利亚、加拿大、德国、香港、意大利、日本、新西兰、英国和美国的公众公司运用"购买新的投票权",来赢得收购大战。

将投票权与经济所有权相剥离,可谓花样繁多。方法之一是依赖股权借用市场,后者使得投资者可以向其他人"借入"股票。根据标准的借用安排,借用人拥有投票权却没有经济所有权,而出借人拥有经济所有权却没有投票权。第二种方法是运用股权互换,即站在互换的长期股权边的人("股权腿")从短期股权边("利息腿")中获得股份的经济所有权(但没有投票权)。短期股权边经常通过持有股份来对冲其经济风险,因而最后握有投票权却没有净经济所有权。另外还有其他一些剥离策略。

近期发生的一起涉及空洞投票权的公众事件,显示了空洞投票权的种种潜在风险。一家名为 Perry 的对冲基金公司,持有 King 制药公司(King Pharmaceuticals)700 万股权。2004 年底,Mylan 实验室有限公司(Mylan Laboratories)承诺以高溢价的换股兼并方式买入 King 制约公司,但该交易宣布之后,Mylan 的股价大幅下跌。为了帮助 Mylan 公司获得股东对该兼并的批准,Perry 对冲基金公司购入 Mylan 公司 9.9% 的股权,成为后者最大的股东。但 Perry 完全对冲了与其购买 Mylan 的股权有关的市场风险。因而,Perry 拥有 9.9% 的投票所有权,却没有任何经济所有权。将 Perry 在 King 制药公司的利益考虑在内的话,Perry 在 Mylan 公司中的整体经济利益为负值。Mylan 公司对 King 公司的(过度)支付越多,Perry 获取的利润越高。

空洞投票权还可被用于将既存的长期所有权的投票权放大数倍。例如,股东可以在股权登记日届至之前借入股份,以用于股东投票,借此推翻后来进行的交易。在英国,这种"登记日俘获策略"首次曝光于 2002 年。Laxey 合伙(Laxey Partners)是一家对冲基金公司,持有英国地产(British Land)这家房地产公司约 1% 的股权。在英国地产公司的年度股东大会上,Laxey 行使着英国地产公司超过 9% 的投票权,对解除英国地产董事会成员的议案表示支持。而就在股权登记日前夕,Laxey 借入了约 4200 万股的股份。

这些机构投资者所运用的空洞投票权……与管理者和控股股东用以保留名义上的股份所有权而剥离部分或者绝大多数经济所有权的这种广泛运用的技巧,彼此关系堪称紧密。在美国,内部人运用这些策略的驱动力通常在于规避风险和延期缴税,而不是购买投票权。然而,内部人可以方便地运用空洞投票权策略来巩固其控制权,并在其他国家也如此行事。

相反,投资者可以拥有高于其名义投票权的经济所有权,也会拥有非正式的、"形变的"投票权,后者实际上赋予投资者完全的所有权。2003年,Perry 在 Rubicon 有限公司这家新西兰公司中的利益份额曝光,这种可能性亦浮出水面。Perry 运用衍生工具交易商提供的股权互换,持有了 Rubicon 有限公司 16% 的股权,而无须遵循新西兰的大股东披露规则,根据该规则,正如《美国 1934 年证券交易法》("《交易法》")第 13(d)条所规定的那样,持股超过 5% 的股东必须履行披露义务。当选举来临时,Perry 返回其交易商,打开股权互换,买入交易商持有的"匹配股权",以对冲股权互换,因而获得名义上的投票权。根据新西兰的法律,Perry 可以不必进行披露。形变的投票权也可用于无关披露的事由。

新的投票权购买基本不受规制,而且经常不为人所见。调整"传统的"投票权购买的公司判例法并未触及这一领域。判例法假定投票权从投票权的卖方直接转移至投票权的买方;然后对卖方转移投票权的商业合理性进行评估……相反,新的投票权购买却经常并不涉及可辩明身份的投票权的"卖方",也不涉及可辩明身份的投票权的"转移"。

美国联邦的所有权披露规则也绝少涉及新的投票权购买。机构投资者必须在表格 13F 中披露其在公众公司中的持股状况。但表格 13F 并不包含那些抵消了投票权或者经济利益的交易。而且它也不包括通过持有股权互换或者其他柜台金融衍生工具而获得的经济所有权。

由于披露规则绝少涉及新的投票权购买,它事实上在多大范围内发生着,也就不得而知了。然而,我们确实检索并编排了自 2002 年来几乎所有的被确认或者广泛传播的 20 余起事例。绝非巧合的是,这些事件中的绝大多数都是近期发生的,而且许多涉及对冲基金。将投票权与经济所有权相分离的这种理论可能性,在现实生活中并不新奇。新近发生的变化是,投资者拥有了大规模这样做的能力,金融创新降低了交易成本,老练的、只受到轻度监管的对冲基金的资金池增长了一兆美元,没有利益冲突及不良声名的担忧可以阻遏其他机构投资者运用剥离策略。

这种新的投票权购买情形所带来的公司治理风险是显而易见的，但其救济却并不明显。

我们认为，近期必须强化股权的披露要求（提升市场对于披露成本的敏感性），让监管者得以评估新的投票权购买发生的频率，以及它们是如何影响股东投票权的结果的。如果进行了实时披露（在某种程度上这一步超越了我们的建议），则它们提供的信息可以让特拉华州法院（可能性最大的法院）在普通公司法原则之下，以个案为基础解决投票权问题。

我们建议的披露制度改革，贯穿着以下四条主线：其一，披露规则应当在内部连贯一致。披露规则处理大体相同的情形的方法应当大体类似，而当前的规则并没有做到这一点。特别是，考虑到投资者有能力把"只是经济意义上的所有权"形变为"经济加上投票意义上的所有权"，这些规则必须既能够涵盖经济所有权，又能够涵盖投票所有权。第二，披露规则应当"足够良好"，以使监管者和投资者可以评估何时、以及在哪里会发生投票权购买情形，而不会给投资者施加新的大量的成本。第三，该规则应当均衡地看待长期和短期的情况。

第四，所有权披露规则可以更为简化、更好地予以整合。当前，SEC有五种不同的、高度异质化的复杂的所有权披露制度。这些披露制度分别适用于积极大股东（表格13D）、消极大股东（表格13G）、一般的机构投资者（表格13F）、内部人和10%的股东（第16条），以及共同基金。我们的建议是大大简化这种复杂的制度，并朝着以现有的第16条和共同基金披露规则为基础的、一体化的股份所有权披露规则迈进。更为一体化的、更为连贯一致的所有权披露规则会降低合规成本，单就这点而言它们就物有所值，更不用说它们在解决新的投票权购买的问题所能够发挥的作用了。

在建议推行披露制度改革时，我们认为当前规则背后的经济和政治逻辑是给定的条件。我们既不重新审视大股东或者主要的机构投资者是否应披露其持股状况，也不重新思考披露的门槛要求是否合理。尽管这些门槛要求的最优水平仍然面临争议，但我们相信它们至少是合理的。我们还相信，无论门槛要求设定在什么水平，披露规则应当在内部是连贯一致的。另外，在美国及其他地方，信息披露的政治历史表明，我们的政治体制不会容忍大公司的暗中控制，也不会接受关起门来发起控制权争斗。正因为如此，披露就形成了现在的情状。我们的目标是使披露更为连贯、简单而且成本相对较低。

　　作为对于隐含(形变的)所有权的一种监管的回应,披露本身即已足够。而对于空洞投票而言,还需要作出其他回应。另外,我们还认为,此时在披露之外施加监管还为时过早。原因之一是,根据具体情形之不同,空洞投票有时有益,有时则有害。就其弊病而言,内部人的空洞投票往往促成了其地位的自我巩固,削弱了外部监督的力量。另外,带有负面经济利益的空洞投票也很麻烦,Perry-Mylan事件即为适例。

　　就积极的方面而言,对冲基金可以运用空洞投票来对业绩不良的公司的治理施加影响。大股东对公司管理者的监督通常被认为是有益的,但却经常收不到效果。空洞投票机制可以使投票权从更不知情的人手中转至更为知情的人,因而可以提升股东监督的有效性。Laxey利用了股权登记日提供的时间差控制了英国地产(British Land),即为运用分离机制可以提升效率的适例。

　　当然,那些对投资者行动主义和公司控制权市场持更不友善观点的人,会有不同意见。例如,Martin Lipton称,对冲基金、机构投资者和"滥用型"收购会导致管理者过于关注短期结果。根据这种见解,外部投资者采取的剥离投票权与经济权利的行动,会加剧这一问题。我们在这里并不探讨什么是股东监督公司管理者的最佳强度,而仅仅提及,许多观察人士相信,总体说来,更多的监督是有益的。

　　监管层面可能作出的回应所面临的第二个问题在于,对冲策略花样繁多,而且一种策略对另一种策略的替代性,使得对空洞投票权的制约既难以成文,又难以执行。强化后的披露制度,可以提供制定限制空洞投票权的实体规则所必需的信息,但我们并没有达到那一步。

　　期限更长的若干种策略或许能够解决空洞投票的问题。一种策略直接关注投票权。其中的关键问题在于,在什么情况下应当限制或者一体否决空洞投票者的投票权? 一个改良的策略是,让公司修订章程以限制空洞投票权。要发生此种情形,必须获得联邦委托书投票规则及证券交易所上市规则的许可。然而,中途修订章程以解决空洞投票弊病,却会面临种种问题。公司可以提议修订规则以允许内部人运用空洞投票权策略,同时阻止找茬的外部人运用该策略。

　　还必须进行反思的是股东投票机制,即投票权的构造。即使对于单个机构所有者而言,涉及多种多样的借用安排和众多决策者的大规模的股权借用项目要运用这一机制,其实并不容易。例如,一些将英国地产(British Land)股份借给 Laxey 的机构投资者,并没有意识到他们正在如此行事,包括公司治理的活跃分子 Hermes 也是如此。股份的"投票过度"(实际情况是,股份的出借人和借用人都想运用同样的股份进行投票)则是另一方面的问题。

第三种策略关注的是与新的投票权购买相关的供求力量。其中一种简单的做法是,采取安全港方式,即允许养老基金和其他机构投资者在表决权登记日将要届至时收回借出的股份,以自行投票。监管者以后也可以要求机构投资者收回借出的股份,并在重要的选举中投票,或者在股份借用方面实施更为严苛的规则。资本充足率、税收及其他与股权衍生工具及股份借用相关的规则的变更,也会降低这些活动的吸引力。

我们现在还无法定论应当采用其他什么监管措施。它取决于现在还未知的信息,而我们建议的披露规则正试图收集这些信息。但我们能够确定的是,现在有关公众公司的法律和经济理论所假定的投票权与经济所有权存在关联的看法,不再值得信赖。

注释和问题

1. Easterbrook 和 Fischel 关于为什么由股东来投票的解释,与 Williamson 关于董事会代表谁的解释,存在什么关联? 它与 Hansmann 的公司所有权理论,又有何关系?

2. 何时创建双重类别股份资本结构,既能巩固管理层的控制权,又能实现公司价值的最大化? 试着考虑以下发现:在重新调整资本结构、引入双重类别股份的公司中,内部人在该交易发生之前已经掌握着控制权(平均超过 40%),而且该交易的宣布对于股价的影响并不显著,或者产生了显著的负面影响,但该比例非常低;例如,Gregg Jarrell and Annette Poulsen, "The Effects of Recapitalization with Dual Classes of Common Stock on the Wealth of Shareholders," 20 *Journal of Financial Economics* 129 (1988); Megan Partch, "The Creation of a Class of Limited Voting Common Stock and Shareholder Wealth," 18 *Journal of Financial Economics* 313 (1987). 此类资本结构是否保护了内部人的公司专属性投资的价值? 必须注意的是,因为存在控股集团,公众股东无法期待获得敌意收购的溢价。这一数据是否影响了 Gordon 的以下观点的可信度:管理层会采取策略行为来迫使股东批准双重类别股份计划? 它是否弱化了以下观点:股东接受低额的投票权股份以换取更高的股利,并不是诚实的交易?它是否解释了未能发现双重类别股份的资本结构的调整没有带来显著的负面效应?

3. 内部人威胁称,如果双重类别股份计划被驳回,将不实施价值最大化方案,这是否可信?内部人会实施什么举动来使这种威胁可信?此种行为会违背信义义务吗?回顾本书第 3 章 Coffee 关于法院在填补公司合同漏洞的重要作用的观点。你认为在股东面临明显威胁的背景下,对于批准双重类别股份之资本结构的调整予以批准的股东投票,如果异议股东提出挑战,法院会支持吗?参见 *Lacos Land Co. v. Arden Group*, 517 A.2d 271 (Del. Ch. 1986).

4. 除了证券交易所的上市规则要求保证公司的资本结构保持不变之外,公司管理者还有没有其他办法?在考虑这个问题时,你或许需要重温本书第 3 章 Easterbrook 和 Fischel 关于后续条款的探讨。

5. 1988 年美国证券交易委员会通过了 19c-4 规则,正如 Gordon 所称,它向主要的交易所和柜台市场(NASD)施加了统一的"一股一票"上市规则,股份的注册公开发行有若干例外。SEC 之所以通过这一规则,是为了回应被称为交易所之间"奔向低端"的竞争,彼时纽约证券交易所(NYSE)于 1986 年决定放弃其一股一票上市要求,而在上市公司寻求变更投票权结构时,顺应其竞争对手的做法。然而,SEC 的这一规则在 *Business Roundtable v. SEC*, 905 F.2d 406 (D.C. Cir. 1990) 一案中,因超越 SEC 的权限而被判定无效。与美国证券交易所(Amex)不同的是,纽约证券交易所和全美证券交易商协会将 19c-4 规则写入上市标准,因而在字面上仍然保持着其规制上市公司的原来的语句,而美国证券交易所的上市标准则返回到了 19c-4 规则之前的状况。由于交易所的规则必须获得 SEC 的批准,这些交易所在法院作出赋予上市公司的投票权结构以更多的灵活性(SEC 反对该议案)的裁决之后,无法实施其拟议的规则。1994 年 2 月,在 SEC 的要求之下,三大交易所采用了"统一的投票权政策",以"防止出现选购交易平台"的现象。该项统一的投票权政策与此前的 19c-4 规则相类似:一旦公司的普通股上市,即不得降低或者限制股份的投票权。这样就禁止了通过中途变更资本结构以引入双重类别的股份结构;否则,双重类别的普通股也可以上市。纽约证券交易所认为,1994 年修订后的规则比 19c-4 规则更为灵活,因为它允许双重类别普通股公司另外发行拥有更高投票权的股份，而此前并不允许采取这种做法。纽约证券交易所采用这些规则是否与 Gordon 关于保证的假设相一致？

重温一番本书第 3 章关于公司章程的州际竞争的论辩。竞相奔向低端的说法，是否在证券交易所之间竞争的背景下更为可信？交易所如何能够从采用降低了股东财富的规则中获益？根据本章的阅读文献，你如何评估 SEC 努力协调交易所的规则所带来的影响？关于证券交易所及其激励机制的富于洞察力的探讨，参见 Daniel R. Fischel, "Organized Exchanges and the Regulation of Dual Class Common Stock," 54 *University of Chicago Law Review* 119（1987）。

6. 那些没有遵循 Easterbrook 和 Fischel 所倡导的一股一票规则的公司，更不容易被敌意收购者买入：在拥有两种类别股份的公司中，居于控制地位的内部人所持股份的投票权高于一票，而且该股份不进行公开的交易。从而避免了发生居于控制地位的内部人反对的控制权变更，即便新的所有者会增进公司的价值。拥有多种投票权股份、或者复杂的金字塔型投票权结构的双重类别股份公司，其他国家比在美国更为常见得多。虽然正如在 Easterbrook 和 Fischel 的文献中所举例的那样，美国的学者往往主张优先适用一股一票原则，但其他国家的学者则认为双重类别投票权结构的价值更大得多，并且质疑一股一票的有效性。2002 年，欧盟的一个顾问委员会建议，对于拥有多重投票权股份的公司的要约收购实行一股一票规则。由于该方案充满争议，欧盟最终采用了一个缩水的版本，即把其当作一种选择性的默认规则，而不是各成员国必须颁行的强制性规则。关于对欧盟议案的论争的回顾，例如，参见 Guido A. Ferrarini, "One Share-One Vote: A European Rule?," 3 *European Company and Financial Law Review* 147（2006）。在争议沸反盈天之际，欧盟委托欧洲公司治理研究所、Sherman & Sterling 律师事务所以及机构投资者服务组织，对成员国的股东投票安排进行了研究，包括研究作为准据法的法律制度，以及关于投票规则的理论及经验文献。该报告及研究文献的梳理形成了最终的报告。http://www.ecgi.org/osov/finalreport.php. 第 10 章进一步研究了包括所有权结构差异在内的公司治理的国别差异。第 8 章探讨了敌意收购。

7. Bebchuk 强调，将决策权重新配置给股东的原因之一是，股东选举董事的权力不敷使用，因为数据表明，管理层并没有对股东寻求消除交错董事会的成功议案作出回应,他们自己也不主动消除交错董事会。然而,近期一项关于交错董事会的研究表明,当前情况与 Bebchuk 描述的情形已经完全不同。例如,2004 年,管理层提出的消除交错董事会的议案有 35 起,2005 年有 30 起。管理层有多大可能提出消除交错董事会的议案,与股东提交消除交错董事会的议案存在显著的正相关——也就是说,与 Bebchuk 的发现不同的是,管理层现在看起来在积极地回应来自股东的压力。然而,实际情况是,收到股东这方面议案的公司低于半数,就此而言,绝大多数管理层的议案看起来是自愿的。参见 Mira Ganor,"Why Do Managers Dismantle Staggered Boards?," 33 *Delaware Journal of Corporate Law* 149 (2008)。Ganor 得出结论称:

> 我的研究表明,与仅仅研究股东的正式权利所获得的表面印象相比,股东的力量实际上更强一些。我的研究发现,股东的恳求性决议与管理层消除交错董事会的决定之间存在统计意义上的显著关联,这表明,股东可能拥有重塑董事会结构的非正式能力。当然,与正式的控制权相比,这种影响董事会的权力非常有限。的确,股东提出恳求性决议的公司中,大多数并没有匆忙消除交错董事会。然而,股东却并非完全不设防。

以上内容的重印获得了许可。Riskmetrics 这家委托投票顾问服务的主要提供者,收集了关于公司收购防御措施的种种数据。它报告称,自从其跟踪这些数据以来,交错董事会的流行程度在 2006 年首次下降;在其研究的 2000 家公众公司中,采用交错董事会的比例从 60% 下降至 56%。这些数据对于 Bebchuk 所持的观点而言,意味着什么?

8. 尽管 Bebchuk 重点建议在有关公司重大变更方面增强股东的投票权,他也表达了在选任董事方面增强股东的权力。股东通过投票来控制选举,看起来经常仅仅是名义上的,因为管理层推举的候选人在公司选举中通常不会面临任何竞争。近期法律与监管的变革正在改变这一基准:选举董事适用绝大多数、而不是相对多数通过;董事选举时不允许计入经纪人的投票;引入委托书争夺战之外的股东提名董事席位的做法。对于 Bebchuk 提出的增强股东权力的主张,这些变化将如何影响其力度?

9. Martin Lipton 和 Steven Rosenblum 建议废除股东一年一度选举董事的权力,将董事的任职年限设定为 5 年,禁止在选期之间进行任何的控制权变更(除非是获得管理层同意而发生的变更)。Lipton and Rosen-

blum, "A New System of Corporate Governance: The Quinquennial Election of Directors," 58 *Universityof Chicago Law Review* 187（1991）。如果该建议被采纳为成文法规则，你认为它对股份的价值会产生什么影响？如果该建议被采纳为选入式成文法规则，与选出式成文法规则相比，采用这种类型的董事会将呈现出怎样的范式？（提示：在回答这一问题时，重温第 3 章摘自 Listokin 的文献。）这一建议与 Bebchuk 反对的交错董事会相比，在防范控制权变更方面更为有效还是更为无效？对于这一建议，Bebchuk 会作何感想？请注意，在以下文献中，Bebchuk 曾提及，降低选举的频率同时赋予股东更大的参与其中的权力（例如股东有权在公司的投票征求材料中提名董事），是言之成理的："The Myth of the Shareholder Franchise," 93 *Virginia Law Review* 675（2007）。该建议与 Bainbridge 关于股东和董事会作用的分析，是否一脉相承？关于 Bainbridge 的"董事会中心主义"的更为详细的阐述，参见 Bainbridge, "Director Primacy: The Means and Ends of Corporate Governance," 97 *Northwestern University Law Review* 547（2003）。

10. Bainbridge 关于公司的决策权力的分配的分析，与第 1 章提到的 Williamson 和 Hansmann 的公司理论，有哪些关联？

11. Stout 的"团队生产"理论在描述必须获得董事会保护的雇员的投资时，依赖于 Williamson 的关系专属性资产的概念。这一理论与第 5 章中 Williamson 关于董事会是一种只保护股东的治理机制的分析，是如何实现契合的？认为公司的所有雇员均已经作出了此类投资，是否可信？认为与股东相比董事更不会剥削雇员的公司专属性资本的观点，有多大的合理性？如何防止董事从实施 Stout 所称的那些机会主义威胁行为中获得金钱收益？公司保持健康发展的利益，对于董事而言为什么高于股东？平均而言，股东还是董事会成员（这些人应当是外部董事）更可能从其各自投资或者地位中获得份额更高的收入？董事对股东的信义义务和 Stout 关于董事会作用的团队生产理论，是否存在冲突？

12. Hu 和 Black 指出，在他们称为"新的投票权购买"的交易中，运用到的复杂工具纷繁多样。股权互换是双方主体之间的合同，用于定期交换现金流：一方主体付出（另一方主体——或者称对手方获取）股份的回报，以换得获取另一项资产（例如综合股票指数或者国库券）的回报。按照 Hu 和 Black 的说法，股份回报的支付人在合同中处于"长"边或者

"股权腿"的地位。因而,普通股的所有者可以签订此类合同,并且居于"长"边(支付股份回报的一边),从而"交出"股份的经济回报,以换取另一项资产的回报。进行互换的股份所有者保留了股份的所有权,因而同时保留着投票权。类似地,投资者也可以签订居于获取股份回报的"短"边的互换合同,从而在不持有股份的情况下获取股份回报。正如在摘录的文献中所探讨的,这正是 Perry 公司所运用的策略:它签订了互换合同,根据该合同,它将其持有的 Mylan 公司的股份回报,支付给其对手方。

绝大多数互换是终端使用者(例如 Perry 公司)和作为另一边的互换交易商之间的合同,这样,Perry 公司就没有必要亲自去找一家与其角色正好相反的机构,也就是说,愿意无须直接购买 Mylan 公司的股份而获得股份回报的人。互换交易商是金融机构,诸如投资银行、商业银行和保险公司等。与直接持股相比,互换合同的一个特别有价值的特点在于其低成本:在签订合同时无须支出任何现金。换句话说,互换及其使用者无须花钱购买其在资产中的地位以获得该资产的回报,也无须承担出售其付出回报的该项资产的交易成本以达成其希望看到的结果,因而可把节省下来的现金用于其他投资。所以,投资者可以通过运用互换合同来避免承担股息税,或避免承担国际股票交易的货币波动风险,从而实现了持股的杠杆效应。大多数股权互换合同均系基于股票指数、而不是单一的股票来拟定。关于诸如互换合同等股权衍生工具及其使用的概述,参见 Roger G. Clarke, Harindra de Silva and Greg M. McMurran, "The Use of Derivatives in Managing Equity Portfolios," in F. J. Fabozzi, ed., II Handbook of Finance 399 (New York: John Wiley & Sons, 2008),以及 Bruce Collins and Frank J. Fabozzi, "OTC Equity Derivatives," in I Handbook of Finance, supra, at 181.

13. Hu 和 Black 探讨的可与双重类别股份资本结构相类比的"新的投票权购买"现象,是否也违背了一股一票? Gordon 的分析是否表明,证券交易所应当规范此种交易,或者政府应以其他方式予以关注? Hu 和 Black 关于披露的建议,是否使得这两种"分离的"投票结构更具可比性? 双重类别股份公司中的非投票权股份,按投票权股份价格的一定折扣进行交易。如果按照 Hu 和 Black 的建议,将公司中"空洞的"或者"形变的"投票权股份所占比例予以披露,则你认为此类公司的股价将会受到怎样的影响?

14. Hu 和 Black 认为值得警醒的发展演变,是否以另一种方式表明,禁止投票权买卖的公司法是误导性的制度遗产,应当予以废除?例如,活跃的投票权买卖市场带来了更多的知情的投票者,从而改变了 Easterbrook 和 Fischel(试着回想一下,他们认为,为了降低代理成本,禁止投票权买卖以及推行一股一票,都是合理的)所称的"理性的冷漠"投票者这一前提?Susan Kerr Christofferson 及其同事们,对信息不对称驱动下的股份交易中的投票权购买的良好解释提供了支持:他们认为:"不知道该如何投票的股东,应当有机会将其投票权转给那些知道该如何投票而且拥有同样偏好的人。"参见 Kerr Christofferson, et al., "Vote Trading and Information Aggregation," 62 Journal of Finance 2897 (2007)。在分析股权借用市场时,他们发现,在股权登记日借入股份(投票权交易)的情形,确实随着信息不对称情形(运用买卖价差这一金融学文献中常用的标准方法、以及第 2 章注释 7 提及的计算流动性的方法而得出的结果)的强化而增长。而且,在看起来关系到更多人利益的时候(公司运作绩效糟糕之时,公司的投票结果接近之时,以及公司的地位稳固的管理者更多之时),借用股份的情形也更为常见。最后,分析投票结果可以发现,投票权买卖的情形越频繁,股东议案获得的支持力度越大,管理层议案遭到的反对也越强烈。

15. 对于 Bebchuk 的分析而言,"空洞的"或者"形变的"投票权意味着什么?它对 Bainbridge 的分析会有什么影响?在 Blasius 一案中,Allen 大法官对于特拉华州公司法赋予股东投票权的极端重要意义的解释,最常为人所引用。在该案中,对于管理层采取的旨在妨碍股东行使选举董事会的权力的行为是否具有"强有力的正当性",法院进行了最为严格的审查:

> 在观念上,董事权力的合法性源于股东的选任。一般而言,如果股东感觉公司经营绩效低下,他们只有两种保护措施:他们可以卖出其股份(如果作出这种选择的股东人数足够多,将会影响到证券的价格,从而激励着管理层提高公司经营绩效);或者他们可以投票撤换现任董事会成员。

> 长期以来约定俗成的是,将股东的投票权视作几无任何实际意义的遗迹或仪式,从而将其搁置一边。情况或许是,正如我们现在看到的,随着新的机构投资者的话语权力和制度安排涌现出来,股东投

票与以往相比更难预测。然而，无论在功能上是否将股东投票视为不重要的形式主义，抑或认为它是一项重要的制约工具，清楚不过的是，某些人（董事和高管）就他们并不拥有所有权的大量财产的聚合行使权力之所以具有合法性，其理论的关键即在于股东的投票。因而，以一个宽泛的制度视角来考察，可以看到的是，关于股东投票过程的正当性的种种情事，还包括在董事行使委任权力的其他任何背景中均没有出现的因素。

Blasius Industries, Inc. v. Atlas Corporation, 564 A.2d 651（Del. Ch. 1988）. 对于大法官 Allen 提出的"股东投票是授予管理层运营公司的广泛的专断权的基石"这一观点，空洞投票抑或 Bebchuk 所描述的制约着股东之于董事会决策权力的种种情形，哪个构成更大的挑战（如果有的话）？

16. 在 Hu 和 Black 花了大量笔墨描述的空洞投票事件——Perry 公司参与了 Mylan 实验室公司拟收购 King 制药公司的活动——五年之后，美国 SEC 发布申请强制执行的公告，称 Perry 公司未在规定的 10 天时间窗口内披露其购买的 Mylan 实验室公司逾5%的股份，因而违背了其披露义务（重温一下，Perry 公司通过签订互换合同获得了投票权，但没有获得股份的经济权利，从而形成了目前的状况），SEC 还向申请人提供了指引。

17. 在应对"空洞的"和"形变的"投票所产生的种种问题方面，尽管 Hu 和 Black 只提出了完善信息披露的要求，他们同时还提到了可能的替代措施，例如限制投票权等等。要求经济权利与投票权利如影随形以使股东投票权可以计算，这是否可行？这一"药方"是否过于复杂，或者比"病症"更为糟糕？如果如他们所述，这些安排在某些情形下会使其他股东受益，而在其他情形下则不然，那么，一体禁止一切与经济权利相分离的投票，就并非理想的安排。既然如此，如何确定此种安排是否有益？将公司决策权交给管理层，并且要求其在行使权力时接受信义义务的拘束，这是否合理？考虑到第 5 章关于股东诉讼的探讨，它将如何影响你对前述问题的答案？股东彼此并不互相负有信义义务，他们可以按自己的意愿投票（而对于控股股东而言，则有一些例外）。拥有"空洞的"或者"形变的"股份的股东，是否就其投票对其他股东负有信义义务？如何履行此种义务？Hu 和 Black 关于与经济权利相分离的投票的担忧，如果有些方面将因此而缓解的话，是哪些方面？在本章的下半部分，Anabtawi 和 Stout

主张向股东施加信义义务,在读完该文献之后,回过头来重新考虑你对这些问题的反应。有学者建议推行"投票权限制"的方法,即根据作为剩余索取权人的投资者在公司中的经济利益来分配其投票权。参见 Shaun Martin and Frank Partnoy, "Encumbered Shares," 2005 *University of Illinois Law Review* 775. Hu 和 Black 只能够发现 21 例现象(其中只有 3 例涉及美国公司),这一事实能否支撑其审慎的监管措施的建议(例如改革披露要求)? 甚至如果发现更多例子的话,能否支持其建议?

18. 在后面的文章中,Hu 和 Black 提议在披露之外采取其他监管措施:允许公司采用限制空洞投票权的公司章程条款;禁止经济所有权为负值的股东投票;与名义所有人有关的规则的种种变更,以使投票权与经济权利更好地匹配。参见 Hu and Black, "Equity and Debt Decoupling and Empty Voting II: Importance and Extensions," 156 *University of Pennsylvania Law Review* 625 (2008). 他们的观点发生变化的一个原因在于,认定的情形(包括传言中的分离的情形)已经翻了四倍。你认为,他们的强化监管的建议在绝大多数此类交易(75%)仍然不涉及美国公司的情况下,能否赢得正当性? 在采取分离做法的美国公司中,如果扣除 10 年或者 20 年前采用员工持股计划(ESOPs)的公司(这一比重为 10%),则非美国公司的比重甚至还会更高(80%)。员工持股计划是为众人所熟知且得到国会鼓励的交易,在公司采用该计划之时被广泛理解为是一种反收购策略(尽管员工持股计划在防范收购方面并非总是成功),而且采用这种计划的公司,比该计划被 Hu 和 Black 认为是空洞投票的情形要多得多。

19. 2009 年,特拉华州修订了公司法,允许公司采用两种不同的登记日期,其中一种是确定哪些股东有权收到会议通知,这一日期为会议之前的 10 天至 90 天(前一种的时间窗口,单一的登记日期),第二种登记日期用以确定哪些股东有权投票,该日期可以设定为一个更为接近会议召开的日子。公司法的这一规定,被认为通过加大有权投票的股东仍然持有股份的概率,来解决"空洞投票"问题。这一规定会解决 Hu 和 Black 所担忧的哪个问题?

20. 委托投票顾问服务的提供者,诸如 Riskmetrics 这一行业内的翘楚,向机构投资者提供了投票的建议,特别是向共同基金这些机构投资者提供建议,后者根据 SEC 和劳动部的规定,负有就其投资组合的持股进行投票并予披露的信义义务。那些在选举和提出议案时 Riskmetrics 提供了投票建议的公司,Riskmetrics 并不拥有股权。研究表明,它的建议影响了将近 20% 的投票;例如,Jennifer Bethel and Stuart Gillan, "The Impact of the Institutional and Regulatory Environment on Shareholder Voting," 31 *Financial Management* 29（2002）（Riskmetrics 作出了不利建议的管理层议案,获得的选票支持少了 14%—21%）; Jie Cai, Jacqueline L. Garner and Ralph A. Walkling, "Electing Directors," 64 *Journal of Finance* 2389（2009）（在没有竞争对手的选举中,Riskmetrics 建议不能当选的董事所获得的支持选票少了 19%）。另外,在投票委托书争夺战中,Riskmetrics 支持挑战者的建议影响了结果;例如 Cindy R. Alexander, et al., "The Role of Advisory Services in Proxy Voting," NBER Working Paper 15143（2009）。这也是"空洞投票"的一个例子吗? 当阅读本章下半部分摘自 Anabtawi 和 Stout 的文献时,试着考虑他们将信义义务施加于股东的观点是否也应适用于诸如 Riskmetrics 这样的组织。

B. 话语权的行使:机构投资者在行动

少即是多:使机构投资者的积极行动成为一种有价值的公司治理机制*

ROBERTA ROMANO

过去十年来,机构投资者越来越多地介入公司治理活动,他们根据证券交易委员会(SEC)的委托书征集规则提出了种种议案,并且与目标公司的管理层私下协商,以达成改善公司治理的预定目标。例如,自从 20 世纪 80 年代以来,机构投资者已经向数百家公司提供了关于公司治理的股东议案,它们主要包括清除公司收购的防御策略、采用秘密的委托投票、强化董事会的独立性、限制高管薪酬等等。1986 年之前,只有一小部分个人投资者积极参与公司治理:从 1979 年至 1983 年,宗教团体及六位或七位个人投资者(因年份不同而略有差异)所提交的议案超过了总议案的半壁江山,这些议案每年达到数百起。从 1986 年到 20 世纪 90 年代早期,五家机构(四家公共养老基金及一家大学教师和行政人员养老基

---

* 版权信息如下:© Copyright 2001 by Yale Journal on Regulation, P. O. Box 208215, New Haven, CT 06520-8215. 许可重印于 Volume 18:2。版权所有。

金)所提的议案几乎占到了总议案的 20%。1994 年以来,工会取代了公共养老基金成为最为活跃的公司治理方案提出者。超过 12 家工会和工会养老基金,包括国家和地方层面的工会组织机构,运用了委托书征集机制来提出此类议案。

通常而言,评论人士在评价机构股东的行动主义时,至少会部分相信它将效仿德国和日本以大股东为基础的治理制度,并因此填补 20 世纪 80 年代末期随着美国的公司敌意收购式微而形成的管理层监督的空白(尽管由于十多年来美国的经济表现远远胜过德国和日本,以及近年来美国公司的敌意收购活动有所抬头,现在,德国和日本的公司治理机制中,敌意收购不再繁盛)。根据这一见解,机构投资者更为积极地介入公司治理,可以取代敌意收购的威胁所发挥的约束管理层的机制。

金融学的研究文献得出了一个显然自相矛盾的结果:尽管评论人士通常会积极评价此种股东行动主义的发展演变,经验研究却表明,它对目标公司经营绩效的影响并不显著。非常少量的研究发现其中存在积极影响,一些研究甚至发现股东行动主义对公司股价产生了显著的负面影响。

股东行动主义对公司绩效的影响无足轻重的解释

通过研究机构投资者的行动主义对于公司治理是否有影响,来评估这种行动主义的效用,为了确保这种路径是适当的,首先必须搞清楚这些活跃的养老基金针对的是哪些公司。也就是说,它们是否以经营绩效孱弱的公司为目标?因为如果养老基金改善公司治理的种种努力,与人们认为的公司经营绩效并不相关,则运用经营绩效的改善作为衡量基金行为的标准,无疑并不妥当。特别是,如果目标公司是运营绩效居于一线的公司,则我们不能期望股东的议案会对其绩效产生显著的影响,因为此类公司大幅度改善其经营绩效的可能性大为降低。由于基金的投资组合中或许有许多公司的经营绩效低于平均水准,在评价股东行动主义对于经营绩效的影响时,有必要确定基金是否遵循了可以加以理性判断的目标公司遴选策略:也就是说,他们是否基于争夺战的成功对于公司绩效的改善至关重要这一假定,选择了他们获得成功的概率更高的公司?

若干研究发现,通过运用以下诸种股票和会计计算方法均可得出结论称,股东行动主义的目标公司确实(与市场平均水平或者本行业的同业公司相比)经营绩效相对低下:异常股份回报、营业收入的增长、资产回报、销售营业回报、销售的增长以及市价与账面值比率)……大量的样本研究发现,机构投资者行动主义的目标公司的经营绩效低于标准水平,这支持着以下观点:衡量股东议案之于公司治理的价值的妥当标准,就是其对于公司经营绩效的影响。

与此同时,也有大量的数据表明,机构投资者策略性地选择其目标公司,以提升其获得成功的可能性——也就是说,他们在选择其议案的目标时,考虑的是公司的股东投票权构成的整体情况,而不仅仅是公司的经营绩效。若干研究发现,公司收到股东议案和内部人持股之间存在负相关,而在公司收到议案和机构投资者持股之间则存在正相关……这种策略行为与选择成功率更高的目标公司的想法一脉相承。我们当然无法期望内部人会投票支持限制其权力的议案,也无法要求他们创建并非自愿接受的治理结构。与个人股东相比,机构股东持股数量更大,持股范围更广,因而进行知情投票的激励要大得多,也正因为如此,机构股东被假定比其他外部投资者更为经常地投票支持强化股东监督管理层的能力的议案。的确,此类投资者就是这样投票的:投票支持股东议案的比例与内部人持股呈负相关,而与机构投资者持股呈正相关。

相应地,我们可以得出以下结论:提出公司治理议案的公众养老基金,并不会像提出社会责任议案(涉及社会问题和公司社会政策的建议,例如在北爱尔兰做生意或者进行动物测试)的人那样,实施象征性的政治行为。有关社会责任的议案所获得的支持远远低于有关公司治理的议案。

尽管公众养老基金在确定目标公司时的理性显而易见——目标公司往往经营绩效低下,股东倾向于投票支持公司治理的议案——仍然没有证据表明,此种行动主义对于公司业绩产生了清晰的积极的影响。对于股东议案的最为全面的研究表明,议案的提交与目标公司的业绩之间并不存在明显的关系。

股东议案之于公司业绩不具有统计学上的显著性,这种连贯一致的发现,最可靠地反映了作为议案目标的公司治理机制的价值。股东活跃分子最感兴趣的治理机制——董事会的改革、公司收购的防御、高管薪酬及秘密投票——向来受到了广泛的研究。简而言之,议案发起人所倡导的董事会类型及人员构成的改革,向来未被认为是增长价值的公司治理措施;关于反收购措施的实证研究结果模棱两可,只有一些发现表明,股东的议案所要努力废除的一些策略对于公司业绩会产生负面影响;实施秘密投票对于投票结果或者公司业绩没有影响。

与所提交的议案相反的是，机构投资者的私下协商治理策略有时会对股价产生显著的积极影响。

成功的协商对于公司业绩产生了积极的影响，而提交的议案则没有什么影响，对于这些发现的传统解释是，只有当议案能够最大化公司价值时，公司管理者才进行协商，而且股东预料该议案将获得实施，于是推高了股价。根据这种观点，提交的议案是那些管理层认为不会最大化公司价值的议案，因而不值得协商。市场未对提案作出反应，其原因在于，尽管人们认为该提案是消极的，但并不认为它会获得通过（或者并不认为提案通过后管理层会加以实施）。［近期的全面研究］发现，机构投资者的提案引起了负面的反应，为了协调这一研究结论……价值最大化的解释必须认识到，市场相信，如果机构投资者提出了并非价值最大化的提案也可能被采纳。然而，这种解释却无法合理地说明为什么［其他一些］研究会发现协商对于公司业绩产生了负面影响，因为这些发现表明，恰恰相反的是，管理层对于并非价值最大化的提案进行了协商。

谈判达成的协议（私人行动主义）对公司业绩有时产生了正面影响，有时则产生了负面影响，针对同样事项的股东提案对业绩的影响则并不显著，对于这一自相矛盾的发现，一个更为有益的解释是管理层行为的筛选解释。在投资者不了解公司经营状况而管理者了解之时，就股东提案进行协商，使投资者获得了筛选、甄别管理者之优劣的渠道。从这一角度出发，私人行动主义的积极（消极）股价效应，并没有反映对行动主义所指向事项的积极（消极）评估（也就是说，它是否价值最大化），而是表明了投资者对管理层素质的评估，也就是说，这种素质体现于，对于股东的改善公司价值的关切，管理层将会（或者将不会）予以回应。

股东行动主义之后的结构性变更

除了研究行动主义对公司业绩的影响之外，一些研究还调查了公司被机构投资者锁定为目标之后是否进行了公司重组或者其他治理改革。其机理在于，公司在成为代理投票的目标之后进行了重大的结构性变更，也是衡量股东行动主义取得成功的另一种方式。

关于目标公司是否作出了诸如解聘 CEO 或者出售重大资产等结构性变更，相关研究结果差异悬殊。这些差异看起来与有关股价影响的研究的差异息息相关。发现股东行动主义对股价没有影响的研究，也发现委托投票几乎对公司政策的变更没有任何影响，特别是，CEO 的更替与收到股东的议案没有任何关联。然而,发现存在积极股价效应的子研究样本,也往往会发现目标公司资产剥离的水平有所增长。

积极的股价效应、股东行动主义以及随后的结构性变更,这种三边关联关系的含义,与投资者行动主义最为重要的形式(控制权的委托投票争夺战)之于公司业绩的影响的研究一脉相承。相对于有关股东议案的研究而言,有关委托书争夺战的研究不断地发现此种投资者行动主义带来了更多的有利影响。(无论异议股东最终是否赢得战争)投票委托书争夺战对股价的影响相当积极。另外,这种争夺战在公司层面的影响相当明显:被公司控制权委托书争夺战锁定为目标之后,无论最终结果如何,公司通常都会更换高级管理人员,而且在争夺战结束之后通常会卖出公司或者予以清算。这种结果——随后高频率地发生的收购、重组或者CEO的更迭——很可能解释了相对于委托投票议案而言,为什么投票委托书争夺战会带来价值的增长。事实上,最近关于投票委托书争夺战的最为全面的研究发现,委托书争夺战的积极股价效应的绝大部分均来自于争夺战结束之后即被收购的公司;在没有发生收购的情况下,股东来自于委托书争夺战的财富增量,仅仅由CEO被撤换的公司所维系。

从成本—收益的视角来看,并不奇怪的是,相对于股东提案之后发生的公司重组而言,委托书争夺战之后发生的公司重组行为更为多见,而且相应地,委托书争夺战比股东提案对于公司业绩的影响更大。同样是股东行动主义,委托书争夺战的成本比股东提案要高得多,而且争夺者通常志在公司重组。股东提案对于公司业绩影响不大,其原因或许在于,与委托书争夺战相比,实施此种行动主义的投资者行事不够努力。然而,尽管委托投票议案的行动主义比委托书争夺战成本更低确为事实,这种股东行动主义之所以对公司业绩影响更低,在我看来,可归咎于其追求的目标:独立的董事会、限制薪酬、秘密投票。另外,更为模棱两可的是,相对于委托书争夺战或者公司收购(出售部门及高层管理人员变更)而言,解除毒丸计划不仅成本低廉,而且作为公司治理措施,其对股价也没有明显的影响。

改善公司治理行动主义的绩效

令人吃惊的是,并没有证据表明,股东的行动主义改善了目标公司的业绩,这带来的一个重要问题是,机构投资者是否应当重新评估其股东提案的日程,以更为有效地管理其资源。本文分两个方面来探讨这一问题。

第一,它建议实施一种内控机制,藉此,基金的董事会可以定期检查其员工实施的股东行动主义项目,以找到最有成效的治理目标。第二,它建议取消或者大幅降低对代理投票议案的发起人的补贴,除非该议案获得了相当数量的投票支持,从而增强激励以在内部重新评估该提案。

内部控制:重新聚集行动主义者项目

要使股东行动主义尽可能不会沦为非价值最大化的活动,一种方法是,通过鼓励对公司治理项目实施全面的、正式的内部评估,从而改善机构投资者的决策质量。它们应当包括对有关拟议提案或私下协商的目标的经验研究的评估,以及对此前提交的提案的投票结果的评估。这种评估结果应当呈交基金董事会,而不仅仅提交给监督此种行动主义项目的高管和雇员。这使得基金董事会可以更有效地识别什么活动是值得的,从而促进其对基金受益人信义义务的履行。而作为基金活动及其效果的一种正式汇报机制,是将基金受托人和基金管理人置于更为平等的地位,因而降低了以下可能性:更为知情的管理者把一些实际上并非增强价值的提案以良好公司治理的名义,合理地嵌入董事会议程。

项目的定期评估的重要性也不容低估,因为委托投票过程中的股东行动主义并非毫无成本,尽管相对于有关控制权变更的行动主义而言,其代价显然并不昂贵。例如,CalPERS(加利福尼亚公共雇员养老机构)估计,其行动主义项目的年度成本是 500,000 美元(占到基金的国内持股成本的 0.002%)……其他公司治理战略,例如投票反对管理层提案及作为经营绩效孱弱的公司董事会的被提名人,比行动主义者的议案的实施成本低得多;例如,有人估计,"只是说不"的项目的年度成本是 100,000 美元。

考虑到监督管理层的积极和消极机制的成本存在这些差异,同时股东行动主义在改善公司业绩方面成效不彰,从信义角度出发,基金经理应当使花费在董事会项目的经费具有正当性。如何适当强化股东行动主义项目的内部控制制度,其细节并未详细规定。原因是两方面的。首先,因为某些公司治理机制的优势因公司具体特征而各不相同,过分细致的标准会使基金丧失根据变动不居的情景而作出区别反应的能力。第二,考虑到公司形态及治理措施动态演进的性质,主张取消所有公司治理行动主义的建议,将不会是审慎的选择。相反,我们必须实施关于基金提交的议案的过滤机制,这套机制必须顾及文本的规定,但必须具有足够的灵活性,以能够应对新的发现及新的情形。

养老基金董事会应当实施拟议的评估过程,这一过程足够理想以至于可以作为公司治理的善治而被自愿实施。然而,这些基金的董事会可能也难以评估其项目的有效性,因为他们或许并不拥有所必需的智识。

实施评估的一个更为重要的问题在于,基金的董事会本身也面临着政治压力:董事会成员往往系政治委派或者是当选的公务员,他们或许会支持选民所赞成的行动主义事项,并受其影响,他们可能还不如其他受托人那样去关注投资组合的价值。基金董事会的政治化,将极大地弱化实施拟议的评估的激励。在这些情况下,实施评估程序或许正好符合基金管理人的利益,因为它为那些集中关注投资组合中的公司价值的管理者提供了政治保护伞,他们可以免受政治化的董事会的钳制,这些董事会成员关注的不是价值的最大化,而是追求政治和社会投资目标。

外部控制:股东提案的财务负担的转移

完全依赖内部控制以解决基金受益人所面临的问题,还面临着……一个问题,即对于基金的行动主义者而言,做这件事情并不合算。因为行事最为积极的基金是公共养老基金,它们有明确的收益计划,它们向受益人支付的金钱独立于基金的捐助财产。因而,即便某些基金出于对不利信号的担忧而进行评估,但绝大多数公众养老基金管理人缺乏强烈的动机来进行全面的评估,因为该类基金受托人并不像共同基金的股东那样积极监督基金的经营绩效。政客们也不可能出于对纳税人成本的担忧而锁定基金的行动主义,因为这些事项的花销相对较少,而且一些非价值最大化的行动主义事实上能够给他们带来政治上的利益:例如,限制高管薪酬向来是国会始终关注的焦点。这样,我们就需要另外的机制来激励公众养老基金的管理者们。

一种激励着基金经理们进行更为划算的行动主义的方式是,对于根据 SEC 的代理投票规则提出议案却告失败的,取消对其的补贴。如果基金须自行承担提案失败的成本,则基金经理们必须时时审查基金的公司治理项目,以确定哪些提案最可能赢得投票支持,因为如果不这么做,他们的现金流状况会受影响。必须承认的是,这种建议所带来的动机较弱,因为基金受益人不可能监督公司治理项目绩效孱弱而导致的资金外流及重新配置的情形。然而,久而久之,由于丧失提案补贴所产生的开支会影响基金的业绩,基金董事会出手干预的动机将会增强。对于基金经理来说,避免董事会采取此类行动于其有利,因为如果董事会出手干预,则不但管理者的权力会立即缩减,而且还会对其职业声誉产生不利影响。而且,预料到董事会将采取行动的管理者们,会自始即调整其针对股东提案的行为。

代理投票议案应当获得补贴吗?

教科书的经济学告诉我们,对其行为承担全部成本的主体,比那些不承担行为全部成本的主体所作出的决定更为理想。当一方主体并不承担其行为的全部成本时,它会更多地实施此类行为,因为在计算企业的边际收益和成本时,这种行为所带来的收益哪怕更低,也足以抵消已被降低的成本。然而,在股东代理投票的提案制度之下,关于集体行动问题的担忧,经常使这一分析丧失说服力。也就是说,如果股东个人承担的此种行为的成本,超过了其在公司中的利益份额,尽管这种成本仍然低于所有股东因此可获得的总收益,该行为发生的概率将更少而不是更多。代理投票的制度安排假定,这才是计算股东提案的成本和收益的妥当方法。

然而,如果股东的行为能够给其带来私人收益,也就是说,这些收益完全归属提案发起人,而不是像公司价值增长那样由所有股东按比例分享,则对于成本与收益采取按比例匹配的做法,也不会带来理想的后果。其原因在于,当成本由所有股东承担时,小额的私人收益也会诱使股东个人采取并非裨益于股东整体的行为。

情况很可能是,一些投资者至少会从发起某些股东提案中获取私人收益。发起人身份的差异——发起人主要是公共和工会基金,与私营部门的基金不同的是,它们并不竞相追求投资的金钱回报——本身即明白无误地表明了这些私人收益的存在。提案人获得了不成比例的潜在收益的例子是,工会基金的管理者乐见其成的劳工权有所进展,公众养老基金经理的政治声望提升了[1],以及个人职务获得了晋升,政府雇员的薪资大大低于私营部门的水平,还面临着"旋转门"问题。* 积极参与投资者保护运动,会增加其个人日后的工作机会……例如,加利福尼亚公共雇员养老机构(CalPERS)的公司治理项目的一名高级官员 Richard Koppes 离开该基金之后,加入了一家提供公司反收购建议服务的律师事务所。而由

---

[1] 例如,纽约市审计官(New York City controller)兼纽约市雇员退休基金的受托人,在竞选美国参议院的民主党提名人时,突出强调该基金支持引入独立董事的提案,以使"公司管理更富于责任",包括废除"高管薪酬的肥猫计划"。

于职业前途的考量——强化政治声誉或增加后续的职业机会——并没有向私营基金经理们提供相称的利益,我们发现他们并不积极介入投资者保护行动。

某些类型的提案在职业生涯方面的千丝万缕的私人利益,极可能高于其他类型。例如,提案限制高管薪酬及增进董事会成员的多元化,对于民粹主义的情感需求或者某些选民群体的政治偏好而言富于吸引力,因而与秘密投票或者撤销反收购策略的提案相比,更能提升提案人的政治声誉。与那些更为常规的公司治理措施不同的是,高管薪酬及少数族裔的参与度以及有关可以提升政治声誉的种种社会问题的议案,所获得的媒体关注程度要高得多。只要考虑以下事实,这一推测即貌似有理:与那些在公司中拥有金钱利益的人所提出的秘密投票及防御策略议案相比,有关高管薪酬及董事会构成人员的提案所获得的投票支持力度要低得多。

一套更为宽泛的议案——所有那些使管理者感到不适的议案——可以向那些努力营造更为和谐的管理环境的工会基金经理们带来私人利益;这些议案包括撤销收购策略的议案,限制高管薪酬及强化董事会独立性的议案等。但人们也会策略性地运用这些议案以赢得其他投资者的支持和良好评价,这些投资者被认为会把员工利益置于未来更为重要的事项之前。尽管这种"结转"效应构成了工会的"私人"收益,但在严格的意义上,它又不是"私人"收益,因为特定的议案所带来的收益,例如废除毒丸计划所带来的股份价值的增长,是一种按比例的收益。

尽管在历史上或许有所关联,然而,补贴股东提案的提案人成本以解决集体行动问题的规则,其理念与当前绝大多数股份由机构投资者持有的资本市场却几无任何关联。机构投资者持有大量股份,经常无法卖出管理绩效孱弱的公司的股份,因为他们的基金的投资组合也把那家公司囊括在内。因而,他们面临的搭便车问题便远远低于股东个人,后者被假定身陷困境,这激励着其采纳补贴成本的制度安排。另外,诸如 CII(机构投资者理事会)等诸多组织……收集着有关公司治理事项的信息,并且向机构投资者传播,这更加使得没有必要采用监管手段来对付假定的集体行动问题。AFL-CIO 还针对工会基金发表了一套详尽的投票指引,而且现在已经能够通过互联网低成本且广泛地传播信息,而且未来的发展空间相当大。除了 AFL-CIO 网站之外,加利福尼亚公共雇员养老机构

(CalPERS)、机构投资者理事会(CII)以及其他组织都详细地说明了其公司治理活动,而且一些活跃的基金在网站上公布其是如何受托投票的,同时鼓励运用网站来促进股东参与行动主义的工作。

关于提案进程的拟议的改革

对于积极运用代理进程的投资者而言,补贴并无必要,而且实际上,它还给机构投资者带来了逆向激励,因为目前获得的最佳数据表明,基金经理们并没有运用提案程序来增进其受益人的最佳利益。因而,本文建议修订当前的代理提案制度,以降低此种激励。文章提供了三种替代方法,这些方法通过减少补贴而达到了改变基金激励的有益效果:(1)确立一个投票支持率,支持率低于该比率的提案的发起人,必须全面补偿公司提交该提案的成本;(2)根据议案支持率的高低,按比例增减补偿的费用;以及(3)由股东决定对议案的费用补偿到什么程度。本人倾向于第三种方法,但与其他两种方法不同的是,它与 SEC 规则的强制性路径并不一致。

第一种方法是取消补贴,除非提案获得了大量的支持。此种方法与州法对待集体行动的问题所采用的方法一脉相承:代理投票的竞争者必须自行承担成本,尽管股东可能会事后批准补偿成功的挑战者的费用。对此种改革的最大支持力量源于以下事实:关于成本补偿的州法所采取的做法,在使股东个人的动机与股东整体的动机保持一致方面,比联邦的委托投票制度更为成功。与股东提案制度相反的是,委托书争夺战并不意在解决与公司治理无关的社会问题,也不在于解决与公司运营利润无关的不重要的结构性改革问题。更为重要的是,它们带来了公司业绩的显著改善,而股东提案却做不到这一点。州法的实施效果更为理想,这一点并不奇怪:公司章程的州际竞争最终促成的法律往往会以强化股东福利为导向,而联邦证券法律制度却缺乏此种竞争,这大大弱化了其回应投资者关切的能力,因而更不可能形成财富最大化规则。

绝对的成功(50%)这一州法的代理提案费用补偿标准,不必成为进行全面补贴提案成本的标准。相反,比较一番收购的成功标准之后,应当认为收购成功的适当基准为40%。例如,向股东发出溢价要约的敌意收购,绝少获得100%的已发行股份,而通常会获得75%的股份,因为不可避免地有部分股东无法或者不愿及时卖出股份;如果把收购人发出要约之前的持股份额计算在内,发出要约之后的股份将升至85%。因而,将代理提案成本补偿标准设定为40%的成功率,就大体相当于收购成功的平均投标率(也就是说,50%中的80%)。

将获得提案成本补偿的标准设定为获得40%的支持,其教义在于,过低的补偿门槛会弱化机构审查行动主义的有效性的动力,从而使得提案人拥有太多的操纵空间,使其私人收益超过了股东的整体收益。同样行之有效的另一种方法是,同比例增减补偿机制:获得成功的提案者将得到全面补偿,此后,提案成本的补偿率与提案获得的票数与成功所需票数之比成正比例关系。因而,获得40%投票权股份支持的提案人并非无须承担任何成本,而是必须承担20%的提案成本(也就是说,补偿为50%中的40%)。

如果股东提案的支持者所获得的潜在私人收益,大大低于代理投票权争夺战的竞争者的可实现私人收益,则无论州法层面上的代理投票权争夺战的费用补偿门槛有多高,降低提案费用补偿的成功标准(低于40%或者采取按比例增减的方法)将是适当的。在这种情况下,私人收益和社会福利之间的差异所带来的补贴的逆向激励将会降低。

此外,在提案的社会利益相对私人利益相当明显的情况下,可以想见的是,会有更多的股东投票支持该提案。就此而言,设立足够高的投票门槛要求,就成为一种确保提案发起人妥为衡量私人收益与社会收益的方法。而公司治理议案的成本,也不可能随着议案内容之不同而变动不居,私人收益亦然。

降低股东提案补贴的前两种方法(规定一刀切的比例,例如40%;或者补偿金额同比例递减)是所有SEC规则都采用的一揽子方法:它们是适用于所有发行人的强制性规则。但本人认为,更有吸引力的第三种方法在于,允许公司通过股东投票来选择它们的代理提案的制度安排,例如对于所有或者某些提案发起人,全面补偿或者部分补偿或者不予补偿其提案成本。事实上,这种选择式路径与州公司法的赋权型特点相得益彰,因而相较于强制性规则,代理程序更适于运用此种规则,其原因在于,代理过程(投票)是州法所调整的公司内部事务的一部分,而州法认为,有必要允许公司按照其特定需要来量身定做治理机制。

在选择性提案制度安排下,绝大多数发行人并没有不言而喻地选择废除对股东提案的补贴。公司行动主义中的机构投资者并没有倾向于选择废除当前补贴其活动的制度安排。然而,由于活跃的股东只持有公司的少量股份,他们需要其他股东的支持来维续全面补贴的制度。因而,对于代理提案过程的费用安排适用选择性方法的好处是,公司的股东整体可以自愿作出补贴提案成本的决定,而无须由 SEC 命令为之。当然,如果公司的大多数投资者并不希望撤销补贴,则在非价值最大化的机构行动主义中,承担着成本的养老基金受益人无法受益于此种方法。

没有一种补偿提案费用的方法,明确要求管理层就其反对但最终被采纳的股东提案或管理层提议但被否决的议案,向公司补偿费用。各方待遇对等,这或许是理想的安排,因为没有理由要求股东承担管理层反对但其支持的提案的成本,或者要求股东提议其并不希望看到被实施的事项。

之所以没有同等要求管理层承担费用补偿责任,有两大原因。首先,这种要求无法实施和监管,因为此种费用补偿可以通过悄然增加管理者薪酬而予抹平。第二,允许管理者回应股东的提案并自行提出议案的道理在于,让那些更有能力判断具体议案的收益及成本的人向股东提供信息,根据这种道理,不能要求管理层承担提案失败的费用。一旦要求管理层补偿费用,则其带来的经济风险会减少管理层向股东提供的有关提案的信息。不强制要求管理层补偿费用,进一步支持着提案费用补贴的选择性安排:考虑到管理层补偿政策的收益此消彼长,妥当的政策选择因公司不同而有差异,允许每家公司的投资者在提案费用补偿方面自行决定是否同等对待管理者与股东,是更为理想的安排。

公司治理及公司控制权中的对冲基金[*]

MARCEL KAHAN 和 EDWARD B. ROCK

对冲基金正在成为最具活力且最受关注的股东活跃分子。就好的一面而言,这使得对冲基金有可能在为其自身投资者盈利的同时,解聘表现不佳的管理者,对无效的公司战略发起挑战,并确保公司兼并和控制权交易对于股东而言合情合理,从而帮助克服公众公司的传统代理问题。鉴此,从好的一面看,对冲基金增强了其投资的公司的价值,这样既有益于其自身的投资者,同时又有益于其他股东。

公司治理行动主义

对冲基金越来越试图影响公司的商业策略及其经营管理。此种行动

---

[*] 本部分内容的重印,获得了以下的许可:Marcel Kahan & Edward B. Rock, "Hedge Funds in Corporate Governance and Corporate Control", 155 *U. Pa. L. Rev.* 1021 (2007). © Copyright 2007 by the University of Pennsylvania Law Review.

主义的表现形式多种多样,从公开向成为其投资组合中的公司施加压力以改变经营策略,到发起以赢得董事会席位为目标的代理投票争夺战,以起诉现任或前任管理者。

在其参与公司治理的日常活动中,对冲基金经常卷入其行动主义的目标的种种法律纠纷。尽管通常而言在更为宽泛的行动主义意义上,这些纠纷只居于附属地位……但在某些时候,诉讼是其行动主义策略的不可或缺的重要组成部分。

公司控制权行动主义

在涉及公司控制权潜在变更的交易中,对冲基金的表现向来特别活跃。此种行动主义分为三大类型:首先,对冲基金作为潜在的收购人的股东,努力避免达成此种交易;第二,对冲基金作为潜在的目标公司的股东,努力阻挠此种交易或者努力为目标公司的股东改善交易条款。第三,对冲基金本身——有时单独行事,有时则作为行动团体的一部分——努力去收购公司。

与传统的机构投资者的行动主义之比较

过去二十年来,传统的机构投资者——特别是公共养老基金和共同基金——也积极开展股东行动主义。然而,在许多重要的方面,其行动主义模式与对冲基金的行动主义判然有别。

传统机构的行动主义包括两类。20世纪80年代中期兴起、而且直到今天仍然在一定范围内盛行的做法是,传统的机构根据[SEC]14a-8规则进行股东提案。这些提案通常是股东就有关公司治理规则的诸多方面作出恳求性决议,诸如毒丸、秘密投票及董事会结构。绝大多数此类提案由公共养老基金——包括CalPERS[加利福尼亚公共雇员养老机构]、诸多纽约养老基金、以及威斯康星州投资董事会——以及TIAA-CREF[1]提出。然而,自20世纪90年代中期以来,这些机构越来越多地通过私下协商以使董事会自愿进行公司治理的变更,而且只有在董事会未能这样做的情形下才动用正式的提案。

通过(实际上的或者威胁的)股东提案来达成公司治理的变更,这是绝大多数公共养老基金通常使用的手法。除了"教师保险年金协会——

---

[1] TIAA-CREF,也就是"教师保险年金协会——大学退休股权基金",是私立院校及某些州立院校的大学教育者的公共养老基金。——编者注

大学退休股权基金"之外,共同基金无论是甫一开始还是在私下协商失败之后,均不会积极运用此种策略。然而,共同基金会投票支持别人提出的提案。

这些做法与对冲基金的行动主义存在诸多差别。它们旨在于改变公司治理规则,而不是公司经营或管理的具体问题(例如股份回购、公司分立、公司兼并或者董事会成员的构成)。此外,如此达成的政策变更效果通常并不显著,这要么是因为其所涉主题并不是非常重要,要么是因为股东作出的是恳求性决议(表示支持的选票并不具有拘束力),或者是因为董事会即便同意采纳所提议的政策,也可以日后随意更改。就"行动主义"仅仅是投票支持他人的提案(或者反对公司董事会的提案)这一意义上而言,它仅仅是一种相当消极的"行动主义"。最后,它往往同时针对一组公司,而且经常涉及同样的治理变更事宜。

说得好听一些,这种行动主义的模式致力于以低成本促成多家公司的治理的小幅调整,但它不可能给具体公司带来大的变化。诸如"机构股东服务"等代理顾问公司的重要作用,即关注这种小额、低成本及系统性的变化。

传统机构的第二类活动是,与公司管理层及董事会成员进行"幕后"谈判。从有关这些活动的事实来看,与股东提案类似,它们对公司治理规则变化的影响并不明显。

近年来对冲基金行事更为活跃,接踵而至的是,传统机构或多或少更为积极地介入公司控制权的争夺……富兰克林共同顾问(Franklin Mutual Advisers)——一家共同基金及其他账户的投资顾问——已经与对冲基金和其他投资者合力发出收购贝佛莉企业(Beverly Enterprises)的要约。另外,共同基金也支持对冲基金阻挠……收购……因而,对冲基金看起来并非只是自己积极行动,它们还成为传统机构积极行动的催化剂,后者要么与其共同行动,要么跟在对冲基金之后积极行动。

对冲基金行动主义的方略

在评估对冲基金在公司治理及控制权交易中的行动主义姿态时,人们必须记住,只有少部分对冲基金追求股东行动主义。一些对冲基金只持有少量股权证券,因为他们采用的是宏观经济策略,或者因为他们主要投资于债权证券。而且即使是关注股权证券的对冲基金,绝大多数也并不积极行事,因为他们采用的是定量策略,或者因为他们看重与管理层的关系,或者出于其他原因。的确,根据 J. P. 摩根的一项近期估计,对冲基金只有5%的资产或者大约5000亿美元,可用于股东行动主义。

对冲基金和监督

对冲基金无须遵循任何特定的监管规定。然而,它们必须遵循适用于投资者的一般规则。这些制约规则包括《1934年证券交易法》第13(d)条的披露要求——持有公众公司股权证券5%以上的,必须予以披露——以及适用于管理人员、董事及持股10%以上股东的第16(b)条的短线利润规则。

另外,所有的机构投资者的管理者——包括对冲基金的经理们——必须遵守《1934年证券交易法》第13(f)条的披露要求。根据该规定,某些投资经理(包括共同基金、养老基金和对冲基金的经理)必须就其持股状况发布季度报告。然而,第13(f)条的披露要求与那些适用于共同基金的披露要求在两个重要方面存在差异。首先而且是最为重要的是,只有持有注册股权证券(所谓的"第13(f)条规定的证券")才须披露。这些第13(f)条规定的证券包括在证券交易所上市交易的股份和期权。然而,重要的是,在根据第13(f)条置备的文件中,无须披露持有其他期权及衍生工具的情况。其结果是,对冲基金可以运用衍生工具来累积其投资组合公司中的大额经济利益,且无须披露,除非它们满足了第13(d)条规定之下的披露要求。另外,如果持有的"第13(f)条规定的证券"市值低于1亿美元,则根本无须披露。因而,小型以及甚至是中等规模的对冲基金,只要其持有的资产份额中债权证券或者非上市的股权衍生工具足够多,即无须进行披露。

相较于共同基金而言,对冲基金投资于非流动性资产的能力也更强。共同基金被要求在短时间内回赎股份,而且 SEC 的相关指引也制约着共同基金的非流动性投资比例,而对冲基金则无须遵循类似的监管要求。在合同的意义上,对冲基金投资者比共同基金投资者的退出权更为有限。传统而言,对冲基金投资者只有在最初的6个月锁定期之后才可以退出。最近以来,一些对冲基金已经将其最初的锁定期延长为两年或者更长的时间。而一旦最初的锁定期到期,还会有进一步的限制措施。特别是,对冲基金通常要求投资者在退出之前要提前通知,而且有时只允许在特定时点退出,同时对投资者在任何时点退出的投资数额予以限制。除此之外,如果退出有损于基金的其他投资者,则对冲基金可以拒绝退出的请求,或者向要求退出的投资者"支付""实物"而不是现金。凡此种种,均使对冲基金对于突然的流动性冲击的敏感程度不如共同基金。

传统的机构投资者因其监督投资组合公司的激励受损而受到伤害。对冲基金与传统机构在监督投资组合公司的激励方面有若干重要的差别。首先,对冲基金经理谋求基金投资者回报的动机非常强。标准的对冲基金收取的基础费为其所管理资产的价值的1%至2%,另外还收取高额的激励费,后者通常是其所赚取利润的20%。在此种费用结构之下,对于基金经理而言,基金投资是否成功利益休戚相关。当对冲基金经理本人将大量的个人财富投资于对冲基金时,这种情形更为明显,而且情形经常如此。

第二,……与共同基金不同的是,对冲基金从赢取高额的绝对回报中直接获得大量收益。

与传统的机构投资者相比,对冲基金所面临的投资者与基金经理之间的利益冲突更少。首先,绝大多数对冲基金是独立的投资主体,与其他任何机构没有关联关系……另外,传闻证据表明,即使对冲基金与其他金融机构存在关联关系,它们也并不羞于采取行动,以对抗与其存在关联关系的投资银行的客户。

另外,与共同基金不同的是,对冲基金并不管理公司的养老金固定缴款计划。相应地,它们无须担心行事积极会损失基金管理业务。总而言之,与共同基金相比,对冲基金面临的潜在利益冲突要少得多。

最后,基金行动主义的激励取决于其在投资组合公司中的利益份额。就此而言,值得一提的是,活跃的对冲基金通常会逐步增加其在投资组合公司中的利益份额,以实施行动主义。诸多例子表明,对冲基金增持了股份,而这些股份的价值取决于公司的具体行动,然后采取行动来影响结果——从试图影响公司策略到卷入委托书大战,再到鼓动诉讼并威胁着投票反对公司合并。

在这个方面,对冲基金与共同基金及公共养老基金迥然相异。共同基金和公共养老基金的行动主义,如果发生的话,往往也是偶尔为之,而且是事后行为:当基金经理意识到投资组合公司经营绩效不佳,或者它们的治理机制有缺陷时,他们偶尔才会积极行事。相反,对冲基金的行动主义却是战略安排,而且是事先布局:对冲基金经理首先确定公司是否会受益于行动主义,然后做好准备并积极行事。对冲基金的行动主义表明,风险套利与公司战略及控制权争夺之间的界限有时模糊不清。

这意味着,对冲基金和其他机构投资者之间的行动主义的差异,或许至少在部分意义上是内生的。因为(活跃的)对冲基金将行动主义视为一种营利性策略,它们在投资组合公司中占据着经济地位,后者使其得以实施行动主义并从中渔利。相反,传统机构则并不将行动主义视为营利性策略;因而它们并不根据这一目的来确立立场,相应地,它们行事更不积极。换句话说,它们在行动主义方面的差别的部分原因在于,对冲基金和传统的机构投资者采用不同的营利策略。

本着这一视角,相关的问题便转化为,为什么(一些)对冲基金将行动主义当作一种策略,而(绝大多数)传统的机构则并不如此?这一问题的答案或许部分在于,传统的机构面临着监管障碍、政府约束及利益冲突,这使得行动主义的利润空间对于它们而言小于对冲基金。

然而,这些策略上的差异,也可能是因为共同基金将自身视为市场多元化的工具,这使其投资者得以较低的成本进入更为广阔的市场。要成为成功的行动主义者,对于基金而言,将行动主义确立为首要策略或许是有益的——行动主义本身也是个学习的过程,在这方面走得越深的基金,越发擅长此道,而且赢得了行动主义者美誉的基金,更容易获得其他投资者的支持并带来管理层的变更。然而,行动主义者的策略与多元化目标并不吻合,因为策略性的行动主义成本相对较高,而且它要求基金在相对较少的公司中拥有相对较高的地位。相反,对冲基金并不把自身视为多元化的工具:他们选择通过对冲交易而不是多元化投资来消除自身不希望承担的风险。因而,范围更为狭窄、针对性更强的策略——例如行动主义——就更为适合对冲基金,而不是共同基金。

对冲基金的行动主义带来的问题:冲突和压力下的断裂

尽管对冲基金作为积极的股东背负着诸多期望,它们对公司治理与控制权争夺的深度介入,仍然带来了一些担忧。对冲基金创建的目的是为其投资者赚钱,但无须考虑遵循的策略能否使股东整体获益。例如,拥有 A 公司股权的一家对冲基金,可能会利用该地位来增强其在另一处(例如说,B 公司)的投资价值,而不是最大化公司 A 的股价。的确,因为对冲基金经常实施对冲和其他复杂的交易,并实施套利策略,此种利益冲突往往更为频繁地发生于对冲基金而不是其他投资者身上。

除了这些直接的冲突以外,……对冲基金高强度激励的背后,是精巧的操盘手法及对大量的资本池的广泛涉猎。这些都对既有治理制度带来了巨大的压力……[作者探讨了两个可能会带来压力的方面:未予披露的协同行动,以及过度投票。前者是为赢得公司控制权而规避了 SEC 以持股比例为基础的披露规则,因为那些规则关于"集团"的定义含糊不清;过度投票则是由于经纪人为卖空而借入的股份与特定客户的账户并无关联,而且借出股份的客户以及向借用人买入股份的人,均收到了代理投票的请求,从而使得股份被投了两次票。这通常并不是一个严重的问题,因为许多股东并不投票。——编者注]

无处不在的短期行为?

对于对冲基金行动主义最为尖锐且最为广泛的批评在于,它加剧了公司管理层本来已经十分严重的"短期行为"。

对冲基金距离典型的短期投资者仅仅一步之遥。对于某些基金而言,能够完整地持有一天股份,即代表着"长期"投资。因而,短期主义思想弥漫着对冲基金的方方面面,包括其公司治理及控制权的行动主义等。反对对冲基金行动主义的代表人物,例如 Martin Lipton 认为,对冲基金的短期行为会导致公司经理们不愿进行长期投资……而人们认为对冲基金的行动主义整体而言是好还是不好,往往取决于其关于短期行为问题的立场。

如果我们分析对冲基金的具体活动,通常会发现,要判断它们是为了短期收益而牺牲有价值的长期项目,答案经常是模棱两可。试想想德意志交易所(DB)最终没能尝试收购伦敦证券交易所(LSE)的事件。……德意志交易所的 CEO 希望能够收购伦敦证券交易所,并且成功地使董事会相信这是个好主意。然而,买入德意志交易所大量股份的对冲基金却不同意。他们认为,收购伦敦证券交易所的计划是一项构建经理帝国的浪费资财的方案,德意志交易所的现金结余应当分配给股东。现在,如果收购伦敦证券交易所是一项有价值的长期项目,则对冲基金行动的后果是,将公司推向了一个价值更低的结局:对于长期股东而言,这一结局比收购伦敦证券交易所更为糟糕。如果对冲基金是对的,也就是说,这只不过是一项由堂皇的幻象所驱动的糟糕的投资,则他们的异议会使短期和长期股东均因此受益。

因为对冲基金的短期投资眼光造就了对冲基金经理的短期投资视野,股票市场也会为此种短视行为付出代价:也就是说,它必定会对长期投资作出相对于短期投资而言较低的估值。如果市场本身不会受到此种偏见的困扰，则拥有短期投资眼光的投资者的利益，与拥有长期投资眼光的投资者的利益也不会发生冲突。例如，在德意志交易所试图收购伦敦证券交易所的事件中，只有在短视的市场未能将收购伦敦证券交易所的长期收益体现为德意志交易所的股价时，拥有短期投资眼光的对冲基金与其他拥有长期投资眼光的投资者才会发生冲突。

市场是否受到短期行为的干扰？以及在什么情况下会受到干扰？大量的分析和论辩即围绕这些问题展开……然而，关于市场在什么范围和程度上受到干扰的经验证据，最多只是粗疏的。

可能的反应？

让我们假定，即便同时还存在更有价值的长期回报项目，对冲基金经理往往仍然偏好那些会带来短期回报的公司。此时，法律是否应当干预？如果要干预的话，应当如何干预？

这些问题的答案取决于诸多因素。首先，即使对冲基金有短期偏见，那么，对冲基金的行动主义在多大程度上受到了过度的短期行为的驱动？活跃的对冲基金是公司具体目标发生变化的原因，而这又因公司而异……情况是否总是这样，即当对冲基金介入时，它会力促将产生短期回报的经营策略，而不是促成价值更高的长期回报策略？或者是对冲基金偏好的短期回报项目，有时价值反而更高？对冲基金的行动主义受到不同考量因素共同影响的概率有多大？这些因素诸如经营不善、策略愚蠢、或者收购价格不充分等等。这些争议是否真正关乎投资眼光之差异？或者并非如此，它只是一场关于公司该如何妥当行事的独立论争？

第二，管理者的眼光有多长远？一种貌似有理的看法认为，这些天来，受到短视困扰的并不仅仅是市场，公司管理者也不例外。许多CEO邻近退休，即使是更为年轻的CEO们，其人事更替也非常频繁。高管们持续获得股票期权，然后行权或者予以对冲，以达成投资组合的多元化。他们获得的奖金经常是以短期业绩目标的实现为基础。是否有时公司管理层未能投资于有价值的长期项目，从而为对冲基金的行动主义打开了大门？

第三，对冲基金何时、以及在什么程度上成功地影响了公司政策？尽管对冲基金在公司治理领域表现非常活跃，他们通常并没有强大到足以控制其行动主义所指向的对象。相反，他们购买数量可观但远非控制性份额的股份——绝少达到5%至10%的水平——然后努力影响公司的策略……然而，为了确保其观点最终被采纳，对冲基金通常还需要其他人的支持，而这些人却并非理所当然地会支持对冲基金。特别是，这里的"其他人"还包括公司管理层、独立董事、持有大额股份的传统的机构投资者，以及其他大股东。最大的股东通常是行之有效的意见风向标，那种带来股价的短期增长（对冲基金因此受益）和长远损失（长期股东因此受损）的策略，并不具有吸引力。更为笼统地说，随着时日的推移，对冲基金获得的支持力度，往往取决于长期股东是否获得了利益。

考虑到存在这些问题，迄今为止尚不足以采取法律干预的举动。我们的结论在部分意义上源于种种不确定因素：短期行为是不是一个真问题？问题的性质究竟如何？它在多大程度上影响着对冲基金的行动主义？以及对冲基金的行动主义与潜在的管理层短期行为之间是如何发生关联的？这一结论部分源于我们的观察，也就是说，当下对冲基金影响着公司的政策选择，但并未加以控制，它们还必须依靠其他股东的支持，而且它们远离绿邮（greenmail，第8章将予探讨的一种反收购策略——编者注）和其他类似的臭名昭著的策略。

然而，在很大程度上，我们的结论还取决于我们的以下看法……即公司（以及更为广泛意义上的市场）将采取我们所称的"适应性措施"，来应对对冲基金短期行为所带来的潜在的消极后果。这样的一些措施究竟是什么，我们只需要看一看Martin Lipton向其公司客户发送的"对冲基金攻击回应清单"（Hedge Fund Attack Response Checklist）即可。在这份广为流传的备忘录中，Lipton建议公司提前着手以下事项，以应对对冲基金的行动主义：定期更换董事会成员，审查股利政策，改善与金融市场的公共关系，保持公司的战略信息的连贯一致，积极解释公司与同行业其他公司的基准存在差距的原因，与主要的机构投资者保持定期而紧密的接触，审查董事会的重大战略。这些想法非常好，它不仅对于应对对冲基金的行动主义颇有成效，而且在一般意义上也不乏可圈可点之处。如果公司遵循了Lipton的建议，则对冲基金想来已对美国公司的经营管理作出了积极重要的贡献。另外，如果对冲基金能够成功——且不论公司采取了这些措施——我们认为，它们很有可能已经发现了真正的问题。

Lipton清单中遗漏的、但值得特别提及的一项适应性措施是私募股权。现在，市场上有着大量的资金，足以使公司采取封闭的形式，而这些资金大多数由同样（被称为短视的）机构投资者提供，它们持有公众公司的股份并投资于对冲基金。对于那些受困于公开市场中过度短期行为压力的公司而言，私募股权是一种解脱机制。如果对冲基金确实是此类短期行为压力的重要成因，则对冲基金和传统的私募股权基金现在合二为一，那玩笑可就开大了。在越来越受关注的交易中，对冲基金已经介入了"以前属于私募股权基金地盘的长期控制权投资"。如果对冲基金因其行动主义加剧了短期行为而成为问题的一部分，则它们也会因掌握了私募股权的专门知识而成为解决方法的一部分。这本身即表明了多棱面的对冲基金是怎样的一种投资工具，我们应当谨而慎之，不要匆促出台监管措施。

对冲基金行动主义、公司治理与公司业绩*

ALON BRAV, WEI JIANG, FRANK PARTNOY 和 RANDALL THOMAS

尽管人们对于对冲基金的行动主义已有广泛的讨论，而且该行动主义无疑意义重大，但人们对它的理解仍然远不够充分。关于对冲基金行动主义的诸多评论，均基于假定或者传闻证据。批评人士及监管者质疑对冲基金行动主义是否会使股东受益，而诸多评论人士则称，对冲基金行动主义使公司管理者不关注长期项目，从而减损了价值。然而，关于对冲基金的行动主义尚缺乏大样本的证据，而且现有样本又饱受种种偏见的困扰。其结果是，即便是关于对冲基金行动主义的种种最为根本的问题，人们都没能给出答案：活跃的对冲基金以哪些公司为目标？这些目标公司是如何作出反应的？在对冲基金宣称采取积极行动时，市场是如何反应的？活跃的对冲基金是否成功地实施了其目标？活跃的对冲基金的短期行为是否有明确的目标？对冲基金的行动主义是如何影响公司业绩的？在本文中，我们运用迄今为止关于对冲基金行动主义的最为全面且最为详尽的观察文本（从2001年初至2006年底），来回答这些问题。[1]

我们发现，对冲基金越来越多地实施一种新型的股东行动主义和监管策略，它们与其他机构投资者此前实施的行动主义有着根本的差异。

---

* 本部分内容的重印，获得了出版商 Wiley-Blackwell 的许可。原文为 Alon Brav, et al.,"Hedge Fund Activism, Corporate Governance, and Firm Performance,"63 *Journal of Finance* 1729（2008）。

[1] 该数据库由236家活跃的对冲基金和1059家对冲基金的目标公司，以及另外882家目标公司所组成。——编者注

早期的研究表明,当机构投资者、特别是共同基金和养老基金采取行动主义策略时,它们并没有为股东带来明显的收益。我们的研究结果表明,对冲基金恰恰相反。与共同基金和养老基金不同的是,由于对冲基金不同的组织形式及其面临的激励所带来的关键差异,它们能够影响公司的董事会和管理层。对冲基金雇佣着高强度激励之下的经理人,后者管理着不受监管的大笔资金。由于那些调整着共同基金和养老基金的监管规则不适用于对冲基金,后者可以持有少数公司的大量股份,并且运用杠杆及衍生工具来扩张其势力范围。对冲基金经理受到的利益冲突的困扰也更少,因为他们无须对其持股的公司的经营管理负责。总之,与其他机构投资者相比,对冲基金更容易成为知情的监督者。

对冲基金的行动主义往往以那些典型的"价值"公司为目标,这些公司的市值低于其账面价值,尽管它们拥有健康的营运现金流和资产回报,因而具有营利能力。在对冲基金介入之前,这些公司的股利支付水平也低于同类公司。而且目标公司采取的反收购措施也更多,向CEO支付的薪酬也大大高于同类公司。对冲基金的目标公司中市值高的公司相对较少,这并不难理解,因为要想在这样的目标公司中累积会带来话语权的持股份额,其成本相对较高。目标公司的股东中,机构投资者持股比例明显较高,而且交易的流动性也较强。正是由于这些特征,活跃的对冲基金更容易获得大笔的持股份额。

在研究对冲基金行动主义的影响时,我们的第一项证据是对冲基金宣布介入之后的市场反应。我们发现,市场对于行动主义作出了正向反应,这符合对冲基金创造了价值的观点。附表13D的申请文件披露了活跃的基金向目标公司投资的事实,该项投资带来了大额的正向平均异常回报,在(-20,20)的宣布窗口期间,其异常回报介于7%至8%之间。在附表13D披露前1天至10天,目标公司的股价及异常交易量开始上升。我们发现,对冲基金宣布介入所带来的正向回报,并没有随着时间的推移而颠倒过来,因为并没有证据表明,在宣布之后的一年期内出现负面的异常回报趋势。我们还记录到,该正向异常回报仅仅略微低于在提出附表13D申请之前(通过13F季度表文件)披露了大额持股状况的对冲基金,这与以下见解不谋而合:异常回报来自于有关行动主义的新信息,而不仅仅是与股票的遴选有关。另外,目标公司的股价在对冲基金退出之时应声下跌只发生于对冲基金未能取得成功的情形之中,这表明,对冲基金宣布介入所带来的股价正向回报所反映的信息是,市场期待着对冲基金的行动主义取得成功。

接下来,我们对这些异常回报进行横断面的研究。以公司营销或经营策略的变更为目标的行动主义,例如重新调整核心业务,剥离非核心资产等,分别产生了最大的正向异常局部效应,分别为8.54%和5.95%(后面这一数字低于整个样本的平均水平,因为绝大多数事件研究以多个问题为目标)。这一证据表明,当对冲基金察觉到公司存在分配性低效率时,就能够创造价值。相反,我们发现,与资本结构相关的行动主义——包括债务重组、调整资本结构、股利及股份回购——带来了正向的市场反应,当然,这种反应并不显著。类似地,我们发现,与公司治理相关的行动主义——包括试图废除收购防御措施,驱逐CEO,强化董事会的独立性,以及削减CEO的薪酬——也未引发具有统计意义的市场反应。拥有成功的行动主义历史业绩的对冲基金,取得了更高的回报,发动怀有敌意策略的行动主义的对冲基金即为如此。

市场的正向反应也与事后的目标公司整体绩效改善的证据一脉相承。平均而言,从对冲基金宣布介入一年前到一年之后,公司向股东支付的总量增长了0.3个和0.5个百分点(占股权市值的比例,相对而言,全样本的均值是2.2%),公司账面价值的杠杆率增长了1.3个和1.4个百分点(相对而言,全样本的均值为33.5%)。这些变化与代理问题的缓解相吻合,而后者则与自由现金流及管理者面临的市场约束的强化息息相关。我们还发现,资产回报及营业利润也获得了改善,但要经过较长时间才会显露出来。与对冲基金介入之前的年份相比,事件发生之后的一年中看不出有什么变化。然而,在对冲基金介入之后的两年,目标公司的EBITDA/资产(EBITDA/销售额)[2]增长了0.9个和1.5个百分点(4.7到5.8)。分析人士的预期判断也表明,在对冲基金介入之后,目标公司的前景也变得更加光明。在提出13D附表申请之前的数月内,分析人士调低目标公司(未来)预期的情形,多于它们调高其预期的情形,而在宣布对冲基金介入之后,分析人士则保持着中立的评级。考虑到成功的行动主义的功用在出售目标公司时经常产生耗损,对存续公司的事后业绩分析,可能会低估行动主义的积极效果。

---

[2] EBITDA(未计算利息、税项、折旧及摊销之收益)是一种计算营业利润的常用会计方法。——编者注

并非像一些批评人士所称的那样,对冲基金都着眼于短期行为。它们在完成交易之前的平均持股期限约为 1 年,从对冲基金提出 13D 附表申请到基金不再持有目标公司大额股份为止。这种计算方法大大低估了实际上的平均持股期限,因为它必定会遗漏掉相当多的事件,这些事件在 2007 年 3 月之前还看不到相关的退出信息。一项关于我们样本中的基金的投资组合的换手率的分析表明,对冲基金的持股期限为将近二十个月。

因为受到对冲基金影响的绝不可能仅仅是股东一方,我们还要调查一番其他的利益相关人是否也受到了影响。特别是,我们要考虑,股票市场针对对冲基金行动主义的正向反应,是否反映了财富在债权人和经理人之间的再分配过程。我们发现,对冲基金的行动主义并没有将财富从债权人手中转移给股东。的确,174 家没有长期负债的目标公司宣布的回报率,略高于样本中的其他公司。但另一方面,我们的确发现有证据表明,对冲基金的行动主义将财富从高级管理者手中转移走。特别是,对冲基金行动主义对目标公司的 CEO 们并不心慈手软。在对冲基金宣布其行动主义一年后,CEO 的平均薪酬下降了近 100 万美元,而且与相同行业中同等规模和股票估值的相当公司的正常人事更换率相比,这些公司的 CEO 更换率上升了约 10 个百分点。

我们样本的一个重要特征是,我们囊括了基金与目标公司的敌意往来和非敌意往来。尽管一些评论人士认为,对冲基金的行动主义基本上对管理者保持敌意,我们发现,活跃的对冲基金中公然表示敌意的比例不到 30%(敌意包括威胁或者实际进行代理权争夺、收购、诉讼或者采取公然对抗的公众选战)。更为常见的是,对冲基金的活跃分子与管理者合作,至少在其介入的初期阶段是如此,而且在大约三分之二的情况下会实现所有或者绝大部分预定目标。公司管理者之所以反对对冲基金的行动主义,或许源于后者对 CEO 薪酬及更换率的消极影响,即使对冲基金的介入最终为股东创造了价值。

在有关对冲基金行动主义的政策论辩方面,我们的发现具有重要的意义。尽管一些知名的法律评论人士,包括一流的公司律师和欧洲的监管官员呼吁,由于对冲基金存在短期行为倾向,必须对其施加管束,但我们的研究结果表明,活跃的对冲基金并非短期持股者。它们行事积极,看起来为目标公司的股东创造了大量的价值。的确,我们有证据证明,对冲基金的行动主义引发了市场的正向反应,随后活跃的对冲基金取得了成功,这使得要求加强对冲基金监管的种种议案的前提和基础,面临着挑战。

对于政策制定者而言,我们的论文表明,对冲基金与其他私人机构投资者(例如私募股权基金)的作用存在重大差别。尽管它们的行为经常咄咄逼人,活跃的对冲基金通常并不谋求目标公司的控制权。在我们研究的整个样本中,最大持股比例的中值为大约9.1%。即便在全样本的第95个百分比中,该持股比例为31.5%——大大低于多数控制的比例要求。活跃的对冲基金依靠与公司管理层的合作,或者在缺乏此类合作时依赖其他股东的支持来实施其增值计划。这解释着为什么对冲基金行动主义往往锁定的是机构持股比例更高和分析人士更为关注的公司,因为这两项特征都表明公司的股东基础更为成熟。诸多对冲基金联合起来共同提出13D附表申请的情形同样普遍(占样本的22%),或者它们在形式上虽未结盟,但实际上却在协同行动。尽管一些监管官员对此种非正式的结盟行为提出批评,认为其抑制了竞争,但对冲基金之间的合作却有利于以相对较低的个别持股成本而实施行动主义,从而在整体上使股东获益。

本文提供的新证据表明,活跃的对冲基金在大股东的内部监督和公司蓄意收购者的外部监督之间,占据着重要的中间席位。与内部监督者相比,活跃的对冲基金更为灵活,动机更强,而且也更为独立,它们可以就类似事项以若干公司为目标而获得多重收益。相反,活跃的对冲基金也有优于外部的公司蓄意收购者的若干优势,因为它们的股份更少,经常能够从与管理层的合作中受益,而且还拥有来自于其他股东的支持。这种内外兼收之综合优势,使得对冲基金处于潜在的独特地位,有利于降低所有权与控制权相分离所带来的代理成本。

行事积极的股东的信义义务[*]

IMAN ANABTAWI 和 LYNN STOUT

股东机会主义的行动主义给公司治理带来了越来越多的问题,而我们相信,信义义务的法律特别适合解决这些问题。为此,我们提出了一些具体的建议,以推动此种理论的发展。

---

[*] 本部分内容的重印,获得了60 *Stanford Law Review* 1255(2008)的许可。

股东的信义义务

信义义务通常适用于高管和董事。然而,在某些情况下,法院也会将信义义务适用于特定类型的股东……特别是,法院已经认为,正如公司高管和董事那样,大股东对小股东负有忠实的信义义务,他们不得利用控股股东地位、以牺牲少数股东利益为代价而谋取实质上的经济利益……他们在运用控制公司的权力时,必须使所有股东等比例地受益。

利益冲突的股东

当我们论及股东之间的利益冲突时,我们的本意并不在于描述他们之间就经营策略产生的分歧。

类似地,我们也并不想分析关于公司的适当目的的真正分歧。

然而,当股东试图通过促成某一特定的公司后果来获取个人经济利益并且将其他股东排除在外时,这一分析理路就迥然不同了。这些情形可以直接类比于董事及高管的利益冲突交易。

接下来,我简要地梳理一番现代公众公司中活跃的股东和其他少数股东之间最为常见的重大经济利益冲突……少数股东之间的利益远非同质,相反,他们经常发现彼此陷入利益冲突的旋涡之中,而且利益冲突的情形还与日俱增。

随着公众公司中的少数投资者获得更多的权力,显而易见的是,活跃的少数股东可能也拥有足够的能量来达成利益冲突的交易。

备受关注的、意在免除 Steven Burd 在 Safeway 公司的董事会主席兼 CEO 职务的委托书征求大战,的确发人深省。由此我们可以看到,活跃的投资者居然可以利用其股东地位,运用如此多的方法,在与公司的其他交易中谋求有利的待遇。Burd 在与代表零售店工人的零售食品工人工会(United Food & Commercial Workers Union)的劳工谈判中,态度强硬。他认为,Safeway 公司必须降低其劳工成本,以与沃尔玛(WalMart)等未建立工会组织的连锁店相竞争。加利福尼亚公共雇员养老机构这家代表着加州雇员的大型养老基金,发起了一场声势浩大的代理权争夺战,以将 Burd 逐出公司核心层。很快,人们就发现,加利福尼亚公共雇员养老机构的这场战役,系由其主席 Sean Harrigan 所发起,后者同时是一位职业劳工的组织者及零售食品工人工会的一名官员。在媒体广泛报道零售工人工会利用加利福尼亚公共雇员养老机构作为替身,以与 Safeway 做斗争以争取过高的薪酬及利益之后,Burd 最终躲过了这场驱逐他的风波。

长期以来，人们认识到了在控股股东操纵的排挤式兼并背景下，会产生自我交易的风险。但除此之外，股东与公司之间的诸多其他交易（包括股份回购、雇佣合同以及咨询及顾问合同）都可能会构成利益冲突的交易。

活跃的股东与其他股东在公司之间的利益冲突，也可能源于活跃的股东在其他公司发行的衍生工具或者证券中持"相反的立场"……〔作者对 Hu 和 Black 的文献中论及的"空洞"投票权，举了若干例子——编者注〕。

然而，公众公司中股东之间第三种冲突的来源……是美国公司越来越复杂的资本结构……持有不同种类的证券投资者之间产生冲突的可能性迅猛增长。更重要的是，积极的投资者，特别是对冲基金已经意识到，它们可以持有同一家公司发行的两类不同种类的证券，并运用与某一类证券相关的控制权来增强其持有的另一类证券的经济价值，从而在此类冲突中获益。

最后，我们转到近期备受关注的投资者冲突，即短线投资者和长期投资者之间的冲突，前者打算在数天或者数月之内就卖出股份，而长期投资者则打算持股数年或者数十年。这两类投资者之间可能产生冲突，也就不难理解了……其结果是，正如人们已经提到的，短线投资的活跃股东向公司管理者施压，要求后者开展能够短期推高股价但无助于公司，甚至从长远看有害于公司的政策。

走向泛化的股东信义义务的理论

传统的分析认为，股东信义义务在本质上属于例外情形。除了当股东能够对公司实施相当于董事的控制权时，股东通常被假定可以自由追逐其自身利益。持有这种观点的观察人士甚至可以将判例法进行更为狭义的解读，将控股股东的信义义务局限于排挤及封闭公司的情形。

我们相信，此种限缩性解读既无必要，也不明智。相反，我们建议，所有的股东像所有的董事及高管那样，被视为对公司及其他股东负有潜在的义务。当特定的股东——无论其在技术上是否能够就所有事项控制董事会的决策——事实上成功地影响着公司在特定事项方面的行为，而该股东在该事项方面拥有重大个人经济利益时，都会触发这些潜在的义务。

我们建议的方法包含两大主要因素：首先，与现在的做法不同的是，特定股东如果只是在抽象意义上有能力主导公司决策，并不会引发信义义务,只有在股东有能力影响其与公司存在利益冲突的特定公司决策时,才会引发信义义务。分析层面的这一变化——从一般的公司层面转到了具体问题层面——对"控制"这一概念进行了更为宽泛的界定,以解释以下现实:现代的股东可以通过诸多并不要求其掌握公司大多数表决权的策略,来影响公司的政策。因而,如果就系争特定公司决策而言,股东的行为是决定性、或者是"非它莫属"的原因时,我们可以说,股东"控制着"公司行为。

第二,我们的立场是,忠实义务可以触发于以下任何实际情况,即股东在其努力促成的公司策略或者交易中拥有重大的个人金钱利益——包括但并不限于排挤行为和在封闭公司的情况下。这一方法也认识到,尽管或许在排挤和封闭公司的情形下股东利益冲突最为明显,但这种冲突也会发生于大量的其他情形之中,包括对于兼并策略、特殊的股利宣布及股份回购方面的冲突。

初看之下,我们的建议看起来是对股东信义义务的概念进行了激进的重新界定。然而,我们相信,它事实上是在忠实于信义义务原理的根本宗旨基础上,自然地拓展了公司法的基本原则。

公司决策权在管理者与股东之间的平衡,正迅速地向股东的方向偏移。如果这种偏移将被证明是有益的——如果以增强"股东民主"为方向的运动是为了增进股东价值,而不是摧毁股东价值——这一现象的发生也不能没有任何制约。权利必须与责任相伴相随,股东信义义务的普通法原理即特别适合应对此种挑战。

控制权概念的扩张

问题的关键在于,股东必须实施什么形式以及什么程度上的控制权,才会触发信义义务。

因而,要问股东是否拥有触发了潜在的忠实义务目的之下的控制权,最好将其解读为股东是否正式或者非正式地在具体事项方面影响着公司的行为……任何为达预期目的而施加影响的做法——换句话说,当股东的行为是某些公司交易或者策略的"非它莫属"的原因时——都是在事实上行使着股东控制权。

这种界定在两个重要的方面超越了传统的股东控制权的范围。第一,它是视具体情况而定的,意味着在确定股东是否为控制性股东时,必须参照该股东在具体公司决策中所起的作用而定。如果少数股东决定性地影响着特定的公司行为,例如影响着异常股利决策的宣布,则股东在该具体行为方面满足了控制权的标准。

我们关于股东控制权的定义与现有标准的第二个相关差异在于,我们的界定并不取决于支撑着当前法理的任何投票权门槛安排。根据当前的判例法,如果某股东就公司已发行股份的大多数拥有投票权,则该股东可被视为"控制性"股东……相反,按照我们的标准,哪怕某股东仅仅持股1%,如果该股东的同意对于确定拟议事项的投票结果举足轻重,则该股东也是控制性股东。另外,我们的界定认为,即使少数股东没有投票,他们也可以行使控制权。例如,某股东或许能够以发起投票权代理争夺战相威胁,或者实施针对董事会的过激的公关行动,从而决定董事会的特定决策(例如,股份回购项目等)。而对冲基金经理们无疑长于此道。

扩张股东利益冲突的概念

除了扩张股东控制权的概念之外,我们的方法还以第二种方式扩张了股东信义义务的适用,即将忠实义务适用于任何公司交易或者策略,只要这种交易或者策略赋予一名或者多名股东拥有不与其他股东分享的重大个人金钱利益。这种方法并不认为,股东的利益冲突只产生于排挤和封闭公司的情形下……我们的方法并非试图将股东利益冲突产生的情形分离出来,而是通过提出一个更为宽泛的问题来加以认定……:股东是否拥有其他股东所不具有的重大经济利益?

我们还将传统的忠实义务法理的另一重要方面,引入到我们所建议的股东义务的拓展之中,也就是说,利益冲突不仅存在于股东使公司实施了显然损及公司或其他股东利益的交易或者策略,同时发生于控股股东运用其对公司的权力来促成一项交易,该交易并不会带来明显的损害,但为控股股东带来了其他股东无法分享的个人利益。

引入传统的忠实义务抗辩

乍看之下,认为所有股东负有潜在的忠实信义义务,可能会使漫不经心的观察人士得出结论称,这将会导致诉讼爆炸。但情况并非如此。忠实义务的实际范围可以、而且应当予以限定,而且也应当通过若干限制性措施,将诉讼局限于真正的、而且是严重的利益冲突的情形。最重要的措施之一是,允许被指控违背了忠实义务的股东运用程序规则,以及运用指控高管及董事违背了忠实义务的案件所运用的确定性法律防御手段。事实已经证明,这些程序和防御手段对于阻遏那种情况下的无聊诉讼,很有成效,而且并没有现成的明显理由可以令人相信,它们在保护股东被告免受无聊诉讼方面产生不了类似的显著效果。

应当注意的是,要求原告举出事实以表明存在未被其他股东分享的重大利益,为运用股东信义义务来解决短期股东和长期股东之间的冲突,制造了障碍。为了表明行动主义的投资者存在此种冲突,原告将不得不证明,该投资者已经卖出其股份,或者在不久的将来将会卖出。原告还必须证明,该行动主义者的努力所带来的股价上升只是暂时的,因而并不会使长期股东平等受益。我们承认,在绝大多数情况下难以做到这一点,因为只有在历经一段时间之后,股价增长的暂时性才会水落石出,而且此后股价的回落也可能归因于其他原因。因而,事实或许证明,与其他股东利益冲突相比,我们所建议的股东信义义务的扩张,更难以适用于因投资者的时间窗口各异而导致的利益冲突。

[与董事及高管的情境之下相比——编者注]这种[股东]情境下的忠实义务可能要求更高。高管及董事的不当行为受到了其他强有力的力量的约束,这些力量高于、并且超越了责任的威胁,但它们对于少数股东的制约力量没那么强。例如,声誉方面的考量或许能够阻遏董事会成员明目张胆地进行自利交易,但它们对于对冲基金投资者的阻遏效果却大打折扣。对冲基金经理的声望不仅不会因贪婪行为而受到损害,因其行为而受益的对冲基金的投资者甚至会给予其褒奖。类似地,公司控制权市场也不可能阻遏少数股东机会主义地行事。尽管偷盗公司资财的经理面临着被驱逐的风险,沉溺于自我交易的活跃的股东却并不面临此种风险。因而,股东背景下的信义义务规则,其重要性甚至高于经理人士背景下的类似规则。

或许有人会反对我们的建议,他们认为,这样做毫无必要,因为多数决规则已经制约着非控股股东的过分行为。根据这种观点,少数股东无法在损害其他股东的情况下谋求私利,因为他们无法赢得其他股东的支持以通过议案。例如,工会养老基金即便出于担心出售公司的交易会削减工作机会从而予以反对,但要获得其他股东支持则困难重重,从而无法否决该议案。行动主义者的动议只有增进了股东价值,才会最终获得通过。

这种观点面临诸多困难。最为重要的是,它忽视了导致公众公司股东难以监督经理人的同样的理性冷漠问题,使得股东难以互相监督。为了反对行事过头的行动主义者,其他股东首先必须发现他们行事过头;然后,他们必须能够采取防范措施;最后,他们必须克服搭便车问题。这种搭便车问题是指,试图自己静观其变,而希望其他股东采取行动。

这些要求的每一项都存在问题。行动主义者绝少自行公布其利益冲突的情况。相反,他们总是尽量掩盖这种情况,而且他们经常最多只是部分地披露。这使得不存在利益冲突的股东即使愿意采取行动,也无法获得赖以判断行动主义者真实动机的信息。第二,即使是知情的股东,也难以防止行动主义者实施并不需要股东投票的公司策略或者交易。例如,行动主义者可以向管理者直接施加压力,以推行有利于其私人利益的商业政策,而其他股东在这些决策中没有话语权。最后,搭便车是一个特有的问题。即使是无利害冲突的股东,例如大的共同基金持有大量股份,这足以使得反对行事过头的行动主义者为其而言经济合算,但它可能仍然不愿这样做,因为它料想另一支大的共同基金可能会插手,自己可以撒手不管。所有的这些并不是说,多数决规则无法真正地阻止少数股东的"寻租"行为。但它绝不是一剂万灵药。拓展股东信义义务以遏制股东的自利行为,仍然有充分的空间。

公司治理指数的前景与风险[*]

SANJAI BHAGAT, BRIAN BOLTON 和 ROBERTA ROMANO

如今,公司治理评级市场风行一时,代理投票顾问公司——例如,引领市场潮流的机构股东服务公司(ISS)[被收购之后,按其收购者名字命名,即 RiskMetrics 集团公司——编者注]根据评级来提供投票建议,而其他治理评级服务提供者则运用它们来提供投资决策建议。

公司评级的基本理念是,根据指数制定者认为的最佳做法,打造一套衡量公司治理质量的基准。相应地,公司的指数或评级的分数即试图提供一套易于比较的衡量公司治理质量的简要方法。

公司治理的综合评价:治理指数

学界和商界目前运用的各类公司治理指数,在认定公司治理的哪些特征足够重要因而必须予以纳入时,存在相当大的分野。创建一套指数的最初的想法来自于学界的研究。但研究成果迅速转化为各种商品,并

---

[*] 本部分内容的重印,获得了 108 *Columbia Law Review* 1803 (2008)的许可。

首先推向了希望获得有关公司治理质量信息的机构投资者,以及那些希望向投资者传递治理质量的信号的公司。

Gompers, Ishii 和 Metrick's G-Index

创建公司层面的治理指数,最早源于 Gompers, Ishii 和 Metrick (GIM) 的研究成果,后者发表于 2003 年,但于 2001 年该成果即已广泛流传。GIM 根据包括绝大多数大型的公众公司(财富 500 强和标准普尔 500 强)在内的逾 1000 家公司的治理特征的数据,编制了他们的指数。这些数据由投资者责任研究中心(IRRC)这家服务于机构投资者的非营利研究机构汇编而成。由于在 20 世纪 80 年代,投资者责任研究中心的客户们为了反对收购防御计划,在公司治理方面非常活跃,因而该研究中心所追踪的公司治理的绝大部分内容均为防御策略。这些内容涉及了公司文件的 22 个条款(其中 17 个与收购相关)以及导致 24 个项目存在差异的 6 类有关收购的州法。

GIM 将每家公司拥有的 24 个项目中的条款的数量加总,将他们认为会限制股东权利的每一条款赋值 1 分,而如果公司没有 GIM 认为会限制经理权力并因此强化股东权利的两个条款之一,则将获得 1 分……各部分相加,就得出了"治理指数"或者"G 指数"。

GIM 根据样本公司的 G 指数分值,将其分为 10 类公司组合,大体反映了治理质量。然而,他们研究了公司治理质量和以下若干业绩衡量指标之间的关系:股份回报;Tobin 的 Q 值;三大会计指标——净利润率、股份回报、以及销售额的增长。[1] 公司治理和公司业绩之间关系的研究,集中比较了 G 指数分值最高的公司组合与 G 指数分值最低的公司组合,研究者将前者称为"民主的"公司组合,将后者称为"独裁的"公司组合。GIM 发现,治理指数、股份回报与 Tobin 的 Q 值之间存在着显著的关系:公司治理最为孱弱的公司,其业绩始终不如那些公司治理最佳的公司。特别是,从量化效果来看,公司治理对业绩的效果看起来不容低估:购买"民主的"公司组合的股份、并且卖出"独裁的"公司组合的股份的投资策

---

[1] 股份回报系运用标准的四因素模型,根据市场动向、公司规模、市值与账面价值比率、发展动能效益因素,对个股回报进行了调整。Tobin 的 Q 值是指公司市值与其资产的重置成本的比率(在实践中,系根据账面价值来计算);这些比率越高,表明公司产生了富余的利润,因而是一个好公司。Tobin 的 Q 值及会计计量均为经行业调整之后的结果。

略每年可以获得 8.5% 的异常回报;或者说,G 指数分值每增长 1 分,在样本期末将带来 11.4% 的 Tobin 的 Q 值的下降。

[其他学术指数如下:Bebchuk,Cohen 和 Ferrell 的(BCF 的)自我防护指数或者称"E"指数,系投资者责任研究中心的六大反收购条款的子集,源于 G 指数的构成要件;以及 Brown 和 Caylor 的"Gov-Score"指标,它是来自机构投资者服务公司收集的 61 个因素中的 51 个因素的合集,同时也综合运用了机构投资者服务公司的三项衡量手段,其中的绝大多数与收购没有关系,因而在 G 指数或者 E 指数中没有出现。——编者注]

产权治理指数

由代理研究和顾问服务机构[2]提供的、对公众公司的治理质量进行排名的商业指数,在若干重要的维度方面,与学术指数存在重大的差异。首先,产权指数中的公司得分并不包含同等加权因素的总结。相反,商业指数的提供者根据自己对因素的重要性的判断或者定量分析来决定适当的权重,因而其对不同的治理因素所赋予的权重各不相同。第二,商业指数对收购防御措施编排了索引……第三,一些商业指数是公司相对于其所属行业、市场或者地理位置的其他公司的排名,而学术指数则是在不考虑类似公司做法的情况下对治理质量的绝对排名。最后,迄今为止,这种类型的服务的最为重要的提供者——机构投资者服务公司(ISS),更新了指数的要素以反映公司治理的种种趋势。

治理质量与公司业绩是否存在关联?

如果说,学界的治理指数并没有使商界的治理指数市场欣欣向荣的话,它至少为后者注入了活力,但尽管如此,引入这些指数的学术文献并没有令人满意地证明治理与公司业绩存在因果关系。尽管 GIM,BCF 与 Brown 和 Caylor 发现,其治理质量的指数排名与公司业绩之间存在正向关联,这种关联度显然并非因果关系,后来的文献甚至质疑这种正向关联关系是否真正存在。

[在略去的部分中,作者们梳理的相关研究表明,学界指数创建者把

---

[2] 综合运用治理指标的代理投票服务的商业提供者包括 ISS,Egan-Jones Proxy Services,GovernanceMetrics International 以及 The Corporate Library (TCL)……各家公司提供的代理投票服务各不相同,并且包括:关于代理投票的研究和建议、自动投票系统、账簿记录、机构投资者的信息披露。某些公司,特别是市场的引领者 ISS,还向发行人提供治理及代理投票咨询服务。

按其指数来评价的治理质量与更优的公司业绩相关联的种种发现,并没能经受住进一步研究的检验。——编者注]

单一的治理机制是否更合乎指数的要求?

治理指数中的方法论问题

尽管当下评价公司治理质量的主流方法是,构建一套由公司治理结构多个维度构成的指数,一些研究治理的学者仍然认为,董事会的某些具体特征是公司治理质量的关键决定因素。在绝大多数学界指数看重的与收购相关的治理因素中,商业指数的提供者也强调了董事会的各项要素。这里提出的一个重大问题在于,董事会的某一单个特征能否像由诸多公司章程条款和董事会诸种特征所构成的指数那样,成为衡量公司治理质量的有效手段?尽管这是个实证问题,但无论是在理论还是在方法论层面上,在衡量公司治理质量优劣时,董事会的某一单个特征优于一套指数或者与后者同样有效,这看起来不无可能。如果在一套指数中,董事会的某一单个特征成为衡量良好公司治理的决定因素,则它会成为预测公司业绩的更为简便的方法。而且,它会使机构投资者运用商业服务来衡量投资组合公司的治理质量的必要性和/或者吸引力,大大弱化甚至消失。

根据什么公司理论我们可以认为,在描述公司治理质量方面某一项特征优于其他诸多特征?公司法规定,董事会有权作出、或者至少有权批准所有重要的公司决策,包括投资政策、管理层薪酬政策以及董事会治理本身等方面的决策。董事会的核心作用表明,集中关注董事会的特征以确定某个单一的治理变量以取代指数的功能,这种想法不仅在理论上可行,而且在直觉上也有道理,独立的董事会或者持有大量股份的董事会成员拥有充分的激励来监督重大的公司决策,并且监督管理层实施这些决策的行为。

从董事会的单个特征、而不是根据由多因素构成的指数来评估公司治理的质量,在经济维度上也具有正当性。例如,计算诸如董事会持股这一单个变量可能面临的计算错误,也比计算一套指数所可能犯的错误要少,后者要求准确鉴别大量的董事会议事过程,高管薪酬的做法、以及公司章程及章程细则。判别公司治理质量所必须追踪的治理要素越多,记录任一要素的价值发生错误的可能性越大,进而衡量公司治理整体质量发生错误的可能性也就越高。公司治理质量的计算发生错误的可能性越高,关于公司治理与公司业绩之间关系的统计分析发生误读的可能性越大。

治理质量指标体系的加权制度所面临的另一个问题在于,良好的治理特征具有替代性,而且,这些特征之间的相互影响也可能复杂而微妙。由于存在这种种可能,仅仅将这些特征视为补充物并不正确,它们达到的效果是,赋予指数中的良好治理要素以正向权重(学界指数的路径)。这种指数排名无法准确地衡量公司治理的相对质量。

特别是,Stuart Gillan、Jay Hartzell 和 Laura Starks (GHS)在其重要的文献中开展了一项全面的研究,该研究发现,衡量高质量的公司治理的特征事实上具有替代性。更具体地说,被 GHS 集体称为"内部治理"的、与董事会独立性相关的特征,与 G 指数呈现负相关……换句话说,董事会独立性越强的公司,拥有越多的反收购措施(更高的 G 指数分值)。尽管 GHS 并没有研究公司治理与公司业绩之间的关系,他们的研究对于如何解读 GIM 的发现仍然具有重要的意义,因为 GHS 的研究对于人们认为属于良好治理实践的构成要素的加权总和所形成的治理指数(例如 G 指数和 E 指数,以及 Gov 分值),提出了质疑。

某一维度的高质量的治理,会使传统上从另一维度看来属于最佳做法的公司治理没有必要实施。除了这一发现之外,GHS 还发现,治理随着公司的具体特征而变动不居。也就是说,董事会独立性与收购防御措施之间互为关联的治理要素,也与公司的其他特征(例如公司年龄、机构投资者的持股、研发费用、有形资产和资本支出)息息相关。这两项发现共同强调了一个事实,即公司的治理特征是其自行选择的结果。如果特定的治理机制或者其中的治理机制之组合最适合于特定的运营环境,则我们有望发现,不同公司的治理选择存在着系统性差异。另外,如果公司充分地运用了不同的治理选择,则我们在对拥有不同治理组合的公司进行横断面的比较时,应当不会发现它们的业绩存在系统性差异——也就是说,良好治理指数分值更高的公司,其业绩并不优于那些排名较低的公司。

公司有能力选择其治理制度,给传统的统计分析带来了同质化这一棘手的技术问题,事实上,包括 GIM、BCF 以及 Brown 和 Caylor 在内的几乎所有的治理研究,都面临着该局限性。

[分析同质性问题(类似的内容是,第 5 章 A 部分注释 7 关于董事会的成员构成及公司业绩的研究所提出来的问题)及有关缓解该问题的技

术方法的内容,在此略去。——编者注]

Bhagat 和 Bolton 运用由 1998—2002 年间最大的 1500 家美国公司构成的样本,对于治理指数、单个治理特征及公司业绩之间的关系,进行了全面的比较研究[其运用的方法将同质性考虑在内——编者注]。

总之,[Bhagat 和 Bolton 的研究]表明,某些复杂的公司治理指标(G 指数和 E 指数)以及某些简单的指标(董事持股份额及 CEO 与董事会主席分任)与公司当前及未来经营业绩呈正相关。这进一步表明,运用那些更为复杂的指标并没有明显的利益。的确,一些指数包含的维度多于 G 指数和 E 指数,因而在形式上更为接近由诸如 TCL 和 ISS 等商界的营利性指数卖方提供的指数,但这些指数与公司的未来业绩甚至没有关联。[3]

如果根据公司糟糕的财务表现引发了 CEO 被撤换的情形而进行公司治理绩效的衡量,则在预测良好的公司业绩方面,治理指数的表现尚不及单一的公司治理衡量标准。

[根据两项单一的董事会特征(外部董事的比例及外部董事持股中值的美元价值)而衡量的良好治理,增大了经营绩效孱弱的公司发生管理层惩戒性人事更迭的可能,而根据 G 指数和 E 指数的指标而得出的治理更优的公司,尽管其经营绩效孱弱,也更不会发生管理层惩戒性人事更迭的情形。Brown 和 Caylor 的治理得分与公司业绩的任何指标之间都不存在明显的关系。——编者注]

总之,Bhagat 和 Bolton 评估公司治理质量所用的所有指标中,只有外部董事持股比例这一指标与公司业绩、公司未来会计利润、公司绩效孱弱引发管理层惩戒性人事更迭等多重指标有所关联。

给投资者和政策制定者带来的启示

我们关于公司业绩的诸多指标与公司治理关系的分析得出的结论是,没有一套治理指数做得非常成功,更不用说它明显优于其他治理指数或者单一的治理要素了。这一结论与指数创建者的发现并不一致。而且更为重要的是,对于那些向商业治理指数提供者购买了产品和服务的投

---

[3] 正如在文章略去的部分所详细述及的,尽管 Bhagat 和 Bolton 的分析并没有检验商界提供的指数,Robert Daines, Ian Gow 和 David Larcker 于 2008 年完成的一项研究发现,公司在这三项商业指数(ISS, TCL 和 GovernanceMetrics)中的排名与其未来的业绩并无系统性关联。——编者注

资者、以及对于监管者和立法者而言,都带来了值得注意的启示。

指数的选择

我们从有关治理与业绩之间关系的分析中获得的第一个教益是,当下并没有一个可以赖以鉴别公司治理质量的最佳治理指数。最佳的治理指标因运用的背景不同而变动不居,其原因在于,良好治理的种种不同指标与衡量公司业绩的种种不同指标息息相关。其后果是,向希望运用治理指标来预测公司业绩的投资者提供妥当的工具,并不是件简单的事情。

简而言之,指数的消费者应当清醒地认识到,指数存在相当大的局限性,因为毫无疑问,绝大多数消费者的投资目的不会仅仅局限于关注任一指数的潜在附加值。投资者、特别是更不知情的投资者所面临的危险是,当现实情况模糊不清时,指数会创造一种假象,并引导着人们对公司治理的质量作出确定性的判断。在我们看来,从公司的指数排名中获得的信息,只能视为是与受托人的投资或投票决策可能相关的诸多信息中的一则信息而已。

相应地,机构投资者是否应当抛弃商业产品,而转而运用董事持股的中值作为衡量公司治理质量的标准？或者运用这些商业产品还有其他一些价值？因为购买治理服务的投资者是成熟的、而且经常是营利性机构,不太可能得出结论称它们受到了指数的操纵而购买了几无任何附加值的产品或者服务(尽管我们确实认为,某些市场人士在判断其产品的附加值方面确实过于乐观)。相反,我们认为,至少有三个与获取公司治理质量的最佳指标没有关系的原因,可以解释为什么此类市场如此欣欣向荣。

首先,在常规事项方面,依赖指数提供者或许是履行信义义务的成本相对较低的方式,这些机构可以参考外部人提供的治理指数(或者根据指数提供者关于决策的建议),作出投资或代理投票的决策……第二,它可以向持有大量公司股份的机构提供一种合算的信息获取方式,这些机构可以藉此获取其感兴趣的公司治理的特定信息:商业服务的提供者还向其客户提供了基础信息。第三,……与依靠更为复杂、维度更多的公司治理特征的描述相比,基金经理更容易理解公司的指数排名,并可以此为基础向其他人解释其投资或投票决策。

然而,指数的简洁雅致之美——以一个概要性的数字描述一个复杂的现象——既是其最有希望之处,又是其最为危险之处。个中原因在于,我们希望迄今为止我们已经阐述清楚了,认为一个数字可以将投资者希望了解的公司治理所有相关信息一网打尽,这种想法非常具有误导性。公司治理的构成要素与公司运营环境之间的互动关系非常复杂,并非可以不证自明地归结为某一维度。然而,在更为复杂的数据处理和简单的指标之间,人类的本能显然是选择后者,因为它提供了现成的比较方法,从而降低了认知的交易成本。[4]

监管制度的选择

该发现的另外一个重要启示是,治理与业绩之间的关联,因具体情况(也就是说,因治理指标或者因公司特征)而变动不居,这要求采取适当形式的治理措施:我们应当审慎选择这些措施,以在选用标准方面提供最大的灵活性。如果特定的治理机制的收益取决于其适用的具体情事,则规则必须具有足够的灵活性,从而可能调整治理要求以适应具体情事的需要。而强行适用的治理规则,却绝无可能满足这一标准。

另外一个问题[涉及]"遵守—或者—解释"治理机制的有效性……"遵守—或者—解释"是诸如加拿大、英国和欧盟的其他国家的监管者采取的治理措施。在这种监管路径之下,公司必须要么遵循最佳做法清单,要么披露不遵循的原因。

支撑着"遵守—或者—解释"机制的最佳做法清单,在本质上是一套治理指数,即清单上的每一要素相当于同等加权指数的一项构成要素。这是因为,监管者认为公司会遵循其清单上的所有改进的做法,因而全面遵循清单要求的公司被认为是治理最佳的公司。要求公司解释未能遵循该清单要求的行为,系出于公司应当遵守清单要求的假定,否则没有理由要求对不遵守的行为进行解释。同样的,指数的创建者认为,所有的公司具备所有的指数构成要素,这种状况是理想的,果如此,数值最高(指数值最高)的公司就被认为公司治理质量最高。

因为在"遵守—或者—解释"的制度之下,不遵守的一方必须辩解其不遵守的原因,因而,不遵守会带来"寒蝉效应",后者使得管理层不去采纳本来有益的治理机制(也就是说,要求解释不遵守的原因,会被认为暗示着出了什么问题)。然而,如果在所有的情况下都没有一套与更好的治

---

[4] 有关消费者选择的认知决策的文献数量众多,消费者个人往往会选择更为简单的策略来降低数量相对多的产品及其特征所带来的复杂性,从而作出决策。关于可以适用于标准合同的文献的梳理,参见 Russell Korobkin, Bounded Rationality, Standard Form Contracts, and Unconscionability, 70 U. Chi. L. Rev. 1203, 1225—29 (2003).

理目标相关的指数——例如,正如我们已经看到的,从运用经营绩效到考虑运用惩戒性管理层人事变更作为衡量绩效的方法,G 指数和 E 指数的有效性排名正在被推翻——那么,毫无疑问的是,遵守任一最佳做法清单也无法达到较好的治理目标。因而,要求公司为其不遵守清单的行为进行辩护并不妥当,而且可能会带来不必要的成本。与这种观点一脉相承的是,关于"遵守—或者—解释"制度的大量经验研究,调查了遵守最佳做法的公司是否优于不遵守最佳做法的公司,研究结果表明,遵守者的业绩并不优于不遵守者。

注释和问题

1. 正如 Romano 所探讨的,包括股东提案在内的有关股东行动主义的大量文献,并没有发现这些活动给股价带来了正向影响。这方面最为全面的研究是 Stuart L. Gillan and Laura T. Starks,"Corporate Governance Proposals and Shareholder Activism: The Role of Institutional Investors,"57 *Journal of Financial Economics* 275(2000). 该文研究了 1987—1994 年间的议案,其中公共养老基金是最为积极的机构议案发起人。在后来的十年里,工会基金已经取代了那些机构成为了最为活跃的议案发起人。另外,议案获得支持的力度越来越大,那些废除收购防御策略的议案越来越多地获得了多数股东的支持,作为一种回应,管理层也经常会废除防御策略。尽管存在那些变化,股价的反应仍然并不明显。参见 Randall S. Thomas and James F. Cotter,"Shareholder Proposals in the New Millennium: Shareholder Support, Board Response, and Market Reaction,"13 *Journal of Corporate Finance* 368(2007). 近期的这些数据会改变 Romano 关于议案有效性的判断、以及其改革提案程序的建议吗?

2. CalPERS(加利福尼亚公共雇员养老机构)发起的股东提案的目标,经常是那些位列其年度"密切关注"清单中的公司,该清单公开指认这些公司为其投资组合中业绩最差的公司。机构投资者理事会(CII)也发布了"密切关注"的经营业绩差的公司名单,类似地,该理事会的成员也对清单中的公司提出了议案(2006 年,公司上市的标准除了包括公司的业绩之外,还纳入了 CEO 的薪酬。机构投资者理事会停止公开发布清单,强调与公司直接接触,而不是运用提案的程序,"以鼓励清单中的公司与理事会的成员探讨高管薪酬的安排")。研究者们分析了公司成为那些清单的目标之后是否改善了经营业绩。这些研究并没有得出确切的结论,其结果取决于如何衡量公司的业绩。例如,Weiling Song 和 Samuel Szewczyk 发现,机构投资者理事会"密切关注"清单上的公司,按照其成为目标之后 1 至 5 年的长期股份回报来计算,在被关注之后其业绩并不优于具有可比性的基准公司,这些公司也并没有发生更多的带来正向回报的事件(诸如公司合并和股份回购)。Song and Szewczyk, "Does Coordinated Institutional Investor Activism Reverse the Fortunes of Underperforming Firms?," 38 *Journal of Financial and Quantitative Analysis* 317 (2003). 他们的发现与此前的研究文献一脉相承,因为在关于股东提案之后的长期回报的 6 项研究中,2 项研究发现存在明显的正向回报,而 4 项研究发现回报并不显著。Philip English, Thomas Smythe 和 Chris McNeil 研究了公司成为加利福尼亚公共雇员养老机构的目标之后的影响,发现有证据表明,在公司成为清单上的目标之后的三至六个月,公司业绩获得了改善(正向异常回报)。然而,此后以及更长的时间间隔里,这些结论在相当大的程度上取决于统计方法的运用,以文献中偏好的匹配方法来计算,一年之后该回报即变成了负值。English, Smythe and McNeil, "The 'CalPERS Effect' Revisited," 10 *Journal of Corporate Finance* 157 (2004). 这些结论与 Brav 等人关于对冲基金行动主义的更为鼓舞人心的发现,能否协调一致?

公司公开成为清单上的目标,除了对股价会有影响之外,一项研究还分析了它对公司治理的影响。该研究发现,上榜 CalPERS 的"密切关注"清单之后,公司减少了内部董事的数量,离职的内部董事在其他公司被提名为董事的可能性降低了,CEO 被解聘的可能性增大了,而且 CEO 被辞退与公司业绩糟糕之间的关联度增强了。YiLin Wu, "The Impact of Public Opinion on Board Structure Changes, Director Career Progression, and CEO Turnover: Evidence from CalPERS' Corporate Governance Program," 10 *Journal of Corporate Finance* 199 (2004). 作者的结论是,公司作出调整的驱动力在于公司的声誉考量,以应对负面的公众评价(这种评价受到了 CalPERS 的清单的影响)。你如何评价对数据的这一解读?为什么公众会意识到 CalPERS 选定了哪些公司作为目标,该行为是如何影响公众对公司的评价的?为什么公司会以刚才提到的方式对公众意见作出反应?这些研究发现与那些并没有发现公司成为目标之后改善了长期业绩的发现,应当如何协调一致?(提示:考虑一下第 5 章讨论过的研究发现,即董事会的构成与公司业绩之间并不存在显著的关系。这是否表明,Wu 提到的有利于公司从 CalPERS 的"密切关注"清单中退出的公司治理变更,以及 CII 的良好治理标准,大半仅仅具有象征意义?)

3. Romano 提及,与发起股东提案相比,一种影响公司治理的成本更低的策略是"直接说不"战役,即投资者答应投票反对业绩孱弱的公司的董事,或者反对他们的管理或政策。在以下文献中,Joseph Grundfest 提到了这种方法:"Just Vote No: A Minimalist Strategy for Dealing with Barbarians Inside the Gates," 45 *Stanford Law Review* 857 (1993). 根据一项对公众养老基金的调查,尽管绝大多数基金在行动主义方面(例如发起议案)并没有走得太远,但它们的确投票不支持董事。Stephen J. Choi and Jill E. Fisch, "On Beyond CalPERS: Survey Evidence on the Developing Role of Public Pension Funds in Corporate Governance," 61 *Vanderbilt Law Review* 315 (2008). 他们认为,此种活动之所以赢得广泛的参与,原因之一在于其成本低,而且代理投票顾问公司经常建议他们这样做,这样就降低了一家机构因为这样做而倍显突兀的风险。你认为这种策略比股东提案的影响更小吗? Diane Del Guercio, Laura Seery 和 Tracie Woidtke 研究了"投票说不"的战役。在这些战役中,保留票平均为 11%,其中达成重大保留票(超过 20%)的比例略高于五分之一。与股东提案一样,股票市场对于这些战役的反应并不明显。

然而,公司管理层的确对保留票作出了回应:在此类战役之后 CEO 被撤换的比例明显偏高,而且在实施此种策略的行动主义者提出具体要求(诸如废除交错董事会,或者将 CEO 从薪酬委员会中排除出去)的情形下,在战役发起之后的一年内,董事会回应并实施这些请求的情形超过了三分之一。Del Guercio, Seery and Woidtke, "Do Boards Pay Attention when Institutional Investor Activists 'Just Vote No'?," 90 *Journal of Financial Economics* 84 (2008). 尽管它的成功率并不如对冲基金的行动主义,但它仍然令人印象深刻,特别是考虑到此种策略成本低下。他们还发现,当"投票说不"的战役的诱因是对公司业绩或经营策略不满,而不是对公司治理事项不满之时,在战役结束之后公司的经营业绩显著改善。一方面,CEO 被解职的公司的经营业绩的增长更为显著,另一方面,那些 CEO 尽管没有因战役而被更换,其公司的业绩也有显著提升。

DelGuercio 等人的研究发现对于 Bebchuk 关于股东无力影响公司政策的分析,构成了怎样的影响?股票市场对公司策略没有作出反应这一现象,如果在公司政策后续变更的影响方面可以得出结论的话,可以得出什么结论?请注意,不同的支持者选择董事的原因各不相同,公众养老基金关注的是公司治理事项(特别是关注获得大多数股东投票支持但未获实施的议案)。而投资集团(由共同基金、私人投资者及一些对冲基金构成的类别)则关注公司业绩及策略问题。这些发现是否与 Romano 关于公司治理的股东提案的描述一脉相承?请注意,与保留票的战役相反的是,股东提案与 CEO 的更迭并没有联系,公司经营业绩的改善也是如此。参见 Diane Del Guercio and Jennifer Hawkins, "The Motivation and Impact of Pension Fund Activism," 52 *Journal of Financial Economics* 293 (1999);以及 Jonathan M. Karpoff, Paul H. Malatesta and Ralph A. Walkling, "Corporate Governance and Shareholder Initiatives: Empirical Evidence," 42 *Journal of Financial Economics* 365 (1996)。什么能够解释为什么保留票战役比股东提案更为成功?(提示:试着考虑,在保留票的战役中独自暴露于聚光灯下对董事声誉的影响)。

在 Grundfest 提出建议之时,由于投票代理规则(允许投保留票)和州公司法(董事只要获得参与投票的相对多数票数即可当选,而保留票则被计入法定人数)的共同作用,股东往往无法将在未遭反对的选举中被提名的董事拉下马。Grundfest 也承认,他倡导的行动是"象征性"的,但他仍然认为,考虑到这一行动会带来负面的声誉,它仍然会对管理层产生重大影响。它会使管理层倍觉尴尬,进而采取行动。Del Guercio 及其同事的数据为这一观点提供了支持。

4. 股东行动主义者,特别是工会基金,选择了不同于 Grundfest 在注释 3 中提及的"直接说不"的路径,他们请求 SEC 修订股东提案规则,并且允许股东在管理层的代理投票委托书中提名董事,这一规则通常被称为"投票代理通道"。在回应 SEC 对于这一规则的种种考量时,《特拉华州公司法》及《示范商业公司法》获得了修订,允许公司在公司章程或者章程细则中写入条款,要求未获得多数投票支持的董事辞职。对于随后以绝对多数规则替换相对多数规则以选举董事的公司来说,投保留票是有意义的,而不仅仅是象征性的。

尽管立法层面已经作出了种种调整,工会和其他股东行动主义者仍然继续施压,试图通过新的"代理投票通道"规则。2009年,SEC提出了新的14a-11规则,该规则允许股东通过股东提案机制提名董事,从而改变了长期以来的以下要求:只有通过14a-4规则之下的独立劝诱程序,才能对董事发起挑战。拟议的规则拥有最低持股要求(1%),并且禁止提名足够的董事来控制董事会。提名董事的议案在本质上有别于Romano所探讨的公司治理议案,这是否表明,Romano关于补贴股东提案的规则所带来的激励问题的分析,并不同样适用于董事的提名?根据拟议的议案,该规则将适用于所有公司,并且允许股东批准章程的修订来拓宽SEC规定的股东提案通道,但禁止对SEC规定的提案通道予以限制。这种做法是否合理?回顾一番第3章关于州公司法的赋权型特征及默认规则的选择的阐述,以及本章摘自Bhagat等人的文献关于量身定做公司治理机制的探讨。

5. 对于注释4提到的SEC提出的董事提名规则,一种反对意见认为,对该规则最感兴趣的股东,也就是工会基金,会提名那些对工会基金感兴趣的议案表示支持的个人担任董事,而该议案却并不符合其他股东的利益。然而,那些其他股东会支持此种提名吗?试考虑Anabtawi和Stout的观点——获得大多数选票支持方能通过决议的要求,并不足以保护股东免受少数股东的自利行为的侵害——以及该观点如何运用于此种情境。机构投资者、特别是极力主张拓宽代理投票通道的工会基金,能否因提名他们预期没有机会获得大量选票(更不用说赢得大多数选票)的董事而获得利益,而这与股份价值的提升也没有关系?参见Joseph A. Grundfest,"The SEC's Proposed Proxy Access Rules: Politics, Economics and the Law," 65 *Business Lawyer* 361 (2010)。他认为,工会基金和公共养老基金可以因代理投票通道的"麦克风外部性"——该外部性使得与其他股东利益无关的议题,以低成本的方式赢得了媒体的关注——而获得私人收益,或者通过"选举杠杆"——通过代理投票通道的"麦克风外部性",威胁运用该通道来进行负面宣传,逼迫公司或者董事本人作出让步,从而赢取私人收益。你认为这种种担忧,在多大程度上可能成为现实?

有一些证据支持着Anabtwai和Stout对利益冲突的担忧,以及对SEC有关工会基金的议案的批评。Randall Thomas和Kenneth Martin提供的轶事证据表明,工会基金如果对某些公司的治理绩效不满,则会组织申怨或者就其不满之处与公司谈判,此时工会基金将就这些公司的治理发起股东提案,或者它们因不满于 CEO 任职董事会,也会对此类公司发起股东提案。Thomas and Martin, "Should Labor Be Allowed to Make Shareholder Proposals?," 73 *Washington Law Review* 41 (1998)。另外,Ashwini Agrawal 发现,工会基金根据其是否参与公司的这些组织活动或者是否代表雇员,其投票也各不相同。Agrawal, "Corporate Governance Objectives of Labor Union Shareholders: Evidence from Proxy Voting," NYU Stern Working Paper Series No. Fin-08-006 (2008)。最后,Olubunmi Faleye, VikasMehrotra 和 Randall Morck 发现,与雇员不持有股份或者持股比例低于 5% 的公司相比,雇员持有普通股比例不低于 5% 的公司遵循的经营政策如下:"更多地偏离了价值最大化的路径,花费更少的钱用于吸引新的资本,承担更少的风险,创造更少的新的工作岗位,表现出更低的劳动生产率和全要素生产率。"Faleye, Mehrotra and Morck, "When Labor Has a Voice in Corporate Governance," 41 *Journal of Financial & Quantitative Analysis* 489 (2006)。

6. 正如 Romano 所称,与股东议案相比,成本更高的行动主义方式是代理投票大战,即外部股东积极劝诱股东投票反对现任管理层。此种争夺战的成本更高——该成本由挑战者承担,而不是像 14a-8 规则的规定那样由公司承担提案费用——这使得相对于代理投票大战而言,更常发生的是股东提案。John Pound 认为,规范代理投票过程的规则有利于内部人,这解释了为什么代理投票的成本更高(劝诱他人投票而必须支付的成本除外),以及代理投票大战相对更为少见。特别是,他认为,投票规则使得挑战者难以发现真实的股东,因为许多股份以证券经纪人的名义持有,而且就股份进行投票的人,往往是未指明姓名的受益人,另外,在股权登记日(确定谁是股东,谁就可以就股份进行投票)以及就股份进行投票的开会日之间,股份换手的情形可能相当频繁。尽管州的公司法规定了这两个日期的最低时间间隔,管理层仍然可以选择一个对其有利的日子(也就是说,最小化挑战者劝诱股东支持的时间)。进而言之,他认为,机构投资者与公司还可能存在其他商业关系(例如,保险公司既为公司提供了保险,又持有其股份),产生了投票的利益冲突:此类股东会支持管理层以维持其商业关系,即便这样做并非利益最大化的安排。Pound, "Proxy Contests and the Efficiency of Shareholder Oversight," 20 *Journal of Finan-*

cial Economics 237 (1988).

然而,Pound 对代理投票大战的结果进行了统计分析(其样本为 1981—1985 年间的 76 起争夺战)。他发现,异议者获得成功的情形与股东人数成反比,而与可用于劝诱的时间(也就是股权登记日和会议日之间的时间间隔)成正比。他认为,这些数据与管理层在代理投票大战中拥有不当利益的观点一脉相承。他还进一步发现,机构投资者持股比例越低,异议者的代理投票大战取得成功的可能性越大,他认为这种现象证实了利益冲突的假设。但样本公司中发生了代理投票大战的,机构投资者的持股比例(30%)也低于市场整体水平。因而,他提到,机构投资者持股比例与代理投票大战取得成功成反向关系的另一种解释(但他反对这种解释)是,机构投资者持股比例更高的公司,更可能面临"无用的"(不值得赞赏的)代理投票大战。如果机构投资者持股比例更高的公司经营状况更好(要么是由于机构投资者对经营者实施了有效的监督,要么是因为机构投资者自身选择了经营良好的公司),则情况的确可以如此。

许多分析赋予了 Bebchuk 关于公司权力分配的批评以活力,Pound 的分析即是其中之一。Pound 关于代理投票过程的偏见的分析,与 Easterbrook 和 Fischel 的分析是否一致?他们关于股东与管理层观点不一致会带来哪些相对优点的假定,是否有所差别?公司法应当如何考虑投资者与公司之间的关系及其多重交易的角色?公司法是否应当考虑?Anabtawi 和 Stout 所建议的信义义务能否解决 Pound 关心的问题?秘密(也就是,匿名)代理投票能否缓解 Pound 所关心的机构投资者面临的冲突?秘密投票会带来不理想的副作用吗?这些副作用是什么?参见 Roberta Romano, "Does Confidential Voting Matter?," 32 *Journal of Legal Studies* 465 (2003).

7. 你认为经历了代理权征集大战后,公司的股份异常回报会是什么样子?你认为,其结果会不会因异议者是否赢得大战而有差异?一项研究发现,成为代理投票大战目标的公司,此前的经营业绩就十分糟糕,而且在异议者赢得大战之后,公司的经营业绩仍然并不理想。参见 David Ikenberry and Josef Lakonishok, "Corporate Governance Through the Proxy Contest: Evidence and Implications," 66 *Journal of Business* 405 (1993). 自我选择能否解释后面一种结果(例如,如果经理们认为公司前景黯淡,他们就更不会积极应对代理投票的挑战)?Ikenberry 和 Lakonishok 报告称,当异议者胜出时,公司在代理投票大战之后的负面回报,看起来是源于公司的现任管理层没有被替换掉。然而,应当注意的是,无论结果如何,在代理投票争夺战结束之后,经理层通常都会发生更迭,而且成为争夺战目标的公司经常被卖掉或者随即遭到清盘。Harry DeAngelo and Linda DeAngelo, "Proxy Contests and the Governance of Publicly Held Corporations," 23 *Journal of Financial Economics* 29 (1989). 关于无论结果如何都能发现积极股价效应的研究,参见 DeAngelo and DeAngelo,参见前引; Peter Dodd and Jerold B. Warner, "On Corporate Governance: A Study of Proxy Contests," 11 *Journal of Financial Economics* 401 (1983). 这些结果并非一定与 Ikenberry 和 Lakonishok 的发现完全吻合。例如,DeAngelo 和 DeAngelo 的研究发现,公司的正向回报看起来在争夺战前后出现的时间间隔较短,当异议者赢得了席位而不是控制权时,回报值最高,而且看起来该回报源于异议者随后将该公司卖出或者清算的种种努力。

此后,J. Harold Mulherin 和 Annette Poulsen 运用一个更大的数据库,在一个更长的时间跨度内(1979—1994 年间的 270 起投票代理大战)进行了更为广泛的研究,他们得出的结论是,"总体而言,代理投票大战创造了价值"。他们发现,代理投票争夺战为股东带来的收益,绝大部分来源于争夺战期间被收购的公司。而对于没有被收购的公司而言,当管理层发生人事变更时,股东获得的收益更大,其原因在于,撤换经理人员的公司进行重组的可能性更大。Mulherin and Poulsen, "Proxy Contests and Corporate Change: Implications for Shareholder Wealth," 47 *Journal of Financial Economics* 279 (1998). 这些发现看起来使前面提及的种种不同的研究结果协调一致。

8. 在"The Myth of the Shareholder Franchise," 93 *Virginia Law Review* 675 (2007) 中,Lucian Bebchuk 指出,"公司民主的权力,事实上并不掌握在股东手中",必须修订调整选举董事的规则。这种观点的基础在于,代理投票争夺战相对更不频繁,特别是在大型的公司中。他发现,1996—2005 年间共发生 118 起代理投票争夺战,平均一年发生 12 起(市值高于 3 亿美元的公司,每年不到 3 起)。我们如何能够判断每年 12 起(或者对于最大的公司而言,每年 3 起)代理投票大战过少了(Bebchuk 正是这样认为的)?如何算出每年几起代理投票大战是"最优的"或是"正确的"? Bebchuk 认为,代理投票争夺战并不常见的原因在于成本,他把这一成本分为两类:(1)挑战者承担的直接成本,特别是与可以利用公司财力来劝诱投票的管理人员相比,挑战者承担的成本相当高昂;以及(2)股东对未知的挑战者的担忧。后面一种成本究竟有多可信? 它是否构成了降低代理投票权争夺战成本的合法事由?

9. 正如 Romano 的文献所探讨的,自 20 世纪 90 年代以来,机构投资者在公司治理中,特别是在提出股东议案方面,已经扮演着更为积极的作用。这些投资者组成各种协会,交换有关代理投票的信息,并建议改革 SEC 的代理投票规则,以提升其影响公司治理的能力。SEC 于 1992 年采纳了这些建议。另外,向此类投资者提供建议的私人咨询公司,如雨后春笋般地生长起来。此种态势与 Mark Roe 在第 1 章中提到的观点是否相吻合? 绝大多数行动主义者仍然来自于机构投资者群体,其中股东决议是公共养老基金和工会基金关注的焦点,而且代理投票争夺战这种更为激进的行动主义源于对冲基金,而不是更为宽泛意义上的共同基金。信义投资(Fidelity Investments)是最大的共同基金家族之一,时任该基金的总法律顾问对机构投资者行动主义的种种形式,进行了成本与效益的分析。参见 Robert C. Pozen, "Institutional Investors: The Reluctant Activists," *Harvard Business Review* 140 (Jan.-Feb. 1994). 机构投资者行动主义是否解决了所有权与控制权相分离而产生的代理问题? 它是否仅仅把代理问题转换成所有权/受益人与机构投资者的控制权之间的分离? 关于后一种观点,例如可参见 Stephen M. Bainbridge, "Shareholder Activism in the Obama Era," UCLA School of Law Law-Econ Research Paper No. 09—14 (2009).

公共养老基金的经理人员(经常是选任的官员)是否拥有必要的专业知识,以有效地实施监督? 回顾一番第 1 章中 Mark Roe 的分析,即对金融机构的监管限制影响了其对经理层的监督。如果公共养老基金要履行 Roe 认为应由外国银行担负的职责,则此种专业知识是否必要? 它们是否应当将此种责任委任给其雇用的专业的资金经理人员? 机构投资者选任专业董事,由其代表他们出任投资组合公司的董事会,而不是自己去积极开展监督,这样做是否更为有效? 参见 Ronald J. Gilson and Reinier Kraakman, "Reinventing the Outside Director: An Agenda for InstitutionalInvestors," 43 *Stanford Law Review* 863 (1991). 你认为,注释 4 所探讨的 SEC 的代理投票通道议案,会像 Gilson 和 Kraakman 所预想的那样,鼓励着以专业董事为核心的董事会的形成与发展吗？你认为公共养老基金的受托人的董事会的政治构成与该基金的业绩之间，存在什么关系？参见 Roberta Romano,"Public Pension Funds' Activism in Corporate Governance Reconsidered," 93 *Columbia Law Review* 795 (1993)。

10. John Coffee 对于种种要求实施机构投资者行动主义的观点，以及第 1 章 A 部分摘自 Mark Roe 的"政治规制阻遏了此种行动主义"的见解，表达了怀疑的态度：

> 尽管那些不满于美国公司治理条件下的股东权力现状的人，或许会发觉国外的公司治理模式更富有吸引力，但这样的比较所面临的危险是犯了"一山望着另一山高"（grass-is-always-greener）的错误：人们会轻易地理想化国外的制度，而且只看到它们的好处，对其成本却视而不见。由金融机构实施监督，并不必然意味着会给其他股东带来净收益，或许它仅仅改善了作为监督者的金融机构的地位。类似地，将主要的原因归结为政治约束，可能会导致忽略了为什么金融监督未能生发于美国的更为深层且更为重要的原因。简而言之，控制着机构投资者的代理人有相当多的理由对公司治理保持着"理性的冷漠"，而几乎没有理由成为积极的行动主义者。这究竟是为什么？……显见的[一个原因]在于……利益的此消彼长，必须在流动性与控制之间实现均衡。追求流动性的投资者或许迟迟不愿接受控制权。
>
> 投资机构行事消极的主要原因并不在于过度监管，而在于现有激励措施并不足以推动机构资金经理去实施监督。尽管机构投资者行动主义的支持者对于机构投资者问责公司经理人员的潜在能力已有大量分析，他们基本上都忽略了一个问题，即谁来问责机构资金经理。由监管者由谁来监管，这固然是一个永恒的命题，而当被提名的监管者是机构投资者时，这一问题格外复杂。不仅同样的问题会在机构投资者的层面上出现，而且令人信服的理由也表明，与公司管理层之于股东的关系相比，某些机构对其"所有者"更不负责。简而言之，公司要么没有常设问责机制，要么基本上在机构层面即被消解掉了。这一结论并不否认对于机构投资者确实存在过度监管问题，但它还表明，新的批评意见可能夸大了过度监管的不良影响。更为重要的是，这种意见表明，如果政策反应仅仅是放松监管，则无疑并不

充分。如果说,机构投资者层面继续盛行理性冷漠之风,则法律必须为机构投资者的管理者创建足够的监督激励,使他们去实施监督,从而矫正市场的失灵。

以上内容的重印,获得了以下作品版权方的许可:Coffee, "Liquidity Versus Control: The Institutional Investor as Corporate Monitor," 91 *Columbia Law Review* 1277 (1991)。

Coffee 的文章写就于对冲基金的行动主义兴起之前。考虑到 Romano 描述的一些机构投资者提出股东议案的行动主义已然强化,或者 Kahan 和 Rock 以及 Brav 等人所探讨的对冲基金行动主义已经强化,Coffee 主张的法律干预是否仍然有效?

11. 根据 Roe 的观点,从长远来看,我们可以预测对冲基金将如何持续地积极开展监督活动?Roe 认为,那些限制机构取得控制地位的能力的法规,为共同基金和商业银行缺乏行动主义提供了依据。而对冲基金的这种活动对于 Roe 认为的重要法规,带来了什么影响?

12. 在 Brav 等人完成的研究发现之后,Kahan 和 Rock 关于对冲基金行动主义的成本与效益的分析,是否仍然经受得住检验?样本中的基金的平均持股期间,是否回应了 Kahan 和 Rock 提出来的短期主义的担忧?就回答该问题所要实现的目标而言,这一数据是否不够周全?是否一些目标(例如提升股利支付政策)比其他目标更容易招致短期行为的责难?他们发现,对冲基金以机构投资者持有大量股份的公司为目标,这一发现对于短期行为问题是否有影响?

13. 关于对冲基金的行动主义,除了 Brav 等人的研究之外,还有其他大量的研究。特别是 April Klein 和 Emanuel Zur 研究了对冲基金的行动主义,并将其与其他"具有企业家精神的股东行动主义者"相比较,后者被界定为买入公众公司的大量股份,"试图促成公司变革,并借此实现投资回报"。他们发现,两类投资者之间存在一些有趣的差异。

与 Brav 等人的发现类似的是,他们报告称,样本投资者 13D 申报表格的提交产生了正向的股价效应(对冲基金和其他投资者分别为 10% 和 5%),而且正向异常回报状况此后持续了一年之久(对冲基金和其他投资者分别为 11.6% 和 17.8%)。另外,正如 Brav 等人所发现的,投资者在超过半数的时间里都成功地实现了其目标(Brav 等人发现,成功率随目标不同而有差异,平均而言,对冲基金的成功率为 60%,而其他投资者的成功率则为65%）。他们发现，这两类投资者活动存在两个差别。首先，对冲基金更为看重盈利能力更强和财务状况更好的公司，其他活跃的投资者群体则通常以经营绩效孱弱的公司为目标。第二，与目标公司的类型差异相关的是，对冲基金迫使公司回购股份、降低CEO薪酬、发放股利，这些政策可以被界定为旨在降低"自由现金流"的代理问题，也就是说，经营者运用营运之外的多余现金，投入于会带来负面价值的项目（第8章摘自Jensen的文献提到，公司收购可以解决这种代理问题）。在13D表格申报之后，目标公司确实提高了股利和债务比例，并降低了现金流。相反，其他具有企业家精神的投资者谋求公司经营策略的变更，在13D表格申报之后，那些目标公司降低了其资本开支及研发费用（与对冲基金的目标公司不同）。Klein and Zur, "Entrepreneurial Shareholder Activism: Hedge Funds and Other Private Investors," 64 *Journal of Finance* 187 (2009)．对于这两类群体的行动的描述，与有关股东活跃分子的短期主义批评相吻合，也与Kahan和Rock所分析的判断该批评是否准确所面临的种种困难的探讨一脉相承，因为诸如提高股利或者降低资本支出等策略，看起来是一种以牺牲长期价值为代价的落袋为安的目光短浅政策，然而，它们所带来的大量持久的正向异常股份回报却表明，这样做是避免公司浪费的价值最大化的方法。

与关于对冲基金的行动主义的各项研究相反的是，Sanjai Bhagat, Bernard Black和Margaret Blair对于关系投资者（被界定为持有10%的股份至少长达四年的外部投资者，当然这一研究也分析了持股两年的投资者）的研究，未能发现持续的正向异常投资回报：他们发现，20世纪80年代末期公司投资业绩得以改善，该时期的公司敌意收购活动格外频繁，但在1983年至1995年这一样本期间的其他年份中，公司业绩的改善并不明显。Bhagat, Black and Blair, "Relational Investing and Firm Performance," 27 *Journal of Financial Research* 1 (2004)．这些发现与Kahan和Rock所探讨的对于投资者短期行为的担忧，是否一致？这些发现是否表明，外部股东的这些收益来自于活跃分子的投资或者预期的收购行为，而不是与长期投资相关的监督，或者它们表明，长期股东并不像某些公司治理理论所假设的那样积极地实施监督，或是因为Anabtawi和Stout所探讨的利益冲突而坚决阻挠公司业绩的改善？与有关对冲基金的研究相反的是，Bhagat, Black和Blair并没有研究创建了大宗股份的消息宣布之后的股价反应;在第1章关于有效市场的阅读文献的基础上,你认为早期的事件是否会带来明显的股价反应,如果会的话,你认为在什么情况下,在大宗股份形成后期的数年研究期内也会产生明显的反应?请注意,尽管总体而言,机构股东的数量多于个人股东,但在他们的研究中,股东往往是个人,而且他们的持股时间长于诸多不同类型的机构。

14. 有关对冲基金的活跃的投资者取得成功的文献是否表明,股东在促成公司变更方面,并没有像 Bebchuk 直觉的那样受到困扰?Klein 和 Zur 发现,对冲基金和其他活跃的投资者达成其目标的手段是发起代理投票争夺战,或者威胁着要发起这场战争,以赢得董事会的席位。在13D表格申报之后的一年之内,73%的对冲基金和71%的其他投资者,赢得了董事会的席位。正如他们所看到的,这些数据与 Bebchuk 提供的代理投票大战极为少见且没有效果的数据并不一致。因而,它们是否也表明,正如 Bebchuk 所倡导的,没有必要提出改变代理投票程序的议案?

15. 来自 Kahan、Rock 以及 Brav 等人的阅读文献表明,对冲基金在降低成为其目标的公司的代理成本方面,发挥着有益的作用。但对冲基金作为经济组织,本身也存在所有权与控制权相分离的问题。是否有必要由另外的监督者来监督监督者?Gavin Cassar 和 Joseph Gerakos 研究了对冲基金的组织结构(通过运用关于对冲基金尽职调查报告的专有数据库来进行研究,这些报告是由正在考虑向基金进行投资的投资者委托完成的)后发现,潜在的代理成本更高的基金——注册于欺诈的法律救济手段较为有限的法域(例如加勒比海地区)的基金和成立时间更短的基金——实施了更为严格的内部控制,包括对投资状况的独立定价、资金转移的严格的签名协议,以及运用信誉良好的审计师等中介服务机构。Cassar and Gerakos, "Determinants of Hedge Fund Internal Controls and Fees," Chicago Booth Research Paper No. 09—44 (2009). 他们进一步发现,内控更为严格的基金能够收到更高的费用。他们得出结论称,投资者可以估算出潜在的代理成本,而且如果基金的内控质量良好,投资者会认为基金的代理成本将会下降,因而愿意支付费用的意愿会更强。

16. 本章的阅读文献突显了在公司事务中强化机构投资者行动主义的当前趋势,诸如 Bebchuk 等评论人士强调指出,此种行动主义应当成为制约经营者的一种关键机制。但距今尚不到十年以前,传统的见解却是,对投资组合公司的经营或业绩不满的机构投资者,应当卖出其股份,而不是展开行动主义,这种策略被称为"漫步华尔街"(Wall Street walk)或者"华尔街曳步舞"(Wall Street shuffle)。退出、或者威胁退出的策略,能否降低代理成本并且诱使经理们本着股东利益而行事?有一套模型表明有时情形的确如此(它取决于系争的代理成本的类型),参见 Anat R. Admati and Paul Pfleiderer, "The 'Wall Street Walk' and Shareholder Activism: Exit as a Form of Voice," 22 *Review of Financial Studies* 2645 (2009)。这种分析的要旨在于,大股东卖出股份,或者威胁着卖出股份,实际上就是一种股东行动主义,由于该卖出行为会压低股票的市场价格,从而影响着经理层的决策。

17. 一个关键的规范性问题是,股东的行动主义是否使事物朝着好的方向发展?例如,Bebchuk 的分析和改革建议就是以对该问题的肯定回答为前提的。根据本部分的阅读材料来重新考虑这一议案。Romano 质疑,如果对诸多股东提案行动主义进行成本与效益的计算,很难说除了给议案发起人带来正的收益之外,还会给其他股东带来正的收益。相反,Kahan 和 Rock 对于对冲基金行动主义的评估结果认为,它为所有股东带来了大量的利益。如何协调他们对于股东行动主义的不同评估结果?(提示:请考虑在由谁承担行动主义的成本方面两者的差别)。Anabtawi 和 Stout 建议有必要向股东施加信义义务,是否吻合于那些对于股东行动主义的优势的评估?

18. Anabtawi 和 Stout 建议向股东施加信义义务,在为此建议进行辩护时,他们声称,股东诉讼的程序性要求已经阻遏了无聊的诉讼。根据第 5 章的阅读文献,你如何评估这种观点?

19. Anabtawi 和 Stout 建议向股东施加信义义务,Hu 和 Black 则建议强化信息披露,或者在章程中写入限制投票权的条款,这两种方案中哪一种是解决空洞投票权的更好方式?利益冲突是否正如 Anabtawi 和 Stout 所称的那样容易界定?仔细考虑 Kahan 和 Rock 关于界定有害于股东利益的"短期主义"政策所面临的困难的探讨(Anabtawi 和 Stout 以某种不同的方式表达了这种担忧,即在这种情况下原告将难于提出信义义务的诉请)。再请仔细考虑关于确定股东投票赞成信义义务诉请的基准的以下批评,这些批评来自于 Kahan 和 Rock 的另一篇文章,该文章运用了 Hu 和 Black 的空洞投票案例,而该案例涉及 King Pharmaceuticals 和 Mylan Laboratories 之间的拟议合并:

6 内部治理结构：股东投票和行使话语权 443

试图作出正确决定的机构投资者，应当如何就其股份进行投票？正确的答案显而易见：指数投资者应当运用其两家公司的股份，投票支持合并，因为从投资组合的视角看，这样投票会增进价值；汇率带来的财产分配问题会互相抵消，应予忽略。因而，投票支持合并有利于指数基金的投资者利益，而基金经理对这些投资者负有责任。

然而，请注意，当与只持有 King 公司股份的典型的长期股东相比较时，指数基金的看法会有多大的区别？对于此类股东而言，Mylan 所支付的溢价高低是决定性因素，它们绝少考虑公司合并增进了价值还是减损了价值。毕竟，一旦交易结束（甚至在交易结束之前），King 公司的股东可以卖出其股份。另外，King 公司的典型的长期股东的看法，也与持有 Mylan 公司股份多于 King 公司股份（或者相反）的投资者的看法存在差异。换句话说，投资者关于公司合并的意义及交易溢价相对于交易逻辑的重要性的认识，取决于投资者在两家公司中持股的相对份额，而且两者的关联度相当强。

考虑到这点，可以赋予忠实义务或善意以何种内涵？或许有人会说，股东有义务本着长期持股的立场来投票，而无须顾及其他持股状况。这种说法提供了明确的指引——根据公司合并的溢价及合并之后可能的投资价值，来投票支持或者反对——但这样做将付出的代价是，迫使股权分散的投资者不理性地行事，而且会伤害基金的投资者。

第二个选择是，将善意解读为要求股东像指数基金那样去投票：不考虑溢价情况，只要公司合并增进了价值，即予以批准。然而，对于没有分散投资、或者没有完全分散投资的投资者而言，此种策略同样不理性，而且会带来自我毁灭。

第三种选择是，只要股东以一种合理追求其自身或其投资者金钱利益的方式去投票，就可以得出结论称股东本着善意完成了投票。但这种构想流于空洞：所有的股东投票、包括空洞投票，除了少数的病理性例外，都满足了这一要求。

在投资者持有不同的证券投资组合的情况下，几乎没有有效的方法去界定无利害关系或者善意的投票。尽管金融工具的多元化被认为增加了持股的多元化，但这并非新奇的事物。

Marcel Kahan and Edward B. Rock, "On Improving Shareholder Voting: An Essay for D. Daniel Prentice," in J. Armour and J. Payne, eds., *Rationality in Company Law* 257 (Oxford: Hart Publishing, 2009). 本部分内容的重印获得了许可。

Anabtawi 和 Stout 如何解决以下问题:指数基金的投票是否违背了其对 King 公司与 Mylan 公司中未分散投资的股东的信义义务?向此类基金的投票施加信义义务,是否导致基金经理违背了其对共同基金的股东的信义义务?

20. 如果 Bebchuk 提出的赋予股东更大决策权的建议被采纳,则它对 Anabtawi 和 Stout 提出的向所有股东(而不仅仅是法律现在所要求的控股股东)施加信义义务的方案,又将造成什么影响?

21. 英国伦敦金融城市长 Paul Myners(该市长的职责是服务于伦敦的金融中心)建议创建双层投票制度,以赋予"长期"持股的"机构投资者"更大表决权。William Hutchings and Mike Foster, "Shareholder Voting Gets Rethink in U.K. ," *Wall Street Journal* (August 10, 2009), p. C5. 这种有差别的投票制度安排,与 Anabtawi 和 Stout 建议的方案相比,能否更为有效地缓解空洞投票问题?它会减轻还是会加重他们对于机构投资者的担忧?伦敦金融城的市长还建议允许买卖投票权。在降低空洞投票的担忧方面,这两则建议是目标相悖还是协同一致,抑或是互相抵消?增强长期持股的股东的表决权,是否会削弱本章 A 部分注释 14 提到的股权交易的种种益处?它是否会产生本章 A 部分所探讨的双重类别股份问题?

22. 由于一些治理评级及投资者顾问服务的提供者,特别是市场引领者 RiskMetrics(摘自 Bhagat 等人的文献以其前身称之,即 ISS)拥有支配性的市场份额,也向公司提供了治理咨询服务,评论人士已经批评指出,这些机构运用其自身的治理指数来提供代理投票建议,这样就带来了内在的利益冲突。例如,参见 Paul Rose, "The Corporate Governance Industry," 32 *Journal of Corporation Law* 887 (2007). RiskMetrics 对此批评的回应是,其中并不存在利益冲突,因为它已经在咨询部门和指数部门之间创建了"防火墙",它类似于投资银行为了降低银行向公司和投资者提供不同服务所产生的冲突而采取的做法。这是不是一种充分的或者有说服力的回应?一些机构向多个服务提供者购买服务,是不是解决这一问题的方法?如果投资者知道 RiskMetrics 存在诸多潜在的利益冲突,是否能够充分地回应该批评(其原因在于,担心 RiskMetrics 存在利益冲突的投资者可以降低对该建议的重视程度,或者运用其他提供者的产品)?

尽管发行人对于 RiskMetrics 的影响力多有担忧,SEC 仍然拒绝对该行业实施监管。国会委托的美国政府问责办公室(GAO)完成了一份报告,这份报告回应了针对 RiskMetrics 公司和其他代理顾问公司的批评、以及 SEC 拒绝对该行业实施监管的做法,报告支持了 SEC 的做法。这份报告发现:(1) SEC 并没有发现咨询服务公司在有关影响着投票建议的利益冲突方面,存在任何重大违法行为;(2) 咨询服务的影响力是有限的,因为对于行使着绝大多数机构投票权的最大的机构投资者而言,它们只是将咨询服务公司的建议当成内部人员对于投票事项的评估的补充。因而,美国政府问责办公室并不建议政府采取行动。GAO, *Corporate Shareholder Meetings*: *Issues Relating to Firms that Advise Institutional Investors on Proxy Voting*(June 2007). 美国政府问责办公室关于咨询服务影响力有限的结论,是以与机构投资者的访谈为基础的。该事实将如何影响你对该报告的结论的效用及可信度的判断?(提示:如果大型的机构投资者告诉政府的调查人员,它已经将有关代理投票的信义义务外包给顾问服务机构,那它会面临怎样的后果?)

Paul Rose 也反对以 SEC 的监管来解决顾问服务公司带来的问题。Rose,"The Corporate Governance Industry,"前引文献。他还提出以下解决利益冲突问题的可能的监管思路:正如对提供投资咨询建议的经纪人和交易商(它们也卖出证券)进行资格认证那样,对于治理评级服务的提供者也进行认证。但他同时也得出结论称,市场压力和自律可能足以降低冲突,从而使得此种监管安排变得没有必要。

23. 除了提出利益冲突的问题之外,Rose 还认为,代理投票顾问服务的提供者给公司施加了压力,使其采纳"同质化的治理规则",而后者可能"并不适合于公司的具体情境"。这可能会给公司带来有害的后果。而顾问服务机构之间的相互竞争,是否能够缓解此种担忧?考虑到机构投资者可以便利地依赖外部顾问服务以履行其信义义务,该项义务是否会导致治理结构朝着千篇一律的方向发展?是否正如第 1 章 B 部分的注释 9 所探讨的那样,此种行为是否构成了共同基金经理人在考虑责任及劳动力市场声望时的"羊群效应"的另一种版本?

在批评运用监管基准或者要求将统一的治理规则施加于公司方面,Rose 的担忧与 Bhagat 等人的观点(他们的政策重心在于,通过监管者运用治理标准而不是从投资者的角度来实现目标)不谋而合。Bhagat 等人希望达成的量身定做的治理制度,是否比强制性或者"遵守—或者—解释"的治理制度使投资者承担着更高的成本? 例如,缺乏基准或者缺乏统一的治理标准,是否增加了对公司进行比较的难度、从而提高了投资决策的成本? 人们是否能够接受,披露公司的治理特征且无须解释对基准的偏离——这是 Bhagat 等人偏好的监管方法——妥当地平衡了这两种担忧(量身定做治理规范 vs. 增加了信息成本)?

24. 如果确实像 Bhagat 等人梳理的学术指数创建者的数据所表明的那样,完善公司治理大大提升了公司回报,那么,管理者不改善它们的公司治理,放着这么多钱不挣,这是否可信? Benjamin Hermalin 认为,因果关系恰恰相反,"业绩增长潜力最大的公司,是那些最可能因治理孱弱而损失最大的公司,因而这些公司的治理状况最好"。他针对该直觉开发了一个正式的模型,该模型也可以解释下一章探讨的高管薪酬与公司规模之间的关系。Hermalin,"Firm Value and Corporate Governance: Does the Former Determine the Latter?"(manuscript, 2008), available at http://ssrn.com/abstract = 1080090.

25. 你认为,金融机构的治理质量是否已经影响了它们在 2007—08 的全球信贷危机中的经营业绩? 对于这一重要问题的研究,尚处早期阶段,迄今为止也未能提供泾渭分明的指引。例如,Andrea Beltratti 和 René Stulz 发现,"并没有连贯一致的证据表明,在危机中,更好的治理带来了更好的业绩",而且,"大量的证据表明,董事会更为亲善股东的公司,业绩更差"。Beltratti and Stulz, "Why Did Some Banks Perform Better During the Credit Crisis? A Cross-Country Study of the Impact of Governance and Regulation," Charles A. Dice Center Working Paper No. 2009—12 (2009). 另外,Renee Adams 发现,金融公司的治理质量并非显著低于非金融企业,而且事实上,接受政府救助资金的银行的董事会成员中,独立董事的数量超过了那些没有接受政府救助资金的银行。Adams, "Governance and the Financial Crisis," ECGI-Finance Working Paper No. 248/2009 (2009). 然而,David Erkens、Mingyi Hung 和 Pedro Matos 的研究,却得出了显然复杂得多的发现:那些传统上被界定为治理更为良好的公司(拥有更为独立的董事会和更多的机构投资者),在危机爆发之前更为冒险经营,因而在危机中遭受的损失也就更大。但在危机中,这些公司往往也更可能因为业绩不佳而解聘 CEO。Erkens, Hung and Matos, "Corporate Governance in the 2007—2008 Financial Crisis: Evidence from Financial Institutions Worldwide," ECGI-Finance Working Paper No. 249/2009 (2009).

7

内部治理结构:高管薪酬

　　高管薪酬在公司内部治理中居于核心地位,因为它发挥着经理人员与股东之间的激励配置功能。董事会除了选任和解任 CEO 之外,一项更为重要的职责就是设定高管薪酬。近年来,它已经成为最具争议的职责之一。由于在整个 20 世纪 90 年代,经理人员不断获得股权薪酬的激励,他们的薪酬随着股票市场的蒸蒸日上而如火箭般地蹿升。然而,直到市场崩盘,这种现象才引起绝大多数投资者的极大担忧;自那以后,特别是当数家丑闻缠身的公司的高管在公司崩溃之前以高价卖出股票期权,而公众股东的股票一钱不值且雇员丢掉了饭碗之后,公众对高管薪酬的关注和敌意迅速飙升。

　　Kevin Murphy 对高管薪酬进行了梳理,对薪酬的构成要素、薪酬如何随着时日的推移而发生变化、以及它是否实现了经营层激励的合理配置,进行了解释。可以认为,高管薪酬在缓解代理问题方面的有效性,是衡量董事会是否良好地实现了监督功能的一项指标。然而,在高管薪酬计划的结构中,包含着大量的延期股权薪酬,它除了降低代理成本之外,还发挥着另外一项功能,即降低公司和个人缴付的收入所得税。摘自 Clifford Smith 和 Ross Watts 的文献认为,对于董事会采纳的高管薪酬计划的最佳解释是激励,而不是税收原因。

　　Lucian Bebchuk 和 Jesse Fried 是高管薪酬的主要批评者,他们称,董事会不仅在履行薪酬设定的职责方面表现糟糕,而且董事会根本无法履行这一职责,因为他们已经被高管所俘获,尽管后者的薪酬由董事会设定。他们认为,解释高管薪酬的水平和结构的最佳视角是经营层权力,但这一观点遭受了大量的批评,其中诸多批评节选自 Jeffrey Gordon、Bengt Holmstrom 和 Steven Kaplan 的文献。然而,Bebchuk 和 Fried 关于高管薪酬的"经营层权力"的见解,广泛地见诸报端,而且在活跃的机构投资者、特别是公众基金和工会基金看来,这是不言自明的道理,它们发起了股东

"薪酬话语权"的提案,要求公司就高管薪酬问题举行股东问询性投票。2002年英国首次采取了该做法,而且美国于2009年将其写入经济刺激计划,在2008年全球信贷危机之时,一些接受了联邦政府紧急财务救助的美国金融机构,必须进行股东问询性投票。Gordon 和 Kaplan 对此提出了批评,尽管两者的批评角度存在相当大的区别。Fabrizio Ferri 和 David Maber 研究了英国的问询性投票是如何发挥作用的:他们的分析表明,"薪酬话语权"尽管看起来已经增强了薪酬之于公司业绩的敏感度,但与此同时,它看起来一直未能成为降低薪酬的有效机制。

高管薪酬[*]

KEVIN J. MURPHY

高管薪酬的层级和结构

尽管高管薪酬的实践因公司和产业的不同而存在重大差异,绝大多数高管薪酬计划都包含着以下四项基本构成要素:基本工资、与会计业绩息息相关的年终奖、股票期权、长期激励计划(包括有限制的股票计划,以及以数年的会计数据为基础的业绩计划)。另外,高管参与"宽口径"的雇员利益计划,并据此获得特别利益,包括人寿保险和附加的高管退休计划(SERPs)等。与中层管理人员的"随意聘用"安排不同的是,高层的管理人员越来越多地通过协商来议定正式的聘用合同。这些正式的合同通常为期五年,规定了最低的基准工资、目标奖金的支付(有或者没有保证)、公司分立或者控制权变更之时的解职安排等。

[通过对 CEO 薪酬的行业分析]可以获得以下典型的事实:首先,CEO 的薪酬水平因行业而异:电力行业的 CEO 的薪酬,明显低于其他行业的同行水平;金融服务部门的 CEO 获取的薪酬回报更高。第二,这些年来,CEO 的薪酬水平已经大幅提升……第三,薪酬水平的提升,主要归因于股票期权授予日[**]价值的提升。在20世纪90年代早期,股票期权取代了基本工资,成为 CEO 薪酬的最为重要的组成部分(公用事业企业除外)。

---

[*] 本文最初发表于 Handbook of Labor Economics, vol. 3B, Kevin J. Murphy, "Executive Compensation," pages 2485—2563, Copyright Elsevier (1989). 本部分内容的重印获得了许可。

[**] 授予日(grant-date),是指股份支付协议获得批准的日期。——译者注

有关 CEO 薪酬的一项公认的典型事实是,在更大型的公司中,CEO 的薪酬更高……公司规模越大,CEO 的薪酬越高,这本身并不奇怪:例如,更大型的公司可以雇佣素质更高、薪酬要求也更高的经理人员。但至少从历史上看,更令人奇怪的是,不同的公司与不同的产业在这方面的关系呈现出了一致性。

美国公司的高管比其国际同行获得的薪酬更高:美国代表性的 CEO 所获得的薪酬总额相较于其他国家所支付的平均水平高出两倍。更为有趣的是,数据表明,美国高管获取薪酬的方式也不同于其他地方:与全球的同行们相比,美国 CEO 的薪酬构成中股票期权的比例更高,而工资所占的比例则更低。

CEO 薪酬的组成

基本工资

CEO 的基本工资通常通过竞争性的"标杆管理法"来确定,后者主要以本行业一般工资水平的统计数据为基础……并辅之以选定行业或者市场同行的详细分析数据。这些统计数据得出了公司所处薪酬百分位的报告(例如第 25 百分位,第 50 百分位,第 75 百分位),但这一结论通常根据公司规模而进行调整……而公司规模的计算依据通常是公司收入,当然运用公司市值的情形也越来越多(特别是运用于低收入但高市值的创业企业之中)。

在近乎普遍运用统计数据来确定基本工资时,产生了有关理解 CEO 工资水平和趋势的若干含义……由于低于第 50 百分位的工资经常被称为"低于市场水平",而那些位于第 50 百分位和第 75 百分位之间的工资则被认为"具有竞争力",这些数据已经对基本工资水平产生了"棘轮"效应。*

薪酬的绝大多数组成部分,根据基准工资水平来设定。例如,目标奖金通常设定为基本工资的一定百分比,而期权的授予则通常设定为基本工资的一个倍数。定额退休福利和解职补偿安排也取决于工资水平。因而,基本工资每增加一美元,对于薪酬的其他组成部分都会带来积极的影响。

---

* "棘轮"效应,又称制轮作用,是指人的消费习惯形成之后具有不可逆性,即易于向上调整,而难于向下调整。——译者注

年终奖计划

几乎所有的营利性公司都会为其高层管理人员安排年终奖,而且该奖金的发放是以单个年度的公司业绩为基础的。

尽管高管奖金计划因公司与产业的不同而存在重大差别,但仍然可以依据三大基本构成要素对其予以归类:业绩指标、业绩标准以及薪酬——业绩关系的结构……根据典型的奖金计划,只有完成了门槛业绩(通常设定为业绩标准的一定百分比)之后才可以发放奖金;实现了门槛业绩之后,才发放"最低奖金"(通常设定为目标奖金的一定百分比);实现了业绩标准之后,才发放目标奖金,而且奖金的发放通常设有"上限"。

业绩指标的激励效果

高管奖金的首要决定因素是会计利润。会计数据可以验证,绝大多数人都能看得懂,并且针对可接受业绩指标提供了业界人士所谓的"可视"标准:经理人士理解并且能够"看到"他们日复一日的工作是如何影响公司的年度利润的。然而,重要的是,我们必须看到一切会计指标都会面临以下两个重要问题。第一,一切会计利润在本质上都是向后看的,而且都是短期的,仅仅关注会计利润的经理人士,或许会不予实施那些降低了当前利润却提升了未来利润的行为,例如会削减研发的投入。第二,通过随意调整财产"收益"或在不同时期内转移收益而操纵会计利润。

股票期权

股票期权是一份合同,它赋予接受者在预先规定的期限内、以预先规定的"行权"(或者"行使")价格买入股份的权利。高管期权通常是在一段时期内逐步变成"既得权利的"(也就是说,可以行使的权利):例如,在授予期权之后的四年内每年可以行权25%。高管期权不可交易,而且如高管在期权成为既得权利之前离职即予没收(尽管"加速既得"是一种常见的议定解职安排,特别是在控制权变更之后)。

在理论上,期权合同的参数表明,在具体设计合同时存在种种可能性:例如,行权价可以"盯住"产业或者市场;除非公司业绩的"临界点"已经达到,否则期权要被没收;期权条款与预期的高管视野相匹配,等等。然而,在实践中,授予期权的做法却几乎不存在典型的差异:绝大多数期权十年内到期,而且被授予的行权价是授予日当天的"公允市场价格"。

激励的后果

股票期权使得经营层的回报与股价上涨之间产生了直接的联系,因为随着股价的上涨,行使期权所获得的回报也相应地增长。然而,出于以下若干原因,股票期权的激励与股份所有权的激励并不相同。首先,由于期权回报仅仅体现为股价的上涨,而这并不构成股东的全部回报(还包括股利),持有期权的高管有动机不发放股利,而选择股份回购。第二,由于期权的价值随着股价的波动而增长,持有期权的高管有进行更为冒险的投资的激励。最后,一旦股价跌至低于行权价,高管觉得几无机会来行权时,期权将丧失激励的价值:在股价下跌之后,人们通常以"期权丧失了激励作用"为理由,为期权重新定价。

估值问题

无论是做研究还是做实务,在运用高管股票期权时,绝大多数情形下均要求对期权设定一个授予日之时的"价值"。在构造此一价值时,重要的是区分两个经常混淆但完全不同的估值概念:授予期权的公司所付出的成本,以及该期权之于接收高管的价值……股东授予期权所付出的成本,高于接受期权的高管所获得的价值。

公司授予期权的"机会成本"(暂时忽略其激励的后果),可以用外部投资者愿意为此支付的价格来妥为衡量。外部投资者通常可以自由地买卖期权,也可以采取行动(例如卖空该期权的基础股票)来对冲期权的风险。相反,公司高管却不能买卖其期权,也被禁止通过卖空公司的股票来对冲风险。另外,与外部投资者往往高度分散投资(在大量的公司中分别持有少量的股份)不同的是,公司高管在本质上没有分散投资,他们的身体以及人力资本不成比例地投资于其公司之中。出于这些原因,公司高管对于公司股票期权的估价,通常低于外部投资者。

税收和会计问题

股票期权看起来是一种将高管薪酬与公司股价表现相挂钩的方式。然而,除了这种显而易见的激励后果之外,股票期权的风行在相当程度上归因于其有利的税收和会计处理方式。特别是,股票期权提供了一种延后应税收入的富有吸引力的方法,而且在公司会计报表中基本上体现不出来。[2004年,期权的会计方法发生了变更,删除了更为有利的(在会计报表中体现不出的)处理方法。——编者注]

为什么股票期权与时俱增?

20世纪80年代和90年代,高管薪酬最引人注目的趋势是,股票期权的授予呈爆炸式增长,它们……现在已经成为CEO薪酬的最为重要的组成部分。尽管推动这一趋势的力量在学术文献中尚未述及或者尚未达成共识,本人相信,政治、经济……以及行为等诸多因素共同推动了这一趋势。

20世纪90年代早期围绕CEO薪酬的争议,是由政治和经济推手共同作用的结果。政治推手……折射出被称为"薪酬过度的20世纪80年代"之后人们对财富的鞭笞,而经济推手则反映了20世纪60年代和70年代所创建的传统的薪酬做法,并不适应20世纪80年代和90年代的经济体的需求,在这些经济体中,创造股东财富意味着一些行业会带来创新和企业家精神,而其他行业则面临着降低规模、裁员、赢得工会的让步,而且在极端情况下甚至倒闭的情形。彼时股东和学界对于CEO薪酬的批评,绝大部分集中于公司业绩优异之时缺乏有意义的回报,而在经营失败之时又不存在有意义的惩罚。类似的,尽管民粹主义者的批评含沙射影地指出降低薪酬水平,但它却表述为提升薪酬与公司业绩的关联度。所有的这些推手共同促成了更多的绩效薪酬,而后者主要体现为股票期权。

股票期权趋势的行为解释……反映了在将近二十年的持续牛市之后,高管更加愿意接受股票期权。

其他形式的薪酬

受限制的股票

在某些条件下(这些条件通常与雇员服务期有关)股份将被没收,在这一意义上,这种股票的授予"受到了限制"。而这种被没收的可能性,带来了有利的税收待遇(直到这些限制条件消失,高管才需要就该股份缴纳税收)和会计待遇(在成熟期内摊提"成本",而且即使授予之后股价上涨,也按照授予期的股价记载)。

长期激励计划

除了基于公司年度业绩的奖金计划之外,许多公司安排了"长期激励计划"(LTIPs),该计划通常以公司三年或五年的累积滚动平均业绩为基础……典型的长期激励计划的结构与年度奖金计划相类似。

退休计划

除了参与公司整体的退休安排之外,高级管理人员通常还会参与附加型高管退休计划(SERPs)。SERPs并不适用于税收目的,并会采取种种不同的形式,包括以"记入贷方"的服务年限(它可能与"实际"服务年限有很大差别)为基础的限定福利,或者以通胀或公司业绩为基础的种种福利。

薪酬与业绩的关联度

高管持有普通股、限制性股票和股票期权,从而使其财富显性地(而且机械地)与其委托人的目标(创造股东财富)息息相关。此外,CEO以会计为基础的奖金(反映了会计回报与股价表现的关系)、工资水平的年度调整、目标奖金、期权及限制性股票的授予的规模等,也使CEO的财富隐性地与公司的股价表现密切相关。

在过去的25年间,现金薪酬与公司股价表现的关联度普遍提升。

由于高管持有的普通股、限制性股票和股票期权的价值变动与公司业绩息息相关,高管的财富与股价表现也存在着显性关联。薪酬—业绩之间的敏感度,也表明CEO"分享"着公司创造的价值。股东财富每增加一美元,CEO的限制性和非限制性股票的价值,也根据其在公司中的持股份额而增长。

就CEO持有的期权来计算其薪酬—业绩之间的敏感度,其复杂程度略略高于计算CEO持有股票时的薪酬—业绩之间的敏感度,因为期权的价值并不会随着股价的涨跌而同步起落。

这里出现了若干典型的事实……首先,薪酬—业绩之间的敏感度的主要驱动力是股票期权及股份所有权,而不是其他形式的薪酬……第二,薪酬—业绩之间的敏感度因行业不同而存在差异,在受管制的公用事业中,其敏感程度格外低。第三,从1992年至1996年间,薪酬—业绩之间的敏感程度增加了。最后,薪酬—业绩之间的敏感度的提升,几乎完全来自股票期权的授予。

公司规模越大,薪酬—业绩之间的敏感度越低。

公司规模与薪酬—业绩之间的敏感度的反向关系并不令人吃惊,因为规避风险及财富受到约束的大型公司的CEO们,可以通过持有股票、期权及激励薪酬,而只"持有"一小部分公司的现金流。

Jensen和Murphy[1]得出结论称,CEO的薪酬—业绩之间的敏感度仅仅等同于1970—1988年的"福布斯"高管样本的共享率的中值,即仅仅为该样本的0.325%,在这个意义上,此种敏感度实属"低下"。而到了1996年,薪酬—业绩之间的敏感度翻了将近一倍,达到了0.6%[标准&

---

[1] 本文在注释及问题部分中加以探讨。——编者注

普尔500强的数据]。

激励措施要紧吗？

整体而言,我们获得的证据与以下假设一脉相承:以股份为基础的激励措施,是经营行为和公司业绩的重要驱动力。然而,仍然几乎没有直接的证据证明,引入积极冒进的、以业绩为基础的薪酬计划能够给公司带来回报。

高管薪酬计划的激励和税收效果[*]

CLIFFORD W. SMITH, JR. 和 ROSS L. WATTS

视野问题的控制

有条件支付。激励计划明确地将经理人员的薪酬与公司的价值指标或公司价值变更的指标相挂钩。经理人员的薪酬以这些指标为条件。

在激励计划中,薪酬并不取决于事实发生之后(事后)的业绩,而是在事实发生之前(事先)就与业绩的某些指标相挂钩。薪酬与业绩的正式挂钩,降低了64岁的经理人员所面临的视野问题;年终薪酬取决于该年度的业绩(例如,奖金取决于该年度的披露利润)。

激励计划通过将薪酬支付延至退休期间,从而也缓解了视野的问题。奖金计划……[通常包含]允许薪酬委员会将奖金(现金或者股票)在未来分期支付的条款……那些计划规定,如果发生以下事实,那些未支付的分期奖金将予没收:如果薪酬委员会发现,经理人"玩忽职守或者实施了危及或有害于公司利益的行为"。这种条款将影响临近退休的经理人员的激励。

那些正考虑另谋高就因而眼光短浅的经理人员,也会受到薪酬计划中的延期支付条款的影响。如果经理人员辞职或者被解聘,奖金计划、业绩奖励和股份计划中的延期支付部分将被没收。类似地,在期权计划中……如果高管在行权日期到来之前,或者在股份解禁日期到来之前离开公司,也将面临期权被没收的威胁。带有没收威胁的薪酬延期支付计划,降低了经理人员从事欺骗或者从公司中偷盗财产的可能性,并且增加了其保持高效的工作状态的激励。

另一方面,或许有人会认为,没收条款使公司得以欺骗经理人员,使

---

[*] 本部分内容的重印,获得了7 *Australian Journal of Management* 139 (1982)的许可。

后者拿不到延期支付的薪酬。然而,如果公司采取这种政策,将为其带来大量的成本。反复无常地运用没收条款,会使得当前及未来的经理人员由于担忧延期支付的薪酬可能会被没收,从而低估该薪酬的价值。这种价值的低估迫使公司提升其当前及未来的经营层薪酬,以留住具有一定品质的经营团队。另外,延期支付薪酬的价值被低估,也将降低该计划的激励效用。激励功效的丧失本身,应当足以确保公司不会运用没收条款来违背合同的约定。

通过激励计划而实现的延期支付薪酬,除了提供了高效行事且不欺骗的动机之外,还有其他的功效。例如,经理因此积累了大量的公司所属行业的专门知识。公司(以一定的成本为代价)提供了公司所属行业的部分人力资本。然而,离开该公司并就职于同行业另一家公司的经理,将获得该行业特定的人力资本的报偿,这种报偿体现为更高的薪酬。实际情况是,公司承担了成本,而经理则获得了收益。如果没有一些机制使公司可以获得该投资的回报,则公司则会减少对其经理人员(例如,通过培训项目)的产业专属性资本投资。通过薪酬的延期支付,同时辅之以经理人员一旦离职则该未付薪酬不予支付的规定,能够解决这一问题。薪酬的延期支付意味着,经理人员离开公司的可能性更低,因而公司也更愿意提供培训。公司和经理人员获得了双赢。

对经理人员风险规避行为的控制

激励计划(以及重新议定工资计划这一激励程度更低的安排)可以解决固定工资普遍面临的激励问题。在固定工资的安排之下,无论公司价值如何变更,工资水平岿然不动。如果公司的高级经理人员从公司获取的是固定回报,则其有动机去实施某些实际上会降低公司价值的投资项目。如果投资项目降低了公司现金流的波动性,则它会提升经理人员的固定请求权(以及诸如债权等其他固定请求权)的价值。固定请求权的价值之所以能够增长,是因为公司用以偿付该固定请求权的现金流的价值获得了提升。然而,如果公司的预期现金流下跌,则公司的价值也会下跌。

为了控制经理人员的风险规避问题,薪酬计划必须含有提升波动性的正向激励条款。随着股价的起落,股票期权的预期支付水平也潮起潮落……这使得经理人员有动机投资于将增加公司现金流波动性的项目。其结果是,有可能通过引入在数量及类型方面均为恰当的股票期权,扩大经理人员的固定工资……从而抵消了经理人员实施降低波动性的负面价值项目、或者拒绝实施增加波动性的正面价值项目的激励(也就是说,过于规避风险)。

可以用税收解释的特征

税收后果也可以解释为什么激励计划包含延期支付条款。如果薪酬的延期支付体现为期权等方式,……则会减少资本利得税,而且如果延期支付涉及的是公司进行投资以为延期支付做准备,则在公司税率低于经理人员税率的范围内,降低了税负。

薪酬计划的诸多制度设计与激励经理人员最大化公司价值相吻合;某些制度设计也与降低公司税负的目标相一致。例如,可以将薪酬的延期支付解释为提升效率的手段,或者如果公司税率低于经理人员税率,则可以将其解释为降低税负的方法。这两种解释并非互相排斥,而且两者都可能具有重要意义。然而,要想有说服力地证明薪酬计划具有激励功能,就必须呈现只能够用激励功能来解释的薪酬计划的可观测特征,以及只能够用降低税负功能来解释的可观测特征。

降低税负的假设在解释力方面存在着严重的问题。首先,正是那些被用来证明激励条款的种种优势的例子表明,无须建立将薪酬与业绩相捆绑的正式计划(也就是一项激励计划),也可以获得同样的利益。工资薪酬外加养老金计划与期权等拥有同样的税收待遇。带有部分工资延期支付的工资薪酬与通过投资而实现的薪酬延期支付方案,具有同样的税收优势。因而,为什么公司还应当如此费力地启用激励计划?一种税收解释在于,对于养老基金的税法制约具有约束力。然而,如果降低税负是激励计划的唯一驱动力,则考虑到经理人员的风险规避倾向,我们会看到薪酬的支付将以低的离散变量为基础。例如,奖金计划将运用收益,而不是实际上正在运用的股本或资产回报的收益余额来加以设定。

第二,……延期支付薪酬条款所适用的绝大多数高管,其边际税率可能低于公司税率,因而,延期投资在税收方面并非有利。[1]

因而,我们得出的结论是,税收后果最多仅仅部分解释了激励计划的本质、存在样态及其与日俱增的吸引力,它不可能是最为主要的解释。考

---

[1] 如果按照当前的税率来计算,绝大多数高管不太可能发生此种情形,因为个人收入所得率的最高税率高于公司收入所得率的最高税率。——编者注

虑到激励后果有能力解释激励计划的本质和典型变种,它看起来更为重要。

可以用激励后果而不是税收后果来解释的实证规律

业绩的分类。如果激励计划使得经理人员本身有动机去作出符合股东利益的决策,则人们将会看到,根据该计划,经理人员的业绩和报酬将对其作出的决定保持敏感。用公司整体业绩指标,包括股份价值、总利润等等,来衡量公司总裁或董事会主席是适合的,这些人实际上对公司的所有现金流负责。然而,此类指标及以此为基础的薪酬安排,或许并不适合于部门经理。部门经理的业绩或许相当出色,但他只对5%的公司现金流负责。当会计是根据其他95%的经理人员的贡献而置备之时,仅仅以公司整体业绩为基础而确定经理人员的回报,将使他们几乎没有动力来谋求公司价值的最大化。个人的决策及努力之于薪酬的影响,往往淹没于其他人的决策及努力之中。如果激励计划以此类指标为基础,则经理人员有激励去"搭"其他经理人员的努力的便车。

因而,人们可以预想到,以公司整体业绩作为衡量标准的激励计划,与以部门或者更为细分的层面的业绩为基础的激励计划相比,它更不可能适用于高层管理人员之外的经理人员。这种预期与经验证据大体吻合。以公司整体业绩作为衡量标准的激励计划……通常局限于高层管理人员。另一方面,奖金计划的确衡量经营者个人的业绩,而且它们通常包括部门经理和层级更低的经理人员。

税收无法解释奖金计划的业绩指标在性质方面的差异。的确,税收方面的动因甚至无法得出激励计划与个人业绩无关的预测。然而,其中一些计划确实与个人业绩无关,特别是那些最为流行的奖金计划。

结论

显而易见的是,税收方面的动因无法解释美国公司的薪酬计划的存在样态及其种种变种。工资与养老金计划的结合在降低税负方面与激励计划一样富有效率,而且不像激励计划那样会扩大经理人员的风险敞口。另外,税收无法解释奖金计划在什么程度上与个人业绩无关,也无法解释为什么激励计划更少用于受管制的行业。另一方面,薪酬计划的激励效果可以解释这些现象。这表明,激励计划的预期目的(也就是说,使经理人员的动机与公司价值最大化目标保持一致)是激励计划在美国大行其道的首要原因。

无须考虑业绩的薪酬支付:关于若干问题的反思[*]

LUCIAN A. BEBCHUK 和 JESSE M. FRIED

导论

在我们近期《不考虑业绩的薪酬支付》(*Pay without Performance*)这本书及若干附随及后续的论文中,我们试图全面描述经理人员的权力及其影响力是如何塑造美国公众公司的高管薪酬的。研究高管薪酬的金融经济学家通常会假定,薪酬安排是公平谈判的结果,谈判的双方中,一方是努力为其自身争取可能的最佳交易条款的高管,另一方则是努力为股东争取可能的最佳交易条款的董事会。长期以来,这一假定构成了调整该事项的公司法规则的基础。然而,我们想要表明的是,美国公众公司的薪酬设定程序极大地偏离了公平交易的模式。

我们的分析表明,在形成高管薪酬方面,经理人员的权力发挥着关键的作用。经理人员无所不在的权力,可以解释当前高管薪酬的诸多现象,包括长期以来困扰金融经济学家的种种做法和范式。我们的分析还表明,经理人员对于薪酬安排的影响力,已经极大地扭曲了这些安排,给投资者和经济体带来了成本。这种影响力还造就了逆向激励计划,后者将会弱化经理人员提升公司价值的激励,甚至会使经理人员有动机实施损害公司长远价值的行动。

过去二十年来 CEO 薪酬的大幅飙升,一直饱受公众诟病,2001 年底公司治理丑闻爆发之后,批评的声音骤然提升。公司丑闻的风潮动摇了人们对公众公司董事会的信心,市场开始关注这些公司的高管薪酬安排可能存在的缺陷。其结果是,现在达成的一种广泛认识是,董事会推行的诸多薪酬安排并不符合股东的利益。然而,这些问题在多大范围内存在,产生这些问题的原因是什么,仍然存在大量的分歧,而且毫不奇怪的是,对于如何解决这些问题,同样存在诸多不同意见。

许多人认为,人们对于高管薪酬的担忧,已被夸大了。有些人坚持认为,薪酬安排存在缺陷的公司相对较少,绝大多数公司的董事会有效地履行了其设定薪酬的职责。其他一些人承认,薪酬安排的缺陷确实普遍存在,但他们仍然认为,这些缺陷源于董事会在为股东谋求利益时犯了诚实

---

[*] 本部分内容的重印,获得了 30 *Journal of Corporation Law* 647 (2005) 的许可。

的错误和认知的缺陷。根据这一见解,既然已经认识到这些问题的存在,就可以期待公司董事会将自行解决这些问题。还有其他一些人认为,尽管监管的干预是必要的,近期的一些增强董事独立性的改革完全可以解决历史问题;一旦推行了这些改革,就可以期待董事会实施服务于股东的薪酬政策。

我们的阅读文献试图说服读者,此种自以为是的见解缺乏依据。首先要指出的是,有缺陷的薪酬安排并不局限于少数的几只"坏苹果",而是广泛、持续而系统地存在着。另外,这些问题也并非源于可以期待董事会自行解决的暂时性错误或者疏忽。相反,其原因在于基础性治理结构发生了缺陷,高管利用这些缺陷对董事会施加了影响。在当前的公司治理制度下缺乏有效的公平交易,一向是薪酬安排弊病丛生的主要原因。最后,尽管近期致力于增强董事会独立性的改革可能会改善事态,但他们并不足以使董事会充分地承担起责任。这方面的工作任重而道远。

公平交易合同的视角

根据有关高管薪酬的"官方"见解,公司董事会在创设薪酬安排时,仅仅应当在维护股东利益的指引之下进行,而且公司董事会与薪酬由其支付的高管之间进行的是公平交易。董事会与高管进行的是公平交易这一前提假设,长期以来是公司圈子以及金融经济学家关于高管薪酬的绝大多数研究中的一个核心要义。在公司圈子中,官方的这一见解构成了现行法律规则和公共政策的现实基础。人们运用这一见解来为董事作出的薪酬决定在股东、政策制定者及法院层面赢得正当性。这些决策被描述为,在本质上它们基本上是为了股东利益,因而值得尊重。

公平交易的观点的局限性

公平交易观点的官方说法很体面、容易驾驭而且令人放心。但它未能描述高管薪酬的真实状况。公平协商观点也认识到,经营者受制于代理问题,无法自动谋求股东价值的最大化。由于经营者利益与股东利益之间存在潜在的分歧,为经营者提供充足的激励,就显得很重要。根据公平交易合同的观点,董事会尽力通过经理人员的薪酬计划来提供此类划算的激励安排。但正如没有理由假定经理人员会自动谋求股东价值最大化一样,也没有理由期待董事将如此行事。的确,关于董事激励及种种情事的分析表明,董事的行为也受制于代理问题。

董事有动机、而且会一直拥有经济动机去支持、或者至少赞成有利于公司高层经理人员的安排。各种社会和心理因素——共同掌权、团队精神、避免董事会内部冲突的自然愿景、友谊以及忠诚，以及认知不一致——都向董事施加额外的压力，将其推往那个方向。尽管许多董事在其公司中持有一些股份，但因其份额过低而缺乏动力去承担个人成本，甚至也不愿承担因抵制高管提出的薪酬计划而引起的那一点点的不愉快。另外，时间及资源的制约，使得即使是意愿强烈的董事们也无法妥当地履行其设定薪酬的职责。最后，董事的运作所处的市场约束远远不够严格，无法避免因亲眷高管而产生偏离公平协商的结果。

棘轮效应

高管薪酬的飙升，在部分程度上归因于诸多董事会尽力向其CEO支付高于行业平均水平的薪酬。这种普遍的做法导致薪酬的平均水平不断上涨，并不断推高了高管的薪酬。一项针对大型公司薪酬委员会的报告的评论表明，它们中的绝大多数运用同行群体来确定薪酬，并且将高管薪酬设定为等于或者高于同行群体的第50百分位。此种棘轮效应与以下现象相吻合：董事会并不孜孜以求于为其股东争取最佳的交易，而是坦然接受任何与当前流行的做法相一致的安排。

新任CEO们

批评我们作品的某些人假定，当董事与公司之外的CEO候选人协商薪酬事项时，我们关于经理人员影响力的分析并不适用。然而，尽管与现任CEO的协商相比，此类协商更为接近公平交易的模式，但仍然远远无法满足此一标准。此外，与外部CEO候选人协商的董事知道，在候选人成为CEO之后，他或者她可以影响该董事能否再获董事会席位的提名，而且还可能影响他们的薪酬及津贴。董事们还希望与那些有希望成为公司领导及董事会同事的人，保持良好的个人和工作关系。而且，一方面，对于董事个人而言，同意作出有利于外部CEO的薪酬给付，几乎没有任何财务成本，而一旦协商破裂，董事们可能因此而感到尴尬，并且迫使其重新开始CEO的遴选程序，而这对于他们个人而言，却是成本高昂。

最后，董事的时间有限，这迫使他们依赖由公司人力部门和薪酬顾问提供并处理过的信息，而后者都有激励来取悦即将到任的CEO。

解聘高管

一些人认为，过去十年来，尤其是近年来，董事们解聘CEO的意愿越来越强，这表明董事会的确与CEO进行的是公平交易。然而，解聘仍然只发生于极端的情形之中,即只有当 CEO 被指控存在违法或者违背伦理行为,或者对 CEO 不满的股东认为其经营业绩糟糕透顶之时。如果没有强大的外部压力,仅仅是表现平庸,并不足以将 CEO 推翻。另外,在董事会解聘高管的极为少见的情况下,董事会通常会在合同要求之外向离职的高管提供好处,以冲淡 CEO 离职的感伤,并减轻董事们的负疚和不适感。总之,董事会对待经营失败的高管的历史记录并不支持以下观点:董事会按照公平的方式对待 CEO。

权力与薪酬

制约着公平交易模型在解释高管薪酬方面的效用的同样因素表明,高管对其自身的薪酬也拥有相当大的影响力。薪酬安排经常偏离公平协商的模式,其原因在于董事受到经营层的影响,以至于没有充足的动力来坚持追求股东利益的薪酬,或者其努力收不到效果。高管通过影响董事而获取"租金",而这些利益超过了真正的公平协商所可以达到的水平。

在我们的著述中,我们发现,经理人的权力可以解释高管薪酬的诸多方面。值得强调指出的是,我们的结论并非以高管获得的薪酬数量为基础。在我们看来,绝对数量高企的薪酬本身并不表明薪酬安排偏离了公平协商的轨道。我们得出结论称,薪酬安排经常发生此种偏离,主要是基于对薪酬设定程序的分析,以及对该程序所导致的低效、扭曲且不透明的薪酬结构的研究。对于我们而言,经理人员之于薪酬的影响力的"确凿证据",并不是高管的薪酬数额之高,而是权力与薪酬之间的关联关系,以及系统地运用薪酬安排以掩盖其真实数量,并运用对于公司业绩不敏感的薪酬形式,以及大手大脚地向离职的高管给付利益。

尽管高层经理人员通常会对其董事会施加一定程度的影响,他们影响的范围取决于公司治理结构的诸多因素。经理人员权力的研究路径预测,权力更大的高管获得的薪酬更高,或者与权力更少的同类型高管相比,其获得的薪酬之于业绩的敏感度更低。大量的证据的确表明,当高管拥有更多的权力时,他们的薪酬更高,而且之于业绩的敏感程度更低。

第一,有证据表明,当董事会相对于 CEO 处于弱势或者无效状态时,高管获得的薪酬更高。特别是,在以下情况下,CEO 的薪酬更高:(1)当公司的董事会规模较大,难以有效组织起来对抗 CEO 之时;(2)当 CEO 委派的外部董事人数更多时,会导致董事们对 CEO 心存感激或者觉得欠了人情;以及(3)当外部董事任职于三家或者更多的董事会时,他们往往更容易分心。另外,如果CEO兼任董事会主席,则其薪酬会高出20%至40%,而且CEO的薪酬数额与薪酬委员会成员的持股份额成反比。

第二,研究发现,外部大股东的存在与有利于高管的薪酬安排成反比。外部大股东可以实施密切的监督,因而降低了经理人员对于其薪酬的影响力。一项研究发现,最大的股东所持股份的数量与其CEO的薪酬成反比。

第三,有证据表明,高管薪酬与机构股东的集中度存在关联,这些机构股东往往更可能去监督CEO及董事会。一项研究发现,更为集中的机构股东带来了对于业绩更为敏感的、数量更低的薪酬。

最后,众多的研究发现,薪酬与反收购条款之间存在关联,这些条款使得CEO及董事会更不容易受到敌意收购的伤害。其中一项研究发现,采用反收购条款的公司的CEO,在该条款通过之前,其薪酬高于市场平均水平,而且在该条款通过之后,薪酬进一步显著提升。此种范式无法从公平协商中获得便利的解释。的确,如果厌恶风险的经理人员的工作更有保障了,股东应当可以向其支付更少的薪酬。

制约经理人员影响力的因素

当然,高管追求及董事批准的薪酬安排也会存在种种制约。尽管市场力量并没有强大到足以防止发生严重偏离公平结果的情形,它们的确对高管薪酬施加了某些制约。例如,如果董事会打算批准一份被认为是奢侈的薪酬安排,则股东在敌意收购或者投票委托书征求大战中,更不会支持现任经营者。

另外,采纳此种安排的董事和高管可能也会背负着社会成本。那些批准了显然偏高而且扭曲的薪酬计划的董事,可能会遭到媒体的嘲弄和蔑视,或者为社会和工商业界所不屑。即便他们的董事会职位不会面临威胁,绝大多数董事仍然不愿意看到此种情形,这些潜在的社会成本强化了市场力量所施加的约束。正如市场力量一样,尽管这些潜在的成本无法彻底避免发生严重偏离股东利益的安排,但它们可以遏制一些不容辩驳的显属滥用的安排。

因而,遏制经理人员权力的一个重要方法是"愤怒"成本。当董事会批准了一项有利于经理人员的薪酬安排时,董事及高管在多大程度上因此背负了经济成本(例如公司被收购的风险增加了)及社会成本(例如伤面子),取决于董事及高管所在意的外部人是如何看待这些安排的。如果人们预期薪酬安排所会招致的愤怒越大,潜在的经济和社会成本也就越大,因而董事更不愿意批准这一安排,经理人员也自始即不会提出这种薪酬建议。

有证据表明,薪酬安排的设计确实受到了外部人如何看待这一安排的影响。一项研究发现,在20世纪90年代,一旦股东作出了批评CEO薪酬的决议,在随后两年里被批评的CEO们都降低了其年度(经行业调整过的)薪酬。

伪装及秘密薪酬

外部人对于薪酬的看法所发挥的关键作用,以及愤怒成本的显著后果,解释了经理权力影响理论的另一项构成要素:"伪装"。薪酬方案的设计者希望将该方案可能引发的愤怒降至最低,因而有强烈的动机来合法化、正当化、掩盖或在更为广泛的意义上,来伪装高管薪酬的不敏感性(即薪酬数量和公司业绩的关联度低下)。

伪装或者做低薪酬数量及其对公司业绩不敏感的安排,包括高管养老金计划、延期薪酬安排以及退休之后的津贴。绝大多数养老金计划、延期薪酬安排,享受不到为其他雇员准备的标准化退休安排的大额税收补贴。在高管的层面上,此类安排仅仅是将税收债务从高管转移到了公司。而通过发放实物退休津贴的方式来提供薪酬,其效率基础远远不够明晰。

然而,所有的这些安排,均使投资者、监管者和公众更看不清楚高管薪酬。此外,现有的披露规则并不要求公司列明(或者在其公开披露的薪酬简表中列明)高管退休之后获得的薪酬的现金价值。尽管高管是否有退休安排,以及具体规定是什么,必须通过公司的公开文件而在许多地方予以披露,但这种披露内容的真正含义却更不易察觉,因为外部人、包括薪酬研究人员和媒体关注的是薪酬列表中写明的现金价值。

尽管公司高管的养老金的价值并不透明,公司被要求披露足够的信息,以使勤勉的研究人员能够评估这些养老金的价值。相反,关于延期薪酬安排的信息,却无法使即便是最为细致的分析人士,准确地估算这些安排为高管带来了多大的价值。因而,在掩盖可能存在的与公司绩效无关的大额支付方面,此种形式的薪酬特别有效。

薪酬与业绩的分离

20世纪90年代早期,著名的金融经济学家,诸如Michael Jensen和Kevin Murphy敦促股东们更多地接受那些能够带来高度激励的薪酬方案。该观点认为,股东应当更多地关注如何使经理们获得足够多的激励,而不是在高管薪酬方面花了多少钱。为当前的高管薪酬安排进行辩护的人们认为,过去15年来高管薪酬节节攀升,这是改善高管激励所必须付出的成本,而且物有所值。

然而,问题在于,高管们获得的大额薪酬待遇与其自身业绩之间的敏感度,向来大大低于人们普遍认可的水平。股东的付出并没有获得最大的回报。股东本来可以付出低得多的成本,来获取高管激励的同样增长,或者他们本来可以运用这些成本,来赢得更强有力的激励。

非股权薪酬

虽然在过去十年来,以股权为基础的高管薪酬增长迅猛,因而获得了更多的关注,非股权薪酬同样不容忽视。2003年,在不属于新经济公司的标准普尔1500强中,非股权薪酬平均占到了CEO及高层经理人员总薪酬的半壁江山。

尽管大量的非股权薪酬体现为基础工资和签约薪酬(sign-up)或者"丰厚见面礼"(golden hello)等并不打算与业绩相挂钩的薪酬,诸多非股权薪酬体现为奖金报酬这一据称以业绩为基础的薪酬方式。然而,实证研究并没有发现20世纪90年代的非股权薪酬与经理自身的业绩存在任何关联。

一项针对薪酬做法的细致研究表明,为什么非股权薪酬与经理自身的业绩不存在紧密的关联。首先,许多公司会将主观标准至少用于部分的奖金支付中。如果该标准掌握于只考虑股东利益的董事会手中,则无疑大有裨益。然而,偏向公司高层经理人员的董事会,将运用这些计划所赋予的自由裁量权,来确保经理人员获得丰厚的报酬,即使其业绩差强人意。

另外,当公司确实在运用客观标准时,这些标准及其实施经常并不会根据经理自身对公司业绩的贡献而发放奖励。奖金的设定基础,通常并不在于公司的经营业绩或者其相对于同行的收益水平,而是基于其他因素。当公司未能实现预定目标时,董事会可以重新设定目标(2001年可口可乐公司,以及2002年AT&T无线公司即为如此)或者日后设定更低的目标,从而为经理提供薪酬。

以股权为基础的薪酬的意外收获

从历史上看,非股权薪酬与经理业绩之间的联系薄弱,鉴于此,希望提升薪酬之于业绩的敏感度的股东和监管者,越来越鼓励运用以股权为基础的薪酬,而后者的表现形式经常为股票期权。我们强烈支持以股权为基础的薪酬,它大体上可以使经理获得理想的激励。然而,在实践中,高管股票期权的设计却使那些高管即使业绩尚可或者甚至差强人意,也可以获取丰厚的回报。

在传统的股票期权中,只要股票的名义价格高于期权授予日的市场价值,高管就可以获得收益。这反过来意味着,即便其公司的业绩大大低于其同行水平,只要市场层面和行业层面的发展演变足以提升该公司的股价,高管仍可以从中获利。相当部分的股价的增长源于此种变化,而不是那些反映了经理个人业绩的公司特定因素。尽管有种种方法可以过滤掉市场和行业驱动的各种意外情形,但公司实施的以股权为基础的计划中,试图过滤掉此种意外情形的寥寥无几。

创设股票期权的路径向来是、而且基本上仍然会是,使高管能够从公司股价的暂时性上涨中获取收益,即使股价的长期表现差强人意。公司赋予高管广泛的自由裁量权来打破股权激励对其的羁绊,这种做法向来有益于高管,但于股东而言却代价不菲。高管一旦获得了授权并卖出了基础股票,即可以自由行使期权,此外,高管通常可以在相当程度上控制出售的时点,这使其得以从内部信息中获益。

薪酬与业绩进一步分离的方式是,向离职的高管支付解职补偿金。被董事会解职的高管,通常能够获得相当于其两年或者三年年薪的解职补偿金。即使客观而言,该高管的业绩显然非常令人沮丧,这些补偿金额也未必有所减少。另外,即使该高管迅速谋得了其他的差使,按照标准的解约条款,该高管的解职补偿金也不会降低。

值得怀疑的是,这些解职补偿金安排是否反映了有效率的、公平的缔约过程。蓝领雇员通常比高管更容易被解职,而且承担此种风险的财力更弱。但他们在被解职时不得不承担相当大的金钱损失。如果高管解职条款是出于风险承担方面的考量,则我们会看到,蓝领雇员也应当拥有此类条款。

更为重要的是,如果高管之所以获得高额薪酬,是因为必须赋予其足够的动力,则我们会看到,他们的薪酬安排应当比蓝领的薪酬支付对于业绩更为敏感,而且在公司出现令人沮丧的经营失败之时,他们获得的保护力度应更低。然而,当前的公司解职补偿金做法,不仅未能强化薪酬与业绩之间的联系,而且因为消除了干得好与干得坏之间的薪酬差距,从而弱化了此种联系。

提高透明度

现在,我们来考察一番带来了那些结果的薪酬安排和治理程序。首先,我们来看一看可以称之为"傻瓜都能想到的"改革,即对此没有任何合理理由来加以反对的改革。特别是,SEC 应当要求公众公司把其高管薪酬的数量和结构变得更加透明。

SEC 的规则已经要求公司详细披露 CEO 及其他四位薪酬最高的高管的薪资。因而,从经济学家的股票定价的视角看,已经存在大量的有关高管薪酬的信息了。

然而,在我们看来,重要的是要认识到,必须将此种披露的信息透明化。披露高管薪酬的目的,并不仅仅在于能够据此对公司证券准确定价。其目的还在于制约某些过分偏惠高管的安排。然而,一旦披露的信息只能够为少数市场专业人数所理解,对于其他人而言却晦涩难懂,这一目标难言已经彻底实现[作者认为,许多应予披露的信息却被遗漏掉了。——编者注]。

改善支付安排

公司也可以考虑采用某些股权薪酬计划,这些计划必须能够至少过滤掉部分可归因于市场或者行业整体变化而带来的股价波动所产生的收益。通过这种过滤措施,可以较低的成本提供同等数额的激励,或以同样的成本提供更强的激励。采取将股票期权的行权价盯住某一指标的方式可以达到这种目的,或者通过其他方式也可以达到同样的效果。例如,使期权的行权价盯住该行业中业绩最差的公司的股价变化,就可以过滤掉市场层面的发展变化所带来的影响,同时不会给高管带来过度的风险。

而且同样重要的是,我们必须明白,采用受限制的股票,并不是解决意外收获问题的好办法。事实上,授予高管受限制的股票,甚至会比传统的期权带来更大的意外收购问题。

高管薪酬计划赋予了高管们广泛的自由来打破以股权为基础的激励对其的羁绊,而对此种自由加以限制,则可以改善薪酬支付安排。将期权的成熟与经理打破该期权羁绊其的能力相分离,也是一种理想的安排。要求高管在期权成为既得权利(或者在行使期权而获得股份)之后持有一段时间,董事会可以确保已经属于高管的期权仍然掌握在其手中一段时间,从而继续维续着增强股东价值的激励。另外,此种限制也将消除股价昙花一现般的大幅上涨给高管带来回报而产生的极大扭曲。为了防止这种安排被规避掉，人们可以辅之以禁止高管对冲股价的合同约定，或者禁止运用任何其他有效消除了高管面临的公司股价下跌风险的机制。

即便我们认为，根据公司财务报表的改善而奖励经理是可取的，同时还应当看到，不要根据短期结果、而要根据持续相当长时间的财务报表的改善而给付奖励，这才是可取的。根据短期的业绩而奖励高管，并不是提供有益激励的有效方法，确实，它可能会带来操纵短期会计报表的激励。

在薪酬合同中写入笼统的"追回"条款，即要求经理返还基于随后被修订的会计数据而获得的薪酬，这或许也是可取的。无论高管是否应以何种方式为财务报表的错误负有责任，此种薪酬的返还都是正当的。如果董事会相信，将高管的薪酬支付与一定的计算公式挂钩是可取的，则按照这套公式，如果高管的价值被证明是虚高的，则正确运用这套公式的结果是，必须返还基于错误的价值而作出的支付。这里的主导原则应当是："不是通过努力来赚取的收入，必须予以返还。"

根据当前的期权计划，期权合同的相关条款并没有更新以反映股利支付情况，其结果是，当高管决定支付股利时，他们的收入会降低。有证明表明，那些薪酬计划包含了大额期权的高管运营之下的公司，往往会支付较低的股利，相反，它们会通过股份回购来分配现金，这对于经理的期权价值的负面影响更低，但却未必是最有效率的薪酬支付方式。为了降低经理薪酬支付决定所带来的扭曲情形，在设计所有以股权为基础的薪酬计划时，既不鼓励也不打击股利的支付，或许是可取的安排。特别是，在期权计划的情形下，期权的行权价必须下调以反映股利支付情况。

在当前情况下，公司通常许诺高管，一旦其被解职将获得丰厚的解职补偿金，除非引起解职的是一些极为少见的原因（例如遭到刑事指控或者"滥用职权"）。董事会应当考虑设定一些条款，使得高管的解职偿付金的多寡，取决于高管被解职的原因及被解职的高管的历史业绩。即便公司沿用现有的无理由解职的宽泛界定，此种解职的偿付金的大小，应部分取决于在该高管的服务期内公司相对于其同行的业绩。在公司股价表现极端糟糕的情况下被解职的高管，比那些在公司业绩尚可的情况下被解职的高管，应当获得更少的补偿。

改善董事会的责任心

高管薪酬支付安排的既往及当前的缺陷,源于公司治理制度的内在问题:具体说来,就是董事在设定高管薪酬时,缺乏足够的动力来仅仅考虑股东的利益。如果董事在关注和维护股东利益方面值得信赖,则高管薪酬的设定程序,以及更为宽泛意义上的董事会对高管的监督,都将大为改善。因而,改善薪酬支付安排的最有希望的理路是,使董事会对股东更加负责,并且更为关注股东利益。这种责任心的增强会把公平缔约模式转变为现实。它既会改善薪酬支付安排,又会在总体上改善董事会的表现。

近期的改革要求,在主要的证券交易所(纽约证券交易所,纳斯达克市场以及美国证券交易所)上市的公司,其董事会中的独立董事必须占据多数席位。独立董事是指除了担任独立董事之外与公司再无其他雇佣关系、也没有商业往来的人。这些公司的董事会中,薪酬委员会和提名委员会的成员必须全部由独立董事担任。尽管此种改革可能会降低经理之于董事会的影响力,并且在某种程度上改善董事的激励,但这些远远不够。

我们的分析表明,新的上市要求弱化了高管之于董事的影响力,但却并没有将其彻底消除。更为重要的是,独立性的作用本身存在限度。独立性并不能确保董事有动机关注股东的利益,也不能确保能够选出最佳的董事。除了更加独立于内部人之外,董事还必须更加独立于股东。为此,将当前固化了董事职位并使其隔离于股东的种种安排予以废除,或许是有利的。

要开始这一变革,将股东撤换董事的权力从神话演变成现实,或许是可取的。

要改善公司董事会的绩效,消除免除董事职务的障碍,这或许是可取的。首先,可以赋予股东在公司选票中提名董事候选人的权力。此外,投票委托书征求大战的挑战者,如果吸引到了足够多的支持,可以从公司中获得费用的补偿。另外还可以限制交错董事会的运用,因为绝大多数公众公司运用这套机理来阻碍董事的免职。

[其他建议与第 6 章摘自 Bebchuk 的文章中所列的建议大致相同,在此略去。——编者注]

高管薪酬：如果存在问题，该如何补救？
关于"薪酬讨论及分析"的例子[*]

JEFFREY N. GORDON

在本书中，本人关注以下三类问题：第一，薪酬问题的规范基础；第二，实证经验；其三，补救。特别是，Bebchuk 和 Fried 只是部分地掌握了公众为何如此关注高管薪酬的原因。其原因并不仅仅在于高管薪酬与其业绩的脱钩，而且还在于薪酬的绝对数量水平，特别是相对于其他社会价值维度而言。作者们或许夸大了他们所见的"根据业绩来给付薪酬"的崩溃的个案，因为他们质疑的许多做法，至少在部分程度上可以用经理寻租之外的因素来加以解释。

问题的关键在于，高管薪酬的"恰当"水平和机制并不清晰。高管、特别是 CEO 的市场具有"单薄"（也就是说，在特定的时刻不存在诸多买方和卖方）、"迟缓"（CEO 的服务并不可分，而且附属于大量人力资本投资而形成的长期职业）和"关系"型（由经年累月的业绩所构成，后者的目标和指标因时而变）特征。因而，高管薪酬并不存在通过查询每天的股票而可辨识的现货市场价格。同时，它还是个"势能"市场，即高级经理人员既运用绝对数量水平又运用相对指标来评估其薪酬。因而，如果要监管这一非同寻常的市场中的潜在的滥用行为，救济措施至为关键。本人认为，对于股权高度分散的大型公众公司而言，根据年度披露要求，独立董事组成的薪酬委员会必须监督薪酬的确定过程，从而使薪酬的做法及水平获得正当性，这样我们就可以获得更为满意的结果。

规范基础

什么是确定高管薪酬的妥当基础？Bebchuk 和 Fried 对于"根据业绩来给付薪酬"的因果关系笃信不疑。正如他们所言，"我们能够接受当前的、甚至更高的薪酬水平，只要此种薪酬通过其激励效果，确实服务了股东利益。"他们看起来表明，制约着经营层攫取租金的"愤怒的约束力量"，只有当薪酬实践确切无疑地降低了股东价值时，才会发生作用。但在这样做时，Bebchuk 和 Fried 或许低估了普通大众对于高管薪酬心存不满的一个重要原因——也就是说，人们普遍感觉到，高管薪酬水平的确是

---

[*] 本部分内容的重印，获得了 30 *Journal of Corporation Law* 675（2005）的许可。Jeffrey N. Gordon 保留了版权。

过高了。

正是薪酬的绝对水平，使 Stephen Jobs 和 Michael Eisner 成为诸多杂志的封面人物。的确，如果薪酬异乎寻常地高而业绩却低于标准，我们确实会作出反应。但公众的反应并非一定与股东的福利成等比例，而且可能源自于股东福利之外的关切。

请注意，这种情形将会怎样使 Bebchuk 和 Fried 的观点的重要部分面临混乱：如果薪酬安排的种种伪装，并不在于向董事会或者股东们隐匿高管的薪酬支付水平，而在于向公众隐匿高管的薪酬水平，则其后果如何？如果是这样的话，则势必会削减它们的证据力度。类似地，Bebchuk 和 Fried 认为，传统的期权——也就是不存在某种形式的盯住做法的期权——使经理获得了"最佳的高额租金，引发的愤怒却很少"。然而，这种策略偶尔造就的高管的巨额薪酬给付，已使民怨沸腾，并为改革派广为引用。频频见诸杂志封面的，并不是期权的布莱克—斯科尔斯（Black-Scholes）估值，而是其行权时的数额之巨。转向采用强化薪酬与业绩之间联系的制度安排，将会使那些业绩甚佳的 CEO 们，招致更多的引发愤怒的杂志封面报道。无论其业绩如何卓越，经理究竟值几个钱？

一个更为笼统的看法是，高管薪酬至少运作于两个完全不同的世界中：一个关注的是股东价值的最大化，而另一个则回应着人们关于财富和权力的社会意义的关切。在某一世界中属于理想的策略，却可能未必适合于另一世界。同时引入这两种约束的制度安排，可能会带来互相冲突的制度后果。

证据

关于 Bebchuk 和 Fried 对于证据的总结的分析，源于以下前提：即使我们假定，设定高管薪酬时的唯一考量因素是股东福利，在抽象的意义上，我们并不知道，高管薪酬设定于哪个水平才是正确的。我们已经放弃了对市场交易的货物予以"公平定价"的中世纪的想法，这种情形也同样发生于高管服务的市场中。这在一定程度上使得某些证据的解读，显得含糊不清。

这里面临的具体问题在于：在这个市场中，固定薪酬的恰当水平是什么？Bebchuk 和 Fried 以薪酬与业绩的关联度这一特定的概念展开分析：业绩（以及据其设定的薪酬）只应当根据 CEO 的当前努力及决策为公司增进了多大价值来评估。这种观点假定，薪酬的主要目的，是根据经理们的边际产出而奖励当前经理人员。因而，Bebchuk 和 Fried 认为，数额高企的固定薪酬值得怀疑，他们也提及，此类支付经常通过晦涩难懂的养老金公式及延付薪酬来加以伪装。然而，诸多令人尊敬的劳工经济学文献，将 CEO 的薪酬视为其赢得竞赛的一部分奖励，这场竞赛是众多经理竞争 CEO 职位的一场"锦标赛"。这些文献还认为，将 CEO 此前努力的报酬囊括在内的奖励，造就了组织内部数十年来高管们努力奋发、力争上游的格局。在众多雇员集体努力的过程中，当难以（也就是说，成本高昂）准确地度量每个人的贡献时，就会产生锦标赛的问题；相反，公司承诺提拔"表现最优的"雇员却更容易确定。雇员将其当前的部分隐性工资，用来换取参与下一轮竞逐的机会，以谋求更高的收入和更好的岗位。因而，不难想象，一套理想的 CEO 薪酬计划，也会由大额的固定支付（针对此前的付出）和以激励为基础的构成要素（针对当前的付出）构成。至少在形式上，这与当前的薪酬安排并没有太大的差异。换句话说，对于高管薪酬的相关业绩衡量指标，不仅应当包括 CEO 此时此地的贡献，还应当考虑因为存在此种奖励，公司在经年累月中完成了怎样的业绩。根据这种见解，退休计划及其他固定薪酬要素，或许并不能证明 Bebchuk 和 Fried 提到的公平谈判的缺位。

然而，他们主要想表明的是，如雨后春笋般滋长的传统的股票期权，并不像他们所称的那样有着充分的业绩基础……他们认为，存在激励缺陷的期权的广泛运用，证明了董事会并没有在进行公平谈判。然而，这一观点无论是在理论层面，还是在反证方面，都存在问题。

针对股票期权的批评：基于理论的关切

首先，Bebchuk 和 Fried 的构想，并未能充分理解运用传统的股票期权所能够实现的以业绩为基础的种种可能性。

试想想嵌入于此类［传统的期权］计划的种种或然因素：董事会今年授予的期权数量，明年授予的期权数量，今年授予期权的授权进度表，明年的授权进度表。以业绩为基础的授权，或者另加一层成熟期的规定。接下来是我们已经提及的或然事件，CEO 可能被停职，这意味着不再授予期权，以及可能没收已经授予但没有行使的期权。由于存在这种种或然性，根据传统的期权合同的给付，就与公司的特定业绩产生了密切的联系。

第二，董事会之所以愿意运用传统的期权，除了历史上有利的会计和税收待遇之外,还有其他良好的理由。设计非传统的期权的成本高昂,不仅起草者有这种感觉,而且这些期权所带来的不确定的激励后果也体现了这一点。在一个增速迟缓的行业中,将期权价格盯住标准普尔500强公司,可能并不足以给经理团队带来充分的回报。然而,创建一套适当的行业指数,或者把某家公司从一群具有可比性的公司中甄别出来,将使经理人员有动机在其期权指标及更高的增长机会之间套利性地配置资产,将带来妥协、不确定性以及可能的不利后果。

量身定做期权以专门奖励公司特定的业绩指标,也会带来问题,这一问题或许可以称为安然(Enron)问题:也就是说,由于高管薪酬更加敏感于股价表现,高管操纵公司收益的欲望越来越强。在传统的期权中,经理人员有动机去提升公司的股价,但也面临着下行的风险。如果他们欺诈而且被发现,他们就丧失了参与市场整体升值的机会。而在指标化的期权中,高管100%的增值收益来自于公司的特定因素;"平均"业绩意味着没有收入。经理攫取了冒进型报表的所有收益,而一旦被抓,他们失去的东西更少。进而言之,如果我们假定,经理从指标化的期权中获益更多,以弥补其在传统期权中的价值损失,则我们已经赋予了经理强有力的动机,他们会千方百计地提升股价。而要缓解这个问题,就必须付出额外的公司内部及外部监督成本,以及额外的公共执法成本。

反证

若干证据与 Bebchuk 和 Fried 的以下观点相违背:经理的寻租行为在高管薪酬中发挥着决定性作用。这一反证述及了董事会和 CEO 的关系,同时反映了公司大量运用传统的期权以补偿非高层雇员。

增加董事会的权力

或许最强有力的反证是,20 世纪 90 年代公司治理的改善与更高的经营层薪酬支付之间看似自相矛盾的正向关联……一种广泛达成的共识是,无论它们历经了多少失败,20 世纪 90 年代中期至 90 年代末期的公司董事会,在监督经理人员方面,与此前数十年相比,效果更为明显得多。因而,即使经理权力是高管薪酬节节攀升的主要解释变量,时机也不对。

CEO 更替的情形与日俱增

经理权力的假说,与 CEO 更替频率的增强及该时期内 CEO 平均任职期限的缩短,也无法很好地契合。Booz Allen Hamilton 针对 1995 至 2001 年间全球 2500 家最大公司的 CEO 更替的情形展开了研究,该项研究表明,从 1995 年到 2000 年,CEO 更替的频率翻了将近两倍,而清楚地以业绩为基础的 CEO 的更替,则翻了三倍……Rakesh Khurana 运用不同的方法,得出了 CEO 的任期越来越脆弱的类似结论,他指出,"1990 至 1996 年间被委任的 CEO,在同样的公司业绩水平上,被解聘的概率三倍于 1980 年之前被委任的 CEO"。

CEO 被更替和解聘的频率增加,这一证据表明,在该时期内董事会针对 CEO 的权力增强了。另外,该项证据还清楚地表明,解职的威胁确实是一项隐含的合同条款,因而为"根据业绩来给付薪酬"增添了一项关键因素。

相信 CEO 中的超级巨星的价值

当然,对于 CEO 超高的薪酬还有另一种解释:董事会喝了 20 世纪 90 年代的 Kool-Aid* 之后,相信 CEO 中的超级巨星能够给公司带来超级的业绩改善……如果董事会认为,一位特殊的 CEO 候选人能够作出最佳的决策,在公司内部营造出极富创造力和生产力的环境,而且董事会依此想法而行事,则 CEO 的薪酬高企,不再令人吃惊。

运用传统的股票期权的其他解释

关于传统的股票期权的一个重要的证据是,它们广泛运用于高层管理人员之外的群体。有观点运用经营层寻租来解释它们为什么得以广泛运用,但该解释与这种现象并不吻合。Jensen 和 Murphy 的近期一篇文章称,从 1992 年至 2002 年间,典型的标准普尔 500 强公司中的雇员股票期权,无论从价值还是从数量上看,绝大多数份额被授予了排名前五位的高管之外的雇员……这种偏向非高层雇员的倾向,在整个 20 世纪 90 年代不断增长。

对于这种范式,有两种解释比经营层寻租的假说更为理想。第一,董事会可能会相信,传统期权在激励雇员提高工作效率和增进公司价值方面,大有裨益。的确,通常而言,层级较低的经理人员及其他雇员的工作和决策对于股价的影响甚微。然而,就股价这一焦点而言,传统的期权有助于围绕一个共同的目标,即协调雇员各方的努力。其原因在于,"原始的"股价是反映公司经营前景的可靠而普遍的指标……"指标化的"或者"经过过滤"的股价会使得信号更不易观察和验证;对于那些财务知识较少的雇员而言,这一点尤为重要。

---

* "酷爱"。卡天公司出品的一款饮料。——译者注

传统的期权广泛运用于高层管理人员之外的第二种解释是,董事会可能相信,股票期权的作用是帮助雇员与大股东一起"分享"公司的收益。这种解释与 Bebchuk 和 Fried 支持运用指标化期权的见解并不一致。传统的期权优于指标化期权,其原因正在于期权的诸多价值源于市场的升值,对于接受期权的雇员而言,这份"奖金"源于一般的经济因素而不是公司的特定业绩……如果只有股东也能获益,利益相关人才能受益于传统的期权(不同于指标化的期权),则为什么不与雇员分享这份奖金呢?

一段相反的历史

高管股票期权的起步阶段,经历了一段在某些重要方面与经理权力假说格格不入的历史。其中一部分与敌意收购相关,而另一部分则关乎网络泡沫。

首先,就与敌意收购相关的部分历史而言:20 世纪 90 年代的大额股票期权的授予,至少在部分意义上是因应州法变革的适应性机制,后者赋予经理和董事会越来越大的权力以抵制敌意收购。一般说来,许多人相信,大额股票期权的授予,会使股东与经营层的利益保持一致,进而替代了公司控制权市场制约着经营层的代理问题,从而改善了股东福利。说得更为具体一点,股票期权加入了解职补偿安排或者"金色降落伞",这样,一旦"控制权发生变更",期权立即成为既得权利,而这些期权原定在数年内才能成为既得权利。在收购要约不期而至的关键时刻,此类条款被认为能够使经营层与股东的利益保持一致。股票期权能够发挥理想效果的这种想法,已经被证明最多只是部分正确,但这并不妨碍期权支持者对其的青睐。

第二段相反的历史,是 20 世纪 90 年代的高科技与网络热潮对于高管薪酬的影响。那些"新经济"公司、特别是高科技和网络创业公司,以大额股票期权的授予取代现金支付,从那些根基牢固的公司中挖来高层经理,而且这种手法越来越成功。在那个高科技与互联网欣欣向荣的年代,授予的这些期权极富价值。20 世纪 90 年代,由于股票期权日益成为薪酬计划的重要组成部分,新经济公司的薪酬安排对于其他公司产生了强烈的影响。由于会计处理方面的有利条件,股票期权的授予看起来能够以更低的成本增加薪酬,而且争夺人才的压力推高了股票期权的数额。20 世纪 90 年代新经济公司与日俱增的薪酬所带来的影响力,与 2000 年网络泡沫破灭之后高管薪酬的下挫一脉相承。

补救

在我们开始着手这样一个重大的变革[采纳 Bebchuk 和 Fried 提出的公司治理的建议——编者注]之前,评估一番、或者可能的话强化既有的公司治理措施,是值得的。高管薪酬的设定所面临的问题,是公司法框架内的系列问题的一部分,这些问题发生于公司受托人(经理和董事)与公司缔结了合同和交易的情况下,而彼时他们的利益与公司利益并不一致……特别是,州法院、尤其是特拉华州的法院在推敲适当的实践中的信义标准时,通过提高警觉性,可以强化董事会决策程序。修订当前的 SEC 规则,更好地披露各种薪酬来源的"最终"数额,特别是退休金和延付薪酬,并且根据期权支出的预期效果来更新披露信息,这样应当可以强化信息的披露。特别是,SEC 应当要求在委托投票征集材料中纳入由薪酬委员会成员签名的"薪酬讨论及分析"(CD&A),后者简要地披露了高级管理人员的薪酬最终数额,以及相关解释及理由。

薪酬委员会(或许在没有薪酬委员会的情况下,公司中承担该职责的独立董事)应当在其投票委托书中置备"薪酬讨论及分析"。这份"薪酬讨论及分析"应当(1)解释公司的高管薪酬哲学;(2)收集、归类并且总结排名前五位的高管的薪酬构成要素;(3)说明已支付薪酬的支付理由;以及(4)由薪酬委员会成员(或者视情况由独立董事)签名。换句话说,对于每一位身份确定的高管,"薪酬讨论及分析"应当分别提供一份散见于投票委托书及年度报告的薪酬的不同组成部分的最终数额评估,并且将其汇总,然后根据岗位职责、公司所处的特定行业、实际业绩以及被认为相关的其他因素,提供薪酬支付的理由——简而言之,要解释为什么薪酬委员会认为该薪酬是正当的。作为薪酬委员会设定薪酬的工作机制的一部分,薪酬委员会成员应当在该报告上签名。

出于以下两个原因,这种披露是重要的:第一,在通常情况下存在董事会特权的领地,它增强了针对股东的责任心;第二,它有利于吸取来自社会的有关薪酬设定的意见和建议。

Bebchuk 和 Fried 也希望董事对股东负责,因而支持扩大股东提名董事的空间。"薪酬讨论及分析"通过另一种方法,即针对当下问题更有针对性的方法,来达到增强责任心的目的。它迫使被专门提到的个人、即薪酬委员会的成员公开表态,"这是我们打算支付给高管的薪酬,它是合理的,其原因在于……"当然,由于"薪酬讨论及分析"本身即为已经作出的商业判断,应当不存在任何责任风险。但其面临的潜在声誉风险却相当之高,而这也正是其力量所在。声誉利益攸关,至少体现在以下两个方面:第一,董事承担的风险包括,该报告的知情者会认为,这些董事被 CEO 和其他高管所"俘获"。人们因此可能认为,这些董事行事不再敏锐,同时可能会伤及其正直的名声。第二,董事一旦批准了一些股东认为过高或者不合理的薪酬,这些董事会成为股东"直接说不"的运动的靶子,其连任将面临困难。以这种方法被踢出局,更不用说遭到大量的反对投票,将令人十分尴尬。

股东批准

解决经理及董事会所面临的利益冲突问题的一种经典方式是,在全面披露之后要求股东批准……在高管薪酬方面,此种"批准"至少可以分为以下三种类型:(1) 在具体的薪酬合同生效之前,股东对其进行全部或者部分的批准;(2) 在笼统的薪酬计划(例如股票期权计划)生效之前,股东对其予以批准;(3) 在具体的薪酬合同生效之后,股东予以追认。在当前的安排中,股东投票以批准高管薪酬,通常局限于第二种类型,即在股票期权及其他以股票为基础的薪酬方案生效之前,股东予以批准。

在评估当前关于股票期权及其他以股票为基础的薪酬计划的股东投票制度时,重要的是要明白,股东批准通常针对薪酬计划的整体问题,而不针对特定雇员的期权和股票奖励。在薪酬计划中,董事会和薪酬委员会通常拥有授予此类奖励的广泛权利。公司出于监管需要和公司法的种种考量,才会将薪酬计划交给股东表决[例如,税法关于应税数额抵扣的要求,证券交易所的上市要求,以及一些州的公司法的要求——编者注]。

股东就股票期权进行投票,迥异于第一种类型的批准——在具体的薪酬计划生效之前,股东对其予以审查并予批准。股东此种细致的介入,对于公众公司而言行不通。试想一下,某公司正打算从另一家公司挖一位高级管理人员。如果因为不确定因素及股东的反对投票可能带来的困扰而导致无法提供确定的合同安排,将大大影响挖人的效果。对于现任高级管理人员而言,股东反对拟议的薪酬计划,有可能导致高管辞职,特别是对于那些声誉最好(因而另谋他职的可能性最大)的高管而言,这种可能性最大。

2002 年,英国采用了第三种类型的批准方法,即股东对"董事会关于薪酬的报告"进行表决,这种强制披露的方法类似于"薪酬讨论及分析"。

股东的"劝告性"投票,相当于对薪酬委员会的工作进行信任投票,该投票集中关注的是,根据业绩及其他因素高管的薪酬水平是否妥当。尽管反对票并不会导致任何合同或者其他薪酬安排无效,但此种公众力量的负面表达,会导致各方"自愿地"重新协商,并对公司的薪酬设定程序进行修补完善。另外,为了避免引起公众反弹,公司在制定高管薪酬过程中或许更加愿意听取大股东意见,并尽力避免提出看起来数额过高的薪酬议案。

这里的一个问题在于,股东的这种劝告性投票,在多大程度上增强了相关人员的责任心。在回答这一问题时必须记住,美国和英国至少存在两个重大差别。首先,英国比美国的公司股权集中度更高;相对较少的英国机构投资者持有60%的公众公司股权,而且英国对于此类股东合作情形的监管,其繁杂程度大大低于美国。其结果是,英国的机构投资者更有能力以正式或者非正式的方式集体行动,而且更长于此道。

第二个区别在于,美国的机构投资者已经形成了一种做法,即如果它们的目的是公开反对公司的具体行为,则会在董事的连任表决中"直接投反对票"……如果他们对"薪酬讨论及分析"报告不满意,他们很容易采取此类行动来反对薪酬委员会。换句话说,如果股东劝告性投票的目标是严格地提升股东的话语权,则在美国,机构投资者的分散状况会使这一效果大打折扣。而如果其目的是提供一种渠道,以更广泛地动员公众和精英发表意见,则"直接投反对票"的、目标明确的意见表达,或许同等有效。因而,考虑到现有的披露制度,美国已经拥有了与英国劝告性投票功能大体相当的股东机制。增加"薪酬讨论及分析"报告之后,股东所拥有的与劝告性投票相类似的功能甚至更为强大了。

如果"薪酬讨论及分析"的要求以及其他程序性改革,在历经了五年的试验期之后,看起来收效并不明显,则股东对于"薪酬讨论及分析"报告进行劝告性投票,将是具有吸引力的下一步举措了。它的吸引力甚至超过笼统扩张股东提名董事的权力。

无须考虑业绩的薪酬支付及经理权力假说:一项评论[*]

BENGT HOLMSTROM

从一个更为宽泛的视角来考察高管薪酬,这无疑是一个极好的想法。

---

[*] 本部分内容的重印,获得了 30 *Journal of Corporation Law* 703(2005)的许可。

激励理论经常在可以如何落实各种想法的不切实际的假定之下,关注什么是理想的安排。本人也赞成 Bebchuk 和 Fried 的著作(以下简称"该著作"——译者注)对于当前高管薪酬安排的种种批评,特别是为了掩盖薪酬计划的总成本、或者为了规避监管,而往往显而易见地扭曲薪酬计划。正如作者所称,透明度是一个需要绝对优先考虑的事项,尽管正如本人随后将会提到的,它本身也有成本。作者倡导的另外一个重要的变革是,增加高管的持股时间长度,并且防止高管策略性地选择出售时机(正如他们现在所做的那样),从而降低薪酬的变现频率。该著作认为,薪酬缺乏透明度及变现过快,足以证明高管对其自身薪酬的影响力过强。

然而,从单纯地批评高管薪酬,到作者得出主要的结论,即需要对公司治理进行一揽子改革,已经是一项巨大的飞跃了。高管大权在握,也有好的理由,并非总是坏事,而该著作却未能认识到这一点。该著作关注的权力失衡并非近期的事件;它已经存在了数十年。在高管薪酬过高的背景下,对股东决策权进行重大变革的提议,往往太富于吸引力,以至于根本没有考虑到此种变革对于整个制度会带来怎样的影响。我们需要在一个更大的历史和制度背景下,来审视近期发生的公司治理的重大变革。我们必须理解,为什么现在看来"存在致命缺陷"的制度,在丑闻爆发之前能够数十年来运行无碍。为什么高管薪酬问题会爆发于 20 世纪 90 年代,而不是更早的时期?自从 20 世纪 80 年代以来,高管似乎被抢走了部分权力。关于当前高管薪酬弊病丛生的理论,最好解释一番为什么高管薪酬水平在 20 世纪 90 年代的十年间增长了四倍,而不是发生于 20 世纪 60 年代这个股票市场蒸蒸日上的更早的时期。权力理论自身也不符合这一时点检验标准。

权力假说看起来未能通过第二次重要的检验,即比较制度的检验。本人几乎没有发现证据表明,封闭公司(例如家族企业)的高管薪酬范式与公众公司明显背离。本人无法提供系统性的证据;本人将会提供一则轶事证据,作者本来有责任来研究该项证据。权力的悬殊使得家族企业成为了一个明显的控股集团。

一则轶事证据

本人将以一则轶事证据入手,来解释本人为什么认为该著作的以下基础前提非常具有误导性:董事会应当与高管进行公平谈判。本人在妻子的家族企业中担任董事长达 16 年之久。这是一家封闭式的全球公司,总部设在芬兰，拥有3000名雇员和10亿美元的年收入。该公司聘有一名外部的 CEO，但家族控制着董事会，并且持有超过95%的股权。董事会主席是本人的姐夫，也是该公司的前任 CEO。本人觉得，可以安全地说，该公司并不会面临 Bebchuk 和 Fried 认为的至关重要的代理问题。然而，该著作把诸多薪酬范式归因于 CEO 的强权与董事会的孱弱这种种不利因素的综合作用，但这些范式也可见诸于这家相当成功的家族企业。

在确定 CEO 的薪酬时，我们考虑了若干因素。例如，我们听取薪酬顾问的意见。我们研究规模类似的其他公司的薪酬水平。我们研究 CEO 的奖金和工资的组合。我们询问薪酬顾问，他们认为适当的薪酬是多少。我们询问 CEO，他希望获得多高的薪酬，希望如何支付。我们的确关注激励效果，但最终我们严格遵循通常的做法。CEO 既拥有期权，也拥有奖金计划，其中奖金与公司的战略目标相挂钩。目前，我们按照百分位的高端向其支付薪酬，因为我们认为让他觉得获得了赏识，这是重要的。所有的这一切说完并且做完之后，它看起来非常的四平八稳。为什么我们如此缺乏想象力？在历经三十年的薪酬和激励研究之后，难道本人没有更好的主意了吗？

本人的回答分为三个部分。首先，而且是最为重要的是，我们想避免陷入公平谈判。薪酬是一个敏感话题。我们的基准是，将可能会引发争议的谈判从议程中排除出去。如果我们错了，我们宁可在慷慨的这头多犯一点错误。第二，我们已经尝试过在薪酬结构方面更富于创造力，包括运用相对业绩衡量指标。但高管并不特别喜欢运用相对业绩衡量指标，最后，我们觉得，迫使对方接受指标对于我们而言，其实得不偿失。第三，年复一年的设计激励办法的经验，使本人对于过多的尝试保持审慎的态度。而经常会发生预期之外的后果，这一定律常常使我们大为惊讶（当然，我们自身也犯了错误），而且当这一结果发生时，它会带来沉重的挫败感。毕竟，遵循标准和依赖外部智识并不算太坏——让它人成为试验品。

当然，这一个案的证明力并不普遍，但如果本人的经验与绝大多数家族董事会的经验迥然不同，则本人将非常吃惊。本人可以非常自信地说，在绝大多数公司中，无论它们是公开公司还是封闭公司，CEO 的薪酬都绝不可能通过公平谈判来确定。但这并不意味着董事会应当迁就 CEO 的任何报价。基准化及遵循内部的标准，可以很好地防御过于贪婪的要求。最大的过度薪酬给付发生于那些运用了异常结构（运用超高股票期权的授予,即为适例)以及没有妥当遵循基准的公司(Oracle、Siebel Systems 和 Apple 是三个例子)。鉴于此,奇怪的是,美国智库 Conference Board 近期关于高管薪酬的专业小组建议,董事会应放弃基准,在适当之处运用其自身的判断。本人知道,没有人可以不用参考可比较的产品或服务的价格,而仅仅通过审视某一产品或服务的内在价值,而可靠地判断其经济价值。为什么高管市场就应当与众不同?

是什么解释着薪酬的水平?

如果不是 20 世纪 90 年代股票期权的运用呈激增态势,而且薪酬水平翻了四倍,我们也不会在这里探讨高管薪酬问题。过度的高管薪酬支付已经让公众与政治家们极为失望。

看起来令人困惑的是,Bebchuk 和 Fried 对于薪酬水平的阐述是如此之少。他们经常回到以下主题,即高管可以攫取租金,因为薪酬并不是通过公平谈判来确定的,但对于他们而言,薪酬结构的扭曲是更严重的祸端,而且是高管权力的更具说服力证据。或许原因之一在于,判断薪酬水平是否过度并不容易。Himmelberg 和 Hubbard 以及 Murphy 和 Zabojnik 运用了诸多模型和经验证据来证明,薪酬的快速增长可以被理解为是市场对高级管理人员的需求上升。我们必须注意的是,在 20 世纪 90 年代的后半期,高管在其传统的岗位之外还有诸多有利可图的机会——例如,作为热门的风险投资或者并购市场的投资者或者合伙人,或者自主创业。

尽管本人也认为,市场对高管人才需求的增长是其薪酬激增的部分原因,但本人仍然难以相信,单凭这一点就可以解释高管薪酬在八年间翻了四倍。高管市场并不是一个常态意义上的劳动力市场。首先,有观点认为,市场上有许多水平接近因而可以互相替代的 CEO,他们应当会把薪酬保持在一个更低得多的水平,这是一种误导性的观点。或许市场上的确存在诸多潜在的替代者,但董事会不知道替代者是谁,也不知道他们在哪里。在这种情况下,一鸟在手胜过十鸟在林。一位表现不错且得到信任的 CEO,与第二位次优选择的 CEO 相比,其价值可能高过数十亿美元。

问题的关键在于,在高管和股东关于薪酬的预期水平之间,经常存在一个巨大的裂痕,这种裂痕或许是心理上的,也或许是真实存在的,但无论如何,它给薪酬的均衡水平带来了不确定因素。我们必须以某种非常规的方式来确定该水平。基准化不失为一个良好的机制选择。高管市场尽管不是一个通常意义上的竞争性市场,但鉴于高管有能力了解其他高管在类似情况下能够做些什么,由此也会带来重要的竞争元素。如果高管获得的薪酬低于他们基于可比较的数据认为应获得的数额,则会导致士气低落。在普通工人身上,这种情形也极好理解。无论是底层的看门人还是 CEO,在薪酬给付不足时,他们都会另觅他途来找回平衡。

  为什么高管薪酬在 20 世纪 90 年代迅猛增长,其中一个显见的疑惑是基准化。它本身无法单独解释薪酬的迅猛增长,但如果面临突然的外部冲击,基准化也会导致薪酬迅速增长。那些冲击是什么?在本人看来只有一种可能,即股东价值的增长,首先体现为 20 世纪 80 年代的敌意收购,后者促使公司大量运用股票期权。的确,我们知道,高管薪酬增长的绝大部分源于股票期权。这样做的基本想法是,使 CEO 的激励与股东利益保持一致。回想起来,这种想法看起来有些天真,因为越来越多的证据表明,股票期权带来了短期行为,而且在许多情况下造就了赤裸裸的欺诈。然而,我们也不应当忘却,股票期权在改变高管的想法、并使其尊重股东价值方面,也发挥了重要的作用,后者对美国公司的结构性重组作出了重要的贡献。尽管如果更好地配置激励或者对公司治理机制进行更好的改革,本可以避免发生后来的公司丑闻,但我们同时也必须明白,一根筋地追求股东价值,也就是一根筋地追求狭义上的股票价格最大化,也会随之产生大量的成本。在评估公司治理改革议案时,新的价值多元的代理模型所阐明的激励失衡的教训,值得记取。

薪酬支付的结构

  作者集中关注的是薪酬支付的以下种种特征,他们认为这些特征与"正式的"代理理论并不一致,但与权力假说却一脉相承。有时,它被认为是两种理论之间的竞争,但事实上这种说法非常具有误导性。权力假说并不是一个完备的理论,而是一个尚待定型的新的见解,同样的,代理理论不是一套单一的理论,而是一个宽泛的架构,时至今日,它包含诸多分支理论,而且各自的见解存在相当大的差异。

  试着想想关于伪装的探讨。……已有的证据表明,高管薪酬经常被构造成掩盖了对股东的真实成本……但高管权力应当在多大程度上为这些做法负责?由于人们对高额薪酬的愤怒已经开始影响着董事会,薪酬计划看起来被扭曲得更为厉害了。与以上分析相一致的是,Singh 运用的一个理论模型表明,地位更为稳固的董事会,对其市场声誉更不在意,与那些更为敏感于股东压力的董事会相比,它们更少采取伪装行动。地位稳固的董事会付给高管的薪酬更高,但不会把合同扭曲得那么严重。而此种扭曲是否比更高的薪酬更为糟糕,则是一个实证问题。考虑到作者如此关注合同的扭曲,在他们的讨论过程中,本应当格外关注隐含的激励问题。

对于职业前途的关切,会带来强烈而反向的激励,特别是当薪酬的各项构成要素之间的透明度参差不齐之时。鉴于此,些许的透明度比没有透明度还要糟糕。这已经超出了学术研究的范畴,而应当在探讨政策时予以认真考虑。我们应当审慎对待以业绩为基础的期权及其他基于会计目标的薪酬方案的议案。它们往往会使薪酬更不透明,因为公司并不愿意披露其准确的目标。另外,会计数字比股价更容易被操纵,我们在20世纪70年代的时候认识到了这一点,如今人们提议的以长期业绩为基础的这类薪酬计划,彼时已经风行一时了。20世纪80年代之所以市场转向股票期权,部分原因即在于对这些计划不满。

该著作对期权的设计方式持批评态度。认识到期权的设计存在种种错误,这并不困难,但人们应当记住,世界上本没有完美无缺的激励计划,而且错误往往是随着时日的推移而逐步显现出来的。股票期权的优点在于,它们能够以低于股权的成本提供强有力的激励,但与股权不同的是,期权的激励对于股价的变动非常敏感。期权在诱使高管进行提升价值的变革方面特别有效,这些价值的提升既看得到,又容易被识别出来。例如,获得期权之后,高管就拥有强烈的动机来卖出公司的低效资产。本人相信,股票期权在促进交易和重组公司方面,表现非常出色。

而一旦高管的行为与股价的关联度变得更不明晰,期权会变得问题丛生。当已经作出了显然会增进价值的决定,而且其目的在于赋予高管持续的激励以改善公司的长期价值时,则直接赋予高管股权或许更为合算,例如,运用受限制的股份即可达此目的。

该著作认为,激励计划从市场整体的股价涨跌中获得意外收益,以及该计划明显缺乏相对业绩评估标准,对此应持格外批判的态度。根据传统的代理模型,理想的激励计划应当过滤掉那些给业绩的计量带来噪音的种种因素。指标化的缺失再次被视为证明了高管对激励薪酬的支付拥有权力。出于以下两个原因,本人对这种观点表示怀疑。第一,早在人们关注高管的薪酬制定权力之前的数十年来,研究激励的理论家一直受困于相对业绩指标运用的缺失。第二,家族企业看起来并没有运用相对业绩评估方法……最后，更难以解释的是，素以创造性的激励制度设计著称的杠杆收购公司，为什么也没有运用显性的相对业绩激励指标。经理权力假说在解释指标化的缺失时，看起来无论在时机方面还是在比较制度的标准方面，均告失败。公司之所以不愿运用相对业绩评价标准，一定另有原因。

在更早之时，本人提到，其中的一个简单原因在于，人们难以评价指标化的期权合同。另一个重要的原因在于，相对业绩评估标准改变了相对价格，因而扭曲了决策。如果 John Browne［英国石油公司的 CEO——编者注］的激励薪酬与石油价格的震荡无关，则这势必影响其关于开采石油的判断，同时也会影响其对石油价格波动的反应。甚至是与其他石油公司的比较，或者股票市场的整体状况，都会影响他的风险选择。最后，根据历史业绩作出的判断，可能已经包含了非常明显的相对业绩的评估。高管们在意其身后的评价，也希望良好的评价能够长驻人间，而这两者均取决于相对于其他公司而言其业绩究竟如何。对于隐性的相对业绩评估的关切，经常表现为羊群效应。

本人相信，高管薪酬激励计划的最大问题在于变现过快，该著作的作者也适时地强调了这一缺陷。CEO 一向可以过早地不受其地位的羁绊，而且拥有太多的自由裁量权，这引诱着其中的一部分人去操纵股价……本人更不关注高管通过重新定价或者会计数据的重新配置而获取的收益，因为在许多情况下，它们是最佳的安排；更大的问题是，重新定价及类似的复杂薪酬策略中缺乏透明度。

要一体解决透明度缺失、重新定价和变现过于频繁等问题，本人的建议是授予的期权或者股票的数量少一些，次数多一些，比如说，每季度一次……同时预先规定出售每一部分的时点，以降低操纵收益的诱惑。

权力平衡的变更

Bebchuk 和 Fried 的著作中提到的一个最为重要的问题是，是否应当赋予股东干预公司决策的自由。

其中的一些观点听起来不无道理，但该分析的最大问题在于，它并没有试图去理解董事会的作用，也没有考虑董事会自身扮演着高管和股东之间的桥梁的角色。与近期关于公司治理的众多讨论类似的是，该著作看起来反映了一种观点，即董事会应当是警察，他们监督着高管的所作所为，而且在高管试图偏离股东价值最大化目标时出手干预。

这是一种关于董事会的作用的狭义理解。董事会承担着种种不同的职责,其中一些职责之间还存在着紧张关系。例如,本人认为,我们有很好的理由认为,从历史上看,监督高管的薪酬向来不是董事会的主要职责。如果董事会的主要职责是确保高管不会携着公司资金潜逃,那么董事会就应当由擅长识别欺诈和其他违法行径的会计师和律师组成。

CEO 和其他拥有经营专长的人士任职董事会,其原因在于,他们更能够认知公司的战略,并且更能够理解经营层会对公司战略作何安排。当 CEO 退休或者公司陷入困境而董事会必须判断现任经营层是否具备摆脱困境的能力时,这种认知能力特别重要。对于董事会而言,这些时刻至关重要。董事会的首要职责是确保自己拥有作出这些重要决策所必须掌握的信息,并且运用这些信息来作出判断。绝少人能够理解这项工作多么富有挑战性。其不确定性程度非常之高。保持知情的成本非常之高。而犯错误的代价同样非常高昂。

公司的分析人士和外部观察人士,就像体育赛事的旁观者那样,一旦情况开始变糟,便迫不及待地说接下来应当如何如何。他们通常希望看到 CEO 的解职大大早于实际发生之日。他们认为董事会行事过于消极,但这种表面现象具有欺骗性。要搞清楚外部因素已经产生了什么影响,以及当前的经营层承担着什么职责,不仅需要时间,还需要正确的信息。

至关重要的是,董事会要及时收集此类信息,而不是等到危机爆发之时才予以着手。而董事会要获取信息,就必须与经营层建立信任的关系。如果董事会过于追根究底,并且开始追问经营层的一切行为,那么,很快地,董事会将无法获得最为关键的信息——只有经营层相信董事会明白该如何传达信息,以及该如何运用信息之时,才会主动提供他们一直守口如瓶的信息。如果经营层担心董事会将过度干预时,他们会保守这些信息。聪明的董事会将留给经营层足够的空间,以换取此类信任所带来的信息。的确,只要经营层无须担忧董事会的过度干预,它就敢于使董事会保持知情的状态,以防止遭遇不利的事件。

对于外部人士而言,要区分董事会的以下两种状况并不容易:董事会因为受到俘获而行事消极,以及董事会因为仍在尽力搞清楚事实真相,进而决定采取何种正确的行动,而显得似乎行事消极。因而,这里的两大沟通难题,董事会必须妥当应对:首先,它必须获得高管的信任,以获得作出明智的决策所必需的信息。第二,它必须获得投资者和股东的信任,以运用它已经掌握的专业知识。在诉讼之风盛行的今天,来自股东和投资者的压力是如此之大,以至于董事会在运用其专家信息方面,经常困难重重。我们近期已经看到,CEO被解聘的比率骤然提升,这表明,尽管股东不能直接干预公司事务,但董事会对于外部压力已经变得敏感得多。

取悦的问题,在公司和政治背景下均多有分析。再一次地,取悦表明人们对其声誉的关切,而后者最终扭曲了决策。如果赋予股东更大的干预权,从而给董事会和高管进一步施加了压力,则可能会恶化取悦的问题。而要评估这些效果的优点,并不容易,但我们不能像Bebchuk和Fried所做的那样,将它们弃若敝屣。我们的理论清楚地表明,而且证据也充分地支持了取悦的逻辑和优点。

授予股东关于高管薪酬的权力以及众议院第1257号"股东关于高管薪酬的表决法案"[*]

STEVEN N. KAPLAN

在谈及高管薪酬问题之前,值得指出的是,在过去15年来,美国的经济、特别是美国的公司表现极为出色,而也就是在此期间,美国的公司治理及CEO薪酬一直备受责难。也就是在那个时期,美国经济的生产率无论是绝对值还是相对于其他发达国家的相对值,均迅速增长。另外,美国股票市场的表现亦可圈可点。

因而,当你论及CEO及高管的薪酬问题时,请记住,务必本着以下出发点:总体而言,在创造生产力的增长及股东回报方面,美国公司及其高管一向非常成功。

如何计算CEO的薪酬?

有两种指标可以计算CEO及高管的薪酬。遗憾的是,人们却经常以误导的方式来运用这两种指标,而且经常带来混淆。

第一种指标是CEO薪酬的估算或理论价值。它包括当年度CEO的工资、奖金、已发行的受限制股票的价值、以及发行给CEO的期权的估算或理论价值……在计算当年度董事会预期给予CEO的价值时,这种指标很好。但它并不是计算CEO实际到手的金额的指标。CEO获得了工资和奖金,但并未从期权中直接获得现金。因而,这种指标并不适于研究

---

[*] Steven N. Kaplan 在美国众议院金融服务委员会的证词(2007年3月8日),http://www.chicagobooth.edu/pdf/htkaplan0308071.pdf. 本部分内容的重印获得了许可。

CEO 是否根据业绩获得了薪酬。

第二种指标是已实现或者实际的 CEO 薪酬。它包括当年度 CEO 的工资、奖金、已发行的受限制股票的价值、以及 CEO 已经行使的期权的价值。由于它运用的是实际期权收益（而不是理论价值），第二种指标是计算 CEO 在特定年份实际获得的金钱的数额的好办法。因而，这种方法更适合于研究 CEO 是否根据业绩获得了薪酬。

CEO 薪酬的真实情况如何？

从 1993 年至 2000 年，CEO 的薪酬大幅提升。然而，自 2000 年以来，CEO 的薪酬却没有增长。从一些指标来看，它甚至已经下降了……CEO 的平均薪酬在 2000 年达到峰值，自那以后下跌了将近三分之一。CEO 薪酬的中值在 2001 年达到峰值，自那以后略有下降……[数据显示，这里略去的数据表明，无论是估算的还是实际的 CEO 薪酬，均大大高于中等家庭的收入。——编者注]

CEO 独一无二，抑或不同寻常？

尽管自 2000 年以来，估算的和实际的 CEO 的薪酬已经下降，但显而易见的是，CEO 属于高薪群体，而且自 20 世纪 90 年代以来一直非常成功。这里的一个重要问题是，为什么在获取薪酬方面，他们能够做得如此之好？薪酬的增长是市场力量驱动的结果吗？或者，正如批评人士所称，薪酬的诸多增长归因于不道德的行为以及 CEO 与其董事会之间的友好安排？尽管此类行为确实发生过，而且在某些情况下将继续发生，但优势证据却表明，市场力量是 CEO 薪酬高企的驱动力。

例如，Gabaix 和 Landier 认为，可以用市场力量来解释 CEO 薪酬的增长。在一个简单的竞争模型中，他们表明，随着公司规模增大，CEO 获得的薪酬也增多。随着公司规模增大，能干的 CEO 创造的价值也越多。在一个竞争性市场中，随着公司变得越来越大，CEO 的薪酬也被拉抬上去。在他们的模型中，随着时日的推移，CEO 的薪酬增长比率正好等同于经济社会中的一般公司的增长比率。换句话说，公司规模越大，聘用营利能力更强的 CEO 所带来的回报就越高。然后，他们还以经验数据表明，自从 20 世纪 80 年代以来，大型美国公司的市值已经增长了 4 至 7 倍。正如他们的模型所预测的，在同一时期，CEO 的薪酬也以类似的倍数增长。

主张市场力量的观点还暗示着，其他类似的个人，在同一时期也应当做得非常出色。本人与同事 Josh Rauh 共同研究了这一问题，发现了与此相一致的证据。在CEO们做得非常成功的同时,其他若干幸运而聪明的群体同样极为出色。其中的一些群体甚至超过了CEO。

这些图表的要点在于[这里略去的图表比较了CEO的薪酬与其他行业的收益。——编者注],尽管CEO们赚得盆满钵满,但在这方面他们并非独一无二。其他拥有类似背景和天资的群体(特别是对冲基金和私募股权投资者,投资银行家和律师),在过去10年或者15年间,至少表现同样出色。看来,高端人士的薪酬的增长是系统性的。因而,我们已经看到,过去数十年来人们的经济不平等呈整体上升态势,其中,不断增长的CEO薪酬看起来只是其中的一部分(但不是其原因)。毫无疑问,其他群体的薪酬,也受到了市场力量的驱动。考虑到那些趋势,看起来CEO的薪酬增长,也主要是受到了市场力量的驱动。

那些市场力量是什么?我们的最佳判断是,技术的变革使得那些最为幸运且最为聪明的人,得以提升其相对于同辈的生产率。这看起来能够部分地解释(如果不是很多的话)专业运动员的薪酬增长(技术使他们获得了更多的消费者,从而增进了他们的价值)和华尔街的投资者和CEO的薪酬增长(技术使他们更有效率地获取信息和进行大额交易)。

CEO是否根据其业绩而获取薪酬?

批评人士认为,CEO并不是因为良好的股票业绩而获得薪酬。但这种批评完全不正确。在某些情况下,批评人士混淆了理论薪酬——董事会给予CEO的估算薪酬——和实际薪酬。这里关键的问题在于,表现更好的CEO是否获得了更多的实际薪酬。答案是肯定的。

本人与同事Josh Rauh从ExecuComp数据库中,以年度为单位,选取了1999年至2004年间的所有公司,并根据其规模将其分为十大类别。我们之所以这样做,是因为人们普遍认为高管薪酬与公司规模息息相关。更大的公司的确支付更高的薪酬。在各个年份的各个规模的公司群体中,我们又根据CEO实际获得的薪酬,将其分为十个类别。然后,我们再研究过去五年间每一类别的股票相对于其行业的表现。

实际薪酬与公司的股票表现高度相关。CEO实际薪酬位于百分位顶端的公司,其业绩超过行业平均水平达90%。CEO实际薪酬位于百分位末端的公司,其业绩低于行业平均水平将近40%。如果我们研究过去三年或者四年的公司业绩,结果大致相同。

毫无疑问,在美国,典型的CEO的薪酬是根据其业绩来支付的。

CEO是否因业绩不佳而被解聘?

批评人士指出,董事会对于经营层过于友善。事实真是这样吗?本人和Bernadette Minton研究了1992年至2005年间财富500强公司的CEO的更替。我们分析了所有的CEO更替的情形,既包括内部人员更迭,也包括由于公司收购和破产而导致的CEO被更换。然后我们着手研究CEO的更替是如何因公司业绩变化而变化的。

研究结果得出了两种范式。首先,自从1998年以来,CEO更替的水平显著高于此前针对以往时期的研究所揭示的水平。现在,CEO这份职业比以往风险更高了。第二,CEO的更替与公司业绩不佳存在显著的关联。

底线。自从1998年以来,CEO的年度更替比1970年以来的任何时期都要频繁。CEO面临的职业风险更高了。与此同时,董事会发起的CEO更替,与行业的整体股价表现及该公司相对于行业平均水平的股价表现显著相关。换言之,CEO面临着明显的业绩压力。这与公司治理制度相一致/从1998年至2005年,董事会比以往任何时期都更好地履行了其监督职责。

法律要求进行不具有约束力的股东投票,这是不是个好主意?

已经报道的事实对以下观点提出了质疑:CEO薪酬过高,CEO没有根据其业绩来获得报酬,公司董事会被CEO所操纵。事实上,证据显示,就此而言,美国公司中优秀的CEO所获得的薪酬不足。另外,美国经济及美国股票市场的表现与一套运行良好的制度相一致,而不是与一套运作糟糕的制度相吻合。

现在,我们来看看眼下的规则,以及法案将带来什么改变。根据当前的规则,股东可以要求公司在其年度股东大会的代理委托书中,就高管薪酬进行不具有约束力的投票。事实上,今年股东向公司提起的此类议案超过了50起。由于此类议案要求股东有所行动,它们通常会提供一些高管薪酬表现糟糕的证据。

收到此类议案的公司拥有两个选择。它可以赞同该议案,然后进行投票。或者公司不赞同该议案,在这种情况下,公司可能会面临负面的社会评价和关注。因而,根据当前的规则,当股东相信公司存在薪酬问题时,股东可以举行投票或者制造公司的负面影响。而当公司没有问题时,彼此相安无事。

相反，众议院第 1257 号法案却强制要求每家公司每年均举行不具有约束力的股东投票，以批准高管薪酬。存在问题的公司必须举行投票，而且或许会面临不利的投票结果。然而，根据当下的规则，公司所面临的后果也大抵如此。因而，新的法案究竟能够带来什么利益，其实并不清楚。

与此同时，该法案要求不存在问题的公司也要举行投票。这可能会给那些公司和董事会带来当前制度下本不会产生的成本。它可能使这些董事会和公司面临在当前制度下本不会产生的来自利益集团的更大压力。我们可以想象一下，就好比那些具有政治倾向的股东将试图在其投票中发表政治声明。

要求每家公司都对高管薪酬举行股东投票，可能会使公司更难以从外部聘任 CEO。尽管公司的董事会和 CEO 候选人能够认可某项薪酬合同符合市场行情，但股东投票结果的不确定性，以及接踵而至的社会关注，可能会吓退某些候选人。

因而，该法案的成本显而易见，但却没有带来明显的收益。

当前的制度有两个方面值得予以置评。首先，SEC 发布的有关披露高管薪酬的新的规则，正处于实施的过程当中。这些新规则增强了投资者和董事会的透明度，而且强化的披露有可能缓解或者消灭目前仍然存在的不当行为。然而，如果本人关于 CEO 市场的判断是正确的，强化的披露并不会导致典型的 CEO 薪酬的降低。

第二，如果股东不满或者持续不满，则他们在选举董事会成员时可以不把票投给这些候选人。而且许多公司看起来会选用绝对多数标准，即董事要获得绝大多数票数才能够当选（这是一项积极的进步，会促使董事更为负责）。

总之，在本人看来，众议院第 1257 号法案试图解决的，并不是批评人士所称的系统性问题。事实上，或许更大的问题在于，一些最好的公众公司的 CEO 不愿继续担任公众公司的 CEO 了。无论是在美国还是在欧洲，高管和公司纷纷转向私募股权（和对冲基金），这表明这些担忧并非杞人忧天。从现实情况看，CEO 及高管运作于市场环境之中，而且由市场决定其薪酬。

薪酬话语权投票及 CEO 薪酬：一项来自英国的实证研究[*]

FABRIZIO FERRI 和 DAVID MABER

［2002 年，英国颁布的法律］要求英国的公众公司：（1）在其年报中包含一份高管薪酬报告……（2）将该份报告提交股东大会，由股东以普通决议的方式进行劝告性投票［换一说法，可将其称为"薪酬话语权"投票——编者注］。这是英国的公司法首次运用劝告性投票这一概念。

赞成薪酬话语权的人士认为，CEO 的薪酬合同经常是在不够理想的谈判条件下达成的，通过股东对薪酬报告进行劝告性投票，可以强化股东的"话语"，进而把那些条件改造成更有利于达成"公平"的谈判，最终达成更有效率的合约。

为使劝告性投票能够对薪酬安排产生影响，在威胁会产生不利的投票后果，或者真正实现这一后果时，必须辅之以激励措施。这些激励往往是隐性的/声誉激励。薪酬话语权降低了收集和传播关于股东不满的信息的成本，从而赋予了股东重要的谈判筹码——触发不利的公众评价的威胁。此种威胁十分有效，因为"没有哪份保单能够保护经理或董事免受此种声誉惩罚之苦"。

劝告性投票所包含的隐性激励，或许只会导致董事迁就信息不灵通的股东，并实施次优的薪酬安排。因而，为使劝告性投票造就效率更高的 CEO 薪酬合同，股东还必须能够识别薪酬计划的优劣，投票能够富有效率地收集股东的信息，股东有渠道就其合同偏好与董事会沟通。而这些条件能否达成，却着实令人怀疑，因为分散的股东缺乏必要的专业知识，或者缺乏激励来获取这些专业知识，而且面临着协调的困难。在实践中，通过信息中介机构（例如代理投票顾问服务机构）或许能够缓解这些问题……加强有关薪酬计划的审查和沟通，可能会使投票决定更为明智，采用的薪酬做法或许也更为理想。

最后，强制要求股东对高管薪酬报告进行劝告性投票，这是否会产生影响，如果有影响的话，其影响是好还是坏，这都是一个有待检验的经验问题。

---

[*] 这是一份 2009 年的手稿，可参见 http://ssrn.com/abstract=1420394。本书对其的重印获得了许可。

经验结论

表格3(略去)对于2003年和2004年伦敦证券交易所350指数公司[首次上市地在伦敦证券交易所的市值最大的前350家公司——编者注]的投票结果进行了描述性统计。根据这些数据,可以得出两项见解:第一,薪酬报告通常获得了超级多数的股东投票支持……其中的一种解释是,股东通常将薪酬安排视为市场力量的结果,或者仅仅在发生权力滥用或者其他机制失灵的极端情况下,才会对薪酬安排表示抗议。第二项关键的见解是,对于股东以投票方式表达的不满,董事会确实作出了回应。在2003年投票不满率高于50%的三家公司中,平均的不满率从2003年的60.4%,降到了2004年的9.5%。在2003年投票不满率高于20%的三家公司中,平均的不满率从2003年的30.6%,降到了2004年的11.6%。

为了弄清楚公司是如何做到降低投票不满率的,……我们分析了股东对于2002财政年度的薪酬报告的投票不满率最高的30家公司,以及2003年财政年度(投票结束之后)的薪酬政策发生了哪些变更。根据这些分析,可以得出三项见解:首先,看起来大量的变更旨在废除或者修订那些强化了"奖励失败"(也就是说,公司业绩糟糕仍予支付高管薪酬)的可能性的条款。令人印象深刻的是,观察期超过12个月(通常为24个月)的12家公司中,有10家公司将该期限缩短至12个月。将观察期从24个月缩短至12个月,在本质上意味着将解职补偿金从两年的年度薪酬降低为一年。

第二,大量的公司对投票不满率作出的回应是,聘请新的薪酬顾问进行独立的评估(10家公司),建立与大股东的正式磋商机制(7家公司)或者两者兼施(4家公司)。特别是,大约四分之一的公司在与股东磋商之后,明确表达了前述薪酬政策的变更。

最后,一个普遍的趋势是,公司弃用股票期权,而更多地选用受限制的股票……其手法是在薪酬构成中作出调整,或者用受限制股票将股票期权计划彻底取代。与此同时,几乎三分之一的公司主动鼓励高管持股(例如,高管最低持股要求,以股份取代现金奖金,在期权行权之后强制持股一段时期,等等)。这许多变更遵循了英国机构投资者发布的最佳做法指引。

表格五(略去)分析了董事会作出回应之前和回应之后的CEO薪酬

水平的决定因素。[1]

关于现金薪酬和总薪酬,这项分析得出了两项主要的见解:第一,在引入"薪酬话语权"之后,CEO薪酬之于糟糕业绩的敏感度显著提升……对于该发现的一种解释是,引入"薪酬话语权"之后,对于糟糕业绩的问责程度提升了——这与废除"奖励失败"的呼声是一致的。……绝大多数有据可查的变更(例如,观察期限的缩短,废除重新设定标准,更为严格的以业绩为基础的授权条件)并不反映在我们的CEO现金薪酬及总薪酬的指标之中,因而无法影响我们的结论。因而,看起来投资者不仅运用薪酬话语权来要求改变可观测的薪酬条款,而且还向公司施加压力,以在更不具有观测性的薪酬要素(例如,奖金计划的业绩目标)中,提升CEO薪酬对于糟糕业绩的敏感度。

第二项关键的见解是,(在考虑了业绩和其他决定因素之后)CEO薪酬的水平和增长率并没有变化……因而,在遵循以下前提条件的情况下,薪酬话语权看起来并没有起到调节薪酬水平的作用:调低解职补偿金和更为严厉的以业绩为基础的股权授予条件,并没有反映在我们的CEO薪酬指标中——因而,我们无法完全排除某些公司降低了总薪酬。然而,看起来薪酬的目标水平并没有在引入薪酬话语权之后系统性地下降。

总体而言,我们将这些结果解读为,英国的CEO的薪酬水平及其增长,总体说来是市场力量起作用的结果,英国的投资者最感兴趣的是影响CEO薪酬的制度设计,而不是其水平。

[在略去的部分中,作者进一步研究了薪酬话语权对于CEO薪酬与其业绩之间的敏感度的影响,是否不同于法律修订之前在CEO薪酬实践方面存在争议的公司,这些公司的CEO薪酬超过了根据已知的经济决定因素计算得出的数额,被认为"薪酬"支付过度。他们发现,CEO薪酬与其经济决定因素之间的敏感度的提升,在"薪酬支付过度"的公司中最为明显,尽管在这一分析中所运用的所有参数并非都具有显著性。他们得

---

[1] 该分析将经常被用于确定薪酬的变量考虑进去,例如公司的规模。此外,为了确保产生这些结果的原因在于法律的变革,而不是英国商业环境中其他薪酬影响因素发生了变化,该分析报告还进行了进一步研究,对该样本公司和在伦敦替代性投资市场(AIM)上市交易的样本公司(这些公司不受立法的影响)的薪酬进行了比较分析。尽管在同一时期,替代性投资市场的公司的高管薪酬并没有明显的变化,但这些统计检验结果并不具有显著性。因而,作者不能断言称,前文中提到的薪酬发生变化的原因一定是法律发生了变化,尽管此种解释看起来与数据相吻合。——编者注

出结论称,这一数据"吻合于以下判断:只有当 CEO 的薪酬水平高于其业绩及其他经济决定因素所支撑的合理水平时,股东才会运用薪酬话语权来向公司施压,以推进 CEO 的薪酬改革"。——编者注]

针对这些发现的探讨:薪酬话语权创造了价值吗?

总体而言,我们的发现表明,在 CEO 薪酬实践存在争议的英国公司中,股东通过威胁运用薪酬话语权进行投票或者确实进行投票,来提升薪酬之于糟糕业绩的敏感度。这些结论与吁请废除"奖励失败"的做法相吻合,后者催生了有关薪酬话语权的立法,另外,薪酬话语权用在了最需要它的地方。

尽管我们的证据表明薪酬话语权影响着 CEO 的薪酬实践(尽管该话语权不具有拘束力),但问题在于,这种影响是否增进了价值仍然不无疑问。如果人们假定,整体而言股东能够识别次优的薪酬做法,进而建议采用更优的选择(这是薪酬话语权的前提),则我们关于公司改变薪酬的做法以防止或者降低异议(就其定义而言)的证据表明,CEO 的薪酬做法得到了改善。然而,批评人士质疑此种假定,认为薪酬话语权的制度会阻遏薪酬实践的创新,并导致"以一种方法应对所有问题的"次优路径,公司会争相采用"最佳做法"(而该做法的利益未经证实),以作为赢得股东支持的手段。

政策制定的含义:若干训诫

在解读我们的研究之时,其他国家的政策制定者应当考虑以下因素。首先,关于高管薪酬的细致的信息披露、活跃的财经媒体、宽广的董事劳动力市场、股东选举董事的重大权力、得到公认的最佳做法、以及机构投资者的若干特征(人员稳定,地理位置集中,协调一致行动所面临的监管障碍较小),或许是英国的薪酬话语权取得了记录在案的影响的必要前提。成文法化的最佳做法,向公司和股东提供了明晰的基准,后者据此对薪酬实践进行评估,而对于此种评估而言,高质量的信息披露则是事所必须。拥有长期眼光的机构投资者之间的沟通与协调,往往能够提升薪酬话语权的有效性。媒体报道,纵深的董事劳动力市场,最为重要的是,选举董事时股东的强大权力,增强了董事避免遭到不利的股东投票结果的声誉激励。例如,在美国,公司治理最佳做法的成文化还是近期现象,它通常由代理顾问服务机构而不是由机构投资者所发起,而且与英国相比,还没有产生一定程度的影响和合法性(尽管薪酬话语权可能加速这一进程)。与英国相比,美国的机构投资者持股期限往往较短,而且在协调与沟通方面,面临更多的监管约束。就董事选举而言,由于缺乏成本高昂的代理投票权大战,美国公司的股东权力有限,尽管要求绝大多数股东同意的趋势及"投票说不"的运动,已经增强了董事的责任心。

第二,政策制定者必须评估薪酬话语权相对于其他机制的优势,例如,这些机制包括有关薪酬的股东议案,以及"投票说不"的运动等等。[2] [作者之一与其他合作者完成的另一项研究]发现,在美国,针对薪酬的"投票说不"运动在降低 CEO 的过度薪酬方面,向来卓有成效,而且公司有时确实迅速地回应着股东有关高管薪酬的议案。]

注释及问题

1. 如果正如 Smith 和 Watts 所称,薪酬激励计划的目的是使经营层的行为与股东利益保持一致,则为什么公司采用的以业绩为基础的奖金计划的支付取决于会计数字而不是股价?你认为经营层在报告会计收益时,是否会受到奖金合同的影响(也就是说,他们是否会选择性地运用会计程序和收益,以谋求其奖金价值的最大化)?参见 Paul Healy, "The Effect of Bonus Schemes on Accounting Disclosure," 7 *Journal of Accounting and Economics* 85 (1985).

2. 股票期权除了给个人带来递延税金优势之外,还会给公司带来其他的税收好处。根据税法的规定,个人的固定(不是激励)薪酬超过 100 万美元的,不得作为成本从公司收入中扣除,但期权的授予则无须遵守这一限制。另外,如果公司预期未来的公司税率会更高,则延付薪酬所带来的未来税金抵扣,其价值将超过现金薪酬所带来的即期税金抵扣。这表明,对于低边际税率的公司而言,期权薪酬的成本更不会那么昂贵。有一些研究调查了低边际税率的公司是否比高边际税率的公司运用更多的股票期权,其结果混杂不一。参见 Stephen Bryan, LeeSeok Hwang and Steven Lilien, "CEO Stock-Based Compensation: An Empirical Analysis of Incen-

---

[2] 在美国,持股价值达 2000 美元(或者 1%)的股东,可以提交一份 500 字的不具有拘束力的议案,纳入公司的年度代理声明材料之中。在英国,股东可以提交一份超过 1000 字的有拘束力的议案,但其持股要求则更为繁琐。赞成者必须持有至少 5% 的公司的投票权,或者组成人数不低于 100 人的股东集团,每名股东持股价值不低于 100 英镑(尽管事实证明组成这样的集团并不会太困难)。值得注意的是,2000 年至 2006 年间,英国公司中只提起 2 件有关高管薪酬的议案,相反,1997 年至 2007 年间,美国公司中的此类议案却超过了 1000 起。

tive-Intensity, Relative Mix, and Economic Determinants," 73 *Journal of Business* 661 (2000)（高边际税率的公司往往不会运用股票期权）；David Yermack, "Do Corporations Award CEO Stock Options Effectively?," 39 *Journal of Financial Economics* 237 (1995)（净营业损失与薪酬中的期权比例没有什么关系）。这些数据与 Smith 和 Watts 对于以期权为基础的薪酬动机的描述，是否一致？是否正如他们的分析或许表明的，关于期权的税收解释与激励解释必定是相互排斥的？

3. 向高管支付股票期权，除了税收和激励方面的动因之外，在现金约束之下的公司可能会运用股票期权以替代现金薪酬，因为支付期权并不要求同时付出现金。此类行为表明，对于公司而言，将股票"卖给"高管，比将股票卖给资本市场（然后运用该收益来支付高管薪酬）更为便宜。在什么情境下，该种假定是可信的？正如 Murphy 所提及的，薪酬因行业不同而各异，在高科技行业中，许多公司的成长性高但现金有限，更可能将股票期权当作薪酬。请注意，此类公司的雇员也希望获得此类薪酬；毫无疑问，他们希望自己的公司将是下一个微软或者谷歌，这些公司的公开发行将使大量的雇员变得非常富有。另外，有证据表明，在现金约束之下的公司在向 CEO 支付薪酬时，放弃了现金方式，转而采用股票期权；David Yermack 发现，那些不支付股利的公司确实转而采用期权来支付薪酬。Yermack, "Do Corporations Award CEO Stock Options Effectively?," 39 *Journal of Financial Economics* 237 (1995). 然而，正如 Murphy 所称，关于这些数据的另一种相反的解释是，由于股利支付并没有使期权持有者获益，经理人员废除了股利以提升其股票期权的价值。然而，Yermack 认为此种解释并没有道理，因为转而采用股票期权的公司是如此之多，以至于无法用期权价值的预期影响来加以解释。请回顾第 4 章中 Easterbrook 对于代理成本的解释：考虑到对于 Yermack 的发现的另一种解释，是否应当将高管的股票期权计划构造为，期权价值不会随着股利的支付而降低？

4. 正如 Murphy 所称，直到最近以来，相对于其他形式的股权薪酬（例如，受限制股票）而言，股票期权的会计处理更为有利，因为公司在期权价值方面无须花费成本（如果行权价等于发行日的股价），而其他形式的股权薪酬则会产生成本（毫无疑问，该要求解释着 Murphy 所发现的股票期权计划的行权价欠缺差异性）。其结果是，对于同等价值的股票期权和受限制股票的奖励而言,如果一家公司运用的是期权而不是受限制股份,则该公司将会报告更高的收益。在公司财务报表的脚注中,必须报告期权的预期价值,而且代理委托书要提供关于未行权的期权数量的信息。然而,经营层看起来已经认为,信息发布的场所关系重大。2005年,期权的会计处理方式发生了变更,要求期权计入成本,则公司纷纷放弃期权,转而采用受限制股票。Martin E. Personick, *IRRC Governance Research Service 2005 Background Report A: Management Proposals on Executive Compensation Plans* (2005)。经营层在期权方面的表现,是否与第1章探讨的有效市场假说相一致? 是否有理由希望财务分析人士在评估公司时不会考虑财务报表脚注中的信息? 以为投资者会忽略此类信息,这是否可信? 董事会认为期权是"免费的",因为不存在会计费用,这种见解能否解释期权薪酬的步步走高? 关于这些争论,参见 Michael C. Jensen, Kevin J. Murphy and Eric Wruck, "Remuneration: Where We've Been, How We Got to Here, What Are the Problems, and How to Fix Them," ECGI-Finance Working Paper No. 44/2004 (2004)。

经营层偏好期权而不是其他形式的股权激励,这是因为其会计处理方面的差异,这种解释之所以与有效市场假设相一致,一种解释在于,经营层这样做是为了避免引发有着特定收益水平要求的债务契约。John Core 和 Wayne Guay 提供了支持这一假说的证据:在一项关于非高管雇员的期权计划的分析中,他们发现,当公司面临财务约束(也就是说,当公司现金流短缺更为严重,而且面临更为沉重的利率负担)时,授予了更多的期权。Core and Guay, "Stock Option Plans for Non-Executive Employees," 61 *Journal of Financial Economics* 253 (2001)。然而,由于他们并没有数据表明在其样本公司的债务合同中是否有此类契约,他们无法直接检验此种假设。

5. Murphy 所描述的20世纪90年代的薪酬趋势,持续到了21世纪初:CEO 的薪酬增长了,而且特别是,股票期权无论是其数量还是其在总薪酬中所占比例都有所增长。例如,股票期权在总薪酬中所占比例,从1992年的5%增长至2005年的17%,而同一时期的现金薪酬所占比例,则从1992年的38%下降至2005年的16%。然而,股票期权薪酬急剧攀升的雇员,远远不只是CEO。从1992年—2002年间,被授予的期权的价值几乎翻了十倍,从1992年平均每家公司授予2200万美元,飙升至2000

年的 2.38 亿美元的峰值,其后随着网络泡沫的破灭,跌到了 2002 年的 1.41 亿美元。授予收入排名前五位之外的其他雇员和高管的期权比例也有显著提升,从过去十年之初的低于 85%,上升至过去十年之末的 90%。这些数据源于 2007 年 5 月 4 日的以下这场报告:Kevin Murphy "Why has CEO Pay Exploded? and What Can We Do About It? (and What SHOULD We Do About It?)," available at http://www.law.yale.edu/documents/pdf/cbl/Murphy Why has CEO Pay Exploded Color 54.pdf.) 所有层面的雇员的股票期权的激增,对于 Bebchuk 和 Fried 的分析,是否有影响? 为什么表面上有"权力"设定其自己薪酬的经营层,也会把此种利益赋予其他雇员?

6. 另一个持续进行的趋势是,美国和外国公司的 CEO 薪酬差距明显。人们运用 Bebchuk 和 Fried 的"经营层权力"来解释这种现象(该观点认为,美国的董事会被经营层所俘获,而外国的公司则往往存在控股股东,后者控制着经营层的薪酬)。而对于为什么美国的 CEO 获得的薪酬高于外国的 CEO,Randall Thomas 提供了五种不同的解释,他认为,这五种解释都比 Bebchuk 和 Fried 的解释更能够解释这一数据:(1) 美国的 CEO 比国外的 CEO 拥有更高的边际生产率,因而其获得的更高薪酬,反映其对公司价值的更大的贡献;(2) 美国的国内劳动力市场,采取了不同于国外公司的锦标赛式的组织模式(Gordon 也探讨了这种组织特色),从而导致了"优胜者"获得更高的薪酬;(3) 美国高管比国外的 CEO 拥有更好的其他工作机会(更高的机会成本);(4) 美国 CEO 的相对谈判权力,随着敌意收购的来临及防御策略的运用而增加,机构投资者的应对措施是,建议提升股票期权薪酬以使 CEO 能够接受要约,而国外的公司则不会受到公司控制权市场的约束;以及(5) 向美国的 CEO 以股票期权的方式支付薪酬,使他们与国外的 CEO 相比,面临着更重(未分散)的投资风险,因而必须获得更高的薪酬以保持此种状态。Thomas, "Explaining The International CEO Pay Gap: Board Capture or Market Driven?," 57 *Vanderbilt Law Review* 1171 (2004).

与 Thomas 的第五项解释一脉相承的是,一项比较了美国和英国 CEO 的薪酬的研究发现,当薪酬经过风险调整之后,看起来这两个国家的 CEO 薪酬差距并不大:美国高管所获得的更高的薪酬,是其接受以股权为基础的薪酬激励而承担更高风险为代价的。同样的风险调整技术可以解释,为什么在美国与非英国的欧洲国家中,其 CEO 薪酬的差距过半。参见 Martin J. Conyon, John E. Core and Wayne R. Guay, "Are US CEOs Paid More than UK CEOs? Inferences from Risk-Adjusted Pay," (Manuscript, 2009), http://ssrn.com/abstract = 907469.

值得一提的是,尽管平均而言,美国的 CEO 的薪酬大大高于其他国家,其他国家的高管薪酬一直在持续增长,而且仍然大大超过普通雇员,部分原因在于跨国公司在与美国公司竞相争夺高管人才。因而,高管薪酬问题俨然已经具有了政治色彩,而这种情形不仅发生在美国。例如,参见 Guido Ferrarini and Niamh Moloney, "Executive Remuneration in the EU: The Context for Reform," 21 *Oxford Review of Economic Policy* 304 (2005).

7. Murphy 在对高管薪酬进行梳理时提到的一篇影响力极大的文章中,与 Michael Jensen 共同声称,彼时司空见惯的高管薪酬计划,其激励效果却相当低下,因为即使公司的股票表现不尽如人意,也仅仅是略微地影响着高管人员的收入。他们研究了高管薪酬与公司股票的表现之间的关系后估算,公司股票价值变动 1000 美元,CEO 的薪酬只变动 3.25 美元。Jensen and Murphy, "Performance Pay and Top-Management Incentives," 98 *Journal of Political Economy* 225 (1990). 而在该变动的薪酬中,占比最大的是高管持股价值的变更(以持股中值计,变动的金额是 2.50 美元)。而公司股票价值每变动 1000 美元,工资和奖金计划薪酬则仅仅变动 30 美分,股票期权则仅仅变动了 15 美分。Jensen 和 Murphy 将薪酬之于业绩的敏感度之低,解释为是对最优契约的被代理人—代理人模型的一种反驳。但是,尽管薪酬的变化很小,这种变化仍有统计上的显著性。

研究者们反驳了 Jensen-Murphy 的估算。Murphy 接受了其中的部分理论批评:

> 该理论批评……显然不无道理。例如,Haubrich 正确地指出,Jensen-Murphy 得出的估算值尽管不高,但却很好地吻合了关于极端厌恶风险的高管的代理理论的预计。另外,正如 Hall 和 Liebman 以及其他人强调指出的是,即使薪酬之于业绩的敏感度低,股东回报的稍许变动也会导致高管财富的大幅波动……例如,对于市值 100 亿美元的公司而言,10% 的股东回报,会将 CEO 财富的中值增加 600 万美元(假定该敏感度等于 0.6%)。然而,尽管诸如高管厌恶风险、公司规模和波动性等诸多因素可以"解释"薪酬之于业绩的敏感度

低,但这些因素恶化了、而不是降低了经营者与股东之间众多的利益冲突。

根据以下文献进行了重印:*Handbook of Labor Economics*, vol. 3B, Murphy, "Executive Compensation," pp. 2485—2563, Copyright © 1989,获得了 Elsevier 的许可。

8. Jensen 和 Murphy 对于显示了高管薪酬之于业绩不敏感的数据,提供了一种政治解释,他们将这种解释称为"隐性规制"理论:公开披露高管的薪酬,制约着经理人士可以获得的薪酬数量。披露一方面保护了股东免受经理人员的掠夺,另一方面则向董事会施加压力,使他们由于担心受到媒体评论人士及工会的民粹政治的责难,而答应降低 CEO 的薪酬。考虑到高管厌恶风险,除了在政治上对高管薪酬的数额予以封顶外,必还须对业绩糟糕而导致的薪酬的减少予以限制。这使得高管薪酬之于业绩的敏感度微乎其微。Jensen 和 Murphy 提供的证据表明,自从 20 世纪 30 年代以来,薪酬与业绩之间的联系、以及 CEO 薪酬的绝对水平已经下降,从而支持了这套隐性监管理论。这也是为什么 Jensen 等评论人士盛赞杠杆收购(在第 4 章选自 Jensen 的略去的文献部分)的一大原因:作为一家私人公司,它可以、而且的确根据公司业绩向高管支付大额薪酬。Jensen 和 Murphy 对于业绩之于薪酬的敏感度的解释,与 Bebchuk 和 Fried 相比,有多可信?

在他们的文章发表之后,高管的股权激励薪酬所占比重迅速攀升,与此相伴相随的是,其他因素也发生了变化,在 Holmstrom 和 Murphy 的文献中提到了部分因素,例如,重视激励薪酬的活跃的机构投资者的兴起,以及股票市场的蒸蒸日上等。此外,1993 年,国会立法(I. R. C. § 162(m))把与业绩无关的高管薪酬从公司收入所得税中抵扣的金额,限定于 100 万元。Tod Perry 和 Marc Zenner 记载了以股权激励形式体现的薪酬在总的高管薪酬中所占的比重有所提升,特别是在法律颁布之前高管总薪酬接近 100 万的公司中,他们将此种行为的变化归因为税法的变化。Perry and Zenner, "Pay for Performance? Government Regulation and the Structure of Compensation Contracts," 62 *Journal of Financial Economics* 453 (2001). 在 1980—1999 年间,制度和法律发生了变革,CEO 的薪酬之中,薪酬之于业绩的敏感度翻了十倍。Bengt Holmstrom and Steven N. Kaplan, "The State of U. S. Corporate Governance: What's Right and What's

Wrong?," 15 *Journal of Applied Corporate Finance* 8（2003 春季）. 这些变化与 Bebchuk 和 Fried 或者 Jensen 和 Murphy 关于高管薪酬的假设,有什么关系?

9. Murphy 提到,公用事业单位的高管薪酬低于其他行业,而且相应地,薪酬中的股票期权所占比重也低得多。因而,与其他行业的经理相比,他们的薪酬之于业绩的敏感度也低得多。的确,这些公司受到了监管,但这一事实是如何解释该现象的? 它是否意味着,监管者的监督,可以取代激励薪酬对于经营层的激励? 或者,它是否意味着,经理人给受管制公司创造的价值更低,因为他们的行为受到了监管者的约束,因而相应地,其价值低于未受管制的公司的经理人(一项边际生产率的解释)? 或许它是一项 Jensen 和 Murphy 关于高管薪酬的政治解释的极端事例(参见注释8)? 一项强调政治解释的、对于受管制行业与未受管制行业中的高管薪酬的比较分析(监管者促使受管制行业中的公司采用了与未受管制的行业中的公司不同的薪酬计划,因为这些监管者向来对敌视高额薪酬的公众反应迅速,而对于股东意见却并不是很在意),参见 Paul Joskow, Nancy Rose and Andrea Shepard, "Regulatory Constraints on CEO Compensation," in M. Baily, P. Reiss and C. Winston, eds. *Brookings Papers on Economic Activity*: *Microeconomics 1993*, 1（Washington, D.C.: Brookings Institution, 1993）.

10. Stewart Schwab 和 Randall Thomas 研究了 CEO 的聘用合同,以分析 Bebchuk 和 Fried 的经理人谈判权力假说及其他一些问题是否准确。Schwab and Thomas, "An Empirical Analysis of CEO Employment Contracts: What Do Top Executives Bargain For?," 63 *Washington & Lee Law Review* 2（2006）. 他们问道,"这些合同是否反映了强势的 CEO 命令恐惧的董事接受他们所要达成的任何条款? 或者这些议定的文本条款很好地符合了双方主体的利益?"为了回答这些问题,他们比较了聘用合同的终止条款与独立的控制权变更协议中的终止条款的差异。其背后的理念在于,由于预期控制权变更条款的成本由敌意收购人承担,董事会不会像对待个人聘用合同的类似条款那样,竭力反对经理们提出来的有关终止协议的条款。因而,"如果控制权变更协议包含了 CEO 希望在其聘用合同中出现、但却无力达成的条款,则两类合同的差异有力地证明了 CEO 的聘用安排并非像某些批评人士所称的那样偏袒一方。"与此种假设一脉相承的是，Schwab 和 Thomas 发现，控制权变更协议使 CEO 得以通过比在其聘用合同中更为宽泛地界定什么构成"好的理由"（从而触发解职补偿金的适用），从而获得了更大的离职自由。另外，聘用合同终止条款比控制权变更协议包含不竞争的限制性规定的情形要高得多（66% 比 25%）。他们从这两种合同的统计数字的显著差异得出结论称，CEO"在其聘用合同中并非总是能够心想事成，在那些谈判中，董事会至少在某些程度上保护了公司利益。"你认为，在 Schwab 和 Thomas 对其数据做此番解释时，Bebchuk 和 Fried 会做何反应？

11. 正如 Kaplan 所提及的，Xavier Gabaix 和 Augustin Landier 认为，CEO 薪酬的上涨，可以归因于市场力量，特别是公司规模的增长。他们还开发了一套 CEO 薪酬与公司规模相匹配模型，在这套模型中，公司个体或者整体的规模越大，向 CEO 支付的薪酬更多。在这一情境下，公司规模越大，有才干的 CEO 们创造的价值越高，也就是说，有才干的（也就是说，生产率更高的）CEO 给公司带来的回报，随着公司规模的增长而增长。公司之间争夺有才干的人才的竞争，推高了个人的身价。在均衡状态中，最优秀的 CEO 执掌着最大的公司，因为这样做最大化了其影响力和经济效率，而且他们获得了最高的薪酬。他们的模型预测，CEO 的薪酬与公司规模（公司个体规模以及经济体中的平均公司规模）的增长等比例地增长。他们还通过经验证据表明，在 1980 年至 2003 年间，大型美国公司的规模（按市值计算）已经增长了 6 倍。正如他们的模型所预测的，这一数据与同一时期 CEO 薪酬的增长大致吻合。Gabaix and Landier,"Why Has CEO Pay Increased So Much?," 123 *Quarterly Journal of Economics* 49（2008）。Bebchuk 和 Fried 将如何协调这一发现与其分析之间的关系？如果正如 Murphy 所称，董事会根据以公司规模为核心的调查数据来确定 CEO 薪酬，Gabaix 和 Landier 的发现又有什么意义？

12. 从公平缔约视角出发，经理谈判权力的与时俱增，能否对 CEO 薪酬的增长提供一种效率方面的解释，而不是 Bebchuk 和 Fried 所做的"寻租"解释？关于对以下效率解释——CEO 谈判地位的强化，源于 CEO 边际生产率的提升，或者"经理资本"相对于其他形式的资本（包括公司专有资本）的重要性的提升——予以支持的分析，参见 Charles P. Himmelberg and R. Glenn Hubbard, "Incentive Pay and the Market for CEOs: An Analysis of Pay-for-Performance Sensitivity"（2000 年手稿），available at ht-

tp://ssrn.com/abstract = 236089;以及 Kevin J. Murphy and Jan Zabojnik, "Managerial Capital and the Market for CEOS," Queen's University Department of Economics Working Paper 1110 (2006).

13. 经济学理论家 Patrick Bolton、Jos'e Scheinkman 以及 Wei Xiong 开发了一个公平缔约的模型,该模型解释了高管薪酬的上涨,特别是 20 世纪 90 年代末期股票市场蒸蒸日上之时股票期权薪酬的增长,质疑了 Bebchuk 和 Fried 的经理权力解释(牛市放松了对于 CEO 薪酬的"愤怒"约束,从而使其得以大幅增长)。他们认为,CEO 薪酬走高的原因在于互联网股市泡沫,而不是谈判程序的失灵。这一分析的前提是,泡沫反映了股票市场的低效,在这一市场中,投资者并不确定新技术能够带来什么收益,因而对于新技术的价值的看法,也存在相当大的差异。他们根据此种条件得出经理的最优激励合同,并且发现此类合同会鼓励经理从股价的短期投机性波动中获益,即便这种策略会导致股价在未来崩盘。其原因在于,股东之间(当前股东和未来股东)的代理问题,并不是 Bebchuk 和 Fried 的分析所称的经典代理问题,后者的代理问题发生于经理与股东之间:

> CEO 对当前股东而不是未来股东负有忠实义务。因而,如果他以牺牲公司的长期价值为代价,人为地推高股票的短期价格,是符合当前委托人的利益的。当前的股东也会选择鼓励 CEO 追求短期的股票业绩,即便他们理解这样做也会使 CEO 有激励来操纵收益。其原因至为简单:当前股东希望 CEO 维护其利益,即便这样做会牺牲未来股东利益,也在所不惜。重要的是,当前股东与未来股东之间的利益冲突,只会产生于投机或非理性的市场之中。根据"官方的见解",在一个有效率的市场中,当前的价值只会与未来的价值同生共长。这一假定也解释了为什么经典的代理观点未能发现当前股东与未来股东之间的冲突。然而,正如我们在模型中所表明的,当一些投资者有时(或者总是)过于自信或者漫不经心时,以及当股票市场正在经历投机阶段时,那些破坏了长期基础价值的收益操纵行为,将推高短期的股价。Bolton, Scheinkman and Xiong, "Pay for Short-Term Performance: Executive Compensation in Speculative Markets," 30 *Journal of Corporation Law* 721 (2005). 本部分内容的重印获得了许可。

Bolton 等人关于经营层信义义务的界定是否准确?这种观点与

Anabtawi 和 Stout 在第 6 章中论及的股东利益,有什么关联? 一些模型拓展了可以解释 Bebchuk 和 Fried 认为与经济理论不一致的高管薪酬范式的最优缔约理论,对于这些模型的梳理,参见 Alex Edmans and Xavier Gabaix, "Is CEO Pay Really Inefficient? A Survey of New Optimal Contracting Theories," 15 *European Financial Management* 486 (2009).

14. Gordon 和 Kaplan 提及,在整个 20 世纪 90 年代,董事会独立性增强,平均任期缩短,CEO 被动更替的情形更为频繁,除此之外,从外部聘任而不是内部晋升的 CEO 所占百分比也有所上升,从 20 世纪 70 年代和 20 世纪 80 年代的 15%—17%,上升至 20 世纪 90 年代至 2000 年的 25%。Michael C. Jensen, Kevin J. Murphy and Eric Wruck, "Remuneration: Where We've Been, How We Got to Here, What Are the Problems, and How to Fix Them," ECGI-Finance Working Paper No. 44/2004 (2004). 从外部聘任的 CEO 比从内部晋升的 CEO 获得的薪酬更高。同上。这些事实与 Bebchuk 和 Fried 的经理权力解释是否有丝毫的吻合? 这些趋势是否反而表明,正在发生一种朝向更为公平的谈判情境,因为外部董事与他们素无交往或者很少有交往的(外部候选人)人进行谈判,而且表明他们有能力解聘 CEO? 你认为,风险更高、竞争性更强的环境以及要求更高的工作,将会对经理们的薪酬计划构成怎样的影响? 甚至会对那些内部晋升的经理的薪酬计划,构成怎样的影响?

15. Bebchuk 和 Fried 认为,在公司收到股东有关高管薪酬的议案之后降低了高管薪酬,这一事实是一项积极的进展。这种情形是否不证自明? 一项研究发现,在加利福尼亚公共雇员退休机构提出了议案之后,高管的薪酬降低了,但同时下降的还有薪酬之于业绩的敏感度。换句话说,薪酬的降低体现为激励性薪酬的降低。Marilyn Johnson, Susan Porter 和 Margaret Shackell, "Stakeholder Pressure and the Structure of Executive Compensation"(1997 年的手稿)。第二项研究还发现,收到此类股东议案的公司转而更多地采取现金薪酬,并更少地使用期权薪酬,但其中的差异并不具有统计学意义。Randall S. Thomas and Kenneth J. Martin, "The Effect of Shareholder Proposals on Executive Compensation," 67 *University of Cincinnati Law Review* 1021 (1999). 这种影响——激励薪酬的降低——是否符合 Bebchuk 和 Fried 认为的理想的薪酬计划?

16. Bebchuk 和 Fried 认为,一项研究发现,担任董事会主席的 CEO

比不担任董事会主席的 CEO 获得了更高的薪酬,这即是"经理权力"的证明。对于该发现,是否存在其他可信的解释?是否可以解释为,更富有才干或者工作更有成效的 CEO 更可能被选任为董事会主席?试着回顾第 5 章 A 部分注释 9,后者对董事会二元性的证据进行了梳理。

17. 正如 Murphy 所称,与第 5 章关于董事会的独立性的研究相类似的是,关于激励薪酬(特别是股票期权)是否带来了更为优良的业绩的研究,其结果尚无定论,尽管从理论上说,授予激励薪酬比增强董事会的独立性更能带来优良的公司业绩。在近期针对以股权为基础的高管薪酬的研究之中,John Core,Wayne Guay 和 David Larcker 将这方面的文献总结如下:

> McConnell 和 Servaes(1990)发现有证据表明,只要经营层持股比例低于 50%,其持股比例与公司业绩呈正相关。Frye(2001)发现,向雇员提供了更多以股权为基础的薪酬的公司,业绩更为优良。Sesil,Kroumova,Kruse 和 Blasi(2000)发现有混合的证据表明,广泛运用期权的公司,业绩更为优良,Ittner 等人(2001)发现,在新经济公司的样本内部,不同的组织层级的期权授予与公司业绩之间的关系变动不居。关于这项研究的一个限度是,股权激励与公司业绩的因果关系并不清晰。或许并不是更高的股权激励带来了更为优良的公司业绩,情况可能是,预期未来业绩更为优良的公司授予了更多的股权激励。

Core, Guay and Larcker, "Executive Equity Compensation and Incentives: A Survey," 9 *Economic Policy Review* 27 (2003). 本部分内容的重印获得了许可。

诸多方法论上的问题表明,为什么极难发现激励薪酬与业绩之间存在持续的正向关系,关于董事会的构成与公司业绩之间关系的研究同样如此。首先,采取所有权激励的必要性因公司而异,这取决于是否有必要对经营层实施更多或者更少的监督,或者这些监督是否更易达成(这与公司的种种特征有关,诸如资产的流动性或者透明度,或者公司运营环境的不确定性)。参见 Harold Demsetz and Kenneth Lehn, "The Structure of Corporate Ownership: Causes and Consequences," 93 *Journal of Political Economy* 1155 (1985). 因而,那些没有向经理们提供股权激励的公司,也不能因此预判其未来的业绩低下,因为此类公司并不需要以高强度的所有权激励来确保经理本着股东利益而行事。另一个问题在于,陷入财务困境的公司会采取更为激进和更富于创造力的激励计划,来做"最后一搏"。例如,研究发现,陷入财务困境的公司更多地运用股票期权激励。例如 Stuart Gilson and Vetsuypens, "CEO Compensation in Financially Distressed Firms: An Empirical Analysis," 48 *Journal of Finance* 425 (1993)。因而,如果成功的公司并不需要运用激励计划来激励经营层(处于成长期的公司运用激励计划的机会更多,而且薪酬随着规模的增长而增长),则关于公司薪酬结构和业绩之间关系的研究,可能会在股权薪酬之于经理层激励的影响方面,得出误导性结论。最后,如果股票市场是有效率的,因为激励薪酬计划(经营层的薪酬之于业绩的敏感度)必须公开披露,股价会反映出与更强的激励薪酬相关的更好的未来预期业绩:投资者的竞买,会推高经理受到高强度激励的公司的股价,直到该公司风险调整后的回报等同于经理受到低强度激励的公司,因而,研究者事实上会发现,不同公司的平均回报并不存在差异。

18. 尽管 Kaplan 提及的 2007 年"薪酬话语权"国会法案并没有颁布,《美国复苏和再投资法案》(2009 年 2 月颁布的经济刺激法案)对于从政府的《问题资产救助计划》(Troubled Asset Relief Program, TARP)中获得财力支持的金融机构,施加了"薪酬话语权"的要求。公司收受纳税人的资金救助,是否会改变 Kaplan 关于要求股东对高管薪酬进行劝告性投票的功效的分析?由于政府存款保险使得美国纳税人成为了银行的最后剩余索取权人,对这些金融机构(而不是其他公司)的高管薪酬进行监管,还有着另一层依据,即对国库予以保护。存款保险恶化了第 4 章论及的道德风险或代理问题。基于对金融机构的股东地位的此种见解,政府要求那些机构的股东批准高管薪酬,这是否有道理? Lucian Bebchuk and Holgar Spamann, "Regulating Bankers' Pay," 98 *Georgetown Law Journal* 247 (2010)。要求对所有公众公司施加股东"薪酬话语权"的法案,于 2009 年夏天再次获得国会通过,并有望正式颁布。从第 3 章关于公司章程的州际竞争的阅读文献看,此类法律规定是否有道理?如果我们相信联邦政府应当监管高管薪酬,则国会或者诸如 SEC 这样的监管者是否更适于做决策者?有观点认为,在根据丑闻作出监管反应方面,政治进程不如行政进程。之所以得出这一观点,是因为研究者比较了国会 2007 年通过的"薪酬话语权"法案及 SEC 在吸收各方观点和建议基础上修订的薪酬披露规则(参见注释19),参见 Kenneth M. Rosen,"'Who Killed Katie Couric?' and Other Tales from the World of Executive Compensation Reform," 78 *Fordham Law Review* 2907 (2008).

19. 2006年(2007年的委托书征集季节开始生效),SEC修订了有关高管薪酬的披露规则,增加了必须披露的内容,纳入了Bebchuk和Fried、以及Gordon提及的诸多项目。特别是,与Gordon的议案相类似的是,它要求披露一套新的"薪酬讨论及分析"(CD&A)单元,并包含以下信息:高管薪酬计划的目标;旨在奖励什么(例如,公司业绩、经营层行为);高管薪酬计划的具体构成要素(也就是说,短期和长期的要素);董事会针对不同类型的薪酬作出不同数额的支付的原因;每一类薪酬是如何契合于公司的整体薪酬目标的;以及其他对于投资者理解公司薪酬计划而言属于重要的项目。2009年,SEC又提出了其他薪酬披露要求。披露要求方面一而再、再而三的修修补补,是否表明Gordon和Jensen、以及Murphy的判断是正确的? 也就是说,鉴于民粹主义者反对高额的高管薪酬,政治系统正在作出反应。如果情况确实如此,则披露的做法(与工资封顶相比)是否能够真正满足对高管薪酬的批评? 妒忌或者平衡是否能够成为限制高管薪酬的可接受的动因? 累进税和转移制度安排是否比薪酬规制更好地解决那些担忧? 在你回应这些问题之时,考虑以下因素:研究表明,政府限制高管薪酬的种种努力收效甚微,因为公司总能够找到规避此种限制的办法。另外,最后的结果总是公司支付更高的(而且更不透明的)薪酬,因为公司必须对监管规定颁布之前本来是最理想的合同,进行重新安排,而这样重新调整的结果是,公司必须以更高的薪酬总额来抵消于高管而言更不理想的薪酬形式(从而使高管仍然满意——译者注)。例如,在注释8中提及,国会颁布法律,对于可从应税所得中扣除的现金薪酬予以限制,但此种限制并不及于股权激励薪酬,这导致公司提高了激励薪酬的占比,并且降低了公司的现金薪酬,从而提升了薪酬的混杂性。参见Tod Perry and Mark Zenner, "Pay for Performance? Government Regulation and the Structure of Compensation Contracts," 62 *Journal of Financial Economics* 453 (2001). 相对于现金薪酬而言,期权薪酬所面临的风险更高,必须用更高额的薪酬来抵消该风险。有观点认为,更为可取的做法是,制定法律规则以通过税收和转移制度来促进分配效率,从而达成分配/公平目标,因为后者成本更低,而且往往更为精确。参见 A. Mitchell Polinsky, *An*

Introduction to Law and Economics, 3d ed. (New York: Aspen Publishers, 2003).

20. 在对 Ferri 和 Maber 所分析的英国的股东"薪酬话语权"实践进行评论之时，Jeffrey Gordon 认为，英国提升了薪酬之于业绩的敏感度，但这事实上或许是以效率的损失为代价的：

> 例如，已经显示出来的薪酬之于业绩的敏感度的提升，通常涉及的是公司亏损，而不是盈利的情形（尽管 Ferri 和 Maber 的检验结果是两者兼具）。换言之，在引入 DRR[英国薪酬话语权立法的技术上的名称——编者注]制度之后，如果公司业绩下滑，则薪酬往往更可能下降，但没有证据表明，相反的方向也成立[即如果公司业绩上升，薪酬往往也会上升——译者注]。当然，这吻合于避免向经营失败的高管支付薪酬的逻辑，如果说这一逻辑并非 DRR 改革的唯一驱动力的话，它也是主要的驱动力。类似地，与更强的敏感性息息相关的业绩指标是资产回报率（"ROA"），这是一项用来反映当前收益、而不是股东总回报的会计指标，包括了股利、股份回购以及股价表现。先抛开股东偏好这一问题不谈，股价是衡量未来收益预期的指标，它与新的投资息息相关。这一新制度所传递的信息将是"不要向'失败'的 CEO 支付过高的薪酬；必须关注的是今天安全的可计量收益，而不是明天的"。如果这就是股东劝告性投票的结果，则看起来它相当奇怪，它把制度构建于企业家干劲及失败的风险基础之上。Jeffrey N. Gordon, "'Say on Pay': Cautionary Notes on the U.K. Experience and the Case for Shareholder Opt-In," 46 *Harvard Journal on Legislation* 323 (2009). © Copyright 2009 Jeffrey N. Gordon. 本部分内容的重印获得了许可。

Gordon 将其摘录于本章的文章中对薪酬话语权的批评，予以进一步的拓展，发出了以下担忧：如果美国采纳了薪酬话语权，则会导致美国高管的薪酬实践整齐一致，因为机构投资者将根据代理投票顾问服务的评估来投票，后者将推出最佳做法清单（正如在第 6 章摘自 Bhagat 等人的文献及相关注释中所探讨的，其他公司治理的建议正是这样做的）。他认为，这种做法并不理想，因为薪酬计划必须根据公司具体情况而量身定做。相应地，他建议称，国会关于"薪酬话语权"的立法，应当是采取股东"选入"式的安排，或者只适用于最大的公众公司。

2009 年,股东发起了 82 起"薪酬话语权"的议案,现有的结果表明,其中 68 起议案获得了平均为 46% 的支持,与之形成对比的是 2008 年,彼时提交了 74 起股东要求"薪酬话语权"的议案,获得了平均为 41.5 的支持。相反,要求董事当选必须赢得绝对多数选票的议案(参见第 6 章 B 部分注释 4),被提起的数量大约为"薪酬话语权"议案数量的一半,在两个年份均获得了平均超过 50% 的支持。RiskMetrics Group, 2009 Proxy Season Scorecard (August, 15, 2009)。此类议案一直未能赢得绝大多数股东的支持,这是否与 Gordon 提出的"选入"建议一脉相承?他提出的方法及代理投票的数据与第 3 章探讨州公司法及默认选择的文献是如何啮合的?与第 6 章关于公司治理指数的文献又是如何啮合的?根据提出"薪酬话语权"议案的工会联盟基金发布的一则新闻,2010 年 3 月,55 家公司自愿采纳了这一做法,2008 年这一数据为 6。"More Than 50 Companies Voluntarily Adopt 'Say on Pay' as Institutional Investors Continue to Press for an Advisory Vote," available at http://www.afscme.org/press/27802.cfm. 这些数据是否改变了你对前面若干问题的反应?是否改变了你对注释 18 提到的国会立法问题的回应?它们与 Kaplan 的分析是否一脉相承?

关于英国公司对于"薪酬话语权"的反应(所有的公司都确认了 Ferri 和 Maber 的发现,即薪酬越高,不赞成票的比重越高)的其他实证研究,参见 Walid Alissa, "Boards' Response to Shareholders' Dissatisfaction: The Case of Shareholders' Say on Pay in the UK" (2009 年手稿), available at http://ssrn.com/abstract=1412880(该研究发现,在拥有高于平均水平的"过度"薪酬的 CEO 群体中,"薪酬话语权"与薪酬的下降与 CEO 更迭的比率息息相关); Mary Ellen Carter and Valentina Zamora, "Shareholder Remuneration Votes and CEO Compensation Design" (manuscript 2009), available at http://ssrn.com/abstract=1004061(该研究发现,遭到反对票比例最高的公司,随后降低了薪酬中的股权比例,这样,它们的受限制股票和期权的授予占已发行股份的比重的增长更为缓慢); Martin J. Conyon and Graham V. Sadler, "Shareholder Voting and Directors' Remuneration Report Legislation: Say on Pay in the UK" (manuscript 2009), available at http://ssrn.com/abstract=1457921(该研究发现,"薪酬话语权"并没有从根本上改变 CEO 薪酬的水平和结构)。

21. 针对 CEO 的薪酬进行劝告性投票,是股东可以影响高管薪酬的一种机制。而 Bebchuk 和 Fried 所提及的,股东限制或者改变薪酬的议案的恳求效果,则是另一种机制。你认为,公司股东的构成、特别是机构投资者的存在,本身可以影响高管薪酬吗?看起来机构投资者增强了高管薪酬之于业绩的敏感度(也就是说,机构投资者持股比重越高,公司运用期权薪酬的情形越明显),但它们对于薪酬水平并没有明显的影响。例如,Jay Hartzell 和 Laura Starks 发现,高管薪酬水平随着机构投资者持股份额的下降而下降,而且此类投资者持股的增加,增强了薪酬之于业绩的敏感度。Hartzell and Starks, "Institutional Investors and Executive Compensation," 58 *Journal of Finance* 2351 (2003). 这些数据对于强制实施"薪酬话语权"是否可取的判断,会产生什么影响?

22. 注释 18 提及的 2009 年的刺激法案,不仅要求对金融机构的 CEO 薪酬进行劝告性投票,而且对那些公司的高管薪酬的数额和形式也进行了限制。另外,禁止发放激励薪酬及奖金,除非以受限制股票的形式发放,而且,直到这些金融机构的《问题资产救助计划》项下的政府义务已经履行完毕,才能授予这些受限制的股票。而且这些高管薪酬不得超过员工年度总薪酬的三分之一。《美国复苏和再投资法案》(Pub. L. No. 111-5, § 7001, 123 Stat. 115 (2009))。关于针对那些规定的批评,以及通过重构的薪酬计划来改善金融机构高管激励的其他议案,例如,可参见 Lucian Bebchuk and Holgar Spamann, "Regulating Bankers' Pay," 98 *Georgetown Law Journal* 247 (2010); 以及 Sanjai Bhagat and Roberta Romano, "Reforming Executive Compensation: Focusing and Committing to the Long-term," 26 *Yale Journal on Regulation* 359 (2009).

Bebchuk 和 Spamann 建议,将高管薪酬与银行向其资本结构中所有证券持有人的偿付数额相挂钩。他们认为,这样做可以诱使高管考虑其对股东之外的权利人的影响,从而降低道德风险。如果那些证券中的许多部分不能变现,而且没有市场价格,这一方案是否可行?是否需要不断地重新平衡此类薪酬组合,以使高管对于不同的请求权保持等比例的兴趣,而这样做经证明成本高昂?或许他们仍然有动机以牺牲财政为代价而谋求股权利益(如果在高管的薪酬组合中,股权证券的收益超过了其高级证券的损失,则作出这样的决策并非全无可能)?

Bhagat 和 Romano 建议,接受联邦救助的金融机构的高管所获取的以股权为基础的激励薪酬,应当全部采取高管离开公司之后两年或四年才能卖出或者行使的受限制股票或者股票期权的形式(他们也允许眼下付出适当数量的金钱,以应对税收、流动性及未到期的高管更替事项)。他们认为,如果高管薪酬中的相当部分与此类股票相挂钩,则高管将没有动机来实施不当的冒险活动,因为他们的回报取决于金融机构的长期价值(在公司破产时,受限制股票将一钱不值)。如果 Bhagat 和 Romano 关于此类受限制股票的激励效果的分析是正确的,为什么现有的受限制股票计划的成熟期要短得多?

23. 有一些研究分析了 2007—2008 年间全球金融危机时银行业绩与高管薪酬之间的关系。与第 6 章分析银行治理的研究文献相类似的是,这些关于薪酬的研究并没有发现激励薪酬与业绩存在明显的关联。例如,Rüdiger Fahlenbrach 和 René Stulz 根据他们用来衡量 CEO 的激励与股东利益相一致的指标,得出了相反的结论:银行的 CEO 拥有期权薪酬的比例更高,其股权风险敏感度更强,激励也更为良好,但他们并没有发现证据表明,在危机之时银行的业绩更为糟糕。另一方面,银行的 CEO 持股比例更高,因而拥有更好的股东导向的激励,但他们并没有发现证据表明,在危机之时银行的业绩更为优良,而且事实上,它们的业绩或许更为糟糕。Fahlenbrach and Stulz, "Bank CEO Incentives and the Credit Crisis," Ohio State University Fisher College of Business Dice Center Working Paper No. 2009—13(2009). 后面一种结果(CEO 的利益与股东相契合的银行,看起来在危机之时业绩更为糟糕)与存款保险带来的道德风险情境(也就是说,本着股东利益而行事的经理将更为冒险,这也解释着公司在信用危机之时的糟糕业绩)是否一脉相承? Fahlenbrach 和 Stulz 将这一数据解释为吻合于以下假定:"在危机之时因业绩糟糕而被曝光的 CEO,之所以会如此经营公司,是因为他们认为这样做对于他们和股东均属有利",而且"CEO 也没有想到这些曝光会带来不利的结果"(例如,这些 CEO 绝大多数拥有大量的股权份额,在危机发生之前并没有卖出股份。)相反,David Erkens, Mingyi Hung 和 Pedro Matos 发现,CEO 的薪酬更多地体现为现金奖励的银行,比那些 CEO 的薪酬以股权为基础(受限制股份、长期激励计划和股票期权奖励)、因而与股东利益更为一致的银行,在危机之时遭到了更大的损失。Erkens, Hung and Matos, "Corporate Governance in the 2007—2008 Financial Crisis: Evidence from Financial Institutions Worldwide," ECGI-Finance WorkingPaper No. 249/2009 (2009). Erkens

及其同事们的发现,对于 Bhagat 和 Romano 提出的薪酬建议会产生什么影响?特别是相对于前面的注释 22 提及的 Bebchuk 和 Spamann 的建议而言?这些结果是否表明,在规范银行高管的薪酬方面,国会的行动是否过于仓促?你认为国会在获知这些研究发现之后,会改变其做法吗?你认为 Jensen 和 Murphy 或者 Gordon 会如何回答该问题?

8

外部治理结构：公司控制权市场

人们经常将公司控制权市场视为一项关键的公司治理最后措施。公司控制权市场威胁着管理层，如果后者未能最大化股权价值将会丢掉岗位，从而创造了经理人谋求股东利益的强有力激励。然而，因为控制权变更成本高昂，特别是当那些担心被新的所有者赶走的经理人提出反对意见之时，成本更为高昂，活跃的控制权市场仅仅是制约着、而不是消灭了代理问题。

本章第一部分的阅读文献，以 Henry Manne 和 Michael Jensen 提出的基于代理的解释的文献为开端，对收购交易提供了大量的经典解释。从代理的视角出发，收购是一项重要的约束措施，因为与合并不同的是，收购并不需要管理层的批准。收购要约直接发给股东，后者以卖出股权的方式接受该要约，从而规避了董事会。相反，Yakov Amihud 和 Baruch Lev，以及 Richard Roll 的文献，对于收购者的动机提供了一个不同的视角。这些文献的一个共同主题是，收购交易的驱动力在于经理福利、而不是股东财富的最大化。因而，这些文献表明，收购是典型的代理问题的成因，而不是解决代理问题的良方。

降低代理成本的收购是提升效率的价值最大化交易。但情况也可能是，收购把财富从其他公司参与方转移给了股东，从而为股东带来了大量利益，但却没有产生效率方面的收益（与此相类似的是，正如第 4 章所探讨的，公司产生负债之后所面临的风险意外增加，从而使财富从债权人转移给了股东）。本阅读文献之后的注释内容，探讨了收购收益的剥削解释。

收购俨然已经成为实证研究者的研究新宠，他们致力于分析其影响，以解决敌意收购年代的新型交易所产生的争议。关于收购之于目标公司和收购人的收益的事件研究，可从两篇调研文章中获得概貌性的了解，这两篇文章的作者分别为 Gregg Jarrell，James Brickley 和 Jeffry Netter，以及

Gregor Andrade、Mark Mitchell 和 Erik Stafford，它们分别论及了 20 世纪 80 年代和 20 世纪 90 年代的公司收购。Sanjai Bhagat、Andrei Shleifer 和 Robert Vishny 通过分析公司在收购之后发生的变化，提出了其他见解，而 Andrade 等人更新了部分见解。最后，选自 Steven Kaplan 和 Per Strömberg 的文献分析了私募股权公司的组织、运作及绩效，后者在 21 世纪初期涌现成为了收购市场的弄潮儿，而且它们作为杠杆收购的发起人，与 Jensen 对于收购的自由现金流的分析也息息相关。

正如调研文章所显示的，一项不争的事实是，收购给目标公司的股东带来了大量收益。所有研究无论其针对的是哪个时间窗口或者何种收购形式，均发现收购宣布之时目标公司的股东获得了显著的异常正回报。对于收购的诸多解释之差异，体现在收益的来源方面。

关于收购人的回报的证据则没那么明确：根据时间期限及样本公司之差异，收购人获得了积极的、消极的或者不具有显著统计意义的异常回报。总体而言，收购人获得的回报大大低于目标公司股东的收益，而且随着时日的推移，它们还逐渐减弱。然而，如果将收购人的损失与目标公司股东的收益合并计算，则仍然会得出异常正回报的结果。这表明，对于收购人而言并非价值最大化的交易，是具有社会效益的（实现了净财富的增长），因为其假定目标公司的收益源于效率的增长而非财富的转移。大量经验证据往往支撑收购的效率解释而不是剥削解释。但并不存在一套全面的理论可以解释所有交易——每一套理论至多只能解释部分交易——确实，的确存在以下情形：收购仅仅是实现了股东之间的财富分配，或者将财富从股东转移给了经理，而不是带来了效率收益。

目标公司股东所获得的大量收益，对于管理层之于收购的反应，带来了一个关键的问题，因为如果发起收购的原因在于撤换管理层，则其间存在明显的利益冲突。然而，反收购措施却存在两个可能的目标，这导致有时要判断管理层是否背信弃义特别困难。反对收购的管理者或许是为了巩固自身地位，也或许是为了提升目标公司在收购利益中的份额。反对收购的举动推高了股价，迫使收购方提升其报价以赢得股东同意或参与角逐。其原因在于，对收购的抵制阻滞了收购的完成，使得其他收购人得以加入竞争，进一步推高了第一位收购人的价格。

本章 B 部分前三篇文章所探讨的问题，涉及收购人之间的竞争所带来的更高溢价对于收购发生概率的影响。Frank Easterbrook 和 Daniel Fischel 认为，竞争对于公司控制权市场带来了不利的反响：因为发现目标公司的成本高昂，如果收购人必须支付更高的成本，或者必须承担在拍卖式收购中落败的风险，他们将无法收回他们在信息方面的投资，而且会减少研究方面的投入。其结果是，收购的数量将减少，而且相应地，控制权市场对于管理层的约束作用总体而言将会弱化。Ronald Gilson 和 Lucian Bebchuk 对于这种观点提出了挑战，质疑此种调查成本是否高昂，投资是否真的不能收回，以及收购的数量是否下降。但这些作者之间的分歧实际上是针对更为狭义的事项，即收购人的竞争效用。他们所有人都赞成赋予管理层极少的专断权，否则管理层会上下其手以挫败收购，因而他们都欢迎对收购防御的司法审查予以强化。

本章 B 部分选自 Jarrell、Brickley 和 Netter 的文献，梳理了关于防御策略的经验研究。在绝大多数时候，投资者认为此种操纵行为是不利的。Jonathan Karpoff 和 Paul Malatesta 研究了州的收购法律所造成的影响，后者对收购设置了进一步的障碍，公司的股价反应也颇为消极。州的监管已经导致那些希望促进公司收购的评论人士呼吁优先适用联邦规则。Roberta Romano 回顾了对公司收购统一实施国家监管的理论论争，她重新思考了第 3 章所探讨的州际竞争问题。然后她分析了国会实际上作出了什么反应，并得出结论称，联邦监管只是表面上的。最后，Robert Daines 和 Michael Klausner 分析了寻求上市的公司所运用的防御策略。此类公司的设立章程经常包含防御条款，这使得我们必须重新考量文献中的一种非此即彼的传统见解：此种措施不符合股东利益，或者 IPO 市场中的合同条款是有效率的。

A. 理论和证据

合并与公司控制权市场[*]

HENRY G. MANNE

公司控制权市场

本文提出了如下基本观点：公司的控制权可以成为一项富有价值的

---

[*] 本部分内容的重印，获得了以下版权单位的许可：73 *Journal of Political Economy* 110. © 1965 by The University of Chicago.

资产；该资产与经济规模或者垄断利润所带来的利益不同；活跃的公司控制权市场始终存在；许多公司合并可能是这一特殊市场成功作用的结果……或许对于所有权与控制权相分离的大型公司而言，最为重要的后果是产生了控制权市场。只要我们无法看到小股东与公司管理层之间的控制关系，Berle 和 Means 著名论断的要义仍然熠熠生辉。然而，正如下文将要阐释的，公司控制权市场赋予了股东与其在公司事务中的利益相称的权力和保护。

公司控制权市场的一个基础前提是，公司的经营效率与公司股份的市场价格高度正相关。当现有公司经营绩效低下之时——是指为股东创造的回报不如在其他可行的经营条件下可能获得的回报——其股票的市场价格将相对于同一行业的其他公司的股价、或者相对于市场的整体股价而下挫。此一现象之于公司控制权市场而言，具有双重意义。

首先，更低的股价有利于他人通过努力来将薪酬优厚的经理取而代之。这些职位带来的薪酬可以体现为通常的工资、奖金、养老金、报销账单和股票期权。或许更为重要的是，这种薪酬形式可以体现为有助于买卖公司股票的信息；或者倘若如此运用信息实属非法，则可以公司之间彼此交换信息，从而买卖其他公司的股份。然而，令人极为疑惑的是，高管运营公司可以获得的全部薪酬，除了可以部分解释为什么外部人要努力收购控制权之外，还有什么作用。通常而言，收购公司成本过于高昂，以至于"购买"管理层薪酬并不是富有吸引力的方案。

可能性更大的是，绝大多数收购行为背后的动机是第二种激励。股份的市场价格衡量的不仅是通常的高管薪酬可按什么价格"卖给"新的个人。股价、或者那部分反映着经营效率的股价，还衡量着公司股票本身潜在的资本收益。与经营更有效率时相比股价越低，对于那些相信可以更为高效地经营公司的人而言，收购就更有吸引力。成功地收购并且重振一家经营绩效低下的公司，将取得惊人的潜在回报。

然而，收购安排的最大受益者，或许是那些对此最为晚知晚觉的人。除了股票市场之外，我们再无其他衡量经营效率的客观标准。而正如所谓的商业判断原则所显示的，法院懒于事后评判商业决策或者免除董事职务。只有收购安排能够在一定程度上确保公司经理人员存在竞争性效率、并因此保护了大量非控制性小股东的利益。与这套机制相比，SEC 与法院通过运用信义义务的概念和股东派生诉讼来提供的股东利益保护，就相形见绌了。的确，要触发这一机制，就要求不满意的股东卖出股份，而且这些股东可能会遭受相当大的损失。但另一方面，这一公司控制权竞争性市场的存在，会避免发生更大得多的损失。

收购：原因及后果[*]

MICHAEL C. JENSEN

自由现金流理论

驱动收购活动的因素繁多，甚至超过了一打，包括诸如放松监管、协同效应、规模经济、税收、管理层竞争的水平及美国市场全球化的推进……收购活动的一项主要动因——与支付自由现金流时管理层和股东之间冲突有关的代理成本——受到的关注却相对较低。然而，在过去十年间，它却发挥着重要的作用。

经理是股东的代理人，而由于彼此均是自利主体，在最佳公司策略的选择方面，双方存在着剧烈的冲突。代理成本即为此类安排之下产生的总成本……当这些成本大到一定程度时，实际发生的收购或者收购即将发生的威胁，就可以降低这些成本。

如果按相关资本成本进行折算某些公司项目拥有正的净现值，则扣除这些项目所需资金之外的现金流，被称为自由现金流。如果公司想要保持高效且最大化股东价值，就必须将此类自由现金流支付给股东。

然而，向股东支付现金减少了经理们掌控的资源，因此降低了经理的权力，并且在公司必须筹集新资本时使他们经受着资本市场的监督。另外，经理有动机来扩大公司规模，哪怕超过最大化股东财富所需的规模也在所不惜。公司规模的增长增加了其掌控的资源，从而提升了其权力，而且管理层薪酬的变化也与公司规模的增长呈正相关。

当公司产生了大量自由现金流时，股东和经理们之间就支付政策产生的利益冲突特别严重。这里的问题在于如何激励经理们交出现金，而不是以低于资本成本的方式加以投资，或者因组织低效浪费掉。

这里提出的理论看起来有些自相矛盾。那些使得经理们得以掌控自由现金流的财务灵活度的提升，可能实际上降低了公司的价值。之所以会发生这种结果，是因为难以确保经理们会运用其对资源的掌控来增进

---

[*] 本部分内容的重印，获得了以下版权方的许可：American Economic Association from 2 *Journal of Economic Perspectives* 21（Winter 1988）.

股东利益。

债权在促进组织效率方面的作用

  债权的代理成本一直被广为探讨,但……债权在激励经理及其组织保持效率方面的效用,却基本上被忽略了。

  公司创建了不留存发行收益的债券之后,经理们可以有效地保证会支付未来的现金流。因而,债权可以有效地替代股利,公司金融的文献通常未能认识到这一点:债券降低了经理们可随意支配的现金流,从而降低了自由现金流的代理成本。通过发行债券而不是股份,经理们以一种单单依赖增加股利所无法达成的方式,作出了支付未来现金流的承诺。如此这般,假如经理们未兑现其还本付息的承诺,则股东兼债券持有人有权申请公司破产。

  当然,经理们也可以宣布股利的"永久"增长,从而承诺支付未来的现金流。但由于并没有合同义务来作出股利支付的承诺,此种承诺苍白无力。

  发行大量债券以回购股份,构建了鼓励经理付出自由现金流的组织激励。另外,以债权换股权有助于经理们克服抵制节俭的通常的组织障碍,而节俭则是支付股利所必需的。无法偿还债务的威胁,是此类组织行事更富有效率的强大驱动力。

  面临着自由现金流的严重代理成本的公司,在敌意收购(或者反收购)中创建的债务未必是永久的。确实,偶尔"过度杠杆化"此类公司是可取的。在这些情形中,将公司的杠杆率抬到如此之高,以至于其无法按其故态生存下去,就带来了危机,这种危机驱使着公司削减扩张计划并且卖出资产,这些资产脱离公司会更有价值。公司运用由此获得的收益把债务降至更为普遍或者更为长久的水平。这一过程使公司得以重新审视其组织策略及组织结构。当它取得成功时,一个更为简洁、更富有效率和更富于竞争力的组织将应运而生。

  这一控制权假说并不意味着债券发行总是拥有积极的控制效果。例如,对于那些拥有利润率很高的大型投资项目但没有自由现金流的快速成长的公司而言,这些控制效果未必具有同样重要的意义。这些公司将不得不经常向金融市场筹集资本。而往往在这些时候,市场便有机会来评估公司、公司的经营管理及其拟投资的项目。投资银行和分析师在这方面发挥了重要的监督作用,投资者为经济权利所支付的价格,也就显现了市场对该权利的估值。

在那些产生了大额现金流但增长前景黯淡的公司中,债权的控制功能更为重要,而且,在那些必须收缩规模的公司中,这种重要性甚至更为突显。在这些公司中,将资金投至不经济的项目从而浪费了现金流的压力最大。

杠杆收购和自由现金流理论

私有化交易和杠杆收购交易的绝大多数利益,看起来均源于债权的控制功能。这些交易正在创建一种新型的组织形式,后者由于在控制自由现金流的代理成本方面的种种优势,而成功地赢得了与公众形式分庭抗礼之势。

杠杆收购的理想目标,通常是那些经营历史稳定、增长空间不大以及产生未来现金流的可能性极大的公司或者大型公司的分支机构;也就是说,杠杆收购往往发生于自由现金流的代理成本往往非常高的情形中。

管理层耗费现金而不是将其付给股东的一种方式是收购。自由现金流理论表明,拥有剩余放贷能力及大笔自由现金流的公司经理们,往往更可能开展低收益或者甚至破坏价值的企业合并。公司多元化项目通常即属此种类型。该理论预测,它们通常会产生更低的总收益。因而,某些收购是自由现金流的代理问题的解决之道,而其他项目,例如多元化项目,则是那些问题的症候所在。

企业的多元化合并的主要收益或许在于,与资金投资于内部非盈利项目相比,其浪费的资源更少。运用现金或者非股权证券完成的收购,会涉及向目标公司的股东付出资源,而这会创造净收益,即便该合并降低了经营效率。为了说明这一点,试想一下,一家收购方公司拥有大量的自由现金流,但市场预期这些现金流将被投资于净现值为负1亿美元的低回报项目之中。如果这家公司收购了另一家公司,虽然其协同效应为零,但用尽了其自由现金流(因而避免了浪费),则这两家公司的合并市值将上升1亿美元。市值发生增长的原因在于,收购行为使公司避免将自由现金流花费在市值为负1亿美元的内部投资上。

混业合并的管理层动机：降低风险[*]

YAKOV AMIHUD 和 BARUCH LEV

尽管现有的研究卷帙浩繁，混业合并的动机仍然基本不为人知：考虑到人们事先预期无法从这些经营毫不相关的公司的合并中获得任何真正的经济收益（协同效应），是什么力量驱使着大量的公司开展混业合并？通过多元化来降低风险，这一动机看起来最为自然地解释着混业合并现象。然而，具有说服力的证据表明，在一个完美的资本市场中，此类风险降低措施无法裨益于股东，因为他们可以通过分散投资而自行达到理想的风险水平。即便承认存在交易成本等市场不完美因素，从股东的视角出发，鉴于在资本市场中分散投资的成本相对较低，混业合并在降低风险方面的收益看起来也值得高度怀疑。另外，买入期权定价模型表明，实施降低公司收入分配差异（也就是，多元化）的项目，会诱使财富从股东转移给债权人，从而对股东构成不利影响。于是，应当如何解释混业合并如此广泛，而且如此持续不断地发生？

在下文中，有观点称，有关"经理主义"的文献迅速增长，特别是其中有关代理成本模型的文献，对于混业合并现象提供了一种可能的解释。在本质上，此类合并可以被视为某种形式的管理层福利，这种福利则试图降低与管理层人力资本息息相关的风险。因而，可以将此类合并的后果视为一种代理成本。

一般说来，管理人员的岗位收入构成了其总收入的主要组成部分。岗位收入通过利润分享计划、奖金、经理人员的股票期权的价值等，与公司业绩紧密相关。因此，经理收入所面临的风险也与公司风险息息相关。很多时候，公司未能实现预定业绩目标，或者在极端情况下公司破产，都将导致经理失去眼下的饭碗，并且大大伤害其未来的职场竞争力及获取收益的能力。经理人无法在其个人的投资组合中有效分散此种"雇佣风险"，因为与诸如股票等诸多其他收入来源不同的是，人力资本无法在竞争性市场中进行交易。因而，厌恶风险的经理人可能会通过其他手段来分散其雇佣风险，例如，对其公司进行混业合并，后者通常能够稳定公司

---

[*] 本部分内容的重印，获得了以下版权单位的许可：Wiley-Blackwell, from Yakov Amihud and Baruch Lev, "Risk Reduction as a Managerial Motive for Conglomerate Mergers," 12 *Bell Journal of Economics* 605 (1981).

的收入流,甚至运用它来规避破产之于经理人的灾难性后果。因而,尽管某些混业合并对于投资者而言并没有明显的利益,但会降低其雇佣风险(这一风险在资本或者其他市场上基本无法分散),从而受惠于经理人。

经理人通过混业合并和其他方法降低风险所获得的收益,可以视为从公司取得的某种形式的福利。因而,合并的真实成本和可能发生的从股东向债权人的财富转移(正如期权模型所显示的)给被代理人带来的福利减损,构成了一种代理成本。

关于公司收购的盲目自大假设[*]

RICHARD ROLL

发起并达成收购的机制表明,所观测到的目标公司的股价大幅上涨,至少部分源于收购方公司转入的财富,也就是说,所观测到的要约溢价(要约价格或者合并价格减去宣布合并之前目标公司的股份市场价格)夸大了公司合并带来的经济价值的增长。要理解为什么情形会是如此,让我们来看一看合并所采取的若干步骤:

第一,收购方公司锁定一家潜在的目标公司。

第二,对目标公司的股权进行"评估"。在某些情况下,它还包括非公开信息。确切无疑地,这一评估当然包括协同效应所带来的预期费用的节约、以及经营不善等其他抑制了目标公司当前股价的因素的评估。

第三,将"估值"与当前市场价格相比较。如果估值结果低于价格,则会放弃发出要约。而如果估值高于价格,则收购人会发出要约,后者会成为公开信息。该项要约出价通常不会是此前确定的"价值",因为它应当反映竞争对手的出价、收购人与目标公司未来的讨价还价,特别是估值的错误。

这一系列事件中的关键因素是具备可观测市场价格的资产(股票)估值。与估值对象同类的项目此前即存在着活跃的市场,这使得收购的做法与其他形式的资产买卖不同,例如针对石油开采权和油画的报价。后面这种类型的资产买卖并不频繁,而且其中没有两项资产是相同的。这意味着卖方必须自行独立估值。买方和卖方在估值的必要性方面是对称的。

---

[*] 本部分内容的重印,获得了 59 *Journal of Business* 197. © 1986 by The University of Chicago 的许可。

在收购过程中,目标公司的股东或许也会进行估值,但其底线更低,该底线也就是股份的当前市场价格。收购人确切地知道,目标公司的股东不会低于该价格卖出股份;因而,如果估值结果低于市场价格,则收购人不会发出要约。

试着想想,如果事实上并不存在潜在的协同效应或者其他收购收益,但某些收购方公司相信存在此类收益,将会发生什么。估值本身将被视为一种随机变量,其中值是目标公司的当前股价。当这一随机变量超过了该中值,则会发出要约;否则不会发出要约。只有在估值过高时,才会观测到要约;估值分布的左翼结果不会被观测到。此种情形下的要约溢价只是一种随机错误,即收购方公司犯下的错误。最为重要的是,可观测的错误经常位于同样的方向。在估值过程中,也会犯相反方向的相应错误,但这些错误不会进入我们的实证样本,因为它们不会公开。

如果收购根本没有价值,为什么公司当初仍然会发出要约?他们应当意识到,任何高于市场价格的要约报价都是一种错误。后一种逻辑具有蛊惑力,因为市场价格看起来的确反映了理性的行为。但我们必须牢记,价格是平均数。并没有证明表明,每一个人都会像一个理性的经济人那样行事,而且其行为看起来反映在市场价格之中。我们或许会认为,市场充满了理性的主体。然而,据观察,由大量理性主体构成的市场,在数量上等同于充斥着大量非理性个人行为的市场,双方在总体上互相抵消,剩下的只是系统性的行为要素,即所有的人都只是拥有部分的理性。的确,关于非理性或者异常行为的一种可能的界定是,这些人特立独行(因而整体看来,见不到他们的踪迹)。

心理学家经常以实证数据抨击经济学家,他们认为,在不确定的条件下,个人并不总是能够作出理性的决策。在心理学家看来,经济学家的傲慢之所以声名狼藉,主要是因为他们忽略了这项证据;但心理学家看起来并不明白,经济学家之所以忽略个体决策方面的证据,是因为个体决定之于市场行为几乎没有任何内容可供预测。本人相信,在公司收购这一领域中,应当放弃经济学家这一通常有效的回应;收购确实反映着个体的决策。

几乎没有理由认为,特定的个人收购者会从其自身过去的错误中吸取教训而放弃收购。尽管有一些公司实施过多次收购,但普通的个人收购人/经理在其职业生涯中,只会发起少数的几次收购。他可以使自己确信估值是正确的,而且市场并没有反映合并公司的全部经济价值。为此,本文用于解释收购现象的假设,可以被称为"盲目自大的假设"。如果事实上收购的确没有产生总收益,则这一现象取决于收购方认为其估值是正确的这一盲目自大的假设。

即使某些公司合并确实产生了收益,在平均可观测到的要约溢价中,至少部分源于估值错误和盲目自大。当前的市场价格残缺了估值分布的左翼。而在估值存在错误的范围内,被观测到的负误差少于正误差。当存在收益时,估值分布的残缺部分将少于根本不存在收益之时。然而,当收益小到足以使估值分布拥有低于市场价格的正向概率时,将会产生残缺的情形。

理性的收购人会意识到,估值可能存在错误,而反复的报价则会减少负误差。在报价时,他们会将这点考虑进去。因而,收购行为就类似于竞价理论所探讨的拍卖,在后者情形中,相互竞争的报价人公开报价。在收购情形中,最初的出价人形成了市场,而最初的公开报价即构成了当前价格。第二个报价人是收购方公司,由于心存"胜者的诅咒"偏见,他的报价会低于其估值。事实上,它经常会把拍卖也一起放弃掉,使得第一个出价人得以胜出。

在标准的拍卖中,对于我们而言,所有的情形一览无余,包括那些最初出价人赢得胜利的情形。理论预测,获胜的出价即为准确的估值。然而,在收购之中,如果最初的出价(通过市场)赢得了拍卖,则我们会抛弃这一观察值。如果所有出价人都妥当地理解着"胜者的诅咒",则不会产生与抛弃市场赢得的投标相关的特定偏差;然而,如果收购人受到了盲目自大的影响,则标准的竞拍理论所产生的结论将是无效的。关于重复的秘密投标拍卖的经验证据表明,收购人在作出决策时,并没有将"胜者的诅咒"完全考虑在内。除非存在一些对于公司收购竞拍的公开属性有所启发的事项,我们至少应当考虑一下它们有没有可能发生同样的现象。

盲目自大的假设与强式市场效率一脉相承。该假说认为,资产价格反映着个体公司的所有信息,因而金融市场是有效率的。

然而,关于收购现象的其他绝大多数解释,却依赖市场至少暂时强式无效假说。要么是金融市场没有掌握收购方公司掌握的相关信息,要么是产品市场组织效率低下以至于潜在的协同、垄断或者节税的效能没有得到发挥(至少暂时如此),要么劳动力市场效率低下,因为本来可以通过撤换低层级的经理人员而获取收益。尽管不可能达到完美的强式效率状态,但该概念可以作为一个无摩擦的理想,作为一个标准来衡量比较其他的效率层级。本人认为,这是收购的盲目自大假说的妥当功能;然而,与公司收购的其他假说相比较时,却发现这是无效的。

盲目自大假说看起来似乎表明,经理们会故意违背股东利益而行事……但盲目自大假说并不依赖于此种结论。经理们基于目标公司价值的错误估计而作出报价,从而事实上违背了股东利益。管理层的本意或许是诚实地经营管理公司资产,但他们的行为却未必总是正确。

人们可以提出观点认为,盲目自大假说表明公司控制权市场效率低下。如果所有的收购都起因于盲目自大,则股东可以通过禁止经理人员提出任何收购报价而终止此种做法。而既然没有看到存在此种禁令,光靠盲目自大假说无法解释收购现象。

这种观点的有效性取决于收购成本所带来的负担。如果此类成本相对较低,股东并不关心盲目自大驱动之下的收购,因为收购方公司的股东损失,即为目标公司的股东收益。投资高度多元化的股东的总收益接近于零。

公司控制权市场:自1980年以来的经验证据[*]
GREGG A. JARRELL, JAMES A. BRICKLEY 和 JEFFRY M. NETTER

目标公司股东的回报

目标公司的股东显然受益于公司收购。Jarrell 和 Poulsen 对 1962 年至 1985 年 12 月的 663 起成功的收购要约溢价进行了估算。他们发现,20 世纪 60 年代的溢价平均为 19%,20 世纪 70 年代则为 35%,1980 年至 1985 年平均溢价为 30%。这些数据与 Jensen 和 Ruback 提及的针对 1980 年以前数据的 13 项研究一脉相承,后者发现,1980 年之前的成功的要约收购和合并,为目标公司带来了 16% 至 30% 的正回报。

关于杠杆收购和私有化交易的研究,得出了类似的结论。Lehn 和 Poulsen 发现,从 1980 年至 1984 年间的 93 起杠杆收购,为股东带来了 21% 的溢价。DeAngelo, DeAngelo 和 Rice 发现,1973 年至 1980 年间的杠杆收购,产生了平均为 27% 的收益。

---

[*] 本部分内容的重印,获得了以下版权单位的许可:American Economic Association from 2 *Journal of Economic Perspectives* 49 (Winter 1988).

OCE[SEC首席经济学家办公室]运用了1981年至1984年间225起成功的要约收购(包括柜台交易的目标公司)所组成的大量样本研究后发现,股东获得的平均溢价为53.2%。OCE已经更新了这些数据在1985年和1986年的表现,发现过去两年来它们在下降。OCE发现,1985年的平均溢价为37%,而1986年这一数据为33.6%。

尽管迄今为止已披露的证据显示,目标公司的股东获得了大量的收益,它可能仍然低估了这些股东获得的总收益。在许多情况下,溢价发生于正式的收购要约发出之前,因而集中关注股价之于正式要约的反应的研究,低估了股东获得的总收益。

近期的若干经验研究,针对股票市场之于公司控制权大战正式打响之前的事件的反应,展开了分析。Mikkelson和Ruback对于股价之于附表13D文件的股价反应,提供了信息。所有购买公司普通股超过5%的投资者,必须向SEC提交附表13D文件,后者要求披露诸多内容,其中之一是要求披露收购方的身份和目的。Mikkelson和Ruback发现,在首次宣布该文件时,股价作出了明显的反应,股东的回报取决于附表13D载明的收购方的意图。当申报人在其意图声明中称存在某些变更公司控制权的可能时,股价上涨了7.74%,从而产生了最高的股东回报。然而,如果投资者报告称,购买股份是为了投资目的,则异常回报仅仅为3.24%。Holderness和Sheehan发现,由于申报人身份的不同而使股票市场对于13D申请文件作出了不同的反应。他们表明,六位"公司蓄意收购者"的备案申请对于目标公司股价的提升,大大高于其他申报人组成的样本(5.9%对3.4%)。

收购方公司的股东回报

20世纪80年代关于收购人的证据源于Jarrell和Poulsen,他们运用了1962年至1985年间的663个成功的收购要约的数据……在整个样本期间,在公开宣布收购的前后期间里,收购人平均获得了少量的、1%至2%的具有统计显著性的收益。最为有趣的是,在要约收购中,成功的收购人获得的现期收益明显下降。与Jensen和Ruback梳理过的既往研究一脉相承的是,[收购人]在20世纪60年代获得了5%的超额正回报,而在20世纪70年代获得的是更低的、但仍然具有显著统计意义的平均为2.2%的正回报。然而,20世纪80年代的159起案件表明,收购人遭到的损失不具有统计显著性。

收购收益的分配是如何确定的

收购的目标公司获得了公司合并所带来的大笔价值,而且这些收益并不会被收购人的损失所抵消。正如人们所能够想到的,在确定如何分配这些收购收益时,一个重要的因素是究竟有多少收购人试图购买目标公司。事实上,收购人的股权回报长期下降,反映着收购人之间的竞争日趋激烈,以及20世纪80年代拍卖型的竞争开始抬头。

有利于形成多元投标竞争的环境,往往会增进目标公司的收益并降低收购人的回报。例如,Jarrell 和 Bradley 表明,针对要约收购的联邦(《威廉姆斯法》)和州的监管规则即有此效果,因为它们施加了披露及迟延规则,这些规则促进了多元的叫价拍卖竞争及优先叫价。加剧了此种竞争的因素,除了更为严格的监管外,还包括保护着反收购策略的裁判规则,针对收购的若干防御策略的创建,以及越来越多的老练的收购咨询专家提供着如何实施这些策略的建议。

收购收益的来源

缺乏远见的短期行为及效率低下的收购

该理论的基础在于,有观点认为,市场参与方、特别是机构投资者,几乎只关注短期的收益业绩,而往往低估了推行长期战略的公司的价值。根据此种见解,任何着眼于长远发展的公司,其价值都会被市场所低估,因为其在长远价值方面的资源投入,会抑制其短期收益,因而使公司成为首要的收购对象。

此种理论的批评者指出,它显然不符合有效资本市场假说。的确,如果市场系统性地低估了公司长期策略和投资的价值,则它会产生有害的经济后果,这种后果远甚于效率低下的收购所带来的成本。所幸的是,迄今为止,没有经验证据支持着这一理论。事实上,SEC 的首席经济学家办公室针对 324 家投入大量研发成本的公司、以及 1981—84 年间的 177 起收购的目标公司的研究表明,有证据显示:(1) 机构投资者持股份额的增长与公司收购数量的增长之间并无关联;(2) 机构投资者持股份额的增长与研发投入的减少并没有关联;(3) 投入大量研发成本的公司,并未更容易受到收购的伤害;以及(4) 宣布提高研发投入之后,股价作出了积极的反应。

Hall 在其 NBER 的研究中提出了反对近视理论的更多证据,McConnell 和 Muscarella 也提出了进一步的证据。Hall 分析了 1977 年至 1986

年间的制造业公司的收购活动的数据。她提供的证据表明,许多收购活动指向那些在研发[研究和发展]方面投入更少的公司和行业。她还发现,涉及合并的公司在合并之前和合并之后,与本行业同行相比,其研发投入几乎没有什么变化。McConnell 和 Muscarella 在其一项针对 658 项支出公告的研究中表明,除了石油行业发布勘探和开发油田的消息之外,公司宣布资本支出增加之后,股价反应总体为正。

目标公司价值被低估的理论

目标公司执拗的管理层和其他反对公司收购的人经常主张,因为目标公司的价值被市场所"低估",因而精明的收购人可以支付大笔溢价来买入目标公司的股份,然而该对价仍然大大低于公司的内在价值。根据这一理论,目标公司的管理层有义务积极抵制哪怕是更高的要约报价,因为只有公司独立自主,才能向股东提供更高的长远回报,这种回报高于寻求短期收益的机会主义的收购人带来的利益。

然而,有证据表明,管理层许诺过的公司独立自主所带来的长远收益,却并非总是能够成为现实。当目标公司击败了一项敌意收购之后,其价值又近乎回归至发起敌意收购之前的(市场调整过的)水平……Bhagat,Brickley 和 Lowenstein 运用期权定价理论表明,现金要约收购消息发布期间的股东回报数额过高,无法用价值被低估的信息带来的重新估值所解释。

该证据表明,整体而言,尽管目标公司吸引了大量的、近乎资源浪费的关注,而且在收购竞争中市场参与方进行了大量的信息交换,但市场并没有从要约收购过程中获悉太多关于目标公司内在价值的新的或者不同的信息。如果目标公司的价值确实一直被低估,则关于目标公司内在价值的如潮涌般的新信息,应当会使股价发生重大的矫正,即便在收购被挫败之后仍会如此。但压倒性的绝大多数证据表明,那些击退了收购行动的目标公司的股价非但没有上涨,反而下跌了。

20 世纪 80 年代的敌意收购:公司专业化的回报[*]

SANJAI BHAGAT, ANDREI SHLEIFER 和 ROBERT W. VISHNY

我们研究了 1984 年至 1986 年间买价超过 5000 万美元的所有 62 起

---

[*] 本部分内容的重印,获得了以下版权方的许可:*Brookings Papers on Economic Activity*:*Microeconomics 1990*,1(Washington,D.C.:Brookings Institution,1990)。

敌意收购大战。在这些争夺战中，50家目标公司被收购，12家公司则保持不败。我们分析了全部由敌意收购案例构成的样本，以避免像许多研究所做的那样，运用友好收购的证据来评价敌意收购。我们研究了收购结束之后的组织变更，包括出售资产、解聘员工、节税以及减少投资，以理解收购方公司是如何使支付要约溢价获得正当性的。我们也研究了收购方公司的股东遭受财富损失的可能性，来解释目标公司股东的收益。

关于收购之后公司发生的变更的分析比较复杂，因为一旦目标公司及收购方公司完成了合并，就不可能将合并会计报表所记载的变化归因于目标公司。其结果是，我们并不会运用此类数据，而是集中关注年报、10K表格、报纸、杂志、《穆迪和价值投资报告》以及其他类似的信息来源……此种安排的优点是，我们可以将我们所分析的种种变化，例如解聘雇员和卖出资产归因于目标公司。其缺点在于，我们研究的绝大多数变化都向下偏倚，因为某些变化可能未经报道。

我们的计算表明，总体而言，税收和解聘员工各自解释着收购的部分溢价。解聘员工对于高级白领雇员的影响超过了对于普通雇员的影响，这或许解释着10%至20%的平均溢价，当然在某些少数情形下，它是溢价的全部原因。通常而言，节税所降低的成本通常稍微低于解聘员工所节约的成本（尽管在更多的情况下，节税所降低的成本相当明显），因为通常而言，员工债权的偿付非常迅速。然而，在管理层收购[MBOs]、合伙企业的收购以及带有税项损失的公司收购行为中，税负的降低幅度非常之高。

在我们的样本中，大额削减投资的情形并不常见，而且看起来并不是一项重要的收购动因。类似地，尽管在少数一些情形下，收购方公司的股东财富减损确实是一项重要的动因，但在通常情况下，减损数额并不高，而且无法成为目标公司股东收益的系统性源泉。

我们最为重要的发现是，绝大多数敌意收购活动导致资产分配给了相同产业中的公司。在绝大多数敌意收购中，收购方公司与目标公司属于同一行业，或者其所处行业与目标公司紧密相关。类似地，占到了公司收购中已收购资产的30%的绝大多数清盘出售的资产，被这些资产所在同一行业的买方购得。总体而言，在我们的样本中，换手的资产中72%由拥有其他类似资产的公司所买入。大体说来，敌意收购代表着美国公司降低了混业的程度，以及回归至公司专业化的轨道。

这些发现对于解释敌意收购收益的源泉,具有重要的意义。首先,它们表明,公司收益的增长点源于共同经营、市场权力或者买入分支机构及公司购买方整体可能支付的过高对价。其中某些收益源于我们所看到的解聘员工的终局决定,但其他收益我们或许看不到。在任何情况下,产业合并所带来的变更对于理解收购的收益,都至关重要。第二,该发现表明,诸如管理层收购团队、投资公司或者蓄意收购者等激励密集型组织,从长远来看并不是很重要。在我们的样本中,只有20%的资产在两至三年之后被此类组织所控制,而如果我们在一个更长的时间窗口中来审视这些资产,则该比例显然会降低。蓄意收购者或者MBO团队的控制,通常是一种过渡性安排,被用于将公司资产分配给经营类似资产的其他公司。

样本中的要约溢价的差异非常大,而且其中的一些要约溢价经市场调整之后非常之低。后者通常发生于目标公司管理层对控制权进行激烈争夺的情况下,而这种情形的发生,往往又与收购人通过公开市场买入股份从而赢得部分控制权息息相关。总体而言,这些情形下的溢价,都稍微低于那些在此期间未因市价上涨而进行市场调整时股东可获得的溢价。

除了我们发现在超过一半的情形中收购方的回报为负值之外,这些结论与通常关于收购方的发现相类似。总体而言,收购方亏损了1500万美元,这仅仅是其平均收购价格17.4亿美元(包括负债)的一小部分。有些数据无法获得,可能会使这些结论有所偏差,蓄意收购者的业绩实际上并不会像数据显示的那样糟糕,因为蓄意收购者通常通过私人公司发起收购,而他们的回报也往往是正值。然而,请注意,Irwin Jacobs在两起通过Minstar公司的收购中,市场调整后的回报均为负值。

在某些关联并购中,收购人的回报非常负面,例如Occidental收购Midcon,以及Marriott收购Saga。另一方面,其他策略性收购行为,诸如Citicorp收购Quotron、以及Coastal收购American Natural Resources,都增加了收购方股东的财富。我们无法从这一样本中得出结论称,关联并购对于收购人一定好或者一定不好,尽管Morck, Shleifer以及Vishny的早期文献表明,在这一时期,关联并购比非关联并购对于收购人而言更为有利。

[根据可获得的观测值,将收购人和目标公司的财富变动予以合并]除了三种情况以外,都是正值,这三种情形的每一种都是公司扩张其生产

线的策略性收购行为。总体而言,目标公司获得了绝大多数收益,而收购人财富变动的数额相对较小,这与其他研究发现不谋而合。在本样本中,目标公司的收益并不能经常解释为收购人的损失。

[作者们根据这一数据得出了有关政策分析的若干初步结论。——编者注]首先,敌意收购并没有导致被收购的公司的雇员被大量解聘。州的反收购法试图通过阻止收购来保护蓝领雇员,显属误导。因为此类法律可能阻止了那些有利于实现公司专业化的收购行为,而后者不太可能降低效率。第二,20世纪80年代里根政府的仁慈的反垄断执法,间接地促成了美国经济的"去集团化"。由于集团的做法与实践看起来几乎毫不例外地令人失望,以专业化为导向的做法总体而言会提高效率。在某些情况下,有可能会降低竞争的程度,但我们的案例研究表明,有着大量的商业事由来促成关联并购而不是提高价格。不幸的是,在我们的收购样本中,我们并不掌握高度分割的市场份额的数据,从而无法评估提升后的市场权力的精准范围。然而,总体而言,证据表明,里根政府的反垄断立场对于经济产生了积极的影响。

关于合并的新证据和新视角[*]

GREGOR ANDRADE、MARK MITCHELL 和 ERIK STAFFORD

过去一百年来,关于公司合并与收购的经验研究,对于其趋势及特征的论述可谓卷帙浩繁。例如,大量的事件研究已经显示,看起来公司合并创造了股东价值,绝大多数收益归属于目标公司。本文将运用20世纪90年代的新的事实数据,针对这些问题提供进一步的证据。

然而,就为什么会发生公司合并而言,这方面成功的研究成果并不多。经济学理论对于合并发生的原因,提供了诸多可能的解释:带来规模经济或者其他"协同效应"的与效率相关的原因;(或许)通过形成垄断或者寡头垄断来创建市场权力;市场约束机制,免除不胜任的目标公司经理的职务即属此种;收购方管理层"过度扩张"的自利行为及其他代理成本;利用多元化的机会,例如运用内部资本市场,以及对于风险未分散的管理者而言,他们可借此管理风险。

人们已经发现,上述理论的绝大多数解释着过去一个世纪以来的一

---

[*] 本部分内容的重印,获得了以下版权单位的许可:American Economic Association from 15 *Journal of Economic Perspectives* 103(Spring 2001)。

些合并行为,因而显然与如何全面理解公司收购的驱动力有关。而且,在特定的时期,其中的一些合并理由看起来相关性更强。例如,自从20世纪40年代以来,反垄断法及积极的执法已经使得通过公司合并来赢得市场权力难以实现。多元化合并的鼎盛时期发生于20世纪60年代,有证据表明,作为市场约束机制的公司合并,看起来直到20世纪80年代才初露端倪;然而,尽管20世纪80年代被习惯地贴上敌意收购时代的标签,但在该时期,仅仅14%的交易出现了敌意收购主体。

近期的一个研究分支……试图从过去一个世纪来合并活动的以下两个最为一致的经验特征出发,来解释为什么会发生公司合并:(1)公司合并呈现浪潮般的态势;以及(2)在每一波浪潮中,公司合并呈现行业群聚的特征。这些特征表明,合并或许是产业结构面临意外冲击时作出的一种反应……而且,公司合并看起来与业界人士和分析人士的以下直觉相吻合:各行业往往是在短期之内完成结构重组和合并,而且这些变化来得突然,难以预测。然而,探寻行业所面临的冲击并记载其影响,无疑富有挑战性。

在本文中,我们提供的证据表明,20世纪90年代的合并活动,与此前数十年一样,呈现了强烈的行业群聚特征。而且,我们还表明,某一特定行业所面临的市场冲击以及监管的放松,尽管此前其重要性已然突显,在20世纪80年代末期之后的公司合并与收购活动中,已然成为一项主导因素,并且解释着自那以来的将近半数的合并活动。事实上,我们可以毫不夸张或者毫不加修饰地说,在解释合并和收购的动因时,20世纪90年代是"放松监管的年代"。

当然,最后,我们明白,行业面临的冲击可以解释大量的公司合并活动,但这无法真正帮助我们阐明其中的机理,这样,我们就无法回避以下我们知之甚少的问题;也就是说,什么是公司合并的长期影响?为什么某些公司合并能够取得成功,而其他则以失败告终。在这方面,经验主义的经济学家以及我们自我体认也属于这一范畴,所拥有的发言权极少。我们希望,在接下来的十年中,关于公司合并的研究将超越如何计算和分配合并收益和亏损这一基本问题,而着眼于合并事实上如何创建或者毁灭了价值这一更为重大的问题。

20世纪90年代的公司合并:发生了哪些新的进展?

自从20世纪60年代早期以来,公司收购活动形成了三大浪潮。有意思的是，20世纪60年代的收购浪潮，相对于公开获得的目标公司的数据而言，与20世纪80年代相比，包含着更多的交易。然而，就交易的美元金额而言，20世纪80年代发生的收购更为重要得多，因为彼时数十亿美元的大额交易稀松平常。就价值加权的基础而言，20世纪80年代确实是一个通过合并而完成了巨额资产重新配置的年代，而且……在所有的大型美国公司中，将近半数的公司收到了收购要约。令人震惊的是，20世纪90年代的公司并购活动看起来更为普遍，而且更富有戏剧性，其交易数量堪比20世纪60年代，其价值则与20世纪80年代相类似。

有证据……表明，20世纪80年代和90年代的公司合并，在许多方面判然有别。首要的关键区别是，在后来的十年，股份作为一种支付手段获得了压倒性的运用。20世纪90年代，在所有交易中大约70%运用了股份薪酬，其中58%的交易完全是通过股票来融资。这些数字与20世纪80年代相比，大约高出将近50%。

或许，与股票融资的盛行息息相关的是，收购市场上的敌意收购事实上已经消失。我们将敌意收购界定为目标公司公开反对的收购，或者收购方将其描述为未经请求且不友好的收购。20世纪90年代的任何时候，只有4%的交易涉及敌意收购，与之形成对照的是，20世纪80年代这一比例为14%。另外，20世纪90年代，敌意收购人成功收购的目标公司低于3%。与这种更为"友好"的气氛一脉相承的是，20世纪90年代的每一笔交易平均只有一位收购人，发生1.2轮竞价，大大低于20世纪80年代的水平。

20世纪80年代显现的这一迹象本身饶有兴味，因为它表明，该时期的收购活动的敌意低于普遍认为的水平。Mitchell和Mulherin报告称，在其样本中，23%的公司在20世纪80年代的某一时点收到了敌意收购要约；然而，该样本仅仅包括那些《价值投资调查》(Value Line Investment Survey)清单上的公司，后者通常是一些规模较大、较为知名的公司。在同一时期，在我们的样本中，只有14%的公司收到了敌意收购的要约。由于我们囊括了所有的股权公开交易的公司，这两项调查结果的差异表明，在规模更小的、更不知名的公司中，事实上并不存在敌意收购活动。

20世纪90年代延续了20世纪70年代的趋势，即收购双方都属于同一行业的公司合并所占比重不断增长……现在基本上占到了一半。20世纪90年代的公司合并的图景是，高度相关的行业中的收购双方，通过谈判来达成友好的股票互换。

文献中强调指出的近期的经验研究发现,公司合并活动中一项最为有趣的现象是出现了产业群聚的现象……尽管正如前文所探讨的,随着时日的推移,公司并购活动的潮流一浪一浪地清晰可辨,但这些浪潮却并不相同。事实上,掀起公司并购大潮的行业,在不同时期各不相同,而且差异性相当大。要辨别是哪个行业掀起了并购风潮,一个简单的方法是比较每一行业在不同时期的公司合并活动的水平。如果我们对于每十年所有被收购公司的市值按行业进行排名,然后对于不同年代的这些排名进行关联度分析,则会发现其关联度微乎其微——也就是说,在某十年之中,某些行业的公司合并活动高度频繁,而在其他的年代里,这些行业却不可能同样如此……合并市值排名前五位的行业,在20世纪80年代和20世纪90年代并没有发生重叠。

如果公司合并呈现一波一波的态势,但每一波合并所涉及的行业都各不相同,则相当数量的合并活动可归因于行业层面所遭受的冲击。这些产业经常通过合并来实现重组,从而对这些冲击作出反应。这些冲击不期而至,这解释着为什么行业层面的收购活动在短时间之内迅速发生,而且行业面临的冲击在不同时期均各不相同,这解释着每一波合并浪潮所涉及的行业均有差异。行业所面临的冲击包括:技术革新带来了产能的过剩,因而有必要开展行业重组;供应的冲击,例如石油价格的变化;以及放松监管等。[1]

在上述种种冲击当中,放松监管是一个理想的分析对象。首先,它为行业带来了新的投资机会。第二,它有可能清除长期形成的并购障碍,这些障碍人为地造成了行业分布的分散。最后,从放松监管这一维度出发,容易界定时间及受影响的主体,因而从实证的角度,我们知道该从何处入手进行研究,该研究哪一时段的事件。

在20世纪80年代的绝大多数时间里,[放松管制的行业中的公司合并占合并活动总量——]的比例大约在10%—15%之间。然而,1988年之后,放松管制的行业的公司合并,平均占到了将近半数的年度交易总额。这与以下证据一脉相承……银行和媒体/电讯行业是20世纪90年代最为活跃的两大行业。

---

[1] 还有证据表明,……在20世纪上半叶,以及在20世纪50年代这些更早的时期即产生了公司群聚的现象。

显然,在过去十年来,放松监管是公司合并活动的关键驱动力。无论放松监管是对还是错——在这些行业中,放松监管所带来的效率收益及价值增长,仍未有定论——已经发生的事实是,在20世纪90年代,放松监管促成了某些行业大范围的公司联合和重组,而这些往往通过公司合并来达成。

在我们看来,公司合并的产业冲击解释大大深化了我们对合并的理解,但它帮助我们理解的并不是合并如何创造了价值,而是为什么会发生合并,以及何时会发生合并行为。

合并游戏中的赢家和输家

合并意味着经济体的行业内部或者跨行业将发生大量的资源重新配置。1995年,公司并购的价值达到了GDP的5%,相当于非本地居民投资总量的48%。从公司的视角出发,合并是非常重大的事件,经常使公司规模在数月之内翻了两倍。因而,在财务和行业组织合并的研究中,计算公司合并创建(或者毁灭)了多少价值,以及这些价值增量是如何在合并参与方之间分配的,就成为两大关键目标。

宣布合并消息之后的股票市场反应

关于合并是否为股东创建了价值,最可靠的统计数据源于短期时间窗口的事件研究,即宣布合并消息之后的股票市场的平均异常回报,被用于计算创建或者毁灭的价值。在一个针对公开信息而言富有效率的资本市场中,股价在宣布合并消息之后迅速作出了反应,将所有预期的价值变化均反应在内。另外,在不确定性消除之时,也就是说,在合并完成之时,合并的所有财富效应应当反应在股价之中。因而,两个被广泛运用的事件窗口是:其一,宣布合并消息前后的三天,也就是说,从宣布合并消息之前一天至宣布合并消息之后的一天;其二,一个更长的时间窗口是,以宣布合并消息的数天前为起算日,以合并完成之日为结束日。

表格8.1显示了合并消息宣布期间收购人和目标公司的异常回报,以及收购人和目标公司的合并异常回报。在三天的事件窗口中,目标公司和收购人的合并异常回报在不同年代中大体类似,其波动范围为1.4%至2.6%,3,688件完成的合并的整体回报平均为1.8%。另外,这一事件窗口的合并平均异常回报可靠地呈现为正值,这表明,合并确实在整体上为股东创造了价值。当事件窗口被放宽至以合并消息宣布之日前20天为起算日、以合并完成之日为结束日时,合并消息宣布期间的平均异常回报基本维持在1.9%的同样水平。然而,如果事件的时间窗口被拉长至平均142天,则统计的精确度将大大缩减,而且最后回报的估算结果将近于零。

在合并交易中,目标公司的股东显然是赢家。目标公司的三天异常平均回报为16%,如果把事件的时间窗口放长,这一异常回报将上升至24%。这些估算值在1%的水平上均具有统计显著性。1998年,目标公司的股权市场价值的中值为2.3亿美元,这样,三天的宣布期的16%异常回报,相当于为目标公司的股东带来了3700万美元的回报。另一个衡量回报大小的基准是所有公开交易的公司的平均年度回报,后者约为12%。换句话说,在三天的这一时期,目标公司的股东实现了股东通常有望在16个月的期间所获得的回报。

表格8.1　宣布期间的异常回报,1973—1998年

	1973—79	1980—89	1990—98	1973—98
合并值				
[−1,+1]	1.5%	2.6%	1.4%	1.8%[a]
[−20,close]	0.1%	3.2%	1.6%	1.9%
目标公司				
[−1,+1]	16.0%[a]	16.0%[a]	15.9%[a]	16.0%[a]
[−20,close]	24.8%[a]	23.9%[a]	23.3%[a]	23.8%[a]
收购人				
[−1,+1]	−0.3%	−0.4%	−1.0%	−0.7%
[−20,close]	−4.5%	−3.1%	−3.9%	−3.8%
合并的数量	598	1,226	1,864	3,688

注:在5%的层级上具有统计显著性的,用[a]加以标识。

宣布合并消息期间的目标公司的平均异常回报,在不同的年代中显得超级稳定。鉴于公司合并活动的群聚方面的证据,这非常有趣。在每一年代中,公司合并活动集中发生于不同的行业,但在合并消息宣布期间目标公司一直拥有16%的异常回报。笼统说来,这两项观测值表明,不同类型的合并交易的溢价大体相同。

然而,关于公司合并为收购方公司的股东创造价值的证据,却并非如此明晰。收购方的平均三天异常回报值是−0.7%,而在更长的事件时间窗口中,收购方公司的平均异常回报是−3.8%,在传统的意义上,这两者均不具有统计学上的显著性。尽管这些估算值是负值,它们并非总是这样。因而,我们很难说,收购方公司的股东是合并交易的输家,但他们显

然也无法像目标公司的股东那样成为大赢家。

表格8.1的结论与更早期的文章概要提供的结论一脉相承。合并看起来在总体上为股东创造了价值,但宣布合并期间的收益完全归属目标公司的股东。事实上,收购方公司的股东看起来陷入了实际补贴这些交易的险境。然而,这一描述却并不全面。这一全样本的结果隐匿了一个基于这些交易的融资的重要区别。特别是,股票融资的合并与未用股票融资的合并,至少在其对价值的影响方面存在部分差别。

从收购方公司的视角出发,股票融资的合并可以视为两个同步进行的交易:一项交易是公司合并,另一项交易则是股票发行。平均而言,股票发行与消息宣布前后数天的 -2% 至 -3% 的可靠的负面异常回报息息相关。人们已经开发出许多模型来解释这一发现,这些模型最关注的是经营者和外部投资者之间信息的差异。其基本的理念在于,管理者察觉股价被市场高估之时比他们察觉股价被低估之时,往往更可能发行股份。所以,当投资者看到公司在发行股份时,针对该公司股份的报价将更低。因而,在分析合并对股东价值、特别是对收购方公司的股东价值的影响时,重要的是将换股合并与其他合并区分开来,才能作出最终的判断。

当子样本的宣布合并期间的平均异常回报根据是否为换股合并而予以划分时……,宣布期间股票市场对收购方公司作出负面反应的,仅限于那些换股合并。那些至少通过发行一些股份来为收购提供融资安排的收购方公司,拥有可靠的 -1.5% 的三天平均异常回报,而不采取股份融资的收购人,其平均异常回报为 0.4%,与零回报几乎不存在差别。这些发现与以下观点一脉相承:宣布合并期间收购人对于换股合并的反应,是对宣布合并和宣布股份发行的综合反应。

在不采用股权融资而进行的合并中,目标公司股东的表现也更为优秀。换股合并中目标公司的平均异常回报为 13%,而非换股合并的回报则刚刚超过 20%……融资对于合并创造的整体价值也带来了显著的影响。换股合并的平均异常总回报是零,这表明该部分的合并并没有增进股东的整体价值。另一方面,非换股合并的三天异常总回报确定为 3.6% 这一正值。

基于宣布期间的股票市场的反应,我们得出结论称,合并为被合并公司的股东创造了价值。

合并之前和合并之后的盈利能力

关于公司经营绩效的研究试图发现合并所生收益的源泉,并试图判断宣布合并的预期收益是否真正实现。如果合并确实为股东创造了价值,则该收益最终会反映在公司的现金流方面。这些研究通常集中关注公司的盈利能力指标,例如资产回报率及经营利润率。

Ravenscraft 和 Scherer 以及 Healy, Palepu 和 Ruback 分别完成了一项关于合并对公司经营业绩的研究,这两项研究在提升对于收购方公司的收益的认识,一直很富有影响力。这两篇文章得出了关于合并的收益的不同结论。然而,每一项研究都会面临数据的局限,后者使人担忧这些研究发现的普遍意义。

Ravenscraft 和 Scherer 运用联邦贸易委员会收集的行业数据,分析了1975 年至 1977 年间目标公司的盈利能力。联邦贸易委员会根据目标公司所属行业,收集了 471 家公司 1950 年至 1976 年的数据。

Ravenscraft 和 Scherer 发现,目标公司所属行业在合并之后盈利能力下降。他们得出结论称,合并在整体上毁灭了价值,这直接相悖于根据宣布合并期间的股票市场反应所得出的结论。

Healy, Palepu 和 Ruback 研究了 1979 年至 1984 年间最大的 50 起合并的"后合并"经营业绩。特别是,他们分析了合并后的公司相对于行业中值的经营业绩。他们发现,合并后的公司改善了资产盈利率,这为其带来了相对于其行业同行而言更高的营运现金流。有意思的是,他们的结论表明,总体而言,合并后的公司的营运现金流还不如合并之前的水平,但相同行业的非合并公司的营运现金流下降幅度更大。因而,相对于行业基准而言,合并后的营运现金流实际上是改善了。

近期关于合并活动的行业群聚现象的证据,对于解释有关公司经营业绩的种种发现,无疑是重要的。首先,至关重要的是,必须选定一个没有发生合并时的妥当预期业绩基准。仅仅运用同一公司合并之前的业绩作为基准,得出的研究结果未必尽如人意,特别是当合并交易是公司针对其面临的行业冲击而作出的回应,而且该冲击改变了该行业内大量公司的经营前景之时。Healy, Palepu 和 Ruback 所运用的以行业为基础的标准,有助于吸收这一影响。第二,在经年累月中合并活动的行业群聚倾向表明,较短的样本期间只能够获得少数几个行业的观测值,这使其难以根据这些样本进行概括归纳。最后,如果各行业面临着共同的冲击,诱使着在特定时点上先后发生了合并活动,则没有理由认为该冲击仅仅影响了某一个行业,或者认为该冲击影响了某一行业的所有公司。因而,选取某一行业或许并不足以解释所有的横截面相关性。如果运用时间周期更长的样本,就可以运用能够更好地解释横截面独立性的统计技术。[文章接下来——编者注]报告了年度横截面方法的时间序列的结果……这种方法要求更长的时间序列,但检验统计要解释业绩指标的横截面相依性,因而不应受到合并活动的行业群聚的影响。该样本包含了从 1973 年至 1998 年间的大约 2,000 起合并,在此期间可获得关于 Compustat 的会计数据。

时间序列方法的运用,印证了 Healy, Palepu 和 Ruback 的主要发现,也就是说,公司合并后的营运利润率(现金流之于销售额)在整体上相对于行业基准有所提升……该结果表明,目标公司和收购人的总体经营业绩相对于合并前的同行优势明显,而且在合并交易结束之后还略有改善。

整体而言,合并之后公司的营运利润率有所改善,体现为在 1% 的层级上具有统计显著性。[2] 公司合并之后现金流表现的改善,与宣布合并期间股票市场对于目标公司与收购方公司的总体正回报一脉相承。

我们的立场是什么

早期关于合并的实证材料的评论文章,分析梳理了 20 世纪 80 年代之前和 20 世纪 80 年代的经验文献后得出结论称,合并在整体上为目标公司和收购方公司的股东创造了价值,而且收益主要归属于目标公司的股东。这两类研究均将其结论建立在宣布期间的股价对于合并的反应的基础上。我们对于 1973 年至 1998 年间的 4,000 多起合并引发的股票市场即期反应的分析,与此前的这些观点相吻合。

在更早期的评论文章中,经验文献大多包含着计算合并宣布期的平均回报。20 世纪 80 年代中后期,Jarrell, Brickley 和 Netter 所完成的关于合并的研究,还对合并的再分配后果进行了分析。特别是,股东获得的收益是否仅仅是来自债权人、雇员或者其他利益群体的财富转移? Jarrell, Brickley 和 Netter 认为,事实上,并没有经验证据表明,股东获得的收益源于其他利益相关者的损失。因而他们得出结论称,股东获得的收益一定是源于对资源的高效重新配置而实现的真实经济收益。我们倾向于支持传统的见解,即合并提升了效率,而且宣布合并给股东带来的收益,准确地反映着未来现金流改善的预期。然而,要捍卫这一结论,就必须回应近

---

[2] 经营业绩 1% 的增长,或许是合并收益的下限。……[我们]已经表明,行业面临的冲击是收购活动的主要成因。在基准公司也实施提升价值的合并行为、或者进行内部重组以回应行业冲击的程度上,我们计算的经营业绩的变化将呈现向下的乖离率。

期提出的若干挑战。

第一个挑战在于,研究发现,合并交易完成之后收购方公司的股价不涨反降,这意味着合并的收益被过分夸大或者根本不存在。正如我们在前面的探讨中所提及的,这些研究是否可靠,非常值得怀疑,因为事实证明它们存在大量的方法论问题。最根本的问题在于,要可靠地计算长期的异常回报,就必须首先能够准确地计算长期的预期回报——而迄今为止,没有一个人能够令人信服地做到这一点。另外,关于长期回报的证据与这些结论相左,这里报告的证据称,合并改善了合并各方相对于本行业同行的长期现金流表现。

第二个挑战在于,人们一直没有弄清楚合并的收益的根本来源。在这里,绝大多数研究采取了大样本,后者往往将动机各异的种种交易与会计数据固有的噪音混为一体,这样就几乎无法运用传统的研究方法来解决这一问题。合并的积极效果为股票市场所认可,但经济研究者们难以通过疏漏得多的信息弄清楚收益的来源。在试图克服这些局限并更好地理解公司合并是如何创建和毁灭价值的,近期有若干研究通过分析更为细致的信息,并运用会计基础数据来改善研究。

许多研究运用美国人口普查局的纵向研究数据库提供的工厂层面的投入与产出数据,分析了总要素效率以及合并之后的其他生产率的变更。一个大致的结论是,所有权的变更与工厂层面生产率的改善存在正相关,但在公司层面则不存在这种关系。例如,McGuckin 和 Nguyen 发现,近期被收购的工厂提升了生产率,而收购人现有的工厂则损失了生产率,这使得收购方公司的净变更接近于零。Schoar 确认了这一结论。

公司合并创造了价值的观点所面临的第三个挑战源于以下发现:合并的所有收益看起来归属目标公司的股东。我们愿意相信,在一个富有效率的经济体中,原因与后果直接相关,合并的发生自有其正确的理由,而且总体而言,其后果也符合各方在谈判中确立的预期。然而,事实上合并看似并未给收购人带来收益,这使得我们有理由对这一分析表示担忧。

这里的部分原因在于,收购方公司可能是综合考虑了各种原因而寻求公司合并的。许多公司将合并视为增长和成功的主要策略,并且指望合并可能会带来规模经济、协同效应以及更为高效地运营资产。与此同时,与前述理由多少有些冲突的证据表明,合并是经理层构建帝国的一项证据。如果能够根据背后真实的动机来对合并进行分类的话,其结果或许是那些有着善良动机的合并有利于收购人,但就统计数据整体而言,这些合并被那些动机更不友善的合并所抵消。[3]

另外,单单存在相互竞争的收购方(或者仅仅存在出现竞争性收购方的可能性)就足以使目标公司从最终的赢家中攫取全部价值。当然,这无法全面解释为什么收购方绝少获得收益,因为许多收购争夺战,特别是20世纪90年代的收购争夺战,只出现了一个收购人。而且,如果协同这一术语在合并语境下有意义的话,则它应当表明,以独有的方式将目标公司和收购方合并在一起,会产生共同的收益,这种利益无法被竞争性收购人所获取。即使如此,仍然令人疑惑不解的是,数据显示,目标公司看起来将所有的协同收益均收归囊中。

最为艰巨的任务是论证收购方公司的异常回报应当是什么。异常回报反映的是交易产生的意外的未来经济租金。换句话说,从收购方的视角出发,异常回报为零反映了合并投资的公允回报率。对于其他投资决策的实证研究,例如针对研发、资本支出、合资企业以及开发新产品的投资的实证研究,通常得出结论称,宣布投资决策之时的异常回报通常非常之低(低于1%)。根据这一证据,宣布期间非股权收购人获得的0.4%的异常回报,看起来与其他类型的投资所获得的回报大致相同。最后,该证据表明的是,公司很难总是作出那些会赢得大额经济租金的投资决策,在一个资本市场具有相当效率的竞争性经济体中,这一点或许并不特别令人奇怪。

杠杆收购和私募股权[*]

STEVEN N. KAPLAN 和 PER STRÖMBERG

在杠杆收购中,专业投资公司运用相对较少的股权及相对较多的外部债权融资,买入一家公司。而今,这些杠杆收购公司将自己称为私募股权公司(而且它们通常也被这样认为)。在典型的杠杆收购交易中,私募股权公司买入现有或者成熟公司的大多数控制权。这一安排使其迥异于风险资本公司,后者通常投资于年轻或者成长中的公司,而且通常不会获

---

[3] 例如,Mitchell 和 Lehn 提供的经验证据显示,从收购方股东的视角出发,既有好的合并,又有坏的合并,而坏的合并的收购方最终遭到了收购市场自身的惩罚。

[*] 本部分内容的重印,获得了以下版权单位的许可:American Economic Association from 23 *Journal of Economic Perspectives* 121 (Winter 2009).

得大多数控制权。在本文中,我们特别关注私募股权公司及其投资的杠杆收购,而且我们会交错运用私募股权和杠杆收购这两个术语。

20世纪80年代,杠杆收购首次成为一种重要的现象。随着该年代杠杆收购活动日益频繁,Jensen[在第4章省略掉的1989年的文献之中——编者注]预测,杠杆收购组织将最终成为主流的公司组织形式。他认为,私募股权公司在其投资组合的公司中持股集中,以高强度的激励政策聘任专业人士,是经营成本最低的高效而精简的组织。于是,私募股权公司在其投资的公司中推行以业绩为基础的经理薪酬、高倍的杠杆资本结构(经常依赖垃圾债券融资)以及对其所投资对象的活跃治理。

在Jensen看来,这些结构优于那些典型的公众公司,后者的股东分散、杠杆率低、公司治理孱弱。数年之后,这一预测看起来并不成熟。垃圾债券市场崩溃;大量备受关注的杠杆收购最后以违约和破产终结;以及公众公司的杠杆收购(所谓的私有化交易)在20世纪90年代早期实际上已经消逝了。

但杠杆收购市场并没有消亡,它只是隐藏起来了。尽管在20世纪90年代及21世纪早期,针对公众公司的杠杆收购相对而言寥寥无几,但私募股权公司收购私人公司及其分支机构的事件持续上演。21世纪中期,"私有化"交易死灰复燃,彼时美国(以及世界上的其他地方)历经了第二次杠杆收购浪潮。

2006年和2007年,私募股权所吸引的资本,无论在名义数额还是在占整个股票市场的比例方面,均可圈可点。私募股权所筹资本及实施交易均鲜有匹敌者,当然,它并没有超越20世纪80年代的第一波浪潮,彼时,随着私募股权收购RJR Nabisco,私募股权达到了高峰。然而,在2008年,随着债券市场动荡不安,私募股权看起来再次陷于沉寂。

私募股权公司、基金和交易

私募股权公司

典型的私募股权公司采取的是合伙或者有限责任公司的形式。Blackstone,Carlyle和KKR是三家最为有名的私募股权公司。20世纪80年代末期,Jensen将这些公司称为瘦身的、投资专业人士及雇员人数相对较少的权力分散的组织。在其针对七家大型杠杆收购合伙组织的调查中,Jensen发现,每一家合伙组织平均拥有13位投资专业人士,后者拥有投资银行的背景。如今,大型私募股权公司的规模已经大得多,尽管相对于它们投资的公司而言,它们的规模尚小。据报道……KKR 于 2007 年已经拥有 139 位投资专业人士。至少看起来,其他四家大型私募股权公司聘用的投资专业人士已经超过了 100 名。另外,如今私募股权公司聘用的专业人士拥有的经验与技能,看起来与 20 年前相比,更为丰富和老到得多。

私募股权基金

私募股权公司通过私募股权基金来筹集股权资本。绝大多数私募股权基金是"封闭式"投资工具,投资者承诺提供一定数量的金钱,用以支付其向公司的投资费用以及私募股权公司的管理费。[1] 在法律上,私募股权基金采取有限合伙的组织形式,其中普通合伙人负责基金的管理,而有限合伙人则提供绝大多数资本。有限合伙人通常包括机构投资者(例如公司和公众养老基金、捐赠基金、保险公司)以及富有的个人。私募股权公司扮演着基金的普通合伙人的角色。按惯例,普通合伙人应当在总资本中占到至少 1% 的出资。

该基金通常有着固定的经营期限,通常是 10 年,但可以续展,另外再加 3 年。私募股权公司通常运用最多 5 年的时间将其资本投资于公司,然后运用另外的 5 至 8 年时间将资本返还给其投资者。有限合伙人在出资之后,只要基金管理协议的基本约定得以遵循,他们在普通合伙人如何运用投资基金方面,几乎没有话语权。这些基本约定包括限制基金资本投资于一家公司的比例、基金可以投资的证券的类型、基金层面的债务比例(与投资组合公司层面的债务不同,后者没有限制)等等。

私募股权公司或者普通合伙人获得回报的方式有三种。第一,普通合伙人挣得年度管理费,通常占资本出资的一定百分比;当完成投资时,普通合伙人获得了一定比例的经营资本;第二,普通合伙人可以挣得一定比例的基金利润,这被称为"业绩提成",通常占到其利润的 20%。最后,一些普通合伙人会向其投资的公司收取交易及监督费用。

私募股权交易

在典型的私募股权交易中,私募股权公司同意收购一家公司。如果被收购的公司属于公众公司,则私募股权公司通常会支付高于当前股价 15% 至 50% 的溢价。而此种收购通常运用 60% 至 90% 的债权融资,杠杆

---

[1] 在"封闭式"基金中,直到该基金期限届至,投资者才能撤回其资金。这与共同基金迥然相异,在共同基金中,投资者可以随时撤回其资金。

收购因此而得名。债权几乎总是包含着高级别的有担保贷款,后者由商业银行或者投资银行予以安排。在20世纪80年代和90年代,银行也是这些贷款的主要投资者。然而,晚近以来,机构投资者购买了大量的高级别的有担保贷款……杠杆的债权经常也包括低级的、未担保债权,后者由高收益债券或者"夹层债权"(也就是说,受偿次序劣后于高级债权的债权)来提供融资。

私募股权公司向其投资者以股本形式筹集的投资基金,占其收购价格的10%至40%。被收购公司的新管理团队(与收购之前的管理团队或许是原班人马,也或许不是)通常也会购买新发行的股份,尽管该数额通常仅占股份所筹美元的一小部分。

私募股权基金吸引的投资

私募股权基金首次出现于20世纪80年代早期。自彼时起,每年美国私募股权基金吸引的美元投资都呈几何倍数增长,从1980年的2亿美元增长至2007年的2000多亿美元。考虑到这一期间公司市值的大幅增长,更为妥当的做法是,计算私募股权公司所筹集资本占美国股票市场总市值的比重。调节数列表明……私募股权所吸引的投资呈现周而复始的态势。20世纪80年代,其不断增长,1988年达到峰值,20世纪90年代早期开始下降,20世纪90年代晚期又呈上升态势,1998年达到峰值,21世纪早期又开始下降,然后于2003年又开始爬升。以历史的标准来看,到2006年和2007年,私募股权所吸引的投资看起来极其之高,超过了美国股票市场市值的1%。

私募股权交易

从1970年1月1日至2007年6月30日,私募股权发起的收购交易总共达到了17,171起。

总体说来,收购交易活动折射着私募股权筹资的种种范式。交易数量及筹资规模显示出了类似的周而复始的循环态势……在过去数年里,发生了大量的历史性收购活动。市场研究公司Capital IQ的数据显示,从2005年至2007年6月,该数据库所记载的5,188起收购交易中,企业价值估计总计超过1.6万亿(按2007年的美元计价),这两年半的交易额,分别占到了1984年至2007年间交易总额的30%以及真实交易总额的43%。

随着私募股权市场的发展,这些交易的特征也发生了变化……首先,

20世纪80年代晚期,发生收购浪潮的主要是美国、加拿大、英国的某些行业也发生过收购浪潮……在成熟的行业(例如制造业和零售业)中,主导着杠杆收购的是相对大额的交易;"私有化"交易几乎占到了交易价值总额的一半。

随着20世纪80年代末期垃圾债券市场的凋零,"私有化"交易活动迅速降温,跌至不足市场交易总额的10%,而被收购公司的平均企业价值从2.01亿美元下降至1.32亿美元(两者均按2007年的美元计价)。相反,非公开交易公司(要么是独立的公司,要么是大型公司的子公司)的"中端市场"收购却迅速增长,成为了私募股权活动的主体。收购活动还波及至新兴产业,例如信息技术/媒体/电讯、金融服务和保健,而制造业公司和零售公司则更少成为收购活动的目标。尽管收购交易的总值有所下降,但1990—1994年完成的交易,在数量上比1985—1989年完成的交易翻了一番。

由于私募股权活动在1995—2004年间(除了2000—2001年间略有回落之外)稳定增长,其市场继续发展演变。公众公司的收购活动有所增长,尽管私人公司的收购活动所占市场交易价值总额仍然高于80%,在数量上超过了交易总量的90%。所谓的二级收购活动越来越多,就是指私募股权基金退出其原来的投资,而将投资组合公司卖给其他的私募股权公司。在2000—2004年早期,二级收购占到了市场交易总额的20%。然而,这一期间的最大笔交易却是大型公司变卖其分支机构。

收购浪潮迅速蔓延到了欧洲。

从2005年至2007年中期,私募股权市场蓬勃发展,放大了这许多趋势。"私有化"交易及二级收购活动在数量与规模方面均迅猛增长,两者共同占到了这一时期杠杆收购交易总值1.6万亿的60%。非制造业的收购活动相对而言越来越重要,而且私募股权活动波及了世界的其他地区,特别是亚洲(尽管相对于西欧和北美而言,其层级相对较低)。随着大型的"私有化"交易回潮,从2001年至2006年,平均(调节后的)交易规模几乎翻了三倍。

退出方式及时机

由于绝大多数私募股权基金的合同都存在时限,投资的退出就成为了私募股权运作的一个重要方面。

基于已经退出的情形的分析,最常见的路径是将公司卖给战略(非金融)购买方;此种情形占到退出总数的38%。第二常见的退出方法是通过二级杠杆收购,卖给另一个私募股权基金;久而久之,采用这种做法的公司大量增加。私募股权公司投资的公司完成首次公开发行,即该公司在公开股票市场上市(然后私募股权公司可以在公开市场中卖出股份),占到了退出总量的14%;随着时间的推移,此种路径的相对重要性已经大幅降低。

考虑到这些交易的高企债务水平,我们或许会认为,有相当部分的杠杆收购将以破产告终。在总样本中,6%的交易以破产或者重组结束。除掉2002年之后的杠杆收购(还没有足够的时间来使它们陷入财务困境)的例子,这一比例上升至7%。假定平均持股期限是6年,其结果是年度违约率为每年1.2%。或许令人吃惊的是,这一比例低于穆迪报告的1980—2002年间发行的所有美国公司债券平均1.6%的违约率。应予提醒的是,并非所有公司陷入财务困境的情形都可以通过公开信息渠道获得……Andrade和Kaplan似乎论证了这一点,他们发现,20世纪80年代数额较大的"私有化"交易中,高达23%的交易在某一时点上发生了违约情形。

整个样本的持股期限中值约为6年,但它会随时间不同而变动不居。20世纪90年代早期以来的交易,持股期限的中值低于5年,据推测这是因为受到了20世纪90年代末期"火爆"的首次公开发行市场的影响。

近期,私募股权基金遭到了批评,人们认为其眼光变得更为短浅,往往会选择"换手"投资,而不是持股相当一段时间。但根据我们的分析,我们并没有发现证据表明"迅速换手"(指私募股权基金投资之后24个月内退出)的情形越来越普遍。相反,自20世纪90年代以来,私募股权基金的持股期限已经有所增长。总体而言,只有12%的投资在杠杆收购交易完成之后的24个月内实现了退出。

最后,由于近年来二级收购占了相当高的比重,只计算个别的持股期间,将会低估私募股权基金持有杠杆收购公司的总时长……[这一数据]与20世纪80年代以来私人持股期间变长的现实一脉相承。

私募股权是不是一种更好的组织形式?

杠杆收购的支持者们,例如Jensen认为,私募股权公司为其投资组合中的公司带来了财务、治理和运作的种种机制,并通过这种方式改善了公司的运作,为公司创造了经济价值。相反,一些人认为,私募股权公司利用了税收优惠和信息优势,但并没有带来任何运作方面的价值。另外,批评者们有时会称,私募股权活动受到了债权市场和股权市场之间的市场时机(以及市场的错误定价)的影响。

财务、治理和运作机制

私募股权公司为其投资对象带来了三种变革,我们将其归类为财务工程、治理工程和运作工程……首先,私募股权公司特别关注其投资组合公司的管理层激励。他们通常会通过股票和期权赋予经理团队大额的股份,这种做法在20世纪80年代早期的公众公司中并不常见……私募股权公司还要求管理层对公司进行有意义的投资,这样管理层不仅有着努力向上的动力,而且面临着大量的下行风险和压力。另外,由于公司是私人公司,管理层所持股份不具有流动性,也就是说,管理层只有在退出交易确认了股份的价值之后,才能卖出股份或行使期权。这种不流动性降低了管理层操纵短期业绩的激励。

第二个关键要素是杠杆,即与交易相关的借款。杠杆迫使经理们不去浪费资财,因为他们必须支付本金和利息。这种压力缓解了Jensen[在第4章的文献摘要中——编者注]所阐述的"自由现金流"问题……在美国和其他国家,杠杆还通过负债利息的税收抵扣而潜在地增加了公司价值。另一方面,如果杠杆率太高,支付本金和利息的硬约束(与向股权投资者支付的灵活性不同)使公司更可能陷于代价高昂的财务困境。

第三,治理工程是指私募股权投资者控制着其投资组合公司的董事会,而且比公众公司的董事会更为积极地参与公司治理。私募股权投资组合公司的董事会,在规模上小于类似的公众公司的董事会,而且更为经常地碰面……除外,如果管理层业绩糟糕,私募股权投资者将绝不手软地将其撤换。

直到20世纪80年代,私募股权的财务及治理工程均为司空见惯。现在,绝大多数大型的私募股权公司还带来了另一类工程,我们称其为"运作工程",它是指私募股权运用其行业及运营专业知识,来提升其投资的价值。的确,绝大多数顶级的私募股权公司现在均围绕产业进行布局。除了雇佣拥有财务工程技术的操盘手之外,现在,私募股权公司经常聘用拥有实践背景及熟悉行业情况的专业人士。

私募股权公司运用其行业及运营知识来遴选有吸引力的投资,为它们量身定制那些能够创造价值的投资计划,并加以实施。这一计划大致包括成本削减机会、生产率提升、战略变更或重新定位、收购机会以及管理层的变动及晋升。

经营业绩

公司被杠杆收购之后,有关其经营业绩的经验证据大多是正向的。Kaplan 研究了美国 20 世纪 80 年代的"私有化"交易后发现,营业收入与销售额之比(无论是绝对数量还是相对于行业的平均值)均增长了 10% 至 20%。现金流(营业收入减去资本支出)占销售额之比,也增长了将近 40%。资本支出占销售额之比有所下降。这些变化与公司价值(再一次地,无论是绝对数量还是相对于行业的平均值)的大幅增长相一致。

绝大多数 20 世纪 80 年代之后关于私募股权及杠杆收购的经验研究,集中关注欧洲的公司收购行为,这主要是由于数据相对容易获得。与针对美国 20 世纪 80 年代的研究结果一脉相承的是,其中绝大多数研究结果发现,杠杆收购与经营业绩及生产率的提升息息相关……Cumming,Siegel 和 Wright 概括了这一研究成果并得出结论称,"对于一个关键的典型事实,运用不同的标准、方法和时间窗口进行分析,得出了以下普遍的共识:杠杆收购、特别是管理层收购提升了业绩,并对实践做法产生了显著的影响"。

总体而言,我们将这一经验证据解读为,它与杠杆收购之后公司经营业绩和生产率的提升大体吻合。其中的绝大多数结果以最近一次私募浪潮之前的杠杆收购为基础。

就业

杠杆收购的批评者经常称,这些交易虽然有益于私募股权投资者,但却以牺牲雇员的利益为代价,后者往往面临下岗或者减薪。尽管雇员此种福利的减损意味着公司生产率和经营业绩的提升(而且据称预期也应如此),然而通过此种方式赢得的经济收益,将产生更为负面的政治影响。

整体而言,……证据表明,那些经历杠杆收购的公司,就业情况有所好转,但低于其他类似的公司。这些发现与那些关于工作岗位遭到破坏的担忧并不吻合,但这两者均与相反的状况不一致,即私营行业的公司经历了特别明显的就业增长(或许除了法国之外)。我们认为,此种关于就业的经验证据与以下观点相一致:私募股权投资组合公司通过更高效的运营创造了价值。

税收

杠杆收购交易中的额外负债,产生了一种有价值的税收优势,即把利息从税收中扣除,但这种优势却难以准确地评估。Kaplan 发现,根据这一假定,更高的利息抵扣应税收入所降低的税负可以解释 4% 至 40% 的公司价值。更低的估算值假定,杠杆收购的债务在 8 年内得到偿付,个人的税负抵消了公司税负的降低所带来的收益。更高的估算值则假定,杠杆收购的负债是永久的,个人税收无法抵消。假定真相就存在于这诸多假定之中,那么,20 世纪 80 年代的公司杠杆率的提升所降低的税负的合理估算值,可能达到了公司价值的 10% 至 20%。对于 20 世纪 90 年代和 21 世纪的杠杆收购而言,这些估算值可能会更低一些,因为公司税率降低了,而且这些交易中运用杠杆的情形也减少了。

信息不对称

在通常情况下,私募股权投资改善了公司的经营业绩并创造了价值,这也可能符合私募股权投资者拥有更多关于其投资组合公司的未来业绩的信息。私募股权的批评者们经常声称,现任管理层是这种内幕信息的源头。

若干观察数据表明,公司经营业绩的改善,仅仅是因为私募股权公司利用了私人信息。首先,Kaplan 研究了私募股权公司在杠杆收购之前公开披露预测性信息的情形。信息不对称的假说表明,公司被收购之后的实际业绩应当超过预测性信息所披露的业绩。然而,事实上,公司的实际业绩在收购之后低于预测的业绩。

第二,私募股权公司经常带来新的管理理念和做法。……Acharya 和 Kehoe 报告称,在其样本公司中,三分之一的首席执行官在公司被收购之后的 100 天内被撤换,三分之二的首席执行官在四年期间里被撤换。因而,现任管理层无法确定自己能够从新的私募股权所有者中获得高强度的激励。

第三,看起来,在经济繁荣与萧条的循环往复过程中,私募股权公司在其杠杆收购过程中支付了过高的价格,并因此遭受了损失。

尽管这些发现与信息不对称所带来的经营业绩的改善并不相吻合,仍有一些证据表明,私募股权基金能够以比其他收购人更便宜的价格买入公司……Bargeron, Schlingemann, Stulz, 和 Zutter 发现,在现金收购中,私募股权公司比公众公司买方支付了更低的溢价。这些发现无疑与私募股权公司对价值被低估的公司或者行业的慧眼独具不谋而合。或许,它可以表明,私募股权公司特别擅长谈判,以及/或者目标公司董事会及管理层在这些收购中并没有获得可能的最优价格。

于是,整体而言,并没有证据表明,私募股权投资者和现任管理层拥有更多的公司特定信息是重要的。其结论或许是,私募股权投资者更善于谈判,而目标公司董事会谈判效果很糟糕,或者是私募股权投资者充分运用了市场时机(以及市场的错误定价)的优势,这一点我们将在下文中探讨。

私募股权基金的回报

公司层面的经验证据表明,私募股权公司的杠杆收购创造了(经行业和市场调整之后的)价值。然而,这一证据并不必然意味着,私募股权基金为其有限合伙投资者带来了更高的回报。首先,由于私募股权公司往往通过竞拍或者向公众股东支付溢价来购买公司,收购价值的相当部分为卖方获得……第二,私募股权基金的有限合伙投资者支付了相当的费用。Metrick 和 Yasuda 估算,中等规模的私募股权基金管理之下的资本,每 100 元的现值要支付 19 美元费用。其结果是,扣掉这些费用之后,外部投资者所获得的回报低于私募股权基金的投资回报。

Kaplan 和 Schoar 研究了私募股权及风险资本基金的回报。他们把私募股权基金的投资者(或者有限合伙人)扣除手续费后的收入,与投资者把大量资本投入到标准普尔 500 强企业时本可以获得的回报进行了比较。他们发现,私募股权基金的投资者获取的回报在扣除费用之后,稍稍低于标准普尔 500 强企业的投资者所获得的回报,其平均回报率分别为 93% 和 97%。因而,整体而言,他们并没有发现,经常可以将超值回报作为投资于私募股权基金的正当理由。然而,与此同时,这些结论表明,私募股权投资者将费用计算在内的回报(也就是说,当把费用加回去时),超过了标准普尔 500 强企业。因此,那些回报与私募股权投资者的增值(超过支付给卖出股东的溢价)效应一脉相承。

这里至少必须说明两点。首先,Kaplan 和 Schoar 运用了来自 *Venture Economics* 的数据,后者组成的样本仅仅包括半数私募股权基金,产生了未知的、而且可能是重要的偏见。第二,由于存在数据的有效性问题,Kaplan 和 Schoar 在把私募股权的表现与标准普尔 500 强企业进行比较时,未做任何风险加权调整。

Kaplan 和 Schoar 还发现,有力的证据表明业绩具有持续性,也就是说,根据私募股权公司在某一基金中的业绩,可以预测该公司投资于后来的基金的业绩。实际上,他们的结论可能还是低估了这种持续性,因为业绩最差的基金更不可能筹集到后来的基金。相反,共同基金几乎没有持续性,而对冲基金则表现出了不确定的持续性。关于持续性的这一结论,解释了为什么有限合伙人总是要争取投资于拥有顶级历史业绩的私募股权基金。

私募股权繁荣与萧条的循环往复

投资组合公司的层级

最近数十年来私募股权的交易范式及吸引投资的范式表明,信贷市场条件可能会对该活动产生影响。一种假设认为,私募股权投资者利用了债权和股权市场的系统性定价错误。也就是说,当债权成本相对低于股权成本时,私募股权可以从中套利或者受益于两者的价差。这一观点的基础是,市场摩擦的存在割裂了债权市场与股权市场。

为了理解债权的定价错误何以如此至关重要,请假定,如果所有的公众公司没有负债而且运营状况良好,则考虑到风险因素,如果私募股权公司能够以过低利息借入款项,则该公司可以通过借款创造价值[并借此向公司支付溢价——编者注]。

定价错误理论表明,当债权市场拥有异乎寻常的优势时,会发生相对而言更多的交易。

首先,我们分析了相对于现金流的估值或者定价……收购浪潮结束之时的现金流价格通常高于该浪潮开始之初[相对于现金流的估值范式也与此类似——编者注]。

接下来,我们分析杠杆收购公司资本结构的变化……股权在整个资本结构中的比例,随着时间的流逝而发生着令人吃惊的增长[从20世纪80年代第一波浪潮时的10%—15%,到21世纪第二波浪潮的30%],这种现象预判并且吻合了以下见解……在20世纪80年代的收购浪潮中,债权投资者提供了过于有利的条款,特别是提供了过高的杠杆。

[另一个考量因素——编者注]私募股权循环往复出现的周期……比较了1985年至2006年间每一年……标准普尔500强公司的企业价值的EBITDA(利息、税收、折旧和摊销之前的收益)比率中值与高收益债券的平均利率……这衡量了标准普尔500强的中等公司每1美元的市值产生的现金流与高杠杆融资的利息率之间的关系。人们可以将这一指标解读为运用高收益债券整体买入公司的盈余(或者亏空)。

这一范式无疑具有启发性。私募股权兴盛繁荣的一个必要(而不是充分)条件是,收益率超过了高收益债券的利率。在20世纪80年代末期及2005年和2006年的市场繁荣时期,这一范式被认为是有效的。当私募股权的经营收益率低于高收益债券的利率时,私募股权活动往往更为少见。

这些范式表明,特定的杠杆收购活动所运用的债权,其驱动力或许更多地源于信贷市场条件,而不是杠杆之于公司的相对利益。Axelson, Jenkinson, Strömberg和Wesibach在由美国和欧洲于1985—2007年间完成的大型杠杆收购所组成的样本中,发现了与这一见解一脉相承的证据。他们发现,该杠杆与规模类似的、相同行业中的公众公司的杠杆不存在典型的相关性,而且与解释公众公司中的杠杆的公司特定因素,也不具有相关性。相反,杠杆收购的资本结构与收购发生时债券市场的基础条件却直接相关。杠杆收购中的杠杆率随着利息率的上升而下降。反之,能够运用的杠杆的数量,看起来影响着私募股权基金收购公司时支付的资本数额……这些发现与以下见解一脉相承:能够运用债权融资的范围,影响着私募股权市场的繁荣兴衰。

这些范式提出的问题是,为什么公众公司的借款并没有像信贷市场那样经历周而复始的过程?一种可能的解释在于,公众公司不愿意通过提高杠杆而利用债权错误定价的好处,这要么是因为经理不喜欢负债,要么是因为公众市场投资者对高企的债务水平心存疑虑。第二种解释是,私募股权基金因为是重复借款人,这使得他们在贷款人中树立了良好的声誉,因而他们能够更为方便地运用信贷市场……第三个解释是,私募股权基金的薪酬结构使特定的公司有动机承担高于最优状态下的负债。

私募股权基金的层级

概括而言,……当更多的资本投向此种资产类别时,私募股权基金的回报往往会下降。而当其实现的回报下降时,私募股权吸引的资本投资往往会下跌。这些范式与私募股权繁盛与衰退的周期一脉相承。

一些推测

经验证据有力地表明,私募股权活动在总体上创造了价值。我们怀疑,私募股权公司在被投资公司的运作机制方面加大投入,是否能够确保这一结果在未来持续下去。因为私募股权创造了经济价值,我们相信,私募股权活动有其亘古不变的重要内核。

然而,经验证据同时有力地表明,私募股权活动也存在繁荣与衰退的生命周期,背后的推手是私募股权的近期回报及相对于私募股权收益和股票市场价值的利率的高低。对于规模较大的私有化交易而言,此种范式尤为真切。

注释及问题

1. 大量的经验研究往往支持 Manne 的观点。公司被收购之后,管理层被撤换的频率高于公司合并或通常情形下被撤换的频率,经理被撤换的目标公司在被收购之前相对于其行业的异常回报为负值,这种情形不同于管理层获得留任的目标公司。参见 Eugene P. H. Furtado and Vijay Karan, "Causes, Consequences, and the Shareholder Wealth Effects of Management Turnover: A Review of Empirical Evidence," 19 *Financial Management* 60 (Spring 1990); Kenneth J. Martin and John J. McConnell, "Corporate Performance, Corporate Takeovers, and Managerial Turnover," 46 *Journal of Finance* 671 (1991)。尽管更高的管理层撤换率并不能证明离职的高管素质更低,但如果我们没有看到收购之后公司高层的人事变动,而且如果管理层的人事变动与目标公司的业绩没有关系,则 Manne 的观点难以接受。另外,成为敌意收购目标的公司(在被收购之后管理层往往会被撤换)相对于成为友好收购目标的公司而言,其业绩更差。Randall Morck, Andrei Shleifer, and Robert W. Vishny, "Characteristics of Targets of Hostile and Friendly Takeovers," in A. Auerbach, ed., *Corporate Takeovers: Causes and Consequences* 101 (Chicago: University of Chicago Press, 1988)。如果公司业绩糟糕,则通过撤换管理层而改善公司业绩的潜力最大,为了分析这一论断在多大范围内有效,一些研究关注了目标公司被收购之前的业绩,这些研究不考虑管理层后来被撤换的情形。关于被收购的目标公司是否业绩糟糕的调查结果混杂不一。有关该研究路径的文献梳理,参见 Anup Agrawal and Jeffrey F. Jaffe, "Do Takeover Targets Underperform? Evidence from Operating and Stock Returns," 38 *Journal of Financial and Quantitative Analysis* 721 (2003)。在其自身大规模的样本中,Agrawal 和 Jaffe 发现,目标公司业绩糟糕的假定只获得了最低限度的支持(公司被收购之前的股份回报低下,看起来仅仅发生于收购之前的多年)。究竟是公司被收购之前的业绩,还是公司被收购之后管理层的更迭,哪一种研究策略看起来能够更好地检验 Manne 的假设?或者这一假说要求同时提供公司业绩糟糕及管理层被撤换的证据?

Agrawal 和 Jaffe 的研究得出结论称,被收购的目标公司并非业绩不佳,这一与直觉相反的发现,是否与 Manne 提出的收购可以约束管理层的解释相一致?对于这一问题,Agrawal 和 Jaffe 看起来作出了肯定的答复:他们认为,由于他们的数据只关乎实际发生的收购,即便只有具备比业绩糟糕"更有说服力的理由"才会实际发生收购,收购的威胁仍然可以约束管理层。根据该分析,"外部控制机制(例如收购的威胁)可以帮助内部机制(例如董事会)来约束业绩不佳的经理人。"现实生活中存在着与他们的分析相一致的结论。Wayne Mikkelson 和 Megan Partch 研究了收购活动对于未被收购的公司的管理层人员更迭的影响,发现在存在活跃的收购市场的情况下,管理层被撤换的频率大为提升。另外,在业绩不佳的公司中,当收购活动不活跃时管理层人员更迭频率下降的情形最为明显。Mikkelson and Partch, "The Decline of Takeovers and Disciplinary Managerial Turnover," 44 *Journal of Financial Economics* 205 (1997)。当然,对于 Agrawal 和 Jaffe 作出的肯定性回应,还有一种更为简单的理由:收购发生的原因纷繁复杂,Agrawal 和 Jaffe 的数据恰恰印证了那些试图撤换业绩糟糕的管理层的那部分收购行为。

2. 产品或者要素市场的竞争在何种程度上制约着经理们,使他们不至于过度挥霍自由现金流?试想想第 4 章中,Easterbrook 根据 Jensen 对于债权的比较而提出的股利的监督功能的观点:经理们能否像面对债权那样,面对股权作出将会维持有利的股利分配政策的可靠承诺?Jensen 认为,债权之于管理层运用自由现金流有着种种好处,Michael Maloney,Robert McCormick 和 Mark Mitchell 也发现,收购人所获得的收益随着其杠杆率的提升而提升(这或许是因为现金流减少了,也或许是因为债权人加强了监督,从而确保收购最大化了公司价值),这一发现支持了 Jensen 的前述见解。Maloney, McCormick, and Mitchell, "Managerial Decision Making and Capital Structure," 66 *Journal of Business* 189 (1993)。

3. 自由现金流的解释能否使你认为,以债权融资完成的收购比那些通过换股完成的收购的回报更高?参见 James W. Wansley, William R. Lane, and Ho C. Yang, "Gains to Bidder Firms in Cash and Securities Transactions," 22 *Financial Review* 403 (1987)。Jensen 在其文章中提出了与自由现金流的解释相吻合的进一步的证据:在 20 世纪 80 年代,现金流量大而增长机会少的行业(以石油行业为例),成为大量的收购活动的目标。

还有更多直接证据支持着自由现金流的解释。在一项关于杠杆收购的研究中,Kenneth Lehn 和 Annette Poulsen 发现,公司不公开上市的可能性与其自由现金流的大小及面临的敌意收购的威胁直接相关,而且与其增长(有利的内部再投资机会)呈反比。Lehn and Poulsen, "Free Cash Flow and Stockholder Gains in Going Private Transactions," 44 *Journal of Finance* 771 (1989). 另外,杠杆收购的溢价高低也与公司未分配现金流的大小呈正相关。

4. 关于杠杆收购的一种更为简单的解释是,管理层持股份额大幅增加,改变了交易的所有权结构,从而改善了激励。当然,这是第 7 章所探讨的激励薪酬的简单运用。管理层主导下的收购方公司在收购完成之后生产率显著提升,而且其价值的增长与管理层持股份额直接相关。参见 Frank R. Lichtenberg and Donald Siegel, "The Effects of Leveraged Buyouts on Productivity and Related Aspects of Firm Behavior," 27 *Journal of Financial Economics* 165 (1990); Abbie Smith, "The Effects of Leveraged Buyouts," 25 *Business Economics* 19 (April 1990); Mike Wright, Ken Robbie, and Steve Thompson, "Corporate Restructuring, Buyouts, and Managerial Equity: The European Dimension," 3 *The Continental Bank Journal of Applied Corporate Finance* 46 (Winter 1991).

5. 正如 Andrade 等人提及,除了降低代理成本的解释之外,收购还有另一种效率方面的解释:实现了协同的收益。根据这种解释,两家公司合并之后的价值高于将其价值分别计算的总和。而其中增加的价值或许是真正的运营协同(例如规模经济和范围经济)或者财务协同(例如,降低了破产的风险,改善了税盾的运用,或者通过加大内部融资而降低了资本成本)的结果。如果企业合并能够把固定的成本摊到体量更大的生产过程之中,则可以成为规模经济的一个例子;而如果合并能够整合互补性资源,例如将一家公司的独特产品与其他公司的营销组织整合在一起,则可以成为范围经济的一个例子。关于协同收益解释的进一步探讨,参见 Ronald J. Gilson and Bernard Black, *The Law and Finance of Corporate Acquisitions*, 2d ed. (Westbury, NY: Foundation Press, 1995); Roberta Romano, "A Guide to Takeovers: Theory, Evidence and Regulation," 9 *Yale Journal on Regulation* 119 (1992). 一些证据支持着关于收购的此种解释。有一些研究看起来虽然没有指明具体的协同效应,但却支持着这一协同解释。例如，Sanjai Bhagat，Ming Dong 和 David Hirshleifer 表明，协同效应除了能够约束管理层之外，在收购中也能发挥重要的作用，因为他们发现，在友好交易和敌意交易中，价值的增长（根据披露了收购方的信息导致的收购溢价进行调整后的估算值）大抵相当。Bhagat, Dong and Hirshleifer, "Do Tender Offers Create Value? New Methods and Evidence," 76 *Journal of Financial Economics* 3 (2005).

另外，Elazar Berkovitch 和 M. P. Narayanan 试图研究，协同效应是否比经理主义者解释（正如 Amihud 和 Lev 所提出的，此种情境与代理相关，其中，收购方的经理人试图以牺牲股东利益为代价而谋取一己私利）或者 Roll 的盲目自大假说，更好地解释了公司收购行为。他们的想法是，根据不同的解释，目标股东的收益与总收益之间的关联度应当有所不同：如果收购背后的驱动力是协同效益（双方应当可以获得正收益，但如果目标股东拥有谈判权力，则其收益会增加，也就是说，协同效益越强，总收益越高），则总收益是正值；如果有关代理成本的解释居于主导地位（再一次地，如果目标股东拥有谈判权力，则在收购方经理能够从其股东中攫取的收益中，目标股东获得的利益份额会增加，或者总收益会降低），则总收益为负值；根据自负假说（此种收购不会产生收益，收购之所以发生，其原因在于收购方的经理错误地估计了收益数额，因而目标股东的收益是从收购方转入的财富，后者与总收益没有关系），则总收益为零。Berkovitch and Narayanan, "Motives for Takeovers: An Empirical Investigation," 28 *Journal of Financial and Quantitative Analysis*, 347 (1993). 通过研究 20 世纪 80 年代发生的收购回报，他们发现，在全样本中，目标股东的收益与总收益之间存在显著的正相关，然而，如果根据总收益的情形予以进一步划分，则只有在总收益为正的子样本（占到全样本的四分之三）中，存在此种显著的正相关，而且，在总收益为负的子样本中，则存在显著的负相关。这些发现表明，在其样本中，协同效应是绝大多数收购发生的原因，尽管样本中大约四分之一的收购事件从表面上看，其驱动力在于代理原因。他们还发现，采取不同标准来衡量目标股东收益与收购方收益的关联度时，以盲目自大假说来解释某些总收益为正的收购，可以获得经验的支持。

与那些关于协同收益的研究所采取的更为宽泛的路径不同的是，Erik Devos，Palani-Rajan Kadapakkam 和 Srinivasan Krishnamurthy 开展的研究，分析了协同收益的具体来源，以及这些来源之于 1980—2004 年间的大额并购所组成的大样本的相对重要性。他们运用 Value Line 对于现金流的预测,估算平均的协同收益等于公司合并后的市值的 10.03%。接着他们尝试着将那些收益拆分为经营或财务(税收)协同效应等数个组成部分。根据他们的估算,大部分收益(8.38%)源于经营协同效应,而税收协同效应则仅仅占到了收益的 1.64%(或者占总协同效应的 17%)。然而,这一收益构成却随着并购的产业集中度的不同而存在差异:在产业差异度大(非相关产业)的并购中,节税所占收益的比重更高。他们还试图理清经营协同效应是源于规模经济或范围经济(改善了运营效率),还是源于市场权力的提升(一种反竞争的解释)。他们发现,运营协同收益源于投资开支的节省,而不是利润的提升。作者们下结论称,合并的收益源于资源配置的改善,而不是市场权力的提升(或者节约了税收)。

Devos, Kadapakkam and Krishnamurthy, "How Do Mergers Create Value? A Comparison of Taxes, Market Power, and Efficiency Improvements as Explanations for Synergies," 22 *Review of Financial Studies* 1179 (2009). 以下教科书总结了收购的协同效应和其他解释,并且梳理了关于收购的大量经验研究:J. Fred Weston, Mark L. Mitchell and J. Harold Mulherin, *Takeovers, Restructuring, and Corporate Governance*, 4th ed. (Upper Saddle River, NJ: Pearson Prenctice-Hall, 2004).

6. Manne 和 Jensen 提出,收购行为的收益源于降低代理成本的降低,但与这一解释不同的是,其他评论人士提出了"剥削"的解释,即目标公司的股东获得的收益,是以其他群体(例如雇员、债权人、纳税人和消费者)的利益损失为代价的。这一受到极大关注的剥削假说将劳工称为受害者。此种观点的最为复杂的说法是,收购行为把财富从雇员转移到了股东,正如 Andrei Shleifer 和 Lawrence Summers 在一篇论文中提出,敌意收购"违背了隐含的契约"。Shleifer and Summers, "Breach of Trust in Hostile Takeovers," in A. Auerbach, ed., *Corporate Takeovers: Causes and Controversies* 33 (Chicago: University of Chicago Press, 1988). 他们的观点可以概括如下:

在 Shleifer 和 Summers 的场景下,股东最初聘用值得信赖的个人作为经理人,以向雇员作出长期而可靠的合同承诺。这份长期的承诺是隐性、而不是显性的合同。在雇员受雇之后,股东却要违背这份隐性合同,试图通过降低雇员利益份额来提升其自身回报。值得信赖的管理层会尊重这份非正式的合同,阻止股东如此行事。然而,敌意收购却使股东可以机会主义地相机行事,因为与值得信赖的现任管理层不同,蓄意收购者并不悍于违背隐含的合同,他们会削减成本并向股东释放被抑制的公司价值。

Roberta Romano, "A Guide to Takeovers: Theory, Evidence, and Regulation," 9 *Yale Journal on Regulation* 119, 137 (1992). © Copyright 1992 by Yale Journal on Regulation, P. O. Box 208215, New Haven, CT 06520-8215. Reprinted from Volume 9:1 by permission. 版权所有。

Shleifer 和 Summers 关于背信的解释,可以与第 1 章摘自 Williamson 的文献中的图表 1.1 合并起来考虑。为什么利益相关人会接受隐性的合同,而不是接受明确的保护性治理结构(位于节点 B 而不是节点 C)?你认为位于节点 B 的主体在加入公司时会向股东收取更高的费用(也就是说,雇员要求获取更高的当前工资),以换取因隐性合同而不是明确的治理结构安排所提供的更为孱弱的保护吗?缔约各方的此种决策是否会削弱 Shleifer 和 Summers 的观点?它是否取决于谁代表雇员出面谈判——是工会代表雇员出面商谈还是雇员自己?

7. 你能不能想到在某些隐性的劳动合同中,收购人可以违约并从中获利的?试想想超额积蓄养老金计划*。此类计划的资产超过了承诺收益。尽管绝大多数劳动合同未规定养老金领受者的生活成本调整条款,公司经常运用该计划的富余资产来自愿提供此类收益。你认为此种做法是隐含合同吗?富余的资产属于公司而不是雇员,然而,为了按自己的想法来运用该现金,雇主必须根据联邦法律来终止该计划(而且自 1986 年以来,该计划受制于极其严苛的营业税)。如果一项收购行为终止了养老金计划,并且将富余的资产转给公司,这是否构成背信行为?就分析而论,该计划覆盖之下的雇员是否拥有公司专属技能是否要紧?

一种厘清显性合同与隐性合同的差异的方法是考察其在法院的可执行性。关于合约的经济学文献运用了可观测性及可验证性这些概念。例如,Alan Schwartz, "Incomplete Contracts," in P. Newman, ed., 2 *The New Palgrave Dictionary of Economics and the Law* 277 (New York: Stockton

---

* 指资产与负债比例大于 1 的养老金计划。——译者注

Press, 1998)。根据这一术语,显性合同的条款可以为合约各方所观测,而且法院(外部人)可以验证它是否已经履行,而隐性合同的条款可以为合约各方所观测,但却不可验证(第三方,例如法院也无法观测)。于是,因为某些合同的条款无法履行,因而该合同为隐性合同;否则,各方主体将通过显性合同来自我保护。看起来,养老金收益可以验证,因而能够成为显性的合同条款。是否在某些情况下结果有所不同?或者某些利益的表现形式与此种情况不同?例如,起草一份显性的合同,规定在养老金领受者的生活成本可能上升的情况下该做何安排,是否存在困难?运用超额积蓄养老金计划的资产来为生活成本的上升提供资金支持时,公司的盈利能力是不是一项隐性条款或者条件?也就是说,如果运用合同理论的经济学术语来表达的话,盈利能力是否可以观察或者验证?

　　试想想,作为隐性合同的第二种解说,Shleifer 和 Summers 所举的一个经典例子,该例子涉及 Carl Icahn 收购 Trans World Airlines(TWA)。TWA 的工会对 Icahn 在劳工待遇方面做了相当大的让步,Shleifer 和 Summers 估计,劳工成本占到了向 TWA 的股东支付溢价的 38%。J. Fred Weston,Kwang Chung 和 Susan Hoag 认为,除了榨取公司专属性资本价值之外,还有两个降低劳工成本的方法:(1) 工会权力(也就是说,工会一直在获取垄断利润);以及(2) 由于现任管理层未能与工会进行有效谈判而导致经营低效。Weston, Chung, and Hoag, *Mergers, Restructuring and Corporate Control* 214 (Englewood Cliffs, NJ: Prentice-Hall, 1990)。这些解释中哪一个你认为更加可信?航空业中的专用性人力资本的情形有哪些?如果在其他航空公司中,同样一份工作的工资和收益更低,则这之于 Shleifer 和 Summers 的观点而言意味着什么?就业率和工资水平在收购完成之后下降,是否意味着效率的损失?另有事实表明,TWA 的劳动合同议定于管制体制之下,而收购发生于航空业放松管制之后,该项分析会受到什么影响?在对这一问题作出回应时,试考虑 Elizabeth Bailey, David Graham 和 Daniel Kaplan 关于劳工是航空管制的首要受益者的观点。Bailey, Graham, and Kaplan, *Deregulating the Airlines* (Cambridge, Mass.: MIT Press,1985)。Shleifer 和 Summers 在计算 Icahn 收购所带来的社会利益时,是否已经考虑到了航空公司的消费者?航空业并购的情形对于经济的其他部门而言,是否具有普遍意义?

8. 许多研究试图检验对收购收益的"财富从雇员转给股东"的解释。

关于20世纪90年代早期的研究,可以概述如下:

这种"收购剥削了雇员"的解释,无论是在通常的意义上,还是在Shleifer和Summers所完善的研究中,都鲜有经验支持。例如,Pontiff,Shleifer和Weisbach发现,养老基金资产回转的数额太低,无法构成收购的主要动因:尽管在敌意交易中资产回转的情形比在友好交易中更为频繁,这一比例也仅仅为14%,而且平均而言只带来了10%至13%的溢价。Mitchell和Mulherin的研究成果与此类似:在其样本中,12%的收购发生了养老基金的回转,但在敌意交易中,资产回转的情形并不比友好交易频繁,回转带来了稍高的溢价(23%)。更为重要的是,绝大多数养老基金在公司收购之后并没有发生回转。

一些研究对收购的后果进行了更为系统的分析,但并没有发现收购产生了类似于TWA收购之于雇员那样剧烈的影响……收购之后被降职的是中层管理人员(行政人员),而不是生产一线的雇员。与此数据一脉相承的是,Blackwell,Marr和Spivey发现,在286家倒闭工厂所组成的样本中,只有少数几家(48家)在收购竞价之前、之后或者在竞价过程中被宣告成为了收购的目标,而且仅仅22家成为敌意收购的目标。另外,那些经历了所有权变更的公司相较于那些没有变更控制权的公司,就业率、工资水平以及生产率的提升幅度均更大。最后,Kaplan发现,在一个由杠杆收购公司组成的样本中,就业率水平在交易完成之后获得了提升(尽管其提升的幅度不如其所处行业),而Lichtenberg和Siegel发现,被杠杆收购的公司的就业率相较于其所处行业下降了,但下降的幅度低于收购之前。

Rosett通过研究工会在收购之前和之后订立的薪酬合同,更为直接地检验了Shleifer和Summers提出来的关于违约的解释。他发现,Shleifer和Summers的观点并没有获得证据的支持:事实上,敌意收购之后,工会的财富水平获得了正增长。尽管公司的友好收购结束之后,工会遭到了一些损失,但彼时的损失相对于股东获得的溢价而言仍然微不足道(如果根据收购完成之后的18年时间来计算,友好收购中工会的损失大约相当于股东收益的5%)。Bhagat,Shleifer和Vishny还发现,当公司管理层(通过保持独立或者找到白衣骑士)成功地击败一项收购时,员工被解雇的数量少于敌意收购人获得成功的情形,高级白领受到的影响也更小,而且最为重要的是,它带来的损失相对于要约溢价而言也较少(10%至20%)。总之,尽管我们需要相反的事实数据来全面检验剥削雇员的假设——我们必须知道,如果公司没有被收购,本来有多少雇员会被解聘,薪酬情况又将如何——但我们的确获知的情形是,收购的驱动力并不在于剥削雇员。

Roberta Romano, "A Guide to Takeovers: Theory, Evidence and Regulation," 9 *Yale Journal on Regulation* 119, 140—42 (1992). © Copyright 1992 by Yale Journal on Regulation, P. O. Box 208215, New Haven, CT 06520-8215. Reprinted from Volume 9:1 by permission. 版权所有。

接下来的两项研究运用了不同于文献摘要中探讨的方法,来探讨关于收购的解释。他们试图通过研究收购之于雇员能够获取来自雇主的租金的影响,来检验Shleifer和Summers的假设,这一影响可以从薪酬结构(例如,论资排辈的薪酬结构,即年长的雇员所赚取的薪酬高于年轻的雇员)或者薪资上涨中识别出来。这些假设是,如果敌意收购之后工资呈平滑态势,或者敌意收购以薪资增长幅度最高或者薪资最不合理的公司作为目标公司,则会支持此种隐性合同违约理论,因为它表明,一场财富转移将雇员的边际外薪资转移给了股东。但数据并不支持那些结论。参见Jagadeesh Gokhale, Erica L. Groshen and David Neumark, "Do Hostile Takeovers Reduce Extramarginal Wage Payments?," 77 *Review of Economics and Statistics* 470 (1995); David Neumark and Steven A. Sharpe, "Rents and Quasi Rents in the Wage Structure: Evidence from Hostile Takeovers," 35 *Industrial Relations* 145 (1996).

最近,Paige Quimet和Rebecca Zarutskie试图运用来自美国国情普查(U.S. Census)的工厂层级的数据,研究1982—2001年间发生的1,435起并购组成的样本中并购对薪资的影响,进而检验Shleifer和Summers的假设。这些数据使他们能够考虑任何地缘因素对于目标公司薪酬的影响。他们发现,目标公司雇员的工资平均增长了9.3%,这是一项考虑到了行业和地理位置因素的衡量"超额"工资的指标。另外,收购之后目标公司的雇员工资的增长,还体现为该交易预期的生产率提升的收益(体现为要约溢价)及人力资本之于目标公司的重要性(目标公司所在行业雇佣的大学毕业生所占的就业份额)。Quimet and Zarutskie, "Mergers and Employee Wages" (manuscript 2010), available at http://ssrn.com/abstract=1571891. 他们把这一数据解读为与"雇员捕获"假说相一致,而不是与

Shleifer 和 Summers 提出的隐性合同违约假说相一致,"雇员捕获"假说是指,考虑到存在竞争性的劳动力市场,雇员能够分享收购所带来的租金。

Quimet 和 Zarutskie 并没有发现,此前收购方拥有的企业在收购之后工资上涨了。这些数据吻合于摘自 Andrade 等人的文献中提及的 McGuckin、Nguyen 和 Schoar 的研究发现,即目标公司而不是收购人改善了生产率。这一结论看起来吻合摘自 Andrade 等人及 Jarrell 等人的文献中报告的目标公司和收购方的股份异常回报的差异(也就是说,目标公司的股东获得了绝大多数预期收购利益,如果不是全部的话)。

9. 关于收购收益的第二种剥削解释是实现了节税,即从国库转走了财富。人们最常提及的收购的节税功能是,债务利息可以抵扣收益,加速折旧可以从购买之时即升值的资产基础中扣除,并运用有利的税收特点,例如净营业亏损等。你认为这种解释有多大的说服力?例如,公司必须通过收购来提高其负债水平,从而获得更多利息抵扣吗?关于公司无须通过合并来实现此类税收利益价值的批评,参见 Ronald J. Gilson, Myron S. Scholes and Mark A. Wolfson, "Taxation and the Dynamics of Corporate Control: The Uncertain Case for Tax Motivated Acquisitions," in, J. Coffee, L. Lowenstein and S. Rose-Ackerman, eds., *Knights, Raiders, and Targets: The Impact of Hostile Takeovers* 271 (New York: Oxford University Press, 1988)。

Alan Auerbach 和 David Reishus 全面研究了 1968 年至 1983 年的数百起合并后发现,降低税负并不是公司收购的重要解释。Auerbach and Reishus, "The Impact of Taxation on Mergers and Acquisitions," in A. Auerbach, ed., *Mergers and Acquisitions* 69 (Chicago: University of Chicago Press, 1988)。只有20%的合并可以被归类为拥有税收利益(转移了亏损或者债权,或者实现了资产基础的逐步升值),这些收益的预期价值大大低于要约溢价(平均收益为被收购公司市场价值的 13.7%)。另外,公司的债务与股权比率在收购之后并未显著增长,因而,加大利息的扣减幅度也并不是一项重要的因素。

Auerbach 和 Reishus 所采用的样本期间是,以高倍杠杆交易成为收购的普遍形式时为终止日。关于杠杆收购的影响的研究得出了迥然相异的结论。正如在 Auerbach 和 Reishus 所采用的样本中,无论是净经营亏损还是提高资产基础升值中的加速折旧抵扣,都不能很好地解释杠杆收购的收益。然而,杠杆收购的溢价却与利息扣减所带来的节税显著相关,而且在相当程度上可以由后者加以解释。根据边际税率及债务融资的假定之不同,税负的节约解释着 13% 至 130% 的要约溢价。参见 Steven N. Kaplan, "Management Buyouts: Evidence on Taxes as a Source of Value," 44 *Journal of Finance* 611 (1989); Katherine Schipper and Abbie Smith, "Effects of Management Buyouts on Corporate Interest and Depreciation Tax Deductions," 34 *Journal of Law and Economics* 295 (1991). 试回想一番第 1 章探讨过的有效市场假说。你认为,在有效的股票市场中,这一发现符合你的预期吗?

Michael Jensen, Steven Kaplan 和 Laura Stiglin 认为,加大了利息扣减所降低的税负的估值,只是杠杆收购中的部分税收因素。他们估算,当把卖出股份的目标公司的股东以及新的债权人增加的缴税额合并计算在内的话,杠杆收购的净税收效应为正值,而不是负值,而且公司因生产率的提升而创造的未来收入也会增加。Jensen, Kaplan and Stiglin, "The Effects of LBO's on Tax Revenues," 42 *Tax Notes* 727 (1989). 如果收购债权人是免税机构,则他们的计算结果是否会受到影响? 摘自 Bhagat, Shleifer 和 Vishny 的文献发现,杠杆收购公司迅速降低了其债务水平,这意味着什么? 同时还请考虑来自反向收购(公司再次上市)的数据,即收购之后股东获得了非常高的回报。Steven N. Kaplan, "Sources of Value in Management Buyouts," in Y. Amihud, ed., *Leveraged Management Buyouts: Causes and Consequences* 95 (Homewood, Ill.: Dow Jones-Irwin, 1989). 由于收购前的股东获得了节省下来的全部税收,这些数据表明,杠杆收购所创造的价值大大超过了税收利益。

10. 对于高度杠杆化的收购的另一种剥削解释是,财富从债权人转移给了股东。然而,这种解释却并没有获得太多的经验证据的支持。未偿付的债券的评级在杠杆收购之后通常会被调低,但关于债券价格的研究却既没有发现杠杆收购会产生明显的影响,或者只是发现统计学意义上的相对较低的负回报,而且,最为重要的是,与股东获得的大额收益相比,该负回报不值一提。参见 Paul Asquith and Thierry A. Wizman, "Event Risk, Covenants, and Bondholder Returns in Leveraged Buyouts," 27 *Journal of Financial Economics* 195 (1990) (该回报比例为 -2.8%; 但没有合约保护的债券,该比例为 -5%); Debra K. Denis and John J. McCon-

nell, "Corporate Mergers and Security Returns," 16 *Journal of Financial Economics* 143（1986）（没有显著的影响）；Laurentius Marais, Katherine Schipper and Abbie Smith, "Wealth Effects of Going Private for Senior Securities," 23 *Journal of Financial Economics* 155（1989）（没有显著的影响）。另外，正如在第 4 章中摘自 Lehn 和 Poulsen 的文献和注释 5 所显示的，这种解释在当下是有效的，因为债权人自身可以通过事件风险条款的约定来自我保护。

11. 关于公司为什么会选择并购来提升市场权力的一种传统解释，可以称之为剥削解释（也就是说，剥削消费者）。在绝大多数时候，数据与市场权力解释并不吻合。Espen Eckbo 试图通过研究合并消息宣布之后竞争对手的股价反应，来计算收购的抑制竞争效果。其假定在于，如果收购抑制了竞争，则竞争对手的股价应当上涨，因为抑制竞争的合并使公司更可能串通以提高价格。与此相关的是，竞争对手在法院收到反垄断诉请之后，会面临负面的股份异常回报，因为这样的诉请提升了合并被禁止的可能性，从而使得串通行为愈发困难。Eckbo 发现，横向合并的消息宣布之后，竞争对手的股价作出了明显的积极反应，但在合并遭到挑战或者被以反垄断为由而宣布无效时，股价未受任何影响。因而，他的结论是，该数据与市场权力假说并不一致。参见 Eckbo, "Horizontal Mergers, Collusion and Stockholder Wealth," 11 *Journal of Financial Economics* 241（1983）.

Randall Morck, Andrei Shleifer 和 Robert Vishny 发现，在 20 世纪 80 年代，缺乏产业关联度的混合收购所产生的回报，（在 10% 的显著性水平上）低于关联产业的收购。Morck, Shleifer and Vishny, "Do Managerial Objectives Drive Bad Acquisitions?" 45 *Journal of Finance* 31（1990）. 这一发现能否与 Bhagat, Shleifer 和 Vishny 提出的绝大多数敌意收购导致资产重新配置给关联购买方的发现一起，共同使得剥削消费者的解释具有可信度？然而，应当注意的是，Paul Healy, Krishna Palepu 和 Richard Ruback 的研究表明，合并后的公司现金流的改善，源于资产生产率的提升而不是垄断租金：他们发现，销售利润率在合并之后并没有提升。Healy, Palepu and Ruback, "Does Corporate Performance Improve After Mergers?" 31 *Journal of Financial Economics* 135（1992）.

一项对于横跨数个产业的横向合并的研究，几乎没有发现任何关于垄断权力的证据，因为合并对于客户和竞争对手的股价并未产生影响，对于客户的经营业绩同样没有影响。该项研究进一步发现，下游产业合并中的供货商的现金流下降，这表明被合并的实体的购买力增强了，但进一步的分析表明，购买力方面的收益与生产效率的改善而不是抑制竞争行为相一致（因为现金流下降的只是被终止的供应商）。C. Edward Fee and Shawn Thomas, "Sources of Gains in Horizontal Mergers: Evidence from Customer, Supplier, and Rival Firms," 74 *Journal of Financial Economics* 423 (2004)。

最后，Aloke Ghosh 针对 20 世纪 80 年代和 90 年代逾 2,000 起收购事件的研究，采取了若干标准来确定提升市场份额的收购所产生的收益，是否源于经营效率或市场权力的改善。他提及，市场权力假说表明，公司合并所带来的产业集中，促进了行业内的串通以及全行业的垄断定价。因而，这些研究分析了与其他变量相关的合并后的产业集中度，以检验市场权力解释。所有的检验结果都认为，增加市场份额所带来的效率解释优于市场权力解释：收购之后的市场份额显著增加，但产业集中度几乎没有上升；另外，股价收益与市场份额的上升息息相关，但与产业集中度的提升无关；公司的长期经营业绩（与市场份额的变化呈正相关）源于更高的资产运营效率，而与产业集中度无关。Ghosh, "Increasing Market Share as a Rationale for Corporate Acquisitions," 31 *Journal of Business Finance and Accounting* 209 (2004)。

然而，一些针对特定行业的研究，却得出了支持市场权力解释的结论。与前述绝大多数关注宣布合并之时的股价反应的研究不同的是，这些研究分析了合并之后的产品价格。其中，有两项研究分别关注美国的航空业合并和银行业合并，获得数据证明了合并具有抑制竞争的效应，即这些研究发现，在合并事件发生之后的短时间内（分别是 3 个月和 12 个月），公司的产品价格上涨了。E. Han Kim and Vijay Singal, "Mergers and Market Power: Evidence from the Airline Industry," 83 *American Economic Review* 549 (1993); Robin Prager and Timothy H. Hannan, "Do Subsequent Horizontal Mergers Generate Significant Price Effects? Evidence from the Banking Industry," 46 *Journal of Industrial Economics* 433 (1998)。然而，一项关于意大利银行业合并的研究，分析了 9 年这一更长的时间跨度所发生的变化，研究发现价格的不利变化是暂时的，而以更长远的眼光看，消费者会受益于更高的存款利率(也就是说,更低的价格);作者的观点是,分析银行业的合并效益时,必须分析更长的时段,因为若干研究发现,合并后的银行要实现预期的成本节约和合并的税收利益,往往需要数年时间。Dario Focarelli and Fabio Panetta, "Are Mergers Beneficial to Consumers? Evidence from the Market for Bank Deposits," 93 *American Economic Review* 1152 (2003)。

12. 有一些数据吻合于 Amihud 和 Lev 关于收购的非价值最大化的多元化解释。正如其他研究者所发现的那样,他们(在其文章的删节部分)也发现,管理层控制下的公司比所有者控制下的公司往往更可能实施多元化合并。例如,参见 William Lloyd, Naval Modani, and John Hand, "The Effect of the Degree of Ownership Control on Firm Diversification, Market Value, and Merger Activity," 15 *Journal of Business Research* 303 (1987)。另外,Amihud 和 Lev 以及 Lloyd 等人发现,管理层控制下的公司的收入流和运营,比所有者控制下的公司更为分散。

13. Amihud 和 Lev 将收购解释为一种降低管理层风险的机制,这大体可被称为是收购的经理主义解释。对于管理层而言,风险考量是一个方面,但是权力、自我膨胀或者构建帝国同样是其追求的目标。例如,对于收购的更为经典的经理主义或者非价值最大化解释,可参见 Robin Marris, "A Model of the 'Managerial' Enterprise," 77 *Quarterly Journal of Economics* 185 (1963)。

Mark Mitchell 和 Kenneth Lehn 研究了收购方公司和目标公司的关系,发现实施收购的、净现值为负值的公司,随后也被其他公司所收购。Mitchell and Lehn, "Do Bad Bidders Become Good Targets?," 98 *Journal of Political Economy* 372 (1990)。这一发现与 Marris、Manne、以及 Jensen 分别对于公司收购的以下解释相映生辉:管理层实施非价值最大化的收购,浪费了自由现金流,最终落得被收购的下场,而这也与收购制约着低效的管理者、从而降低了代理成本的假说相一致。因而,收购既是代理成本问题的缩影,又是解决该问题的良方。

Jensen 的自由现金流解释(即收购降低了收购方的自由现金流)的经理主义版本的另一项支持是 Larry Lang, René Stulz 和 Ralph Walkling 所完成的一项研究。他们发现,收购方自由现金流增长每达其总资产的1%,均与数额上等同于1%的普通股市值的收购收益的减损息息相关,而且自由现金流比诸如收购方人数、目标公司的抵制以及收购方相对于目标公司的规模等变量,更能解释收购方回报的变化。Lang, Stulz and Walkling, "A Test of the Free Cash Flow Hypothesis: The Case of Bidder Returns," 29 *Journal of Financial Economics* 315 (1991). 然而,他们的数据对于 Jensen 所称的收购使财富从收购人转移给收购目标的剥削解释,并没有提供支持,因为收购目标的回报并没有受到收购方自由现金流的影响。正如注释 5 所提及的,Berkovitch 和 Narayanan 关于回报的关联度的研究,也支持着收购的经理主义解释(大约占其样本的 25%)。

14. 正如 Roll 所称,盲目自大假设与拍卖的赢家诅咒息息相关。当拍卖物价值之于众多拍买方而言并不确定时,赢家必须高估其价值。正如 Roll 所称,这是因为正向的估值错误能够赢得拍卖,而负向的估值错误却做不到这一点(拍卖人不同意以低于现价的方式卖出拍卖物)。于是,我们的直觉是卖方付了太多的钱,而这正是其赢得拍卖的原因。也正是在这一意义上,赢得拍卖并不是好消息,而是一个诅咒,因为它预示着其他所有拍卖人对拍卖物的估值更低。关于拍卖理论及赢家的诅咒的概述,参见 Paul Milgrom, "Auctions and Bidding: A Primer," 3 *Journal of Economic Perspectives* 3 (Summer 1989).

Nikhil Varaiya 发现了收购人支付过多的以下证据,从而支持了 Roll 的见解:要约溢价(根据收购目标的异常回报来计算)及收购方和收购目标的合并市值是正值,而且数额不低。Varaiya, "The 'Winner's Curse' Hypothesis and Corporate Takeovers," 9 *Managerial and Decision Economics* 209 (1988). 你认为在何种情况下,过度支付——赢家的诅咒——构成了收购市场中的长期均衡?

15. 盲目自大假设在收购方公司的负值回报中找到了支持。摘自 Jarrell 等人的文献所引用的 Jarrell 和 Poulsen 的研究发现,20 世纪 80 年代,收购人遭受了明显的负值回报。Michael Bradley, Anand Desai 和 E. Han Kim 的研究发现,收购人在同一时期遭受了具有显著统计意义的负值异常回报。Bradley, Desai and Kim, "Synergistic Gains from Corporate Acquisitions and their Division between the Stockholders of Target and Acquiring Firms," 21 *Journal of Financial Economics* 3 (1988). 然而,与此同时,Jarrell 和 Poulsen, Bradley 等人发现,收购人及其收购目标的总的净回报仍然是正值,其他若干研究、包括摘自 Andrade 等人的文献,也得出了同

样的结论,这表明收购并不仅仅是将财富从收购方的股东转给管理层和目标公司的股东:交易要么带来了效率的收益,要么完成了第三方的财富转移。

　　Pekka Hietala、Steven Kaplan 和 David Robinson 认为,考虑到收购方的回报既披露了收购方的信息,又反映了收购的价值,收购方的负面回报并不足以证明存在盲目自大的情形。他们运用一个框架来将收购方过度支付的计算与混同效应分离出来,并且区分两种特定的情形:其一,只有一个收购方,而且收购尚未达成;其二,只有两家竞拍方进行收购争夺,而且市场确切地知道一方最终会获胜;在这两种情境下,必定会有明确的终期(市场知悉收购究竟能否完成的日子)。Hietala, Kaplan and Robinson, "What is the Price of Hubris? Using Takeover Battles to Infer Overpayments and Synergies," 32 *Financial Management* 5 (Autumn 2003)。于是,他们完成了一项满足了这些严格要求的案例研究,即一场争夺 Paramount Communications 的收购大战。他们的分析吻合了盲目自大假设:他们计算得出,在 Viacom 以 92 亿美元的报价成功完成的收购中,过多地支付了 20 亿美元(它的竞争对手 QVC 假如最终能够收购成功,也会过高地支付对价。经计算,该过度支付的价值为 6.88 亿美元)。他们的估值结果还表明,如果 QVC-Paramount 两家成功合并,则会带来价值达 17.6 亿美元的隐含的协同效应,与之形成对照的是,Viacom-Paramount 两家最终成功合并所带来的收益是 3.4 亿美元。在 Viacom 公司看起来并不存在典型的代理问题这一意义上,这种情形更加不同寻常:公司的董事会主席和 CEO Sumner Redstone 拥有超过 75% 的股份。于是,Hietala 等人追踪收购完成之后 Viacom 的股价变化,以确定市场或者 Redstone 关于合并将获得何种协同效应方面的判断是否"正确"。合并完成大概三年之后,Viacom 的股价上涨幅度大体等同于其竞争对手(24% 比 25%),而且大大低于标准普尔 500 强公司(71%)。他们认为,这证明了市场对于合并的反应是准确无误的,而 Redstone 关于交易带来了大量的协同收益的判断则并不正确。然而,当他们把后收购时限拉长至五年,则 Viacom 的股份价值增长了 211%(其竞争对手的股份价值增长了 141%,而标准普尔 500 强公司则增长了 160%),这表明市场或许低估了公司合并的协同效益,而高估了 Viacom 的过高支付的影响。对于一个更长的时间窗口展开的分析,仍然能够发现 10 个亿的过高支付所带来的影响。

16. 检验成功的收购是否带有赢家的诅咒这一特征的另一种方法在于,研究收购方的回报与竞争程度之间的关系。赢家的诅咒意味着,获胜的收购方的回报与收购方的数量之间存在反向关系。然而,运用此一检验方法(按照公开收购者的数量来计算竞争的激烈程度)而开展的若干研究得出的结论,却并不具有决定意义,其中只有少数研究发现存在显著的关联度。然而,Audra Boone 和 Harold Mulherin 近期完成的一项研究,对收购交易宣布之前的数据进行了分析,在这一过程中,投资银行接触潜在的购买者、审查有关卖方的信息、参与谈判和私下拍卖,在私下拍卖中,收购人数在不同阶段变动不居,而且与公开收购者的数量有很大差异。例如,在由 300 家收购目标组成的样本中,他们发现,只有 12% 的收购拥有多个公开收购人,然而,几乎半数的目标公司认真地(经常是私下)与一位以上的收购方进行过磋商。他们的研究与认为存在"赢家的诅咒"的文献的一般说法相左。他们运用这些更为全面的数据来掌握竞争的情况,同时运用了一套考虑到了竞争与回报的内生性关系(也就是说,收购竞争与收购方的财富效应相伴相随)的更为成熟的方法,他们发现,收购方的回报与竞争之间并不存在反向关系。收购方回报与目标公司价值(体现为目标公司的无形资产)的不确定性这个本以为会强化"赢家的诅咒"的条件,也不存在反向关系。最后,收购竞争的激烈程度对于收购后公司的经营业绩也没有影响,尽管人们本来认为,遭受"赢家的诅咒"的收购人在收购之后的业绩将令人失望。Boone 和 Mulherin 认为,他们的发现与"赢家的诅咒"并不一致,并得出结论称,20 世纪 90 年代的收购方并没有获得异常正回报,而往往是盈亏相抵,这是竞争作用的结果,但 Andrade 等人在其研究文献的发现中,反对此种解释。Andrade 等人观察了那些年由单个公开要约人发起的诸多收购过程,然而,正如其数据所显示的,此种研究重点大大低估了竞争的激烈程度。Boone and Mulherin,"Do Auctions Induce a Winner's Curse? New Evidence from the Corporate Takeover Market," 89 *Journal of Financial Economics* 1 (2008)。

17. 与 Roll 的盲目自大假说不同的是,Mike Burkart 运用了一个模型得出了研究结论称,出高价以收购目标公司不仅个别而论是理性安排,而且确实是一种最优的行为选择。如果收购方在目标公司中已经拥有立足点(也就是说,他们在发起收购之前已经持有目标公司的大量股份),则他们会选择报出高于自己对股份的估值的价格,因为即便自己在收购竞争中落败,他们也可以把自己的股份按照竞争对手高于其的报价,卖给竞争对手。Burkart, 50 Journal of Finance 1491(1995)。而收购人是否报出高于目标公司价值的报价,取决于其最初持股份额的大小。因而,与 Roll 的分析不同的是,"赢家的诅咒"的受害者是那些利润最大化的公司,它们对于自身对目标公司的估值一清二楚。Burkhart 提供的数据表明,收购方在发起收购之前,普遍地在目标公司拥有立足点:一项关于成功收购的研究发现,超过半数的收购方公司在目标公司中拥有立足点,平均持股9.8%,而另一项关于拟议的收购发现,立足点的平均持股比例为3%,但其分布非常不均衡,在多个收购人展开的竞争中,只有18%的收购人本来持有目标公司的股份。Roll 和 Burkart 的这两个解释,哪一个看起来更有道理?可以运用什么数据来辨别哪一种解释更好?

18. Roll 的盲目自大假设被用来解释竞价收购中的一种特殊现象:收购方的负收益。可以将其解读为"过度自信"的例子,而这正是第 1 章中摘自 Malkiel 的文献所讨论过的、行为金融学所强调的一种认知偏差。这种"过度自信"的解释,与本章梳理的关于收购的其他解释不同,后者提供的是效率或分配(也就是经济)解释。Malcolm Baker, Xin Pan 和 Jeffrey Wurgler 认为,心理因素在收购谈判中发挥的作用,甚至比 Roll 所假设的还要大。他们依靠一种不同的认知方法来寻求解释,这种方法与 Kahneman 和 Tversky 提出的厌恶损失理论息息相关,与 Malkiel 探讨过的前景理论也不无关联,后者是指必须根据参照点来评价收购是否理想,而这一参照点也被称为"标杆"。其假定在于,收购价格系根据某一突出的参照点来确定,而不是合并后的公司预期价值收益(它不确定,而且有一定的主观性)来确定。他们提供的数据表明,目标公司最近52周来的股份最高价格发挥着此类参照点的作用。例如,一份关于要约价格的简明柱状图显示,要约价格飙升至52个星期以来的最高价格,该价格与收购价格密切相关,而且如果报价超过了该价格,往往更可能取得成功。Baker, Pan and Wurgler, "A Reference Point Theory of Mergers and Acquisitions," New York University Stern School of Business Working Paper, FIN-09-001(2009)。以此为参照点是否具备理论基础? 也就是说,为什么这一突出的价格应当是前一年的最高价格,而不是前 6 个月或者 6 个星期的最高价格? 因为董事是公司事务的关键决策者,为什么董事任职年限的中值的最高股价更不宜作为一个参照点?

19. Andrade 等人概括的发现是,收购的融资形式(股票或者现金)影响着收购方的回报,此外,交易的融资来源看起来也有影响。Anu Bharadwaj 和 Anil Shivdasani 发现,完全由银行贷款提供融资的交易,与收购人的显著正回报息息相关。Bharadwaj and Shivdasani, "Valuation Effects of Bank Financing of Acquisitions," 67 *Journal of Financial Economics* 113 (2003). 这一发现对于前期经营绩效不佳的收购人、以及信息不对称的收购(其表征是公司规模及股份回报的波动性)而言特别明显。对于这一发现,他们提供了一种"鉴证"解释,即银行扮演着一种积极的监督和约束收购人的作用(例如,通过贷款合同限制收购人的未来投资或者收购行为),因而相应地,银行的融资对于收购质量起到了"鉴证"的作用。与该发现相辅相成的是 Jarrad Harford 的发现,即现金流充裕的收购方(也就是说,那些累积了富余现金流的公司)往往会作出减损价值的收购行为。Harford, "Corporate Cash Reserves and Acquisitions," 54 *Journal of Finance* 1969 (1999). 此类公司更不可能为这些交易寻求银行融资;在 Bharadwaj 和 Shivdasani 的样本中的公司寻求银行融资的公司的现金储备较低(而交易金额却较高)。请注意,Harford 的研究结论与注释 13 提及的 Jensen 关于收购的自由现金流分析的经理主义版本一脉相承。

20. 尽管正如第 5 章所讨论的,研究者们一直未能发现董事会的成员构成与公司业绩之间存在系统关联,但有数据表明,独立的董事会改善了收购方的收购业绩。John Byrd 和 Kent Hickman 发现,那些董事会绝大多数由独立董事构成的公司,收购方的公告回报更少呈现负值。Byrd and Hickman, "Do Outside Directors Monitor Managers?," 32 *Journal of Financial Economics* 195 (1992).

另外,Donna Paul 发现,因收购消息的宣布而遭受大额负面回报的收购人,更不可能完成收购,董事会中的独立董事数量也更多,而且宣布终止收购给那些公司带来的异常正回报也非常显著。Paul, "Board Composition and Corrective Action: Evidence from Corporate Responses to Bad Acquisition Bids," 42 *Journal of Financial and Quantitative Analysis* 759 (2007). 此类数据与 Roll 的盲目自大假设如何兼容?考虑到收购及董事会的成员构成是公司的自愿选择,在什么情况下独立的董事会会支持"坏的收购"?

21. 考虑到第 6 章论及的机构投资者与公司业绩的改善之间的关

系,人们或许会问,是否与注释 19 提及的关于银行的发现那样,此类投资者降低了发生减损价值的收购的可能性? 有关该问题的数据并无定论,因为运用不同的指标来计算的收购方业绩,得出了迥然相异的结论。Rakesh Duggal 和 James Millar 发现,收购方的回报与机构投资者的持股高低并不相关,与行动主义机构(公众养老基金)的持股份额也无关系,这些机构一向被认为比其他机构投资者能够更好地实施监督。Duggal and Millar, "Institutional Ownership and Firm Performance: The Case of Bidder Returns," 5 *Journal of Corporate Finance* 103 (1999)(请注意,他们的分析考虑到了机构投资者的内生性,以及前面数章关于公司治理的研究普遍提及的选择问题。如果这一问题未得以解决,则由于这两个变量存在正相关,人们将会误认为,机构投资者的持股看起来改善了收购方的决策)。相反,Lily Qiu 发现,持有大额股份的公共养老基金的出现,降低了"现金充裕"的公司发起收购的可能(也就是说,考虑到注释 19 所探讨的研究,这是个减损价值的收购),但并没有影响"现金不足"的公司发起收购的可能(也就是说,这些收购往往提升了价值)。其他机构投资者却没有此类影响。她还发现,公司的长期业绩(根据收购消息宣布后的 12 个月的异常回报来计算)与全样本中的大型公共养老基金中的持股份额呈正相关("现金充裕"的公司所组成的子样本中,这种影响并不存在)。Qiu, "Selection or Influence? Institutional Investors and Corporate Acquisitions" (manuscript 2009), available at http://ssrn.com/abstract = 1364751. (Qiu 还根据机构持股的内生性进行了调整)。考虑到 Bhagat 和 Romano 在第 1 章中所探讨的事件研究方法,以及 Andrade 等人对于收购的事件研究,在评估收购的影响时,以哪个时段为准来计算异常回报更为可取?

22. 第 6 章的阅读文章区分了活跃的机构投资者,并强调指出,公司业绩的改善往往是对冲基金积极行事的结果,而不是公众养老基金及工会基金的功劳。你认为那些发现与收购之间是否存在关联? Robin Greenwood 和 Michael Schor 对于以下问题提供了另一种解释:Brav 等人在本章的文献摘要中、以及 Klein 和 Zur 在第 6 章的 B 部分注释 13 所引述的,活跃的机构投资者做了什么工作,从而达成了经营业绩的改善? 也就是说,积极行事所生回报的源泉何在? 他们的解释是,活跃的机构投资者使得公司被他人所收购。尽管被基金列为收购目标的公司中大多数未被收购,与行动主义相关的相当数量的正回报,大部分可以用那些被购入的股份的要约溢价来加以解释。Greenwood and Shor, "Investor Activism and Takeovers," 92 *Journal of Financial Economics* 362 (2009)。他们进一步发现,被行动主义者锁定为目标公司,会增大被收购的可能——也就是说,正如他们所说的,"行动主义者将公司推上了前台"——这种可能性是相对于未被锁定为目标公司的同等公司(估值比率低的小公司,媒体报道很少,在行业中业绩表现不佳)而言的。如果 Greenwood 和 Shor 的判断是正确的,而且对冲基金的所作所为确实促进了公司控制权的变更,则应当如何理解股东行动主义的价值? Greenwood 和 Shor 称,他们的假定的是,投资者积极行事的回报应当取决于收购的整体市场收益。为了支持这一推论,他们提供的另一项发现表明,2007 年信贷受到严厉的管制,收购活动减少,活跃分子所持股份的价值亦随之下跌。正如他们所称,尽管那些数据吻合了此类解释,它们是否同时还吻合支持了 Brav 等人关于对冲基金的观点的其他解释? 也就是说,价值的下跌是否反映了经济紧缩背景下公司利润率整体下跌的预期? 即使收购的活跃分子鞭策公司改善经营提高业绩,也无法避免这一趋势成为现实?

23. 正如 Andrade 等人所探讨的,关于收购发生之后公司业绩的研究,与宣布收购消息所带来的回报的研究一起,提供了有关收购方的价值最大化的混杂不一的证据。然而,与事件研究不同的是,这些差异体现为方法上的差别。在评估事后业绩时,股价的数据更不可靠,因为研究者必须关注长期的回报值,而事件研究方法并不合适(Bhagat 和 Romano 在第 1 章的文献摘要中对此有过探讨)。因而,人们转而运用会计数据。而开展此类研究的一大困难在于选择适当的评估经营业绩的基准,后者必须获得反证事实:如果公司没有合并,则它们的业绩又当如何? 尽管关于公司后收购时代的业绩的早期研究,并没有发现合并后的公司改善了经营业绩,但更为近期的研究付出了更多的努力以构造基准,并根据会计方法和收购融资的变更调整了合并后的收益,发现合并之后的公司业绩确实改善了。试比较 Edward S. Herman and Louis Lowenstein, "The Efficiency Effects of Hostile Takeovers," in J. Coffee, L. Lowenstein and S. Rose-Ackerman, eds., *Knights, Raiders, and Targets: The Impact of Hostile Takeovers* 211 (New York: Oxford University Press, 1988); and David J. Ravenscraft and F. M. Scherer, *Mergers, Selloffs and Economic Efficiency* (Washington, D.C.: Brookings Institution, 1987); with Paul M. Healy, Krishna

G. Palepu and Richard S. Ruback, "Does Corporate Performance Improve After Mergers?" 31 *Journal of Financial Economics* 135 (1992); and Sherry L. Jarrell, "Do Takeovers Generate Value? Evidence on the Capital Market's Ability to Assess Takeovers," University of Chicago Graduate School of Business Ph. D. dissertation (1991). 不同的研究发现之间的差异,可以归因于早期的研究未能运用适当的基准,也未能适当地调整收益。毫无疑问,该原因解释着为什么Andrade等人重视后来的研究结果,并且得出结论称,整体而言公司在收购完成之后业绩改善了。

24. 至少在收购消息公布之前的一个月,目标公司的股份即发生了明显的异常回报。这通常可以归因于消息的泄露。研究者们试图对股份价格上涨的原因进行分类:它是归因于非法的内幕人交易,还是人们根据公开获得的信息——例如关于持有立足点股份的信息、申请13D备案的信息、以及关于潜在的目标公司的媒体报道等——而予以研究和分析的结果?尽管所有的研究均发现,最终的要约溢价中的大约40%体现在宣布收购之前20天左右的股价上涨之中,在内幕人交易的重要性方面,这些发现各有不同。Gregg Jarrell和Annette Poulsen得出结论称,这些价格上涨的数据与合法的信息市场相吻合,因为价格上涨的绝大多数重要变量是媒体的推测,内幕人交易变量传递了错误的信号,而且并非总是重要的。Jarrell and Poulsen, "Stock Trading Before the Announcement of Tender Offers: Insider Trading or Market Anticipation?," 5 *Journal of Law, Economics, and Organization* 225 (1989). 然而,Lisa Meulbroek得出结论称,内幕人交易是一个更为重要的现象,因为她发现,43%的价格上涨发生于内幕人交易的日子(而不是收购消息的公布日),这些日子的价格上涨高于其他日子所组成的样本中发生的价格上涨。Meulbroek, "An Empirical Analysis of Illegal Insider Trading," 47 *Journal of Finance* 1661 (1992).

谁受益于收购之前的信息泄露?是敌意收购人吗?因为股份会集中到那些套利者的手中,后者往往会站在收购要约这边,反对公司保持独立自主的策略。是目标公司的股东吗?因为股价异动,他们决定继续持有股份。是现任管理层吗?他们从股价变动中获得了预先的警报。在这种情况下,SEC为了遏制非法交易,可以有所作为吗?请注意,SEC已经采纳了14e-3规则,后者禁止基于要约收购的非公开信息进行交易,以遵守最高法院关于内幕人交易的信义要求。施加该义务的背景是,彼时最高法院未能认定印制财务报表的一家印刷厂的工人负有责任,后者从其排版的信息中破解了目标公司的名称,并买卖该公司的股票。Chiarella v. U.S., 445 U.S. 222(1980)。这些反对内部人交易的规则,其背后的理念在第 9 章中选自 Scott 的文献中已有探讨。结合本章下半部分选自 Easterbrook 和 Fischel,Gilson,Bebchuk 等人关于收购拍卖之于收购人激励的影响的文献,重新考虑禁止收购过程中的内幕人交易究竟有哪些好处。

25. 在日本,敌意收购向来非常之少。对此的一种解释是,正如 Roe 在第 1 章中所说的,日本存在一种监督经理们的替代性治理结构。J. Mark Ramseyer 进一步深化了这种解释,后者发现了以下数种替代性监督机制:公司之间交叉持股范式的普遍运用,银行持有向其借款的公司的股权、进而发挥着积极的监督者作用。Ramseyer,"Takeovers in Japan:Opportunism, Ideology and Corporate Control," 35 *UCLA Law Review* 1(1987)。关于类似问题的更为全面的阐述是 W. Carl Kester, *Japanese Takeovers* (Boston:Harvard Business School Press,1991)。从外部股东的视角看,交叉持股是更好的治理机制吗?谁来监督日本的银行?

26. 正如文献摘要所清楚显示的,在 20 世纪 80 年代,敌意收购盛行,彼时引入了高倍标杆交易,小型公司得以买入规模大得多的公司,这样,所有公众公司的经理首次受到了公司控制权市场的约束。然而,20 世纪 90 年代该交易活动发生了变更:杠杆化程度降低了,敌意交易也减少了。公司经理在律师帮助之下,通过构造创造性的法律机制来阻滞或者击败收购行为,从而对敌意交易作出了回应(这属于本章 B 部分探讨的内容)。然而,Bengt Holmstrom 和 Steven Kaplan 反思了这些变化后认为,这些变化可以归因于管理层从敌意收购年代中学会了如何构造内部公司治理机制,并自行改善了经营业绩,从而降低了进行敌意收购的必要(和价值):

> 管理层最初运用法律策略、同时求助于政治和公众的支持来抗击收购行为。20 世纪 90 年代,收购行为的成本更为高昂,就此而言,他们是成功的。然而,在那个时候,管理层、董事会和机构股东都看到了杠杆收购及其他市场驱动的公司重组能够达到的效果。多亏了种种有利可图的股票期权计划,经理们可以分享重整后的公司所带来的市场回报。股东的价值成为了盟友而不是敌人。这解释着公

司重组为什么在20世纪90年代仍然高歌猛进,但绝大多数时候都以友好的方式进行。这种情况下更没必要使用高倍的杠杆,因为可以用股票来支付交易的对价,这样就更不用担心管理层会滥用特权。

Holmstrom and Kaplan, "Corporate Governance and Merger Activity in the United States: Making Sense of the 1980s and 1990s," 15 *Journal of Economic Perspectives* 121 (Spring 2001). 本部分内容的重印,获得了American Economic Association 的许可。

27. Andrade 等人提到的数次合并浪潮包含了几种不同的收购形式,毫无疑问,这与引发了行业重组的种种市场冲击息息相关。特别是,20世纪60年代集团式合并(也就是,多元化合并)如日中天,与此相反的是20世纪80年代,彼时市场经常将敌意收购通称为"关系破裂"的收购,它改变了早期数十年来的趋势。尽管正如 Bhagat 等人提及,由于20世纪60年代和70年代的集团式合并产生了不良影响,对于多元化合并,传统的见解一直持批评的态度,但研究文献对于多元化收购创造的价值是否低于关联方(也被称为聚焦型)收购,多有论争。在他们被广泛使用的教科书中,Richard Brealey、Stewart Myers 和 Franklin Allen 将私募股权组织描述为"暂时的集团式合并"。他们之所以是集团式合并,是因为它们将不相关的行业的公司合并在一起,尽管它是在投资组合的层面上、而不是在公司的层面上实现了多元化,这一点与20世纪60年代至70年代的老套的集团式合并如出一辙;说它们是"暂时的",其原因在于,正如 Kaplan 和 Strömberg 所探讨的,私募股权基金的生命有限(通常的合同期限为10年),它必须卖出其投资组合中的公司以实现其收益。Brealey, Myers and Allen, *Principles of Corporate Finance*, 9th ed., 938—939 (New York: McGraw-Hill, 2008). 这种描述有没有帮助?或是将其放错了地方?私募股权基金组织的哪些特点,使其在运营公司的投资方面比公开的集团式合并(不关联的多元化看起来减损了价值)的经理们更为成功?关于私募股权基金的这一描述,与 Kaplan 和 Strömberg 所称的并购的行业专业化趋势,又有何关联?

B. 管理层的信义义务及反收购策略

目标公司的管理层在回应收购要约时的妥当角色[*]

FRANK H. EASTERBROOK 和 DANIEL R. FISCHEL

在现金要约收购中，收购人通常会向"目标"公司的股东提供以高于市场价格的溢价迅速卖出大量（如果不是全部股份的话）股份的机会。尽管如果此类要约获得成功，目标公司的股东和收购方都会获得明显的利益，目标公司的管理层可能仍会反对收购要约，主张要约溢价还不够充分，或者公司会遭到新的所有者伤害。为了挫败要约，管理层可能会起诉反对要约方，发行新的股份以稀释要约人的持股份额，买入要约人的一家竞争对手以制造反垄断问题，或者采取其他种种防御策略。有时，对收购要约的抵制会使目标公司以高于最初报价的价格，为原来的收购人或者"白衣骑士"所收购，而有的时候，抵制则会彻底挫败收购企图。

目标公司的管理层在应对现金要约收购时，可以采取反收购策略，这是公司控制权争夺战中的晚近发展。在《1968年威廉姆森法》颁布之前，要约人可以自由地构造要约，迫使股东迅速决定是否愿意溢价卖出全部或者部分股份。其结果是，目标公司的管理层几乎没有时间动员起来，组织防御措施以阻遏收购要约。然而，威廉姆森法规定了发出要约的条件，从而剥夺了要约人的这种速度优势。超过半数的州颁布了关于要约收购的法律，在威廉姆森法之外对要约人发起要约收购的能力施加了诸多限制。关于要约收购的联邦法及州法所达成的效果，是给予目标公司管理层足够的时间来采取防御策略。

股东对管理层的抵制行为的反应，取决于要约收购的结果。当抵制行为抬高了收购价格时，几乎没有股东会反对。然而，当抵制行为彻底挫败了收购的企图时，诉讼通常会接踵而至。然而，尽管挫败了收购的企图可能剥夺了目标公司的股东获得大额溢价的可能，股东起诉公司管理层以追回损失的诉讼，几乎总是以失败告终。法院通常会依据经营判断原则，判定目标公司的管理层有权、甚至有义务在认定收购有悖公司最佳利益时反对要约收购行为。对于这些案件的裁决结果，评论人士通常乐见

---

[*] 本部分内容的重印，获得了 94 *Harvard Law Review* 1161 (1981) 的许可。

其成。

我们认为,当前的法律规则允许目标公司的管理层采取反收购策略以应对收购要约,减损了股东福利。当反收购策略挫败了收购,致使股东丧失了要约溢价时,股东受到的损害显而易见。然而,即使抵制措施推高了股份的要约价格,股东整体也未必当然获益。股票的价值可以被理解为由以下两部分构成:其一,如果没有发生成功的收购要约,股票的主流市场价格(乘以不发生成功的要约的可能性);其二,未来的收购要约将会支付的价格(乘以某些收购要约取得成功的可能性)。那些使得以上两部分的总和达到其最高值的法律规则,才能够最大化股东的财富。如果在判断股东的福利时,只考虑在已经发出收购要约的情况下,目标公司的管理者可以[通过种种反收购策略——译者注]推高要约人的报价,却忽视了反收购策略对于将来可能发生的收购要约数量的影响,也忽视了要约数量对于公司经营效率的影响,则大量与股东福利相关的因素均被忽略掉了。

收购要约是监督管理团队的一种方式。潜在的收购方会比较公司的潜在价值与当前管理团队运营之下的公司现值(表现为股价),从而监督着管理团队的经营业绩。当公司股份的市场价格与在其他经营条件下可能释放出来的价格差异过大时,外部人可以买入公司并改善其管理,从而获得利润。外部人因为持有公司绝大多数股份从而弱化了代理成本问题。其溢价正源于代理成本的降低,而由于降低了代理成本,公司资产掌握在收购人手中后,其价值将超过以往掌握在公司经理人手中的情形。

在这一过程中,各方主体都将获益。目标公司的股东因取得了高于市场价格的溢价而获得收益。收购方获得了公司的新价值与其付给原股东的价款之间的差价。没有卖出股份的股东获得了其股份价格的部分溢价。

就我们的目的而言,最为重要的是,即使公司从未成为收购要约的目标,股东同样受益良多。如果公司的经营绩效落后了,外部人的监督过程就发挥着持续的收购威胁的作用。管理者为了降低公司被收购的可能,会尽力去降低代理成本,而且降低代理成本将推高股份的价格……如果公司采取坚决抵制收购的策略,并且最终得以保持独立自主,则股东将会丧失收购方提供的、或者在没有发生或预期不会发生抵制收购的情况下收购方将会提供的高于市场价值的溢价。这一失却的溢价反映的是公司资产在得到良好运营的情况下本可以获得的社会收益。

然而,目标公司的管理者在保全其公司的独立性、进而维持其薪酬及地位方面,拥有重大的利益;他们作为管理者的效率越低,阻遏收购于其而言利益越大。他们会把抵制一切要约的政策,伪装成一种寻找优于迄今为止所有要约的政策。大量的指南既描述了种种抵制的策略,又指出了其伪装的种种方法。但并没有任何标志赖以将顽固的抵制与为了维护股东利益而诚实努力的拍卖行为区分开来。第一项收购要约或其随后的任何一项要约被挫败,这一事实说明不了什么,因为拍卖者*心知肚明,他们一意孤行地寻求可能的最高价格,短期来看可能根本无法促成什么交易。

即便抵制行为最终引诱出了一个更高的价格,在社会意义上它也是一种浪费行为。尽管目标公司的股东能够获得更高的价格,这些收益却正好被收购人支付的更高的报价、因而是收购人的股东的损失所抵消。股东在整体上一无所获:股价的上涨仅仅是一种收购方的股东付钱给目标公司的股东的财富移转。的确,因为抵制的过程耗费了真正的资源,股东整体遭受了损失,这些损失体现在目标公司抵制收购所耗费的资源,以及收购人和其他所有竞争对手为了克服这些抵制行为而耗费的资源。这些额外的成本可能代价不菲。

这种观点看起来或许与信义原则并不吻合。如果抵制行为诱发了拍卖,它或许会推高目标公司股份的收购价格。在通常情况下,目标公司的管理层负有最大化本公司股东回报的义务,而无须考虑对其他公司的股东或者社会整体的不利后果。

然而,这种情形却并非总是正确……由此导致的目标公司的股价上涨,通常会打消潜在的收购人收购其他目标公司的想法:任何东西,只要其价格上涨,需求数量就会下跌。收购人的动机的变化,影响着外部人激励的功效,而且影响着代理成本的高低,反过来会影响潜在的目标公司收购之前的股价。要探究这些影响的本质,在看得到收购要约之前,问一问理性的股东,如果他们能够要求管理层抵制收购或者默认任何收购要约,他们会做何选择。

试着考虑一番两种极端规则的后果。第一种规则要求公司面临要约收购时管理层保持消极无为。如果没有相竞争的收购人,则能够诱使股东

---

* 经常是指目标公司的管理层。——译者注

以最低溢价来卖出股份的第一位收购人将会胜出。第二种规则允许管理层千方百计地阻挠要约收购。此种抵制会导致竞价行为,以至于没有收购人能够不支付公司在可行的最佳管理情况下的最高价格而收购目标公司。

这些规则中哪一条最大化了……股东的福利?如果在收购要约发出之后问这个问题,则显然股东将偏向于第二种规则,并愿意接受收购大战。然而,如果股东在要约发生之前被问及管理者应实施哪种策略,他们有很大的理由来选择管理层默认该要约的策略。其理由非常简单。如果目标公司的股东获得了交易的所有收益,则没有人会有激励来发出收购要约,因而也没有人愿意以溢价买入股份。

潜在的要约人必须做大量的研究以发现价格被低估的公司,并且确定可以如何改善公司的管理。他们在寻找哪一家公司可以改善经营管理之前,可以聘用投资银行并调查诸多公司的事务。要约人的地位特别不稳固,因为在要约人发出要约之时,其关于目标公司的信息方面的投资已经沉淀下去了。

然而,一旦要约人宣布了其收购要约,其他潜在的收购人就可以知道目标公司是谁。收购事件本身、以及根据联邦及州法的附随披露都会透露收购人所获悉的信息。如果要约人没有向其他收购人提供有价值的信息,目标公司的管理层为了促成竞价策略,可能也会这样做。然而,其他任何收购人均无须像第一位收购人那样承担那么高的成本。后面的收购人搭了便车……其结果是,没有公司愿意成为第一个收购人,除非它拥有某些优势,例如,它比后来的收购人速度更快,以补偿只有它必须承担监督成本这一事实。当然,如果没有第一个收购人,也就不会出现后来的收购人,也就不存在要约溢价。

或许最为重要的是,要求收购人支付高额的溢价,会导致目标公司的股价下跌。预期将要支付高溢价的收购人去监督其他公司的动力将减弱,而搜寻收购目标的积极性的弱化,会降低收购发生的数量。接踵而至的是,随着监督力量的弱化,代理成本上升,股价……将会下跌。

管理层消极的含义

尽管我们的结论是,股东或许希望管理层在面对要约收购时保持消极,但迄今为止我们并未试图去准确界定我们所谓的"消极"是何种意思。毫无疑问,管理者必须开展公司的日常经营活动。或许,管理层应当可以通过新闻发布会,敦促股东接受或者拒绝要约。要约人也可以向股东表达自己的观点,后者根据这些信息,本着公司管理层和要约人系为一己之私的判断而行事。然而,除此之外的几乎任何防御行为都耗费了目标公司的资源,而且无法给投资者带来收益。因而,管理层委实不应当采取以下行动:提议修改公司章程或章程细则以写入反收购条款,提起诉讼以对抗要约人,购入要约人的竞争对手公司从而制造要约收购的反垄断障碍,买入或者卖出股份以推高要约收购的成本,向某些潜在的"白衣骑士"透露价值不菲的公司信息从而可能招来竞争性出价,或者发起其他任何以挫败要约收购为目的的防御策略。

在要约收购的防御中寻求竞争性出价 vs 纯粹的消极无为[*]

RONALD J. GILSON

本人主张采取更为有限的规则,即禁止采取旨在预防要约出现的防御措施,但允许采取促成竞争性出价的防御措施,与本人这一见解不同的是,Easterbrook 和 Fischel 禁止公司采取前述两种举措。

正如前文所称,Easterbrook 和 Fischel 认为,在公司收购中引入拍卖机制并不可取,因为最初的收购人已经承担了沉没的信息成本。如果竞争性出价获得了成功,则落败的第一位收购人将无法回收这些成本;发生此种情形的风险,将降低人们率先投入信息成本的激励。由此带来的是公司面临的监督力度将会降低,代理成本则相应上升。

对此,本人的回应是,第一位收购人可以购买大量的目标公司的股份,并将其卖给后来出价更高的收购人,从而对冲其信息成本的损失风险。本人还认为,监督力度降低所带来的损失,可以被"公司资产配置给最高效的使用者"所提高的效率所抵消。Easterbrook 和 Fischel 现在承认存在对冲手段,但认为对冲效果并不完美。在他们看来,即使第一批收购人既回收了其沉没成本,又赚得了其投资回报,与竞争性出价有关的收购价格的上升,仍然会降低信息投资的回报,使该回报低于没有出现竞争性出价时的水平,这样就带来了同样的不理想的后果:降低了监督力度,提高了代理成本……本人认为,竞争性出价能够提高而不是降低信息投入的回报。如果这是正确的,则在这两套规则中究竟做何选择,取决于这些规则分配资源的效率及容易被滥用的程度。

为了理解竞争性出价为什么能够提高研究投入的回报,就必须解构

---

[*] 本部分内容的重印,获得了 35 Stanford Law Review 51 (1982) 的许可。

首位出价人在收购方面的投入,并进而研究与每一部分投入有关的回报。出价人的一部分投入是研究成本,用于发现某一家公司的价值可以通过替换低效的管理层或者通常某种形式的协同效应而加以改善。第二部分投入是指用来确保控制权、并实施必需的策略以抓住业已确定的机会的成本……一项成功的收购要求具备两项不同的属性:其一是信息提供技能,它不需要太多资本;另一个则是实施收购所必需的经营技能,这所需资本则大得多。本人认为,没有理由期待同一家公司总是同时具备这两项属性。正如这项分析所表明的,的确会产生专业分工,信息生产者偏好的是允许目标公司的管理层促成竞争性出价的规则,因为竞争性出价会提高其在信息方面的投入的回报。相反,收购计划的实施者偏好的是纯粹的消极规则,因为该规则导致不可能出现竞争性出价,进而降低了收购价格,并使收购计划的实施者获得了一些与制造信息有关的价值,从而确保了更高的回报。总之,收购计划的实施者、而不是信息的制造者的处境,因为竞争性出价而恶化。然而,那也不至于导致收购降至低于适当数量的水平,因为收购计划的实施者总是能够获得其实施收购计划的投入的全部价值。

在此一论争焦点中,Easterbrook 和 Fischel 加入了这场论辩,他们正确地指出,如果不允许进行竞争性出价,专门的信息生产者还有另一种选择,即不必通过泄露信息来引发拍卖,而是把信息卖给收购计划的实施者。

要评估这种卖出信息的选择,就把这一问题放置于另一个完全不同的背景之下。假定专门的信息生产者在信息方面的投入所获得的回报,高于一体化的收购人,则问题便转化为信息生产者可以如何运用其优势——通过向收购计划的实施者卖出信息,或者通过挑起竞争性出价来运用该优势。在这两个选择中,信息生产者都面临着验证的问题;无论它做何选择,为使信息生产者获得其研究投入的回报,它必须使潜在的收购人相信,它提供的信息具有投资价值……于是,在这两个选项中信息生产者会做何选择,就取决于验证问题的种种解决方案的交易成本分析。

我们先来考察卖出信息的选择。信息生产者可以运用向购买方确保信息可靠的种种策略,来解决验证问题,这些策略被称为信号机制或保证机制。例如,人们可以预期,希望卖出信息的生产者会在声誉方面投入诸多心力,借此发出他们的产品质量值得重复交易的信号,而且如果信息被证明不准确,则他们在声誉方面的投资将面临风险。人们还能预期,信息生产者可以把交易的成功设定为支付信息购买费用的前提条件,而且,为了避免利益冲突稀释了声誉投入所传递的信号,信息生产者会自行制约其在目标公司上的投机行为。

当然,前面描述的范式,是大型投资银行的安排。

然而,卖出消息的选择却并非信息生产者能够运用的唯一策略。的确,那些在声誉方面没有前期投入的生产者,或者无法像投资银行那样投入资本和时间来采取验证技术的生产者,甚至无法采取这种策略。对于他们而言,披露他们的信息以促成竞争性出价,或许是唯一可行的验证机制,也或许是获取信息投入的回报的唯一方式。第一,叫价过程本身也充当着验证技术的作用。第二,叫价过程还可被用于使信息生产者的信息被可能的最佳源泉所验证:目标公司。信息生产者可以采纳一种策略,即公布其自身信息及持股状况,同时宣布其希望推动目标公司被某人所收购。这将激励着目标公司的管理层去遴选最终的收购人——寻求白衣骑士。在这种情况下,目标公司通过努力向那些潜在的收购人证明它正位于信息生产者已经披露的状态,从而完成了生产者的信息验证。

机制投资者的安排也反映了此种范式。例如,Carl Icahn 并没有卖出其信息;他通过转卖目标公司的股份给收购计划的实施者而获取利润。

分配效率

已经达成的共识是,要约收购发挥着分配功能,竞争性定价通常有利于将资产转至最能有效运用它的人手中。本人与 Easterbrook 和 Fischel 的立场的不同点在于,他们认为,一系列独立的卖出股份行为,能够像单笔交易中的竞争性出价那样,有效率地将资产移转至能够最有效地运用它们的使用者手中。对此本人并不同意。然而,对于这一问题所做的判断取决于交易成本的比较分析,后者要求做大量的工作,甚至比 Easterbrook 和 Fischel 或者本人所做的还要多得多,而且,至关重要的是要注意到,允许目标公司的管理层劝诱竞争性出价行为的规则,不会比要求管理层保持消极无为的规则更没有效率。如果本来的第二顺位的收购人有权选择竞争性出价或从第一个收购者中购入目标公司,他们或许会选择成本更低的方法。因而,发生诸多竞争性出价行为这一事实,以强有力的经验证据表明,消极无为的规则是没有效率的。的确,除非我们确定在所有的交易中系列出售行为的成本更低,那么提供股东更多的选择是更为可取的。本人的规则赋予了收购人以这种选择权。

规则的效率

Easterbrook 和 Fischel 最后认为,本人建议的规则——禁止采取防御策略但允许管理层劝诱竞争性出价——使公司得以貌似中立地实施防御策略,这样会产生纯粹的消极规则下不会发生的损失。本人认为,即使会发生此种损失,其数额也不大。另外,我们还必须将此种损失发生的可能性,与纯粹的消极规则之下会产生的类似问题相比较……根据纯粹的消极规则,人们必须划定某种界限,规定在什么情况下要约走得"太过"以至于允许劝诱竞争性出价。然而,此种做法同样有可能带来 Easterbrook 和 Fischel 所称的、本人主张的有限禁止规则下可能带来的不确定性和意外的成本。

促成竞争性要约收购的情形:回应及拓展[*]

LUCIAN A. BEBCHUK

本人支持以下法律规则:(1)规范要约人,从而为竞争性出价留出时间,而且(2)允许现任管理层向潜在的购买人提供信息,以劝诱此种竞争性出价。在本人以前的论文和此次学术交流中,愿意将此规则称为"拍卖者规则"。

是否应允许管理层向潜在的购买人提供信息,这一问题的重要性确实有限:只要监管规定拖延了出价的时间,即使管理层必须针对要约保持消极状态,收购人之间也会形成积极竞争的态势。

Easterbrook 和 Fischel 恰当地注意到了,目标公司并非注定会成为目标公司,它们本来也可以成为收购人。然而,他们却不正确地假定,每一家公司成为目标公司的可能性与其成为收购人的可能性完全一致……事实上,公司成为目标公司和收购人的可能性不可能完全一致。就可能性而言,一些公司更可能成为收购人,而另一些公司则更可能成为目标公司。

促成竞争性出价对于研究投入的影响

Easterbrook 和 Fischel 将其观点构建于以下逻辑基础之上:由于拍卖者规则减少了潜在的收购人投入研究的时间和精力,从而降低了有益的

---

[*] 本部分内容的重印,得到了 35 *Stanford Law Review* 23 (1982)的许可。

收购发生的数量……然而,本人认为,该规则对于要约数量的影响总体而言或许是理想的;而且在任何情况下该规则即使可能产生不利后果,也不可能是重大的不利后果。在这里,我提出三点看法:(1)潜在的收购人研究投入的降低,不可能导致购买人发起的有价值的收购数量大为降低;(2)潜在的收购人减少了研究的投入,这或许是理想的结果;以及(3)拍卖人规则致使潜在的卖方增加了研究的投入,因而增加了卖方发起的有利的收购数量。

一个整体框架

本人愿意以一个更为宽泛的视角来考察本人倡导的拍卖人规则。我们应当将这一规则视为整套法律框架的组成部分,该法律框架的意图在于,使潜在的卖方的分散的股东能够像唯一的所有者那样去行事。许多公众公司都具有以下共同特征:所有权与经营权相分离,而且股东持股分散。其结果是,如果没有法律的干预,公司的资产市场,就无法像由唯一的所有者兼管理者掌控的公司的"普通"资产市场那样运作。该问题的解决之道,应当在于包含着以下三大要素的法律框架,其中每一个要素均与面对收购要约时唯一的所有者所具备的能力相对应。

首先,唯一的所有者可以自由接受购买其资产的要约。然而,如果公司的管理权与所有权相分离,公司管理层的行为可能会威胁着股东接受要约的自由。管理层可以利用其经营公司的权力来阻挠股东接受要约。这一问题应当由我们建议的法律框架的第一项组成要素来加以解决……该要素禁止管理层采取措施以阻碍向股东发出的要约。

第二,公司的唯一所有者接受了购买其资产的要约后,能够寻求条件更好的要约。他可以延迟接受最先发出的要约,也可以向其他潜在的购买方提供关于其资产的更多信息。但如果目标公司的股权分散,则这些分散的股东在卖出股份的压力之下,无法步调一致地确保实施延迟策略,而且这些股东也无法获得公司的内部信息。拍卖人规则——这一法律框架的第二项要素——即为解决这一问题而设。该规则调整着要约人的行为,并且允许可以获知内部文件的管理层向潜在的购买方提供信息,从而确保了可以延迟接受最先发出的要约。

第三,唯一的所有者可以自由地,至少是暂时自由地选择接受或是拒绝向其发出的任何要约。然而,在股权分散的公司中,卖出股份的压力伤害了这些股东实施这一行动的能力。这一问题应当由这套法律框架的第三个因素加以解决,即建立一套法律规则,使得目标公司的股东可以本着其自身利益自由选择是否接受要约。未来的研究应当以确立该套法律规则为方向。

公司控制权市场:自1980年以来的经验证据[*]
GREGG A. JARRELL, JAMES A. BRICKLEY 和 JEFFRY M. NETTER

敌意收购的防御措施的影响

敌意收购的防御措施向来备受争议,因为它们为目标公司的管理层带来了利益冲突。毕竟,收购可能会使管理层被解职,损失了公司专属性人力资本,从而面临着巨大的福利损失。这些冲突可能会诱使某些管理者对敌意收购施加障碍,从而以牺牲股东利益及经济效率为代价,使自身免受外部控制权市场的约束。

然而,目标公司的管理层有权抵制敌意收购要约,也有助于在控制权争夺过程中帮助目标公司的股东。在某些情况下,目标公司的管理层可以击退某些报价"不充分"的要约。尽管这一理论颇受欢迎,但证据表明……这里提及的公司保持独立能够赢得的长远收益,只有在极其少数的情形下才会成为现实。而当目标公司管理层的抵制行为有助于促成收购拍卖时,会产生另外的收益。诉讼及其他抵制行为为目标公司的管理层提供了必需的时间,使其可以"待价而沽"并引发竞争性出价。这种抵制的拍卖理论更难以从统计意义上加以驳斥。挫败收购的企图偶然会给股东带来损失,但这本身并不能证明拍卖理论是不对的。在某些情况下,协商谈判可能会归于失败,唯一的出价人面临打击之后选择退出。这就是一场赌博。只有当挫败所有要约的情形非常频繁而且代价高昂,足以抵消劝诱更高的收购价格所带来的收益时,才可以驳倒这一拍卖的假设。人们还必须考虑因为存在防御措施而导致要约收购从未发生所带来的社会成本。然而,可惜的是,这种阻遏效果极难测量,而且我们没有发现能够表明这些成本有多高的证据。

关于目标公司管理层的防御措施的影响的证据,主要取自于两个方法,即事件类型的研究和结果类型的研究。事件类型的研究发现,有效率的市场在调整公司的市场价值以回应公司采纳了章程的修订条款或采取

---

[*] 本部分内容的重印,获得了以下版权单位的许可:American Economic Association from 2 *Journal of Economic Perspectives* 49(Winter 1988)。

其他类型的抵制措施时,必须判断此种情况下成本与收益的此消彼长。或者,结果类型的研究,分析了相当长的时间窗口中不同的公司运用相同类型的防御措施(例如,所有的公司都运用毒丸计划)来争夺控制权所产生的实际后果。也就是说,事件研究计算的是引入防御措施之后股价的反应,而结果研究则追踪公司控制权争夺中运用防御措施之后的后果,以确定这些措施对于控制权争夺的影响。

股东批准的防御措施

对于修订公司章程以引入反收购条款的建议,股东绝少投票反对;Brickley、Lease 和 Smith 发现,在1984年由288起管理层提出的反收购议案组成的样本中,大约96%的议案获得了通过。

超级多数同意的章程修订

绝大多数州的公司法都规定,公司合并及其他重要的控制权交易,至少要获得二分之一或者三分之二的表决权股份的同意。修订章程的超级多数规定要求已发行普通股的至少三分之二、而且有时是十分之九的表决权同意。这些条款可以适用于公司及其他企业的合并,或者适用于公司董事会的变更,或两者兼而有之。如今,纯粹的超级多数条款已经极为鲜见,取而代之的是董事会自主判断是否应予启用的类似条款。这使得董事会可以放弃超级多数同意的要求,从而使友好的合并得以通行无碍进行。

五年前,Jensen 和 Ruback 发现,1980年以前采纳了修订章程的超级多数要求所造成影响的经验证据混杂不一。然而,Jarrell 和 Poulsen 完成的更近期的一项研究,以1980年以前的104起修订章程的超级多数要求为对象,该研究得出结论称,引入该议案时,产生了超过3%的股价负面显著影响。他们的研究还表明,采纳了修订章程的超级多数要求的公司,机构持股的比例相对较低(平均为19%),内部人持股比例高企(平均为18%),他们认为这有助于解释这些修订尽管会对财富产生有害的影响,却仍然能够获得投票的通过。也就是说,提出这些修订建议的公司中,愿意费时费力去投票的大股东相对较少。Jarrell 和 Poulsen 进一步推测,股东更为强烈地抵制有害的超级多数要求的章程修订条款,有助于解释其越来越不受欢迎,与此形成对照的是,修订章程以写入公允价格的条款却取得了成功,后者看起来更不会伤害股东利益(下文将作探讨)。

关于公允价格的章程修订条款

关于公允价格的章程修订是一个超级多数的条款,仅仅适用于目标公司的董事会予以反对的统一的双层收购要约。被认为是"公允的"统一的要约,即便目标公司的管理层予以反对,也能够规避超级多数的要求。通常而言,有若干方法可以确定要约的公允性。最为常见的公允价格是收购人在一个规定的期间里买入目标公司股份所支付的最高价格。Jarrell 和 Poulsen 报告称,487 家公司在 1979 年至 1985 年 5 月之间采用了公允价格的章程条款,而其中 90% 发生于 1983 年至 1985 年 5 月。

股价的影响反映了公允价格的章程修订条款所产生的阻遏价值偏低。Jarrell 和 Poulsen 报告称,引入这些章程修订条款之后,只平均产生了 0.73% 的股价损失,这并不具有统计学上的显著性。他们还表明,采用了公允价格的章程修订条款的公司,内部人持股(12%)与机构投资者持股(30%)大体处于正常水平。他们将这一证据解读为支持以下见解:股东投票阻滞了有害的章程修订条款的通过,特别是当内部人持股比例偏低而机构投资者持股比例偏高之时。Brickley、Lease 和 Smith 进一步支持了此种观点,他们以材料证明,随着机构投资者及其他外部人持股份额的增多,对于反收购的章程修订条款(特别是损害股东利益的条款)"投反对票"的比重也呈上升态势,而随着公司管理层持股份额的增加,对于此类章程修订条款"投反对票"的比重则呈下降态势。

累积投票权的式微

累积投票权使得小股东有可能以抱团的方式将其候选人推选为董事,即便大股东予以反对。敌意收购及投票代理权争夺中的异议股东,也经常通过累积投票权的运用而选任部分董事会成员。Bhagat 和 Brickley 分析了股价对于 84 起管理层发起的章程修订条款的反应,这些章程修订条款废除了累积投票规则,或者降低了其影响。由于这些章程修订条款降低了异议股东选任董事的权力,它们提升了管理层抵制要约收购的能力。Bhagat 和 Brickley 发现,引入这些章程修订条款,在统计学上大约带来了 1% 的显著异常负回报。

不需要股东批准的防御措施

以下四种通常的防御措施不需要股东批准:普通的诉讼、绿邮计划、毒丸计划及反收购的州法的运用。除了普通的诉讼之外,这些防御行为与平均的股价负面回报息息相关,在由管理层制定这些条款的公司中,这些条款在绝大多数情形下有害于股东。

目标公司管理层发起的诉讼

正如前面的文献所描述的,诉讼将抑制收购,从而损害了一些目标公司股东的利益,并且使其他公司的管理层拥有更多的时间和武器来削减更好的报价,从而帮助了其他公司的股东。Jarrell 研究了 89 起针对敌意收购人提起的诉讼,前者以证券欺诈、违背了反垄断法律以及违背了州或者联邦的要约收购规则为基础。研究结果表明,在通常情况下,诉讼明显地拖延了控制权的争夺,涉讼的目标公司经常受益于诉讼。59 起拍卖型收购为股东带来了高出最初报价 17% 的额外收益,而 21 家保持独立的目标公司则几乎丧失了所有最初的 30% 的平均溢价。Jarrell 得出结论称,整体而言,这一证据无法驳斥以下理论:目标公司发起的诉讼在整体上与股东福利的最大化相一致。

目标公司回购大宗股份(绿邮计划)

当目标公司的管理层溢价回购敌意收购人持有的目标公司的大量股份,从而解除了敌意收购的威胁时,就会产生绿邮计划。这种充满争议的做法,在联邦法院、国会听证以及在 SEC 的听证过程中,一直经受着挑战,而且无论是绿邮计划的支付方还是接受者,在公众当中的声名都不好。在梳理早期的研究时,Jensen 和 Ruback 下结论称,绿邮回购与购买方公司的股东显著负面异常回报息息相关(或许是因为它们消灭了潜在的收购要约),而且与卖出方公司的股东显著正面异常回报息息相关。绿邮回购的这些负面效应,与没有成为收购目标的公司回购自身股份通常会形成的正面股价效应,恰成鲜明对照。

从那一时期以来的三项新的经验研究,使得关于绿邮交易的分析更为复杂,且更难以得出定论。这些研究表明,禁止进行绿邮支付,未必一定符合股东利益。此种禁令有可能使得那些心存获得绿邮支付预期的投资者,在此禁令之下不再投资于潜在的目标公司的股份,因而降低了外部人监督管理者的激励。

Mikkelson 和 Ruback 研究了 39 起绿邮计划(以 1978 年至 1980 年间提出的 13D 备案申请为基础)。他们发现,宣布回购带来了 2.3% 的显著股价损失。然而,他们也报告称,将敌意购买人最初购买股份计算在内的整个期间的平均回报为 1.7%。Holderness 和 Sheehan 结果类型的研究包括了 12 起绿邮计划,而且他们所报告的股东回报范式,与 Mikkelson 和 Ruback 所提供的经验证据相一致。尽管绿邮交易本身有损目标公司的股东利益,最初购买股票及相关事件给股东带来的净回报仍属正值。OCE[SEC 首席经济学家办公室]提供了目标公司回购大宗股份的更为全面的样本。该项研究涵盖了 1979 年至 1983 年的 89 起大宗回购（超过 3%的已发行普通股）。投资者利益的初始公布带来了平均为 9.7%的正值回报，而绿邮交易则与 5.2%的股价损失息息相关。

毒丸

自从 1982 年底引入"毒丸"以来，它已经成为抵御敌意收购企图的最常用也最具争议的措施。毒丸是描述股东的一组权利的协议，根据该协议的安排，当发生诸如争夺控制权的收购要约或者收购人持有的目标股份累计达到规定的比例时，目标公司的股东有权以非常富有吸引力的价格买入另外的股份或者向目标公司卖出股份。当这些权利被触发时，敌意收购人将面临严重的经济处罚。

由于以下两个突出的特征，毒丸被认为是遏制敌意收购企图的非常有效的措施。首先，如果敌意收购方没有触发该毒丸，目标公司的管理层可以低成本且迅速地改变该毒丸计划。这一特征给潜在的收购人施加了压力，促使其与目标公司的董事会直接谈判。第二，如果毒丸未被赎回，则在绝大多数情况下敌意收购的成本将会异常高昂。在阻遏敌意收购企图方面，要求调整资本结构时进行双重投票或者现任管理层直接持有多数股份固然效果不错，但除此之外，毒丸计划这方面的功效无与伦比。

关于毒丸计划的研究，最全面者当推 Ryngaert…… Ryngaert 研究了从 1982 年至 1986 年 12 月 25 日采用的 380 起毒丸计划所组成的全样本…… Ryngaert 将其样本分为"差别化毒丸"（限制最为严格）及"翻反毒丸"（限制最不严格）。他还说明了公司是否遭到收购投机行为的侵害，以及在毒丸计划即将宣布之时是否发生了混淆事件，从而使数据不够纯净。没有发生混淆事件的 283 起毒丸计划对于股价的影响具有统计学上的显著性，即 -0.34%。如果将样本集中于受到收购投机行为侵害的 57 起事件，则平均的损失为 1.51%，也具有统计学上的显著性。这些结论获得了 Malatesta 和 Walkling 的发现的支持…… Ryngaert 报告称，采用毒丸计划的公司管理层持有本公司发行在外的股份份额之低，令人吃惊，平均约为 3.0%。这一事实与机构投资者持股比例高企的事实共同表明，如果毒丸计划必须获得股东投票通过，则它会面临诸多困难。

Ryngaert 还研究了 1983 年至 1986 年间毒丸计划的攻防大战所衍生的诸多重要的法院判决对于股价的影响。研究结果表明，在支持目标公司的 18 例法院裁决的 15 例中,法院关于毒丸计划的裁决对于目标公司的股价产生了消极的影响,而在支持收购人的 11 例法院裁决的 6 例中,法院关于毒丸计划的裁决对于目标公司的股价产生了积极影响。这一证据与以下理论并不一致:毒丸防御措施增强了公司管理层在控制权争夺战中的谈判地位,从而增进了股东福利。

尽管就比例而言,这些损失并不算大,但这些经验证据表明,毒丸计划有害于目标公司的股东。

关于防御策略的总结

四年前,Jensen 和 Ruback 回顾了有关反收购的章程修订、驱鲨剂、公司注册地的变更以及绿邮计划等经验研究。他们得出结论称:"目前还难以发现与公司控制权有关的管理层行为损害了股东利益;例外的情形是消除了实际或潜在收购人的行为,例如,他们通过目标公司大额回购股份或者公司暂停经营协议,来达此目的。"

自从他们发表了此种见解以来,目标公司管理层可以运用的防御手段一直在强化。多年来,由于具体的防御措施产生于应对收购方改进后的融资及其他种种策略,在一系列令人眼花缭乱的创新中,这些防御措施不断发展演变。现在司空见惯的公允价格章程修订条款,在 1983 年仍属新鲜事物,而且毒丸计划也没有被发明出来。学术圈的金融经济学家以及政府部门紧跟这些发展变化,对于新的章程修订条款、毒丸计划防御措施、绿邮交易等,都进行了及时的分析。尽管 Jensen 和 Ruback 正确地预测它将成为"富于成长性"的领域,我们却不能重申他们"有害的防御策略极为鲜见"这一当时看来正确的结论。

第二代州收购立法的财富效应[*]
JONATHAN M. KARPOFF 和 AUL H. MALATESTA

从 1982 年至 1988 年,34 个州颁布了逾 65 部规范公司收购的大法。这些所谓的第二代州收购立法,颁布于 1982 年美国最高法院的一例裁决(*Edgar v. MITE Corp.*)使既存的 37 部法律归于无效之后。最高法院于 1987 年 4 月作出另一例裁决(*CTS Corp. v. Dynamics Corp. of America*),

---

[*] 本文发表于 *Journal of Financial Economics*, vol. 25, Jonathan M. Karpoff and Paul H. Malatesta, "The Wealth Effects of Second-Generation State Takeover Legislation," 第 291—322 页, Copyright Elsevier (1989). 本部分内容的重印获得了许可。

支持了印第安纳州有关收购的法律,并且创造了一种假定,即其他收购的法律也有效力。在此之后,其他更多的收购法律纷纷出台。一些研究者将更为近期的一些法律称为第三代法律。然而,在本文中,我们把所有1982年以后出台的州的收购法律都称为第二代法律。

关于第二代有关收购的州法对于股东财富的影响,我们会提供证据来予以说明。由于这些法律增加了敌意公司收购的成本,我们可以认为,它们对于该法调整之下的公司提供了收购防御措施。一种假定认为,这些法律通过提高敌意收购的成本,从而以牺牲股东利益及资源配置的效率为代价,稳固了现任管理层的地位。如果此种假定是正确的,则第二代有关收购的州法应当减损了股东财富。而根据竞争假设,收购防御措施提升了预期的要约溢价,即便与此同时其使目标公司管理层在收购来临之时可以获得更高的控制权溢价,从而降低了收购发生的可能性。该假说意味着第二代有关收购的州法应当会提升股东财富。

另一个相关的问题关注的是具体公司能够运用的反收购措施,例如修订章程写入反收购条款,以及毒丸计划等等。一个假定认为,关于收购的州法与公司层面的防御措施可以互相替代。然而,另一种假定却认为,在拥有收购防御措施的公司中,有关收购的州法的效果更为明显。那些选择采用毒丸及修订章程以写入反收购条款的公司之所以愿意这样做,是因为特别容易受到收购要约的威胁。如果是这样的话,这些公司可能更容易受到收购法律的影响。

为了检验这些假设,我们分析了在州立法部门引入了第二代有关收购的法律之后,在该州法律影响之下的公司的股份回报。首先,我们分析了1982年至1987年间媒体首次披露有关收购的州法所引起的平均股价反应。第二,我们分别分析了拥有公司层面的收购防御规定的公司在有关收购的州法宣布期间的股价反应,以及没有公司层面的收购防御规定的公司的股价反应,从而检验了公司层面的收购防御规则可以替代收购的州法这一假说。我们提供了关于数个相关问题的证据,包括不同类型的第二代有关收购的州法的股价影响,以及股价之于新闻媒体披露的若干法院裁决的反应,这些裁决对某些法律产生着影响。

此前针对第二代有关收购的州法的股价影响的研究,得出了互相矛盾的结果。Schumann和Sidak以及Woodward报告称,注册于纽约州和印第安纳州的公司在该州颁行法律这一历史性重要时刻,股价显著下跌。

而另一方面，Romano 却发现，康涅狄格州、密苏里州和宾夕法尼亚州通过的法律对于注册于该州的公司，没有产生显著的股价影响。Ryngaert 和 Netter 的结论是，1986 年俄亥俄州的法律降低了注册于该州的公司的股东财富，但这一结论遭到了 Margotta、McWilliams 和 McWilliams 的挑战，后者下结论称，法律对股价的影响并不显著。类似地，Margotta 和 Badrinath 报告称，1986 年新泽西州的收购法律对于注册于该州的公司的股价没有显著影响，而 Broner 则将其数据解读为，新泽西的法律降低了受其影响的公司的股价。Pugh 和 Jahera 得出结论称，俄亥俄州、印第安纳、纽约州的法律对于注册于这些州的样本公司的股价，没有显著影响。

此前种种发现之间存在差异的一个主要原因在于，任何单部法律的影响的估算值，在很大程度上受到了研究者所选用的时间窗口及受影响公司的样本的独有特性的影响。例如，某一项研究 [Conner 的研究] 不可能提供有益的信息，因为其分析的是州长签署两部法律之时的股份回报，而不是法律成为公共新闻之时的股份回报。Quirin 认为，Sidak 和 Woodward 的研究结果的驱动力来自于影响着样本中单个公司的股价的干扰事件。类似地，Margotta、McWilliams 和 McWilliams 认为，Ryngaert 和 Netter 的研究结论源于其不适当地选择了时间窗口和样本公司。

为了避免出现这些问题，我们分析了到 1987 年为止媒体披露的所有第二代有关收购的州法的平均股价效应，同时考虑到了此前存在的反收购章程条款及毒丸计划。

证据表明，总体而言，关于收购的州法的宣布，与受影响的公司股价的小幅但具有统计显著性的下跌息息相关。然而，这一结果的显著性，基本上可以归因于缺乏反收购的章程修订条款及毒丸计划。此前公司层面拥有收购防御措施的公司的股价，并没有受到有关收购的州法出台的显著影响。

第二代州收购立法

有关购买控制权股份的法律规定，在买入超过一定比例的股份时，必须获得目标公司股东的预先批准……公允价格的法律规则类似于许多公司采纳的公允价格的章程修订条款，调整着双层收购要约或者涉及大股东的其他重大公司合并中的后端价格……关于排挤的法律规则禁止收购人在一定年限内与目标公司进行公司合并，除非收购人在购入超过一定比例的目标公司的股份之前，获得了目标公司董事的许可。而且，即便在法定的等待期间,绝大多数关于排挤的法律规则只有在交易满足了公允价格条款时,才允许企业合并继续进行。因而,关于排挤的典型法律规则,与可以强制拖延合并进程的有关公允价格的法律在效果方面如出一辙。

经验结论

我们的经验分析结论,包含了与颁布收购法律息息相关的公司股份异常回报的估算值……在所有情况下,我们计算了每一立法事件对于所在州的公司股份的异常回报的影响。以此为基础,我们汇集了所有异常回报估算值,并对假设进行了检验。我们还评估了具体的法院裁决之于收购法律的影响,当然我们遵循的步骤略微有所不同。我们没有选用法院裁决对各州的影响而形成的多元组合的信息,相反,我们把可能受到影响的公司予以平等加权而形成了分析样本。在我们对于法院裁决的一些分析中,研究样本包含了单个州的公司。然而,在其他情况下,该样本包含着法院所适用的法律相类似的所有州的公司。于是,关于假设的检验,就以可能受到影响的公司的特定分析样本的异常回报估算值为基础。

表格3[略去]报告了在确定具体的新闻发布日之后,所有40个州的收购立法事件的平均股份回报预测误差。事件时间从该日起算……2天的公告期间的平均预测误差$[-1,0]$为-0.294%,Z统计量为-2.430,P值为0.0075[1]……在公告期间前后两天的平均预测误差几近于零。这些结果表明,整体而言,有关收购的州法的消息的宣布,与股东财富的降低息息相关,而且股东财富的降低发生于公告期间。

相对于受影响的公司的市值而言,关于收购的州法的平均股价影响并不大。然而,我们样本中的法律,影响着在纽约证券交易所和美国证券交易所上市的将近88%的公司,后者于1987年底的总市值为2.315万亿美元*。因而,0.294%的股价下跌,意味着在纽约证券交易所或者美国证券交易所上市的受到影响的公司的股份市值,损失了60亿美元。

为了研究公司层面的收购防御措施是如何影响股价对于有关收购的州法的影响,我们将研究目标锁定于在有关收购的州法出台之前即拥有毒丸防御措施或者反收购章程修订条款的公司……直至1987年,1505

---

[1] 也就是说,在低于1%的水平上,检测统计量具有显著性。参见第1章B部分注释7的探讨。——编者注

* 原文为$2.315 billion,应为$2.315 trillion的笔误。——译者注

家公司中的1107家公司在它们所在地的州颁布了它们认为的收购法律之前,都没有反收购的章程修订条款或者毒丸计划防御措施…… 在1505家公司中,368家公司在其所在地的州颁布了它们认为的第一部收购法律之前,至少拥有一项反收购的章程修订条款或者毒丸计划……30家公司在其所在地的州颁布了它们认为的第一部和最后一部收购法律的时间间隔里,采纳了公司层面的收购防御措施。

研究结果显示,在此前没有收购防御措施的公司中,股东财富的平均减损更为突出。在此类公司中,2天的公告期间的平均预测误差为 -0.388% ,Z统计量为 -2.541 ,在1%的水平上具有显著性。此前拥有收购防御措施的公司所组成的样本中,2天的公告期间的平均预测误差为 -0.126% ,Z统计量为 -0.865 ,在传统的显著性水平上,与零值不存在统计上的差别。

我们对此的解读是,这些结果表明有关收购的州法保护了潜在的目标公司的现任管理层,而且后者在公司层面没有明显的收购防御措施。看起来,有关收购的州法取代了公司层面的收购防御措施。对于那些拥有收购防御措施的公司而言,公告期间的平均预测误差几近于零,这吻合于以下假设:人们并不会期待法律能够为这些公司提供额外的保护。这一证据并不支持以下假设:有关收购的法律对于那些此前拥有收购防御措施的公司而言,影响最为明显。

不同类型的收购法律的公布所带来的影响

如果不同的法律在阻遏收购方面的能力大小有别,则不同类型的法律对应着不同的异常股份回报平均值。

为了分析不同类型的收购法律的财富效应差异(如果存在此种差异的话),我们按照法律类别对样本进行了分类,并计算了公告期间的平均预测误差……有关控制权股份收购、公允价格及排挤的法律的公布的平均预测误差为负值。在这三种类型的法律中,只有关于排挤的法律在5%的水平上的平均预测误差才显著地区别于零值。而这三种类型的法律的两天平均预测误差,彼此之间并无显著差异。

在其他更不常用的法律类型中,有关毒丸的法律平均预测误差是负值,并且在5%水平上具有显著性…… 其他类型的法律在5%水平上与零值不存在统计上的差别。

三个重要的州公布有关收购的法律所产生的影响

情况也可能是,那些代表着重要创新的法律所引发的股价反应更大,或者注册于某些州的公司数量更多,因而它们的法律能够影响到其他州的法律的发展演变,那么这些州通过的法律所引发的股价反应也应当更大。然而,数据也不支持此种推测。尽管这样选定一些州来研究的做法,在某种程度上也是武断的,我们仍然分析了纽约州、特拉华州(因为在这两州注册的公司非常多)及印弟安纳州(因为该州有关控制权股份收购的法律是许多其他州制定相关法律的原型)公布法律的两天预测误差……在纽约州,两次公布法律的平均两天预测误差是 -0.217%, Z 统计量为 -0.598。在特拉华州,两天预测误差是 -0.437%, Z 统计量为 -1.103。在这三个州中,只有印弟安纳州的两天预测误差较大(-2.138%),并具有统计学上的显著性($z = -3.456$)。

法律的引入、通过、签署及否决的公布日的影响

我们还分析了在州立法机关引入收购法案、该法案最终通过、并被州长签署的期间的回报预测误差。该数据显示,针对这些事件的平均股价反应接近于零……这些结论表明,这些立法对股份估值的影响,主要反应为首次宣布有关收购的立法正在进行的消息所带来的影响。

然而,并没有明显的证据表明,当亚利桑那州和纽约州的州长否决了有关收购的法案时,在那些州注册的公司的股价应声上涨。在这两个事件中,相对于否决日 -1 天及 0 天的平均预测误差为 1.080%,其 Z 统计量为 1.581。

法院的裁决及有关控制权股份收购的法律

法院的裁决提供了另一个机会,借此可以评估有关收购的州法、特别是有关控制权股份收购的法律对于财富的影响。1985 年和 1986,年,美国地区法院裁决,五个不同的有关控制权股份收购的法律是违宪的,其中两项裁决得到了上诉法院的支持。1987 年 4 月 21 日美国最高法院在 *CTS Corp. v. Dynamics Corp. of America* 这一里程碑的裁决中,推翻了两例下级法院的裁决,并支持了印弟安纳州有关控制权股份收购的法律,此前没有一家法院支持第二代有关收购的法律。六天之后的 4 月 27 日,最高法院裁决认为,此前在下级法院的裁决中被认定是违宪的俄亥俄州有关控制权股份收购的法律,应当根据法院的 CTS 裁决而由上诉法院予以重新考量。

这两例下级法院裁决及两项最高法院裁决的报道日子,均通过检索报纸而获得……这些研究组合……[下级法院的裁决]的平均预测误差显著区别于零值。

对于注册于印弟安纳州的公司组合的平均预测误差是正值,但对于1987年4月22日印弟安纳州的法律获得支持的报道的平均预测误差却并不显著……同样的,在本来就拥有关于控制权股份收购的法律的州注册的公司,平均两天的预测误差却并不明显,围绕着4月28日俄亥俄州的法律获得支持的消息公布]的平均预测误差是负值,而且对于注册于俄亥俄州的67家公司而言,平均预测误差并不显著,而且对于注册于本来就拥有关于控制权股份收购的法律的州的185家公司而言,其平均预测误差为负值,并且在5%的水平上具有显著性。这一结论与我们更早的发现一脉相承,而且吻合于管理层壁垒假说。

敌意收购的未来:立法和公众意见 *

ROBERTA ROMANO

各州规制公司收购的路径

各州关于第二代收购立法的政治轨迹大体类似。这些法律通常迅速制定,获得了几近一致的支持并且几乎没有引起任何公众注意,更不用说引起公众的讨论了。这些法律通常是应当地大型公司的要求而启动立法程序通过的,这些公司通常是敌意收购的目标,或者担心成为敌意收购的目标。

然而,并非像某些人凭直觉所判断的,由于担忧公司的收购行为会对当地经济产生不良影响,公司、雇员和社区领袖组成广泛的联盟,推动了这些法律的通过。尽管某些立法机关可能会考虑到这种影响,雇员和社区团体却并非首当其冲地受到收购的影响。事实上,几乎在所有的州中,除了公司管理层和商业团体之外,最为积极地推动法律通过的,就是当地的律师协会。尽管在一些州中,律师一直积极介入法律的起草,但在另外一些州中,例如在康涅狄格州,提出法案的公司刻意避开律师,以确保法案原封不动地获得通过。毫无疑问,公司律师与公司管理者及股东的利益存在分野。例如,公司律师可以从收购诉讼中获得收益,从而扼杀了一

---

* 本部分内容的重印,获得了57 *University of Cincinnati Law Review* 457(1988)的许可。

切敌意收购的法律,同时也就消灭了诉讼。维持某些数量的收购活动的激励遭到弱化的一个因素是,合并后的公司通常会留任收购方的法律顾问。而因为收购人、以及相应地其律师通常来自州外,当地律师的利益驱动即类似于那些努力阻挠收购的现任管理层。正如我们能够推测到的,公司律师独立于其客户利益的激励多种多样,我们无法判定其行为背后的驱动力。

或许,对于 CTS 一案[1]的最为重要的反应,以及应对联邦主义论争的复兴的关键在于,特拉华州这个在吸引公司注册方面执全国牛耳的州颁布了第二代的法律。为其赢得声誉的是,与其他许多州相比,特拉华州的立法程序更为公开、更为精巧……SEC 的数位委员、股东组织和机构投资者,在法律制定过程中不遗余力地反对法案的内容,他们中的部分人此前反对律师委员会介入立法。与此同时,公司也提升了其游说的力度。

与特拉华州的第一代法律一样,它的第二代法律与其他州的相关法律相比,对于收购方公司的敌意弱得多。它赋予收购人更多的灵活性来完成不友好的交易。这种现象在很大程度上可以被解释为,与其他州相比,特拉华州的公司法律师更为广泛地任职于不同的群体中,它们既包括目标公司,又包括收购方公司。例如,与注册于其他州的大型公司相比,特拉华州的大型公司在其生命周期里平均经历了更多的收购,而历经敌意收购的公司中,注册于特拉华州的公司多于注册于其他州的公司。然而,由于如此多的公司——将近半数的财富 500 强制造业公司及超过 40% 的纽约证券交易所上市公司——在特拉华州的辖域之下,该州即便是相对温和的有关公司收购的法律的颁布,也会引起严重的关切。因而,特拉华州有关收购的法律的颁布,使人们有动因来呼吁联邦规则的效力优先于有关收购的州法。

何时联邦规则优先于有关收购的州法?

关于联邦主义的经济理论,为倡导公司收购的规制应当转至中央政府来完成,提供了基础。在分析这一问题时,我们运用的起点是关于政府的正当性理论,即政府的主要功能是矫正市场失灵。当市场活动带来了外部性或者当商品或者服务是公共产品时,市场无法有效地分配资源。

---

[1] 在 *CTS Corp. v. Dynamics Corp. of America*, 481 U.S. 69 (1987) 一案中,最高法院裁定支持了印弟安那州有关控制权股份收购的法律,从而终结了关于有关收购的州法在合宪性方面的不确定状态。——编者注

当某项活动给该活动主体之外的个人或者公司带来收益或者成本、而且那些第三方主体无法排除享受该利益或者承担该成本时,这一活动将产生外部经济或者非经济的情形。当发生这种情形时,由于行为主体只考虑那些直接影响着他们收益和成本的事项,对于社会整体而言最优的安排却无法达成。

关于联邦主义的经济理论关注外部性的范围……以确定政府在哪个层面介入市场是适当的,当然,前提是存在此种适当的层级。如果某项活动的外部性完全在政府的管辖范围之内,政府应当控制该项活动,因为彼时该活动的所有成本与收益均由政府负有责任的民众来承担,而且此种资源的配置是有效率的。而当成本与收益溢出了该政府的管辖范围时,会产生分配性低效问题。例如,由于无法计算某项行为除了给本州民众带来的收益之外,还给其他州的民众带来多大的收益,政府的监管可能就无法诱使市场实施足够多的行为。另外,当该行为裨益于该州的居民而成本由其他州的居民承担时,它或许会诱发太多的外部性行为。在溢出的情形下,层级更高的政府的管辖范围将涵盖所有受益及受损的居民,因而是更为适当的管辖机构。

在发生收购时,目标公司管理层的职业前途命悬一线。公司管理层对于敌意收购的重视程度显然大大高于针对公司法的其他事项,这种考量方面的显著差异,突显了……关于公司收购的州法的政治[问题]:关于收购的法律关注的是当地居民的利益——管理者,以及大概是目标公司本地雇佣的雇员,以及与目标公司有关联的当地公司和慈善团体——但这种成本却分散到股东和各家收购方公司来承担,后者通常并不居住于立法所在地的州。

在层级更高的政府层面,应当不会发生这种无法计入所有成本与收益的情形,因为各方主体均被纳入了政府的管辖范围。然而,特拉华州也可以内化诸多成本与收益:这不仅是因为敌意收购方公司中,在特拉华州注册的公司超过了在其他州注册的公司,而且因为在特拉华州注册的公司中,只有少数几家公司实际上在该州开展经营管理。在特拉华州有大量的潜在的目标公司,这使得非本地的收购方和股东在特拉华州进行立法游说,比在其他州进行立法游说更为合算,这种情形与全国性平台几无差异。尽管非本地的收购方和股东在特拉华州不能投票,但它们的律师却可以。然而,与全国性政府不同的是,特拉华州却面临着与其他州的税收竞争,这些州盘算着制定有关收购的州法。这就带来了影响着特拉华州的立法政治的外部性(当然此种类型有所不同),而此种外部性在国家层面上不复存在,因为在该层面上,公司的注册税费收入并不是重要的考量因素。而在股东与管理者之间残酷的利益冲突中,州际竞争或许并不能带来理想的结果。

然而,如果就此自然地推断出,将公司收购提升至国家层面来监管将改善这一境况,无疑将犯一个错误。关于收购立法的政治市场失灵的一个原因,即公司管理者与股东之间的组织差异,在全国性政府相对而言更为恒定不变。无论是在国会还是在州立法机构,不同公司的管理者之间的利益更容易协调。管理者们通过行业协会及拥有董事会席位所带来的便利,已经多有互动和交流,而且他们显然会从有关收购的法律所提供的职位保护中获得重大利益。而且……大型公司的管理者人数大大低于股东,当公司成为敌意收购的目标时,这些管理者以往游说收购立法所获得的收益将超过游说成本,因而,这些管理者个人也有动机来承担置备所有管理者的集体公共产品(法律)的成本。

全国层面有关收购的规则的收益仍然集中,但这些成本却相当分散,因为股东分散在各州,而且绝大多数投资者持股份额很低,以至于搭便车问题很严重。大股东、特别是机构投资者拥有更多的游说动机,但他们缺乏公司管理者所拥有的某些组织优势。而诸如行业协会等商事组织,通常会向其成员公司提供有价值的信息,公司会借此而进行个别的游说,于是这种组织就扮演着管理层游说收购立法的机制的作用。而股东的集体行动却更难达成,因为他们更不需要一个集中的组织来分享信息。一项公认的事实是,受关注的股票(成为敌意收购目标的股票)的交易市场——全国性的股票交易所——是有效率的市场,鉴于此,股价包含了所有可以公开获得的信息。因而,投资者——特别是竞相争夺客户的机构投资者——与伞状股东组织中的其他投资者分享私人信息,对其而言并没有好处。如果没有政治企业家或者集团向其成员个人供给私人物品,例如分享的信息,则集体行动不可能获得成功。

此外,在公司收购的背景下,还存在另一项重要的不对称情形,这种情形影响着集体行动:个体更倾向于协调行动以规避公共"悲剧",而不是去获得公共福利。其原因在于,绝大多数人都是风险厌恶者,他们更加在意避免损失,而不是获得同等数量的收益。在公司收购的背景下,这种不对称的情形,也使得游说管理者比游说股东更为有利,因为目标公司的管理者可能会受到收购的伤害,而目标公司的股东则受益于此。另外,管理层遭到的损失通常大于大股东,后者恶化了集体行动问题。相应地,我们也可以对公司收购背景下的国家监管进行案例分析,但它比我们第一眼所得出的印象要复杂得多。

联邦行动的可能的结果

联邦立法的努力,1963—1987

国会议案的内容。关于收购法律的外部性的分析表明,国会的议案或许与州的保护主义大相径庭。然而,数据却得出了另外的结论。从1963 年至 1987 年,国会通过了 200 多部有关公司收购的法律,其中还不包括专门调整银行收购的法案……这些有关收购的法律的一个最显著的特征在于,与有关收购的州法一样,它们中的绝大多数均以加大收购难度为目标。

除了本质上倾向于反对收购人之外,与几乎所有的第二代州法不同的是,所有限制收购的国会法案都设定了强制性制度安排。公司既不能"选出"、又不能"选入"这些监管制度……简而言之,股东的福利并没有改善,而且根据绝大多数国会议案,由于缺乏"选出"式条款,他们的福利极可能会恶化。

John Kingdon 在其一篇关于政策动议的全面的研究中发现,国家层面成功的法律变革,是原有要素的革故鼎新,而不是创造一套全新的议案。当国会采取重大行动以监管公司收购时,Kingdon 所强调的法律变革的革故鼎新的方面,就成为一种显著的特征。1965 年,参议员 Williams 引入了首个调整现金要约收购并要求披露大宗持股份额的议案,1967 年该议案的修订版本出台,但直至 1968 年,该议案才转化为法律。《哈特-斯科特-罗迪诺反垄断改进法》(The Hart-Scott-Rodino Antitrust Improvements Act of 1976)规定,包括现金要约收购在内的某些类型的收购,必须在公司合并之前发出通告,并要赋予一定的等待期。事实上,该议案早在 20 年前即已提出,而且在随后的国会议程中不断地被提起。20 世纪 80 年代的法案中包含的新元素,如今在若干国会议程中再次被提起,而且它们延续了制约收购方的趋势。因而,根据经验作出的预测是,未来联邦政府采取的针对收购的任何行动,仍将进一步规制收购方。

联邦政治程序。国会和州的预期立法结果的相似性表明,尽管存在以上种种外部性,联邦层面与州的政治投入或许并无不同。

国会法案的提出与州法颁布的政治过程大同小异,其中最为重要的证据是,推动州层面的政治行动的主要推手——注册于该州的大型目标公司——看起来也是国会制定法律以规制公司收购的主要驱动力……除了推动法律的通过之外,本地公司的并购也促使国会议员作证以支持其他议员的法案,并且在他们的本地问题解决之后,在随后的议程中继续提出议案、共同发起议案并作证支持有关收购的法律法规。

与州的立法政治相同的是,工会在国会政治舞台上的表现,向来极度不活跃……1963 年至 1987 年间国会关于公司收购法案或者就特定敌意收购案件举行的 77 起听证会中,有 46 起听证会至少有一名目标公司的管理人员成为证人,而只有 19 起听证会有工会代表或者工会成员成为证人……在受收购影响的群体中,听证会上的证人名册中几乎总是找不到股东证人的踪影,他们只参与了两起听证会。其原因或许在于,其他证人至少在部分意义上是股东利益的倡导者,例如公司蓄意收购者(在 15 起听证会上出席作证)、学者(37 起)、投资银行(15 起)或者政府机构(62 起)。

行为解释。尽管国会活动频繁,听证及与收购相关的议案绝少导致法律出台。这与以下研究发现一脉相承:在国会听证的事项及报告并不属于非常急迫的事项。于是人们不禁要问,为什么国会议员竟如此频繁地做一些看起来是无用功的事情?为什么目标公司的管理者甚至还要费心地启用这一联邦手段?从国会议员的角度看,举行听证会并引入关于公司收购的法案,相当于进行唱名表决、完成社会福利工作、制造家庭氛围、就像在家里说话一般。这些活动是国会"做广告、声明信用及强化地位"的种种形式,这对于议员连任至关重要,因为它们表明,现任议员为其选民创造着具体利益,而且传递出的信息是,国会这里几无任何问题或者争议,这一消息很受欢迎。因而毫不奇怪的是,在许多听证会上,参议员和众议员出席作证。另外,与此种国会活动的"声明信用"解释相一致的是两党政治。正如在州的立法机构中那样,在国会中的各州国会代表团,实际上一致地支持着来自该州的议员提出的有关收购的议案。

国会针对公司收购的议案采取的政治策略,与其服务于选民的具体方式拥有相同的特征,后者被称为监督政府部门的"火警"方法。在这一方法中,国会自己并不去发现火警,而是针对选民拉响火警警报的行为作出回应。国会议员通过召集或者参与有关公司收购的听证会,可以赢得回应选民心声的赞誉,而选民则承担着知会国会议员的成本。然而,尽管结构相似,国会议员的努力通常无法彻底消除此种背景下的选民的抱怨。国会最终完成立法的比率之低,使得公司管理者的游说收益,以及间接地,国会议员可以获得的实际声誉,都难以感受得到。然而,寻求联邦行动的成本可以忽略不计。公司管理者或许只是相信付出这些成本物有所值,考虑到如果敌意收购获得成功他们将面临巨大的潜在损失,而且在 MITE 一案[2]之后有关州法的合宪性更不确定,开展此类活动显得更为重要。另外,国会听证除了立法收益之外,看起来还会带来其他好处:它可以拖延收购结果的发生,有时目标公司的管理层会利用它来阻挠敌意收购。另外,即使国会在此过程中赢得的声誉并不多,它付出的成本(提出法案或者举行听证会)也不高,相反,国会消极无为的成本却可能非常之高(不仅会失去选区所在地的公司支持,而且会失去本地商业社会的其他利益群体的支持)。

以上分析并不表明,国会关于收购立法的努力都是徒劳无功的,或者仅仅是虚伪的姿态。国会议员并不必定希望他们与收购相关的行为仅仅具有象征意义,而且当然地,联邦关于收购的法律也会周期性地发布。

这一数据确实提出了一个潜在的令人困惑的问题:为什么联邦没有颁布统一的关于收购的法律?特别是考虑到……20 世纪 80 年代 MITE 一案之后,敦促联邦立法的压力越来越大,这一问题愈发引人不解。为了在更大的范围内探讨这一问题,在经年累月中,关于决策议程的政治选择提出了以下问题,即什么时候议案会迎来"它自己的日子"?说白了,没有一套理论可以强大到足以预测政治的变迁。尽管认识到此一教义,研究者们在分析国会决策时仍然认为,在变革的时机方面,以下变量是重要的:(1)总统政府班子的变更;(2)国会议员的组成;以及(3)国民情绪的轮转。

据我估计,20 世纪 80 年代选民要求联邦就公司收购进行立法的巨大压力并没有创造重要的法律,其主要原因在于,作为最为重要的主体之一的里根政府反对这样做。时任 SEC 主席 John Shad 积极拥护政府对市场采取放松管制的立场。政府部门的首脑对于政策动议的成功至关重

---

[2] 在 *Edgar v. MITE*, 457 U.S. 624 (1982)一案中,最高法院认定伊利诺伊州的公司收购法违宪,因为后者为州际贸易施加了成本,从而违背了宪法的规定。——编者注

要,收购领域的法律也不例外。《威廉姆森法》得到了时任 SEC 主席 Manuel Cohen 的大力支持,同样的,卡特政府时期的司法部极力支持了《哈特-斯科特-罗迪诺法案》。毫无疑问,这一事实以某种方式解释了有关收购的听证会上联邦政府官员频频出席作证这一现象,因为离开了政府的支持,国会的政策目标会因为执法不充分或者不积极而遭到削弱。

如果遭到相关监管机构及总统的反对,国会的绝大多数议员显然会认为,有关收购的法律议案是失败的议案,这使得在这方面不可能达成精诚合作……[必须予以考量的,除了思想意识之外。——编者注]总统的一些重要的体制性特征,也必须加以考量:与国会议员不同,总统由全体国民选举产生,代表全体国民利益,因而被认为更为远离政治分赃。里根政府反对规制公司收购行为,即为这一体制因素起作用的例子。

强化了政府部门抵制国会关于收购立法的政治分赃的重要背景因素,是那些出现于政策动议文献中的第三方因素,即国民的情绪。衡量国民情绪的一个传统方法是公众意见调查。

公众关于收购的态度之稳定,不仅体现在不同的民意调查之中,而且历久不变,不同阶层的受访者的态度也相当稳定。考虑到针对民意调查的回应相当稳定,关于收购的公众意见可以被概括为以下几类:(1)绝大多数公众对公司收购漠不关心,而且最多只是偶尔得知公司收购的事情;(2)半数以上、有时是绝大多数的公众显然对收购持负面看法;以及(3)公众认为在公司收购中股东和高管是赢家,而雇员则是输家。

公众对公司收购普遍缺乏兴趣和了解,这使得对于绝大多数投票人而言,收购受到的关注程度很低,这种情形最容易……导致国会片面地对收购立法采取磨蹭拖拉的态度……然而,正是由于受到的关注度低,游说者在政策制定中可以拥有很大的话语权,因为立法者可以只付出极少的人力成本就能满足这一最关注收购的群体的要求,有关收购的州法以近乎全票的比例获得迅速通过,证明了这一点。公众意见的调查数据强化了以下预测:如果国会要对收购进行立法,它将无法全面内化规制收购的成本,而且它的行事方式将与州相类似。考虑到公众对于收购的漠然及无知,本文提出的政策建议是,当前要务是,把有关收购及公司控制权的竞争性市场在理论层面和实证层面的积极有益的后果告知公众,这样或许能够最好地实现其目的。否则,公众很可能痛彻地失望于颁布的法律。

IPO 的章程条款最大化了公司价值？IPO 中的反收购保护[*]

ROBERT DAINES 和 MICHAEL KLAUSNER

导论

本文集中关注的是两个被普遍认可的观点的交集：其一，反收购条款（ATPs）通常是有效率的；其二，处于初次公开发行（IPO）阶段的公司，确立了有效率的治理结构。我们研究了打算上市的公司章程和章程细则中的反收购条款，并且质疑这两个观点能否和谐共处。

收购防御措施通常被认为增加了公众公司的代理成本，而且其驱动力源于管理层壁垒的利益考量。我们将此种关于反收购条款的观点称为"管理层壁垒假说"。管理层在反收购条款的保护之下，可以击退提升财富的收购，攫取高于市场水平的薪酬，并且以牺牲股东利益为代价而设置管理层壁垒。

以 Jensen 和 Meckling 的观点[参见第 1 章的摘要文献——编者注]为基础，同样被广泛认可的看法是，谋求上市的公司采纳了最小化代理成本的治理结构，因而在可能的范围内最大化了公司价值。因而，如果反收购条款提高了代理成本并降低了公司价值，则打算上市的公司通常应当避免加以采用，并且当股权分散且出现代理成本时，应避免采用。

尽管人们通常认为，管理层壁垒假说能够解释反收购条款的采用，理论家已经表明，在特定的情况下，反收购条款所带来的利益能够抵消增大的代理成本。他们解释道，当收购发生时，反收购条款可以强化管理层与收购人谈判的力量，目标公司的股东可藉此赢得更高的溢价。对于特定的公司而言，如果预期的溢价收益超过了管理层壁垒所带来的成本，则反收购条款将是富有效率的。在此情况下，那些需要获得谈判权力的公司，就会选择采纳反收购条款（谈判权力假说）。另外，……反收购条款可以

---

[*] 本部分内容的重印，获得了以下版权所有者的许可：Robert Daines and Michael Klausner, "Do IPO Charters Maximize From Value? Antitakeover Protection in IPOs," *Journal of Law, Economics, and Organization*, 2001, vol. 17, issue 1, page 83, 同时获得了 Oxford University Press 的许可。

缓解管理层的短视问题。[1] 那些认识到短视将带来问题的公司,在寻求上市时将采纳反收购条款(理性的短视假说)。这些假说均表明,反收购条款在特定情况下可以改善公司的价值。

与此同时,私人收益也可以解释反收购条款的运用。

在本文中,我们将分析打算上市的公司的章程,以检验以下共同的假说:(1) 处于 IPO 阶段的公司的章程是有效率的;以及(2) 除了在前面归纳的三个效率假说的情形之外,反收购条款是没有效率的。我们分析了打算上市的 310 家公司的章程和章程细则,以确定在公司 IPO 之时是否备有反收购条款,以及如果有的话,为什么公司会拥有这些条款。我们发现,公司章程中的反收购条款司空见惯;在我们的样本中,大约三分之二的公司采用了会对敌意收购构成重大障碍的反收购条款,而且大约半数的公司采用了最为强势的反收购条款。另外,即使是在由风险资本和杠杆收购专业人士控制的公司中,反收购条款也相当普遍——这或许是因为老练的投资者拥有专业智识和激励来谋求股价的最大化。另外,我们发现,没有一家公司采纳约束自己不得随后采用反收购条款的章程条款(反对"反收购条款")。即便有证据表明,一些州的法律对公司收购设置的障碍降低了股份价格,也几乎没有公司"选出"这些法律规则。如果 IPO 阶段的章程最大化了公司价值的假定是正确的话,反收购条款的广泛运用表明,这些条款经常是富有效率的。

因而,我们来寻求此种效率解释。如果正如人们普遍认为,公司处于 IPO 阶段时,其章程条款已被市场所定价,因而这些条款最大化了公司价值。我们可以研究处于 IPO 阶段的公司章程,以分析对于这些公司而言反收购条款是否可能富有效率。运用这种方法来评估反收购条款的潜在效率,避免了选择性偏见及针对公众公司修订章程以采纳反收购条款的研究所面临的混杂不一的信号。另一方面,如果我们发现没有一种效率假说可以解释公司在 IPO 阶段采纳反收购条款,则我们就不得不质疑 IPO 阶段的公司章程富于效率这一观点了。

---

[1] 在略去的章节中,Daines 和 Klausner 将此种假说详述如下:"反收购条款使公司得以投资于价值无法反应在股价上的长期项目。或者反过来说,如果没有反收购条款,公司的管理层或许理性地在其投资决策方面保持短视。"根据信息不对称、成本高昂的套利或者高管薪酬的假设而研发的大量经济模型,得出了这一结论。——编者注

方法及样本描述

我们的样本包含了1994年1月1日至1997年7月1日间上市的公司。我们将样本公司分为三组：(1) IPO之前风险资本已投资入股的公司；(2) IPO之前杠杆收购的专业人士已投资入股的公司；以及(3) 其他公司。正如下文将会提到的，我们认为，前面两组公司最可能始终如一地采用价值最大化的章程条款，因而能够最为可靠地反映反收购条款的价值……根据这个标准，310家公司组成的样本中，106家公司拥有风险资本投资，91家公司拥有杠杆收购的专业人士投资，113家公司属于其他公司。

出于以下若干原因，我们将风险资本和杠杆收购专业人士已经投资的公司进行超采样：第一，这些公司的章程应当是信息周全的决策的结果，它们能够最好地反映出有关反收购条款对于股份价值的影响。风险投资者及杠杆收购专业人士拥有构建公司并带领其走向上市的专业知识，他们积极参与公司控制权市场的交易，而且有动机采用价值最大化的治理结构。因而，有关公司收购的条款不可能因为失察或者缺乏了解而潜入其公司章程。

第二，我们认为，这些公司运用反收购条款的范式，更不容易受到独特的控制权私人收益的影响。因为在IPO之后数年内，风险资本及杠杆收购基金将卖出股份或者将股份分配给其投资者，而且在这一期间的绝大多数时间里，它们都持有大量股份，因而反收购条款不会被用于保全风险投资者或者杠杆收购专业人士的控制权收益。另一方面，这些投资者与其投资组合公司的管理者可能事先有过默认的约定，即采纳反收购条款以保全管理者的控制权收益。[2] 实际上，此种安排应当是管理层整体薪酬计划的一部分。

第三，管理层持股对于处在IPO阶段的公司采用反收购条款会产生什么影响？我们认为，通过研究拥有风险投资者和杠杆收购基金投资的公司，可以获得一些证据。当一家没有风险投资者和杠杆收购基金投资

---

[2] Black和Gilson表明，风险投资者有一种默认的合同，即允许其投资组合中的公司上市而不是被其收购，从而将控制权返还给成功的创业者。作为此种合同安排的一部分，他们或许会赋予创业者之于IPO完成之后的公司章程以控制权。此种默认合同更不可能解释拥有杠杆收购基金投资的公司的反收购条款，因为那些公司通常是从更富于竞争性的经理劳动力市场中聘请高管。

的公司走向上市时,IPO之前的管理层可以持有控制性股份,从而使公司免受收购的侵扰,此间公司章程是否写入反收购条款则无关紧要……没有风险资本、也没有杠杆收购基金投资的公司的前五位高管,IPO之后在公司中平均持股34.9%。在其中一些公司中,管理层卖出其控制权股份,或者允许其被迅速稀释,而在其他一些公司中,管理层无限期地持有控制权股份。然而,在拥有风险资本或者杠杆收购基金投资的公司中,这些投资者通常拥有控制性股份,而管理层持股份额很低。在IPO前后,这些公司中排名前五位的高管,分别在公司中持股18.9%和8.9%。

IPO公司中的反收购条款的经验分析

我们发现,拥有风险投资或者杠杆收购基金投资的公司,通常会采用大量的反收购条款,而不拥有此类老练投资者的公司,也会采用这些条款……而最引人注目的是,样本公司中超过40%的公司采用了交错董事会。

而另一方面,样本公司中只有大约6%的公司采用了双重类别的股份结构,这表明公司阻挠收购的自由度受到了某些制约(但显然并不构成十足的障碍)。

样本公司中,另外18.4%的公司拥有其他明显的反收购条款。[3] 大约24%的公司防止股东召开特别股东会,并禁止股东以书面同意的方式投票,从而防止股东在年度会议之间采取行动。

大约21%的公司受到非股东利益相关人条款的拘束。其中52家公司注册于公司法包含了非利益相关人条款的州,14家公司注册于其他地方(13家在特拉华州),但在其章程中写入了非股东利益相关人条款。

---

[3] 这些公司并没有采用交错董事会,而是采用了一种或者多种实质上的反收购条款。试着回想一下,我们将以下条款界定为实质上的反收购条款:交错董事会、限制股东在年度会议之间的投票权、限制股东无条件免除董事职务的权利、要求在委任董事时提前90天或者更长的时间发出通知、非股东利益相关人条款、吐回的要求(只有在宾夕法尼亚和俄亥俄州的公司法中)。[在略去的章节中,Daines和Klausner对于为什么他们没有将毒丸归为反收购条款作了如下解释:"我们并不认为毒丸是反收购条款,因为无论敌意收购是否发生或者已经迫近,董事会都可以在未获得股东批准的情况下随时采用或者弃用它们。因而,在某种意义上说,所有的公司在任何时候都拥有毒丸——那些没有毒丸的公司,如果需要就能够很快采用毒丸计划。因而,在任何特定的时间里,有或者没有毒丸,并不能改变公司遭到敌意收购的可能性。关于毒丸的研究错误地认为,拥有毒丸的公司比没有毒丸的公司获得了更多的保护。"——编者注]

绝少公司受到吐回条款的拘束,这些极少数的公司之所以会受到该条款的拘束,是由于它们注册于俄亥俄州并且拒绝选出该州的吐回法律规则。

其他更不重要的反收购条款,也获得了普遍的运用。在11.6%的样本公司中,出现了有关控制权股份收购的条款,几乎所有的这些公司都是注册于拥有这些条款之一的公司法的州,从而受到该条款拘束的……大约82%的公司受到了公司合并条款的拘束。

总而言之,无论是否拥有风险资本或者杠杆收购基金的投资,处于IPO阶段的公司拥有具有潜在壁垒效应的反收购条款的情形司空见惯,这着实出人意料。绝大多数反收购条款明文规定于公司章程或者章程细则之中,其他则见诸于法律规定。在后一种情形下,公司有权选出这些法律规定,但这些公司没有这样做。由此产生的一个问题在于,为什么在IPO阶段,反收购条款竟然如此普遍?它们之所以被采用,是出于效率原因,还是出于管理层壁垒的考量?

可能的效率解释

当目标公司只有一位潜在的收购人时,反收购条款所带来的谈判能力最为有效。如果对目标公司感兴趣的潜在的收购人多于一个时,即便没有反收购条款,这些收购人之间事实上或者潜在的竞争,会推高收购价格……其结果是,特别是考虑到反收购条款的抵消成本,谈判权力假说意味着,某一特定行业中的公司控制权市场的竞争程度,与该行业中寻求价值最大化的公司采用反收购条款的频率,呈反向关系。

为了检验谈判权力假说是否能够解释公司在IPO阶段采用反收购条款,我们……构建了一个指标来衡量样本公司所处行业的收购人之间的潜在竞争程度。这一指标是公司IPO前后五年期间里,样本公司所处行业收到的友好或敌意收购要约的平均数量。我们合并考虑友好收购人和敌意收购人,一方面是因为这两者可以互相替代,另一方面还因为目标公司获得谈判能力的一个常用方式是,诱使友好方发出竞争性要约以应对敌意要约。我们之所以把考察的期间放宽至不限于IPO期间,是为了把以下可能性考虑在内:那些在IPO之时审视了反收购条款的主体,会作出关于收购活动的部分前瞻性判断。我们根据公司所处行业的公司数量,来衡量该变量……如果谈判能力假说是正确的,则我们可以看到这一变量的系数为负值。

当以下两个条件满足时,会产生理性的短视行为。第一,公司拥有长期投资的项目;第二,关于那些项目的价值存在信息不对称。Pugh, Page 和 Jahera 以及 Johnson 和 Rao 在其关于公司章程修订的分析中,将研发投入的强度作为衡量此种长期投资的指标。Aboody 和 Lev 在另一不同的研究背景下确认,的确,随着研发投入强度的增加,信息不对称的情形相应地加剧。

在我们的研究中,单个公司的研发强度并不能提供太多的信息,因为我们的样本公司尚属年轻,它们当前的研发强度或许并不能反映其未来的研发强度,因为将来这些公司的股权会走向分散,有关收购的保护措施会更为息息相关。因而,我们的视野并没有局限于样本公司的研发强度,而是分析了每一样本公司所处行业[在 IPO 之前的三年期间——编者注]的平均研发强度。我们的前提是,研发投入强度高的公司比那些研发投入强度低的公司,信息不对称问题更为严重。

如果理性的短视解释着 IPO 阶段反收购条款的运用,则我们能够料想,反收购条款的运用与研发投入的行业平均水平呈正相关。

回归结果

在所有的回归中,因变量有两个层级,从强式反收购保护到基本不设保护。反收购保护的力度,主要根据该条款在敌意收购人撤换目标公司董事会之前能够延滞他们的时间长短来确定。收购人必须撤换目标公司董事会的原因在于,这样可以废弃目标公司的毒丸计划。

除了前面描述的谈判能力及理性短视的风险的指标之外,每一模型还包括了三个控制变量。鉴于[前面]分析的原因,我们为拥有风险资本投资的公司设计了一个虚拟变量,为拥有杠杆收购基金投资的公司设计了另一个虚拟变量。我们还引入了一个虚拟变量,以表明公司的管理层是否拥有控制性股份。如果管理层打算无期限地持有控制性股份,则它会取代强势反收购条款,并导致无论是否有反收购条款都无关紧要。

我们发现,谈判能力及理性短视假说并不能解释公司采用反收购条款。在这些假说预测反收购条款效率最差之时,这些条款反而具有更强的保护性……有关收购方竞争变量的系数具有显著性,但其传递出的是积极而非消极信号,意味着公司所处行业的公司控制权市场竞争越激烈,公司可能获得的反收购保护就越强大。这与谈判能力假说所预测的结果恰恰背道而驰。在我们的变量(特定行业中的收购者人数)是竞争程度的良好指标的范围内,我们认为,谈判能力假说并不能解释IPO阶段反收购条款的运用。关于研发投入变量的系数……同样令人吃惊。该系数具有显著性,而且是负值——与理性短视假说所预测的结果恰好相悖。当信息不对称的风险最低之时,针对收购的保护条款反而最为普遍。这些结果与谈判能力假说及理性短视假说恰好南辕北辙。

[作者接下来报告了回归分析的结果——编者注]作者把IPO前后五年间没有发生收购行为的行业中的公司排除掉,然后组成子样本进行分析。将这些公司排除在外,然后进行回归分析的理论基础是两方面的:其一,当敌意收购的威胁可以忽略不计时,从任何角度来说,有或者没有反收购条款都无关紧要。无论是投资者还是股东,都不应当看重这一点。其结果是,在此类公司的章程中出现反收购条款,或许会面临相当大的噪音。其二,在行业内范围较小的收购活动范围内,谈判能力假说表明,对于该行业的公司的股东而言,针对收购的保护措施的价值实际上是增加了。

分析结论……表明,公司收购市场的竞争程度与反收购条款力度之间的关联度,甚至更为明显。在这一回归分析中,与基于全面数据而进行的回归分析相比,收购方竞争的系数更大,而且更具有统计显著性。因而,这些结论……认为,谈判能力假说或者理性短视假说,均不能解释IPO阶段的反收购条款。

在所有的这些回归分析中,拥有风险投资和杠杆收购基金的公司的虚拟变量的系数,都具有显著性。这些结论引人关注,因为这些公司关于反收购保护方面的决定,被认为比控制权的私人收益影响之下的其他决定,信息更为周全且更不复杂。另外,关于管理层的控制性股份的虚拟变量系数不具有显著性。这一结论与以下事实并不一致:在IPO之后形成的控制性股份,在IPO完成之后的数年内通常会消散掉。

总之,无论是谈判能力假说还是理性的短视假说,均无法解释IPO阶段反收购保护措施的运用。与这些假说的预测后果相反的是,收购市场活跃的行业中的公司,以及管理者与股东关于投资的信息不对称程度相对较低的行业中的公司,往往会采纳更强的保护措施。这些发现意味着,当最可能发生收购之时、以及管理者的经营绩效最为透明之时,反收购措施将被用于保护管理层。这些结论支持了管理层壁垒假说。这种情形与此前关于修订公司章程以写入反收购条款的研究相吻合,这些研究表明,反收购条款减损了价值。然而,就 IPO 阶段而言,这些研究结论令人吃惊,因为彼时的公司章程条款被认为能够最小化代理成本并最大化公司价值。接下来我们将分析大额私人收益能否解释 IPO 阶段反收购条款的运用。

如果保护控制权私人收益解释着反收购条款的运用,我们应当能够看到,高额的私人收益与反收购条款的运用之间存在正相关……我们检验了控制权精神利益方面的私人收益假说,……控制权的精神利益或许数量很大,而且一旦出现敌意收购人,管理层难以通过自行发出竞争性要约而自我保护。我们认为,对于公司的创始人而言,控制权具有很高的精神价值,因而当公司创始人(而不是职业经理人)担任了公司 IPO 阶段的 CEO,于其而言,控制权的私人收益就往往相对较高。

为了检验私人收益假说,我们重新评估了我们的基础模型,该模型……为创始人担任了 IPO 阶段的 CEO 的公司设定了一个虚拟变量。如果反收购条款是被用来保护私人收益的,则公司创始人应当更愿意采用反收购条款……正如私人收益假说所暗示的,创始人担任 CEO 的系数是负值而不是正值,但这种关系并不具有统计学上的显著性。但其他系数的信号和显著性与以往[在不存在创始人担任 CEO 的虚拟变量的回归中——编者注]的状况大致相同。

因而,至少就私人收益的来源而言,我们不能得出结论称,反收购条款与高额的私人收益息息相关。综合考量这一结论与前面的一些结论,反收购条款显然是被用于保护管理层,但我们无法得出结论称,它们的运用关乎私人收益的大小。然而,私人收益难以计算,创始人或许实际上无法获得高于非创始人的私人收益。

反收购条款或许确实与私人收益息息相关,但该私人收益产生于种种情境之中,非常宽泛,确实难以考量。

尽管我们无法直接检验此种宽泛的私人收益的存在,但我们可以找到它们存在的间接证据。只要我们能够继续假定反收购条款降低了股份价值,我们就能够预期,管理层持股与其采用反收购条款以保护其私人收益的意愿成反比;也就是说,管理层在为设立壁垒而牺牲股权价值的过程中自身付出的成本越高,他们就越不可能采用反收购条款。[4] 另外,我们可以预期,外部董事的持股份额与反收购条款的力度呈反向关系。IPO阶段的外部董事经常代表着风险投资者、杠杆收购基金或其他投资者的利益,他们或许不会支持保护管理层的私人收益。这些外部董事持股份额越高,他们就越愿意限制为管理者设置壁垒的反收购条款的运用。

为了对私人收益解释着反收购条款的此种间接证据进行检验,我们重新评估了加入以下两个变量的基础模型:公司排名前五位的高管的持股份额(几乎在所有情形下,他们的持股占到了所有高管持股份额的全部),以及外部董事的持股份额。我们把管理层持有控制性股份的虚拟变量从这一模型中排除出去。

这些回归分析的结论……与存在私人收益情况下我们所预期的后果直接相悖。在这些回归分析中,高管持股份额及外部董事持股份额的估算系数是正值,这意味着,随着这每一群体持股份额的增长,反收购条款的力度也随之加强……而如果我们纳入了创始人担任 CEO 的这一变量,则得出了相类似的结论。这些结论并不支持私人收益假说。[5] 我们发现,无论是高管大量持股,还是外部董事大量持股,都未能阻遏反收购条款的运用。

结论

我们不愿得出 IPO 阶段的公司章程是次优选择这一结论。在得出这一结论之时,我们还必须开展进一步的研究,以分析反收购条款的采用范式方面的其他可能的解释。这方面存在其他一些可能性,但没有一种解释完全令人满意。

首先,反收购条款或许是无害的,因而它们是随机分布的——这就是

---

[4] 如果我们所运用的"私人收益"这一术语,是指管理者通过过度薪酬或其他交易而从公司攫取财富的能力。此种私人收益往往更可能降低股价,因为它代表着财富从公众股东转移给公司内部管理者的一种零和游戏,尽管公司创始人特有的估值或许并不会得出零和的结果。因为此种收益将降低股价,我们预期反收购条款与管理层的持股成反向关系。

[5] 对于此种正向关系的一种可能的解释是,随着管理者持股份额的增加,他们的利益与股东相一致的情形越发明显,股东更没有理由认为当前管理者会运用反收购条款来巩固其自身地位。如果是这样的话,随着管理层持股份额增长,反收购条款的成本会随之下降,相应地,运用该条款的频率也会提升。但这种解释所面临的一个困难在于,随着时日推移,管理层持股份额往往会降低,而实际上反收购条款却一直存在。

Merton Miller 所描述的安全设计的"中性突变"。如果是无害的,则它们或许是由于粗心或者管理者、投资者、律师和承销商之间的随机分歧而导致的。但这种情形却不可能发生。此前对于章程修订及法律中纳入反收购条款的经验研究表明,反收购条款会大幅降低公司的价值。与此有关的解释或许是,在相关研究所涵盖的 20 世纪 80 年代这一样本期间里,反收购条款的确已经降低了公司的价值,但在 20 世纪 90 年代,反收购条款的影响不复存在。或许机构投资者持股份额的增加、董事会的独立性以及以股份为基础的高管薪酬,已经使目标公司管理层不能或者不愿"直接说不"了。总之,在这一问题上意见不一,有必要进行进一步的研究。然而,仍有证据表明反收购条款可以起到一定的作用。

第二种可能的解释在于,相对于平均私人收益而言,反收购条款或许是成本如此之低,以至于它们被用于保护观察不出的、并非特别高的特别私人收益……然而,此种解释所面临的困难在于,即使反收购条款的成本相对于平均私人收益而言偏低,人们仍然预期创始人运营的公司所采用的反收购条款,在数量上大大超过非创始人运营的公司。

第三种可能的解释是,出于与短视无关的原因,反收购条款或许是补偿某些管理者的最佳方式。Aghion 和 Tirole 以及 Burkart、Gromb 和 Panunzi 认为,如果管理者的决策不会遭到股东的事后评判,他们会更加勤奋地工作。因而,反收购条款或许是公司事先承诺管理层免受股东此种监督的一种方式。这种可能的解释却难以从经验证据方面予以评估。然而,……薪酬的其他表现形式完全压倒了反收购条款。金色降落伞可被用来在目标公司的股东和管理者之间分配潜在收购的收益,而反收购条款却使目标公司的管理者可以把股东的所有收益盘剥殆尽,从而继续享受他们的岗位带来的所有私人收益。另外,尽管 IPO 阶段的现任管理者或许一开始愿意以更为勤勉的工作或者更低的薪酬,换取更多的收购保护,但此种交易无法执行。一旦获得了庇护,管理者就有能力和动机来少干活多拿钱……因而,我们怀疑反收购条款是一种富有效率的高管薪酬方式。

最后,或许最初的章程条款并没有最大化公司的价值。如果情况是这样的话,效率低下的最大原因或许就是市场未能全面定价反收购条款。投资者对 IPO 之时治理条款进行定价或许成本不菲。这使得管理层得以低(或者零)成本获得保护。反收购条款司空见惯而且不会随着私人收益的大小而变动不居,这一事实与前述解释相吻合,因为当外部董事及高管持股份额高时,反收购条款的力度也大。如果反收购条款并没有完全反映在 IPO 的价格中,则久而久之,这些条款的存在或许有损于股份价值,在这一意义上说,反收购条款可能并没有最大化公司的价值。然而,这种解释也存在问题。它与公众公司通过章程修订或者立法而在章程中引入反收购条款所引发的股价反应的证据不一致(尽管中途加入的反收购条款更为显眼,因而对其的定价更为准确)。另外,如果反收购条款未能得到全面的定价,为什么没有更多的公司采用强式反收购条款?以及为什么采用双重类别股份的公司如此之少?假定在其他事项相同的情况下管理层通常会青睐反收购条款,则强式反收购条款并没有得到一体运用的事实表明,仍然有一些原因制约着反收购条款的采用,这种制约或许是价格的制约。即便反收购条款并没有在 IPO 市场中获得定价,而是在后来被定价了,但 IPO 之前的股东最终仍然会付出他们的代价,因为他们通常在公司 IPO 时并不会卖出许多股份。因而,当反收购条款降低了公司价值时,股东们应当会拒绝接受。

因而,我们不免疑惑:为什么一些(而不是全部)公司会在 IPO 阶段采纳看起来并没有效率的反收购条款呢?

注释及问题

1. Easterbrook 和 Fischel 预测,在收购中引入竞价机制会降低收购者的数量,使管理层更为怠惰,进而抑制了股价。更低的股价会起到抵消控制权变更的收益的进一步效果吗?如果目标公司寻找收购方,则限制着目标公司在收购中的回报的消极规则,是否理想?参见 David Haddock, Jonathan Macey, and Fred McChesney, "Property Rights in Assets and Resistance to Tender Offers," 73 *Virginia Law Review* 701 (1987). 如果投资者的投资组合反映了现代投资组合理论(参见第 1 章),而且其投资广泛地分散于不同的公司,则 Easterbrook 和 Fischel 所主张的投资者会事先选择最大化要约数量的观点,能否获得支持?如果收购人是封闭式公司,结果又当如何?

两场更为近期的关于防御策略的论辩,也挑战着 Easterbrook 和 Fischel 的以下见解:该项见解比 Gilson 和 Bebchuk 的观点更为宽泛,即可以合理地运用防御策略来维护股东利益。Marcel Kahan 和 Edward Rock 认为,赋予董事会运用反收购章程条款来抵制收购的能力,是一种预先承诺的机制:在面对收购要约时存在集体行动问题的股东,可以事先将自己与董事会的决策捆绑在一起,而董事会由于拥有防御措施,能够更为有效地运用销售策略,这样,股东的处境也得以事后改善。Kahan and Rock,"Corporate Constitutionalism: Antitakeover Charter Provisions as Precommitment," 152 *University of Pennsylvania Law Review* 473 (2003)。Jennifer Arlen 和 Eric Talley 认为,恰恰相反的是,如果当前没有对许可的防御措施进行限制,则公司管理者甚至会实施更多法院无法规制的、降低生产效率和减损价值的防御活动。Arlen and Talley,"Unregulable Defenses and the Perils of Shareholder Choice," 152 *University of Pennsylvania Law Review* 577 (2003)。此种降低生产效率的活动的例证是,公司在与其交易的第三方主体签署的合同中,运用"内生的防御措施"的情形有所增加,后者对控制权变更施加了惩罚性条款。此种条款可以用于善意的目的,例如降低资本的成本,第 4 章摘自 Lehn 和 Poulsen 的文献所探讨的债券合同中的事件风险约定,即为适例。而将此种策略当作防御手段来运用的一个更为著名的例子是,PeopleSoft Inc. 在其许可合同中写入了控制权变更的惩罚条款:为了应对来自 Oracle 公司的敌意收购,公司在向其客户提供软件使用许可时约定,如果四年内公司的控制权发生变更后收购人降低了研发和客服投入,则公司必须向其客户返还四至五倍的使用许可费,据估计,这一条款的成本为 8 亿美元。在客户服务合同中加入这样的条款,是否具有商业正当性?在特拉华州针对毒丸计划作出法理评判之后,法院是否能够对该条款予以考量并坚持认定,当竞争性收购方已经达到最高报价之后,该条款应当去除?

2. 正如 Gilson 所称,根据 Easterbrook 和 Fischel 的消极规则,以及其自身允许管理者对收购行为实施竞拍,应当存在一条泾渭分明的分界线。这些文章能否提供一套供法院运用的标准,以区分善意的商业策略和非法的防御策略?它们与特拉华州在以下裁判中确立的比例标准是否一致:*Unocal Corp. v. Mesa Petroleum Co.*,493 A.2d 946 (1985)?自他们的文章发表之后,这些评论人士认为特拉华州关于收购的裁判法理发生了哪些发展变化?

3. 20 世纪 80 年代晚期,在关于收购竞拍的论辩中,特拉华州的法院看起来站在了 Bebchuk 和 Gilson 这边,因为它们支持方便管理层引入拍卖的毒丸防御措施,并且要求管理层在对公司待价而沽时引入公允的拍卖机制。*Moran v. Household International*, 500 A. 2d 1346（Del. 1985）; *Revlon v. MacAndrews & Forbes Holdings*, 506 A. 2d 173（Del. 1986）。然而,到 20 世纪 90 年代,"总是要拍卖"的规则戛然而止。拍卖受到了"消极"拍卖策略的制约,根据该策略,管理层必须公开宣布公司收到了收购要约,而且不得积极劝诱竞争性要约,*Barkan v. Amsted Industries*, Civ. No. 8224（Del. 1989）,另外,拍卖还遭到了股东批准的合并的制约, *Wheelabrator Technologies Shareholder Litigation*, Civ. No. 11495（Del. Ch. 1990）。另外,在 *Paramount Communications v. Time*, 571 A. 2d 1140 （Del. 1989）一案中,法院裁定,一项预先安排的公司合并被裁定不符合 Revlon 规则,尽管该案具有如下特殊情况:面临敌意收购时,公司管理层变更了收购的形式,以绕开股东投票的要求。关于法院转变了针对拍卖的立场以顺应民众之于收购的情感变迁的解释,参见 Jeffrey N. Gordon, "Corporations, Markets, and Courts," 91 *Columbia Law Review* 1931 （1991）。

4. 美国法律学会采纳了管理层主导下的杠杆收购的拍卖促进规则。关于这一提案的分析报告,参见 Ronald J. Gilson, "Market Review of Interested Transactions: The American Law Institute Proposal on Management Buyouts," in Y. Amihud, ed. , *Leveraged Management Buyouts*: *Courses and Consequences* 217（Homewood, Ill. : Dow Jones-Irwin, 1989）。管理层收购背景下与第三方收购背景下针对收购过程中引入拍卖机制的政策考量有何区别？在阅读第 9 章关于内幕交易规制的文献时,重新思考这一问题。

5. Bebchuk 担忧的将给股东带来卖出压力的情形有两处:其一是双层要约（two-tier offers）,即收购人发出购买 50.1% 股份的要约,在获得控制权之后的第二步合并中,以低于第一步要约的价格,合并掉剩余股份;其二是任意或全部要约（any-or-all offers）,在此种要约中,股东相信要约价格低于目标公司的真实价值,但感觉自己被迫卖出股份,因为其相信大多数股东都会卖出股份,只剩下自己持有少数股份,境况将会变得更为糟糕。Bebchuk 建议对有关控制权股份收购的法律做如下修订,以应对卖出股份的压力:要求收购取得成功必须进行股东投票,并允许股东投反对票以同时卖出其股份,从而防止收购取得成功之时他们成为少数股东。Bebchuk, "The Pressure to Tender: An Analysis and a Proposed Remedy," in J. Coffee, L. Lowenstein and S. Rose-Ackerman, eds. , *Knights, Raid-*

ers, and Targets: The Impact of Hostile Takeovers 371 (New York: Oxford University Press, 1988). 在任意或全部要约条件下有着卖出股份压力的假定,在多大程度上是可信的? 你认为,此种要约宣布之时打算收购目标公司的老练套利者会面临这种压力吗? 公众股东是否会合理地相信,目标公司的价值高于要约的溢价? 此种投资者会进行竞争性投标并以折价获得股份吗?

前置双层要约中股东面临卖出压力的经验证据不足。Robert Comment 和 Gregg Jarrell 发现,双层要约中的混合溢价与任意或全部要约中的溢价并没有区别,同时并没有证据表明,混合溢价更低的前置双层要约击败了任意或全部要约。Comment and Jarrell, "Two-tierand Negotiated Offers: The Imprisonment of the Free-Riding Shareholder," 9 *Journal of Financial Economics* 283 (1987). 请注意,随着 20 世纪 80 年代末期垃圾债券融资的广泛运用,双层要约已经不见踪影。

6. 以下文献摘要回顾了关于拍卖的经验证据:

经济学文献无法轻易地对有关拍卖的论争作出结论。为使相关研究具有说服力,我们必须获知实际上无法得知的事项——如果不允许拍卖,将会发生多少收购。然而,对于鼓励拍卖的规则的效果,有一些启发性的研究,这些研究结果往往支持在收购中引入拍卖机制。在有关收购的州法颁布、并且明确了毒丸防御策略之后,收购方的回报往往为负值。另外,那些面临着活跃的收购市场的公司,在《威廉姆森法》颁布之后产生了负面股价效应。除此之外,拍卖增加了收购的溢价,而且收购数量及溢价程度在《威廉姆森法》及有关收购的州法颁布之后均有提升。它表明,在鼓励拍卖的制度之下,收购人付出的成本更高,其回报相应降低。因而,这些制度会阻遏收购人发出要约。然而,这些要约溢价的增长或许并不是因为《威廉姆森法》。Nathan 和 O'Keefe 认为,如果该法对市场带来了影响的话,那么该影响充其量也是滞后的,因为他们发现,要约溢价的大幅增长发生于 1974 年之后,而不是 1968 年之后。另外,Franks 和 Harris 发现,在英国,要约溢价的增长发生于 1968 年之后,它表明,Jarrell 和 Bradley 发现的美国 1968 年之后的要约溢价的增长,或许并不能归因于《威廉姆森法》。一些研究结果提供的证据更为直接地针对拍卖对于要约数量会有何影响。Jarrell 和 Bradley 发现,在《威廉姆森法》颁布之后,要约收购的数量比其他收购数量下降的幅度要大得多。

Hackl 和 Testani 进一步发现,那些采用了第二代收购法律的州,比那些不采用这些法律的州,收购增长的数量更少(考察的是注册于该州的公司发生收购的数量)。它表明,有利于拍卖的规则打击了收购行为。然而,他们还发现,在不规制拍卖的州和规制拍卖的州之间,要约溢价并没有很大的区别,而且对拍卖进行规制的州发生的拍卖数量,并不多于没有规制拍卖的州发生的拍卖数量。尽管拍卖活动的类似层级或许可以解释这两类不同的州的要约溢价水平不存在明显差别,这些数据表明,对拍卖的规制导致了更高的溢价与更低的收购发生率之间的此消彼长这种预期后果,并没有发生。无论如何,没有发现表明更高的溢价与更少的收购行为之间的此消彼长,削弱了支持拍卖方的立场,因为它表明鼓励拍卖的政策无论是事前还是事后,均无法最大化目标公司的收益。

　　Roberta Romano, "A Guide to Takeovers: Theory, Evidence and Regulation," 9 *Yale Journal on Regulation* 119, 158—60 (1992). © Copyright 1992 by Yale Journal on Regulation, P. O. Box 208215, New Haven, CT 06520-8215. Reprinted from Volume 9:1 by permission. All rights reserved. Robert Comment 和 William Schwert 开展的后续研究,在比 Hackl 和 Testani 所研究的更长时期里分析了公司收购行为,并没有发现第二代的法律降低了公司收购的数量。Comment and Schwert, "Poison or Placebo? Evidence on the Deterrence and Wealth Effects of Modern Antitakeover Measures," 39 *Journal of Financial Economics* 3 (1995).

　　7. Peter Cramton 和 Alan Schwartz 运用了大量的经济学文献的研究成果,分析了要约收购中的拍卖行为,强调指出,最理想的拍卖政策必须考虑以下三个要素:拍卖环境、拍卖的政策目标、以及目标公司管理层的预期行为。Cramton and Schwartz, "Using Auction Theory to Inform Takeover Regulation," 7 *Journal of Law, Economics, and Organization* 27 (1991). 拍卖环境因拍卖物对于所有收购人而言价值相同("同样估值"拍卖)或者每个收购人对拍卖物的估值不同("独立估值"拍卖)而变动不居。Cramton 和 Schwartz 表明,如果是以效率为目标,则在独立估值的背景下,拍卖是一项良好的政策选择(因为拍卖发现了价值最高的使用者),而在同样估值的背景下,限制收购方的数量、特别是只与一位购买方谈判,则是更好的选择。然而,如果是以目标公司的收入最大化为目标,则即便是在同样估值的背景下拍卖也是适当的,因为与从分散的股东购买股份的未规制要约制度相比,拍卖仍然增加了目标公司的收入。

Cramton 和 Schwartz 认为,收购收益的不同来源反映着不同的拍卖环境。他们主张,以获取协同收益为目的的收购,处于独立估值的背景之下(也就是说,不同的收购人所认定的协同收益各不相同),而以降低代理成本为目的的收购,例如减少自由现金流或者撤换管理层驱动下的收购,则处于共同估值的背景之下(也就是说,所有的收购人采取了相同的策略,并且从持有目标公司中获取的价值相同)。如果效率是其目标,则它表明,针对拍卖的最优政策将视收购类型不同而变动不居。然而,Cramton 和 Schwartz 进一步指出,如果目标公司的管理者不忠实,他们会运用这种"视情形而定"的规则所赋予的专断权,在不应引入拍卖的时候引入拍卖,或者在应引入拍卖的时候反而不引入拍卖,来击败收购要约。因为 Cramton 和 Schwartz 在被说服之后,也认识到在公司收购背景下代理问题非常普遍,鉴此,他们建议,应当以最为常见的、他们称之为共同估值背景下的拍卖类型为基础,采纳统一的政策,因而他们建议禁止在公司收购中引入拍卖。

Cramton 和 Schwartz 根据拍卖环境的不同对收购类型进行划分,你认为是否具有说服力?如果拍卖环境随着时间的推移发生了很大的变化,他们"决不允许"拍卖的建议的有效性,将会受到什么影响?试想想多年来收购活动范式的变迁:20 世纪 60 年代,集团式合并(conglomerate merger)居于主导地位,而 20 世纪 80 年代,破产式合并(bust-up takeover)却居于主导地位。一项赋予公司管理层随意掌控拍卖的规则所面临的困难,能否通过采用股东选择规则(也就是说,让股东来投票决定所有的防御策略,包括劝诱竞争性要约)来解决?

8. Jarrell 等人将废除累积投票权界定为一项防御策略,而 Easterbrook 和 Fischel 则认为(参见第 6 章)累积投票权妨碍了公司控制权的变更,你能否将这两个观点协调起来?

9. Jarrell 等人提到,绝大多数引入驱鲨剂的章程修订条款都能获得股东的批准,这一发现具有多大意义?它是否证明了第 3 章及第 6 章所探讨的股东投票问题丛生?试想想公司管理层约定俗成的做法,也就是说,在将某议案列入议程之前,就该议案获得通过的可能性,征求委托投票专家的意见。如果该议案不可能成功通过,就根本不予提交,因而,对于章程修正案的分析会受到选择性偏见的伤害。然而,Jarrell 等人的关键要点却与此不同:必须获得股东批准的防御策略,比那些不要求获得股东批准的防御策略,更不可能导致负面的异常回报。有些文章探讨了为什么公允价格及相关防御性章程条款的修订可以至少在一定条件下裨益于股东,参见 Barry Baysinger and Henry Butler, "Antitakeover Amendments, Managerial Entrenchment, and the Contractual Theory of the Corporation," 71 *Virginia Law Review* 1257 (1985); William J. Carney, "Shareholder Coordination Costs, Shark Repellents, and Takeout Mergers: The Case Against Fiduciary Duties," 1983 *American Bar Foundation Research Journal* 341; Roberta Romano, "The Political Economy of Takeover Statutes," 73 *Virginia Law Review* 111 (1987). 而反对防御性章程修订的文献,可参见 Ronald J. Gilson, "The Case Against Shark Repellent Amendments: Structural Limitations on the Enabling Concept," 34 *Stanford Law Review* 775 (1982). 股价回报之于防御性章程修订的反应,是如何随着公司所有权结构的变化而变化的? 参见 Victoria McWilliams, "Managerial Share Ownership and the Stock Price Effects of Antitakeover Amendment Proposals," 45 *Journal of Financial Economics* 1627 (1990).

然而,活跃的机构投资者提出议案以废除更强有力的防御措施,例如交错董事会、毒丸计划和累积投票(其中两项通常体现在公司章程之中),而且自 21 世纪以来,此类议案获得了高度的、而且经常是绝大多数的支持。的确,自 20 世纪 80 年代以来,公司认识到机构投资者反对防御策略,因而这些策略难以取得成功,所以也绝少提出修订章程的议案以引入防御措施。尽管这些防御措施看起来与 Jarrell 等人在关于驱鲨剂的章程修订条款的研究中分析的防御措施相比,在阻遏要约方面更为有效,事实上,关于交错董事会及毒丸计划之于股东财富影响的证据相当不一致。例如,在一项全面分析了交错董事会的影响的研究中,Thomas Bates, David Becher 和 Michael Lemmon 发现,类别董事会虽然降低了收到收购要约的可能性,但并没有改变成为目标后的公司被收购的可能性,(与那些不存在交错董事会的公司所获得的溢价数量相比)也没有增加要约溢价,而且更为重要的是,它们增大了收购总收入中目标公司股东获得的份额。Bates, Becher and Lemmon, "Board Classification and Managerial Entrenchment: Evidence from theMarket for Corporate Control," 87 *Journal of Financial Economics* 656 (2008).

10. Jarrell 等人的见解,与交易律师们广泛持有的以下见解相一致:毒丸计划是阻遏"不正当"收购的最有效措施。毒丸计划是否像他们所说的那样有效?他们所探讨的 Ryngaert 的研究发现,毒丸计划把公司保持独立的可能性,从16%(没有毒丸计划时的可能性)提升到了31%。然而,请考虑以下数据。关于毒丸计划背景下的收购结果的早期数据发现,从1986年至1989年,在特拉华州的18起案件中,法院拒绝认可未经请求的敌意要约人强制回赎毒丸计划的动议。参见"Poison Pills as Value Enhancer?: The Outcome of Delaware Redemption Cases," 4 *Bowne Digest for Corporate and Securities Lawyers* 8 (March 1990)(复制了 Henry Lesser 和 Ann E. Lederer 所置备的图表)。在这些案件的15起中,目标公司随后被收购。如果管理层试图通过运用毒丸计划而保持独立,它们并没有取得成功。另外,在11起案件中,最初的敌意要约人成功地收购了公司。平均说来,最终的收购价格超过了最初的要约价格的20%。这些数据吻合于以下观点:毒丸策略往往更可能推高溢价,而不是击败要约。然而,这些发现却以要约的发生为前提;它们并不能说明有多少收购人放弃了发出要约以购买拥有毒丸的公司。

Robert Comment 和 William Schwert 在注释6所提及的研究中,在1984年至1991年这一更长的时期里分析了毒丸的影响,与 Lesser 和 Lederer 的小样本数据分析结果相一致的是,他们发现毒丸提升了股东获得的溢价(包括不以要约为基础和以要约为基础的溢价),但看起来并没有显著降低收购的数量,尽管看起来在发出要约之后采用这些毒丸确实降低了收购的成功率。与 Ryngaert 的发现相类似,他们发现宣布采纳毒丸之后带来了显著的负面效应,但如果考虑采纳毒丸的年份,则只有在1985年以前采纳的早期毒丸,其负面价格效应才表现得相当明显。他们认为,对于这一现象的一种解释是,市场一开始高估了毒丸的阻遏效应。考虑到第1章的市场效率假说及管理者选用毒丸的灵活度(提示:参见注释3中摘自 Daines 和 Klausner 的文献摘要),他们的发现还有其他的解释吗?Randall Heron 和 Erik Lie 研究了从1985年至1998年这一更长的期间里未经请求的收购企图后发现,毒丸计划并没有降低公司吸引他人收购的可能性,而且与更高的要约溢价息息相关。然而,与 Comment 和 Schwert 的分析相反的是,他们发现,收购过程中采纳的毒丸并没有影响收购成功的概率,而且无论这些毒丸采纳于要约发出之前或之后,它们提升的要约溢价数额大体相当，都在 5% 与 7% 之间。最后，与 Ryngaert 的分析相反的是，他们发现，收购过程中宣布采纳毒丸计划所产生的影响并不显著（而且传递了积极的信号），与 Comment 和 Schwert 的评估相类似的是，他们将这些信息解读为，正如他们说，"随着我们获得了更多的涉及毒丸的实际效果的直接证据，"情况表明，市场最初对毒丸的不利看法已经发生了变化。Heron and Lie, "On the Use of Poison Pills and Defensive Payouts by Takeover Targets," 79 *Journal of Business* 1783（2006）.

如果收购人预期目标公司管理层会运用毒丸来谋求更高的价格，而且法院一直不愿命令公司收回该毒丸直至价格向上调整，则他们的策略会受到什么影响？收购人是否会直接对其最初的报价打折，以至于在商量之后所支付的价格低于不存在毒丸情形下的价格？此种策略对收购人产生了什么影响？第 5 章 Weiss 和 White 关于挤出合并中的股东诉讼的动因分析，对这一问题会产生什么影响？如果收购方的毒丸策略不断出现这种情形，法院该作出怎样的裁决？

收购竞争中策略性运用毒丸计划的最后一个考量因素是，公司管理者在采用毒丸计划时，除了要求获得股东的批准之外，还有什么办法可向外界传递其作为代理人的忠诚？股东对于该策略的看法，是否因管理者在采纳毒丸之前已经买入了公司的股份而有所区别？参见 Charmen Loh, "Poison Pill Securities: Shareholder Wealth and Insider Trading," 27 *Financial Review* 241（1992）. 考虑到回赎毒丸的决定权在于董事会，投资者对于毒丸的评价结果是否应以董事会的构成为基础？参见 James A. Brickley, Jeffrey L. Coles and Rory L. Terry, "The Board of Directors and the Adoption of Poison Pills," 35 *Journal of Financial Economics* 371（1994）.

11. 正如注释 10 所提及的，Daines 和 Klausner 认为，所有的公司都拥有"潜在"的毒丸，这意味着公司将毒丸计划的采纳拖延至收购要约发出之后，没有任何意义。如果情况的确如此，为什么公司要事先采纳毒丸？是否是因为它们听从了法律顾问过分谨慎的建议？或是因为它们预期（在其他情形一样的情况下）收购人更可能针对没有毒丸的目标公司发出要约？购入 5% 股份的收购人在必须就其对采纳毒丸的时机决策的立场通知公司和 SEC 之前，必须经过 10 天的时间窗口，这产生了什么影响？还必须考察特拉华州法院有关收购的裁判法理（作为收购过程的一部分，董事会必须重新考量防御措施）以及当要约已经发生时法院可以对防御策略作出不同评判之间的相互作用。

12. 毒丸是有效的阻遏措施,这一假设构建于以下观点的基础之上:触发毒丸之后带来的稀释效应,对于要约人收购公司的行为带来了太高的成本。收购人宁可投身于投票委托书的角逐以达到公司取消毒丸的目的,也不愿触发毒丸,这一事实与前面的观点有何关联?一种合同主义者的见解认为,人们大大地高估了毒丸的稀释效应,参见 William J. Carney and Leonard A. Silverstein,"The Illusory Protections of the Poison Pill," 79 *Notre Dame Law Review* 179 (2003)。除了非常早期的一种毒丸(不具有现在的权利计划中的某些标准化的特征,这些特征使得触发毒丸的成本更为高昂)之外,收购人并不会故意去触发毒丸。2008 年金融危机之时,经济一片萧条,陷入财务困境的公司采用了新型的"经营净损失"(NOL)毒丸,该毒丸的触发比例为 4.99%,低于诸多传统的持股比例,以保护"经营净损失"毒丸的运用,从而达到降低未来应税收入的效果(如果所有权的变更导致持股 5% 的股东持股比例上升,则联邦税法限制"经营净损失"毒丸的结转)。尽管此类条款看起来可能具有善意的商业目的,但它们也会被用作防御策略。现代第一例触发毒丸的事件即涉及此类"经营净损失"毒丸。Selectica 是一家软件服务公司,其"经营净损失"为 1.4 亿美元,在提前应对敌意收购要约时,将其目前的毒丸触发比例从 15% 降至 4.99%,声称这一调整是为了在 Versata Enterprises' Trilogy, Inc 买入其 5.2% 的股份时,保护其"经营净损失"的扣减。该毒丸为 Versata 规定了例外条款,条件是后者不增加其持股份额。然而,Versata 不但没有起诉 Selectica 的防御策略,而是进一步买入股份从而触发毒丸。股东是否将"经营净损失"毒丸与传统的毒丸区别看待?RiskMetrics 是一家为机构投资者提供代理投票顾问服务的最重要的经营者,它所提供的投票政策建议变动不居,可参见 Dante Deliso,"The Ultimate Takeover Defense? RiskMetrics' New View on Net Operating Loss Poison Pills," *Deal Lawyers* 13 (March-April 2009)。在 Versata 公司实际上触发了毒丸时,Seletica 公司向法院寻求宣示性判决,特拉华州大法官法院运用 *Unocal* 标准(参见前注 2),支持了该公司运用毒丸的行为。当然,假如经营损失可以即刻得到赔偿,则"经营净损失"毒丸所引发的问题不复存在。关于"经营净损失"毒丸的税收待遇的社会效益,参见 Mark Campisano and Roberta Romano,"Recouping Losses: The Case for Full Loss Offsets," 76 *Northwestern U-*

niversity Law Review 709 (1981)。

13. 注释 10 所梳理的研究，评估了毒丸对于公司遭到收购的可能性、以及在增强目标公司谈判能力的有效性方面的影响。毒丸计划除了使股东受益于预期的收购溢价的增长之外，还有没有其他方式使股东受益? Morris Danielson 和 Jonathan Karpoff 分析了毒丸计划是否影响了公司的经营业绩。他们集中研究了 1984—1992 年间采纳的毒丸，因为该时期公司采纳的毒丸不像后来数年那么普遍，因而他们认为在这一时期作出以下假定是不合理的：正如在 Daines 和 Klausner 的文献中所提及的，因为公司管理层在别人发出要约之后总是能够采纳毒丸，因而无论该毒丸的实际样态如何，所有的公司都拥有毒丸。他们研究了公司采纳毒丸之后五年的经营业绩（根据利税之前的收益及营运利润率来计算）后发现，公司的经营业绩改善了，而且在毒丸采纳之后并没有降低。为什么人们预期毒丸的存在会影响公司的经营业绩？一种观点认为，不会遭到敌意收购使管理者愿意在研发方面进行长期投资，这些长期投资被"近视的"或者短期主义的股票市场所低估（回顾一下，本章 A 部分摘自 Jarrell 等人的文献认为，短期的近视行为构成了收购收益的来源，以及第 6 章摘自 Kahan 和 Rock 的文献对于对冲基金行动主义"短期主义"的批评）。然而，与 Jarrell 等人对于收购解释的负面评估相一致的是，该假说看起来无法解释数据，因为 Danielson 和 Karpoff 发现，样本期间公司的研发投入并没有显著增长。他们的结论是，数据与毒丸的管理层壁垒解释并不吻合，但他们不愿得出结论称，该数据吻合于毒丸的"股东利益"解释。因为公司经营业绩的改善不明显，而且他们也不知道毒丸是否改变了公司的管理策略从而影响了经营绩效，或者两者并无关系。其结果是，考虑到注释 10 提及的数据，也就是说，毒丸看起来降低了收购发生的可能性，他们认为，采取"中庸"的政策路径是恰当的，即允许董事会采纳毒丸，同时允许股东在公司面临收购竞争时撤销该毒丸。Danielson and Karpoff, "Do Pills Poison Operating Performance?," 12 *Journal of Corporate Finance* 536 (2006)。毒丸提高了要约溢价的数据（在 Danielson 和 Karpoff 的评估中未予考虑的发现）与此种政策结论是否相悖？他们建议的政策选择是否会削弱董事会运用毒丸来强化目标公司谈判地位的能力？

14. Lucian Bebchuk, John Coates 和 Guhan Subramanian 认为，交错董事会及毒丸计划的结合，是最有力的防御策略，面临的问题也最多。其论说如下:由于存在交错董事会,收购人即便赢得投票委托书征求大战,由于其无法通过一次选举而赢得董事会的多数席位,他仍然无法撤销毒丸,相反,他不得不等上两年以最终控制董事会、撤销毒丸并成功地完成收购。

Bebchuk, Coates and Subramanian, "The Powerful Anti-takeover Force of Staggered Boards: Theory, Evidence and Policy," 54 *Stanford Law Review* 887 (2002). 你认为发生以下场景的可能性有多大:收购人赢得投票委托书征求大战并拥有董事会数个席位之后,现任的其他董事拒绝与其商议事情? 根据特拉华州的法律,此种行为符合董事的信义义务吗?

Bebchuk 等人构造了 1996 年至 2000 年间 92 起敌意收购的目标公司组成的样本,并将其类分为他们称之为拥有"有效的交错董事会"的公司,以及那些不拥有"有效的交错董事会"的公司。他们认为,"有效的交错董事会"是指收购人必须"通过两次年度会议才能赢得大多数控制权"的董事会,同时称,在确定公司是否拥有"有效的交错董事会"时,股东是否能够召集临时会议或者以书面表示同意,均"在所不问"。

Bebchuk 等人并未运用数据来明确表明其以下假设的准确性:当收购人赢得委托书大战时,董事会的其他现任董事拒绝与其协商共事,导致收购周期拉长了两年。在他们由拥有"有效的交错董事会"的敌意收购目标公司组成的样本中,看起来收购人要么落败,要么不会通过委托书征求战来谋求董事会席位。但他们并没有发现那些目标公司更容易保持独立,也更不会被任何收购人所收购。在发出第一次要约之后 9 个月,在他们称之为拥有"有效的交错董事会"的公司中,27% 的公司保持独立,与其形成对照的是,样本中的其他公司(那些没有交错董事会或者交错董事会"无效"的公司)的这一比例为 16%(在发出第一次要约的 30 个月之后,这一比例变成 21% 比 11%)。这对于解释拥有"有效的交错董事会"的目标公司被成功收购的概率较低,以及解释这些公司的投票委托书征求战没有一例取得成功,是否有所关联? 它是否意味着股东或许认为要约价格太低了? 那些没有"有效的交错董事会"的目标公司不仅更可能被收购,而且更容易受到那些赢得委托书征求战的收购方的青睐。

Bebchuk 等人建议,一旦目标公司的管理者在要约之后的委托书征求战中落败,法院即应要求公司废除毒丸,并应阻止管理者抵制收购要约。该建议与他们的发现——拥有"有效的交错董事会"的公司的董事会,无一在投票委托书征求战中落败——是如何契合的?这一建议是否应仅仅适用于拥有"有效的交错董事会"的公司?他们报告称,有三起投票委托书征求战针对的是没有"有效的交错董事会"的公司,而且悉数取得了成功(尽管这些讨论并不明确的是,在整个样本中那些是不是仅有的委托书征求战)。关于在此类争夺战中落败的董事会是否继续抵制收购、且不与对方协商取消毒丸的数据的缺失,是否会影响到对这一建议的看法?请注意,与 Bebchuk 等人相反的是,Bates 等人(其研究成果在注释 9 中提及)发现,拥有交错董事会的公司在收到收购要约之后,并不比那些没有交错董事会的公司更易于保持独立,相反,两者被收购的概率相同。他们选择的样本并不局限于被称为敌意收购的情形,与 Bebchuk 等人的研究相比,他们的样本大得多(超过 700 起要约),而且涵盖的时间段也更长。另外,Bates 等人并不根据"有效的"和"无效的"交错董事会,对公司进行区分(在 Bebchuk 等人的研究,将拥有"无效的交错董事会"的公司与没有交错董事会的公司合并在一起),但他们的确分别研究了交错董事会条款规定于章程中的公司和规定于章程细则中的公司(这是"有效的"交错董事会的特征之一),他们的研究结果并没有受到影响。我们是否必须知道,在 Bebchuk 等人的分析样本中,那些没有交错董事会的公司和拥有"无效的"交错董事会的公司的要约收购成功的比率分别是多少,以衡量不同的研究发现的差异是否显著。

15. 注释 14 讨论的 Bebchuk 等人的研究,分析了防御策略之于面临敌意收购的公司的影响,而且理所当然地,防御策略的批评者认为,防御策略的目的在于赶跑他们不想看到的要约,并借此巩固公司管理层的地位,而不是增强目标公司股东的谈判地位。William Schwert 提出,能否分辨出敌意收购和善意收购,从而知道该如何更为准确地描述管理层抵制?他分析了 1975 年至 1996 年间的收购争夺战逾 2,000 起,以确定那些被界定为敌意收购和没有被界定为敌意收购的收购事件所导致的后果是否存在经济差异(在收购之前和收购之后的股价及会计业绩)或者其他特征(例如付款模式)方面的差别。他发现,几乎不存在看得见的差别,而且在存在差异之时,这些差异也表明敌意收购最好被理解为反映了谈判策略而不是设置壁垒。Schwert,"Hostility of Takeovers: In the Eyes of the Beholder?," 55 *Journal of Finance* 2599 (2000)。Schwert 的发现对于 Easterbrook 和 Fischel 与 Gilson 和 Bebchuk 之间的论辩的重要意义,意味着什么?无法根据其对股东的影响而方便地区分敌意和友好收购,这一发现对于特拉华州法院是否应当对实施防御策略的管理层,适用比审查友好型交易的相关决定时更高的信义义务标准?这对于注释 14 中讨论的 Bebchuk 等人和 Bates 等人的研究的差异,有什么启发?

16. 支持拍卖和防御策略(后者事实上促进了拍卖)的主要理由是,董事会可以克服股东的集体行动问题,并通过谈判获得更高的价格。一些防御措施可以带来其他收益。再想想第 4 章所讨论的债券合同中的事件风险条款,根据这些条款,在公司控制权发生变更或者债务评级下降(在杠杆收购中此种情形颇为常见)之后,债务将加速到期或者将调整利率。这些约定事项有时被称为"毒性卖权",因为与毒丸类似的是,它们推高了收购成本,而且可能会阻遏收购的发生。但它对于股东的消极影响可能会被它带给债券持有人的收益所抵消,后者愿意为更安全的债券支付更高的价款,从而降低了公司的债权资本成本。公司层面的其他防御措施会产生类似的效果吗?参见 Sudheer Chava, Dmitry Livdan and Amiyatosh K. Purnanandam, "Do Shareholder Rights Affect the Cost of Bank Loans?", 22 *Review of Financial Studies* 2973 (2009). 他们发现,运用 Gompers, Metrick 和 Ishii 的治理指数(第 6 章摘自 Bhagat 等人的文献探讨过这一问题)所衡量的收购防御措施最少的公司,向银行支付的贷款利息比那些防御措施最严格的公司高出 25%。

17. 许多评论人士认为,有益于股东的两项防御策略是金色降落伞和绿邮计划。金色降落伞是一项高管薪酬计划,它在公司控制权变更、高管被解职时可以获得大笔解职金。威廉姆森(其文献摘要在第 5 章中)在论及解职金是一种保护管理层的公司专属人力资本投资时,是否想到了这一点?作为一种防御措施,金色降落伞因为增加了收购人的成本(增加了薪酬的数量)而一直备受质疑。然而,它使管理者拥有了接受要约的金钱激励,从其使其与股东利益保持一致。例如,参见 David P. Baron, "Tender Offers and Management Resistance," 38 *Journal of Finance* 331 (1983). 从这一视角出发,股东担心的或许并不是降落伞会阻遏收购要约,而是管理者可能会愿意接受报价不足的要约,以行使其降落伞权利。但看起来股东并不认为这是个大问题:金色降落伞宣布之时,股价大幅上涨。Richard A. Lambert and David F. Larcker, "Golden Parachutes, Executive Decision-making and Shareholder Wealth," 7 *Journal of Accounting and*

Economics 179（1985）。关于这一发现的另一种解释是,对于公司采用金色降落伞,股东乐见其成,因为他们认为这表明管理层愿意接受收购要约。与这两种解释一脉相承的是,Judith Machlin、Hyuk Choe 和 James Mile 发现,金色降落伞增加了公司被收购的可能,而且看起来并不会激励管理者去接受低价的要约。Machlin, Choe and Mile, "The Effects of Golden Parachutes on Takeover Activity," 36 *Journal of Law and Economics* 861 (1993).

如果公司管理层相信有其他要约人的出价高于第一位要约人,而且其他要约人不会形成与第一位要约人的收购拍卖之势,则绿邮计划不失为一个价值最大化的策略。例如,参见 Jonathan R. Macey and Fred S. McChesney, "A Theoretical Analysis of Corporate Greenmail," 95 *Yale Law Journal* 13 (1985); Andrei Shleifer and Robert W. Vishny, "Greenmail, White Knights, and Shareholders' Interest," 17 *RAND Journal of Economics* 293 (1986). 因为在某些时候不会出现第二位要约人,股价将在进行绿邮支付时应时而落(此点在摘自 Jarrell 等人的文献中已有述及)。因而,一种事前富有效率的(价值最大化)决策,就转变为事后没有效率的消极决策。对于绿邮的种种褒扬,与 Easterbrook 和 Fischel 反对鼓励拍卖的种种防御策略是否协调一致?

为绿邮计划辩护的分析所面临的问题,比为金色降落伞辩护所面临的问题更多,因为要区分何时、哪个绿邮计划一如假设的情境那样为忠诚的管理人员所用,而何时它又被那些认为不会出现第二个要约的自私的管理者所用,着实并不容易。参见 Jeffrey N. Gordon and Lewis A. Kornhauser, "Takeover Defense Tactics: A Comment on Two Models," 96 *Yale Law Journal* 295 (1986). 你能不能想出可以解决这一问题的经验标准?绿邮回购之后是不是比采用其他防御策略之后公司控制权的变更更为频繁?请注意 Wayne Mikkelson 和 Richard Ruback 发现,在由发生股份回购的目标公司组成的样本中,支付了绿邮的公司中29%在回购之日起三年内发生了控制权的变更。Mikkelson and Ruback, "Targeted Repurchases and Common Stock Returns," 22 *RAND Journal of Economics* 544 (1991).

这两种防御策略的另外一个类似之处在于,国会试图使金色降落伞和绿邮计划的接受方在一定条件下缴纳沉重的特许权税,从而阻遏它们的使用。在公司管理层用来抵制收购的林林总总的防御策略中,为什么国会单单看中了这两项?

18. Karpoff 和 Malatesta 未能发现特拉华州第二代有关收购的法律存在显著的股价负面效应,根据 Romano 教授的分析,这是否令人吃惊?考虑到最高法院有关收购的法理,Karpoff 和 Malatesta 是否本来就应当想到,MITE 之后、CTS 之前的第二代法律会产生显著的异常回报?Karpoff 和 Malatesta 的文献中提到,CTS 之前的法律的颁布产生了显著的负面回报,这些发现是否表明投资者对于法律的合宪性问题并不在意?

19. 有关收购法律的事件研究,分析了法律会如何影响公司价值的投资者预期,而负面估值被解释为,由于法律降低了发生要约收购可能性,从而损失了预期的溢价。而估值的下跌也反映着当公司管理者不受公司控制权市场约束时,预期未来现金流将会下跌。有关收购的州法对于管理者的决策会产生何种可以解释股价负面回报的影响?管理层的反应会影响有关收购的解释吗?例如,如果 Manne 是正确的,有关收购的法律将会产生增加代理成本的预期影响吗?Marianne Bertrand 和 Sendhil Mullainathan 发现,公司合并法律调整之下的公司,生产率和盈利率双双下降,雇员工资水平上升,特别是那些白领工人的工资上涨明显,而公司规模和资本支出则不受影响。Bertrand and Mullainathan, "Enjoying the Quite Life? Corporate Governance and Managerial Preferences," 111 *Journal of Political Economy* 1043 (2003). 另外,Gerald Garvey 和 Gordon Hanka 发现,适用第二代收购法律的州的公司在法律颁布之后降低了杠杆率,而在没有此类法律的州的公司则没有降低杠杆率。Garvey and Hanka, "Capital Structure and Corporate Control: The Effect of Antitakeover Statutes on Firm Leverage," 54 *Journal of Finance* 519 (1999). 然而,公司规模或者盈利率却没有发生变化。这些数据与有关收购的哪些假设相一致?Comment 和 Schwert 在注释 6 提及的研究中发现,有关收购的法律看起来并没有降低收购的数量。该发现与这些研究所提出的发现能否协调一致?

20. Lucian Bebchuk 和 Alma Cohen 认为,公司根据各州的收购法律的数量,来选择在哪一个州注册。他们依据各州收购法律的数量多寡,比较了物理上处于某一个州的公司的数量以及注册于该州的公司数量后发现,除了注册于特拉华州的公司之外,拥有更高的公司总部注册比例的州,是那些收购法律数量更多的州。Bebchuk and Cohen, "Firms' Decisions Where to Incorporate," 46 *Journal of Law and Economics* 383 (2003);相类似的发现,也可参见 Guhan Subramanian, "The Influence of Antitakeover Statutes on Incorporation Choice: Evidence on the 'Race' Debate and Antitakeover Overreaching," 150 *University of Pennsylvania Law Review* 1795 (2002)。这些数据对于第 3 章的文献所分析的公司注册州际竞争有效性的分析,会产生什么影响?认为公司仅仅根据收购法律的数量多寡来选择在哪个州注册,这种说法有多可信? Robert Daines 和 Marcel Kahan 分析了同样的现象——公司的法律注册地和物理上的总部所在地的重叠——同时考虑了该州公司法的其他特征,例如运作的灵活度及反映着公司法质量的其他特征,他们发现,当引入这些控制变量之后,收购法律的数量不再具有显著影响,这一点与 Bebchuk 和 Cohen 以及 Subramanian 的发现不同。Daines, "The Incorporation Choices of IPO Firms," 77 New York University Law Review 1559 (2002); Kahan, "The Demand for CorporateLaw: Statutory Flexibility, Judicial Quality, or Takeover Protections?," 22 *Journal of Law, Economics, and Organization* 340 (2006)。

21. 各州普遍拥有关于公司收购的法律,对于州际竞争的效力意味着什么? Romano 关于收购法律的外部性及政治权术的分析是否表明,这些法律与公司法相类似?特拉华州在这一领域的立法向来滞后,而且其法律对收购人的制约力度较低,这是否重要?同时考虑一下注释 20 提到的 Bebchuk 和 Cohen 的研究,即公司注册地的州和公司总部所在地的州、以及有关收购的法律的数字:在逾 4000 家注册于特拉华州而总部设在其他州的公司中,63% 的公司如果注册于其总部所在地的州,将会比在特拉华州面临更多的收购法律的约束。因而,平均而论,公司通过注册于特拉华州,可以面临少得多的有关收购法律的拘束。相反,对于不在特拉华州及其总部所在地的州的公司而言,平均说来,其法律注册地的州的有关收购的法律,大大多于其总部所在地的州。这是不是公司注册市场的竞争发挥作用的证据——尽管这一证据并不完美?在得出州际竞争的结论之前,试着考虑宾夕法尼亚州有关收购的法律的下述情形:

1990 年,宾夕法尼亚州颁布了最为严苛的收购法律,后者规定了"吐回"条款,以防止不成功的收购人通过卖出目标公司的股份(在市场上或者通过其他方式)而赚取利润。该法的颁布对于股东财富起到了重大的消极影响。Samuel H. Szewczyk and George P. Tsetsekos, "State Intervention in the Market for Corporate Control: The Case of Pennsylvania Senate Bill

1310," 31 Journal of Financial Economics 3（1992）。该法允许董事会在90天内选出全部或者部分规定。在机构投资者的压力之下，许多公司至少选出了部分法律规定，这些公司在宾夕法尼亚州公司股权价值的占比超过了60%（将近25%的公众公司属于该法的调整范围）。Szewczyk 和 Tsetsekos 发现，公司选出该法之后获得了显著的异常正回报。你认为，董事会的构成对于选出法律的决定，是否会有影响？宾夕法尼亚州的经验对于第3章 Listokin 的文献关于法律默认规则的探讨，会产生什么影响？

22. Romano 所做的政治分析，是否支持着第5章 A 部分注释1对其他利益相关方立法的批评？此种法律能否向股东提供一种方法，藉此作出在收购中不违背隐性劳动合同的事先承诺？关于对这些法律的批判性见解，参见 William J. Carney, "Does Defining Constituencies Matter?," 59 University of Cincinnati Law Review 385（1990）。关于绝大多数此类法律与普通法相一致的见解，参见 Charles Hansen, "Other Constituency Statutes: A Search for Perspective," 46 Business Lawyer 1355（1991）。Romano 发现，其他利益相关方法律的通过，并没有带来显著的股价效应，而 John Alexander, Michael Spivey 和 Wayne Marr 则发现，在那些没有收购防御策略的公司中，其他利益相关方法律的通过，带来了具有统计意义的负面效应，尽管这种影响并不算大。Romano, "What Is the Value of Other Constituency Statutes to Shareholders?," 43 University of Toronto Law Journal 533（1993）; Alexander, Spivey and Marr, "Nonshareholder Constituency Statutes and Shareholder Wealth: A Note," 21 Journal of Banking and Finance 417（1997）。

这两项研究遵循的方法存在若干差别，其中与解释研究结果的差异最为相关的是，Romano 的样本由规模更大的公司构成（仅仅包括纽约证券交易所的上市公司），而 Alexander 等人的研究中包含的公司规模则相对较小（还包含在美国证券交易所上市的公司和在纳斯达克市场交易的公司）。至少有一项研究发现，收购法律带来了负面价格效应的是那些小公司。M. Andrew Fields and Janet M. Todd, "Firm Size, Antitakeover Charter Amendments, and the Effect of State Antitakeover Legislation," 21 Managerial Finance 52（1995）。这一发现可以通过什么加以解释？

23. 如果有关收购的州法因为给股东带来了负面影响，可能会降低公司的竞争力而令人困扰，那么除了对其予以国家统一规制之外，有没有其他限制性更弱的解决方法？对于我们能够明显感觉到管理者与股东之间存在利益冲突的公司法条款（例如有关收购的规则），要求将该条款设计为选入而不是选出结构，是否有所助益？例如，参见 Lucian Bebhcuk and Assaf Hamdani, "Optimal Defaults for Corporate Law Evolution," 96 *Northwestern University Law Review* 489（2002）；Roberta Romano, "The Political Economy of Takeover Statutes," 73 *Virginia Law Review* 111（1987），有关经验证据方面的支持，可参见第 3 章摘自 Listokin 的文献。你认为，为使这一机制行之有效，还必须修订哪些治理规则？例如，试想想《特拉华州普通公司法》第 242（b）条，该条规定章程修订必须经过哪一机构的批准。在第 6 章的文献中，Bebchuk 对于州法分配公司权力的做法予以了更为宽泛的批评，并且提到了这条规定。

24. 机构投资者提出了废除防御策略的议案，并且以压倒性的多数投票支持此一议案。然而，那些投资者也是上市公司股份的主要购买者，而正如 Daines 和 Klausner 所表明的，许多上市公司章程中的防御措施也如出一辙。这种行为是否有道理？关于这种显见的自相矛盾的探讨，参见 Michael Klausner, "Institutional Shareholders, Private Equity, and Antitakeover Protection at the IPO Stage," 152 *University of Pennsylvania Law Review* 755（2003）.

25. 绝大多数 IPO 的公司都是特拉华州的公司。Daines 和 Klausner 所研究的 IPO 公司中的反收购章程条款，绝大多数不是特拉华州公司法的默认条款。考虑到第 3 章 B 部分中的阅读文献，你认为州立公司法的默认条款会如何影响 IPO 的章程条款的内容？特拉华州的公司法默认规则不正确吗？第 3 章中 Listokin 的分析意味着什么？是否应当针对新股发行（IPO）与增资发行的公司设计不同的默认规则？Easterbrook 和 Fischel 在第 3 章的文献中，对章程的初始条款和"后来"条款进行了区分，认为应对后者予以更为严格的审查。考虑到他们秉持的此种视角，他们会对 Daines 和 Klausner 的研究做何反应？根据 IPO 公司中双重类别股份的资本结构的相对缺乏，重新考虑第 6 章摘自 Gordon 的文献及有关双重类别股份资本结构调整的注释。

26. Daines 和 Klausner 的论断的一个显见前提是，IPO 章程不应当包含防御策略，你如何理解这一看法？Daines 和 Klausner 是否可以通过其他方法来判断 IPO 章程条款中的防御措施是否符合股东利益，或者 IPO

市场是否富有效率？Daines 和 Klausner 并没有分析反收购条款是否被市场所定价。如果想确定它是否属实,人们应当怎么做？(在其他条件一样的情况下)拥有更多章程反收购条款的 IPO 公司与其他公司的股价差异,在章程条款或者 IPO 市场的效率方面,传递了什么信号？章程防御条款在公司生命周期的不同时点的价值是否有所不同？为什么他们认为,在这两个主流观点中,他们的数据对于 IPO 市场富有效率这一观点构成了更大的挑战？或者是否可以将他们的数据解读为,它表明了反收购条款是富有效率的？前面的注释提到的有关防御措施的发现,对于这一问题有何启发？

27. John Coates 对于 IPO 条款中反收购内容的变动不居,提供了另一种解释:它归因于法律顾问的收购业务经验的差异。他发现,在 20 世纪 90 年代早期上市、及其法律顾问来自于加州硅谷的公司,比那些法律顾问来自于纽约市的律师事务所的公司,章程中的收购防御措施要少一些,尽管到了 1998 年,律师事务所之间运用防御措施的差别已经消失了。另外,由更大的、拥有更多收购经验的律师事务所提供顾问服务的公司,章程中的防御措施也更多。在预测公司是否有防御措施、有多少防御策略方面,法律顾问的特征比公司本身的特征(规模和地点)及其所属行业的收购活动的特征更有预测力,他认为,这证明了公司防御措施的差异并不源于 IPO 公司拥有不同的防御需求。他还进一步发现,拥有高水平承销商及风险资本支持的公司,往往更倾向于采用防御措施,而且随着时日的推移,其防御强度日益增强。Coates, "Explaining Variation in Takeover Defenses: Blame the Lawyers," 89 *California Law Review* 1301 (2001)。与 Daines 和 Klausner 的看法相左的是,Coates 将有关 IPO 章程的数据解读为,认为防御措施不符合股东利益的主流观点是错误的。他认为,考虑到防御措施的采用与高素质的承销商及见多识广的风险投资者之间的关联关系,如果防御措施降低了股价,则必定是因为该防御措施是"物有所值"。其结果是,他将律师事务所与收购防御措施之间的关联关系解读为,不仅律师决定着公司章程的关键条款,而且所有者兼管理者与律师之间存在着代理问题(律师并没有付出足够的努力来了解收购防御措施的效力,从而将其纳入公司章程之中)。从该视角来看,随着时日的推移,各家律师事务所之间差异的消失,可以用学习来加以解释:20 世纪 90 年代末期,与更早的一些年份不同的是,当时的硅谷公司发生了大量的备受关注的敌意收购事件。像 Coates 所说的那样,硅谷的律师事务所很无能(或者很懒惰),这是否可信? 在可能影响到公司收购防御的需求方面,除了 Coates 分析的公司三大特征之外,还有没有其他特征或许也不无关联?(提示:公司对某些类型的资产——例如流动的人力资本这一许多软件公司的核心资产——的依赖,是否使其更不容易受到收购行为的伤害? 这与可能会接受硅谷的律师事务所的建议的创业公司有何关系?)

28. 公司管理者运用 Jarrell 等人、Daines 和 Klausner 的文献摘要中探讨的种种防御策略,来抵制其不希望看到的(敌意)收购。特拉华州的法院也评价了友好合并合同中的条款,后者作为收购防御措施旨在保护收购人在完成交易过程中的利益。大量的文献分析了被称为"锁定"的部分交易条款,后者在特定情况(最为常见的情形是,出现了成功的竞标方)导致交易无法成就之时向收购人提供价值。由于法律和监管要求(例如需要股东的批准)会拖延合同的履行过程,合并合同从签订到交易结束存在一定的时间差,鉴此,收购人担心出现竞争对手并且报出更高的价格,因而会要求确保该交易得以完结。"锁定"通常会赋予收购人一种权利,即以优惠价格购入特定资产或者一定数量的股份。例如,以最初的收购人的报价 x 来购买股份的锁定期权(会被 $y > x$ 这一成功的更高报价所触发)的行权价,会给收购人带来大量的价值,而其价值多寡则取决于股份的数量:Viacom 在其与 Paramount 的合并合同中的股份锁定(其报价为每股 69 美元,总计 23,699,000 股)的价值,在第一个敌意收购人 QVC 报价(每股 80 美元)之后,高达 2 亿美元。

收购人担心自己在交易的谈判中付出时间和精力,但其他收购人却搭了他的便车,利用他的报价所传递的信息报出更高的价格从而将其挫败——Easterbrook 和 Fischel 正是由于担心发生此种现象,因而反对防御策略——在这种情况下,收购人将不愿在没有保护的情况下签订合同。如果锁定条款向最初的收购人提供了价值,则此类条款是否缓解了 Easterbrook 和 Fischel 关于许可防御措施的担忧? 锁定期权劝诱着出价更高的要约,因而有益于目标公司的股东,但与此同时,它使得目标公司之于其他收购人而言更为昂贵,因而与防御策略相类似的是,它会被用来阻遏要约的发生。回过头来看一看 Easterbrook 和 Fischel、Gilson 和 Bebchuk 的文献中关于防御策略和收购拍卖的种种论争。赋予第一位要约人的锁定期权是否应当区别于第二位要约人? 锁定期权的授予是如何影响拍卖的？法院是否应当将锁定期权与其他防御策略等量齐观？特拉华州的法理倾向于负面评价锁定条款,但与此相反的是,大量的学术文献探讨应否在特定情形下赋予锁定条款合法地位,或者在任何情形下均赋予其合法地位。关于这方面的文献所遵循的理路纷繁多样,参见 Ian Ayres,"Analyzing Stock Lock-Ups: Do Target Treasury Sales Foreclose or Facilitate Takeover Auctions?," 90 *Columbia Law Review* 682（1990）; Stephen Bainbridge, "Exclusive Merger Agreements and Lock-Ups in Negotiated Corporate Acquisitions," 75 *Minnesota Law Review* 239（1990）; John C. Coates IV and Guhan Subramanian, "A Buy-Side Model of M & A Lockups: Theory and Evidence," 53 *Stanford Law Review* 307（2003）; Stephen Fraidin and Jon D. Hansen, "Toward Unlocking Lockups," 103 *Yale Law Journal* 1739（1994）; and Marcel Kahan and Michael Klausner, "Lockups and the Market for Corporate Control," 48 *Stanford Law Review* 1539（1996）.

9

证券监管

本章集中关注美国《1933年证券法》和《1934年证券交易法》关于公司披露和内幕交易的强制性规定。联邦对于公司财务报表和投票委托书的强制性披露要求,旨在增强股东监督公司管理层的能力,并改善其投资决策质量。与此同时,它还对公司管理层施加了信义义务,联邦的内幕交易法律制度也是如此。就此而言,证券监管致力于通过重要的方式,来实施第5章和第6章所分析的股东监督、诉讼和投票的主要机制。

关于信息披露规制的一个核心的政策问题是,强制性的制度安排是否事所必须,或者在这方面的成本投入是否物有所值:在竞争性资本市场中运营的公司,是否拥有充足的激励自愿披露投资者希望获得的信息?Frank Easterbrook和Daniel Fischel尽管认为自愿性披露应当足以敷用,但他们仍然基于第三方效应,认为联邦层面而不是州层面的强制性披露规则具有正当性。任何一家公司披露的信息将裨益于其他多家公司的股东。由于一家公司无法向其他公司的投资者收取其制作这些信息的成本,此类信息将发生供给不足的情况。这是政府的公共产品解释的一种变种(参见第3章B部分注释1)。关于公司对其自身投资者的次优信息供给,John Coffee认为,与第三方效应增加价值的解释相比,外部性分析更为直接。

解决有关强制性信息披露有效性的论争的一种方法,是就监管的影响提出一些可检验的假设。例如,如果投资者受益于1933年和1934年的强制性披露规则,则人们将会预测,上市证券的价值将随着联邦规则的通过而上涨。J. Harold Mulherin梳理了那些试图评估强制性披露制度有效性的经验文献。正如他提到,如果这项任务并不令人气馁的话,至少也相当困难。然而,对监管的成本与收益进行评估,对于改善决策的质量无疑至关重要。正如Mulherin所总结的,George Stigler的经典文献运用当代数据对监管的经济学进行研究后发现,在《1933年证券法》颁布之后新近发行的证券的回报并没有显著增长,由此得出结论称披露规则并没有大幅改善新发证券的质量。Mulherin 梳理了 Stigler 的文献之后的大量研究后发现,总体而言,并不能表明监管带来了大量的收益。

Paul Mahoney 对于强制性披露提供了一个不同的视角,认为它旨在缓解代理成本问题。这种解释与前面数章关于公司法与公司治理的原理,在主线方面一脉相承,但传统上不会用于证券法领域。Mahoney 在为强制性信息披露提供代理成本的解释时,重新审视了第 3 章提出来的问题,该问题关注的是公司投资的合约安排中引入的法律强制性规定,同时它还关注如何看待同一事物的两面性:各方自愿采用的规定的"强制性"如何体现,或者各方可以轻易规避的规定的"强制性"又当如何?

遵循 Mahoney 关于披露规制的视角,Robert Thompson 和 Hillary Sale 研究了强制性披露制度和公司治理的关系。他们认为,关于违背信息披露的联邦证券诉讼已经取代了各州的信义义务规则,成为投资者监督管理层不当行为的主要手段。

内幕交易规则带来了与强制性信息披露规则相类似的问题。是否有必要建立全国统一的内幕交易规则?或者关于限制内幕交易的规则应当是管理者与股东谈判假设情况下的公司合同的诸多条款之一?正如 Kenneth Scott 所解释的,联邦禁止性规定因拓展了传统的信义概念(禁止自我交易)而获得正当性,也就是说,它防止管理者运用公司财产(内幕消息)来损害股东利益而谋取自身利益。当然,该原理不能解决该禁止性规定是否应当成为强制性安排这一根本问题。Scott 还分析了他认为在解释禁止内幕交易、投资者平等获取信息及改善市场效率方面更不那么令人满意的原理。摘自 Dennis Carlton 和 Daniel Fischel 的文献梳理了反对强制性内幕交易的种种情形,后者简要地概括了 Henry Manne 的推陈出新的巨著(*Insider Trading and the Stock Market*, New York: Free Press, 1966),他首次对内幕交易规制的智慧提出了质疑。他的主要反对意见是,禁止内幕交易妨害了市场效率(内幕交易包含的信息将股价推向了正确的方向),消灭了激励薪酬的有效方式(内幕交易潜在的大量利润,鼓励着管理层去承担风险)。

本部分的第三篇文献超越了传统的论争,拓展了内幕人交易的概念。Ian Ayres 和 Joe Bankman 认为,内部人可以根据重大内幕信息买卖相关公司或者竞争对手公司的股份,而这些公司的股价变动与其自身股份的变动息息相关,从而避开了内幕交易限制的适用。为了弥补这一显见的监管漏洞,他们赞成披露规则并建议将产权赋予那些股份被内幕交易的公司,以限制那些形式上的公司"外部人"进行此类知情的"内幕人"交易。

本章研究联邦证券监管的主要实体内容,其中前面两部分的文献贯穿的一条主线是如何妥当处理联邦监管和州监管的关系。最后一部分的文献对这一主题进行了明确的阐释。Roberta Romano 提出,证券监管应当遵循州立公司法的范式,并且允许发行人选择其监管制度。按照该方法,前面数个部分分析的有关披露和内幕人交易的强制性规定,基本上都要废除,因为正如第 3 章的文献所探讨的,公司可以将注册地点变更为法律不包含此类条款的州,从而规避掉它不乐于接受的某个州的强制性规则。Paul Mahoney 建议选用另一种方法,即把监管权力交给证券交易所,或者至少最低限度地把披露要求交给证券交易所,而不是放在公共证券监管者手中。那样将重走交易所以前的老路,也就是说,在联邦证券监管制度颁布之前,交易所最初主动要求把强制性财务披露视为上市要求。Stephen Choi 在放松监管的道路上走得更远,建议改良联邦监管路径,以规制投资者而不是发行人。根据他的建议,根据个人对投资的了解程度,其投资选择将受到限制。与 Romano 的观点相反的是,在 Choi 所倡议的发行人选择制度下,如果不知情的投资者无法从知情的投资者中获得有意义的保护,则 Choi 提出来的许可制度将会解决此种情形带来的担忧,因为它不允许不知情的投资者直接买卖具体的证券。

最后的文献选自 Donald Langevoort,这是一场思维的实验,可以称之为以更为宽泛的视野来看待 Choi 提出的投资者许可建议,即建立两个不同的证券市场,现行的监管制度仅仅适用于零售投资者,而机构投资者的交易则不受规制。他提到,这是向合格的投资者(机构及富有的个人)出售证券时豁免信息披露及其他注册方面的规制的一种逻辑延伸。这一推理的基础在于,现行监管制度针对 20 世纪 30 年代的股票市场而创建,彼时个体投资者是主要的交易方,而在当前以机构投资者为主体的交易市场中,这套制度基本上没有意义。然而,尽管此种划分在逻辑上看起来不可避免,他得出结论称,无论投资者的属性如何,SEC 和国会都不会容忍存在此种大规模的不受规制的证券市场。

A. 披露监管

强制性信息披露和投资者保护[*]

FRANK H. EASTERBROOK 和 DANIEL R. FISCHEL

证券法有两大基本要素：禁止欺诈，以及发行证券时信息披露及此后的定期披露要求。信息披露内容方面的极其细致的要求，以及确定哪些交易必须受信息披露要求的规制，使得证券发行与交易的复杂性声名远播。而在规制投资方面，则几无实体性规定。

在证券市场中，能够被验证的信息毕竟非常有限。投资者无法以一种能够使其准确地推断风险和收益的方法来"审查"商业企业，投资者甚至也不愿去审查；他们只想成为公司收益的消极接受者，而不想亲自调查或者过问公司。事实上，当投资者费时费力地去调查研究时，每个人的努力可能只是别人的重复劳动。这样一来，由买方去监督的制度，就会蚕食劳动分工带来的诸多收益。

优质公司就必须采取其他措施来使投资者确信其品质。一项传统的做法是聘请外部人士来审查其账簿和其他记录，并请其就公司披露信息的准确性进行验证。对许多公司的财务账簿进行验证的会计人员拥有声誉利益——因而，也可能面临声誉损失——而且这种利益比他们对某个特定公司进行审计时懈怠或者错误验证所获得的好处大得多。类似地，发行人还可以通过投资银行来发售证券。投资银行审查发行公司的招股说明书，为转售而买入股票从而以自己的金钱作出担保、向客户作出陈述从而以自己的声誉作出担保。

另外，公司自身也可以采取措施来加强披露信息的可信度。其一是要求公司管理层必须持有公司相当数量的股票。通过在公司上市时推行股票期权或发售"便宜股票"，或者诱使管理层从市场中购买股票等，均可达到上述目的。如果公司运营绩效低下，管理层和其他投资者同时受损……公司可选择的第二种措施是对外借债，后者会使公司走向破产。这种策略或许看起来并不可行，但想想破产会对管理层的投资及职业生涯带来巨大的成本。通过运用杠杆以增大破产的风险，这样，拥有最佳前

---

[*] 本部分内容的重印，获得了 70 *Virginia Law Review* 669 (1984) 的许可。

景、因而破产成本最低的公司,可以自行向投资者作出验证……最后,管理层还可以通过以下传统的方式来保证其陈述是正确的:作出一项有法律约束力的承诺(可能由保险公司提供支持),即如果公司运营状况低于承诺的水平(比如说,与市场指数相比较),管理层就必须对投资者作出一定的给付。承担了给付义务的人对于公司运营将格外谨慎。这样,只有优质公司才能找到破产担保人,投资者也因此获得了保护。

即使市场缺乏禁止欺诈的法律规则,这些验证机制还是能够对投资者提供相当大的保护,并使得优质公司有可能募得资金。毕竟,投资者也并非一定要将钱"贡献"给新的公司。他们可以投资于政府债券,或者将钱存入银行且无须承担任何风险;他们也可以投资于管制严格风险极低的公用事业;他们还可以购置土地或者其他盈利资产。这使得刚刚成立或者不那么知名的公司,只有提供比现有公司更富于吸引力的投资产品,才能顺利筹得资金。

基于我们列举的上述理由,禁止欺诈的法律规则并不是证券市场的重要因素。然而,前述每一项验证机制都是成本高昂。审计师事务所、投资银行、承销商的设立和运作都需要相当的成本。债务和股利策略,都会带来大量的交易成本;而且,只有得到额外的报酬,管理层才愿意放弃分散投资的想法而集中持有本公司股权;而因此承担的风险有可能使其作出并不理想的商业决定。与此同时,由成千上万的投资者来直接验证公司发布的信息真假,其成本之高,更是无可比拟。

反欺诈规则可以降低这些成本,特别是对新成立的公司而言,这种效果更是立竿见影。对于欺诈的惩罚,使得劣质公司如果想通过披露虚假信息来模仿优质公司,将面临更为高昂的成本。而反欺诈规则给诚实的优质公司带来的成本极低、甚至没有成本。这使得优质公司可以低成本地向投资者提供保证。

反欺诈规则本身也会产生许多成本。执法成本(调查、起诉、判决等都会耗去大量的人力和物力)显而易见。执法过严和执法疏漏所带来的成本,尽管很难察觉,但却实实在在地存在着。

为什么反欺诈规则是全国性的?

1933年,各州都拥有反欺诈规则。既是如此,为什么还要通过《1933年证券法》和《1934年证券交易法》引入新的规则?支持者通常会说,引入全国性的规则是必要的,因为各州的反欺诈规则(在查证欺诈方面)

"没有效果",但这并非理想的解释。即使报告称存在欺诈行为、甚至这种行为与日俱增,但以此来证明州立反欺诈规则"没有效果",与以各州存在谋杀行为为由,来证明各州刑事法"没有效果"、因而需要以由联邦谋杀检控委员会为执行机构的全国性谋杀法律取而代之一样,证明力很弱。

与前述解释不同的是,对反欺诈进行联邦立法的正当性在于,对于同一项交易引发的多个诉请由同一个案件进行合并审理,将会带来效率。许多新股发行的认购者遍布数州;即使证券最初的发行和购买均在一州之内完成,但只要证券持有人迁徙他州,就产生了州外持有人。这样,几乎所有公司的证券都跨州发售。如果一家跨州发售证券的公司,因证券纷争而在各个投资者所在的州被分别起诉,则每一证券都可能引发数场裁判标准各异、审理结果也互不相同的官司……因欺诈而引发的求偿请求,通常都有书面文本,没有合理的理由可以解释为什么同种诉求必须在多个法庭分别解决。证券法创造了全国一体化的纠纷解决范式,它关于裁决地点的灵活规定,还允许将所有的被告与诉请集中在一个法庭进行合并审理。《民事程序规则》第23条创建的集团诉讼即有利于将所有原告合并在一起。

披露与信息的公共产品属性

如果只有反欺诈规则而无强制性信息披露要求,则公司大可保持沉默而无责任之忧……强制性信息披露规则极大地限制了公司保持沉默的自由。

在禁止欺诈规则之外另行建立强制性信息披露制度,其意义何在?披露规则的隐含的公共利益理由是,如果只有禁止欺诈的规则,市场能够提供的证券信息将"少之又少"。将信息称为"公共产品"的观点,我们常有耳闻,这种观点是指信息用之不竭,而且信息的提供者无法避免别人"共享"信息披露的收益。如果信息提供者无法获得信息的全部价值,他们愿意提供的信息将非常之少。那么看起来,如果对于即将到来的事实,信息的拥有人能够获得披露该信息的全部收益,那么就应当披露。因而,创建这一法律规则是有益的。

这一原理仅仅使我们走到了这一步。一方面,它证明过了头。尽管没有人能够获得有关牙膏的信息所带来的全部利益,但在披露牙膏的防止蛀牙功效方面,却没有联邦规则。为什么证券与众不同?我们把其他产品交给竞争性市场,是因为我们相信产品的制造商或者使用者(或者检验者,如消费者协会)将从信息的披露中获取足够的收益,并最终使市场赢得合理的效率。

关于公共产品解释的另一更为复杂的版本是,虽然投资者能够自己获取信息,但他们获取的信息既太多又太少。投资者获取的信息太少,是因为努力获取信息的收益分配并不完美……举例而言,如果信息对于投资者整体的价值为 100 美元、但没有一位投资者可以获得超过 10 美元的收益,这样,任何一位投资者都不会去努力获取价值超过 10 美元的信息。然而,当数个投资者都分别获得了价值 10 美元的相同的信息(多余的信息获取)时,投资者获取的信息又嫌太多。这一观点最后下结论说,强制性信息披露规则将会有效地防止重复获取信息所带来的浪费行为。*

信息过量的另一原因,是人们可以从前景预测中获取收益。一些信息,例如关于公司季度收益的信息就提供着从交易中获取收益的机会。那些掌握了第一手信息的人,可借此获取大额利润。然而,在另一重要的意义上,这种信息并无价值。因为根据注定会发布的信息进行交易,既不会改变公司未来的发展状况,也无助于对新的证券进行更好的投资。当然,证券的价格将最终发生变化,从而反映出公司的真实盈利状况。但这种一天甚至更短时间里的价格变化,无法为实现分配效率留下足够的时间。而短期交易的利润,将诱使人们投入大量的人力和其他资源以"击败市场"。因为从捕捉交易机会而获得的利润,大于加快价格转换所带来的效率收益,因而这种情形在许多情况下都构成了浪费。故而,有观点认为,如果受到关注的公司能够及时披露信息,交易机会将不复存在。因为一旦所有人都知道事情的真相,那就没有人能够投机。公司的投资者作为一个整体,将支付成本以消灭这些交易收益(以及高昂的信息搜寻成本)。除了强制要求掌握真相的公司披露信息之外,难道还会有其他更好的方法?

这些观点存在一个共同的问题:它们并没有将信息披露的收益与强制性信息披露的收益联系在一起。如果信息披露有益于投资者,公司也将因披露信息而受益,而且科斯定理表明,公司和投资者可以达成一份互利的合同。因而,公司的决定可以有效地"协调"许多没有直接参与谈判

---

* 原著有删节,译著为了读者理解的便利,比照被删除的原文,增译了部分词句。——译者注

的投资者的行为。

以自发的信息披露来解决信息不存在产权所带来的问题,这一原则适用于二级市场的证券交易和一级市场的证券发行。公司的投资者总是希望能够后来以最高的价格卖出股份。他们在多大程度上能够这样做,取决于信息在多大范围内是可信的(否则,潜在的买方会往最坏处想,从而降低了报价)。对于公司的绝大多数信息而言,公司自身加以创建并予传播的成本低于股东,而且公司的决策因为反映了所有股东的价值,在边际上是正确的。那些希望获得最高股份发行价格的公司,必须采取一切合算的方法来使股份在后市价格不菲,为达到此种目的,它必须作出可信的承诺来持续披露信息。

事实证明了这一点。只要公司存续,它们就持续披露着自身的重大事项,并且会通过第三方验证这些事项。运用审计师的做法,可以追溯至公司诞生之时。《1934年证券交易法》通过之后,创造了上市公司披露年度报告的要求,所有股票在全国市场交易的公司都公开披露了大量由独立审计师验证的报告。1934年至1964年,只有股票在全国市场交易的公司被要求披露年报(1964年法律修改,要求投资者人数超过一定数量的公司发布年报)。公司也可选择退市或者一开始即不上市来避免承担披露义务。然而,现实情况是,公司急切地寻求在交易所上市并披露相关信息;那些非上市公司也按照法规要求的范式,披露了大量的数据资料。此外,虽然目前各州和地方政府发行的证券被豁免履行强制性信息披露的义务,这些发行者通常还是向认购人提供了大量的信息。

为平息投资者疑问而进行的信息披露,同时也(在适当的程度上)降低了投资者为获得交易机会而过度搜寻信息的激励。问题在于,提前获取信息的确创造了获利机会,但却没有改善投资者的整体福利。因为搜寻这种信息的成本极其高昂,如果公司披露了信息,使得凭借该信息获利的可能性趋于最小、因而搜寻该信息的激励也趋于最小化,那么投资者整体将从中获益。证券的净收益等于它的总收益(股利加上公司清算时可分配资产)减去持有该证券的信息成本和交易成本。公司可以通过提高经营利润、也可以通过降低持股成本来增加净收益,两种方法难易程度并无差别。那些承诺为了降低投资者持股成本而披露信息的公司,将获得相对于其他公司的竞争优势,因为它们的投资者只需支付较低的持股成本,并且无须费时费力地去搜寻信息,而仍然可以保持消极的安全感。总体而言,公司的承诺越可信,投资者愿意支付的股价就越高。

控制"第三方效应"

为什么自利驱动的披露模式,无法形成理想的信息披露状态,还有其他的一个原因:第三方效应。一家公司为其自身投资者披露的信息,可能也有益于其他公司的投资者。A 公司的陈述可能披露了 A 公司所属行业的某些信息……这样,该行业的其他从业者可以据此安排其自身的运营。除此之外,竞争对手公司的投资者在其中可能还存在其他附带利益。然而,A 公司却无法就其他公司的投资者所获取的收益向其收取费用,尽管这些投资者愿意支付。这使得 A 公司披露信息的积极性大为受挫,它提供的相关信息也将大为减少。

或者,我们假定存在一种最理想的向投资者传递信息的范式。某些信息披露范式比其他范式更易于被理解、验证,而其他信息披露范式则往往犹抱琵琶半遮面,欲说还休,与其说是在披露,还不如说是在隐匿信息。如果在社会生活中,投资者能够在没有交易成本的情况下订立书面协议,那么他们或许会要求所有公司构造最理想的信息披露范式,并据此披露信息。但因为各公司各行其是,这方面的协调成本过高。信息披露要达到最优化状态,可能要求运用一些专业化的语言范式(我们可以想象一下会计准则,作为一种专业化的披露语言,其对事物的定义极其详尽),但任何一家公司都不愿耗费成本去研发并使用这套语言系统,因为其他公司可以免费使用,而研发的公司却无法获得由此带来的大额收益。而且,有时使用特定的范式是否便利,还取决于其他公司是否愿意采用同样的语言范式。只有信息披露的范式相同,才有利于对各项投资进行比较。但有些公司可能并不急于就此展开合作。

政府发布的强制性披露规则是达成标准化的一种途径,但这并不意味着必须推行强制性披露策略。市场经常会创造出精巧的方法来解决信息问题。的确,证券销售商面临的问题,其他新产品进入市场时同样存在……如果不是彩电和收音机的制造商就信号传输的标准达成协议,至今都不会有彩电……有时,标准可由行业协会来设计,电子行业就是这样的,会计行业部分标准的设计也是如此。另外,由政府机构发布强制性信息披露规则,也能产生标准化的效果。而私人组织和政府部门完成的标准化,哪一个成本更低,则是一个经验问题……私人机构无法强迫别人遵从,所以必然会出现公司"按兵不动"的问题。而各州就信息披露开展的竞争也不能收到全部效果,因为相当多的问题具有跨州性质。如果"按兵不动"有利于一些公司,有些州宁可成为这类公司的天堂,因为它们能够藉此获取相当多的好处。

通过各州之间的竞争来协调公司的信息披露,面临着许多困难,这一情况也恰好表明,只有一项商业决定所带来的后果都发生于某一特定的法域,这种法域之间的竞争才是最为有效的。因为只有当一个州的法律能够统管公司所有"内部事务"时,竞争才富于成效。然而,如果不存在强制性信息披露制度,注册于 D 州的公司所适用的信息披露规则,却同时影响着许多在其他州注册的公司。的确,在强制性信息披露制度缺位的情况下,证券市场"横跨多州"的属性,为各州试图去剥削居于他州的投资者,创造了可能。

举例而言,某公司在 D 州注册,该州要求公司披露的事项为 X、Y、Z,假设在这一时点上,某公司的信息披露达到最优状态;再披露其他信息给投资者带来的成本将超过其收益。(但 D 公司的投资者遍及全国——译者注)其中位于 N 州的一些投资者可能会向 N 州的法院起诉,称根据 N 州的披露规则,某公司还应披露 Q 事项。即使 N 州的法官知道,披露 Q 事项其实降低了效率,但支持这一诉求并判令某公司赔偿 N 州的投资者,仍然符合 N 州的利益。因为绝大多数投资者在 N 州之外,得不到赔偿。故而,对 N 州投资者作出的赔偿支付,实际上来自于其他各州的投资者。所以,一旦公司在 N 州被起诉,N 州就可以抓住这一机会来"剥削"居住于其他州的投资者。这样,N 州的投资者所获得的赔偿收益,就远远大于他们因为将来该公司的披露"缺乏效率"而遭受的损失,因为这种披露成本由其余 49 个州的投资者共同承担。最后,N 州的投资者获得了 100% 的转移支付。

如果 N 州试图剥削其他州的投资者,市场其他各方将作出相应的调整。公司可以在 N 州尽可能少地销售股票,但它们无法避免投资者迁徙到 N 州。公司也许会开始披露 Q 事项,但根据假定这并不是最优的安排,而且即使公司披露了 Q 事项,也无法避免 N 州后来要求公司披露更多的事项。最后,其他州可能会奋起报复……如果各州不再试图剥削其他州的投资者,投资者将大为受益,但控制剥削的成本相当高昂……只有联邦统一立法,才能防止各州在证券交易方面大行剥削之道。

市场失灵及强制性披露制度的经济基础[*]

JOHN C. COFFEE, JR.

与 Easterbrook 和 Fischel 的第三方效应假说相比,还有一种更为简单的理论,能够为强制性披露制度赢得正当性。

首先,因为信息符合公共产品的诸多特征,人们往往不愿在研究证券方面投入太多的精力。投入不足意味着公司发行人提供的信息无法得到理想的验证,投资者也没有充足的时间和精力从发行人之外的地方搜寻重要的信息。因而,强制性信息披露可以被视为一种理想的降低成本的策略,藉此,信息搜寻成本可以事实上获得一定的社会补贴,这样可以确保人们获得更多的信息,信息的验证也更为准确。尽管投入更多的社会资源最终或许并不能显著影响买卖双方的利益平衡,或者甚至也不会达到分配公平这一更为宽泛的目标,但它确实改善了资本市场的分配效率——而这一改善反过来意味着经济更富有效率。

第二,如果没有强制性披露制度,无效率的情形更为明显,因为追求交易利润的投资者会带来过度的社会成本,这一观点有着相当的基础。以集体的方式来处理这一问题,最小化了经济资源的错配本会带来的社会资源的浪费。

第三,自发披露理论在公司理论家之间颇有市场,它以 Easterbrook 和 Fischel 教授的论说为基础,但其有效性相对有限。该理论的一个特殊缺陷是,它忽略了公司控制权交易的重要性,并且过分简单地认为管理者与股东的利益完美地保持一致。事实上,这些理论家认为自愿披露制度行之有效的前提条件,看起来并没有得到满足。尽管可以运用激励合同来诱导管理层的自身利益与股权价值的最大化保持一致,对于管理层而言,至少只要他们可以从事内幕交易或者杠杆收购,以折价买入股东的股权,仍然无不好处。由于这两种激励看起来都非常强烈,管理层向市场发出错误信号从而获利的情形仍会产生。

第四,即使在富有效率的资本市场上,理性的投资者在进行证券投资时,仍然需要充分的信息。而看起来,只有通过强制披露制度,才能最好地提供此类信息。

这套理论最终并没有得出貌似有理的检验结果。其结果是,市场自

---

[*] 本部分内容的重印,获得了 70 *Virginia Law Review* 717 (1984) 的许可。

发披露理论表面上的缺陷,仍然没有消除以下更为困难的问题:是否有经验证据可以比较自愿披露和强制性披露的相对有效性……当社会科学家无法开展控制性实验时,他们通常会转而寻求可以被解读的"自然实验"……相应地,今天我们可以分析 SEC 规则调整之下的公开证券市场与豁免注册的大型证券市场(政府债券市场)的披露水平的差异……如果说,20 世纪 70 年代的纽约市债券发行和 20 世纪 80 年代的华盛顿公共电力服务公司债券发行的失败等近期事件具有启发意义的话,未向投资者披露关键的信息无疑是其中之一。绝大多数观察人士同意此种观点,但新古典经济理论家却认为,投资者几乎不需要信息,因为他们已经受到了穆迪或者标准普尔等债券评级机构的保护;这些机构消化了相关信息,然后对每一证券进行评级;在债券发行的情形中,这些信息最后只转化为债券的风险层级。

如果我们只从远处、并且透过新古典经济理论来分析证券市场,则这一反驳或许听起来很有说服力。但如果我们更为仔细地分析制度结构,则会发现诸多令人困惑的问题。首先,在纽约市财政危机中,直到该危机为众人广泛周知之时,穆迪才降低纽约的信用评级。第二,由于发行人向债券评级机构付费以获得评级,这里存在利益冲突问题。第三,债券评级机构自身并不是调查机构。相反,它们依赖发行人向其提供的数据。Arthur Young & Co. 这家审计事务所完成的近期一项调查显示,数据的准确性深值忧虑……在部分意义上,这些问题可能源于政府和非营利组织所适用的会计准则仍然处于相当基础的水平。

我们应当如何看待这一切?尽管面临这些批评,看起来自愿披露理论在运用于证券首次公开发行时确实有一定的效力,而且在运用于所有的初次发行时也有一定的效力,尽管这一效力较弱。然而,当这套理论运用于主要由《1934 年证券交易法》调整的二级市场交易时,其说服力却大为减弱。在这一领域,高企的代理成本(近年来高额收购溢价平均为 50% 至 70%,大概可以表明这一点)掩盖着管理层的机会主义行为。

监管成本与收益的考量：证券市场中的若干概念问题[*]

J. HAROLD MULHERIN

监管研究的概念和计算问题

George Stigler 首次建议对监管的成本与收益进行系统研究。他呼吁引入一套关于监管政策的可验证的假说，然后对恰当的数据进行科学的分析。

为了建立可验证的假说，人们必须建立监管模型。经济学家至少已经建立起了两套不同的监管模型，可以分别称之为公共利益理论和特殊利益理论。公共利益理论源于传统的见解，即为了应对市场失灵，政府监管必须作出回应以改善社会福利。

相反，特殊利益理论则认为，监管是对诸多政治利益集团的回应。关于监管的此种另类描述的动因是，有迹象表明监管看起来并不是为了保护消费者，而是保护生产者……另外，监管对于行业中的大公司与小公司的影响各不相同。

关于监管的正当性基础存在着不同的分析模型，认识到这一点非常重要，对此有着大量的理由可以解释。的确，人们可以运用基础模型，来塑造新的监管或者监管变革的预期效果——这样，公共利益理论在预测监管之于被监管行业的公司的影响时，得出的结论将不同于特殊利益理论，甚至可能恰恰相反。类似地，对于诸如市场禁入的监管政策的看法，也会受到监管的分析模型的影响。公共利益模型可能会认为，准入门槛排除了实施欺诈行为的公司，而特殊利益模型则认为此种门槛妨碍了竞争。整体而言，人们所用的基础模型确定了举证责任及有关监管的经验检验在统计方面的说服力。如果人们认为监管收益的计量与成本测算并无不同，则其此前在公共利益或者特殊利益框架下形成的见解，会影响到其是否要维持监管的主张。

当在确定监管是否导致了意外的后果时，基础模型的构建特别重要……Peltzman 关于医药行业中消费者保护的分析发现，立法弱化了行业创新，并且推高了医药价格。这是公共利益立法所导致的意外后果吗？

---

[*] 本文最初发表在 *Journal of Corporate Finance*, vol. 13, J. Harold Mulherin, "Measuring the Costs and Benefits of Regulation: Conceptual Issues in Securities Markets," pages 421—437, Copyright Elsevier (2007). 本部分内容的重印获得了许可。

或者相反,它吻合了特殊利益模型的分析?后者以牺牲潜在的新的市场进入者为代价而满足目前的公司的利益。

监管研究中的一般计算问题

在研究监管的成本与收益时,还必须面对大量的计算问题。其中的许多问题都属标准因素,诸如内生性、干扰事件以及所有实证研究都存在的数据不准确的问题。但这些计算中的问题,经常因监管过程的冗长和繁杂而更趋复杂。

监管是内生性的,而且是对经济条件的一种反应。这使得要摆脱监管变革的影响十分困难,特别是要在整体层面上摆脱其影响更为不易。计算中的这些困难反映为反事实的分析存在种种问题。解决监管的内生性所带来的分析困境的一种方法,是在分析中纳入不受监管变革影响的一个群体。或者,以特定监管理论为基础的模型,可以对监管的预期效果作出典型的预测。

一个相关的问题是,监管经常发生于干扰事件产生之时。例如,在放松银行和电讯产业的监管时,技术革新正如火如荼。因而,区分监管变革与技术革新的影响无疑并不容易。然而,人们却经常运用当下监管变革的差异,来分析回应技术革新的放松监管的影响。

监管事件的研究

监管变革的一大特征是,它经常会同时影响着多家公司,从而伤害了事件研究的说服力所依赖的独立性假定。解决办法之一是在投资组合层面上展开分析。与此相关的程序是建立分析监管事件典型影响的标准。

在开展监管事件研究时面临的一个棘手问题是,监管变革发生的周期漫长,而且其过程飘忽不定,这使得难以精确地确定市场何时对新的监管作出了反应。从国会下属专门委员会提出法案,到法案获得通过并付诸实施,这一监管变革的时间窗口可以是数个月,或者甚至可达数年之久。如此漫长的时间窗口,使得监管事件影响的研究结果对于预期回报的基础模型的选择非常敏感……这种对于妥当的计算模型的担忧,还因为监管变革改变着受影响的公司的风险这一理论,而愈发强化。

解决漫长的时间窗口所带来的问题的一种方法是,努力确定监管变革进程的关键时点。但认定哪些日子是事实上的关键时日仍然含糊不清,这一过程对此十分敏感。毫不奇怪的是,由于选定关键时日方面所运用方法、以及计算异常回报的程序方面的差异,关于特定监管事件的研究经常得出相反的结论。
SEC 监管的成本与收益的历史分析
创建 SEC 的分析

关于 SEC 监管的成本与收益的系统分析，最早来自于 1964 年 George Stigler 的一篇论文……他研究的第一个问题是"在 SEC 控制了新股发行注册之前及之后，投资者得到了什么好处？"为了展开实验，Stigler 研究了 SEC 创立之前的 1923—1928 年间公开发行证券的公司在发行之后的股价表现，并将其与 SEC 创立之后的 1949—1955 年间公开发行证券的股价表现相比较。为了将整体市场因素考虑进去，他计算了个股相对于市场指数的股价表现。他的研究结论表明，"无论是在 SEC 创建之前还是之后，购入新发行的普通股均非明智的选择"。在 SEC 创建之前和之后的两个期间里，新股发行的投资者在新股发行之后的两年里亏损金额大抵相当。根据这些研究结果，Stigler 得出结论称，"值得怀疑的是，人们是否考虑到了监管的成本，而 SEC 是否为新股发行的投资者节约了一美元，同样不无疑问。"此后，Jarrell 和 Simon 运用了更大的数据样本，并运用了诸如资本资产定价模型及套利定价理论等更为复杂的预期回报模型，得出了相类似的结论，即平均而言，新股发行公司的股价表现在 SEC 创建之后并没有改观。

Stigler 还发现，在创建 SEC 之后的期间里，股份发行之后与发行之前的股价表现的差异大于创建 SEC 之前的期间，Simon 的研究也得出了类似的结论。Stigler 提到，这或许可以被简单地解读为 SEC 降低了股价的波动性，Friend 和 Herman 持有此种见解。但 Stigler 认为，"一种更可信的解释在于以下事实：与 20 世纪 50 年代相比，在 20 世纪 20 年代，更多的新的公司运用了市场——此种见解源于以下观点：创建 SEC 之后，一个重大后果是将新的公司排除在市场之外"。Jarrell 赞同此种见解，认为 SEC 的一个可能的影响在于，提高了风险相对较高的新股发行的成本，Simon 认为，这导致更多的新股发行被赶到不受规制的柜台市场中。而 Mahoney 和 Mei 关于买卖差价及在纳斯达克市场上市的证券的波动性的更为近期的研究，并没有发现有证据表明，SEC 的创建降低了信息的不对称。

Stigler 的文献及其后的分析，为针对监管的成本与收益展开严谨的研究确立了导向。然而，这些分析可能存在的缺陷在于，它针对重大监管事件展开"之前/之后"的宽泛的分析,这实际上将监管事件发生之前的期间都视为控制样本。SEC 诞生于 1929 年股灾之后,这是一种内生的反应,与其他重大的证券立法背后的推动力并无不同。研究这一内生事件之前和之后的风险和回报等诸多变量,是有问题的。的确,SEC 首席经济学家办公室在计算 1897 年至 1969 年间市场总体波动情况之后得出结论,在创建 SEC 之后市场波动性的下降,是向市场平均值的正常回归,而不是 SEC 本身造成的。

改善简单的"之前/之后"分析的一种方法是,建立一个不受监管事件直接影响的控制样本。

若干研究试图对 SEC 创建前后不受规制的控制集团进行分析。Benston 比较了 1934 年创建 SEC 之前披露了会计信息(也就是销售数据)和没有披露会计信息的公司,从而研究了 SEC 监管中的披露要求的实际效果。他发现,创建 SEC 之后公司的股份回报波动性的变化,那些此前披露销售数据的公司与那些此前没有披露信息的公司并无区别。根据这些结论,Benston 得出结论称,"《1934 年证券交易法》给投资者带来的价值并不明显。"Friend 和 Westerfield 对此结论提出了挑战,他们质疑以创建 SEC 之前的销售信息披露为基础的控股集团公司,是否充分地区分了本来会受到 SEC 的创建影响的公司和那些本来不会受到这一因素影响的公司。

Chow 分析了 SEC 披露要求的实施,这份报告既研究了新近受规制的在纽约证券交易所上市的公司,又研究了不受规制的柜台交易公司的控制样本,从而更为清楚地考虑到了受规制的公司和未受规制的公司的区别。Chow 运用事件研究法,对关键的监管时日进行分析后发现,相对于不受规制的柜台交易公司而言,《1933 年证券法》对于新近受规制的在纽约证券交易所上市的公司的股东产生了负面的财富影响。该影响看起来与公司规模成反比,Chow 认为,其原因在于公司规模越大,现付的合规成本越高。

SEC 披露要求的扩展适用

更为近期的研究成果,分析了 SEC 的监管规则扩展适用于 1964 年柜台交易的公司,以及扩展适用于 1999 年柜台交易实时报价系统,从而研究了 SEC 披露政策的效果……与最初研究 SEC 披露要求的实施相比,此类分析拥有数个潜在的优势。一方面,SEC 被赋予新权力之时,经济状况不会像 1929 年股灾及接踵而至的大萧条那样糟糕。第二，在有组织的交易所上市的受规制的公司，很自然地成为新近受规制的柜台市场交易公司的控股公司。另外，新的披露规则并没有平等地影响着所有的柜台交易公司。

Greenstone 等人对 SEC 的披露要求于 1964 年扩展适用于柜台市场展开了研究……他们开展了 1963 年 1 月 1 日至 1965 年 9 月 15 日的事件研究，在那段时期里，扩张 SEC 权力的立法动议面临着激烈的争辩，最终获得了实施。他们比较了受新的规则影响最大的柜台交易公司、以及与已经属于披露规则调整的纽约证券交易所/美国证券交易所上市公司的控制样本的异常回报。Greenstone 等人发现，在监管事件发生期间，受影响最大的柜台交易公司拥有显著的正向回报。毫不奇怪的是，考虑到事件时间窗口期将近三年，他们报告称，柜台交易公司与纽约证券交易所/美国证券交易所上市公司的控制样本之间的区别，与异常回报值计算方法的采用非常敏感。

Ferrell 对于取自 Barron 的 762 家柜台交易公司所组成的样本，进行了 1964 年监管变革的相关分析。他发现，柜台交易公司的回报的波动性，相对低于交易所上市公司的控制样本的相关数值。

Bushee 和 Leuz 分析了 SEC 披露要求扩展适用于柜台交易实时报价系统（OTCBB）公司的情形。他们比较了已经遵循了新的监管规定的 OTCBB 公司和那些没有遵循新的监管规定的 OTCBB 公司。Bushee 和 Leuz 发现，在通过监管规则的关键时日的前后，已经遵循了这些规则的公司拥有正向的异常回报，而那些没有遵循这些规则的公司则遭受了财富[损失]。与这种股票回报的数据一脉相承的是，他们还发现，已经遵循了这些规则的公司的流动性增强了，而那些没有遵循这些规则的公司的流动性则减弱了。的确，绝大多数没有遵循这些规则的公司选择离开 OTCBB，而转而选择在更不活跃的粉单市场上市。Bushee 和 Leuz 将这种影响比作 20 世纪 30 年代最初实施 SEC 的披露要求所带来的影响。

历史分析的总结

本部分关于 SEC 监管规则分析的历史回顾，证实了在计算监管的成本与收益方面确实困难重重。充满噪音的、漫长的监管过程，面临着内生性问题、干扰事件、样本选择的关系等其他障碍。因而，从历史分析的角度看，SEC 的披露政策所带来的收益是否超过其成本，仍然面临着诸多问题。

Stigler 承认,要构建可以孤立地分析监管效果的检验标准,的确存在种种困难。但他强烈主张,这种分析上的困难,不能成为放弃此种努力的借口。

SEC 监管的当下话题

《2002 年萨班斯—奥克斯莱法》

《2002 年萨班斯—奥克斯莱法》极大地扩张了 SEC 在公司治理事务方面的权限……该法的一大显著特征是,SEC 超越了证券监管的传统披露要求,实际上对公司治理结构设定了强制性规定。新的监管措施的具体规定包括,公司必须建立独立的审计委员会、禁止公司向高管提供借款、要求公司的财务报表获得高管的验证。

近期的诸多研究试图对《2002 年萨班斯—奥克斯莱法》之于美国上市公司的股东财富的总体影响进行评估。

监管的回应性特征及其发展演变的长期进程,使得确定市场何时吸收了该法通过的消息变得十分困难。由于市场作出反应的具体时点不容易确定,Chhaochharia 和 Grinstein 将时间窗口确定为 2001 年 9 月至 2002 年 10 月这一冗长的期间,来分析与监管相关的所有消息。相反,Jain 和 Rezaee、Li、Pincus 和 Rego 以及 Zhang 则确定了市场反映了监管规则的关键时日,尽管这些研究确定的关键时日有所不同。

考虑到确定《2002 年萨班斯—奥克斯莱法》的市场反应的时点含糊不清,各项研究得出的结论并不一致,这并不奇怪。Zhang 的研究报告称,该法对于美国股票市场整体上产生了负面影响。相反,Chhaochharia 和 Grinstein、Jain 和 Rezaee,以及 Li、Pincus 和 Rego 报告称,该法整体上产生了正面影响。另外,即使某些研究报告在该法的整体影响方面得出了相同的结论,它们对于新法的典型影响所得出的具体结论也各不相同。例如,Jain 和 Rezaee 报告称,《2002 年萨班斯—奥克斯莱法》往往会增强过去已经遵守了该法强制性规定的公司的价值,而 Chhaochharia 和 Grinstein 则报告称,该法增强了过去没有遵守该法的公司的价值。

一些研究运用了数种方法来降低分析《2002 年萨班斯—奥克斯莱法》之于股东财富整体影响时的不确定性。在确定该法的整体影响时面临的主要困难是缺乏控制样本,这也是任何反事实研究均无法摆脱的困境。Litvak 研究了《2002 年萨班斯—奥克斯莱法》之于该法调整之下的交叉上市的非美国 ADR、美国存托凭证、外国公司的股份在美国交易所交易的信托凭证]的影响。Litvak 根据国别、行业和规模,使用了匹配公司作为控制样本。她针对该法通过之时的 14 个关键时日展开了事件研究后发现,相对于匹配公司而言,受规制的 ADR 遭受了负面异常回报。Smith 开展了类似的分析后得出结论,对于交叉上市的公司而言,《2002 年萨班斯—奥克斯莱法》的预期成本超过了收益。

　　改善整体研究的另一种方法是,正式构建一种模型,以评价监管新规则的典型预期约束效应。Wintoki 认为,《2002 萨班斯—奥克斯莱法》的部分要求是,公司的董事会构造应增强独立性。他认为,这种公司治理方面削足适履的方法,将与适应信息和交易成本的内生性公司治理要求相冲突。他根据外部监管的成本与收益将公司分为不同的组合,然后研究了自 2002 年 1 月 15 日至 2002 年 8 月 15 日期间这些公司组合的业绩,在此期间该法的议案被提起并予通过。他发现,那些外部监督成本高而外部监督收益低的公司组合,因《2002 年萨班斯—奥克斯莱法》而遭受了财富损失。他将这些研究成果解读为,该法给年轻的、成长较慢的公司施加了净损失。

　　一种关于监管规则的事件研究的有益做法是,超越了监管规则对于公司股价表现的影响,转而分析这些规则对于公司实际运营的影响。Linck 等人在开展此类研究时,分析了《2002 年萨班斯—奥克斯莱法》及同时代的其他公司治理要求对于董事供求的影响。他们分析了 1999 年至 2004 年的数据后发现,在《2002 年萨班斯—奥克斯莱法》颁布之后,公司董事会规模更大了,独立性增强了,而且开会更为频繁。相应地,诸如董事薪酬及董事和高管的保险费等治理成本也随之上升,规模更小的公司受到的影响与其规模不成比例。尽管 Linck 等人所记录的董事会独立性的增强看起来符合立法本意,但此种独立性是否已经改善了公司经营绩效,则仍然不无疑问。另外,他们的研究提出的一个问题是,更高的董事薪酬及规模更大的董事会是否符合新的治理标准设计者的本意。

公允披露法律规则

　　2000 年,SEC 采用了公允披露规则。该监管规则变更的目的在于终结选择性披露的做法,据称,某些市场分析师以前就是借此优先获知美国公司的信息。根据新的监管规则,公司要么向一切利益相关的市场参与方披露诸如收益数据等信息,要么向所有各方概不披露,这是一种信息的社会主义。

关于公允披露规则的研究,分析了新的监管规则之于信息不对称的种种表象的影响,例如股份回报的波动性、交易量以及买卖差价。研究还分析了股票市场之于收益预测及分析师发布的其他信息的反应的变化。因而,与关于《2002 年萨班斯—奥克斯莱法》的大量分析关注新规则的财富效应相反的是,有关公允披露规则的分析关注的是规则之于股票市场环境的影响。

识别公允披露规则的影响的一大障碍是,该规则发布之时,适逢包括股票市场十进位制等诸多干扰事件发生。公允披露规则生效于 2000 年 10 月 23 日,而纽约证券交易所和美国证券交易所于 2001 年 1 月 19 日完全采取十进位制,纳斯达克市场则于 2001 年 4 月 9 日完全采取了十进位制。由于有迹象表明,最小报价单位的降低影响了股价波动、买卖差价等信息不对称的种种指标,当前美国股票市场的十进位记数法,使人们难以研究公允披露规则发布之前与之后的效果。

有一些证据表明,公允披露规则弱化了分析师的信息优势。Hefli 等人以及 Gintschel 和 Markov 都报告称,分析师的预测对股价的影响降低了。Eleswarapu 等人报告称,在公司发布收益信息的前后,买卖差价中逆向选择的因素降低了。

分析师发布预测性消息及公司发布收益信息前后的市场反应的证据表明,投资场所的信息获取趋于平等,然而,公允披露规则是否事实上改善了投资者的现金流,这一问题仍然存在。Irani 和 Karamanou 以及 Moharanram 和 Sunder 报告称,在公允披露规则发布之后,分析师发布的信息减少了。Bushee 等人报告称,那些在公允披露规则发布之前经常举行封闭式电话会议的公司,也减少了电话会议的次数。

其他研究认为,诸多报告所称的公允披露规则之于信息环境的影响,实际上来源于干扰事件。Bailey 等人报告称,排除十进位制的影响之后,公司发布的有关收益的信息对于股价的影响并没有显著的变化。类似地,Collver 报告称,在公允披露规则发布之后,知情人交易的指标下降了,但他将此种效应的绝大部分归因于十进位制而不是监管本身。Francis 等人运用了不受新规则规制的柜台交易公司的控制样本,得出研究结论称,公允披露规则对于美国公司的信息环境并没有产生特别的影响。

正如与《2002 年萨班斯—奥克斯莱法》所面临的情形一样,有一些证据表明，公允披露规则对于小公司产生了与其规模不成比例的影响。Agrawal 等人发现，公允披露规则导致分析师的信息预测更不准确，对于小公司而言，这种情形尤为突出。Gomes 等人报告称，公允披露规则降低了信息的供给，对于传递着复杂信息的小公司而言，产生了与其规模不成比例的影响。Ahmed 和 Schneible 报告称，在公允披露规则发布之后，高科技公司披露的信息质量恶化了。

概要和结论

由于监管背后的动因多种多样，研究者们应当注意避免涅磐谬误，该错误具体是指将成本为正值的市场与零成本的政府进行概念上的比较。对于诸如《萨班斯—奥克斯莱法》等公司治理规则而言，这一警示别有意味，后者试图通过表面上看来仁慈的政府官员来解决公司管理的代理成本问题。

政府监管市场时可能存在的多元动机，还使得在确定政府监管是否造成了意外后果时，面临着种种不确定性。一些关于《萨班斯—奥克斯莱法》及公允披露规则的研究得出结论称，新的规则的一大意外后果是，给小公司带来了与其规模不成比例的成本。然而，尽管在公共利益的框架之下，此种后果或许出人意料，但在监管者被现在的公司俘获的特殊利益模型中，可以直接预测出此种后果。

除了监管是否产生了意外的后果，另一个重要的问题在于，法律规则的不同部分是否服务于不同的目的？例如，《萨班斯—奥克斯莱法》追求的是改善公司的监督，而公允披露规则的目标却在于降低知情投资者的信息优势。Gaspar 和 Massa 近期完成的研究强调指出，知情的投资者能够发挥重要的监督功能……因而，未来开展的研究可以着力的一个重要方面是，可以将看似毫不相干的近期证券立法的效果予以合并研究。特别可以研究的是，公允披露规则所带来的投资场所的信息获取趋于平等，是否会对《萨班斯—奥克斯莱法》试图推动的监督功能产生不利影响？

最后，无论是政府监管还是对其影响的研究，都应当避免削足适履的方法。正如 Diamond 所称，"我们往往会对成功作出简单的、维度单一的解释。然而，对于绝大多数重要的事情而言，要取得成功实际上就必须避免诸多不同的导致失败的缘由。"就美国及其证券市场而言，其成功归因于 SEC 的具体信息披露政策，抑或是在更为宽泛的意义上，它归功于美国避免了经济政策、货币政策和法院系统的失败？显而易见的是，这一核心问题应当成为证券监管的成本和收益分析的一部分。

作为代理问题解决方案的强制性信息披露[*]

PAUL G. MAHONEY

绝大多数产品或服务的卖方都没有法律义务向潜在的买方披露其产品的特定信息;他们必须做的仅仅是避免作出虚假陈述。但一项重要的例外是证券。在公开市场上发行证券的公司必须明确地披露其证券及发行人的相关信息。不仅美国如此,绝大多数发达国家也是这样。那么,该如何解释证券和其他产品的区别?

令人奇怪的是,很少有人从效率的角度来为此种差异寻找理由。理论经济学家在研究美国的证券法时最早运用的方法是,收集这些法律颁布之后投资者境遇是否改善的经验证据。在回应这一经验论争时,一种研究强制性披露的效率的理论文献发展起来,尽管规模不大,但其影响力却不容小觑。该文献认为,强制性披露的目标在于,帮助市场主体确定那些准确地反映了所有可获得信息的证券的价格。信息披露使得交易者得以收集相关信息,从而以比不存在披露的情形下更低的成本将信息反映在价格之中,有助于提升信息的效率(最终有助于改善社会福利)。在为信息披露寻找效率理由时,这种"增强准确性"的说理模型无可匹敌。强制性披露的批评者,并没有挑战该制度的目的在于改善信息效率这一前提,而是质疑美国的证券法是否达成了该目标。

本文对于证券市场的强制性披露,提供了另一种效率理由。本人将其称为"代理成本模型"的论说,它认为,强制性披露的主要目的是解决公司发起人和投资者之间、公司管理者与股东之间的某些代理问题。信息披露有助于降低监督发起人和管理者为其自身利益而运用公司财产的行为的成本。关于公司理论的当代文献普遍认为,此种代理问题无处不在而且非常重要;另外,在"被代理人—代理人"的情况下,要求披露特定信息的规则十分常见。因而,看起来,降低代理成本作为证券市场的强制性披露的一种效率理由,颇有几分合理性。

尽管降低代理成本或许是设定强制性披露的一个正当理由,但它能否解释我们当下实行的强制性披露制度?如果我们只分析 20 世纪 30 年代国会颁布的法律,则代理成本解释看起来优于"增强准确性"的解释。

---

[*] 本部分内容的重印,获得了 62 *University of Chicago Law Review* 1047 (1995) 的许可。

强制性披露并不是罗斯福新政时期的一项发明创造,而是从一些普通法规则演变而来,这些规则适用于代理人违背了委托人意愿的种种情形。这些规则经过改造即可作为一种手段,来解决本人称之为"发起人问题"的具体代理问题。发起人问题的确切描述是,运用与创建新公司及公开上市所筹得的相关资金,以并未反映公允谈判的条款,从公司发起人中购入财产或服务。发起人问题直接促成了英国的强制性披露法律规定,并且构成了美国证券法的一项重要背景,后者大量地借鉴了英国法律的规定。英国和美国法律中包含的各种披露事项,主要是针对发起人问题及相关代理问题。从历史渊源和最初的制度安排来看,这些法律与代理成本模型一脉相承。

当我们关注当下的法律时,问题就变得更加复杂了。美国证券法赋予 SEC 改变具体的披露规则的权力。历史事实表明,SEC 的行事方式偏离了代理成本模型,而越来越多地偏向"增强准确性"模型。因而,代理成本模型并不能正面且令人信服地解释当前 SEC 规则和附表中所涵盖的披露规定。然而,"增强准确性"模型同样如此。当前实行的强制性披露制度,是 60 年来不断变换的理论视角的产物,因而并不反映特定的任何一种方法。然而,本人认为,在解释强制披露制度时转向"增强准确性"模型,在规范意义上并不理想。催生了强制性披露制度的是代理问题,当强制性披露制度仅仅着眼于解决代理问题时,最可能富有效率。

强制性披露的首要目的是、或者应当是解决代理问题,还是为了改善信息的效率?这是个重要的问题,因为对于披露政策而言,这两个模型导致的后果迥然相异。如果接受"增强准确性"模型,意味着公司未来的信息比历史信息更为重要,因为历史信息已经反映在股价上了。因而,披露制度应当要求公司管理者发表其关于公司未来的看法,并且在反映了当前价值的信息的会计报表和那些反映了公司资产的历史成本的会计报表之间,选择前者。对于那些受到大量的证券分析师关注的公司而言,由于这些证券分析师已经使得公司的历史数据反映在股价之中,每个投资者就更没有必要去获得这些数据了。

近年来,SEC 以符合这些规范描述的方式,完善了强制性披露制度。例如,它尝试着将前瞻性陈述包含在信息披露文件之中;它影响了会计准则的发展演变,后者要求报告或者披露某些公司资产的当前价值;而且允许规模更大的、受到更广泛关注的公司遵循更不严格的程序来完成证券注册。而这些变化是好还是坏,部分取决于"增强准确性"模型的有效性。

代理成本模型的规范描述,往往与"增强准确性"模型所导出的规范描述背道而驰。代理成本模型认为回顾历史的传统的强制性披露模型,是一种帮助投资者发现违约或者违背信义义务的方式,因而是合理的。管理层对于公司未来发展前景的预测或者观点,不可能包含此类违约或违背义务的信息,因而可以完全不管公司是否作出此类披露的决定。会计报表可以反映公司的资金和财产是如何运用的,从而使投资者得以发现管理层是否违背其对股东的义务。就此而言,在披露信息时运用历史成本的信息是适当的。这样,与"增强准确性"模型不同的是,代理成本模型认为,强制性披露制度应当更为集中紧凑,而且更为限定于当前的信息。

代理成本模型:描述及一些剖析

披露利益冲突是有关代理的法律的主要任务。或许,强制性披露正着眼于降低代理的损失,而这种损失是由作为一方的发起人、董事和经理与作为另一方的投资者之间的利益冲突造成的。

显而易见的是,强制性披露的部分目的在于解决某些标准的代理问题。在美国,《1934年证券交易法》(《证券交易法》)要求所有的上市公司进行定期披露,包括披露有关管理层的薪酬及管理者与公司之间重大交易的详细信息。此类披露的显见目的在于帮助股东监督管理层的自利行为。通过降低监督成本,信息披露在整体上降低了代理损失。

然而,公司向公众发行新的证券时承担的强制性披露义务最为繁重。《1933年证券法》(《证券法》)要求,向公众发行证券的公司必须向SEC提交详细的注册报告,并且在向投资者提供的招股说明书中载明大量的信息。关于这些披露的传统解释是,它们向投资者提供了判断所发行证券价值所必需的所有"重要信息"。然而,隐藏于这一表面现象的是与诸多披露直接相关的代理问题。

在新成立的公司首次向公众发行股份时,代理问题最为明显,同时也最容易看出来,而这也是早期的强制性披露制度最关心的问题。"发起人"选定要购买的资产或者要合并的营业、创建公司并且选任首期董事会。[1] 公司通过其董事购入在经营过程中将会运用的资产,用股票支付对价,或者运用从发起人劝诱或者代表公司劝诱的投资者中筹得的现金来支付对价。

公司的创建和公开上市带来了诸多盈利机会。卖出股份所筹得的资金可被用于购买新的公司,并且可以缔结多种多样的长期合同关系。公司也可以运用资金来聘任顾问和咨询专家,支付佣金并购买其他商品和服务。支付了现金的投资者期望公司的董事会能够确保这些交易条款最有利于公司。不幸的是,董事由发起人选任,他们或许不能够充分地保持独立以保证股东与发起人利益受到同等保护。发起人或许希望将前面提到的盈利机会为己所用,或者将其输送给他的家庭成员、朋友和商业伙伴。因为发起人能够在公司创建之前安排所有的这些交易,然后选任董事会来代表公司完成这些交易,后来的股东可能会发现,旨在保护他们利益的制度安排并不能妥当地发挥作用。

这样就产生了"发起人问题",也就是说,发起人可以无须经过公允谈判或者独立审查,即把财产和服务卖给公司。这里的问题并不仅仅在于,更为知情的一方在没有披露其所知道的所卖财产的信息的情况下卖出该财产。真正的问题在于,投资者有权期待董事是自己忠实的代理人,但后者却可能并不如此行事。于是,得出以下结论并不算太过分:控制着董事的活动的发起人,是董事们背信行为的主要受益者,他们或许应当为此承担一定的责任。

法院作出的针对发起人问题的反应是,宣布在公司选任出真正独立的董事会之前,发起人对公司负有信义义务。然而,信义义务有种种形态。法院向发起人施加的首要义务是,披露其金钱利益的性质和范围。正如下文更为细致的探讨所称,如果发起人和投资者有机会进行谈判的话,有理由相信他们也会达成此种解决方案。知道存在发起人问题的潜在的投资者,在希望了解公司发行股份所筹资金是如何使用时,会去查询公司支付的佣金、费用及类似的花费;接受此类支付的人与发起人或董事

---

[1] 关于"发起人"这一术语,并没有被广泛接受的定义,但该术语通常被理解为是指实施必要行动来成立公司,或者展开初步谈判来确定公司将会最终买人的资产或者营业的人…… 根据特拉华州的法律,申请公司注册证明这一记载着公司始具法律地位的文件的人,被称为"发起人",该发起人有权在董事选定之前管理公司事务,通过章程并选举董事。

之间是否存在令人怀疑的交易条款、彼此的历史交往是否公允;以及,一般而言,发起人、董事或者与他们有往来的人,在发行过程中是否拥有其他金钱利益(例如,发起人是不是利用了发行收益购入了财产的受益所有权人)。本人运用"代理信息"来指称符合那些类别的其他所有信息。主要针对"代理信息"的强制性披露制度,即遵循着本人所称的披露的"代理成本模型"。

"代理信息"具有明确的限定范围。它限于公司与公司发起人或者管理者之间的重大交易的信息。这里关注的代理问题并不包括关于公司治理文献中通常会讨论到的全部问题(包括代理人工作不努力的问题)。相反,其关注的代理问题的范围更为狭窄,主要是涉及代理人的不当行为,这也是关于代理问题的普通法在传统上关心的问题。本人认为,强制性披露是解决这种局部的代理问题的相当有效的方法,而且在其他情况下也证实了这一点。强制性证券披露规则的渊源是传统上代理人与其委托人进行反向交易时必须承担的披露义务,而且证券披露规则在其早期阶段紧密效仿前者的规定。尽管也存在其他类型的代理问题,但它们不是强制性披露规则的主要渊源,而且本人也不相信这些问题可以通过强制性披露规则而解决。如果可以这样解决这些问题的话,则人们可以认为,关于公司业绩的所有信息均与股东监督管理者的努力息息相关,从而以代理成本的术语来改写"增强准确性"模型。然而,就本人的目的而论,"代理信息"是关于代理人运用其受托权力来向委托人卖出其财产或服务的独特信息。

能够更好地解释法律的是代理成本模型,还是"增强准确性"模型?

本部分更为细致地分析了《证券法》和《证券交易法》中的强制性披露的制度设计,并且得出结论称,这些制度安排更吻合于代理成本路径而不是"增强准确性"路径。美国国会借鉴了英国大量的法律规定,这是该制度更倾向于代理成本路径的一项重要证据。然而,国会在英国法律之外对强制性披露制度增加了大量的规定,其中一些规定表现上看起来是以"增强准确性"为方向。然而,本人认为,这些新增加的特色也可以被理解为、而且或许更好地理解为是对代理问题的回应。因而,总体而言,证据支持着代理成本的解释路径。

证明了代理成本路径的法律制度安排

《证券法》中的大量条款沿用了《1929 年法律》[英国的《1929 年公

法》——编者注]重点关注发起人问题的做法。这两部法律都包含了一张附表,详细列明了需要披露的信息。除了少数例外情形,《证券法》附表 A 列明的事项规范了发起人、承销商、高管、董事及控制人的金钱利益及运用发行收益的事宜。

总体而言,《证券法》中的披露条款根本不关注管理层增进股东利益的种种努力。它们并不要求讨论公司的日常运营、公司财产、面临的竞争性环境或监管环境、或者管理层关于公司财务绩效的看法。研习证券监管的学生都明白,此类事项吸引着 SEC 的大量关注。如果我们比较一番现代的招股说明书(充满着公司经营的种种细节规定)与附表 A,则会发现,这两份文件几乎毫不相关。

国会也理解,附表 A 并没有涵盖投资者或许想知道以及发起人或许可以披露的所有信息。《证券法》明确地考虑到,强制性信息只构成了新股发行时的招股说明书的一部分。投资者当然期望获得、而且发行人也会提供关于发行人的经营状况的信息。法律允许但并不要求 SEC 去监管公司发布的额外信息。然而,法律并没有对重大错误或者误导性陈述提供救济,而是全面禁止欺诈行为。

《证券交易法》拓宽了强制性披露制度的适用范围,将其适用于上市公司的持续性定期披露。尽管国会将披露的要求扩展至不限于公司发起阶段,但该披露规定的主要后果是要求持续披露管理层的薪酬和自我交易,以及公司财务信息。《证券交易法》仅仅是在在发起人问题之外,加入了有限的管理者/股东代理问题,作为强制性披露的妥当调整对象。《证券交易法》第 12(b)条规定了必须披露的事项的清单。与附表 A 一样,规定于 12(b)的 12 项披露事项,仅仅包含"公司的性质"这一最低要求,但要求披露高管、董事、大股东的姓名、薪酬及其与公司之间交易的广泛的信息。因而,附表 A 与英国披露制度的相似之处,在第 12(b)条予以保留。有趣的是,第 12(b)条中的一则最为详细的规定,将运用与 1900 年的法律[英国的《1900 年公司法》,这是第一部对于向公众发售证券的公司施加了全面披露要求的英美法律。——编者注]非常类似的语言,重复了附表 A 要求披露"重大合同"的要求,它反映了自 1867 年以来对于自我交易的担忧已经影响到了有关信息披露的每一部法律。[2]

见证着增强准确性的方法的法律制度安排

尽管《证券法》与《1929 年公司法》的披露要求基本类似,特别是在披露附表的规定方面相似点尤多,但《证券法》的披露范围却更为广泛。它构想了一种干涉性更强的监管形式(披露事项在写入招股说明书之前必须提交 SEC 备案,而且或许还须经其审查通过),而且披露的附表所列事项更为宽泛。《证券法》还赋予 SEC 规定其他或者不同披露事项的权力。因而,国会是否也希望推行更接近于增强准确性模型而不是代理成本模型的披露制度,抑或是国会预测到了披露制度更接近于增强准确性模型而不是代理成本模型?

研究联邦证券法律的主流历史学家认为,由于额外增加的披露条款,附表 A 更接近于纽约证券交易所上市标准中规定的披露义务,而不是《1929 年公司法》颁布的披露标准。如果是这样的话,《证券法》就并不仅仅限于解决发起人问题。1933 年纽约证券交易所的披露要求关注的不仅仅是代理问题,还包括发行人的经营和持续业绩。例如,公司的上市要求中必须披露公司财产、公司经营以及其财务状况。证券交易所正在其约束条件下追寻"完全披露"的理想。

对于附表 A 与证券交易所上市要求之间的关系,人们可以持两项不同的见解。一方面,美国国会要求附表 A 披露比《1929 年公司法》更多的内容,而这些新的披露内容大多来自于证券交易所的上市要求。因而,人们或许会得出结论称,国会希望把所有与证券定价相关的信息,从自愿披露的范畴中抽取出来,而将其规定为强制性披露制度。另一方面,人们或许也会注意到,国会未能将许多规定为上市要求的内容,写入附表 A。因而,人们可以认为,国会并没有将附表 A 理解为是《1929 年公司法》的披露制度的大举扩张。

后面一种观点看起来更有道理。国会从上市要求中抽取的内容大体可以分为以下两类:第一类是有关证券的正式权利、以及该证券之于公司其他股权和债权的相对地位的信息。第二是经审计的资产负债表和损益表。这两项均与英国法律关注代理问题的做法一脉相承。相反,国会选

---

[2] 《英国 1867 年公司法》包含了一个条款,要求招股说明书披露公司、发起人、董事或受托人在招股说明书发布之前签订的合同,而且如果未能履行必要的披露义务,股东有权直接对其提起欺诈诉讼。——编者注

择忽略掉的上市要求中的若干要素,却清楚不过地与公司价值息息相关。被忽略的信息包括关于公司主要财产、公司产品、雇员及特许权的说明和数据;总之,几乎所有与公司运作直接相关的上市信息(除了其财务报表之外)。联系上下文可知,《证券法》的强制性规定中写入的条款和没有写入的条款之间的分界线,支持着代理成本的解释。

从代理成本到增强准确性——一种效率分析

本部分研究了支持代理成本模型和增强准确性模型的效率观点,并得出结论称,效率方面的考量支持将强制性披露的内容仅限于代理信息。对于某些读者而言,前述历史演变本身就具有启发意义。以降低代理成本为目的的信息披露,事先提供了旨在促成特定形式的双边合同关系的规则,从而节约了交易成本,发挥了典型的私法功能。而以增强信息准确性为目的的披露要求,则通过事先规则和持续的政府监管,促成大量的经济主体之间的互动,发挥着典型的协调监管功能。法律学者和经济学者普遍接受的看法是,政府可以很好地履行前面的功能。而对于政府能否有效履行后面的功能,则争议要大得多。

效率和代理信息

《证券法》的披露制度最为刚性的情形是,它规定了几乎所有公司都必须遵循的有限度的明晰的披露规则。我们知道,即使在强制性披露制度建立之前,有经验的投资者就已经要求并且获得了关于发起人和管理者自我交易和其他形式的薪酬的信息。例如,19世纪晚期,伦敦证券交易所的规则规定,只有招股说明书"列明了公司成立时向权利主体、财产所有者或其他人支付的金钱或其他对价、或者即将向他们支付的金钱或其他对价,[以及公司授权]证券交易所的一名成员……全面披露关于其对价义务的构成",才能够许可其上市。类似地,新公司中的投资者希望了解相对于其他类别的股东而言自己拥有哪些所有者权益和正式权利。要求披露此类信息的规则,低成本地复制了假设投资者和发起人之间进行谈判所会确定的规则。

对于此种分析的一种反对意见认为,该分析只是证明了适宜将披露设定为默认规则。然而,该反对意见继续认为,《证券法》披露制度却不仅仅是一种默认规则,人们不能放弃适用该规定。这种反对意见在理论上很完美,但实践中它并没有得到明显的体现。自我交易及其他形式的过度薪酬问题会对投资者回报产生如此重大的影响,以至于我们认为,选出这些规则的情形极为鲜见。另外,那些最有可能放弃披露规则的投资者——富有的、老练的投资者,他们不需要依赖发起人的专业智识——可以通过购买私募证券而选出披露制度。当然,发起人也可以将其股份卖给真正独立的主体而规避信义义务规则,从而选出披露制度。因而,与初看之下相比,强制性披露的实际运作更似一种默认规则。

效率与增强准确性

绝大多数发起人、管理者和股东或许同意披露代理信息。但他们会超越这一点,答应披露发起人或者管理者掌握的与公司价值有关的信息吗?我们来比较一番增强准确性的信息和代理信息。代理信息范围有限,对其的描述可以达到合理精确的程度,而且提供这些信息的成本并不高;另外,其关联度不会因公司不同而产生明显差异。但这些特征无一能够描述增强准确性的信息。与增强准确性相关的信息非常宽泛。不仅因为单纯的信息量非常之大,而且难以事先规定哪类信息与此息息相关,同时又不至于小题大做。对于确定公司价值而言最为重要的因素,因公司不同而存在重大差异。因而,披露制度要么要求许多公司披露大量的不相关信息,要么忽略了对于某些公司而言最为重要的信息(或者像当前制度那样,这两种情况都存在)。因而,相对容易的是通过强制性规则来复制公司之间就代理信息的披露所进行的谈判而会达成的规则,但就增强准确性的信息而言,这一点却困难得多。

收集与股价相关的数据的成本,也高于收集代理信息的成本。公司的管理者对于自身活动及利益冲突的情形更为了解。相反,他们或许不得不花费大量精力来置备投资者对公司证券进行估价所需要的信息。

结论

增强准确性的强制性披露模型解释着,为什么要求公司同时向市场所有主体披露与公司价值相关的信息的披露制度,在理论上是有效率的。本文认为,尽管该分析很重要而且不乏趣味,但它与真实世界的强制性披露制度却几乎没有关系。美国现行的强制性披露制度的初衷并不在于向所有市场主体披露一切与公司价值相关的信息,而且时隔60年之后,它离该目标仍然相距甚远。相反,这套制度经历了一场渐进的演变过程,长期以来这一制度设计的法理基础在于解决特定的代理问题——发起人问题。美国强制性披露制度最为重要的创新在于,在公司发起设立阶段之后运用披露制度来解决管理者/股东之间的代理问题,特别是管理者薪酬和自我交易问题。

强制性披露制度起源于作为一种控制代理成本的手段,但这并不意味着,如果在增强信息披露的准确性方面,采用强制性披露制度是划算的,也不能将其用于实现这一目标。然而,看起来阻挠达成该结果的障碍非常大。在其他经营性资产的非自愿性集体化的失败如此引人注目之后,远非明显的是,信息的非自愿集体化能够取得成功。要使信息的非自愿集体化取得成功,就要求遏制个人规避该制度的种种做法,而且更难以令人置信的是,存在一套中央权力机构,它无所不知,能够决定应当发布什么信息,并且知道应当如何发布这些信息。

公司治理背景下的证券欺诈:关于联邦主义的反思[*]

ROBERT B. THOMPSON 和 HILLARY A. SALE

联邦证券法及通过证券欺诈集团诉讼而进行的执法行动,已经成为规制公司治理的最有效的手段。从表面上看,证券欺诈法律调整的是证券的买卖双方,但在集团诉讼的背景下,买卖双方的联系更像是州际商事往来方面的最低限度的法域关联要求,而不是真正制约着运用证券法来规制公司治理。当然,联邦证券法不是制约着管理者行为的唯一的法律规范,而且以披露为基础的股东诉讼也不是唯一的诉讼救济方式。州法继续发挥着规范公司形态的法律框架的作用,州法的信义义务诉讼继续扮演着监督管理者的经常性机制。然而,在当今世界,州法却几乎完全在以下两种情形下发挥作用——收购和自我交易。本文的经验证据表明,这些领域之外的公司治理事项进入了联邦法律的视野,特别是根据10b-5规则,股东诉讼进入了联邦法律的领域。

在众多公司会计丑闻甚嚣尘上之时,美国国会通过了《2002年萨班斯—奥克斯莱法》,为联邦法律的功能的扩张,提供了新的证据。然而,趋同于联邦公司治理的范围比该法宽泛,而且其历史也比当前发生的丑闻更为久远。联邦法律在公司治理方面的统治力,至少表现为三个方面。第一,信息披露已经成为规制公司管理者最为重要的手段,而且信息披露已经越来越成为联邦而不是州运用的方法。第二,州法主要关注的是董事、而不是高管的责任和义务。然而,在今天的公司中,高管已经成为公司治理的重心,在高管的责任和义务的规范中,联邦法律挤占的空间越来

---

[*] 本部分内容的重印,获得了56 *Vanderbilt Law Review* 859 (2003)的许可。

越多。第三,以证券欺诈为基础的联邦股东诉讼,相对于以信义义务为基础的州的股东诉讼,实际上具有若干优势,这使得联邦平台的运用更为广泛。这些趋势所导致的结果是,在21世纪的公司治理法律架构中,联邦法律所占的比重最高。

尽管学术文献未有详细述及,在监督公司治理方面,联邦证券欺诈诉讼的运作与州的信义义务诉讼有诸多相似之处。确实,联邦的主张继续体现着原告必须是证券的买方或者卖方这一要求。但绝大多数证券欺诈的集团诉讼一再延长的期间表明,集团诉讼包含着相当比重的股东群体。而且,每股获得赔付的金额较低,这使得证券欺诈集团诉讼与传统的公司派生诉讼和集团诉讼有诸多相似之处,其相似点包括,在这一过程中律师一而再、再而三地出现,并且发挥着重要的作用。我们得出结论称,在通常情况下,州的信义义务诉讼针对的是董事未能监督高管及企业运作的其他方面,其诉讼重点亦飘忽不定,与联邦法律相比,存在系统性劣势,后者的关注焦点更加集中于高管必须如何行事以满足其公司的披露义务。

从公司治理来看,特拉华州已经选择了以董事作为公司治理的重心。该州强调董事的作用,同时更为偏好运用市场和私人秩序(而不是法律)来规范(或者不规范)董事权力的运用,这使其在美国诸州中独树一帜。它并不要求引入独立董事,除非以独立董事作为基础来净化利益冲突的交易;它并不要求披露,除非在股东被要求投票的极少数场合之中;它并不要求独立的会计师实施监督,即便纽约证券交易所如此要求。相反,根据特拉华州的公司法,如果公司的董事相信这些机制有益于公司,则它们可以自由地采用所有或者部分要求。

联邦规则的扩展适用:持续信息披露和公司治理

《1934年证券交易法》为联邦在公司治理中发挥更大作用奠定了基础。其中两项最为突出的机制是第13条的定期披露要求、以及第10(b)条和10b-5规则之下的反欺诈条款及相应的责任规定。

自从1934年以来,这些披露机制也已经扩张了适用范围,因而再次强化了联邦法律在公司治理中的作用。然而,与征集代理权的披露要求不同的是,这些规定并不与不定期的股东行动(例如投票)相挂钩。相反,在这些情况下触发诉求,只要求股东买入或者卖出公司的股份。当然,对于拥有成熟的股权市场的大型公司而言,买卖股权的决定稀松平常,每天都在发生。于是,这些规定创建了更为宽泛的机制,以宣示股东在公司治理中的作用,并要求高管和其他人在公司治理中发挥更为积极的作用——即使董事并没有选择或者并不希望将此类权力分配给股东或高管。

SEC 除了规定公司披露信息的时点,还规范了信息披露的具体内容。规定的内容十分宽泛,其披露要求可以用来实施州法中的基本信义义务规范。要求披露的事项有助于董事履行治理职责。同时,披露要求还能够帮助包括会计师在内的其他监管者,正如我们所知,证券交易所和 SEC 均要求会计师承担一定的监管职责。正如近期披露的公司财务报表所显示的,法定的披露要求非常详尽,因而可能会带来潜在的操纵和欺诈问题。而且,这些法定披露要求在本质上比征集代理权的披露要求更为实在。现在,它们涉及的事项超过了 60 项,在联邦规则手册中所占篇幅超过了 100 页。

我们不想陷入对规则细节的枯燥的描述当中,但值得分析的是第 303 项规则[根据 S-K 规则,公众公司必须披露管理层的讨论和分析内容,这是一项整体披露要求。——编者注],通过分析该规则,我们可以清晰地看到,SEC 是如何运用关于流动性的描述来实施、至少是间接实施管理层的注意义务的。为了遵循第 303 项规则,公司注册人必须写明将导致流动性大幅提升或降低的"已知趋势或已知权利、义务、事件或者种种不确定性"。管理者在履行注意义务时,应当关注流动性以及与那些变更相关的种种事件。SEC 要求披露这些变更情形,也就实际上实施了该义务。

另外,一旦管理层发现了这种趋势,它必须"表明为了弥补缺陷管理层已经采取或者打算打取的行动。"再一次地,履行注意义务的管理者或许会决定去弥补此类缺陷。然而,SEC 通过强迫管理者披露此种趋势,并描述他们打算如何去弥补其中的缺陷,达到了监管管理层行为的效果,而不是仅仅听凭管理者自说自话。在这里,通过实施披露要求,夯实了管理者的注意义务。

有关公司治理诉讼的数据

证券欺诈诉讼在什么程度上能够作为公司治理的工具而发挥作用?要回答这一问题,可以将该诉讼与发挥着公司治理功能的其他股东诉讼相比较,特别是与其他类型的代表诉讼相比较,例如,基于信义义务的派生诉讼和集团诉讼,以及根据州法提起的诉讼。根据联邦和州法,公司背景下的股东诉讼至少包括五种类型:州的信义义务派生诉讼;州的成文法诉讼,例如那些基于公司账簿查询或者选举争端而产生的诉讼;公司收购背景下的州的信义义务集团诉讼;联邦证券欺诈诉讼;以及联邦内幕交易诉讼。

近年来,证券欺诈集团诉讼遵循着一种典型的范式。通常是公司发布公告,更正了此前发布的错误财务数据,此后当事人根据联邦证券法提起诉讼。当然,公司发布新的收益数据之后,公司的股价会应声下挫。股价的下跌表明股东遭受了损失。这些案件几乎都在联邦的层面上提起,以公司及其高管为被告,而且审理时间稍长于州的收购案件。另外,当这些案件以和解而不是被驳回告终时,带来的赔偿额也低于州的收购案件。

另外,这些管理收益的案件包含着有关忠实义务和注意义务的诉请,而后者可能在州的法院中已被提起……这些案件的理论基础在于,管理者使公司作出了降低公司股份价值的决定,因而损害了股东利益。与州法院审理的传统利益冲突案件不同的是,在公司与股东作为一方的交易中,内部人并不是交易的另一方。然而,内部人能够从其行为中获取某些间接收益,这些收益或许与额外的对价有关。

内部人交易案件与利益冲突交易案件的相似之处在于,它们都涉及了股东和管理层之间的利益冲突。然而,这里提出的指控在于,管理层的某一成员与股东进行内幕交易,而不是……利益冲突的交易……这些诉请几乎总是在联邦法律的背景下提出,当然,政府提出的诉讼(SEC 提起民事诉讼,或者美国检察官提起刑事指控)多于私人主体提起的诉讼。由于这些案件并非代表人诉讼,而是直接诉讼,它们与更为常见的证券欺诈或者派生诉讼的共同点更少。

我们已经对 1999 年提起的证券欺诈集团诉讼进行了详细的分析,以研究这些案件在什么程度上解决与公司治理相关的问题……我们将研究的对象限定于在第二、第三和第九巡回法庭辖域内的地方法院提起的诉请。我们将样本锁定于第二和第九巡回法庭辖域内的法院,因为这两家巡回法院在当今证券诉讼方面享有最卓著的声誉。第三巡回法庭包括特拉华州,我们在探讨中进行比较所运用的州法数据库,即来自该州。这三家巡回法庭辖域内的法院受理的案件总量,将近占到了当年案件总量的半数。

在样本中,半数的公司将总部设在加利福尼亚州;被诉的公司更多的在纳斯达克市场上市,而不是在纽约证券交易所上市;更多的公司属于高科技行业，而不是传统的制造业。这些结论与有关证券欺诈集团诉讼的说法一脉相承，例如关于 1995 年［私人证券诉讼改革］法案的论辩[1]——脉相承——这些说法表明，联邦集团诉讼与州的信义义务案件尽管都关乎公司治理，但风格却有所不同。

我们关于联邦诉讼的分析显示，引发诉讼的前提基础经常是公司收益大幅下降或者遭到会计欺诈的指控。在我们的样本中，大多数诉请在向法院提起之前，均经历了公司收益大幅下降的情形。而且，经披露的公司收益的下降情形，其下降比例的中值为54%。

我们的数据显示，证券欺诈集团诉讼与其他股东诉讼之间存在某些显著的差别。特别是，我们发现，证券诉讼最为常见的是以高管、而不是以董事为被告。另外，证券诉讼是以具体的实质性指控为基础，而不像信义义务诉讼那样以公司收购事件为基础。最后，对业务的持续性质进行探讨的公司文本中被诉的误导性陈述，以及集团诉讼的持续时间，都证明了证券欺诈诉讼关注的焦点是公司治理。

州和联邦的诉讼在被告人方面的差别，与诉请对公司治理的关注一脉相承。联邦案件关注的是管理者（主要是高管）未能履行管理职责的情况。以诈欺的术语称之，它是指管理者被指称明知 A 却披露 B，或者由于疏忽大意而未能知道 A。该诉请类似于指称某人未能善尽管理职责。

令人瞩目的是，虚假陈述指控所指向的对象包括传统公司法上监督公司治理方面的注意义务……绝大多数被指控的虚假陈述集中于会计上的虚假陈述。

公司治理中股东诉讼的作用

上文讨论的所有股东诉讼，都包含着降低代理成本这一共同的目标。代理成本是由只拥有少量股份的管理者运营公司时存在的固有问题。

随着联邦信息披露义务的强化，它们开始为注意义务的履行提供了基础，后者过去往往由州法来实施。在任一法域中，诉由都可以是管理者的行为降低了公司价值，因而损害了股东利益。当然，联邦法律只允许那些买卖股份的股东求偿损失，这一限制看起来反映出联邦法律一方面相信管理者应受责难，但另一方面，对于股东滥诉可能带来的烦扰也不无担

---

[1] 第 5 章 B 部分注释 1 提到的 Janet Cooper Alexander 的研究表明，立法者担忧高科技公司遭到无聊的证券诉讼的侵扰，是该法颁布的一项关键因素，该法提高了提起诉讼的标准。下文注释 16 将探讨这一问题。——编者注

忧。在理论上,州法上的注意义务诉讼继续为这些股东提供救济,但随着披露和证券欺诈诉讼已经扩张,以及随着特拉华州提高了注意义务诉讼的门槛,天平已经向联邦发挥更大的作用倾斜。

这两类诉讼在公司治理方面的叠床架屋现象,令人吃惊。今天的联邦证券欺诈诉讼,基本上是在做着州法上的注意义务诉讼所能够做的事情。确实,忠实义务的构成要素产生于具体情境之中,例如,被告人的内幕交易或者增加高管薪酬的行为。但这些诉讼的主线并不像特拉华州的案件那样,以追回内部人获得的不当收益为目标,而是追回可以认定为因管理层错误、估值过高或者虚假陈述而造成的全部损失。

于是,这些联邦层面的案件的作用,或许就在于弥补特拉华州立法的漏洞,这些漏洞产生的原因是缺乏相关责任规范,因而无法支撑违背信义义务之注意义务的诉讼。与州法中的相应规则集中关注忠实义务不同的是,联邦的案件详细列明了股东的诉请,也就是说,高管对企业的运营未能满足所有者的期待。这里提到的问题,几乎每天都见诸报端,即世通(WorldCom)、安然(Enron)、奎斯特(Qwest)、施乐(Xerox)的CEO们做了什么,以及其他高管对于各自公司的财务状况实际上了解多少?他们是什么时候知道的?如果正如有些人所称,他们并不知情,则他们为什么不知情?后面的问题指向的正是与注意义务/监督义务同样的问题,这些问题均以忠实义务为背景。

诉讼当事人与法官根据联邦的证券欺诈法律,比根据州的信义义务法律,更容易解决赔偿问题。在联邦诉讼案件中,原告必须证明指称的虚假陈述或者信息遗漏与其损失之间存在因果关系。他们可以诉称,他们买入证券的价格(通常会因误导性陈述而被推高)与真相被披露或者违背注意义务的行为被披露之后的股份真实价值之间存在差距,而且他们遭受了损失,从而完成举证责任。在州的诉讼案件中,原告可以诉称公司管理者的行为降低了公司的价值。通常而言,股东遭受的损失可以根据以下两个数字之间的差价计算得出:不当行为披露之前公司的虚高价值,以及不当行为披露之后降低了的公司价值。然而,这里却不存在一笔买入或者卖出股票的行为,以使价格的差异昭然若揭。

这里的政策问题并不必然与联邦层面的案件中的问题存在差异。如果管理者的不法行为导致公司价值看起来高于其真实水平,则某些以"虚高"价格买入股份的股东,因股价从虚高的价位下挫而受到损害。对于交易中的每一个买方而言,卖方或许并不是被告之一。那些卖方因卖出股份而获利,但却不会卷入股价虚高的诉讼或者被迫向买方返还利润的诉讼。于是,这里的争点就变为,管理者是否应当为那些因其不当行为而受损的人承担责任,而且无须扣除其他公众所获得的收益,在侵权诉讼中这种结果司空见惯,但在有关证券案件的损害计算中,这样做会得出不正确的结果。

关于改革证券法的诸多论辩,都集中于其中的故意要素。这一要素发挥着过滤案件的功须扣除其他公众所获得的收益,在侵权诉讼中这种结果司空见惯,但在有关证券案件的损害计算中,这样做会得出不正确的结果。

关于改革证券法的诸多论辩,都集中于其中的故意要素。这一要素发挥着过滤案件的功能,其方式与州法规制信义义务中的注意义务如出一辙。有关无须承担责任的法律规定[州法允许股东减轻或者免除违背注意义务的个人责任。——编者注]所导致的后果是,只有当管理者的行为系故意为之,或者是因为缺乏善意或者违背了忠实义务时,他们才须承担责任。在联邦法律的诉讼中,特别是自1995年以来,原告已经诉称,个人违背忠实义务(内幕交易或者过度的高管薪酬)即可认定具备故意要素,或者认定个人被告和公司具备必须的意图,以对基于错误的价格而在市场中进行交易的人负有责任。然而,本文显示,最根本的诉请通常是指称管理不当或者违背了注意义务。

此种诉讼少为人知的方面是,信息披露的功能正在不断扩张。随着时日的推移,依据联邦证券法而作出的强制性披露和自愿披露已经显著加强。而随着披露数量的增多,围绕披露质量引发的诉讼也随之上升。要求披露信息的初衷是降低信息不对称,并通过准确披露信息而改善市场效率,同时无须创建出一套联邦公司法。州法的存在是为了监督股东与公司管理层的关系,只有在少量情况下会成为有关信息披露的讨论的焦点。现实情况是,现在,联邦层面的法律占据了原本属于州法的位置,即通过信息披露来监督公司管理者。

尽管总体说来信息披露是个好东西,但对于公司治理的诉请而言,它却未必尽善尽美,或者未必是一种良好的治理机制。首先,披露是一种调整管理层行为的间接方式……披露至多可以监督管理者所言,却无法监督其所行……第二,正如近期的事件所揭示的,披露创造了披露更多信息的压力,无论这种信息是真还是假。于是,披露就成为了一把双刃剑。真实的披露降低了信息不对称,而欺诈则恶化了信息的不对称。披露更多的信息会带来进一步披露更多信息的压力。在分析师和其他人士依赖公司发布的信息的世界中,随着新的信息发布,发布更多的信息的预期和欲望也随之潜滋暗长。此外,满足预期及增强披露的准确性的压力也随之上升。当然,当前的公司气候显示,在市场条件未发生重大变化的情况下,这种压力是否会带来准确的信息披露,不得而知。在那种情况下,信息披露除了可以为事后的诉讼承前启后之外,几乎没有任何价值。第三,如果管理者对其自身的不足坦诚相见,则无论违背注意义务的行为多么引人注目,证券法律都不会提供保护。那么,可以进一步探讨的问题便是,披露的方法是否足够有效,如果不是这样的话,我们是否必须认可联邦法律在监督公司治理方面的强有力作用,并且将其加以改造,使其以一种更为直接的方式来达此目的。

注释及问题

1. 在主张有必要建立全国性信息披露制度时,Easterbrook 和 Fischel 认为,由于证券监管相对于公司法的"跨州性质",各州无法满足标准化和协调的需求。改变管辖规则以模仿公司法的"内部事务"方法,是否能够解决该问题? 本章 C 部分摘自 Romano 的文献致力于解决这一问题。

2. 即使强制性披露所带来的信息是投资者所需要的,仍然存在规制的收益是否超过其成本的问题。Mulherin 所概述的分析并不试图直接估算 SEC 的强制性披露规则的现金成本。Susan Phillips 和 Richard Zecher 在一份有些过时但仍然不无启发意义的研究中,估算 1975 年定期披露的成本为 2.13 亿美元,新股发行的信息披露成本是 1.93 亿美元。Phillips and Zecher, *The SEC and the Public Interest* 51(Cambridge, Mass.：MIT Press, 1981)。这些大致的估算数据,系根据 21 家公司提供的数据推算出来的,这些公司被要求向 SEC 公司信息披露顾问委员会备案信息,以方便后者进行公司信息披露项目的评估。另外,这一估算值偏于保守,因为根据 SEC 的指示,公司在其计算过程中排除了管理费用。此外,它们并不包括维护这套制度运行的政府成本。后面的成本非常之高:SEC 在 1975 年的总预算将近 5000 万美元,Phillips 和 Zecher 称,其中花费在管理定期披露方面的费用低于四分之一。他们还进一步提及,顾问委员会的数据显示,自愿披露的成本十倍于强制性披露的成本。即便该委员会把一些成本归类为自愿披露的成本系归类错误,这两类信息披露的成本差距判若鸿沟,仍然令人印象深刻。Phillips 和 Zecher 称,它表明,在 SEC 的要求之外,公司仍然存在向投资者提供信息的重大激励。这是否能够支持不应当采取强制性信息披露的立场?

3.《1934 年证券交易法》的披露制度调整的是股票在二级市场交易的公司的信息披露,George Benston 对该制度的效力进行了开创性研究,Mulherin 对该研究进行总结并得出结论称,强制性安排"对于投资者没有明显的价值。"Benston, "Required Disclosure and the Stock Market: An Evaluation of the Securities Exchange Act of 1934," 63 *American Economic Review* 132 (1973). 如果投资者并没有受益于《1934 年证券交易法》的披露要求,你认为是否有可能其他群体会受益于此一制度? 是纽约证券交易所的会员吗(例如,是否有可能因为 1929 年的股市大萧条以及一系列证券交易丑闻摧毁了投资者信心,并导致《1934 年证券交易法》出台,重建了投资者信心,从而提升了交易量)? 参见 G. William Schwert, "Public Regulation of National Securities Exchanges: A Test of the Capture Hypothesis," 8 *Bell Journal of Economics* 128 (1977).

4. Mulherin 还提到了 Paul Mahoney 和 Jianping Mei 的研究,后者研究了买卖差价的变化、而不是股份回报及波动,从而运用了不同于 Stigler 的方法,来分析《1933 年证券法》和《1934 年证券交易法》的影响。金融学文献传统上认为,买卖差价体现了内部人与外部人之间信息不对称的程度,将差价计为造市商与知情的相对方进行交易时遭受损失的风险。其理念在于,内部人(也就是知情的交易商)试图买入价格被低估的股份,并卖出价格被高估的股份。造市商知道与内部人进行交易时自己总是"站错边",但却不知道何时交易对手是内部人。面临着严峻的逆向选择问题(第 3 章 B 部分的注释 2 讨论过这一问题)时,做市商拉大其买价与卖价的差价,以补偿其与内部人交易必定会遭受的损失。在此种情况下,《1933 年证券法》和《1934 年证券交易法》应当能够降低信息不对称,并借此缩小买卖的差价。然而,正如 Mulherin 所称,他们并没有发现证据表明,公司遵守新的披露要求(主要涉及管理层的薪酬及持股状况)影响了买卖的差价(以及其他反映了信息不对称的变量)。Mahoney and Mei, "Mandatory vs. Contractual Disclosure in Securities Markets: Evidence from the 1930s" (manuscript 2006), available at http://ssrn.com/abstract=

883706. Robert Daines 和 Charles Jones 的研究针对另一部分的公司,区分了它们在《1934 年证券交易法》颁布之前披露的会计信息和该法颁布之后披露的会计信息,从而分析了《1934 年证券法》对于买卖差价的影响。他们也发现,《1934 年证券法》颁布前后的买卖差价并没有明显变化。Daines and Jones, "Mandatory Disclosure, Asymmetric Information and Liquidity: he Impact of the 1934 Act" (manuscript 2007), available at http://www.law.yale.edu/documents/pdf/cbl/34 Yale. pdf. 这些数据表明,《1933 年证券法》和《1934 年证券交易法》中的强制性披露规则,并没有改善投资者的信息环境。

5. 正如 Mulherin 所称,Alan Ferrell 发现,柜台交易公司在遵守了联邦 1964 年的披露要求之后,股份回报的波动显著降低。Ferrell 将这一发现解读为,它表明,法律的修改提升了股价反映公司价值的准确度。Ferrell, "Mandated Disclosure and Stock Returns: Evidence from the Over-the-Counter Market," 36 *Journal of Legal Studies* 1 (2007). 然而,他也承认,对于这一发现,金融学文献的解读并没有达成共识,正如一些研究者声称,更为准确的股价的信号应当是更高、而不是更低的波动性。这些研究者在发表以上见解时,援引了以下文献:Randall Morck, Bernard Yeung and Wayne Yu, "Information Content of Stock Markets: Why Do Emerging Markets Have Synchronous Stock Price Movements," 58 *Journal of Financial Economics* 215 (2000). 为什么情况或许正是这样?试着考虑一番第 1 章关于有效市场的文献:如果新的信息迅速反映在股价之中,则我们可以想见,随着信息持续披露,股价将频繁波动,这样,在效率更高的市场中,股份回报的波动将更强。Ferrell 的数据中,另一个令人困惑的问题在于,纽约证券交易所的上市公司的股份回报的波动显著提升,在 1964 年修订法律之后,翻了三倍,其平均值等同于柜台交易公司,尽管就金融学理论而言,作为更大的公司,它们的股份回报值应当波动更小,而不是更大。这是否意味着,有一些影响着 20 世纪 60 年代的股份回报的现象,虽然可以归因于法律的修改,但却没有被发现?这是否凸显着 Mulherin 提及的对法律的影响进行实证研究困难重重?

Robert Battalio, Brian Hatch 和 Tim Loughran 完成的 1964 年法律修改的影响的研究,采取了另一种进路,分析了公司在法律修改之前从柜台交易市场转向纽约证券交易所、以及在法律修改之后从柜台交易市场转向纽约证券交易所的公司股价反应。此前的研究已经发现,公司宣布在纽约证券交易所上市的意愿,产生了显著的异常正回报,这表明,公司增强了透明度和市场流动性,同时扩大了投资者基础,带来了诸多利益。此番研究所要检验的假设是,如果投资者看重强制性披露,则在法律修改之前在纽约证券交易所上市的公司,比那些法律修改之后才转至纽约证券交易所上市的公司,拥有更高的股份回报,因为法律的修改消除了披露要求的差异,而公司的透明度、市场流动性及投资者基础则未发生变化。然而,他们并没有发现公司的股份回报在法律修订之前和修订之后存在显著差异,因而得出结论称,数据"表明投资者并不看重强制性披露。"Battalio, Hatch and Loughran, "Did Investors Value the Disclosures Mandated by the 1964 Securities Acts Amendments?" (manuscript 2010), available at http://ssrn.com/abstract=1104743.

6. 市场效率与披露规则之间的关系如何?这方面的一种有趣的探讨,参见 William H. Beaver, "The Nature of Mandated Disclosure," in *Report of the Advisory Committee on Corporate Disclosure to the SEC*, 95th Cong., 1st Sess. 618 (1977). 改善市场效率应当成为证券监管的目标吗?对于将市场效率作为监管目标的批评,参见 Lynn A. Stout, "The Unimportance of Being Efficient: An Economic Analysis of Stock Market Pricing and Securities Regulation," 87 *Michigan Law Review* 613 (1988). Stout 的主要观点是,市场效率并不重要,因为只有当公司通过发行新股来筹集资本时,股价才影响着资源的有效配置,而通过发行新股来筹集资本的公司并不多。你认为,这是股价影响资源配置的唯一方式吗?大量的证据表明,股份回报能够预测公司投资的变更,尽管一项研究发现,除了在新股发行市场中,当基础数据(销售增长及现金流)保持不变时,股份回报的增量预测价值并不高。参见 Randall Morck, Andrei Shleifer and Robert Vishny, "The Stock Market and Investment: Is the Market a Sideshow?" in 2 *Brookings Papers on Economic Activity* 157 (Washington, D.C.: Brookings Institution, 1990). Stout 进一步分析了市场效率与联邦证券法的市场诚信和投资者保护的目的并不一致。如果市场缺乏效率,它可以是"公平而诚信"的市场吗?

7. 大型公众公司的一种选择是转而运用私募的方式,Mahoney 认为,这使得 SEC 的披露要求更接近于默认的成文法规则而不是强制性要求,你认为这有多可信?(提示:能否所有的公众公司均通过私募股权的方式来融资? 私募股权的收购在第 8 章中已作探讨。)

8. Mahoney 认为,披露制度可以被当成一种没有"牙齿"的制度(与此相类似的是第 3 章 B 部分注释 5 关于忠实义务的看法)。他的观点与以下事实有什么关联:私募债券的机构投资者通常要求获得的财务报表,与 SEC 所要求的公开发行披露的信息相当。有观点认为,投资者将会对披露事项展开持续的商谈,此种观点是否构成强制性披露、或者将披露事项设为默认规则的理由(回顾第 3 章 B 部分关于默认规则的选择的探讨)?

9. "准确性信息"和"代理信息"之间的两分对立,究竟有多尖锐? 有必要听从 Mahoney 的见解吗? 关于披露代理信息也可以降低代理成本的见解,参见 Michael D. Guttentag, "An Argument for Imposing Disclosure Requirements on Public Companies," 32 *Florida State University Law Review* 123 (2004).

10. 是否存在其他机制可以替代证券市场的披露? 试着考虑不受联邦(SEC)监管的市政债券市场的以下数据:密歇根州要求市政债券的发行人披露财务状况,而宾夕法尼亚州则对市政债券的披露不作要求。宾夕法尼亚州发行的市政债券比密歇根州发行的市政债券,受到债券保险保护的范围更广(83% 比 23%),而且在宾夕法尼亚州发行人中,如果市政债券发行必须进行会计信息的披露,则该债券更不可能获得保险。Angela K. Gore, Kevin Sachs and Charles Trzcinka, "Financial Disclosure and Bond Insurance," 47 *Journal of Law and Economics* 275 (2004). 强制性披露对于降低市场的资金成本有什么功效? 这些数据——在发行人能够自主选择披露或保险的时候,两者呈现此消彼长的态势——说明了什么?

11. 考虑一番公司管理层在会计选择方面的专断权对于强制性披露功效的影响。Linda DeAngelo 发现,有证据表明管理层在竞选过程中,通过会计的选择来发布更好的收益信息,从而投身于委托书征求大战之中:在选战进行之时发布收益信息的公司,其公告收益数据明显高于此前的年份,而且这些公司的平均非预期应计利润明显为正值(应计利润的增长提升了公告的收益数额;这一变量是衡量管理层会计方面的专断权的一项指标)。DeAngelo, "Managerial Competition, Information Costs, and Cor-

porate Governance: The Use of Accounting Performance Measures in Proxy Contests," 10 *Journal of Accounting and Economics* 3 (1988). 然而,公司的经营现金流却没有同步增长。这表明,尽管公告的利润率已有提升,公司真实的利润率并没有上升。

问题的关键在于,管理层操纵会计业绩数据的行为,是否会影响征求委托书的结果。这方面的数据模棱两可:一些模型说明书认为,公告收益、非预期应计利润和现任管理者成功当选之间存在显著的关联,但其他一些模型则认为不存在此种关联关系。我们是否应当认为其中存在关联关系?有效市场假设认为,对于那些不属于现金流变更指标的会计收益的变化,股东不会受其欺骗。DeAngelo 声称,在这些选战争夺中,管理层能够操纵这些信息,因为在大多数情况下,股东在选战之前并未获得完全的财务报表,他们并没有"足够的信息来将公告收益区分为经营现金流和应计利润"。另外,由于委托书征求大战鲜有发生,股东或许没有想到"管理者处理会计信息的专断权有多大"。DeAngelo,前引注,第 27 页,脚注 21。一项关于会计选择的研究发现,由于会计规则的选择而不是真正的现金流变化带来的更高的公告收益,并没能欺骗投资者。参见 Hai Hong, Robert Kaplan, and Gershon Mandelker, "Pooling vs. Purchase: The Effects of Accounting for Mergers on Stock Prices," 53 *Accounting Review* 31 (1978). Ross Watts 和 Jerold Zimmerman 的会计学文献,很好地总结了股价之于会计规则的反应的研究。Watts and Zimmerman, *Positive Accounting Theory* (Englewood Cliffs, NJ: Prentice-Hall, 1986).

12. 在证券诉讼中运用现代金融理论的一个例子是,在民事案件中,原告必须证明自己信赖被告的虚假陈述或者遗漏。在像现代证券市场这样的匿名市场中,普通法上的欺诈的一项传统构成要素——信赖——却难以用传统的方式来证明,因为各方主体往往不存在相互关系(这些市场中的投资者并不知道他们的交易对手是谁)。联邦最高法院解决了这一问题,它采纳了旨在证明存在信赖的"欺诈市场"理论。该理论确立了关于信赖的可抗辩假定,即投资者依赖"市场价格的公正",后者被期待着反映着关于证券的所有公开信息(包括被告的所有虚假陈述)。法院是否由衷地赞同第 1 章摘自 Ross 等人的文献所探讨的有效市场假说?就此而言,请关注裁判意见的以下脚注:

> 我们无须在裁决中认定,哪些经济学家和社会学家运用了复杂

的统计分析和经济理论,对哪些问题展开了论辩。就本案中接受信赖假说的目的而论,我们只需相信,市场专业人士通常考虑的是最受人关注的、因而影响着股票市场价格的公司重要信息。

Basic v. Levinson, 485 U.S. 224, 246—47 n. 24 (1988). 欺诈市场假说是否只适用于在诸如纽约证券交易所这些有深度的资本市场上市交易的证券? 对于这些问题,层级更低的法院的看法不一。有分析认为,此种两分对立观点并不妥当。参见 Jonathan R. Macey and Geoffrey P. Miller, "Good Finance, Bad Economics: An Analysis of the Fraud on the Market Theory," 42 *Stanford Law Review* 1059 (1990); Jonathan R. Macey, et al., "Lessons from Financial Economics: Materiality, Reliance, and Extending the Reach of Basic v. Levinson," 77 *Virginia Law Review* 1017 (1991).

13. 正如注释 1 所提及的,Easterbrook 和 Fischel 认为,各州监管证券的管辖基础不同于公司法:它取决于证券交易的地点,而不是发行人的住所。另一个区别在于,州的证券法是强制性的,而不是赋权型的。另外,与联邦披露制度不同的是,许多州对证券实行实质监管:只有符合一定的投资价值标准,证券才能获许注册。为什么各州颁布了赋权型公司法,同时却采取父爱式的证券监管体制?

用以评估证券价值的通常标准包括,发行价格的公允性、承销费和内部人薪酬、以及表决权的分配。后面的标准是否表明,实质监管是一种通过后门(也就是说,通过州的证券委员会的自主判断而不是公司法)来监督公司治理的方式,因而它会抵消或者弱化第 3 章所探讨的公司章程的州际竞争? 你认为,在公司注册市场中积极活跃的诸州,也是采纳此种证券监管规则的急先锋吗? 参见 Jonathan R. Macey and Geoffrey P. Miller, "Origin of the Blue Sky Laws," 70 *Texas Law Review* 347 (1991). 然而,各州通过证券监管将触角伸入外州公司治理事务的情形是有限的。这是因为绝大多数州对于在全国性交易所上市和进行二级市场交易的证券,豁免监管。另外,诸如纽约州这些重要的商业重镇,并不实行实质监管。为什么会这样? (提示:承销新股发行的主要金融机构坐落在何处?) 最后,公司可以选择不在实行实质监管的州发行股份,从而避开实质监管。于是,就第 3 章提出的有关州际竞争的收益等问题而言,实质监管是否重要,就取决于州是否拥有潜在的大量投资者基础。如果风险资本基金(参见第 4 章选自 Sahlman 的文献)使公司得以在无须满足州的实质监管标准的情况下,赢得居住于实行实质监管的州的投资者,这是否构成一大担忧?你会如何比较风险资本基金管理者与州的证券委员在投资审查方面的功能?

实质监管的功效向来备受争议,因为它会导致以下两方面情形的此消彼长:一方面,运用实质监管而不是信息披露监管,遏制了发起人的欺诈行为,为投资者带来了额外的收益;另一方面,实质监管增加了新的公司的资本成本,因而面临着无力为公司运营提供融资而产生的商业机会损失。关于这些论争的总结,参见以下报告:Ad Hoc Subcommittee on Merit Regulation of the State Regulation of Securities Committee of the American Bar Association, "Report on State Merit Regulation of Securities Offerings," 41 *Business Lawyer* 785 (1986)。尽管一直没有人对实质监管的成本展开研究,若干研究试图比较在实行实质监管的州注册的证券,和那些被拒绝在该州注册或者从该州退出并在另外的州销售的证券,从而估算实质监管的收益。一个共同的发现是,将不实行实质监管的州的证券与接受实质监管的州的证券相比,其短期回报(根据研究的不同情况,可以是一天、一个月或者一年)更高,但长期回报(一年,三年)则更低,尽管至少有一项研究发现,这两者不存在显著差别。如果计算这两种监管模式下的证券的风险,将得出不同的结论,而且结果显示,不实行实质监管的州的证券风险更高。这些发现与分析 IPO 的股价反应的大量金融学文献所得出的研究结论一脉相承:平均而言,IPO 之后,股价在短期呈现了异常的积极回报,但从长期来看,却呈现稳步下降的态势。关于证券实质监管及 IPO 的研究的全面总结,参见 David J. Brophy and Joseph A. Verga, "The Influence of Merit Regulation on the Return Performance of Initial Public Offerings," University of Michigan School of Business Administration Working Paper No. 91—19 (1991)。在实行实质监管的州发行的证券,比那些在其他州发行的证券的风险更低,这一发现在实质监管的功效方面说明了什么问题?这一估算结果是否取决于居住于实行实质监管的州的投资者比那些居住于不实行实质监管的州的投资者,更为厌恶风险?为什么应当禁止投资者投资于州的官员认为风险过高的证券?这一监管理念是否取决于以下信念:州的官员比投资者更有能力评估公司发布的关于投资风险的信息?考虑到这种种发现,如果你是州的立法者或者证券监管者,你会建议保留实质监管还是转而采用披露制度?正如本章 C 部分摘自 Ramano 的文献所提及的,许多州事实上放弃了实质监管制度。

14. Thompson 和 Sale 认为,SEC 繁杂的披露要求对管理者施加了大量的公司义务,这种说法可信吗? 说得更具体一些,股东有多大可能针对与财务报表一起披露的"管理层讨论及分析"这一扩展部分的虚假陈述或者遗漏提起诉讼? 例如,有关流动性的虚假陈述会成为诉讼的基础吗? 如果不会,是否正如他们所称,这是否会成为一种实质上的行为指引? 他们的研究数据显示,绝大多数证券欺诈案件都涉及会计虚假陈述,而且是在股价下跌超过 50% 之后才提起的,这一数据与他们的理论分析关系如何?(提示:这与公司治理有什么联系?)

15. 对于一些州法并不认为具有可诉性的不当行为,原告能够运用联邦证券法来提出注意义务(被告疏忽大意)的诉请,这是否必定是好事? 第 3 章关于州际竞争的文献表明,哪类立法者——州或者联邦——已经对有关疏忽大意的责任问题作出了正确的平衡? 考虑到 Thompson 和 Sale 强调指出,联邦和州有关违背注意义务的诉讼的被告存在差异,联邦和州法院在处理此类案件时,会有很大的差别吗(回想一下,第 5 章 B 部分注释 13 所探讨的州的免责——有限责任——规定,适用于董事而不是高管)? 第 5 章所探讨的董事和高管责任保险,对于 Thompson 和 Sale 分析的证券法对于公司行为的意义的分析,如果有影响的话,会有什么影响?

他们对于第 5 章 B 部分注释 1 提及的证券诉讼的和解与实质监管并无关联的见解的分析,究竟有何意义? 应当注意的是,尽管根据特拉华州的法律,高管与董事经常遵守同样的信义义务,但特拉华州原来仅仅适用于董事的长臂管辖法律规定,直到 2003 年修订之后,才将其适用范围拓展至包括高管在内。特拉华州最高法院的首席大法官预计,在 2009 年的一项司法裁决确认信义义务同等适用于高管和董事之后,股东诉讼将越来越多地将高管列为被告。"Delaware Chief Justice Predicts Upswing Naming Officers," 12 *Corporate Governance Report* 125(Washington, D. C.: BNA, Nov. 2, 2009)。这一发展变化将如何影响 Thompson 和 Sale 的分析?

16. Thompson 和 Sale 提到了《1995 年私人证券诉讼改革法》("PSLRA"),后者在第 5 章 B 部分注释 1 中也有提及。在该法中,国会试图使原告更难以提出没有价值的诉讼,来解决它认为的证券欺诈集团诉讼中的滥诉行为。数项研究对《1995年私人证券诉讼改革法》颁布之前和之后的证券诉讼状况进行了比较，从而分析了该法是否实现了降低没有价值的诉讼的目的。这方面的证据看起来混杂不一。例如，Marilyn Johnson, Karen Nelson和Adam Pritchard发现，看起来与1995年之前提起的诉讼相比，1995年之后提起的诉讼往往更会涉及严重的会计和内幕交易问题，因此他们得出结论称，事实证明，没有价值的诉讼被剔除了。Johnson, Nelson and Pritchard, "Do the Merits Matter More? The Impact of the Private Securities Litigation Reform Act," 23 *Journal of Law, Economics and Organization* 623 (2007)。他们之所以会得出这一结论，是因为只有在1995年之后，才同时发生了表明存在会计不当行为的指控和有关内部人净卖出的内幕交易指控。举例而言，会计不当行为是指公司收益的虚假陈述，以及表明了管理层操控收益的异常的自主应计利润，无论这种做法是否违背了《公认会计准则》（"GAAP"），SEC均不予支持，因为它认为平滑收益是对"真实"收入的虚假陈述。然而，如果他们分析的是诉讼的结果（体现为诉请获得支持的力度）而不是诉讼的发生率，则关于法律的成功的结论看起来就不是如此地令人信服了，因为表征着该法律的种种优势的变量，在对《1995年私人证券诉讼改革法》颁布之前和之后的和解数量进行区别解释时，不再具有一以贯之的说服力。公司的收益重述与Johnson等人认为法律颁布之后并非无足轻重的和解（金额超过200万美元）呈正相关，而内幕交易的层级却并非如此。Michael Perino还发现，关于该法是否实现了预期目标，相关证据亦混杂不一：1995年之后，诉讼的数量并没有减少，往往是股价下跌之后即提起诉讼，而且高科技公司比其他公司更容易成为被告，然而，案件的质量看起来有所改善（1995年之后，在对该法提高的起诉标准实行最严格解读的巡回法庭，受理同时涉及会计虚假陈述和内幕交易的案件的数量，略略高于其他巡回法庭）。Perino, "Did the Private Securities Litigation Reform Act Work?," 2003 *University of Illinois Law Review* 913。

Stephen Choi研究的问题与此不同（与其他研究关注该法是否减少了没有价值的诉讼相反），他研究了该法是否减少了有价值的诉讼发生的几率。他分析了针对IPO提起的证券诉讼发生的几率后发现，1995年以后针对次级市场损失较小的事件提起的诉讼更少了，这表明《1995年私人证券诉讼改革法》提高了诉讼成本，导致原告的律师转向估值更高的诉讼。Choi, "Do the Merits Matter Less After the Private Securities Litigation Reform Act?," 23 *Journal of Law, Economics and Organization* 598 (2007). 尽管有人会认为,它证明了被提起的没有价值的诉讼数量减少了,但 Choi 认为,它表明被提起的有价值的诉讼更少了,因为标的价值更低的诉讼并不表明不当行为更少了,而且对于诸多 IPO 而言,小额的绝对损失仍然构成了公司价值的一大份额。接下来,他对和解金额超过 200 万美元的诉讼进行了研究(其依据是,低于该数额的和解往往是没有价值的诉讼),研究发现,1995 年之后,诉讼往往针对的是有着欺诈"硬"证据的 IPO,例如发生了会计重述或者被 SEC 采取执法行动的 IPO,而那些缺乏此类证据的 IPO,则更不容易遭到诉讼。然后,他估算了在《1995 年私人证券诉讼改革法》之前提起的有价值的诉讼(和解金额超过 200 万美元),如果发生于 1995 年之后的年份里将会如何演变,他的模型预测,超过半数的诉讼本不会被提起。Choi 将这些发现解读为表明,《1995 年私人证券诉讼改革法》使完成此类诉讼的成本更为高昂,迫使律师们转向更容易完成举证责任的案件,从而减少了有价值的诉讼。

人们是否能够认为,这些发现支持了以下见解:与 Choi 的解读不同的是,《1995 年私人证券诉讼改革法》降低了发生无价值的诉讼的可能性?将 200 万美元的和解金额确定为表明诉讼具有价值的标志,这是否具有说服力?证券欺诈案件含有会计重述这样的"硬"证据的几率有多高?《1995 年私人证券诉讼改革法》之前的案件的结果,能被用于衡量《1995 年私人证券诉讼改革法》对于诉讼的影响吗?例如,考虑到当时起诉标准相对较低,法院向来更不可能驳回无聊的诉讼,因而提高了 1995 年之前的没有价值的诉讼的和解金额?正如 Choi 提及,还应当注意的是,能否通过研究有关 IPO 的诉讼来分析《1995 年私人证券诉讼改革法》的影响,因为那些案件中的绝大多数都包含着根据《1933 年证券法》第 11 条提出的诉请,这些诉请与根据《1934 年证券交易法》的反欺诈条款提起的诉请不同的是,它们无须证明存在故意。《1995 年私人证券诉讼改革法》中绝大多数重要的条款关注的正是反欺诈诉请事宜,例如提高的起诉标准。

17. 另一个问题是,市场是否会针对证券诉讼的信息作出富有效率的反应。Paul Griffin, Joseph Grundfest 和 Michael Perino 分析了构成诉讼基础的矫正性信息披露之日(例如公布财务报表重述)的股份异常回报和指控的违法行为发生日(例如发布欺诈性财务报表的日子)的股份异常回报之间的关系,前者被称为集团诉讼期限届至日、集团诉讼提起的日子,后者则被称为集团诉讼期限的起算日。他们发现,在以下三个日子里,股价作出了明显的预期反应:在提起集团诉讼的日子以及集团诉讼期限届至的日子,股价作出了负面的反应;在集团诉讼期限开始起算的日子,股价作出了正面的反应。他们还发现,股价反应与诉讼的特征(例如是否提出了会计违法的指控)及诉讼的后果息息相关,而且特别是,集团诉讼期限届至的日子的股价反应,反映着后续诉讼的提起及和解金额的多少。Griffin 等人根据这些数据得出结论称,此种情况下的市场"具有合理的效率"。Griffin, Grundfest and Perino, "Stock Price Response to News of Securities Fraud Litigation: An Analysis of Sequential and Conditional Information," 4 *Abacus* 21 (2004)。这些结论是否令人吃惊?关于此类诉讼的优点,可以得出哪些结论?或者谁受益于这些发现?

18. Mulherin 和 Thompson 以及 Sale 都提到了《萨班斯—奥克斯莱法》(SOX),该法颁布于 2002 年,彼时诸多构成市场基石的备受关注的公司(例如安然公司、世通公司)爆发了一系列会计丑闻,短短一年乃至数月,它们就纷纷走向破产,市值跌去了三分之一。尽管正如 Mulherin 所称,《萨班斯—奥克斯莱法》对证券监管规定进行了大量的调整,特别是施加了强制性治理要求,而不是采取传统的信息披露的联邦监管路径,但应当看到的是,这部法律诞生于危机四起之时,在安然申请破产之后的 6 个月内就匆忙推出,相关治理规则未经理性考虑和国会的论辩程序。例如,关于这一政治过程的分析,参见 Roberta Romano, "The Sarbanes-Oxley Act and the Making of Quack Corporate Governance," 114 *Yale Law Journal* 1521 (2005)。在市场危机爆发之后,联邦扩张了其证券市场的监管权力,这种情形并非美国国会所独有,在英国和美国诸州中,此种事例并不鲜见。参见 Stuart Banner, *Anglo-American Securities Regulation: Cultural and Political Roots*, 1690—1860 (New York: Cam-bridge University Press, 1998)。

《萨班斯—奥克斯莱法》成本最高、因而面临最大争议的条款是第 404 条,后者要求公司管理层和外部审计师对公司的内控措施是否充分进行验证。公司实际的合规成本大大超过了 SEC 所估算的每家公司的实际成本(实际花费是数百万美元,而政府的估算值仅为 91,000 美元),

许多组织发布报告,呼吁 SEC 改变其对该条款的实际执行,以降低公司的合规成本。这些研究强调指出,该法对小型公司施加了不成比例的负担,对美国资本市场产生了不利影响,导致公司选择退市,降低了 IPO 的数量,并使一些公司将上市地点转到美国之外。SEC 于 2007 年提供了修订后的指引,并且推迟了对最小的发行人(公开发行规模低于 75 万美元)适用该条款。当延期即将到期之时,国会进行了论辩,并且迫使 SEC 再次拓展了延期,将该延期推到了 2010 年。关于媒体对该条款的批评以及对其未来的预测,参见 Roberta Romano, "Does the Sarbanes-Oxley Act Have a Future?," 26 *Yale Journal on Regulation* 229 (2009).

诞生于金融危机之时的危机立法,由于针对性的调研分析最为有限,很可能带来意想不到的后果,一大明证是《萨班斯—奥克斯莱法》第 404 条,该条产生了基本上未被预见的成本,以及 Mulherin 对于监管的总体分析也提供了明证,鉴此,可以设计出哪些防御手段来最小化此类立法的不利影响?2001 年 9 月 11 日美国遭到恐怖袭击之后,颁布了《爱国者法案》,在该法中引入了大量的旨在更为便利地查证和起诉恐怖分子的执法条款,这部法律有着日落条款(也就是说,该法律被设计为,无须国会的再次授权,该法律即可在未来的某一日子自行到期而失效)。日落条款迫使国会去重新审视一个问题,特别是当该问题属于国会缺乏立法后果的信息而又不得不直面之时,这种情况特别突出。考虑到金融市场变动不居,除了市场危机当中施手监管的后果不确定之外,在证券立法中是否通常应当写入日落条款?在改善危机驱动型的决策质量方面,你能不能想到其他有效的立法技术?(提示:第 3 章 B 部分关于菜单式做法、以及州的公司法运用默认规则来允许公司选入或选出的探讨。)

B. 内幕交易监管

内幕交易、10b-5 规则、披露和公司隐私[*]

KENNETH E. SCOTT

对于[10b-5 规则]及其目标,[有可能]得出三个不同的解读。第一

---

[*] 本部分内容的重印,获得了以下版权单位的许可:9 *Journal of Legal Studies* 801. © 1980 by The University of Chicago.

种、也就是最为普遍的看法是,该规则的主要目的是实际公平与公正,以SEC的话来说,是要防止"一方主体利用其掌握的、同时也知道交易对手无法获得的[内幕]信息,导致内在的不公平。"我们愿意将这种观点取名为公平竞争规则或者"公允游戏"规则。它表明,应当通过撤销交易而弥补损失的受害主体,应当是内部人与其交易的对手,而且内部人不公平地利用了该交易对手。

关于该规则的第二种看法是,它有利于信息流向市场,因而能够更好地发挥证券估值和资本分配的功能……尽管这种见解与第一种看法并非毫无关联,但这里关注的焦点是市场整体而不是特定的交易伙伴,其意思是指,在内幕信息未披露期间与内幕人进行反向市场交易的所有投资者都遭受了损失。我们把这一规则的原理称为信息公开的市场。

关于这一规则的功能的第三种看法是,它向公司掌握的内幕信息提供了产权保护,SEC在其关于 *Cady, Roberts & Co.* 一案的开创性裁决中称,"该信息只能够用于公司目的,而不能用于任何个人利益的目的。"在诸如 *Texas Gulf Sulphur* 一案中,该规则的此一功能非常明显,掌握了关于岩芯的测定分析信息的现场作业的地质专家和其他人士进行的异常交易,会引发罢工的谣言,并且提高了公司收购周边土地的成本。然而,这种企业财产的见解意味着,受损害的主体是公司,要更好地计算该损失,标准应当是土地收购成本的提升,而不是股票市场的价格波动。

公平竞争

10b-5规则的公平游戏视角,看起来与外行人认为股票市场只不过是另一种形式的赌博的立场有某些相似之处,它关注的是特定交易中的交易主体本身,并且探寻一方是否在某些方面"不公平地利用"了对方。当然,如果推得足够远的话,总是可以发现,交易的主体并非在所有方面均处于同等地位;他们的知识、智商或经验,以及资本实力或其他方面,都可能参差不齐。凡此种种优势和劣势,哪些是"公平"的?为什么?

以我们的赌博类比来说,股票的二级市场交易显然可以看作是零和游戏,内部人用"比率骰子"来玩,因而获胜也就异乎寻常地多……但运用赌博类比得出的是一个有效的结论吗?……根据这种[现代金融(投资组合)理论——编者注]观点,个人投资者知识或者能力有限,基本没有什么关系。"保护着"他的,是市场机制建立起来的价格,而不是他的个人谈判能力或者地位。

但这并不否认,那些拥有更多(非公开)信息的人可以获得更高的回报。在某种意义上,他们"卖出了"他们的信息,并且在这过程中矫正着市场价格。那么,其他投资者就无法获得预期的回报率了吗?内幕交易全然不是一种不为人所知、或者无法预见的现象;投资者预期的回报,并不包括内幕人单独获得的收益。回到赌博的类比,如果我知道你在运用"比率骰子",那么如果不对赔率作适当的调整,我将拒绝参与;毕竟,游戏是自愿的。

另外,内幕人获得的超额回报对于他们而言,并不必然属于某种"不公平"或者意外所得。如果在公司中的某种地位使其能够有时获得某些内幕交易的收益,那么该前景的价值便构成了该地位所带来的总薪酬的一部分,而且与其他附加收益一样,它影响着直接薪酬支付的水平。然而,毫无疑问的是,获得大笔内幕交易的收益的机会并不常见,而且不可预期,以至于管理层的部分薪酬实际上体现为赢面很小的彩票,而且这种薪酬形式或许效率并不高。对于接受者而言,此种彩票的价值或许大大低于其给公司所有者带来的预期成本,但这是另外一个问题。

Manne 已经试图对 TGS 规则[1]提出更有力的反对意义。他的主要观点是,"内幕交易的收益是在大型公司积极进取地工作时唯一有效的薪酬机制。"看起来,内幕交易的收益是唯一有效的薪酬形式的原因在于,该收益可以通过创业者的创新或发现的市场估值来计算,或者至少受后者的约束。然而,从该观点发表之后的文献来看,无论是法学家还是经济学家看起来都不认为这种看法特别具有说服力。以业绩为基础或者以股价为基础的薪酬方案有多种形式,这些薪酬方案在确定已实现数额时,并不依赖于薪酬接受者的出资能力,或者其卖出信息的能力。同样的,无论在理论上还是在媒体所报道的案件中,内幕交易与企业者的创新行为之间,也不存在明显的关系。

消息灵通的市场

根据这种对于规则的理解,内幕交易被认为有助于强化信息流向市场,提升证券的准确定价,以及资本的有效配置……[让]我们进一步分析以下观点:TGS 规则的确减少了,或者说得更轻一些,至少推迟了公司

---

[1] SEC v. Texas Gulf Sulphur, 401 F. 2d 833 (2d Cir.), cert. denied sub nom. Coates v. SEC, 394 U. S. 976 (1969) ("TGS"),以上案件的规则是,它表明,内幕人必须要么披露其内幕信息,要么放弃交易。——编者注

可得信息的披露。当该信息属于正面信息（导致股价上涨的信息）时，这种观点好像有道理；如果内幕人无法从延后的交易中获利，他们本会有充足的动机（在完成必要的公司行为之后，例如，在 TGS 一案中，在完成土地收购之后）迅速发布该信息。好消息会使股东受益，后者通常也包括内幕人，而且这也与管理层薪酬的增长息息相关。然而，如果是坏消息，则内幕人的直接激励的方向恰恰相反，因而可以认为，公司在发布消息时应当对事实非常确定，这应当是为了避免消息不灵通的投资者作出过度反应。在这种情况下，TGS 规则无所助益，因为内幕人可以推迟信息发布或者只是不交易即可避免不利的信息发布。确实，该规则在某种程度上将情况变得更为糟糕，因为禁止内幕人卖出股份，也就禁绝了本身对于市场而言属于一种信息来源的活动，并消灭了在交易完成之后全面迅速地披露的动机。

公司财产

在根据 10b-5 规则作出的诸多裁决中，法官都强调指出，被告利用其一定的受信人身份掌握了信息，他明知该信息应当用于公司目的而不是个人目的，但却利用其来获取私利。根据这种观点，这里的不法行为本质上属于盗窃或者侵占行为。该信息属于公司，但雇员挪作已用并因此获利。

把对于规则的这一理解，运用到类似 TGS 的案件的分析之中，是非常简单的。基于他们对罢工情况的了解，实施交易的内幕人利用了谣言，以至于有可能损害其雇主利益。在这种情况下，Manne 所称的企业家薪酬源于代理人谋取自身利益的行为，违背了委托人的利益，而这正是 Jensen 和 Meckling 所称的代理成本。在分析像 Chiarella 这样的案件，运用这一理解所得出的分析理路也相当清楚。在该案中，第二巡回法院发现，在解释以下现象时将会面临尴尬的情境：为什么收购方公司可以基于事先获得的有关要约收购的消息进行市场交易，而局外人却不可以这样做：印刷厂从收购人中获知收购即将发生的消息后，买入目标公司的股票，这样往往会引发市场对目标公司的警觉，进而推高其股价，实现了印刷厂自身的最终利益，但却有损于收购人的利益。

在这两个案件中，公司均投入了大量的资源，并完成了有益于社会的发现——新的矿藏及盈利能力可以更强、利润率也可以更高的公司。在这些情况下运用 10b-5 规则来阻止内幕交易，纯粹是为了保护在这场发现中形成的公司财产权。* 或许雇佣合同或者其他书面合同中的明文规定，可以达到大致相同的目标，但将其上升为法律规则，是一种更有效率的方法。

计算适用 10b-5 规则的种种情形的成本与收益的此消彼长，绝非易事。本人自己对这个问题的感觉是，适用该规则来保护投资于具有社会价值的发现，这是合理的，然而，超越了这一点，其他情形就越来越难说了。当然，通过简单扩张公平交易的逻辑及消息灵通的市场理念，从而拓宽该规则的适用范围，会使我们陷入成本大大超出可辨别收益的歧途。

内幕交易的监管[**]
DENNIS W. CARLTON 和 DANIEL R. FISCHEL

内幕交易和科斯定理

内幕交易的批评者们在对内幕交易的妥当法律回应和其他形式的管理层薪酬之间，划了一道明显的界线。人们通常假定，工资、奖金、股票期权、办公室的大小、带薪休假、秘书支持条件、以及其他聘用条款，可以通过私下协商妥当解决。没有人会一本正经地认为，这些条款和雇佣条件应当交给政府去规定。

完全相反的假定已被运用到内幕交易之中。绝大多数人相信，目前的政府监管是必要的，而且应当扩大其监管范围；实际上没有人去考虑有没有以下可能性：公司和雇员的私下协商能够最为有效地决定内幕人是否应获许利用内幕信息进行交易而获利。更不用说会有人建议这样做了。

买卖股份所获收益与其他形式的薪酬之间的任何差异，能使这迥然相异的法律制度安排赢得正当性吗？……如果内幕交易不利于公司，则允许内幕交易的公司与那些限制内幕交易的公司相比，将处于竞争劣势。

在这方面，科斯的著名论断颇为相关。内幕交易是否有益，取决于信息的财产权之于公司管理者和公司投资者而言，哪一方的价值更大。在任何情况下，各方主体都可以将信息的财产权配置给价值最高的使用者，从而完成价值最大化的交易。因而，如果内幕交易的批评者是正确的，则公司的投资者和内幕人将因禁止内幕交易而获利，从而将信息的财产权

---

*　这里的公司财产权，是指公司的内幕信息。——译者注
**　本部分内容的重印，获得了 35 *Stanford Law Review* 857 (1983) 的许可。

配置给公司的投资者。

当然,上述讨论假定,财产权的最优配置不会受到交易成本的影响。尽管雇主与雇员之间就禁止内幕交易进行谈判的成本看起来并不高,有些人仍然会认为,执行此类合同的成本高昂。该观点认为,公司必须鼓励管理者持有股份,以诱使其本着股东最大利益而行事。公司一旦允许管理者持股,则由于其无法区分正当的和不正当的交易,因而就无法充分实施反对内幕交易的规则。这些高昂的执法成本使公司无法禁止内幕交易,即使这样做会使所有人都受益。这种观点的最后结论是,禁止内幕交易的唯一可行的方法,是动用辅之以重罚的公共执法手段。

该观点夸大了私人执法存在的种种问题,因为它假定管理者必须持有股份,以诱使其本着股东的最大利益而行事。然而,并没有理由认为必须这样做。此种策略的目的或许在于确保管理者在公司中拥有利益份额,这样他们会受益于公司的良好业绩,并受损于公司的糟糕业绩。然而,要达成此种激励效果,却并不取决于管理者的实际持股份额。公司完全可以把薪酬制度建立于股份业绩基础之上,因而即使管理者并不持股,也可以激励管理者提升其公司的价值。如果禁止管理者持股,那么区分正当和不正当的交易行为所面临的问题,也就不复存在了。一种替代性选择是,公司允许管理者持股,但禁止买卖。公司运用了这种种控制管理者持股同时将管理者财富与公司相挂钩的方法,但通常却无法消灭内幕交易行为,这一事实表明,解释此类禁令缺位的原因在于它们没有效率,而不是它们不能强制执行。

信息效应

如果内幕人士进行交易,则股价会发生波动,接近于假定信息获得披露时的水平。而究竟会有多接近,则取决于交易前后的"噪音"有多大。市场主体识别内幕交易的能力越强,此类交易传递的信息也就越多。

若干理由可以解释为什么通过内幕交易来传递信息有益于公司。通过内幕交易,公司可以传递其无法公开发布的信息,之所以无法公开发布信息,是因为这样会摧毁信息的价值,或者发布成本过于高昂,或者公开发布并不可信,或者,由于信息的真实性并不确定,如果发布之后发现该信息并不准确,可能会给公司带来大量的赔偿责任。

效率效应

允许以(并不完美地)观察到的努力和产出为基础而事后定期重新

谈判的合同,是对于事先规定了薪酬与产出相挂钩的合同的替代性解决方案。这种事后的重新谈判,受制于监督管理者是否努力工作、以及计算每个管理者的产出所面临的种种困难,而且谈判过程本身成本高昂。为了降低这些成本,公司会努力将重新谈判的次数降至最低。然而,降低重新谈判的次数本身也会带来成本。如果重新谈判的情形鲜有发生,则它们在任何时候都更不可能起到适当的激励作用。

针对这种成本高昂的再次谈判困境,内幕交易提供了一种解决方案。内幕交易的独有优势在于,它允许管理者根据新信息而变更其薪酬计划,因而也就避免了无休无止的再次谈判。管理者实际上每一次交易时都在"重新谈判"。这反过来增强了管理者率先获取并处理有价值的信息(以及投资于公司专属性人力资本)的激励。如果管理者发现了一个对于公司而言或许有价值的投资——例如有可能增进价值的合并或者一项可能的新技术——则如果他能够从该项投资的成功中获得回报,他往往会去把握此种机会。内幕交易即属此种回报之一。另外的选择是将此机会告诉其他人,并解释说通过额外的努力,可以实现该收益,同时希望通过某种形式的事后安排来加以补偿。内幕交易的替代性制度安排降低了不确定性和重新谈判的成本,因而增强了管理者提供有价值的信息的激励。另外,因为管理者自身决定着"重新谈判"的频率,他们可以根据自己对待风险的具体态度而量身定做薪酬机制。

内幕交易的一个相关优点是,它向公司提供了有关未来管理者的有价值的信息。对于公司而言,要识别那些努力工作且在选择投资项目时不会过分规避风险的潜在的管理者,并不容易。将管理者的部分薪酬体现为内幕交易的收益,是甄别管理者优劣的方法之一。因为内幕交易回报了那些创造了有价值的信息且愿意承担风险的管理者,那些最偏爱此种薪酬机制的,或许是那些最不厌恶风险且最为能干的人。因而,有了内幕交易,自我选择就最小化了遴选潜在管理者的成本、厌恶风险的管理者带来的监督成本、以及他们作出的次优投资决定所带来的机会成本。

内幕交易的批评者正确地指出,允许将内幕交易视为一种薪酬机制,最终可能适得其反,特别是当允许卖空股份时结果更是堪忧,因为这将使管理者产生降低公司价值的激励。我们认为,这种观点的说服力被夸大了……内幕人爱惜羽毛,十分在意自身人力资本的价值。如果项目取得了成功,作为公司管理者的内幕人的价值也随之增长。但如果项目失败,即使该投资在事先看来属于最佳选择,管理者的人力资本价值将受到损害,因为他将因此种失败而遭到指责(这是常见的监督问题)。为了避免这种损失,管理者往往会接受那些降低了现金流波动性的投资项目,即使这些项目并没有最大化公司的价值。内幕交易允许管理者卖空股份从而受益于事先看来最优的项目,即使事后这些项目的结局并不理想,这样就会诱使管理者实施一些预期收益高的项目,即使这些项目的风险更高。因而,管理者可以通过买卖股份而获利,会使管理者本着更不会厌恶风险的方式而行事,从而降低了管理者与股东之间的利益分歧。

公平的观点

我们把反对内幕交易的最为常见的看法放到最后,这种观点认为,内幕交易是不公平或者不道德的。这种流行的直觉的力量如此强大,以至于许多评论人士认为,应当禁止内幕交易,即便它是有效率的。而人们通常不会提到的是,内幕交易的不公平表现在什么地方,以及为什么它们是不公平的。

Kenneth Scott 指出,如果人们知道存在内幕交易,而事实的确也是如此,外部人将不会吃亏,因为他们支付的价格会把内幕交易的风险反映在内。这是一种有益的见解,而且在某种意义上,它是一种针对投资者遭到了内幕交易剥削的见解的全面回应。但这种观点并没有提到内幕交易的好处。如果交易者知道公司的半数资产付诸灰烬,则公司的股价会应声下降,公司的后面的投资者对于面临类似风险的其他资产,会产生同样的回报预期。但投资者不会受骗这一事实本身并不意味着,烧掉公司资产是有益的行为。相反,在相当程度上遵循这一策略的公司,就像采纳了低效的薪酬机制的公司那样,从长远来看无法生存下来。

对于内部人以牺牲外部人利益为代价而谋取利益的观点,一种更有力的回应是,如果内幕交易是一种理想的薪酬制度,则它会同时裨益于内部人和外部人。没有人会真的认为,工资、期权、奖金和其他薪酬安排,使得内部人得以牺牲外部人利益为代价来谋取利益,因为这些薪酬总额本来属于股东。以这种方式来补偿管理者会增加利益份额,这样,赋予管理者提升公司价值的激励之后,外部人和内部人均可因此而获益。出于完全相同的原因,内幕交易并不会以"损害"外部人利益为代价。

总结和结论

普通法和州法对于内幕交易的制约,如果有的话,也是寥寥无几……

没有证据表明，公司普遍试图禁止内幕交易，也没有证据表明，在 1934 年之后，公司试图去填补禁止内幕交易的联邦制度安排的巨大漏洞……联邦对内幕交易的监管，只有在其实施禁止内幕交易的合同的成本低于私人公司或者州之时，才具有正当性。然而，证据却并未确切无疑地支持（或者驳倒）这一结论。

即使联邦的监管能够以较低的实施合同的成本而赢得正当性，在没有证据表明存在第三方效应的情况下，公司也应当有机会来选出这种监管。公司是判断如何构造其雇佣合同的最好的法官。

内幕交易的替代安排*

IAN AYRES 和 JOE BANKMAN

导论

证券法明文禁止公司高管运用关于公司的非公开信息，通过买卖公司的证券而获利。然而，假定高管利用同样的非公司信息，通过买卖其他公司的股票而获利，则又当如何？例如，假如英特尔公司的高管得知其公司因芯片的市场需求超过预期而将会公布高于预期收益的报告。在她知道其他公司的股票将受益于同样的市场需求增长的情况下，她可以购买这些公司的股票而获利吗？例如，她可以购买构成费城半导体市场指数的公司（英特尔公司除外）的股票吗？她可以购买个人电脑制造商或者零售商的股票吗？她可以购买与个人电脑的销售在产品上相得益彰的软件公司的股票吗？在正确的情况下，此类公司都可以被认为是英特尔公司的股票的替代品。运用英特尔公司有关收益的非公开信息买卖替代公司的股份，这种策略会带来异乎寻常的回报。

此类买卖所带来的收益相当可观。这里只举一个例子，1998 年 9 月 10 日，英特尔公司事实上确实披露了高于预期的微处理器季度市场需求报告（高出 4% 左右）。在公告发布的当天，英特尔公司的股价上涨了大约 5%，市值上升了大约 700 万元。财经媒体将英特尔公司的公布解读为市场总体上对个人电脑需求旺盛。该产业中的其他公司的股票、以及该产业中的市场篮子的股票（例如费城半导体指数），上涨了 2.5% 至 5%。英特尔的下游客户康柏公司的股票上涨了 4%，上涨了 1 美元，市值超过

---

* 本部分内容的重印，获得了 54 *Stanford Law Review* 235（2001）的许可。

了20亿美元。康柏公司的短期买入期权价格大幅上扬。分析师将康柏和其他公司的股价上涨,与英特尔公司华丽的收益报告所传递的个人电脑市场需求的上升挂起钩来。

在本文中,我们将重点关注如果不存在美国证券交易委员会的10b-5规则这一内幕交易的传统禁令,知情的内部人(或者公司自身)在什么情况下可以买卖自身股票而获利。而为了避免直接违背10b-5规则,内部人或许会转而买卖其他公司的股票,人们预期后者的价格将受到同样信息的影响。

替代性买卖如果是合法的话,将从整体上威胁内幕交易禁令的有效性。然而,对于这一问题,法律学界直接进行研究的并不多。

买卖替代型股票的经济学分析

为了更好地框定替代交易的潜在范围,预先更为明确地界定哪些类型的公司关系可以带来盈利性股票替代交易机会,无疑是有益的。从纵向来说,绝大多数公司都有上游供应商和下游客户。从横向来说,绝大多数公司都有竞争者和"互补者"。所有的这四种类型的公司都可以是潜在的股票替代品。而且在每一种情况下,不同类型的内幕信息在内幕人的股票和替代型股票之间,会产生正相关或负相关。例如,个人电脑的市场需求超出预期的信息,会在英特尔公司的股价及其下游客户的股价之间产生正相关;然而,很快就会有更多的人进入下游行业这一内幕消息,会增强英特尔公司相对于其下游客户的谈判能力,因而在英特尔公司的股价与其下游客户的股价之间,产生负相关。这些例子表明,有时买入客户的股票而有时卖出客户的股票,可以替代买入公司自身的股票。对于这三种类型的股票(供应商、竞争者和互补者)中的每一种,我们都可以方便地举出例子来表明,内幕信息有时与未来预期的股价波动产生了正相关或负相关。

我们将"买卖替代型股票"界定为包括买卖这四类公司的股份,同时要求后者能够替代在不存在内幕交易禁令的情况下买卖自身股份所构成的盈利机会。

的确,替代交易包括任何信息驱动型交易,在这些交易中,知情的交易者买入或者卖出某一特定的证券,以其作为一种替代被禁止的交易的次优选择。例如:

根据16(b)条,内幕人被迫吐回买卖其自身公司股票所获得的短线

利润。在这种情况下,他会转而买卖竞争对手的股份;

或者,根据 l0b-5 规则,律师是暂时的内幕人,他被禁止买卖其客户的股份,或许会转而买卖生产互补型产品的公司的股份;

或者,根据 14e-3 规则,被禁止买入即将发生要约收购的公司的股份的外部人,可能会转而买卖该公司的竞争对手的股份。

每当证券法禁止某种形式的信息驱动型交易时,那些监管的对象或许总有动机(除非受到法律的限制)来用次优的交易取而代之。

数十项事件研究已经记载,公司发布特定类型的信息是如何持续牵动着其他公司的股价的。这些研究中的大多数涉及的是"行业内部的"信息流,也就是说,关于一家公司的信息是如何影响到行业内的竞争对手的股价的。例如,1996 年的一项研究表明,公司的股利与其竞争对手的股份回报之间呈正相关……有关收益的信息披露,也显示了类似的结果。

然而,理论表明,许多种类的信息可能会引发竞争对手股价的正向或者反向反应……而且确实,关于股票市场对于会计信息的反应的一个更为细致的分析表明,竞争对手的股价对于收益增加的根本原因保持敏感。如果所增收益来源于销量意外增长,则这对于宣布该消息的公司的竞争对手而言,往往是好消息;然而,如果收益增长的原因在于成本的意外下调,则这对于公司的竞争对手而言,则往往是坏消息。

一些类似的事件表明,公司若干种公告所带来的影响并不确定。公司宣布破产,对于竞争对手而言或许是好消息,因为它们又少了一个竞争者;或许它是个坏消息,因为它可能表明该行业的健康状态低于其原来的预期。宣布横向合并对于竞争对手而言,或者是好消息,因为它可以增大垄断定价的机会;同样的,对于竞争对手而言,也或许是一个坏消息,因为它增大了行业内出现排他性做法的可能。宣布产品召回,对于竞争对手而言,或许是一个好消息,因为它们面临的竞争将更不会那么激烈,同时它对于竞争对手而言,也或许是一个坏消息,因为它标志着自己面临召回或者承担侵权责任的风险。

但是,在这些例子中,至少两个(涉及破产和产品召回)例子的当下最好的经验研究表明,发出公告的公司的股价与竞争对手的股价之间存在正相关。

尽管迄今为止的事件研究关注的是"行业内部"的信息流——也就是说,一家公司的信息对于其竞争对手的股价的影响——仍然有一些证据表明,供应商的股价与下游零售商的销量公告之间存在正相关。

当前的公司实践

本部分简单地分析两个问题:"公司如何规制从事替代交易的雇员,我们了解多少?"以及"雇员或者公司自身从事此类交易的情形有多普遍?"真实的情况是,我们几乎对此一无所知。

就合同角度而言,一些公司的政策明文限制其高管买卖其他公司的股票……此种交易限制经常是出于防范利益冲突的考虑。雇主担心雇员会将商业机会转移至他们持股的公司。在涉及供应商时,这种利益冲突的考量看起来特别真切,因而某些交易限制制约着雇员买卖潜在或者现实的供应商的股份。看起来,这里考量的因素是雇员没有能力来取悦消费者,因而雇员持有客户的股份就不存在利益冲突。

理所当然地,金融行业中的公司或许最了解基于信息而买卖相关公司的股份所带来的问题,因而,这些公司大刀阔斧地规制其雇员的此种交易。经纪公司的雇员经常被禁止买卖其客户的关联公司的股份。

在技术行业中,雇主是否应当允许、何时应当允许雇员买卖关联公司的股份,这一问题面临的争论更为激烈……一些公司……禁止所有人基于重大的非公开信息买卖证券,包括买卖替代型股票。其他公司禁止买卖竞争者的股份。一些技术公司完全不顾前述利益冲突的担忧,积极鼓励其雇员持有其供应商的股份(甚至占据其董事会席位),以影响供应商未来的企划选择。

总之,在合同安排方面,我们看到了其中存在一些差异。一些公司积极禁止替代交易,特别是在供应商方面,禁止力度很强,而在客户和竞争对手方面的禁止力度则弱一些。一些公司允许进行替代交易(或者在向管理层披露并获得后者批准后允许替代交易)。但我们的印象是,绝大多数雇佣合同(除了金融行业和高科技行业之外)对于这些问题未置一词。

对于实际上发生的替代交易的具体情形,我们了解的就更少了。首先,把信息驱动型交易与激励驱动型交易区分开来,这是有益的。买卖关联公司股份是为了对冲风险或改变决策者的激励从而获取利润,而不是基于非公开信息来投入真金白银买卖股份从而谋取利润。例如,一些证据表明,雇员及公司买卖关联公司的股份,来对冲他们本来得不到任何保护的特定股票的风险。例如,被迫持有其自身公司相当数量的股票期权的雇员,可以试着卖出其竞争对手的股份的买入期权,从而对冲其行业的某些特定风险。类似地，在为收购竞争做准备的公司，也可以在它买入潜在的目标公司第一单股份的同时，卖空目标公司的竞争对手的股份，从而试着对冲该行业的特定风险。一些证据表明，有一些特殊的交易平台可以用来实现这些对冲功能。

我们对于信息驱动型的关联公司股权交易（替代了内幕交易）几乎一无所知，这一事实表明，虽然会有一些雇员买卖本公司的股份，但诸如英特尔这样的公司看起来并没有利用非公开信息来买卖替代型股票。我们可以相当自信地认为，在公司层面没有发生此类交易，因为公司的财务报表会把此类交易获得成功之后的收益，作为非常规利润项目予以披露，但此类披露现在无迹可循。

雇员从事此类交易的情形时有耳闻，但准确地说，这种现象在多大范围内存在，却一直不得而知……无论是在公司层面还是在内幕人层面，这一"问题"究竟有多大，我们均一无所知，这本身就为我们所提议的披露规则提供了主要的理由。

买卖替代型股票的优点

基于非公开重要信息进行替代交易，产生了与管理者买卖自身股份这一传统内幕交易同类的成本与收益问题。然而，在替代交易中，成本与收益归属于不同的公司。买卖替代型股票和直接内幕交易的最显著差别在于，雇主的股东不承担交易损失；这些损失由股票被买卖的公司的股东承担。这两类交易的第二个重要区别在于，在替代交易中，股票更为准确的定价所带来的收益，并非直接通过雇员所在公司来实现，而是通过股票被买卖的公司来实现。

在更早的时候，我们提及：（1）公司的内幕交易比雇员的内幕交易往往更有效率；（2）公司进行的交易消除了与此类交易息息相关的绝大多数低效决策；（3）公司有望建立一套政策，即只有在此类交易富有效率的情况下，才允许进行此类交易。

当我们研究买卖替代型股票时会发现，第一个结论站得住脚：公司往往是更有效率的交易商——雇员能够完成的交易，公司自身往往会做得更好……然而，当我们研究买卖替代型股票时，第二和第三个结论却站不住脚。没有理由认为，只有在交易对社会有益时，公司才会开展此类交易。再一次地，其原因在于以下事由：给股东带来的交易损失及股票更为准确的定价所带来的收益，均已经外部化了。

政策建议

出于政策考量的目的,我们的分析指出了四大问题:(1)为任何特定的公司确定替代型股票,这是否经济?或者在实践中是否可行?(2)什么样的披露规则适合于监管者、投资者和雇员?(3)我们可以要求法律作出哪些重大变更?如何实施这些重大变更?(4)买卖替代型股票,会影响到哪些同类的证券限制?

界定替代型股票

监管或者甚至只是研究替代型股票买卖的真实状况,首要一步是对替代型股票提出一个切实可行的定义,也就是说,这个定义必须能够为每一家公司圈定可以作为替代型股票的一组公司。这项任务令人望而生畏,因为正如同在反垄断的市场定义中,定义可替代性交易的核心是程度问题;在某种意义上,几乎每一只股票的运动都与其他股票有关。

[第一个建议是,运用公司的客户和供应商名单,同时根据当前 SEC 的信息披露要求稍作修改即可,同时根据 SEC 置备的产业分类编码来生成竞争对手的名单。——编者注]

前面列出的清单——客户、供应商、竞争对手和替代者——试图告诉我们,哪家公司可以替代另一家。另一种、而且在某种意义上更为高明的决定途径是:SEC 可以为每一家公司确定其他公司的清单,这些公司与披露报告的公司在异常回报方面存在着显著的统计关联度。

披露规则

适当的披露政策要求公司表明它们是否(1)许可或者不允许其自身的雇员(基于非公开的重大信息)买卖替代型股票;或者(2)选择保留(基于非公开的重大信息)买卖特定的关联公司的股票的权利。

这种披露规则会向雇员阐明其交易的合法性……根据目前的法律,在明文禁止此类交易的公司中,雇员买卖替代型股票的行为是非法的,而在允许此类交易的公司中,这一行为则是合法的。

尽管事先披露交易政策会向决策者和投资者提供重要的信息,事后披露交易结果将会提供更多的有益信息……可以修改规则 16,以要求事后披露此前一直被雇主认定为替代型股票的交易情况,即买卖了多少股,价格是多少。披露此类交易(无论是否基于未公开的重大信息)有助于判断此种形式的薪酬相对于雇员薪资的下降是否过高。它还赋予公司、股东、以及政策制定者以更好的洞察力,从经验上来判断替代交易被滥用

（主要是外部化的负面效应、有害的内部利益冲突以及未被抵消的管理者的自我交易）的可能性是否值得重视。

如果公司没有赋予其雇员从［替代型股票］交易中获益的权利……则值得一试的是，要求公司计算作为高管薪酬组成部分的交易权的价值，并予以公告。

我们相信，公司要对替代交易期权进行准确定价，无疑极其困难。因而，我们将此类披露与任何私人诉讼区分开来，而且如果公司在计算该价值时未做尽职调查，也只允许 SEC 去查证是否存在违背披露义务的情形。

实体法的变更

我们应当认真考虑对替代交易施加制约。一旦经过确认，我们的分析将表明，公司基于重大信息买卖替代型股票，应当属于非法行为，除非实施该交易的公司获得了股票被买卖的公司的许可。〔1〕该规则使每家公司均拥有消极财产权，后者使公司有权防止他人买卖公司自身的股票。〔2〕据推测，如果在某些情形下交易总体上是有效率的，公司将赋予交易权。雇主被赋予交易权之后，雇员的交易权也就接踵而至。

尽管在理论上，赋予股票被买卖的公司以阻遏替代交易的消极财产权，与发现一个能够内化替代交易的成本和收益的决策者的目标更为吻合，我们的一种雄心更小的建议是，开展交易的公司仅仅必须披露公司或者其雇员可能会在将来从事替代交易，而这往往会使我们达到一种更有效率的均衡。出于前文探讨的巨大的流动资金需求〔3〕，公司本身的替代交易所带来的风险不大，而且我们预计，大多数公司不会授权其雇员无限制地从事替代交易。

---

〔1〕 这是一种……交易前披露制度的替代方式。
〔2〕 一种更为激进的建议是，将消极财产权延伸至包括所有基于非公开的重大信息的交易。该禁令的适用范围包括分析师或者其他外部人士所实施的交易。
〔3〕 在略去的部分中，Ayres 和 Bankman 提供了一个典型的例子来说明，运用他人关于英特尔公司的新信息的影响的分析进行替代交易并获得了潜在的收益。而为了大量购买股票以获得潜在大额收益，公司需要大笔的流动资金，但他们认为这即使并非一定无法实现，实现起来也是困难重重。他们主张，雇员买卖股票的利润空间更大。这一前提在于，期权市场的流动性不足以支持公司为了盈利而需要开展的大笔交易。然而，个人却可以开展更小额的交易，以赢得对于他们而言不菲的收入（考虑到雇员和公司所拥有的财富相对悬殊），因而雇员可以买卖期权而不是股票，这样花费的资本更少。——编者注

实体法律其他可能的变更

我们的分析还影响着第10(b)条和10b-5规则的某些方面……我们在分析"传统的"内幕交易时建议，以一种公司可以选择放弃的默认禁止性规定取代当前的禁止性规定。公司还可以被赋予权利来允许其雇员从事交易。因为我们得出结论称，雇员的交易不可能是有效率的，而且管理层批准此类交易带来了自我交易的问题，我们认为雇员的交易要受到忠实义务标准的审查。

第二个影响围绕着第10(b)条的"重大虚假陈述"条款。或许相当明显的是，公司或其高管的重大虚假陈述会影响其他公司的股价。在替代交易盛行的领域中，此种虚假陈述的目的之一或许是影响其他公司的股票价格。针对一家公司进行虚假陈述，然后受益于另一家公司的行为，将面临民事责任。

基于特定的信息可以可靠地预测关联公司的股价走向，这也意味着将"欺诈市场"理论进一步扩展，成为我们所谓的"欺诈替代者"理论，也具有相当的基础……与"欺诈市场"责任的强化的同一逻辑表明，作出虚假陈述的公司或者个人，也应当因为"欺诈替代者"而对给其他公司的股东造成的损失承担责任，这些公司的股票受到了虚假陈述的影响。

最后，对于买卖替代型股票的任何实质限制，都要求（在某种程度上是显而易见的）修订关于重大信息的定义……当然，正确的规则是，重大性应针对股票被买卖的公司来界定。

我们的分析至少还影响着证券法的其他两个部分，即14e-3规则和第16(b)条。在目前情况下，14e-3规则禁止任何人运用源于要约收购人的非公开信息，购买要约收购的目标公司的股票……支持14e-3规则的同样理由，可以被用于支持将其适用范围拓展至替代型股票。

第16(b)条要求内部人交出其在公司中的短线投资的收益；该规则是一项预防性措施，其背后的假定是，这些收益往往归因于非公开的重大信息。如果未来的分析支持我们得出的替代交易往往没有效率、对于该交易要施加限制的结论，则我们应当考虑将第16(b)条的"吐回"要求拓展适用于替代股票的交易。

目前，我们并不建议对替代股票的交易施加实体法上的制约；即使要施加制约，前面提到的拓展实体法制约规定的适用范围是否可取，犹未可知。例如，情况或许是，原告的律师咄咄逼人，而且其中不乏交易成本，这使得即便是当下针对重大虚假陈述的民事处罚规定,也已经过度了……还有人强烈反对拓宽 14e-3 规则和第 16(b)条的适用范围。然而,我们的核心观点仍然保持不变:在一个日益复杂的经济市场中,证券法不仅要关注特定股票的交易,还要关注该股票的替代股票的交易行为。

注释及问题

1. 近年来,内幕交易案件中的一个主要问题在于,案件经常会牵涉到非传统的内幕人,例如市场专业人士,他们并不附属于发行人,因而与内幕交易人的信义义务的关联度非常弱,以至于很难援引 Scott 在其文献中强调的公司财产理论。同时考虑一下 20 世纪 80 年代公司收购案件中的关键信息,彼时该等重大信息的来源是收购人而不是发行人。根据 Scott 分析的理论,如何看待此类信息?关于 SEC 的反应,参见第 8 章 A 部分注释 24。联邦最高法院对这一问题的态度,参见 United States v. O'Hagan, 521 U. S. 642 (1997)一案,在该案中,法官采用了内幕交易的"盗用理论",根据该理论,任何人利用违背信义义务而获得的机密信息从事交易,均属非法行为,无论这种信义关系是否与股份发行人缔结。在那种情况下,某律师事务所代表收购人,而该所的律师通过服务于该所而获知即将发生收购,然后基于该消息而买卖了股票;该交易被认为既违背了对雇主律师事务所的义务,又违背了对公司客户的义务。与经典的内幕人不同的是,从事交易的雇员与股份被其买卖的公司之间并无信义关系,相应地,与该公司的股东亦无此等关系。在内幕交易的监管方面,盗用理论与 Scott 的公司财产理论是否一脉相承?有观点认为,如果放弃了 10b-5 规则下的执法行动所要求的信义义务法理,则一种对于公司财产理论的更为宽泛的理解,将囊括盗用理论所涵盖的种种情事。参见 Stephen M. Bainbridge, "Insider Trading Regulation:The Path Dependent Choice Between Property Rights and Security Fraud," 52 *SMU Law Review* 1589 (1999)。而另有观点认为,在公司财产理论方面,有必要另辟蹊径,以合理说明盗用理论。例如,参见 Jill E. Fisch, "Start Making Sense:An Analysis and Proposal for Insider Trading Regulation," 26 *Georgia Law Review* 179 (1992); Adam C. Pritchard, "*United States v. O'Hagan*:Agency Law and Justice Powell's Legacy for the Law of Insider Trading," 78 *Boston University Law Review* 13 (1998)。

2. Carlton 和 Fischel 建议允许公司选出内幕交易规则。第 3 章支持州公司法采取赋权范式的种种观点,是否适用于联邦法律规则? Carlton 和 Fischel 建议,运用科斯定理来评估内幕交易,这是否适当?关于监管内幕交易的种种优点,根据科斯定理能够得出什么结论?

3. 试想想以投资组合理论(第 1 章探讨过的)为视角来反对内幕交易规制的激励薪酬的观点。如果管理者的投资多元化程度大大弱于股东(因为他们的大笔财富是其自身的人力资本,后者绑定在公司中了),内幕交易是不是一种有效率的薪酬机制?

4. 在《1934 年证券交易法》出台之前,市场主体没有在公司合同中议定禁止内幕交易的条款,这是否足以回答内幕交易是否有效率这一问题?其他什么因素会影响此类合同的撰写?或许是察觉内幕交易是如此困难,以至于必须实施私人公司无法实施的严厉处罚来阻遏此种不法行为?参见 Frank H. Easterbrook, "Insider Trading as an Agency Problem," in J. Pratt and R. Zeckhauser, eds., *Principals and Agents: The Structure of Business* 81 (Boston: Harvard Business School, 1985)。试想想 Michael Dooley 的发现,后者在对 1966 年至 1979 年间所有见诸报端的内幕交易案件的研究中发现,在规制内幕交易方面,法律制度"起不到作用"。Dooley, "Enforcement of Insider Trading Restrictions," 66 *Virginia Law Review* 1 (1980)。1984 年和 1988 年国会颁布法律加重了对内幕交易的处罚之后,你认为有关内幕交易的研究还会得出类似的结论吗? H. Nejat Seyhun. "The Effectiveness of Insider-Trading Sanctions," 35 *Journal of Law and Economics* 149 (1992)。

5. 禁止内幕交易使谁获益?请注意,内幕人以好(坏)消息为基础而买卖证券,败给他们的投资者,是那些决定卖出(买入)证券的人。谁更可能首先获得内幕消息?是普通的个人投资者,还是市场专业人士(分析师、套利者、投资顾问,以及经纪人)?有观点认为,禁止管理者进行交易,仅仅是将信息优势交给了市场专业人士。参见 David D. Haddock and Jonathan R. Macey, "Regulation on Demand: A Private Interest Model with an Application to Insider Trading Regulation," 30 *Journal of Law and Economics* 311 (1987)。

6. Carlton 和 Fischel 质疑有多少国家和地区进行内幕交易的规制。其他国家,例如日本和欧共体国家只是在最近才禁止内幕交易,这有什么关系吗?证券市场的全球化是否会带来统一的内幕交易规则?你认为这一领域是否存在"奔向低端"或者"奔向高端"的国际竞争？第 10 章将进一步探讨法律制度的趋同问题。

7. Carlton 和 Fischel 反对内幕交易规制的市场效率假说，与 Scott 支持内幕交易规制的市场信息充分原理，能否协调一致？为什么与公司交易的第三方（例如安大略省的蒂蒙斯(Timmons, Ontario)的财产所有人)在公司披露文件存在虚假陈述或者遗漏时，所获得的保护弱于股东？一份关于如何对待公司沉默的不同规则的探讨，比较了证券法的披露要求和合同法的相关规定，参见 Saul Levmore, "Securities and Secrets: Insider Trading and the Law of Contracts," 68 *Virginia Law Review* 117 (1982). 公司在谈判中不得误导第三方，这一规则可以使股东受益吗？参见 Marcel Kahan, "Games, Lies, and Securities Fraud," 67 *New York University Law Review* 750 (1992).

8. Lisa Meulbroek 研究了内幕交易对股价的影响，SEC 在 20 世纪 80 年代发现了这一影响，随后在民事案件中也被加以引用。她发现，这些交易与股价迅速而明显的波动息息相关，其产生的异常回报迹象与内幕信息发布当天引发的股价异常回报如出一辙，这支持了 Manne 和 Carlton 及 Fischel 提出来的内幕交易有助于市场效率的见解。Meulbroek, "An Empirical Analysis of Illegal Insider Trading," 47 *Journal of Finance* 1661 (1992). 她的研究是否证明了市场的强式有效？回想第 1 章摘自 Ross 等人的文献关于反对强式市场有效的证据的探讨，该探讨指出，若干研究已经发现，当内幕人士进行交易时交易商也进行交易，会获得异常的利润回报。这些研究成果如何协调一致？请注意，在 Meulbroek 的研究中，当内幕人士进行交易时股价波动的数值，等于内幕消息公开披露时股价波动值的 40% 至 50%。另外，与 Ross 等人所提到的研究不同的是，Meulbroek 的研究对象只包含非法的内幕人交易（那些被 SEC 采取执法行动的交易），而前者却包括所有披露的内幕交易，它当然也可能不是非法的交易。尚不清楚的是，她所发现的内幕交易对价格的影响可以适用于所有的内幕交易，尽管她并没有提供数据表明，内幕交易当天的价格波动幅度并不决定着 SEC 是否采取执法行动。

9. Laura Beny 进行了经验研究，比较了 33 个国家的股票市场表现与其内幕交易法律制度的力度之间的关系，试图推进关于规制内幕交易是否可取的争论。她认为，从"法律与经济学"的角度看，这是一场关于此种交易在经济上是否富有效率的争论。她提出了三个可检验的假设。第一,她认为,禁止内幕交易降低了代理成本,因而内幕交易规制更为严格的国家,公司的股份所有权应当更为普遍(也即相对于债权融资而言,公司的股权融资更为普遍——译者注)。其道理在于,小投资者更不用担心他们会遭到控股股东利用内幕消息的盘剥。第二,她进一步完善了该理论称,知情的非内幕人(例如分析师和其他市场专业人士)如果起来对抗掌握更多信息的内幕人,将拒绝买卖股票,相应地,因为此类非内幕人比内幕人"更为擅长"对信息进行定价,禁止内幕交易将会提升市场的效率。根据此一见解,另外两项假设是,内幕交易规制更为严格的国家,股价透明度更高,而且股票市场的流动性更强。Beny, "Insider Trading Laws and Stock Markets Around the World: An Empirical Contribution to the Theoretical Law and Economics Debate," 22 *Journal of Corporation Law* 237 (2007).

Beny 构建了两套主要的指标,来衡量一国的证券法律制度是否健全,这两套制度又以是否具备以下四个特征为基础:是否禁止泄露信息的领受人进行交易;泄露信息的领受人进行交易,内幕人是否为此承担责任;内幕交易是否构成刑事违法行为;以及损害赔偿额是否超过了非法获利的数额。第一套"范围"指标将衡量泄露信息的规制的前两个变量合并考量;第二套"制裁"指标则将衡量制度的处罚性质的后两个变量合并考量。由于那些指标仅仅是"纸面规则",她进一步构建了三个变量来衡量内幕交易执法:变量之一为"直至 1994 年的执法",它表明一个国家到 1994 年(她的绝大多数数据所截取的时间范围)之前是否执行过内幕交易规则;变量之二为"公共执法",将证券的政府监管部门的种种监督和调查权力赋予不同的系数;变量之三为"私人执法",表明市场主体是否有权对内幕交易采取私权行动,以及司法系统是否可靠。

她发现,"制裁"指标与衡量股票市场表现的两大指标呈显著正相关:所有权分散的程度及价格对市场信息的反应。"范围"及私人执法指标从未显现出显著性,而其他两个执法指标则分别与一个市场指标存在显著关联,即"直至 1994 年时的执法"与所有权的分散程度,以及"公共执法"与市场流动性。Beny 将这些发现解读为,它与规制内幕交易带来了有利的后果相吻合,因为具有统计显著性的结果符合预期的方向。然而,她的最终判断却仍然审慎:

如果说,这项研究要得出一个妥当结论的话,则这一结论并不是支持内幕交易规制的观点已被证明比那些批评此类规制的观点更有说服力,而是与这项研究开展之前相比略微多了几分理由来相信内幕交易的规制是合理的。

Beny,前文,第282页。本部分内容的重印,获得了许可。

根据 Carlton 和 Fischel 的分析,可以预测内幕交易规制与市场效率之间的关系如何?例如,是否与 Beny 不同,这些分析认为允许内幕人交易的市场会使股价包含更多的信息?那些被检验的假设指向什么方向,对于评估 Beny 的发现是否重要?(提示:如果 Beny 从 Carlton 和 Fischel 的视角来构造市场效率假设,则内幕交易制度的变量会预测出什么信息?)第10章关注的是比较公司法的文献,Beny 的文章是该文献的一部分。

10. 10b-5 规则的重大性标准是指,投资者是否有重大的可能性认为该信息是重要的。如果一项关于公司发布公告的事件研究发现存在显著的异常回报,这是否足以证明在公司发布公告之前,内幕人基于重大信息进行了内幕交易?你可以如何运用此类研究来计算被告人的损害赔偿额?从理论上说,计算证券案件中的损害赔偿额是一个棘手的问题。关于在实践中法院正确处理这一问题的观点,参见 Frank H. Easterbrook and Daniel R. Fischel, "Optimal Damages in Securities Cases," 52 *University of Chicago Law Review* 611 (1985)。

实际上,证券诉讼中也运用事件研究来证明存在重大性,并计算确定性虚假陈述或者重大遗漏所带来的损失。关于 SEC 在内幕交易案件中运用事件研究方法的分析,参见 Mark Mitchell and Jeffry Netter, "The Role of Financial Economics in Securities Fraud Cases: Applications at the Securities and Exchange Commission," 49 *Business Lawyer* 545 (1994)。你认为被告什么时候会受益于事件研究方法?

11. 股票交易的专业人士和股票柜台交易的造市商,因为提供了流动性(也就是说,使投资者买卖证券的即时结算成为可能)而获得了偿报。这种流动性被称为买卖差价,即购买溢价(他们愿意买入股份的价格)和销售折让(他们愿意卖出股份的价格)之间的差价。如果这些市场中的专业人士担心他们的交易对手是内幕人,他们可以通过增加买卖差价来自我保护。这是禁止内幕交易的有说服力的理由吗?内幕人可以通过自身成为造市商并且报出更低的差价来获利吗?市场专业人士和造市商保护自己免受内幕交易侵害的另一种方法是,减少他们愿意在特定价格买入或卖出股份的数量,后者被称为市场的深度。换句话说,专业人士和造市商会降低他们提供的流动性,或者收取更高的价格,因为他们担心由于无法分析谁知情而谁又不知情,自己的交易对手可能是内幕人(这是经典的逆向选择问题,第 3 章 B 部分注释 2 介绍过这一问题)。

研究者们一直未能发现内幕交易与买卖差价加大之间的关系,但有一些证据表明,内幕交易与市场深度的下降之间存在关联(在这些研究中,研究者们根据 SEC 提起的案件,对内幕交易所处的证券市场进行了研究)。例如,参见 Sugato Chakraverty and John J. McConnell, "An Analysis of Prices, Bid/Ask Spreads, and Bid and Ask Depths surrounding Ivan Boesky's Illegal Trading in Carnation's Stock," 26 *Financial Management* 18 (Spring 1997)(泄露信息的领受人 Ivan Boesky 交易了收购指向的目标公司 5% 的股份,并且占到了半数的累计交易量;买卖差价和市场深度未受影响);Bradford Cornell and Erik R. Sirri, "The Reaction of Investors and Stock Prices to Insider Trading," 47 *Journal of Finance* 1031 (1992)(公司董事和泄露信息的领受人基于即将发生的收购的信息进行交易,将近占到了 2% 的股份和 29% 的交易量;对于预估的差价没有影响;他们提及,不知情的交易量的同步上涨,可以解释该发现);Raymond P. H. Fishe and Michel A. Robe, "The Impact of Illegal Insider Trading in Dealer and Specialist Markets: Evidence from a Natural Experiment," 71 *Journal of Financial Economics* 463 (2004)(股票经纪人提前获知了即将发表于《商业周刊》股票分析栏目的信息,然后据此进行交易,将近占到了股票已增交易量的 9%;影响了市场的深度,但对买卖差价则无影响)。

12. 有观点认为,个人和公司开展 Ayres 和 Bankman 所称的"替代交易",你觉得它有多可信?如果投资者知道公司、或者公司的雇员经常从事此类交易,则公司声誉是否会遭到负面影响?正如第 5 章 B 部分注释 18 所探讨的,有发现认为,公司所遭受的市场损失,超过了它们其因欺诈和其他违法行为而受到的法律处罚,这一发现与这一情境是否相关? Ayres 和 Bankman 称,可以料想的是,绝大多数公司都不允许其雇员从事替代交易,前面所说的是不是原因之一呢?

13. 雇员买卖"替代"股份的唯一原因在于利用内幕信息吗?有些雇员在延期薪酬计划中持有大量股份,买卖此类股份是否有利于雇员分散其承担的公司特定的风险？几乎没有公司直接限制高管对冲此类风险。参见 Stewart J. Schwab and Randall S. Thomas, "What Do CEOs Bargain For? An Empirical Study of Key LegalComponents of CEO Contracts," 63 *Washington & Lee Law Review* 231（2005）。将此类交易从内幕交易中区分开来，难度有多大？限制替代交易的制度会阻遏高管采取对冲策略来避免遭到诉讼吗？此种反应会使股东受益吗？（提示：对冲会削弱第7章摘自 Murphy 和 Smith 以及 Watts 的文献所探讨的薪酬方式的激励原理吗？）

14. 在本书的注释部分，Ayres 和 Bankman 建议，他们的分析应当拓展至包含股票的所有知情交易，而不仅仅是内幕交易。该建议在以下文献中得到进一步阐发：Ian Ayres and Stephen Choi, "Internalizing Outsider Trading," 101 *Michigan Law Review* 313（2002）。Ayres 和 Choi 认为，从社会福利的角度看，无论信息来自何方（也就是说，无论该信息是否来自于内幕人），知情交易的影响并无二致；例如，无论交易者是否内幕人，社会成本的损失仍然会加到不知情的交易者头上，或者股价准确性的提升会带来社会收益。他们进一步认为，"外部人"（例如市场专业人士或者分析师）无法内化自身提供的信息或者从事的交易所带来的社会成本和收益，而股票被交易的公司则须内化那些成本和收益。其结果是，他们建议公司对于其证券的知情交易拥有财产权。根据这种法律制度安排，公司可以阻遏外部人对其股份的知情交易，放弃其对此类交易施加控制的权利，或者卖出（或者补贴）股份知情交易的权利。他们提到，在两种情况下，股票被买卖的公司可能无法妥当地内化其约束措施的成本和收益，因而有必要采取监管措施来制约阻遏权利：有些约束措施牺牲了股东利益而使管理者获利，或者有些约束措施牺牲了第三方的定价利益，也就是说，交易的溢出效应既没有裨益股权被交易的公司，也未能裨益外部人，而是裨益于竞争公司的投资者（Easterbrook 和 Fischel 关于强制性披露规则的第三方信息外部性原理，即与此类似）。

Scott 提出的内幕交易监管理论，能否使对外部人交易进行监管赢得正当性吗？公司如何能够为此种限制提供保障（公司如何知道特定的交易属于知情交易）？公司能否中途变更其对外部人交易的政策？有建议认为，应当鼓励"外部人"的知情交易以增强市场效率，这是否与注释9提到的 Laura Beny 的限制内幕交易的观点不一致？是否股票被交易的公司在维持股价的效率方面拥有利益、因而会避免采取 Ayres 和 Choi 拟议制度之下的阻遏行动,并且对知情交易不设限制? 有观点认为,外部人的交易为有益于社会的行为提供了重要的激励,创造着为知识产权法所保护的信息,因而 Ayres 和 Choi 的提议不可取。参见 Bruce H. Kobayashi and Larry E. Ribstein, "Outsider Trading as an Incentive Device," 40 *UC-Davis Law Review* 21 (2006).

C. 应当由谁来监管?

赋予投资者权力:证券监管的市场路径[*]

ROBERTA ROMANO

本文认为,当前证券监管的立法路径是错误的,当务之急并不在于应对那些无聊的诉讼。相反,本文倡导一种竞争性联邦主义的市场导向路径,这一路径提升了、而不是降低了各州在证券监管中的作用。

本文所倡导的证券监管的市场路径,将美国各州在公司法方面的成功经验视为范例,即美国 50 个州和哥伦比亚特区在公司注册方面展开竞争。就美国联邦主义这一特殊现象而言,大量文献表明,股东受益于公司法的联邦制度安排,各州颁布的公司法绝大多数最大化了股份的价值。本文建议,将吸引公司注册的州际竞争,扩展适用于联邦证券监管三大关键领域中的两个:证券注册及发行人的持续披露制度;以及保障该制度的反欺诈规定。而第三大组成部分,即市场专业人士的监管,则并不包括在拟议的改革建议中。实施拟议的市场路径的方法是,修订联邦证券法,在证券监管方面采取菜单做法,公司可以选择接受联邦证券法的监管,或者接受特定的州的证券法监管,例如接受其注册所在地的州的证券法监管。

在证券监管的竞争性联邦主义制度安排之下,只有一方主权主体能够对涉及发行人或其代理人及投资者的所有公司证券的交易拥有管辖权。其目标在于,将公司注册的州际竞争(这是一套最大化股份价值的回应性法律制度)的收益复制到证券监管的背景下,可以避免对全国性法律制度进行改革可能会经受的挫折。在构建监管规则时,以竞争性法律市场取代联邦监管机构的垄断地位,可以创造更符合投资者偏好的规则,而

---

[*] 本部分内容的重印,获得了以下版权单位的许可:Yale Law Journal Company, Inc., from *The Yale Law Journal*, vol. 107, pages 2359—2430 (1998).

投资者的选择推动着资本市场的繁荣和进步。

美国证券监管的竞争性联邦主义,对于国际证券监管也具有重要意义。本国证券交易的管辖原则也可以适用于国际证券交易:在美国发行股份的外国发行人可以选出美国联邦证券法,而选择其他国家的证券法(例如他们的注册地所在国,或者美国某一个州的证券法)来调整它们在美国的证券交易行为。当然,如果某公司没有选择接受美国的证券法管辖,则美国联邦证券法并不适用于在国外买卖这些公司的证券的美国投资者。根据这种做法,美国的法律将仅仅适用于明确选择接受美国法律管辖的公司,无论这些公司是否美国公司。因而,它会终结不断膨胀的美国证券监管的域外管辖,也就是说,只要其中有美国的股东或者美国的财产,美国都要管。

阻断美国法律的域外适用趋势,并不会伤害美国的投资者,因为他们实际上经常因美国证券法管辖范围的扩张而面临不利处境。例如,为了避免美国法律的适用,外国公司经常明确排除美国的投资者发出收购要约,因而,这些投资者就错失了获得收购溢价的机会。此外,采用市场路径也有利于外国公司利用资本市场,因为他们能够在美国发行证券而无须遵守美国的披露规则和会计准则,后者与其母国的规定大相径庭,长期以来是阻遏外国公司在美国上市的重要因素。如果按照这种方式来修改美国的法律,则美国的投资者也会因此而受益,他们无须承担购买外国公司股份的更高的交易成本,即可以直接投资于外国的公司。

竞争性联邦主义的本质

对于美国的证券监管采取市场路径,必须允许在以下两个方面明显地偏离现行法律:其一,公众公司对于国家层面的证券法的遵循应当是选择性的,而不是强制性的。第二,选择不受联邦证券法管辖的公司,其开展的证券交易必须接受公司选定的证券监管住所地的法律的管辖。这种路径的前提是,不同的主权主体——这里指美国50个州、哥伦比亚特区、以及联邦政府(主要以 SEC 为代表)——就证券法的供给展开竞争,有利于促成符合投资者偏好的证券监管规则,从而裨益于公众公司的投资者。这则建议的动因在于,对于什么样的监管最符合自身利益,没有哪个政府部门比市场主体更为清楚,特别是因为公司的需求随着不断变化的金融市场条件而变动不居。竞争性监管者比垄断性监管者所犯的政策失误更少,因为竞争约束着监管机构的市场激励。

监管竞争是理想的安排,因为如果将法律制度的优劣这一变量纳入了投资选择的范围,则公司的发起人会发现,如果他们选择了投资者偏好的法律制度,融资成本会更低。例如,只要投资者了解其所适用的法律制度,则如果发起人选择了免除他们的欺诈责任的法律制度,投资者要么根本不会进行投资,或者要求更高的投资回报(也就是说,愿意为证券支付的价格更低),此种情形正如债券持有人要求本金无法偿付的风险更高的公司向其支付更高的利息一样。投资者之所以能够定价,是因为金融资本流动性很强,金融市场竞争程度很高;投资机会大量存在,而且随着衍生工具的运用,这种机会事实上无边无际。考虑到股票市场的投资者主体是机构投资者,他们经验老到,其行为决定着不知情的投资者可以依赖的市场价格,因而能够可信地假定投资者了解法律责任规则。所以,如果发起人选择适用一套有害于投资者利益的法律制度,他们将承担因此带来的成本,因而,他们会选择一套最大化发起人和投资者福利的法律制度。

资本市场拥有评估法律制度的能力,因而竞争会产生有益的影响,这种分析的要点在有关债券合同和公司法背景下的实证研究中得到了确认:债券合同中的债权人保护条款对债券价格产生了正面影响,公司变更其注册所在地的州,也使公司的股价产生了具有显著统计意义的正向变动。在竞争性法律制度中,企业家降低资本成本的动机,会缓解政府监管者在辨别什么样的监管制度能够裨益于资本市场的投资者时本来会面临的核心问题。

有观点认为,证券市场在以下两个方面运行羸弱,从而为20世纪30年代联邦对资本市场的干预提供了正当性:其一,证券市场未能保护投资者免受股价操纵和欺诈的侵害;其二,公司信息披露的水平不足,因为承担着生产信息成本的公司无法全部享有披露该信息的收益(也就是说,公司信息是公共产品)。就分析而论,使得政府有必要出手干预的信息的外部性,取决于市场中混杂着知情和不知情的投资者。然而,在理论上需要政府监管以防止市场失灵,并不等于说需要一个垄断的监管者。竞争性联邦主义的前提是,例如,在一个不受监管的市场中,公司信息披露不足损害了投资者的利益,则在证券监管的州际竞争中,必须提供强制性披露规则,这种披露规则一如垄断者SEC所提供的制度安排一样。

为联邦干预辩护的第三个理论,是公共产品理论的改良版本。该理论认为,证券市场的信息问题是指公司发布信息不仅裨益于投资者,而且也会使发行人的竞争对手获益。根据这一理论,因为竞争者会运用此类信息来更有效地与发行人展开竞争,因而会蚕食发行人的盈利能力,这样,投资者和公司都不愿意披露此类信息,即使这些信息将改善投资者对公司的估值能力。这样的外部性使得有必要建立强制性披露规则。然而,也可以通过分析表明,即便在这样的第三方外部性条件下,相较于自愿披露而言,强制性披露并非总是最优选择,因为监管者很可能极其难以确定什么时候强制性披露是最优安排。然而,把强制性制度安排有没有必要这一理论上的不确定性搁置不论,即使是根据这种第三方外部性的观点,也无法得出垄断性联邦监管者必须存在的结论。大多数投资者进行的是组合投资,而不是只持有某一家公司的股份,因而与发行人不同的是,如果投资者作出了要求公司披露信息的决定,他们可以内化外部性。* 也就是说,他们看好的是要求公司披露信息的制度,因为根据正外部性的定义,他们在公司的竞争对手所持股份的预期收益,会抵消其持有的发行人股份的损失。

由于反欺诈原理并不取决于政府行为的外部性,在反对竞争性联邦主义的立场方面,它的力度甚至还不及强制性披露原理:如果有人认为,投资者愿意选择鼓励欺诈的法律制度,则这种想法相当愚蠢。Joel Seligman 称,在 20 世纪 30 年代,之所有必须引入联邦反欺诈法,是因为各州证券法管辖不到州外的证券卖方。无论彼时这种观点多么有道理,它却不适于现代的管辖原理,因而与今天的政策探讨并不相关。另外,如果说 20 世纪 30 年代人们还担心各州是否有能力处理证券欺诈案件的话,现在它已经不再是一个突出的问题。考虑到当前反欺诈法律制度呈现叠床架屋的态势,各州事实上已经创设了活跃的证券法执法部门,同时拥有协调能力来处理跨州的证券欺诈案件。

然而,为了完善发行人证券监管的市场路径,还必须完成一处变革。为了防止 SEC 暗中把手伸向本来不属于它管的发行人,必须修订 SEC 监管规则中将市场专业人士的行为与 SEC 对发行人的实体规则关联在一起的规定(例如要求经纪人和自营商在报价之前必须获得发行人的 SEC 定期备案文件),而使其援引发行人注册地的实体法规则。此种变革并不

---

* 也就是说,投资者作出决定,要求其所在的公司披露信息,而信息披露给其他公司带来的收益,他们也可以享有,因为他们同时持有其他公司的股份。——译者注

会弱化 SEC 监管市场专业人士的职责。考虑到 SEC 在起草有关发行人披露的实体规则时，无一将其对于市场专业人士的监管职责考虑在内，当各州针对发行人设定不同于 SEC 规则的披露要求或者更低的披露要求时，就 SEC 的监管目的而言，此类信息仍然足够，因为竞争会导致发行人的披露达到股东认为合算的层级。

［在省略的部分中，Romano 梳理了测算联邦证券法对于投资者影响的经验研究文献，得出结论称，"几乎没有经验证据表明，联邦体制肯定有益于投资者"，以及"辨识确定性影响的困难……支持放弃［联邦的垄断体制］"。——编者注］

监管创新和竞争：州证券法的多样性和统一性

关于联邦主义的好处，一种更为传统的、与竞争的激励效果整体相关的见解是，它允许在法律规则方面进行实验，即允许各州对于具体问题采取不同的解决方案。事实上，在公司注册的背景下，这种情形多有发生。公司法律制度的创新获得成功后，在各州迅速推广。例如，为了应对 20 世纪 80 年代董事和高管责任保险所面临的危机，各州颁布了大量法律，包括允许公司对于外部董事的过失设定最高责任限额，或者免除其金钱赔偿责任，并把信义义务中的注意义务的责任标准，从过失变更为故意的不当行为或者罔顾后果的冒失行为。短短数年之内，绝大多数州即复制了特拉华州的做法，允许公司章程修订以免除董事和高管责任。

然而，各州在证券法规则方面采取的做法，却比其在公司法规则方面采取的做法，差异程度要大得多。通过创新性法律规则的传播，公司法关键领域的默认条款往往趋于一致，而证券法规则却不然。例如，一些州建立了实质审查体制，要求注册的证券必须满足一定的投资价值或者优势，而大多数州则运用了类似于联邦证券法的披露方法。然而，各州证券监管体制的差异毕竟并非泾渭分明，因为对是否符合投资标准进行实质审查，可能采取另一种形式，即对于监管者不满意的发行事项，要求更详细地披露，而不是拒绝予以注册。另外，各州证券监管制度的差异的意义是有限的，因为只有部分证券事宜属于州的监管范围；在全国性市场上交易的股份被排除在外，而且还经常作出个案豁免。投资者还可以规避母国的实质审查制度：如果证券并不在其自己的州注册，他们可以主动在二级市场交易，而不是在首次公开发行中买入股份。

证券监管规则领域缺乏竞争，或许可以解释各州证券法的差异为什么多于公司法,因为一旦绝大多数投资者偏爱某一法律制度,竞争的压力会激励着监管者选择该制度安排。因而,例如,如果证券监管制度方面的差异可以归因于监管者对实质审查的偏好,而实质审查又不是投资者的自愿选择,则在一个竞争性体制中,实质审查将无法延续下去。事实上,即使不存在监管竞争,实质审查也处于下降态势,因为不但在实质审查体制之下豁免审查的个例不断增长,而且诸如伊利诺伊州等一些重要的州,已经在20世纪80年代废除了它们的实质审查规定。

竞争有可能加速实质监管的消亡,这是重要的,因为它揭示了对于放弃联邦强制性制度安排的一种潜在的担忧:如果美国公司不再采取标准化的披露规则,而各自可能受到50多种法律规则的调整,投资者是否会因此受到伤害?然而,竞争性联邦主义却未必一定加大法律制度的差异。事实上,吸引公司注册的州际竞争已经给各州公司法规则带来了大量的共性,同时保持着规则的赋权型路径的差异性,根据该路径,一旦公司法的默认规则不适于公司,则允许公司在其章程中自行议定相关条款。这种情形完全有可能发生于竞争性披露制度中,因为最理想的披露标准也会为各州竞相效仿。

最为重要的是,标准化方面最为重要的领域——公司财务报告——仍然控制于"财务会计标准理事会(FASB)"这一私营部门,因而遵循该规则的公司披露的财务报告采用的是同一标准。各州可以要求公司遵循"财务会计标准理事会"的标准,来满足公司统一性的需求,或者各个证券交易所也可以发挥标准化的功能,要求上市公司遵循"财务会计标准理事会"或者交易所自身的披露要求,正如联邦制度颁布之前它们采取的做法一样。即便没有此类要求,绝大多数公司仍然会自愿遵循"财务会计标准理事会"的标准,以降低他们的融资成本,正如公司有时会超越监管机构当下的要求而披露信息一样。重要的是明白,尽管SEC对于"财务会计标准理事会"并没有法定的控制权,但SEC有权发布会计准则,因而它可以威胁"财务会计标准理事会",如果后者不采取行动SEC就自行发布标准,从而影响着"财务会计标准理事会"。如果采取了市场路径,除了自愿接受SEC管辖的公司之外,SEC再无权发布适用于其他公司的会计规则,因而根据这一提议,SEC对"财务会计标准理事会"制定标准的权力的影响将大为缩减。

当在证券监管领域引入竞争机制时,生成的具体披露规则毫无疑问将有别于 SEC 颁布的规则,甚至也不同于州的披露制度下的具体规则,因为各州的法律试验会找到对于注册的公司最具吸引力的制度安排。实现路径有两条:其一,颁布与 SEC 规则存在重大区别的规则;或者将公司法的赋权型路径运用于证券法,州证券法(不管其规则是否与 SEC 规则相同)成为默认规则,公司可以将其选出。当某一个州的大多数公司选出一条默认规则时,该州就获得了关于该规则是否合适的信息,最终该州或其他州就可以颁布更好的默认规则,从而修订了该规则,并吸引了新的证券前来注册(因而还增加了收入)。在公司注册的情况下,州法为小型公司置备了特殊的规则,这些规则被称为封闭公司法,与此相类似的是,在竞争性证券监管中,一个州可以向公司进一步提供法律制度的菜单,公司可以从中选择(例如选项可以设定为"广泛的披露制度"、"有限的披露制度"、以及"实质审查制度")。

如果正如有支持者称,SEC 规则是理想的安排,公司要么不会选出 SEC 规则的管辖范围,要么会选入与 SEC 的制度同样的州的证券监管制度。但如果所有的州都仅仅是模仿 SEC 规则,则遵从市场路径所获得的收益将会减少:尽管与 SEC 相比,州的监管机构能够更快地完成所需法律制度的修订以满足投资者的偏好,但在竞争条件下,投资者会承担更高的交易成本;公司必须通知投资者,或者投资者不得不去了解公司证券住所地的州作出的规则选择。然而,支持联邦监管原理的经验证据的缺乏、SEC 的披露政策出现若干次重要的误导、以及人们对无聊诉讼的持续担忧均表明,在竞争情形下,证券监管的具体规则将与当前的联邦制度判然有别。

证券监管的市场路径的实施

在证券监管中针对发行人实施市场路径,要求完成两大法律变革。第一个、同时也是比较简单的变革是,将联邦证券法变成任意性法律。国会立法可以完成这一步。

第二个主要的政策变革是把调整证券交易的准据法规则(销售的地点),变更为与证券监管法律的竞争相一致的规则(发行人住所地),但这一变革更难达成,因为它要求各州进行协调以采用一套新规则。因而,更为方便的做法是,通过国会立法,把联邦证券法律变为任意性规则,并在准据法方面完成必要的变革,本文建议遵循这一路径。

本文还探讨了成功实施这一建议所需完成的其他两项要求:在投资

者购买证券时向其披露证券住所地,允许股东投票以实现证券住所地的变更。这些完善措施将确保新的市场导向的体制能够满足联邦证券法的预期目标:保护投资者。

证券交易准据法规则的内部事务方法

在证券监管的市场路径下,只有一个主权主体的法律可能适用于发行人的证券交易。这意味着,当 SEC 的监管选项未被选用时,只有一个州的证券法可以调整证券交易行为。类似地,当 SEC 的监管选项被选用时,它将优先于所有州的证券监管规则而获得适用,反欺诈规定亦然。拥有立法权限的州必须与发行人存在关联,以确保州际竞争能够妥为进行——也就是说,某一个州的法律是准据法,而且该州是发行人选定的州。这就有必要修订准据法的选用路径,目前的做法是证券交易地的法律、而不是发行人住所地的法律为准据法。

在证券法的准据法体制中引入市场路径

准据法规则通常是司法、而不是立法的产物。然而,成文法也可以制定准据法规则。例如,一些州颁布了《通用证券法》的准据法规则,遵循了最为普遍的法官选择准据法的规则,即以证券发行地的州的法律为准据法。另外,一些州采用的准据法条款保证实施当事人约定的准据法,而不考虑标准的冲突法规则,例如,缔约方与该州是否存在关联。各州在立法方面协调行动,例如,通过修订《通用证券法》的相关条款,将销售地规则变更为发行人证券住所地规则,就比依赖司法行动来实施这种新的住所地准据法更为便利。

比协调各州立法行动更为有效的一种措施是,国会在颁布法律将联邦证券体制设定为任意性制度时,将发行人住所地的法律设定为证券交易的强制性准据法。尽管国会没有直接指定准据法规则,但根据商事条款和第四条之下的权力,它可以这样做。无论选定的是注册所在地的州法或者采用准据法条款的方法,实施证券住所地准据法规则的首选机制都是国会采取行动,因为它不需要协调 50 个州的法院或者立法机关,因而能够最为迅速地实现该目的。

实施市场路径的完善措施

为了确保联邦证券法的投资者保护功能能够在市场路径下运行无碍,国会立法在将联邦体制设定为选择性规则、并且将发行人住所地设定为州的证券准据法规则时,还应当包含两个必备的法律规定。这些法律规则应当构建两个关键交易时点上的投资者保护措施,一个是在个人投资者层面,另一个则是在公司整体层面。第一个要求在投资者购买证券时,披露所适用的法律制度(公司的证券住所地规则);第二个则是赋予受影响的证券持有人以投票权,使其有可能达成证券住所地的变更。

披露所适用的证券法律

为了使州际竞争正常运行,投资者必须知道特定的证券必须遵守哪套制度。住所地披露要求确保了这一条件能够得到满足。为了实现这种通知的功能,证券票据(股权证书或者通知条)应当标明证券住所地,正如公司法要求,对于股权转让的限制必须记载于股权证书上方为有效。然而,由于投资者绝少收到金融票据,即便在他们买入证券之后也是如此(绝大多数股票投资通过电子手段完成支付,而且交存于结算存托部门),进一步的通知模式就显得很重要。披露住所地最为可靠的附加手段是,采取一种同时针对经纪人和公司的由两部分组成的办法。首先,应当要求经纪人在购买证券(或者卖空证券)时把该证券的住所地告知潜在的购买人。

第二,更为重要的是,应当要求发行人在首次公开发行时披露其证券住所地,并将其作为选出联邦证券监管制度的前提条件。

要求在购买证券时披露证券住所地,显然并不是保护投资者所必需的举措:市场会对不同的证券法律制度作出差异明显的定价,因为即使不强制要求披露住所地信息,老练的投资者在他们购买之前即已获得了关于住所地的信息。然而,考虑到在历史上联邦制度一体适用于所有证券,一些更不老练的投资者或许并不知道联邦制度可能不再强制适用了,在这种情况下,强制披露证券住所地规则仍将实施相当长的时期,以减少这种相对较弱的可能性。由于这种混淆往往最可能发生于采用市场路径之后的头几年,因而可以将住所地披露要求设定为日落条款,例如,该条款在法律生效的三年后到期。在不老练的投资者占到大多数的证券交易市场中,例如在低价股的证券交易市场中,作为一种保护此类投资者的措施,住所地披露要求可以保留更长的时间,可以长于过渡期。

证券持有人批准证券住所地的变更

关于证券住所地选择的另一个关注点在于,发行人决定中途变更其证券住所地,比股东买入住所特定的证券引发的后果更为重大。也就是说,投资者为其股份支付的价格并不能反映新的住所的价值(除非在购买股份时即已经预料到了该项变更)。这方面的担忧在于,公司内幕人会机会主义地行事,他们可以转到与原来的制度相比披露要求或者证券欺诈标准更低的证券住所地。此种迁移会把价值从公众转移至内部人所持的股份之中,当然,前提是假定外部股东并没有预计到此种机会主义行为,而且没有因此而针对当初保护力度更强的住所地支付更低的价格。

要求住所变更的决定必须取得受影响的证券持有人的批准方可生效,可以减少内幕人关于住所地选择的机会主义行为。正如在公司法的情境下,联邦法律会为需要投票的简单多数规定默认的最低比例。因而,那些希望拥有更高的、超级多数表决要求的公司就有能力这样做。实施超级多数表决要求的最现实途径是,公司在其章程中写入这一规则(而且如果担忧承诺这一投票规则会带来问题,也可以设定类似的超级表决规则来废除这一规则)。各州也可以在其证券法律中设定更高的默认最低表决比例。然而,从竞争性联邦主义的全球视角分析,作为一种默认的安排,证券住所地的变更必须获得超级多数表决的同意,这或许并不理想:当退出一项制度过于困难时,公司优选条款的变换范式的信号将大为减弱,竞争的积极效果将受到影响。

外国(非美国)发行人的监管

监管竞争的好处并不局限于一国范围之内,在全球范围内,同样的激励也能够起到同样的效果:金融资本在国家之间的流动与其在美国各州之间的流动如出一辙,如果一国的法律制度保护投资者的力度更弱,资本提供者在投资该国时将会要求获得更高的回报,这会激励着公司寻求符合投资者偏好的证券法律制度,以降低其融资成本。因而,本文所倡导的证券监管的市场路径,应当同等适用于美国和非美国的证券发行人。

市场路径应用于非美国发行人

在证券监管的市场路径下,发行人的住所地是所有在美国销售的证券的控制性因素,而不论该住所地是美国的一个州,抑或是在国外。这或许是 SEC 当前做法的一个极大反转,目前 SEC 对发生于美国的所有证券交易拥有管辖权。

在市场路径下,外国的公司(注册地不在美国的公司)能够本着在美国交易的目的而选择其证券住所地,因而也无须遵守 SEC 的披露要求来达到在美国买卖证券的目的。

作为监管者的证券交易所[*]

PAUL G. MAHONEY

导论

本文构建于以下理念之上：资本流动性的增强所带来的收益，最好通过监管分权而不是更为强大的监管集权来实现。这是我们支持监管竞争的论说起点。

本人的目的并不在于重复支持监管竞争的论调，而在于追问谁应当成为竞争者。关于监管竞争的诸多论辩，或公开或含蓄地假定竞争是在国家（中央或者地方）监管者之间展开的。相反，我认为，实现监管竞争收益的最有效办法，是将更多的监管权力移交给第一线的监管者——证券交易所自身。特别是，证券交易所应当成为有关上市公司的披露规则、经纪商—自营商会员行为准则以及市场结构规则的主要制定者和执行者。

交易所监管的理论与实践

理论

股票市场，也就是说，专业而分工细密的中介机构根据一套共同的准则来买卖证券的有组织的市场，自17世纪以来即已存在。政府自一开始即关注并试图规范这些市场的活动，但对于绝大多数交易所来说，政府对交易规则和程序实施全面的监管则是21世纪的现象。在市场发展演变的绝大多数时间里，交易所成为证券市场的主要监管者。它们协调买方和卖方、发行人和投资者之间的关系。它们决定如何进行讨价还价、如何执行指令、经纪人必须满足怎样的财务标准和要求、上市公司必须向投资者披露什么信息。那些规则通常补充着关于合同、代理（包括经纪人对客户承担的信义义务）、可转让票据等适用的规则。

交易所应当拥有强烈的动机来采纳有益于投资者的规则。在这一点上，我不会多费口舌，因为个中道理与任何制造商有动机来提供消费者乐于接受的产品和服务完全一样，而且不管怎样，在其他地方情况向来如此。交易所通常由其会员所有，这些会员是股票经纪人或者其他专业中介机构。由于会员的收入随着交易量的上升而上升，中介机构创造着股票市场，后者通过提供流动性而吸引着投资者。作为流动性的提供者，交

---

[*] 本部分内容的重印，获得了83 *Virginia Law Review* 1453（1997）的许可。

易所之间、以及交易所与柜台交易市场之间展开竞争,均是为了吸引公司前来上市,以及诱使投资者前来购买上市的证券。整体而言,这些证券市场也与房地产市场、贵金属市场、收藏品市场等争夺投资者资金。

投资于上市公司是否可取,在部分意义上取决于交易市场的制度结构。不同的市场提供的流动性、价格影响、指令执行的速度、公司业绩的可靠性等因素或有差异,而且市场的交易成本亦高低有别。投资者的偏好也不尽相同;有些投资者偏爱更低的交易成本,而不是更快的执行指令速度,而有些投资者则偏爱流动性更低但隐蔽的市场,而不是流动性更强但透明的市场。因而,我们可以看到,不同的市场采取了不同的规则和程序来迎合不同的客户偏好。然而,只有足够多的投资者发现运用一家交易所的设施来购买在这家交易所上市的证券是合算的,这家交易所才能够生存下来。还应当注意的是,随着资本流动障碍的降低,这种竞争的有效性将得以提升。(地理位置)不同的市场争夺业务的空间越大,各个市场采用最优规则的动机也就越强。

这场争夺投资者资金的竞争,还取决于作为投资工具的上市公司是否具有投资价值。公司只有能够提供足够的风险加权回报,才能够吸引投资者的关注。风险的一大重要来源是投资者对于公司的业绩存在不同的看法。公司可以通过披露财务报表或者其他信息,来降低这些认识上的差异。

然而,在公司选择最优的披露制度方面,却存在着集体行动的障碍。披露特定公司的信息有益于所有投资者,但披露成本却全部由该公司的股东承担。另外,如果该逻辑导致绝大多数公司选择不披露信息,则由此导致的"柠檬折扣"*对于不披露信息的公司而言相对较小。相反,如果

---

* 柠檬效应(Lemon Effect)是信息经济学关于信息不对称的一个著名论断,由 2001 年诺贝尔经济学奖三位获得者阿尔克洛夫(Akerlof)、斯彭斯(Spence)和斯蒂格利茨(Stiglitz)提出。阿克尔洛夫的一个著名假设就是:若你想买一辆二手的摩托,卖主对这辆摩托的性能一清二楚,比如它的行程,它的经历,它的一切;而作为买方的你却只能从这辆摩托的外形来做各种揣测,或者是从你试骑的那一刻感觉来推断。于是,问题就出现了,由于这宗买卖的信息是不对称的,也就是说,买卖双方对摩托的认知是完全不同的。因为买方无法确定这辆二手摩托车的质量,所以想让买方付款买二手高价车比让他们用低价买二手车困难得多。但在二手车市场上,因为好车车主只愿意以较高价成交,而次车车主却愿意以较低价出手。买主知道一定的概率会买到次车,因此愿意出的价格就要打折扣。如果市场上的次车比例大到一定程度,这种折扣就足够大,使得好车卖方不再愿意把车投入市场。结果,市场上只剩下了次车。这种情况便被称作"酸柠檬"("柠檬"一词在美国俚语中为"次品"意),即"劣币驱逐良币"。——译者注

绝大多数公司披露信息，则披露程度高的公司补贴披露程度低的公司的问题会小得多，而"柠檬折扣"则会更大。尚不清楚的是，这个问题是否在相当程度上影响着公司关于披露的决策。如果确实大有影响，则诸如证券交易所这样的第三方，有能力也有动机来使大量的代表性公司作出将会选择一套几近最优的披露规则的合同承诺，这套规则比各公司在缺乏协商的情况下作出的披露选择要好得多。交易所也可以规定统一的信息披露范式（如果它正是投资者所需要的话），并且将制定该范式的成本摊给所有的上市公司。

投资者拥有充分的投资选择，交易所出于吸引他们的必要，会选择给投资者带来利益的规则和上市标准，直到给投资者提供进一步的利益超过了提供这些利益给交易所带来的成本。正如自利的面包师愿意生产消费者想要的面包那样，自利的证券交易所会员也会提供投资者需要的规则。

实践

纵观各交易所的发展历史，其组织形态和规则表明，交易所会员对于自己的福利与客户的福利息息相关了然于胸。纽约股票经纪人于1791年采用的一套规则，是纽约股票市场幸存的最早的组织文本，它主要关注的是界定合同的条款及其履行的程序。

正如同业公会那样，经纪人创造了私人合同法规则，后者因为针对性更强，比笼统适用的合同法更为精准，而且对于违约者可以施加驱逐出盈利性公司的制裁措施，从而比以司法为后盾的规则拥有更强的执行力。而在一定意义上，这也反映了交易所会员偏好迅速而可预测地解决争端。然而，从1792年开始，私人法律制度成为事所必须，因为纽约的立法机关颁布的法律使得绝大多数"定期"交易无法强制执行。由于证券经纪人主要是代理人而不是委托人，他们有效地向其客户"销售"他们创造的私人法律制度。他们对于合同的缔结、履行和救济的每一个细节，都予以了缜密的关注，这表明他们认为产品的质量是其一项重要的竞争优势。

交易所会员也认识到，在吸引公司前来上市方面，市场的公平与公正价值不菲。1817年的纽约交易所的组织宪章规定，禁止虚假交易，否则行为人将被逐出交易所。

第三类重要的规则的目的在于，确保交易所会员诚信可靠，并且阻遏违约行为。

交易所规则还关注在交易所交易的证券的质量。买卖伪造、无效或者本来一钱不值的证券,伤害了经纪人——代理人,但在更大的程度上,伤害了他们的委托人。因而,股票交易所对此类事项的关注,反映了经纪人认识到自身的兴旺发达取决于客户能够有以下想法:他们付出了金钱,而获得的对价亦物有所值。

总之,在政府监管之前的年代中,许多股票交易所的规则构建于以下理念基础之上:为了吸引投资者,交易所必须设定基本的保护性措施,以遏制违约、造假、欺诈、操纵等其他可避免的风险。因而,当代证券监管规则所关注的问题,绝大多数已为股票交易所规则所关注。

分析的限度

自利的交易所会员的监管效率是第一近似值,后者在完美竞争和不存在外部性的理想条件下能够达成。因而,交易所会选择对于投资者而言几乎是最理想的规则这一理论假设,必须能够成就。然而,在分析这些条件时,我们必须记住,与交易所相比较,那些着手确定最优交易规则的政府监管者在信息、经验和激励方面,均存在明显劣势。因而,我们耳熟能详的训诫在这里就发挥了作用——我们必须不仅要找到理由来证明交易所提供的是次优规则,而且还要找到理由来证明监管者将会提供更多的几乎是最理想的规则。

股票交易所的规则有时确实会产生外部效应。其中部分源于微观层面。例如,许多市场都确立了"时间优先"规则,即如果在同一价格上的买盘或者卖盘超过一个,则最先报价的指令最先获得执行。排在后面的交易者可能会机会主义地威胁说,如果这样的话,他们将离开这个市场,转到不实行"时间优先"规则的另外一个市场中。因而,这样的第二个市场的存在,就弱化了第一个市场执行其规则的能力。交易所规则也可以有积极的外部性。例如,要求其专业人士保持市场连续性的交易所会因此而产生成本,希望承担此类成本最低份额的交易商,可以到流动性更低、但存在足够的反向利益的市场中去交易,而只有在这种成本更低的市场不存在足够的反向利益时,再到交易所进行交易。

有观点认为,交易所没有足够的动机来防止交易所会员的操纵行为。其理由是,交易量(以及因此带来的交易所会员的福利)取决于边际交易者买卖的意愿,而操纵行为主要是把财富从超边际交易者转移给操纵者。其他交易所带来的竞争压力可能并不能解决这一问题。因为交易特定的股份带有一定的自然垄断性质（流动性往往会创造出更多的流动性），交易所之间的竞争或许并不像理论上所说的那样激烈。

混合运用政府监管和自律监管是最佳安排吗？

有观点认为……交易所可以作为经纪商之间的卡特尔的实施者，弱化交易所会员之间的竞争。该观点从交易所不时对其会员施加的诸多限制上找到了支持的证据，例如固定佣金比率、限制交易所之外的交易、要求自营商会员的交易必须通过经纪商会员进行等等。由于存在这些限制性规则，交易所会员之间无法展开充分的竞争，提高了交易成本，而且带来了类似于垄断的社会成本。

因而，一些评论人士认为，政府无须监管市场结构，但却必须施加监管以确保市场之间、以及市场主体之间展开充分竞争。

关于监管制度的描述，关键在于三个重要的假定：(1) 诸如纽约证券交易所这样的大型交易所，面临的来自其他市场的竞争不足，无法遏制其本着卡特尔的方式行事；(2) 限制性规则是没有效率的；(3) 政府监管者可以发现并废除没有效率的规则，而保留那些创造财富的规则。

交易所参与竞争吗？

如果交易所面临着来自其他市场的充分竞争，则其试图就其会员的服务收取垄断价格，只会损害会员的利益。其他交易所可以提供更低的交易成本，从而赢得交易量，而且在一个竞争性市场中，投资者不会因为交易所试图收取垄断价格这一愚蠢的想法而境况恶化。如果股票市场面临的竞争足够充分，则限制性规则只有在有效率的时候才能延续下去。

交易所之间是否展开竞争、以及其竞争程度如何，这一问题相当复杂。经常有人认为，交易所是一个自然的垄断者，因为流动性往往会孕育出更多的流动性。就任何单个证券的市场而言，这显然是正确的，但它无法解释为什么不同的证券不能被吸引到不同的市场之中。或许股票买卖的规模经济是如此之大，以至于不可能存在大量的竞争性市场。在绝大多数国家，市场中的交易所的数量都相对较少，通常是半打或者更少。

尽管难以估算在绝对意义上交易所面临多大的竞争，我们仍然可以进行两项比较。首先，政府监管的存在本身即影响着竞争的数量，或者会产生消极的影响。政府监管通常会采取的做法是发放经纪人与交易所执照,后者增大了固定的成本*,并因此导致市场份额更为集中。在《1934年证券法》颁布之时,美国有 34 家证券交易所,而今天注册的交易所仅有 7 家。尽管或许有人会以为,在 1934 年以前纽约证券交易所一手遮天,但事实上这种说法并不准确。纽约证券交易所并没有把所有的证券和投资者揽至麾下,甚至在其自身的细分市场内部,也面临着竞争。

由此我们进入了第二项比较——市场之间的竞争也与日俱增。纽约交易所面临着来自全美证券交易商协会自动报价系统("NASDAQ")的激烈竞争,后者于 20 世纪 70 年代开始运营。而纽约证券交易所与伦敦证券交易所之间就吸引跨国公司上市和交易展开的竞争,也日益激烈。

限制性规则没有效率吗?

构建卡特尔的愿望,并不是交易所会员愿意采用限制性规则的唯一原因。此类规则或许可以保护交易所会员在交易所的各项资产的财产权。交易所是一家销售流动性这一特定产品的公司。由于交易所的存在,证券可以在短时间内转化为现金,这增加了投资者购买证券的需求。经纪商和交易商是交易所的会员兼所有者,他们投资于交易所的设备,并通过提供流动性而提升自己作为中介机构所获取的利润。而只有当他们相信自己可以获取足够高的回报时,才会进行那些投资。

投资于股票交易所的人一定拥有投资回报的预期,这对于理解交易所的组织和规则至关重要。创建市场的成本高昂。只有当投资者可以获得富有竞争力的回报时,该笔投资才可以成为理想的市场选择。然而,市场的某些情形会使市场创建者在追求利润的过程中面临复杂的情况。

这些问题可以被归纳为,市场产生了公共产品。市场会使投资者和消费者总体受益,而且那些创建了市场的人,通常不可能从所有获得了那些收益的人中获得补偿。这是一个共性的问题,并非为证券市场所独有。试想想,一群商人打算为其买卖的产品(小机械)创建一个市场。假定小机械的买卖双方非常分散,运输和沟通成本非常高昂。因而,他们希望解决买卖双方匹配的问题,同时规定一套交易的规则和交易的标准术语,从而增加交易量,满足其自身的利益。因而,商人们投入了有形的设备、进行了一些宣传,并且准备了一套规则。

一旦完成了这些投资,并且创建了市场,其他做小机械买卖的商人,

---

* 作者的意思是指,每发放一张交易所执照或者经纪人执照,都会产生经营场所费用等固定成本。——译者注

尽管没有分担市场创建的成本,也可以搭上市场的便车。而创建了这家市场的商人("会员")可以拥有这家市场的有形设施的所有权。因而,他们可以通过收取会员费、每一个摊位的租金、或者某种形式的以交易为基础的费用,将那些不愿分担市场创建成本的商人排除出去。然而,费用本身无法完全消除搭便车问题。一旦市场成为小机械购买者自然聚集的场所,那些非会员的小机械商人,也可以不购买会员身份,不进入该市场或者支付相关的费用,而只是在市场的附近设下摊点,以吸引购买者的注意。

另外,有形的设施或许并不是市场最为重要的资产。市场创建的有价值的信息体现为价格,而且除非会员有可能限制他人利用价格信息,非会员可以搭这些价格信息的便车,降低其自身的调查成本。

除非市场的创建者可以就其为社会创造的利益获得某种方式的补偿,这些搭便车问题会导致市场的供给不足。克服这些问题的一种标准方法是,由政府提供公共产品。商人们可以设法说服更大的行政组织来通过税收而承担创建市场的成本。例如,在中世纪的市政当局及早期的现代欧洲中,市场实际上演变成了当地政府,后者有权监管、征税以提供公共产品(例如街道、地方行政官、度量衡,以及商人的法庭),以促进城市内的贸易往来。

然而,政府并不是解决公共产品问题的唯一方法。

市场也可以不从一般的税收收入中寻求资金支持,而只是通过写入限制性规则来防止搭便车行为。例如,市场可以要求会员承诺他们不在其他市场交易,从而限制了近期价格波动的信息的传播。

一个需要进一步考虑的问题是,交易所会员并非都同处一地,因而实施卡特尔变得更为困难。"股票经纪人"这一术语包括若干不同的公司,而且不同的交易所会员主要从事一种或者另一种业务。作为一种近似的说法,将交易所会员区分为经纪人和自营商,这是有益的。经纪人是客户的代理人,赚取的是佣金收入。自营商利用其自身账户买卖证券,赚取的是买卖的差价以及/或者他们购买的证券的增值。至于单个的个人或者公司为什么不能同时开展这两项交易,并没有内在的理由,而且这种情形并不少见。然而,在许多市场中,的确存在某种程度的分工,以至于许多交易所会员要么主要从事经纪业务,要么主要从事自营业务。

此种区分与当下的讨论息息相关,因为限制经纪人之间展开竞争、因而最大化经纪人利润的规则,经常降低了自营商的利润,反之亦然。

不同的交易所会员对于限制性规则拥有不同的偏好,这一事实降低了结成稳定的经纪人卡特尔的风险。交易所必须在经纪人和自营商的偏好冲突之间扮演调停者的角色。这份工作并不轻松,其原因在于,交易所的任何会员都想把交易所规则当成获取垄断租金的手段,而那些租金却部分源于对另一部分会员利益的牺牲。

政府监管和限制性规则

即便交易所之间并不展开竞争,而且有能力也有意愿来限制其会员之间展开竞争,政府监管也只有在以下情况下,才能够增进投资者的福利:监管者能够辨别哪些交易所规则是出于产权保护的合理运用,而哪些则仅仅是反竞争规则,并且能够抑制后者。但立法者和监管机构的行为并不能保证能够这样做。在采用或者执行限制性规则方面,政府与交易所的倾向并没有系统性差别,也没有理由认为,在区分有效率的限制性规则与没有效率的限制性规则方面,政府做得更好。另外,在这种情况下,交易所可谓平分秋色:与交易所不同,政府监管者可以强迫不属于特定交易所会员的经纪商遵守政府规则,因而,与不好的交易所规则相比,不好的政府规则带来了更为糟糕的后果。

我们必须考虑,监管者是否有可能在废除反竞争的规则的同时,确立或者保留保护交易所产权的规则。

通过研究《1934年证券交易法》和SEC对交易所的监管,我们无法看出这种趋势。当然,在正式的层面,法律要求经纪人和交易所必须注册,从而引入了新的竞争限制……就监管制度的目标在于保持有效率的限制性规则同时排除没有效率的限制性规则而言,我们可以期待,首当其冲的是废除固定佣金的规则。然而,《1934年证券交易法》在禁止固定佣金方面却无只言片语,同样的,SEC在这方面也无所作为。

我们要从这里走向何方?

政府监管和交易所监管之间的差别,或许并不大,特别是当双方理解或者考虑到各自的比较优势之时。例如,Romano建议,一些州或许可以选择尊重交易所的披露标准。总体而言,考虑到公司法倾向于提供默认规则,公司可以将其加以变更以符合其权利人的偏好,公司法和证券法之间的界限问题不难解决。因而,调整上市公司行为的绝大多数交易所规则,仅仅是上市公司从州公司法菜单中作出了具体选择而产生的合同承诺。

总体而言,允许交易所利用其关于投资者偏好哪些规则的信息优势,以及允许政府利用其更强的制裁能力所带来的利益,往往会超过将规则制定与规则实施功能相分离所带来的成本。那些不是交易所会员或者上市公司的证券买方和卖方,法院介入其实施的市场行为的监管,主要发生于此类市场主体实施欺诈的场合,而这也是在所有市场中政府的共同功能。交易所是其针对上市公司和交易所会员的规则的主要实施者,而且除了法院会出面干预的重大不当行为之外,交易所可以动用的制裁措施(退市或者取缔会员资格)对于其余所有的不当行为均具有足够严厉的惩罚效果。而同样的,这一点毫不新奇。例如,雇主通常会运用包括解聘这一极端形式在内的制裁措施,来监督其雇员遵守雇主内部规章的情况。然而,如果雇员实施了更为过分的不当行为,例如盗用公司资财,将会触发政府的刑事程序。

交易所必须获得政府的支持才能阻遏欺诈行为,这并非交易所规则的重大缺陷。即便是联邦政府——更不用说是地方政府——也无法仅凭一己之力而惩罚在其境内或者对其境内产生影响的欺诈行为。证券及其卖方流动性很强,那些欺诈者经常在违反规则之后未待监管者察觉,即已逃到了监管者控制范围之外了。因而,在侦查与惩处欺诈行为过程,很有必要进行跨法域的合作。也正是在这个意义上,政府监管机构越来越多地签署协议以互相执行对方的反欺诈规则,也就不难理解了。

规范投资者而不是发行人:一则以市场为基础的建议[*]

STEPHEN CHOI

导论

美国的证券监管制度以投资者保护为中心。例如,在肆无忌惮的发行人的欺骗之下,投资者可能会深信不疑,然后把钱投到一钱不值的项目中。另外,发起人可能会试图引导投资者把钱投到那些风险高且难以评估的项目中。在受到保护的情况下,投资者获得了购买证券所必须的信心,在理论上会造就一个健康的资本市场。基于这一简单的前提,国会和证券交易委员会(SEC)以保护投资者为名,颁布了大量的规则,以调整发

---

[*] © 2000 by the *California Law Review*. Reprinted from *California Law Review*, vol. 88, no. 2, 本部分内容的重印,获得了 *California Law Review*, Inc 的许可。

行人、证券交易所、经纪人—自营商以及其他市场主体。尽管这些规则直接指向的是证券市场的参与主体,它们还制约着投资者的选择,形成了对于投资者的间接监管。

在许多情况下,证券监管之于投资者的选择范围的影响是正当的。一些投资者缺乏必要的信息或者专业知识以作出价值最大化决策;对其进行监管和监督可以增强此类投资者的信心,并强化其在市场中进行投资的意愿。本文认为,尽管存在这些优势,当前的法律制度充其量也只能算是多有矛盾,而且经常存在缺陷,因为它并不关注监管之于投资者选择权的影响。如果投资者保护是证券监管的目标,为什么不直接围绕投资者而构建监管法律?真正认识监管发行人、交易所和其他市场主体背后的投资者保护原理,有助于我们判断什么时候市场能够比监管更好地保护投资者。

例如,对于那些掌握了私募证券的风险和回报信息的理性投资者而言,任何监管都是多余的。这些投资者会对私下提供的投资者保护措施进行定价,对于提供了更有价值的保护措施的发行人发行的证券,他们支付的价格更高。反过来,市场主体拥有激励来采取投资者保护措施,直到投资者愿意支付的价格的增长,超过了这些保护措施的成本。所有与理性投资者进行交易的证券市场参与方都存在着同样的激励,包括发行人、经纪人—自营商、共同基金和交易所。尽管不同的市场主体给投资者带来了不同的风险,但理性的投资者都可以相应地在其投资决策中对这些风险进行定价。目前,诸多层级的监管规则调整着与这些投资者发生交易的市场主体,但根据前述分析,废除这些规定的理由非常充分。

本着这一视角,本文建议,把监管的重心从其他证券市场主体直接转向投资者,允许监管者废止《1933年证券法》和《1934年证券交易法》的绝大多数规定,同时废止《1940年投资顾问法》和《1940年投资公司法》的绝大多数规则。将监管的重心转向投资者,而不是发行人或者中介机构,使监管者得以根据具体的投资者的信息需求,提供特定的保护。

以信息为基础的监管

市场提供有价值的投资者保护措施的意愿,取决于投资者所掌握的信息。例如,如果投资者对于市场采取的保护措施不了解,他们将不愿为此支付溢价,于是,市场参与方也就不会提供这些保护措施。由于信息对于以市场为基础的投资者保护机制至关重要,本部分根据投资者对于证券市场主体的了解程度,将他们分为不同的种类。

出于讲解的目的,本文假定存在四种类型的投资者:(1)从发行人层面获取信息的投资者("发行人层级"的投资者);(2)不了解特定的发行人,但了解大量的证券中介机构的投资者("中介层级"的投资者);(3)只了解某些显眼的市场参与者——包括全国闻名的个别中介机构——的投资者("集体层级"的投资者);以及(4)对任何证券市场参与者均一无所知的投资者("不老练的"投资者)。本文的这一部分建议在实施监管之时,把每一类别的投资者商定理想保护方案的能力也考虑在内。[1] 显然,一个总体的原则是,对于特定类别的投资者而言,市场力量可以将证券监管取而代之,与这一原则相比,投资者的精确类分倒显得不那么重要了。

发行人层面的投资者

本文运用"发行人层面的投资者"这一术语,来描述那些了解发行人的特定风险、以及发行人可能采取的各种投资者保护措施的投资者。一旦投资者掌握了信息,发行公司就能够内化投资者保护的成本和收益。其结果是,发行人会努力最大化发行人与投资者的共同福利。本文建议,那些只与"发行人层面的投资者"进行交易的证券发行人(包括通过首次发行证券和二级市场交易),无须接受任何强制性监管。根据这一建议,此类发行人能够自由地向"发行人层面的投资者"出售证券,而无须进行任何强制性信息披露或者面临反欺诈责任。"发行人层面的投资者"也可以在没有任何强制性监管的保护下,向其他"发行人层面的投资者"出售证券。相反,只有发行人自愿为其证券采用的那些限制性措施(如果有的话),才能够运用于二级市场。

在信息完全充分并且不存在交易成本的世界里,发行人和投资者可以毫无成本地议定并执行合同,从而在发行人与投资者之间分配每一份可能的风险。然而,合同却并非不需要成本:人们要花费时间和资源来起

---

[1] 一些投资者可能会戴上若干不同的帽子。例如,共同基金在决定将其管理的资金投向何方时,可能扮演着投资者的角色。就此而言,共同基金的运营者必须获得发行人层面的许可,来进行只允许发行人进行的投资行为。另一方面,共同基金还可能扮演中介角色,努力从其他投资者中获取资金并予以管理。根据本文的建议,作为中介机构,共同基金还必须像其他中介机构那样,在能够与其缔结合同的投资者范围方面受到限制。例如,正如本文稍后将要探讨的,活跃的共同基金不得向投资者保护制度之下的不老练的投资者筹集资本。

草合同,而且合同能否获得履行并不确定,而且可能要等待数年之久。作为一种替代性选择,发行人可以努力通过长年累月积累的声誉,使投资者相信其发行的证券的质量。然而,声誉却总是难以累积。如果运用声誉进行欺骗获益不菲,发行人将很难保持不欺诈的声名。特别是,对于那些首次出现于资本市场的发行人,投资者或许无法仅仅依赖声誉而消除被欺诈的风险。因而,"发行人层面的投资者"可能偏爱某些类型的监管和监督,以补充合同和声誉保护之不足。

立法者可以无须依赖强制性规则,而运用数种方法来降低"发行人层面的投资者"的私人保护的成本。特别是,本文建议,应当允许发行人选择其所处的公共监管的层级,这项制度被称为"自选式监管"。在自选式监管制度下,与"发行人层面的投资者"进行交易的发行人,可以完全选出公共监管。然而,自选式监管使发行人获得的不仅是规避特定的法律制度的能力。当公共监管机构在弥补某些私人市场缺陷拥有比较优势时,市场主体可以自行决定其愿意承担的公共责任及执法的层级。

中介层面的投资者

当投资者无法直接或者通过有效率的市场而了解发行人层面的信息时,发行人缺乏直接的市场激励来采纳价值最大化的投资者保护措施。然而,仅仅是缺乏发行人层面的信息,并不能使强制性规则具有正当性。相反,只要与发起人进行交易的投资者与适当的中介机构有所联系,这些中介机构将帮助投资者甄别投资,并与发行人商定价值最大化的保护措施。例如,投资者可以依赖证券交易所来甄别上市公司,并且监督证券交易市场中的市场操纵和其他对投资者利益构成威胁的行为。同样的,管理风格积极的共同基金可以提供投资专业知识和多元化途径,并根据其投资者的客户偏好来甄别投资。本文把了解证券市场中介机构的投资者称为中介层面的投资者。本文建议,要求中介层面的投资者在证券市场中介机构的帮助下完成所有的交易。

反过来,在投资者看重投资者保护服务的范围内,中介机构会选择提供此类服务。投资者可以直接以费用的形式补偿中介机构,或者通过向中介机构购买其他服务来间接补偿中介机构。例如,证券交易所可以举办大量的投资者活动,吸引发行人前来交易所上市,从而创造更多的交易量和上市费用,进而获得了补偿。

对于中介层面的投资者而言,掌握一般的财务知识并不重要。因为这些投资者可以依赖其他资本市场主体来分析财务信息并提供投资者保护。因而，这类投资者彼此之间的区别在于，他们对于不同的市场主体及其提供的保护措施强弱的了解有多少。另外，投资者在评估提供保护措施的中介机构的价值时，他们所需要的信息往往少于评估特定的公司所需要的信息，而且此类信息更不复杂。例如，投资者通过经纪人来完成投资时，他们并不需要研究经纪人建议的每一个可能的投资机会，而只需要研究这个特定的经纪人的声誉和经验。

投资者选择的中介机构的类型并不重要。中介层面的投资者可以联系投资公司或者顾问、经纪人—自营商、交易所或者这些中介机构的任意组合。只要投资者在中介机构层面的信息灵通，他们就会选择能够提供投资者想要的一揽子投资者保护措施的中介机构。尽管不同的中介机构对于资本市场发挥着不同的功能，而且给投资者带来了不同的风险，但由于任一中介机构与发行人和其他中介机构可能会有合同关系，每一家中介机构都可以通过其他市场主体而议定一揽子投资者保护措施。因而，从投资者保护的角度看，没有必要区分不同的中介机构。

根据这一建议，尽管中介机构有动机采用价值最大化的保护措施，他们有效并且高效地保护投资者的能力，可能仍会面临制约。特别是，由于法院如何看待这些保护措施面临不确定性，而且还存在大量的交易成本，中介机构会发现，提供合同保护的成本极其高昂。同样，如果利用声誉行骗的收益很高，中介机构将难以累积良好的声名。那些成功地信守忠实义务的中介机构需要大额的市场份额才能保持此种风格，因为这会带来具有超级竞争力的利润和来自投资者的高额费用收入。拥有大额市场份额的中介机构如果声誉受损，将会因其大额市场份额而损失大得多的经济利益，这使得此类中介机构更不可能用声誉来冒险……由于中介机构可能存在这种种问题，监管者在提升中介层面的投资者福利方面，能够发挥一定的作用。

正如本文在发行人层面的投资者保护中所建议的那样，以中介机构为目标的自选式监管制度能够改善投资者保护的水平。

除了自选式监管之外，对于那些了解了不同的中介机构的投资者，监管者还可以降低花在他们上面的监管成本。例如，监管者可以置备一份提供着投资者保护相关服务的中介机构的清单；监管者也可以公开这份清单。

尽管中介机构能够富有效率地保护投资者,它们也可能会给投资者带来额外的风险。它们在审查发行人的质量时,可能会行事不忠。另外,中介机构也可能为其客户作出不明智的投资决策,未能及时执行交易指令,或者甚至盗用资金。如果中介机构资本实力不济,尽管有着良好的愿望,仍可能会破产,客户请求偿付金钱的权利将无法获得保障。然而,正如发行人层面的投资者那样,充分了解中介机构带来的风险的理性投资者,会相应地调整他们愿意支付的买价。于是,中介机构就内化了他们施加给投资者的成本,并愿意引入价值最大化的合同和自选式监管保护措施。

此外,投资者面临的风险还可能包括,成立了新的中介机构,并出现于 SEC 的名单之中,然后被用于欺骗投资者。例如,假设 Jack 是一位昧着良心的发行人。Jack 成立了 Tech Brokers 公司,对这家中介机构进行宣传,并且披露称,Tech Brokers 公司绝不实施投资者保护措施。通过 Tech Brokers 公司,Jack 引导其投资者客户购买了靠不住的公司的股份;另外,Jack 还从他推荐的公司中获取回扣。根据本文的建议,中介层面的投资者一旦赔了钱,将无法获得证券法上的救济,因为 Tech Brokers 公司并没有承诺任何投资者保护措施。

然而,在中介层面的投资者理解与特定的中介机构进行交易的风险时,这是一种理想的结果。那些投资者选择了未能实施任何投资者保护措施的中介机构时,也获得了利益:他们支付的中介服务费用更少;当中介层面的投资者承受了其选择的成本时,他们会将注意力放到其他中介机构能够提供的投资者保护措施方面。

集体层面的投资者

投资者规制制度中的知情投资者,除了发行人层面的投资者和中介层面的投资者之外,还包括其他类别。例如,许多投资者缺乏资源及动机来调查研究发行人或者中介机构整体提供的投资者保护措施。然而,其中的一些投资者可能会发现,自己去了解那些显眼的组织机构(HVOs)的声誉及其提供的投资者保护措施,却是合算的安排。这些显眼的组织机构包括交易所、经纪人—自营商、共同基金及其他全国知名的专业组织。例如,投资者或许并不了解诸多中介机构的整体声誉,但对于诸如美林这样的全国知名的经纪人—自营商,却颇为了解。

本文建议,要求集体层面的投资者在完成其所有的证券交易时,必须与显眼的组织机构或者其批准的市场主体联系。因而，发行人和中介机构必须首先获得显眼的组织机构的批准，才可以与集体层面的投资者进行交易。无论在哪个交易平台上，集体层面的投资者都不能买卖未获得显眼的组织机构批准的证券发行人的证券。因而，显眼的组织机构能够对其他市场主体施加私下的监管约束。

正如在发行人层面和中介层面的投资者部分所提的建议那样，本文允许显眼的组织机构利用政府提供的自选式监管。实施自选式监管制度使得显眼的组织机构得以与其会员中介机构及相关发行人一起，针对所有层级的市场主体设计出价值最大化的投资者保护措施。

不老练的投资者

一些投资者理性不足，或者没有能力来调查并准确评估哪怕是集体层面提供的保护措施。这些投资者不看重投资者保护措施，导致市场主体选择不提供任何保护措施。本文将此种投资者称为不老练的投资者。

正如对待集体层面的投资者那样，本文建议，限制不老练的投资者的交易行为，只允许他们与显眼的组织机构或者其批准的市场主体进行交易。另外，由于不老练的投资者不太可能清楚地意识到自己所处的信息环境，该建议再进一步，只允许不老练的投资者投资于显眼的组织机构或者其批准的主体所确定并供给的消极指数共同基金。由于指数基金的消极性质，在证券市场中不利于不老练的投资者的信息不对称情形降至最低。

本文关于不老练的投资者的建议的主要缺陷在于，此类投资者将不能直接投资于具体的股份或者管理风格积极的共同基金。如果此类投资获得了更高的风险加权回报，则不老练的投资者确实整体不如其他投资者。然而，经验证据表明，绝大多数投资者通过购买消极指数基金获得的回报，好于购买管理风格积极的共同基金或者购买个股。

与目前制度的比较

初看之下，本文限制了某些投资者与不同的证券市场主体直接交易的能力，这看起来或许是家长式管理风格。然而，以投资者为中心的监管建议，实际上给绝大多数投资者提供了更多的投资选择。这种直接关注投资者保护目标的分层级的监管制度，使那些投资者能够对市场进行估值，从而自行决定他们想要什么样的投资者保护。根据本文的建议，不同的投资者保护机制都将经受市场的约束，从而赋予投资者更多的选择。

在投资者保护中不能削足适履：例如，发行人层面的投资者比集体层面的投资者更不需要保护。与此同时，该制度将保护那些自我保护能力更弱的投资者。

通过私募安排，当前的法律制度对于投资者之间的差异确实有了有限的认识……然而，在私募中对于投资者之间差异的有限认识，与本文的建议仍然相去甚远。即使投资者的成熟老练获得了认可，他们也不能完全自由地选出强制性监管制度安排……私募规则也未能完全保护真正不老练的投资者。在持有证券一年之后，私募证券的原始投资者可以……将证券卖给公众而无须考虑其成熟程度。在公开发行方面，投资者规制规则通过直接认可投资者之间的差异，从而改善了私募安排。例如，根据投资者规制规则，无论前手持有该证券的期限有多长，不老练的投资者都不能从其手中购入证券，除非通过消极指数基金来完成交易。

投资者分类

为了实施本文的建议，监管者必须区分投资者。本文的这一部分建议创建许可证制度，SEC 将投资者分为发行人层面的投资者、中介层面的投资者、集体层面的投资者，投资者必须从 SEC 获得相应的许可证，才能开展证券交易。那些未能获得许可证的投资者，被假定为不老练的投资者。

强制性许可

当前的法律制度确实在某些领域认可投资者之间的差异，在这些领域中，监管者经常运用财富和收入指标来衡量投资者的老练与否……然而，这些指标同时存在涵盖范围不足和涵盖范围过宽的问题。

投资者分类制度没有运用财富或者交易经验，而以投资者对于不同市场主体的了解程度为标准。特别是，监管者应当检验投资者对于不同市场主体的功能、他们带来的风险、以及可以获得的投资者保护措施的了解。例如，监管者可以要求申请发行人层面的投资者许可证的人证明，自己详细了解了市场上的不同发行人、这些发行人的经营状况以及可获得的保护措施。类似地，对于中介层面的许可证而言，监管者可以要求投资者显示，他们熟悉不同类型的中介机构的作用，以及中介机构提供的可能的投资者保护措施。

其他政府机关已经采用了独立的许可证考试。例如，个人如果要运营业余的电台，必须通过联邦电讯委员会的许可证考试。为了驾驶飞机，个人必须通过联邦航空管理局的许可证考试。

自愿的许可

本文认为,了解其自身信息能力的理性投资者会自愿选择其所属的适当的监管类别,因而创建了强制性许可的替代安排……选择了一个拥有更多老练投资者的类别意味着,投资者会在其交易中因为信息劣势而受到损害。换句话说,投资者将无法获得她认为有价值的投资者保护措施,其原因在于,在其选择的群体中,其他投资者不需要这些投资者保护措施。

另一方面,选择了为那些拥有更少信息的投资者准备的类别的投资者,将被要求承担超过必要水平的监管成本。

与强制性许可相比,自愿许可的优势在于成本更低。例如,SEC无须设计或者组织许可证考试。类似地,投资者也无须花费时间和精力来研究许可证考虑,也无须面临许可证发放延迟的问题。最后,如果投资者自己准确地选择了所属的类别,则与强制性制度相比,许可证涵盖范围不足和涵盖范围过宽的风险更低。本文建议,要求投资者进行证券交易之前,自愿进行许可证类别的选择,同样的,在推行强制许可之前,也要求投资者先自愿选择许可证的类别。

本文提出了发行人层面、中介层面和集体层面的投资者的自我监管建议,对此的一种批评意见认为,许多投资者并不理性,而且在确定自身的投资知识层级时,会面临认知的问题。

就获取信息而言,困扰着投资者的认知失调问题或许不尽一致。认知失调往往与投资者的投资经验息息相关。更有经验的投资者拥有更多的参考因素以衡量其投资敏感度,从而使得自愿选择许可证类别的过程更富有理性。另外,更多的市场经验也会使投资者有机会来认识其个体认知偏差,并予以矫正。

此外,本文的建议关注的是确定投资者在投资交易之前的知识状况,而不是在开始某一特定交易时的知识状况。这样就减少了认知失调所导致的诸多偏见。那些还没有作出任何投资决策的投资者,不会受损于支持现状的偏见。他们在取得许可证时也不会对任何特定的市场中介或者发行人存在倾向性的乐观主义。发放许可证的过程本身即可以警示投资者,使他们意识到有可能存在种种不同的偏见,包括事后聪明式偏见。

当前的监管制度主要依赖信息披露,因而同样会受到投资者在处理披露信息时面临的认知问题的困扰。如果投资者受困于决策中的非理性偏见,则仅仅是增加披露有关公司的原始信息,并不会带来理性的决策。对于那些缺乏披露信息处理经验的不够老练的投资者而言,这种情形尤为明显。另外,容易发生认知偏见的投资者,还可能会高估政府监管所提供的保护力度。废除强制性监管保护的做法,迫使更为老练的投资者直面投资保护的选择,有助于缓解这些认知偏见问题,并有助于更好地评估投资者保护措施。

即使是在运行良好的自愿许可证制度之下,一些投资者也可能对其自身能力过度自信。规范投资者制度可能未能识别此类投资者,因而市场提供的投资者保护水平就不够理想。然而,在确定投资者保护措施时,必须细为权衡认识失调的危险与提供市场约束所带来的种种好处,并作出审慎的处理。当下的制度本身也充斥着认知偏见,维持这种制度安排的成本很高,上述两点均支持着我们建议的投资者规制制度。

其他以市场为基础的建议

近年来,一些学者就证券监管的改革,提出了以市场为驱动力的种种不同的建议。例如,在前面的文章中,Andrew Guzman 教授和本人提出了"极为方便的互惠"概念,主张发行人应当拥有广泛的自由来选择监管制度,不管这套制度是本国监管制度,还是由外国政府提供、抑或甚至是由私人主体提供的制度安排。在同时期的一篇文章中,Roberta Romano 教授以各州自行规定公司法规则为类比,提出了一项改革的建议,主张证券监管的诸多方面也应当遵循类似的范式。根据这两则建议,发行人可以在证券监管的各种竞争性渊源中自由地作出选择。如果投资者理性而且知情(无论这些投资者本来就理性且知情,还是通过有效率的证券市场而变得理性而知情),则他们会相应地对被采用的投资者保护措施进行定价,而无论这些措施来自何方。反过来,发行人也有动机来采用投资者看重的保护措施,以提升其发行证券的价格。

规范投资者模式补充完善了"极为方便的互惠"改革建议。对于那些只与发行人层面的投资者进行交易的公司而言,无论这些投资者本来就理性且知情,还是通过有效率的证券市场变得理性而知情,投资者规制模式正是"极为方便的互惠"的翻版。然而,由于认识到并非所有投资者都拥有完备的信息,以及并非所有公司都在有效率的市场上进行交易,投资者规制模式对前述建议进行了完善。在这些情况下,投资者可以寻求替代性保护形式;例如,中介层面的投资者可以通过中介而寻求保护。另一方面,如果投资者完全缺乏信息,而且并不老练,则本文建议对此类投资者的投资能力予以强行限制,仅限于购买消极的指数基金。在运用"极为方便的互惠"原理时,将不同层级的投资者老练程度考虑在内,既可以达到最佳的效果,又保护了那些无力自我保护的投资者。

SEC、散户投资者和证券市场的机构化[*]

DONALD C. LANGEVOORT

"只反欺诈"的市场

在这部分中,我将进行一场思维的实验,想象一番在美国出现了流动性强、深度广的证券交易市场,在该市场上进行的完全是批发交易。在那种市场上,证券监管应当是什么样子?我想检验的是以下假定:这些市场将真正成为"只反欺诈"的市场,不存在法律强制性信息披露或者公司治理规则,而且 SEC 的执法强度或许也相当弱。当前,对于特殊证券和投资工具,我们已经有了这类不受监管的市场,这些证券包括在最近的投资危机中出现的债务抵押证券和其他结构性产品。这场危机背后的制度细节当然值得进行细致的研究,而且毫无疑问,更严厉的监管措施正在出台。然而,在这里,我想把最受人关注的"只反欺诈"市场——144A 市场剥离出来,进行更为抽象的思考,并想象它会成长为规模堪比我们今天的公开市场——大量发行人(它们成为现在的公众公司)的股票全球交易场所。

要说清楚的是,本人并不是要解决(至少直接)是否需要保护机构投资者,使其免受证券行业不当销售行为侵害这一更大的问题……相反,本人关注的是一个更小的问题,即我们是否可以在机构投资者的证券监管市场中,放心地降低发行人的信息披露监管要求。

主流的假定认为,对于前述问题的答案是"可以"。国会对于非公开发行豁免了《1933 年证券法》的注册要求,为此设定了修辞分析框架,将公司发行分为向那些需要注册保护的投资者的发行和向那些不需要保护的投资者的发行……国会冒着将极其复杂的事项过于简单化的风险,于 20 世纪 80 年代早期作出决定,就发行人的最初私募而言,投资者拥有足

---

[*] 本部分内容的重印,获得了 95 *Virginia Law Review* 1025(2009)的许可。

够的财富或者足够地老练,从而使私募发行不需要注册赢得了正当性。

但此时潜藏着一个更令人烦恼的问题。投资者非常看重流动性,而《1933年证券法》的豁免规定实际上要求锁定没有注册的证券,直到它们"落到"合格的投资者手中。其结果是伤害了流动性,降低了发行人的收益。作为解决这一问题的部分努力,SEC 于 1990 年决定采用 144A 规则,允许"合格的机构购买者"(不仅是富有的或者老练的投资者)在任何时候转售任何数量的证券,只要买家是另一个合格的机构购买者即可。SEC 的此番行动也就提起了一个与机构化息息相关的、最为有趣、也最危险的话题。允许或者鼓励像这样的纯粹的私人投资市场的发展,是一种良好的公共政策吗?过去二十年来,144A 规则之下的市场获得了长足的发展,而且技术的发展也到了一个阶段,二级市场的交易可以低成本且快速地完成,降低了被牺牲掉的流动性。其结果是,发行人在私募市场筹集资本时,完全可以本着其经济效果等同于注册公开发行的预期来筹集资本,而且面临的强制性披露要求和责任压力要小得多,因而成本要低得多。根据 144A 规则进行的大规模证券发行已经开始了。

然而,在这个时候,144A 市场有两大明显的局限,使其无法成为完美的替代性选择。第一,根据 144A 规则卖出的证券,无法与在公开市场上交易的证券互相替代。第二,只有合格的机构购买者——大体说来,是指那些管理着超过 1 亿美元的人——在当下才有资格成为买方参与交易……但这些限制都是监管机关作出的制度选择,这把我们带到了这场思维的实验。

当然,我所要表达的是,无论是在法律上还是在经济上,我们离以下这种一级和二级市场已经不远了:这些市场把散户投资者关在门外,但却像公开市场那样具有流通性、深度和流动性。如果 SEC 做此选择,这些市场将基本上、或者完全成为"只反欺诈"的市场。假如这对于发行人而言具有足够的吸引力,则发行人或许会选择发行并使其证券仅仅在私募市场进行交易,从而提供了一次很好的机会,以对在公开市场上市的监管相对成本和收益进行市场检验。的确,近期对于美国公开市场监管的批评即指出,144A 市场是一个有力的证据,它表明公开市场的监管总体上效率低下。

即使在一个全部由老练的投资者构成的市场中,引入强制性披露规则,也有合理的经济理由。集体行动的困难、搭便车问题、以及重复投入的问题，都使得由单一的标准制定者（以及执行者）比由市场来奖励或者惩罚信息披露（发行人自行决定是否披露），或许更为有效。然而，如果这是引入监管的唯一理由，则并没有合理的理由让人相信，证券交易所或者其他一些私人主体比 SEC 更长于设定这些标准。然而，本人并不想探讨这个具体的问题，因为在法学文献中，它已经被讨论得十分彻底了。

　　为了讨论在机构市场中有没有必要引入强制性披露和相关监管干预措施，我们应当从这种做法中最有意思的——但远不是决定意义上的——部分说起。我们可以预期，那些受到良好教育、拥有高强度激励的人们在重复博弈的活动中，将以勤勉而理性的方式行事，而我们所了解的机构投资经理们的行为是否表明，他们的行事方式也与此相一致？对于这个问题，运用两个思想学派可以加以解释，即行为经济学和组织行为理论。根据这些理论，系统性的判断偏差看起来影响着经济行为，甚至在所谓的专家群体中也不例外。例如，过度自信和乐观主义的偏见通常可以解释为什么过多的人们会涌入某些领域。而沉淀成本偏差——执意留在越来越亏损的企业中——也很容易看得出来，其例子是忽视了重要外部信号的简单化决策。

　　对于这种观点，标准的经济学反对意见是，此种偏差，即便是自然形成而且司空见惯，不可能挺过竞争的压力。能力低下的决策者将被淘汰出局；而强者将生存下来。对于这个复杂的问题，我们不能细加讨论。相反，我只提及若干重要的要点。第一，竞争的强度是关键；对于垄断者和其他不需要参与激烈竞争的机构投资者而言，达尔文定律起不到作用。许多机构投资者（中央和地方政府、公共养老基金等）在寻求投资者资金时，运作于一个没有竞争的环境之中。而那些并不争夺散户投资者资金的人，会发现自己的动机模棱两可。例如，共同基金行业中的某些人在争夺资金时，其所用的渠道之于业绩的敏感度弱于其他渠道。另外，投资的业绩回报本身也可能是模棱两可的。例如，自负的证券投资经理进行了不合理的赌博式投资。大浪淘沙之下，其中许多经理会被淘汰出局，但总会有一些人凭借好运气赚得了好的回报。在变动不居的市场中，除非从一个很长的时段来考察，否则很难将技能和运气彻底分开，而且在市场整体呈上升态势因而赌博式投资成效明显之时，更难分辨是技术还是运气了。愚蠢但运气好的投资经理存活下来，甚至飞黄腾达，其他人可能还会追随他们而去。

但这仅仅是一个学派。另外一个学派指出,我们刚才描述的诸多情形,完全是代理成本的反映,而不是所谓的行为偏差。换句话说,假定证券投资经理完全理性且是机会主义者,但如果投资经理的个人激励朝着其他目标,而且市场约束力量孱弱,他们将不会谋求投资者回报的最大化。而在经理薪酬占到其管理资产一定百分比的情况下(共同基金是首要的例子),我们往往会看到证券投资经理之间的对冲行为,即购买、持有并卖出特定的证券,因为其他基金经理也正在这么做。

不管我们假定证券投资基金是否存在判断偏差,总会存在一定程度的不够理想的投资行为,即使在一个完全由机构投资者组成的市场中也是如此。行为偏差理论和代理成本解释都预测到投资产品的卖方会存在策略行为,因而在机构市场中机会主义的销售行为既有利可图,又会带来诸多麻烦。故而,从表面上看,对于这种种情形进行监管,甚至进行比现状更为严格的监管,其理由相当充分。

然而,在我们想象之中的强化的私募市场中,怀疑投资行为不够理想,并不能说明引入 SEC 的干预性发行人披露监管具有正当性。正如金融经济学家长期以来强调指出的,聪明的投资者可以通过套利而抵消买卖噪声所带来的伤害……我们进一步假定,机构投资者既富有又投资多元化,因披露不力而随机造成的损害被吸收掉了,而且所造成的痛苦要少得多。吸收损失的能力或许可以真正解释我们所说的投资者不需要证券法的保护——他们也会、而且确实遭受了发行人隐瞒行为的侵害,但绝少受到严重的伤害。就此而论,他们更容易学会从以往经历中吸取教训,不要犯同样错误,而且如能证明存在欺诈,还可以寻求救济。

这就是只反欺诈的市场的情形。在某些程度上,发行人和投资者承担的披露和合规成本下降了……披露规则的成本和收益难以分析,而且还因发行人的规模、结构和业务的不同而存在很大差异。许多治理形式可以互相替代;一种治理形式无法适应所有情形。假定在一个相当高效、机构驱动型的私募市场中,市场有可能很好地对选定的披露和治理形式进行定价,则与详细的、不容选择适用的强制性规则相比,总体而言,投资者的境遇将得到改善。而且几乎可以肯定的是,在完全由机构组成的市场中,公司治理将得到改善,因为股东事实上更有能力协调一致来运用法律赋予的权力,从而在管理层滥权时拥有更多的救济途径。

因而,让我们假定此类完全由机构组成的私募市场对于发行人而言具有足够的吸引力,因而大量的发行人趋之若鹜。但这种只反欺诈的做法在政治上是否稳定可靠?本人的预测是,SEC 最终不愿对这一市场中的发行人透明度问题放手不管(国会也不会让 SEC 这样做)……本人确信,美国证券监管的实体和程序性披露要求的部分动因,越来越游离于股东或投资者本身的福利之外,相反,却表现出了一种意愿,即把我们通常与公共政府职责联系在一起的标准,施加到具有类似权力的非政府机构身上,并对社会施加影响,这种标准包括责任、透明度、开放和审慎思考。

如果这是正确的,则我们不应当期待 SEC 或者公众乐于见到大量的发行人转至私募市场(在这些市场中,前述公共请求权不复存在),即便他们确信投资者本身将因此而改善境况。确实,过去大约十年来,私募股权收购的效果即与此相同。但美国的大型私人公司仍然相对较少,而且在经过私募股权的短暂控制期之后,许多公司又重新回到公众公司的状态,在这个意义上,这种私人公司的状态多半是暂时的。我们这里所做的思维实验,是想构想一个私募市场,在这个市场中,大量著名的公司选择"走向隐身。"而本人怀疑,这在政治上和规范意义上都是不可持续的。

我的预期是,我们将不会看到堪与公开市场媲美的私人"只反欺诈"市场的出现。……显然,拥有强大政治势力的公开股票交易所不会善待私人竞争对手的出现。尽管华尔街的大型投资公司或许对此漠不关心,因为他们既可以通过私人投资活动赚钱,又可以通过公开投资活动来赚钱(的确,当前试图强化 144A 市场的正是他们),但地方性公司及规模更小的经纪人——自营商及诸多其他市场主体(例如财经媒体)则会抵制私有化。

于是,我们的思维实验的结果是:我们可以看到私人市场的持续增长,特别是债券、优先股和外国发行人的证券。或许 SEC 可以考虑通过重新界定谁是合格的投资者,从而实现市场的扩张。然而,一旦 SEC 考虑到成功的、大规模私人市场会导致的后果,它要么另作决定,要么以监管为条件启动推进该市场发展的进程,从而使这一替代性市场也经受着重重监管。

注释及问题

1. 联邦证券监管的菜单模式,也就是说,将当前的强制性做法变更为由默认规则组成的、公司可以选出的赋权型法律,在服务于投资者方面,是否等同于或者优于 Romano 关于监管竞争的建议?此种路径的比较成本和优势是哪些?

2. Romano 假定投资者有能力理解不同的证券监管的差异,更为具体地说,不知情的个人投资者会受到机构投资者对于那些制度的选择或者定价的保护,这是否可信? 如果采纳她的建议,是否会为第 6 章选自 Anabtawi 和 Stout 的文献所论及的扩张股东的信义义务,提供又一条理由? 第 1 章有关行为金融学文献的启发性思考与她的分析是否相关? 例如,她所倡导的证券监管制度中的披露要求是否足以使投资者保持知情的状态? 或者还必须采取其他保护措施,哪怕是更小的措施? 例如要求以粗体提供信息,或者根据内容的不同,打上"笑脸"或者"蹙眉"的标识?

3. 根据 Romano 的建议,调整公司的证券交易行为的州法,可能有三个:公司注册所在地的州法;公司主要营业所在地的州法;或者发行人就其证券监管而专门选定的州法,后者可能与前两者不同。在做这一选择时,你认为要考虑哪些因素? 在思考如何回答这一问题时,回顾一番第 3 章关于公司注册的州际竞争的文献,以及诸如专业化的法院系统和公司流动性(退出住所地的便利程度)等关键因素。

4. 证券监管的相关考量因素中,与外国发行人监管相关的因素和与国内发行人监管相关的因素,可等量齐观吗? Romano 把适用于国内发行人的发行人选择法律的路径,除了少数的微调之外,同样适用于股份在美国证券交易所交易的外国发行人。这与当前的法律制度形成鲜明对比:SEC 规制所有在美国交易所上市的股份,同时,州的准据法规则以交易所所在地为基础。类似地,Stephen Choi 和 Andrew Guzman 也建议针对外国发行人建立一套发行人选择法律的机制,他们将其称为"极为方便的互惠",据此,监管者必须互相承认对方有权监管在各自市场上交易的公司。Choi and Guzman, "Portable Reciprocity: Rethinking the International Reach of Securities Regulation," 81 *Southern California Law Review* 903 (1998). 相反,尽管也质疑当前的交易所所在地/交易所所在地的做法,Merritt Fox 却认为,对外国公司的适当监管者是母国。Fox, "Securities Disclosure in a Globalizing Market: Who Should Regulate Whom?," 95 *Michigan Law Review* 2498 (1997). Choi 和 Guzman 在其早期的以下这篇论文中,也倡导以地域为基础的方法:"The Dangerous Extraterritoriality of American Securities Law," 17 *Northwestern Journal of International Law and Business* 207 (1997). 运用公司法的术语来分析,地域方法类似于将公司主要营业所在地的州,设定为公司的住所地州,而不是运用法定住所地的内部事务方法来认定公司住所地州,这种准据法规则为欧洲大陆的国家所遵循,直至欧洲法院作出的裁决放弃了这种做法(第 3 章 A 部分注释 14 讨论了这一问题)。有关不同的准据法规则对于公司注册的州际竞争的影响的数据,与外国发行人选择证券监管者有多大的相关性? Romano 以及 Choi 和 Guzman 建议对外国发行人采用不同的方法。Fox 则对发行人选择权以及为吸引国内发行人而展开的监管竞争,提出了批评。例如,参见 "Retaining Mandatory Securities Regulation: Why Issuer Choice Is Not Investor Empowerment," 85 *Virginia Law Review* 1335 (1999)。而 Romano 对此的回应,则参见 "The Need for Competition in International Securities Regulation," 2 *Theoretical Inquiries in Law* 387 (2001)。

5. 重新考虑 Easterbrook 和 Fischel 提出来的基于标准化和协调的需要而建立的国家层面的证券监管制度的原理。证券交易所的监管能够解决那些问题吗? Mahoney 的论文讨论的是有关国内发行人的问题。对于外国发行人而言,其影响几何? 根据当前的证券规则,上市公司受到交易所所在地的国家监管机构的监管,则外国公司选择了交易所,是否相当于发行人选择了监管制度? 它是否取决于一家公司在某个交易所上市的原因? 对于这些问题的探讨,参见 John C. Coffee, "Racing Towards the Top?: The Impact of Cross-Listings and Stock Market Competition on International Corporate Governance," 102 *Columbia Law Review* 1757 (2002)。第 10 章将讨论交叉上市问题。

6. Mahoney 建议由交易所进行监管,强调了信息披露的要求,同时声称政府监管者可以保留反欺诈的执法权。确实,如果对于证券违法行为的刑事处罚发挥着民事处罚无法替代的重要阻遏作用,则将监管交给交易所,监管力度并不充分。然而,就此而言,试想想第 5 章 B 部分注释 18 所讨论的研究成果,该研究表明,对于欺诈而言,市场处罚的力度比法律处罚要大得多。它是否表明,交易所的监管作用可以扩张至超越 Mahoney 所探讨的范围,而无须担心丧失公共执法的阻遏效果? 证券私人集团诉讼是美国执法体制的重要组成部分,弥补了 SEC 能够提起的有限执法案件的不足。能否由交易所管理之下的证券仲裁取代证券集团诉讼(在当前的管理制度下,交易所仲裁旨在解决个人投资者针对经纪人的请求权纠纷,而不是针对发行人的集团诉讼)? 有人倡议,以证券交易所的反欺诈执法取代"欺诈市场"的证券集团诉讼(该诉讼是指,投资者就公司高管的虚假陈述行为起诉公司,理由是其扭曲了二级市场的股票价格),参见 Adam C. Pritchard,"Markets as Monitors: A Proposal to Replace Class Actions with Exchanges as Securities Fraud Enforcers," 85 *Virginia Law Review* 925 (1999)。Pritchard 认为,对公司和高管予以制裁的交易所执法行动,与向投资者提供赔偿救济的诉讼相比,是阻遏欺诈的更为合算的措施。而相反的观点则认为,应当将证券欺诈的执法权,整合为一个单一的联邦监管者享有,参见 Amanda M. Rose, "The Peril and Promise of a Multi-Enforcer Approach to Securities Fraud Deterrence: A Framework for Analysis," Vanderbilt Law School Law & Economics Working Paper No. 09—30 (2009)。Romano 和 Mahoney 主张在证券监管领域引入更多的竞争,并且赋予投资者对于监管制度的选择权,对于这些建议及对其批评的种种观点的述评,参见 Edmund W. Kitch, "Proposals for Reform of Securities Regulation: An Overview," 41 *Virginia Journal of International Law* 629 (2001)。

7. 综合 Choi 提出的规范投资者的建议和 Romano 提出的创建发行人选择制度的建议(或者注释 4 中提到的,Choi 和 Guzman 提出的类似的"极为方便的互惠"建议),是否能够因为它们回应了注释 2 提出来的发行人选择制度对投资者知识能力要求过高这一问题,而使得此类放松监管的建议在政治上更为可行? Choi 的分析是否意味着,在当前的制度下,不知情的投资者在作出投资选择时可以依赖知情的投资者,这不适当地提高了知情的投资者的交易成本(因为他们被迫向他们并不需要的监管制度支付成本)? 如果采纳 Choi 的建议,与当前的制度(并不会像 Choi 所建议的那样广泛地限制投资者的投资选择)相比,在什么情况下不老练或者不知情的投资者会因此而获益(提示:它是否取决于存在分割的证券市场,即不知情的投资者购买诸如便士股等股份,而机构投资者则不购买此类股份)?

8. 在实施 Choi 的建议时,你预料会碰到什么问题? 例如,如何维持投资者的分类? 是否应当要求经纪人、发行人或者中介机构在与个人发生交易之前调查对方是否能够从事该交易? 如果个人在购买证券之前未能表明其所属投资者类别,是否应承担责任? 或者经纪人因未予调查而应承担责任? 这是否会加重经纪人的责任? 是否提高了个人进行证券交易的成本? 增加个人的交易成本,是否理想的安排?

9. 奥巴马政府应对 2007—2008 年金融危机的一项监管建议是创建联邦金融产品消费者保护局，后者要求金融机构对金融产品（例如抵押贷款和信用卡账户）提供标准化的"直白"合同条款，并且禁止机构向个人消费者销售非标准化的产品。U. S. Department of Treasury, *Financial Regulatory Reform: A New Foundation: Rebuilding Financial Supervision and Regulation* (2009), and Title X-Consumer Financial Protection Agency Act of 2009, available at www. financialstability. gov/docs/CFPA-Act. pdf. 打算设立这一机构的目的是确保"消费者已经理解、并且运用他们需要的信息来作出关于消费者的金融产品或服务的负责任的决策"。同上，第 1021(b)(1)条。这一建议是否不同于 Choi 提出来的投资者许可证制度？住房按揭贷款——经常是个人购买的最大的资产——是否迥然相异于股票和债券？信用卡账户又当如何？是否正如 Choi 所称，政府要求开飞机或者经营电台要获得许可，类似于购买证券要获得许可？那些情形的外部性是否更大？也就是说，该活动除了影响到获得许可的个人之外，还会出现对第三方构成不利影响的溢出效应？第 1 章讨论的行为金融学所强调的认知推理缺陷，是否能够为政府列明个人可以购买哪些金融产品提供正当性基础？有学者对于奥巴马政府把行为经济学的教义当成有关金融产品消费者保护局的议案的基础，提出了批评意见，参见 Richard A. Posner, *The Crisis of Capitalist Democracy* 198—208 (Cambridge, Mass.: Harvard University Press, 2010). 波斯纳法官提到，信贷行业行动起来反对拟设的机构，看起来至少成功地扼杀了机构必须提供标准化的内容直白的产品这一议案。同上，第 208 页。我们可以预期金融行业会去游说以反对 Choi 的建议吗？那些机构能够提供新的服务（例如，帮助个人获得许可）以挽回行将丢掉的业务吗？如果会发生的话，则 Langevoort 关于 SEC 在任何领域放松市场监管的政治可能性的分析，是否会受到信贷行业表面的成功的影响？

10. 是否正如 Langevoort 的思维实验中所描述的，我们应当分别为个人投资者和机构投资者建立监管制度各不相同的区分市场？这种做法与 Choi 提出的对投资者发放许可证的做法有什么区别？在更早的一篇文章中，Langevoort 将 Choi 的建议称为"政治幻想"。Donald C. Langevoort, "Taming the Animal Spirits of the Stock Markets: A Behavioral Approach to Securities Regulation," 97 *Northwestern University Law Review* 135, 187

(2002),但在摘录的文献中,他承认 Choi 的文章"预见"到了他的思维实验。在第 1 章讨论过的、并且 Choi 和 Langevoort 都提到的行为金融学的见解,在评价他们的建议时究竟有多贴切? 你认为,哪些机构和个人投资者会率先发难,反对建立这两个不同的市场,从而支持着 Langevoort 提出的市场分离在政治上不可行的结论? 在两分市场的监管体制下,是否应当对所有机构都一视同仁? 如果 SEC 在对待州或者市政机构时不同于私人机构,并且限制其进入机构市场,是否会带来合宪性问题? 这些问题是否使得 Choi 的建议比 Langevoort 构想的区分市场建议,在政治上或多或少地更为可行? Langevoort 提到了现有针对私募证券的不受规制的机构市场。其实,针对衍生证券也存在不同的零售和机构市场:"零售"的产品在商品期货交易委员会监管之下的交易所进行交易,而机构产品则进行柜台交易,并且无须遵循大量的监管规定。在衍生证券的情况下,不受规制的市场的规模也可能大于受规制的市场。在应对 2008 年金融危机的过程中,人们提出了大量的建议来对诸多的金融机构进行监管。

11. Langevoort 的结论是,SEC 不可能缩减监管领域并允许私人(不受规制)的证券市场扩张,从研究政府机构的角度看,这一结论看起来不无道理。学界长期以来形成的一项传统是,对于政府机构维持并扩大权力、争取最大化预算的动因进行解释,最为著名者,始推 William Niskanen 写于 1971 年的以下这篇经典文献:*Bureaucracy and Representative Government*,后经修订并重新发表为 *Bureaucracy and Public Economics*(Brookfield, Vt.: Edward Elgar, 1994)。在急剧变化的市场环境中,SEC 放弃过时的做法并不断自我改造,以维持其监管领地。从这一监管视角对 SEC 的分析,参见 Jonathan R. Macey, "Administrative Agency Obsolescence and Interest Group Formation: A Case Study of the SEC at Sixty," 15 *Cardozo Law Review* 909 (1994)。在什么情况下政府机构的行为会有所不同,并会推进放松监管的步伐? 20 世纪 70 年代末期,在 Alfred E. Kahn 的领导之下,民用航空器委员会放松了对航空业的管制,在过去两届总统任期内,放松航空业管制的努力达到顶峰,并最终获得了国会的批准。关于此项放松管制是如何达成的分析,例如,可参见 Martha Derthick and Paul J. Quirk, *The Politics of Deregulation* (Washington, D.C.: Brookings Institution, 1985); Michael E. Levine, "Why Weren't the Airlines Reregulated?," 23 *Yale Journal on Regulation* 269, 277—79 (2006)。

10

比较公司法

前面数章已经对美国与其他国家的公司法进行了比较分析。本章更为系统地比较不同国家的公司法,以及它们明显的系统性差别所带来的后果。特别是,这里的一个关键问题在于,一国的法律制度与其投资者保护和该国金融业的发展是否有关?

Rafael La Porta、Florencio Lopez-De-Silanes、Andrei Shleifer 和 Robert Vishny(在学术文献中被称为"LLSV")四人完成了一项开创性工作,对公司法律制度的差异进行了定量研究,从而塑造了关于比较公司法的当下见解。他们的研究强调普通法系和大陆法系的划分,认为前者与更有力的股东保护和更为良好的金融业发展息息相关。本章摘取的文献涵盖了 LLSV 的大量研究,从最为早期的一篇介绍法律制度与金融机构二分法的文章,到一篇反思十年来研究的文献,在后面的这篇文章中,LLSV 对于他们的诸多发现和观点予以进一步整合和完善,以回应针对他们的众多批评。

LLSV 的研究提出来的一个根本命题在于,法律制度是否关乎实体经济的发展,这一命题有很多衍生物。其中首要的问题便是移植。如果法律制度可以促进或者提升经济增长,则在新兴市场经济体中如何构建法律制度,其重要性不言而喻。摘自 Bernard Black 和 Reinier Kraakman 的关于公司法的文献,以及摘自 Bernard Black 关于证券监管的文献,致力于为商事法律的构建提供指引,即如何把在发达国家行之有效的法律规则,经过改造之后适用于立法和司法制度更不完备的国家之中。

LLSV 的比较公司法研究的第二个主题是,不同国家的公司法律制度的差异,是否会随着时间的流逝而渐渐弱化或者消失。Lucian Bebchuk 和 Mark Roe 强调指出,由于历史的偶然以及由此带来的反对变革的政治利益集团的差异,一国的法律制度存在粘性。而且,他们认为,那些导致不同的法律制度存在差异的因素经年不变。相反,Henry Hansmann 和

Reinier Kraakman 认为,不同的法律制度之间的差异不但被夸大了,而且是暂时的,另外,各国的法律制度正在向普通法法律制度趋同,考虑到当下的公司的诉求,普通法最为有效地满足了公司利益。

外部融资的法律决定因素[*]

RAFAEL LA PORTA, FLORENCIO LOPEZ-DE-SILANES,
AN-DREI SHLEIFER 和 ROBERT W. VISHNY

为什么一些国家的资本市场的规模大大超过其他国家?例如,为什么美国和英国拥有庞大的股权市场,而德国和法国的股权市场规模却小得多?为什么美国每年上市的公司数以百计,而在意大利,过去十年来上市的公司却只有区区数十家?为什么德国和日本拥有如此庞大的银行体系,即使相对于其他富有的经济体也属如此?如果我们研究更多的国家便会产生疑问,为什么不同的资本市场在规模、广度和估值方面存在如此大的差异?举一个极端的例子,为什么俄罗斯的公司实际上没有外部融资?为什么其资产的售价低于西方国家类似资产达100倍之多?

在我们早期的文章中,我们推测,全球金融体系的性质和有效性方面的差异,可以部分归因于保护投资者免受内部人剥削的力度的不同,后者体现为法律规则及执法质量。我们提供的证据表明,保护投资者的法律规则及其执法质量,在不同国家呈现巨大的系统性差异。特别是,这些规则因法律渊源的不同而存在系统性差异,这些渊源为英国法、法国法、德国法、斯堪的纳维亚法。英国法为普通法,由法官制定并且随后转化为[立法]。而相反的是,法国法、德国法和斯堪的纳维亚法,却部分源于学者和立法者制定大陆法的传统,后者又可追根溯源至罗马法。绝大多数国家因为被欧洲某一强大的国家占领或者殖民而建立了相应的法律体系,后者以该欧洲国家的法律为其法律制度的渊源。其他一些国家,例如拉丁美洲的那些国家,在赢得独立之后建立了法律体系,但通常仍然会选定其前殖民者的法律。

在比较49个国家的法律规则时我们看到,渊源于不同传统的法律规则,其内容及采纳该规则的历史均各不相同。在遏制内部人剥削的保护

---

[*] 本部分内容的重印,获得了出版商 Wiley-Blackwell 的许可,本文的最初文献为 Rafael La Porta, et al.,"Legal Determinants of External Finance," 52 *Journal of Finance* 1131 (1997).

措施方面，普通法系国家对股东和债权人的保护力度最大，法国大陆法系国家的保护力度最低，德国大陆法系国家和斯堪的纳维亚大陆法系国家居于两者之间。我们还表明，更富裕的国家比更贫穷的国家的执法状况更好，然而，如果考虑人均收入，法国大陆法系国家的执法质量最低。在早期的文章中，我们除了表明投资者保护措施孱弱的国家的公司所有权集中度更高之外，并没有细致地研究法律环境的差异所导致的后果。其实这方面一个更大的问题是，这些国家是否因为外部融资机会更少而导致其资本市场的规模也更小。

因而，在本文中，我们试图评估公司在不同的法律环境中通过债权或者股权进行外部融资的能力。可以认为，企业家卖出其股权或者承担债务的意愿，在很大程度上取决于他可以怎样的条款来获得外部融资。对于股权而言，这些条款反映为相对于其背后的现金流的估值；而对于债权而言，这些条款则反映为资金成本。如果这些条款是好的，企业家就能够卖出更多的股权或者发行更多的债券。那些向企业家提供更好的外部融资条款的国家，其公司的证券估值会更高，而且就更多的公司会进入资本市场而言，其资本市场也更为广阔。因为更好的法律保护措施使得资金供给方可以更好的条款向创业者提供资金，我们预测，拥有更好的保护措施的国家，其外部融资市场也更为发达，具体体现为资本市场的估值更高，市场也更为宽广。

要计算金融市场的规模，无论是债权市场还是股权市场，都有些棘手。最大的数家公司占到了这些市场的绝大多数价值。在考虑这一问题时，我们除了计算国内上市公司的数量、首次公开发行（IPOs）的数量之外，还加上了股票市场整体估值这一指标。此外，我们还关注债务指标，后者包括私人债务和债券市场的借贷情况。最后，我们分析了由最大的上市公司构成的 WorldScope 数据库的所有公司所组成的样本。

我们比较了 49 个国家的外部融资，并以它作为法律渊源、投资者法律保护以及执法质量的函数。我们发现，有力的证据表明，法律环境对于不同国家的资本市场的规模和广度有着显著的影响。

数据

对于不同的国家的公司通过股权或者债权进行外部融资的能力，我们很感兴趣。但由于我们没有小型公司外部融资的直接指标，我们运用的主要是整体数据，后者部分地反映了不同市场的广度。

我们运用股权融资的三大指标。我们的第一个变量考察的是1994年股票市场市值占国民生产总值（GNP）的比率，大致计算的是外部投资者持股的股票市场市值占GNP的比重……在每一个国家中，我们分析了该国排名前10位的非国有上市公司，以及每一家公司中最大的三名股东的持股总额，以及10家公司中该份额的平均比例，从而大致估算了内部人平均持股的状况。

我们还分析了股权融资的另外两个指标，它们更为关注市场的广度。第一个是每一国家中相对于其人口的国内上市公司的数量。第二个是1995年中至1996年中（这是我们能够获得数据的期间）每一国家中相对于其人口的IPO的数量。显然，这两个变量反映的是股票及获得股权融资的新公司的流量。同时分析这两个变量是有道理的，因为过去十年来，金融市场的发展大幅提速，因而IPO的数据可以使我们获得关于外部股权融资的更为近期的直观感受。

如果想找到并非仅仅关注最大的公司的债权融资数据，更为困难，因为银行的融资信息并不容易获得。然而，我们的确拥有每一国家的银行对私营部门的总的债权信息，以及每一国家的公司债券的总面值。这两项变量相对于GNP的总值，是衡量私营部门运用债权融资的整体能力的一个合理指标。

尽管我们分析的首要关注焦点在于整体数据，我们也花了一些精力来关注最大的公司的微观数据……对于每一个国家，我们都运用了四项指标来衡量它们［最大的］公司在资本市场中的情况。第一个股权变量是公司市值之于公司销售额的比率中值，在整体数据中，对于大型公司中外部人持股的预期份额进行了校正……每一个国家中的第二个变量是市值之于现金流的比率中值，同样用外部人持股份额进行了校正。

对于债权而言，我们也为每一国家框定了两个变量。第一个是该国的公司数据库中……总债务占所有公司销售总额的比率中值。第二个变量是总债务占现金流的比率中值。

我们所设计的投资者保护的指标，吸收了我们早期著作的精华，后者设计了诸多股东及债权人保护的指标，以评价不同的法律制度。在理论上，我们感兴趣于股东和债权人所拥有的、能够使其从内部人中获得投资回报的权利。对于股权而言，这些权利最为重要的方面是，选举董事权和对公司其他重要事项的决策权，以及针对公司的特定请求权。对于债权而言,这些权利体现在借款人违约时参与公司清算和重组程序的权利。在[我们早期的著作中],我们以全球49个国家组成了样本,并对其中的诸多权利进行了定量分析。

在本文中,我们运用了早期文献的一些简要变量。首先,我们了解每一国家的法律渊源。第二,我们对于执法的质量,有一个基于调查的估值,执法的质量也即为"法治"水平,是投资者对于不同国家的法律及治安环境的估值。第三,我们掌握了不同国家的法律规则本身保护投资者的水平高低的指标。我们针对股东构建了一套对抗董事的权利指数……该指数包含了以下少数股东权利的要素:股东通讯表决的能力,在股东会议期间控制其股份的能力,以累积投票方式选举董事的可能性,召集临时股东大会的便利程度,以及或许最为重要的是,是否存在受压迫股东针对董事提起法律诉讼的机制(例如,提起集团诉讼的可能性)。我们还运用了另一个股东权利的变量,也就是说,国家的商事法律规定每一普通股只拥有一个投票权。

我们针对债权人建立了一套债权人权利指数,后者汇集了担保债权人在清算和重组可能享有的种种权利。对经理人员从债权人中获取单边保护的能力予以制约、在公司重组时强制解聘管理层、缺乏自动冻结资产的制度、担保债权人的绝对优先权等均属这套指数的范围。

结论

我们的研究得出了一些有趣的结论。首先,根据所有的指标,普通法系国家与大陆法系国家、特别是法国大陆法法系国家相比,向公司提供了更好的股权融资的途径。普通法系国家的外部人持股市值占GNP的平均比率为60%,而法国大陆法法系国家的这一数字为21%,德国大陆法法系国家为46%,斯堪的纳维亚国家为30%。顺便提及,美国低于这一样本中的平均水平,但考虑到美国的经济增长速度大大低于香港、马来西亚或者新加坡,这一点并不特别令人吃惊。在普通法系国家中,(平均)每百万人拥有35家上市公司,法国大陆法法系国家的这一数字为10家上市公司,德国大陆法法系国家为17家,斯堪的纳维亚国家为27家。实际上相当引人注目的是,法国每百万人拥有8家上市公司,意大利拥有4家,德国拥有5家,相比之下,英国拥有36家,美国拥有30家,以色列则拥有128家。最后,在成为我们分析对象的年份中,普通法系国家平均每百万人拥有2.2起IPO,法国法系国家则为0.2起,德国法系国家为0.12

起,斯堪的纳维亚国家为2.1起。在那一年中,德国拥有7起IPO,法国拥有10起,而美国则拥有803起,印度拥有1114起。就促进公平的手段而言,英国和法国法系的国家存在着具有统计显著性的差异。

在我们设计的对抗董事的权利的指标中,普通法系国家得分明显最高,斯堪的纳维亚国家和德国大陆法法系国家次之,法国大陆法法系国家最低。相反,一股一票规则方面的差异并不是很大。这些结论初步表明,股东保护力度孱弱可能是为什么某些法系国家的股权市场更小、公司更少地运用股权融资的原因。

在普通法系国家中,债务总量占GNP的比例为68%,法国大陆法法系国家为45%,德国大陆法法系国家为97%,斯堪的纳维亚国家为57%。再一次地,以英国法为渊源的国家比以法国法为渊源的国家更容易进行债权融资。然而,在德国大陆法法系国家中,公司的负债比率甚至更高,这有时被称为以银行为中心的金融体系。在债权人权利指数中,普通法系国家得分最高,德国和斯堪的纳维亚大陆法法系国家次之,法国大陆法法系国家最低。再一次地,当我们比较以法国法为渊源的国家和以英国法为渊源的国家时,可以发现权利指数得分更低的国家,其市场规模也更小,但德国大陆法法系国家却有些令人难以理解。Rajan和Zingales认为,或许可以解释此一谜团的原因是,他们发现德国的公司拥有高企的负债总额,但这并不必定是债务本身。整体而言,正如关于股权的研究结论那样,关于债权的研究结论表明,法律规则影响着外部融资。

[这一分析]概括了有关法律渊源的分析,并且更为细致地研究了外部融资的决定因素,它表明更为强大的对抗董事的权利(或许还包括一股一票规则)与规模更大的、深度更广的股权市场息息相关。而债权人权利和公司负债比率之间的关联度则更弱一些。体现为法治水平的更好的执法状况,与人均拥有更多的本国公司及IPO、以及私营部门债务之于GNP的更高比率息息相关。此外,还有一些弱式证据表明,更大的国家的负债比率更高。

总结[资本市场规模之于投资者保护和控制权的回归分析的]总体结果,并不困难。我们发现,良好的执法状况对于债权市场和股权市场的估值和广度均有着显著影响。我们还发现,不同法系国家的资本市场规模和广度存在系统性差异。无论是按照外部人持股的市值、上市公司的数量或者IPO的数量来计算,普通法系国家的股权市场均大于大陆法法系国家,尤其是大于法国大陆法法系国家,而且至少部分差异可以用我们衡量的股东保护水平的差别来解释。普通法系国家的负债总量也高于法国大陆法法系国家和斯堪的纳维亚国家,当然它不及德国。在反映法律渊源不同的国家之间的差异方面,我们有关债权人权利的指标不如有关股东权利的指标有效。将这些结论予以汇总,可以得出相当一致的结论,即法律环境的质量显著地影响着不同国家的公司筹集外部资本的能力。

我们的分析关注的是市场估值和广度的总体指标。另一种方法是研究微观的数据。关于这些数据的一个关键问题在于,它们主要取自于大型公司,后者可以进入国际资本市场、获得政府融资和俘获银行。在本部分中,我们试图初步研究大型公司是否与众不同,以及在哪些方面与众不同。

[作者运用的数据库提供了1996年的49个国家中的38个国家的数据——编者注]。从[数据库]中剔除小型的公司,其结果非常明显:一方面,每一国家中只有小比例的上市公司被纳入样本;另一方面,样本中只有相对较少的公司来自于新兴市场国家。对于富裕国家而言,[数据库]看起来涵盖了30%—50%的上市公司,而对于发展中国家而言,这一比例或许仅仅占到数个百分点……例如,我们样本中拥有美国近7,770家上市公司的2161家,意大利223家上市公司的93家,印度7,000家上市公司中的54家。

就外部人持股市值占公司销售额的比例而言……我们的研究结果与以往的范式相同:在最大的公司中,普通法系国家的外部人持股市值高于其他国家,其中差异最为显著的是斯堪的纳维亚国家和以法国法为渊源的国家。然而,这些结果的统计显著性要低得多。当我们运用现金流而不是销售额进行标准分析时,得出的结论实际上却是,以德国法为法律渊源的国家的市值最高,其部分原因是,在日本和中国台湾地区的公司中,外部人持股的市值最高。总体而言,关于最大公司的股权结构的分析与全样本的分析结果相类似,但更不显著。

而就两种债务指标而言,英国法系国家、法国法系国家和斯堪的纳维亚法系国家的差别基本上消失了,尽管德国法系国家的最大公司的负债水平仍然最高,特别是相对于现金流而言。不同法系国家的公司的负债指数的相似程度很高,它引导我们——尽管有些间接地——得出一个或许是重要的结论:几乎在所有的国家中,无论该国遵循的是什么样的法律规则,大型公众公司总能获得外部债权融资。最大的公众公司获得债权融资的一个可能的原因是,这些融资来源于政府及政府控制下的银行。与这些国家的公司总负债在 GNP 的占比相比,墨西哥、印度和韩国的大型公司的负债水平很高,在这些国家中,政府干预银行业的色彩非常浓重。就现有数据而言,我们很难确定这种干预是正确的。

[我们]根据一国的外部市场融资的市值占 GNP 的总比重,将国家分为底层的 25%,中间层的 50%,顶层的 25%……在这三组中,我们计算了每一组的公司的平均市值占销售额的比率,以及平均市值占现金流的比率……研究结果……吻合了有关股权市场的整体研究数据和大型公司的数据:公司的外部人持股市值高企的国家,也是那些最大公司的估值相对较高的国家……而令人印象深刻的结果是,我们的大型公司的负债指标的变化情形不像总的负债指标那么大:公司总负债水平低下的国家中,大型公众公司的负债水平通常并不低。即便在小型公司无法获得外部融资的国家中,最大的公司看起来也能获得外部融资。

结论

本文的研究结论确认,法律环境(体现为法律规则及其执行力度)关乎一国资本市场的规模和深度。由于良好的法律环境保护着潜在的资金供给方免受企业家的剥削,增强了其付出资金以换取证券的意愿,从而扩张了资本市场。

我们的结论表明,大陆法系国家、特别是法国大陆法系国家,投资者保护的力度孱弱,资本市场也最不发达,特别是相对普通法系国家而言。我们有关投资者保护的指标反映了部分(尽管不是全部)法律渊源不同的国家的法律环境的差异。就此而言,有意思的是,我们注意到,我们早期的文章遭到批评,批评者认为我们选择的投资者保护指标,故意给法国大陆法系家族的投资者保护蒙上一层阴影。如果有什么的话,则本文的研究结果表明情况恰恰相反:我们的投资者保护指标并不足以全面描述这些国家的外部投资者所面临的困境。

尽管本文进一步论证了法律环境因国而异,而且这些差异对于金融市场而言非常重要,我们还是不想回答以下更深层次的问题:大陆法系家族、特别是法国大陆法亚系的哪些方面,能够解释为什么这些法律对于投资者而言相对不够友好?是不是这些国家只是碰巧拥有对投资者不友好的法律?或者在创设法律时故意使投资者相对弱小,以确保家族公司及国家在经济发展中发挥更大的作用？或者,孱弱的法律仅仅是一个不利于机构成长和资本市场发展的环境的表征？就此而言,[有]一些证据表明,在公民之间信任程度比较低的国家中,公共机构和私人机构发挥的作用比较差。或许,一些与信任有关的更为宽泛的背景因素影响着一国所有机构的发展,也影响着其法律和资本市场的发展演变。现在,我们还无法解决这些问题,但希望能够在以后的研究中加以解决。

法律渊源的经济后果[*]

RAFAEL LA PORTA, FLORENCIO LOPEZ-DE-SILANES 和 AN-DREI SHLEIFER

导论

大约十年前,我们三人加上 Robert Vishny,发表了两篇关于对于投资者的法律保护及其后果的文章("LLSV")。这些文章引发了大量的后续研究,诸多争议亦纷至沓来。在本文中我们试图概括其中的主要发现,而且更为重要的是,将以一种口径一致的方式来解读这些发现。

LLSV 开始于公司法中的一项标准假定……法律对外部人的保护,限制着公司内部人剥削此类投资者的空间,因而促进了金融业的发展。以此为起点,LLSV 作出了两大贡献。第一,他们表明,对于许多运用全国性商事(主要是公司和破产)法律的国家而言,调整着投资者保护的法律规则既可以测量,又可以编码。LLSV 对于 49 个国家的此类规则在保护外部股东和外部高级债权人方面的作用,进行了编码。这一编码表明,对于外部投资者的利益,一些国家比其他国家提供了更好的法律保护。

第二,LLSV 运用实证数据表明,在法律传统或者法律渊源不同的国家中,保护投资者的法律规则呈现系统性变化,普通法系国家(渊源于英国法)比大陆法系国家(渊源于罗马法)、特别是比法国大陆法系国家,对外部投资者提供了更好的保护。LLSV 进一步认为,法律传统通常是通过征服和殖民而被引入不同的国家,因而它们大部分是外生的。于是 LLSV 在两步走的程序中,运用商法的法律渊源作为法律规则的代表,第二个阶段解释了金融业的发展。证据表明,投资者的法律保护能够有力地预测金融业的发展演变。

后续的研究表明,法律渊源对于法律法规的影响并不限于金融业。

---

[*] 本部分内容的重印,获得了以下版权单位的许可:American Economic Association from 46 *Journal of Economic Literature* 285 (2008).

在我们与 Simeon Djankov 及其他人共同开展的研究中,我们发现,在不同的法律家族中,银行业的政府持股、准入监管所带来的负担、劳动力市场的监管、军事征用的发生率、以及政府对媒体的掌控均各不相同。在所有的这些领域中,无论是持股还是监管,大陆法系国家的政府干预色彩都比普通法系国家更为浓重。而政府持股及监管的诸多方面均对市场产生了不利影响,例如腐败更为严重、地下经济更为盛行、失业率也更高。

而且,在其他的研究中,我们还发现,与大陆法相比,普通法司法程序的形式主义更少,司法独立性更强。反过来,这些指标与合同获得更好地履行及产权保护更为有效息息相关。

假定这一证据是正确的,它将会带来解释方面的巨大挑战。法律渊源的含义是什么?为什么它的影响如此普遍而深远?普通法诸多方面的优异表现,如何与普通法系国家中诉讼的高昂成本、以及众所周知的司法随意性相协调一致?

在本文中,我们对于法律渊源进行了宽泛的界定,将其定义为经济生活(而且或许还包括生活的其他方面)的社会控制方式。在强式(后文会用大量的训条对其含义加以补充)的意义上,我们认为,普通法代表着支持私人市场的自生自发结果的社会控制策略,而大陆法则致力于以政府期望的资源分配来取代此种结果……我们基于这些重大差异,对于这些经验证据进行解释,并将其称为法律渊源理论。

法律渊源理论将普通法和大陆法的不同策略,运用于分析英国和法国数百年前演化而成的关于法律及其目的理解的种种差异。这些宏观的理念和策略转化为具体的法律规则、法律制度的组织结构以及法律主体的人力资本和信念。当普通法和大陆法通过征服和殖民而被移植到诸多国家和地区时,人力资本和法律理念也一起被移植过去了。尽管在本地化过程中法律发生了诸多演变,但每一套法律制度的基本策略和种种假定延续了下来,而且继续对经济结果发挥着重大的影响。

法律渊源的背景

Human Web, John Robert McNeill 和 William H. McNeill 在其关于人类历史的长达三百页的不朽论述中,向我们展示了跨地域的信息传播是如何形成人类社会的。通过贸易、征服、殖民、传教士的工作、迁徙等方式,信息实现了传播。这种种渠道传播的信息既包括技术、语言、宗教信仰、运动,也包括法律规则及法律体系。当人们采用了他们所需要的技术时,相关的一些信息就自发地完成了传播。这使得我们难以研究移植的后果,因为我们并不知道是应当将这些后果归因于被采纳的技术或信息,还是应当归因于吸引了这些移植的当地条件和环境。在其他情况下,信息的传播是非自愿的,前面所说的宗教信仰的强制转变、征服或者殖民,即属此类。由于当地的条件和环境不利于完成移植,我们更容易识别哪些是特定的信息传播所带来的后果。

法律渊源或者法律传统的传播就是一个重要的例子,它表明人们是如何完成这种经常是非自愿的、不同的信息流的传播的。法律学者相信,某些国家的法律制度在某些关键之处与其他国家的法律制度非常相似,这就有可能将不同国家的法律制度划分为几个大的法律家族。

绝大多数作者认同两种主要的世俗法律传统:普通法传统和大陆法传统,以及大陆法内部的亚传统,包括法国法、德国法、社会主义法以及斯堪的纳维亚法。一些国家会偶然地从一个法律传统中选用某些法律,而从另一法律传统中选用另一些法律,研究者们必须关注此类混合的情形,但通常而言,在每一国家中总有一种特定的法律传统居于主导地位。

法律传统的一个关键特征在于,它们通常(尽管并非总是)通过征服或者殖民来完成,而且从数量相对少的母国传播到世界上绝大多数其他国家。此类移植包括具体的法律和法典、更为宏观的法律制度的样式和理念,以及拥有母国法律训练的个人、人力资本和法律视野。

当然,在移植一些基本的法律架构之后,例如植入法典、法律原则和理念以及司法体系的组织要素之后,诸多国家的国内法律发生着演进和变革以适应当地条件和环境……然而,此种适应和个性化过程却是不完备的。被植入的基础要素中,足够多的部分将沉淀下来并存续下去,因而,对法律传统进行分类也就不无可能。其结果是,法律移植代表着 Mc-Neills 所强调的非自愿信息传播,这使得我们能够研究法律渊源的后果。

在讨论市场经济体的法律传统之前,我们简要地评论一番社会主义的法律。社会主义的法律传统起源于苏联,首先被苏联军队传播至苏联各加盟共和国,然后传播到了东欧。与此同时,一些社会主义国家,例如蒙古和中国,也模仿了这套法律制度。柏林墙倒塌之后,前苏联和东欧国家恢复到了他们的俄国革命之前或者二战之前的法律制度,也就是法国大陆法或者德国大陆法。在我们基于20世纪90年代以来的数据所完成的著作中,我们经常将拥有社会主义法律制度的国家称为转型经济体。

然而，时至今日，来自这些国家的学者和官员拒绝认可此种分类，因而在当前的文章中，我们根据国家对于新的商事法律的影响来作出分类。

继受普通法的法律传统的国家包括英国以及其以前的殖民地。普通法的形成，源于上诉法官建立了先例作为解决具体法律纠纷的规则。争端的解决往往是对抗式而不是纠问式的。司法独立于行政和立法，这一点至关重要……在我们最大的研究样本所包含的 150 个国家中，有 42 个为普通法系国家。

大陆法的传统历史最为久远、最有影响力、而且在世界上的分布范围最为广泛，特别是在如此多的转型经济体回归大陆法传统之后。它源于罗马法，运用法律和包罗万象的法典作为解决法律纠纷的工具，而且极大地依赖法律学者来确定和构造规则。争端的解决往往是纠问式而不是对抗式的。在中世纪的时候，罗马法在意大利重新焕发了青春，天主教会为了其目的采用了罗马法，由此形成了许多欧洲国家的世俗法律基础。

尽管大陆法的起源年代久远，人们通常认为，法国大陆法传统源于法国大革命和拿破仑法典，这部法典撰写于 19 世纪早期。

拿破仑的军队将他的法典带到了比利时、荷兰、意大利及德国的部分地区。在殖民年代，法国将其法律的影响力推及近东和北非及撒哈拉沙漠以南的地区、印度尼西亚、印度支那半岛、大西洋及法属加勒比海群岛。在卢森堡、葡萄牙、西班牙及瑞士的一些州，拿破仑的影响力也很大。19 世纪西班牙和葡萄牙在拉丁美洲的帝国解体之后，新成立的国家的立法者主要向法国大陆法寻求立法的灵感和启示。19 世纪，俄罗斯帝国在对《法国民法典》进行多番修改之后予以继受，俄罗斯影响和占领之下的周边地区，也通过俄罗斯而继受了该法典。这些国家在俄罗斯革命之后采用了社会主义的法律，但在柏林墙倒塌之后恢复了法国大陆法。在样本中共有 84 个以法国法为渊源的国家。

德国的法律传统中也有罗马法的基础，但《德国商法典》撰写于 1897 年，也就是俾斯麦统一德国之后。这部法典与法国法在程序方面有许多相同的特点，但包含着更大的法官造法的空间。德国的法律传统影响了奥地利、捷克斯洛伐克、希腊、匈牙利、意大利、瑞士、南斯拉夫、日本、韩国及前苏联的少数一些加盟共和国。台湾地区的法律源于中国大陆，在其现代化过程中极大地依赖德国的法律。在样本中以德国法为法律渊源的国家有 19 个。

斯堪的纳维亚家族经常被认为拥有部分大陆法传统，当然它的法律更多地继受了法国和德国法家族的传统，而不是罗马法的传统。绝大多数作者认为，斯堪的纳维亚的法律与其他法律不同，在我们的研究中，将其视为独立的法的家族（共有5名成员）。

基本事实

我们提供的基础证据采取了跨国研究的形式。

在不同的研究中，关于法律规则和法律机构的数据来源存在很大的变化。一些规则，例如反映了投资者保护和不同层级的政府监管状况的规则来源于国内法，那些数据往往是"纸面规则"。其他指数则源于国内法和实践的结合，而且往往会结合实体规则和程序规则来进行。这些变量通常是通过与全球律师事务所的合作来获得，而且会得出法律规则及其执法状况的简要指数……然而，一项重要的事实是，我们的数据收集程序以及下文所记载的活动领域，在结果上是一致的。

过去数年来，诸多作者对我们的批评意见集中于两个方面：其一，LLSV变量的概念基础存在问题，例如股东权利保护指数；其二，这些变量被赋予的具体权重存在问题，其中的部分原因在于概念的含糊不清。我们纠正了自己的错误，并且转而运用更不会发生概念方面含糊不清的指标。这些改进措施强化了最初的结论。我们接下来的讨论运用了最新的数据。

现有的研究可以分为三种类型：其一，若干研究……分析了法律渊源之于投资者保护的影响，继而分析了投资者保护之于金融业发展的影响。其中的一些研究关注股票市场。LLSV的股东对抗董事的权利的指标，被代之以新股发行中通过证券法而保护股东的指标、以及通过公司法而保护股东免受公司内部人自我交易行为侵害的指标。在结果的指标方面，这些研究运用股票市场市值之于GDP的比率、公开发行活动的节奏、投票权溢价、股利支付、托宾的Q比率、以及所有权分散等指标。运用标准的公司治理代理模型来预测这些变量中每一个变量的结果，其原理是，投资者保护决定了公司的外部融资。

这一类型的其他研究分析了债权人的权利。LLSV运用的有关破产法的指标，已经被Djankov等人的指标所取代……Djankov等人采用不同方法来研究债权人保护，也就是说，通过计算假设一家公司破产时债权人实现债权的比率，来分析债权执行的效率，最终研究债权人保护的力度。

后面的这项研究通过整体考察效率指标中的法律规则及执法的种种特征，来回应以前的研究所面临的一个普遍的责难，即批评者认为，关乎投资者保护的是执法水平，而不是法律的纸面规则。La Porta 等人通过分析政府在银行中的持股份额，关注了政府介入金融市场的状况。这些研究通常把债权市场的规模当成一种结果指标，当然 Djankov 等人还研究了评估私人债权市场质量的若干主观指标。

在第二种类型的研究中，若干文章分析了政府对特定经济活动的监管、或者甚至是政府持股状况。Djankov 等人研究了创业者在合法开业之前必须遵循几个步骤，在 1999 年，在澳大利亚和加拿大只需遵循 2 个步骤，而在多米尼加共和国则须遵循多达 21 个步骤，这一数字介于 2 和 21 之间。他们还研究了此种准入监管对于腐败和地下经济的影响。Botero 等人构建了劳动力市场监管的指数，并且研究了它们对于劳动者就业率及失业率的影响。Djankov 等人研究了媒体中的政府持股状况，在全球范围内，政府持有媒体股权的情形非常普遍，特别是电视行业。Mulligan 和 Shleifer 分析了政府干预私人生活的最终形式之一，即军事征用。

在第三种类型的研究中，文章分析了法律渊源之于法院（以及其他政府机构）的特点的影响，以及那些特征之于产权及合同履行的安全性的影响。Djankov 等人分析了不同国家中司法程序的形式主义，以及司法程序要花多长时间才能逐出不支付租金的租户或者收回被退票的款项。在更为广泛的意义上，可以将这一变量解释为法院执行合同的效率，而且 Djankov 等人以一种完全不同的方式，将它理解为与债权回收的效率高度相关。La Porta 等人采用了一种迥然相异的策略，收集了关于一国的司法独立（根据法官的任期来测算）的宪政安排、以及上诉法院的裁决在多大程度上被接受为法律渊源等信息。然后他们直接设问，司法独立是否有助于提升合同履行的质量和保障产权。

［作者将这些研究成果概括如下：——编者注］更高的人均收入与更好的股东和投资者保护、效率更高的债务履行、银行中更低的政府持股比例息息相关。大陆法系通常与更弱的股东和投资者保护、效率更低的债务履行、银行中更高的政府持股比例息息相关。

更高的人均收入通常与更为发达的金融市场息息相关，后者体现为股票市值之于 GDP 的比率更高、人均拥有更多的公司、股权集中度更低、以及私人债权之于 GDP 的更高的比率。投资者保护与更为发达的金融市场息息相关。

更高的人均收入与更低的准入监管和政府对媒体更低的持股比例息息相关，但与劳动力监管或者军事征用则没有关系。相对于普通法系国家而言，以法国法为渊源的国家中，准入监管及劳动力监管力度更强，政府对媒体的持股比例更高，对于军事征用的依赖也更强。

更高的人均收入与更少的法律形式主义有关，但与更长的法官任期或者接受判例法则无关联。在这里，法律渊源再一次对体制安排产生着显著的影响。通常而言，与普通法系国家相比，大陆法系国家的法律形式主义更多，法官任期更短，对判例法的宪政接受度更低。

司法体制关乎合同履行的效率及产权保障。

那么，我们从这些[结果]中看出了什么？法律渊源带来了深远的经济后果。与法国大陆法系相比，普通法与以下数个方面息息相关：(a) 更好的投资者保护，这反过来与更好的金融业发展息息相关，资金运用更为有效，以及公司所有权更为分散；(b) 政府持股比例更低，行政监管的色彩也更为淡薄，后者反过来与更少的腐败、劳动力市场功能发挥得更为理想、地下经济规模更小息息相关；以及(c) 司法体系的形式主义更少、独立性更强，后者反过来又与产权更有保障、合同获得更好地履行息息相关。

对于我们而言，这些结果中最为重要的方面是，法律渊源的影响究竟有多么深远。许多人针对这方面的个别证据提出了反对的观点……然而，最为关键的起点是，反对的观点绝少认真看待法律渊源之于经济后果的广泛影响。

最为直接的反对意见认为，我们的分析弄反了因果关系：那些国家在金融市场的发展过程中改善了保护投资者的法律，或许是投资者的政治压力使然。如果研究中所运用的工具变量技术是适当的，则两阶段的程序（在第一阶段中，运用法律渊源对法律规则进行了处理）或许可以回应这一反对的观点。LLSV 运用的正是这一策略。然而，即便因为法律渊源通过保护投资者的法律规则之外的方法影响着金融业，从而认定工具变量技术是不妥当的，然而，无论如何，法律渊源仍然是外生的变量，而且它们影响着保护投资者的法律规则，而这些规则不会仅仅是回应市场的发展变化。另外，这种批评意见绝对无法否认法律渊源对于经济后果的重要影响，它只能表明识别渠道并非易事。

关于法律与金融的证据的第二个担忧在于，是否有一些变量被忽略了——正是基于质疑[工具变量]法的同样的理由，人们怀疑运用这种方法并不能找到影响金融市场的途径。我们如何能够知道法律渊源是通过法律规则（或者甚至可能是其他规则）、而不是其他渠道影响着金融业的发展？这一批评的最有说服力的说法认为，法律渊源影响着合同的履行和司法的质量，通过这种途径，它影响着金融业的发展。

这种反对意见意义重大，因为在现实中，合同的履行与规则本身并非完全分得清楚……回应这一担忧的一种办法是，尽我们所能将合同履行的因素考虑在内。在上文[总结]的回归分析中，我们将人均收入作为一个指标，它大体上反映了司法系统的质量。Djankov 等人完成的更为近期的研究……也考虑了合同履行的质量，其结果表明，实际的法律规则与合同履行的质量都很重要。

近年来，关于法律规则及监管的后果的研究如雨后春笋般地增长，其中的许多研究均涉及法律渊源之于资源分配的作用……所有的证据表明，法律渊源影响着金融、劳动力市场和竞争，从而确实影响着资源的分配。它提出的问题是，人们能否采取下一个步骤，将法律渊源与经济总增长联系在一起。然而，事实证明这并不容易。

总之，现在大量的证据表明，法律渊源影响着法律规则和监管，后者反过来对重要的经济后果产生着重大影响，例如，金融市场、失业率、投资和准入、地下经济的规模和国际贸易等。这方面大量的证据表明，与法国大陆法相比，普通法与更好的经济绩效联系在一起。证据还表明，法律渊源影响着产业内部的增长范式，但更不清楚的是，法律渊源能否预测经济的总增长。这个最终的发现与以下这个观察结果产生了共鸣……诸如法国、比利时等国家，不管其法律渊源如何，仍然享受着高标准的生活。对于经济累计增长的证据的一项可能的解释在于，从长期来看，大陆法系国家已经找到了补偿机制来克服他们的法律传统所带来的负担。另一种可能性在于，过去的四十年并不具有代表性，而且从长远来看，总会有一些时期大陆法制度显示出优势（例如政府引导增长）。我们并不知道哪种解释是正确的，或者其他的某个解释是正确的。

所有的这些证据留给我们的一个主要问题是：为什么法律渊源很重要？为什么它们会对法律规则和经济结果产生如此深远的影响？

法律渊源理论

法律渊源理论拥有三个基本要素。首先，……到了 18 世纪或者 19

世纪,英国和欧洲大陆、特别是与法国,已经形成了截然不同的社会控制方式,以及支撑这些控制方式的制度安排。第二,这些社会控制方式以及支撑它们的法律制度安排,由发源地国家移植到了世界上的绝大多数国家和地区,而不是从头开始孕育。第三,尽管发生了大量的法律和监管变革,事实证明,这些控制方式在解决社会问题时持续发挥着作用。

Djankov 等人建议用一种特别的眼光来考察法律风格的选择问题。所有的法律制度都想同时解决两个孪生问题:社会无序或者市场失灵问题,以及独裁或者政府滥用权力的问题。在解决这两个孪生问题时,存在内生的此消彼长的情形:如果政府在解决市场无序问题时过于自信,它也可能更容易滥用权力。我们可以设想,作为一种经济生活的社会控制制度,法国大陆法系家族在为社会和经济问题寻求解决方案时,更为关注的是社会无序问题,而不是独裁问题。相反,普通法家族相对而言更为关注独裁问题,而不是社会无序问题。这是法律和监管制度的基本态度和风格,影响着它们用以解决社会问题的"工具"。当然,普通法并不意味着无政府主义,因为政府总是牢牢地控制着社会;同样的,大陆法也不意味着独裁。的确,这两套制度都在寻求私人无序与滥用公权之间的平衡。但两者的方式不同:普通法的方式是支撑和鼓励市场的发展,而大陆法则是限制市场或者甚至以政府命令将其取而代之。

此时,读者或许会问,法律渊源理论是否仅仅根据不同的"理念"或者"文化"来区分法律家族。如果理念或者文化是指关于法律如何解决社会问题的信念,则法律渊源理论显然会接受的见解是,理念和文化对于法律家族影响力的持续发挥至关重要。但这里的关键在于,这种影响力之所以能够持续存在,是因为这些信念和理念转化成了法律规则,渗透进了各级机构和组织,并且体现在教育之中,因而就代代相传。正是由于信念与理念转变成为法律和政治基础架构,法律渊源才能够对规则、监管和经济后果产生如此持久的影响力。

关于法律渊源的解释,对于经年累月中衍生的新的社会需求,或者不同的活动所衍生的新的社会需求,政府将如何应对,具有重要的意义。大体而言,大陆法系国家所运用的政策中,国有化和政府的直接控制色彩更为突出;而普通法系国家则更为青睐诉讼和支撑市场的监管措施。

至为关键的是,法律渊源理论并没有说,普通法总是更有利于经济的发展。

法律渊源理论也没有推断,我们观察到的结果,在一个特定的法律家族中总是或者甚至通常是有效率的。

普通法系国家之所以能够在金融业方面取得成功,是因为它们采取的是支撑市场、而不是将其取而代之的监管策略……一套界定并且执行[投资者保护]、更便于投资者寻求法律救济以矫正错误(即使此时要依赖公共执法)的监管框架,拓展了金融谈判的空间。

法律渊源和文化

法律渊源仅仅是文化变量的化身吗?

首先,在决定债权人的权利方面,信仰的重要性不如法律渊源。第二,在法律渊源不变的情况下,文化心理的绝大多数指数并不会影响债权人权利。

于是,文化变量对于法律渊源的解释力并没有多少损伤。

法律渊源和政治

在法律渊源的解释力方面,更大的挑战来自于公司融资的政治理论。

根据政治理论,在20世纪中叶的某一时候,欧洲大陆国家成立了家族联盟,控制了公司而且(通常组建了)劳动力市场……这些联盟赢得选举之后,他们颁布了法律规则以满足自身利益……于是,这一数据中可以看到的法律规则,只是这一民主进程的结果,而不是"永久的"条件,例如,也不能将其视为法律渊源。

但这一数据说明了什么?[作者拿出了]政治理论所考察的三个变量的法律和制度规则的回归分析结果。第一个是代表比例,这是一种被认为适应20世纪早期劳动者的政治诉求的民主形式……第二个变量……是1928—1995年间政府首脑和议会中最大的党派是左翼或者中立派的年份有多少。第三个变量是工会的入会率,即加入工会的工人所占的比重。

关于这三大变量的研究结果……非常简单。只有在偶然的情况下,政治变量才能解释法律规则的差异。相反,即使在回归分析中引入了政治变量,法律渊源仍然能够一以贯之以解释着此种差异,而且普通法与法国大陆法的差异依然具有很高的统计显著性。对于试图对法律规则进行政治解释的所有三大政治变量而言,情形同样如此。

法律渊源和历史

或许,就法律渊源造就了结果这一假说而言,最困难的挑战来自于历史事实……在最为宽泛的层面上,历史事实表明,普通法与金融的正相关是20世纪的现象。根据这一批评意见,如果我们分析历史数据,特别是从20世纪早期开始,这种关联度就不存在了。

[在对批评意见的数据进行了梳理和批驳、并且提供了进一步的数据之后,作者得出了与其批评意见相反的如下结论:——编者注]我们得出的结论是,普通法系国家看起来自20世纪初就比大陆法系国家拥有更强大的金融市场,特别是英国领先于法国。

政策改革的蓝图

法律渊源理论指出,当前主流的法律和监管规则可能在三个方面效率低下:第一,一国的法律传统形成了特定的法律或监管风格,该国可能会将具备该风格特征的监管工具运用于并不适合的监管领域……第二,在极端无序状态下引入的法律和监管规则,可能在情况恢复正常之后未能及时废除。第三,植入的法律和监管规则本身可能是效率低下的源泉,因为适合于发达经济体的规则被发展中国家复制之后,可能会造就大量的拖延和腐败现象。

将我们的法律和监管指标、以及它们与法律渊源之间明显的关联度,运用于政策分析之中,激起了两种反对的观点。一些人指责我们称,法律渊源是命中注定的,在不能全盘撤换法律制度的情况下,对于投资者保护或者其他监管规则的局部修改,都是徒劳的。但法律渊源理论却并不这么认为。该理论的确认为,法律传统的某些方面坚如磐石,改革成本极为高昂,而且这些改革必须对法律传统保持敏感。然而,许多法律和监管规则,例如准入监管、披露要求或者诉讼中的一些程序性规则,却可以在无须伤及法律传统之根本的情况下完成变革。

一些批评人士还认为,我们所选择的法律规则并非正选。而且即使从广义上看,这些规则旨在保护投资者或者雇员,但与此最为相关的规则、原理或者甚至导致可观测结果的司法行为范式,也可能与我们衡量的有所不同。因而,关注我们的次级指标的形式主义变革,或许只是一场徒劳。例如,如果法院不愿意受理公司自我交易的案件,并且以技术性或者程序性事由将案件挡在门外,则修改关于批准自我交易的规则,将是徒劳一场。

我们完全同意这种看法,而且相信,在任何国家中,法律或者监管改革必须对实际生活中的法律或者监管瓶颈保持敏感。明白实际上发生着什么,这是至关重要的。因而,如果法院拒绝受理自我交易的案件,则我们或许需要找出原因,并且重点考虑如何使他们改变立场……基于此,在许多情况下,我们研究的纸面规则确实是造成低效的原因。市场准入的严格监管即为适例,而程序方面的形式主义则是另一个例子。即使我们计量的法律规则并不是问题的全部,而且未经细致思考的形式主义改革往往走向失败,但这些规则也会使改革者更接近于实际问题。无论在哪种情况下,被计量的法律规则都提供了高度相关的数据。

结论

十年前,LLSV 的两篇文章发表以后,引发了一些观点的碰撞。现在,我们运用了不同的股东保护的计算指标,而且对工具变量的运用保持着警醒。随着时间的推移,我们对于法律渊源的含义的解释也发生了很大的变化。尽管存在这些观点的碰撞,对于我们而言,以前的基本观点仍然站得住脚,而且或许比十年前更有说服力。我们的观点是,法律渊源(宽泛地理解为对于经济生活的高度一致的社会控制制度)对社会的法律和监管框架、以及经济绩效产生着显著的影响。过去十年来,在法律渊源影响之下的法律、经济和社会领域中,经验研究的范围已经扩张了许多。

在总结的末尾,我们相信,至少就目前我们了解的范围而言,我们相信以下四个假定是正确的:第一,在不同的国家,法律规则和监管制度存在系统性差异,而且这些差异可以计算,也可以量化。第二,法律渊源在很大程度上解释着法律规则和监管制度的差异。第三,法律传统风格的重大历史差异——大陆法关注的是政策的实施,而普通法则关注对市场的支撑——很好地解释了为什么法律规则会存在差异。第四,这种测量到的法律规则的差异,关乎经济和社会的后果。

这种逻辑清晰的理论框架早在十多年前即已问世,然而,这一事实并不意味着所有、或者绝大多数经验问题已经得到解决,或者就此而言,这一事实并不意味着这个理论能够经受得住进一步审查。就我们看来,尚未解决的关键问题与法律制度的发展演变息息相关:它们如何应对危机?它们如何进入新的监管领域?它们如何完成变革?我们从历史记录的角度进行了诸多阐述,但对于普通法和大陆法之下的法律和监管演进的全面描述,却从未有过。

这种描述或许阐明了一个贯穿本研究始终的问题,这个问题带来了大量热烈的讨论,但未能得出太多有用的教益,也就是说,这个问题是指,在什么情况下法律传统能够"做得更好"。法律渊源理论并没有得出结论称,总体而言普通法更为优越;相反,它认为,在社会无序问题足够(但不是过于)严重时,大陆法及政府监管的解决方式更有优势。另一方面,我们试图找到一些证据表明,人们为大陆法所做的辩解通常是对的,即认为它提供了更多的公平或者更好地实现了正义,然而我们失败了;恰恰相反,我们找到的数据指向相反的结论。

关于法律传统的动态演进的更为深层的理解,或许也有助于我们理解以下关键的问题,即普通法与大陆法的差异是否在将来亘古不变。

关于趋同可谓众说纷纭。全球化导致各种理念和想法的互动更为迅捷,这其中当然包括关于法律和监管理念的互动和交流,因而促进着法律知识的传播。全球化还鼓励各国就外国直接投资、资本以及一般意义上的商事往来展开竞争,这也会带来采用优良法律规则和监管制度的压力。

大陆法系国家越来越多地采用普通法的解决方案,普通法系国家也越来越多地采用大陆法的解决方案,从而彼此走向了趋同。在严格管制看起来显属荒谬的一个领域,即新公司的市场准入,各国都在迅速地清除障碍。至少在欧洲,降低了劳工管制,同时增强了股东的权利。与此同时,普通法系国家也越来越多地通过立法来解决社会问题,最近的一个适例是,美国为加强金融监管颁布了《2002年萨班斯—奥克斯莱法》。而消解着趋同趋势的是,对于新问题,大陆法系国家仍然用"政策实施"的方式加以解决。运用政府强制手段来解决社会问题的偏见仍然具有强大的力量,例如法国每周工作35小时的做法,即为适例。

当然,讨论了这么多,一个悬而未决的问题仍然是,各国将转向哪些法律规则和监管制度,即使它们并不趋同的话。因而,最后我们再一次地运用理论来作出预测。在过去四分之一的世纪中,世界经济出奇的平静,而且迅速地转向了资本主义和市场经济。在那种环境下,我们的理论框架表明,运用普通法来解决经济生活的社会控制问题,比大陆法更为有效。当市场更为有效时,更为明智的做法是支撑市场的发展,而不是将其取而代之。只要世界经济没有受到战争、重大金融危机或者极端严重的市场失序的困扰,以构建支撑市场的监管规则为目标的竞争压力仍然很大,我们往往就会看到持续推进的自由化进程。当然,这一预期的前提基础是,不会再发生诸如二战或者大萧条这样的事件。如果历史重演,许多国家往往会重拾大陆法的解决方案,正如它们以往所做的那样。

公司法的自我实施模式[*]

BERNARD BLACK 和 REINIER KRAAKMAN

在新兴市场国家、包括在最近的私有化经济体中,应当以怎样的公司法来调整公众公司?这一重要问题并没有现成的答案。我们相信,在发达经济体和新兴经济体中,公司法的主要目标应当一致——简单地说,提供一套规则以最大化公司之于投资者的价值。然而,新兴经济体无法只是简单地复制发达国家的公司法。在发达国家中,法律的运作基础在于高度发达的市场、法律和政府机构以及成熟的公司文化,而在新兴经济体中,这些条件经常并不存在。发达国家的公司法还反映着该法所源起的国家的独特历史。它们在自己的母国未必一定富有效率,更不用说移植到外国土壤之中了。另外,在许多新兴市场中,公司法还必须实现第二重要的目标,而这一目标在成熟的市场经济体中并不那么紧迫:培植公众对资本主义、以及大型公司中私人持股的信心。

因而,在新兴市场中,公司法必须根据其所处的基础条件从头打造。幸运的是,这在政治上是可行的。其原因正在于(法律必须适应的)现有制度经常羸弱不堪或者根本缺失,作为当务之急,人们可以再次考虑公司法应当是怎样的,以及它应当依赖和促进哪些制度安排。

在本文中,我们对于新兴经济体的公司法的"自我实施"模式的基本要素,予以了概述。该模式以个案研究为基础:我们参与了俄罗斯制定一部新公司法的进程。在本文中,我们首先提出三个基本观点:第一,有效的公司法存在于具体的情境之中,即便它必须解决的问题具有普遍性。适用于发达经济体的法律,在移植到新兴经济体时,并不能在以下诸种诉求中达成合理的平衡:公司管理层需要有灵活性以适应迅速变化的商业环境,公司需要降低进入资本市场的成本,大的投资者需要监管管理者如何使用投资者的金钱,小的投资者需要得到保护,以免受经理和大的投资者自我交易行为的侵害。而法律中的种种缺陷,将提升资金成本,并使融资变得更加困难。

在发达国家中,公司法与其他法律约束、市场约束、以及文化约束一起,共同制约着公司经理和控股股东的行为,从而在这些有时彼此冲突的需求之间,达成一种合理的平衡。公司法发挥着相对小的、甚至是"微不

---

[*] 本部分内容的重印,获得了 109 *Harvard Law Review* 1911 (1996) 的许可。

足道的"作用。而在新兴经济体中,由于其他约束力量孱弱或者缺失,因而公司法在激励管理者和大股东创造社会财富、而不是仅仅把财富从别人手中转移给自己方面,就发挥着更为关键的作用。这里的"市场"无法填补美国式的"赋权型"公司法留下的监管缺口。

另外,发达国家公司法的发展演变与支撑它的法律机构如影随形。例如,美国依赖专家型法官来评估收购防御措施是否合理、管理者存在利益冲突的交易是否公允。在必要的时候,这些法官可以隔天就作出裁决,以确保不会因司法进程的延滞而扼杀一项存在争议的交易。在许多新兴市场中,要求拥有一部对迅速而可靠的司法裁决有所依赖的公司法,无疑极不现实。例如,在俄罗斯,法院审理案件即使有进展,也进展缓慢,一些法官贪污腐化,而且很多是苏联时代的遗老遗少,他们既不理解公司,也无心去学习。只有经过数十年后,随着老的法官辞世或者退休,才会冒出更好的法官和法院。在这个过程中,俄罗斯的公司法必须尽可能少地依赖法官。

在更为宽泛的意见上,每一个新兴经济体都拥有一定的法律和市场制度安排、一定的行为标准、一定的股份所有权的分配以及一定的金融机构。公司法必须反映这些背景事实。

我们的第二个核心观点是,尽管有效的公司法有其特定的背景,大量的新兴资本主义经济体(包括前共产主义国家)拥有足够多的相似之处,我们可以据此概括出哪种类型的公司法对它们有用。或许俄罗斯是一个极端的例子,但在内部人控制公司、法院运作失灵、监管力量孱弱而且有时存在腐败、资本市场不发达等方面,俄罗斯并不是孤例。例如,俄罗斯面临的一个尖锐问题是,如何保护少数投资者免受经理或者控股股东剥削。在绝大多数成功的后共产主义经济体中,少数投资者保护也成为一个重要的政治问题,例如捷克共和国即是如此,以色列近期的公司法改革也以此为核心。

我们的第三个观点是,我们的任务并非完全不可能完成。尽管市场和制度安排孱弱,我们还是能够制定出一套公司法,以避免本来会出现的公司治理的重大失败……有可能制定一定运作相当良好的法律——该法将重大决策权交给外部大股东手中,后者有动机作出良好的决策;该法降低(尽管无法消灭)了公司内部人欺诈和自我交易行为;该法把通过法院的正式执法的必要性降至最低(尽管无法彻底避免);该法使经理和控股股东拥有了守法激励,甚至是在他们经常可以忽视法律且安全脱身之时;该法弘扬了经理的适当行为的健康文化;而且该法还给经理留下了必需的灵活性来冒险并迅速作出决策。此种法律所带来的价值,大大超过公司法在发达经济体中带来的价值,其原因在于,可以影响公司行为的其他制度安排,在发展中的经济体相当孱弱。

我们所称的公司法的"自我实施"模式包括以下重要的特征:

(1)执法,尽可能由公司直接主体(股东、董事和经理)来完成,而不是由间接主体(法官、监管机构、法律和会计专业人士,以及财金媒体)来完成。

(2)与发达经济体中常见的情形相比,对外部股东的保护还要加大力度,以回应频频发生的内部人控制公司、经理层和控股股东自我交易以及其他约束机制孱弱所带来的种种问题,同时必须控制自我交易以强化市场经济的政治可信度。

(3)对于可疑的交易类别,不是一体禁止,而是依赖程序性保护机制,例如独立董事的审批、独立股东的审批或者两者的共同审批。运用程序性措施,其目的在于平衡股东保护与公司经营的灵活性。

(4)尽可能地运用黑白分明的规则,而不是运用标准来界定行为的妥当与否。黑白分明的规则容易被那些必须遵守它们的人所理解,而且被执行的概率也更高。相反,标准则要求进行司法解释,而这在新兴市场中经常无法获得,而且还要求对于该标准背后的监管政策形成文化共识,而这可能也是缺乏的。

(5)法律条文的行文传递着保护力度很强的信息,以弥补该制裁措施实际被运用的概率低下的不足。

执法主要通过投票权规则和交易权的综合运用来实现。其中核心的要素包括:股东批准(包括某些情况下股东的超级多数批准或者外部股东的多数批准)诸多种类的重大交易和自利交易;大多数外部董事批准自利交易;选举董事的强制性累积投票权,使小股东中的大股东有权将自己的候选人选任为董事(保障该权力的是一股一票要求、董事会成员的最低人数、不存在交错董事会任期);经理和大股东提名董事时采取单一投票机制;秘密投票和独立计票可以保护投票的诚实性,而强制性披露规则支撑着投票决策的质量。

股东还可能因特定的公司行为而获得交易权(卖出和买入期权)。

这些权利包括公司发行新股时的优先权；股东不同意重大交易时的股份估价权；公司控制性股份被收购时的卖出权（也就是说，少数股东有权将他们的股份卖给新的控股股东）。

自我实施模式试图确立经理和大股东均视为合理并且愿意遵循的法律标准。为了劝诱人们自愿遵循，我们更多地强调程序性规则而不是实体性保护规定。例如，经理可能会避开直接禁止自利性交易的规定，而会遵循要求股东批准的程序性要求，因为他们认为自己可以获得批准。一旦他们决定了要去获得股东批准，经理可以使该交易更有利于股东，以确保获得批准，同时避免尴尬。该模式经常依赖的不仅仅是黑白分明的规则，而且还依赖相对简单的规则。对于经理不理解的规则，他们不会遵循，法院也无法实施。经理也不会尊重过于复杂的法律规定。

自我实施模式的这些方面及其他方面的特征，即使许多单个条款（诸如一股一票和累积投票权）与发达市场相类似，仍然在总体上创造了一部全新的公司法。的确，自我实施的公司法能够做成的事情有限，例如，累积投票权可以增强外部大股东的监督权，但对于每人仅持 5 股的股东而言，它却几乎没有直接帮助。这些股东如果反对公司合并，也不可能行使评估权。尽管如此，这种自我实施模式却可以对小股东进行局部的保护。如果外部大股东能够监督经理层的表现并且控制自我交易，则所有股东都会因此受益。如果法律诱使经理自愿遵守规则，所有的股东也会受益。那种暗中向外部大股东输送利益的自我交易，仍然会损害小股东。但并非总是能够隐瞒实情，而且即使可能隐瞒，也并不总是具有吸引力，因为其他人的此种行径曝光后，每一主体都会因此而受损。

一则训诫：我们将我们提出的模式称为"自我实施"模式。这一表述只是一种速记的做法，试图抓住我们模式的主要方面，包括我们努力把对官方实施的依赖降至最低。但我们的模式却并非纯粹的自我实施，与特拉华州"赋权型"公司法是纯粹的赋权型、或者一个世纪之前美国公司法的"禁止性"模式本质上属于纯粹的禁止型相比，它没有那么纯粹。我们仅仅是降低了官方实施的必要性，而不是认为完全没有必要进行官方实施。

强大证券市场的法律和制度前提[*]

BERNARD S. BLACK

一个强大的证券公募市场,尤其股票公募市场,能够促进经济的增长。然而,创建强大的证券公募市场却绝非易事。在某种意义上说,那样一个证券市场的存在,实在是不可思议。投资者付给陌生人大笔金钱以换取完全无形的权利,它们的价值完全取决于投资者获得的信息的质量和销售者的诚实。

纵观各国,此种神话并不多见。它不会出现在没有规范的市场上。在前中央集权计划经济体中,例如俄罗斯和捷克共和国,大规模地对国有企业进行私有化、以及一夜之间创建股票市场的不懈努力,已经功亏一篑了。保护投资者的法律很重要,但还不完全足以支撑强大的证券市场。例如,俄罗斯,理论上有相当好的法律,但事实上投资者保护相当孱弱。即使在发达国家,也只有几个国家创建了强大的股票市场供成长中的公司进行股权融资。

本文探讨了哪些法律和相关制度是强大的证券市场所必需的。本文有三个目的:第一,阐述相互关联的法律和市场制度所构成的复杂网络,它们在美国和英国等拥有此类市场的国家中,支撑起了强大的证券市场;第二,为其他国家进行可以提升证券市场的改革提供指引;第三,提出一些告诫,这些告诫告诉人们,建立这一复杂的制度网络何其艰难,根本不可能一蹴而就。我也梳理了有关投资者保护与证券市场、证券市场与经济增长的相关性的经验证据。

本人认为,强大的证券公募市场必须具备两个前提条件。国家的法律和相关制度必须给予少数股东:(1)有关公司商业价值的充分信息;以及(2)信心,使他们相信公司内部人(它的经理人和控股股东)不会通过"自我交易"(公司与内部人、或者公司与内部人控制的另一家公司之间进行的交易)诈取、或者甚至是直接窃取他们投资的大部分或全部价值。如果能实现这两步,一国就有可能创建一个生机勃勃的证券市场,尽管未必一定成功。

个别公司可以在制度完善的国家的证券交易所上市,并遵守该国的规则,从而部分地避开了本国孱弱的制度安排。但这样做也只可能规避

---

[*] 本文最初发表于48 *UCLA Law Review* 781(2001)。本部分内容的重印获得了许可。

一部分。一个公司的信誉会受到同一国家的其他公司信誉的强烈影响。如果信誉没有获得当地的执法部门和其他机构的支持，则其价值并不能完全等同于为那些机构所支持的信誉。

证券发行的信息不对称障碍

一个横亘在普通股发行人和公众投资者之间的关键障碍是信息不对称。公司的股票价值取决于公司的未来前景。而公司的历史业绩是判断其未来前景的一个重要参考。公司的内部人明白公司的历史业绩和未来前景。他们必须将这些信息传递给投资者，这样投资者就能够对公司股票估值。

传递信息给投资者本身并不难，但传递可靠的信息却并不容易。内部人有着夸大发行人业绩和前景的激励，而投资者却不能直接验证发行者提供的信息。对于小公司和首次向投资者公开发行股份的公司而言，这一问题尤其严重。因为就这些公司而言，投资者不能依赖它们此前的信誉来判定其提供的信息的质量。

包括美国在内的一些国家已经部分地解决了信息不对称问题。它们通过一套复杂的法律制度以及私人和公共机构，使投资者有理由确信发行者（基本上）是诚实的。其中最为重要的机构是信誉型中介机构——会计师事务所、投资银行、律师事务所和股票交易所。这些中介机构可以令人信服地为特定的证券提供担保，因为他们是重复博弈者，如果他们允许一家公司弄虚作假或过度夸大其前景，将会蒙受信誉损失，而这一损失将超过其因允许夸大造假而获得的一次性所得。如果他们纵容错误披露，就要对投资者承担责任；如果他们故意为之，就可能面临政府的民事或刑事指诉，而这些都强化了中介机构的品质。

但即使是在美国，"证券欺诈"——通过错误或误导性披露，以虚高的价格销售股票——也是个大问题，对于小额发行人而言，问题尤其严重。经验老到的骗子竭力兜售欺诈性证券，是美国的一个地方特色，其原因部分在于，美国在创造诚实披露的氛围方面相当成功，这使投资者在调查能说会道的销售人员关于具体公司的情形时，（理性地）放松了警惕。

信誉型中介机构的主要作用是担保披露的质量，从而减少证券市场上的信息不对称。但信誉型中介市场的信息不对称，却制约着它们这种作用的发挥。

对于这一难题，有几个非排他性解决方法。一个是设立第二层级的信誉中介机构,由其为第一层级的中介机构提供担保。自愿的自律监管组织(SROs)可以扮演这一角色。另一更有力的解决方法是强制性的自律监管组织。例如,在美国,投资银行必须是纽约证券交易所或者全国证券交易商协会的成员。被其中一方驱逐的成员不可能为另一方所接受。这样,一个强制性的自律监管组织就可以将行为不端的成员驱逐出本行业,而不仅仅是使其无法获得自愿性成员资格所带来的信誉的强化。但自律监管组织也需要监管,以免它们在第三层级再次创造信息不对称的情形。

第三个解决方法综合运用了中介机构对投资者的责任和中介机构的最低质量标准。监管部门向中介机构颁发许可证,对行为不端者处以罚款或撤销其许可,如果中介机构行为不端出于故意,就启动刑事程序。

由此形成的制度是,多层次的信誉型中介机构对公司信息披露的诸多方面提供担保,而政府、私人诉讼和自律监管组织则监管着信誉型中介机构,这一系统可以运作得相当好。但绝不会这么简单。这一系统可能要求政府通过不懈努力来保护信誉型中介机构,以避免伪中介机构利用外溢给它的良好信誉而牟利。

解决信息不对称问题的复杂方案,经历了一个漫长的阶段,这也解释着为什么许多国家至今尚未解决这个难题……在这些国家,少数的几家大公司能够累积足够的信誉来以一定的价格公开发行股票,尽管该价格低于公允价值,但与其他融资选择相比仍然不无吸引力。但小公司基本上没有直接获取公众投资者资本的渠道。

控制信息不对称问题的核心制度

拥有强大的证券市场的国家已经建立了诸多制度来应对信息不对称问题。本人在下文中列举出本人认为最重要的"核心"制度。这份清单反映了本人的个人判断,而这一判断以许多国家公司法和资本市场改革的经验为基础。

有效的监管机构、检察官和法院

(1) 证券监管机构(在刑事案件中则是检察官):(a) 是诚实的,并且(b) 拥有人员、技能和预算经费去调查复杂的证券披露案件。

必须具有专业能力……在许多证券欺诈案件中,必须细致地挖掘公司的财务报表,以揭露内部人是如何歪曲事实的,在出庭时还必须以一种有说服力的方式来证明存在欺诈行为。

(2) 司法系统:(a) 是诚实的;(b) 老练得足以处理复杂的证券案件;(c) 能够快速出手干预,以避免资产遭到盘剥;和(d) 作出的裁决不会造成无法忍受的迟延。

棘手的证券欺诈案件需要熟练的检察官,同样需要老练的法官。理想的方案是,成立专门的法院,招募拥有交易律师经验的人担任法官。一个可接受的替代方案是,由位于商业中心的、所受理的商事案件数量稳定的法院来承担此项职责。

速度也很重要。当内部人欺诈之时,如果检察官能够在其拟提起指控的案件出来结果之前冻结内部人的资产,有时就可能追回一些资金。否则,金钱通常很容易被转移掉……而且,许多国家的法院作出的判决未保护或未充分保护权益,弱化了官方制裁的力度。

(3) 程序法规则规定了范围合理的证据开示制度,允许采用集团诉讼或者其他方式来合并众多投资者的小额诉请。

要使内部人和信誉型中介机构承担实质意义上的责任风险,在很大程度上取决于范围合理的证据开示程序规则。要证明存在披露不当行为,经常必须开示那些隐藏于公司报表中的信息。而且,个人投资者通常也不可能为了获得个人的小额赔偿而支付复杂的法律诉讼费用。允许采用集团诉讼或者其他方式来合并众多投资者小额诉请,就显得很重要。胜诉酬金安排就是一种集团诉讼程序的有益补充。

财务披露

(4) 广泛的财务披露,包括独立审计公众公司财务报表。

(5) 会计和审计规则能够回应投资者对于可信赖信息的需求。

(6) 规则制定机构称职而独立,并且有动机制定出好的规则并保持规则时时更新。

在许多国家中,财政部负责会计规则的制定。它制定的规则通常提供的是征税所需的信息,而不是吸引投资者或者管理公司所需的信息。这样,最好把规则制定的任务交给其他人——交给证券委员会,或者或许像美国和英国那样,交给在证券委员会或其他监管机构松散监管之下的准公共组织。

要制定良好的会计规则,就必须熟知公司是如何运作的,理解现存规则的漏洞,能够察觉出公司实践的变化,有能力和动力制定新规则并以合理的方式解释旧规则。这就提供了一些理由来将规则制定权授予准公共组织,而不是政府机构。如果规则制定者是私人,它的资金来源和选择成员的方式必须确保该机构不会过度依赖发行人。发行人的经理人员经常偏好不透明的披露,尤其是其自身的薪酬。

信誉型中介机构

(7) 老练的会计业从业人员,其拥有的技能和经验至少能够发现一些欺诈或误导性披露事件。

审计要求和会计规则再好也好不过执行审计和解释规则的会计师。

(8) 如果会计师成为欺诈或误导性财务报表的帮凶,证券法或其他法律会使其对投资者承担着足够的责任风险,这样,会计师就能够抵制住客户的压力,不会放松审计或者进行对客户更有利的披露。

(9) 富有经验的投资银行业从业人员对证券发行人进行调查,因为投资银行的信誉取决于不向投资者销售价格过高的证券。

投资银行的信誉受到多方面的监管。如果投资银行向投资者卖出几笔糟糕的投资项目,后者将会铭记在心,从而不会接受该投资银行后来发行的投资项目。投资银行追踪他们自己和竞争对手发行的投资项目的后期市场表现,并乐于向潜在的客户披露竞争对手的不良业绩。如果承销商帮助欺诈的公司销售股票,后来欺诈事发,股价暴跌,这势必令人非常难堪,投资者或投资银行的竞争对手将对此念念不忘。如果发行的债券很快陷入违约境地,其情形亦是如此。

(10) 如果投资银行承销信息披露存在欺诈或误导的证券,证券法或其他法律会使其对投资者承担着足够的责任风险,如此一来,投资银行就会抵制住客户的压力,拒绝作出对客户更有利的披露。

(11) 富有经验的证券律师,确保公司发行文件符合披露要求。

律师在信息披露方面的作用,往往取决于公司、内部人和投资银行是否面临着实质意义的责任风险。如果有的话,公司和投资银行将会聘请律师来起草和审核主要的披露文件,从而实现自我保护。

(12) 股票交易所拥有实质意义上的上市标准,并对违反披露规则的公司处以罚款或退市处罚,从而执行这些标准。

公司和内部人的责任

(13) 证券法或其他法律对于进行虚假披露或误导性披露的公司和内部人,处以责任和其他民事制裁。

信誉型中介是遏制证券欺诈的第二条防线。主要的防御措施是对试图欺诈的公司和内部人予以直接制裁。

（14）对于故意误导投资者的内部人，处以刑事责任。

市场透明度

（15）确保市场"透明度"的规则：公募证券的交易时间、数量和价格必须迅速地向投资者披露。

投资者了解证券的价值所依赖的一个主要信息来源，是其他投资者就同一证券所支付的价格。投资者了解该价格之后，就明白其他人对该证券价值的共识。规则必须确立透明度是公共福利的意识。大投资者倾向于隐瞒他们的交易，以减少该交易对价格带来的影响。有时，股票交易所拥有足够强的市场力量，迫使所有的交易都要向它报告。更为常见的是，政府必须规定该报告务须迅速完成，并且应当由统一的场所报告这些交易信息，以免交易所为招揽生意而延迟报告或提供没有价格的报告。

（16）禁止操纵交易价格的规则（以及对那些规则的执行）。

透明的市场价格增加了他们自身的危险。特别是在市场"清淡"之时，内部人能够操纵交易价格来制造公司股票价值很高的假象，同时自己却在市场上抛售股票。规制交易价格操纵的规则，即主要是为了防范这一风险。这些规则需要专业监管机构来执行，因为要证明存在操纵行为，其难度之高实乃众所周知。

文化和其他非正式性制度

（17）活跃的财经媒体和证券分析从业人员，他们能够揭露并公开报道误导性披露，同时批评公司内部人，并（在适当的时候）批评投资银行、会计师和律师。

信誉市场的有效运行，需要一个机制来传播公司、内部人和信誉型中介机构的绩效的信息。正如信誉型中介机构的动机使然，披露规则有助于渲染其取得的成功，但中介机构会掩饰其自身的失败情形，而投资者会对竞争对手的抱怨打一个折扣，因为这些抱怨的源泉存在偏见。在披露失败的情形方面，活跃的财经媒体扮演着重要的角色。

证券分析师是新闻报道的另一个重要来源。他们必须对以下两方面保持平衡：其一，维持声誉所需要的新闻报道的客观性；其二，只报道正面消息的压力，后者来自于公司（公司可以切断这些分析师获取软信息的渠道，以报复负面报道行为）以及（如果分析师受雇于投资银行的话）他们自身的雇主，雇主要求他们不揭露客户或者潜在的客户的短处，换句话说,根本不能说任何公司的坏话！然而,分析师经常揭露特定的公司招惹事端的财务报告。

（18）会计师、投资银行家、律师和公司经理人的披露文化,他们要明白,隐瞒坏消息会带来麻烦。

…………

这一长长的制度名单强调指出,对于一个国家而言,想要创建强大的证券市场,可谓任重而道远。正式的披露规则很重要,但仅有披露规则是不够的。更难的是规则的执行,包括直接的公共执法和通过私人机构的间接执法,尤其是信誉型中介的执法。

保护小投资者免受自我交易的侵害

创建强大的证券公募市场的第二大障碍是,内部人有可能将公司的绝大多数价值据为己有——内部人持股50％（如果其他人持股非常分散,这一比例还会更低）,却将公司的绝大多数或者全部价值转给自己。

自我交易的形式繁多。但一种有益的划分是：

（1）直接的自我交易,指公司所进行的非公允交易,这一交易使公司的内部人、他们的亲戚或者朋友或者内部人控制的另一公司获益；和

（2）间接的自我交易（通常称为内幕交易）,指内部人利用公司信息与更不知情的投资者进行的交易。

自我交易是一个比信息不对称更难以解决的问题。首先,股票公开发行期间进行的诚实的信息披露,不可能在后来撤回。相反,公司卖出股票之后,内部人就有动机违背不进行自我交易的承诺,攫取比投资者买股票时所预期的更多的公司价值。

第二,公开发行中的错误或误导性披露,经常发生于正式的披露文件当中,这样就留下了书面证据。如果后来发生的事件揭露了公司隐瞒的经营问题,披露的不足就暴露得相当充分,足以使投资者和监管者向内部人、以及在适当的时候包括向信誉型中介机构,请求损害赔偿或其他制裁。相反,自我交易常常是隐蔽的。在对它进行监管之前,首先必须揭露其不良行径。

第三,证券发行是离散事件,这使得投资者可以坚持要求信誉型中介机构参与。而自我交易则缺乏这种类似的触发事件。

控制自我交易的核心制度

正如成功的证券市场已经建立了制度来应对信息不对称问题一样,

它们也建立了制度来控制自我交易。本人将自己判断的核心制度开列清单如下。……其中一些制度与控制信息不对称的制度相同;其他则不同。

有效的监管机构、检察官和法院

(1)证券监管机构(在刑事案件中,则是检察官):(a)是诚实的,并且(b)拥有人员、技能和预算经费去解决复杂的自我交易问题。

(2)司法系统:(a)是诚实的;(b)老练得足以理解复杂的自我交易;(c)在必要时能够快速出手干预以避免资产遭到剥夺;和(d)作出的裁决不会造成无法忍受的迟延。

(3)程序法规则规定了范围合理的证据开示制度,允许集团诉讼或者其他方式来合并众多投资者的小额诉请,并允许通过间接证据来证明存在自我交易。

披露要求和程序性保护

(4)证券法或其他法律要求全面披露自我交易。

(5)公司法或证券法规定自我交易的程序性保护措施,例如在充分披露之后由独立董事、无利害关系股东或二者予以批准。

披露本身就能阻止一些自我交易。然而,如果基础交易是合法的,许多自我交易情形仍会发生。这样,重大的自我交易就应该受到独立董事、无利害关系股东或者二者的审查。

在美国,素有外部董事保持独立的传统,而且当股东事后起诉时,经验丰富的法院能够发掘出自我交易,这样就足以将批准的权利单独授予独立董事。然而,通常而言,名义上独立的董事实际上不会很独立,尤其当公司拥有控股股东时,董事们往往会取悦他们。这样,把更大交易的批准权授予无利害关系股东就更有价值了。

(6)所有权披露规则,以使外部投资者了解内部人是谁,利害关系股东无权投票批准需由无利害关系股东批准的自我交易。

(7)相当全面的财务披露体制。

声誉型中介机构

(8)要求公司的会计师审查自我交易,并报告它们是否获得了准确的披露。

(9)老练的会计行业从业人员,拥有技巧及经验去查获某些未披露的自我交易,并恪守适当性披露。

(10)如果会计师成为关于自我交易的欺诈或误导性披露的帮凶,证券法或其他法律会使其对投资者承担着足够的责任风险,这样,会计师就会积极地进行调查,同时抵制其客户请求允许其隐藏或者错误描述自我交易的压力。

(11)老练的证券律师,能确保公司满足规范自我交易的披露要求。

(12)法律或者习惯:(a)要求公众公司拥有最低数量的独立董事;(b)确保由他们来批准自我交易;(c)如果独立董事批准了对公司很不公平的自我交易,公司和独立董事就面临着足够的责任风险,这样一来,独立董事就会抵制住内部人要求批准这些交易的压力。

在董事的独立性存疑的国家,独立董事的批准并不足以成为遏制自我交易的充分保障,但这种批准仍然举足轻重。如果独立董事不独立行事,将会面临个人责任,此乃支撑此种制约作用的关键。公司责任有助于促使独立董事反对非公允交易。当内部人建议进行可疑交易时,独立董事也可以把责任威胁当成强有力的理由,反对该交易。

内部人责任

(13)内部人违反自我交易规则的民事责任。

(14)内部人故意违反自我交易规则的刑事责任。

只要内部人能够隐瞒或挥霍他们的大部分所得,尤其是因为被发现的概率低于100%,返还非法所得就不是充分的救济措施。考虑到内部人个人财富有限,以及其有能力隐瞒大部分财富,处以非法所得数倍的损害赔偿,其效果就相当有限。这样,由专业检察官实施的刑事制裁,就构成了对民事责任的重要补充。

控制内幕交易的制度

到目前为止,本人一直关注的是控制自我交易所需要的制度。接下来,本人列举一些控制内幕交易所必需的其他核心制度。

(15)行文合理并由政府实施的证券法或其他法律禁止内幕交易。

为使规则行之有效,内幕交易的禁令必须包括禁止透露消息给他人和禁止与自己进行交易。规则必须获得执行,以免内部人以为他们可以违反规则而免受处罚。

(16)股票交易所拥有实质意义上的上市标准,并愿意对违反自我交易规则的公司处以罚款或退市处罚,同时有能力通过监察行动发现一些内幕交易,从而实施这些标准。

(17)确保交易价格透明的规则。

内幕交易因暗箱操作而潜滋暗长。交易价格越能反映真实价值,内部人从与外部人交易中获利的难度就越大。这不仅要求进行广泛的财务披露,而且要求规则确保交易价格透明。

(18)禁止操纵交易价格的规则(以及实施那些规则)。

文化和其他非正式的制度

(19)活跃的财金媒体和证券分析从业人员,他们披露和报道自我交易的事件。

(20)会计师、律师、独立董事和公司经理人的合规文化,他们明白,隐瞒自我交易、批准严重不公平的交易、或者利用内幕信息进行交易是不适当的,也会带来麻烦。

在有着强大证券市场的国家,对直接和间接自我交易的制裁功效相当强大,足以强化反对这一行为的准则。该文化降低了发生自我交易的频率,提高了交易的质量。支撑着良好的信息披露并确立了价值最大化的经营目标的相关标准,往往相生相长并彼此强化。

这个清单表明,一国想要控制自我交易,可谓任重而道远。再一次地,我们看到,纸面规则是必要的,但远非充分。关键在于执行。俄罗斯就是一个很好的例子。俄罗斯公司法拥有相当强大的程序法规则来遏制自我交易。但俄罗斯的公司一如既往地漠视法律,因为法律并没有被实施。内部人隐瞒自我交易,即使在极其少数的内幕交易被曝光的案件里,(有时受贿的)检察官与法官常常让内部人逍遥法外。信誉型中介机构——包括大型投资银行和会计师事务所——感觉不到责任风险,有时选择视而不见,并以在母国时想都不敢想的方式来迎合大客户。

照搬其他国家的制度

一个重要的问题是,在缺乏诸多控制信息不对称和自我交易制度的国家中,公司可以在多大程度上依赖其他国家的制度。一个相关的问题是:在多大程度上,整个国家可以改编其他国家的制度为己所用?……本人运用"照搬"这一术语,来指称运用或者改编其他国家的法律制度的过程。

照搬一些制度当然是可行的,但本人……怀疑它们在多大范围内有效。

只有一些制度是较容易移植的。越是基础的制度——包括文化和诚信、胜任的法院、监管机构和检察官,就越难于移植。因而,当地的执法也不能移植。

即便有可能照搬制度,人们也可能不会去做。[内部人]经常……反对他们的国家照搬其他国家的有效制度。

公司承诺遵守另一个国家更严格的规则——体现为在外国的股票交易所上市和聘请世界级的会计师、投资银行和律师——有着重大的价值。随着时间的推移,公司可以通过承诺遵循外国规则并信守该承诺,从而进一步强化其自身声誉。然而,当地孱弱的执法和文化仍会使投资者对公司的承诺打折扣。另外,在许多国家,仅有最大的公司能雇得起世界级的会计师、银行和律师。

股票海外上市的策略也受制于国内的政治。一国能够限制外国人持有本国公司的股权,或者买卖外国公司的股份。例如,在新加坡股票交易所购买了马来西亚公司的股票的投资者,在马来西亚政府于1998年宣布这些股票不能交易时,既沮丧又震惊。

公司自身可以借用国外的数量合理的制度。

与大型公司自身相比,对于整个国家、因而也对于众多小型公司而言,照搬外国的法律制度要困难得多。例如,虽然花了些许费用,并降低了一些与母国其他公司的可比性,大公司自身还是能够采用国际会计标准的。但是,国家整体采用复杂的国际准则的能力,却受制于当地会计师的老练程度以及法律在多大程度上依赖旧的会计准则,如果存在此种依赖的话,法律还必须加以变更。

结论:我们从哪里开始

支持强大证券市场的复杂制度,不可能一蹴而就。

一些制度会超前于市场的发展。其他的制度则会随着证券市场的成长而成长。许多转型经济体很少拥有或者完全没有上文所讨论的核心制度。我们应当从哪里起步?

我们应予重点关注的一个方面,是那些必须是本土生长而且可以早于市场发展的制度。可以先从培植诚信的法院、监管机构和检察官开始,无论一国资本市场的样态如何,这一点都至关重要。而且政府诚信的重要性,并不仅仅体现在资本市场的发展方面。

第二项应当做的基础工作是制定良好的资本市场规则。投资者保护仅仅是支撑证券市场的框架的一部分,但它们或许可以加快这一框架范围内的其他要素的成长。另外,这些规则的很大部分可以从外面移植过来。

如果信誉型中介机构非常弱小,或者寥寥无几,则另一项重要的长远举措是设立或者做强商学院(以培养投资银行家和会计师)和法学院(以培养证券律师和监管人才)。十年树木,百年树人,其回报往往在数十年之后。但如果不进行这一投资,数十年光阴仍会流逝,国家仍然无法具备这些先决条件。在这方面,大量的照搬是可行的——国家可以创设一些项目(或许还可以得到国外基金的资助),选派优秀学生到国外的专业院校去深造。

在发达国家中,学者们心目中的良好公司治理,是董事的独立性、创建了审计委员会并发挥着作用、存在针对公司控制权市场的约束机制等。而在发展中国家,公司治理所涉及的却往往是更为基础的事项。这些国家在担忧公众公司的董事会成员是否(比如说)绝大多数由独立董事构成之前,更为靠谱的是,它们需要诚信的法官和监管者、良好的披露规则及开启诚信的文化。

公司治理及所有权的路径依赖理论[*]

LUCIAN ARYE BEBCHUK 和 MARK J. ROE

导论

在世界发达经济体中,公司所有权及公司治理多有差异。一些国家的公司股权分散,经理层牢牢地掌控着公司,一些国家的公司股权集中,另有一些国家的工会对公司影响很大。自二战以来的半个世纪,在西欧国家、美国和日本,经济、公司实践与生活标准等已经趋同。但它们的公司所有权结构仍然差异悬殊,而且股权集中度及工会影响力仍然存在差别。如何解释这些差异?这些差异在将来是否继续存在,或者行将消失?

我们通过说明一国的公司所有权结构存在路径依赖,来理解上述问题。由于此种路径依赖,在任何时点上,一国的所有权结构范式均取决于其此前的范式。因而,当一些国家早期的所有权结构存在差异时——由于其当时的情形不同,或者甚至是由于历史事件——这些差异在后来的岁月中可能仍将延续,即便它们的经济体在其他方面已经相当接近。

对于差异的持续性的解释

当前,美国和英国的公众公司通常股权分散,而其他发达经济体中的

---

[*] 本部分内容的重印,获得了 52 *Stanford Law Review* 127 (1999) 的许可。

公众公司则通常拥有一个控股股东……尽管其他的经济制度已经趋同，这些差异一直延续至今。

雇员参与公司的权力结构……是……当下公司治理的国别差异的一个重要维度。在德国，雇员通过共决制参与公司的控制，但在其他经济体中，雇员却没有此种直接的正式影响力。

我们将集中分析此种差异的路径依赖基础。我们所称的路径依赖基础，是指各国起步于不同的初始条件所带来的种种原因。

当两个国家的经济发展层级显著不同时它们的所有权范式存在差异，除了路径依赖之外，显然还会有其他原因。鉴此，我们重点关注发达经济体，因为它们处于类似的经济发展阶段，使得我们可以着重分析路径依赖。

路径依赖有两种类型。一种是结构驱动型……路径依赖。所谓结构驱动型路径依赖，我们是指经济体中的初始所有权结构直接影响着后续的所有权结构。

其他类型的路径依赖［规则驱动型路径依赖——编者注］源于公司法律规则。此类规则会影响公司所有权和公司治理。特别是，此类规则会影响着所有权结构中是否存在控股股东的选择。公司法律规则至少在三个方面影响着所有权和治理结构。

第一，如果法律规则使得金融机构累积并持有大额股份更为困难或者成本更为高昂，则更不易形成集中的股权结构。在美国，此类规则非常强势，在其他国家则不然。

第二，如果公司制度使得控制人能够攫取大额的控制权私人利益，则出于"维持租金"的考虑，会导致所有权集中。当控制权会带来大额私人收益时，那些在 IPO 中创建了此类公司结构的人，将不愿留出争夺控制权的空间，因为这样做会吸引他人前来争夺控制权，并导致他们选择搭建的结构趋于不稳定。另外，当控制权会带来大额私人收益时，公众公司的控股股东在筹集其他资本时，将不愿放弃其对控制权的掌握，因为放弃掌握控制权所带来的更大的利益，如果因为放弃控制权而失去的话，无法从既有股东中获得补偿。

第三，一些国家拥有强制性公司法规则，后者制约着公司治理结构的选择，或者将其推向某一方向。例如，一些规则影响着公司董事会的构成和雇员对公司影响力的高低。

因而，考虑到公司法规则如此重要，不同的国家中此类规则的重大差异，或许足以导致所有权范式的重大差别……我们所谓规则驱动型路径依赖，是指其他的间接（但是重要）渠道，通过这一渠道，最初的公司结构可能会影响着后续的结构，即影响着未来的规则。正如我们将要阐明的，经济体中的公司规则影响着所有权结构的选择，而公司规则本身又受到了经济体中的公司结构初始范式的影响。

结构驱动型路径依赖

假设两个发达经济体 A 和 B，在时点 T1 拥有同样的法律规则和经济条件，但在更早的时点 T0，两者拥有不同范式的公司所有权结构。更具体地说，假定在时点 T0，A 经济体中的公司通常拥有控股股东，而 B 经济体中的公司的股权通常分散。两个经济体在时点 T0 的结构性差异，可能归因于其所在国拥有不同的法律规则或经济条件。尽管这两个国家通过不同的路径到达了时点 T1，在时点 T1，它们拥有同样的公司规则和经济条件。这些规则和条件在时点 T1 相同是否意味着，从时点 T1 开始往后，这些国家的公司结构将会保持不变？答案是否定的。

结构驱动型路径依赖的第一个原因在于效率。特定的公司在时点 T1 的富有效率的结构性特征，可能取决于 T0 时点的更早的所有权范式，因而经济体 A 与 B 之间就存在差异。这些差异可能归因于沉淀的适应成本、互补效应、网络外部性、禀赋效应或者多重最优。

沉淀成本影响着公司选择富有效率的所有权结构……一旦成本沉淀下去，没有其他更好的安排，保持原状通常是有效率的。类似地，在确定特定时点哪种公司所有权结构富有效率时，沉淀成本是一个重要因素。例如，在 T0 时点，某一国家的公司股权普遍很分散，公司可能会选择适应性方案是，创建经理层的薪酬激励机制，增加更多的独立董事，创建降低了代理成本的债务结构。一旦在 T0 时点 A 经济体的国家和 B 经济体的国家发生不同的适应性情形（由于在 T0 时点两者的所有权结构不同），这些可能会使在 T1 时点的 A 和 B 经济体中，特定的公司形成了不同的有效率的所有权结构。

互补效应类似于适应性沉淀成本，但它们关注的并不是其所有权结构成为分析对象的公司，而是其他公司和制度。各国通常都会构建一套制度、做法和专业群体，以促进该国的公司结构之运作。公司在更早的 T0 时点设定的公司所有权结构，决定着会生成怎样的制度、做法和技能。

而公司环境的这些方面,反过来又影响着在后来的 T1 时点怎样的结构是富有效率的……

网络外部性也会造成制度或做法持久有效。特定公司的富有效率的所有权结构,或许取决于该国其他公司的所有权结构。运用经济体中的主流形态及市场主体最为熟悉的所有权结构,就会有优势。因而,如果其他公司股权分散,一家公司采用分散的股权结构的成本就更低。

禀赋效应也可能会影响着有效率的所有权结构的特征。在现有股权结构下拥有控制权的主体,可能会影响到他们对此类控制权的估值,后者反过来会影响所有替代性所有权结构的总估值。

推测而言,此类禀赋效应可能使得转变家族所有者集中持股的欧洲式公司、以及经理层治理之下的美国式公司,都更为困难。欧洲的家族所有者,由于掌握了公司控制权,可能对该控制权估价甚高。类似地,美国的公司经理掌控着庞大的公司资产,也会高度估值其地位和权力。在前述任何一种情况下,买卖的价差将相当明显。考虑到现存的控制权结构,这两类群体对控制权的估值,都将高于假定他们不拥有控制权时愿意支付的价格。在存在这种禀赋效应的情况下,此种控制权结构的总体效率,将取决于它们是否一开始就存在着。

这两种替代性结构相对而言各有优劣,因而它们的总体估值大体相当。假定在 A 国与 B 国的 T1 时点的公司规则下,集中的股权与分散的股权的优劣大体上可以互相抵消,因而它们(大体上)效率相等。考虑到从一个结构转向另一个结构会带来交易成本,在每一国家中保持现状是有效率的。[这个例子表明了多重最优带来了有效率的路径依赖。——编者注]。

现在,我们转而运用寻租的理由,来分析 T0 时点的股权结构为什么在 T1 时点仍然具有持续的生命力。由于寻租的原因,所有权结构即便在 T1 时点不再具有效率,可能仍然会维续下去。那些在现有结构中分享了控制权的人,可能仍有动机和能力来阻挠所有权结构的变更。所有权结构的变更经常要求那些控制权人彼此合作。而所有权结构的变更将提高效率这一事实,并不能确保控制权人总是希望发生这件事情。如果变更所有权带来的部分效率收益不是由控制权人获得,而是由其他人获得,这会降低控制权人的私人收益,他们可能会阻挠变更。在这些情况下,原来的结构可能会继续存续下去。

规则驱动型路径依赖

我们认为,公司规则本身具有路径依赖特征。一个经济体在特定时点上的规则,取决于、并且反映了该经济体最初拥有的公司所有权和治理结构。这提供了初始所有权结构影响着后来结构的另一种途径:最初的所有权结构影响着未来的公司规则,后者反过来影响着关于公司结构的未来决策。

假设两个经济体在T1时点拥有类似的经济条件。正如我们在下文将会解释的,A与B在T1时点上拥有的公司规则,或许取决于A和B在更早的时点T0所拥有的所有权结构(因而也取决于公司规则)。也就是说,如果A与B在T0时点拥有不同的所有权结构范式,则其结果它们在T1时点的公司规则也会不同。

就我们的分析目的而言,公司规则制度体系不仅包括传统上界定的公司法规则,而且还包括证券法及调整破产、雇员关系和金融机构的相关法律规范。

假定某个国家的立法者关注的完全是公共利益。即便这样,公司规则可能仍然摆脱不了路径依赖,因为当地高效的法律规则的特征——对于特定的国家而言高效的规则——可能也取决于该国更早时期所拥有的规则和结构。

沉淀成本和互补性也会使得富有效率的安排长期存续。

对于特定的经济体而言,某些规则的路径依赖富有效率,这可能也源于多重最优。

当然,法律也并不总是由那些不受利益集团影响的、关心公共利益的官员制定。利益集团可能也会影响着法律规则的选择,后者有时会导致最终选择或者维持了低效的规则。利益集团的政治的动力,取决于现有的公司所有权范式。

利益集团的动员能力各有不同,同样的,其施加压力以通过有利于他们的法律规则、遏制不利于他们的法律规则的能力也存在差异。集团拥有的资源和权力越大,该集团在政治进程中的影响力往往也越大。这也解释着为什么利益集团的政治会受到现有财富和权力的分布的影响。特别是,现有公司所有权结构影响着不同主体所拥有的资源(以及由此带来的政治影响力),因而也影响着即将选择适用何种规则。故而,每一时点上的公司规则取决于更早时点的经济体中的既有公司结构。

路径依赖经常使不同国家的公司规则各不相同。

对于前述分析的一种可能的反对观点……以全球化为立论基础。该观点认为，日益明显的全球化会使各国不会采用低效的公司规则，因为采用那些规则的国家的经济将受到伤害。

然而，迄今为止，全球化并没有产生此种功效，事实上，这并不令人吃惊。国家可以运用没有效率的规则并保持相当长的时间。事实上，没有一套机制可以确保政治进程只会产生并且延续富有效率的安排。

假如一国法律规则采用了过时的治理制度，那么在国际竞争压力加大的威胁下，这些规则或者适用该规则的公司是否一定会倒闭？它是否会趋于不稳定？答案是否定的。真正重要的是公司能否生产出适销对路的富有竞争力的产品。即使公司的治理结构已经过时，但如果它能够运用其在国际竞争中的优势来弥补其治理劣势，该公司仍然具有竞争力。如果该公司能够以比其他国家的公司更低的价格来偿付固定资产的投入，则它很容易生存下去。或者，国家也可以在其他地方（经济不具有流动性的方面）征收更高的税收，来（直接或者通过更低的税收）补贴该公司。

批判者或许会认为，如果一国选择了低效的法律规则，公司参与方将通过合同来达成高效的安排，从而规避它们。尽管我们也认为，通过合同来规避低效的规则经常行之有效，但它却无法总是奏效。强制性规则经常会使合同谈判无法进行。

公司主体通过"合同来避开"低效的公司制度规则的另一种方式，是在另一个国家重新注册……如果重新注册没有成本的话，公司会迁至法律规则最有吸引力的国家，结果各国都将在压力之下采纳高效的规则，否则它们的公司都会跑到其他国家。

然而，今天，公司离开一个国家到另一国家重新注册的实际情况并非如此。实际情况是，不能仅仅为了选择一套不同的公司规则而选择重新注册，因为它们常常会带来相当多的税负、监管或者其他经济后果。

如果全世界采用了庞大的联邦制度，则各国在公司规则方面的差异将基本消失或者减弱。但迄今为止，这种世界范围的联邦制度从未出现。

另外，即使公司在另一个国家重新注册毫无成本，这样也只能够使公司和公司主体避开那些依赖公司注册地的规则。但调整公司与其利益相关方关系的公司规则体系，还包括诸多不依赖注册地的规则，例如调整破产、银行或劳动合同的规则,这些规则无法通过重新注册而规避掉。

以公共利益为导向的改革如何战胜利益集团政治

那些直接降低了利益集团租金的法律变革,将招致后者最激烈的反对。更容易获得通过的规则,是那些不会直接降低租金、而仅仅是允许变更交易的规则。也就是说,一国可以不强制要求公司接受某一结构,而允许公司各方主体自行选择其治理结构。

某些降低租金的规则也可以获得通过,其原因在于租金的降低是更大的一揽子法律改良的一部分。利益集团有时抗争失败,有时则是因为未能看到有人已经动了自己的奶酪,而另有时候则是在现代化的浪潮中被横扫出局。

因而,公共利益法律的利益集团障碍并非无法克服。然而,值得注意的是,富有效率的法律变革或许能够冲破利益集团的抵制,但他们采取什么方式来达成这一目的,或许仍然取决于现有利益集团的相对力量——因而反过来取决于公司所有权的现有范式。

公司法历史的终结[*]

HENRY HANSMANN 和 REINIER KRAAKMAN

近年来,学界强调了欧洲、美国和日本公司在公司治理、资本市场和法律方面的制度性差异。尽管在公司制度方面的确存在这种种差异,更明显的趋势是趋同,19世纪以来这一趋势一直未曾消停过。公司治理的基本法律——实际上是大多数公司法——在发达市场的法域已经高度一致,而且有可能向单一标准模式趋同。

趋同的历史:公司形式的兴起

19世纪末,商事公司法已经在全球范围内高度趋同,我们必须以这个公认的结论作为论说的起点。彼时,规模庞大的商事企业采用公司形式在所有商事法域成立起来,而且从实质上看,各大法域中,商事企业的功能性核心特征整齐划一,而且延续至现今的公司,它们是:(1)完全法律人格,包括以确定的权能使公司遵守约定,并以公司财产而非所有者财产来担保公司履行合同;(2)所有者与管理者承担有限责任;(3)出资者

---

[*] 本部分内容的重印,获得了以下出版单位的许可:Georgetown Law Journal © 2001, from 89 *Georgetown Law Journal* 439 (2001)。

享有股权;(4)董事会结构下的授权经营;和(5)股份可转让。

这些核心特征(单独或者共同)使得多个所有者能够有效率地组织设立大型公司,后者在发达的市场经济中居于主导地位。

就本质而言,公司的五个基本特征使公司对股东利益高度负责。然而,这些特征并未强行规定公司对其他参与方——诸如雇员、债权人、其他供应商、客户或者社会——的利益如何承担责任。这些特征也没有指明股东之间、特别是控制股东与非控制股东之间的利益冲突如何解决。20世纪大部分时间里,人们一直尝试着运用种种方法来解决这些问题,相关论争亦聚诉纷纭。

股东导向(或者"标准")模式

然而,近年来,有力的证据表明,在主要法域中,学界、商界和政府精英就这些问题逐渐达成共识。这一渐次达成的共识的主要有:股东阶层应握有公司最终控制权;公司管理者应负有义务本着股东利益而经营公司;其他利益相关人,例如债权人、雇员、供应商和顾客,应当通过合同和监管手段、而不是通过参与公司治理来保护其利益;对非控制股东给予有力保护,使其免遭控制股东的盘剥;上市公司股份的市值是衡量其股东利益的主要方法。为了简化起见,我们把认为公司由这些要素构成的观点,称为公司形式的"标准股东导向模式"(或者直接简称为"标准模式")。就公司法对实施这一标准模式的影响而言(而且确实发挥着重要的影响),对于公司妥当行为的共识,不管对于公司法妥当内容所达成的共识,而且也往往深刻地影响着该法之架构。

观念趋同的力量

促使达成标准模式共识的三个主要因素是:替代模式的失败、全球商业竞争压力;以及支持新兴股东阶层的利益集团影响力的变化。

雇员导向模式

在德国,根据1951年在煤炭与钢铁行业率先通过、1952年到1976年逐步拓展至其他行业的法律,所有德国大公司的雇员有权选举(高层)董事会的半数成员。这种"共决制"的德国模式是影响最为深远的雇员参与模式。然而,这种做法却并非独一无二。欧洲许多其他国家已经尝试着采用更多的更为温和的做法,通常要求大公司的董事会为雇员代表留下一至三个席位。

随着德式共决模式的急剧扩张和欧共体拟议公司法第5指令(德式

共决模式凭借该指令，扩张到整个欧洲)的起草，在21世纪70年代，对雇员参与模式的狂热也达至极致……自此以降，作为一种规范性理想模式，雇员参与公司治理模式渐次式微。尽管欧洲第五指令一而再、再而三地被消解，但它从来没有成为法律，而且其他国家似乎也不可能再去采用德式共决原则。

现今，越来越多的人相信，那种实质意义上的雇员通过选举直接参与公司事务的方式，往往会使董事会决策没有效率、陷于瘫痪或者孱弱无力，而这些成本很可能超出雇员参与模式所带来的潜在收益。

今天，即便在德国，认为共决模式乃其他法域的公司法的普适模式的人也寥寥无几了。相反，在德国，为共决模式进行辩护的理由，往往至多认为它之行之有效地适应了地方利益和环境；或者更审慎地说，这种实验尽管在价值上面临争议，现在要将其废除在政治上也有难度。

国家导向模式

二战前后，人们普遍认同社团主义者体系。在这个体系中，政府对大型公司的事务起着重要的直接的作用，以确保私营企业服务于公共利益。并且，该理论还认为，政府的技术官僚体制通过直接干预公司事务，将有助于避免市场失灵。这种理念在战后之法国和日本得到最广泛的实现。

在社团主义者经济中，国家控制公司事务的主要工具已普遍游离于公司法之外。例如，这些工具包括掌握于政府官僚之手的重要专断权——信贷、外汇、许可证之分配权，以及反竞争规则之豁免权。然而，公司法亦起过作用，譬如弱化股东对公司管理者的控制(目的在于减少管理者的压力，后者本来可能在压力之下违背政府偏好而行事)，运用国家实施的刑事制裁而不是股东控制之下的民事诉讼，作为对管理者渎职行为的主要处罚手段(目的在于使政府得以向管理者施加强权，这种权力可在政府专断权的范围之内加以运用)。

然而，国家导向模式的吸引力现在几乎丧失殆尽。其中一个原因在于，整体而言，疏离国家社会主义在知识界和政界成为被普遍接受的模式。此过程中的标志性事件包括20世纪70年代英国撒切尔主义的兴起，20世纪80年代密特朗放弃法国的国家所有权，以及20世纪90年代共产主义在近乎全球范围内的遽然垮塌。1989年以来，由于日本公司行业的业绩相对较差，加之近来其他经由社团主义路线建构的亚洲经济体的分崩离析，今天，该模式愈加备受诟病，也鲜有人会坚持认为，授予国家对公司事务强有力之直接干预会有明显的规范性吸引力了。

趋同的竞争压力

示范的力量

公司治理标准模式取得成功的缘由[之一]在于,该模式占主导地位的国家的经济运行状况良好。对奉行不同模式的国家加以简单比较——至少在最近几年——就可以确信,遵循标准模式带来了更好的经济绩效。与主要的东亚国家和欧陆国家相比,发达的普通法系国家表现良好,而前者偏离标准模式的程度甚于后者。当然,这方面的例子还包括美国强劲的经济表现与德国、日本和法国略逊一筹的经济表现形成了对比。

诚然,有人会提出如下反对意见:股东导向模式的成功只是晚近发生的事情,并且成功有可能稍纵即逝;以前者的成功为基础的显见的规范性共识也将昙花一现。毕竟,仅仅在十五年前,许多人还认为,显然没有采用股东导向模式的日本和德国的公司正在赢得竞争,其原因正在于其采用了更为优越的治理模式。然而,这种对晚近十年来经济竞争性质的解读,很可能是个错误,而且无疑有悖于当下的流行观点。事实上,20世纪60年代、70年代乃至80年代早期所发生的竞争,正是在日本国家导向的公司、德国雇员导向的公司和美国管理者导向的公司之间展开的。股东导向的公司之间的全球竞争直到20世纪80年代晚期才展开。

竞争的力量

随着产品市场与金融市场进一步的全球化,奉行不同治理模式的国家的公司被卷入了直接竞争的洪流之中。同时,人们普遍认为,按照股东导向模式来组织和运作的公司,在这种更为直接的对抗中占据了上风。相比之下,遵循标准模式设立和运行的公司较之更多地奉行其他模式的公司拥有明显的竞争优势。竞争优势包括以更低成本获取股权资本(特别是包括创业资本),发展更为迅猛的新产品市场,拥有更强的激励去整顿决策流程以使管理更为协调一致,并且更快地摒弃无效的投资。

在公司竞争过程中,竞争优势并不意味着采取标准模式的公司总会取代那些遵循其他模式的公司,其原因有二。首先,采取标准模式的公司在许多方面同其他公司一样效率低下。譬如,国家导向模式的日本和韩国公司,在标准化生产程序管理与扩张方面,效率非同寻常,而诸如戴姆斯—奔驰公司与菲利普公司(分别奉行雇员导向模式和管理者导向模式)等德国与荷兰公司在工程技术革新方面的成就举世瞩目。其次,即使遵循标准模式的公司明显比未遵循标准模式的公司运行效率更高,注重节约成本的标准模式的公司可能正因为成本问题而被迫放弃特定市场。而其他模式的效率更为低下的公司可能投资过度、或进行整体回报率畸低的投资,从而以低价赶跑其利润最大化的竞争对手,实现其占领产品市场之目的。但是,在成熟的市场中,倘若采取标准模式的公司的竞争优势并不一定能够赶跑非标准公司,那么正如前文所述的原因,在创业公司、新的产品市场和尚处剧烈变动过程之中的产业中,这些标准公司所占有的份额就可能不相称。

股东阶层的兴起

与上述竞争的力量相伴相随的是,在观念上向标准模式趋同的最后一个源由是,发达经济体中利益集团结构的重大调整。这场调整的核心是公共股东阶层的出现,后者在各个法域的公司和政治事务中,均属具有广泛代表性和强大力量的利益集团。在这场重新调整中,有两大要素突显出来。其一,股权证券的所有者迅速膨胀,在社会生活中产生了一个富有凝聚力的利益集团,对于管理者、雇员与国家等组织化的利益群体产生了越来越大的抵消作用。其二,在膨胀的股东阶层内部,力量对比也发生着变化,支持小股东与非控股股东的力量超过了支持内部人或控股股东的力量。

趋同之薄弱力量

协调

迄今为止,欧盟对公司法跨法域的自觉协同作出了最大努力。然而,此过程证实了趋同的力量相对薄弱;由于成员国公司法之间存在重大差异,协调的努力整体而言收效甚微。而且,协调的议案向来致力于在欧盟全体国家中推行一体化的监管措施,但这些措施的效率本身存在疑问。其结果是,协调的过程有时更多的是一种努力避免适用标准模式,而不是进一步趋同于标准模式的过程。

鉴于这些原因,上文描述的趋同的其他压力,往往比在协调方面付出的种种看得见的努力,成为了趋同的更为重要的力量。我们料想,一旦采纳标准模式的共识已经足够多了,协调最多是一种方便的说法,用于驳斥个别国家中抵制公司法变革的顽固的利益集团。

吸引公司注册的竞争

美国公司注册的州际竞争经验表明,公司注册的跨境竞争可以成为公司法趋同、特别是向富有效率的公司法模式趋同的强大推动力。然而，看起来貌似可信的是,此种形式的竞争所需要的法律规则选择机制,只有在发生了重大趋同之后,才可能为绝大多数法域所接受。我们预期,在绝大多数国家明确认可公司注册的跨境竞争之前,以趋同为目标的绝大多数重要步骤,可以、而且将会相对迅速地推进,而各国随后认可跨境竞争的过程,最终至多成为议定趋同方案各种细节,以及随后持续进行小型实验及调整的过程。

公司论理实践的趋同

迄今为止,我们已经尽力去解释在理念上向公司治理标准模式趋同的力量源泉。我们的本论停留于规范层面;我们认为,公司治理标准模式没有重要的竞争对手,这一观点今天仍然很有说服力。这一看法与各法域在公司实践与法律方面的短期的显著差别一脉相承;理念上的趋同并不必然意味着在实践方面迅速趋同。即使对于何为最佳做法存在普遍共识,要在制度层面迅速趋同,仍然存在诸多潜在障碍。然而,我们相信,关于标准模式的理念共识不断增长,从长远来看,对于各国在法律和实践方面的趋同,将会产生重要的影响。

我们预测,公司治理实践的变革通常会早于公司法的修订,原因至为简单,即公司治理实践主要是私人秩序,并不需要立法行动。绝大多数发达国家与许多发展中国家近期发生的诸多事件证实了该预测。受上述理念和利益集团变化的影响,公司治理变革不仅在北美、而且在欧洲和日本,都成为时下流行的话语。公司主体自身也积极实施结构性变革,以使其公司更接近于标准模式。

法律趋同

公司法良好结构的趋同要慢于公司治理实践的趋同,这一点不足为奇。法律的变革要求采取立法活动。然而,我们期待股东的压力(以及股东导向的理念的影响力)能迫使法律逐渐发生变革,而且这种变革主要以英美国家的公司法和证券法为导向,但又并非完全如此。已经有重要的迹象表明,在董事会结构、证券监管、会计方法以及甚至在公司收购监管等领域,呈现了逐渐趋同的态势。

董事会结构

董事会结构趋同的结果是,从双层董事会转向了中间路线:一方面,双层董事会自身看起来已渐如明日黄花,采用单层董事会结构的国家在其自身制度中,引入了典型的双层董事会制度所具有的一种优势,也就是说,它赋予独立(外部)董事相当大的权力。

披露和资本市场监管

今天,在主要的商事法域中,公众公司的强制性披露的内容惊人地相似。

类似地,各国在会计准则和做法方面的互相学习和借鉴,迅速生成了统一的会计准则,后者体现为两套明确的国际准则:美国财务[会计]标准委员会执行的公认会计准则(GAAP)和伦敦的国际会计准则委员会执行的国际会计准则。尽管这两套竞争性国际准则之间仍然存在重要差异,但与美国公认会计准则和新国际准则实施之前的各国会计方法相比较,差异已经大为缩小了。而且,只要单一的全球会计准则能够节省经济成本,这两套国际准则也往往会进一步趋同。

股东诉讼

此前认为股东起诉董事和管理者起不到作用的国家,现在也接纳该制度了……与此同时,美国法律对于潜在的机会主义诉讼的强烈动机实施遏制,从而回到了中间地带。

收购

公司收购的规则看起来也呈现了趋同之势。实际上,收购规章的当前差异比真实的状况更为明显。在英美法域之外敌意收购极为鲜见,主要是因为这些法域之外的公司持股更为集中。随着持股模式愈加同质化(我们预期如此)以及各国的企业文化愈来愈接纳公司收购行为(看起来注定如此),可以想见,欧洲、日本与其他国家的收购规则更趋一致。

尽管我们无法预期平衡点在什么地方,但仍然可以合理推测,大西洋此岸与彼岸的法律最终会向某一制度趋同。

法官自由裁量权

人们感觉公司法趋同步伐缓慢的一个常见的方面是,在公司争端的事后解决方面法官自由裁量权的大小。很久以来,在英美法系国家、特别是在美国,法官的自由裁量权比大陆法系国家大得多。尽管如此,我们仍然有理由相信,随着时间的推移,不同法系之间在这方面也将明显趋同。看起来,大陆法系国家无论是在法院裁决还是在仲裁方面,均正在转向自由裁量空间更大的模式。美国的证券法彰显着市民精神,而且证券交易委员会(SEC)颁布的细致规则将其体现得淋漓尽致。

趋同的潜在障碍

确实,向标准模式趋同的运动会威胁到许多重要的利益,而且可以预想,那些利益会阻碍着改革。然而,我们怀疑这些利益能够长期阻断越来越多的标准模式共识所呼唤的改革。

譬如,请考虑一下 Lucian Bebchuk 和 Mark Roe 的著名观点,即公司控制者(指控制股东或者强势管理者)攫取的私人利益会长期阻碍富有效率的所有权结构、治理实践和公司法的演变。

但这种悲观想法似乎不足为据。如果正如越来越多的共识所称,股东导向的标准治理模式会最大化公司价值,那么,以经济利益为主要驱动力的控制股东或许并不愿意一直控制公司。而且,即使内部人员保持控制权的主要动因在于非金钱因素,久而久之,他们所控制的公司在其自身国家、以及在国际市场上,经济影响力将逐渐消失。

攫取剩余价值的交易

首先,考察一下希望最大化其金钱回报的控股股东("控制人")。假定现行法律允许控制股东谋取巨额个人利益,而且公众股东被排除在外。可以预计,这些控制人只有在获得能够满足其私益的溢价时,才会转让其股份,他们会抵制任何降低那些回报价值的公司治理改革。然而,他们将自身回报凌驾于公司回报基础之上这一事实,并不表明他们会拒绝采用能使公司价值最大化的治理制度或所有权结构。Bebchuk 和 Roe 得出结论称,控制人无法从促成富有效率的公司治理中获益,但这一结论过于草率了。

然而,如果法律的实施是有效的,低效率的行为本身会带来强有力的金钱激励以追求更有效率的所有权和治理结构。当股价被充分抑制时,任何人(包括控制人自身)都可以通过引入更有效率的治理结构而获得净收益。因此,能够攫取这绝大多数或者全部效率收益的控制人,从中获得的私人利益甚至超过了他们从治理羸弱的公司中获得的不成比例的利益。另外,控制人至少可以通过以下两种方式来获取效率收益:(1)以反映着潜在效率收益的溢价,向愿意并且能够以非剥削治理规则来运行公司的买方或者买方群体,卖出股份;或者(2)(以低价)买断少数股东的股份,并且作为唯一的所有者经营他们的公司,或者将公司整体转售给所有权结构富有效率的购买者。

然而,为了使控制人能够攫取这些效率收益,富于效率的结构性重组必须在法律上行得通:也就是说,法律制度必须提供渠道,重组后的公司可藉此恪守良好的公司治理实践。有几种方式可以实现这个目标,而且不会威胁尚未着手公司重组的控制人的私人收益。一种方式是,提供任意性的公司法和证券法规则,后者比现行法律更加注重小股东保护。例如,允许公司将其股份在股东保护规则更为严格的外国交易所上市。另一种方式是直接将股东保护条款写入重组后的公司章程之中。

因而,即便是谋求自身经济利益的控制人也有动机去创建一套法律制度,在这套制度中,公司至少有机会去选择富有效率的安排。在我们今天看来,这套安排即为股东导向的安排。一旦此种(任意性)富有效率的安排建立起来,而且许多现有的盘剥型公司已经利用该制度完成了有效率的重组并从中获利,那么希望维持盘剥非控股股东的旧有公司体制、哪怕是希望将其保留为一种选择的利益集团,在数量上也将大为减少。

看起来,Bebchuk 和 Roe 认为这种情形不会发生,因为法律会迫使控股股东与非控股股东平等分享公司重组的收益,从而抑制其开展富有效率的公司重组。然而,更为可信的是,假定在控制人能够从公司日常营运中攫取大笔私人收益的法域中,法律会允许控股股东(通过诸如排挤式合并和强迫式收购要约等技术)获取与富有效率的重组相关的收益。简而言之,如果当前的控股股东感兴趣的仅仅是最大化金钱回报,则我们可以预期,会有着明显的压力促使其采纳富有效率的法律规则。

希望打造帝国的控制人

然而,控股股东并非总是希望最大化其金钱回报。相反,他们可能希望获得的是非金钱回报,我们认为,这种情形在欧洲经常发生。

上文所描述的提升效率的控制权交易,对于这类控股股东而言,或许几乎没有任何利益可言,因为公司重组可能要求他们放弃公司控制权,进而放弃他们运用非控股股东的金钱而获取的非金钱回报,以及运用自身投入于公司的资本而获得的非金钱回报。因而,与只存在经济动机的控制人相比,那些看重非金钱收益的控股股东采纳富有效率的公司法律结构的激励更弱。

因而,拥有非金钱动机的控制人掌控下的公司数量众多的国家,相对而言,比其他国家更感受不到采用标准模式的公司法的压力。然而,即使在那些国家(可能包括诸多西欧国家)中,在相对不远的将来,向标准模式靠拢的压力可能会增大到无以抵制的程度。在这里,我们简要地谈几点原因。

内部人的政治权势并不足以保护他们

首先,追求非金钱回报的公司的利润率低下,往往不太可能将其所有者推举为该产业的控制者。而只要这些公司的所有者补贴生产效率低下的行为,则相对于那些新公司或者成熟公司的投资者(他们致力于提升股东价值或者将公司卖给努力提升股东价值的人)而言,他们会越来越穷,最终的结果是,其经济和政治影响力将逐渐转移给后者。

那些维持公司和法律保护现状的内部人将越来越被边缘化

最后,即便在某一特定的国家中,居于支配地位的公司控制人在某一时期成功地阻挠了改革,它们往往在本国经济体、世界经济体或者在两者中越来越边缘化。在本国,正如我们前面提及的,新公司公募股本、新产品融资的合同条款往往也主要采取标准模式。如果小投资者没有得到充分的保护,往往无法吸引风险资本投资,公司的首次公开发行往往也会走向失败。另行创建一套只适用于新公司的标准模式的制度体系,既提供了此种保护措施,又不影响更老的既存的公司。

有效率的非趋同

并非公司法律制度的所有差异都没有效率。出于适应当地社会结构或者事出偶然,公司法律制度的差异有可能富有效率。无论是出于逻辑还是竞争,都不可能产生强大的压力来消除此种形式的差异。因而,这种差异会在相当长的时期内存在。然而,尽管发生变化的速度更为缓慢,我们仍有理由相信,这种有效率的差异的领地,正如没有效率的差异的领地一样,将以相对较快的速度缩减。

注释及问题

1. LLSV 关于普通法系国家的重要发现是:它们(1)通过公司法和证券法向投资者提供了最多的保护;(2)拥有最为宽广的证券市场;(3)拥有最为分散的公司所有权结构。他们还表明,各国为屡弱的投资者保护构建了替代机制,例如强制分红和更高的所有权集中度。他们认为,投资者保护与对各国公司的估值呈正相关。他们论述了这么多,归结为一点,就是"法律很要紧。"在他们看来,大量的拥有普通法传统的国家,金融市场发展水平更高,这表明,普通法为经济增长和繁荣带来了更多的机会。

LLSV 的研究催生了大量的家庭作坊式的实证研究,这些研究运用着

LLSV 的变量,但对于这些变量本身有着相当多的不同意见。法律学者、特别是那些工作于大陆法传统的国家的法律学者,或者最为熟悉大陆法传统的法律学者,对于 LLSV 构建的投资者保护指标(本章最初的文献摘要中讨论过这些指标,根据这些指标,大陆法系国家的绩效弱于普通法系国家),提出了批评。在众多的批评声中,一种意见认为,LLSV 的指标对法律制度的关键构成要素进行了错误的分类,并且对其指标中的构成要素所赋予的权重不足。例如,参见 Detlav Vagts, "Comparative Company Law-The New Wave," in R. Schweizer, et al., eds., *Festschrift für Jean Nicolas Druey zum 65 Geburtstag 595* (Zurich: Schulthess, 2002)。本着此类批评,Holger Spamann 针对公司法规定的股东权利,构建了一套修订后的指标,对于本章概述的 LLSV 于 1998 年研究的 46 个国家中的 33 个国家,得出了不同的评级,而且其运用修订后的指标所进行的分析,也得出了与 LLSV 不同的发现。Spamann, "The 'Antidirector Rights Index' Revisited," 23 *Review of Financial Studies* 467 (2010)。正如 La Porta 等人在本章的第二部分文献摘要中提及的,为了回应 Spamann 以及其他批评意见,在研究中(基于法律的实施和程序的复杂性)剔除那些区分普通法系国家和大陆法系国家的其他简单的指标,得出的结论并没有改变他们关于普通法传统的任何研究发现。

另一项批评意见是,大陆法系国家包含着发达国家(例如,法国)、新兴市场国家及不发达国家(例如,非洲的国家);他们担心的地方在于,LLSV 关于大陆法传统的不利的研究发现反映的是欠发达国家,而法国的金融市场及经济繁荣度与其他法律家族的发达国家相同。关于主流发达国家(法国、德国、英国和美国)股东保护的其他大量措施的研究,并没有得出与 LLSV 的以下结论相同的发现:普通法系国家更好地保护了股东利益,因而其股票市场也更为发达。例如,参见 Sonja Fagernas, Prabirjit Sarkar and Ajit Singh, Legal Origin, Shareholder Protection and the Stock Market: New Challenges from Time Series Analysis, in K. Gugler and B. Yurtoglu, eds., *The Economics of Corporate Governance and Mergers* (Cheltenham UK: Edward Elgar, 2008)。近期关于 LLSV 的研究的分析,参见就"法律渊源评估"这一主题召开的研讨会所发表的见解,研讨论文结集发表于 *Brigham Young University Law Review* (volume 2009, issue 6)上的文献。

2. 学者们试图运用不属于股东保护函数的普通法特征,来解释 LLSV 所认定的普通法系国家与金融业更为发达之间的关系。例如,Paul Mahoney 认为,"法律渊源通过金融之外的途径影响着经济增长",他还认为,两者之间之所以存在此种联系,其根源在于,普通法传统的国家对于政府作用的见解与大陆法系国家不同,前者强调有限政府、司法独立,以及与此相关的是,保障产权和合同权利。他运用那些特征——司法独立、有限政府(民权的范围)、产权和合同权利——的函数展开分析后发现,解释着真实的人均 GDP 增长的因素是那些变量,而不是法律渊源。Mahoney, "The Common Law and Economic Growth: Hayek Might Be Right," 30 *Journal of Legal Studies* 503 (2001). 相反,Mark Roe 强调了大陆法系国家中利益相关者的重要性,从而对 La Porta 等人的发现提供了政治学解释。这一观点与他和 Lucian Bebchuk 合作的文献对于不同法律制度的差异是否长期存续的分析一脉相承。Roe, "Political Preconditions to Separating Ownership from Corporate Control," 53 *Stanford Law Review* 539 (2000). 在本章第二部分的文献摘要中,LLSV 整合了 Mahoney 的分析并反驳了 Roe 的见解,从而作出了回应。它是否具有说服力?

3. 在传统上,文化一直被当成是法律制度和法律实践存在差异的原因。然而,LLSV 却发现,文化变量(例如信仰和态度)在解释治理机制(例如债权人权利的力度)的差异时,解释力却不如法律渊源。因而,他们认为,法律渊源带有某些超越法律之外的因素。虽然比较法文献的 LLSV 分支并不强调文化变量,但仍然有许多比较法学者更为细致地研究了法律和文化因素与发展之间的关系,尽管这两者的影响难以区分。这方面的专题论文集,参见"The Economic Performance of Civilizations: Roles of Culture, Religion and the Law" in the *Journal of Economic Behavior and Organization* (volume 71, issue 3, Sept. 2009). 另外,Amir Licht, Chanon Goldschmidt 和 Shalom Schwartz 在一系列论文中,采取了与该次研讨会的论文相比更为贴近 LLSV 的方法,并把根据跨国调查数据所构建的文化变量加入 LLSV 所运用的变量之中。他们发现,各国所属文化群落的差别与其公司治理制度的差异息息相关,但该文化群落与法律渊源并未彻底重叠。Licht, Goldschmidt and Schwartz, "Culture, Law, and Corporate Governance," 25 *International Review of Law and Economics* 229 (2005).

Licht 等人发现,"和谐"的文化导向在解释 LLSV 的诸多公司治理指标的国别差异时,具有相关性。在这方面所进行的一项有趣的比较是美国和日本之间的对比,因为美国在二战后把大量的正式法律制度推行到了日本,但这两个国家的实际做法却经常差别很大,例如诉讼发生的频率就大不相同。人们传统上运用文化来解释这些差异,强调指出日本社会高度重视"和谐"的价值。例如,参见 Eduardo Recio, "Note, Shareholders' Rights in Japan," 10 *UCLA Pacific Basin Law Journal* 489 (1992). 而若干比较公司法学者则对美日之间的差异,提供了完全不同的解释,该解释与经济利益而不是文化有关,也就是说,与影响着个人激励的成本与效益的制度差异有关。例如,Mark West 解释道,美国和日本的法律规则尽管类似,但在历史上,日本的股东派生诉讼发生率低于美国,其原因并不在于诉讼的文化诱因存在差异,而是因为制度障碍使得在日本提起诉讼的成本更为高昂。正如他表明,当日本法院的裁决以及相应的规则变更改变了诉讼的成本与效益的计算、从而降低了诉讼成本时,股东诉讼大幅攀升。West, "The Pricing of Shareholder Derivative Actions in Japan and the United States," 88 *Northwestern University Law Review* 1436 (1994). 有一项针对日本法律的有趣而全面的研究,冷静地将经济分析运用于解释美国和日本之间的差异,参见 J. Mark Ramseyer and Minoru Nakazato, *Japanese Law: An Economic Approach* (Chicago: University of Chicago Press, 1999).

4. LLSV 的作品对真实世界产生了显著的影响:国际货币基金组织和世界银行等国际机构,把改善公司治理作为一项向新兴市场国家提供融资的关键政策条件。针对那些机构将普通法的公司范式运用于新兴国家的批评,例如,可参见 Erik Berglof and Ernst-Ludwig von Thadden, "The Changing Corporate Governance Paradigm: Implications for Transition and Developing Countries," in *Annual World Bank Conference on Developing Economies* (Washington, D. C.: World Bank, 1999); 以及 Ajit Singh, A Singh and B Weisse, "Corporate Governance, Competition, the New International Financial Architecture and Large Corporations in Emerging Markets," ESRC Centre for Business Research, University of Cambridge Working Paper No. 250 (2002).

5. LLSV 评价一国投资者保护水平的变量,已被用于分析大量的国别差异。例如,Jeffrey Wurgler 发现,在投资者保护程度更高的国家,资本实现了更有效率的配置,即成长中的产业获得了更多的投资,而衰落中的产业获得的投资则正在下降。Wurgler, "Financial Markets and the Allocation of Capital," 58 *Journal of Financial Economics* 187（2000）. 另外, Luzi Hail 和 Christian Leuz 发现, 公司融资成本较低的国家, 按 La Porta 等人的证券法实施指标来衡量的投资者保护水平更高, "法治"变量（与 LLSV 的股东权利变量相关）分值也更高（这一相关性更弱一些）。Hail and Leuz, "International Differences in the Cost of Capital: Do Legal Institutions and Securities Regulation Matter?," 44 *Journal of Accounting Research* 485（2006）. 此类发现对于注释 1 探讨的 LLSV 构造的投资者保护变量的争论, 有什么影响? 如果正如一些学者所认为的, LLSV 的指数在衡量投资者保护水平方面存在重大错误或者充满噪音, 我们是否有可能发现此种影响? 这些发现是否支持着 Mahoney 对于 LLSV 的发现的制度解释, 或者 Roe 对于后者的政治解释?

6. John Armour 和同事运用了一套更为复杂的投资者保护指标, 对一个更长的时间框架（1995—2005）进行了研究, 从而重新研究了 LLSV 的以下观点: 在保护股东利益方面, 普通法系国家比大陆法系国家做得更好, 因而前者的资本市场比后者更为发达。他们得出了三大发现: 其一, 十年来, 普通法系国家在保护股东利益方面, 比大陆法系国家做得更好; 其二, 随着时间的推移, 普通法系国家和大陆法系国家在这方面的差距逐渐缩小; 其三, 股东保护的水平与股票市场的发展水平并不存在正相关。Armour, et al., "Shareholder Protection and Stock Market Development: An Empirical Test of the Legal Origins Hypothesis," 6 *Journal of Empirical Legal Studies* 343（2009）. 该研究采用的股东保护指标不同于 LLSV 的研究的是, 它引入更多（十项）因素, 并且对每项因素赋予主观权重, 而不像 LLSV 根据"有或者没有"得出 0—1 分, 从而以非法定的方式来计算其存在值。另外, 本项研究还追踪了变量值在十年中的变迁。进而言之, 与 LLSV 的指标不同的是, Armour 等人以英国、而不是以美国的良好公司治理规则作为基准。你会选择哪个股东保护的指数? Armour 等人的方法——法律学者对于指标的构成要素赋予主观权重, 是否优于 LLSV 采取的更为技术化的 0—1 分的做法? 第 6 章摘自 Bhagat 等人的文献关于公司层面的公司治理指数的批评, 能否适用于国家层面的指数?

衡量股票市场发展状况的指标是市值占 GDP 的比重、股票交易值占 GDP 的比重、股票市场的换手率以及每百万人拥有的本国上市公司的数量。Armour 等人不仅没有发现股东保护水平与股票市场发达程度呈正相关,而且其中一项指标,即上市公司的数量实际上与股东保护水平呈显著的负相关。为了分析该关系,他们在进行了随机检验之后得出结论称,治理规则与金融市场的发展状况并不存在这种关系。对于这一发现,他们提供了两个解释。第一,他们认为,该发现表明,更为严格的公司治理规则并不一定会增强效率,因为它们看起来会使公司走向退市。正如他们提及的,这一结论吻合于以下发现:正如摘自 Mulherin 的文献、以及第 9 章 A 部分注释 18 所探讨的,《2002 年萨班斯—奥克斯莱法》产生了不利影响。第二,他们认为,将普通法的治理机制移植到大陆法制度之中,未必行之有效。其原因在于,在这项研究所涵盖的时间框架内,不同的国家广为运用的两项股东保护措施——独立的董事会和强制性收购要约(打算获得公司 30% 股份的收购人必须买入所有股份),发端于英国,而且在其(以及其他普通法系国家)所有权分散的体制下有力地保护了股东利益,但在大陆法系国家盛行的股份所有权集中的体制下,这两项措施却收不到类似效果。在这方面,他们解释道,在这种体制下,那些规则被"相对迅速地采用"恰恰证明,它们"有益于、或者至少不会损害现在的大股东",因而固化了现状,而不是造就了更有活力的股票市场。应当提及的是,LLSV 与 Armour 等人的发现存在差异的一种解释是,这两项规则都没有纳入 LLSV 的股东保护指标("对抗董事的权利"指标)。有关比较公司法的研究表明,当运用不同的指标时,股东保护水平与外部融资机制的发达程度之间的关联度存在相当大的差异,这意味着什么?

Armour 等人发现,普通法系与大陆法系之间的公司法实体内容的差别正在缩小,这一发现与 Hansmann 和 Kraakman 的以下观点相一致:法律制度与公司形态正在向英美公司法模式趋同。正如 Armour 等人所称,"法律渊源的遗产对于全球的趋同,并没有形成很大的掣肘,至少在成文法层面上是如此。"他们对于股票上市和投资者保护的反向关系的第二种解释,也就是"低效的移植"的解释,比趋同的假设更为吻合 Roe 和 Bebchuk 的假设?(提示:它是否意味着,如果法律的变革将会改善少数股东的保护,则大股东将会抵制这一变革?)它是否使得低效的移植解释(也就是说,增强股东的保护或许降低了生产率)在解释这一数据时,或多或少地比其他解释更有说服力?

7. LLSV 的发现对于公司的战略决策(例如兼并方的选择或者股票

交易所的上市)有没有影响?如果有的话,有什么影响?例如,如果目标公司所在国家的治理制度比收购人所处的国家更为糟糕,则收购人能否增进目标公司的价值?或者公司管理者可以选择在投资者保护水平高于本国的交易所上市,从而增进公司价值?试着考虑以下两项研究得出的数据,来分析这些问题,这些研究运用了 LLSV 关于一国的股东保护水平的指标。Stefano Rossi 和 Paolo Volpin 研究了跨境并购,并发现目标公司所处的国家的股东保护水平通常低于收购方所处的国家。Rossi and Volpin, "Cross-country Determinants of Mergers and Acquisitions," 74 *Journal of Financial Economics* 277 (2004)。这一发现与 Hansmann 和 Kraakman 的趋同假设有什么关系(提示:跨境并购看起来使公司选择退出了孱弱的治理机制)? Marco Pagano, Alisa Röell 和 Josef Zechner 研究了在境外股票交易所上市的情形后发现,总体而言,投资者保护水平最差的国家的公司,往往比其他国家的公司更可能在境外上市。Pagano, Röell and Zechner, "The Geography of Equity Listing: Why Do Companies List Abroad?," 57 *Journal of Finance* 2651 (2002)。公司的股票交易所上市地选择,与第 3 章讨论过的公司注册州际竞争的住所地选择,是否相类似?相应地,这些数据与 Romano 在第 9 章中所称的证券监管的竞争不会导致"奔向低端"的观点是否一脉相承?

8. 诸多文献试图解释,为什么历史上大量的公司在美国证券交易所交叉上市(尽管在 21 世纪的第一个十年里,该趋势明显下降,在非美国的交易所交叉上市的外国公司占更大的比例)。Gordon 就纽约证券交易所禁止双重类别股份的规则所做的解释是,在该交易所上市即意味着作出了可信的承诺,与此种解释相类似的一种著名的法律导向的解释是,通过在美国交叉上市,外国公司自己"保证"或者承诺遵守更为严格的美国证券法律制度的规定,特别是遵守违反证券法所可能引发的责任(在其他国家更为少见的监管行动及私人集团诉讼),同时遵守有利于执法的更高披露要求。例如,参见 John C. Coffee, Jr., "The Future as History: The Prospects for Global Corporate Convergence in Corporate Governance and Its Implications," 93 *Northwestern University Law Review* 641 (1999)。Hansmann 和 Kraakman 论及,与其他法律规则表面上相当离散不同的是,公司法呈全球趋同态势,而交叉上市是不是全球趋同的一种替代机制?外国公司在美国交叉上市的保证解释,与 LLSV 关于法律规则和外部融资的假设有什么关系？数据表明，SEC 绝少针对外国公司发起执法行动，这是否会削弱"保证"解释的力度？有关这方面的数据的文献，参见 Natalya Shnitser, "A Free Pass for Foreign Firms? An Assessment of SEC and Private Enforcement Against Non-U. S. Issuers," *Yale Law Journal* (forthcoming 2010); Jordan I. Siegel, "Can Foreign Firms Bond Themselves Effectively by Renting U. S. Securities Laws?," 75 *Journal of Financial Economics* 319 (2005). 数据显示，一些在美国证券交易所上市的外国公司如果在其本国上市，受到的监管将更为严格，这意味着什么？参见 Amir N. Licht, "Managerial Opportunism and Foreign Listing: Some Direct Evidence," 22 *University of Pennsylvania Journal of International Economic Law* 325 (2001)（该文描述了在关联方交易和高管薪酬方面，SEC 对于外国公司采取相对于本国公司更为宽松的披露要求，从而使得以色列的公司选择在美国证券交易所上市以规避特拉维夫股票交易所更高的披露要求）；以及 Amir N. Licht, "Cross-Listing and Corporate Governance: Bonding or Avoiding?," 4 *Chicago Journal of International Law* 141(2003)（对于有关以色列现象的观点予以了概括）。

在整个 20 世纪 90 年代，在美国证券交易所交叉上市的外国公司，与没有交叉上市（以及在美国之外的交易所交叉上市）的外国公司相比，收获了股票市场的溢价。一些学者认为，这种现象证明，交叉上市的"保证"解释比一些传统的解释更有说明力，后者包括交叉上市是为了筹集资本或者增加本公司在外国产品市场的知名度等等。例如，Craig G. Doidge, Andrew Karolyi and René M. Stulz, "Why Are Foreign Firms Listed Abroad in the U. S. Worth More?," 71 *Journal of Financial Economics* 205 (2004). 研究文献中的发现表明，在《萨班斯—奥克斯莱法》颁布之后，交叉上市的溢价效应下降了，这是否弱化了"保证"假设？或者这项证据与注释 6 提及的 Armour 等人的"更严苛的治理措施降低了效率"的假设、以及第 9 章的文献对该法律的批评一脉相承？对于"保证"解释的一项近期的挑战，参见 Kate Litvak, "The Relationship Among U. S. Securities Laws, Cross-Listing Premia, and Trading Volumes" (manuscript 2009), available at http://ssrn.com/abstract = 1443590。Litvak 发现，交叉上市的溢价与美国股票市场的波动、以及公司股票的交易量息息相关。溢价的峰值及美国股票市场泡沫的峰值出现于 2000 年，在上市之后的六年里也呈下降态势,而且逐渐消逝。这些数据是否能够与保证解释协调一致? 这些数据对于 LLSV 的分析有何影响?

9. LLSV 从国家制度层面进行了比较公司治理的实证研究,除了此种研究范式之外,与前面数章讨论的针对美国公司的研究同步进行的是,诸多研究还分析了具体国家中非美国公司的治理和绩效之间的关系。关于这方面的文献全面梳理——当然仍处于较为肤浅的水平——参见 Diane K. Denis and John J. McConnell, "International Corporate Governance," 38 *Journal of Financial and Quantitative Analysis* 1 (2003).

10. 摘自 Black 和 Kraakman 的文献试图为法律及市场机制尚处初创阶段、因而法律实施相对孱弱的国家(例如苏联、东欧等前共产主义国家或者新兴经济体)构建一套公司法。所以,他们努力去创设"自我实施"的法律规则,以把各方主体寻求法院救济以解决争端的需求降至最低,或者直接规定法院必须做什么,以避免由第三方主体作出判断。这种制度的哪些方面可能仍然会酿成诉讼? 如果一套法律制度、以及它规定的权利无法实施,这套制度能否有效地保护公司主体的权利? 如果公司章程或者投资合同包含着可以选择国际仲裁法院的争端解决条款,则它是否比自我实施的法律更有利于保护公司主体的利益? 关于经济发展与建立合同履行的正式机制(例如,国家或者第三方)与非正式机制必要性的关系的探讨,参见 Michael Trebilcock and Jing Leng, "The Role of Formal Contract Law and Enforcement in Economic Development," 92 *Virginia Law Review* 1517 (2006). 他们认为,随着经济体开始增长,而且位于"发展曲线"的上方之时,由于资产专用性投资越来越多,重复交易关系之外的复杂交易越发频繁,更有必要采用更多(通过国家或者第三方)的正式实施机制,非正式的或者自我实施的机制也不再能够取代它们。这种分析与 Black 和 Kraakman 关于发展中国家公司法自我实施合同路径的分析是否一致? 它与第 1 章 Oliver Williamson 的公司理论是否一致? 该理论关注的是,合同主体为达成交易并保护其投资者,什么时候需要像公司这样的复杂治理机制? 或者该分析自成一体?

11. Daniel Berkowitz, Katharina Pistor 和 Jean-Francois Richard 认为,识别何时法律移植行之有效的关键在于,区分自愿采纳的法律规则和外部强加的(例如,通过殖民国家)法律规则。另外,他们认为,在众多外部强加的法律移植中,"被接受能力强"的移植往往更能够取得成功,也就是说，如果被殖民的国家此前的法律文化与殖民者的法律文化更为兼容，因而本土人士更为熟悉、因而更能够运用植入的规则，则移植更容易取得成功。Berkowitz, Pistor and Richard, "The Transplant Effect," 51 *American Journal of Comparative Law* 163（2003）。LLSV 的研究关于法律渊源与法律的有效实施之间呈正相关的发现，认为他们的分析存在缺陷，而他们则提供经验证据来证明他们的观点比 LLSV 的观点更为合理，因为他们发现，在解释有效法律制度（也就是说，法律获得有效实施）的增长方面，移植的来源（以及其可接受性）比法律渊源更为重要。反映着有效司法、法治、没有腐败、撕毁合同的风险低下、政府征收的风险低下的调查数据，以及复合这些因素的指标，可以用来衡量法律制度的有效性。这一研究对于 Black 和 Kraakman 的观点会产生什么影响？外国的专家顾问创设的制度安排，更接近于殖民者强加的法律制度，还是更接近于自愿采纳的制度？

12. 看起来 Black 和 Kraakman 认为，在其参与法律起草的新兴国家中，内部人控制的重要性高于发达的欧洲国家（绝大多数公众公司拥有控股股东），其原因何在？Bebchuck 和 Roe 关于发展中国家的公司法的政治分析，是否与此相关？

13. 在分析哪些制度是国家创建强健的资本市场所必需时，Black 认为，法律实施中的监管制度发挥着关键的作用。这种方法与他和 Kraakman 分析新兴市场国家的公司法的关键特点所遵循的方法，是否协调一致？如果一个国家缺乏有效的证券法，则该国公司法在促进商事运营和交易方面能否行之有效？人们是否能够区分公司法与证券监管中的股东保护措施——这些措施对公司的经营活动产生了程度不一的重要影响——对于经济增长的作用？对于那些母国证券监管措施不力、因而资本市场较为贫弱的公司而言，在更为发达的国家的证券交易所上市，是不是一种更为有效的筹资选择？对于拥有新兴市场经济体的小国而言，照搬发达国家的监管架构，而不是发展完善其自身的监管制度，并且鼓励母国公司在其他地方注册和上市，是不是一种成本更低、且更为有效的方式？有人建议，在对外国银行的本国分支机构实施监管时照搬外国银行的监管规则，参见 Howell Jackson, "Selective Incorporation of Foreign Legal Systems to Promote Nepal as an International Financial Services Center," in C. McCrudden, ed., *Regulation and Deregulation: Policy and Practice in the*

Utilities and Financial Services Industry（Oxford：Clarendon Press, 1999）。

14. Hansmann 和 Kraakman 描述了由雇员和股东选任代表组成的德国董事会共决模式被其他一些国家所移植，但该制度本身却是一场失败，这与第5章中 Williamson 提出的有效治理要求董事会单独向股东负责的要求是否相一致？如果 Hansmann 和 Kraakman 的观点是错误的，而且各国和公司正在向股东导向的公司模式趋同，则这是否意味着 Williamson 的分析是错误的？

15. 20世纪90年代，人们普遍认为，与美国公司的股东导向不同，日本公司注重"长期"企业价值，两者之间的差异经常解释为路径依赖。例如，Michael E. Porter, "Capital Disadvantage：America's Failing Capital Investment System," 70 *Harvard Business Review* 65（Sept. -Oct. 1992）。然而，Steven Kaplan 分析了日本公司的管理层人事更迭及薪酬状况后发现，它与美国公司的股东导向的绩效标准相类似。Kaplan, "Top Executive Rewards and Firm Performance：A Comparison of Japan and the United States," 107 *Journal of Political Economy* 510（1994）。Steven Kaplan 和 Mark Ramseyer 认为，这些数据与国别差异的路径依赖解释并不一致。Kaplan and Ramseyer, "Those Japanese Firms with their Disdain for Shareholders：Another Fable for the Academy," 74 *Washington University Law Quarterly* 403（1996）。你认为，Kaplan 的数据是否能够支撑 Hansmann 和 Kraakman 的趋同理论？

16. 对于注释3探讨的"文化是否影响着法律规则"这一问题，趋同会带来什么影响？或许应当反过来问这一问题：注释3中提及的 LLSV 和 Licht 等人的研究关于文化、法律渊源及治理制度的不同发现，对于 Hansmann 和 Kraakman 以及 Bebchuk 和 Roe 关于趋同的论争，会带来什么影响？

17. Bebchuk 和 Roe 对于以保护股东为导向的治理制度的全球趋同，持悲观看法。根据他们的分析，政治上强势的既得利益群体，例如受益于孱弱的少数股东保护机制的控股股东，会成功地阻挠改革。有没有别的办法既能够完成制度变革，又可以使改革为既得利益者所接受？例如，第3章B部分摘自 Listokin 的文献所探讨的公司法的"菜单方法"，是否可行？考虑一番 Ronald Gilson, Henry Hansmann 和 Mariana Pargendler 所倡导并命名的"二元监管"的改革路径，即要求新公司遵守变革后的法律，而现在的商界精英则遵循现行的法律。通过创建类似于"菜单方法"的双轨法律制度,监管二元路径保护了既有商界精英,因为他们无须从现有制度转而适用新的制度。Gilson, Hansmann and Pargendler, "Regulatory Dualism as an Economic Development Strategy: Corporate Reform in Brazil, the U.S. and the EU," Yale Law & Economics Research Paper No. 399 (2010). 采用这一策略的典范是巴西,后者创建了新的证券交易所,其上市标准在少数股东保护方面高于原来的交易所。新的交易所吸引了新的公众公司前来上市,而原有公司则继续在老的交易所上市。在巴西这个例子中,改革的主体是私有机构(证券交易所)而不是政府机构,这一私有机构的制度安排支持着惠及既有精英群体的法律制度。你认为,政府能够把巴西式的二元监管路径当作一种改革策略而成功推行吗?

识于偶然，止于永远
——译后记

2013年2月9日，大年三十，浙江临海。前一晚漫天飞雪之后，这座美丽的山城银妆素裹。上午9时34分，我坐上了前往福建的动车，取道泉州返回家乡。一路由北及南，随着窗外温度逐渐攀升，冰封的大地慢慢苏醒过来。在绿意渐浓之中，山山水水灵动了起来。

美景翩跹而过，我亦浮想联翩。人生就是一张张票根，记载着一路驿站风尘。2003年自北京大学博士毕业以来，十年间的十本译著，恰似人生旅途中的一张张票根，记载着这一路风光无限的学术旅程。

十年前，接到北大出版社编辑的第一份翻译邀约时，内心一片惶恐。《公司法的经济结构》是公司法领域的法律经济学研究的杰出代表，对于习惯于传统的法学规范分析的本人而言，所面临的挑战是不言而喻的。我非常珍惜这次学习的机会，与经济学博士出身的张建伟师兄共同展开了一趟冒险的学术征程。不期想的是，我的法学背景与建伟师兄经济学背景的联姻，使我充分领略了公司法的经济学之美，逻辑结构之美，从此爱上了翻译这份在很多人看来枯燥乏味的苦差使！

识于偶然，止于永远！我很幸运，博士毕业后的十年里，始终有译事相伴。

翻译一本书，就是完成一趟学术旅行。十年来，《公司法的经济结构》《股利政策与公司治理》《转型政治和经济环境下的公司治理：制度变革的路径》《法律与资本主义：公司危机揭示的全球法律制度与经济发展的关系》《公司金融法律原理》《公司法的剖析：比较与功能的视角》《WTO中的争端解决：程序与实践》《公司法基础》等译著陆续出版，还有尚处翻译进程中的《现代公司法律原理》《全球金融危机后的监管规则》等……我的人生，由此打开了一幅幅五彩斑斓的学术画卷。字里行间，这些经典著述的学术韵味，涓涓流淌，有激流险滩的波澜壮阔，也有小桥流水的旖旎风光……

翻译著述,除了享受学术的乐趣之外,还能够修炼关闭自我的功夫。只要译事在身,不管周遭如何热闹喧嚣,似乎都可以随时沉下心来。由于任职高校后较早地担任了行政职务,公务繁杂且出差频繁,于是,在翱翔于蓝天白云间的飞机上,在奔驰于广袤大地上的列车中,在上海阡陌交通的地铁里,甚至在来往穿梭于两大校区的班车上,都能看到一个埋首书卷、凝神静气的背影……

笨鸟须先飞,滴水可穿石。此言不虚。在上海这座繁华乃至于浮华的灯影之都,心如止水,穿越时空,完成一场又一场学术对话,这是一种莫大的幸福。于是,每译完一本书,我都在想,下一本会是什么?

"生活就像一盒巧克力,你永远不知道下一颗会是什么。"《阿甘正传》里头的这句话,用于描述我与《公司法基础》一书的缘分,无疑十分妥帖。

1997年10月,当我还是一年级硕士研究生的时候,偶然在学校图书馆看到了 Foundations of Corporate Law 一书,那还是1993年的版本,由 Foundation 出版社出版。看了几页,觉得与当时研习公司法的理路有天壤之别,懵懂之间终究不得要领,只能放弃。想来可笑,彼时学生一枚的自己,传统的公司法学规范分析尚且未入其门,哪里见过如此多学科的分析路径! 井底之蛙,固难知天地之宽广。

还好,命中注定,人生不会止步于一场错过。

2005年3月,*Foundations of Corporate Law* 一书的影印版面世,尊敬的方流芳教授为其写了导读性序言。在序言中,方流芳教授直言:"我喜欢这本书,也希望有机会和读者分享读书心得。"接下来,方教授结合中国语境,观照中国现实,对该书进行了洋洋洒洒两万余言的点评,看了不禁直呼过瘾! 彼时,我虽已是一名法学教授,对于公司法的研习也算有些时日,但无论是学识还是方法,还是差得太远。唯一能够做的,就是夯实基础,并期望有一天能够有机会和作者交流。

机会终究还是来了,尽管已经时隔五年。

2009年9月4日,在国家出国留学基金的资助下,我前往耶鲁大学进行学术访问。此行的一大目的,就是拜见 Roberta Romano 教授。稍事安顿后,我于9月8日致信 Romano 教授。她热情回复,说非常愿意与我见面,并把我的邮箱加入了耶鲁大学公司法研究中心和法律经济学研究小组,今后我就可以收到该小组所有的活动通知了。我们通过邮件约定9月11下午见面。

彼时虽未曾谋面,但读过她多篇论文,对其学问景仰已久。Romano教授自1985年起担任耶鲁大学教授,自1998年起担任《法律经济学评论》编辑,并于1998—1999年间担任美国法律经济学协会主席,公司法与金融法领域的研究在全球享有盛誉,近年来多次入选全美公司法与证券法领域论文引用率排名前十(本人2008年和2013年发表于《中国社会科学》的两篇文章,就曾汲取了她的不少学术养分)。2011年8月,Romano教授被聘为斯特林讲席教授(Sterling Professor),这是耶鲁大学向教员颁发的最高奖项。这项巨大的荣誉,使她与耶鲁法学院的Bruce Ackerman, Anthony Kronman, and Akhil Amar并驾齐驱,共同成为耶鲁大学最享尊荣的教授。当然,这是后话了。

Romano教授的勤勉、谦逊和体贴,令人印象深刻。我亲眼看到,在一次她组织的学术会议上,她看到有学生站着听讲,特地从外头搬来了凳子,并招呼学生落座。

2009年9月11日下午3:30分,我和陪同的Tim老师共同出现在耶鲁法学楼321室。她热情地招呼我,然后问,是在这里谈,还是到咖啡厅?我说"听您的"。她坚持让我选择,我说,就在这里吧!落座后,她把题过字的一本书送给我,我也给了她一份小礼物。考虑到她时间宝贵,我开门见山,向她请教问题。我说,

> 近年来中国经济发展速度很快,但您知道,以保护和促进经济发展为己任的中国法律制度一直相对落后,这被称为"中国之谜"或者"中国奇迹"。不管怎样,中国政府正在完善法律法规,特别是有关资本市场的法律规则,因为这是市场经济最直接的一部分。我知道您对公司法和证券法的州际竞争、联邦与州之间的竞争很有研究,这个问题对于中国也很重要。因为中国发展极不平衡,东西部差距很大,法官素养也有很大差别,但中国在用同一部公司法,这带来了很大的问题。比如说,公司法要求法院在裁判有关高管决策的争端时遵循商业判断原则。但是,运用这一原则的实际效果却受制于各地区法官对商业风险及其分配的理解能力。上海可能会好一些,但在西部地区,那里的法官接触商业实践的机会很少,他们很难理解"一个拥有类似经验的人在类似的情况下会作出什么样的判断"。要解

决这样的问题,您有什么建议。

显然,Romano 教授对此很感兴趣,耐心地听完后,滔滔不绝开讲了。她语速极快,丝毫没有照顾英语于我而言属于"外语"的意思。坦率地说,第一次面对语速如此之快的学者,我有些发憷,未能完全听明白。她大意是说,司法本身是公司法的一部分,因而尽管中国只有一部成文的公司法,但法官素养存在地区差异,发起人可以选择在上海、北京等地注册公司,因为那里的司法水平比较高。另外,如果中国大陆的公司法不好,香港的公司法更好,发起人也可以选择在香港成立公司。所以,中国仍然存在公司法的竞争。

根据我的经验,在学术界,聪明的人说话似乎都非常快,因为聪明的人思维活跃,而在其想得快的同时,语速必须跟得上思维。我自觉外语差强人意,但从来没有像那次那样沮丧,提高外语能力的愿望也从来没有像那次那么迫切!所幸的是,后来有一次参与 Romano 教授主办的学术活动,我又没有听懂 Romano 的问题,就问旁边的一位美国教授,他居然说自己也没有听明白,于是稍稍心安:不是我辈过于愚钝,而是她实在太聪明。

当天会谈的最后,我提了一些法律金融学方面的问题,并请她给我们师生开列书单,她很愉快地答应了,并邀请我参加她组织的一系列研讨会,包括去纽约和一些资深业内人士交流。离开她的办公室时,我看看表,占用了 Romano 教授 50 分钟的时间,我感怀不已,对 Tim 说,"Professor Romano is always ready to help",Tim 很有同感,说她"very nice"。当晚她给我发了一封长长的邮件,列了一堆法律金融学的经典名作,供我学习之用。

美国顶尖学府全球知名的法学教授,愿意花如此多的时间与我进行几乎是单向的交流,并且大费周章地为我们师生开具如此详尽的书单,此番境界,我想不到更好的词,只能用"予人玫瑰,手有余香"来表达了。

这次会谈的一个意外收获是,我知道她正在编 Foundations of Corporate Law 的第二版,表达了将其译成中文的愿望。她当即表示会玉成此事。此后她真的写了支持函件,帮助我获得了包括 John C. Coffee 等人在内的众多第三方授权,对此我感念在心。

此后耶鲁公司法研究中心的活动,只要没有和其他重要事项冲突,我次次不落,次次满载而归。眼看耶鲁假期将至,Romano 教授约我一起吃饭,算是为我送行。2009年12月2日11点45分,我准时到耶鲁SLB(Sterling Law Building)321室,那是Romano的办公室。Romano见到我,一如既往地露出友善的微笑。她说,咱们现在就去吃饭吧! 我说,今天让我"buy you a lunch"吧! 这样我会感觉好一些。她说,不行,那样我会感觉很糟糕。你是客人,到上海后你可以请我的。耶鲁教授的逻辑一贯非常清楚,我只能客随主便。我们一边下楼,一边聊近期耶鲁法学院举办的一系列讲座,我说非常感谢,公司法研究中心组织的一系列活动令我受益良多。Romano听了非常高兴。

到了College Street,来到一家美国餐馆,Romano教授问,来过这里吗? 我说这是第一次。她很吃惊,说这是法学院师生经常来的地方,离法学院很近的,是American Style。我说,我去中餐馆比较多,有时自己做,今天很高兴能够尝尝地道的美国菜。呵呵,这或许就是所谓的culture shock! 认为自己习惯的,别人也会喜欢。Romano很耐心地给我讲解这里的菜单,可惜许多我听不懂,于是点了一个最便宜的,7美元多一些,意大利风格。Romano非常贴心,也点了同样一款的。我们开始聊,从金融危机背景下的高管薪酬问题,到麦道夫不判死刑背后的刑事哲学,甚至谈到中国的金融市场法律变革。她说,虽然克林顿执政时期对于高管100万年薪之外的薪酬,在公司计税时不予成本抵扣,但公司高管薪酬形式不断翻新,所谓道高一尺魔高一丈。我说,华尔街一些投行在陷入绝境时向政府求援,高管却同时领着巨额薪酬。奥巴马总统指责这些高管不负责任,但他们为自己的高薪百般辩护,理由之一是自己的聪明远甚于一般人,拿高薪理所当然。然而事实上,这些高管与哈佛、耶鲁的教授相比,也聪明不了多少,但拿的钱却是教授的成百上千倍。

Romano轻轻点头,说"不过,我们有tenure(终身教职),他们没有"。很轻柔的一句,淡泊而自足、理解而宽囿(理解公司高管面临的市场压力)等情愫尽在其中,没有半点愤懑。说到麦道夫被判了150年徒刑而能免于一死,她说,在美国,只有暴力犯罪(violence crime)才有可能被判死刑,金融犯罪一般判不了死刑。我说,这次麦道夫造成千家万户陷入赤贫,许多退休老人被迫重新找工作,这其实是一种invisible violence(隐形的暴力)。我们还聊到美国的SEC,我说上次美国SEC的监察总长过来讲座,说有两次SEC只要调阅麦道夫的股票交割记录,就可令麦氏的雕虫小技(庞氏骗局)露出原形,但都没有做。Romano教授说,这次SEC的确出丑了,出面道歉且解聘了雇员,但似乎并没有承担其他责任的想法。在美国,金融监管机构的责任如何确立并予追究,的确是个大问题。由于下午 1 点 Romano 在管理学院还有课程。我们聊了一个多小时后,愉快地结束了这次会谈。

地球是圆的,一年之后我们又相见了。不过,这次是在上海,宾主已经易位。

2010 年,最高人民法院金融审判专业委员会的"金融创新与司法审查"高端论坛在我校举办,我院受托负责具体会务。我向 Roberta Romano 教授发出会议邀请,她慨然应允出席。自邀请函发出之日起,我们彼此邮件往来十余封,以确定其两次演讲的主题等事宜。令我印象深刻的是,她希望提前获知宾馆地址、网站和房间电话,以便和美国的助理联系。这是一位惜时如金的学者。尤其令人感动的是,她在 2010 年 6 月 28 日演讲前夜给我发来邮件,请我改正其演讲文稿的两处错误;还确认是否需要自带优盘到会场。她的细致与周到,折射出我们工作的种种粗疏。

2010 年 6 月 27 日傍晚,Romano 教授及其丈夫 Albert 先生入住巴黎春天大酒店。十多个小时的长途旅行之后,他们的脸上写满了疲惫,但见面时灿烂的笑容仍然点亮了"巴黎的春天"!当天下午,我把 Romano 教授引领到主席台就座,将其介绍给大会主持人上海高院副院长盛勇强先生,盛院长很友好地向 Romano 教授问好。Romano 教授在主席台上正襟危坐,经历了整场开幕式。事后想来,我们未能为其安排一个陪同翻译,为其讲解开幕式的中国元素,实乃工作失误,她真是辛苦了。下午 3 时许,Romano 教授开始了其主旨演讲(Keynote Speeches)。按照原定安排,由我担任翻译。照例,重要的学术活动中,主演讲台都会摆放盆花。Romano 教授的个头不高,站在演讲台前,她整个脸部都深深地埋在花丛之中了。坐在一旁做翻译的我,看到她认真演讲的神态,竟发觉潜心学术的人是如此的美丽动人……

2010 年 6 月 29 日,Romano 教授夫妇在上海市高级人民法院的安排下,参观了上海世博园。次日上午 9 时,我驾车把 Romano 教授夫妇接到美丽的松江校区,赶赴学院为其准备的欢迎午宴。下午 2 点,Roberta Romano 教授为学院师生作了一场题为《公司治理及其绩效》的精彩讲座,深入浅出地介绍了公司治理指数的概念及其特点,并指出由于环境的不同,并没有绝对意义上最佳的公司治理指数。在强制性规定、遵守或者解释、强化信息披露这三种模式之中,最后一种是最佳选择。

这是一场充满激情的演讲!Romano 嗓音清亮明澈,并辅之以手势等肢体语言,演绎出了一场飞扬的理性!讲座结束之后是提问环节,她耐心地回答了师生提出的每一个问题。最后,Roberta Romano 教授很慷慨地接受了我院颁发的客座教授证书。

对于一个新设的学院而言,这无疑是一份莫大的鼓励!

还必须特别提及的是,2010 年 7 月 2 日,承蒙上海证券交易所法律部卢文道先生等人热情相助,Roberta Romano 教授一行拜访了上海证券交易所,参观了记载着证券市场发展历史的画廊。徐明副总经理还把一份珍贵的纪念品——股票上市用的小槌子——送给了 Romano 教授。

时隔两年之后,2012 年 5 月 30 日,Roberta Romano 教授再赴我校,为师生带来了第三场精彩演讲……我有理由相信,彼此的学术交流永远不会停歇!

说到这里,似乎跑题太远了——如果这样一份随性的后记还有、或者还需要主题的话。我们还是回过头来说一说这本书本身。或许,本着第二版与第一版相比较的视角来解读本书,会是一种不错的选择。无论从哪个角度看,《公司法基础》都是一部鸿篇巨制。

第一,体系恢宏。《公司法基础》(第一版)共七章,摘录了 47 篇论文和实证研究报告,原书共 319 页;而《公司法基础》(第二版)则增至十章,摘录了 88 篇论文、实证研究报告及若干部专著,原书共 766 页。单就字数而论,第二版即是第一版的两倍之多。

在体例安排上,第二版除保留第一版的六章("公司与资本市场的理论""公司的法律特征:有限责任""公司法的制定""公司融资""外部治理结构:公司控制权市场""证券监管")之外,还将原来的"内部治理结构"一章分拆为三章("内部治理结构:董事会""内部治理结构:股东投票和行使话语权""内部治理结构:高管薪酬"),另外增设了"比较公司法"一章,同时还将内容相对较多的章节分为 A、B 两部分。

这种体例安排,将公司法的基础理论和基本制度尽收其中。其中既有深邃的学理阐释,又有细微的制度剖析。从摘录文献的时间跨度看,第一版出版于 1993 年,摘录了美国学者在 20 世纪中后期发表的文献;第二版出版于 2010 年,除保留原有文献外,还将收录文献的年份拓展至 2008 年金融危机前后,比第一版多收录了近二十年的经典文献。而且,正如编者在前言中所称,"除了有限责任和公司融资这两章之外,每一章都新增了大量的文献;本书通篇全面地更新了注释和问题"。这种安排大大拓展了本书的深度和宽度。

第二,学科多元。《公司法基础》汇聚了法学、经济学、金融学和政治学专家研究公司法原理的学术精华,其中包括若干诺贝尔经济学奖获得者(例如,Oliver Williamson)的经典文献。在这里,读者可以重温 Berle 和 Means 在 20 世纪 30 年代揭示的公司所有和控制相分离的现象、Mark J. Roe 关于公司融资的政治见解;可以研习 Jensen 和 Meckling 的代理成本(agency cost)理论、Oliver Williamson 的交易专用财产理论、Henry Hansmann 的企业所有权理论、Frank Easterbrook 和 Daniel Fischel 的公司合同束理论;还可以领略 Roberta Romano 对于州际竞争、联邦与州竞争的公司法文化的梳理、Jeffrey N. Gordon 以及 John C. Coffee 对于公司法的强制性与任意性的分析、Lucian Arye Bebchuck 对于股东话语权和高管薪酬的滔滔雄辩;还可以回味 LLSV 这一著名的学术"四人帮"对于外部融资的法律决定因素、法律渊源的经济后果的剖析,Bernard Black 关于公司法自我实施模式的阐释和 Reinier Kraakman 关于公司法历史的终结的论辩……这些真知灼见,给人无尽的启迪!

众所周知,不同学科之间的相互交叉、融合和渗透,往往会衍生出新兴的学科。《公司法基础》一书,将法律经济学、法律金融学等交叉学科演绎得淋漓尽致!它势必会对公司法学的传统规范分析范式带来颠覆性影响。那些初入法门的公司法学子,在阅读本书时,想必会有"只在此山中,云深不知处"之感。换言之,似乎根本找不到规范法条的影子,或者说难以寻觅公司法的规范意义。但在这一领域久经阵战之后,他们终将明白,公司法规范的正当性,正源于规则之外的知识和方法。正所谓"功夫在诗外"!公司法学研究的未来,正在于交叉学科,正在于学科的融合与渗透!

第三,思辨审慎。在编纂体系如此庞大的论著时,打造一套框架并将庞杂的内容删繁就简嵌入其中本属不易,还要将同一命题的"诸子百家争鸣学说"融入其中,既尊重作者原意,又保持本书逻辑气脉通畅一致,其难度可想而知。

Roberta Romano 教授运用三种方法来处理这些难题:其一,在每章起始加入编者导读,这些导读要而不繁,简而不疏,恰如其分地提炼出每篇论文的精要,使读者得以在较短时间里掌握本章的思想主线和逻辑结构。其二,在每章结尾加上"注释及问题"部分,围绕文章的主要争点进行点评和提问,通过评注对原著进行阐释、比较和质疑。这些点评或质疑虽如蜻蜓点水,点到即止,但编者力透纸背的见解和学识仍跃然纸上。其三,正如编者在前言中所言,为了追求可读性和阅读的宽度,编者对原始文献进行大刀阔斧的编辑,略去了绝大部分数学运算、脚注和参考注释,这当然会损失论证的精细或者复杂性,为此,编者引入了更为宽泛的相关文献来弥补这一缺陷。编者的审慎思辨立场由此可见一斑。

举例而言,在第3章B部分的"注释及问题"之九中,编者首先设问,"理性而无知的投票人带来的问题究竟有多严重?"编者接着提及,在绝大多数公众公司中,大多数股份由老练的机构投资者持有,他们的投资组合包含了多家公司的股份。对于这些投资者而言,获取信息的成本或许不像 Easterbook 和 Fischel 以及 Gordon 所称的那样重要,因为为一次投票而获取的关于公司治理的信息,可以在许多投资场合重复使用。此后,编者分别推荐了 Bernard S. Black、Roberta Romano、Edward B. Rock 的三篇文献,请读者关注股东集体行动的问题以及机构投资者是不是这一问题的解决方案。

笔者在翻译期间,曾经请学生按图索骥,将《公司法基础》所摘引的原始文献一一找出,结果有数千页之多。我确信,本书是一幅研习公司法的绝佳地图。有了这本书,我们在学习公司法的道路上,将少走很多弯路。

看似寻常最奇崛,成如容易却艰辛。在翻译本书的过程中,本人得到了许多师友、学生的热情帮助,他们一度饱受阅读本人初译稿的"摧残",也帮忙指出了翻译的一些讹误,对此,本人谨此表示诚挚的谢意。当然,可能的翻译错误,概由译者本人承担。

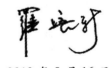

2013 年 8 月 16 日